U0511924

湖北师范大学学科建设办公室
湖北师范大学汉冶萍研究中心资助出版

汉冶萍文库·研究系列

张实 著

盛宣怀与汉冶萍公司

悲怆的绝唱 上

人民出版社

责任编辑：罗少强

特约编辑：周文婷

装帧设计：曾晶晶

图书在版编目（CIP）数据

悲怆的绝唱：盛宣怀与汉冶萍公司 / 张实 著 . — 北京：人民出版社，2023.10

ISBN 978 – 7 – 01 – 024319 – 1

I. ①悲… II. ①张… III. ①盛宣怀（1844—1916）– 人物研究 ②钢铁工业 – 工业史 – 史料 – 中国 – 清后期 IV. ① K825.3 ② F426.31

中国版本图书馆 CIP 数据核字（2021）第 256056 号

悲怆的绝唱

BEICHUANG DE JUECHANG

——盛宣怀与汉冶萍公司

张实　著

人 民 出 版 社 出版发行

（100706　北京市东城区隆福寺街 99 号）

中煤（北京）印务有限公司印刷　新华书店经销

2023 年 10 月第 1 版　2023 年 10 月北京第 1 次印刷

开本：710 毫米 ×1000 毫米 1/16　印张：64.75

字数：960 千字

ISBN 978 – 7 – 01 – 024319 – 1　定价：268.00 元（上、下册）

邮购地址 100706　北京市东城区隆福寺街 99 号

人民东方图书销售中心　电话（010）65250042　65289539

版权所有·侵权必究

凡购买本社图书，如有印制质量问题，我社负责调换。

服务电话：(010) 65250042

目 录

［上册］

一 接办汉阳铁厂

已成竹在胸 / 盛已先期策划将铁路和铁厂"综于一手" / 盛主动争取到南北洋和中枢的有力支持 / 遵照翁同龢的授意先接办铁厂 / 接办铁厂盛宣怀是最大受益者

二 创办萍乡煤矿

三　踏上不归之路

四　扩建与炼钢

大冶设厂为是"/枪炮新厂移往萍乡未果/解茂承：新炉"似
以合炼铜磷较重之矿为要义"/盛宣怀同等对待贝炉、马丁炉
/李维格出国考察与《采办机器禀》/盛宣怀酝酿再借巨款/李
维格何时任汉阳铁厂总办？

[下册]

五　合并组建公司

合并确有必要 / 盛接办铁厂系利用国资存量全权经营而无商股 / 不得不解决的致命软肋：产权属于谁？ / 招集商股是题中应有之义，却非盛之主要目的 / 盛宣怀何时以股票形式实现对汉冶萍的占有？ / 奏派总理：要害在于背离公司制的本质属性 / 皇权专制、官僚垄断与公司制的异化

六　公司经营真相

七　民初惨淡经营

前　言

　　本书以盛宣怀为中心人物，以汉冶萍厂矿的发展兴衰为研究对象，记述和考证盛宣怀自接办汉阳铁厂起，由官督商办、组建汉冶萍股份公司，至其去世止的汉冶萍厂矿的基本史实。

　　本书是《苍凉的背影：张之洞与中国钢铁工业》一书的姊妹篇。前一本书是记述和考证张之洞如何创办汉阳铁厂，至盛宣怀接办改为官督商办止。本书与之具有不可分割的连续性。

　　这两本书都是依据档案史料写成的，分开可各自独立，合起来可算是一部史料翔实、系统的、比较完整的汉冶萍史。

　　本书突破了百年来长期将汉冶萍的挫折归咎于张之洞个人作风、决策失误之类的传统观念，以广阔的视野，深入细致的史料发掘，全面梳理了汉冶萍在外部压力和内在矛盾交织下求生存、图发展的艰辛历史过程。以确凿的考证，质疑、颠覆"张之洞错购炼钢炉""张之洞胁迫盛宣怀接办铁厂""盛宣怀接办后已招集商股二百万"等长期流传的旧说，还原了历史真相。对于盛宣怀与日本的关系、汉冶萍的资金运作、企业体制变革、中外人员使用、经营管理决策、钢轨质量和销售，以及有关人物等方面的研究，在此前研究成果的基础上，或有所发现和深化，或做了较为系统、全面的发掘，不因袭陈言，有一得之见。盛宣怀是一个具有复杂性、多面性、独特性的历史人物，其矛盾集中在既追求权势要做封建王朝的大官、又办大事要发展资本主义经济，此书着力探究盛在创建汉冶萍的不同时期、不同形势下的不同面目，以翔实的史料做了深入而真切的展现。期望此书在有关盛宣怀、汉冶萍研究领域，推进研究的深度和广度上一个新的台阶。

一

一部汉冶萍史，即中国近代钢铁工业的创建史和兴衰史。

自湖广总督张之洞于光绪十六年创建汉阳铁厂，光绪二十二年由盛宣怀接办，于光绪三十四年奏请批准成立汉冶萍煤铁厂矿有限股份公司，先后经历了官办、官督商办、商办三个阶段。企业经历了光绪亲政、慈禧再度垂帘听政、宣统载沣摄政、民国孙中山南京临时政府及袁世凯北洋政府等政权更迭；经历了甲午战争、戊戌变法、八国联军入侵、辛亥革命及第一次世界大战等重大国内外历史事件，饱经沧桑。

在中国早期现代化的道路上，从小农经济向现代化社会大生产过渡，从君主专制向民主共和政体过渡，从闭关锁国到走向世界的变革中，汉冶萍厂矿是一个独特而又具有普遍意义、内涵极为丰富的典型。它的兴衰存亡，集中了这一变革初期的几乎所有矛盾，经历了传统社会裂变、沦为半殖民地的一系列灾难，既是一曲先行者艰难探索、勇于创新，为挽救民族危亡、富国强兵而奋斗的悲怆绝唱，又是一部民族工业在外国侵略者和封建专制统治交相摧残下的苦难史。这一段史实，为国家如何领导现代化、领导经济和企业发展，如何处理权力与资本的关系，政府与企业、国营与民营的关系，如何处理引进国外先进科技、引进外资与维护主权、独立自主发展的关系等方面提供了深刻的教训。本书有助于在中国近代史，包括近代经济史、现代化史、企业史等学术领域中，进一步认知具有中国特色的早期现代化，认知中国近代史。

二

光绪二十二年四月十一日，盛宣怀走马上任，汉阳铁厂的历史由此揭开了新的一页，由盛宣怀任督办的官督商办时期宣布开始，他也随之向着一个新的事业顶峰攀登。

甲午战败，创巨痛深，举国上下要求发愤雪耻，推动了古老帝国的经济政策和旧有企业体制发生变化。汉阳铁厂早已弹尽粮绝无法筹措经费，又被户部上奏指责"经营数载，糜币已多，未见明效"，必然要招商承办。

学界曾流传盛宣怀接办汉阳铁厂是被张之洞胁迫的。此说较早出自梁启超、叶景葵，后者的《述汉冶萍产生之历史》广为流传，影响较大，但无可靠的史料支撑，也轻忽了盛宣怀的主观能动性和他所具有的独特而强大的能量。本书经考证认为，甲午战后，盛宣怀被查办，系先交山东巡抚李秉衡查办，后由直隶总督王文韶独力保全，与张之洞根本无关。盛宣怀一直关注着汉阳铁厂，早在光绪十八年就曾跃跃欲试，此后不断从武汉获得铁厂将由他接办的信息，对接办铁厂从酝酿、策划到实施有一个长期而复杂的过程，早已胸有成竹；且因卢汉铁路建设已提上日程，中国即将迎来铁路建设的高潮，盛曾与张之洞的亲信幕僚恽氏兄弟密谋，欲将铁路和铁厂"综于一手"。在接办铁厂的过程中，盛宣怀主动争取到王文韶、两江总督刘坤一和军机大臣翁同龢、李鸿藻等的有力支持，尤其是得到身兼毓庆宫行走、户部尚书等要职的翁同龢授意"先接办铁厂"，并非倚仗张之洞一人之力。

盛宣怀接办汉阳铁厂，当时并未集有商股、也并未投入自有资金而取得了汉阳铁厂和大冶铁矿的经营支配权。以此为跳板，促成了铁路总公司和通商银行的创建并出任督办，他的事业急剧扩张，掌控着国家的经济命脉，开始成为近代中国最重要的实业巨头；同时他从一个地方督抚的属员，晋升为中央政府一个部门的长官，从此有了和皇上、太后直接对话的特权和机遇；在晚清的政治经济舞台上，他从李鸿章的荫庇下走出来，开始自立门庭。这一年，盛氏实现了一次从困境中突围而确立强势的转变，达到了人生事业的第一个顶峰。

汉阳铁厂改为官督商办的要点是，张之洞将已经投入资金五百多万两的企业，交给盛宣怀经营管理；由盛负责招集商股，筹措资金。此后铁厂每产生铁一吨，抽银一两，逐步归还国有资产；全部还清后原有资产归股商所有。

此时盛宣怀与汉阳铁厂所面临的主要问题是：筹集日常生产所需要的生产流动资金，解决冶炼钢铁所必需的焦炭供应，为以钢轨为大宗的产品寻求销路。

三

汉阳铁厂焦炭供应问题，实质上是受到煤、铁资源相距较远的自然条件制约，更受到煤炭工业和交通运输设施滞后、不能适应钢铁工业机械化需要的制约。而盛宣怀的杰出贡献，正在于他克服了这些张之洞官办时期未能逾越的障碍，建成了机械化的萍乡煤矿，建成了运输煤焦的萍昭铁路。

萍乡煤矿在历史上曾是中国工人运动的策源地，是中国共产党领导人毛泽东、刘少奇工作过的地方，自20世纪50年代以来，对其研究的重点在于红色的革命史。21世纪以来，近代萍乡煤矿研究的成果，或关注萍煤商户土法生产发展的可能，或关注盛宣怀与本土士绅的利权之争，或高度赞扬文廷式在开发萍矿中的作用。

本书强调萍煤实行机械化开采是适应钢铁机械化大生产的必由之路。盛宣怀利用萍乡土法生产的焦炭以维持汉阳铁厂的钢轨生产，只是不得已的权宜之计，是中国钢铁工业创建初期的一种特殊现象。通过剖析盛与萍乡广泰福商号一年八个月的合作，从商号独家承包到官商分办至广泰福严重亏损被归并的全过程，本书为研究中国现代化初期引进机械化与手工业生产方式的关系、洋务企业与民营资本的关系，提供了一个具体的实例。其中，萍乡煤焦采运体制几经变革，先是广泰福极力扩大土法炼焦规模，后来卢洪昶又重蹈覆辙，实践一再证明了土法生产在数量和质量上都不能满足汉阳铁厂冶炼的需要。萍矿创始人张赞宸已从实践中悟出"势不能以运无定期之炭，保不误此刻不容缓之炉"，可谓要言不烦，揭示了焦炭土法生产不能稳定、均衡、持续地供应，与现代钢铁冶炼生产不可停顿、不容间歇之间，存在着不可调和的矛盾。[①]

在开发萍矿的过程中，文廷式似不能被视为萍乡士绅利益的代表。萍乡士绅内部也有从事煤业与非煤业的矛盾；煤业之中，又有广泰福独家垄断与其他商户反垄断的矛盾。"童生揭帖"的矛头直接指向文廷式，部分士绅集体上书竟要求萍乡知县取缔煤炭生产；有人夜间放水冲坏广泰福建窑的砖坯，萍乡士绅之间、商户之间的利益冲突似更为激烈。盛宣怀起初同意广泰福独家承包，是对方谋求垄断萍煤的销售权，并未触及其开采权；改为官商分办主要是打破了独家垄断销售，而受到广泰福以外商户的欢迎；盛宣怀决定采用西法曾邀请广泰福的东家志钧协商，志家系皇室亲贵，拒绝入股而出卖开采经营权是其自行选择。张赞宸遵守诺言，坚持收购原有商户土法生产的生煤和焦炭，直到光绪三十三年机矿全部建成，在大机器必将淘汰小土窑的历史潮流中，张赞宸适当照顾后者的利益，缓和了矛盾。

四

为运煤而建的萍昭铁路，约两百华里，枝枝节节，分为四段，前后经历了十三个年头，远远滞后于矿山建设，影响了萍矿的发展和效益。

为修卢汉铁路而兴建汉阳铁厂，为铁厂提供焦炭而建萍乡煤矿，为萍矿运煤而建萍安铁路，不久延伸至醴陵，再拓展至洙州，最后到达昭山。这条铁路和它所属的企业一样，都是由于现实的迫切需要，被动地缺什么就补什么，是逆向的、倒逼式的、零敲碎打的，充分显示了洋务运动的基本特点。从国家全局来看，国民经济体系的形成、产业之间的相互依存关系是无序的、零散的、紊乱的；从企业来看，以汉阳铁厂为支点，一头挑着煤铁两座

---

① 陈旭麓等主编：《汉冶萍公司》一，上海人民出版社1984年版，第633页。

矿山的开发，一头挑着两条运矿铁路的兴建，负担太重，必然要扩大投资、加重成本，而削减其经济效益。

这条铁路，建设最顺利的是萍安段。光绪二十五年四月开始征地，六月兴工，十一月通车。得力于萍乡知县顾家相：专委当地士绅购地，不容胥吏经手；责成士绅排除购地的阻力；力争优给田价，保全农田水利设施；既全力支持铁路建设，又切实维护农民切身利益。顾家相是一个具有鲜明时代特色的优秀地方官员的典型。

协商过程最艰难的是洙昭段。先是张之洞居间协调无效，后又形成湖南铁路公司、邮传部、盛宣怀三驾马车，各有各的打算。邮传部先期取得朝廷旨意、坚持部建；湘公司反复多变、志在自办；盛宣怀依违两端，随风转舵，唯求铁路速成。其中湘绅始终处于强势，从要求干路舍直就弯、反对张之洞将长洙路交给盛代建、反对洙昭路由部建，同意官商合办又反悔，始终坚持铁路自办，核心是维护湖南地方的利益。

开发萍矿、修建铁路，在江西所遇到的士绅抵制，从反对洋人入境勘矿到巨绅豪族抵制铁路征地，基本是封建意识对资本主义生产方式的抗拒。而湘绅和朝廷在洙昭路中博弈，则有着更丰富的内涵和鲜明的时代特色，一方面是中央集权的统治力已极度衰退和脆弱，对于这类建设工程，既不能统筹规划于前，又不能排解纠纷于后，对于自身的权威性与判断力已经失去自信，含混模糊，不可掩饰地露出了王朝末日的败象；另一方面则是以"商情"抗"王命"，在各省维护铁路主权、要求立宪的高潮中，在爱国主义和争民权的旗帜下，地方政府与士绅在维护地方利益的基础上相结合，形成了一种带有普遍性的地方主义张力。这两种趋势的此消彼长，即将决定清王朝的命运。

五

百年来的汉冶萍研究，历来认为错购炼钢炉是张之洞创办汉阳铁厂的三大错误之一，而废弃贝炉、专用马丁炉炼钢提高质量是盛宣怀、李维格的重大成就。《苍凉的背影：张之洞与中国钢铁工业》一书曾对此提出异议。在研究官督商办时期汉冶萍厂矿铁矿石、焦炭、钢铁生产与销售的基础上，本书围绕废弃贝炉炼钢这一中心，联系盛宣怀的经营决策、对洋工程师的任用及汉厂生产实绩，进一步作了更为全面、系统的考证和辨析。基本史实是：

1. 自 1901 年起，大冶铁矿长期对日本输出的铁矿石含磷均在 0.05％ 以下，有合同所附矿石成色清单及装船检验的记录为证。李维格宣称大冶铁矿石含磷高，不适合贝炉炼钢是无中生有，不实之词。

2. 光绪二十五年前后，因萍乡焦炭含磷，汉厂与萍矿长期争执不休，矛盾激化，见诸连篇累牍的厂矿与盛来往函电。曾经困扰汉厂生产和盛宣怀的是萍焦磷高。

3. 贝炉炼钢的关键，在于保证供应低磷生铁。负责炼铁的吕柏倡立了低磷冶矿与含磷萍焦相配合生产贝铁这一模式，盛宣怀因之决定停用无磷而价高的开平焦炭、全用有磷而价廉的萍焦；与此同时，却除去吕柏，而任用炼钢不精、贪婪卑劣的卜聂主管技术，是导致钢轨磷高的重要因素。

4. 李维格于光绪三十年出洋考察，马丁新炉光绪三十三年九月才竣工投产。此前所有盛宣怀主持修建的铁路，包括卢汉路保定至汉口段，所用钢轨均系张之洞购置的贝炉生产的钢材。原有贝炉和马丁炉容积均为 10 吨。贝炉冶炼时间短、产量高，每日约出钢 10 炉，昼夜可出 20 炉；马丁炉冶炼时间长、产量低，质量虽好，但每日仅炼 2 炉、约 20 吨。所产贝钢轧制钢轨，马丁钢专供制造鱼尾板配件，二者配置合理，成效显著，实为晚清铁路建设作出了巨大的贡献。

5. 自盛宣怀与日本签订《煤铁互售合同》以来，大冶铁矿石优先保证供应日本；日本反客为主，形成与汉阳铁厂争夺优质低磷矿石之势，西泽甚至企图阻止大冶铁矿给汉阳铁厂供应矿石。汉厂废弃贝炉，关键是要留下磷轻优质铁矿石满足日本的需要。诚如盛宣怀向西泽郑重保证的：对日本"饬冶矿选运磷轻好矿，留磷重自用，藉表交谊"。

传统的结论归咎于张之洞，关键在于误信了李维格的不实之词、叶景葵的道听途说，长期受其蒙蔽；普遍忽视了盛宣怀长期、大量对日本输出的大冶铁矿石均系低磷优质这一客观存在着的历史事实；更未深入探究对日输出优质低磷矿石与改变炼钢炉型本来具有内在的密切关联，而后者正是前者结下的苦果。

六

盛宣怀集汉冶萍厂矿财权于一身。资金官商夹杂、中外交汇、数额巨大、来源多途、牵涉范围甚广，运作则辗转腾挪、暗箱操作、表里不一，极为错综复杂而又隐蔽、诡秘。

百年来，专题深入研究盛宣怀资本的重大成果不多，其中研究汉冶萍资金的更少。一些基本问题，如汉阳铁厂官督商办后，究竟招集了多少商股，至今尚未形成共识，有些被广泛引用的成说及其依据尚存在疑窦。本书对于有关资金运作尽可能地做了一些考证、辨析，试举数例：

1. 关于招集商股：盛宣怀接办铁厂后长期未着手招集商股，或将其所控制的企业间的债务随意划定一笔作为股份。被广泛引用的"二百万说""一百万说"均是不实之词。经考证，所谓汉阳铁厂"创始老股账"应是光绪三十一年七月以后、酝酿组建公司时编造的；萍矿创始老股则是光绪二十七、八年间盛宣怀一再指使张赞宸虚构的。

2. 关于"预支轨价"：据盛宣怀历次向朝廷报销的铁路经费账目，在其督办铁路总公司期间，历年拨付铁厂、滚动使用的"预支轨价"高达百万以上，应是汉冶萍日常生产资金的主要来源。

3. 关于六合公司：铁路总公司交代后，盛成立"驻沪总局"集中财权，负责为厂矿提供生产资金，是借贷关系，甚至收取高利；后盛氏家族组成六合公司，每年为公司借贷总额高达三四百万。1913年底，盛主持向日本正金银行借款一千五百万，其中另订合同的六百万即为归还六合公司。

4. 盛长期做假账：如为应付袁世凯视察，铁厂虚报亏损94万两；光绪三十三年江浙新股代表蒋抑卮查账后明确提出"虚存虚该，必须剔除"。

5. 盛遗产中汉冶萍股票面值高达669.95多万元，包括创字号、优字号、普字号三种类型，何时购买，均未见记载，来历不明。

七

在企业体制上，汉阳铁厂与轮船招商局虽同为"官督商办"，实际却有很大区别。招商局原为唐廷枢、徐润等出身买办的商人承办并招集商股，仿照西方公司建立了董事会等一套管理机制。盛宣怀由李鸿章任命为督办取代唐、徐等后，逐渐将商总负责制演变为督办负责制，但商股仍在，维护商股利益的机制虽有削弱但其形式仍旧保留。而汉阳铁厂原系官办，并无商股。盛被官方任命为督办，取得了汉阳铁厂、大冶铁矿的经营支配权，却并未招集商股，始终不曾有股商参与管理，更未设立董事会等相关决策、监督机构。汉阳铁厂所谓的官督商办，实际上是盛宣怀自督自办，实行的是督办集权制。

这充分体现在盛对厂矿的管理上是经营、财务、人事各种权力高度集中，事无巨细，听命于盛一人，不受任何制约。大到向日本借款事先瞒着朝廷和张之洞；小到铁厂总办盛春颐归还钱庄一笔到期贷款也必须事先经盛宣怀批准。而盛宣怀又长期安居上海，远离厂矿，脱离生产实际，靠电报、信函遥控指挥。因此，在企业内部管理上长期存在两大突出问题。

一是对外国技术人员的任用、管理不当，成为痼疾。

先后三位总监工德培、堪纳第、卜聂皆不能尽职尽责。应当辞退者，迁延日久，迟疑不决；不当任用者，轻率决定，授人以柄。另一方面，吕柏以有磷萍焦炼出贝铁，为厂矿开辟了一条生路，却为盛氏叔侄所不容。盛宣怀既决定专用有磷的萍乡焦炭，却又排斥擅用萍焦的吕柏，是非颠倒，自相矛盾，用人失误与决策失误交集。造成恶果后每每令盛宣怀悔恨不迭，却又一再重蹈覆辙。

二是厂矿总办居于生产第一线而无实权，仅处于执行者的地位，不能及时解决问题，难以发挥作用。

纵观铁厂的三任总办，无一不是在非正常情况下离职的：首任郑观应因盛偏袒、纵容洋人，使其蒙羞受辱、含恨而去；第二任盛春颐，对其叔父专权不满，一再要求辞职，后借家事一去而不返；第三任李维格后任公司协理，看似深受倚重，结果却在1913年股东大会上被盛阴谋策划、鼓动亲信对李发动突然袭击而狼狈请辞。

开创萍矿的张赞宸有远见、顾大局，鞠躬尽瘁、死而后已。大冶铁矿历届总办以北洋水师幸存者解茂承最贤，对内管理有序深受称赞，对外抵制日人西泽的无理要求。西泽必欲除之而后快，后解被盛调离冶矿。李维格、张赞宸、解茂承等实为晚清实业界第一流人才，创建汉冶萍公司功不可没。

八

光绪三十四年，汉冶萍厂矿合并组成商办股份有限公司，这是中国近代史上的一件大事。对于汉冶萍由官督商办发展到股份公司，史学界基本是肯定的，普遍认为是企业体制的改善和进步，是资本主义发展的必然结果。

这一企业体制的变革，经历了由官办到官督商办、再到商办三个阶段，核心问题应是所有权的变更，它贯穿于企业体制变革的全过程。回顾盛宣怀组建汉冶萍公司的实际进程，如果我们用股份公司本质的固有属性与之进行对照，便会发现股份制许多应有的优势和特色已经被阉割或扭曲，呈现出晚清中国的特色和盛宣怀个人的深刻印记。

酝酿组建公司追根溯源始于光绪三十一年初，曾涉及江浙民族资产阶级头面人物张謇、汤寿潜等人，其间经新商代表蒋抑卮查账形成僵局；又有郑孝胥挺身而出，率团赴汉，与盛签订草约，承担招集新股一千五百万，引起中外广泛关注，为盛赴京注册提供了有利条件；至三十四年二月盛单独奏准、公司注册，违背协议而双方决裂。这一过程及其结局，显示了汉冶萍厂矿经过盛氏十年的经营，已成为其独家垄断的领地；民族资产阶级试图注入资金，进行改组，首先必然要清算资产；更涉及对企业的控制权，势必受到盛精心设计而又十分顽强的抗拒。

盛宣怀何以要合并厂矿、组建商办公司？前辈经济史学家研究的成果，着重从成本、资金等经济因素考虑。21世纪以来，有历史学者提出盛宣怀"更关注自己对企业控制力的长期稳固性"，或认为"政治因素应该是左右他判断和行动的指南"。盛宣怀亦官亦商，对他来说，政治因素和经济因素既不可分割，更不是对立的。盛宣怀合并厂矿、组建公司，是一个酝酿长达两三年、反复筹划、不断改变的过程，不是受某一个孤立事件的影响，也不是某一种因素单一起作用，而是诸多因素综合作用的结果。从利益驱动结合实际效果来审视，本书强调汉冶萍由官督商办改组为商办公司，核心是资产所有权的变更。盛不仅要巩固和加强对企业的控制力，不仅要实现从官派督办到商办公司总理的身份变化，更重要的是：要彻底将原来官办、至今尚存有大量国有资产的汉阳铁厂和大冶铁矿，以及盛所创办的萍乡煤矿，通过体制变更，明确为商人所有；盛本人则通过发行股票，成为公司的最大股东，即以持有股票的形式实现个人对公司资产的合法占有，这既可视为盛组建公司的根本目的，也是盛组建公司实现的最大收获。通俗地说，就此摇身一变，汉冶萍名正言顺地成了盛家的企业。

近代股份公司制，应是一种体现经济民主和经济自由原则，为严密的法律规范所制约，与资本主义上层建筑相适应的企业制度。它传入晚清，遇到的是封建专制政体、权大于法的官本主义社会。汉冶萍公司虽然表面上采取了这一形式，但已不是西方固有的形态，也没有恪守清廷颁布的《公司律》，盛氏组建公司的过程，实际是扭曲股份制某些本质属性的过程。其突出的表现是：

一是盛谋求以钦派总理主持董事会，不设董事长，企业的所有权、决策权和经营权高度集中于盛宣怀一身，继续巩固并加强了其对企业的集权垄断。

二是号称招股千万，实则排斥民族资本、专向官僚招股，除去不实的创始股、债务转化的公股、虚股，实际招得资金很有限，股票发行的总面值与实收股金存在巨大的差额，并未缓解资金困难。

三是作为产权凭据的股票发行不公开、不规范，按照盛的个人意志，由其亲信暗箱操作，至今在已刊档案资料中尚未发现有盛购买股票的证据。

九

盛宣怀与日本的铁矿石交易，始于光绪二十六年，即 1900 年。自签订《煤铁互售合同》起，盛与汉冶萍就开始踏上了一条不归之路。盛瞒天过海，将单方面出口矿石的合同，伪装成为双方换货合同，由此确立了今后对日出口铁矿石的基本模式，导致矿石成分标准过严而价格过低，长期不能改变。此时即开始了与日借款的谈判，三年后成交，是这次谈判的继续和发展。

订立煤铁互售合同及其两次续订，正是胶州湾事件之后，列强掀起瓜分中国狂潮、至八国联军攻占北京之际。基于此前盛曾向朝廷提出过"兼联英日""请各国共同保护"的主张；日本政府对盛有过"尽力维护和平，以保全中国"的虚伪许诺；每有列强入侵、盛将轮船等资产托庇于洋行已成惯例；且盛同时已与德国礼和洋行签订了借款合同，并非急于取得资金；因之本书认为，盛氏此举秘而不宣的意图，主要是利用日本对大冶铁矿石的迫切需要，与之建立密切联系，藉以求得日本政府对汉冶萍厂矿的庇护。

煤铁互售合同是盛宣怀通过汉冶萍与日本建立关系的开始，这种关系至 1908 年盛氏赴日治病、广交政要达到了一个高峰。武昌起义后，日本政府积极庇护盛宣怀逃亡、专人监护、诱导至日本避难，有淋漓尽致的表演。战火中的汉阳铁厂曾由三井洋行照看，此后又滋生出汉冶萍中日合办、"二十一条"要求等系列交涉。

盛宣怀与日本的出口交易，逐步从单方面出售矿石、到预售矿价、再发展到预售生铁价，形成了一条以资源换资金的经营方针。它的基本要点是，盛从日方取得巨额借款，汉冶萍按照日本的要求分期用矿石或生铁还本付息。盛扬言大冶矿石取之不尽，自以为得计，不惜长期大量贱价出售，实际是严重的得不偿失。厂矿更被日债牵着鼻子，为满足日本的需要而扩大铁矿石和生铁的生产，破坏了合理的产业结构，逐步背离了服务于中国铁路建设、发展军工的宗旨。与此同时，借款数额越来越大，应偿还的矿石、生铁数量越来越多，还本付息的期限越来越长。实际上已经陷入了贷款——亏损——再贷款的恶性循环，丧失了偿还的能力。这些借款谈判都是盛宣怀自作主张，秘密进行的，既蓄意避开张之洞的干预，又不听大冶铁矿负责人的劝阻，一意孤行。盛既不是某一事件或某一环节被日本人"暗算"；也不能把责任全部推给当时的政府。

岛国日本严重缺乏铁矿石资源，占有汉冶萍是为其侵略中国、独霸近东的军国主义战略服务，是政府相关部门协调后经内阁决议形成的国策。每次借款都是以外交部门为主的政府行为，从高层决策到一线谈判，驻华外交人员、金融机构、相关企业协同作战，形成一个意志统一、反应及时、行动协调的整体。其基本策略是抓住盛宣怀的弱点，满足其私利及眼前需要，换取日方的长远和根本利益。虽然盛也有过讨价还价、有过某些抵制或挣扎，但毕竟是按照日本政府的需要逐步推进。历史展现的实践进程是，汉冶萍的主权一步步丧失，日本对汉冶萍的控制一步步加深。盛宣怀与日本交易的过程，实质是汉冶萍由独立自主的企业沦落为日本附庸的过程。

十

在中国近代史上，如汉冶萍厂矿资金之密集，规模之宏大，经营之持续，产品应用之广泛，而对国计民生影响之如此久远，实为罕见；既靡声国际、为列强所觊觎，又与政府关系密切、利害攸关，矛盾冲突如此复杂者，清末民初之际，似难有企业与之比肩。

期间，亦官亦商的盛宣怀，因接办汉阳铁厂由道员一跃而跻身四品京堂。二十年宦海浮沉，一度沉入十年人生的低谷，只剩下一个空头的商约大臣；一度又浮上皇族内阁出任邮传大臣，登上仕途的顶峰；即使在革命的高潮中流亡日本，表面上连公司"董事"的头衔也未保住，一年后，却又重回故国、夺回汉冶萍的权柄，并按照他个人的意愿，将"公司总理"的头衔改为"董事会长"。不变的是他对汉冶萍厂矿的实际占有和控制；不变的是他对专制政权权力的依赖和千丝万缕的联系；不变的是他在日本等列强驻华人员中拥有盘根错节的人脉，是他与日本政府越来越密切的关系，并倚之为后盾与靠山。此时他在袁世凯政府中虽然没有一席之地，似乎也很难说他只是一员普通的民族资本家。

没有盛宣怀，就没有萍乡煤矿，也就没有汉冶萍公司。盛宣怀断然停用开平焦炭，专用萍乡焦炭，投入巨资建设机械化煤矿，确立了以萍乡焦炭、大冶铁矿石供应汉阳铁厂冶炼钢铁的固定生产模式，为建立汉冶萍公司奠定了基础。

没有盛宣怀，就没有卢汉铁路竣工，也就没有汉冶萍公司。盛宣怀匠心独运，为卢汉铁路筹划了一个先自办、后借洋债、再招商股的筹资方案，保证了卢汉铁路的顺利施工，也就保证了汉阳铁厂钢轨的销路，捎带以预支轨价解决了汉阳铁厂的生产流动资金。汉阳铁厂获得了生机，也就带动了大冶铁矿和萍乡煤矿的发展。

历史的吊诡在于，苦心孤诣、惨淡经营建立起来的汉冶萍煤铁王国，事实上却又断送于盛宣怀之手。

历史人物的"盖棺论定"，大概是指其生命已经终结，其平生所作所为已是既成事实，不可能再有变化或发展，此时或可对之作出结论。事实上，却大有盖棺而未必论定者，盛宣怀便是其一。民国以来，如台湾学者苏同炳所言，对盛"莫不视为藉官办实业而侵渔发财的腐败官僚"。20 世纪 50 年代以来，至《评新编历史剧〈海瑞罢官〉》刊出，史学研究日益沦为政治斗争的工具。① 在"洋务运动"研究中以《盛宣怀未刊信稿》出版为代表，界定盛宣怀为"腐朽"的"大买办官僚"，并加上了"卖国""内奸"两顶大帽子，基本上是全盘否定。20 世纪 80 年代以后，国家以经济建设为中心，以实现四个现代化为目标，实行改革开放，中国近代史研究中现代化范式兴起，对于洋务运动重新评价，盛宣怀研究因时际会、峰回路转，盛兴办洋务企业、为早期现代化所做的贡献，得到了前所未有的肯定。20 世纪末，围绕着辛亥革命后盛宣怀是否已经转化为民族资本家而展开争论，对于盛宣怀

---

① 王也扬、赵庆云：《当代中国近代史理论研究》，中国社会科学出版社 2016 年版，第 95 页。

的评价，仍然存在着较大的分歧，包括一些史实真相仍有待辨析和澄清。

实事求是地说，在民国初年，汉冶萍不是"受帝国主义、封建主义的牵制制约较少"，而是生存环境更加恶化，处于四面夹击之中：一是日本政府图谋"中日合办"、实现完全占据汉冶萍，步步紧逼，收紧绞索；二是袁世凯官僚集团控制的北京政府，终究是企图取代盛宣怀而控制汉冶萍，至通惠借款而图穷匕首现；三是南京临时政府和鄂、赣、湘地方军政府，都将汉冶萍视为财源，纷纷争夺产权，希图以之缓解财政困难；四是战争、动乱、工农运动，影响了煤炭运输和企业的正常生产、销售。

民国初年的盛宣怀，主要是在日本和袁世凯两大势力的夹缝中依违其间，力图取得较为有利的处境。

盛宣怀口头上称颂孙中山很难说有多少真情实感；其一再颂扬袁世凯"实超轶乎汉高宋祖之上，方之华盛顿、拿破仑亦有过无不及"，后来则有"二次革命"中为袁夺取上海献策并提供船只的实际行动。即使在流亡日本期间，通过孙宝琦为中介，仍与袁世凯保持着热线联系，盛的回国、重新出任汉冶萍公司董事长，事先均得到袁世凯的默许。盛宣怀既想取得北洋政府的资金支持，又要依靠中央政府的权力排除地方政府的干扰，还要利用袁世凯作为挡箭牌来缓解日本的压力。从这些幕前幕后活动来看，盛对袁世凯是费尽心机地主动靠拢、并小心翼翼地看其脸色行事。然而，一旦通惠公司坚持汉冶萍一切权力归其指派的总经理，使董事长形同虚设，要动盛的命根子，盛则断然反击，急电召来高木陆郎，主动提出与日本合办汉冶萍，打出了"维持旧有股东权利"的旗号，引来日本政府干预。

从汉冶萍的处境来看，民国初年的基本史实是，盛对日本资金的依赖进一步加深，1913年的1500万借款数额空前，由此日方对汉冶萍的控制更进一步加强，所有公司产业连同尚未兴建的大冶新厂皆抵押于日本银行；日本顾问控制了公司的全部生产技术和财务活动。汉冶萍的生产主要转向满足日本对矿石和生铁的需要，大力扩张矿石开采和炼铁能力。拟议中的大冶新厂专为以生铁偿还日债而兴建，而大冶铁矿与萍乡煤矿均围绕大冶新厂的需要而扩建其采矿、采煤能力，整个公司的生产和扩建都被纳入了为日本服务的轨道。与此同时，公司先后向袁世凯政府申请国有、申请官商合办以及向通惠公司借款等，再三受到日本政府的干预；直到日本政府正式提出二十一条交涉，迫使汉冶萍中日合办。虽然日方图谋尚有未遂，汉冶萍已难再界定为"民族性的资本主义企业"，诚如孙宝琦所言，公司"其实目前已去合办无几也"。

造成如此局面，公司的决策者是盛，主持借款者是盛，时而背后策动日本对袁世凯政府抗议、干预的也是盛。在一千五百万日元大借款的讨价还价中，日方以承诺优先归还六合公司的债务为诱饵，突破了以汉冶萍全部产业抵押的关卡，而合同期限、矿石数量、利息等分歧遂迎刃而解。对于盛宣怀来说，一旦维护汉冶萍的主权，与维护盛氏的私人利益相冲突，盛的取舍是倾向十分明确的。

辛亥革命之后，"中日合办"是汉冶萍与日本关系的焦点，它将决定企业的命运，上关国家、下涉盛宣怀的切身利益。盛宣怀同样是几经反复，反映在激烈动荡的形势冲击下，其内心存在着尖锐复杂的思想矛盾，存在着精心权衡得失的利害冲突。对于神户草约，盛实际是消极应付、有所抵制；一度以为"合办"必成，则又表现为可以接受、并希图促使其实现；一旦全国反对合办酿成大风潮、孙中山态度变化，盛又随之转为坚决废约。日本提出二十一条，盛主动与袁世凯配合一致，难得地获得了袁的好感；转过面来，通惠公司"逼宫"，盛又一百八十度大转弯，对日本投怀送抱。假手日人阻止了通惠借款的实施，盛又将中日合办搁置。综合上述史实，不难看出，维护其对汉冶萍的控制，以维护其既得的资产，是盛宣怀的核心利益。他的看风使舵，避重就轻，反复多变，实际是以维护其核心利益为转移。同时，我们也应看到，虽然汉冶萍的命运在盛的生前就已经注定、难以逆转；但终其一生，毕竟不曾让中日合办成为现实。是不是可以认为：在日方的威逼利诱之下，盛宣怀在他最后的时刻，于泥淖中继续沉沦之际，仍有所挣扎；在不直接影响其核心利益的前提下，也还保留了某些并非无关紧要的理性？

十一

百余年来，盛宣怀作为历史人物，在不同时代对其人其事出现不同的、甚至截然相反的评价，本质上是不同的时代思潮在历史人物身上折射而形成的映象不同。至今仍然众说纷纭，当存在着诸多因素，一个重要的因素或在于对史料发掘的深度和广度；另一个重要的因素或在于盛是一个复杂的多面体，不宜用非白即黑、不是肯定便是否定的思维模式去诠释。

盛宣怀既有引进资本主义生产方式和先进生产力的卓越贡献，又有逆立宪、革命潮流而动的错误政治倾向；既有心机缜密、呼风唤雨、八面玲珑、妙手回春的经营才能，却又有不容掩饰的与日本交往的重大失误。他的优长与短板、成就与失误、都是曾经有过的历史事实，都有大量确凿的史料存在。

本书以历史唯物主义为指导，在遵循历史学科基本研究方法的基础上，致力于文献考证，并运用多学科交叉研究，结合经济学、管理学、社会学等相关理论与方法，对盛宣怀经营汉冶萍的全过程及相关问题进行考察，力求还原历史真相，并借以讨论已往研究成果。限于个人的学识和能力，错误、荒谬之处，敬请专家、读者批评指正。

2019 年 9 月 10 日

一

接办汉阳铁厂

第一章　汉阳铁厂换了主人

盛宣怀的煤铁梦 / 发现了大冶铁矿 / 梦断盘塘 / 等待东山再起 / 白乃富、徐建寅
再勘大冶 / 接办铁厂首要是筹集资金 / "铁厂不患无铁，而患无煤" / "殊难广筹销路" /
盛宣怀："先支持而后开拓"

光绪二十二年四月十一日（1896 年 5 月 23 日），对于五十三岁的盛宣
怀来说，是一个值得纪念的日子。

这一天他到汉阳铁厂走马上任。同一天，郑观应从上海致电盛宣怀，报
告即将从上海启程赴武汉，暂时来接受一项不得不接受的艰巨任务。

四月十四日，汉阳铁厂总监工、德国工程师德培收到了一份盛宣怀的通
知书：

> 径启者：本道现奉湖广部堂张奏明督办湖北铁厂以及煤铁各矿，兹
> 于四月十一日到厂任事，合行函致执事，查照可也。[1]

一纸函件，宣告汉阳铁厂换了主子，张之洞创办并主持的官办时期已经
结束，由盛宣怀任督办的官督商办时期正式开始。

---

[1]　陈旭麓等主编：《汉冶萍公司》一，第 70 页。

汉阳铁厂的历史揭开了新的一页，也就是中国近代钢铁工业的历史揭开了新的一页，盛宣怀的事业也随之向着一个新的顶峰攀登。

盛宣怀的煤铁梦

盛宣怀（1844—1916），字杏荪，又字幼勖，号补楼，别署愚斋，晚年自号止叟。江苏常州府武进县人。现常州市青果巷尚有盛宣怀故居，系其父盛康与侄宇怀于光绪十年合资购建，原有七进，占地约十亩。青果巷系常州人文荟萃之地，盛宣怀元配夫人董舜畹，继配夫人庄德华皆出自青果巷。董夫人为江西粮道董似毂之女，光绪庚寅进士董康之堂姊；庄夫人亦为毗陵庄氏世家之女。盛氏亲信而得力的助手出自青果巷的有张赞宸、吕景端、陶湘等。张赞宸是萍乡煤矿创办者，其侄张太雷为无产阶级革命家，其子张志让曾任最高人民法院副院长。吕景端曾任内阁中书，晚年入盛氏幕府，重要文稿多出其手，是《愚斋存稿》的编纂者，其九世祖吕宫为顺治四年状元，官至弘文院大学士，现代著名史学家吕思勉为景端族侄。陶湘在京汉铁路历任要职，长期驻京为盛宣怀办事、探听政情，结交李莲英、庆王奕劻等权贵。[①]

盛宣怀与煤铁开采有缘，与湖北有缘，两者是紧密联系在一起的。

往事悠悠，盛宣怀的煤铁梦至此已经历了三十多个寒暑。

武昌城里有条粮道街，顾名思义，当年这里是粮道衙门的所在地。咸丰十一年，十八岁的盛宣怀在战乱中随同祖父投奔做湖北粮道的父亲盛康，在武昌城里一住便是七八年。同治三年，二十一岁的盛家大少爷，第一次在盐法道盛康大人的签押房里读到广济县禁开武穴煤山的报告，便萌发了对于煤铁开采的向往；同治六年，二十四岁的补用知府盛宣怀第一次到广济考察了那里的煤矿，知道它就在长江之滨，查证志书又知道了它是官山；光绪元年，三十二岁的盛宣怀，由直隶总督李鸿章、两江总督沈葆桢与湖北巡抚翁同爵三人会奏朝廷，委任他办理湖北矿务。他在对李鸿章的报告中提起

---

① 仝群旺：《青果巷与"中国商父"盛宣怀》，《档案与建设》2017 年第 9 期。

往事。

　　盛宣怀此时已是李鸿章的心腹幕僚，正赶上了洋务运动由军事工业向民用工业发展的转变，在李鸿章的率领下，直接参与了中国近代第一家大型民用交通运输企业轮船招商局的创建。同治十三年，日本试图侵入台湾，中国边疆危机日益严重，大清帝国的朝堂上引发海防、塞防之争。已经认识到"船炮机器之用，非铁不成，非煤不济"的李鸿章，给盛宣怀下了一道密谕："中国地面多有产煤产铁之区，饬即密禀查复。"盛宣怀首先想起的是武穴的煤炭矿藏，由此启动了他在湖北开采煤铁的实践。

　　早已是三品衔候选道的盛宣怀，同治十三年又赏加布政使衔，虽然在轮船招商局占有一席之地，他这个会办的处境却颇为微妙。那里的班子，曾被李鸿章视为"在事五人本极一时之选"，首任总办朱其昂与其弟朱其诏原是从事漕运的沙船船主，此时仍分管漕运；现任总办唐廷枢和另一位会办徐润先后主持局务，他们都是洋行大买办出身而又富有资财；李鸿章公开批示盛的分工是"漕运、揽载及一切事宜均令会同商办"，后来却又在信中向沈葆桢解释盛在招商局的班子中是"挂名"的；盛自己也曾向李鸿章发牢骚："职道在局，除却为难之事，绝无一语会商，局内视为无足轻重之人。"李鸿章如此主导了直隶、两江、湖北三位督抚共同推荐盛宣怀开创湖北矿务，在彰显他对此事高度重视之余，显然也蕴含着对盛的厚望和着意栽培。

　　开始独当一面的盛宣怀，光绪元年六、七两月亲临湖北筹备一段后，九月在天津制订了一份《湖北煤厂试办章程八条》。他原是主张实行官督商办的：

　　　　特此类创举，责之民办，而民无此力；责之商办，而商无此权；责之官办，而官不能积久无弊。惟有援照轮船招商局官督商办之一法，商集其费，民鸠其工，官总其成，而利则商与官、民共之。①

---

① 　陈旭麓等主编：《湖北开采煤铁总局·荆门矿务总局》，上海人民出版社1981年版，第25页。

上报给李鸿章及有关督抚的这份文件墨迹未干，半个月后，由于有人议论"湖北煤厂归并"给轮船招商局经营，盛宣怀幡然变计，向李鸿章提出《湖北煤厂应归湖北筹办并拟改归官办议》："若以湖北已成之煤厂改而归并轮船，出自宪意，谁敢不遵！其将就此一矿而止耶？抑尚欲劝他省呕尽心血而创其成，俱为我攫而得之耶？恐湖北一厂之成败，尚在未定，他省更不必言矣！"[1] 情绪激动，言辞激烈，愤愤不平。于是十月二十三日，李鸿章写信给湖北巡抚翁同爵，同意煤厂官办并要湖北也出本钱：

> 顷盛道来津，面称该处煤苗旺而质坚，民情亦无疑阻，但若归商办，久恐争利滋弊，请官为筹本督办，余利可充防饷等情，并据称过沪谒商沈幼帅，亦甚怂恿。……鄂中助本，家兄原有此说，亦系陆续支取，卓见若何？[2]

原来说官办"不能积久无弊"，现在却强调商办久了"恐争利滋弊"，似乎是180度的大转弯。

信中沈幼帅即两江总督沈葆桢，字幼丹；家兄指李瀚章，时任湖广总督。结果是由李鸿章"在直隶练饷项下拨钱二十万串"，翁同爵在"湖北军需项下拨钱十万串，作为开采资本"，将湖北煤厂由官督商办改为了官本官办。表面上看来，盛宣怀如愿以偿，对煤厂大权独揽，杜绝了招商局唐廷枢等人插手的可能；但是，历来主张官督商办的李鸿章，此次虽然表示同意官办，并不意味他真心实意支持官办；湖北的官员，遵从了李鸿章的意旨，也并不意味他们心甘情愿接受盛宣怀如此翻手为云、覆手为雨的任意摆布。种瓜得瓜，种豆得豆，将来盛宣怀终究不免要品尝自己种下的苦果。

---

① 陈旭麓等主编：《湖北开采煤铁总局·荆门矿务总局》，第32页。
② 《李鸿章全集》六，时代文艺出版社1998年版，第3633页。

发现了大冶铁矿

经营设在武穴盘塘的湖北煤铁开采总局，盛宣怀的最大收获是发现了大冶铁矿。

光绪二年，盛宣怀雇请的英国矿师马立师，先后在广济仙姑山附近莲花庵和兴国州半壁山同时勘探，至9月底，仍不见煤。马立师被辞退。

光绪三年五月初，新来的英国矿师郭师敦从兴国（今阳新）回来，说兴国的铁矿苗是从大冶来的，盛宣怀同意郭进一步到大冶去勘探。一个多月后，传来了好消息，大冶发现了可供开采数十年的铁矿，铁质很好，足供机器熔炼。从此盛宣怀知道了大冶铁矿。于是，在十月初他率领郭师敦等人先去荆州当阳观音寺查勘煤矿，十一月十一日再从武昌动身来到长江边的黄石港。

盛当天到县城与知县林佐接洽后，仍然回到黄石港，亲率矿师至铁山，会同林知县详细实地勘察：

> 山有庙名铁山寺，由庙东至山顶名山中坼约三里，庙至山脚西北约二里，正西约一里，东约二里许，南仅里许，其中龙洞、道人洞、和尚帽等处，遍山皆铁。其西有地名铁门槛，积铁渣成陇。再西有潘姓山，铁苗亦旺。

盛宣怀和矿师督促工匠们在矿山的四面分别试行开挖，矿石的质量虽然高低不一，但到处都有铁苗显露。盛宣怀认为矿山的范围大小已经清楚了，现在还不知道铁苗的深浅，便和郭师敦商量，要不要再探签丈量？郭师敦回答："矿石皆显明可指，业已确有把握，无须探签丈量"。

一行人便去勘测运矿的路线。陆路走十几里便可到换绦桥（今还地桥）或古塘堤，都是水口；再从三山湖长港走一百七八十里水路便可从樊口出长江。

最后，寻找建厂的地基。矿师要求必须在江边，转运才方便。二十三日又回到黄石港，沿江一带寻觅，上自黄石港，下至石灰窑等处，"或狭小，或卑湿，颇难合用。再三相度，仅有黄石港东一里许吴王庙旁圩内，有田数百亩，地形宽展"。矿师认为："尚敷安置熔炉等件，惟地势究不甚高，仍恐难免水患。"吴王庙的旁边另有一高地，除道光二十九年被水淹后，数十年来虽然涨水都没问题，但是地形又狭小了。

盛宣怀考虑到矿石要从樊口出江，如果铁厂建在樊口附近可以节省运费。二十九日便同林佐到樊口，会同武昌的凌知县、黄冈的恒知县，督率矿师把南北两岸，上下百余里查勘了一遍。这时正下过了一场雪，残雪积冰未化，土质看不清楚，大体是"南岸多山陇，少平阳，北岸多沙洲，少坚土"，就是要找到吴王庙那样的地方都很难。

回到武昌后，十二月十九日盛宣怀把这次勘察的情况给李鸿章写了个报告。关于建厂的地点，他认为铁厂的成本很高，要格外慎重，打算开春后再勘察一次，如果实在找不到"高阜宏厂"的地方，再用吴王庙。从这份报告看，盛宣怀显然对吴王庙还不大满意。

通过这次勘探，在武昌的西山、樊口也发现了铁矿。①

梦断盘塘

湖北的勘探有了新进展，不料盛宣怀的思想却发生了新变化。

李鸿章开采煤铁，直接目的之一是为他所创办的军工制造局和轮船招商局解决燃料。光绪二年九月，又派轮船招商局总办唐廷枢（字景星）带了马立师去直隶所辖的开平勘察了三天，大有收获，那里的煤炭储量初步估计就达600万吨之多，而且附近也有铁矿石可供冶炼。

光绪三年秋天，李鸿章在酝酿筹划开平矿务之际，再三来信劝说盛宣怀不可见异思迁，"鄂省则阁下立足之地"，"专望鄂煤得利，渐次推拓，以为

　　① 夏东元编著：《盛宣怀年谱长编》上，上海交通大学出版社2004年版，第77—78页。

开铁张本"。李在八月二日的信中说：

> 荆、宜、施所属矿产极富，若由矿师查勘明确，耐心在彼开采，当不致又无把握。直隶开平矿产，去岁景星履勘，煤质中等，陆运价昂，现尚未经筹办，欲俟阁下在鄂开采有效，庶开平仿办亦易。若湖北奏办数年，竟以毫无成效，改而他徙，则多谋少成，适足以贻局外之口实也。……开平之矿陆运一百数十里……大概必需铁路，次则马车路。昨与景星核计，利益无多，尚在迟疑。若果鄂中无可开采，尊处洋师、机器并欲移办开平，即由执事自与景星函商定议可耳。①

明白无误地表示不同意盛宣怀转移到开平去，希望他在湖北做出成绩来。

光绪四年，盛宣怀以湖北开采煤铁总局名义买得大冶铁矿山。一再向李鸿章提出建议，"湖北矿务当以铁为正宗"，要求"筹定二十万两之款"，"请先在大冶开生铁炉一座，逐渐推广"。李鸿章没有批准筹款的要求，只是指示派郭师敦去荆门认真扦探煤矿。

这一年，"独晋、豫、直东旱区数月无雨，冬雪亦微，麦皆未种，春荒尤甚"。"若清明前后仍不获甘霖，数省生灵，靡有孑遗。"焦灼不已的李鸿章，指派盛宣怀去河间府与李金镛等设立机构办赈救济灾民。

同年六月二十五日，北方的开平矿务局正式开局，官督商办，已筹集资金二十多万两，以采煤为主，用西法开采。

同一天，李鸿章在致周筱棠的信里，称赞"杏荪办赈得力，少迟仍当兼理矿政"。②

其间，盛宣怀曾与上海江南制造局联系，想把各地的铁矿石、煤炭集中到那里去炼铁。对方回信提出了一些困难，明确表示"敝局不能承办"。

---

① 陈旭麓等主编：《湖北开采煤铁总局·荆门矿务总局》，第225—226页。
② 《李鸿章全集》六，第3740页。

光绪五年正月，李鸿章得知"荆门煤矿第一、第三签煤层仅二尺许，究嫌单薄"，"惟煤质虽佳，轮船不甚合用，终虑不能畅销耳"，开始对盛宣怀松了口："荆煤单炼生铁恐无销路，兼炼熟铁难筹巨本。秋亭能否招股办成铁冶？但虑煤铁相去过远，水脚成本既重，未必获利，将来或专办煤矿，或兼办铁冶，或煤铁均难如愿，应俟执事与秋亭察度情形，从长计议。"①

秋亭即与盛宣怀因办赈而结识的李金镛，此时被盛推荐为矿局总办。三个月后，郭师敦用书面形式向盛宣怀汇报了矿产范围、煤层煤质、开采规模及所需资金。如果在大冶设一炼铁厂，运荆门的煤在大冶炼铁，初步估算共需资金五十多万两。其中煤炭运输极为困难，要用牲口运到观音寺，先用小船过载，然后换了大船才能运到沙市，成本高又受旱季缺水的影响。这段路程如果修建铁路，至少需四十多万两；即使不修铁路而煤铁并办，至少也需二十多万两。

此时官本官办的矿局，从直隶和湖北两处所领的官本三十万串，剩下的只有十四万二千串，折合银两不到十万，资金成了大问题。盛宣怀与李金镛商议了两个处理方案：如果仍旧官办，要求采煤炼铁如同军工制造一样看待，在海防、制造经费中拨款；如果认为矿务与军工制造不同，改为招商集股，就缩小规模，只办煤矿，洋匠也不用了，已经花费的官款用剩下的官款存钱庄生息慢慢归还。盛宣怀写信向李瀚章请示，这位湖广总督不置可否。盛又向李鸿章汇报，并明确要求从海防和制造经费中每年各拨款一万五千两。李鸿章否定了拨款的要求，只认可招商办矿，并特别强调官款的归还，"均应责成该道一人清理"，"不得借招商为名，渐图置身事外"。

同年五月，撤销盘塘湖北开采煤铁总局，另成立荆门矿务总局，招商集股。

同年十月，盛宣怀被李鸿章奏署天津河间兵备道。虽是署理，却是盛宣怀得到的第一个实官。受任伊始，首先综理赈务，救济灾民。

光绪六年，自湖北不时传来荆门矿务局资金短缺、销售疲软的消息，并

---

① 陈旭麓等主编：《湖北开采煤铁总局·荆门矿务总局》，第368页。

于年底再次招股，而接手具体经办的金德鸿认为土法开采不可取。此时盛宣怀正在忙于筹办电报、铺设线路，同年九月先后出任电报总局和天津电报学堂总办；因国子监祭酒王先谦参劾轮船招商局唐廷枢等营私害公，涉及盛宣怀购买旗昌船产的问题，十一月上谕命严查。

光绪七年，荆门矿务局因税收问题与地方官发生纠葛，湖北荆州知府蒋守铭上书李瀚章控告矿务局，李瀚章致书其弟李鸿章要求"将荆局裁撤"。七月廿七日，李鸿章以札文的形式为七年来湖北开采煤铁活动做了总结：

> 乃该局前办武穴煤矿数年，既无丝毫成效，反多亏累官帑。此次开采荆煤，未几交金董接手，皆官气太重，事不躬亲，一任司事含混滋弊。所运之煤竟买自民间，并非自行开采，又不恪遵定章，运赴下游出售，转复堆存沙市，任意增减价值，一味攘夺民利，以致怨讟迭兴。实属办理荒谬，亟应赶紧查明，先行停止买运，以苏民困。荆煤既无可采，应即将该局裁撤，免再糜费。[1]

至此，盛宣怀这次在湖北的煤铁开采活动以失败告终。

等待东山再起

盛宣怀受到李鸿章的严厉斥责，是他早期事业中的一次失败。但同一时期内，他在直隶办赈救灾有优良的表现，主持创办中国电报事业取得了巨大的成就，并积极促成了轮船招商局收购旗昌船产，在外交活动中参与了《中英烟台条约》和拆除吴淞铁路的谈判，这些实绩都有助于他弥补这次失败所造成的损失。

在此期间，李鸿章第一次专折附片向朝廷推荐盛宣怀进京赴部引见，使他终于获得了实官；既不批准盛辞去轮船招商局的会办，但也没有满足他的

---

① 陈旭麓等主编：《湖北开采煤铁总局·荆门矿务总局》，第449页。

愿望让他任招商局的督办；在轮船招商局的查办事件中，既令盛宣怀"不预局务"，但又为他洗刷辩白。光绪三年的五月间，云南巡抚潘鼎新要调盛去云南"借洋债以兴矿务"，李鸿章没有同意。他对这位淮军旧部说："盛杏荪机智敏达，而乏毅力。其条陈固欲办大事，兼作高官，官既未操左券，事又无从着手，虽调不行，况现经办招商局与楚北煤矿，皆无替人耶。"当是反映了他此时对盛宣怀的真实看法，也为我们认识盛宣怀这个极其复杂的人物提供了一条重要的史料。①

本书不拟对盛宣怀的这次失败进行全面总结，但有几点线索与他今后的事业、特别是煤铁事业有关，颇值得我们注意。

此后，无论是盛宣怀，还是张之洞，在当时条件下，都未能在大冶铁矿一定距离内发现藏量丰富、宜于炼焦炼铁、开采价值高的煤矿，这一客观存在的资源局限性还将继续困扰着他们；盛宣怀仍然要面对这样的现实：中国固有的土法采煤、交通不便阻碍着洋法炼铁的技术移植和发展，为此他必须作出巨大的努力，付出巨大的代价。

盛宣怀开采湖北煤铁是奉李鸿章之命而举办，又因湖北官员的抵制和李鸿章不再支持而以失败告终；因在招商局与唐、徐等商人有矛盾而另创局面，又引放赈而结识的李金镛等另一批商人为助，借以聚集资金。亦官亦商的盛宣怀，一辈子出入官商两界，或倚官势，或借商财，以推动事业发展，无论是在官僚或商人中都建立了广泛的联系，看似纵横捭阖，八面玲珑，如鱼得水，实则也受到某些官僚或商人的强力抵制或猛烈狙击。失之东隅，得之桑榆，错综复杂，波诡云谲，于此亦初见端倪。

在企业体制上，盛宣怀并非"大都是主张商本商办，他总是把'顾商情'放在办企业的首要地位"②，官本官办开采湖北煤铁也并非是一个特例。至少，我们不能忘记正是他一意孤行地推行铁路国有才引发了四川保路运动，断送了他的政治前程，也断送了大清王朝的统治。巧妙地运用他的亦官亦商

---

① 夏东元编著：《盛宣怀年谱长编》上，第 70 页。
② 夏东元：《盛宣怀新论》，载《盛宣怀传》（图文版），上海交通大学出版社 2007 年版，第 3 页。

的身份，灵活而实用地变换它所控制的企业的体制，是这位复杂的历史人物办实业的一大特点，也是我们解读他应当掌握的一把钥匙。

这一次，盛宣怀的盘塘旧梦就如此这般地幻灭了。实习也罢，交学费也罢，他还比较年轻，只有三十八岁，他依旧雄心勃勃，等待着机会东山再起。

白乃富、徐建寅再勘大冶

光绪十五年（1889年）十月二十六日，比利时矿师白乃富自汉口来到大冶黄石港。

这一年因李鸿章主持修天津至通州的铁路引起争议，慈禧采纳两广总督张之洞的建议，决定修卢沟桥至汉口的铁路，并调张之洞任湖广总督，进行筹备。张之洞主张不借洋债，不用洋轨，自办铁厂。十月十五日主持此事的醇亲王奕譞拍板表态从"大冶下手"，随即盛宣怀得到了查勘大冶铁矿的指令。当时白乃富正在上海，轮船招商局的马建忠原本要派他去池州。盛宣怀便派他的学生、曾经参加大冶铁矿勘察的冯庆镛赶到上海，陪同白乃富先来查勘大冶铁山。

二十六日到达黄石港后，由新上任的大冶县令孙克勤派来人夫轿子接到大冶县衙，二十七日同至铁山住下，二十八、二十九上山勘察了一天半，冯庆镛单独又去了换绦桥。二十九日傍晚白乃富一行由旱路到达武昌城（今鄂州市），三十日勘西山。应大冶绅士徐映丹的请求，又从水路返回黄石港看煤，十一月初三早晨，徐冒雨将三种煤样送到船上，另有绅士李彭年、阮恂也来了，挽留白乃富暂住两天，白不答应。初四下行，初五至富池口，初六勘富池阮山。

这时张之洞尚未到湖北上任，原任总督裕禄、巡抚奎斌都是反对修铁路的，又都要调走。省里只是奉命办事安排了勘察铁矿；陪同的湖北官员和地方官担着保护洋人的担子，唯恐生事惹祸，但求敷衍了事。看来不曾专程去吴王庙勘测厂基，只是冯庆镛在十一月初六向盛宣怀汇报的信中，附带说了一句："前郭师敦定黄石港熔炉之地，本属庙基，迄今十一年，现盖三元宫，庙貌宏敞，合并附陈。"①

张之洞到武昌上任后，赶在光绪十五年的腊月三十发了一道指令，派白乃富和德国矿师毕希益、英国矿师巴庚生再次复勘、测绘大冶铁矿并寻找煤矿。光绪十六年正月十三，由翻译辜鸿铭等人陪同到了黄石港。连日勘查各矿山，在大冶住了十天，直到二十四日才结束。

三月十日，张之洞又下令派矿师毕希益、柯克斯勘查兴国的锰矿。实际情况是，中国的专家徐建寅和钟天纬也参加了勘查，不只是勘查了锰矿，也包括其他矿山和铁路、厂基。

徐建寅是清末著名科学家徐寿之子，自1961年起，先后参加曾国藩创办安庆内军械所、李鸿章创办上海江南机器制造局和天津机器局、丁宝桢创办山东机器局，参加过中国第一艘蒸汽机轮船的设计，第一批军火枪械的试制，分别任过各局提调、总办、会办等职务，是洋务运动科技界的元老。张之洞是为了在湖南煤矿推行机器采煤而当时湖南不可能接受洋人，这一年二月致电海军衙门特地把他调来的。

钟天纬是上海格致学院的高才生，深受盛宣怀赏识的得意弟子，此前盛派他参加了利国驿煤铁矿的调查。五月下旬，钟在致盛的信中说，来到湖北后，先是到京山、当阳勘矿，往返四十多天；接着又派往大冶、兴国勘锰、勘路，往返二十多天。他所说的勘路，就是勘查从铁山到石灰窑江边的铁路路线。这一次，徐建寅还发现了道士洑的明家湾煤矿。徐、钟都去重勘了吴王庙，徐并写出了勘查报告。

光绪十六年三月初，白乃富第二次到大冶勘查后，对张之洞提出了把铁厂建在武汉的设想，颇受张之洞赞赏。在徐建寅从大冶、兴国返回不久，四月中旬，张之洞便宣布了要把炼铁厂建在省城。其后几经周折，终于选定了汉阳大别山下。

同年十一月初六，张之洞在《奏勘定炼铁厂基暨开采煤铁事宜折》中，

---

① 陈旭麓等主编：《汉冶萍公司》一，第3—5页。

对于为什么不在黄石港建厂作过说明。先是引用了盛宣怀光绪三年给湖北省的勘查报告，进一步指出，盛宣怀当年是打算安装出铁 40 吨的炉子，都嫌地方小；现在的炉子是出铁 100 吨，还要加上炼钢、轧轨、炼熟铁、铸造等，场地需要增加几倍。接着引用洋矿师和徐建寅多次勘查的结果："该港沿岸平处，皆属被水之区，其高阜仅宽数十丈，断不能设此大厂。据徐建寅禀称：'须将山头开低数丈，仍留山根，高于平地三丈，再将平地填高，始可适用，劳费无算；山麓兼有坟数十冢，碍难施工。'"[①]

地形地貌并不是张之洞选择厂址的唯一因素，甚至也不是主要因素，但他说的却是实情。

徐建寅是 1873 年就当过上海江南制造总局提调的头面人物，来到湖北后只挂一个铁政局的会办，给资历比他浅、声望也比他低的蔡锡勇当副手，风餐露宿地四处奔走，又和白乃富这个洋专家有矛盾，腹内就有些牢骚。这年的八月二十，徐给盛宣怀写信，要求在保举电报工程的有功人员时，把他放在前面，多说几句好话。他是知道盛宣怀与张之洞有分歧、主张在吴王庙建铁厂的，又要夸耀自己发现了煤矿，便在信中说："如煤、铁、灰石均聚一隅，自应在黄石港设炉，而香帅偏信白乃富之邪说，以为在距省相近者为合用，现已决计在汉阳矣。"有的学者不了解黄石的实地情况，便根据这段话断定徐建寅的勘查报告说吴王庙不能建铁厂不是实话；还有的洋务史专家以为后来的大冶钢厂就是建在吴王庙。

钟天纬实际是盛宣怀安排的一名密探，经常向盛密报汉阳铁厂的情况，甚至与盛约定用密电码发电报。同年九月十八日，他在信中却劝说盛不要再坚持在黄石港建厂："黄石港地势甚窄，坟墓甚多，不敷设厂。郭师敦当日原禀，亦有不敷建厂之说，督署有案。"与徐建寅的勘查报告是一致的。钟是到黄石港吴王庙实地查勘过的，又看过光绪三年盛宣怀、郭师敦查勘吴王庙的报告，在私密性的信中，对盛说的肯定是实情。[②]

---

① 湖北省档案馆编：《汉冶萍公司档案史料选编》上，中国社会科学出版社 1992 年版，第 102 页。

② 陈旭麓等主编：《汉冶萍公司》一，第 18、19 页。

吴王庙究竟在何处？

黄石土生土长的老人都知道，在 20 世纪 50 年代初修建黄石大道以前，从黄石港老街向东步行，只有一条路：从教堂（今市委宿舍大院）经江堤到凉亭山。按照"黄石港东一里许"的方位和距离，吴王庙应当就是黄石电厂的原址，当年也只有这里能放下这样一个工厂。大冶钢厂那里原来叫袁家湖，离黄石港不是一里许，而是十里许；即使是在 20 世纪的 50 年代初，电厂的占地面积与大冶钢厂也无法相比，吴王庙是放不下大冶钢厂的。1958年秋天至 1959 年冬天，经常听到狮子山放炮炸山，那是电厂在扩建 10 万千瓦机组，正是应验了徐建寅这位科学家当年的话，"炸平狮子山，挖山土方约 36 万立方米，前后动用民工 2 千多人"。①

接办铁厂首要是筹集资金

在展开盛宣怀治理汉阳铁厂的历史画卷之前，我们有必要确认他所接办的汉阳铁厂，处在一种怎样的状态？历史给他留下了哪些难题有待处理？他所面临的现实严峻到了怎样的程度？

汉阳铁厂是在 1893 年建成的，次年投产。这一年即光绪二十年，岁在甲午。

正月初十，两座炼铁炉正式点火开炉。五月二十五日开始炼铁，二十七日生产出第一炉生铁，日产 50 余吨。这一年的冬天，汉阳铁厂以生铁 1000余吨，钢及熟铁 20 余吨，发至上海耶松洋行、昌义成洋行试销，给价生铁每吨规银 22 两，熟铁条每吨 67 两，钢每吨 78 两，与进口洋铁销价大致相同，唯生铁价略低。

就在汉阳铁厂出铁的第二天，五月二十八日，朝廷命李鸿章筹备对日作战事宜；六月二十三日，日军偷袭清军运兵船高升号，挑起中日甲午战争；十月十日，举行慈禧六十大寿庆典；次日，日军占领大连湾；十一月，清廷

---

① 黄石市地方志编委会编：《黄石市志》，中华书局 2001 年版，第 356、357 页。

向日本遣使求和。

汉阳铁厂生不逢时，它建成的艰辛，出铁的喜悦，现实的困境，未来的难题，统统都被战争的炮火和惨败的耻辱淹没了。

在汉阳铁厂的基建完成后，张之洞所面临的难题，首先是如何筹集生产流动资金。早在一年前，他就向朝廷呼吁：

> 查两炉并开，成本约须百万，又须筹还鄂省借垫之款，现拟先开一炉，从容扩充，以省经费，然亦必须五六十万。[①]

在试生产期间，补充、改造、完善一些生产设施，都是必有之事，增加了一些预算外的开支，更加扩大了资金的缺口。这边厢，张之洞一次次呼吁、哀告；那边厢户部忙于筹备慈禧大寿的庆典，忙于对日作战军费的开支，忙于战争赔款的筹措、分摊，始终没给铁厂一两银子，全靠张之洞拆东墙、补西墙地勉强支撑。炼铁炉时开时停，停了炼铁还是要耗煤保持炉子的温度；开一个炉子，每月开支仍须六七万，又设法开两个炉子。折腾得债台高筑，山穷水尽。到了最后，洋行逼债，张之洞向湖北地方财政借十万两银子，湖北只能借五万，还要铁厂自己先向商号去筹借。

资金是一个企业成长的乳汁，汉阳铁厂呱呱坠地就没有奶水。盛宣怀来接办，首先是要筹措资金，按照盛宣怀与张之洞议定的接办章程，须先筹一百万两银子做生产流动资金，还须另筹一百万两用于缴还急需的官款。

资金是企业的血液，维系着它的生存和发展。盛宣怀主持汉阳铁厂后将始终面对着这一艰巨的命题，考验着他如何掌控企业的命运，向历史交出自己的答卷。

[①]《预筹铁厂成本折》，载苑书义等主编《张之洞全集》二，河北人民出版社1998年版，第874—875页。

"铁厂不患无铁，而患无煤"

在朝廷议论汉阳铁厂招商承办的时候，户部曾经表露了他们对铁厂的看法：

> ……无如发端虽大而收效甚迟；用意虽深而程工未密。是以公家未收炼铁之益而已受设厂之累。……查出铁之数虽可预期，而炼钢铁之工殊难臆断。湖北铁厂不患无铁，而患无煤。设使铁产丰盈，而煤矿仍难寻获，则提炼不净，钢质不纯，安能强各省必向鄂厂购求？即官本仍归无着。①

投资大而收效迟，原是重工业的特点，今天看来，本不足为怪，但当时主管财政的户部却把它看成了一个大包袱。户部的关注点在于投入的官本是否有着落，而促使他们产生疑虑的关键因素是大冶铁矿周边地区没有发现好的煤矿。

"湖北铁厂不患无铁，而患无煤。"这一看法很具有代表性，此时它的确是击中汉阳铁厂的要害。

这里实际上牵涉到相互联系而又有所区别的两个问题：一个是张之洞先建厂、后找矿，错误地颠倒了建设程序，难辞其咎；另一个是历经盛宣怀在光绪初年开采湖北煤铁到张之洞主持的汉阳铁厂官办时期，始终未能解决焦炭的供应。前者固然在一定程度上对后者有所影响，但后者的迟迟不能解决却要复杂得多。

历史事实是，张之洞组织大批人员，在两湖地区勘察两年之久，先后开采了十几个窿口，才确定重点开采王三石和马鞍山煤矿，同时派出专人分别

---

① 《户部奏遵旨议复铁厂招商承办折》（光绪二十二年六月十二日），载湖北省档案馆编《汉冶萍公司档案史料选编》上，第136页。

采运当阳煤、湘煤和萍煤，结果仍然不能适应汉阳铁厂正常生产的需要，从根本上来说，是中国近代煤矿工业发展滞后不能适应近代钢铁工业发展需要的矛盾，是固有的煤炭手工业生产方式不能适应近代钢铁工业机械化生产的矛盾。

综观甲午以前近代煤矿的发展情况，人们不难发现，在20年的发展历程中，惟有在七八十年代之交出现一段短暂的兴盛时期，到80年代后期，惟有开平煤矿略见成效，而基隆煤矿却已衰落不堪，其他利用私人投资开采的中小型煤矿几乎无一不苦于资本亏蚀，（处于）无力继续开发的状况。[①]

盛宣怀和张之洞先后面对的仍然是土法煤窑、手工生产的汪洋大海。光绪十六年二月二十七日，张之洞在《委员查勘山西煤矿札》里就说过：

惟机炉炼铁炼钢，专以煤为紧要关键。其需煤之数甚多，大约一大炉每日用煤十三四万斤。若各属产铁之区，产煤不佳，或佳而不多，亦不足以济用；或煤洞距铁矿太远，脚价较贵，亦多窒碍。[②]

这里已经明确地提出了质量问题、数量问题和运输成本问题，透露了土法开采的小煤窑不能适应汉阳铁厂的需要。出路在哪里？张之洞已经意识到了必须引进机器开采，他曾专派徐建寅和盛春颐分别采运湘煤和荆煤，在当地率先推广机器，便可以看作是动员民间资本、改造煤炭生产方式的一种努力。用心虽然良苦，这里却有一个民间的投资能力和投资意愿的问题。光绪二年二月二十日盛宣怀曾在致李鸿章的信中，大唱机器采矿的苦经："土法开挖，无须厚资，得利无多，亏本亦有限。西法如气运不佳，有费许大

---

① 严中平主编：《中国近代经济史 1840—1894》下册，人民出版社 2001 年版，第 1375 页。

② 湖北省档案馆编：《汉冶萍公司档案史料选编》上，第 73 页。

工夫，历一二年开挖无效者。"其时，弱小的民间资本根本承担不了这样的风险。

此路不通，张之洞不得不使用创办铁厂的财政拨款来创办机器开采的煤矿，"而开煤所费几与炼铁相等"，也就将开发煤炭工业的成本和风险，转嫁到创办钢铁工业的头上，极不合理地成倍加大了本来就很高的钢铁工业的成本和风险。在晚清中国，没有一个先期发展的煤炭工业来为钢铁工业诞生、成长提供基础和支撑，这与西方工业化的进程完全相反。

汉阳铁厂煤炭供应遇到的困扰，又是中国近代交通发展严重滞后，现有的运输条件不能适应钢铁工业机械化生产大进大出的需要。交通运输条件对汉阳铁厂的制约，集中地突出地体现在煤炭运输上，当（阳）煤、湘煤、萍煤莫不是运艰路遥；中国近代钢铁工业在它的创始期所面临的严峻现实是：不但要承担创办煤炭工业的成本，还要承担建设铁路等交通设施的成本，如此沉重的负担压在它的头上，它的基建成本少得了吗？经济效益好得了吗？

煤炭供应的困扰，也有不受人们主观意志支配的自然资源条件的制约。日本学者君岛和彦说："在中国，因为存在着煤炭产地与铁矿石产地之间距离遥远的现实情况，所以炼铁工业难于发展。"这一结论并非是专对清末而言，而是涵盖着直到 1937 年日本侵华战争全面爆发后中国的实际情况。[1]

光绪二十二年正月十九日，正在盘算着接办汉阳铁厂的盛宣怀在致恽祖翼的信中说：

> 迭据英、法、德、奥商人由鄂回沪，皆言马鞍山煤质不好，只有二十万余吨可取；湘煤土挖质杂不一，难用。当阳、长阳有白煤而炉不合……总之，钢铁非推广大举不能为功，而推广炼炉非另筹佳煤无可为力。

同年三月下旬，盛在《招商章程八条》中宣称：

---

① ［日］君岛和彦：《日本帝国主义对中国矿产资源的掠夺过程》，宋绍柏、邹南星译，载《国外中国近代史研究》第 6 辑，中国社会科学出版社 1984 年版，第 113 页。

开拓之法，必须先寻煤矿。①

从光绪元年到光绪二十二年，历史兜了个不大不小的圈子又回到了原处，盛宣怀不得不又从寻找煤矿开始，并以此为首要任务。

"殊难广筹销路"

张之洞为铁厂的销售费尽了心机，厂址还没有确定，他就缠上了李鸿章，要人家用他的钢轨。中堂老大人的回答是："将来鄂钢炼成，自可拨用，然须随拨随付价，界限仍清。"一手交货，一手交钱。老谋深算的李鸿章划了一个道道，就成了张之洞翻不过去的铁门槛。尽管张之洞三番五次交涉，始终也不曾从李鸿章控制的铁路经费中借得一两银子；李鸿章这位中国铁路的创始人也始终不曾用过一条国产的钢轨。

在光绪十八年十月二十五日致张之洞的信中，盛宣怀曾经对铁厂的销售形势作过极为悲观的估计：

> 如是铁路每年不过造二百里，每里约用钢轨三十余吨，每吨约价三十两，全买官轨，仅得二十万两。津、沪、闽、宁各制造局，每年用生铁不及五千吨，即使尽买官铁，不及十万两，仍不足养此铁厂，似不特官办为难，即商界亦殊难广筹销路。②

这里说的每年造铁路二百里，是根据当时户部计划每年提供两百万铁路经费测算的。

三年后，汉阳铁厂实际的销售情况比盛宣怀预计的更为悲惨。

汉阳铁厂本来是为修铁路而建造的，可是它生不逢时，呱呱坠地就遇上

---

① 陈旭麓等主编：《汉冶萍公司》一，第66、67页。
② 陈旭麓等主编：《汉冶萍公司》一，第41页。

了甲午战争时期中国铁路建设史上的空白期。此前，中国在建的铁路只有两条，一条是台湾铁路，光绪十八年十一月新任福建台湾巡抚邵友濂因经费困难奏请"停办铁路以节度支"，十九年十一月铁路修抵新竹后即停工。[①] 另一条是关东铁路，据《申报》光绪二十年二月十六日报导，"今岁恭逢皇太后六旬万寿……遂将铁路经费暂停支放，为移缓就急之计。关外工程，今春并未开办"[②]。张之洞于光绪二十年二月初四向朝廷报告将于初十日开炉点火，此时茫茫中华大地，已经没有任何清政府官办或中国人商办的铁路在施工。在当时，钢轨是必须要有订货才能生产的，且不说汉阳铁厂不可能有大量资金生产出钢轨来放在仓库里积压，更重要的是当时铁路建设没有统一的标准，每米轨重多少，轨距多少，钢轨用什么式样，都由洋人担任的总工程师决定。开平铁路和津卢铁路同是英国人金达任总工程师，前者用每米 60 磅重的轨，后者却要改用 80 磅的；铁厂如果要生产 80 磅的，就得现到国外去订制轧辊，这又需要有一个生产和运输周期。历史真相是，从 1894 年 3 月汉阳铁厂点火，到 1896 年盛宣怀接办前，或者说到 1895 年 12 月 6 日清政府任命胡燏芬督办津卢铁路以前，两年左右的时间，中国没有铁路建设施工，汉阳铁厂不可能有钢轨订货，也就不可能正式生产钢轨。

汉厂的钢铁销售失去了铁路这个大头，在"现尚不能成铁舰，不惯用铁屋，不知造铁器"的社会中，只靠零星铁货是无法生存的，更不用说当时中国的钢铁市场早已为洋货所垄断，整体的销售形势必然十分严峻。光绪二十一年八月二十七日张之洞查询钢铁生产和库存，收到铁政局的复电，据统计竣工一年多来，由于不能正常生产，仅出产生铁 5660 余吨，约合 113 个工作日，除去本厂主要用于炼钢和熟铁、枪炮厂所用外，仅销售生铁 1100 多吨，实际上只相当于化铁炉 22 天的产量；而钢的销售更为惨不忍闻：除去本厂和枪炮厂所用外，贝色麻钢料和马丁钢料共计外销只有 60 来吨。

又据《海关十年报告 1892—1901 年份》："1894 年生铁出口约为 1100 吨"。

———————————

　　① 中国史学会主编：《洋务运动》六，上海人民出版社、上海书店出版社 2000 年版，第 280、281 页。

　　② 宓汝成编：《近代中国铁路史资料》上，文海出版社 1976 年版，第 197 页。

这个数字虽然很小，却具有历史意义：它是中国近代钢铁工业的第一次出口。[1]

光绪二十二年六月二十五日，据接办后的郑观应致盛宣怀函报告，"查厂中现存一寸至五寸方，三尺至三十七尺长方钢，一百三十余吨；大小钢条六十余吨；钢板十余吨；大小铁条八十余吨；铁板廿余吨；申地合销否？又，钉铁条一千余扎，汉价每扎二两四五钱"，并附有《铁政局移交钢铁约数清单》，载明品种、数量及验收的情况：

一、原折开生铁四千二百七十八吨半。（此项生铁编号分堆，最易点数，曾经复磅几堆，照原数约打九五折。据吕柏云，出炉时有沙嵌入孔中，且甫经洒水，堆存日久，沙净水干，故稍有折耗。）

一、原折开扁熟条五百七十吨零五十六磅。（计一万一千八百七十六条，估计吨数、条数大致相符。）

一、原折开马丁厂钢筒一百十九吨零一百九十磅。（计一百六十八个，估计吨数、件数大致相符。）

一、原折开马丁厂钢板五十二吨半。（估计吨数相符。）

一、原折开铁货厂钢条板五百九十吨零九百三十磅。（计一万七千一六十七件，加新收二十五吨零，除发出四百六十五吨零，净应存一百五十吨零，现查约存八十五吨，约短六十五吨。）

一、原折开铁货厂铁条板二百三十二吨零七百十磅。（计六万二千四百五十六件，加新收八十三吨零，除发出一百十二吨零，净应存二百三吨零，现查存一百二十二吨，约短八十一吨。）

一、原折开贝色麻钢轨五百零二条。（查见条数有赢无绌，惟尺寸长短不一。）

一、原折开贝色、马丁方钢一百三十一吨零一千八百七十八磅。（计

---

[1] 孙毓棠编：《中国近代工业史资料》第一辑下，科学出版社1957年版，第796、797页。

四千二百五十条，估计吨数、条数有赢无绌。)[①]

从这份移交清单来看，官办时期的产品既有生铁、熟铁，又有贝色麻钢、马丁钢。品种则有钢轨、钢筒、方钢、钢板、钢板条、铁板条、熟铁条等。叶景葵在《述汉冶萍产生之历史》中说张之洞“自始至终，实未曾炼得合用生铁一吨”，显然不是事实。

就汉阳铁厂的官办时期而论，它的销售问题关键在于市场。在某种程度上，是经费和焦炭供应困难掩盖了汉阳铁厂销售问题的严重性。如果前者当时得到了缓解，生产得越多，积压将更严重；而没有销售收入，铁厂便会成为用银子填不满的无底洞。

销售是企业的生命线。盛宣怀无疑是看清了这一形势的，所以坚持以督办铁路总公司作为接办铁厂的先决条件，坚持要把兴建铁路必须定购湖北铁厂的钢轨写入招商承办章程，并要求朝廷批准同意：

铁厂必须宽筹销路。中国现尚不能成铁舰，不惯用铁屋，不知造铁器；民间农具爨器，土铁足敷所用，销铁之处无多。从前立厂本意专为造轨制械而设，本省枪炮厂、各省制造厂所需钢铁，自应悉向鄂厂定购，然亦每年所用无多。现今议造各省铁路，所需钢轨及应用钢铁料件，系属大宗。拟请奏明无论官办商办，必须专向湖北铁厂随时定购。[②]

显然，盛宣怀是想借助朝廷的尚方宝剑来保护中国钢铁市场，保护新生的中国钢铁工业。

此时的大清王朝有意愿、有能力保护中国的钢铁工业吗？在即将面临的西方列强对中国铁路修建权的争夺中，盛宣怀能有多大的防御能力呢？

---

① 陈旭麓等主编：《汉冶萍公司》一，第155、156页。

② 湖北省档案馆编：《汉冶萍公司档案史料选编》上，第134页。

盛宣怀："先支持而后开拓"

在《苍凉的背影：张之洞与中国钢铁工业》一书中，作者依据原始史料，曾经推出如下论述：

> 严格说来，张之洞办铁厂，就他主持的官办时期来说，只是一个"未完成式"，既难以肯定它完全成功，也不能笼统地说它已经失败。成功或失败，都应当有一个衡量的尺度。从工厂的基本建设来说，它已经胜利完成，为近代化的钢铁生产提供了物质基础；从生产正常运转来说，直到招商承办时，由于缺乏生产流动资金，它的部分设备并未投产，焦炭供应尚未彻底解决，尚处在试生产、有待完善的过程中；从生产的效率来说，它已经生产出了生铁、熟铁、各种钢材，用于制造枪炮、建筑厂房，开始进入市场并有生铁出口，而由于它还处在试生产的阶段，主要设备并未全部发挥作用，也就远未达到设计的生产能力，况且一个新建的钢铁联合企业，即使是生产完全正常了，要达到设计水平，也需要有一个过程；从企业的效益来说，由于当时铁路建设停顿，它的主要产品钢轨没有大宗订货，也就没有大宗的销售收入；从国际竞争能力来说，汉阳铁厂无论是规模、设备、技术、资金都远远落后于西方列强的钢铁企业，我们不能苛求一个没有走出襁褓的婴儿与一群巨人抗衡。[①]

有的学者指出：汉阳铁厂"为什么会遭遇如此巨大的挫折？归纳历来的研究成果，大部分史学家认为，这是三大错误造成的：第一是设备购置不当。汉阳铁厂用的是大冶铁矿，含磷很高。……第二是焦炭没有稳妥的供应。……第三是选址不当。……提高了成本。为什么会出现这些重大决策的

---

① 张实：《苍凉的背影：张之洞与中国钢铁工业》，商务印书馆2010年版，第532页。

错误？主要原因是张之洞患了官僚办企业的常见错误：瞎指挥！"[①] 关于设备购置和选址问题，作者都有异议，在《苍凉的背影：张之洞与中国钢铁工业中》有专章考证和论述（请参阅该书第十二章"百年冤案：张之洞订购炼钢炉的真相"、第十四章"张之洞为什么不把铁厂建在黄石港？"以及第二十四章"叶景葵《述汉冶萍产生之历史》不应作为依据"）。关于产品质量和其他问题，该书亦有所论及，本书在下面有关章节中还将进一步探讨。

盛宣怀不是一个糊涂人，也不是一个粗心大意的人，他断然不会毫无成算，冒冒失失地就去接办那样一个大企业。从他的《招商章程八条》就可以看出他的大体思路："通筹全局，就职道愚见，拟请分次第办法，先支持而后开拓。"用我们今天的语言来说，就是先求生存而后再谋发展。如何求生存？"生意之道，不外乎谋销路。侧闻军务处招商开办卢汉铁路，应需钢轨，价值数千万，此诚绝大机会。"[②] 也就是以销售作为走出困境的突破口。实际上，他更是将销售与资金联系在一起来考虑的，其中还暗藏着一个未说破的招数：以预支轨价来解决铁厂急需的生产流动资金。他认为，把铁轨的销售紧紧地抓在了手上，就好像是当年招商局承担漕运，有了一笔可以预期的固定利润，然后再求开拓。"开拓之法，必须先寻煤矿。"寥寥数语，基本勾勒了一个初步治理铁厂的方案轮廓。

在企业营运的层面上，汉阳铁厂在招商承办前，面临着缺乏生产流动资金，燃料供应困难，没有大宗订货等三大难题。盛宣怀承办之时，即卢汉铁路开办之日，盛宣怀机敏地抓住了铁路，也就抓住了汉阳铁厂的生机。

汉阳铁厂本为卢汉铁路而创办，只因为朝廷忽然变计要让李鸿章去办关东铁路，而让张之洞去办汉阳铁厂，办成了两股道上各跑各的车，才生出了许多的波折。历史转了一个圆圈，又回到了原来的出发点，现在铁路和铁厂都由盛宣怀一手操纵，钢铁工业在大清王朝依然作为铁路事业的附属物，它会渐入佳境吗？

---

① 袁伟时：《汉阳铁厂与洋务派经济思想的困境》，载《温故》（三），广西师范大学出版社 2005 年版，第 36—37 页。

② 陈旭麓等主编：《汉冶萍公司》一，第 66—69 页。

第二章　盛宣怀接办汉阳铁厂是"被胁迫"吗？

汉阳铁厂招商承办提上议事日程 / 盛宣怀接办铁厂"被胁迫说"的由来 / 盛宣怀甲午战后被查办与张之洞无关 / 接办铁厂盛早已成竹在胸 / 盛已先期策划将铁路和铁厂"综于一手" / 盛主动争取到南北洋和中枢的有力支持 / 遵照翁同龢的授意先接办铁厂 / 接办铁厂盛宣怀是最大受益者

汉阳铁厂创办于 1890 年，经历了官办、官督商办、商办等体制的变迁，承载着中国早期现代化的艰难历程。光绪二十二年，盛宣怀接办汉阳铁厂，有其历史的必然性，盛从酝酿、策划到实施有一个长期而复杂的过程，并非张之洞对其胁迫所致。

汉阳铁厂招商承办提上议事日程

甲午战败，创巨痛深，举国上下，要求发愤雪耻。张之洞和他的钢铁事业在政治上和经济上都承受着更为沉重的压力。国人震惊于北洋舰队全军覆没，朝野唾骂李鸿章误国求和的同时，对洋务运动的作为、成效满怀激愤地进行抨击和清算；年轻的皇帝感受到了在丧权辱国条约上签字的沉重，感受到悬在头顶上的"亡国之君"的荆冠的严重威胁，急于改变现状，急于见到"造机器、开各矿"的成果；原已窘困的财政无力承受巨额的战争赔款，焦头烂额地向地方强制转嫁负担，迫不及待地企图甩掉官办企业这些大包袱；早已弹尽粮绝的汉阳铁厂更是无法筹措经费。

从深层次来看，鸦片战争以来社会、经济变化的长期积淀，特别是中国资产阶级的初步发展与民间资金的逐步积累，必然要求给他们提供一定的舞台，一旦与朝廷不得不采取措施、补救危局的机遇交汇，便推动了古老帝国的经济政策和旧有企业体制发生了微妙的变化。

《马关条约》生效两个月后，光绪二十一年闰五月二十六日，光绪看到了给事中褚成博的一份奏章，请求将各地的船械机器局招商承办以开利源，当即便批给户部，让他们拿一个意见。第二天光绪郑重地颁发了一道谕旨：

> 自来求治之道，必当因时制宜，况当国事艰难，尤应上下一心，图自强而弭祸患。朕宵旰忧勤，惩前毖后，惟以蠲除积习力行实政为先，迭据中外臣工条陈时务，详加披览，采择施行，如修铁路、铸钞币、造机器、开各矿、折南漕、减兵额、创邮政、练陆军、整海军、立学堂，大约以筹饷练兵为急务，以恤商惠工为本源，此应及时举办。至整顿厘金，严核关税，稽查荒田，汰除冗员各节，但能破除情面，实力讲求，必于国计民生两有裨益。①

要求各省督抚将军，限期在一个月内，将以上各条就本省情况作出汇报。

户部接到光绪对褚成博奏章的批示便回奏说：

> 中国制造机器等局不下八九处，历年耗费不赀，一旦用兵，仍须向外洋采购军火，平日工作不勤，所制不精，已可概见。福建船厂岁需银六十万，铁甲兵舰仍未能自制；湖北枪炮、铁政各局经营数载，糜币已多，未见明效。如能仿照西例，改归商办，弊少利多。②

---

① 朱寿朋编：《光绪朝东华录》四，中华书局 1958 年版，总第 3631 页。
② 朱寿朋编：《光绪朝东华录》四，总第 3637 页。

根据户部的意见，光绪于六月十二日下了一道谕旨，认为"制造船械实为自强要图。中国原有局厂经营累岁，所费不赀，办理并无大效，亟应从速变计，招商承办，方不致有名无实"。

如此，首当其冲被点名的汉阳铁厂，招商承办必然要提上议事日程。

盛宣怀接办铁厂"被胁迫说"的由来

1896 年（光绪二十二年），张之洞将汉阳铁厂交给盛宣怀招商承办，这是甲午战后中国最重大的经济事件之一。长期以来有一种说法，盛宣怀接办汉阳铁厂是被张之洞借查办之机要挟胁迫的。

此说较早出自梁启超的《记卢汉铁路》：

> 初，中东和议既成，都人士纷纷劾合肥，而以盛为合肥之所信任，攻之尤力。有旨命盛开去天津道缺，交南北洋大臣查办复奏。时北洋则王夔石，南洋则张香涛也。王固袒盛者，而张则素与盛不合，盛仍诣张乞保全。……张乃出两折以示盛，其一则劾之者，其一则保举之者。盛阅毕乃曰："大人意欲何为？"张曰："汝能为我接办铁政局，则保汝；否则劾汝。"盛不得已，乃诺之。[1]

在《饮冰室文集》目录中，此文编年为光绪二十五年。其时梁启超正流亡于国外。此书"例言"说该书始印于光绪二十八年，后多次重印，流传甚广。

此说的另一源头是叶景葵的《卷盦书跋——述汉冶萍产生之历史》。其中有"盛方以某案事交张查办，张为之洗刷，而以承办铁厂属之"之说。[2]20

---

① 梁启超：《饮冰室文集》四，中华书局 1988 年版，第 48—49 页。

② 叶景葵：《卷盦书跋》，上海古籍出版社 2006 年版，第 55 页；又见于中国史学会主编：《洋务运动》八，第 527 页；汪敬虞编：《中国近代工业史资料》第二辑上册，科学出版社 1957 年版，第 469 页；陈真编：《中国近代工业史资料》第三辑，生活·读书·新知三联书店 1961 年版，第 422 页。

世纪 50 年代以来，叶氏此文借中国史学会所编《洋务运动》等资料选辑广为流传，被许多论著采用，对张之洞和汉冶萍公司研究产生了广泛的影响。①

关于盛宣怀接办汉阳铁厂"被胁迫"的观点，一方面并无可靠的史料支撑，另一方面轻忽了盛宣怀的主观能动性和他所具有的独特而强大的能量，同时也忽略了他接办铁厂从酝酿、策划到实施有一个长期而复杂的过程。本章以考证、辨析"被胁迫说"为中心，对盛宣怀接办汉阳铁厂的有关史实，包括接办铁厂与督办铁路的关联、他所动用的社会关系，进行一次初步的发掘、梳理。

盛宣怀甲午战后被查办与张之洞无关

要澄清"被胁迫说"，我们首先必须明确：盛宣怀甲午战后这次被参，朝廷是不是交给张之洞查办；如果没有交给张之洞查办，张之洞就不可能借此挟制盛宣怀。

全汉升《汉冶萍公司史略》曾引用《清季外交史料》卷一一九，页六，《旨寄王文韶着查盛宣怀所管招商等局被参一案并保员任使电》（光绪二十一年十一月十八日），这是最直接、最过硬的原始史料。现将原文摘录如下：

> 前有人奏，津海关道盛宣怀招权纳贿，任意妄为各节，当交李秉衡

---

① 美国学者费维恺在《中国早期工业化——盛宣怀（1944—1916）和官督商办企业》（虞和平译，中国社会科学出版社 1990 年版，第 86 页）里，也采取了这一说法，但同时在注释中申明：他的资料来源于李剑农《中国近百年政治史》"所引用的一个身份不明者的报导"。李剑农书中所引的那段话，虽然没有标明作者和出处，实际是对上述梁启超《记卢汉铁路》引文稍加简括（《中国近百年政治史》，武汉大学出版社 2006 年版，第 228 页）。全汉升在《汉冶萍公司史略》中说："据非正式的记载，盛宣怀涉嫌与一宗贪污案有关，得张之洞的帮助才得以解脱，故答应张氏接办铁厂。"和费维恺一样，对这一记载的来源及其可靠性是有保留的。全汉升在 75 页"注六"中列举的另一条资料来自"经世文编，实业三，页六六"，即是上引叶景葵《述汉冶萍产生之历史》中那句话，一字不差；只是《民国经世文编》将作者标作"阙名"[全汉升：《汉冶萍公司史略》，香港中文大学 1972 年版，第 72、75、56 页]。

确切查明。兹据查明具奏：原参各款，或事出有因，或查无实据，惟总办电报，害则归公，利则归己，复克扣军饷，搜罗股票，平日居官亦多攀援依附，并请撤去该道电报局总办各折片。盛宣怀所管电报、招商局务关系紧要，接手之人必须才识兼长、操守廉洁者方能胜任，着王文韶将各局现在情形详细确查，并酌保熟悉招商等局妥实之员以备任使，勿稍迁就。①

从电旨本身来看，非常明确，这个案子原来是交给山东巡抚李秉衡查办，李已经初步裁定撤去盛的电报局总办职务并报请皇帝批准；至此，这个案子并未了结，朝廷又把这个案子指名道姓地交给王文韶，要他连同招商局一起考虑，物色推荐适合的人选，其间与张之洞毫无关系。

王文韶字夔石，浙江仁和人，咸丰二年进士，历任湖北按察使、湖南布政使、湖南巡抚，光绪四年署兵部侍郎，在军机处学习行走，八年署兵部尚书，因云南报销案请辞，十四年再任湘抚，十五年迁云贵总督，甲午战后奉旨接替李鸿章任北洋大臣、直隶总督，此时从政已四十多年，真正的三朝元老，在中枢和地方高层都积累了足够的经验。早在同治六年王文韶任湖北按察使时，与盐法道盛康交好，盛长子宣怀曾拜王文韶为师。电旨通过郑重其事地征询接办电报、招商局的人选，看似并未否定李秉衡的意见，实际上却把决定盛宣怀命运的权柄，不动声色地转移到了另一个级别更高的大臣、盛的顶头上司的手里，创造了一个王文韶保护自己得意门生的机会。

夏东元《盛宣怀年谱长编》提供了王文韶的《查复盛宣怀参案折》，此折前半部分复述电旨，与上述引文相同，后面才是他的回复。他并不直接为盛宣怀辩护，但是却在电旨叫他选人一事上屡陈盛宣怀在与各国交涉中的特殊作用，声称"均非他人所能涉手之事"，对盛宣怀特加揄扬：

　　……臣岂敢谓盛××之外毫无一人堪以胜任者，惟或则历练未深，

---

① 全汉升：《汉冶萍公司史略》，第75页。

或则声望未著，急切求之，实难其选。盖盛××实具兼人之才，而于商务洋务，则苦心研究，历试诸艰者已逾二十年，设以二十年前之盛〔宣怀〕处此，臣亦未敢保其必能接手也。……①

《王文韶日记》透露了清廷对这封奏折的反应。"光绪二十一年十二月十九日……专差拜发四折三片：遵旨查明复奏折（十一月十八日寄谕饬查）……""光绪二十一年十二月廿四日……十九折弁回津，复奏十一月十八日寄谕饬查一折，承准军机处知会：奉旨留中，钦此。"②可见当时盛宣怀的案子被暂时按下，未做处理。此事亦有两条旁证。光绪廿一年十一月十八日，就是朝廷把盛宣怀的案子交给王文韶的同一天，明发了两条与张之洞有关的上谕，一条是命两江总督刘坤一、湖广总督张之洞各回本任；一条是说湖广地方重要，要抓好铁厂枪炮厂。后者多少有点安慰张之洞的意思。既然朝廷已经明令刘坤一回任了，自然不可能让张之洞以南洋大臣的名义去查办盛宣怀。③光绪廿二年三月廿八日，王文韶致张之洞电中说："盛道实济时之彦，上年冒不韪以保全之，正为今日。"这正是他保全盛宣怀的夫子自道，也证实此案在上年的腊月底已经了结。④

由此可见，这次盛宣怀被参劾，朝廷并没有交给张之洞查办，张之洞不可能借此挟制盛宣怀。所谓张之洞借查办之机胁迫盛宣怀接办汉阳铁厂的说法，与已知相关原始史料不符。

---

① 夏东元编著：《盛宣怀年谱长编》下，上海交通大学出版社2004年版，第503—504页。这段引文《盛宣怀年谱长编》注的出处是"盛档"，即盛宣怀所遗留下来的档案。文中盛宣怀的姓名没有写完整，原件应是底稿或抄件。它保存在盛宣怀的个人档案里，我们没有机会看到原件，不敢妄断。若是抄件，可能是王文韶上奏前先与他通气；若是底稿，有可能就是盛宣怀自己代笔起草的了。

② 袁英光、胡逢祥整理：《王文韶日记》，中华书局1989年版，第928—930页。

③ 朱寿朋编：《光绪朝东华录》四，总第3701页。

④ 盛宣怀：《愚斋存稿》下，上海古籍出版社2002年版，第429页。

接办铁厂盛早已成竹在胸

不仅张之洞未曾胁迫盛宣怀接办汉阳铁厂，而且从盛宣怀方面看，对汉阳铁厂他一直在密切关注、预为筹谋，结果也似在其意料之中。

早在光绪十五年，张之洞提出修建卢汉铁路时，盛宣怀曾"条陈就鄂铁造轨，毋庸购买洋铁，可塞造路漏卮"，由醇亲王发交张之洞核议办理。那年冬天盛、张在上海会谈，虽然意见不合，却给张之洞留下了盛"有慨然自任之意"的深刻印象。光绪十八年十月十五日，张之洞因铁厂"亟须筹定常年成本，计每年需银一百万两"，写信向李鸿章求援，特地派了盛春颐去找他的堂叔盛宣怀和李鸿章，点名要盛宣怀来招商承办。盛宣怀跃跃欲试，复函宣称有意邀集华商和洋工程师，"赴汉冶各厂、各矿复阅一过，以便将出货成本详细核算。"后来因为李鸿章一毛不拔，盛宣怀又"须炼成钢铁后始能承领"，致使谈判搁浅。[1]

此后，盛宣怀从武汉不断得到铁厂势必由他接办的信息。光绪十八年十二月十七日，盛宣怀的得意高足、自觉在武汉充当坐探的钟天纬献策：铁厂"此种局面，如归商办，亦断难得利。唯为国家大局计，为香帅门面计，非吾师无人能解此围。……如能先订立合同，将全盘交出，旧主人绝不预闻，方能得其要领也"[2]。接着，光绪十九年正月又有在武昌的杨楷与盛宣怀暗通款曲。此人在自强学堂讲学、编书，曾受过盛的恩惠，此时又有求于盛。他作为局外人冷眼旁观，指出了汉阳铁厂的要害和必然的趋势："惟本地苦无佳煤，即有亦不能足用。……尊议官督商办之说，此时虽尚迟回，窃料经费既罄，久后终必出此计。"[3]与此同时，光绪十九年春天，郑观应也到了武汉，会晤了湖北藩台王之春，随即向盛报告："汉阳铁政局已用过银四百余

---

① 《张之洞奏铁厂拟开两炉请饬广东借拨经费折》，载湖北省档案馆编《汉冶萍公司档案史料选编》上，第120页。

② 陈旭麓等主编：《汉冶萍公司》一，第46页。

③ 陈旭麓等主编：《汉冶萍公司》一，第48—49页。

万，鄂督张香帅又奏拨七十万，仍恐不敷，势要招商承办。"①

中日甲午战争后期，清廷战败求和，李鸿章及盛宣怀屡受谴责奏参。光绪二十一年正月初一，盛宣怀致电署理两江总督张之洞，称有病"不宜北方"，"如蒙委办铁厂，将来造枪炮，开铁路，必仰副宪□。□蒙电商调办粮台劝捐，知己之感，亦愿效力"。后来盛将重点转移到用德人在徐州练兵事，又说其"久随合肥，亦颇蹉跎"。元月二十二日张之洞复电云："前拟奏调阁下南来，专为筹饷劝捐。兹来电云：不必提粮台，且仍须回津，似与鄙意不合。此举应作罢论。"②甲午战败资金更加困窘，朝廷指令企业招商承办，主观预定的对象是"南洋各岛暨新旧金山等处"的华侨富商，并责成闽浙总督边宝泉、两广总督谭锺麟、广东巡抚马丕瑶等派人去招徕。张之洞认为铁厂投资多、工程大，南洋华商无力承担，他首先想到的仍然是盛宣怀。光绪二十一年七月二十八日，湖北铁政局总办蔡锡勇，应署理两江总督张之洞之召，来到南京，致电盛春颐重提旧事：

> 弟意令叔前三年本有承办之意……较之三年前难易迥不相同，阁下所目击。况朝廷决意开办铁路，将有成议，所需钢轨铁货，惟患出货不多，不患销路不畅。令叔樊才硕画，承办此厂，必能日见兴盛。……帅意颇以为然。惟三年来添置机炉工料甚多，成本益巨，似须量筹宽缓之法，议请阁下电商令叔，有无接办之意，速复再行详议。③

值得注意的是，蔡锡勇和张之洞着重强调"朝廷决意开办铁路"，铁厂的销路将有保证，以此吸引盛接办铁厂。

光绪二十一年十月二十日，朝廷决定由胡燏棻督办津卢铁路。恭王奕䜣等人向皇上报告：卢汉铁路仍然是中国铁路的枢纽；先兴建津卢路，实际是为兴建卢汉路打基础，既便于运输铁路建设器材，也有利于招集商股。

---

① 夏东元编著：《盛宣怀年谱长编》上，第 407 页。
② 陈旭麓等主编：《甲午中日战争》下，上海人民出版社 1982 年版，第 605—613 页。
③ 湖北省档案馆编：《汉冶萍公司档案史料选编》上，第 124 页。

光绪便同时发布指示："至由卢沟桥南抵汉口铁路一条，道路较长，经费亦巨，各省富商如有能集资千万两以上者，准其设立公司，实力兴筑，事归商办，一切赢绌，官不与闻。如有成效可观，必当加以奖励。将此宣谕中外知之。"① 一纸上谕，预示着已经停顿两年的中国铁路兴办工程将要重新启动，意味着卢汉路建设已经提上议事日程，中国即将迎来铁路建设的新高潮，引起了中外关注。对于汉阳铁厂的招商承办，则增加了一个关键性的要素。

此时盛宣怀正处在被查办的尴尬境况中。对于接办铁厂，似乎没有见到他公开表态，暗地里却在加紧活动，措施之一，是通过时在汉阳铁厂任翻译的沈鉴，了解铁厂的底细。盛的这位老部下会同汉口电报局委员王希闿，于十月、十一月两次精详地书面汇报了"铁政各局厂办理情形及应变通之处"。② 如此迫切地要了解其"应变通之处"，表明盛宣怀已经在深入考虑接办后如何对铁厂治理整顿了。

盛已先期策划将铁路和铁厂"综于一手"

在盛宣怀的实业蓝图中，接办汉阳铁厂只是一个组成部分。光绪二十二年，他的雄心是要将铁路和铁厂这两个关系国计民生的大事业，都掌握在他的手中。

现有史料证实，盛宣怀早在这年春节前，为此在私下里进行过策划，参加这一策划的，至少有张之洞身边的亲信幕僚恽祖翼、恽祖祁兄弟。

恽祖翼，曾任汉黄德道、湖北按察使，虽然多年在湖北做官，却与盛家是武进同乡、世交，光绪初年对盛在湖北办矿又多有关照。兄弟二人都与盛关系密切，此时一个在武昌，一个在南京，又都是张之洞的亲信。光绪二十二年正月初五、初九，在南京的恽祖祁两次致电盛宣怀，转达张之洞邀请盛宣怀去湖北考察和商谈接办事宜，表示"决意不招洋商"；并告知张之

---

① 朱寿朋编：《光绪朝东华录》四，总第3687—3688页。
② 陈旭麓等主编：《汉冶萍公司》一，第65页。

洞将于十七日交卸署理的两江总督，下旬回到武昌，此时盛去湖北便可与张之洞面商。另发一电，说的是私房话："祁窥帅意甚坚，公亦当坚决速行，与五兄力争之意方合。"盛宣怀复电委婉地表示有接办的意向，又有所保留，显然是占据主动，等待时机。①

值得注意的是，正月十日恽祖翼自武昌发电致盛，虽然也是劝驾，却透露了暗藏的玄机：

> 前所约落第后再议，果符所料。前日电请再催约我公，悉如前议，帅允照办，并谕俟公到鄂勘矿后奏办。已谕知莘弟奉约，务望即行命驾，勿稍迟延。铁厂到手，铁路亦在掌握矣。②

"落第"或暗指张之洞正式调任两江总督无望、依旧回任湖广。这封电报，透露了盛宣怀与恽氏兄弟曾经有过精心策划，现在事态正在按着他们的预计发展。这个策划可以称之为一箭双雕，其要点似在于：把铁路和铁厂捆绑在一起；在具体运作中，以接办铁厂作为谋求路权的前奏和重要支撑，达到将"路厂综于一手"。

就在盛宣怀赴湖北的途中，三月十二日朝廷发布了有关卢汉铁路的上谕。因为有许应锵、方培垚、刘鹗、吕庆麟等四人"均称集有股份千万，先后具呈，各愿承办，请派大员督理"。朝廷的旨意是：

> 卢汉铁路关系重要，提款官办万不能行，惟有商人承办，官为督率，以冀造成。王文韶张之洞均系本辖之境，即著责成该督等会同办理道员许应锵等分办地段，准其自行承认，毋稍掣肘。并著该督等详加体察，不得有洋商入股为要。③

---

① 盛宣怀：《愚斋存稿》下，第 412、414 页。
② 盛宣怀：《愚斋存稿》下，第 413 页。
③ 盛宣怀：《愚斋存稿》上，第 607—608 页。

这道上谕，对于谋求路权的盛宣怀是喜忧参半。肯定了官督商办的形式并责成王、张两督办理，给他提供了有利条件；但已有许应锵等四人奉旨分办则使他处于被排斥的被动地位。盛宣怀敏锐地意识到许应锵等人的资金来源可疑，值此之际，依据朝廷"不得有洋商入股"的旨意，揭穿其真相，争取王文韶和张之洞的大力支持便成为当务之急。

盛宣怀三月十五日到达汉口即致电王文韶，指出"闻许应锵一无华股，意在洋股影射"。痛陈洋股之害："然洋商必欲尽占权利，一国要挟，各国争衡，未见其利，先受其害，朝廷宜鉴及此。"同时要求授权与张之洞接洽铁路事宜："钧处奉旨后，可否饬令与议，藉抒管见。"十六日，王文韶复电，同意盛对这些资金的看法，并确认盛为己方代表："鄙见即使筹款十得其五，必系洋款居多，资本既不能靠实，洋股尤不易杜绝。试借箸一筹，为香帅言之，不分南北，通力合作，此朝廷意也。"① 如此，盛宣怀的湖北之行，其目的和身份实际上都发生了微妙的变化，出现在湖广总督府的盛宣怀，首先是北洋大臣、直隶总督王文韶联系铁路事项的特派代表，然后才是汉阳铁厂的承办人。这使他处于更加主动的地位，无疑也更加有利于实现一箭两雕。

实际进展是，盛宣怀到达武昌后，首先是就铁路问题与张之洞深入交换意见并达成共识，三月二十六日，张之洞致电王文韶，建议设立卢汉铁路招商总局，高度赞扬盛宣怀，建议推荐他"随同我两人总理此局"，为成全盛宣怀"路厂综于一手"，跨出了关键的一步。② 此后，张之洞在致军机大臣、礼部尚书李鸿藻的信中，汇报了他与盛宣怀会谈的情况。除指出许、刘等资金不可靠外，重点谈到铁厂与铁路的关系：

> 盖详核铁厂全局，因煤贵炉少，工本太巨，若非广筹资本，添设炉座，多开煤井，必致成本不敷。……而盛道此来，与之细谈，渠亦无如许巨款，大意谓铁路若归鄂办，则铁有销路，炼铁之本，可于铁路经费

---

① 盛宣怀：《愚斋存稿》上，第 607 页。
② 盛宣怀：《愚斋存稿》上，第 609 页。

内挹注。正筹议间，适闻有卢汉铁路交王夔帅与敝处督率商办之旨，渠甚踊跃，谓亦愿招商承办。……盛若令办铁路，则铁厂自必归其承办，如此则铁厂全盘俱活，晚亦从此脱此巨累矣！①

张之洞跨出如此关键的一步，也许不无双方利益交换的因素，但我们解读相关史料，似应同时注重张之洞与盛宣怀存在着共同的思想基础。张之洞修建铁路、铁厂的基本出发点是维护国家主权，盛宣怀此时提出甄别资金来源、杜绝洋股渗入，与朝廷的指令和张的思想倾向是吻合一致的。张之洞因主张修建卢汉铁路而修建铁厂，而为铁路供应铁轨的工厂建成前后，却屡遭李鸿章拒绝订货、铁路建设停工等打击。在这封信中，张之洞已经痛切地陈明了离开了铁路则汉阳铁厂绝无生路；而盛宣怀的基本思路是通过铁轨销售和资金输入两个环节把铁路和铁厂结成利益共同体，恰恰是对症下药。这一思路，不仅反映了盛宣怀对铁厂与铁路之间依存关系具有深切的理解，也显示了他善于争取和营运资金的经营能力，既具有可行性，也对铁路、铁厂双方有利，应是张之洞所乐于接受的。

盛主动争取到南北洋和中枢的有力支持

盛宣怀接办铁厂和督办铁路计划的实现，并非仅凭张之洞一人之力，而是同时在南、北洋和中枢都争取到了有力的支持。

光绪二十二年三月十五日，盛宣怀来到汉口，当天便有电报向北洋大臣、直隶总督的王文韶汇报：

在宁谒岘帅（刘坤一），代述傅相（李鸿章）所言：遇有应举大政，莫如南北洋商同奏请，外合则内亦不拒。勿再请设商务大臣，不明窾要，转致掣肘。岘帅出示疏稿，已请设商务主持卢汉。宣昨接琴川（翁

---

① 《致李兰荪宫保》，载苑书义等主编《张之洞全集》十二，第10239页。

同龢）密电，为铁事将交南皮（张之洞）与钧处。……①

这里的"铁事"实际是指铁路。这封向王文韶汇报的电报提供的信息足资证明：盛宣怀此行，对外说是视察轮船招商局沿江口岸，实际却主要是为了卢汉铁路而来，而且大有收获，进展顺利；至于接办铁厂尚在其次。他在南京见南洋大臣、两江总督刘坤一，代李鸿章传话，是希望就卢汉铁路与刘联手，统一口径，不让朝廷派别人来插手，已经得到刘的支持："惟前谒宪台亦蒙见许"。②"琴川密电"的内容，即上述三月十二日关于铁路的上谕。为了铁路，盛宣怀早就联系上了光绪的老师、军机大臣、户部尚书翁同龢。先期获得了准确的情报，便是翁师傅大力支持的效应。在十五日电报中，他向恩师兼顶头上司王文韶请求参与铁路事宜，已得到了圆满的回应，成了王文韶的特派代表。

三月二十六日，张之洞签发了两件盛宣怀代拟的致王文韶电稿，显示他与盛就所涉及的铁路问题已形成了共识，并亲笔加上对盛宣怀的高度赞许：

> 昨招盛道来鄂商办铁厂，连日与议卢汉路事，极为透彻。环顾四方，官不通商情，商不顾大局，或知洋务而不明中国政体，或易为洋人所欺，或任事锐而鲜阅历，或敢为欺谩但图包揽而不能践言，皆不足任此事。该道无此六病，若令随同我两人总理此局，承上注下，可联南北，可联中外，可联官商，拟俟许、武等到后察出实情即行会奏。③

这些赞许，主要还不是说给王文韶听的，而是为请求朝廷批准对盛的任命定下基调。三年前，张之洞在致李鸿章信中曾称赞盛宣怀："窃思方今有才思、有魄力、深通西法商务者，惟津海关盛道为最。"这里又再次高调肯

---

① 盛宣怀：《愚斋存稿》上，第607页。

② 同年五月初一，盛宣怀致江督刘坤一电："夔帅、香帅拟将卢汉事委属，惧勿克胜，惟前谒宪台亦蒙见许……"见盛宣怀：《愚斋存稿》下，第434页。

③ 苑书义等主编：《张之洞全集》九，第6974页。

定盛没有时下一般官僚的通病，是个难得的人才。虽然不无溢美，但平心而论，在晚清的官僚群体中，盛宣怀确实算得是主持铁路建设的最佳人选。

三月二十七日盛宣怀电告王文韶，对于张之洞的推荐："答以如蒙两帅委任，中无隔阂，再拼数年精力，为中国争一口气，在所不惜。"二十八日，王文韶复电张之洞："盛道实济时之彦，上年冒不韪以保全之，正为今日。兹得大力揄扬，此才必有以自见。"至此，直隶与湖广共同推荐盛宣怀已成定局。① 三月二十九日，盛宣怀一鼓作气，趁热打铁，向中枢极力争取。致电北京翁叔甫侍讲，报告有关卢汉铁路的情况，在强调"洋人觊觎铁路意甚深谲"的同时，汇报张之洞打算联合王文韶推荐他负责卢汉铁路招商局：

> 香帅招赴鄂商办铁政，适接十二寄谕，因论卢汉事甚详。顷闻香帅电商夔帅，以宣稍有阅历，拟会请设立卢汉铁路招商总局，责成总办。……南北所见已合，如得上下同心，必能仰副商办大意，克期而成。届时会奏中不及详者，拟派宣赴京面陈，倘蒙主持定议，专任速办，再拼数年心血为中国争一口气亦不敢惜。钧意然否，候赐复。即行旋沪，乞代禀。②

叔甫即翁斌孙，系翁同爵之孙、翁曾源的长子，即同龢的侄孙，时为翰林院侍讲。"乞代禀"，是请他报告翁同龢，这封电报实际是发给翁同龢的，争取翁的支持。"南北"云云，指直隶、湖广两地的总督意见已经一致；"上下同心"云云，是希望中枢能够同意王、张二位督抚的意见，并请求翁同龢从中主持，批准成立卢汉铁路招商总局，并由他总办。

遵照翁同龢的授意先接办铁厂

尽管盛宣怀在光绪二十二年三月将注意力集中在铁路上，却是翁同龢对

---

① 盛宣怀：《愚斋存稿》下，第 429 页。
② 盛宣怀：《愚斋存稿》上，第 610—611 页。

盛宣怀作出了先接办汉阳铁厂的指示。四月一日，翁同龢回电，指示盛宣怀调整运作的步骤：

> 两帅合举，益增重。鄙见先任事，后入都。现股夹杂，任之坏事，剔之招谤。玚即到沪，可面谈。

翁同龢的意思是：有了王、张两位大帅联合举荐盛宣怀办铁路，此事的分量就更加重了，结果应无异议。"先任事"，"后入都"，就是要盛宣怀先把铁厂接下来，然后再进京谈铁路的事。"现股"意指许应锵等人要求承办铁路的资金，实系中外夹杂，如何对待，尚需详商。四月四日，张之洞又接到另一位军机大臣、礼部尚书李鸿藻回电应允："南北奏入必照办"，即王、张合奏由盛督办铁路可以得到批准。①

在争取督办卢汉铁路的过程中，盛宣怀充分发挥了其"承上注下，可联南北"的能力，步步顺利，关键时刻翁同龢又作出明确指示，接办铁厂基本上水到渠成、顺理成章。光绪二十二年四月初二，即翁同龢回电的第二天，张之洞正式下文，札委"盛宣怀督办汉阳铁厂"：

> ……现经来鄂面商，并亲往铁厂铁山运道等处详细查勘，议定湖北铁厂即归该道招集商股，官督商办。应即饬委该道督办湖北铁厂事务，所有厂内厂外凡关涉铁厂之铁山、煤矿、运道、码头、轮剥各船，以及应用委员司事，华洋工匠人等，应如何派司职事，及应办一切事宜，机炉应否添设，款项如何筹措，均由该道一手经理，督饬商董，酌量妥办。但随时择要禀报本部堂查考。②

张之洞的这一表态比较开明，所有企业资产、人事、设备、资金的支配

---

① 盛宣怀：《愚斋存稿》上，第612页。
② 湖北省档案馆编：《汉冶萍公司档案史料选编》上，第129页。

权都交给盛宣怀，只留了一个很原则的"随时择要禀报本部堂考查"的要求。至于如何"择要禀报"，主动权在盛宣怀，这就给盛后来行事提供了很大的机动空间。

与此同时，四月二日盛宣怀致电王文韶，强调"路与轨两局综于一手"的必要性，报告他要接办铁厂：

> ……议集华股百万，而以实用官本作存项，得利后分年归还，奏改官督商办，路与轨两局综于一手，路成厂亦成。香帅拟先奏派总理厂务……若一推让，恐厂与路皆属洋商，贻后来患。……质之夫子倘以为然，拟即允接办，遴派坐办股董，布置大概，再由沪回京禀商路事，而轨已无求于外洋矣。①

四月三日，盛宣怀再次致电翁斅甫，回应翁同龢的指示，进一步报告他打算接办铁厂：

> 铁政不得法，徒糜费，几为洋人得。右铭、松云讽阻，乃属意宣，督饬华商接办，重整旗鼓。以后岁可自制钢轨千余里，路厂如合一手，塞漏卮甚大。南皮意甚坚，若一推让必归洋人，但力薄恐难胜。斅翁何日到沪，里门句留几日？示知以便旋晤。②

从盛宣怀与翁家这些来往电报看，双方联系紧密，关系非同寻常。在盛宣怀的背后有翁同龢支持，不仅张之洞清楚，李鸿藻也是知情的，所以张之洞在致李鸿藻的信中有一段私房话："且铁厂如归盛接办，则厂中将来诸事，大农俱可不挑剔，此当早在明察之中矣！"这里的"大农"即户部尚书翁同龢。

---

① 盛宣怀：《愚斋存稿》上，第611页。
② 盛宣怀：《愚斋存稿》上，第611页。

接办铁厂盛宣怀是最大受益者

综合上述史实，我们可以清楚地看到，盛宣怀接办铁厂，并非孤立的个人行为，也不是仅凭张之洞一人之力，在中枢，盛争取到军机大臣兼总署大臣、户部尚书翁同龢的大力支持，在北洋得到了北洋大臣、直隶总督王文韶的一贯支持，同时还争取到了李鸿章、刘坤一、李鸿藻等重臣大员的暗中支持或默许。这是他长期酝酿，充分权衡利弊、主动发挥能量、多方积极经营而取得的成果。

早在光绪十五年，张之洞因主张创办卢汉铁路而创办汉阳铁厂，时至光绪二十二年，盛宣怀再次因争取督办卢汉铁路而接办汉阳铁厂，可见在晚清中国，钢铁工业始终只是铁路事业的附属物。实事求是地综合分析，盛宣怀接办铁厂不仅没有被胁迫，他还是最大的受益者。

光绪二十二年五月十六日，张之洞上奏《铁厂招商承办议定章程折》，其中有一段话比较全面地概括了汉阳铁厂招商承办章程的基本要点：

> 其大旨以嗣后需用厂本，无论多少，悉归商筹。从前用去官本数百万，概由商局承认，陆续分年抽还。惟限期须从宽缓，大率以抒民力、扶官厂为主脑。以中国兴造铁路，必须路厂一气，轨由厂造为要义。俟铁路公司向汉阳铁厂订购钢轨之日起，即按厂中每出生铁一吨，抽银一两，即将官本数百万抽足还清，以后仍行永远按吨照抽，以为该商局报效之款。①

现在看来，应该说这是一个三赢的方案：它的好处是与企业的生产挂钩，把官商双方的利益都与企业的命运联系在一起。对于资金难以为继的汉阳铁厂来说，有了盛宣怀负责提供生产资金，企业就能重新启动，保证正常

---

① 湖北省档案馆编：《汉冶萍公司档案史料选编》上，第133页。

的生产，甚至有望进一步发展。对于张之洞来说，尽管他现在还不能将铁厂的数百万官本如数返还国库，但已经有了铁路订货保证铁厂的基本收益，并确立了随着铁轨正常生产逐步抽足还清官本的具体方案，对朝廷、户部、舆论都有了一个切实可行的交代；商筹股本虽然增加到二百万，原议的一百万系为铁厂预筹的生产流动资金，另新增的一百万也并不要盛宣怀现在上缴，张之洞在《铁厂招商承办议定章程折》中说明："届时拟请札饬路局铁厂，在于预付轨价之内，分作两次先行提银一百万两，尽先归还急需之官本。此一百万两即在造轨之后应提每吨银一两内扣抵。"① 对于"路厂综于一手"的盛宣怀来说，实际结果是，一两银子未上交，就接办了汉阳铁厂这个大企业，自然是最大的受益者。

1896 年张之洞将汉阳铁厂交给盛宣怀招商承办，是甲午战后中国重大的经济事件之一，是中国近代史上两位洋务巨人的合作。盛宣怀机敏地抓住了历史机遇，实现了一次从困境中突围而确立强势的转变，使他的事业扩展到新的更加广阔的领域，决定了卢汉铁路和汉阳铁厂的归宿，在一定程度上影响着中国钢铁工业和铁路建设的发展和命运。伴随着他的政治地位和经济实力的上升，也为他日后进一步影响晚清的政局和近代化进程，提供了条件、奠定了基础。

---

① 湖北省档案馆编：《汉冶萍公司档案史料选编》上，第 134 页。

第三章 "一弹三星"与盛宣怀的关系网

盛宣怀竟动了"耕钓之思"／南皮疏通高阳 弢甫详达常熟／两帅保举 光绪召见 位列京堂／督办铁路总公司 确定资金筹集模式／创办中国人的第一家银行／盛宣怀如何取得翁同龢的支持／盛与李鸿章的关系发生了微妙变化／接替李鸿章的也是盛的恩师／李、盛关系和张、盛关系不可相比／还必须要过荣禄这一关／扶摇直上的翅膀与终将败落的基因

光绪二十二年是盛宣怀生命旅程中的一个节点，它以灰暗、低沉的序曲开始，而引出明亮辉煌的主旋律，是他办大事、做大官都获得重大进展的一年，是他的命运出现重大转折的一年。

这一年，他从一个地方督抚的属员，晋升为中央政府一个部门的长官，从此有了直接和朝廷甚至是和皇上、太后直接对话的特权和机遇。

这一年，他的事业急剧扩张，从轮船、电报、纺织发展至钢铁、铁路和银行，无可置疑地掌控着国家的经济命脉，开始成为近代中国最重要的实业巨头，达到了人生事业的一个顶峰。

这一年，他从李鸿章的荫庇下走出来，开始了自立门庭。在晚清的政治经济舞台上，他将不再只是李鸿章麾下一个二流的配角，他将创建自己的舞台，自己的班子，自己的剧目，自己出演主角。

这一年，他开始以一种新的身份出现在外事活动中，周旋于列强在华的

代理人之间，广结人脉，进一步扎下盘根错节的根基。

这一年，他的活动将从以天津为中心转移到以上海为基地。他将背靠租界，联络华洋，出入京津，遥控湖湘。

这一切，都是从他招商承办汉阳铁厂开始的，是它的连锁反应。

盛宣怀竟动了"耕钓之思"

光绪二十一年的除夕和二十二年的元旦，盛宣怀是在旅途的孤舟中度过的。

盛宣怀时任天津海关道兼津海关监督。天津海关道是 1870 年李鸿章建议设立的，被认为是为北洋大臣办理外事专设的职位，先后任过这一职位的陈钦、黎兆棠、郑藻如、刘汝翼都是追随李鸿章多年的旧人，而且娴于外交。《盛宣怀行述》说："津卓为各国通商总汇，关道专管中外交涉及新钞两关税务，兼充北洋海防翼长，联络统将布置行营事宜，其责任繁重，非他省关道可比。府君所管轮电两局，事机重要，而电线接展，动关外交。北洋、译署互商密件，文忠辄引府君参预其间，竭诚酬知，日有献替。"[1] 由此可知，盛宣怀在李鸿章身边是经济、外交、军事、政事一把抓，而且参与国家机密。

甲午战败，李鸿章赴日签订丧权辱国的《马关条约》，成为众矢之的，弹劾他的奏章数以百计。城门失火，殃及池鱼，盛宣怀也跟着倒霉。有人举报他"招权纳贿，任意妄为"，朝廷让山东巡抚李秉衡查明复奏。李秉衡的调查报告对盛宣怀很不利：原来举报的各款，有的事出有因，有的查无实据，"惟总办电报，害则归公，利则归己，复克扣军饷，搜罗股票，平日居官，亦多攀援依附，并请撤去该道电报局总办"。光绪二十一年十一月十八日，朝廷指示直隶总督王文韶将招商、电报等局的情况调查清楚，考虑选派熟悉情况的合适的人去接手，"接手之人必须才识兼长、操守廉洁者方能胜

---

① 　盛宣怀：《愚斋存稿》上，第 16 页。

任"。这王文韶也不直接为盛宣怀辩护，只是拿上面叫他选人来做文章。他说他到北洋以后，电报局和各国交涉的事很多，俄国有什么事，法国有什么事，日本有什么事，美国有什么事，分别一一列举，有的是总理衙门让他转告盛宣怀办的，有的是总理衙门直接通知盛宣怀办的，"均非他人所能涉手之事"；他不敢说盛宣怀之外就没有人能胜任，有的资格不够，有的又声望不行，"急切求之，实难其选"。王文韶如此回答，恰恰点中了软肋，电报局的事情，涉及与洋人打交道，朝廷也怕惹出是非来，便把王文韶的复奏"留中"，事情就这样按下，不了而了之。①

　　盛宣怀虽然在老师的保护下过了一关，毕竟心里不大受用，感觉到这天津海关道不好当下去了，也不能不对舆论和官场有所表示，便在这年年底，向王文韶报告，因病请求辞去天津海关道的职务，回南方去就医，并暂驻上海料理招商、电报、纺织各局。王文韶自是不准辞职，盛便请假医病回到上海，带了两个儿子回常州老家给老父贺年。大年初一，独坐在船中，一时百感交集，写下了《元旦有感》，结尾云："元旦系舟黄渡，天色晴和，篷窗记此，益以动耕钓之思矣"。

　　如果真的回家去种田钓鱼，那就不是盛宣怀了。四月初，他到了湖北，看到张之洞真心实意要他接办汉阳铁厂，又有"奏改官督商办，路与轨两局综于一手，路成厂亦成"的美好前景，便对王文韶表示："反复思维，人生百岁耳，既有把握，曷不放手为之。"

南皮疏通高阳　　燮甫详达常熟

　　盛宣怀接办汉阳铁厂的前提，是铁路也归他督办，以保证铁轨的销路。他在湖北与张之洞达成了协议，又得到了王文韶的全力支持，受命筹办卢汉铁路的两位地方实力派达成了高度一致，"不分南北，通力合作"，事情还只

---

① 王文韶:《查复盛宣怀参案折》，载夏东元编著《盛宣怀年谱长编》下，第503—504页。

算是成功了一半，前面还有一系列的难关险道。

这年的五月十五日，王文韶曾有一电，谆谆叮嘱盛宣怀：

> 至将来无论如何定议，总须香帅主稿，吾弟万不可动笔，即鄙人亦只能斟酌，稿本未可由此间缮发，缘上年复奏之件，知者韪之，不知者忌之，此次不可著此形迹，恐指为一鼻孔出气也。切要，切要。洋股不可混入，洋债不能不借。此意曾为新协揆言之，颇以为然。应否道破，临时再酌。①

上年复奏之件，当指上述王文韶《查复盛宣怀参案折》；新协揆，当指荣禄。这年的四月二十三日，原协办大学士崑冈晋升为体仁阁大学士，兵部尚书荣禄补授协办大学士，故称新协揆。王文韶在当时被称为"琉璃蛋"，这封电报再次显示了他的风格，自己避嫌采取低调被动的姿态，还叮嘱盛宣怀躲在张之洞的身后避风，并提示他做好上层的工作，取得中枢大佬的支持。

过去有种说法，盛宣怀接办铁厂是"被胁迫的"，真是三十斤的鳊鱼侧看，未免小觑了盛宣怀。殊不知他正是借助于接办铁厂，做出了一篇又一篇大文章，充分展示了他的能量之大和手段之高。

首先，借助张之洞与军机大臣李鸿藻的亲密关系，顺利地排除了李鸿藻的异议：

> 香帅面谕，已将卢汉事电商钧处，并拟会同奏派总理……答以高阳属意有人，未便挽越，事权不专，尤恐贻误。香帅谓：我意已决，高阳必为疏通。②

高阳，指李鸿藻，直隶高阳人，时任军机大臣，礼部尚书。据李鸿藻之

---

① 盛宣怀：《愚斋存稿》上，第616页。

② 盛寄王夔帅，光绪二十二年三月二十七日，载夏东元编著《盛宣怀年谱长编》下，第511—512页。

孙李宗侗编写的李鸿藻年谱记载，上年的中秋节，盛宣怀曾给李鸿藻送了二百两银子作为节仪，李没有接受。由此可知，彼此没有交情，李对盛并无好感。盛宣怀担心过不了李鸿藻这一关不是没有来由的。但盛宣怀又深知，十多年前年张之洞在京城是著名的清流，人称"青牛角"；而李鸿藻人称"青牛头"，正是清流的精神领袖，李张情同师生，关系既深且密。盛向张面陈李处或有障碍，张之洞应允出面，果然一疏即通：

前日南皮电高阳，谓铁政非某办不可，而路轨又必合举。顷接回电，允南北奏入必照办。①

随即，盛宣怀通过另一位军机大臣翁同龢的亲属，将有关方案要点详细报告给翁，取得了正受光绪帝重用的翁同龢的支持：

重蒙两帅青睐，诚不敢不勉，特将在鄂时所筹要领，先由叔甫详达常熟。昨接回信云，若靠四人，一百年办不成，派一督办，立公司，借洋债，自是正办。但所谓商借商还，究有把握否？此老心中了亮一至如此……②

翁同龢为常熟人，此处亦以籍贯代翁。叔甫为翁斌孙，系翁同爵之孙、翁曾源的长子，即同龢的侄孙，时为翰林院侍讲。"四人"当指自称已经集有巨资、要求承办卢汉铁路的许应锵、方培垚、刘鹗、吕庆麟等四人。张之洞、王文韶、盛宣怀都怀疑这些人的资金来路不明，可能是受洋人的指使。翁有同感，故说"若靠四人，一百年办不成"。"派一督办，立公司，借洋债"十字已概括了盛的方案要点。这个督办当然就是盛宣怀。

---

① 盛寄王夔帅，光绪二十二年四月初四，载夏东元编著《盛宣怀年谱长编》下，第517页。

② 陈旭麓等主编：《汉冶萍公司》一，第134—135页。

两帅保举　光绪召见　位列京堂

按照盛宣怀的设计，铁厂的出路在于铁路，而铁路的出路又在于借洋债。朝廷已经明令不允招洋股，这借洋债的方案是否能够通过，便是成败的关键。于是，盛宣怀又借助于翁的来信，要求张之洞上奏，让他入都。盛在六月十三日的密信中对湖北按察司使恽祖翼说："常熟又谓此事非弟入都不能明透，但必须夹片奏明，方可入都。近来谤言稍息，尤宜留意。……敬乞台端将以上情形切实密禀帅前，弟欲径禀而虑有漏泄也。"所谓"夹片奏明"，就是要张之洞出面向朝廷保奏盛宣怀。这话盛不好直接对张讲，所以借翁之口，又由恽祖翼转达。①

七月二十五日，张之洞与王文韶会衔上奏《卢汉铁路商办难成另筹办法折》，指出许应锵等四人"全恃洋股为承办张本"，"分地承办各节，均可毋庸置议"。强调"铁路未成之先，华商断无数千万之巨股，惟有暂借洋债造路，陆续招股，分还洋债之一策"；"盖洋债与洋股迥不相同，路归洋股则路权倒持于彼，款归借债则路权仍属于我……路款划分，可以事权不移"。接着提出："综其大要，当以专设大员，官督商办，并准由公司一面招股，一面借款，为入手第一义。"随即大力推荐盛宣怀：

> 查该员才力恢张，谋虑精密，博通洋务，深悉商情，甚有合于刘晏用人所谓通敏之才。中国向来风气，官不习商业，商不晓官法，即或有勤于官通于商者，又多不谙洋务。惟该员能兼三长，且招商、电报各局著有成效……应请特旨准设卢汉铁路招商公司，先派盛宣怀为总理……

考虑到盛宣怀有被查办的前科，在奏折的结尾又加重分量点明：

---

① 陈旭麓等主编：《汉冶萍公司》一，134—135页。

臣等亦知该员勇于任事，局外不免间有吹求，特以此事关系全局，得人甚难，反复焦思，既别无招巨商集巨款之方，而该员所拟办法又实系于国家有益无损之计，确知非该员不能胜任，自不敢不据实上陈……惟筹款办工紧要关键以及一切未尽事宜，自应饬令该员迅速入都，以备总理衙门垂询一切。①

八月初九，有旨令盛宣怀入都，"以备咨询"。九月初三，军事督办处的王公大臣们集体面议，"是日约盛杏荪观察到彼询铁路事，彼递节略一通，众咸谓然。"盛宣怀的方案大纲，顺利通过。九月十三，光绪皇帝亲自召见。翁同龢日记云：

> 有旨，令询盛宣怀借洋债、集股票有把握与否，并今日召对时面奏须练洋法兵三十万，此饷从何出。二刻十分始退。上词气奋发，似言中外不能通力合作，致此因循。……寻盛君告以故，酉正盛君来，详述借款事，练兵事。②

这是光绪召见盛宣怀后，又召见翁命其询问盛面奏所涉及的经费问题。看来盛宣怀的建议颇让皇帝兴奋了一阵子，并引发了一通对地方大吏的不满。盛自己也在第二天电告他的五哥恽祖翼："十三召对一钟之久，天颜甚霁。十四上谕改京堂候补，受宠若惊。"十天之后，九月二十四日，被授予太常寺少卿。

不同于以前的管理轮船、电报都是出自李鸿章的任命，这是他生平第一次被皇帝召见，第一次被皇帝亲自提拔为中央部门的主管官员，"督办铁路总公司事务"也是出自当今皇上的亲自任命。这在盛宣怀看来，无疑是

---

① 苑书义等主编：《张之洞全集》二，第 1183—1188 页。

② 陈义杰整理：《翁同龢日记》五，中华书局 1997 年版，第 2941、2943 页。这里的"中外不能通力合作"当指中央政府和外地督抚，参看《条陈自强大计折》，有"意在振兴而尤虑天下督抚心志不齐，难以统筹全局"之语。

五十三年来的生命历程中最大的成功，最大的荣耀。据刘体智《异辞录》记载："观察以南皮荐授京堂，修铁路，名满天下。常云：'苟有见我者，吾能令之赏识。'"①

督办铁路总公司　确定资金筹集模式

这次盛宣怀入都，在收获了官职、差使的同时，还解决了两个重大问题。

一是把督办卢汉铁路，变成了督办"铁路总公司"。

此前，朝廷的意旨是筹办卢汉铁路，盛与直督、鄂督也是具体地筹划卢汉路的方案。八月初四，盛致电王、张二督，提出为便于对外交涉，把创建中国电报事业的办法移植到铁路事业上来：

> 窃想俄法英三国，于边界铁路意存觊觎。如中国电线尽推公司，英丹俄法不能不向公司理论，隐消萌蘖不少。若援照特设铁路招商总公司，先造卢汉，其余沪粤等处亦准该公司议造，不另设公司，似此卢汉商股较易筹劝，且可泯各国窥伺之心，断却无数葛藤，即使各国来议，公司亦可稍助国家之力。②

这里的奥妙在于，以总公司这一机构对外，属民间的经济往来，可以避免列强直接与朝廷交涉，动辄引起外交事端。如此恰好投合了朝廷上下的惧洋心理，于是从地方到中央、从王公大臣到皇帝，一路绿灯，光绪批下来的旨意便是："请准设铁路总公司，令盛宣怀督办，从卢汉办起，苏沪、粤汉亦次第扩充。"如此一纸上谕，使盛宣怀将中国行将展开的铁路建设事业全部收入囊中，开启了中国铁路长达十年的"盛宣怀时期"。

---

① 刘体智：《异辞录》，中华书局1988年版，第68页。
② 盛宣怀：《愚斋存稿》上，第619页。

二是确定了卢汉铁路筹集资金的基本方案，为此后中国铁路建设提供了一个模式。

盛宣怀入都后，经过一番紧张的活动，八月二十六日向王文韶报告：续借洋债二千万的方案已有眉目，现拟以铁路抵押，造成一段抵押一段，可不致落空。军机处、译署、户部"半已许可，候会议后揭晓"[①]。九月十三日光绪召见后，上谕明确批示同意："即由公司招商股七百万两，借洋款二千万两，商借商还，并提拨借款一千万两，南北洋存款三百万两，以期官商维系，速成巨工"。[②]这里所说的提拨借款和存款，都是国家财政将为铁路垫付的资金。有了这一千三百万两银子垫底，卢汉铁路施工就有了保证；对于汉阳铁厂来说，不仅有了稳定的长期的大宗订货，生产流动资金也有了指望。这是后话。

创办中国人的第一家银行

盛宣怀的神通尚不止于此。他凭借了此次入都，又创办了中国人兴办的第一家银行。

在被授予太常寺少卿的第二天，盛宣怀趁热打铁，在专折谢恩的同时，上奏了《条陈自强大计折》，他将召对时向皇上提出的治理国家的个人建议和皇上向他询问的问题整理成书面意见，内容包括练兵、理财、育才等三件大事。这些本是推行洋务以来的老生常谈，但盛宣怀将它系统化了，且又不是空洞的道理，提供了一些可供参考的实施方案，如改募兵为征兵，淘汰绿营和练勇，实行常备兵、预备兵、后备兵制；理财如免厘金、加关税，开银行，铸银圆等，都有来自实践的独到见解。但内容完全没有涉及封建政治体制的弊端，与当时正在风起云涌的维新思潮划开了界限。

作为《条陈自强大计折》的附片之一，是《请设银行片》，专题建议开办银行。开宗明义阐述银行的重要性，强调西方的银行与中国票号、钱庄之

---

① 盛宣怀：《愚斋存稿》下，第 450 页。

② 苑书义等主编：《张之洞全集》二，第 1188—1189 页。

不同，在于"国家任保护权利无旁挠"；强调当前的迫切性在于"英、法、德、俄、日本之银行乃推行来华，攘我大利"。他不赞成现在先办国家银行，强调"中外风气不同"，担心用官府的制度来办这生意的事情会行不通；更反对让洋人用洋款来办，这样虽然很容易却会贻害无穷。他认为"惟银行者，商家之事"，主张应商办。"拟请简派大臣，遴选各省公正殷实之绅商举为总董，号召华商召集股本银五百万两，先在京都、上海设立中国银行，其余各省会各口岸，以次添设分行，照泰西商例，悉由商董自行经理"。他还报告了他与严信厚共同商议的初步方案，将严在上海和各海关开设的官银号归并于银行，印造银票，承办各地公款汇解，通行官造银圆，以及按照英国在华的汇丰银行的规章制度办事等。①

十月初三，王文韶接到头天朝廷寄出的旨意，命军机大臣、总理衙门、户部会议盛宣怀《条陈自强大计折》及《请开银行片》等。十月六日，王文韶、张之洞正在忙着与盛往返电商银行的事宜，盛宣怀却来电告诉他们："顷常熟面告，诸事均已妥定，只候两帅来电声明。银行与铁路互相维系，应归一手，便可叙入复奏……"②

十月初八，总理衙门、户部和盛宣怀接到了军机处转发的谕旨："银行一事前交部议，尚未定局，昨盛宣怀条陈，有请归商办之议。如果办理合宜，询于商务有益，着即责成盛宣怀选择殷商，设立总董，搜集股本，全力兴办，以收利权。"③用盛宣怀自己的话来说："今因铁厂不能不办铁路，又因铁路不能不办银行。"不到半年的时间内，他就如此神奇地完成了这个三级跳，将中国的铁厂、铁路、银行尽收囊中了。

盛宣怀如何取得翁同龢的支持

《张之洞致砚斋中堂函》中，结尾有几句话意味深长："盛之为人，海内

---

① 陈旭麓等主编：《中国通商银行》，上海人民出版社2000年版，第3—4页。
② 盛宣怀：《愚斋存稿》下，第454页。
③ 陈旭麓等主编：《中国通商银行》，上海人民出版社2000年版，第8页。

皆知之，我公知之，晚亦深知之，特以铁厂一事，户部必不发款，至于今日，罗掘已穷，再无生机，故不得已而与盛议之，非此无从得解脱之法，种种苦衷，谅蒙垂鉴。且铁厂如归盛接办，则厂中将来诸事，大农俱可不挑剔，此当早在明察之中矣。"①"大农"即户部尚书翁同龢。联系到盛宣怀接办铁厂后，从出任铁路总局督办、借洋债、办银行以及请户部拨款等等，处处得到支持，开口、闭口就是"常熟"如何如何，张之洞的意有所指，也就不言而喻了。

我们翻检《翁同龢日记》，从这一年的八月十七日起，"晚杏荪自津来，王、张两公保办卢汉路也，伊力辞，谈六刻去"。至同年十月初八日，"事不多，惟银行商办一事交盛宣怀招商集股请进止。准行。……杏荪来辞，留点心，谈时事，激昂失报，抵暮未去，令斌陪之。"盛宣怀入都后一个半月的时间里，先后到当朝军机大臣、皇帝的师傅翁同龢家中与之面谈共十八次。这段时间太后老佛爷住在颐和园避暑，又逢她老人家的寿诞，翁要跟着皇帝去园子里祝寿、陪着听戏、办公值班等，很多时间并不住在城内家中。除此之外，盛宣怀几乎是天天必到，只把东单牌楼二条胡同内翁师傅的府第当作了菜园门。每次去了，老人殷勤接待，到京后第二次上门便"留饭"，离京前辞行时"留点心"，期间还特地"约饭"一次：九月"二十九日，申初约杏孙饭，谈至酉正"，并给予了很高的评价"此人综核精能，若在农部，百事举矣"。在此期间，据日记记载，其他进京引进的人员，如黄遵宪、罗丰禄、蔡锡勇三人仅一同礼节性拜望一次；有的翁氏的一般故旧，只是来京、离京各一次；即使是与翁氏关系密切的户部侍郎张荫桓，同一时期内也只到翁家二次而已。盛宣怀在翁家却是个特例。②

回顾盛与翁的交往，两人既是江苏同乡，又是世交，长期联系而又关系

① 苑书义等主编：《张之洞全集》十二，第10239页。亦见于湖北省档案馆编：《汉冶萍公司档案史料选编》上，第127页。砚斋中堂似即李鸿藻。上述两书此件均系于光绪二十二年正月，似误。据《盛宣怀年谱长编》所载各件，盛系三月十五日到汉，卢汉路谕旨为三月十六日，盛致王电言张允"高阳处必为疏通"为三月二十七日，此件应写于三月二十七日前后。

② 陈义杰整理：《翁同龢日记》五，第2935、2949、2947页。

密切。两家老一辈盛康和翁心存早在道光年间就相识，常有来往。同治十一年翁同龢丧母丁忧回原籍，是年九月盛宣怀专程从苏州来常熟看望翁氏兄弟，由此相识。同治十三年四月，翁同龢服阕回京，盛从上海来为翁送行，并以旧版《三苏全集》为赠。光绪三年盛因收购旗昌洋行轮船事来京，拜见翁被称为"今之卜式、桑羊也"①。光绪六年两江总督刘坤一参劾盛宣怀贪污中饱、假公济私，盛康找到李鸿章求其复奏开脱，又请翁同龢为之疏通。翁日记谓："盛旭人自津门来见，兼以杏生被劾事，及李相复奏稿见示，此中事未易悉也。"②对此事似有所保留，盛后为李鸿章所庇护始得过关。光绪十年中法战争期间，盛是翁的主要信息来源，每隔几天盛就有情报和建议密电致翁，通过翁提供朝廷决策参考。战后仍书信往来不绝。③光绪十二年六月二十九日盛宣怀来京，翁与之长谈，"夜留杏生饭，纵谈时事，此人毕竟有才，惟热中耳"④。光绪十五年七月翁请假回常熟故里修墓，来去均在盛宣怀的驻地烟台停泊，据《翁同龢日记》载，七月二十二日，"泊燕台，东海关道盛荇生来见长谈，送席受之，却其他物"。九月十一日，"作盛荇生函，荐张炳华，荐南北中树馆"。返程中九月十八日日记云："亥初二刻始至烟台泊。盛观察杏生长谈"，"杏生送米面及梨。余多投谒者，皆未见"。⑤张炳华是翁此行在常熟、上海始终陪同的亲友，翁亲自写信让盛为张安排工作，则是视盛为可托办私事的人。

在甲午之战中盛与翁的关系更为特殊、密切。光绪二十年七月初一中日互相宣战。初二盛致翁同龢密电："京仲良送翁宫保：以后密电均寄菉卿，如有可采，请作为出自钧意，勿言宣禀。"王仲良即王继善，时任北京电报局委员；菉卿即翁曾荣，是翁同龢的侄儿。此后，盛与菉卿的密电往还，实际是盛与翁同龢之间的密电往来。从《翁同龢集》所收七月二日至二十五日双

① 陈义杰整理：《翁同龢日记》三，中华书局1993年版，第1314页。
② 陈义杰整理：《翁同龢日记》三，第1602页。
③ 谢俊美：《翁同龢人际交往与晚清政局》，上海书店出版社2018年版，第434—437页。
④ 陈义杰整理：《翁同龢日记》四，中华书局1992年版，第2034页。
⑤ 陈义杰整理：《翁同龢日记》四，第2301、2312、2314页。

方共二十七件电文来看，是盛利用其控制电报局的有利条件，及时将他所搜集到的前线战况密报给翁，并相机提出军事部署的建议，希望为翁所采纳，变成朝廷的部署。①

光绪二十年十一月十九日，御史张仲忻参劾盛宣怀，直指"盛恃翁某为奥援，翁为其所愚，称人虽不正，其才可用"。研究翁同龢的专家谢俊美认为："纵观盛的一生，在地方他依仗李鸿章，在中央与翁同龢保持密切的联系，这也许就是他成功的原因之一。"②

从甲午到戊戌这几年，是翁同龢最风光的时期。在本职户部尚书外，又第二次入值军机，会办军务督办处，被恭王拉入总理各国事务衙门，晋升为协办大学士。更重要的是，他仍然兼了"毓庆宫行走"这个老差使，作为光绪的老师，每天都有和皇上在书房里"造膝独对"的机会，是光绪最亲信的股肱。如果把翁同龢对于铁路和银行的支持，全都视为盛宣怀在私下里奔走活动的结果，显然也有失公允。有的学者指出，早在同治十三年的海防大讨论中，翁同龢就明确地提出了要"筹办海军，建设海军"，"练兵、简器、筹饷、造船皆当次第兴办"，"作育人才尤为当务之亟"，对洋务新政、海防建设表示坚决支持。③在一些洋务项目上，翁与李鸿章、张之洞等人有过分歧、甚至是冲突，半是老夫子久居上层，昧于实际；半是屁股指挥脑袋，各人所处的位置不同，存在着中央与地方、财政收入与洋务支出的矛盾。此时翁之所以有如此支持铁路、银行的表现，显然与甲午战后的形势和光绪的态度有关。

甲午战败，割地赔款，丧权辱国。空前巨大的灾难，促进了中华民族的觉醒。光绪二十一年四月康有为等人的公车上书，是一次在民族危机刺激下的知识分子群体请愿，基于对民族前途思考所形成的共识，强烈地要求把抵御外侮和改革内政融为一体，发出了"变法"的时代最强音。甲午战败，实际也刺激了深居九重的光绪皇帝和他的老师翁同龢。"正如甲午战争使一部

---

① 谢俊美编：《翁同龢集》上，中华书局 2005 年版，第 453—457 页。

② 谢俊美：《翁同龢人际交往与晚清政局》，第 435 页。

③ 谢俊美：《翁同龢传》，中华书局 1994 年版，第 186 页。

分洋务派承认了维新之必要一样，甲午战争也使一部分顽固派开始接受洋务派的东西。"①此时的光绪，不愿做亡国之君，亟思有所作为，维新变法的倾向越来越强烈；翁同龢作为光绪变法图强的主要支持者和思想资源的长期提供者，不论他是否充当了所谓"帝党"的首领，也无论他与康有为的真实关系究竟如何，他的政治思想大体上是处于"中学为体，西学为用"的境界，不出于他对光绪所说的："西法不可不讲，圣贤义理之学尤不可忘。"也就是"以圣贤义理之学植其根本，又须博采西学之切于实务者，实力讲求，以救空疏迂谬之弊。"(《定国是诏》)而主政的其他大臣，绝大多数也具有洋务的倾向，恭王奕䜣、李鸿章、张之洞、王文韶等更是洋务的老手，此时对于铁路、银行已经不是不可以接受的了。

盛与李鸿章的关系发生了微妙变化

当盛宣怀接办汉阳铁厂的时候，失去了北洋军政大权的李鸿章正在俄国祝贺沙皇加冕，通过秘密谈判《中俄密约》，开始借助外力以恢复声光、巩固地位。光绪二十二年八月二十八日，李鸿章出访俄、英、德、美诸国回到天津，第二天远在汉阳的郑观应便致信在北京活动的盛宣怀，十分关切动向："惟傅相已到，不审大局有无变迁，恐我公又多一番招呼矣。"九月十四日盛宣怀被光绪召见提拔，此时李鸿章已到十五日张之洞致电盛宣怀祝贺，也不忘特地询问一声："合肥于此时有何议论？祈详示。"但盛却回复得很简单，只是微露一点口风："傅相以洋债不及洋股容易，诚然，宣面谈尚融洽。"②李鸿章对于盛宣怀、张之洞等而言，仍然是不可忽视的存在。三天后，九月十八日诏命李鸿章在"总理衙门行走"，仅仅保留了他在洋务活动中的发言权。此后，盛宣怀依旧向李请示汇报，李也依然对盛发号施令，但双方心中都有数，两人之间的关系已经暗暗地发生了变化。此前在光绪

---

① 陈旭麓：《近代中国社会的新陈代谢》，上海社会科学院出版社2006年版，第176页。

② 夏东元编著：《盛宣怀年谱长编》，第533、536、537页。

二十一年二月底，全国舆论交相遣责、声讨李鸿章的高潮中，昔日的清流名宿、如今已是李鸿章女婿的张佩纶，唯恐岳父大人有"不测之祸"，写信向军机大臣李鸿藻求援，将甲午之败归罪于盛宣怀、袁世凯和李鸿章之子李经方："合肥素仁厚，止以喜用小人之有才者，晚年为贪诈所使，七颠八倒，一误再误。晚节若此，爱莫能助，夫复何言！……合肥托大酿成此祸，诸将已伏其辜。而祸端萌自袁世凯，炽于盛宣怀，结于李经方；仪老稍有明机，为此三人蛊惑，更成糊涂。小李（经方）卖父误国，天地不容，自己终生废弃，盛亦累经弹劾，虽有大力庇之，终为财色冥殛。……"① 而盛宣怀这一方面，当李鸿章尚在海外之际，却对张之洞的僚属恽祖翼大发牢骚，宣称："……弟事合肥师三十年，从不争牌子，合肥亦抑之使不得进。……湘乡、益阳功业盖天下，首在荐贤，今后洋务之难不尤难于发捻军务耶？南皮任洋务知人用人，可不比与湘乡、益阳耶？湘乡用人，惟恐不能尽其用，绝无所以限制之心，合肥用人，惟恐功为人居。此得人失人之不同也。"② 此前，盛宣怀是李鸿章一手提拔起来的，这是不争的事实。姑且不论合肥是否"抑之使不得进"，读者须知这些话其实是说给张之洞听的，说洋务比平定太平天国、捻军更困难，张之洞这样的洋务派当然爱听；说张之洞知人善任堪比曾国藩、胡林翼，张之洞当然更爱听。而这些话吹到李鸿章的耳朵里，便对小儿子李经迈打招呼：盛宣怀不过是一个道员，家资已数百万，现在官未做大，已经反咬了我们一口！从此，李鸿章及其家人——也许李经方除外——对于盛宣怀表面上是一如既往，内心里已经有所戒备了。庚子年间，李鸿章在北京主持对八国联军的谈判时，他的小女儿、张佩纶的夫人李经璹便在光绪二十六年十一月廿九日家信中提醒父亲："香、杏交甚密。小人最不宜结怨耳！"香指香涛，张之洞；杏即杏荪，盛宣怀，在李家人的眼中都是"小人"。③

---

① 李宗侗、刘凤翰编：《李鸿藻年谱》，中华书局 2014 年版，第 721 页。

② 夏东元编著：《盛宣怀年谱长编》，第 527 页。

③ 姜鸣：《天公不语对枯棋：晚清的政局和人物》，生活·读书·新知三联书店 2006 年版，第 90—92 页。

光绪二十七年七月初一，张佩纶致李鸿章函云："过沪时杏逊招饮，极意联络，纶劝其早日北上分劳，为国为师，均宜如此。渠言实以纱厂亏深，不克分身。"指出盛"意在规避"。① 此时李鸿章已离死期不远，盛明知李陷入谈判困境中又病重体衰，而断然拒绝北上分劳，对曾倚为政治靠山的恩师，可谓恩断义绝。

接替李鸿章的也是盛的恩师

盛宣怀接办铁厂并督办铁路的另一个有利条件是，接替李鸿章的王文韶也是盛的恩师。王尔敏认为，盛康"家道殷富，又广为经营典当钱庄，受同官好友之托，存银生息，其中财务关系最深厚者即为王文韶。盛宣怀师事王氏，恃为朝廷内援，有其家庭背景，非单纯个人际遇。"②

甲午之战李鸿章去日本谈判的时候，直隶总督和北洋大臣的军政大权由王文韶接管。王文韶与李鸿藻同是咸丰二年的进士，但王比李鸿藻要年轻十来岁；早年王在湖北作安襄勋荆道时，受到左宗棠和李鸿章的赏识举荐，晋升为按察使，再晋湖南布政使而任湖南巡抚六年，光绪四年内调兵部侍郎而入值军机处，比李鸿藻、翁同龢第一次进军机还要早三四年。这次王由云贵总督调北洋，盛宣怀早就在致王的密信中预测，"我师当为高阳替人"，即接替已经年老体衰、每日朝见跪起不便的军机大臣李鸿藻。果然光绪二十三年七月李鸿藻病逝，二十四年四月翁同龢被革去一切职务，王文韶再次入值军机。对于这样一位风头正健、有望栽培自己的高官大僚，盛宣怀自是奉命唯谨、着意联络。查《王文韶日记》，光绪二十二年八月盛宣怀上京前，初八日"杏孙到津来见久谈"，直到十二日"杏孙辞行晋京"，每日均有"杏孙来谈"的记载；十月十二日"亥刻杏孙自京抵津"，十三日王文韶卧病，十四日"杏孙来谈，是日略能起坐"，二十日"杏孙只两日未来"。廿二、廿四、廿八、

---

① 姜鸣整理：《李鸿章张佩纶往来信札》，上海人民出版社 2018 年版，第 683 页。
② 王尔敏：《盛宣怀与中国实业利权之维护》，近代史所集刊第 27 期，第 7 页。

或"杏孙来久谈",或"杏孙来久坐",直至十一月初一,"下午杏孙来辞行,明日乘海晏赴沪,公私事冗,久谈而别。"① 如同对待翁同龢一样,盛宣怀对于这位恩师也是用的细腻而持久的水磨功夫。

李、盛关系和张、盛关系不可相比

对于张之洞,盛宣怀后来在致张的密信中自诉衷肠:"回念甲午以后,离合肥,就庇宇下,接汉阳厂,成京汉路,以及互保拳乱,会议商约,相随鞭策,幸免愆尤……"② 似乎明白无误地自我定性为投靠张之洞,改换门庭,其实,李、盛关系和张、盛关系是不能相比的。

盛宣怀同治九年(1870 年)进入李鸿章幕府,年仅 27 岁;其时李鸿章比他年长近廿岁,已是协办大学士、湖广总督。至光绪廿二年(1896 年)接办铁厂,盛宣怀年已 53 岁。从青年到进入老年,盛宣怀的生命刚好有一半的时间是在李鸿章的身边度过的。两人之间不止于上下级之间的主从关系,李对于盛来说,不仅是政治靠山、主宰者,也是师长,除了利益的依存,还有不可忽视的思想影响和感情维系。如果说 26 年前,青年的盛宣怀第一次谒见大名鼎鼎的湖广总督李鸿章,或许心存敬畏、不敢仰视;有了在李中堂麾下 26 年的宦海纵横的阅历,进入老年的盛宣怀为接办铁厂而会见另一个年近 60 的湖广总督张之洞,纵然对方也是名满天下,他必然只能是心存疑虑、平等审视。盛张之间虽然也存在地位差距和从属关系,但已经不那么显著和直接了,基本是建立在互相需要的两相情愿的合作。这合作的思想基础,是对于发展中国钢铁及铁路事业双方同样具有强烈的愿望和坚定的信心;至于如何去发展,双方的许多观念并不相同。双方都已经不再年轻,都具有杰出人物的高度自信,难以相互退让,更难以改变自己,未来的合作将注定是实用主义的、难以均衡持续的、不稳定的。合则并肩前行,不合则

① 袁英光、胡逢祥整理:《王文韶日记》,第 962—963、972—974 页。
② 陈旭麓等主编:《汉冶萍公司》二,第 646 页。

各行其是；局部的摩擦和冲突过后，有需要时再加以修复。上述盛宣怀自诉衷情的信件，便是一次修复老关系的历史印记。

其实，盛张之间的蜜月期甚短，不久张之洞即拒绝奏请盛宣怀督理银行而出现了裂痕。光绪二十二年十月初五、初六，已经是位列京卿的盛宣怀，自北京连发两电给张之洞、王文韶，回答关于银行的情况云："恭庆两邸、常熟、高阳、合肥均欲议准开办，并拟并交宣怀招商督理。"要求王、张二督联名发电总署、户部，推举盛宣怀再将"铁路、银行归于一手"。初六的电报劈头就说："顷恭邸面谕，银行必宜速办，命与两宪即行商定。常熟命留两日，候钧电一到，即可议准。"又拿外国开设"中俄银行""中英银行"说事，"故政府焦急，立待成功"，再次催促。① 此时盛宣怀得意忘形，把事情做得过分了。事先未将银行如何筹办及其章程与北洋、湖广商议，事到临头却要王、张两人来为他抬轿子；偏偏又一口一声恭邸如何，常熟如何，似乎是借了恭王和翁同龢来指使南北二督。初七丑刻张之洞复电给盛浇了一盆冷水，云：

> 银行事关系太巨，阁下此次所议章程未知其详，岂敢妄参末议。来电谓枢、译、户均欲议准，并交阁下督理，似不如即由署、部具奏，最为直接迅速，更为得体。……必须外间举人，须请总署、户部速发一电，垂询各事宜，方好电复。②

张电一则批评了盛自行其是，表示不甘作傀儡，由其摆布。二是以子之矛攻子之盾，既然京中大佬都已同意，何须王、张再多此一举？三则坚持按程序办事，中央有问，地方再答。张同时将复电稿寄给王文韶，提出"何不由枢、译奏派而必待发之于我两人？其故难解。"不等王文韶复电，当日午刻，张再致电盛，直接提出"宜请敕下南北洋大臣招商开办"，而不同意奏

---

① 苑书义等主编：《张之洞全集》九，第7137—7138页。
② 苑书义等主编：《张之洞全集》九，第7137页。

请盛为银行督理，反复申说：

> 阁下以列卿总司南北铁路，任寄已重，体制已崇，事权已专，忌者已多，若再督理银行，必致群议蜂起。……昔唐刘晏何等才望，何等功效，徒以笼尽天下利权，终难自保。鄙人既倚阁下成此路工，自不得不代筹万全，实不敢请阁下为银行督理。①

王文韶称张之洞此电是"情真语挚""当头棒喝"。除了张之洞是站在地方督抚这一立场看问题外，窃以为张与盛的根本分歧在于对"笼尽天下利权"的不同态度。盛长期与列强外交人员及来华淘金的冒险家打交道，更多地接受了欧风美雨的浸洗，对利权是野心勃勃、急于进取，遇有机会、绝不放过，甘冒天下之大不韪。而张之洞既是"中学为体，西学为用"的倡导者，也是它的践行者。由清流的代表人物而转变为洋务首领，却仍然还有半个身子留在了中华传统文化、道德的殿堂里，恪守中庸之道，也未完全挣脱义利之辨的束缚；兼之久经宦海风云，世事洞明、人情练达，忧谗畏讥有之，明哲保身有之；敢于办事但先要站稳脚跟，不免瞻前顾后，倒也稳健。更重要的是，此老清操高洁，办洋务是为公利，从不晓得借此私家发财，实为难得的一大优点。

张之洞的当头棒喝，哪里禁得住"铁路、银行归于一手"的诱惑，这边厢王、张还在等着且听下回分解，那边厢十月初八盛来电云："本日军机处交片，面奉谕旨：银行一事，前交部议，尚未定局，昨盛宣怀条陈有请归商办之意，如果办理合宜，淘于商务有益，着即责成盛宣怀选择殷商，设立总董，招集股本，合力兴办，以收利权，钦此。"②

一夜之间，风云突变。既不等部议定局，更无须两督举荐，轻飘飘一纸条陈，便奉特旨迎刃而解，可谓手眼通天，法力无边。其中的奥秘，请看

---

① 苑书义等主编：《张之洞全集》九，第7139—7142页。
② 盛宣怀：《愚斋存稿》上，第622—623页。

《翁同龢日记》：

> 十月初七：……饭后送杏孙未见，既归。晚杏孙来谈抵夜。

> 十月初八：早入，事不多，惟银行商办一事交盛宣怀招商集股请进止。（准行。）……杏孙来辞，留点心，谈时事，激昂矢报。抵暮未去，令斌陪之。①

其中："早入"是早朝去见光绪；"准行"原文为小字夹注，记载皇帝已表示同意。

还必须要过荣禄这一关

奉命会议铁路和银行问题的总理衙门王大臣，排在前列的除了恭王、庆王两位王爷，李鸿章、李鸿藻两位中堂，便是荣禄。此时恭王老矣，日趋颓唐，也日趋守旧，并于戊戌政变前夕去世；庆王弄权误国，却还要等到荣禄去世之后再大显身手、发挥主导作用。《清史稿·荣禄传》说："荣禄久值内廷，得太后信仗，眷顾之隆一时无比，事无巨细常待一言决焉。"他早年就当过步兵统领兼内务部大臣，接着却在西安将军任上远离权力中心，被遗忘了廿年。这廿年里，一个并非甘于淡泊的青年权贵在冷板凳上渐渐老夫，他想了些什么，我们已无从知晓；只知道他回到了步兵统领的老衙门，重新控制了保卫京城和皇宫的军权，接着又补授协办大学士，很快就成为满族王公权贵中所谓"后党"的首领，内务府、神机营等处守旧势力仰仗的核心。我们还知道，他在光绪廿年十月五日受命与翁同龢、李鸿藻等"会同商办"军务，十一月三日便通过陕西巡抚鹿传霖倾泻了他不可抑制的愤怒：

---

① 陈义杰整理：《翁同龢日记》五，第 2949 页。

常熟奸狡性成，直有令人不可思意（议）者，其误国之处，有胜于济南（宁）（指孙毓汶），与合肥可并论也，合肥甘为小人，而常熟则伪作伪君子，刻与其共事，几无日不因公事争执，而高阳老矣，又苦于才短，事事为其欺曚，可胜叹哉！①

大敌当前，中日战争正在进行，国家主持军务政事的核心人物竟是如此内讧，对日本作战安得不败！因此，受到翁同龢支持的盛宣怀也就被卷入这个漩涡，光绪廿二年十月批准兴办的通商银行，转过年来便迎头吃了一记闷棍。先是李鸿章于二十三年正月二十七日来电，密告"银行事荣相驳斥多条"，②随后便接到总理衙门二月十二日的咨文，对银行章程多有异议，如要求其利润"应提五成报效"；要像英国的汇丰银行一样，"国家设有要需或数百万或数十万，以一二厘利息""便可咄嗟立办"；要求"所有存借进出之款在十万以上者……应报明随时立案"。银行八字还没有一撇，既要无情榨取，又图严密控制。③

盛宣怀于三月初五，先行分别发电向荣禄和总署求情，声称商情十分疑虑，开导多次，"凡可通融者，均已遵照；实做不到者，势难勉强。"原定三月开办，现拟推迟一月成立，请求报送呈复后得到批准。④三月十一日以正式文件咨复总理各国事务衙门王大臣，对章程中被驳斥的有关条目一一解释说明，如外国银行、中国银号从来"皆无报效"，总董公议该行两成报效，如利厚则颇可观，如利薄则商股尚难满足，何论报效；又如国家借款，据汇丰云，在伦敦国家从无向汇丰借款数千百万之事，在香港国家借款亦须与银行随时商议，其利息与商借一律；"上海银行出入十万之数，几于无日无之"，如一一立案，不胜其烦，官商往来都必然去找外国银行，通商银行必朝开而夕闭。等等。⑤三月二十九日，盛在《上香帅书》中说："兹事艰巨，

---

① 李宗侗、刘凤翰编：《李鸿藻年谱》，第 711 页。
② 盛宣怀：《愚斋存稿》上，第 639—640 页。
③ 陈旭麓等主编：《中国通商银行》，第 62—63 页。
④ 盛宣怀：《愚斋存稿》上，第 644 页。
⑤ 陈旭麓等主编：《中国通商银行》，第 67—70 页。

既有要人掣肘，复有牟利之徒百计倾陷""事未数月，须发已斑"。以退为进要撂挑子，要求张之洞和王文韶"请即另简贤能接替，放归田里"。至此，总署和荣禄各回了一个电报，说了几句官话，才算了结。这样一闹，影响已经造出去了，谣言四起，商情疑虑，银行招股大受影响。

同年五月初八盛宣怀在《上荣中堂书》中说：

> 惟银行深中汇丰及京都四恒之忌，其实此行系为保守中国利权起见，免致尽为俄、英各行一网打尽而已。于汇丰固有损，于四恒不特无损且有益也。[①]

这里原本就牵涉到在华的外资银行和北京恒利、恒和、恒兴、恒源这些著名老钱庄的既得利益，通商银行的创立遇到阻挠也就是必然的。但盛何以要向荣禄解释与四恒无损？荣禄与四恒的关系也就不言而喻。此信可谓深入底蕴，看来此时荣盛之关系已非泛泛。

关于盛宣怀与荣禄的关系，因荣禄素以贪婪著称，当时就有一种说法：汪大燮在丁酉（光绪二十三年）二月十一日给汪康年的信中说："徐晋斋来信言，彼闻盛杏荪得铁路银行两事，颇以为奇，真不识时务矣。渠在京时，荣大金吾颇亲之，彼则畅所欲言，而荣亦称之，彼以为果亲已也，其实则见其上此条陈必非无资之人，亲之或有以俾我也。杨艺芳在京候简非一日矣，忽报荣即见明效，天下事尚可为哉？"

扶摇直上的翅膀与终将败落的基因

时移势转。戊戌政变前翁同龢被放逐，盛宣怀的恩师王文韶奉诏再入军机，北洋的军政大权落入以大学士出督直隶的荣禄囊中；庚子以后，北洋集

[①] 北京大学历史系近代史教研室整理：《盛宣怀未刊信稿》，中华书局1960年版，第5、13页。

团的创始人李鸿章撒手归西，因戊戌政变脱颖而出的袁世凯成了北洋的继承人。盛宣怀出自北洋，他的根子在北洋，起家于北洋，有人把他看作是北洋官僚集团的代表。其实，接办铁厂是一个分界线，此后的盛宣怀并未脱离北洋，但与北洋已有所疏离，他的活动开始逸出了北洋集团的疆界，有了自己的不受北洋控制的利益；他受过北洋的栽培、政治庇护，但今后更多的将是受到北洋后起者的排挤、倾轧和打压。他的事业与北洋有着千丝万缕的关系，斩不断、理还乱，他将和北洋集团的代表人物一直纠缠至他们生命的终止。

盛宣怀是中国工业化的先驱，对于中国近代化有着多方面突出的贡献，无疑是当时先进生产力的代表；他又是生活在历史的转型期，处于清王朝专制的政治体制之下，处于封建意识根深蒂固的社会环境中，处于小农经济占统治地位的经济土壤上，而从事发展资本主义企业的，其间便存在着不可避免的冲突和不可调和的矛盾。他凭借亦官亦商的特殊身份，选择了既要办大事、又要做高官的人生取向，走上了一条独特的依托洋务、积累资本来升官，晋升官职以便进一步推行洋务、积累财富，二者交互为用的人生道路。表面看来，做大官和办大事是盛宣怀扶摇直上的一双翅膀；实质上做大官是要依仗封建专制王朝的权势，而他的办大事则是要发展资本主义经济，两者不可调和的内在矛盾却种下了他最后终将败落的基因。

在晚清这一特定的历史环境中，办铁厂，修铁路，开银行等本来就不是单纯的经济活动，它是外御列强、富国强兵的实际内容，需要政权的保护，取得合法地位，破除政治的、经济的、社会的阻力。盛宣怀深谙官僚社会官本位传统的精髓，善于巧妙地利用朝廷和地方督抚的权势、利用官场的潜规则和关系网、利用国家财政的资金来发展自己的事业，热衷于将经济运作寓于政治运作之中，纵横捭阖，不无得利，终究却使他的企业深受其害。我们将看到，在盛宣怀的人生轨迹中，特别是兴办汉冶萍公司的历史进程中，在内外交困、危机四伏、政局多变、波诡云谲之际，外有各个列强的入侵和相互争夺，内有洋务与清流、守旧与维新、立宪与革命、中央集权与督抚分权、帝党与后党、汉族重臣与满族亲贵、官督与商办、国有与民营等等，各种错综复杂的矛盾，各种派别对于权力的角逐，无不通过盛宣怀对汉冶萍公司的发展带来严重的影响。

光绪二十二年，盛宣怀因为接办汉阳铁厂，走出了人生中极为关键的一步，无论是办大事，还是做大官都跨上了一个新的台阶，进入到一个新的层次。他积累了自己的政治资本和政治能量，但同时也不以主观意志为转移地树立了自己的对立面，积聚了事业发展的阻力，并将在事业中埋下了若干"癌症"的基因。

第四章　郑观应与汉阳铁厂的初步整顿

多重身份、经历复杂的郑观应 ／ 盛、郑关系的发展和变化／郑观应治理整顿铁厂的大纲 ／ 加强对洋匠的管理，实现铁厂管理改革／ 郑观应：于铁厂有"四不宜" ／ 盛宣怀管理铁厂的独特模式／ 一个并不愉快的结局／ 没有找到灵丹妙药，留下深广的忧虑

光绪二十二年四月二日，张之洞正式下发文件《委盛宣怀督办汉阳铁厂札》。当天，盛宣怀开始组织自己接办铁厂的人马，第一个要调的人便是郑观应："弟已接办铁厂，赶造钢轨，望台驾速即来鄂赶办一切。何日可到？速复。"四月初三起，分别发电报去武昌调宗载之，去烟台调张韶甄、去天津调萧文轩，又命他在武昌的侄儿盛春颐转告汪春宇、庄庆孙来铁厂，由这些人组成了接管铁厂的骨干班子。

一个月后，五月初七，盛宣怀突然接到老父亲盛康摔伤的家报，便匆忙把铁厂的事务交给郑观应，自己赶往苏州去了。

盛宣怀何以把铁厂交给郑观应？

多重身份、经历复杂的郑观应

郑观应（1842—1922），又名官应，号陶斋，广东香山人。曾是出身洋

行的买办，又是投资于洋务企业的民族资本家；既是亲自主持工商企业经营管理的实业家，更是中国近代最早具有维新思想、自成体系的思想言论家。

他在中国近代思想史上的地位，是以他的主要著作《盛世危言》奠定的。这部结合中国实际、比较"中西利弊"、主张模仿"泰西立国"的著作，从维新派康、梁到革命党孙中山都曾经是它的忠实读者；居住在延安窑洞里的毛泽东，也曾对他的传记作者斯诺兴味盎然地回忆，当年如何突破他父亲的禁令读《盛世危言》："在深夜里把我屋子的窗户遮起，好使父亲看不见灯光。"①

郑观应曲折复杂的经历、多重的身份，呈现了鲜明而突出的时代印痕。他十七岁到上海跟着当买办的叔父学生意兼学英语，十八岁即在宝顺洋行管丝楼兼管轮船揽载，开始了买办生涯；同治七年宝顺停业前后，郑即先后投资于华洋合办的轮船公司、经营茶栈、盐务，同治十一年任扬州宝记总理，已有不少股份，自身便是商业资本家；同治十三年被太古轮船公司聘为总理兼管账房、栈房等事务，前后八年，期间成为上海滩绅商社会的头面人物。

同治十二年，他参与太古轮船公司创办之际，正逢洋务运动由军事工业转向民用企业，同年轮船招商局正式开局。郑观应对此十分关注并向轮船招商局投入股份，此后积极介入洋务企业活动，参加上海机器织布局、中国电报局的创建并投资，这位太古洋行的大买办被李鸿章先后正式委任为上海织布总局的会办、上海电报分局总办。光绪八年，四十岁的郑观应经过激烈的思想斗争，终于在太古公司聘任合同期满后，中止了他的买办生涯，接受李鸿章的札委，充当轮船招商局的会办，实现了人生中一次至关重要的转变。

虽然光绪九年十一月李鸿章派他接任轮船招商局总办，他却在下年的二月接受了久负盛名的湘军老将彭玉麟奏调，去到广东前线积极参加抗法战争。出任湘军营务处总办时，在筹饷方面制订了一些有效的措施；又接受了南洋之行的秘密使命："潜往西贡等处察看地势民情，并委问暹罗国王有无

---

① 李锐：《毛泽东的早年与晚年》，贵州人民出版社1992年版，第2页。

借兵助法"。随后,赴香港租船、购运军械、办理援助台湾抗法事宜。于同年十一月被香港英国当局拘留,追究他在离开太古洋行时保荐接手人的经济责任,只到光绪十一年四月才得解脱;与此同时,他还必须承担筹办上海机器织布局不力、在经济风暴中严重亏损、并有资金被挪用的责任。遭此连续打击,郑观应不仅经济上受到重大损失,社会地位和声誉也受到重大影响。

自光绪十一年中法战争结束,至光绪十五年秋,郑观应身心交瘁,隐居于澳门养病,酝酿着《盛世危言》五卷本的写作。十五年秋至广州就医并谋求复出,十七年经盛宣怀推荐被李鸿章札委为开平矿务局粤局总办,负责在广州创办粤局、销售煤炭。十八年十月,郑观应接受盛宣怀的邀请和李鸿章的札委,再次进入轮船招商局出任帮办,与盛宣怀开始了又一个十年的密切合作。①

盛、郑关系的发展和变化

郑观应晚年回顾他和盛宣怀的关系,曾说过:"溯官应于光绪四年始随我公办理各省义赈。"那时郑还是太古洋行的买办,是江南绅商的代表;光绪五年盛宣怀刚刚获得他的第一个实职——署理河间兵备道,上任伊始,便忙于赈灾和修堤。随后,在赈灾中建立起来的这种关系便转化为创办洋务企业的志同道合,其起点便是创办中国的电报。盛宣怀曾说:"吾侪数人以赈务始,相期并不以电务终,道义之交甘苦与共。"②郑观应结束其买办生涯,既有发展民族工商业的自觉要求,也是他与北洋集团及盛宣怀关系日益密切、对之依赖加深的必然结果。经历了香港太古洋行事件和清理上海机器织布局的挫折后,他的社会身份、地位以及与盛宣怀的关系已经发生了微妙的变化。

---

① 参见夏东元:《郑观应》,广东人民出版社 1995 年版;又见易惠莉:《郑观应评传》,南京大学出版社 2006 年版。

② 《盛杏荪观察亲笔函》,载虞和平编《经元善集》,华中师范大学出版社 1988 年版,第 352 页。

对于盛宣怀的历次推荐、援引，特别是在郑陷入困境时的援手，郑是感恩戴德的。在得知盛将推荐他重入轮船招商局时，他在信中说：

> 弟自愧庸愚，辱蒙鲍叔知我，不弃瑕瑜，何敢自外。即当勉竭驽骀，图报知己。①

在盛宣怀的身上，更寄托着郑观应发展民族工商业的期望。光绪二十二年盛宣怀被光绪皇帝召见前后，郑观应被点燃了希望，一再倾吐心声。八月二十九日在致盛函中说："窃思我公欲建非常之功，有关国运，不知天意如何？"旁加小注云：

> 可惜我公不得商务大臣，又非督抚，事多掣肘。②

这当然只是知心朋友之间的私房话。十月二十七日的信中又说：

> 恭谂荣膺简命真授太常寺少卿，由正卿而开府，当不出一年，愿公为鄂帅，接南皮之手，毕卢汉、江粤非常之功，然后为北洋大臣，此应与阖厂员董心香祷祝者耳！③

我们不要以为这只是"恭喜发财"之类的喜庆词，话已说得如此直白，如此具体，透露了郑的内心渴望，可以说是郑有一个"盛宣怀情结"。存在决定意识，在晚清中国的特定形势下，贤如郑观应，也不免将其梦想的实现，寄托于盛的飞黄腾达，摆脱不了对于官府、对于权势的依赖。

再次复出的郑观应，作为一个思想言论家，一再根据形势的需要，修改、出版不同版本的《盛世危言》，虽然一些观点有所变化，仍然在延续他

---

① 陈旭麓等主编：《轮船招商局》，上海人民出版社 2002 年版，第 424 页。
② 夏东元编著：《盛宣怀年谱长编》，第 533 页。
③ 陈旭麓等主编：《汉冶萍公司》一，第 274 页。

作为商人的代言人对官督商办体制的批判；延续他作为维新思想的传播者对开议院、立宪法的思考；延续着在民族危机日益深重之际，对于振兴工商、自强救国的追求。

再次复出后的郑观应，仍然从事洋务企业的经营管理，但他不再独立地拥有自己的企业，也失去了企业活动中心人物的地位，此后也未看到他个人的实业活动有着东山再起的迹象。

他作为轮船招商局的帮办，当然是督办盛宣怀的属下，但又不是单纯而普通的属下；他仍然要算是盛的合作者，但已然不可能再是平起平坐的合作者；他的基本身份可以笼统地看作是盛的幕僚，最亲信、最密切的幕僚：他参与盛的秘密筹划，为其出谋献策，制订方案；他在盛主持的招商局、汉阳铁厂等洋务企业中充当盛的助手或代理人，忠实地执行盛的指令，具体地进行营运操作；他发挥与洋行及上海、江南、广东等地有着广泛联系的优势，充当盛与各地绅商沟通的桥梁；他又是盛在上海的耳目，秘密打探和提供政治、经济领域里的动向和信息；他还是盛宣怀利用职权、秘密倒买倒卖股票和地皮的操作者和合伙人。他与盛宣怀仍然会有分歧：变法论者与洋务派的分歧、站在商人立场与站在官僚立场的分歧、着眼企业长远利益与着眼目前利益的分歧，维护企业利益与维护盛宣怀个人政治利益的分歧……郑观应不是对盛宣怀没有过抗争、进谏、异议，但往往是郑的进谏言犹在耳，盛却坚持己见、作出决断，郑又不得不无奈地执行。后来，随着盛的政治、经济地位上升，郑对盛的依附也日益加深：

> 小草倚高梧，当春恃颜色。
> 西风一夜吹，摇落安可测。[1]

郑观应没有掌握自己命运的信心，越来越唯盛马首是瞻，看盛的颜色行事了。

---

[1] 夏东元编：《郑观应集》下，上海人民出版社1988年版，第1297页。

郑观应治理整顿铁厂的大纲

正是在这种情势下，盛宣怀将汉阳铁厂总办的重担交给了郑观应，郑虽然是不情不愿，但又不得不来。

郑观应是带着对汉阳铁厂的种种疑虑来的。他从一些洋匠那里听到许多议论："铁厂不设于大冶设于汉阳，地势不坚，似有低洼之象，铸造铁炉亦有漏弊，邻近尚无好煤，势必靡费多，成本重，恐难敌洋产等语。"他还担心盛宣怀是"一时为香帅暨恽观察之言所动"。他临行之前在上海写信向盛宣怀表示："惟素承眷爱，久深知己之感……屡蒙电促不得不汲汲趋前，遵示暂行驻厂。"接着便提出了一些条件："惟不奉札，不受薪水……一俟半年大体既立，仍乞践言体恤，许其回局。"① 所谓"不奉札"，是不接受官方的任命；这是办不到的，汉阳铁厂是官督商办，总办仍然要由督办禀请湖广总督批准。所谓"回局"，是回到轮船招商局，实际上是要求保留他在招商局的职务；由于他的坚持，在盛的报告和张之洞、王文韶两位总督的批文中都有"仍即随时往来鄂沪，彼此兼顾"的活笔，也为他的离开铁厂预留了退路。至于"不受薪"却是他的一贯作风，凡参加创办上海机器织布局、电报局、粤汉铁路公司"均当义务，不受薪水"。他自述是听说日本明治维新时，一些企业的创办者，"薪水极薄，有当义务者，俟公司办有成效，有利可派，然后公订薪水"。郑观应"亦仿其意，惜无继兴者"，并非只是一般意义上的廉洁而已。②

其实，郑观应对于汉阳铁厂一直在关注。有据可查的，如在《盛世危言》十四卷本《开矿下》中指出它没有先期找到可炼焦的煤矿，炼铁厂没有设在大冶；重返招商局后，光绪十九年二月巡视长江各分局到达武汉时，预见到铁厂经费困难将归盛宣怀接办，已经在为盛出谋划策；直到盛接办前两

---

① 陈旭麓等主编：《汉冶萍公司》一，第70页。
② 夏东元编：《郑观应集》下，第638页。

个月，郑还提醒盛，不可使汉阳铁厂落入英商之手。①

光绪二十二年四月二十日，张之洞札委郑观应为汉阳铁厂总办，同日郑观应到厂视事。上任伊始，郑向张之洞提交的第一份报告《禀两湖督宪张香帅为汉阳铁厂事》，同时也分别提交给了王文韶、盛宣怀，可以看作是他治理整顿汉阳铁厂的基本大纲。

一是找煤就铁，减轻成本。这是铁厂的要害：

> 计必须于沿江上下游勘获上等煤矿，采炼合用焦炭；或由萍乡筑铁路至大河边，或移炉于大冶，冀省运费轻成本，方能厂矿自相表里，为经久不败之图。②

二是国家要保证铁厂的销路，应明文规定修建铁路、制造枪械要用铁厂的产品；三是培养人才，选派学生出国学习，以逐步代替洋匠。

郑观应自己保存在《盛世危言后编》卷十三《铁厂》中的资料，最重要的一份是《整顿汉阳铁厂四十八款》（以下简称《四十八款》）。③ 这个文件的标题是《郑观应集》的编者加的。在陈旭麓等主编的盛宣怀档案资料选辑之四《汉冶萍公司》一中，另有同年五月底的《铁厂筹备事宜十八条》（以下简称《十八条》）和七月底《铁厂次第筹办张本六十条》（以下简称《六十条》）都是出自郑观应之手，而作为郑观应致盛宣怀信函的附件保存下来了。④《十八条》和《六十条》并见于湖北省档案馆编《汉冶萍公司档案史料选编》上册。⑤ 对照上述《十六条》《四十八款》《六十条》这三个文本，虽然条文多少不一，条目的次序各不相同，但同一条文的文字基本相同，主要是《四十八款》的文字略有修改，个别条文文字改动较多。大体可以认

---

① 夏东元编：《郑观应集》上，上海人民出版社1982年版，第711页；夏东元：《郑观应》下，第819页；陈旭麓等主编：《汉冶萍公司》一，第66页。

② 夏东元编：《郑观应集》下，第1037页。

③ 夏东元编：《郑观应集》下，第1039—1050页。

④ 陈旭麓等主编：《汉冶萍公司》一，第105—108、183—194页。

⑤ 湖北省档案馆编：《汉冶萍公司档案史料选编》上，第144—145、150—154页。

定:《十八条》是最初的文本,《六十条》是在它的基础上逐步增添的,这两个文本都是实际工作文本,先后已经呈报给盛宣怀,因此保存在盛的档案中。《四十八款》则是郑观应个人保存的文本,在编入文集前又做了增删和文字修订。

《铁厂次第筹办张本六十条》是郑观应出任总办后,对铁厂进行了三个多月深入调查的成果,逐步积累而形成的。它的史料价值在于集中地反映了郑观应上任初期对铁厂的认识,及其治理整顿的思路和工作要点;同时也在客观上反映了铁厂当时的实际状况及其存在的问题。

郑观应与盛宣怀不约而同地将解决焦炭问题放在首要的地位。开宗明义第一条便提出需要保证焦炭数量,清晰而突出地抓住了企业盈亏的临界点:"每月约需焦炭五千吨";"本厂焦炭每吨约价七两尚可获利,如每吨价逾十两,则工本不敷无利可获矣。"以下十余条便是围绕着如何保证供应和降低成本应采取的措施,主要是:拟"赴萍乡详勘,设法大举";一面沿江沿海,广勘煤矿,强调要"自开煤矿";比较洋炉炼焦与土焦成本后,主张"于萍大举开炼焦炭",并在长沙设局收煤运至马鞍山或汉厂用西式炉炼焦。

加强对洋匠的管理,实现铁厂管理改革

《六十条》的一个可贵的特点是把加强企业管理作为突出的重点。

洋务运动时期的企业,面临着一个独特而棘手的问题:对于引进的外籍工程技术人员如何管理?而对于企业加强管理又是与对他们的管理紧密联系在一起的,必须通过对他们加强管理来实现企业管理的改革。

郑观应未到铁厂就听说这里的"洋匠多薪水重"。到厂后,又听到许多反映,如徐庆沅曾经指出:

> 从前官办之时,只计事之成否,不计本之盈绌,不免在在糜费。卑职职司考工,只就工程一项言之,官办之时,洋人多至四十余人,月费一万余金,求其能办工程者,惟卢柏、司毛、威德及各厂匠目数人而

已，余皆白费廪禄，一无所能。①

关于洋匠们的表现、个性及其相互关系，郑观应也曾对盛宣怀多次汇报，如洋总管德培既算不出铁厂成本，工作不认真，"而好谀喜执，罔顾大局，又不洽众匠之心"。比较系统的如：

> 惟各洋匠除威德外，皆不诚实。吕柏虽属认真，亦桀骜不驯，动辄恃气，且与德培不对，不顾公事。德培性情暴躁，器量褊浅，时与吕柏为难，绝不为厂用心。卜聂尤为阴险小人，唆扰德、吕不时龃龉。此皆前局轻立合同，不善驾驭，以致骄纵若性成也。②

一、从洋总管入手，加强对洋匠的管理

针对以上情况，郑观应制订的《六十条》首先从洋总管入手，加强对洋匠的管理。强调总管不仅要会炼钢铁，"且欲善于商务者"，从加强核算入手，加强企业的经营管理；明确总管的地位与职责，"总管犹总办之手目也"，除了指导生产外，还应"稽查出货，筹画节省之法，考察匠师工人之尽职勤惰与否……"；力图严格地将洋总管控制于总办的领导之下，"凡总办吩咐之事，理应照办"，"故洋总管宜时与总办讨论也"。在此基础上，发挥洋总管的作用，加强对所有洋匠的管理："洋总管既系总办联手，如所造物件核算利益等事，关系甚重，理应善待。所有洋匠，亦当令其择选，如有华洋工匠不听吩咐，轻则申饬，重则酌换。"③

针对雇请洋匠中存在的问题，他呼吁要改变听从外国工厂推荐的办法，加强独立自主的考察："宜派一熟谙机器洋文妥员，先往外国考究，查访有学问有历练素为众人佩服者，方可聘来。"又强调"所用洋匠，宜量才器使"，"中国借才异地，宜加意考求，何项工程宜请何项之人，若用违其才，则遗

---

① 陈旭麓等主编：《汉冶萍公司》一，第245页。
② 陈旭麓等主编：《汉冶萍公司》一，第252页。
③ 陈旭麓等主编：《汉冶萍公司》一，第190页。

误实非浅鲜"。①

二、重视对中国人才的培养

在加强对洋匠管理的同时，郑观应十分重视对中国人才的培养。在《六十条》中，提出"宜悬重赏招募华匠……到鄂充副总管，以免洋匠蒙蔽"；"宜选已通洋文之华匠往外国机器学院读书，入厂学习机器及矿师"。后来在光绪二十二年十月初八致盛宣怀函和二十三年正月十八日致盛宣怀《拟设钢铁冶炼学堂说帖》中，一再建议："鄙见宜就近铁厂或在大别山上设一大学堂……请两中国掌教，其西人掌教可即用厂中各工师充之……当考取略晓算法之学生四十名定额……上午读书，下午入厂学习机器，约计每月经费至多不过千金，而数年间所取人材，不可胜用。"②

三、加强成本核算，引进定额承包，日夜连续生产

郑观应对铁厂的经营管理引入了成本核算的观念，上任一个月后，就和洋总管德培有过一次交锋，郑要求德培"将本厂每月开销若干、出钢铁若干、详细列出，俾使知盈亏若干"。德培竟不能计算，郑由此认定德培在德国"未曾当过总管"。不久，郑观应便向盛宣怀报告了《马鞍山生煤成本清单》《马鞍山焦炭成本清单》《开炼焦炭成本清单》等。③

与此同时，郑主张引入西方的定额管理，即联产承包责任制。他在《六十条》中说："英国之钢铁厂，工匠工价论吨核算，犹如自己做工，彼愿机器常好，无庸修理，两有裨益。""且雇洋匠订合同，当时言明必须教习华匠及订明每日应炼出铁货若干，如工程过限多少，照数加给。"④《六十条》记载，外洋熟铁货市价不过40两，汉厂每吨成本竟达52两之多，制造股徐庆沅指出这还不包括华洋工匠的工资，"其故因烧煤气过多耳，拟改造新法之炉，大约每吨成本亦不过40两。"郑观应引据"英国熟铁炉多是包工，兼限煤数，过限即罚"的经验，后来不顾德培的反对，征得盛宣怀的同意，将

---

① 陈旭麓等主编：《汉冶萍公司》一，第189—190页。
② 陈旭麓等主编：《汉冶萍公司》一，第253页。
③ 陈旭麓等主编：《汉冶萍公司》一，第97、147、148、156页。
④ 陈旭麓等主编：《汉冶萍公司》一，第191、189页。

熟铁厂及修理机器厂交与徐庆沅、冯敬庵承包，"雇用华洋工匠悉听包办者主张"。

在生产管理上，郑观应根据钢铁工业连续生产的特点，结合国外工厂的制度，强调"故宜日夜开工，不得停歇"，以求工效大幅度提高，避免燃料等严重浪费。

四、制订规章制度，加强机构和人员的管理

对人员和内部机构的管理，强调"本厂各董司无论何人"都要遵守新制订的《办事章程》，"必须用当其长，专司一事，非守洁事熟者不可轻用也"。指出采办所、收发所"其中弊窦繁多，不独煤斤以次充上，以少报多而已"，这些要害部门用人"尤须精明强干，操守廉洁"，并且要有制度制约："凡司银钱者不司采买，司采买者不司收发，互相钤制，预绝弊端。"现在我们可以看到，诸如大到《汉阳铁厂厂规》，具体到《增订汉阳铁路火车卖票章程》《下陆运道分局火轮车及修改机器章程》《大冶铁路巡丁章程》等规章制度，都是郑观应亲自手订的，其中"汉阳铁路"和"大冶铁路"，实际都是指从铁山至石灰窑的大冶铁矿运矿铁路。从上述《卖票章程》我们得知，从官办时期起，这条铁路就已经出售客票了。[①]

郑观应是汉阳铁厂历史上第一任专职的总办。他的前任蔡锡勇，身兼多职，既在张之洞的幕府中负责与洋人的交涉，又兼任织布局、枪炮局的总办，在湖北期间，先后负责创办炼铁厂、枪炮厂、银圆、织布、纺纱、缫丝等局和自强学堂、武备学堂，"实总其成"。对于汉阳铁厂，蔡锡勇的贡献主要是在基建方面，如张之洞在《保荐蔡锡勇片》中所列举的：设立化学堂，定厂基，建厂安机，兴建铁路、码头，开发锰矿、煤矿等。他不可能也没有集中精力坐下来系统地研究铁厂的企业管理。这项要务是从郑观应开始推行的，并为后来者奠定了基础。

---

① 陈旭麓等主编：《汉冶萍公司》一，第176—178页；夏东元编：《郑观应集》下，第1053、1055、1057页。

郑观应：于铁厂有"四不宜"

盛宣怀回到上海后，忙忙碌碌，心里仍然牵挂着汉阳铁厂。六月十三、十四接连写了两封信，分别寄给他的好友、湖北的两位大员王之春和恽祖翼，担心的是"铁厂布置尚未周妥"，"总监工不得其人，全厂为之受累。陶斋似不愿久留于鄂，乞公劝留之。"甚至表示不久要来铁厂亲自调度，否则很难改观。

在此前后，他的侄儿盛春颐曾来信向他报告："陶斋屡欲来沪，意将厂务交俟经理……"郑观应本人则寄来了两首《汉阳感怀》，除了批评张之洞和朝廷对铁厂的处理不当，便是提醒盛宣怀："杞忧辞不获，力疾为公忙。相订黄花约，瓜期幸勿忘。"要求按照原来的约定让他离开汉阳铁厂。

郑观应既然尽心尽力地对汉阳铁厂进行治理整顿，却为何屡屡求去？

有的学者曾经指出："当时郑观应最大的顾虑是，就任铁厂总办会失去招商局帮办职务，因为招商局是肥缺，铁厂却是苦差使。"盛宣怀曾表态说："铁甚苦，轮花红外稳有九千金，岂可使其舍甘就苦。"解决的办法是让郑仍然兼任招商局的帮办，此点已经分别向张之洞和王文韶说明，并取得了他们的同意："该道上海招商局经手事件尚多，应俟铁厂诸事筹画已定，仍即随时往来鄂沪，彼此兼顾可也。"已经保留了郑在招商局的职务。①

光绪二十二年十二月初一，郑在致盛的信中说他在铁厂任事有四不宜：一是他"性情刚直，凡董司有过无不直言……是以结怨招尤"；二是铁厂的人员多是本地的候补官员，"自愧商务出身"，不受尊重，"貌从心违"；三是曾经在《盛世危言》中"直言汉阳铁厂之失"，"闻香帅颇恶所言"，"恐将来或加以不测之祸，用泄其忿"；四是"旧病时发"，"汉水湿寒不宜中寒之人，且贱造不利于西南，屡有征验。"②

---

① 《两湖督宪张香帅批》，载夏东元编《郑观应集》下，第1038页。
② 陈旭麓等主编：《汉冶萍公司》一，第333页。

郑观应屡以病辞，他咳嗽、头晕、便血、梦遗，患有多种疾病，都是慢性病，也是多年的宿疾。他到汉阳铁厂后，"乃水土弗宜，加以煤烟磺气蔽目塞胸，自夏徂冬，病魔缠绕……今春再至汉厂，其病依然。孟夏复患喉蛾，危而后安。确知官应勿利于是地也。"铁厂的环境的确对他的健康不利，但这只是他希望离开铁厂的原因之一。

郑观应在其著作中批评过张之洞，不免有所疑虑，是可以理解的。郑到任一个多月后，五月二十五日在信中对盛宣怀说："今日过江谒香帅，适已昼寝，不遑久候，遂将察看矿务情形一折递交巡捕代呈。"张之洞有一天当两天用、晚上睡得晚、中午要睡午觉的习惯，已经是广泛流传的逸闻，郑观应不至于不知道；他偏偏在张之洞睡午觉时去谒见，分明是模仿孔子偏偏在阳货出门的时候去拜谒阳货，张之洞也不会没有感觉。但是郑观应了解到大冶、阳新还有上好的磁铁、锰铁矿山尚未被铁厂收购，向张之洞书面报告要求收购，张之洞于光绪二十二年七月十四日正式下文批准："所有兴国、大冶所产铁矿，应准一律归铁厂购买开采。"及时给予支持。就在郑提出"四不宜"的一个多月后，二十三年正月廿九日，郑在信中向盛宣怀报告，前一天张之洞单独接见了他，谈了很久，听他汇报了目前铁厂亏损的情况，反映了"必须寻有好煤炼焦"，化铁炉应移至大冶等意见，张之洞还询问了兴国州和银行的情况，同意郑的意见："官银号理应归并银行。"郑观应并对张之洞进言，"铁路地价大涨，非仿西例非止卖止买、印契发官价不可"。从郑的叙述来看，两人的交谈是融洽的。① 实际上，张之洞在盛宣怀接办后，对于铁厂内部的事务，已经不再干预；郑在武汉期间，乃至终其一生，也未见与张之洞发生不愉快的事件。

至于在铁厂期间的人事关系，多年后郑观应有一些更明确也似乎更尖锐的解说。

有位许奏云太守，既是郑观应学道的道友，又曾在轮船招商局共事，有次询问郑为何辞去汉阳铁厂和粤汉铁路公司职务？关于前者，郑的回答是：

---

① 陈旭麓等主编：《汉冶萍公司》一，第 96、181、406 页。

前总理汉阳铁厂当时声明，系当义务，不领薪水，不过欲为整顿，以救危局而慰知己耳。讵意所用大小司事，多是湖北候补人员；而为督办所派，又多系督办同乡或有交谊；且督办以所用之提调充当总稽查，不谙工程，不晓英语，已是不合，而又恃与督办有师生之谊，频与洋总监工冲突，以致工程迟滞，常有停工待料之叹。然其大奸似忠，督办以为贤，虽有言其过失，亦不责问，彼辈益无忌惮，甚至弟所与各友函件，据信差云，亦须由提调折阅而后送也。马鞍山总办盗卖煤斤，因是提调好友，多方袒护，朋比为奸。凡事多被掣肘，任意排挤，盖欲我告退而已。故裁汰洋匠、大局整顿后，各股经理私弊尚多，力难剔除，恐负委任。且弟实事求是，不合时宜，每为各怀私利、党同伐异者所忌。与其受人排挤，不如洁身自退。①

郑观应辞退粤汉铁路公司总理是在光绪三十三年七月，这封信当是写于光绪三十四年前后，距他离开汉阳铁厂已有十年之久。信中所说的督办是盛宣怀，提调当指张赞宸，字韶甄，江苏武进人，与盛还是小同乡。郑离开铁厂时，张赞宸已被盛派去萍乡，后来长期任萍乡煤矿总办，与李维格同被盛视为左右手。张赞宸中年病逝于光绪三十三年三月，郑观应在信中提起这位死者，仍然言辞激烈，犹有余憾，可知成见之深。值得我们注意的是，通过上述事例，郑观应实际是指出盛宣怀用人唯亲、存在严重的问题。

郑观应所说的铁厂"大局整顿后，各股经理私弊尚多，力难剔除"，在他的文集中也有具体的反映。载入文集中的《整顿汉阳铁厂条陈四十八款》，最后一条是：

铁厂、铁矿各司理弊端甚多，姑略举数端列后：一、闻司理煤矿者私运煤满船出售外人；二、押运者沿途私卖、灌水侵沙；三、司理银钱者折扣工钱，浮开货价；四、各监工索人谢礼，滥举工人；五、代人私

---

① 《答许奏云太守书》，载夏东元编《郑观应集》下，第760页。

造器皿、修补机器等件，其材料出自本厂，而所得工料价值不归公家，饱其私囊；六、与库房多领材料私卖外人；七、管库者监守自盗；八、受人贿赂以次货充上货。尚有未知者，容待查有实据当禀请革换，认真整顿，以免效尤。①

在《六十条》中，原有第四十二条、四十三条分别提出采办所、收发所和购买材料如何杜绝弊端的问题；它们在《四十八款》中已分别列为十三、十八两款。上述这最后的四十八款却是《六十条》所没有的，当是郑观应后来整理时增加的。郑所指出的这些弊端、列举的具体事件，明确肯定，当是实有所指，虽未点名，已是呼之欲出。有些郑也随时向盛汇报过；有的事例或是在他报送《六十条》后发生的。

二十二年底，郑观应曾经说过："自夏间上督办与香帅条陈各厂利弊一则，辄为所恨。"在汉厂职司银钱、采买、收发的都是盛的亲属和心腹，郑观应显然是投鼠忌器，怀有顾虑。早在光绪二十二年六月初六，郑在致盛的信中便提出：

> 查银钱股、采买股皆关系极重，弟不遑稽查已详前信。今拟银钱支票、采办价值应请札饬或电谕瀚涛认真稽核，凡支之数，必须伊盖有某某核过印章为凭，免弟过目，以专责成。（弟看月结可也。）并嘱银钱股、采办股、制造股、收发股各总董于每月底，将所管现在情形据实详报，一送总办，一送督办，以备查核，俾知各管勤惰优劣。幸勿说出自弟意，是为至祷。……祈阅后原书封固掷还，是为至祷。②

由此可知郑观应在汉阳铁厂真实处境的另一面：名为总其成者，实则处于进退失据的尴尬境地，所谓"不遑稽查"自是托词，"免弟过目"却是本意；既不

---

① 夏东元编：《郑观应集》下，第1050页。
② 陈旭麓等主编：《汉冶萍公司》一，第122页。

甘缄默、一再进言、出谋划策；又欲置身事外、害怕结怨招尤，不肯出头露面。

郑观应曾一再有意无意地流露他在铁厂"呼应不灵"。就在他列举有"四不宜"之后不久，光绪二十二年十二月二十日，他就收发所的人事变更问题回答盛宣怀说：

> 昨承谕请收发所人手，非敢不遵，因责其办事错误不服，屡为毁谤，若由官应革换，彼更有所借口谓引用私人又有争权之谣矣。如要酌换，只好托雨之或别人代雇，以避嫌疑。官应在厂八阅月，忍辱负重，委曲求全，其中苦况非躬亲目击者不知，与我公举错情形不同。抑有陈者，鄙见凡各局厂总办除司理银钱帐目人外，其余人手似宜归总办选用，以资臂助，免有呼应不灵之病。今铁厂拟归绍甄总理，收发所换人应由绍甄商换。如其谓不必换，则无庸换也。[①]

在这里，他终于借收发所事件，吐出了总办没有用人权而呼应不灵的苦楚，也向盛宣怀透露了他和提调张绍甄之间的分歧。

盛宣怀管理铁厂的独特模式

写到这里，有必要介绍一下盛宣怀管理汉阳铁厂的独特模式。

盛宣怀自光绪二十二年三月中旬到武汉，于四月十一日接办汉阳铁厂，五月初回到上海后，即凭信件、电报来往，遥控汉阳铁厂的事务。光绪二十三年三月十日前后，他到武汉与张之洞会商卢汉铁路事宜，并与比利时谈判铁路借款，六月三日才回到上海，即使是他人在武汉，也很少亲自到厂，郑观应仍然是有时一天两三封信向他汇报请示。铁厂事无巨细，不要说银钱收支、洋匠辞聘、人事任用，就是如上述各部门呈送月报这样的具体事务，郑观应也不敢做主，必须要盛宣怀亲自开口。不仅是郑观应采取通信方

---

① 陈旭麓等主编：《汉冶萍公司》一，第363—364页。

式请示汇报，各矿、分厂、部门以及各洋匠和有关人员，也都可以越级与盛直接通信联系，各自汇报情况、反映意见、提出要求，盛也视情况分别回复，实际上盛宣怀和他们都保持着单线联系。

盛宣怀作为汉阳铁厂的督办，在官督商办的体制下，他既是官方任命的代表，又是商办的负责人、投资方的代表。亦官亦商，权力高度集中于一人。郑观应出任总办，虽经直隶、湖广两位总督认可，实际上是盛宣怀这位督办"禀派"的，主要是对盛宣怀负责。总办的职责，按照盛宣怀制订的章程，是很笼统的两句话："联络上下官商之情，稽查华洋员匠之弊"，但却界定了它的性质，"联络"也好、"稽查"也好，都有别于决策者；虽然盛在向总督禀派总办的报告中说，总办"遇有重大事件仍与职道函电商酌办理"，至于何为"重大事件"就全凭盛宣怀掌握了。实际上，郑观应的作用只能限制在反映情况、参谋建议和传达、督促执行的范围内。而盛宣怀作为决策者却长期不亲临现场，不接触实际，终究是雾里看花，隔了一层；时有偏听偏信，先入为主、主观臆断等等也就在所难免；即使郑观应被人在密呈中誉为"血诚忠信，视厂事为家事，诚为近世难得之人"，但也不能避免与盛宣怀发生分歧和摩擦，以致留下不可忽视的裂痕。

一个并不愉快的结局

郑观应提出在铁厂有"四不宜"后，经盛宣怀挽留，同意"勉力帮忙半年"，春节期间在沪已经向盛报告了全年何时来汉、何时在沪的初步安排。后来盛又委郑为卢汉铁路公司购地，还表示过将来铁路总公司汉口分公司将要借重兼任。

郑观应于二十三年正月十九日由沪赴汉，途经安庆时拜谒了他的同乡、安徽巡抚邓华熙，得知邓再次上疏举荐自己，十分感激，并把这情况告诉了盛宣怀。到汉不久，二月即发生《苏报》事件，这份小报以《总办得人》为题，对郑观应进行人身攻击，除暴露其所谓"虐妾"的隐私外，又翻出其买办出身及十多年前的几件经济纠纷。此时郑观应身为汉厂总办、新兼铁路公司总董，《盛世危言》以新版本面世，又受到礼部尚书孙家鼐和安徽巡抚邓华熙的交章推荐，正为全国舆论所注目、声誉上升之际，突然遇此袭击，被人兜头泼了一盆脏水，不禁"寝馈不宁""心情厌烦"，便自拟了一份《答辩节略》寄给盛宣怀，打算控告对方，希望盛"一为援手"。盛宣怀与著名律师何启熟商后，又将其电函托友人商办，但两次在信中敦劝其冷静处理，"鄙意狂吠不值计较，莫如包以大度，久之自然销声钳口。公拟挺身理论，迂矣，幸一笑置之。"郑情绪极为冲动，回信说："准日内由局船返沪……一经官讼，结案无期，断难返汉，亦不愿再当招商局帮办，免为作弊者忌。"如此轻率任性、不顾大局也激怒了盛宣怀，以为他是借题发挥，回信痛责，致使郑观应不得不有如下辩白：

> 惟来教谓必欲弃而之他，就邓帅做官，似大不察官应之本心。知我者当如是耶？官应实因《苏报》起见，绝无他意，惟天可表。我公不怜其抑郁孤愤以相援，而乃以激词相责，实深悚愧之至……因公受谤，无以自明，不得不求助于知己。今乃以何足共事，误我勋名为言，此皆梦想不到之论。讼事不争早迟，谨如教，一切容面商。①

这封信写得可怜巴巴。郑当然知道盛是把个人的勋名看得很重的，"何足共事，误我勋名"不啻是要绝交。如此严重，郑只得偃旗息鼓，放下官司"谨如教"，依然是向"知己"乞怜、求援，并指天发誓。此时盛已在武汉，虽然是说"面商"，隔了一天，郑仍是去信说，"因昨晚头晕，彻夜不宁……公事亦多，不克趋谒，心甚歉然"，只到半个多月后，四月七日，两人才有一次深谈。第二天，郑致函盛，称之为"补楼主人我师"，开头便说："昨蒙面谕豪侠之气宜去，涵养之气宜纯，诚为官应对症良药。"下面便是两首五言绝句，"戒其豪侠也"，"戒其性急也。今得我公随时棒喝，尤深感激。"②

---

① 陈旭麓等主编：《汉冶萍公司》一，第483—484页。
② 陈旭麓等主编：《汉冶萍公司》一，第503—504页。

在此期间，郑突发喉痛，粥水难进；后又左手麻木，便血不止，本拟离厂至九江养病，不料又发生了堪纳第事件。

花了大把银子请来的洋总监工不得力，是和焦炭供应一样长期困扰汉阳铁厂的要害。盛宣怀接办时的洋总监工德培，既无能，又不负责，而且横蛮粗暴，算不出工厂的成本，长期在其住所办公，三两天难得到厂里来一次，很不称职，并与其他洋匠不和，特别是和分管炼铁的吕柏势如水火。究竟是去德留吕，还是去吕留德，郑观应、张赞宸、徐庆沅、李维格和洋匠们各有不同的意见，盛则犹疑不决。此事未定，二十三年春节期间又来了美国工程师堪纳第，盛宣怀以铁路、铁厂参赞的名义暂用三月，让其驻厂考察厂情。在试用期间，堪极力表现，作了许多承诺，赢得了盛的信任。

对于堪纳第之来，铁厂诸人颇有异议。首先是提调张赞宸向盛进言：

> 用洋人难，用总管更难，倘每厂能得一好工师，虽无总管亦妥。如用总管不得力，牵制各厂，关碍大局，白乃富、德培即殷鉴。当此整顿之际，用人宜慎之又慎。堪纳第于钢铁恐非专长，务求慎用，所最怕者去一德培仍换一德培来耳。①

郑观应开始对堪纳第印象也不错，渐渐有所怀疑，曾一再提醒盛："窃思各国洋人皆好揽权恃霸。初到性似和平，久则渐形桀骜。……惟未曾见其新本领。"主管收发所的汪应度也在信中说："洋匠欲为进身地步，往往喜出大言以欺人，堪纳第究竟本领如何，一时难以考察。"建议到厂经过实际工作和洋匠、华董们检验后再慎重考虑如何订合同。② 参与管理炼钢和熟铁厂的徐庆沅，更向盛密禀：堪纳第自称"钢铁世家"，听他的议论却像门外汉，德国炼钢工程师卜聂对堪也有怀疑。昨天同徐看炼钢的火色，堪纳第竟把光原分色镜倒着看，一个炼钢老手不应有这样的错误。徐庆沅自荐"于炼贝色

---

① 陈旭麓等主编：《汉冶萍公司》一，第 367 页。
② 陈旭麓等主编：《汉冶萍公司》一，第 492、375 页。

麻钢实已究心多年，前在外洋稍得门径"，愿意接办炼钢厂。① 后来实践证明，这些意见都不幸而言中，当时盛宣怀却听不进去；唯恐徐庆沉不能与堪合作，命郑将徐调走了。

不料，德培离厂后，郑观应奉命正式与堪纳第谈判任用时，堪纳第与美领事商议后，于四月十四日送来英文合同稿，"一面之词要定三年，每月索薪水二百镑"，"非订合同三年予以全权，当即返美。意似要挟。"郑认为不合情理，拒绝接受，一面决定不去九江养病，筹划人员的布置，安排堪纳第离厂的对策，一面修订合同的条文，以供盛参考。不料堪纳第竟对盛说，合同中如欲辞退"惟先于三年前用函关照"这一条是郑观应的主意，郑只得向盛解释，并于四月二十三日写信与堪纳第质对。

堪的去留尚未确定，四月二十五郑又收到张赞宸来信，表示"除稽核银钱物料出入外，其余与总稽核无涉者概不过问"。原来郑观应多次求去，盛宣怀命张赞宸为提调，即第二把手，并规定"各股分管司事由提调禀商酌定去留"。此时郑观应自作主张，筹划布置，侵犯了张赞宸的职权，引起了张的不满。郑又只得分别去信向盛、张二人解释："现在激于洋人要挟，力疾从公，实出于义愤，不得已代为布置。如恐官应布置人手不合，尽可商量，或悉归提调布置亦无不可。"②

四月二十七日，堪纳第稍做让步，"一切请与督办面谈"。四月二十七、二十八两日，郑每日有三封信向盛报告情况或回复盛的手谕，商讨堪纳第及有关华洋工匠的安排。二十八日深夜，郑在信中表示：

> 既为总办或为总董，深知其中工匠优劣邪正，询诸众人皆以为是。竟无权进退，言亦不行，理应告退。（此理非对公言，望公与堪、排言之，知中国尚有人。）请以此质诸排吁诸洋人以为然否？③

① 陈旭麓等主编：《汉冶萍公司》一，第457—458页。
② 陈旭麓等主编：《汉冶萍公司》一，第514、515、520、525页。
③ 陈旭麓等主编：《汉冶萍公司》一，第531页。

次日，郑观应去信，开始便表示歉意："昨夜戌亥所复之缄并堪合同华洋文各一纸，其时气促痰鸣，力疾手复，笔误必多，如语无伦次，伏乞鉴谅。"所谓"此理非对公言"，所谓"语无伦次"，在盛宣怀看来也许是"此地无银三百两"，越描越黑。实际的结果是，盛宣怀与堪纳第面谈后，断然行使督办的职权，按堪纳第的文本亲自与他订立了合同。五月初一，郑有信致盛宣怀云：

> 昨奉读手谕，知我公决意雇堪纳第……已命堪当面画押矣。故应拟各款，黄翻译谓勿庸再说，自悔日前多言，只好恪遵钧谕，即午与堪将誊正之合同画押耳。本厂已有总监工，一切工程理当归渠总管，以专责成……诸事大定，官应可以养病。①

按照盛宣怀的指令，因"中外人心未定"郑观应还要在铁厂待两个月。在此后一个多月内，堪纳第与郑一再摩擦、冲突，五月六日郑竟"受堪之胡闹三点钟之久"，又称"月来受其气过于德培"。六月初三，郑观应再次致信盛宣怀求去，说是经过盛的一番部署后，各有专司，"而官应仍以多病之身忝列其侧，无所事事，形类赘疣，实属徒滋糜费。"六月十七日，盛宣怀电令盛春颐代理厂务。虽然如此，堪纳第六月二十一日仍对郑观应狠狠一击，其致郑观应函云：

> 兹届天气炎热之候，西门马丁厂向不作工，故欲于西九月一号预备开工……姑苏枪炮厂欲要之钢事，倘堪有权行事，无人阻碍，则易于为也。至钢轨厂与西门马丁厂尚不能成全金达之定料单，实因无权添雇洋匠，并不能随时改章，必须事事禀明，乃可行事。然一切禀明大人，则需时候太多，因大人未识五金之学，然堪甚愿将此竭力陈明钧听，恐一时亦难尽述矣。②

---

① 陈旭麓等主编：《汉冶萍公司》一，第532页。
② 陈旭麓等主编：《汉冶萍公司》一，第597—598页。

上年底与吕柏订合同，吕柏不愿在厂里订，而要去上海与盛宣怀面订，张赞宸便对盛说过："倘此次合同依吕改为沪订，则厂中各洋人以后必难驾驭，实为事局攸关。"并一针见血地指出："从来洋人所重全在有权无权，以定从违。"[①] 堪纳第此举，自是看准了郑观应既无权而又与盛宣怀存在分歧。郑观应遭此肆意凌辱，实已无法在铁厂立足，便在六月二十二日将关防交给盛春颐，从此离开了汉阳铁厂。

实践很快就证明了盛宣怀轻信洋人、独断专行的错误。六月初七，堪纳第突然变卦，说鱼尾板不能制造，盛宣怀才感到"堪纳第之靠不住如此！"但为时已晚，潘多拉的魔盒已经打开，堪已大权在握，真相毕露，为所欲为，擅自将轨钢和马丁炉停工，造成重大损失；不听阻止，径自赴沪要面见盛。受命代理厂务的盛春颐于七月初一、初二、初三连篇累牍地向盛宣怀禀告厂情"岌岌可危"，投诉堪纳第在厂的作为及采购、用人等弊端，要求盛"不惜区区万金"，"将堪纳第决然舍去"，"此实事之最要，策之最上者"。[②]

行文至此，忽然想起十多年前，读赵凤昌《庚子拳祸东南互保之纪实》一文，其中涉及盛宣怀有云：

> ……东南各省一律合订中外互保之约。梅生极许可，惟须有任枢纽之人，盛杏生地位最宜，谓即往言之，并云此公必须有外人先与言，更易取信，当约一美国人同去，旋杏生约予往晤……[③]

梅生即何嗣焜，曾为盛宣怀主持南洋公学多年，是盛的亲信幕僚。盛接办铁厂时，就曾用电报把何专程从上海调来武汉，起草有关奏折的底稿。何对盛当有很深入的理解。当此八国联军入侵之际，事关国家危亡，何嗣焜如此介绍盛宣怀的个性特色，使我留下了深刻的印象。盛宣怀如此处理堪纳第事件，证实了何嗣焜所言，对外人偏听偏信、先入为主是盛宣怀一大特点。

---

① 陈旭麓等主编：《汉冶萍公司》一，第 361 页。
② 陈旭麓等主编：《汉冶萍公司》一，第 610 页。
③ 黄濬：《花随人圣庵摭忆》，上海书店出版社 1998 年版，第 290 页。

没有找到灵丹妙药，留下深广的忧虑

郑观应带着层层疑虑来到铁厂，身在其中一年多，饱受甘苦，费尽心血，带病坚持，熬白了头发，走的时候仍然对铁厂的前途和命运满怀忧虑。对于十分艰巨的任务既非自愿又缺乏信心，也是他屡屡求去的深层原因。

郑观应对于铁厂的前途一向比较悲观。在他上任伊始，就遇上了一个紧迫而严峻的现实难题，如何扭转汉阳铁厂的亏损。在此前后，他曾建议暂时将铁厂停办，没有被盛宣怀采纳。接办一个月后，据徐庆沅报告，平均每天生产生铁 52.8 吨，很不合算。即使日平均产量达到 55 吨，全部造成钢轨，只能产轨 48.4 吨，按每吨轨售价 35 两计算，每月收入不过 50820 两；目前人工和煤价等，每月约需五万六、七千两。实际上，目前的产量和销售还达不到这样的水平，支出也有一些非常用的开支未算在内，大约每月要亏损三、四万两。光绪二十二年五月二十八日，郑观应在致盛宣怀信中说："鄙见第一重在焦炭，如焦炭所产近便价廉，则事业可久可大。如焦炭既远且昂，虽钢轨枪炮无一不定购于鄂，亦恐难于持久。""现在每天用项，统计约在二千金内外。既不能停工缓办，亟须设法补救。"并说自己"日夕筹思，心实不宁"，敦促盛宣怀派人去沿江沿海寻找煤矿。[①] 在这年的十月下旬，听说盛宣怀规划卢汉铁路在五年内建成，郑观应又进一步面临另一个难题：汉阳铁厂现有的生产能力，不可能在五年内生产出所需的三千里钢轨，必须分别增加炼铁、炼钢和轧钢的设备，资金和焦炭都是大问题，为此又"窃抱杞忧，日夜不宁"。

到了年底初步结算，自接办以来已经垫付了五十多万两。其中的大头是铁路总公司预支的轨价 30 万两；还有张之洞拨来的 15 万两，本来是归还官办时期欠的洋行旧债，结果洋行的这些债没有还，银子却赔进去了。在此困境下，郑观应"总以为不得价廉焦炭，不能使厂炉日夜全开，终难不亏等

---

① 陈旭麓等主编：《汉冶萍公司》一，第 99—100、101—102 页。

情"，又提起退却的打算，盛宣怀"责以有进无退"。这年的腊月，郑回到上海，再次向盛面陈亏损的情况，"仍拟停工，俟得有好煤矿，百事具备，然后开办"。甚至说："大冶铁矿亦可停办，嘱赖伦专寻煤矿。此为我公计，亦为商股计，不能顾公家场面矣。"① 在这一关键问题上，郑观应和盛宣怀的想法不一样，如其所言，郑着重考虑的是铁厂的经济效益，而不愿考虑政治和舆论影响；此时盛宣怀在仕途上、事业上都正在积极进取，铁厂这枚棋子事关全局，他是不可能轻言放弃的。郑观应知道盛的思想倾向，同时也提出了第二套方案，即适当收缩，暂停炼铁炉和熟铁炉，用现有的生铁集中赶造钢轨以应急需。盛宣怀采取了后者。

在宏观机制上，最使郑观应不放心的，是朝廷对铁厂的态度。盛宣怀接办后，张之洞上奏要求朝廷规定各地定购铁厂产品并予免税等优惠，光绪皇帝让户部先拿个意见，户部未予同意。郑观应很是气愤，他在二十二年七月初九致信盛宣怀："此件户部所议，未免不顾大局，岂故意与南皮为难耶？照此立言，何以招股？何以持久？鄙见公宜上禀，以无从招股请仍归官办。一面密电告帅……拟请据禀顶奏，非免税不可，非购轨不可。"他怀疑这件事是户部侍郎张荫桓作祟，翁同龢成了傀儡。随即在拟定《六十条》时，他在最后一条大声疾呼：

> 查煤铁两大端，胥关邦国富强之大计，此非可独责之于商，亦未可徒责之于官，而首须国家出全力以维持扶助者也。……夫官不得已而诿之于商，商又不得已诿之亏本，官商已矣，奈国家富强之根本何！是宜请南北洋及两湖大吏抗疏，据实胪呈必请部臣变通成法，设法保护裨助，务期厂事有成，大局可顾……②

在呼吁国家应全力扶助的同时，郑观应也在暗中为汉阳铁厂另找出路。

---

① 陈旭麓等主编：《汉冶萍公司》一，第379—380页。
② 陈旭麓等主编：《汉冶萍公司》一，第194页。

任职汉阳半年后，他曾经毛遂自荐：由他带着翻译到英国和德国，找到克虏伯等著名大企业谈判中外合资，"准西人入股三分之一"，"华人为总理，所有用人、理财之权悉归总理"，"欲用巨款，出本厂公债票，向外国银行抵借"。① 此事后来未见下文，大概是盛宣怀没有同意。眼见得这也是一厢情愿的如意算盘。

二十二年十二月，曾经有一美国钢铁厂的总监工坚尔地来参观汉阳铁厂，询问了各方面的情况，并要求提供书面资料，然后去看大冶铁矿，并在上海与郑观应进行会谈。事后郑向盛汇报："美厂总管昨来所谈一切，皆脚踏实地、良心之言，唯恐不肯接办耳。"② 这次争取美国接办的尝试也没有成功。

铁路总公司成立后，二十三年二月，郑观应一再提出要将铁厂归并给铁路公司："铁厂既难停工，现在办法又难保本，如欲获利，必须变通，只有拨归铁路公司。"③ 这年的四月，当盛宣怀正与比利时谈判卢汉铁路借款之际，郑观应又建议将铁厂包与比国的郭厂，即曾经帮助铁厂培训过炼铁工人的郭格里厂："本厂如包与郭厂若干年，所费之款，除每吨生铁抽银一两，及岁结开销外，盈余之款酌提若干补贴老本利息，并须教授华匠艺徒等款，此法最稳最便。不然，其中为难之处，不胜枚举……"④

真所谓是一计不成又生一计。如此持续不断地策划，左冲右突，力图借外力以走出困境，固然是反映了郑观应对于铁厂内外矛盾感受深切，对于铁厂前途高度关切的可贵责任感，同时也反映了他在内心深处的迷茫、焦灼和沉重，迫切寻求解脱的不安、躁动和几分盲目性。

在晚清的历史画卷中，郑观应毕竟是对汉阳铁厂最为知情而又关切的一位实业家、思想家，他没有找到挽救汉阳铁厂的灵丹妙药，却留下了对于这个企业，也是对于中国煤铁工业的深广忧虑：

---

① 夏东元编：《郑观应集》下，第 1068—1069 页。
② 陈旭麓等主编：《汉冶萍公司》一，第 364 页。
③ 陈旭麓等主编：《汉冶萍公司》一，第 364 页。
④ 陈旭麓等主编：《汉冶萍公司》一，第 523 页。

夫铁煤于今世界用途为最大，年中购用洋煤、洋铁，流出金钱不少。所能争回利权者只此区区数厂，设任其败坏而不思整顿，官应所深为扼腕也……是以官应前曾对我公言及萍乡、大冶所产煤铁极富，是亚洲现在独一无二之公司，将来必获大利。惟可虑者有四：一、虑总办不谙厥事，廉而不明，必为矿师、炼铜（钢）师、炼铁师所欺蒙，糜费必重；二、虑总办熟谙厥事，明而不廉，通同作弊，利归中饱；三、虑强邻环伺，中原大局岌岌可危，有事之秋为人所夺；四、鄂督创办时填款甚巨，将来恐政府干预，不可不未雨绸缪。①

中国钢铁工业的历史将证实郑观应所言绝非杞人忧天，特别是三、四两点，事关强邻和政府干预，都具有惊人的预见性。

---

① 夏东元编：《郑观应集》下，第1069页。

第五章 以煤为介：盛宣怀遭遇谭嗣同

铁厂焦炭"须待开平接济" / 未遂的密谋：控制开平煤矿 / "嗣同自称将代鄂局采买煤斤" / 丁酉十月最初的几天 / 康有为"令复生弃官返湘"质疑 / 盛宣怀为何邀谭嗣同"办矿"？ / 胶州湾事件冲击下谭嗣同的思想变化 / 盛宣怀为何突然变卦？ / 余论

历史令人意想不到地安排了一次谭嗣同和盛宣怀的相遇。

仰望晚清历史的星空，这人生轨迹绝不相同的两颗耀眼的巨星倏然相遇，是在怎样的背景下？发生在何时？因了怎样的机缘？它们的相遇又各自留下了哪些既有时代特色又富于个性的光芒？

铁厂焦炭"须待开平接济"

相遇的背景是，盛宣怀为解决汉阳铁厂的焦炭供应，在开平煤矿碰了壁，正寄期望于湖南煤矿开发，而包括矿务在内的新政，正在湖南蓬勃开展。

盛宣怀接办之时，汉阳铁厂所需之焦炭主要是仰给于开平煤矿。盛当然知道焦炭供应是头等大事，需要亲自来抓。四月十二日，接办铁厂的第二天，便接连发出四封电报，两封给开平煤矿，一封给天津招商局，一封给上海招商局，都是有关焦炭的。他向开平订货，"月内六百吨，望二十边运三百吨，二十五运三百吨，以后请按每日四十吨接济"，后来增加到每日五十吨。还向主持开平煤矿的张翼和陈蔼庭建议："如开平能设一生铁炉，运煤来汉，带铁赴津，方能持久。"同时布置天津招商局，"如有装兵船到汉，望先期知会开平，尽运焦炭"，并让上海招商局查他们买开平煤的价格。①这几封电报尽显了盛宣怀的优势，既可以运用他在直隶广泛的人脉，直接和开平的高层对话，又可以直接调动招商局的航运保证焦炭的运输，正如他对招商局沈能虎说的："目前须待开平接济，全赖局船转运。"

虽然如此，问题却仍然很多：首先是价格过高，焦炭长途运到铁厂，计价在银十二两以上，而上海出售的进口生铁售价不过二十二、三两，据郑观应的调查核算，即使两炉齐开，每吨焦炭的成本超过十两便要亏损；不仅如此，运来的焦炭往往数量不足，由津运申，由申运鄂，海轮转江轮，问题何在都不好查；开平焦炭提净入炉，一般只有八成，遇上杂质多、碎屑多，便只有五六成，更加重了成本；每年冬季天津冰冻封河，无法运出，必须在九月以前将炭备足。郑观应到任一个多月后便向盛宣怀报警："所虑焦炭价昂，又恐难接济。"据铁厂六月十八日向盛电告，所用焦炭每吨实际成本已达十七两。至七月初五，汉厂郑观应电告盛："卢柏云近来开平炭不佳，必系次号，因冶炼出铁少，……以后次号宜嘱分开。"如此，与开平便渐生摩擦。

盛委托招商局天津分局总办黄建笏（花农）与开平张翼"筹运炭煤并力商减价"，七月初六黄建笏来电向盛汇报：对方仅同意将可以炼焦炭的煤粉"五槽末"，在塘沽交货每吨价减至二两八钱五分，但附带了许多条件：指定必须由"公平"这条船运，"如用别船仍需五两，若矿局租船'斯可尔'运，连脚必须六两"，同时，张翼还提出从前官办时运到湖北的碎炭赔累的问题，并催付煤款。②

迟至初十，盛始回电，极为关切的是质量问题："惟汉厂洋人云，近来焦炭碎且粉多，只六成可用，必有二号掺杂。即请切托蔼庭，须要真头号大

① 陈旭麓等主编：《汉冶萍公司》一，第 740 页。
② 陈旭麓等主编：《汉冶萍公司》一，第 790—791 页。

块，不可掺和二等及碎粉，望派妥人在码头察验装袋为要。"至于五槽煤的价格和运输等条件他不能接受："从前碎煤香帅不肯认付，与宣无关。"如此斩钉截铁地一口回绝，多少泄露了一些他的愤懑。

此后接到的是汉厂一次次来电："开平近来焦炭不佳"，"卢柏信催开平煤炭，请速运。"

七月二十三日盛分别致电上海郑观应、出差在南京张翼、天津黄建笁与陈蔼庭："焦炭若再不到，便须停炉，开平误事不小，奈何。"第二天，他电令化铁炉停止生产："津无复电。只好封炉。"所谓封炉，只是停止炼铁，但仍然要消耗大量焦炭保持炉温，以免化铁炉损坏。为此盛宣怀恨恨地说："糜费数千金，皆开平失信之故。"①

为了保证焦炭的供应，十月二十八日，铁厂与开平煤矿签下了来年的定购合同："今铁厂定购煤矿局五槽煤制成好大块焦炭一万三四千吨，言明丁酉年开河之始即日运往汉阳三千吨。尚有万余吨自二月起至封河止，按月分运一千吨，决不误期。每吨定价行平化宝银八两五钱，在于唐沽轮船交收。如有挼和碎末（原件下缺八字）一概剔换。恐后无凭，立此合同存照。"② 这份合同不仅有品种、数量、价格，还特别对交货日期和质量做了明确、具体的规定，可以看作是铁厂总结了与开平打交道的教训而采取的预防措施。虽然如此，后来的事实是开平并未受此合同明文的约束。

光绪二十三年，天津开河较早，二月初二三轮船招商局就有船行。双方仍在焦炭质量和数量上纠纷不断。此前，因"去冬开焦碎小，实用不及八折，合到厂每吨十三四两，断难为继"，盛宣怀密电黄建笁，请他和张翼、陈蔼庭"熟筹"。随后盛又提出去年腊月来的坏焦难用，要求开平"补贴"；再次强调，如果今年再有细碎不能用的，要退回去，运费各承担一半；并采取措施，派了洋匠蒲尼专门去驻局验收焦炭。焦炭原是袋装，"去冬今春袋装挼杂，吃亏甚巨"，为便于验收，改为散装，结果更增加了起卸的困难。四月

---

① 陈旭麓等主编：《汉冶萍公司》一，第793、796、802、803页。

② 陈旭麓等主编：《汉冶萍公司》一，第276页。

初，质量好了，却又发现短少了 60 余吨。转眼就到了六月，铁厂正在赶制卢保路钢轨，离封河只有四个半月，焦炭尚有九千吨未运到，盛宣怀惟恐开平又失信；此时煤价上涨，虽然定有合同，开平仍然要加价，盛不得不同意；一波未平一波又起，张翼来电又在剔退碎炭上纠缠。①

未遂的密谋：控制开平煤矿

应对开平如此劳神费力，使盛宣怀感到事事被要挟，便萌生了从根本上解决的念头。已经综轮船、铁路、铁厂、银行于一手的盛宣怀又开始了控制开平煤矿的密谋。

光绪二十三年的正月初五，盛以密电向王文韶报告，据招商局天津分局总办黄花农的密信，张翼想去做官，打算将开平交给黄接办，黄征求他的意见。盛宣怀认为："煤矿为铁厂、铁路、轮船根本，合为一家，于公有益。"盛还说张翼去年当面对他表示过，请盛和他一起督办煤矿。"如归花农、蔼庭，可期沆瀣一气，钧意然否，请密示。"②不知道张翼是虚晃一枪，还是改变了主意，此事后来没有了下文。盛宣怀却放不下这个念头，这年的端午，盛宣怀在致翁同龢的密信中，借谈铁路用人之机，要求翁同龢釜底抽薪，设法将张翼调出开平矿务局：

> 鄂厂止开生铁炉一座，每日出生铁，止敷炼成钢轨一里。因两湖产煤内含硫磺，不能炼铁，取给于开平，每吨焦炭需银十二三两，铁石又须由大冶运来，每吨需银二两零，议者谓价值较洋轨为昂，实由于煤炭之不便，南皮屡言价昂亦必须自造，然断不能使铁路公司吃亏，致碍招股，只得铁厂熬痛认赔，一再寻觅煤矿，倘能将开平煤矿核实办理，焦炭运鄂在十两之内，亦可不赔轨本。该矿总办张道翼如能简放一缺，则

---

① 陈旭麓等主编：《汉冶萍公司》一，第 858、860、869—870、876、879—880 页。
② 陈旭麓等主编：《汉冶萍公司》一，第 854 页。

煤铁相济，轨价不致昂于外洋也。①

张翼何许人也？张翼字燕谋，旗人，早年在醇王奕譞的手下当差，颇见亲信；后又与李莲英结成莫逆之交，续弦时娶了慈禧的远房侄女。如此政治背景，只怕是翁同龢也未必能轻易搬动。

六月二十三日，盛宣怀派了黄建藩去天津见王文韶，在信中密告了张翼一状，提醒老师防止其背着"主人"搞小动作："陈道善言过沪，谓开平拟由德璀琳经手借款，即以全矿归于德管，故陈道决计不回开平。"并谓张翼"岂能越过主人而另谋耶？"报告铁厂为卢汉铁路造轨受开平影响后，进入到主题，重提春节期间议论过的开平人事安排，介绍黄建藩是黄花农的胞兄，"久在津门，于唐山事颇熟悉，汉厂事亦有考究"，要求委任其为开平煤矿的会办。②

调虎离山，请翁师傅将张翼另派一个肥缺也好；掺砂子，让黄氏兄弟挤进开平去控制实权也好，盛宣怀一次又一次的图谋都未能如愿，开平焦炭供应仍是一个大问题。于是官司最后打到了皇帝那里，二十三月九月盛宣怀与直督王、鄂督张会奏了一封《湖北铁厂炼轨请购用开平焦炭片》。这封奏片是三人会奏，三方面的关系都要照顾到，写得吞吞吐吐，关键处欲说还休，但文件的主题还是清楚的：指责开平焦炭质量不能保证，数量不足，关键在于"炼焦烦费不如径卖生煤"，要求开平"顾全大局应有同心"，扩大焦炭生产，"一年之内能应汉厂焦炭六七万吨"。同时，盛宣怀和张之洞也借此机会，将汉阳铁厂当前的形势、与卢汉铁路的关系及问题所在，做了一个全面而扼要的汇报。其中关键在于：汉厂一座化铁炉年需焦炭三万六千吨，两炉齐开则加一倍；而"中国矿煤，炼焦合化铁用、而用机器开挖、日可出煤一二千吨者，仅有开平一处"；如开平公司每年能供应汉厂焦炭六七万吨，则近二三年内铁路用轨可不外购。③此时铁厂与开平的基本态势是，铁厂不

① 北京大学历史系近代史教研室整理：《盛宣怀未刊信稿》，第8页。
② 北京大学历史系近代史教研室整理：《盛宣怀未刊信稿》，第23页。
③ 盛宣怀：《愚斋存稿》上，第67页。

得不依赖开平，而开平则奇货可居。

如此为焦炭告御状，只能向朝廷和舆论表白、备案而已，并不能解决实际问题。开平的焦炭供应从一万三千吨增加到六七万吨，盛宣怀说了不能算数；开平的人事也由不得盛宣怀安排。光绪二十四年戊戌政变后，慈禧第三次训政，荣禄任直隶总督，张翼于十月初三引见，当日即有谕旨："本日引见之江苏试用道张翼，办理唐山开平矿务尚有成效，所有直隶迁安及热河承德府一带矿务，即著责成该员妥速筹办。……"① 树大根深的张燕谋依旧安稳地坐在开平矿局总办金交椅上，实权却渐渐被居心叵测的洋会办德璀琳所控制，直到1900年八国联军攻入兵荒马乱之际，他们二人通同作弊，拱手将开平煤矿奉送给了英国人。

"嗣同自称将代鄂局采买煤斤"

为了解决焦炭供应，盛宣怀接办铁厂几天后，光绪二十二年四月十九日就派卢丙炎赴安徽、江西两省找矿。这年的十二月十四日，盛宣怀接到卢丙炎的报告："曾看数十余处，或有煤铁亦佳，其矿山太小；或则山矿颇大，出水路遥。是以数月以来，未能如意。"

相对来说，盛宣怀抱有更大期望的是湘煤，其中一个重要的原因是包括矿务在内的新政，正在湖南蓬勃开展。

光绪二十一年七月，陈宝箴以直隶布政司使授湖南巡抚，因湖南灾情严重，奉旨勿庸入觐，取海道南下，十月至长沙。下车伊始便禁止运米出境，展开了救灾的部署，并整顿吏治、筹划架设连结湘鄂两省的电线、奏设矿务局开矿以辟利源，由此湖南新政次第展开。

陈宝箴在湖南、湖北先后做过按察司使、布政司使，此时他的家还在武昌。这年冬天，其子陈三立携家眷至长沙辅助他的父亲推行新政，张之洞幕

---

① 《德宗实录》，卷431，页7上下。转引自南开大学历史系编《清实录经济资料辑要》，中华书局1959年版，第267页。

府中的一些湘籍人士，也追随陈氏父子回到湖南，为家乡效力。

被张之洞聘到武昌测绘湖北全省地图的舆地学者邹代钧，是湖南新化人，这年冬天他去长沙见了陈宝箴，随即致信汪康年：

> 十三晋谒右丈，所论甚合。湘中公项，经吴大澂搜括无遗，各处积谷都为用尽。湘之荒歉，又胜于他省，刻下赈饥无术，何暇他举？幸湘之矿产，五金皆具，且旺，已采得确苗数处。兹拟奏设矿务局，先行开办煤矿，以济鄂局之不足，当可岁获数十万；再次第举行各矿，并铸钱，开学堂，设工会、报馆，练营伍也。大冶有未用之开煤器，拟先向南皮借用。窃计鄂之铁矿甚旺，而煤矿甚乏，现仅开一炉，尚仰给东洋、开平两处之煤，若无湘煤济之，颇为鄂局危。开湘煤必为南皮所甚愿，借器一节当见允也。右丈识见为当今所无，拟联络南皮、浏阳为一气，以撑东南大局。湘之富，天下之富也；湘之强，天下之强也。存亡之机，在此一举。钧与伯严、伯纯三人熟商，当以破釜沉舟之势为之。①

右丈，陈宝箴字右铭；浏阳，此处指谭继洵，谭嗣同之父，时任湖北巡抚；伯严，陈三立字；伯纯，张通典字，湖南湘乡人，曾主持湖北营务，编练新军，后与邹代钧共同创办湖南矿务。由此看来，湖南新政，最初是由两湖幕府中具有维新思想的人士共同参与策划和推动的；最初的出发点，是为了赈济湖南的灾情；之所以选择开煤矿为急务，则又兼有为湖北铁厂扶危济困、支持张之洞的洋务活动的因素。它又是在甲午战败之后，中国被列强侵略、瓜分的危机日趋严重，国内变法维新思潮日益发展的特定形势下进行的，这些活动，包括开发湘煤，都被纳入了以两湖为基地，支撑大局、救亡图存的大计划之中。

---

① 上海图书馆编：《汪康年师友书札》三，上海古籍出版社1987年版，第2640—2641页。

此时往来奔走于两湖之间的，便有史上戊戌六君子之一的谭嗣同。

光绪二十一年的冬天，此时盛宣怀还未接办铁厂，谭嗣同回到浏阳老家，筹设算学社。这年湖南有三十多个州县受灾，以浏阳、醴陵、衡山三县最严重，陈宝箴上任后首先设法赈济这三县。其中浏阳的治安状况很不好，陈宝箴委托欧阳中鹄组织救灾。此公是谭嗣同、唐才常的老师。据欧阳中鹄之孙、戏剧家欧阳予倩回忆："谭先生十岁就跟我的祖父读书，以后每次回浏阳，在我家里往来很密。曾为监修我曾祖父母的坟墓，在山上一住好几天。我小的时候常常看见他。"欧阳中鹄对谭的学术和思想都有很大的影响，后入陈宝箴幕府，协助推行新政。此时，谭嗣同协助老师赈灾而参与了湘煤的收购与输送，他在致欧阳中鹄的信中报告：

> 南乡煤矿事已详问罗迪吾……故渠挖出之煤，尚存滞二千串钱之谱，无从出售，甚以为苦。嗣同自称将代鄂局采买煤斤，渠即极愿效力。如果办赈之策可行，似可借渠滞而不售之煤，予以明年二三月春水涨时之期票，令灾民运往江口上船，售钱再挖再运，并邀迪吾同开他矿。物产既丰，米谷自至矣。①

这一年岁暮，谭嗣同还在武昌为湖南赈灾办赈捐、买杂粮、并筹得借款两万。②

光绪二十二年春，谭嗣同奉父命赴京师呈请到省，改派江苏，七月至南京，二十三年二月初，被委为江南筹防局提调。此次赴京和到南京候补，都是出自谭继洵的安排，而不是嗣同本人的意愿，对于没有继续襄助老师办理赈务，算学社、金矿等事皆有始无终，他都怀有真诚的歉意。至于南京的候补生涯，他更视为"仙人降谪，困辱泥途"，宣称"固知官场黑暗，而不意金陵为尤甚。……独至自思，我为何事而来？而终不能得其解"。苦闷彷徨，

---

① 《上欧阳中鹄》三，载蔡尚思等编《谭嗣同全集》下，中华书局1981年版，第451页。
② 蔡尚思等编：《谭嗣同全集》下，第454页。

亟望解脱，于此可见一斑。①

准确地说，谭嗣同自湘潭赴宁，不是"求官"，而是找个饭碗，即所谓"江南乞食"。他虽然是候补知府，后来还自称"江苏试用道"，值得注意的是，江宁筹防局提调这一差使薪水菲薄，并不足以解决生计。烈士生前也要穿衣吃饭，思想家也要养家糊口，人们往往忽略了这位巡抚公子囊中竟然颇为羞涩。据谭训聪在《年谱》光绪二十四年中记载：

> 公五月往长沙，行前于浏通银号借银四百两作旅费。公素无私财，又不敢向敬甫公请款（敬甫公对成年儿女均有一定之月费，不多予也），公借据用印有直条之信笺亲书写未加印章。至析产后始还清。②

谭嗣同十二岁时，一场恶性传染病白喉，夺去了他的母亲、大哥和二姐，他和父亲死里逃生，父亲因此给他起了一个表字"复生"。此后家事由继洵的侧室卢氏掌管，从少年到青年嗣同失去了母爱和家庭的温馨，封建官僚家族内部常见的钩心斗角和他的倔强和富于反抗，使其既不见容于继母，也就不免"失欢于敬帅"。

谭嗣同在南京，头一年是寄住在亲戚杨昌濬之子杨彦槻家中，第二年才带家眷，包括寡居的嫂嫂和侄儿女，并在此料理了侄女出嫁。他曾向欧阳老师诉说："嗣同在此，用度一切亦全恃彦槻接济也。"这必然不是长久之计。③十月只身南归，又道是："江南乞食，困乏无聊，不能不别图生食之计。"这些文字，似不可视为泛泛的无病呻吟，实际蕴藏着一个有血性的中年男子，侧身于封建官僚大家庭中，经济却不能自立的辛酸。

---

① 《上欧阳中鹄》九、十，载蔡尚思等编《谭嗣同全集》下，第 457、468 页。
② 长沙市政协、浏阳县政协、谭嗣同纪念馆合编：《谭嗣同研究资料汇编》，内部发行，1988 年版，第 27 页。
③ 《上欧阳中鹄》十三，载蔡尚思等编《谭嗣同全集》下，第 470 页。

丁酉十月最初的几天

丁酉年，即光绪二十三年（1897年），十月初在上海发生的几件事情，与本章内容有关，它们之间既有密切联系，又有具体而微妙区别，不宜笼统而言、混为一谈。它们分别是：

一、盛宣怀自上海去湖北前夕，曾与康有为相遇；

二、梁启超、李维格应陈宝箴父子聘请，经武汉去长沙讲学；

三、谭嗣同在上海见到了仰慕已久的康有为；

四、梁启超赴湘前夕，函告陈三立：盛宣怀聘谭嗣同办矿，将归湘。

先说盛宣怀与康有为的相遇，系缘于《时务报》的宴请。郑孝胥日记十月六日的原文是：

> 夜，汪穰卿、梁卓如邀饮时务报馆，坐客为盛太常、康长素、经联三、何眉生及余。卓如称有事，不至。[1]

主客都是中国近代史上的名人。汪穰卿即《时务报》总理汪康年，康长素即康有为，原文"经联三"下有小字注："元善，浙人，现为电报沪局。"大约郑与经元善是初交。眉生即何嗣焜，他和梁、郑一起被盛宣怀调奏，其时与郑已进铁路总局。五位客人中盛及其朋僚占了四席；康有为孤身一人，作为主人之一的梁启超（卓如）也并未到场。看来这席酒是汪康年张罗的，主要是报馆与赞助人之间的联谊活动，大约是给盛宣怀饯行，第二天初七的夜晚，盛便乘江孚轮去武汉，郑孝胥日记里记了他上船去送行，凌晨三时才回家。盛于十二日抵汉。[2]

这次宴请，对于康有为则可能是接风。这年他"正月十日到桂林……六

---

① 劳祖德整理：《郑孝胥日记》二，中华书局1993年版，第626页。

② 《盛宣怀十月十三日致王文韶电》，载《愚斋存稿》上，第682页。

月还粤讲学……八月筑室花埭……月杪携同薇至上海，九月游西湖，十月还上海"。康有为游湖后到沪的确切时间不详。其时康广仁（幼博）正在经营大同译书局，负责其兄《孔子改制考》《春秋董氏学》等书的刻印出版。[1]

梁启超走后，康有为还在上海盘桓了几天。《郑孝胥日记》称：初十日"康长素邀饮，不往"，"十二夜康长素及其弟幼博来谈"。十四日"遂至一品香，应幼博之约……陈敬如、康长素皆在也"。十五日"又过康氏兄弟，独幼博在"。此后便未见有关康有为的纪录，大约已离开了上海。[2]

根据《郑孝胥日记》所记载的情况，似乎不能笼统地说"康梁与盛在上海频繁应酬"，盛宣怀与康有为同席唯有一次，盛、康皆是被邀请的客人，梁、谭均未在场。至于谭嗣同，此次是否见过盛宣怀，尚未见到相关的记载。

据郑日记载，康的应酬确实频繁，但梁、谭、盛均未出席。

其次，梁启超系十月七日夜离开上海。

据郑孝胥日记，三天前的十月初三，他会见过梁启超，"云初七往湖北，与李一琴同行"。实际上梁、李是经湖北去湖南。李一琴即李维格，是盛宣怀在汉阳铁厂的部下，此时在《时务报》翻译外文稿件，将去湖南任时务学堂西文总教习。李维格在十月二十八日给汪康年的信中说，他十一日到汉，梁启超十二日到，两人一起于十七日乘船离汉，于二十日到长沙。[3]可见梁启超与盛同船，也是七日夜离开上海。

再次，谭嗣同之来去上海的时间。

此时《时务报》内，汪康年与梁启超已经不和，谭嗣同于九月底从南京赶来向汪康年"负荆请罪"进行调解，力劝汪康年同意梁启超和李维格去湖南。[4]这两年谭住在南京候补，任江南筹防局提调，与郑孝胥同事，多有交

① 《康南海自编年谱》，载中国史学会主编《戊戌变法》四，神州国光社1953年版，第137、139页。

② 劳祖德整理：《郑孝胥日记》二，第626—628页。

③ 上海图书馆编：《汪康年师友书札》一，上海古籍出版社1986年版，第587页。

④ 蔡尚思等编：《谭嗣同全集》，第512页。

往。同是初三这天，在上海的谭嗣同去看望郑孝胥，没有遇见。十月初四，郑回访谭，两人也未遇着。①

谭嗣同倒是这次在上海才见到康有为。初六和十四的两次酒宴，无论是《时务报》做东，还是康广仁做东，谭嗣同都没有被邀请，似乎他与康有为的关系，并不像康、梁后来宣传的那样密切。他是十月十八离开江宁南归的。②

据此，《郑孝胥日记》只能说明：在戊戌政变的前一年，维新派康、梁、谭三大巨头同时在上海，仅有十月七日之前的几天，而且各自都有繁忙的事务和应酬。以此日记为据，有的学者推测谭赴湘是康有为起了"重要的促进作用"，理由似并不充分。

窃以为，依据确凿的史料，与盛宣怀确有联系的是梁启超，能够对谭嗣同返湘起"重要促进作用"的，似乎也只有梁启超。

在当时的情势下，湖南推行新政，无论是通电报、办内河航运、修铁路，哪一样也撇不开盛宣怀。譬如谭嗣同听到张通典说张之洞、盛宣怀要修武汉至长沙的铁路，便不是直接去找盛宣怀，而是写信给汪康年和梁启超，要他们去找盛："盛京卿既与卓公有介然之知，卓公何不甘言诱之，令与香帅、右帅同奏，岂不妙哉？"③这似乎从侧面反映了他与盛并无交往，还说不上话。所谓的盛梁间"介然之知"，系指盛宣怀任铁路总公司督办后，曾于光绪二十三年三月与直督王文韶、鄂督张之洞连衔上了一个《奏调人员片》，点名要调用何嗣焜、蔡汇沧、郑孝胥、梁启超四人，并对光绪赞扬梁"博通今古，志气坚强"，说他和其他三人一样："皆能融会中西之学，加以历练政事，必可为国家宏济艰难。"④估计事先盛并未与梁通气征得同意，等到光绪批准了，梁竟然敬谢不敏。后来梁在《三十自述》里说："以不愿受人差遣辞之。张之洞屡招邀，欲致之幕府，固辞。"⑤梁启超虽然高傲，但他和汪康

---

① 劳祖德整理：《郑孝胥日记》二，第 626 页。

② 蔡尚思等编：《谭嗣同全集》，第 513 页。

③ 蔡尚思等编：《谭嗣同全集》，第 516 页。

④ 盛宣怀：《愚斋存稿》上，第 59 页。

⑤ 丁文江等编：《梁启超年谱长编》，上海人民出版社 1983 年版，第 66 页。

年办的《时务报》要拉赞助，却不得不找盛宣怀。二十三年冬月，身在武汉的盛宣怀，惟恐不能回上海过年，写信给他的账房先生，交代的事情中，有一笔就是"应付时务报捐款规银五百两，请即交何眉翁转送"。①

这笔赞助，可能与《时务报》十月六日的宴请有关。梁启超在赴湘前夕致函陈三立："复生将归湘，缘为盛杏荪聘请办矿，可为一喜。"②消息首先从他这里传出，可能是他与盛宣怀接洽的。

康有为"令复生弃官返湘"质疑

康有为曾经宣称：谭嗣同"弃官返湘"的决定以及图"湘中自主"的决策都是这年十月他和谭嗣同会见确定的，似乎谭的返湘是他所组织筹划的一大政治行动。事见黄彰健《戊戌变法史研究》提供的康有为致赵必振（字日生）信：

> 因陈右铭之有志，故令卓如入湘。当时复生见我于上海，相与议大局，而令复生弃官返湘。以湘人材武尚气，为中国第一，图此机会，若各国割地相迫，湘中可图自主。以地在中腹，无外人之交涉，而南连百粤，既有海疆，此故因胶、旅大变而生者。诚虑中国割尽，尚留湘南一片，以为黄种之苗。此固当时惕心痛极，斟酌此仁至义尽之法也。卓如与复生入湘，大倡民权，陈、黄、徐诸公听之，故南学会湘报大行……③

康有为这封信，黄书考证写于光绪二十七年七月之后。窃以为其中康有为回忆的可靠性是值得怀疑的。

破绽出在"此故因胶、旅大变而生者"云云。光绪二十三年驻吴淞德国

---

① 北京大学历史系近代史教研室整理：《盛宣怀未刊信稿》，第 54 页。
② 丁文江等编：《梁启超年谱长编》，第 87 页。
③ 黄彰健：《戊戌变法史研究》，台湾"中央研究院"历史语言研究所 1970 年版，第 2 页。

舰队司令率军舰三艘突入胶州湾,登陆后令清军撤退,囚禁清军守将,发生在十月二十日(11月14日);俄国军舰强行开进旅顺、大连是在十一月二十一日;随后即有流言,各国列强将在第二年西历2月采取行动瓜分中国。甲午战败后,国际形势日趋严峻,胶州湾事件是一个重要的节点。当胶州湾事件发生时,康、梁、谭三人均已离开上海,他们怎么可能在十月初于上海共同作出应对胶、旅事件的决策呢?

窃以为康有为这段追述,涉嫌夸大他对梁、谭的支配作用,将陈宝箴、黄遵宪、徐仁铸说成是处于被动的地位,而将湖南维新活动归功于他的策划、指挥。

对于光绪二十三年维新派在湖南的活动,我们可以对照一下另一个当事人梁启超的回忆:

> 十月,湖南陈中丞宝箴、江督学标聘主湖南时务学堂讲席,就之。时公度官湖南按察使,复生亦归湘,助乡治,湘中同志称极盛。未几,德国割据胶州湾事起,瓜分之忧,震动中国。而湖南始创南学会,将以为地方自治之基础,余颇有赞画,而时务学堂,于精神教育亦三致意焉。①

这里未见所谓三人于十月初会见如何决策的记载。所记历史脉络清晰扼要,人际关系主宾分明,因列强横霸、国人震动而维新派思想发展并付诸行动的因果关系合情合理。其中的关键是,湖南在推行新政的过程中,作为"亡后之图"的自立思想逐步产生并付诸鼓动实践,是胶州湾事件进一步刺激的结果。

另一个当事人谭嗣同,在二十四年初著有《治事篇第十 湘粤》,手稿中有一大段在《湘报》发表时删去了,主要是记述他与康有为认识的经过,前面好几百字都是讲如何通过康门弟子的介绍和读其著作,"……古称神交,

---

① 梁启超:《三十自述》,载《梁启超年谱长编》,第66页。

宁复过之。直至秋末始得一遂瞻依之愿"，手稿至此戛然而止，颇堪玩味。下文便是"而梁、韩与嗣同先后俱南矣！"①

康、梁、谭三者的关系，好比是一个不等边的直角三角形，谭康关系是勾三，谭梁关系是股四，康梁关系则是弦五。康有为和谭嗣同的关系，与康梁之间的关系没有可比性。

试将康此信与《康有为自编年谱》对照。茅海建根据康有为手稿认定《年谱》"写于日本"，"写作时间是光绪二十四年'岁暮'"。②其距政变发生、六君子被害仅三个月。其中对二十三年十月的记述，既无入湘之事，也根本未提及谭嗣同。紧接"十月还上海"之后，便是大谈其赴京为移民巴西而奔走，其关注点与着力点与此毫不相干。直到谭嗣同被任命为四品京卿、军机章京、参与新政，谭的名字才在《年谱》中出现，强调的是"上之用谭嗣同……皆吾徒也，故拔入枢垣"。③为了解康、谭关系而读《康有为自编年编》，获得的感受是：在谭嗣同如此壮烈地为维新事业捐躯之后，康执笔时的心中，只有一个当年七月进京骤然成为光绪新宠的谭嗣同，对于此前的谭嗣同似乎没有留下任何记忆。

谭嗣同此次返湘既有陈宝箴的一再邀请，又有梁启超介绍与盛宣怀办矿，也还有厌恶南京官场、另图生计等因素，似乎并不是与之初次见面的康圣人一声令下，便欣然临时仓促决定的。

谭嗣同不是康门弟子，此时只是一位受过康氏著作影响的青年思想家，与康梁的政治思想倾向基本相近，"然亦有不敢苟同者"。④此时的康门师生也并非是一个从事秘密活动的政治组织，我们似可不必把谭嗣同返湘过分政治组织化，以此为康有为一段并不可靠的回忆作补充。

① 蔡尚思等编：《谭嗣同全集》，第444—445页。
② 茅海建：《从甲午到戊戌：康有为〈我史〉鉴注》，生活·读书·新知三联书店2009年版，第3页。
③ 《康南海自编年谱》，载中国史学会主编《戊戌变法》四，第137、157页。
④ 蔡尚思等编：《谭嗣同全集》，第528—530页。

盛宣怀为何邀谭嗣同"办矿"?

盛宣怀是在铁厂所需的焦炭数量和质量都不能保证，开平价高、萍乡路远难运的特定情势下，关注湘煤开发的。

盛宣怀聘请谭嗣同"办矿"，不是漫无目标地办"工矿企业"，不是办锑矿，也没有拟设"湖南煤务公司"，明确而具体的任务是要冲破湖南守旧的阻力，让谭嗣同请求陈宝箴批准洋矿师去湘潭小花石煤矿勘探。

在当时，洋矿师入湘是一大难题。谭嗣同说过："中国沿元明之制，号十八行省，而湖南独以疾恶洋务名于地球。……然闻世之称精解洋务，又必曰湘阴郭筠仙侍郎、湘乡曾劼刚侍郎，虽西国亦云然。两侍郎可为湖南光矣，湖南人又丑诋焉。"[①]反映了湖南颇为激烈的排外思潮，其中也包含着保守、封闭的因素。晚清两位开创中国近代外交史的外交家郭嵩焘和曾纪泽都出自湖南，却都因出使西洋、提倡洋务而受到来自某些家乡人的谩骂和攻击。光绪十七年六月，醴陵有民团反对架设电报线路，曾经发生火焚电杆的事件，不仅使徐致祥参劾张之洞多了一条罪状，而且使长沙通电报比武汉晚了七八年。这也与湖南长期持续的反洋教斗争密切相关，光绪十七至十八年间，从湘军退伍的陕西候补道周汉和他经理的宝善堂，大量制作和散发各种反洋教的宣传品，据说有数百种，散布于全国各地，以致当时美国驻华公使田贝认为湖南是排外和反基督教的"大本营和中心"。[②]朝廷责令官府查办，"旧本甫毁，新本旋出"，查不胜查，说明有一定的社会基础。光绪二十三年二月初六，德国人谔尔福到长沙旅游，当时陈宝箴在永州阅兵，布政使何枢坚持不准德人入城，形成僵局；书院学生与市民围观起哄，对德人抛掷砖瓦，几乎酿成外交事件。一年多后，熊希龄提起此事仍然心有余悸："龄与伯严等犯众怒而为之，幸而入城无事；否则山东曹州之祸，不在胶湾而在长

---

① 蔡尚思等编：《谭嗣同全集》，第173—174页。
② 卿汝楫：《美国侵华史》第2卷，生活·读书·新知三联书店1956年版，第601页。

沙矣。"如此，洋矿师入湘更成为难以解开的死结。

为了解决铁厂的焦炭供应，盛宣怀尽心尽力地帮助湖南向开平借调矿师，同意借机器给湖南煤矿，一再劝说要用洋矿师来勘探，希望集股招商、运用西法开采，建成大型高产的煤矿。

光绪二十二年五月，盛宣怀刚接办汉阳铁厂不久，就连寄两封信给陈宝箴，告知宁乡苦竹寺的煤样经过初步化验，适合炼铁；希望让他从开平煤矿调来的矿师邝荣光先去勘探，将来采用西法。六月中旬，又表示"所需机器，厂中尚可通融移拨，筹本当先尽湘人士，或有不逮，宣怀再为通力合作"，"筹本"指筹集开办煤矿的资金，委婉而明确地表达了希望煤矿商办的意向。① 二十二年八月十四日，盛宣怀在赴京引见的途中，因长沙尚未通电报，特请张之洞转一电报给陈宝箴："已与开平说明，将邝丞转为湘用，不再调回。但望假以事权，许以重赏，责成赶办。应用何等抽水起重机器，即令邝丞详细函告宣处商定。"②

同年十月，盛宣怀从邝荣光的勘探报告里，初步了解到小花石的基本情况：

> 所勘煤矿，如宁乡、湘潭、清泉三属，权衡高下，究以湘潭之小花石为上，一则滨临大江，转运便捷；二则煤线现露，绵长约有十余里；三则能炼焦炭；四则磺少，每百分未及一分，此其所以为上也。然美中不足者，亦有三端。……每百分有灰十四分，磺九厘左右，照开平煤色论之，则小花石上皮煤统计仍算三等之上矿质。若再开采下去，但求其灰质拉扯得十分以内，便是二等煤，可供湖北汉厂之用也……小花石煤线平铺而生，恐将来或有煤气。且又湘江逼近，江身在煤层之上，江水易于渗入。如开井深至百丈以外，苟工程不善办理，地一浮松，必有缝裂，则江水因之乘隙冲荡，势必贻误事机，于局实受其害矣。

---

① 陈旭麓等主编：《汉冶萍公司》一，第79、82、169页。
② 陈旭麓等主编：《汉冶萍公司》一，第811页。

最后，邝荣光对小花石的结论是：

> 宜用钻地探验机以试之，方知煤质之高下，然后可定井位，置机器，庶可斟酌开办矣。[1]

这个勘探报告，对小花石的优点说得很简略，对问题却说得很充分。所谓的"美中不足"，一个灰分多、矿质三等，便把所有的优点都冲销了。至于开采下去如何，尚在未知，不过是矿师留下的一个活笔。何况办理不善便有江水灌入的风险。总之，尚须进一步勘探。

光绪二十三年春节后，原来应允节后再来湖南的邝荣光并未如期而至。二月初六，发生德国人谔尔福旅游至长沙被拒绝入城事件，洋矿师来湘更无可能。盛宣怀只得于三月十九日、四月二十四日两次去电恳求他的恩师王文韶和开平煤矿商议，仍派邝荣光迅速来鄂。[2] 六月四日，他致电陈宝箴说："顷与世兄细谈，湘煤关系路轨数千万漏卮，华轨、洋轨只在此一年内决之。邝既不来，洋人又难到，计已穷矣。"[3] 焦灼而又无可奈何，溢于言表。七月初八，陈宝箴来电说：王文韶告诉他，张翼还是留着邝荣光不放。询问盛是否另请在南京主办栖霞煤矿的吴述三。[4] 也就是说，陈宝箴仍然不同意洋矿师入湘。

光绪二十三年七月初，湖南矿务局总办蔡乃煌致函盛，宣称陈宝箴有意合办小花石煤矿："中丞欲小花石一矿召股开办，购置机器，以求速效。铁局需煤甚急，可否与湘局合办……如蒙俯允，请派委员到湘履勘，并商办一切。"[5]

八月廿四日，盛宣怀致电蔡乃煌："小花石现开煤窿深若干？日出煤若干？沿江不淹水否？温意如何办法？"[6] 电文中的"温"系指湖南矿局请的温

① 陈旭麓等主编：《汉冶萍公司》一，第257—258页。
② 盛宣怀：《愚斋存稿》上，第647、655页。
③ 陈旭麓等主编：《汉冶萍公司》一，第878页。
④ 盛宣怀：《愚斋存稿》上，第666页。
⑤ 王尔敏等编：《盛宣怀实业朋僚函稿》下，台湾"中央研究院"近代史研究所1997年版，第1562—1563页。
⑥ 陈旭麓等主编：《汉冶萍公司》一，第891、897页。

矿师。

九月一日，蔡复信说小花石"煤苗畅旺，运道亦不难。""现已开窿共有四处，其三窿深斜四十余丈，中有一窿则深斜三十余丈。每月约出煤六七十吨。"所请的温矿师到辰州去了，并未去小花石，蔡认为只要用重价从开平请一些老监工来就行了，还说"现今办法止有购机器开圆井最为急务，但一动工即须二十万方能举事"。①

这样的回答，肯定让盛宣怀很失望。月产六七十吨，而且是生煤，与他所希望的月供五百吨至一千吨焦炭，相距甚远；差距更远的是办矿的理念，对于蔡乃煌以为请老监工便可以应付更是不满，后来他在致陈宝箴的信中驳斥道："不知此辈粗人，止能做工，不能测煤层深浅，审水势高下，虽购机器多不合用。"这里说的"不合用"，当是不会用，用不好的意思。

对于一个情况不明、前途未卜的矿山，既不能派洋矿师勘探，又要他投资 20 万合办，盛肯定不干。

正是在此情况下，盛宣怀才请谭嗣同来协助办矿的。为此，他于光绪二十三年十月廿八日给陈三立、黄遵宪各写一信，第二天再给陈宝箴本人更为详尽地写了封长信，并另写信给蒋德钧和熊希龄，可见盛办理此事的郑重和周详。在给陈宝箴的信中，首先赞颂"真能由自强求实际工夫"的只有湖南，接着从胶州湾事件说到国家形势严峻，如果一旦南北梗阻，开平的煤不能南运，轮船机器都会停息，而进入了主题：

> 长江无佳煤，东流、彭泽之间，尚无见煤消息。明公处煤矿极盛之区，锐意经营，尚无大效者，不得矿师耳。……即如蔡道允许鄂厂年内必运到清溪焦炭二千吨，前日运到数十吨，与原样大不符，竟不能用，已将化学师验单寄呈矿局。并闻清溪又为水淹，此即不用矿师之明证。邝荣光前禀小花石近江水力更猛，若不得法，恐误时机（矿淹伤人也）。原禀呈览……鄙见小石花可集公司，先尽官绅筹款集股

---

① 王尔敏等编：《盛宣怀实业朋僚函稿》下，第 1563—1564 页。

（即公款即可并入一律取利），不足再令外省凑股，以便迅速开成大煤矿，惟必须先派一洋矿师到彼测勘数日，方有把握。湘潭一水可达，若由鄂厂派一熟悉中国情形之矿师改装易服，坐小轮船至小花石，驻勘数日，鄂派一员，湘派一员，并知会湘潭县暗中派人照料，不必大张旗鼓，似可无虞……总之煤矿若不用真正矿师开其始，断然收效。宣怀前廿年几致破家，近即征诸峰县、江宁、长阳、磁州、延平各煤矿皆用华人，宗西法（吴、张、池皆矿务学生），皆不获效，虚糜岁月，可惜之至。敬帅之世兄谭复生太守，年壮才明，在公赏鉴之中，愿任小花石之役，特属驰诣台端，面商一切。除咨呈外，伏乞俯赐妥筹示复。如属可行，或请复生兄折回鄂中，率同矿师往勘，较为妥协。尊处如能请少穆观察赴湘潭一行，必可妥帖。此事关系至巨，少穆兄已心喻之。①

信中蔡道即蔡乃煌，少穆观察即候补道蒋德钧。此信不厌其烦地反复从质量、安全说明请洋矿师的必要性，后面又举出了各地煤矿失败的例子，甚至现身说法。所谓"前廿年几致破家"，是指当年他在湖北开矿，误用矿师马立师以致公款亏损，后由个人赔偿。涉及投资，他还是老口径：主张商办，先在湖南集资，却仍然强调用洋矿师勘探是先决条件。至于洋矿师如何去，他已作了细致周到的策划，只等陈宝箴的一声令下。

在致陈三立和黄遵宪的信中盛还尖锐地指出："将来果欲造路，亦须用洋匠。""如矿师不能去则铁路亦何能为。"对蒋、熊则谓："恐官绅再有拘泥，则湘省煤利失之交臂矣。能否设法成斯一矿，在大力左右之耳。"这样的话他已经说过不止一次，湖南方面应该察觉到，盛宣怀此举已有最后通牒的味道了。②

---

① 北京大学历史系近代史教研室整理：《盛宣怀未刊信稿》，第46—48页。
② 北京大学历史系近代史教研室整理：《盛宣怀未刊信稿》，第44—45、48—49页。

胶州湾事件冲击下谭嗣同的思想变化

湖南的新政，风云际会，在政治思想领域处于全国的前列，但在经济生产领域并未突破洋务运动的窠臼，实践上仍然滞后于津、沪、汉。就湖南矿务而言，盛宣怀最关切的煤炭生产尚落后于锑矿和硝磺，它存在着两个严重的障碍，一是上面说的拒绝引进外国技术人员，洋矿师不能进入湖南；另一个是企业体制，官办垄断。

光绪二十二年九月，谭嗣同曾回到江夏，他对浏阳锑矿归官办颇不以为然，以《报唐才常书》向主张官办的"刎颈之交"唐才常阐述自己的观点。这封书具有谭氏"欲倾江海浣涤以出之"的独特气势，浩浩荡荡，滔滔不绝，其意义远远超出企业体制之上。就其筹划的具体方案而言，今天看来未必具有切实可行的操作性，某些经济观念不无矛盾、尚欠明晰；而其中思想家的眼光锐敏、视野广阔、思虑深远，却有着掩盖不住的犀利锋芒。

"安的马尼矿事，八月曾接淞芙书，称归官办。嗣同极谓不然。中国所以不可为者，由上权太重，民权尽失，官权虽有所压，却能伸其胁民之权，昏暗残酷，胥本于是，故一闻官字，即蹙额厌恶之。"对于晚清封建专制制度的本质和危害认识得入木三分，何等决绝。

身处封建礼教仍占统治地位的末世，而离经叛道，言前人所未言，大胆鼓吹资本主义制度以利益驱动、自由竞争："一人获利，踵者纷出，率作兴事，争先恐后，不防民之贪，转因而鼓舞其气，使皆思出而任事，是以趋利若鸷禽猛兽之发，其民日富，其国势亦勃兴焉。此欧洲各国政府倚为奇策者也。"由此，断定中国必须走发展资本主义的道路："夹乎各大国之间，欲与之争富强，舍此无以求速效也。"

更为可贵的是，在中国的近代化刚刚起步的时期，他从有限的西书阅读中，放眼世界，已经觉察到资本主义发展所必然带来的社会不公、工商矛盾、贫富两极分化等弊端，从而预见到社会主义思潮的必然兴起："……其力量能令地球所有之国，普受其损，而小民之隐受其害，自不待言，于事理最为失平，于是工与商积为深仇，而均贫富之党起矣。"这又是何等的睿智、超前。

虽然如此，回到中国的现实选择，他却坚定地认为："以目前而论，贫富万无可均之理，不惟做不到，兼恐贫富均，无复大有力者出而与外国争商务，亦无复贫者肯效死力，国势顿弱矣。"

具体到矿务，他则很务实地认为："以矿救垂绝之贫民则可耳；以之云霸业，未见其可。"①他的这些思想、见解，经历了百年沧桑，我们扫去岁月的烟尘，淘洗去其自身的杂质，以之对照历史的曲折和现实的波澜，仍然闪耀着警策的光芒。

在谭嗣同致欧阳中鹄的信中，有两件直接反映他与盛宣怀因矿事有联系，一封是：

> 江南乞食，困乏无聊，不能不别图生食之计，遂于二十一日暂一还鄂。且将为盛杏苏太常赴湘与义宁公论说矿事，日内即行。唯恐匆匆不及还县，故为此书以叩起居。……德兵舰窜夺山东省之胶州湾，势甚凶猛，兵衅已开，恐不易了。政府拟请俄国调停，然舍此亦不得言有他策也。肃此，恭叩福安。受业谭嗣同谨禀十月二十三日自鄂。②

此信十月二十三日写于湖北，当是光绪二十三年。与此前谭自述十月十八日离开江宁，其间发生胶州湾事件，且将为盛宣怀赴湘与陈宝箴论矿事均相符。

光绪二十三年十一月初六，谭嗣同带着盛宣怀十月二十八、九日致陈氏父子等人的信到达长沙，当天有一电报告诉盛宣怀，他住在小东街相府蒋公馆，当是蒋德钧家中。③十二月蒋与熊希龄冒雪至武汉联系粤汉铁路事，谭嗣同可能同行或已先期返鄂。十四、十五两日谭分别致函盛询问"矿师有回

---

① 蔡尚思等编：《谭嗣同全集》，第247—251页。
② 蔡尚思等编：《谭嗣同全集》，第527页。
③ 陈旭麓等主编：《汉冶萍公司》一，第924页。

信否，念念"，介绍浏阳煤矿和唐才常，并因陈三立匆匆回湘代其告辞、转达有关事项。① 十九日，谭嗣同却突然去信告知欧阳中鹄和唐才常，盛宣怀已经变卦：

> 到鄂后原定即旋湘，忽因矿师事，盛大理反复不决，嗣同亦决意舍去之。明后日即赴南京，且到明年再议。时事日棘，不识如何变证。事忙心繁，不及多述。致绂丞信乞转交。此叩福安。受业谭嗣同谨禀十二月十九日。

信中提到绂丞，即谭的同学好友唐才常。在这封请欧阳老师转交、写于同一天的信中，明显地表露了对盛的不满：

> 煤船到，俟试验兑价后，再上详函达听。嗣同与矿师已将同行矣，乃盛杏荪忽然变卦，言天寒水浅，且到明年再议。嗣同亦决意舍去矣。怅怅无所之，止好到南京去过年，明春再作归计。盛狡诈纤巧，不可捉摸类如此。煤银如兑来，即托人寄回，嗣同明后日即行。……②

此三信虽无年份，明显相连续，所述为同一事件；十二月十九日信称盛宣怀为盛大理，盛系光绪二十三年十二月初一补授大理寺少卿，也可证实确系写于二十三年十二月。

这一年的年底，就在谭嗣同等待盛宣怀作出决定的前后，对于矿务，他的思想也发生了变化。由于感受到德国占领胶州湾、俄国侵入旅顺港等事件的强烈刺激，误信所谓"西二月分割之期"、中国即将被列强所瓜分，基于

---

① 《近代名人手札真迹——盛宣怀珍藏书牍初编》（陆），转引自贾维《谭嗣同与晚清士人交往研究》，湖南大学出版社 2004 年版，第 236、237 页。

② 蔡尚思等编：《谭嗣同全集》，第 527 页。台湾学者黄彰健《谭嗣同书札系年》，将十二月十九日函系于光绪二十二年，疑误（参见黄彰健：《戊戌变法史研究》，上海书店出版社 2007 年版，第 627、632—634 页）。

"今已西正月矣""直不瞬息"的紧迫感，谭嗣同上书陈宝箴，要求"于不能决其不亡之中，而作一亡后之想"。

这篇《上陈右铭抚部书》，一开头便说："惟念铁路、商轮、煤矿诸端之于保国，其事固至急，而其效亦至缓。"反映了他对时局判断有误而惶恐急躁，已对发展经济的必由之路失去了信心和韧性。

书中提出"善亡之策有二：曰国会，曰公司。国会者，群其才力，以抗压制也……公司者，群其资产，以防吞夺也"。于塌天大祸将临、急切仓皇之际，想搭盖一方议会的顶棚、挂上企业私有制的招牌，以遮挡列强瓜分的腥风血雨，在今人看来，其意义显然不在于它的实际价值和效果，更不在于这种孤立地变革体制的偏激倾向；其可贵似在于他以此作为兴民权的重要内容，并基于人民最基本的要求："是能保中国之必无割灭也，是能保生民之必无遭杀戮也，是能保四万万人之身家性命而代尸其饔飧也。"实际上，他的民权意识与西方的原版已有很大的区别，在晚清的特定历史条件下，已经变异为企图逃避、抗拒列强宰割的保护伞。① 与此同时，梁启超也有《上陈宝箴书》，同样也是论"亡后之图"，其着眼点在"说疆吏以自立"，劝陈不要学唐景崧、叶名琛之流，而要学窦融和郑成功，其名句是："脱有不幸，使乘舆播迁，而六飞有驻足之地；大统沦陷，而种类有依恃之所。"② 而谭嗣同的着眼点在保障人民的生存，所谓："是故言兴民权，于此时非第养生之类也，是乃送死之类也！"一位是奉献政治机巧权谋，一位是坦露惨烈沉痛的赤子情怀。

盛宣怀为何突然变卦？

既然盛宣怀拉开了架势，下定了决心，要让谭嗣同带领洋矿师去小花石勘探，为何又突然变卦了呢？

---

① 蔡尚思等编：《谭嗣同全集》，第278—280页。
② 中国史学会主编：《戊戌变法》二，第533—535页。

从《愚斋存稿》第二十九卷所载电报来看，自光绪二十三年十月下旬至年底，盛宣怀主要是与总署、李鸿章、翁同龢、张荫桓以及王文韶、刘坤一、张之洞等密切联系，打探信息，参与筹划应对德据胶州湾的事件；同时，先后又有京汉铁路与比利时借款定议签约，策划如何抵制容闳提出的修建从北京到镇江的铁路计划，还有日人神尾来汉秘密策动中国与日、英联盟等活动，占据了盛的主要精力。

从矿务本身来看，窃以为根本原因是：盛宣怀反复掂量，终于下定了决心，集中力量经营萍乡煤矿，不再花力气去经营小花石。

盛宣怀这一决策过程，我们尚未见到直接的资料，在此只能就他所掌握的有关信息进行梳理。

首先，小花石煤质不适合汉厂炼铁的需要，不能令盛宣怀满意。除邝荣光的勘探报告外，此时盛又接连得到一些负面信息：

九月二十日，湘潭转运局王恂报告："湘煤合用者少，小花石煤内夹石甚多。"

十月十二日，盛宣怀去电询问："清溪闻水淹。焦炭有若干？请运若干试用。"第二天矿局蔡乃煌复电："清溪水淹，刻尚无焦可解。"

十月十七日，盛电蔡："来清溪焦七十吨，含灰三十分，较前灰十二分大相径庭。照此不能合用，请停运，并迄考核。如炼焦不宜，即运煤来亦好。"[1] 至此，盛宣怀还对小花石存有一线希望。最后一击来自十一月初一收到的王恂的报告。王是湘潭转运局的负责人，驻地湘潭，奉盛之命于十月十五日到达小花石矿亲自私访，住了三天，回到湘潭后，先发来电报，后又寄来一份如实陈述所见所闻的详细报告，其要点如淹水的问题："自光绪初年，周围十余里内，开民窿二十余座，出数甚旺，嗣皆被水停废，无力再浚，盖谓距河过近云。"现在窿内"开拜下过深，仅用土法以竹抽水。交春后，恐不可恃"。如煤质不合炼铁："从前小花石煤到厂，以烧锅炉，尚称合用。此次细察煤质，似觉磺多。""壁石堆置田间，辄生火自燃，磺气甚重。"

---

① 陈旭麓等主编：《汉冶萍公司》一，第902、910、912、915页。

如焦炭质量不好："炭内杂质夹石甚多。又炉底高低不平，炭成，黑脚甚厚，其运出者，皆先已将脚削去。"[1] 如此等等，已不难对此矿作出判断。

其次，湖南矿务方面人事关系复杂，矛盾很多。十月廿二日，矿局总办蔡乃煌来信，突然说他已经于十月十一日辞退了矿局的差事，因为"绅士揽权，故不敢尸位，致误要公也。"一改往时的口吻，断言"铁局需煤，如专靠湘局接济，恐无济于事。此间官本微末，议论纷更，幸右帅一力维持，故暂时清溪亦有购器修路之议。迟无成效，恐为浮言所夺，终成画饼耳"。同时表示愿意为盛宣怀效劳。[2] 一波未平，一波又起。十二月初六日张通典再次来信，提出了一个在小花石之外，包括醴陵、宁乡、湘潭等县诸多矿山在内的大计划，由盛先垫出二万资金，开办之后再招商股，似乎是要撇开湖南官方的矿务局，借用盛的大旗自行组织人马，另立山头。并说"请俟复生、少穆两观察、秉三庶常到时商定"，"现复生未到，不知小花石是否能归商办？若此矿果归尊处经理，则湖南煤务公司已立，当由复生总办，通典请为其副。"[3] 这里所说的"湖南煤务公司"，是一个有条件限制的拟议之词，连同它的人事安排，都是张通典自说自话，并未征得盛的同意，似不能误读为盛宣怀和陈宝箴协商后已达成的协议。姑且不论谭、蒋、熊等是否赞同如此与陈氏父子在湖南分庭抗礼，张通典却是因矿务产生嫌隙而被赶出湖南的，想来盛宣怀不愿去趟这浑水。

更重要的是江西萍乡方面的进展。盛宣怀于前述十月廿九致蒋德钧、熊希龄信中，已经透露，"萍乡煤炭甚多，惜为路窘，拟自造小轨路"，并征求意见。

此前，光绪二十三年八月十九日，已经在大冶铁矿工作多年、"熟悉中国情形之矿师"德国人赖伦致函盛宣怀，回答盛所提出的问题，展示了萍乡煤矿美好的前景：萍乡"西南之矿质与量均属上等"，又"不必深掘煤井"，每吨煤出矿经费只需五钱；投资五万两，安装挂线路运输到山下，在山脚洗

---

① 陈旭麓等主编：《汉冶萍公司》一，第709—712页。

② 王尔敏等编：《盛宣怀实业朋僚函稿》下，第1564—1565。

③ 陈旭麓等主编：《汉冶萍公司》一，第725—727页。

煤、炼焦，每吨焦炭成本为一两二钱；投资三十万两，修一条小铁路到湘潭，再用驳船运到汉阳，每吨焦炭总计成本仅三两八钱银子。即使略为超出估计，较之外洋、开平以及现在萍乡的焦炭都要便宜很多。这一前景与湖南小花石比较自是不言而喻。虽然如此，盛宣怀九月初二在铁厂提调张赞宸有关报告上的批示仍然是："此时厂亏未弥，商力过窘，安有余款创此巨工？"[①]

盛宣怀整整考虑了一百来天。他对谭嗣同、蒋德钧透露此事，说明他已经反复酝酿，接近成熟。十二月初十，他被开平煤矿逼得忍无可忍，在一封致天津黄道台（轮局黄花农）的电报中怨愤交加："今日铁厂之竭蹶，更甚于昔日之开平，必欲先逼交款，再订合同，何其狠也！"第二天电令汉厂，"望即催赖伦来汉"。十九日电令："张令、赖伦廿日酉刻同来面议。"也正是这一天，谭嗣同写信告知欧阳中鹄，盛宣怀忽然变卦。二十八日，回到上海的盛宣怀发布了他在光绪二十三年的最后一道命令，在汉冶萍公司发展史上迈出了至为关键的一步：

> 矿司赖伦知悉：
>
> 此次派尔赴萍乡查勘煤矿，度地开井，一切事宜分谕于左。
>
> 一、萍乡等处煤矿总局事宜，本大臣派张提调为总办。……
>
> 一、尔专为助理西法开矿一切工程并西法炼焦事。……[②]

余　论

有的论著指责盛宣怀出尔反尔，致使谭嗣同"返湘推进维新运动的计划也因此受阻"。此说似可商榷。如果谭嗣同真的去了湘潭上游一百五十里的小花石，待在那里陪着矿师勘矿，荒山野岭，与世隔绝，哪里还能自由自在

---

①　陈旭麓等主编：《汉冶萍公司》一，第 657—659、669 页。

②　陈旭麓等主编：《汉冶萍公司》一，第 935、936、730 页。

地参加长沙的维新活动？长沙的学会、学堂、报纸岂不少了一员大将？

盛宣怀光绪二十二年九月第一次觐见上奏的《条陈自强大计折》，仅为练兵、理财、育才三事，并未突破洋务派的窠臼。此时他接办铁厂、督办铁路、创建银行、开发煤矿，仍然沿袭着原有的轨道渐进式的发展。但是，我们必须承认：这些事业在中国都是开创之举，国家、人民必须之事，不可或缺，可谓是在中国近代化的道路上，艰难而执着地负重奋力前行。在维新变法已近高潮的光绪二十三年，他对湖南新政是友善协作的，对于梁启超、谭嗣同这样著名的维新派是希图任用、联络的，对于鼓吹维新的《时务报》是给予支持的。但也只是如此而已，他与康梁的接触似乎说不上"频繁"。直到二十四年八月八日，政变已经发生，他还在和张之洞研究能不能让光绪出国去"讲求武备"，皇帝和太后"可期两全"，这大概就是他的基本立场。①

谭嗣同走向实业的门径，被盛宣怀的"变卦"关闭了，这是继十年科场失意、两载候补升迁无望之后，对谭的又一次打击。此刻，他又一次面临人生道路上何去何从的怅惘；但却无损于他炽热的政治情怀和冲决一切网罗的锐气，光绪二十四年春天，他在湖南的维新活动，无疑是他生命交响曲中极富有生气、活力和影响力的华彩乐章。四月奉旨入京引见，使他有"绝处逢生"之感，当有多重含意。七月二十日被光绪召见，同日受命在军机章京上行走，由此，这位缺乏实际政治斗争经验的、学者型的青年官员，进入到一个他完全陌生的领域，从而被卷入一场巨大的政治漩涡的中心，至八月六日政变发生，为时仅半月，便成为这次政变的牺牲。他是晚清夜空中一颗光芒耀眼而又倏忽即逝的彗星，以推动国家、社会变革而慷慨献身的崇高节操而名垂青史、光耀后世。

谭嗣同和盛宣怀都是晚清中国的杰出人物，却又是完全不同的两个典型。他们都深切感受到国势艰危和救亡图存的紧迫性，却各自走着截然不同的人生道路。晚清中国需要谭嗣同，同样也需要盛宣怀。世无谭嗣同，何以激励来者，前赴后继完成反帝反封建的历史使命？世无盛宣怀，何以推动中

---

① 盛宣怀：《愚斋存稿》中，第 80 页。

国近代化的巨轮缓慢而沉重地前行，使国人受惠于轮船、火车、电报等人类文明的先进成果？

谭嗣同和盛宣怀毕竟是两股道上跑的车，历史只安排他们在小花石煤矿这个无名小站偶然相遇，顷刻便分道扬镳，各奔前程。

二　创办萍乡煤矿

第六章　机械化是萍煤的必由之路

江南煤都的资源和开采沿革／盛宣怀突破难题的新决定／文廷式的难处／马克斯所看到的萍煤现状／铁厂采运萍煤始于官办时期／广泰福独家承包，违约失信／官商分办，矛盾激化／筹划西法建矿，广泰福亏损归并／萍煤的必由之路

江南煤都的资源和开采沿革

萍乡煤炭资源丰富，素有"江南煤都"之称。20世纪后期已查明，其储量达 7.52 亿吨。其中工业储量 1.92 亿吨。在萍乡境内，含煤地层占 41%，煤井遍及全市四分之三的乡镇。

具有工业价值的煤层主要赋存于安源、龙潭两个煤系，尤以安源煤系较为稳定，厚度亦较大。萍乡煤田煤种较全，从气煤到无烟煤均有广泛分布。安源煤系中紫家冲段煤质较好，一般灰分为 26%，为低硫煤。安源、高坑等地的烟煤，黏结性强，适宜炼焦炭。

约在汉代，萍乡便开始取炭代薪，用作燃料。宋代积极开发矿业，以矿税为财政收入来源之一，允许民户佃田开采，萍乡煤业初兴，煤炭广泛使用，当时称为石炭。南宋祝穆《古今事类全书续集》卷十八记载："丰城、萍乡二县皆产石炭于山间，掘土黑色可燃，有火而无焰，作硫磺气，既销即

成白灰。"宋代诗人戴复古的《石屏诗集》中有首《萍乡客舍》："草罢惜春赋，持杯亦鲜欢。檐楹双燕语，风雨百花残。小阁无聊坐，征衣不耐寒。地炉燃石炭，强把故书看。"《昭萍志略》卷十二记载的另一位诗人乐雷发与此异曲同工："征衲无人补旧绵，萧条客枕楚萍边。拨残石炭西窗冷，却忆山家榾柮烟。"由此可知，当时用石炭作燃料，并用以取暖已是普遍现象。至明代已将煤炭批量运往长沙，远销武汉等地。[①]

煤炭的开发，最初是顺着煤层露头，掬拾即得。唐宋时开始出现土窿小井，浅部开采。延至清初，出现了一定规模的私营土窿，利用土镐油灯、竹筒抽水等原始工具简易开采，遇到塌顶或积水，只得关闭废弃。清朝中期，由独家小户发展至数家合作，或由资金雄厚的士绅出面，依靠宗族关系组合，使煤炭开采有了较大发展，安源、紫家冲等拥有优质资源的主要煤区，土窿小井的规模逐渐扩大，有的大煤窑多达数百人。

在生产技术上，乡绅、窑主多是用高薪雇请经验丰富的老煤工，他们凭着多年实践的积累，查看山势、岩层的走向，以选定窿口。多是利用山势标高的落差，采用平峒或斜井进行阶梯式的开拓，也有极少数低洼的小井采用木轮手摇车提升。井下通风多是在巷道一边用木板或砖石作一风沟，用木制风箱或风车供风。有的在通向井巷的山岭高处开一风眼，上砌烟囱，燃烧柴火，利用火力上冲，带动井下空气流动。这些通风方式，由于风力不足，致使井下瓦斯积累，容易酿成爆炸事故。[②]

据清光绪二十一年调查，在安源一带的土窿商井，已达 265 口。

盛宣怀突破难题的新决定

盛宣怀接办铁厂后，遇到的最直接、最具体的生产难题是：焦炭数量不足、价格过高，必将亏损。

---

① 罗晓主编：《萍乡市地方煤炭工业志》，江西人民出版社 1992 年版，第 43—47 页。

② 江西省政协文史资料委员会：《萍乡煤炭发展史略》，1987 年版，内部发行，第 1—3 页。

光绪二十二年五月三十日，汉阳铁厂总办郑观应呈报了《铁厂筹备事宜十八条》，开宗明义第一条便是："承办钢轨如蒙俞允，必须两炉齐开，以其所出之铁尽炼钢轨，方可支持。惟每月约需焦炭五千吨，亟宜预筹。"

当时焦炭的供应形势如何呢？"开平止月交一千二百吨，至九月底止，周年扯计月仅八百吨，价亦太昂，殊不上算。萍乡月交千吨，郴州月交五百吨，价较开平稍廉，惟为数不多，又恐秋冬水涸，不能接续而来。"[①] 开平煤矿因冬季冰冻封港，一年只能运八个来月，平均每月只有八百吨，三处合起来尚不足以供一座化铁炉；这些计划数字，能否兑现，尚未可知。汉厂将萍煤运至马鞍山矿用西式炼焦炉炼成焦炭运到汉厂成本为每吨八两；广泰福包运焦炭至汉厂，每吨价八两五钱；而"开平一号块焦每吨正价连杂费、麻袋、装工、水脚，需银十六七两，道远价昂，且不能随时运济，恒以焦炭缺乏，停炉以待。而化铁炉又苦不能多停，停则损坏"[②]。

焦炭价格直接关系到成本，郑观应同时指出了本厂焦炭价格的盈亏临界点："据马克斯云，德国焦炭每吨三两，本厂焦炭每吨约价七两，尚可获利，如每吨价逾十两，则工本不敷矣。"

当时盛宣怀解决焦炭供应的部署，大体是三管齐下。一是利用他在北洋的人际关系，争取开平煤矿定期、定量供应，作为目前的基本渠道；一是希望在武汉上下游沿江交通便利的地方，发现新煤矿，先后派人赴安徽、江西勘探、试采。当时陈宝箴新任湖南巡抚，大力推行新政，开发矿藏，盛宣怀特别寄希望于湖南湘乡等地；与此同时，盛宣怀逐渐把关注的焦点移向萍乡。五月九日，回沪途经安徽时，对萍煤的开发作出了新的决定，从芜湖急电郑观应：

> 过皖知宿松煤碎磺多不合用。萍乡如用机器起重吸水，确可大举，

---

①　陈旭麓等主编：《汉冶萍公司》一，第 183 页。

②　张赞宸：《萍乡煤矿历年办法及矿内已成工程》，载湖北省档案馆编《汉冶萍公司档案史料选编》上，第 206 页。

望速与芸翁商妥，即请香帅派马克斯由江西赴萍，择定煤层深厚处开一大井，以便将大冶提煤机器拆往，必须每日能出好煤三百吨方值得花费讲求运道。芸翁大手笔，必见得到此。

五月十一日再次致电郑观应，令其转呈张之洞，进一步强调：

> ……宿煤质碎有磺，未必合用。开平只能月供千二百吨，封河即断，必须萍煤畅旺，方能开两炉。前与文芸翁面商用机器起重吸水，庶有把握，可否请饬马克斯先由江西赴萍一看，开一大矿。否则土法挖煤质难一律，出数无定，新炉不能开，甚有关系。①

从上述电文可知：一是盛宣怀因对宿松煤失望，可能感到发现新矿很渺茫，而对萍煤更加重视，这关系到铁厂能否两炉齐开；二是他计划中的萍煤大举，不仅是"机器起重、吸水"，而且包括与产量相适应的运输方式的变革，因此要派洋矿师认真勘探才能决定；三是盛已经明确指出了土法生产的煤焦"质难一律，出数无定"，数量和质量都难以适应铁厂的需要。看来他目前由广泰福承包，利用土法生产的煤焦，实际上只是权宜之计或过渡性的措施。

文廷式的难处

上述电文中的芸翁即文廷式。② 萍乡焦炭由广泰福承包是盛宣怀与文廷式在湖北商定的："伊有堂弟文廷钧愿认萍乡一路，当即专责赴萍采运。"同时，文廷式曾表示"颇拟用机器开挖，惠及梓邦"，并打算用小轮船拖带煤

---

① 陈旭麓等主编：《汉冶萍公司》一，第749、754页。
② 文廷式，江西萍乡人。字道希，号芸阁。光绪十六年进士，官至翰林院侍讲学士。甲午主战，曾弹劾李鸿章。提倡维新变法，与康有为在京创设强学书局。光绪二十二年二月十六日，因御史杨崇伊弹劾其"遇事生风""议论时政"被革职永不叙用，驱逐回籍。

船，加速航程，避免船户途中作弊。①

但是，对于盛宣怀的新决定，文廷式的反应却很难称得上"大手笔"。

五月廿四日，盛春颐电告盛宣怀："文云谷因洋人勘验，颇觉为难，帅告以洋人往勘，系于商务有益，并不致改前议。因须文意释然，于事方济，未审钧意如何？"廿六日，盛宣怀复电盛春颐："萍煤大举，先尽商股，目前仍照原议。"②

文廷式虽有用机器开挖的理性认识和意愿，目前立即派铁政局原有的洋矿师马克斯去萍乡勘探，却是盛宣怀单方面所作的决定，并已征得张之洞同意，责成江西官方保护。看来文廷式此时尚无具体筹办机器开采的思想准备；他得罪了慈禧沦为废员，极易招惹是非，感到为难，自有他的苦衷。后来果然在县试期间发生了童生揭帖事件，萍乡士绅矛头直指文廷式勾结洋人，大张旗鼓地号召暴力抵制洋人入境，几乎酿成大祸。文廷钧所谓"愿认萍乡一路"，意在由广泰福独家承包萍煤供应，盛宣怀"当即专责赴萍采运"，便是一种表态和承诺，所谓"不改前议""仍照原议"，都是安抚文氏家族。盛宣怀同意广泰福独家承包，可能是利用广泰福已有的生产和组织货源的能力，同时也未始不是借助于文家以缓和当地士绅的阻力。

萍乡临近湖南，深受湘中风气影响，如张之洞所言："视异族、异教如仇。"当时萍乡的煤炭资源主要被士绅、山主控制，土窿商井由商人向山主租山开采，也有的是山主自行开采；各商井均有营业牌号，往往许多商井联合组成较大的商号，在开采的同时还收购生煤、炼制焦炭，从事外运、外销。"文家本是萍乡望族，就由文廷式的族兄负责组织了广泰福商号，珍妃的哥哥志锐便是其重要的经济支柱。但经过调查了解，广泰福实际是由文、张、钟、彭几家控制的商号临时拼凑起来的，由文家出面承包，但对其余各家并无约束力量。"③这里不仅涉及文氏家族是否有能力独自完成对铁厂的生煤和焦炭供应；同时也涉及文氏家族与萍乡地方其他士绅的利益分割，潜伏

① 盛宣怀致陈宝箴函，载陈旭麓等主编《汉冶萍公司》一，第 79、82 页。
② 陈旭麓等主编：《汉冶萍公司》一，第 763、750 页。
③ 李为扬：《李寿铨与安源煤矿》，载《萍乡煤炭发展史略》，第 59 页。

着许多矛盾的根源。

马克斯所看到的萍煤现状

光绪二十二年十月，德籍矿师马克斯提交了《萍矿采运情形并筹改用西法办理节略》，肯定了萍矿的藏量丰富，煤田有北、南、中三段，仅其中一处便"约有二万万吨"，"可供炼炭者甚多"。盛宣怀认为"谓自开日出六百吨焦炭，不过三两，说得太易"，担心其不可靠。但《节略》对当时萍乡土法生产的采煤、炼焦及运道各个环节都作了评估，概括地反映了它的现状。

马克斯认为当时萍乡的土法采煤具有极大的破坏性。因井下有地下水和煤气，难以深入开采，"故每浅尝辄止"，产量很小。"土人已挖之洞，非为水积，即为煤气凝聚，纵行西法，其难更甚。斯查萍乡之东，自十五里至四十里远，沿途皆有煤洞，其西南及北，亦所在皆是。……然日复一日，尽被开挖，则萍乡之佳矿增一洞即增一险，不数年间尽成险境，即西法亦难补救。"他听文廷式说铁厂需要煤一千吨、焦炭两千吨，当即断定"然计一年所出，尚不足供汉阳一厂之用"。

对于萍乡的土法炼焦，马克斯认为只能应付当前一时。这些坑窑砖窑炼焦，十吨煤只能炼成四至五吨；而机窑则"每煤一吨，炼炭七成"，差距很大。这些窑体"其砖业经汉阳厂试验，并不结实，若阅数年皆属无用。砖窑既损，炭从何出？"现在预计"每月出六百四十吨"，但据文廷式自己提供给马克斯的资料：头三个月的成绩就不好：六月初四至七月十二日炭十二吨，七月十三至八月十二日炭二百二十五吨，八月十三至九月初七日炭二百九十三吨。

从萍乡矿山到汉阳，共计路程一千零六十里。"其庐陵河由萍乡至渌口计长一百八十里，中有浅滩，兼暗礁林立，水涨之时吃水二尺及八尺深"，每年有数月或因关闸蓄水、或因水涸不能行船。据马克斯调查，行程视水大水小、顺风逆风而定，单程短则十二、三天，长则一个半月，尚未将等待过载、卸载的时间计算在内。

如此，运费必高。马克斯报告显示："计自煤矿出售每担一百二十即二千零十六文一吨。……共计每吨煤自（至）汉阳计钱六千五百七十八文，约银五两。至汉阳起岸驳船夫役等费尚不在内。""焦炭从砖窑出货每吨五千二百九十文……总计每吨焦炭至汉阳需十千零四百八十四文，约银八两。"按此计算，到达汉阳时的价格，生煤的运费约占三分之二以上，焦炭的运费约占一半。[①]

综合上述马克斯的评估，可用"井危、窑陋、运艰、费高"八字来概括。这些手工生产方式、运输方式存在的弱点，必然制约萍煤的生产和运输，成为向铁厂扩大供应、保证需要的巨大障碍。对于广泰福来说，则是潜在的危机，以致导致它严重亏损、终于被归并。

铁厂采运萍煤始于官办时期

张之洞对于萍煤的认识和利用有一个过程，经历了几个阶段。

第一阶段，莅任伊始，派人勘查。

光绪十五年腊月底，张之洞莅任湖广，即派出专人四处查勘煤铁，其中欧阳炳荣、欧阳琴一路，便是派往"衡州一带攸县、醴陵及江西萍乡接界等处"。但后来未再派专人，只是张贴告示"劝令自行设法广为开采"，效果不大。

第二阶段，开炉在即，专人采购。

光绪十九年六月，汉阳铁厂即将开炉试炼。马鞍山开始出煤，安装了焦炭炉，但尚不敷试炼之用，张之洞决定去萍乡采买油煤、焦炭：

> 兹查长沙、醴陵交界之江西萍乡县，向产油煤，所炼焦炭亦胜他处。……应即派员前往萍乡采买油煤三百吨，务于本年八月中旬以前，由该处运到铁厂交收。价银运费至多不过三两，方能合算。每月能运几

---

① 陈旭麓等主编：《汉冶萍公司》一，第 276—280 页。

次，共运若干吨，应如何雇备船只，源源转运不穷之处，即由委员体察情形，妥议办法，分晰禀办。其土炼焦炭，向多粗疏，不甚合用，应如何设法精炼，并由委员选带铁政局化学生前往，与该处工匠讲求炼法。先炼焦炭一百吨运鄂试用。①

这次派去的仍然是萍乡本地人、湖北候补知县欧阳炳荣。从札文可知，到萍乡采运煤焦，既是一个限期完成的紧急任务；又是一个长期任务，要求"源源转运不穷"，并考虑如何降低成本，"讲求炼法"，改进质量。

当时萍乡和湖南连年大旱，张之洞大量采运煤炭对于缓解灾情起了一定的作用。后来德籍矿师马克斯入境勘矿受阻时，萍乡知县顾家相晓谕乡绅说：湖北铁政局"系张香帅创设，自光绪十九年起，收买萍邑煤炭已不下数百万担。连岁歉收，贫民借此糊口，是香帅有恩于尔萍民实非浅鲜"②。当时谭嗣同回到浏阳协助救灾，在他致欧阳中鹄的书信中对此也有反映。③

文廷式向马克斯提供的萍煤运往汉阳的数量为：

光绪十九年十二月：1935 吨；

光绪二十年元至九月合计：30816 吨；

光绪二十一年二、三、四、九月合计：9979 吨。④

第三阶段，高炉重新开工，筹款专购萍煤，官商并运。

光绪二十一年六月初，张之洞受到朝廷指责，急于将高炉重新开工，在江宁设法挪用了十万两银子，打算给铁厂购买洋焦炭应急。六月初八，铁政局总办蔡锡勇回电，汇报了"上月令商人炽昌盛包运萍煤径送马鞍山，月半前后可到五万吨，以后陆续接运，包无搀杂"，可供炼焦。当前"总以宽筹

---

① 《张之洞委员采买油煤焦炭札》，载湖北省档案馆编《汉冶萍公司档案史料选编》上，第 77 页。

② 《萍乡顾令谕令》，载湖北省档案馆编《汉冶萍公司档案史料选编》上，第 181 页。

③ 《上欧阳中鹄书》（三），载蔡尚思等编《谭嗣同全集》下，第 451 页。

④ 陈旭麓等主编：《汉冶萍公司》一，第 295 页。

煤价，官商并运萍煤为急务"，主张"将购洋炭之款多购萍煤"。① 张之洞随即同意："兹筹解三万两，专为购萍煤之用，或由官办，或由商包办，均由该道酌量可也。"

这里所说的官办或官运，是由官局在萍乡收购交湘潭转运局统一转运；所说的商办是由商号包运直接送厂。因为官运在运输过程中往往被船户掺杂，由此而派生出"官商并运"的对策。蔡锡勇在六月初十来电对"官商并运"作了进一步解释："目下商运实胜官运，然一撤官局，商必居奇，仍当官商并办为稳。"②

光绪二十二年四月盛宣怀接办汉阳铁厂，十七日张之洞下文《札萍乡湘潭两局停办煤斤截清用款造册申报查考》，结束了官办时期的萍煤采运。这一时期，先官办后改为官商并运的体制，主要是运生煤到马鞍山矿或汉厂炼焦，为汉厂重新开炉冶炼发挥了重要作用。

广泰福独家承包，违约失信

光绪二十二年，盛宣怀接办铁厂后，自五月五日派人接办萍煤采运起，至光绪二十三年底确定用西法开采时止，总共一年八个月。从广泰福独家商办到官商分办，至大举筹备西法开采，派驻萍乡的负责人先后有许寅辉、卢洪昶、莫爔和张赞宸；曾三次派遣了王恂、李宗琏、张赞宸对萍煤采运工作中存在的问题进行了调查，相应进行了整顿和调整。这一过程，实际上也是盛宣怀不断调整与广泰福关系的过程，其中的核心问题就是萍煤的采运如何适应铁厂炼铁、制轨持续生产的需要。

盛宣怀接办后，光绪二十二三年间，萍煤采运大致可分为三个阶段，体制的变革与负责人的变更相应而生。

---

① 《蔡锡勇致张之洞电》(光绪二十一年六月初八日)，载湖北省档案馆编《汉冶萍公司档案史料选编》上，第114页。

② 《蔡锡勇致张之洞电》(光绪二十一年六月初八日)，载湖北省档案馆编《汉冶萍公司档案史料选编》上，第114页。

第一阶段是文廷钧、许寅辉时期，由广泰福独家承包。

光绪二十二年五月五日，盛宣怀委派江苏候补巡检文廷钧、候选县丞许寅辉为铁政局萍乡采运委员，并请铁政局办理了移交接办手续。[1] 看起来似乎延续了官办时期的采运机构，实际上已经发生了显著的变化：即取消了萍煤采运的"官办"；而"商办"也由文廷钧所代表的广泰福独家承揽，该商号已与铁厂订立了萍煤包供合同，月供焦炭一千吨，生煤两千吨。许寅辉[2]在萍乡只对广泰福起联络、监督作用，不直接对其他商号采购。

实际情况是，广泰福未能及时履行合同，主要问题在于焦炭。

第一，不能如数交货，要求修改合同。

六月三日，萍乡采运局接办开局。六月五日许寅辉报告，除反映运输艰难外，"查此时油煤可每日出百余吨，焦炭尚未大举，近因炭炉坏去其一，六月内只可运五六百吨……据云若必按月交焦炭一千吨，恐难如数，若限一年交一万二千吨，能不短少"[3]。承办伊始，第一个月焦炭便不能如数交货，同时还要求修改合同。化铁炉系持续生产，焦炭必须既定期又定量保证供应，不可能停炉待焦，如此供应和生产便发生矛盾。

六月初五，铁厂主管收发物料的汪应度报告，"文廷钧原订合同，每月二千吨，日昨头批已到，经化学堂化验，不合炼焦，因未起卸，头批如此，以后恐更不可靠"[4]。

第二，焦炭生产还要从烧砖、建窑做起。

六月十三日，许寅辉、文廷钧向铁厂报告：

> 伏查焦炭一项，虽经饬定每月包运一千吨，惟萍乡系初次烧炼，必须添设窑厂，又须先行多造火砖。近因雨水太多，非但窑厂被水浸坏，

---

① 《武昌督宪去电，五月五日》，载陈旭麓等主编《汉冶萍公司》一，第751页。

② 许寅辉，江苏上元（今南京市）人，曾被聘为英国驻韩使馆文案兼翻译，在韩亲历中日甲午战争，后著有《客韩笔记》。

③ 陈旭麓等主编：《汉冶萍公司》一，第114—115页。

④ 陈旭麓等主编：《汉冶萍公司》一，第120页。

即前储备造窑之砖坯，皆被大水尽损不堪用。况造砖、造窑，皆须天晴，经受日晒。设遇大雨，虽工巧、工多，亦属无益。且当收割早稻之秋，小工甚不易雇。现另择高宽之地，设厂烧砖，造窑炼炭，规模颇不隘狭。俟窑厂造成后，每月计出焦炭总在千吨以外，其六月内未能交足千吨之数，下批自当陆续补交。[1]

所谓"每月包运一千吨"焦炭，只是一纸空头支票。广泰福尚不具备这样的生产能力和供货能力，又受到天气条件和土法生产方式的各种制约，能否每月"交足千吨"之数存在着很多不确定的因素。

第三，厂户居奇，有人暗中破坏。

七月二十九日，许寅辉和文廷钧联名再次向郑观应报告，此信反映的形势更加严峻：一是官办取消后，因厂户垄断居奇，希冀加价，"辩论经十日之久"；二是广泰福独家承包，大肆兴建土窑炼焦，企图垄断焦炭的供应，与萍乡当地士绅之间的矛盾激化，以致有人非法暗中破坏："在紫家冲起窑炼炭，不料窑被水浸，砖坯经雨打坏，势难刬日烧就。复择购王家源及安源地方添造窑厂，以期多炼，又有痞徒夜间将山沟之水放下，以致将已成未成之窑砖均已淹损，窑内亦被水浸满……总之，炼炭系萍乡创办之举，非三月后断难整齐。"[2]焦炭供货再次被推迟，严重影响铁厂的生产，"致化铁炉停工两月，坐耗巨款"。

第四，调查认为：萍焦来源不可靠。

盛宣怀命人将开平、萍乡、郴州以及日本焦炭的来源及有关煤的验收情况进行了全面调查，得到萍煤的情报是：

广泰福愿以八两五钱承包焦炭者，希图接办之验收与去年等耳，不难利令智昏，俾上中下三等之货一概兼收，必无挑剔。至今日，始知本

---

① 陈旭麓等主编：《汉冶萍公司》一，第138页。

② 陈旭麓等主编：《汉冶萍公司》一，第194页。

厂舞弊无人，照现在所收之上等焦炭，即作价每吨十二两亦难承办。且查萍乡炼煤工头，前以徐士配为领袖，其人阅历已深，有炼炭本领，故夏初来炭数十吨尚可合用。刻下炼炭处希图节费，开去徐士配，以其徒黄冈人曾五兄弟为专司，以致七月中来炭四十余担，仅选收八担有奇。炼炭既未得人，验收处又难以赀嘱。职是之故，所包焦炭每月千吨，非特不能照缴，且不中止而不能。此萍乡焦炭之来源不可恃也。①

这一时期，广泰福贸然订下合同独家承包而不能履行合同，贻误了时机，丧失了信用，盛宣怀必然要采取措施，改变现状，加强焦炭供应。据许寅辉报告，"如仿西法用抽水机器，则萍乡合计每月可出油煤万吨"②。但广泰福无暇及此，投入巨资大修土窑，既加剧了与其他商户的矛盾，也暗伏下了亏损的危机。

官商分办，矛盾激化

第二阶段是卢洪昶时期，重建萍煤矿务局。

卢洪昶原是招商局轮船买办，随盛宣怀来铁厂接办煤务处，经办了广泰福的承包合同。八月中旬突发匿名揭帖事件，原本在湘潭收购、试炼焦炭的卢洪昶奉令至萍乡催交焦炭，对广泰福进行调查，与文廷式连日会谈。文在八月二十二日致卢信中，认为"惟厂户窨户终有希冀官办加价之意，必须窒其妄念，事乃归宗。昨所面商明分暗合添一商办之法，既不使佳煤弃置，又可免业户居奇，似极妥协"。希望"依此办法各立合同，并能由地方官禁止多歧亡羊之处，实于官商两有裨益"③。

---

　　① 《缪熔关于焦、煤条陈》（光绪二十二年八月初六日），载陈旭麓等主编《汉冶萍公司》一，第203页。

　　② 《许寅辉致盛宣怀函》（光绪二十二年六月十三日），载陈旭麓等主编《汉冶萍公司》一，第137页。

　　③ 陈旭麓等主编：《汉冶萍公司》一，第222页。

九月十日，郑观应电告盛宣怀：

> 顷据鸿昶回汉面云，萍乡通计岁出煤八万吨，上栗市岁出煤六万，广泰福独力难支，曾与芸阁商明分暗合，惟广泰福缴费大，广如何暗合候督办与芸阁面订。拟即在上栗市离萍乡九十里自行设局买煤炼焦，到汉约价每吨六两五钱，煤每吨三两五钱。另设局在萍乡收煤存栈，先付厂户价银六成，由厂户自运到汉每吨约价七两四钱，煤每吨三两五钱。已托煤务杨寿春、欧阳尧斋与萍乡厂户定立草拟合同，每年可交煤万吨，焦炭万吨，拟请王委员为上栗市总董，欧阳尧斋为分董，洪昶在萍乡并与杨寿春为分董，管银者请督办酌派等语。是否可行，祈即示遵。应。①

何谓"明分暗合添一商办之法"？信中没有说明，我们也未发现相关的记载。从电文看，郑对此似有保留，不置可否，主要是汇报分办的方案。随后卢洪昶专程去北京向盛宣怀做了汇报，刚被皇帝召见的盛宣怀，在百忙中于九月二十四日，致电汉厂郑观应，作出了关于萍煤采运的新决策：

> 广泰福煤焦爽期，致化铁炉停工两月，坐耗巨款，殊堪痛恨。本应即日撤销承揽，追缴罚款，惟经手订立承揽卢县丞面禀：该商砌炉购船，成本甚巨，若遽停办照罚，恐其不了，力求格外施恩，令其勉力速办，以赎前愆。姑念该商情形拮据，暂准从宽，免销承揽。但该商已误于前，深恐再误于后，现值造轨紧急，煤焦为第一要需，必须速筹妥善之法。除札派卢县丞前往萍乡与该商分办，其上栗市归本厂独办，以济公需外，希速会衔谕饬该商文廷钧遵照。宣。敬。②

这个决定，在人事安排上，由卢洪昶任萍乡采运局总办；在采运体制

---

① 陈旭麓等主编：《汉冶萍公司》一，第818—819页。
② 陈旭麓等主编：《汉冶萍公司》一，第827页。

上改广泰福独家包揽为在萍乡另设官局，官商分办；铁厂并在上栗市设局自办。

由此带来了一系列变化。

一是文氏弟兄反对分办。

盛宣怀估计到这一决定广泰福难以接受，九月二十八日致信郑观应，请他与文廷式、志钧①详谈，强调"萍煤若难接济，势必定购洋煤"，"此事关系本厂全工"，"实出于不得已"。郑观应与文廷式会谈后，文于十月十日复信，对郑正式表态：一是"拟请将广泰福包运每月二千吨之煤，改添一千吨之炭。弟在萍时亲验增添炉座，十一月后必能如数"。广泰福投入巨资购地造炼焦炉，施工半年，此时紫家冲、王家源两处已竣工，据说可月供千吨；十一月前后还有六处将先后投产，因此提出专供焦炭。二是强调"萍乡县之煤……皆归广泰福经理采办，实已无余。若卢洪昶来，不过为奸人播弄，实属无益有损"。否认分办之必要，反对卢洪昶来插足。三是欲驱逐杨笙林。发出威胁："若使其办萍煤必致闹事，一切可虑，请电致杏孙京卿，此人断不宜用，勿谓弟言之不预也。"②此信针锋相对，不肯让步，态度强硬。杨笙林即杨寿春，原为"炽昌盛旧商"，曾在官办时期承办过萍煤，此时为卢洪昶所信用。实际上，广泰福与官局之间的矛盾已经掺和进了它与其他商号之间的矛盾。

盛宣怀仅仅同意了广泰福月交焦炭两千吨。十月十九日，铁厂驻萍乡煤务局按照盛宣怀的指示与广泰福号订立合同，议定萍乡分办、上栗市铁厂独办章程四则。在合同上签字的并不是文廷钧，第二天文廷钧就反悔，仍要求专包萍乡焦炭，被盛宣怀下文批驳。后来这个合同双方都未认真履行。

二是矛盾激化，卢洪昶重蹈覆辙。

十一月初四，卢洪昶、莫燨抵达萍乡，再建煤务局。官局与广泰福之间的矛盾迅速激化，最后发展到志钧亲自出面，写信给盛宣怀指控官局"加价

---

① 志锐之弟，字仲鲁。文廷式早年曾在他们家里教幼年时的瑾妃、珍妃读书。
② 陈旭麓等主编：《汉冶萍公司》一，第259—260页。

饿收"，萍乡士绅萧立炎等二十多人联名致信盛宣怀，控告卢洪昶。

据事后李宗琏、王廷铭等人调查报告，光绪二十二年秋天卢洪昶去萍乡，是欧阳炳荣之侄欧阳煦和杨寿春接引的，"其时广泰福垄断独登，不准厂户炼焦，咸侧目之。适卢洪昶来，均欣然乐从"，① 卢与之草草订立合约，以为每年可办煤焦各一万吨，据此向盛宣怀汇报和建议。正式调来萍乡后，才知那些字据不可靠，便自购煤井以实现其对盛的承诺，并未认真调查，急于购井建窑，陷入了与广泰福的恶性竞争。官办时期欧阳炳荣回萍乡采运时，为扶植厂户有先助资本之举，后来广泰福沿袭这一做法，卢洪昶也跟着照办，官商两局争着向厂户预付资金。原计划独办的上栗市，所收购的煤井，有的产量有限，有的不宜炼焦，只得从速撤退，集中于在萍乡分办；而在文氏家族所在的紫家冲收购了煤井后，更激化了矛盾，官商争抬煤价、争购煤井、争顶股份，乃至赴县控告、请封煤井、到窿抢挑煤斤。

在收购旧煤井、自建炼焦土窑的过程中，卢洪昶重蹈广泰福的覆辙，同样面临着煤井积水、冬令雨雪、造窑难以施工、煤焦难以起运等难题，同样是不能按预计完成采运任务，二十三年"正月至三月十三止，仅止运煤二千一百余吨，炭六百五吨，与去年原禀大不相符"。此时受到盛宣怀严责的便是卢洪昶了。

光绪二十三年二月二十四日，盛宣怀下令，责成张赞宸② 亲赴萍乡密查。对于卢洪昶受到文姓等士绅攻击，盛早有思想准备，并不感到意外；仅认为"只可听民自挖，不宜购地以重成本"。③ 在三月十五日的一件札文里，盛关心的不是官局和广泰福之间的是非曲直，对于官商分办也毫不动摇，劈头便训饬卢的汇报"盈篇累牍，只是敷陈艰难创始情形，于煤务有无起色，能否按时接济，毫无切实办法，阅之令人气闷"。"是该员数月勾当，仅与绅

---

① 《李宗琏上盛宣怀禀》（光绪二十三年六月下旬），载陈旭麓等主编《汉冶萍公司》一，第 606—609 页。

② 张赞宸，字韶甄，江苏武进人，与盛宣怀有师生之谊，光绪二十二年十一月来铁厂任提调。后任萍乡煤矿总办。

③ 《盛宣怀札张赞宸文》（光绪二十三年二月二十二日），载陈旭麓等主编《汉冶萍公司》一，第 452 页。

士纠葛缠讼"，强调"鄂厂需炭之急，不可一日断缺，望萍甚于望岁，乃迁延诿饰，贻误至此"，十分不满。迫切需要回答"究竟一月二千吨系何时算起"！①

由于张赞宸因公未能成行，四月十一日，盛宣怀改派李宗琏赴萍乡调查。四月十二日指出卢洪昶"久无程效"，"恐难独胜艰巨"，命原会办萍乡煤务的莫燨总办萍局事宜，卢洪昶改任帮办。

三是盛宣怀坚持官商分办，包采自炼。

李宗琏在调查的同时，奉命对官局和商号进行调解，提出了一个裁撤官煤局归并于商局的方案，向盛宣怀请示。其要点是："从前厂户领过官局银两并购井砌炉一切用费，均归广泰福按照原价顶收，每月订定必须有净炭三千吨到厂，如少一吨亦罚银一两。该令并拟照从前官炭价值，每吨折减四五钱或三数钱，以示官局让给商办之利益。"盛大不以为然，五月十五日下文命张赞宸"迅赴萍乡会同李令等悉心整顿，从长筹计"，明确表示不同意归并："惟前定官办初议本杜商办居奇，现如李令所拟归并广泰福一说，无论减价包数，未必可靠。即甘词承揽，久必垄断要挟，故态复萌。察度二者，自以就现有局面包采自炼为颠扑不破。"②

在此前后，也有人提出"议合公司"，即官商合办，盛宣怀未置可否。

这一时期，与广泰福的矛盾仍然是供应与需求矛盾的继续和发展。盛宣怀一直关注的是如何满足铁厂生产的需要，这是他重设官局的出发点，也是他处理卢洪昶事件的落脚点。设立官局的同时，盛宣怀同意广泰福将焦炭承包量增加至两千吨，并未影响它的销售和生产；矛盾激化为抢购煤窿，但卢洪昶只是收购了其他商户的少量煤窿，后被盛宣怀制止，有的煤窿停工，并未影响到广泰福原已控制的开采权。③ 广泰福反对重设官局，进一步突显了

---

① 陈旭麓等主编：《汉冶萍公司》一，第476—477页。

② 陈旭麓等主编：《汉冶萍公司》一，第547—548页。

③ 有论文认为："当采用西法生产的官矿来到萍乡时，士绅们掌控的萍乡煤炭开采经营主导权开始受到冲击，并最终丧失。代表官方的汉阳铁厂煤务局及后来成立的萍乡等处煤矿总局力图掌控萍矿的煤炭开采经营和文廷式力主由本土士绅招股集资商办、自主经营的两种经营模式之争，最终是利权之争。"（肖育琼：《近代萍乡士绅与萍乡煤矿（1890—1928）》，南昌大学硕士论文，2006年。）此观点似对矛盾发展具体过程分析不够。

垄断萍煤的意图，与官局抬价竞争的结果必然是加大了企业的成本，增加了亏损。

筹划西法建矿，广泰福亏损归并

第三阶段是张赞宸、莫燨时期。这一时期，莫燨虽是盛宣怀正式任命的萍乡煤务局总办，但莫和卢洪昶实际是在张赞宸的领导下做具体工作；在宏观上，特别是官局与商局的关系，未来如何开发、利用萍煤，都是张赞宸在第一线掌握和筹划。这一时期是过渡到西法开采的筹备时期，这一次赴萍乡的调查，促成了张赞宸后来承担建设和管理萍乡煤矿的重任，使他的人生走向事业的顶峰。

这一时期的主要事件如下。

1.整顿萍乡煤务局

二十三年五月二十九日，张赞宸首途经湘潭至萍乡。六月下旬，李宗琏在萍乡向盛宣怀以书面形式报告了调查情况和对煤务局的整顿措施。主要是：对于窿井炉厂，将没有出煤之同顺、兴顺、亨顺、和顺等四井一律停办。对于厂户已领款，制定了还款办法和期限，各户立下字据报县立案。对于焦炭生产，为了克服"灰重磷多"的弊端，以剔净壁石为要点，制定条规、层层把关、严加检验、罚款；厂户公同书立每月包缴焦炭一千三百吨字据，不准私售他处；预计自炼之焦至少每月可得净焦三百余吨，连厂户余炭每月可有二千吨之数。① 从整顿后的情况看，官局是以收购广泰福之外的其他厂户的焦炭为主，自炼的焦炭约为二成左右。张、李一致认为卢洪昶"并无弊窦，创始多费则有之"。"但轻率矜躁，周顾前后，咎实难辞"，"应请另简操纵得宜、宽猛并用之人前往接替"。

经过这次整顿，萍乡煤务的局势基本稳定，官、商两局各自兴建的炼焦土炉相继竣工投产，各自采煤自炼，同时分别向其他厂户收购焦炭和油煤，

---

① 陈旭麓等主编：《汉冶萍公司》一，第 606—609 页。

运往铁厂，实际上仍在暗中竞争。至九月廿九日，卢洪昶欣然报告，"九月两旬运出焦一千七百余吨，连前共运焦七千二百吨；生煤连前已运四千七百余吨。今煤务大局已定"。①

2.筹划萍乡煤矿的开发与发展

张赞宸此次来萍乡，本来就有"妥筹经久"的任务，实际上他把主要的精力用在筹划萍乡煤矿的开发与长期发展。在经过近两个月的实地考察后，他在七月二十五日的报告中得出的结论是："总之，果能得人，炼炭不患不精，出煤不患不旺，厂户不患不信，官商不患不和。所患者惟运道耳。"把运道问题突出地作为第一要务提了出来。他抓住了问题的症结："焦炭为化铁炉日用所需，周流不息。若不源源接济，一朝停待，伤炉实甚，势不能以运无定期之炭，保不误此刻不容缓之炉。"揭示了化铁炉生产的持续性，要求原料均衡地、稳定地供应，与当前手工生产、小河木船运输难以定期和定量存在着矛盾；即使产量上去了，受河道水情的制约，焦炭仍然会积压而运不出去。为了保证焦炭供应，"再三筹虑，非仿西法设挂线路不为功"。他的调查成果包括官局、商号、民户的煤井、炼焦厂、炼焦炉，契据、账目、列表等资产、技术资料，萍乡黄家源至醴陵渌口测绘陆路图说一卷和萍乡至湘潭水道图说一卷，为解决运道问题准备了资料。②

3.广泰福岌岌可危

五月中下旬，李宗琏曾提出的官局并入商局的条件，广泰福没有接受。协商中涉及焦炭减价，"据称商累甚重，即照原价亦无多利，碍难再减"。③其中反映的企业困难值得注意，事态正向着对其不利的方向发展。

李宗琏在上述六月下旬的调查报告中，曾经透露："查广泰福资本无多，所用款项半由息借，闻已亏折一万数千两。放出各厂户之银非文氏宗族，即系至戚。甚至经手者将置办之好窿攘为己有，坏窿推归公家，种种情弊更仆

① 陈旭麓等主编：《汉冶萍公司》一，第904页。
② 陈旭麓等主编：《汉冶萍公司》一，第632—633页。
③ 《卢洪昶、莫燨、王询致盛宣怀函》（光绪二十三年五月二十七日），载陈旭麓等主编《汉冶萍公司》一，第564页。

难数，此时已有岌岌之势。卢炳元云，该号欲进不能，欲罢不得，确系实在情形。"据后来张赞宸说，当时积压的资金"广泰福搁十余万，官局亦几及十万"。[1] 此时卢炳元似已接替文廷钧经管广泰福商号。

不久，又有商号得福成因为亏本要求官局并购。七月初三，盛宣怀密电指示张赞宸：得福成须候矿师复勘后再交价；对于广泰福发生的内讧"姑听之"。同月廿五日盛再次指示张赞宸："洋焦需价廿两，开平不能多运，青溪价亦贵，得福窿必须用洋法赶办，大局所系，即请议复。"形势迫使盛宣怀更加重视萍煤，趁着广泰福自顾不暇，继续扩张并初步采用西法。[2]

七八月间，张赞宸给资金困难的广泰福拨银一万两，并为此郑重地对盛宣怀做了解释：

> 该号前本运炭到厂再付款，此次因萍积炭甚夥，封坝不能装运，遂允七八两月陆续由萍先拨一万以应其急，仍归厂中收炭项下扣还，订明下不为例。卑职此举具有深心，全为后段文章张本。焦炭为养命之源，萍乡为必由之路，众绅侧目日甚，厂户反复无信。独归商固万不妥，独归官亦万不能安，综度情势，无论官商合办与否，均宜力主东和北拒之议，东指文绅，北指萍地众绅。[3]

此电反映了官局在萍乡微妙而又严峻的处境。"萍地众绅"可能是指那些曾经联名上书要求县令"发兵饬止，不许洋人入境，撤散煤务，驱民为农"的士绅。在张赞宸看来，这一群体才是开发萍煤的最大阻力；在广泰福处于困境时施以援手，既是当前萍煤供应的需要，也是对萍乡士绅进行团结、分化，有利于扩大官局的社会基础，更好地扎下根来。张赞宸在信中还说：

---

① 《湘潭张绍甄来电》（光绪二十四年九月初五），载陈旭麓等主编《汉冶萍公司》二，第735页。

② 陈旭麓等主编：《汉冶萍公司》一，第882、889页。

③ 《张赞宸致盛宣怀函》（光绪二十三年八月十二日），载陈旭麓等主编《汉冶萍公司》一，第650页。

"萍事情节甚多，必须面禀从长计议。"那些写信说不清楚的事，可能不少是涉及与广泰福和萍乡士绅们之间的复杂关系。

4.盛宣怀筹划西法开采，实现对广泰福归并

八月，德国矿师赖伦再次勘探萍乡煤藏后，提出了一个令人欢欣鼓舞的建矿方案。八月廿八日张赞宸到达上海向盛宣怀作了详尽的汇报，同时盛也看到了广泰福稽查委员马晚农代表广泰福提出的"合同条议"。九月二日，盛宣怀对于张赞宸的调查报告正式下文批复，肯定了他"分条面陈利病至为详尽"，明确地作出了意向性的表态："若经久推广之计，总须西法开井，期其多出；挂线成路，期其多运，二者相维相系，尤须得人方能集股另筹大举。"①

实际上，盛宣怀自收到赖伦的报告，得知在萍乡炼成焦炭运到汉阳铁厂成本将不过五两，便已怦然心动，开始物色负责萍矿建设的人选，并向蔡锡勇索取马鞍山建造挂线路的资料，积极进行筹备。②

九月初，盛宣怀在上海召集张赞宸、赖伦会议，研究购机、做挂线路、用西法开采萍矿等有关问题。盛宣怀特意邀请广泰福的主要投资人志钧参加，当是希望得到他的支持、争取其投资入股。③

九月十四日，郑观应来信报告："官应欲劝志仲鲁观察将广泰福煤窿照时价估值，尽归铁厂承办，或作股合办，以免在萍办事者互相争购，徒为渔人得利。志观察以为然，惟文家不愿意，未悉我公之意如何？仍乞裁示。"九月廿日，卢洪昶传来信息："广泰福款绌内停，称停运情形与张提调在萍时不同，其往来各厂无煤，多由局收运。马晚农急于求合，即来沪面禀"。④广泰福情况进一步恶化，由此而进入与盛宣怀谈判的过程。十一月十七日，盛宣怀去电告知卢洪昶，"广泰福现拟归并开来厂井……共炼厂七处，煤井

① 《张赞宸复查萍乡煤务运道情形批》（光绪二十三年九月初二日），载陈旭麓等主编《汉冶萍公司》一，第668—669页。

② 《盛宣怀致钱镕函》（光绪二十三年八月二十日），《八月去电武昌蔡毅翁》，载陈旭麓等主编《汉冶萍公司》一，第660页、898页。

③ 陈旭麓等主编：《汉冶萍公司》一，第899页。

④ 陈旭麓等主编：《汉冶萍公司》一，第686、902页。

十八处，望密查。"显示谈判已告一段落，秘密进行成交前的资产核实；电文确认是归并而不是入股。同一天盛又致电志钧，认为志钧要创办的利和公司，其经营范围违反了谈判时的承诺，表示不能同意："是汉厂认亏归并，徒有虚名，转添实累，所议恐难遵照。"廿一日，盛宣怀进一步借"沪董公电"以集体的名义与志钧摊牌，坚决反对其另立公司："总之，铁厂认亏，固不能禁人不采，必当禁人另立公司，与铁厂为难。即如开平，并无另立公司也。"① 此时盛宣怀该出手时就出手，沿袭自开平煤矿以来多年已经形成的惯例，反对另立公司，垄断萍乡煤矿的开采权，振振有词，毫无商量的余地。光绪二十三年十二月廿四日，盛宣怀电告汉阳铁厂张赞宸："江建霞广泰福股票已交仲鲁二万"，当是并购已经成交，开始付款。

广泰福的历史以盛宣怀胜利并购而宣告终结。同时，盛宣怀也下定决心用西法开采萍煤、创办机械化萍乡煤矿。于十二月廿八日下令："萍乡等处煤矿总局事宜，本大臣派张提调（张赞宸）为总办"，并令赖伦"专为助理西法开矿一切工程并西法炼焦事"。②

萍煤的必由之路

《张之洞、盛宣怀会奏开办萍乡煤矿并筑造运煤铁路折》中说："伏维铁厂本旨缘铁路而起，当以制造钢轨为第一义。顾熔铁非焦炭不可……又当以勘求煤矿为造轨之本原。"③ 用西法开采萍乡煤矿，使焦炭生产和供应满足炼钢轨、造铁路的需要，这就是他们当时所面临的重大历史使命。在这个问题上，盛宣怀的个人利益，是和国计民生紧密联系在一起的。

盛宣怀接办铁厂后派马克斯去萍乡勘测，便是作西法开采的准备。④ 对

---

① 陈旭麓等主编：《汉冶萍公司》一，第 930—931、932 页。

② 陈旭麓等主编：《汉冶萍公司》一，第 730 页。

③ 湖北省档案馆编：《汉冶萍公司档案史料选编》上，第 200 页。

④ 《南昌恽委员、马矿师去电》（七月二十二日）："望速赴萍乡。土矿甚多，须择一顶好顶大煤矿，拟开直井，用机器起重吸水，合其每日出煤数百吨，不致杂乱。并须勘查运道，有无便易之法？……"载陈旭麓等主编《汉冶萍公司》一，第 800 页。

此是坚定不移的，只是等待时机成熟而已。光绪二十三年年底，盛宣怀作出用西法开采的决策，直接因素是：因为汉阳铁厂在接办的当年便亏损三十多万两，二十三年的亏损还在继续扩大，急需降低焦炭的成本；是因为安徽、江西等处的煤矿勘测都无功而返，寄希望于湘煤也已落空；是因为开平焦炭运远、价高无法改变，而数量和质量也无法控制，促使他全力经营萍乡以取代开平；而关键在于赖伦对于萍乡煤矿经过勘测、设计、计算，提出了一个"每吨焦炭运至汉阳仅需三两八钱银"的方案，使他看到了铁厂得以降低成本、提高经济效益、扭转亏损的希望。直到他决定用西法开采前一个多月，还通过良济洋行以每吨十八两的高价订购了五千吨洋焦炭以救急。可以说通过盛与广泰福一年八个月的合作，以及采运体制的几番变革，实践已经证明了萍煤采取手工生产的方式不可能满足汉阳铁厂机械化生产的需要，采用西法开采、变革生产方式是开发萍乡煤矿的必由之路。[1]

从理论上说，汉阳铁厂的机械化大生产，为萍乡煤焦生产提供更为广阔的市场，也为煤炭生产的机械化提供了新的经济动力。从实际情况看，尽管萍煤与铁厂有多年供需合作的基础，有盛宣怀同意广泰福独家承运于前，又邀请它共同创建机矿于后，提供了向机械化转化的机遇，但广泰福都没有抓住，仍然置身萍乡煤业生产方式变革之外。看来这主要是内因决定的，是思想的局限性造成的。广泰福的主事者，既不能像盛宣怀那样早已洞悉"土法挖煤，质难一律，出数无定，"只把它作为权宜之计，也不能像张赞宸那样从实践中悟出"势不能以运无定期之炭，保不误此刻不容缓之炉"，却以独家垄断萍煤采运为根本目的，其经营方针实际是企图以扩大土法炼焦的规模来实现其垄断，而缺乏引进机械生产的积极性和紧迫感。既大造土窑、大量投资，造成亏损于前；又对机械开采心怀疑虑、满足于亏损眼前可以得到补偿，而终于拒绝入股而选择了归并，即出卖了所有权和开采权。

纵观文廷式在广泰福时期的表现，下车伊始，对于萍煤曾表示过"拟用机器开挖"，但当盛宣怀提出派洋矿师去勘探后，他的反应却显得迟疑畏难；

一经全县士绅反对，便退居幕后，始终不见有采用机器的举措，实际上却支持广泰福独家垄断、大举扩张土法生产焦炭。他主要是在前期出面与上层联系，牵线搭桥，既不具体掌控经营，又不能左右局势，不可能带领广泰福转化、进入机械化大生产的行列。介入广泰福，只是他被放逐初期的一个短暂的插曲，他毕竟是一位诗人、学者、有影响力的政治活动家，而不是一位开拓性的实干的实业家。

盛宣怀和他的铁厂，代表了大工业的需要，代表了近代化的需要。这种需要是促进萍煤机械化生产的经济动力。历史事实是，代表先进生产力，推进并完成萍煤从手工生产向机械化转化的，是外来的洋务官僚盛宣怀，而不是主张维新的文廷式和代表本地士绅的广泰福。这也反映了中国近代化进程的艰巨性和复杂性。

第七章　运煤铁路滞后于机矿建设

张赞宸:"第一先垫巨款" / 礼和贷款:一头牛要剥下四五张皮 / 盛宣怀:"我看萍事极重" / "萍乡煤矿成功，毫无疑虑" / 萍昭铁路前后经历十三年 / "不虑洋矿不旺，深虑醴轨不速" / 萍安铁路顺利建成 / 厂矿共识:"萍乡首重运道" / 萍醴铁路的波折 / 由动用银行部款到预支轨价报销 / 粤汉干路遥遥无期　洙昭成为瓶颈 / 张之洞再三协调无效 / 邮传部奏请部建　湘公司志在自办 / 盛宣怀改变立场　陈尚书固执己见 / "不绕弧线，工速运利" / 余论

　　光绪二十四年三月二十六日，盛宣怀与张之洞联名会奏，正式向朝廷呈请"开办萍乡煤矿并筑造运煤铁路"。

　　奏折从汉阳铁厂与铁路的特殊渊源说起，汇报了盛宣怀接办后铁厂对卢汉铁路建设所作的贡献，强调当前"特所患者不若乏煤之甚也"，而两年来沿江上下搜寻的结果，"惟江西萍乡焦煤曾经试用，最合化铁"。因此，"臣等深维大计，铁厂利钝之机全视萍煤为枢转。现已购办机器运萍大举，一面勘明运道，定议选就该县黄家源地方筑造铁路一条至水次计程三十余里。路成之后，再筹展至长沙与干路相接，并先于沿途安设电线，消息灵通，转输便捷。"

　　张盛的会奏还附片"拟请嗣后萍乡县境援照开平，不准另立煤矿公司，土窿采出之煤应尽厂局照时价收买，不准先令他商争售，庶济厂用而杜流弊。"并拟委派湖北试用知县张赞宸"往萍乡总办煤矿一切事宜"。

随后，军机大臣通知张之洞、盛宣怀和江西巡抚德寿、湖南巡抚陈宝箴：皇帝批准了张、盛的请求，"所有铁路、电线经过之地，着德寿、陈宝箴转饬地方文武妥为保护"①。

自此，机械化的萍乡煤矿及其运煤铁路开始建设。实际结果却是运煤铁路的建设大大滞后于萍乡机械化矿山的建设，既限制了矿山的煤焦产量，也影响了汉阳铁厂的钢铁生产。

张赞宸："第一先垫巨款"

汉阳铁厂早期的总办，不论是郑观应，还是盛春颐，对铁厂的前途都不看好，他们是重任在肩，不得不勉为其难；而承担开发萍乡煤矿重任的张赞宸则不然，他始终对于煤矿的前途充满了信心。

既要建设新型机械化的矿山，又要逢山开路、遇水搭桥建筑运矿铁路，与接办铁厂一样需要巨额的资金，巧妇难为无米之炊。

在阅读盛宣怀有关早期开发萍乡煤矿的文档中，使我们印象最深刻的是那些张赞宸要盛宣怀筹款的电报和信件，他是那样急切，那样执着，以至呶呶不休。

如光绪二十四年二月十八日，张在去电中披肝沥胆：

> 赞遍历萍矿，较去年熟悉，通盘筹画，只须运道通，抽水机多备，洋、土矿岁可出煤焦十余万吨，无论有磷无磷，利大且久，赞确有把握。……宪台力任时艰，赞当奋身担当，必期事成而后离萍，以报知己。惟款项必须源源接济，以期速成，此全仗终始扶持。若中途款绌，毁一身事小，误全局事大，现在便不敢造次力任，用人用款赞粗拟布置，容面禀。②

---

① 湖北省档案馆编：《汉冶萍公司档案史料选编》上，第200—201页。

② 陈旭麓等主编：《汉冶萍公司》二，683页。

巨额资金从何而来，如何保证资金源源不断地接济，张赞宸与盛宣怀的想法不同。盛宣怀闰三月初九来电认为，"惟洋矿必须集股，望即与赖酌拟章程寄来刊布，有款方能办事"；一个月后，四月初九来电便有了变化："现拟铁路机器买自外洋者借洋款，其余自用者集华股"。四月十七盛又有一长电，对于如何集股，他说得含糊而不经意："候图说到，即由招商局、铁厂会同招股，似尚不难。"此处"图说"，指开发萍乡煤矿的计划、方案，包括设计图样及文字说明。而借洋款则已经确定："……开矿机器等须买自外洋者，候图说到，即核并借洋债，分十年还。已与德商议有端倪，只候图说酌定银数。"[1] 对此，张赞宸大不以为然：

> 宪意购机借洋款，余由轮局、铁厂会招股，管见华商招股久不见信，铁厂积亏更难信，矿即兴工，轨须购地填路，工程巨用，专待股必误。将来萍矿必能自立，暂可勿招，稍有成，不招自来，此为正办，请速设法宽为借垫。六月初先发十万，余俟续领续发，此举本无穷大利，第一先垫巨款，第二赶设萍湘轨，无轨则洋矿煤壅积，恐反利为累。若有款、有轨后，矿无大故，五年内不收回成本，请坐赞以重罪。若赤手待股，无的款垫，中途必颠蹶，赞不足惜，如宪台大局何？[2]

这些话直率而恳切，坚持要按自己的意见办，甚至要立军令状，但又是处处在为盛宣怀着想。其实，盛宣怀又何尝是真心实意地要向社会招股，所谓"会同轮局、铁厂招股"，不过是为他利用手中的权力调动、挪用资金施点障眼法而已。

为建设萍乡煤矿向德国礼和洋行借款，是汉冶萍公司历史上的第一笔外债，进行得并不顺利。因为大清王朝的政局正处在激烈的动荡之中，礼和对借款的态度时有反复。就在戊戌政变中慈禧宣布重新训政的这年八月六日，

---

① 陈旭麓等主编：《汉冶萍公司》二，700、707、710 页。
② 陈旭麓等主编：《汉冶萍公司》二，717 页。

盛宣怀忧心忡忡来电告诉张赞宸："礼和借款恐中变，铁路便须归并美办。"不料张赞宸反以为喜，暴露了他对借款的真实想法：

> 礼和款中变，于大局有益无损。如借三百万，矿轨并兴，伊派矿师，尚合算。仅借百万，不敷甚巨，若所派矿师不好，掣动大局，一也。礼和贪图生意，购机在借款内扣，必大吃亏，二也。款虽伊借，须由我还，恐矿师不关痛痒，多所糜费，三也。地已买，工已开，所费已巨，倘该矿师与赖伦意见不同，另欲易地，四也。……萍醴支路本应归并美办，矿及安源轨能先筹垫百万，为上策。①

张赞宸所说的，实际是借洋债带来的损失，半是着眼于经济效益，半是着眼于人事、工程。从表面上看，涉及赖伦的去留之争：张赞宸信任赖伦，曾一再极力主张由赖伦主持这一工程；而盛宣怀因赖伦勘测东流、康中煤矿有失而对其能力有所怀疑，又深知西方"借款无不要挟非用彼矿师不可"，已作了更换赖伦的准备。张赞宸在此提出的问题实质是：赖伦只是公司的雇员，工程的主导权仍在盛、张的掌握之中；而接受德方指派人员主持工程，此人便是债权方的代表，在丧失了人事使用权的同时，也丧失了工程的主导权。

值得注意的是，张赞宸认为上策仍然是"先筹垫百万"。在筹建萍矿及铁路的早期，张赞宸作为工程的具体负责人，一不主张招股，二不希望借洋债，以不变应万变，一味地要求盛宣怀"垫款"，这种想法既简单，又执拗，却代表了盛宣怀的亲信中一种值得注意的倾向：盛宣怀既不用招股，也不用借洋债，便可能筹得他所需要的资金。

礼和贷款：一头牛要剥下四五张皮

盛宣怀于光绪二十四年，即公元 1898 年，与德国礼和洋行谈判借款，

---

① 陈旭麓等主编：《汉冶萍公司》二，第 732 页。

可以说是在最不利的形势下，选择了一位背景最强势的对手。

1898 年前后，大清帝国被笼罩于即将被瓜分的浓重阴影之中。这次瓜分中国的侵略风暴，德国是始作俑者，它在 1897 年 11 月借口巨野教案、派军舰占领胶州湾。接着俄国军舰强行开进旅顺、大连，俄、英秘密协商瓜分中国，英国欲将长江流域划为其势力范围，法国则要求享有与英、俄同等之利益。这种阴影直接投射在光绪二十四年五月礼和回复盛宣怀的函件中，公然宣称之所以没有及时回复，是"因环球各国趋向未定"，"如有战事，准本行将此合同作废"。①

光绪二十四年，即戊戌年。大清王朝政局的激烈动荡，也使这一借款几经反复。张赞宸在八月十一日得知"礼和借款恐中变"时，一度忧惧"太后垂帘，英俄开战，会匪必蠢动，宪台筹款极难，一旦接济不及，汇划不通，恐烧局杀洋人之祸届时必见。时事日非，乞再通盘细筹定计，免贻后悔"②。

这些史实都在提醒着我们：萍乡煤矿是在清王朝处于风雨飘摇的特定历史时期开始建设的。

盛宣怀曾经说过，"借洋债惟德华（银行）最近情"，也不知道他说的是真心话，还是自我辩解。也许他事前与别家做过比较，但我们从现存的资料来看，不争的事实却是，自二十四年四月正式提出，同年五月礼和回复，至二十五年二月签订合同，对方的条件越来越苛刻。

光绪二十四年四月二十三日盛宣怀致礼和洋行函，是盛与该行连纳商谈后整理的借款要点，共有八条，主要是：

一、委托礼和代办萍乡煤矿所需采煤机器并焦炭炉等，及萍乡抵湘江约七十英里铁路应用之钢轨料件车辆。

二、煤矿所需开采机器、铁路料件估价后，由礼和购办，中方照货价全数算付五厘外，其余价由礼和保定垫付。

三、另立借款合同，其所借款本利招商局盖印作保。借款照德银马克核

---

① 陈旭麓等主编：《汉冶萍公司》二，第 41—42 页。
② 陈旭麓等主编：《汉冶萍公司》二，第 732 页。

算，年息六厘，不折不扣。合同签定之后十年之内还清，第三年起首摊还借本。

四、借款未还清以前，除现在所用之德国煤矿司外，煤矿公司所用洋人，均由礼和选荐。

五、由礼和代借马克六十万，为萍矿活本，亦作十年摊还。[①]

同年五月，礼和洋行复函盛宣怀，主要的变动是：

一、经过估算，矿机并三十五磅钢轨车辆等项，最少之数约需马克叁百万元。允借马克叁百万元（按当日汇价共计规元约一百十三万八千五百十九两九钱余），另立借契。

二、煤矿所需活本马克六十万元，应暂缓筹。

三、此次借款必需年息六厘半，较所议多出半厘。

四、另立借契中，应加一条声明，此次借款未曾清还以前，招商局不得另行借款将产业抵押于人。[②]

经过近十个月的磋商、反复、讨价还价，光绪二十五年二月二十八日，以萍乡煤矿公司的名义，与上海礼和洋行签订了借款合同，盛宣怀以轮船招商局督办、铁路大臣的身份作为保人。合同内容主要是"商请礼和襄助代办外国矿机、炼焦炉、洗煤机或生铁炉等项"，铁路不再作为主要内容。

具体借款条件的变化主要是：

一、年息再增加半厘，高达七厘。本息半年一付。并明确规定"均用马克按期在上海付银，照该日之德国马克电报汇价核算"。后来由于马克升值、银价贬值，这一规定便让萍矿吃亏不小。

二、按照盛宣怀的要求，除以上所指三百万马克外，礼和另借一百万马克现银，但"礼和先扣回用钱五厘"，而且带有附加条件："将烟台缫丝厂（即华丰丝厂）全厂所出之货，交礼和经理售卖，始于一千九百年七月，终此约期内，如果该丝厂有人欲买，而盛大臣亦愿售出，若礼和肯出一样价值，须

---

① 陈旭麓等主编：《汉冶萍公司》二，第23—24页。

② 陈旭麓等主编：《汉冶萍公司》二，第41—42页。

先尽礼和。"

三、由盛宣怀作为保人，将中国招商局"所有在上海洋径浜南北之地皮、栈房以及各项产业"为这笔四百万马克的借款作保，在本息未付清前，不得"出售与人，或向人借钱，或抵押于人"。

四、更为厉害的是合同的第八条：

煤矿公司所出借票，倘有一次逾期三个月不付，则所有未到期之还本借票，无论系何年月，均作到期之票，同时向煤矿公司索还本款，其息则仍长年七厘，按期收取，并准礼和掌理煤矿公司所有产业、铁路等项，并遵照中国政府现在及将来所给该煤矿公司之利权开采煤斤、驶行煤矿轮车，俟本款付清后，再行交还煤矿公司。然合同虽载此款，礼和仍能向保人索偿，即与合同未载此款一样。

也就是说，为这笔四百万马克合银一百四十余万两的借款，实际上分别抵押了三项产业：萍乡煤矿的所有产业和铁路；招商局"所有在上海洋径浜南北之地皮、栈房以及各项产业"；烟台缫丝厂及其产品的收购权。

五、即使如此，合同上还要加上第十条：

煤矿公司并保人与礼和议定：所有煤矿公司或保人，或礼和所备资本之已开及将来拟开各矿矿产，而锑（即安底蒙尼）、锌（即白铅）、水银并黑铅、银等，如运外洋，均归礼和经理。①

连将来打算开发的矿产的收购权也提前垄断了。重重叠叠地附加了如此之多的不合理条件，使我们想起了那个著名的从一条牛的身上要剥皮下两张皮的比喻；这眼前的实例，竟然是要从一条牛的身上剥下四、五张皮来。如此贪婪，如此严酷，如此强横，礼和洋行居然达到了目的，以精明著称的盛

---

① 陈旭麓等主编：《汉冶萍公司》二，第96—99页。

宣怀居然忍受了。

盛宣怀:"我看萍事极重"

光绪二十三年底盛宣怀决定大举开发萍矿并任命张赞宸、赖伦负责后,转过年来,三人便分别行动。二十四年二月初,盛宣怀与张之洞及湖南巡抚联系有关开矿与修路事宜;赖伦在大冶铁矿和汉阳铁厂搜集了一部分可以用于萍乡的机器,与解茂承取道江西去萍乡;张赞宸在萍乡当地联络地方官员和士绅商民,极力强调此举"有益地方,无碍土产"。

四月十一日,张赞宸汇报他和赖伦一月来"审地势,测煤路,考磷质"的情况,地已买好,赖伦正在绘图,机器陆续到达,便可动工。他充满了信心,认为"俟轨道全通,利与轮、电两局相埒"。提出了当前的工作要点:

> 惟矿、轨两项一动工,便需巨款,若待集股,不赶先筹垫,必误大局,银行无款可支,万分忧虑!现在煤本甚重,不仅在挑力、船价,即汇银换钱洋,吃亏极巨。土矿炼焦日精,运厂生煤均拣好块,足合厂用,奈大小船沿途掺杂,百计难绝弊。管见通盘筹画:曰备款;曰造轨;曰造浅水轮,拖轨机来,拖煤焦去;曰湘潭开银行,萍局刊行钱洋票;曰萍醴向多会匪,洋人久住,宜派兵筹防。[1]

矿山建设,六月初八开工,"略有规模,苦机不齐,不能迅速。湘潭各机已陆续筹运,惟大件锅炉甚难"。

同年八月二十五,赖伦以函件向张赞宸提出开矿方案须更改:如采用新式开石机,此间平巷两年内即可开通;挂线路工程并两处支巷均可不造。盛督办欲择磷少之煤开挖,今查天滋山小坑之煤,含磷极少,但赖伦认为,按西法从该处开挖,则槽路无法开通,运煤也不便,只能自安源开始。"现在

---

① 陈旭麓等主编:《汉冶萍公司》二,第 709—710 页。

萍煤通扯含磷百分之一分二厘",在平巷未开通天滋山前,该处煤可运至安源洗净,须将马鞍山所用洗煤机先行移来。——由此,隐伏下后来汉厂与萍矿之间关于焦炭含磷的争端。①

光绪廿五年二月,盛宣怀与赖伦在上海商定,"礼和借四百万马克,三成购机,一成现银"。这次借款是先购机后签合同,此时萍矿已通过礼和洋行购机件六批。赖伦又开出添购欧机清单需要银二万两,又添购洗煤机零件等需七千两,还要拆卸马鞍山、汉厂炼焦机至萍矿应用,盛一一面允照办,并宣称:"我看萍事极重,盼成功亦极急,故诸事概不牵掣"。从后来赖伦提供的萍矿应用机料详单来看,包括洗煤、炼焦、起重、抽水、通风、计量、化验、修理、测量、爆破等方面,可见未来萍矿机械化之水平。②

这一年的十二月初八,盛宣怀忧心忡忡地给莫爔去电,询问"究竟洋矿出煤否?""不致溃败否?"当日萍局即来电报告:"洋矿早见煤,因须将路赶好再挖取。""萍安铁路冬月廿八试车"。③

这年年底,张赞宸将萍矿创办以来的经费收支,按洋矿、土矿、铁路、轮驳、煤焦五大项,分别造册并汇总上报。十二月九日在电报中说:"去年土矿将井厂生财一并折轻成本尚盈余二万六千两,今年底矿除将历年置造井厂生财成本一概赚出外,尚颇有盈余。"④

开创萍乡煤矿及其铁路建设,诚如张赞宸所言,"时多棘手,艰危困苦",至光绪二十五底,已经初见成果,尚有赢利,呈现了良好的趋势和充满希望的前景。

"萍乡煤矿成功,毫无疑虑"

光绪廿六年三月,正是北方义和团纷纷扰扰,局势日益紧张之际,盛宣

---

① 陈旭麓等主编:《汉冶萍公司》二,第61—63页。
② 陈旭麓等主编:《汉冶萍公司》二,第85—86、123—128页。
③ 陈旭麓等主编:《汉冶萍公司》二,第766页。
④ 陈旭麓等主编:《汉冶萍公司》二,第768页。

怀却不惜重金，托礼和洋行请了德国大矿师克利马来萍乡，"验看赖伦所开煤矿是否合法"。强调"克前系开平总矿师，有他节略，中外相信"，安排赖伦及其副手详细引导，并声称"弟托其详具说帖，方能招股筹款，切勿疏忽"①。

盛宣怀此举，既反映了他对萍矿期望之高、关怀之切，又透露了他历来对赖伦之不放心。

克利马此行，少不得电告湖南巡抚，命令沿途妥为保护，既要专船接送，还要请炮船保护。"月薪甚贵"的这位大矿师，四月初一到汉厂，等着赖伦来汉，初七与之会晤，又去马鞍山看矿，四月十三日动身去萍。五月二十六日终于在上海交出了盛宣怀所盼望的《说帖》。

克利马鉴定的结论，对赖伦在萍乡煤矿的工作评价很高，充分肯定："现在所有矿工及洗煤、炼焦，布置各工，均按矿务办法，甚属相宜，如能有始有终，出煤及炼焦两项，可保永远利权。故萍乡煤矿成功，毫无疑虑。"

对于产量的预计是："查安源一处，每年如出煤五十万吨，可持五十年久。又安源及高坑之间，如每年出煤亦照上数，可持六百年久。"

他认为萍煤之质远比日本煤质好，采煤工价又便宜，有价格优势，一定会在东亚市场上占据最好的销路，"故萍矿工程，亟宜在中国他矿未开成之前从速竣工，可操独占之利。"

指出的主要问题是"惟有运道最为不便"，"种种艰难，非自萍筑铁路直达湘潭不可。况萍矿目前尚未出煤盛时，故此条铁路赶急起造，一俟路工完竣，煤出亦旺矣"②。

这个鉴定并无奇特惊人之处，自在意中。但有了这个鉴定，盛宣怀可以放心了。

光绪三十年十二月，张赞宸在《奏报萍乡煤矿历年办法及矿内已成工程》中对煤矿工程做了汇报，主要情况是：由安源山脚开入，恰与煤槽路相当。

---

① 陈旭麓等主编：《汉冶萍公司》二，第 808 页。
② 陈旭麓等主编：《汉冶萍公司》二，第 192—195 页。

以东平巷取上段从前各土井未曾挖尽之煤；直井、西平巷则挖取中下段从前各土井未曾挖尽之煤。此两井一横一直，紧相毗连。凡三平巷所出之煤，以东平巷为总出路；直井所出之煤，则以西平巷为总出路。各井上下旁通，均经铺设小铁路。煤车出东西两平巷，各过铁桥，可直送至大小洗煤台内。一经洗净，从煤仓放入斗式铁车，其仓下复有小铁路，沿各段板桥接通一二三号洋式焦炉，每一炉顶有圆洞门三，其车系活底挽车，就炉揿机，底脱煤即自入炉内。洋炼焦炉均在第一层山坡上，下接火车分路，焦炭出炉即可装车起运。炉后系第二层山坡，上下建造煤栈六十间，上铺小铁轨，均由两平巷口分路至此，以为屯储生煤之地。

其中，所载煤焦产额为：

一、直井，现在每日出生煤三百余吨。

二、上、东、西三平巷，每日出生煤三百吨至一千一百吨。

三、一二号洋式炼焦炉，现在每日炼焦六十余吨。

四、三号洋式炼焦炉方始升火，至来年二月内每日可炼焦炭一百吨。

五、机矿土炉五十座，现在每月炼焦三千余吨。

机矿所炼焦数外，尚有各土井厂，每月额炼焦炭五千吨。合并计算，每月共有焦炭一万三千吨；醴株通车后，必可按月悉数运出。据矿师云：未通紫家冲以前，机矿日出生煤，再过三个月，可加到八百余吨，逐渐递加至一千吨止。俟通紫家冲以后，但须多备矿车，即二千吨外亦可做到。

张赞宸又云："时自二十四年起，结至三十年十一月底，萍矿共已运到汉阳铁厂焦炭三十二万一千余吨，生煤十九万一千余吨。即就焦价一项计之，每吨洋例银十一两，较之从前购用开平焦，每吨连运费一切开销需银十六、七两者，实已为铁厂省银一百六、七十万；若购用洋焦，则更不止此数矣。"①

① 湖北省档案馆编：《汉冶萍公司档案史料选编》上，第207—208页。

萍昭铁路前后经历十三年

神州大地上，中国人自己建造的第一条铁路，是为开平煤矿所建的唐胥铁路；无独有偶，第二条铁路是因基隆煤矿而修建的台湾铁路，都是为运煤而修建的。第三条铁路，即是大冶铁矿至长江边运送铁矿石的专用铁路。看似偶然的历史现象背后，是不可违抗的客观规律：煤铁等重工业，采用机械化生产，产量高，体积大，运输的载重量也大，必须要求运输的机械化与之相适应。

光绪十五年，因朝廷同意修建卢汉铁路而创建汉阳铁厂，为此而开发大冶铁矿并修建铁山运道，光绪十八年运矿铁路竣工。光绪二十二年盛宣怀接办汉阳铁厂，二十四年为解决焦炭供应而建设机械化生产的萍乡煤矿，同时兴建运煤铁路，再次证明在晚清特定历史条件下，铁路与钢铁、煤炭生产，三者相依为命，密不可分。从产业关联的角度考察，此前汉阳铁厂之所以陷入困境，正是由于晚清中国的煤炭工业和交通运输滞后，阻碍了它的创建和发展；就萍乡煤矿而言，此后在它的建设进程中，机械化生产力的充分发挥，它的产量的提高和销售的增长，则明显受到运矿铁路建设滞后的制约。

请看运煤铁路建筑的大体经历：

萍矿运煤铁路受各种条件限制，是典型的枝枝节节而为，分作数段，时作时停。最早的一段，由安源至宋家坊水次，仅十四华里，时称萍安铁路，二十四年十二月设局，先行丈量、绘图、造册，二十五年四月下旬开始购地，六月兴工，十一月路成开驶火车。[①]

与此相连接的萍醴铁路，兴建始于二十五年九月，二十六年六月因义和团事件停工，外籍技术人员撤离，至二十七年七月复工，于二十八年十一月铺轨至湖南醴陵县阳三石，自安源起，连同岔道积长一百零四华里，完工通车。

---

① 顾家相:《筹办萍乡铁路公牍》，转引自曾伟《〈筹办萍乡铁路公牍〉整理与研究》，江西师范大学 2010 年硕士学位论文，第 31—32 页。

二十九年正月二十三日，盛宣怀电奏《展造醴陵至湘潭铁路》。①

时隔三年，光绪三十一年十二月底，自阳三石至湘潭县属洙州九十华里的醴洙路竣工。②

又隔四年，宣统元年七月，湘潭境内自洙州至昭山直线仅四十里的洙昭铁路动工，甫及一年，于宣统二年八月通车。③

总计自安源至湘潭昭山约二百华里的铁路，分做了四段，自光绪廿四年至宣统二年（1898—1910），前后经历十三个年头，可谓旷日持久；其中停工的时间远比施工的时间多。此时粤汉干路尚未建成，自昭山至汉阳，煤焦仍要靠船运。

"不虑洋矿不旺，深虑醴轨不速"

光绪二十四年四月，盛宣怀与礼和洋行接洽借款时，就明确提出"由萍乡筑造铁路一条，直抵湘江"，借款用途包括"其约七十英里铁路应用之钢轨料件车辆"。④ 但是它的建筑，从借款开始，就受到政治动荡的严重影响。

七月十七日正是百日维新的高潮，盛宣怀赴京觐见光绪皇帝后，给负责修路的薛鸿年发来电报："面奏萍矿情形，上催令速办，以维铁政，并为造枪炮计，自萍至醴枝路九十里，必须先办，以待干路相接。"八月初四，盛宣怀同意张赞宸的推荐，确定安源到萍河的小铁路由赖伦兼办。⑤

期间，盛宣怀对修建运煤铁路有过动摇。

一是担心干路改道，拟停止购地。

八月初六，慈禧再度训政，时局影响到萍乡矿路的建设。首先是礼和洋行借款可能有变；其次是湖南巡抚陈宝箴被革职，新任湖南巡抚俞廉三"颇

---

① 盛宣怀：《愚斋存稿》上，第297—298、583页。

② 盛宣怀：《愚斋存稿》上，第326—327页。

③ 盛宣怀：《愚斋存稿》下，第203页。

④ 陈旭麓等主编：《汉冶萍公司》二，第23页。

⑤ 陈旭麓等主编：《汉冶萍公司》二，第729、726、731页。

以铁路为难"。盛宣怀担心粤汉路要改道江西，嘱咐萍矿铁路不要急着买地，而且也没有现款。张赞宸回复云："乞宪力持前议，勿另改道游移，萍矿大有可为，非轨不济，若改道江西更迟。"①

二是对早建铁路的必要性认识不足，曾打算推迟。

十月，盛宣怀频繁来电，核实萍矿至河口铁路的效益、造价，路工和矿山工程的预算和进程。此路原议从王家源起至水次，计程三十余里。经赖伦张赞宸勘定，改为由安源机矿起至长潭水次，计程仅十四里。十四日盛来电谓："安源先设轨十四里，洋矿未成，运土煤有无益处，如于土煤无益，先造亦无用。"

此言充分反映了盛对矿山实际缺乏了解。十月十六日，张赞宸连续以八寒电、两铣电禀明情况，首先强调铁路的经济效益："安源至河，路平宽，设轨每吨煤省费银八钱"；同时报告出煤现状："洋矿西平巷见煤甚速。东平巷及靠近西平之直井，并西平上首之平石井，约三四个月内均可见煤。赶购欧洲矿机，萍矿两年内可告大成。惟土煤已大旺，洋矿出煤将来更旺。第一赶先造萍醴轨，否则壅滞搁本，更不得了。"其建议中心在于力主将铁路延伸到醴陵："应改由驿路直达醴陵南门，共九十里……萍醴轨成，由醴至潭，由潭至汉，只须运脚一两六钱，较现在可省一两三四钱，且可多运四五倍煤，船户弊亦较好。"要求盛与湘抚面议，"力持原旨，志在必行。萍矿成败，在此一举，倘轨成，矿利在开平之上；但无轨必败，无钱更败"。反复申述"不虑洋矿不旺，深虑醴轨不速"。

张赞宸还提出运煤铁路利用汉厂所剩次轨："煤旺，卅五磅轨太小。安源至河，萍至醴，均须六十磅者。"张赞宸六月初在汉厂已与盛春颐协商："卢保剔剩八十五磅，价可格外便宜，售与萍矿，并可令承造此轨者出保险单"。如此可节省经费不少。②

十二月初四，薛鸿年、罗国瑞同美工师柏士、美参赞李治到达萍乡勘

① 陈旭麓等主编：《汉冶萍公司》二，第 741 页。
② 陈旭麓等主编：《汉冶萍公司》二，第 743—745 页。

路，此时盛宣怀的打算是将萍醴枝路交美公司与湘粤干路一气呵成。由长潭而西，以迄醴陵，为湘萍枝路，归湘粤铁路公司管理；由长潭而东，直抵安源机矿，为煤矿铁路，归矿局管理。随即议定："安源至河十四华里，先用厂轨运造。……萍无现银，先赊厂轨，将来只可作为厂商附搭萍股。"[1]并拨款购地。与此同时，盛令铁路工程当前抓好三件事："一购地，二垫土，三办枕木。"并令张赞宸将沿铁路之矿山切实勘准，有用者预先买下。

萍安铁路顺利建成

光绪廿四年十二月初一日，萍乡知县顾家相建立萍安铁路购地局，札委绅士县学增生彭鹤年、五品生员黄显璋、附生甘醴源王化行等经办萍安铁路购地事宜，先行丈量、绘图、造册。关键问题是田亩计算方法及田价，顾家相对此颇为慎重。光绪廿五年正月初五日，盛宣怀电令顾家相"设轨之地限半月内迅速购成，照铁路定章应分上中下三等"购定。几经磋商，至四月二十日盛复电同意田亩分为五等计价，第一等每亩钱五十五千。[2]四月下旬定价开始购地，六月兴工，十一月路成开驶火车。

据《萍安购地局绅黄显璋等铁路竣工缕陈筹办情形禀》，铁路由安源至宋家坊水次，计程十四华里。先后购定田亩三百三十三亩有奇，综计田主佃户至二百余人上下，工程处雇用民夫千百名之多，"亦并能同受约束，极为安静，迄未酿成讼案"。特别值得称道的是，对于农田水利以及无主之坟等，都有妥善的安置："所有轨道经过各处陂塘、沟圳、车埠，均经体察情形，妥为修复，并于两大官沟外会商工程处添造大横官沟壹拾壹个，小横官沟四十九个，三砂明水圳三条，以资流转。其为有主、无主各坟，除由各图绅保，眼同该坟主遵章领费、报迁改葬计壹拾五塚外；查有无主之坟壹拾叁处，胥由绅等妥慎迁移，新购西关外义山，治堆勒碑，如法办理。至于借用

---

① 陈旭麓等主编：《汉冶萍公司》二，第75页。

② 《禀萍乡县田价昂贵未便酌定官价据实沥陈通稿》，参见曾伟《〈筹办萍乡铁路公牍〉整理与研究》，第21—23页。

民桥官道，业为一体修治；拆估民屋，损伤种植各物，统为量给价值，毫无抑勒尅扣情事。"

顾家相对禀文批道："该绅等在事经年，於力顾公事之中仍曲尽保全桑梓之意，即遇横逆疑谤，亦能反复开导，委曲消弭，不使酿成讼端，实能深体本县苦衷。"言辞中颇有深意。①

厂矿共识："萍乡首重运道"

自光绪廿五年起，盛宣怀决定停用开平焦炭，专用萍焦。此时因萍焦含磷，又难以及时供应，汉厂与萍矿渐生矛盾，争论不休。甚至一度停产，负责炼钢的洋匠卜聂擅自去上海向盛告状。但厂矿双方都认为运道是关键，运煤铁路再次成为焦点。廿五年四月廿二日，汉厂盛春颐、施肇曾、宗得福三人联名在致盛宣怀信中说：

> 卑府平心而论，其焦煤不佳，虽责在萍局；而断续不济，实咎不在萍。何则？萍乡首重运道，次及洋矿，已早言及。运道未成，虽有焦煤，不能出运……无如安源之地至今未买，安源之路至今未筑，萍乡非无焦、煤，实无法运湘耳。②

"萍乡首重运道"，突现了期待运煤铁路的急迫之情。不仅如此，汉厂的降低成本也寄希望于铁路。六月十七日汉厂提调施肇曾致盛宣怀函云：

> 厂中以萍焦为命脉，萍焦成本大，则生铁成本亦因之而大。欲减轻焦煤成本，非赶筹水陆运道不可。卑职曾一再请宪台暂停东流、康中等处煤矿，以全力注萍。萍有起色，厂事或可补救，此一定之理也。③

---

① 《〈筹办萍乡铁路公牍〉整理与研究》，第31—32页。
② 陈旭麓等主编：《汉冶萍公司》二，第132页。
③ 陈旭麓等主编：《汉冶萍公司》二，第151页。

这些话都是铁厂当事人来自生产实践的深切体会，把铁厂与萍焦、萍焦与铁路的依存关系说得十分透彻。因为粤汉铁路借款签字尚遥遥无期，施肇曾在信中提出了萍醴路不必等待美公司，可以设法自造的建议。

萍醴铁路的波折

负责萍醴铁路工程的美籍工程师李治于光绪廿五年九月二十七日再次抵达萍乡，开始了萍醴路的建设。中方的负责人薛鸿年仍旧请萍乡县知县顾家相负责购地，一切按照萍安路的成法，只是因为路段较长，分为三段，各设一购地局，延请绅士、图董负责，连踏勘人员、算手、写手，也由顾家相选择本地生员、监生等担任。

虽然有萍安路的先例在前，应是轻车熟路，其实却不然。萍醴路远没有萍安路的建设顺利，一是地方情况不一样，二是受资金的限制，三是受局势的影响。

顾家相在《萍醴铁路始末记》中说：

> 计萍醴相距为里九十，而辖于萍者逾三分之二，湘东市处萍境适中之地，尤轨道所必经，乃民气易方隅而即异，人情随时势为变迁，其措置之难，有倍蓰于萍安之役者。当其初，盛公志气甚锐，期以数月集事。余为画策，多设乡局，分段丈量，迨勘路既越湘东而枝节丛生，动多阻碍。或每日止勘数里，或停勘以待熟商，勘路既缓则丈量缓，而价购尤缓。[①]

这里所说的湘东，是萍乡临近醴陵的一个市镇。何以在这一带"枝节丛生"？顾知县笼统地点了一句："民气易方隅而即异"，只是说，民风换了一个地方就不一样。而在薛鸿年、张赞宸当年十二月二十日致盛宣怀的信中就

---

① 《〈筹办萍乡铁路公牍〉整理与研究》，第104页。"民气"句原标点似有误。

说得很明白了，主要是巨族绅士们的阻挠：

> 安源十四里路工有洋矿创之于前，附近绅士虽多，尚少巨族。湘东一带为萍邑巨绅荟萃之区，居民则多半驾船为业，工司勘路自湘东而下，节节为难。卑府等再四筹商，只有先以用人为联络之计，即如萧景霞庶常、黄爱棠观察及李氏、张氏、何氏族中，或以坟墓，或以祠宇，或以膏腴之地，不肯割裂，遂开祠集议，拟以全力阻挠，旋择其族中晓事者，量予位置，设法羁縻。值此风气初开之际，小费固难吝惜，大处必力求撙节，以期仰副宪怀。①

萍醴铁路的波折，巨绅豪族作祟尚在其次，更难抗拒的是庚子之乱的干扰。

盛宣怀因资金困难，对于运矿铁道原本是枝枝节节、分段建设。李治到后，开始是打算接着萍安路再造三十里至湘东。到了二十五年底，"萍界路标已插定五十里"，由城至湘东三十里已陆续办理立契付款手续。此时北方义和团的活动日渐发展，列强各国一再迫使清廷镇压。光绪二十六年二月十九日，盛宣怀因粤汉铁路借款未定，作为它的枝路，萍醴"铁路用款，均归萍矿拨用"，而湘东至醴陵三十五里的地价，约需二万六七千金，因此致电张赞宸："鄙见此次地价总应缓办为是，望速与薛、顾商止。"如此半途而废，说不定前功尽弃。二月二十八日，张赞宸复电云：

> ……近顾令叠来急电，谓湘东至醴界三十五里，万难缓买。现绅民谣论事机危急，恐全局瓦解等语。经赞再四电商顾令，拟先丈量立契，准民春耕，秋后清业契价。现给一半，余俟清业再给，顾令并慨允分筹。查萍开创矿轨，幸平安。绅民素喜阻挠，顾令所虑甚远，只可照允，且将来如造支路，无论渌口、湘潭、长沙，此卅里为必由之地。醴

---

① 陈旭麓等主编：《汉冶萍公司》二，第183—184页。

陵地薛守电云已停。①

　　顾家相对于本县境内购地，不是一停了之，既是为铁路着想，也是为农民着想，还让农民多收了一年的庄稼，可以说是两全其美，却不顾自己增加了许多责任，也增添了许多麻烦。

　　时至五月，北京各国公使会议调兵进京，日使馆书记、德公使克林德先后被杀。汉口的"德领事照会萍煤矿，德人四名能否竭力保护"。此时美工程师李治、白兰德已先期赴沪；听说邻近的湘潭已发生毁教堂事件，赖伦与铁路工程师马克来等四人于六月初四全部离开萍乡。十六日张赞宸电告："洋人行后，匿名揭帖，谣论横生，竟有抢炭、硬坐火车、打毁车窗等事。并指矿路上谕是假，欲先毁电杆。"② 盛宣怀知顾家相深得民心，请他先行晓谕，同时请鄂、湘、江、赣各督抚出告示保护路矿。顾家相已先行与驻萍营官商定，分派哨勇驻扎安源保护煤矿，一面剀切出示，并令士绅传谕：以煤矿、铁路、电线均系中国自办，洋人是出资雇用的；刻下洋人虽去，各项公事均仍照常办理，不许阻挠毁坏；倘敢乘机抢劫，许即格杀勿论。十多天后，督抚的告示亦到，顾家相向盛宣怀禀告："谣风渐息，所有萍安铁路运煤火车每日照常开驶，其县城至湘东三十里铁路土方大致完工，而湘东以下插岭关外三十五里铁路地基，日内亦可购毕。"③

　　薛鸿年因借款未定，美工程师已去，难以施工，将路局事务归并矿务局兼办，自己回了湖南。顾家相将三处购地局裁并为水利弹压局，留下少数得力人员留守照料，保护路基、物料等。

　　一年以后，光绪二十七年四月二十八日，盛宣怀致函盛春颐、李维格，现派美国工程师李治等赶造萍醴铁路，"议定湘东至醴陵二十二英里，需用七六轨二千六百十八吨亦归厂造"。九月初十，盛春颐函禀宣怀，萍醴铁路

---

　　① 陈旭麓等主编：《汉冶萍公司》二，第789、792页。

　　② 陈旭麓等主编：《汉冶萍公司》二，第827页。

　　③ 《禀矿路办事洋员平安出境路矿照常办理通稿》，载《〈筹办萍乡铁路公牍〉整理与研究》，第79页。

轨件，因萍、厂驳船应接不暇，"现已设法雇用民船陆续运往"。^① 光绪廿八年九月初二、初三，盛宣怀分别致电赖伦，告知"醴路十月可通"；告知汉厂李维格："薛电醴工十月杪可完，尚短轨一千余条，望速赶运。"^② 据此可知，萍醴铁路至廿八年底始建成。

由动用银行部款到预支轨价报销

运煤铁路的修建经费，盛宣怀一度想打通商银行股本的主意，不想弄巧成拙。

光绪廿九年正月二十三日，盛宣怀与鄂抚端方、湘抚俞廉三联衔电奏《展造醴陵至湘潭铁路》，向朝廷报告现在铁路已造成至醴陵，由醴陵到湘潭一节必须速自接展，取得朝廷认可。二月初十，盛在上海发出电奏《筹拨矿厂股本》："查萍乡至湘潭铁路，德、美两国争造，经与外务部商明，中国自造以保矿利，现已造抵醴陵，至湘潭尚有百五十里，洋工司估价二百六七十万；又湘潭至汉口轮驳估价八九十万；汉厂添炉添机器，目前急需一百余万。据总办李维格、张赞宸禀：此三款若不赶紧设法，则煤不能运，炉不能添，日炼钢轨数十吨，力尽难支，势必停罢。"为此，进一步提出筹拨资金的方案，以"近闻北洋开设国家银行"为由，"拟将银行商股二百五十万两改作萍矿商股"，"部款一百万原议二十九年起按年分还二十万，拟请暂拨铁厂，悉如前议"。如此，可使醴潭铁路速成，煤焦通运，即可添置炉机，粤汉轨料亦可自办。^③

为此，盛分别于廿九年正月十六日致电张之洞并鄂抚、湘抚，二月初一寄江宁张宫保，二月十一日寄袁宫保，寻求支持。此举本是盛单方面的如意算盘，张之洞没有回应。二月二十二日袁世凯复电云："但国家银行户部曾有此托，尚无成议。铁厂事必须大举，始可有济，如移银行本，节节支持，

---

① 陈旭麓等主编：《汉冶萍公司》二，第 245、258 页。
② 陈旭麓等主编：《汉冶萍公司》二，第 939 页。
③ 盛宣怀：《愚斋存稿》上，第 583—584 页。

恐仍无益也。"明确表示并不赞同。①

廿九年二月二十七日，外务部对盛《筹拨矿厂股本》具奏议复，三月三日奉朱批："依议。"即日咨文转发给盛宣怀，其要点是："盛宣怀所请以通商银行商股改作萍乡矿股，现据声称商情颇顺，自应照准。至所存部款改归铁厂一节，查此款原系银行成本，现正议设国家银行，自应提归部库，留作国家银行之用，未便准其挪移。其铁厂所需款项亦关紧要，应令盛宣怀会同湖广总督张之洞另行设法筹办。"此折系外务部主稿，会同户部办理的。这样一来，户部给通商银行的投资不但铁厂用不上，反倒被户部收回。四月十一日，盛致函户部尚书鹿传霖，不得不拿袁世凯的话做挡箭牌，自行打了退堂鼓："慰帅言及国家银行尚无开设之期，则中国之大，仅一通商银行势难遽行收歇。"②

光绪卅一年七月，盛宣怀上报《推展吴淞轨道并萍醴铁路工竣造销折》，将建造萍醴铁路工程经费共动支库平银一百四十八万余两报销。经商部议奏，认为："汉阳铁厂、萍乡煤矿均经归商办理，萍潭铁路亦应由商承造。盛宣怀以卢汉铁路所拨官款，支给萍醴应用，事前并未奏明立案，碍难核销。"令盛详析声明具奏。其间，盛于同年十一月初九被迫电奏上海（铁路）总公司裁撤、并归唐绍仪督办。光绪卅二年八月，盛宣怀上报《声复动支官款推展吴淞并支给萍醴缘由片》，反倒给了他一个自我表彰的机会。

盛在片中说明，萍潭铁路系"于光绪廿四年三月在督办铁路总公司任内会同湖广督臣张之洞奏奉谕旨准办"。因八国联军入侵，"其时卢汉尚未废约，美国公使坚执续约中有可以借款接造萍乡枝路一节，德使复因德商礼和洋行于萍矿与有商借商还往来款目，先后至外务部争办萍路"。当时盛"一面设法收回比法赔款，充入卢汉工用；一面腾出总公司官本，坐实萍潭自

---

① 盛宣怀：《愚斋存稿》中，第603—605页。

② 陈旭麓等主编：《中国通商银行》，第292—293页。盛宣怀《筹拨矿厂股本电奏》，《愚斋存稿》标明系光绪廿九年二月，上述所引电文、外务部奏复及盛致鹿函皆廿九年二至四月之事，以此为据，萍醴铁路竣工当在光绪廿八年底。夏东元编著的《盛宣怀年谱长编》下册第749页将《筹拨矿厂股本电奏》系于"1902年（光绪廿八年壬寅）"，或系误植；有的书刊认为萍醴路成于1901年（光绪廿七年），疑误。

办。先电后咨，呈请外务部分告美德两使，合力阻驳"；而当时未明言卢汉官款者，系恐比法对收回赔款反悔。最后盛强调："臣得以竭力索回赔款，凑办卢汉，始能少领部款三百余万，造成萍潭一路，以免路为外人争造，矿为外人觊觎"，"仍为国家成此二百里支路，为中原保此数百年之佳矿"①。

所谓索回赔款，是法比两国公使以义和团毁坏了由他们借款承建的卢汉路等部分工程而要求赔款，而盛以这些修复工程仍由铁路总公司负责施工而索回。美、德争造此路，显然是意在由铁路而及矿山，最终达到侵占萍乡煤矿之目的。盛以保矿自诩，把一篇声复缘由的奏片写成了自我表彰，也不是毫无道理的。

与此同时，盛以《醴洙铁路工竣列作末次造销折》，将从醴陵阳三石到湘潭洙州的醴洙路经费一百四十九万多两报销，由此萍潭铁路，即萍乡经湖南醴陵至湘潭洙州的萍洙路，定性为官款所建，后来终于被邮传部接管。随之，也波及由此延伸的洙昭铁路的官办、商办之争。

粤汉干路遥遥无期　洙昭成为瓶颈

协议续办洙昭铁路，是在粤汉铁路废约之后，铁路商办的呼声甚高、各个地方性铁路公司纷纷建立；在立宪运动影响下士绅议政、参政热情空前高涨，而绅权大张的特定形势下进行的。

萍潭铁路已经修到了湘潭的洙州，为何还要修洙昭路，延伸到昭山？

洙州原是粤汉干路必经之地。萍潭支路通车后，洙州至岳州的干路仍动工无期。萍煤至此，仍然要再靠水运才能到武汉。"惟昭山一名易家湾，至洙州十二英里，曲折滩多，轮驳难驶。现雇小民船，装甚少、弊甚多，非速接造铁路，难济涸辙。"据盛言，萍矿预计光绪卅三年"可出煤四十五万吨，充其量可出九十万吨"，"所惜煤焦能多出不能多运，目下轮驳不惜重费，至

---

① 盛宣怀：《愚斋存稿》上，第329页。

多运二十万吨"。① 如此，运输的滞后，洙昭成为瓶颈，既影响萍矿的增产、增收，也制约了铁厂的扩建发展；不仅不敷汉厂来年新化铁炉所需，也阻碍了在大冶再建新炉。

最早提出这条路，是在光绪三十二年七月。时任京兆尹、被商部指派为湘路公司总理的湖南人袁树勋，与盛宣怀、李维格当面谈过，"先由长沙造成到昭山共廿一英里，又分路四英里与洙接。"还曾面允"全买贝轨""非用此现成轨，万不能速"。说得有鼻子有眼，后来却没有下文。②

光绪卅三年二月中下旬，盛宣怀再次提起，"京兆现拟商造昭山铁路"，同时致电卢洪昶："赖伦请造昭山铁路，究竟昭山水势比洙州深若干尺？民船可少走若干里？运煤车脚每吨可加若干？速复。"由此揭开了修建洙昭路的序幕。③

筹商洙昭路，自光绪卅三年三月算起，至宣统元年七月开始动工，前后协商长达三个年头，不仅涉及湖南铁路公司和盛宣怀代表的汉冶萍公司双方，还牵涉到督办粤汉铁路的张之洞和湘、鄂巡抚，又有中央主管铁路的邮传部介入，中央权力与地方行政职责交错，地方利益与企业发展需要冲突，矛盾错综复杂，经过迂回曲折，大体有如下几个阶段：

张之洞再三协调无效

光绪卅三年三月初，湖南路局打算向萍乡煤矿借款二百万两，修建从长沙到湘潭洙州的长洙铁路。盛宣怀说："萍矿负债累累，自顾不遑，安有余力？"说的倒也是实话。④

粤汉铁路的修建权收回将及两年，一锄之土未动，焦急万状的张之洞由此想了个主意，三月廿七致电盛宣怀："粤汉全路难期速成，惟有先将武昌

---

① 盛宣怀：《愚斋存稿》下，第141页。
② 陈旭麓等主编：《汉冶萍公司》二，第1173页。
③ 陈旭麓等主编：《汉冶萍公司》二，第1256—1257页。
④ 苑书义等主编：《张之洞全集》十一，第9594页。

至洙州一段修成，则萍乡可直达汉口，中间经过长沙、湘潭、岳州、武昌等巨镇，亦成一小小局面，以后股便易招。"张意将此路再分为三段，武昌至岳州五百一十里归湖北修；岳州至长沙三百五十里归湖南修，而"长沙至洙州一百一十里，旁接支路通湘潭六十里，共一百七十里"，便交给了盛宣怀。张还明确交代："尊处似可借款筹办。将来此路修成以后，暂归萍矿局管理。湘省何时将路款还清，即随时交还湘省。"① 三月廿八日萍矿林志熙自汉来电报告张之洞的意见："惟帅意急欲图成，谓以路借款则难，以矿借款尚易。"又说湘人内部分歧："闻陈佩衡与某巨绅不协，前议必梗阻，宪台奏办亦恐周折。"当时《申报》曾报道商会陈文玮主张修长洙路而遭王先谦反对。"前议"或指盛与袁树勋协商过的意见。林认为："代造则事权专一，香帅主持，湘绅亦较就范。款虽较巨，除轨价外不过百二三十万。近日洙州船运极稀，今年恐未必较上年多运，此路关系萍矿至巨，如能竭力图成，大局幸甚。"②

四月初四，盛宣怀电复张之洞，开头便表示赞同张的办法和具体分工，"为萍矿计，即为大局计，敢不承命。"接着便报告了萍矿的债务之重，点明"以礼和、大仓两款最巨，恐难指矿续借。"而他打算将厂矿合并成大公司。最后仍表态："侄无论如何，必当设法图成，以副钧命。"此电，据河北人民出版社版《张之洞全集》第9608页，只到此为止；而《愚斋存稿》本，此后尚有一段，原文为："除电饬薛道鸿年督同总矿司赖伦将洙州至易家湾一段先行复勘呈核外，尊处电商湘省如何核办，乞速详示，以便酌定。"③ 同时，盛将此电稿转发给李维格与林志熙，他的打算是："鄙见承认之后，先造洙州至易家湾或平塘，先赶一年竣工，再造至长沙。昨伯平方伯面商，伊弟所收湘股五十万弃之可惜，虎翁迅赴长沙面商佩衡，或将此款暂入长洙路股，保给长年七八厘利息，将来湘路全成，改换全路股票。如可允，我处亦拟暂招小股凑做。应俟商定，再由弟告香帅。"伯平方伯，当指陈启泰，时任江

① 苑书义等主编：《张之洞全集》十一，第9607页。
② 陈旭麓等主编：《汉冶萍公司》二，第1267页。
③ 盛宣怀：《愚斋存稿》下，第138页。

苏布政司使，后晋江苏巡抚，"伊弟"即佩衡。林志熙，字虎侯。①

期间，四月十四日赖伦报告，铁路先接昭山可也，四十里估价四十五万两。十六日盛将此电告李维格，"候估单到拟即会奏赶办，与萍渌一气相接，须趁西林任内定议。"西林，即岑春煊，时在邮传部尚书任上不过十多天，四月十七日即调两广总督。十七日林志熙来电报告的情况是：湘人内讧加剧，湘绅饬商会将路股倒换公司股票，股董不允，呈请退股，双方相持，而陈佩衡"于股款已无主权，前议金难望成。""香帅曾将代造渌长事电询湘绅，金不谓然，已电复香帅。"②

四月廿一日，张之洞转来湘公司的回复，主旨是，关于借款"公司只认借自萍矿，萍矿借自何处不与公司相干"；只认萍矿为湘公司股东，而不同意路成暂归萍矿管理。五月十一日，湘绅复电又提出，"惟湘公司本议先办长潭，今忽改渌昭，将长潭两繁盛埠头抛却，商情不便，股东亦未必乐从"，而要求盛"将渌长全路铁轨概行记账，不索现资"。五月十九日，盛电复张之洞：经董事会议，认为渌长"轨价全垫，汉厂力难做到"。"拟独认渌昭一段，连工费俱由矿出……至少需银四十八万"；"将来湘路如欲收并，照本还矿"。③后者之意，仍然是坚持渌昭路成由矿管理。概括双方的分歧，一是承担的路段不同，二是管理权之争。所谓的归谁管理，实质是归谁所有，涉及将来的铁路收益如何分配。

湖南方面的对策是，抓住四十八万这个数目，坚持要盛至少按此垫付钢轨，同时坚持"公司宗旨愿归自办"。张之洞倒是认可盛的方案，致电湘绅云："路由矿局代修，路矿两有裨益。湘省有款，尽可随时赎还。"不料此电去后，杳如黄鹤，竟无回复。张大叹"此事湘省固执己见，实难说话"之余，又出了一个主意，六月廿四致电盛："竟将株昭一路归鄂代修。尊处所筹之款五十万两，可即以之购鄂省粤汉铁路股票，鄂省即以此款修株昭一段""湘省将路款还清，即拨归湘管。"盛七月初五回电，倒也同意由鄂代修株昭，

① 陈旭麓等主编：《汉冶萍公司》二，第1268页。
② 陈旭麓等主编：《汉冶萍公司》二，第1272—1274页。
③ 盛宣怀：《愚斋存稿》下，139—140页。

但强调厂矿"两处欠款数百万，安所得现款五十万可供造路？"他的意思是"属厂供应轨件外，再以售铁银款陆续凑付工程"，将来路成之后由张奏明从汉厂之预支轨价余款九十万中报销。张之洞七月十六来电认为"胶葛太多"，"预支轨价一案，是汉厂经手之事，鄂省实不能代汉厂奏销，鄂湘路亦不愿牵扯部款在内"。问题又出在这五十万资金上，七月十八盛复张电："如买粤汉票，恐全路未成无利可抵。"盛、张各有各的打算，也不能达成一致。①

张之洞七月二日已奉电旨"著迅速来京陛见"，二十七日授军机大臣，离鄂前极为忙碌。盛宣怀则忙于组建汉冶萍公司，此事便搁浅了。

邮传部奏请部建　湘公司志在自办

光绪卅四年，洙昭路事件的主角是邮传部。

邮传部是光绪卅二年新建的，按定制"凡官商铁路均有管辖之责"。

光绪卅三年四月中下旬，邮部右侍郎陈璧有江南之行。在沪时，盛宣怀告以铁路"洙州展至昭山，拟仍提厂存预支轨价九十六万，为裨萍昭悉归官路"②。陈璧回京后即晋升为邮传部尚书，接替了并未到任的岑春煊。盛宣怀之所以坚持洙昭路要用部款，他与陈璧已经有言在先，也是一个重要因素。

卅四年正月初六，林志熙等给盛宣怀贺年，报告萍矿的小坑大槽今晨已通，现在每日可出二千至三千吨，听说"邮传部极愿展造昭山铁路"，他们认为有此机会不宜再失。铁路一通昭山，则每年至少八个月或十个月必可畅运。"是昭山通路实为萍矿最要最急之务，伏乞迅赐开工，不胜盼祷"。二月八日林志熙来电，再次强调"邮部既欲自办，机会似不可失"。言湘路"余、席股分毫无眉目，开工无期"。又言绕道湘潭，将来每吨虚靡运费两钱，每年以五十万吨计，须银十万两。"且昭路不自办，萍洙路利必无起色。办则矿路两利，不办则两害，用敢再陈。"余、席指湘公司总理余肇康、协理席

---

① 苑书义等主编：《张之洞全集》十一，第 9656、9665—9667 页。

② 陈旭麓等主编：《汉冶萍公司》二，第 1275 页。

汇湘。二月十日,盛回电:"余席自称股分已足,报载三月开工,邮部因是犹豫。如得薛道来电说明股分无着,开工无期,即可入奏。"十三日又电云:"昭山路尚书派李大受来复勘,恐难速定。"①

光绪卅四年三月初八邮传部上奏洙昭铁路由部承建:查萍潭铁路系用官款修筑,为运煤而设。萍乡煤矿现已合并入汉冶萍公司商办,经与盛宣怀议定,拟即改归臣部管辖。又,"株昭一段尚未展筑,船载之煤,由株州而下,须迁绕湘潭,曲湾浅水,阻搁行舟。从前每日出煤数百吨,已不能源源载运,现煤矿大槽已通,每日约可出煤二三千吨,若不速筹通运,将有货弃于地之虞。且汉阳铁厂现正竭力扩充,需用煤焦,数倍往昔,尤应力图接济"。由株至昭约四十里,需款五十余万两,拟由臣部妥筹兴筑。

在上奏中,还插入了粤汉路湘公司的一个请求。该公司呈称,"湘潭绅商力恳将干路由株州迳达易家湾直线,改为绕道湘潭对河太平街以达易家湾弧线,以保潭埠商务"。邮传部上奏的意见是"彼此利益不相妨碍,应准其改用弧线"。还特地表明:万一将来粤汉商路再筑直线,"则官筑之株昭,应声明不载他货,以期无损于商路;即或客货趋便附载,其所定车脚,亦应比粤汉较昂,庶于平均货率之中,即寓维持商本之意。"同时说明:"此系因萍株成路在先,粤汉湘境尚未兴造,自不能不先由萍株展筑。"此奏"得旨如所议行",即成为朝廷的决定。②

三月初十,盛宣怀电告李维格:"洙昭已奏准部造,惟全路须归部辖。"二十四日又电告林志熙等:"萍昭铁路已改归邮部管辖,部派周道与薛会办。……此后路矿如何界限,望即与赖商拟办法迅禀。敝处咨部赖造昭路,部已面允,将来未必归赖兼管。"③盛明显有失落感。看来是有得有失,喜忧参半。

邮传部处理此事,意在湘路萍矿两全其美,又似乎瞻前顾后、小心翼

---

① 陈旭麓等主编:《汉冶萍公司》二,第1356、1365—1367页。
② 朱寿朋编:《光绪朝东华录》五,总第5879—5881页。
③ 陈旭麓等主编:《汉冶萍公司》二,第1378页;陈旭麓等主编:《汉冶萍公司》三,第1020页。

翼，作为中央主管部门对待湖南，此时还是比较优容的。但是湘人并不领情。盛宣怀听到一些风声，三月廿八致电邮传部尚书陈璧打听，陈复电"湘人有空议论，无争执事，薛道购地应先下手，幸勿迟疑"。此时湘路据说"仅有潭商允股，专主潭路，此外竟无商股"，而岳州到长沙、至昭山等干路尚无办法。先是"湘呈仍主绕潭"，后来盛宣怀在湖广总督赵尔巽处看到督抚致邮传部四月十一日的真电："请将洙昭路线作为官商合办，萍煤仍走直线，与原奏不相违背，在部只算准湘入股数十万，不必另奏等语。"据负责洙昭路购地的薛鸿年得到的信息，此电系湖南巡抚岑春蓂命人代拟，请赵督电部，"岑帅意非合办不成，盖不说妥，即不能给示，亦不能购地云"。对照起来，岑春煊的这位老弟就比邮传部霸气多了。四月十二日，盛致电陈璧，认为湖南未必有数十万现款，无非是争这四十里路运煤的利润，分给湖南一半也有限，不如做个人情给督抚，"即责成督抚照章会同出示，赶日购地，严催薛道开工，限年内办成。萍昭直线仍归一局，但准湘公司附股一半，分利一半，事属两全"。又强调汉厂拟添化铁炉四座，日出铁千吨，实赖此运道为根本。盛之急切，溢于言表。①

陈璧表示，对于官商合办"本部并非争利，原无不可。惟办事及分利之法，诸多窒碍，俟详细核拟即复湘鄂。"他考虑了三个可供选择的方案，与盛交换意见后，于四月十八日分别致电鄂湘督抚及长沙粤汉铁路公司，"声明官办奏案已奉旨遵行，不能更改矣。"其致督抚电提出官商合办的基本方案，要点是萍昭全路归邮传部管理，洙昭四十里不应另立路局、加重成本；湘公司占洙昭之半约出资二十九万两，分利、认亏和股东公举均按比例计算；其分利办法或按全路统一比例计算，或只就洙昭一段按里计算由其选择。其致湘公司电除说明"此事业经奏准，碍难变更"外，反复申说"此区区四十里划归公司承造，一切支费均须特别加增，靡费滋繁"；"划此一段另归商办，车路既不联贯，管理尤极为难，历考各国铁路亦无此办法"。②

①　盛宣怀:《愚斋存稿》下，第150—152页。
②　盛宣怀:《愚斋存稿》下，第152—154页。

邮传部枉费了心力，白费了口舌，湘人实不以"官商合办"为满足，其意仍在坚持"自办"。"湘公司始终坚执，且请部罢议；部始终坚持，且承政府之意见，勿得放松一步"。如此，遂演变成湖南官方、湘公司与中央邮传部乃至军机处之间的角力。期间，湖南商民代表、前浙江巡抚聂缉椝等呈称："萍潭铁路展筑洙昭，妨害湘路，请饬部停止，以顺商情。"援引美公司借款合同"不准筑造争夺生意并行之铁路"，对于邮传部奏折及盛宣怀痛加驳斥。如此，是顺湘人的"商情"，还是遵照朝廷的旨意？五月十五日，邮传部接到军机处面奉之谕旨："萍昭路现已改归邮传部接受管理，洙昭一路经部奏准展筑，该绅等率请停止殊属不合。惟究竟于湘路有无妨碍，著邮传部会同湖广总督湖南巡抚体察情形，妥议具奏。"十六日，陈璧特电转告盛，并谓"朝廷重视矿务故有停止不合之谕"。十七日盛回电云："否则此风日长，中央失权，他事皆受影响，不仅妨害矿务。"看来这一谕旨，与其说是重视矿务，毋宁是朝廷不得不顾及自己的脸面；朝廷尚不明白此事究竟有无妨碍，与其说是糊涂，毋宁是底气不足，不得不迁就、纵容。[①]

盛宣怀改变立场　陈尚书固执己见

光绪卅四年下半年，形势为之一变，盛宣怀转向支持湘公司自办。

光绪三十四年六月初六，盛宣怀犹自在信中对人抱怨："洙昭展路，湘公司既不遵旨，又不自造"，"弟力劝玉苍尚书略让湘人，然湘实无款，只可官代垫款，造成之后准湘公司赎回，庶以应急。玉老又谓官路无商赎之例，此诚无可如何矣"。[②]

不久，湘人的方案有了变化，盛宣怀的立场也有了变化。

湘人的方案，变化的是干路舍弯就直；不变的是由湘公司自建。

盛致陈璧函云：

---

①　盛宣怀：《愚斋存稿》下，第155—156页。
②　北京大学历史系近代史教研室整理：《盛宣怀未刊信稿》，第118页。

顷有湘绅蒋道德钧面称：闻湘省公议，拟舍弧线而仍造直线，部能否俯允仍归商造？答以弟虽不敢臆度，但部因湘改弧线，始有此举。如湘路公司呈请愿归直线，部似不难另奏。若仍徇一县所请而改支为干，定要勉强运煤舍直就弧，实欠公允。蒋道极以为然，允即回湘开导。……若论部中体制，似应责成督抚妥筹办理也。①

蒋德钧即蒋少穆。曾是追随陈氏父子在湖南推行新政的重要成员，与陈三立、谭嗣同、黄遵宪、熊希龄等交好。光绪廿三年冬月，谭嗣同持盛信与陈宝箴接洽洋矿师赴湘勘矿，"寓小东街相府蒋公馆"，即是住在长沙蒋德钧的家中。上引盛函自述对蒋的回答，已经表明盛是同意改回直线后、路归湘人商造的；这就要求邮传部改变态度，"部中体制"云云，既是盛对陈璧以邮传部右侍郎的身份说话，又似暗示陈藉责成"督抚妥筹"的渠道作为转圜的台阶。本年二月曾授盛为邮传部右侍郎，虽未到任，这一身份还是存在的。

此时湘中不少盛的老相识纷纷出面说项。熊希龄于七月十二日手书致盛，告以"湘款集款已达二百万，现拟仿蜀路议行租捐，每年常款当出二百万金"等。盛廿五日复函有谓："洣昭八月竣工，闻之不胜汴慰。在汉冶萍但求此路之速成，决无官造商造之歧视。部中亦因湘议改支为干，故有另造洣昭支线之议，今闻湘局仍宗粤汉原议，以洣昭为干线，且可剋期告成，则理足神完，部臣疆臣似不难合疏办理也。"经费有了着落，竣工有期，这是盛转而支持湘人自办的另一个重要的原因。

又，左宗棠之子左孝同，时任江苏廉访使，也出面找过盛。八月初六盛致左函："承面属洣昭路事……此事大约谅可合龙，但望我公于贵同乡通函时，切劝早日开工，如期行车，为湘路先声，将来招股较易，岂仅运煤之利益乎！"

———————————————

① 王尔敏等编：《盛宣怀实业函电稿》下，香港中文大学中国文化研究所、台湾"中央研究院"近代史研究所 1993 年版，第 504 页。

"但求此路之速成，决无官造商造之歧视"，简明地概括了盛宣怀的立场。基于这一立场，盛迅速转过身来作邮传部和督抚的工作。七月廿八日盛函致湖广总督陈夔龙云："洣昭铁路，但求速成以通煤运。敝处决无官造商造之歧视。"转述熊希龄所言后表示，"如果此议确凿，尊处与冰相玉翁电商，谅即可会奏照办矣。转瞬新炉告成，尤虑煤焦不济，务求鼎力与尧帅赶紧核定，弟于冰相玉翁两处通函，无不力求速定。诚如卓论，徒争一时意气何益之有。"抱冰老人张之洞时为体仁阁大学士、军机大臣、兼督办粤汉铁路；玉翁指陈璧；岑春蓂字尧阶，故称尧帅。意气之争云云，实有所指。①

此时，张之洞命湘绅赴京面商粤汉全局，又有时任江苏巡抚的陈启泰面见盛宣怀，转达了湘中意见："洣昭铁路湘公司公议，准舍弧线而造直线，并已筹有股本二百余万，亦可八个月告成，毫无耽搁。现蒙中堂电令赴京面商全局，湘绅志在自办，断无改移，但求邮传部复奏即可赶日开工等语。"

八月初二，盛致电张之洞、陈璧，转达上述湘公司公议后，回顾了洣昭路由求湘自造、改弧为干而商筹部建的过程，肯定湘公司现在的方案，"将来粤汉全路皆可免绕弧线，不仅萍矿之益"，且有利于湘路招股，"已恍然得其窾要"。从而正式提出："似可会奏，仍准湘办。在部中本无争利之心，亦省得数十万之款。"最后提出洣水更涸，轮船至暮云寺方能接运，开工最好以暮云为分段。

这年的八月廿六日，张之洞致陈夔龙电云："粤汉路事，邮部与湘绅意见相歧太甚，彼此固执，迄未融洽。鄙人从中调停解释，久久未能合拍，湘绅意，邮部意，鄙人意，均不相同。""一月以来，两面多方劝解，成见始觉稍化，此后或可渐次就绪，然鄙意与部意合否，尚无把握。"看来张之洞也认为关键现在是在邮传部。②

过了两个月，十月初一，邮传部来电致盛，劈头就说"洣昭路事，本部为利益萍矿起见，迭受湘人诽谤，数月来往返互商，设法转圜"。而不提会

① 北京大学历史系近代史教研室整理：《盛宣怀未刊信稿》，第126、128—129、132页。
② 苑书义等主编：《张之洞全集》十一，第9678页。

奏改湘办之事。颇有怨气，似乎是埋怨盛，部代其受过，而盛反倒急于取悦湘人。随即告知湘抚复电，谓白鹤仙等处偪窄，要求萍路另取直线，原勘地留给湘路等，但云"应至暮至易，本部未便遽定""仍请矿厂与湘人商议为盼"。把这个难题踢给盛，大有推开不管之势。[①]

十月初八，盛以庚电复部，其要点为："拟请电询薛道，如难另取直线，似可准湘公司呈请更正。"十八日盛奉部文电："现经定议展至易家湾，前商码头一节可毋庸议，嗣后应与湘人如何交涉由部酌夺等因。"露骨地表示让盛不要多口。至此，盛与陈璧之间的分歧已公开化，或者说陈璧已经觉察到盛企图藉湘人商办而挣脱邮传部控制的倾向，并予制止。在洙昭路不可能由盛自办的情况下，湘公司既能满足舍弧取直的要求并迅速动工，如果要盛在部建或商建之间选择，盛必然会考虑，今后路属邮传部，人事、经济一切由部作主，不容萍矿置喙。上述光绪卅三年三月二十四日盛致林志熙电中，谈到全路归部辖，"路矿如何界限"时，已经流露出了盛内心的不安。

十九日，尚在日本就医的盛宣怀自须磨分别致函陈璧、陈夔龙，在致后者的信中，盛谓："洙昭一节湘中既愿舍弧就直，部案似易转圜。弟力请更正仍归湘办，昨接邮部复电似仍不以为然。岂湘人因全路已定官商合办宗旨，区区数十里可不再争论乎？抑官商各造一线乎？"[②]

一方面湘绅"志在自办，断无改移"；一方面邮传部坚持己见，不肯放弃部建，再次形成僵局。此时盛对洙昭的前途迷惘、焦灼而又无可奈何。

"不绕弧线，工速运利"

洙昭路转了一圈，又回到张之洞的手上。

光绪三十四年冬十月丙辰（初四）谕："前以粤汉铁路最关重要，特派军机大臣大学士张之洞为总办大臣。……嗣后该路筹款、用人、兴利除弊各

---

① 盛宣怀：《愚斋存稿》下，第167—168页。
② 北京大学历史系近代史教研室整理：《盛宣怀未刊信稿》，第136—138页。

事宜，悉责成张之洞统筹全局……主持定断。邮传部暨湖北、湖南、广东各督抚均须实力协助，不得掣肘。所有各该省原派之总理、协理，均听节制。在事官绅商董，倘有营私舞弊、煽惑把持以致妨害路政各情事，即着张之洞据实参办。"① 鉴于此前九龙治水、各行其是的状况，明确邮传部和各督抚处于协助地位，将事权集中到张之洞手上。

十月十六日，张之洞接到邮部咨文，决定洙昭筑至易家湾，暮云司一节让与粤汉干路。张立即电委湖北后补道李宝淦来湘会同测勘，"务俟详图测定，两无妨碍，再行开工"。实际否定了邮传部官商各自修建的决定。

上述盛宣怀据说的粤汉"全路官商合办"，是以借款修路为基础。张之洞此时认为，粤汉路长费巨，若不借款兴修，终无观成之日，与英驻汉口领事联系，议借二百万镑，叠商在京湘绅，均愿借用。三十四年十一月初十张致电岑春蓂和铁路公司王先谦："惟外国公司借款只能认官，决不能认绅商。现在一切由官主持，官借官还，仍准商民随时入股。总之，官、民股本各半，决不收回。"按照这个方案，修路资金也有了希望。②

宣统元年正月，陈璧贪污受贿事发，被革职查办，坚持洙昭路由部修建的因素不再存在。二月初三盛宣怀致电李维格，提及洙昭铁路岑帅至今未出告示，"邮部局面一变，不特邮部停造，且恐湘中仍不赶办，是以萍矿运道亟宜自谋"③。可见盛的真实愿望仍是"自谋"，但是，历史却没有给他留下机会。

李宝淦会同两处工程师会勘的结果是：查此四十里，萍局如必自造，原可另取一线，惟如白鹤仙、石壁嘴数处，则别无路线可取，势必汇为一线。

二月初八，湘公司电上督办大臣、邮传部，引据会勘结论后要求："如蒙中堂转商大部，仍予发交湘路公司承办"，"如何禀督稽核、并如何严定期限之处，无不唯命是听"。"窃谓萍煤不逮干运实为粤汉之缺点，萍局宗旨惟在不绕弧线，工速利运八字，今公司一切担任。"同日，湘公司将此电文录

① 朱寿朋编：《光绪东华录》五，总第6019页。
② 苑书义等主编：《张之洞全集》十一，第9680、9682—9683页。
③ 陈旭麓等主编：《汉冶萍公司》三，第59页。

奉盛宣怀，并云："于萍局重在速通洙昭之路，似不必问筑洙昭之路者为谁。去秋承电邮部'仍将洙昭归公司承办'，字字切实。尚求于日内再赐分电督办、邮部，仍申前说，并表明于萍无损，于湘有益之旨。"事已至此，二月初九，盛如湘公司所请，电寄张之洞、邮传部，回顾此事过程，表明"今承湘公允速造成直线，兼顾路矿，于萍无损"请迅赐裁夺。二月廿一日邮传部来电："部中对此路只求工速运利，有益萍煤，本无成见。现在该公司既议舍弧就直……自可准其承筑。"好不容易才形成共识，达成协议。①

洙昭铁路于宣统元年七月十一日开工。一年后，盛宣怀于宣统二年七月进京，回邮传部右侍郎原任。七月廿六日接到长沙湘路公司总办余肇康来电，洙昭开工"甫及一年，开车即在八月五日"。②

余 论

萍昭铁路为运煤而兴建，是汉冶萍联合企业的一个组成部分。这一局部和它的整体，都是枝枝节节而为之，集中而典型地体现了由封疆大吏、洋务大员倡导和实施的洋务运动的一大特色。作为国家的近代化工程，从国民经济体系的形成、产业的相互依存关系来看，它是零散的、无序的、紊乱的。因为要修铁路才建汉阳铁厂，为汉阳铁厂供焦而建萍矿，为萍矿运煤而建萍安路，节节延伸而成萍昭路。它是因现实的迫切需要，被动地缺什么就补什么，是逆向的，倒逼式的发展，往往事倍而功半。以汉阳铁厂为支点，一头挑着大冶、萍乡两座矿山，一头挑着大冶、萍昭两条运道。从积极方面看，从历史效果看，是汉阳铁厂的建立，推动了煤矿生产的机械化和近代交通、航运等基础设施的近代化，推进了武汉、黄石、萍乡、株州等相关地区的城市化、近代化；而从不利因素来看，从中国近代钢铁、煤炭等重工业发展的艰巨性、复杂性来看，不仅是汉冶萍，此前成功的开平、未成功的利国驿，

---

① 盛宣怀：《愚斋存稿》下，第 170—171 页。
② 盛宣怀：《愚斋存稿》下，第 203 页。

以及张之洞任巡抚时筹划开发的山西煤铁，无不受到交通阻塞的严重阻碍；而从汉厂、萍矿的投资、生产及经济效益的分析来看，则明显是受到晚清中国煤炭工业和交通运输双重滞后的制约。无论是把铁厂建在汉阳还是大冶，都无法逃避这种制约。

此时已是慈禧统治的末期和辛亥革命的前夕，中央集权的统治力极度衰退和脆弱。对于萍矿开发和运煤铁路的建设，慈禧乃至军机处并无定见，实际是被张之洞、盛宣怀这样的实力派推着走。奏请朝廷批准，也不过是例行公事。作为最高决策者的朝廷，既不能统筹规划于前，又不能排解纠纷于后。从处理湘人强烈反对邮传部建造洙昭路这一事件来看，所谓上谕，既在具体事件层面上缺乏判断是非的自信，又在集权体制的层面上缺乏维护决策权威性的自信，含混模糊，首鼠两端，已经不可掩饰地露出了王朝即将倾覆的败象。

在开发萍矿、修建铁路的过程中，在江西所遇到的士绅抵制，从反对洋人入境勘矿到湘东巨绅豪族抵制铁路购地，都基本是小农经济意识对资本主义生产方式的抗拒。而在筹商洙昭铁路的过程中，湘绅与邮传部、盛宣怀的博弈，其内涵却要丰富、复杂得多，也更富有时代特色。湘绅在这一事件中始终处于强势，占据主导地位。湘人争取湘路自办，是保路权，废美约、赎回粤汉自建的继续，但此时反对列强、捍卫民族主权的爱国意义已经消退。从曾国藩之婿、曾任浙江巡抚的聂缉椝领衔上书，要求朝廷收回成命"以顺商情"来看，这里高扬的即是民权的旗帜；无独有偶，另一个现任的湖南巡抚岑春蓂和聂缉椝一样，在朝旨和商情之间，选择了坚决支持湘公司；而盛宣怀已经意识到"中央失权"且"此风日长"。湘绅从要求干路舍直就弯、反对张之洞将长洙路交给盛宣怀代办到反对洙昭路部建，提出官商合办而又反悔，始终坚持洙昭自办，实际是坚持地方主义，维护湖南地方利益。洙昭路得以建成，关键也在于湘绅作了舍弯就直的修正，抑制了湘潭的局部利益，兼顾了萍矿的利益，才取得有利于湘路全局的成果。我们注意到，这种地方主义的扩张，是与保路运动、立宪运动高扬爱国主义和民权的旗帜，绅权在各省迅速扩张，紧密联系在一起的。一些地方政府与当地士绅在维护地方利益的基础上相结合，便形成一种分散主义的张力。一方面是清廷中央的控制力极度削弱，一方面是地方分散主义的张力迅速增强，后来武昌起义一声枪响，各地纷纷独立，土崩瓦解，于此已初现端倪。

　　建成机械化的萍乡煤矿和运煤铁路，无疑是盛宣怀对于中国近代化的重大贡献。萍矿是继开平煤矿之后的中国第二大煤矿，也是南方第一大煤矿。对于运矿铁路的紧迫性，盛宣怀一度不如身处一线的张赞宸坚定，但为这条铁路盛却也费尽了心机。洙昭路自造不成，改为奏请部办，最后转为支持湘办，说明他为了早日路成、对萍矿有利，根据形势变化可以及时、灵活地变换策略，在体制上并不拘泥。其实，他对于部办、湘办都未必甘心，真正的愿望是由萍矿自办。他虽表态支持湘办，并不说明他对湘公司有好感。自从督办铁路总公司后，盛因主张借款修路，在保路运动中成为众矢之的，与江浙等地商办铁路公司的头面人物关系紧张，光绪卅四年五月廿七日盛在致邮部左侍郎吴郁生信中说："苏、杭、甬战胜朝廷，彼等骄盈日甚，动辄开会。"六月初六又在信中对人说："湘公司既不遵旨，又不自造。"这两句话颇有分量，发泄了盛的不满。[1] 前者的政治定性，如在康乾盛世，说不定有人就要掉脑袋。宣统二年七月盛宣怀重新起用，赴邮部右侍郎任，而浙江铁路公司总理汤寿潜上书摄政载沣对盛猛烈抨击，举国震惊。这些恩恩怨怨的积累，包括湘公司因洙昭路给予盛宣怀三年的阻挠、折磨在内，以及该公司呈现出内斗严重，多谋寡断，资金不足、效率低下的种种弊端，都与盛后来一朝权在手，便要实行铁路国有不无关系。

---

　　① 　北京大学历史系近代史教研室整理：《盛宣怀未刊信稿》，第117—118页。

第八章　顾家相与萍乡铁路购地的博弈

　　山脊中界　东西分流／水利遍布　学校超前／萍乡知县顾家相其人／童生揭帖事件：抵制洋人、抵制机器／力请优给田价／首创保全农田水利／力顾公事　制定政令／专委绅士承办购地／责成绅士调解　破除个别顽抗／争取绅士首脑支持　破解学田难题／关键在于维护农民的切身利益

山脊中界　东西分流

　　煤藏丰富的萍乡是江西省最西边的一个县，西连攸县、醴陵，北接浏阳，邻近湖南。于三国孙吴时期建县，隋置郡于宜春，曾属袁州府管辖。

　　萍乡位居吴头楚尾，是湘赣之间的要道，由此可通湖北、四川、云贵，又是四面环山的丘陵地区，历来便被史家称为兵家必争之地。自晋代起，至清军与太平天国作战，屡遭战火。明清易代之际，明军、农民起义军、清军、吴三桂军先后在此反复争夺，地方饱受战乱之苦。因为居于湘鄂赣三省交界的特殊地利，萍乡往往被作为逃避官府的藏身之所，同治《萍乡县志序》有载，"萍乡，西江偏邑也，不如壮县三之一……不逞之徒，跳而匿焉，说者曰萍乡难治，非萍乡难治也，匿而入其中者之难也"。会党的活动在萍乡很活跃，光绪十八年（1892 年）萍乡爆发了哥老会起义，后来 1906 年同盟

会又策动会党组织了萍浏醴起义。

萍乡的地形地貌很有特色。曾经长期在这里担任县令的顾家相有记载：

> 其山川脉络实分两界，杨岐水发源县北杨岐山，南流环县城始通舟楫，折而西流过湖南醴陵县入渌江，至渌口与湘江合，汇于洞庭达于江。罗霄水发源东南武功山，北流至县东五十里之芦溪镇始通舟楫，东流为秀江，经袁州、临江两郡入豫章江，汇于彭蠡达于江。自武功以至杨岐，蜿蜒于县城之东、芦溪之西者，皆为山脊。脊之左水皆东注，其右则西注，界限釐然。县城与芦溪镇东西对峙，各为水陆绾毂之所，顾自建县之初，即未循天然界限，设县治于山脊之西。

如此地形地貌，如此行政建置，长期沿袭，便带来一些问题：萍乡至邻省湖南的省会长沙只有二百七十里，而与江西省会南昌相距却为六百二十里，这在交通不便的情况下便是一段很辽远而艰难的行程；绕过县城的水路是向西去醴陵的，要东去南昌还要走五十里的旱路才能在芦溪镇乘船；从萍乡全境来说，县城北、西、南三面特别是临近县城的中心产煤区安源，都是去湖南更方便。但是，从萍乡至醴陵的这段水路也并不好走："水程纡折，不啻百里，溪流浅涸。夏秋交，引水灌田，岁才可行舟数月。"这样，萍乡的物产虽然富饶，却不易运出去。"煤既不能外运，但供本境炊爨，价贱如泥。"顾家相很感激张之洞，认为是这位邻省的总督，办了铁厂来采购萍煤，又在大旱之年"贷巨帑十万两以活萍民，分其半运煤应金陵之用，萍煤之名始著闻于东南行省"①。

刘洪辟在《昭萍志略》的《礼俗》篇说萍乡："溪濑湍急，大舟不得进，四方工巧奇靡之货不至，其民不见欲。贫者间超商业，贸易不出境内。"下注云："自火车交通后，风气遂变。"开发萍乡煤矿和建设铁路，既是中国

---

① 顾家相：《筹办萍乡铁路公牍》附录《萍醴铁路始末记》，载于曾伟《〈筹办萍乡铁路公牍〉整理与研究》，第103页。引用时个别标点有改动，下同。

钢铁工业发展的需要，也是萍乡地区自身经济发展的需要。这一变革使萍乡走出封闭的小农经济，率先进入早期近代化的新时期。

水利遍布　学校超前

阅读有关萍乡地方志的资料，我们留下一个深刻的印象：萍乡具有重视水利、重视教育的优良传统。

在萍乡煤矿大举开发之前，萍乡地区在农业社会的历史形态下，历来重视农田水利建设。顾家相对此如数家珍：

> 查卑县田少山多，人稠地狭，而中稔之年，米谷犹足供用者，实赖垦辟之勤，水利之修，有自然之美利。凡沿溪河之处皆安设筒车，该车被河流冲动，其轮自转，即将河水注入高岸，沿河田亩悉赖灌输，此中国自古相传之机器，不烦人力，价廉工省，而利用最宏者也。惟夏秋田中需水之时，若遇久晴水涸，恐河流不能冲动机轮，故沿河节节筑有陂坝，使上游水不易洩，庶不至一泻无余，此皆卑县农田之要务，而犹其显然易见者也。其最妙者高山土脉颇润，泉水甚多，山间层叠垦辟成田，其泉水即层叠灌荫而下，上面盈满自然流入下田，名为上流。下接其水即从田内经过，并无沟洫之形，所谓盈科而后进也。其田旁或开小沟，宽深不过数寸，土人呼为水圳。凡泉水自高及下，河水由远至近，皆赖圳以通流。又有竹枧以渡水者，亦必顺其自然之势，全不费力。所有池塘亦皆蓄潴泉水，开圳顺放者居多。若田在上、塘在下，须用人力车水者，名为反车。其田即形减色，因其费人工也。[①]

这类水利设施遍布萍乡各境，单就地方志有记载的水利设施就达 723 处，分布很普遍，密度也很大。一旦铁路如同堤坝一样横亘其间，必然使原

---

① 曾伟：《〈筹办萍乡铁路公牍〉整理与研究》，第 35 页。

有的水利网络深受影响，势必成为修筑铁路所面临的一个有关民生的实际问题。

萍乡地区的另一个优良传统是重视教育。

咸丰十年陈乔枞编纂的《袁州府志》卷八《风俗》篇曾经指出："袁僻处山陬，性习质朴，士厌刑名、术数之学，民拙工匠、商贩之业，土嗜民贫，虽饥寒而重去其乡，自耕读外，无他艺能。"在这方面，萍乡堪称袁州府的代表。在传统农业社会里，读书参加科举考试是向上攀登的主要路径。萍乡县学自唐武德年间创办，先后历经 8 次迁徙，12 次重修，是供历代读书人"学而优则仕"的基础阶梯。宋代理学大儒周敦颐在芦溪始建宗濂书院，开萍乡书院之先河。自宋迄清，萍乡的书院屡废屡兴，至清末先后计 11 所，新建和留存的尚有 5 所。鳌洲书院由明万历年间知县陆世勣创始，明末毁于战火，清代历康熙、乾隆、道光各朝重修增置，成为全县规模最大的书院。许多由豪族大户及教师举办的私塾遍布全县。这些书院和私塾是官学的必要补充，反映了萍乡教育事业的特色。《昭萍志略》所载《兴贤庄记》云：

> ……于是有兴贤庄之设，岁取租息，供童子三试卷册费，诸生乡试、诸贡朝考费，已举士上春官计偕费，皆先事为之备；抡元掇鼎之祥，而厚为贺而赆之……益以励其乡之读书人敦尚名节，小而表仪胶庠，大而登进为公卿大夫，率由兹选。近科萍人领省解者连获其三……①

《昭萍志略》的编修者在"例言"中还说：

> 学校为造士之区。……嗣因修脯欠薄，儒官不足养廉，复设乐英、乐泮各庄，广置田租，隆礼尊师，而卒无补于教育，学官不过执其册籍为考试选举之备而已。于是图济学校之穷，而书院以兴。除官立鳌洲归

---

① 刘洪辟：《昭萍志略》，萍乡尚志堂代印（影印本），第 216 页。

有司月课外，各乡镇之私立者，向风恐后，贫窭志士藉得膏火之助。殷殷向学而科第亦云蒸霞蔚已。①

即就科举应试的训练而言，仅仅依靠县学的官样文章也是不济的。为尊师重道、鼓励尚学，萍乡先后建置有兴贤堂、育才堂、乐英堂、乐泮堂、尚宾堂、劝贤堂等六堂。鳌洲书院在历代的增置和重修中，田产也不断扩大，截至清同治五年共有义田 10555 把，约合 420 余亩，田租 1680 担。这些传统的教育设施及其助学性质的产业积累，形成了一个运转有效的鼓励科举仕进的网络，为萍乡培养了一代代绅士群体。

更为难得的是萍乡的主事者，在甲午战后看到了维新变法的大趋势，主动开教育改革之先河，更新了鳌洲书院月课的命题，刊刻优秀试卷示范，"课士新艺，风示士林，文风为之一变。至废八股命下，而吾邑识时俊杰早得风气先声，脱颖而出"，以至"吾萍科名蝉联鹊起，至光绪季年更轶前代而上之，济济祁祁，极一时之盛事"②。

太平天国运动之后，中央政府的控制力衰退，地方绅士的实力和地位上升。盛宣怀在萍乡办矿修路，必须面对的是一个相对强势而又处于转型变革期中的地方绅士群体。

萍乡知县顾家相其人

上述为邑人所称颂的教育改革的主持者，是时任萍乡知县顾家相。

顾家相（1853—1917）字辅卿，号勱堂，浙江会稽人。光绪二年进士，十四年九月就任萍乡县知县，几经波折，至二十七年离任。《昭萍志略》论他的政绩，首重其对地方教育事业的贡献。这位"文学优长，喜谈制艺"的地方官，像一个老教师，亲自到鳌洲书院讲课、监考，亲自阅卷、批改；又

---

① 刘洪辟：《昭萍志略》，第 20—21 页。
② 刘洪辟：《昭萍志略》，第 1017、22—23 页。

在萍乡东部芦溪改濂溪学舍为书院，在北部的上栗增设学院，并"宽筹鳌洲经费，俾资膏火"，为贫寒士子改善学习条件；在对鳌洲书院进行教育内容改革之前，先改革了学校领导体制，废除了过去注重平衡关系的山长轮流制，改为礼聘名师主持讲席，切实提高教学质量。《昭萍志略》称颂他"其有功文教如此，山斗昌黎，同申瞻仰。"①

他的另一个重要的政绩是"乙未奇荒，议赈灾请于大吏"，以工代赈，惠及邻县浏阳等地，打开了萍煤的销路，为开发萍煤创立了先期的基础。

光绪廿四年冬顾家相任期届满，本有调补清江县缺之命，廿五年三月即将离任，因其承担为铁路购地，张赞宸请盛宣怀以工程需要而挽留。廿六年秋，因湖南巡抚俞廉三推荐将北上觐见，不想继任的新官到萍乡九天便突然去世，又命令他再次回任萍乡，所以自言"竟以是役为三年之淹"。廿七年八月他离开萍乡时，萍醴铁路土方已经竣工，而轨道尚未铺好，仍"未免抱美中不足之憾"。

顾家相曾将筹办铁路期间亲笔撰写的文稿编纂为《筹办萍乡铁路公牍》刻印，现藏于上海、萍乡图书馆。江西师范大学曾伟硕士的学位论文，对顾家相的《筹办萍乡铁路公牍》作了整理与研究，使该书得以广泛传播，为我们研究萍醴铁路购地及顾家相其人，提供了翔实的原始资料。

从方志记载和顾家相留下的公牍文稿来看，这位"注重文化"的晚清县令，具有较高的传统文化修养，又能接受洋务、维新等新思潮；是一位既有很丰富的实际工作经验，又富有担当精神、乐于为地方造福的实力派官员。

洋务活动，无论是建矿、修路，都离不开地方官的支持配合。张之洞贵为总督，在大冶修铁路运矿石，前任知县老迈颟顸，后任知县反对铁路，自作主张要开辟水路运输，大费周章。在武昌城郊为铁厂选址，发生额公桥事件，受到市民、绅士和武昌知府的合力阻挠，不得不另选新址。盛宣怀、张赞宸遇上了顾家相的协助，许多难题迎刃而解，实在是机缘巧合，颇为幸运。

---

① 刘洪辟：《昭萍志略》，第 1016—1018 页。

童生揭帖事件：抵制洋人、抵制机器

萍乡地近湖南，社会风气亦与湖南相近。在晚清，湖南排洋、反洋教最烈，累及洋务活动，醴陵就曾发生过反对设电报而焚烧电杆的事件。光绪二十二年八月萍乡发生童生揭帖事件，扬言将以暴力抗拒洋人入境勘矿，引起了一场轩然大波。

这一年盛宣怀接办铁厂后，决定派洋矿师马克斯去萍乡勘探煤藏，筹划机器开采。经张之洞同意并正式行文、派出专人陪同马克斯，沿江而下先到江西省城去见巡抚德寿，要求派兵并责成沿途州县保护洋人。七月二十三日，《汉报》在当地报道了洋人来勘矿的消息，却把萍乡名人文廷式牵扯在内。说文要集商股、购机器、开采煤矿，带了洋人来萍乡。文廷式此时确实是代表广泰福商号对铁厂承包煤焦，但派出洋矿师勘矿却是盛宣怀作出的决定，文实未参与此次勘探。因为他是得罪慈禧而被罢职的敏感人物，《汉报》如此报道，使问题更加复杂了。

八月十三日，洋矿师马克斯、赖伦及湖北专程陪护的官员恽积勋一行，在江西官员及水师炮船兵丁的护送下，浩浩荡荡来到袁州府城宜春县，便得到确切消息，聚集在萍乡城里参加县试的童生们已经闹起来了！

原来在八月二日，顾家相便收到了举贤堂交来署名为"杞忧子"的匿名信，指责"吾萍有人在湖北勾引洋人来萍，开取煤矿，且已与洋人私立合同包办十年"，宣称此事有"七大害"，"本地必至无煤可烧""田园尽成废物"等，呼吁绅士们"先事预防""保全地方"。八月十日，更有揭帖张贴在预定要接待洋矿师的尚宾堂前，以全县的名义，直攻"文某"，杀气腾腾地宣称要打杀洋人：

> 近据《汉报》，邑人被革之员文某邀同洋矿师来萍取煤，此系吸萍之髓而煎萍之膏也。……且后洋人踞此，始则崩坏陵谷、绝断地脉，继则铲伤庐墓、永绝人文，竭本地之精华，绝士民之生路。……兹阖邑公同愤议，洋人一到，各家出一丁人，执一械，巷遇则巷打，乡过则乡

屠，一切护从通事之人皆在手刃必加之例。①

一些童生被煽动至尚宾堂哄闹，该处董事因允为洋人提供住处而被责骂、险遭殴打。八月十五日再次出现揭帖，号召"预备军器，齐心攻击"。与此同时，郑汝阳等十位老年绅士联名公禀，请求县令"赏准发兵饬止，不准洋人入境，撤散煤务，驱民为农"。因为害怕洋人入境，连煤炭也不准生产了。一时之间，谣言四起，沸沸扬扬，人心惶恐不安。

如何应对这突发事件？这对萍乡知县是一次严峻的考验。

顾家相及时采取了妥善的措施。一面去信让洋矿师暂缓几日来萍，一面迅速举行县试，让童生们考完后各自分散回家，使之风流云散，如同釜底抽薪，火力顿消。

这位顾知县清醒地认定关键在于士绅，采取"谕令"的形式，进行书面对话，扑灭火源。传谕兴贤堂、尚宾堂、乐英堂等六堂绅董，指出此事系因《汉报》而起，有人"托名于童生"，"借端生事"。明确表明官方的态度，晓之以法：洋矿师"暨系奉上宪委札而来"，强调其来萍的合法性，不可阻挠。"该六堂绅董，系合县办公领袖，责无旁贷，自应开导乡愚，以免抗违上宪之咎。"随后喻之以理，动之以情：萍乡不是通商口岸，洋人不可能随意来开矿；洋矿师系奉张之洞之命而来，自光绪十九年以来张收购萍乡煤炭已不下数百万担，"贫民借此糊口，是香帅有恩于尔萍民实非浅鲜"。随同这份谕令，发下四份附件，针对绅民普遍性的认识问题予以澄清：一是《释疑四条》，辨明勘矿与开矿不同；辨明并不勘金、银、铁矿；辨明与风水无碍；辨明与传教无涉。二是《论机器不易用》，落脚到张之洞只是提倡机器采煤，用不用机器由各商户自主。三是转抄《汉报》原文，评点说明是张之洞作主，煤炭中国自用，与洋人无关；指出文廷式并未与洋人同来。四是《谕尚宾堂首士谕稿》，主要说明洋矿师系奉中国官方之命，同来有湖北、江西县级官员，住在尚宾堂合理合法。在安定人心、争取大多数、缓和化解矛盾的基

---

① 陈旭麓等主编：《汉冶萍公司》一，第232页。

础上，谕令又针对一些从事煤矿业的绅士们留下希望："况洋矿师仅止看视，不能久留，将来如何办法，全在委员与本县督同地方绅士妥议。"最后顾知县才扬起大棒，发出警告："凡安分晓事之人，经本县此次明白告诫，自必贴服。倘再有造谣滋闹，则是冥顽不灵，惟有执法严惩。其唆使之棍徒，无论举、贡、生、监，一体斥革究办不贷。"①

八月二十五日，萍乡城内的县试结束，洋矿师一行于同一天从袁州起程。此处水路不通改走旱路。一路上有惊无险，二十六日遇上萍乡来的迎护部队，平安到达。

湖北督署派去的官员恽积勋，九月上旬在向铁厂总办郑观应通报的信中说：

> 萍民素畏机器，谓能使山崩地陷，田园庐墓悉被震伤，而借煤为业之人又恐官招新股，夺其现成之利。揭帖内归怨文绅廷式，遂指斥不遗余力，汹汹疑惧。②

这个判断，基本上是符合实际的。关键在于原有的土矿主，唯恐大举开发损害了他们的既得利益，又对文氏家族及广泰福独家承包垄断不满，利用民众畏惧机器、仇视洋人的心理进行煽动；他们奈何不得有权有势的张之洞、盛宣怀，便拿文廷式这个丢掉了官职正在倒霉的本地人作靶子。顾家相处理得好，关键是他的头脑清醒，理念清晰，熟悉本地的实际情况，抓住了要害；同时也与他长期在绅士和童生中积累了较高的人气和威望密切相关。

力请优给田价

早期近代化的历史进程一经启动，便随之开启了一部分农民失去土地、

---

① 陈旭麓等主编：《汉冶萍公司》一，第234——238页。
② 陈旭麓等主编：《汉冶萍公司》一，第228页。

另谋生路流入城市的历史过程。在社会转型的变革中，首当其冲的是失地的农民。土地是农民的命根子，失去了土地，就失去了生存的物质基础。处理农民失地，既关系他们的切身利益，又是涉及经济发展和政治稳定的重大社会问题。其中，购地是处理这一问题的关键。

萍安铁路，包括萍醴铁路的购地，应当被看作是成功的例证。

光绪廿五年十一月，萍乡知县顾家相在购地局绅士黄显璋等关于萍安铁路购地总结报告中，作了如下的批示：

> 本县筹办之始，倡议在乡设局，专委绅士承办购地事宜，不传乡民入城，不容胥吏经手，无非欲破除衙门积习，免致扰累吾民。该绅等在事经年，于力顾公事之中仍曲尽保全桑梓之意，即遇横逆疑谤，亦能反复开导，委曲消弭，不使酿成讼端，实能深体本县苦衷。[①]

这些对购地局绅士工作的肯定和赞扬，未尝不是他在对绅士们坦露心曲。"於力顾公事之中仍曲尽保全桑梓之意"，似可看作他掌控铁路购地工作的基本宗旨，用我们今天的话来说，就是：要在保证完成铁路购地任务的过程中，始终维护地方和农民的切身利益。

顾家相在购地中"曲尽保全桑梓之意"，首先集中体现在田亩的计算和定价上。

光绪廿四年十一月，顾家相承担了为铁路购地的任务，盛宣怀以督办铁路大臣的名义，正式下文责成他会同张赞宸，"仿照《卢汉干路及湖北大冶设轨运煤购地章程》，以时值之高下，分官价之差等，先期酌定，饬令业户缴契领价。"顾家相紧紧抓住田亩如何计算定价这一关键环节，谨慎从事，先事周密调查。他反映萍乡民间俗规"凡买卖田地皆以巴计，或以收租几石计，或以播种几桶计，向不知有亩分"。与张赞宸会商后，遴派本县绅士、谙习算学的人员，并邀矿局司事等，于乡间田亩酌量丈算，并参以博访周

---

① 曾伟：《〈筹办萍乡铁路公牍〉整理与研究》，第31页。

咨，才明确萍乡之田每亩约计二十余巴，早晚二季稻合计，上田每亩可收获八九石，以其半纳租，故每亩纳租四石至五石不等，由此类推则每亩时值竟需钱约六十千。而汉口铁路购地则是上田官价仅定钱二十六千，比起萍乡来还不到它的一半。

当年十二月，顾家相及时以《禀萍乡县田价昂贵未便酌定官价据实沥陈》文，报告盛宣怀和江西巡抚，"现既查明卑县田价昂贵与鄂省迥不相同，实未敢擅拟。……其田价应如何酌定，俟宪台与督办宪商定后，卑职再当恪遵宪谕出示，以期折中至当。"并宣称"卑职此禀系为民请命"，要求"体恤民艰，按照时值给价"。①

与此同时，十二月二十八日，张赞宸去电向盛宣怀报告，"萍田确甚贵，每亩四十千至八、九十千不等"，要求盛宣怀去电催促，"宪催电愈严愈好"，对顾家相施加压力。光绪廿五年正月初五盛宣怀去电，限半月内购成。顾不为所动，复电称"正在赶紧办理，其田价相已另禀详陈，候示遵行"。②

在田价调查计算上，盛宣怀不得不原则上承认"该县熟筹办法，不以现在时价为凭，而以前三年时价为准；不以铁路经过地方业主之言为断，而以同县别乡田地价值定其比例，自是悉心斟酌之言"。但具体如何定价却与顾家相存在分歧，有过针锋相对的交锋。

在定价原则上，盛要廉价收买。批示说："惟同县价值亦有轩轾，应比较科则，择其最廉者，酌拟官价。"顾家相则站在农民的立场上强调："若所用田地仅给薄值，则失业者未免向隅，诚恐群生怨谤，非严刑峻法所能抑制。卑职身任地方，有关民瘼不敢不据实沥陈。"③

盛宣怀得知一些内情后，指示张赞宸按原契给价："该处既缘税契费重，大都以多注少，则照契给价，适以钳夺其口。""应由县饬令地主呈验红契，即照红契发给。"顾家相予以抵制，据实直陈："卑职深知卑县业主多系将田地、山林、屋宇牵连合并立契，其原价无从分析；且迭遭兵燹契据不全，其

---

① 曾伟：《〈筹办萍乡铁路公牍〉整理与研究》，第21—23页。
② 陈旭麓等主编：《汉冶萍公司》二，第758、759页。
③ 曾伟：《〈筹办萍乡铁路公牍〉整理与研究》，第21—23页。

中兼有不实不尽，又今昔时价不同，银钱互有涨落，若必照昔年红契原价计算，实多窒碍难行。"坚持按市价计算，强调江西布政司使已有言在先："况先奉藩宪传谕，照市给价，绅民业已周知，势难再改。"[①]

经过一再磋磨，顾家相会同张赞宸提出仍照市价收购，每等定价按原方案各核减五千，四月廿日盛宣怀复电："顾令、张令所请每则减去五千，准宽恩发价，他处不得援以为例，按每则减去五千计，第一等每亩钱五十五千、第二等四十九千、第三等四十三千、第四等三十一千、第五等壹拾九千。"按此执行，很快完成了萍安铁路十五里路基的收购，于六月起开始施工。

对于这样一个结果，顾家相本人是满意的，实际是按市价从优定价，并普遍提高了当地土地的价值，维护了农民的利益。他在编辑公牍时将此件放在首篇，强调"其大关键在禀争田价一节"；于文后按语又说："虽曰核减，而民并未吃亏，差堪自慰耳！"[②]

从优按市价购地是顾家相与盛宣怀博弈的结果，这一胜利为完成购地奠定了基础。

首创保全农田水利

顾家相在购地中的另一业绩是保全农田水利，将恢复和修补原有水利设施纳入了铁路施工范围。

光绪二十五年三月，萍安铁路正在丈量土地、尚未动工之际，顾家相提出报告：《禀修筑铁路宜保全农田水利》，指出萍安铁路全系占用民田填成铁路基址，而本县"夏秋之际常患亢旱，全仗泉源河水灌注通流"。他列举了萍乡农田水利的形式，一是"沿溪河之处皆安设筒车"，节节筑有堤坝；一是山间梯田，高山泉水多，层层灌溉而下；三是当地呼为水圳的田边小沟，"凡泉水自高及下，河水由远到近，皆赖圳以通流。"为了防止这些水利设施

---

① 曾伟：《〈筹办萍乡铁路公牍〉整理与研究》，第27—28页。
② 曾伟：《〈筹办萍乡铁路公牍〉整理与研究》，第23页。

被铁路隔断失效，顾家相在禀文中提出，路基每隔数丈要留一个涵洞；为了避免铁路两边的排水沟将水白白流失，要架设木枧或竹枧，让涵洞的水流入田中；占用的池塘应在附近另开一塘；移动或增添的筒车也都要酌量处理好。他认为这些事并不难，需要的经费也不多，但一定要事先列入施工的计划，"否则工程完毕难以更改"，既影响农民的收益，也会影响国家税收。他特别强调民间向来就有为争水打官司的风气，"更恐狱讼滋繁，酿成巨案，此尤不可不过虑者也"。①

这份禀文送上去，受到江西巡抚松寿的肯定："所见极是。"盛宣怀等人也予以支持，列入施工计划，在萍安铁路竣工时，同时完成了相关的农田水利工程："于铁路两旁各开官沟一道，其中间过水之处，共修有大涵沟十一个，小涵沟四十九个，三沙明水圳三条，以期流通荫注不碍农田。"

光绪廿六年正月，顾家相又发布了《晓谕萍安铁路农田水利善后办法示》。告示开头便说："照得铁路有关农田水利之处，必应设法保全，乃中国议修铁路垂三十年竟未有人见及。本县前于创办萍安铁路之初，首先筹议及此。"看来他对自己的这一创举还是很自豪的。这份告示主要是宣布这些涵沟水圳都是官方的产业，"均应任其通流，不得拦截霸争"，"不许毁塞阻绝"。其中还有一项重要的善后措施，是委任原购地局中最有名望者为"水利绅士"，"随时访询农佃察看。铁路两旁荫注倘原修沟涵有须变通之处，即就近禀明矿局酌量修改，以专责成。"他称之为"似此官不惜费，绅不辞劳，既已相得益彰，自可克善其后"②。也就是说，他还建立了一套善后维修的体制，把经费和人员都落实了。

顾家相保全农田水利的这些做法，在后来的萍醴铁路建设中也全部继承下来了。当初他曾经要求江西巡抚推荐给邻近的湖南各县，松寿把这个任务推给了盛宣怀；倒是当时一些报章把它作为萍乡铁路建设的重要内容，传播到了更广泛的范围。

---

① 曾伟：《〈筹办萍乡铁路公牍〉整理与研究》，第35—37页。
② 曾伟：《〈筹办萍乡铁路公牍〉整理与研究》，第32—33页。

巡抚的肯定、矿局的支持实施、报章的宣扬，都扩大了萍乡铁路的影响，也提高了顾家相在地方的声望和威信。

力顾公事　制定政令

如果说，农田按市场价收购、施工中保全水利，集中体现了顾家相"曲尽保全桑梓之意"；那么，他的"力顾公事"，便集中体现在他为保证完成购地任务制定、发布了一系列政策性政令法规。

铁路征地，特别是在萍醴路购地过程中，出现了一些特殊情况，处理不好，便会成为一个个的拦路虎。如学堂的土地是社会捐献的公产，当初就有承诺，不得出售；屯地原是国家所有，法令不准出售；萍乡土地的价值高，外地官僚地主所有者，不愿出售，不理不睬；还有的业主迷信风水、不愿迁移坟墓，也不愿土地被铁路占用。

对于这些具体问题，顾家相分别制定了一些政令法规，如《禀预筹萍醴铁路应购客籍田亩办法通稿》（己亥十月）、《饬兴贤堂、鳌洲书院、尚宾堂首事铁路购地办法谕》（己亥十二月）、《拟铁路所占田业如有曾经批当必须知会承批当之人料理清楚示》（庚子正月）、《拟定鳌洲书院铁路经过田业办法饬兴贤堂绅士遵办谕》（庚子二月）、《禀铁路所占屯田拟陈办法恳请示遵通稿》（庚子四月录禀抚宪壹通）等。有的如屯田的占用办法等，还先经请示上级批准。

这些政令法规的基本内涵，大致可以概括为三点：

一、确保铁路用地。"线路既定，固难改移"，必须占用。这些政令法规本质是为确保铁路建设而制定。

二、区别对待。或区别性质：如对风水之说，明确宣称"来龙去脉，事属渺茫，又漫无限制，即中国地师尚且言人人殊，莫衷一是，不比坟墓确有可验。洋员实无从分别，只可概置弗论"[1]。或区分路线确定前后：如坟墓，

---

① 曾伟：《〈筹办萍乡铁路公牍〉整理与研究》，第76页。

勘测线路时能避则避;路线既定无可避者必领费迁坟。"丈量已毕,图册已成,一涉游移,势必纷纷违抗。"

三、在确保铁路用地的前提下,灵活变通处理。如屯田本系官田,由军丁耕种纳粮,例禁典卖。但萍邑民间农田,例有质量相当者互相商允兑换,写立契据,名曰"兑契"。顾家相即仿照办理,查明铁路所占屯田,选择相当的民田,由矿局价买,换给军丁以抵铁路所占屯田。① 学田等公产也采取与此类似方案,或换或租;客籍田亩,业主未到,丈量绘图,请人作证,先行占用;或换或卖,但凭自选。

因为田价较优,未被铁路占用的农田也有人愿意出售,提供了兑换的可能性。这些方案公允可行,保证了购地任务的完成。

专委绅士承办购地

顾家相在公牍中多次重复过"筹办之始,倡议在乡设局,专委绅士承办购地事宜,不传乡民入城,不容胥吏经手"。这番话,是强调如何选择确定购地机构的体制,它是贯彻落实购地宗旨、办好购地的先决条件。

让谁来执行购地?在绅士和胥吏之间的选择,某种程度上是在纵容胥吏例行牟私与维护农民切身利益之间的选择。曾任江苏巡抚的丁日昌痛切地说过:"弟里居时,每见孤贫、育婴、恤嫠诸善举,由绅董经管者,虽不能滴滴归源,尚有七八成可归实济。由书差经管者,则账房分十之二三,杂务门上分十之二三,书差又复侵渔十之三四,穷民所占实惠,不过一二而已。"② 这当是知情者的共识。慈善事业尚且如此,何况购地这类肥差?"不容胥吏经手",就从体制上杜绝了他们借此生财、徇私舞弊的机会。"不传农民进城",除了避免农民因此费工、费时,遭受胥吏敲诈勒索,在深层次上,也是让购地中的纠纷在农村就地解决,避免把问题集中到县城,酿成像县试时

---

① 曾伟:《〈筹办萍乡铁路公牍〉整理与研究》,第69页。
② 丁日昌:《抚吴公牍》卷一八,第2—3页。光绪刊本。

童生们反对洋人入境那样的群体性骚乱。这样的决断，体现了顾家相作为官府中人对内部弊端的深切体察，更反映了他从源头上预先予以杜绝的决心。

在《筹办萍乡铁路公牍》中，汇集了顾家相亲手制定的购地局《量田条规》《办事次序章程》《办事条规》《为购地局绅划分地段以专责成》，以及亲自调算学生童入署面试选拔等文件。由此我们知道：每个购地局由承办绅士二人总持局务；所经地方各图绅士一人帮办，与地保负责本图事务；局设账房、文案书手各一，踏勘田亩者一至二人，算学生两人为一班。凡铁路用地之业主佃户及坟墓、房屋、池塘等件均由地保查明，再由图绅复查。查明界址丘墩之后，算学生即偕同踏勘田亩之人，逐一丈量核算，绘成图册，以据此发放地价。光绪二十五年十二月二十日薛鸿年、张赞宸致函盛宣怀报告，萍醴铁路从宋家坊至湘东三十里，拟分三个局购地，"此外经帐踏勘田亩及算手、写手，均由顾令选择本地生监。卑府年意欲少用数人，以期撙节，而顾令云，非此不足以联络地方。渠久任萍邑，深知地方为难情形，不得不酌量照办。"①

在封建社会中，绅士是官府与农民之间的媒介，一向以代表农民利益的发言人自居，又有负责在地方修桥补路、兴修水利的传统。顾家相选择绅士们负责铁路购地，于尊重绅士的地位、职能中，寓有"联络地方"的深意，即无论他们是否有田地被征用，实际上已是将他们转化为铁路购地的代表。作为参与铁路施工的人员，接受路局的工作报酬，受惠于铁路，从地位和心理上都消除了可能产生的对立情绪，而成为支持、推行的主要力量。同时，绅士们又是接受顾家相的委任，按照他所制定的政令法规来从事购地，便是将本地绅士及购地工作都置于地方官的直接领导和监督，避免了他们置身于事外、指手画脚、评头论足，更有利于购地的进行。从另一角度来说，绅士作为一个社会集团，愿意参与购地合作，就意味着对这些方案、法令的认同和支持，后来有的绅士对地价散布流言蜚语，顾家相便振振有词予以反驳："……岂即指萍安铁路之购地局绅耶？他人姑不具论，如王振南为丹江巨族，

---

① 陈旭麓等主编：《汉冶萍公司》二，第183页。

萍安铁路所占田亩，伊族最多，岂肯以贬价自害耶?"①

一个是按市价从优定价，一个是保全水利，一个是依靠绅士组成购地局，这三大举措，基本安定了民心，也使萍安铁路沿线的士绅，基本上进入了支持铁路的行列。

责成绅士调解　破除个别顽抗

虽然如此，当铁路施工进入湘东以下地区，仍然遇到有些绅士的抵制和阻挠，一度还很激烈。张、薛在上引致盛宣怀函中便曾叫苦不迭："勘路自湘东而下，节节为难"，有的豪族"或以坟墓，或以祠宇，或以膏腴之地，不肯割裂，遂开祠集议，拟以全力阻挠"。②

其中，蓄意惹是生非、与顾家相缠斗的有关在牢里的已革监生李有苨。

在太平军及其以后的战乱中，政府的控制力被严重削弱，时有某个地方的绅士领袖，利用战乱进行政治投机。在清军与太平军之间反复无常、导致安徽巡抚翁同书罢职丢官的苗沛霖就是一个典型。萍乡西区的李有苨也是这类人物。光绪十八年哥老会在萍浏起事，李有苨可能早已秘密参与。镇压的清军在南坑战胜后，李有苨率团练与湘军夹攻哥老会首领邓海山，激战"仅以身免"，对于清政府来说，他就是有了立功的表现。他又邀约同伙将族中"通匪"之人李仁丙、李黑驴、李庆兹等十余子弟逐一出首，致使多人被杀害。哥老会另一首领李保山被捕后，力指李有苨为同伙，萍乡县令顾家相奉袁州知府贾孝珍密札将李有苨诱捕送府解省，后经族人设法营救，侥幸免死并发回萍乡"监候待质"。此次起事虽被镇压，顾家相却因"事先失于防范"而一度被免职。

李氏在萍乡是一个声势赫赫的大族。李有苨这一分支的绅士领袖李有楠，字楚材，时为赣州府信丰县训导。顾家相曾经对有楠说过："贵族丁口

---

① 曾伟:《〈筹办萍乡铁路公牍〉整理与研究》，第73页。

② 陈旭麓等主编:《汉冶萍公司》二，第183页。

繁多，不易约束。"据《昭萍志略》人物志列传所载，晚清时萍乡李氏大家族中人才济济，同辈中有世居在北区的李有棠、李有棻兄弟及有棻二子李豫、李复，还有李有棨、李有槊兄弟等多人曾仕宦在外。其中李有棠早年弃官养母，居家读书，著有《辽金史纪事本末》，是全县士绅的领袖。其胞弟有棻官至江宁布政使，先后护理过陕西巡抚、两江总督；庚子之乱中奉旨主持江西团练，后又督办江西全省铁路。此时李有芗的族人正通过各种关系设法呈请将他开释，顾家相也已同意并上报。

光绪二十六年新年伊始，顾家相开印后至狱中巡视，李有芗当面呈上禀文，拒绝为铁路迁坟。顾家相以批文对其禀文中将宋末襄樊失守归咎于通商、欲以"易筋经"御洋枪等不伦不类、愚昧狂妄之处一一驳斥，着重警告其"系尚未定罪之犯，可轻可重"，"或谓该革监虽在囹圄，而族中附从之人尚属不少，可以一呼百应"，如此谣传则对他更为不利。至于他父母的坟墓，"本县自能责成该族照章办理，毋庸该革监出头干预。"①

此前，李有楠之子李光祈感到办事棘手，有退出购地局之意，顾家相在复信中说："查贵族仕宦现惟令尊一人，既在信丰未归，令伯兹值仙逝，其仔肩实在阁下，殊属责无旁贷，谊不容辞。"② 在中国封建社会的大家族中，往往设有族长、族正，"族长以辈分论，族正则以贤达论"。顾家相正是以此为依据，紧紧抓住为首的绅士不放。

延至光绪二十七年正月，各处应购之地均已立契，唯余李有芗及张子庆两户。期间正逢李有楠将调至福建做官而返家，顾家相留他在家处理购地事宜几近一年，执意要他处理好李有芗之事再去上任。在《致李楚材函》中说："两姓皆有绅士在局，自应由族绅料理"，"惟阁下功名居首，在有字辈中已属老成，当有节制合族之权。"对于李有芗拒绝迁坟并以死相威胁，他轻蔑地回应："若地方官办事，即使闹出人命，不过惩办差役而已，其应办之事仍须照办也。"希望能够取得尚在监中的李有芗认可，由李光祈代为立

---

① 曾伟：《〈筹办萍乡铁路公牍〉整理与研究》，第58—59页。

② 曾伟：《〈筹办萍乡铁路公牍〉整理与研究》，第54页。。

契，坟墓限于兴工之前起迁，此系正办。顾家相郑重指出，要害在于其族中还有人听从李有芎（号畹九）的指使："昨与张韶翁谈及，亦谓畹九一人不足虑，而族中人听从畹九之言，则大可虑。畹九在狱不足虑，若出外而仍能指使族人，则大可虑。所谓大可虑者，非虑铁路之被人阻挠，实恐贵族之受大累也。"最后，他向李有楠摊牌，催促他们作出选择："如果族房长及各族绅众口同声，均称不能钤（钳）制畹九，亦须当堂据实具结，弟即面禀上宪，请将前禀开释之案注销，仍委员提省监禁。事机急迫，只有如此办理，更无中立调停之法，且必须台驾未行之前定局也。"①事后，李氏家族的李佳三会将所管田业立契领价，而迁坟则以李有芎将被开释为词，推给他个人自行处理。

官绅双方拉锯到十月间，十月五日接到李有芎开释尚须咨请刑部核查的批示，铁路施工已到坟墓近前里许，不可再等。顾家相断然发出《会禀革监李有芎父母坟茔责成族房代迁通稿》（辛丑十月）"惟有责成该族房将李应莹夫妇棺骸暂迁他处山场寄存，以免稽延要工，其将来应如何卜地改葬，仍俟李有芎奉部覆准，保释回家，另行办理。"②

顾家相在依靠绅士为铁路购地的同时，利用家族例有用族规约束族人和调解纠纷的职责，置绅士于购地的第一线，坚持责成绅士负责解决本处购地中的纠葛。对于李有芎这样绅士中的刺儿头是如此，对于一般平民也是如此。如湘东苍冲口有刘、萧、伍、周四姓荫塘一口，铁路占去三分之二，左边仍留三分之一，购地局拟就左边照数开挖成塘，而该业主等竟欲全卖，索价甚昂。顾家相给刘春熙孝廉去信："除另有公牍谕饬地保催传业户外，阁下为贵族领袖，又为众望所归，用敢专函奉布，敬祈提倡开导，早日定局。"③对于张子庆事件，七月命令绅士张汝霖等就能否约束张子庆据实禀复，十月向上禀报，张子庆于铁路应购田塘抗不立契领价，族房不能约束，已将其管押，照章兴工、田价充公。但也给张留有出路："果使张子庆顿知

①　曾伟：《〈筹办萍乡铁路公牍〉整理与研究》，第87—88页。
②　曾伟：《〈筹办萍乡铁路公牍〉整理与研究》第98页。
③　曾伟：《〈筹办萍乡铁路公牍〉整理与研究》，第62页。

悔悟，该族房代为乞恩，则立契领价一朝可毕，未尝不可许其自新。"①

李有芗和张子庆是顾家相所遇到的最顽强、最执拗的对手，特别是李有芗事件，政治背景复杂，宗族势力强大，情势诡异微妙，纠葛长达两年。在这场博弈中，顾家相始终耐心争取家族首领的支持、协助，直到最后关头才动用强制性行政命令，从博弈的策略来说，是孤立对手，争取为首的绅士，分化其家族，避免了激化矛盾和扩大事态，终于没有影响铁路的施工，取得了购地的圆满成功。

争取绅士首脑支持　破解学田难题

学者张仲礼认为："绅士作为一个居于领袖地位和享有各种特权的社会集团，也承担了若干社会职责。他们视自己家乡的福利增进和利益保护为己任。在政府官员面前，他们代表了本地的利益。"②正是这一特殊身份，使他们与基层地方官的职能和权力发生交集，既有合作又有矛盾，在不同情势下，此消彼长，颇为微妙、复杂。太平军战乱以来，官府的制约能力被削弱，绅士在地方的权势大为扩张，胡林翼在任湖北巡抚时深有体会："自寇乱以来，地方公事，官不能离绅士而有为。"③

萍乡绅士群体性的抵制和阻挠，集中表现在铁路要征用的学田和六堂公产上。购地局联络的主要是铁路沿线的绅士，而学田、公产则涉及全县绅士中主要的头面人物，人人都可以各抒己见。涉及的田业并不多，但牵涉面广，影响大，这比某一家族更难应对。我们在文牍中看到，专为此事，顾家相至少曾四次发文、三次给相关绅士写信，"于群疑众难之中为辩驳譬喻之语"，可见其办理之棘手。

第一个回合是张德渊进士等，于廿五年冬禀请免在鳌洲取土，恐河水冲

---

①　曾伟：《〈筹办萍乡铁路公牍〉整理与研究》，第99—100页。

① 曾伟：《〈筹办萍乡铁路公牍〉整理与研究》，第99—100页。

② 张仲礼：《中国绅士研究》，上海人民出版社2008年版，第40页。

③ 《麻城县禀陈各局绅筹办捐输情形批》，载《胡文忠公全集》第四册，第1757页。转引自张仲礼《中国绅士研究》，第43页。

坏学院的屋宇，"其实仍在保全形势名胜"。顾家相心知肚明，并不说破，以为虽风水之说不尽可凭，而事关合邑，贵顺舆情，予以批准，请铁路施工多费一点力资，往远处取土。

与此同时，举贤堂、鳌洲书院、尚宾堂的首事们提出，他们管理的田业是合县公产，个人不好作主，各个捐田的户主散处四乡，势难逐一知会，恳请酌核办理。对此，顾家相早已胸有成竹，答复是："自应比照隔省、隔府业主办法"，即先丈量、绘图、领价，可以等到"二月间祭祀之期再行立契"，吩咐他们按此办理。①

第二回合是廿六年二月初六，举人杨荣荫等以萍醴铁路经过鳌洲书院后面占去田业，公恳权宜筹办，意思还是不让征用。此前该堂绅士聚议的情况，顾家相早有所闻，便拟定《鳌洲书院铁路经过田业办法饬兴贤堂绅士遵办谕》逐一剖析，指出绅士们以合邑历久公业不肯变卖，早在他的意料之中，所谓这些田产在志乘、图册上已有记载不过是借口；顺应他们所谓铁路将来废弃后"收复原业"的诉求，提出变通的办法："本县现与薛太守商议，将所占书院田业作为借用……倘日后铁路公司自愿将轨路改移停驶，即将原业仍还书院，开复成田。至目下书院缺少租谷，应由铁路公司另买相当田亩交书院经理，收租以抵书院进项，作为抵押，彼此均非绝卖。"②

此时绅士采取具文请求的形式，顾家相的处理可以说是外圆内方。在保证铁路用地、施工的前提下，尊重绅士们的意见，在形式上做了些让步。其坚持要征用是实质，至于是借、是租还是兑换，都只是在概念或形式上兜圈子。

延至三月，顾家相再次发出《饬兴贤、育才、乐洋各堂领铁路所占田价谕》，催促首事去领价清业，并回答如何立契。

此时在北方义和团的仇洋活动日趋激烈，萍乡有洋人在此、又正在修铁路，自是敏感话题，议论纷纭；期间又有官绅衣锦荣归，下车伊始要整顿书

---

① 曾伟:《〈筹办萍乡铁路公牍〉整理与研究》，第51、53页。
② 曾伟:《〈筹办萍乡铁路公牍〉整理与研究》，第60—61页。

院、更换管理人员，渗进了人事矛盾。于是有些流言蜚语指向顾家相及其铁路购地事宜，传到了他的耳中："有某绅在外扬言，谓县中所定田价不足为凭，当时并未与合邑绅士商议，不过凭一二私人定见等语。""昨日忽闻书院首事倡议，谓书院田业每亩须卖银五十两，若不作卖而作批，其批规竟须每亩五十五千，仍须格外纳租。嗣后有人调停，谓于批规外每亩再加钱拾五千，可免按年纳租等语。"

如此，涉及田价的确定是否合理，顾家相所制定、推行的购地政令法规是否有效，是否应当遵从。事关铁路工程全局，促使顾家相奋起反击。

四月，他在《致绅士李桢生函》中，针对田价问题，回顾了他调查田价及与盛宣怀论辩、争取的过程及其效应，严正指出："为此说者，非谓鄙人所定价值之不公，特嫌鄙人所定价值之不昂耳。盖其心极欲阻挠铁路，而恨为时已晚，于是追咎合邑绅士，不能齐心并力，高抬地价；于是并追咎鄙人，不邀集合邑绅士恃众挟制。"[1] 收信人李桢生即李有棨，顾家相在信末要求将此信"务祈转呈令兄中丞一阅"，实际上信是写给李有棻的。他们世居北区，铁路并不经过，顾家相是希望他们出来主持公道。

同时，在《致绅士张云墀函》（庚子四月）、《再致张云墀函》（庚子五月）中，顾家相对蓄意抬高书院田价的谬论予以痛斥："夫谓书院田业不可绝卖犹有说也，若谓应抬至五十两，此何理乎？……虽然铁路所占书院之田仅五亩有奇，即使每亩照加十余千，所得几何？然则倡此议者，非为争利，不过欲破坏鄙人所禀定田价章程耳。不过谓鄙人迭次谕单，为不足凭耳。"他以县令的身份斩钉截铁地表示抬价"鄙人断不能应允"，"总之，照鄙人旧岁谕单，则应照章领价；照今年二月谕单，则应买田兑换"。最后还饶上一句："非为铁路局惜小费，实为国家惜政体也。"严正维护地方官法定的权力，斥责对方不成体统。

李有棠（字苕生）看到顾家相给李桢生的信后，冒雨亲至县城为顾家相解围，在尚宾堂与顾家相及士绅晤谈，"苕翁力持正论，谓无论或兑

---

① 　曾伟：《〈筹办萍乡铁路公牍〉整理与研究》，第73—74页。

田，或领价，总未便于五十五之外再加。并拟领价由局自行买田，以免兑田稽延"。①

购地中围绕着学田公产的博弈，主要是非铁路沿线的部分上层绅士反对修铁路，借此向顾家相发难，进行阻挠。某些人选择田价作为攻击目标则颇为失算。此时萍安铁路十四里已经顺利建成，田地被铁路征用的绅士和农民绝大多数接受了地价，便使这些攻击失去了社会基础，因而这些攻击也不被上层绅士中开明的主流派所认同。

李有棠亲自出面表态，代表了绅士主流对顾家相这位地方官的支持，也是对于修建铁路的支持，一个重要的因素仍然在于顾家相在购地中确实维护了地方和农民的利益。

关键在于维护农民的切身利益

萍醴铁路购地的博弈，从一个侧面反映了晚清社会的众生相。

从顾家相的公牍中我们看到，李有苔还在以宋末襄樊失守为例反对铁路、抵制洋人，廪生李耀南忧虑铁路占用了土地影响"民以食为天"，绅士萧炳曙和耆职朱锡秋竟然要求铁路不可从坟墓旁边经过，耆民吴德翰则唯恐铁路施工取土有伤本姓的龙脉……形形色色的保守意识、封建观念无疑是修建铁路的重要障碍。与此同时，绅士李光炘却认为修铁路是"上以利求，下以利应"，是国家与农民的利益之争，歪打正着，触及了问题的核心实质。

顾家相在回复李光炘时说："是兴修铁路，乃系公私皆利，国家固不专其利，承办者亦非自利。"②他本着"于力顾公事之中仍曲尽保全桑梓之意"，致力于平衡国家和农民的利益。平衡总是相对的，很难有绝对的平衡。他是把修建铁路视为维护国家利益的，但仍向农民和地方的利益作适度的倾斜。盛宣怀指出："萍乡地价已较直、鄂增多"，责备他"但视公款为无足重轻，

---

①　曾伟：《〈筹办萍乡铁路公牍〉整理与研究》，第74—75页。

②　曾伟：《〈筹办萍乡铁路公牍〉整理与研究》，第54页。

亦未免见好于地方士绅"，①话虽说得尖锐，但却一再留着他办购地，不放他调走，说明这种适度的倾斜并不是盛宣怀不能承受的。

顾家相与萍乡士绅既有合作也有矛盾。在购地问题上的矛盾因地区而异，萍安路与萍醴路不同，铁路沿线与铁路不经过的地区不同，"煤业中人已与铁路相依为命"自与非煤业士绅有所不同，个别人则与他宿怨难解，背后都隐藏着难以说清的利害得失。但总体上来说，顾家相与绅士的合作是主流，是建立在尊重、发挥绅士的传统职能、维护地方和农民利益的基础上，并以此推动了购地的顺利完成。作为地方官，他必然有维护社会稳定的考虑，但事实证明，维护人民大众的切身利益才是最好的维稳。

袁州知府曹志清对顾家相的评价是"勤政爱民，吏材儒术"。顾家相在一篇禀文中说："铁路事属创办，迂陋之见，谬悠之论，更有辩不胜辩者。卑职身任地方，劳怨所不敢辞，毁谤所不暇计，""卑职所争者身后之名，尚不止去后之思已也。"②在顾家相的身上，我们不难发现传统文化对他的积极影响，如重农、关注民生、重名节、有担当；这些又与接受新思潮相结合，使他成为推行洋务的干才，有别于传统的官吏。这样的地方官当时虽然较为罕见，应当也是洋务运动进行了三四十年的成果。

所谓铁路的"承办者亦非自利"，可能只是顾家相的夫子自道，代表不了别人。十年之后，盛宣怀极力推行铁路国有，张謇和浙江铁路公司代表朱福铣，都曾根据儒家的学说，苦口婆心地劝说他：国家不可与小民争利。那时的盛宣怀位高权重，哪里还听得进？一意孤行的结果是引发了武昌起义，这都是后话。

---

① 曾伟：《〈筹办萍乡铁路公牍〉整理与研究》，第81页。
② 曾伟：《〈筹办萍乡铁路公牍〉整理与研究》，第29页。

第九章　萍乡焦炭的应用及其含磷问题

马克斯、吕柏化验指出萍矿含磷 / 汉阳铁厂的化学所和化验制度 / 吕柏的补救方案：选用少磷铁矿石 / 盛宣怀停用低磷开平焦炭以降低成本 / 萍焦磷重成为汉厂内部矛盾的焦点 / 磷轻铁矿石优先输日　汉厂炼钢将面临困境 / 有关萍焦含磷的几点认识

百年来的汉冶萍研究，似极少涉及萍乡焦炭含磷的问题。

从钢铁生产的基本原理来说，冶炼钢铁的原料主要是铁矿石和焦炭，二者都可能含磷。也就是说，导致钢轨含磷过高，需要具体分析，铁矿石不是唯一的因素，不能一概归咎于铁矿石磷高。

李维格、叶景葵说："大冶之铁石含磷适多，而旧时炼钢系用贝色麻酸法，背道而驰"，出洋考察后"遂改马丁碱法之炉，以去磷质。此十余年未解之难题，一朝涣然冰释者也"[①]。

这些不实之词，长期流传，被学者广泛引用，几乎成为定论，在一定程度上误导了有关汉冶萍、张之洞研究。

这里涉及两大基本的历史真相，一是大冶铁矿长期向日本出口低磷优质

[①] 湖北省档案馆编：《汉冶萍公司档案史料选编》上，第243页；陈旭麓等主编：《汉冶萍公司》三，第34—35页；叶景葵：《述汉冶萍产生之历史》，载《卷盦书跋》，第55页；中国史学会主编：《洋务运动》八，第527—528页；汪敬虞编：《中国近代工业史资料》第二辑上，第469—470页；陈真编：《中国近代工业史资料》三，第422页。

矿石；一是盛宣怀接办汉阳铁厂后，困扰他的不是大冶铁矿石磷多，而是萍乡焦炭磷多。光绪二十六年（1900 年）起，大冶铁矿大量低磷优质铁矿石矿优先输往日本，遂使汉阳铁厂炼钢面临困境。

本章专题梳理萍乡煤矿初期焦炭应用及其含磷引起争论的史实。

马克斯、吕柏化验指出萍矿含磷

大批采运萍乡煤焦始于张之洞官办时期。

盛宣怀接办汉阳铁厂后即禀请张之洞，派出德籍矿师马克斯至萍乡勘探，光绪二十二年十月，马克斯在《萍矿采运情形并筹改西法办理节略》中明确指出磷的含量：

> 核其油质约重二成半及三成半之数，硫磺六分及一成，磷质约六厘四毫及八厘四毫，灰约八分及一成六。其三寸及六寸厚煤脉之内，藏有磷质，均经汉阳厂试验。[①]

盛宣怀等人当时对萍煤的注意力集中在如何提高产量、解决运输问题，以保证供应。时至二十三年正月，萍焦有望月供两千吨，此时汉厂炼铁主要是开平、萍乡两种焦炭搭配使用而开焦价高，盛宣怀希望多用萍焦将生铁成本控制在二十二两以内，汉厂提调张赞宸于正月二十二日向盛函告：

> 惟吕柏云：萍焦虽好，苦磷太重，须与开焦各用其半。若开三萍七，恐炼出之铁磷多，不合炼钢之用。[②]

如此，盛宣怀不无沮丧地把希望寄托在将来，他在二月初六日致郑官

---

① 陈旭麓等主编：《汉冶萍公司》一，第 277 页。
② 陈旭麓等主编：《汉冶萍公司》一，第 398、399 页。

应函中云："吕柏以萍煤多磷不合炼冶，未知此后煤窿愈开愈深，逐层透挖，磷质能否略少。"①

汉阳铁厂的化学所和化验制度

在这里，我们必须确认一个历史真相。上述史料足以证明：汉阳铁厂早已建立了化验机构、具有化验能力，实行了在冶炼前对于原料进行化验、根据原料成分进行配料，并在冶炼后对产品进行化验的制度。

实际情况是，光绪十五年张之洞在筹办铁厂时，同时也在筹办化学学堂。五月十九日，张之洞致电福州船政大臣搜罗被裁撤的船政学生。七月十八日致电驻英使臣刘瑞芬，从国外聘请矿学、化学等五科教师。八月十八日以《增设洋务五学片》专题奏报朝廷，强调"提炼五金，精造军火，制作百货，皆由化学而出"，计划以专项经费两万两，筹办化学学堂，培养人才并为铁厂等洋务企业配套。②

盛宣怀接办后，德培于光绪二十二年四月二十日致函盛宣怀，开列的全厂洋匠名单内有化学房的化学师史麦耳和化学帮手雷考司奇。③同年八月初九郑观应致函盛宣怀，涉及从张之洞办的学堂中调一名高材生来厂加强煤质化验：

> 化学堂须得一中国好学生帮办，消息较灵，已函商蔡观察转致骆丙生，拨其首徒来厂，所有各处煤样优劣，嘱其专立一簿埃（挨）次登记。④

此文中的骆丙生便是张之洞所聘请的外国化学教师。后来汉厂的化学师

① 陈旭麓等主编：《汉冶萍公司》一，第416—417页。
② 苑书义等主编：《张之洞全集》七，第5352、5360页；苑书义等主编：《张之洞全集》一，第733页；湖北省档案馆编：《汉冶萍公司档案史料选编》上，第87页；陈旭麓等主编：《汉冶萍公司》一，第75页。
③ 陈旭麓等主编：《汉冶萍公司》一，第75页。
④ 陈旭麓等主编：《汉冶萍公司》一，第211页。

史麦耳合同期满不再延聘，只留下了雷考司奇。二十三年二月吕柏致函盛宣怀对近期化学所工作提出严厉批评：

> 料质到厂，务当从实照常化验，则深知料质，可以参配下炉，照常出铁。刻下半个月化学所未能如法化验，为所中应用药水、器具散乱无条，外人均可混杂进内。……自去年开炉之后，日间尚未能照常化验铁质以及各种料质，如矿土、焦炭等类。吕柏为公直陈，以期日后各处实心考究厂中所出铁质钢质，均得要价外售，厂务兴隆，利益日进。[①]

吕柏信中一再说到"照常"，说明这些化验工作本有常规。所谓"参配下炉"，是指每炼一炉铁，都应根据各种原料的化学成分进行适当的配制。信中提到："生铁自十一月十四日起，化铁炉所出多系百色麻之料，即有数炉，只供熟铁之料，为焦炭不合式之故。"可见当时对每炉铁都要化验并做出判断，以区分其性质和用途，对于影响质量的原因也是心中有数的。吕柏这段话是针对"刻下半个月"出现的不正常现象而言，其主旨是强调要重视化验，进行整顿，借此精心研究如何提高质量、增进效益。

系统的化验检测是现代冶金工业冶炼流程中不可或缺的组成部分。不同钢铁品种的性质及其质量，是由其化学成分决定的，在冶炼过程中必须始终严密控制其化学成分的变化。张之洞创办汉阳铁厂，在引进冶炼设备、技术的同时，已经引进了相关的化验设施及其机制，否则那些西方专业技术人员便无法正常生产。

李维格 1908 年在汉口商会的招商演说中，大谈其出国考察，请英国专家化验矿石、焦炭及钢轨等产品才恍然大悟："此十余年未解之难题，一朝涣然冰释者也。"仿佛汉阳铁厂从来就没有化验过原料和产品，纯粹是欺人之谈，以此掩盖了历史的真相。

---

① 陈旭麓等主编：《汉冶萍公司》一，第 446 页。

吕柏的补救方案：选用少磷铁矿石

光绪二十三年二月，负责化铁炉的吕柏在上述所引信中，主要是向盛宣怀汇报当前生产情况。这封信总结了接办以来的生铁生产，着重分析焦炭质量与生铁的关系，提出了改进的建议。

吕柏首先汇报了近期的显著成效："即于十一月十四日开炉升火。炉中情形极见顺适，……十八日出铁七十吨，十九日出铁八十吨，均是上等生铁，可供百色麻炼钢之用。按日二十四点钟计算，可出铁六十五吨、七十吨不等，极多至七十五吨、八十吨为度。所配焦炭尚称合式。"在这里，他指出主要关键在于焦炭，与使用马鞍山焦炭的情况进行对比：

> 去年三月化铁炉不甚顺手，系马鞍山之焦炭灰质过多，每百分灰四十分、磺五分。彼时未有上等焦炭参用，必须勉强用此马鞍山之炭，以致化铁炉工作甚险，出铁无多，又是下等之铁。如用此种坏炭，还是停工停炉为妥。

其次，吕柏对于汉厂所使用过的焦炭，包括郴州焦、马鞍山焦、英国焦以及开平煤在马鞍山炼的焦，一一根据化验数据和使用情况进行分析，着重肯定了开焦和萍焦。

对于开平焦炭，吕柏评价颇高。"每百分含灰质五分至十分不等，如5%，10%；磺质五厘，如0.5%；磷质一毫，如0.01%。此种焦炭可称上等炭质，亦坚固。"缺点是"小块及炭末过多"，"且开平焦炭之价颇昂，再加以筛工废料，价本又增"，要求对方"发炭时只可发出大块"。这一要求虽然合理，实际上却很难办到。盛宣怀为此多次交涉，仍未解决，后来与开平煤矿决裂，这是原因之一。

对于萍乡焦炭，吕柏的评价也较高：

萍乡焦炭每百分含灰质十五分至十九分不等，如 15%，19%；磺质四厘至九厘，如 0.4%，0.9%；磷质十一毫，如 0.11%。此种炭质亦称上等，且炭块甚大，炭末小块无多，似不必筛拣即可合用。但嫌所含磷质过多，要成上等生铁百色麻炼钢可用者，则此炭不甚合宜。为百色麻之钢磷质愈少愈佳。萍乡之焦炭含磷，勉强用之亦不能出一定限数。为铁矿自己含磷，倘铁矿磷少，则萍乡之炭可以多用。如此化铁炉多用萍乡焦炭，炉内可以按常配合矿料，则出铁亦多，不必全借开平之焦炭，免此小块炭末费工费料。萍乡焦炭多系大块，则铁矿小块者亦可参用，并炉中添料更见便益。由此考究，当选择铁矿不多含磷质者取之，局中受益不少。为多用萍乡之炭，其价较开平又廉，炉中工作亦是便益。

上述引文，包含三层意思：一是对于萍乡焦炭的基本鉴定：上等、块大，但磷质过多，不宜用于炼贝铁。二是如何通过配料来设法补救：以少磷的铁矿中和萍焦磷多；因萍焦块大而参用小块铁矿。三是建议选取少磷矿石而可多用萍焦，既降低成本，又便于炉前操作。

因为这一方案的关键在于选择磷少的铁矿石，吕柏接着反映了当前矿石质量存在的问题：

铁矿近来运到，矿质照磷质而论，铁矿似未见佳。为每百分磷质，由二毫增至一厘一毫，如 0.02%，0.11%。此系铁山取矿，未能纯纯合法。化铁炉要得百色麻生铁，又要用萍乡焦炭，则磷质删除必须就铁矿中考究，铁山取矿当在磷质少取之。[1]

所谓"由二毫增至一厘一毫"，当是过去有的矿石只含磷二毫，近来的矿石含磷却已增加到一厘一毫。他认为不是没有少磷的矿石，而是大冶铁矿

---

[1] 陈旭麓等主编：《汉冶萍公司》一，第 442—446 页。

采矿有失误，反复强调既要得贝铁，又要用萍焦，"铁山取矿当在磷质少取之"。

关于当时大冶铁矿所取矿石质量不稳定的现象，几乎是同时由另一位中方管理人员反映给盛宣怀。密楷在这个月的中旬致信盛宣怀云：

> 附论矿苗：
>
> 查大冶从前所出矿苗含磷零一五，将此化铁，其铁含磷零二，此等铁用之炼钢，嫌其太硬。中间有来甚好矿苗，含磷只零零三，化出之铁含磷零零五，此铁合炼贝色麻钢。近日所来矿苗，磷质又有零一五之多，以之炼钢，又不合用。[①]

吕柏的方案，为盛宣怀解决了当前生产中的一个大问题，既可以降低成本又不依赖于开平煤矿，盛宣怀十分重视，特地将原信抄录转寄给铁厂总办郑观应，并强调：

> 其所论萍炭有磷，须切嘱赖伦专取少磷之铁石即可多用，萍炭价目较廉。记得纱帽翅所开之铁，含磷甚少，请阁下迅速函致赖伦，弟亦即嘱一琴函致。[②]

此信中提到的一琴，即是当时已在铁厂任翻译的李维格。

在此之前，大冶铁矿总办张世祁已经先后从汉厂来信和吕柏处得知近日"所运之矿，果是有磷"，"其中有夹杂磷多之矿"；正月十六日又收到盛宣怀的电报："吕柏称：近来所运矿石多磷质，恐难炼佳钢，望速饬运好矿。赖伦去后，系交何人捡择？"张世祁当日即回信："赖伦常离铁山，卑职诚恐万一有磷，有误大局。""适十二晚赖伦回山，并嘱其详细考究，勿误要公。""赖

---

① 陈旭麓等主编：《汉冶萍公司》一，第 450 页。
② 陈旭麓等主编：《汉冶萍公司》一，第 442 页。

伦临行，系交与学生高传伯，指明所指之地开采"。 这也说明，大冶铁矿总办早已明确选取少磷的铁矿石是关系全厂大局的首要任务。盛宣怀接信后即批示："可令赖伦预选无磷之铁石，吩咐代办之人挖取选讫"。[①]

据以上史料，我们可知：

一是欲炼好钢，先需好铁，首先要在炼铁这头道工序上把关。如果能提供少磷的生铁，贝炉便能炼出好钢。质量问题的关键首在炼铁。

二是主持化铁炉的吕柏明确指出，当时化铁炉要多出铁、出好铁的关键在于焦炭，而不在于矿石。生铁的原料主要是铁矿石和焦炭，二者都可能含磷；二者同时磷多，生铁便必然磷多而不宜炼贝钢。

三是吕柏制定的方案是以少磷矿石救萍焦磷多之弊，前提是大冶铁矿必须提供少磷的矿石。一度出现矿石磷多的问题，并不是没有少磷的矿石，而是选矿过程中的工作失误。一旦发现问题，便比较及时地通过多种渠道反映到盛宣怀和矿山，引起了重视并采取措施改进。

历史真相是：在此前后，厂内吕柏、密楷等一线炼铁技术管理人员，赖伦、张世祁等矿师和大冶铁矿负责人，以及上层盛宣怀、郑观应乃至时为翻译的李维格，无人不知萍焦磷多，选取少磷矿石为当时生产的关键。此时此事，并没有不可认知的技术奥秘，也有了基本可行的方案，何来"十余年未解之难题"？至于问题能否切实解决，不仅有矿山管理、执行的问题，更涉及经营决策的问题。

盛宣怀停用低磷开平焦炭以降低成本

虽然如此，萍焦含磷的问题仍是盛宣怀和铁厂关注的焦点。关于萍焦磷多的反映仍不时传来，影响着铁厂的生产。

如光绪二十三年五月二十日，盛宣怀札饬湖北铁厂提调张令赞宸，并电令萍乡矿局卢洪昶、莫燨：

---

① 陈旭麓等主编：《汉冶萍公司》一，第 393 页。

据洋工司吕柏禀称，萍乡官办焦炭灰重磷多，不如广泰福商炭。究所弊病，据湘潭转运局黄道建藩面称，官局先付炭价，故厂户悉以坏炭搪塞，不能不收，此节前于札饬该提调复查时，业已深揭其弊。萍煤极好，必须民挖官收，按法自炼。该局现已备本修砌多炉，但仿开平洗净、踏结、烧透六字之诀，不患不得佳炭。该提调抵萍后，应即切实考订，速饬改图，否则官不如商，试问卢、莫等员何以辞咎？①

光绪二十三年六月下旬，被派往萍乡调查的李宗琏向盛宣怀报告，"萍人于炼焦一举素未习见，猝然兴办多未得法，又因阴雨连绵，亏折者不一而足。春间焦炭收买、自炼均不能起色"，经过"与各厂户细加讲求"，发现"灰重磷多由于壁石筛除未净"，采取措施要求各厂户公立条规，严督各个环节的工人节节挑拣。②

萍焦含磷的问题尚未解决，盛宣怀与开平煤矿的矛盾却日渐尖锐。

开平焦炭的好处是含磷少，但不可改变的是路程远、冬季停运，关键是价格高还不能满足需要。光绪二十二年底统计，实际到货短数近三百六十吨。二十三年底议论来年合同时，盛宣怀致电张翼云，"历年定煤，从未交足，今年定一万五，只交九千七。若未收煤，先付价三分之一，商局未免吃亏"。遭拒绝后，盛对黄花农去电："开平今非昔比，燕翁如肯帮忙，添炉所费无几，何难之有？必欲先逼交款，再订合同，何其狠也！五月前既只能交八千吨，遵即先付上海开平局三分之一价银三万二千两，即请阁下代订合同，勿再迟延。"③

光绪二十四年四月初四，盛宣怀致电开平矿局总办张翼，反映"吕柏来禀炭碎过多，废弃可惜，务求设法补救"，并希望对方开办洋炉炼焦。四月六日，张翼的回电首先又是逼款："前月万二交款，系归沪局售煤，月报炭价六万两，蒙即拨交，感甚。需急用，准何日交银，恳速示知。"至于洋炉

---

① 陈旭麓等主编：《汉冶萍公司》一，第 606—609 页。

② 陈旭麓等主编：《汉冶萍公司》一，第 932、935 页。

③ 陈旭麓等主编：《汉冶萍公司》一，第 932、935 页。

炼焦他开出的条件是："若蒙预借银廿五万两，其款利作周息六厘，本由炭价扣还，自借款到日起十四个月定能交炭，每年至少能交炭七万吨。款如有期，议立合同，以便开工设厂定购机器。"①

一味逼迫交款，条件如此苛刻，趁机勒索，引发了盛宣怀胸中积累已久的宿怨，转向考虑改变焦炭的供应渠道。

三天后，四月九日盛去电询问在萍乡的张赞宸："四、五月约能赶运煤焦若干吨？如能多运，则可停办关（开）焦。究竟磷质能否洗净，无磷方能专用萍焦。"②对此，汉厂四月十一日来电却给盛当头泼了一盆冷水："萍焦炼翻砂用八成，炼贝钢止搭三四成。"五月五日，盛宣怀再次听到汉厂反映"萍煤块少碎多，马丁不合用，倘用萍煤，炼钢不佳，并恐坏炉，仍须买倭煤"。盛宣怀唯恐投入巨资而仍不得好煤，亟亟去电萍乡要张赞宸详细询问赖伦。

我们现在看到的赖伦在八月廿五日给张的书面答复，要点有二：一是肯定萍乡有好煤："如紫家坑、天滋山之煤，含磷百分之五厘，倘经洗过，可减至百分之三厘，再经炼焦炉作成焦百分之六十五，则所含之磷，有百分之四厘六，如此之焦，极可合汉厂之用。"二是，目前萍焦确实磷多："现在萍煤通扯含磷百分之一分二厘，平巷未开通天滋山、紫家坑之前，该处煤可运至安源洗净。欲得好煤，并在安源炼好焦，须格外专意赶运洗煤机、炼焦炉。"要求先将马鞍山的旧机移至萍乡使用。③

与此同时，又增加了新的不利的因素。卢汉铁路向比利时的借款，经过一年多的谈判，演变成为复杂的国际交涉，终于在1898年6月签订《比国借款续订详细合同》，盛宣怀与比国公司派遣的总工程师几经磋商，对方坚持定购汉厂的钢轨只能比照进口的价格。为了降低成本，减少亏损，盛宣怀再次考虑停用开平焦炭，于十一月十五日致电张赞宸，向他摊牌：

比定轨只能照洋价，每吨四十七、八两。焦难用开，必须全用萍

---

① 陈旭麓等主编：《汉冶萍公司》二，第706页。
② 陈旭麓等主编：《汉冶萍公司》二，第707页。"关焦"疑误，当是"开焦"。
③ 陈旭麓等主编：《汉冶萍公司》二，第708、714、63页。

焦，按月定买无磷者一千五百吨，价十一两。如老样者一千五百吨，价九两，兄与赖伦能签字，便当与比订定。倘做不到，只得停炉静候萍焦，磷净方能开炉。惟一停，止能运煤售轮船用，不能运焦，搁本有无窒碍，速复。①

十一月二十日，盛宣怀再次去电敦促："用开平焦赔不起，盛、施均主停炉。咸电询萍焦能否一半磷净，以抵开焦，望速复。"此处"盛、施"为铁厂负责人盛春颐，施肇曾。如此，当前铁厂是否停产，全看萍焦能否少磷并保证供应。张赞宸顶着巨大的压力，于十一月二十二日复电："磷少合用，净磷赖伦力任，并肯与赞、吟签字。"同时，要求将萍煤提价到头等十二两五钱，二等九两五钱，再三讨价还价，最后牵合扯算，每吨给价银十一两。

二十四年十二月廿六日，盛宣怀给在天津经办开平焦炭购运的黄花农去电，明确表示："来年焦炭只可停办"。② 李维格后来回忆说："庚子正月，维格奉电入都，重违谆谆之意，勉允进厂暂试，濒行奉手谕，以改用萍焦为第一要义。维格二月到厂，四月即截止开焦，全用萍焦。"③ 实际上，光绪二十五年因萍焦含磷，是否停用开平焦炭仍然是内部争执的焦点。

一方面是主要原料的开平焦炭卖价高、路远且数量不能保证，一方面是主要产品钢轨的价格被外方限制而难免亏损，如此上挤下压，促使盛宣怀企图停用开焦，完全依赖萍焦，以降低成本。在萍乡土法炼焦质量尚不稳定的条件下，这个决策本身便存在一定的风险，势将影响钢轨的质量。

萍焦磷重成为汉厂内部矛盾的焦点

光绪二十五年开年后，卢汉铁路续订钢轨一万吨。二月，盛宣怀去电通知汉厂，询问何时可以交货。此时汉厂是由盛春颐、施肇曾、宗得福三人集

① 陈旭麓等主编：《汉冶萍公司》二，第 749—750 页。
② 陈旭麓等主编：《汉冶萍公司》二，第 750、757 页。
③ 陈旭麓等主编：《汉冶萍公司》二，第 303 页。

体负责，具体负责炼钢的是据说只在比利时学过九个月的洋匠卜聂。盛春颐等于二月二十日回复盛宣怀说：卜聂认为"因萍炭磷轻者偶亦有之，而磷重者居多，不能一律，以致出铁迟而不合贝钢之用，是生铁炉既供给不上，炼钢厂必断续相仍，势难预定交收期限"。而且卜聂上周曾提出"能炼贝钢生铁日减一日，是以四、五日之内势必将含磷〇·二五（0.25%）及〇·二六（0.26%）生铁掺用，但照铁路试验定章，如此磷重之铁，在外洋各厂均属不用。倘磷再越〇·二六之数，其他料配合断难熔炼"。[①] 对此，负责萍局的张赞宸却不以为然，认为萍焦的质量已有提高、"合炼贝钢"，是专用萍焦后汉厂"属望更迫""苛求特甚"，并强调应加强化验。二月二十八盛宣怀裁定钢轨磷重是实，如何解决则彷徨不定：

> 萍炭磷重，不能全炼贝色麻钢一节，此事关系最重……博采众说，是厂轨磷重，并非外人有意诋毁。且虑比、美、英借口减短定货，则厂亏愈难恢复。此时萍乡洗煤机尚未安设，即已就绪，亦虑本质过重，洗亦不净。开焦既无力再购，故日来与和田商订以煤易铁章程，仍参杂用开焦炭，随时议价定数字样。惟倭焦亦不能过贱，且虑仍不合炼贝钢之用……[②]

此时盛宣怀的压力主要来自铁厂如何扭亏为盈，唯恐因轨含磷影响销路而加重亏损。在如何解决焦炭这一关键问题上则举棋不定；既说开焦"无力再购"，又说"仍掺杂用开焦炭"，——此处也有可能是笔误；既想购日本焦炭，又怕价高"仍不合炼贝钢之用"；既寄希望于洗煤机，又虑萍煤"洗亦不净"，此时以精明强干著称的盛宣怀已是六神无主，语无伦次。唯一可行的只是命令汉厂："应先与卜聂切实考订，一面速致萍乡赶选磷轻之炭，是为至要。"

---

① 陈旭麓等主编：《汉冶萍公司》二，第91页。
② 陈旭麓等主编：《汉冶萍公司》二，第100页。

此时负责炼铁的吕柏合同期满，据说要求全厂生产和经营"皆须洋人主政"未获盛宣怀同意而不再任用。三月十五日，卜聂致函盛宣怀，一味指责萍焦磷重，反复强调关键在于前道工序炼铁，"倘不及今另购磷轻之炭，则化铁炉须一年后方有磷轻生铁，而钢厂亦须一年后方能有合用佳轨。"① 实际上，反映了汉厂部分人员要求继续使用磷低的开焦。

四月二十二日、二十九日盛春颐等一再禀告，因专用萍焦致使产量下降、煤耗上升，仍将亏损。五月二十日，卜聂函告盛宣怀，炼钢厂已经停产，完全归咎于萍焦。据说："迩来所到焦炭，竟含磷重至〇·一至〇·一五……是以此礼拜炼出生铁，含磷在〇·一八至〇·二。如此生铁，均属不能炼钢。若生铁含磷有在〇·一六者，今已炼钢用尽，在〇·一七者，亦已搀用数炉。"② 按照卜聂所说，这一时期钢轨含磷高，是因萍焦磷高所致。值得注意的是，卜聂明确要求"只得仍向开平定购焦炭"，同时声称近来"萍乡所到之炭，价值每吨不过七两"，意在迫使萍炭降价。

六月三日，盛宣怀致函张赞宸，转述了停炉后卜聂来上海反映的意见，将卜的三次来信转给张，决定采纳卜聂的方案，将萍焦降价："头等十一两，二等九两，三等八两。灰多一分，减银二钱；水涨一分，减银一钱五分。"盛颇为沉重地写道：

> 不图洋炉迟缓，土炉并不能取法乎上，致炭不能用，因是停炼。设比公司就此尽向外洋定料，则不特萍款尽掷虚化，厂亏亦永难涠复，关系何等郑重。……执事须知，萍乡一局，关乎铁厂命根、路工迟速。③

对此，负责萍煤转运兼管汉厂煤务的莫燨始终持有不同看法，反复致函盛宣怀为萍焦辩护，矛头主要指向卜聂。强调"化验则故意拣提次块，自然灰磷较重"；指责其强人所难："所订头等十一两，含磷不得过〇·〇二，萍

---

① 陈旭麓等主编：《汉冶萍公司》二，第113页。
② 陈旭麓等主编：《汉冶萍公司》二，第132、138、144—145页。
③ 陈旭麓等主编：《汉冶萍公司》二，第147页。

焦万无此磷轻者"；揭发钢厂停产是因为"去年此时钢厂亦因事停炼，今为天热，工人劳逸争闹，几致罢工，因而停炼"；又指责卜聂居心叵测，欲用开焦而诿过于萍，且与铁路局总工沙多勾结，谋办化铁炉；一再强调卜聂是受人指使，"有暗中唆卜聂为言上渎宪听者"。① 这就涉及深层的人事纠葛了。莫燨是盛宣怀从烟台调来的老部下、委以经管银钱的心腹，为了萍焦竟如此呶呶不休、争辩不已；而当事人、也是从烟台调来的张赞宸却保持沉默，既不回复也不申辩；与此同时，盛春颐虽是盛宣怀的侄儿，却对钢轨及零件被压价，不能自主又不知情，心怀不满，盛、施、宗三人联名屡屡向盛抗争，以致相继要求辞职，更显示了内部矛盾的严重和复杂。

如此双方写信告状的笔墨官司打了将近大半年。光绪二十五年十一月初七日，盛宣怀致信盛春颐、施肇曾、宗得福，终于抓住要害，就焦炭的使用和汉厂与萍矿的关系发话了：

> ……查开平一号旧焦，塘沽交货，十三两必不肯少，合上运汉水脚，总要十六七两，故鄙意决计不办开焦，专购萍焦。择上好者，炼贝色钢生铁，次者，炼二、三号翻砂生铁。好在二、三号生铁价值二十八九两，日本销路，亦甚畅旺。按照目前与沙多所定轨价，炼钢之利，与售生铁之利，亦属相仿。查阅沙多所定出轨期分甚宽，如上焦不趁手，可将次焦搭炼二、三号也。
>
> 诸执事当念汉厂、萍矿，似二是一，数年辛苦，数十万巨款，大举萍矿，原冀炼成佳焦，足备汉厂炼钢、炼铁之用，不受他人挟制。今若低首下心，甘买十六七两之开焦，实属非计。……但当于萍煤之内求善用，不得于萍矿之外求生计。②

光绪二十五年，汉厂发生的这场激烈的争论，是因停用质量好、含磷低

① 陈旭麓等主编：《汉冶萍公司》二，第 141、144、146、149、166 页。

② 陈旭麓等主编：《汉冶萍公司》二，第 178—179 页。

的开平焦炭引起的；与吕柏离厂、卜聂的地位和作用发生变化大有关系；在企业经营管理上，此时萍矿虽是汉厂的下属单位，张赞宸仍是汉厂提调而总办萍矿，资金仍通过汉厂支付，但生产经营却单独核算、自计盈亏，基建和生产的大小事务却直接取决于盛宣怀，厂矿之间既有供需矛盾又有因萍焦价格而引起的利益冲突。

这场争论的焦点是萍焦磷多。这一问题的存在，不仅影响当时钢轨的生产和对卢汉铁路建设的供应，也使正在建设中的萍乡煤矿处于极为被动和不利的地位，在一定程度上关系着它的前途和命运。

磷轻铁矿石优先输日 汉厂炼钢面临困境

光绪二十五年秋天，在萍焦磷重问题争论火炽、汉厂积压的磷重萍焦已达八千吨之际，盛宣怀又要筹备大量磷轻铁矿石出口，更是雪上加霜。

盛宣怀在这年的二月与日本签订了《汉阳铁政局与日本制铁所互易煤铁合同》，该合同附件《购买大冶铁矿矿石定准成色清单》，其中分别规定铁、锰、磷、硫、铜的含量指标，以及加价和减价的规定。其中，"铁一万分之内，有磷五分方为准色。""如有磷多于前定准色，则每多一万分之一，每吨减价一角。""如有磷过八分以上者，一概不买。"[1]

光绪二十六年五月、八月，中日煤铁互售合同两次续订，对头等矿石磷含量的要求更加严苛，两次均订明："磷量矿石每一万分之内有四分及四分以下者，定买二万吨；其有五分及五分以下者，定买三万吨。"[2] 似乎盛宣怀既已接受并将严格执行这一条款，实际上已经确定了今后大冶铁矿石的分配方针：长期将磷轻好矿石优先满足日本，而将磷重者留给汉阳铁厂。

光绪二十七年，大冶铁矿产量翻番，猛增加至 109125 吨，其中：销往日本 70189 吨，运往汉厂 36354 吨，为 2∶1 之比，日本已反客为主，此后

① 陈旭麓等主编：《汉冶萍公司》二，第 93、94—95 页。
② 陈旭麓等主编：《汉冶萍公司》二，第 190、206 页。

历年销日量一般均超过汉厂；当年总运销量达 106543 吨，直逼当年产量。在此情况下供应汉阳铁厂的矿石，处于从属地位，其数量、质量均难保障。①

综上所述，萍乡土法炼制的焦炭，本不稳定，时有磷重。后经吕柏建议，责成大冶铁矿专选磷轻好矿，以配合萍焦用于炼制贝钢。光绪二十五年，在萍焦质量尚未解决的情况下，盛宣怀为降低成本，不愿再用磷轻价高的开平焦炭；而吕柏请假回欧后，盛对吕柏不再续聘，汉厂专用含磷之萍焦，遭到卜聂等人反对；盛同时又与日本签订合同，开始长期将大量磷轻矿石输送日本，必将导致汉厂钢铁生产面临困境。

有关萍焦含磷的几点认识

方一兵博士长期致力于汉冶萍公司及钢铁技术移植的研究，是极少数曾经涉及萍焦磷高的学者。她说：

> 汉阳铁厂生铁乃至钢轨含磷高主要有两个原因：一是铁矿石本身含磷较高。大冶铁矿并非全是含量磷高的，但在 1899 年以前，铁矿石主要开采自铁山，这恰恰是含磷最高的区域。二是焦炭含磷高。要解决这一问题正如吕柏所说："这是一项基本上无法实现的工作。因为缺少能够正确掌控这项工作的外国专家人才……"

在这里，论著已经接触到历史的真相：大冶铁矿有磷轻矿石；焦炭磷高。可惜并未就此深入展开，最后的结论是：

> 虽然从技术上说，汉阳铁厂钢轨含磷高是由于铁厂设备与矿石不匹配，而张之洞也的确是先订购设备再寻找矿石的。但在投产之后钢轨

---

① 武钢大冶铁矿矿志办公室编：《大冶铁矿志》第一卷上，内部发行，1986 年版，第209 页。

质量问题是诸多因素综合影响的结果：一是汉阳铁厂急于为京汉铁路供轨；二是管理上和设施上都无法为生产提供化验等技术上的保证；三是焦炭供应一直是最大的难题，在这一问题没有解决的时候，及时地选择相匹配的铁矿石几乎是不可能的事情。①

窃以为，吕柏说这一问题无法解决是因为缺少外国专家，当指卜聂之流不能胜任，而他本人正是这方面的能手。吕柏曾于1899年3月间回欧洲，汉厂由卜聂负责炼钢；至1904年吕柏才由李维格力主聘请回厂，担任总工程师。光绪廿四年年末，盛宣怀正在考虑停用开平焦炭，盛春颐曾与吕柏订约，其中最后一条是："西正月廿六号，该工师禀称化铁炉定能用萍乡无磷炭一半，有磷炭一半，炼出贝色麻生铁，钢厂亦堪合用，自非空言。此后不得借词变异。"②联系到光绪二十三年二月吕柏已经通过长信向盛宣怀提出过用低磷铁矿石中和萍焦的建议，看来不是这一问题无法解决，而是由于盛宣怀不信任、更不续聘吕柏，才使这一问题未能解决，其中充满了吕柏对盛的怨气。

附带说一句，所谓"及时地选择相匹配的铁矿石"，并非不可能。就大冶铁矿对矿石质量的分类管理来说，应该在光绪廿五年已经基本解决。自1990年起，对日本按照合同要求顺利输出铁矿石便是明证。无法解决的，却是日方与汉阳铁厂已成争夺优质低磷矿石之势而不可调和。

关于吕柏及大冶铁矿对日本出售矿石，本书另有专章论述。这里仅围绕萍焦含磷陈述几点认识：

一是萍焦含磷问题的严重而突出，主要是在光绪廿五年停用开平焦炭之后。当年三月十五日，卜聂致盛春颐函云："然查去年生铁，含磷仅

---

① 方一兵：《汉冶萍公司与中国近代钢铁技术移植》，科学出版社2011年版，第36—37页。

② 陈旭麓等主编：《汉冶萍公司》二，第178页。该书此件系于"光绪廿五年十月（1899，11）"，疑误。据该书第112、114—115页，汉厂与盛宣怀之间的来往信件，吕柏于廿五年三月已离厂。按其回欧时间与盛考虑停用开平焦炭来看，订立此约的"西正月廿六号"，应是光绪廿四年底，即1899年初。

○·○九至○·一一，故炼出钢轨，凭铁路局试验称佳。"[1] 可见此前生铁、钢轨质量尚受好评。这一问题的发展和严重，也是吕柏离厂后的事，某种程度上可以视为排斥吕柏的后遗症。

二是盛宣怀决定不依赖开平焦炭而专用萍焦，这一决策从长远来看，已经为历史实践证明其正确性，否则不会有此后萍矿的大发展。但执行这一决策需要有人员和技术支撑，吕柏长期负责炼铁这一关键环节的生产，对于各种焦炭的质性精心研究，特别是对如何使用萍焦积累了经验，并与汉厂已有书面约定，不啻是立了军令状。但在决定专用萍焦的同时，却决定排除吕柏，无异是临阵换将，自乱军心，犯了兵家大忌。盛宣怀这两个决策是自相矛盾的，后者干扰、破坏了前者的执行及效果。

三、从宏观来看，光绪廿五年前后萍焦的问题，仍然是煤炭手工生产方式与钢铁机械化生产存在矛盾的延续。此时机械化的萍矿建设尚在初期，所供应的焦炭仍然是土法生产为主，既有矿局自炼，也有收购自商户，洗煤机等设施尚未具备和发挥作用，对焦炭的质量很难有效地控制；从运输方式看，安萍铁路刚通车，萍醴铁路刚刚开工，民间的小木船仍占据着一定的比例，途中的掺杂也就难以杜绝；运输滞后于生产，焦炭和生煤在安源和至武汉沿途大量积压，也就难免增加杂质、降低成色。就其存在的问题及表现形式来看，与此前广泰福商号不能适应汉阳铁厂的需要基本相似；二者根本的不同，则在于萍矿此时处于向机械化逐步转化的过程中，手工生产方式处于从属的地位将被逐步淘汰。随着机矿建设的进展，洗煤、炼焦等设备的逐步完善，机矿产量的提高，铁路的继续延伸，民船被淘汰，导致焦炭磷高的因素将逐步被控制或清除。从整体上来看，萍焦含磷高是可以逐步解决的。

---

[1]　陈旭麓等主编：《汉冶萍公司》二，第113页。

第十章　接办铁厂、开发萍矿资金真相

简析招集商股的三种说法 / 实际投入的资金及其来源 / 汉冶萍《创始老股账》：光绪三十一年以后编造的 / 萍矿创始老股：盛宣怀指使张赞宸虚构的 / 预付轨价：历年皆高达百万 / 应付袁世凯视察：虚报亏损九十四万 / 名为官督商办实无商股

盛宣怀对汉冶萍厂矿集财权于一身。资金官商夹杂、中外交汇、数额巨大、范围广泛、来源多途，运作则辗转腾挪、暗箱操作、表里不一，极为错综复杂而又隐蔽、诡秘。

百年来，专题研究盛宣怀资本的重大成果不多，其中研究汉冶萍资金的更少。一些基本问题，如汉阳铁厂官督商办后，究竟招集了多少商股，至今尚未形成共识，有些被广泛引用的成说及其依据尚存疑窦。本章考证了接办早期实际投入的资金及其来源组成，认为所谓汉冶萍"创始老股账"应是光绪三十一年以后编造的；萍矿创始老股是盛宣怀指使张赞宸虚构的；预支轨价历年高达百万，是其资金固定的、主要的来源；盛宣怀长期、系统地做假账，为应对袁世凯视察铁厂曾虚报亏损九十多万两。汉冶萍厂矿官督商办前期资金的最大奥秘是：号称官督商办而实际并无商股投入。

简析招集商股的三种说法

盛宣怀接办汉阳铁厂，名为官督商办，究竟招集了多少商股？

一说二百万两；一说一百万两；或说一百万两、二百万两都"缺乏可靠的事实依据"。可谓众说纷纭、莫衷一是。

"二百万"说，或以全汉升《汉冶萍公司史略》为代表："……铁厂在官办时期办理的成绩实在太坏，以致进入官督商办时期后，煤矿的开采既然还没有成绩，生铁的产量又小，使投资者都免不了怀有戒心而不肯投资。结果，盛宣怀还是不得不倚赖他私人的关系，从他主持的轮船招商局、电报局、通商银行、华盛纺织公司等企业的华商股东那里，为汉阳铁厂陆续凑集股本二百万两，作为基本经费。"[1]这段话的依据来自盛宣怀光绪三十四年二月《汉冶萍煤铁厂矿现筹合并扩充办法折》。无独有偶，陈诗启同样是引用盛宣怀这段话，并推论出："由此可见，汉阳铁厂第一批'商股'是招商局、电报局、通商银行、华盛总厂等企业投下的资本。"又说："1896 年，他终以200 万两的商本而攫得了汉阳铁厂 560 万两的全部资产了。"二位的结论似略有不同：前者明确指出系"陆续凑集"；而后者视其语气，似乎认为盛在接办当时便已经拥有并付出了这一笔巨额商本。[2]

"二百万"说的依据，即盛宣怀光绪三十四年二月《汉冶萍煤铁厂矿现筹合并扩充办法折》，有关原文如下：

> 臣谬膺艰巨，劝集商股，当时煤矿未成，化铁甚少，外状颇危，人情观望；尚赖轮电两局各华商及通商银行、纺织公司各华商，力顾大局，陆续凑入股份银二百万两，以立根本。[3]

---

① 全汉升：《汉冶萍公司史略》，第 72 页。
② 陈诗启：《盛宣怀的资本及其垄断活动》，《厦门大学学报》1962 年第 3 期。
③ 盛宣怀：《愚斋存稿》上，第 351 页。

这是十二年后对往事的回顾，盛宣怀说得笼统而含糊，并没有将资金情况如实详细报告。一句之中，连用两个"各华商"，可能是原稿添加"通商银行、纺织公司"两个单位而留下的痕迹；在这里，盛宣怀既要列出各有关企业，又强调是"各华商"，股金究竟是来自这些企业还是来自有关企业的股东个人，是含糊不清的。"陆续"二字颇有讲究，是盛常用的所谓"活笔"，代表着一个不确定的时间段；只有总数，既无分账户的确数，又无具体入股的时间，以此作为商股集有二百万两的证据，从史料鉴别来说，是缺乏说服力的，也不能据以了解其资金实际来源及运营情况。陈诗启可能是忽略了"陆续"二字，率尔据此认定"第一批商股"是招商局等企业投下了资本，于原文和相关史实均有不符；特别是华盛总厂早期是否曾投入资金更为可疑。

"一百万"说，资料来源于《汉冶萍公司所存创始老股账》，初见于武汉大学经济学系《汉冶萍公司史》(油印本)。后为张国辉《论汉冶萍公司的创建、发展和历史结局》及汪敬虞主编的《中国近代经济史(1895—1927)》等所采用，流传较广。据此认为："汉阳铁厂在官督商办初期的资本构成中，90%左右得自盛宣怀所掌握的洋务企业，只有5%左右的资本集自民间。不过民间投资的内情并不清楚，大抵是盛个人的或其亲友的资金。"①

据"创始老股账"所记：轮船招商局25万，电报局22万，古陵记3.65万，南洋公学0.6万，通商银行32.85万，萍乡煤矿10万，上海广仁堂2万，钢铁学堂3.9万，合计100万两库平银。当年参加并领导武汉大学经济学系《汉冶萍公司史》编写的代鲁曾称："此账簿虽系日后公司补作，与当年实情或许有出入，但亦绝非子虚。"此言充分反映了老先生对此资料既怀疑而又十分重视的矛盾心情。经过认证，他认为："可知汉厂初期已招商股100万两，或可毋庸置疑，而值得探究的却是如上表所列各户是否都是实际持股人？"并指出银行股"业已转为盛氏所有"，"轮电二局股银可能多数亦为盛

---

① 张国辉：《张国辉集》，中国社会科学出版社2002年版，第255页；汪敬虞编：《中国近代经济史（1895—1927）》下册，第1715—1716页。

氏所有",而不同意"只有5%左右的资本,大抵是盛氏个人或其亲友的资金"之说。① 按照这位史料发现者的提示,既是"日后公司补作",又"与当年实情或有出入",其真实性和可靠性便有疑问,当年实情究竟如何,汉厂初期是否已招商股100万,也是可以进一步探讨的。

第三种意见来自《二十世纪盛宣怀研究》一书主编易惠莉,她认为:"过去相关的研究论著及资料中,根据盛宣怀的这两份招商集股章程,判断1896年盛宣怀接办汉厂时,已招到商股银100万或200万两,这缺乏可靠的事实依据。""种种迹象表明,1896至1897年间,汉厂的运营周转资金几乎全依赖于高利贷性质的钱庄借款和铁路公司贷款性质的预付轨价。"②

如上所述,虽然二百万说、一百万说并非依据盛接办时的招商章程和招股公告,但其依据的可靠性不是没有疑问的。

易惠莉否定二百万说和一百万说的观点是在注释中提出来的,其中着重阐释招商局的投资,另有几条注释也与此有关,提供了一些新的见解和重要的史料或线索,但也还留有尚待进一步发掘、探究的空间,如资金来源及其实际运作、商股陆续筹集的过程、钱庄借贷的作用、预付轨价的性质及真相等,似有必要做较系统的梳理。

了解盛宣怀的资金来源及运作与他大举日债密切相关。易惠莉的专论《盛宣怀与汉冶萍公司》(上),开宗明义便强调:"盛宣怀最初为汉阳铁厂、萍乡煤矿大举日债,实系形势所迫,是一种反复权衡利弊之后的选择。对于盛宣怀的做法,应予以同情的理解。汉冶萍公司最终的命运,当时的政府应负主要的责任。"③ 盛精于算计,自然会反复权衡利弊,但权衡有各种角度,且不说汉冶萍这样的企业与国家利益密切攸关,即便是企业的利益与投资者个体的利益有时也是不能完全一致的,何况企业利益还有当前与长远之分等

---

① 代鲁:《汉冶萍公司史研究》,武汉大学出版社2013年版,第218—221页。
② 易惠莉:《盛宣怀与汉冶萍公司》(上),载易惠莉、陈吉龙主编《二十世纪盛宣怀研究》,江苏古籍出版社2002年版,第389、391页。
③ 易惠莉:《盛宣怀与汉冶萍公司》(上),载易惠莉、陈吉龙主编《二十世纪盛宣怀研究》,第388页。

等。这种种的权衡与选择，实际是最终取决于盛宣怀个人。

回到铁厂接办后招股的问题，如上所引，全汉升说因为企业效益不好，"使投资者免不了怀有戒心而不肯投资"；代鲁也说"当年国内商风仍未大开，铁厂又值商办初期，商股难筹自是盛氏意料中事"，虽是一笔带过，却都是着眼于外部因素。与此同时，我们对于相应的内在因素，即盛宣怀等主要当事人的招股意识、筹资倾向和渠道及其实际操作过程等，似乎也不应忽略，有必要进入我们的视野，纳入探索的范围。

下文依据原始史料，力尽可能地揭示盛宣怀接办铁厂后资金具体运作的一些真相。

实际投入的资金及其来源

当初，盛宣怀是两手空空来到武汉的。他在《接办汉阳铁厂禀》中说："目前需用商本一百万两，将来应缴官本一百万两，均属虚悬。"要求回到上海，招齐商股，三个月后再来接办。这一说法，好像是他接办铁厂便要立即拿出两百万两银子。后来张盛二人协商定案，由张之洞出面以《奏铁厂招商承办议定章程折》报告朝廷，其中关于资金问题的决策，一是"先招集商股银一百万两"。这只是一个计划数字，当时尚未实现；招来后，也是由盛宣怀支配，用于铁厂生产。二是将来从铁路公司给铁厂的预付轨价中，先提取一百万两归还急需的官本，然后从每售一吨生铁提银一两内扣还。[1] 实际上，盛宣怀一两银子也没上交，便取得了汉阳铁厂五百多万国有资产的支配权和使用权。光绪二十二年四月十一日盛宣怀到铁厂走马上任，还是张之洞从"湖北铁政局拨银十五万两"。[2]

同年五月一日，盛宣怀在武昌以"督办湖北铁厂头品顶戴正任津海关道"的名衔，拟定一份招集股东公告，宣称铁厂已由他接办并招集商股，"除

---

① 湖北省档案馆编：《汉冶萍公司档案史料选编》上，第130、134页。

② 陈旭麓等主编：《汉冶萍公司》一，第382页。

每吨提银一两抵还官本之外，其有余利，悉以归商。一俟官本提清，全局矿山、炉座、机器、铁路俱为商人产业"。在介绍了目前筹办情形后，将他接办的宗旨昭告天下："本督办不惜十年心血，弃海关道而不为，承此艰巨，无非上为朝廷立富强之本，下为华商开利益之源，将天下之利公之天下，不肯为外人所攘，亦不为私家所专。"说得何等激动人心！然后，列出的招股办法是：

> 凡我中国仕宦商贾，如有以本督办之言为不虚者，即将股银限一月内送至各省招商局、电报局代收。[1]

看似敞开大门，来者不拒；实则"姜太公钓鱼——愿者上钩"。五月初十，盛宣怀匆匆回到上海，也没有见他采取什么措施招股，一个月的期限很快过去了，没有收到商股也就在意中。

如此，铁厂的日常经费从何而来？用了多少？

光绪二十六年初，盛宣怀聘任比利时人葛乐士为铁厂总管，遭到铁厂盛春颐、李维格等人反对。三月十五日，盛李二人来电，反映"葛乐士索开厂中股本来源，各自往来底账，存有现银若干等等。据云非洞彻源流不能会计造册"。他们认为：

> 查厂自接办后，所有用款全恃腾挪，其中委曲求全苦衷，万难和盘托出，而于彼族尤难。即如部款预付轨价百余万，苟使彼族一知，比公司定料付价必有借口。[2]

由此可知，其资金运作的实情，不仅是不能让铁路贷款者比利时公司知晓，而且是不能公之于众的。这也提醒我们，盛对外公布的资金情况，有些

---

① 湖北省档案馆编：《汉冶萍公司档案史料选编》上，第131页。
② 陈旭麓等主编：《汉冶萍公司》二，第799页。

是有水分的，必须仔细鉴定。同时也明确告诉我们，当时实际预付的轨价已有百余万之多。

另一方面，户部和张之洞来文，要求将接办三年情形及如何归还官本，作出切实的报告。这就迫使盛宣怀要对账目作一次全面的清理。三月二十致电盛春颐、宗得福，与铁厂对账：

> 商办后入本，轮电股库廿万，路局规一百零三万三千九百五十一两三钱，银行押规三十六万，轮垫两江湘平三万，水脚规十一万三千三百两，固陵股四万，代还纱局长平七万，备赈规二万，路局垫开焦规五万七千，腊月初九路局垫汇协成规八万，正月廿二协成扣去路款十万，赵致祥正月止往来账垫规两万五千九百三十四两，共总入本二百十三万八百五十三两，是否相符。此外协成等庄截至二月止，如有欠款，望速电示，拟即截至二月止，将商办垫本奏咨立案，勿迟勿错。宣。号。①

电文中"规"为规元，"库"为库平银，与"湘平""长平"都是银两的不同成色。这是商办以来盛宣怀给铁厂拨款的底账，要求铁厂与之核对，应当是真实可靠的。三月二十一日，盛又去电补充了三笔垫款，约二十万，确定"约计二月止，已入本二百四十万光景"。

以上资金来源，大致可分为几类：

一是铁路总公司的预付轨价和垫款。包括垫还协成钱庄及其扣去的，共约130万，约占全部资金的54%。盛宣怀开出的底账与上引盛春颐、李维格电文中所说的"百余万"是一致的。

二是各种名目的垫款，即拖欠未还的债务。除去路局18万外，尚有近45万，约占18.7%。这些垫款大都来自盛宣怀直接掌控或有密切关系的单位，其中轮船招商局垫款加水脚共14万多。

---

① 陈旭麓等主编：《汉冶萍公司》二，第802页。

三是通商银行贷款 36 万，占全部资金的 15%。

四是钱庄贷款。协成共 18 万已用路款归还，这也说明钱庄只能短期周转。此时只剩下赵致祥一家 2.59 万两，数额相对不大；其他钱庄贷款也可能是用路款归还的。

五是商股。仅轮电 20 万，固陵股 4 万，共计 24 万，占全部资金的 10%。其中固陵股来历不明，而且很早就被挪用了，是否来自盛本人或其家族，尚未发现依据。

以上五个方面，应当就是盛宣怀接办铁厂初期资金的基本来源。

光绪二十五年二月，盛宣怀同时与日本制铁所、礼和洋行分别签订了煤铁互售和借款合同，此后资金又增加了外资、外债这一关系重大的来源。

由此可知，自光绪二十二年四月接办至光绪二十六年二月止，据盛宣怀自己提供的分项清单，共计对铁厂实际拨入资金约 240 万两。其中，商股只有 24 万，只占其所使用资金的 10%；铁路总公司的官款，高达 130 万，实际是铁厂日常资金周转的主要来源。

汉冶萍《创始老股账》：光绪三十一年以后编造的

一、50 万股金虚实与接办头年资金运作真相

代鲁在《再析汉阳铁厂的"招商承办"》中论及招股时，认为铁厂《创始老股账》"但亦非子虚"，举出盛宣怀二十三年一月十日致张赞宸函中有"股份五十万两""现股份银未动"之语，"这说明于承办的第一年内，至少已有股份银 50 万两"；同时又认为：十年后盛对李维格回忆，"汉厂股份以招商局附搭最早，电报局、通商银行次之"，而轮电加古陵记"恰达第一年的 50 万两之数"。① 后者系推测。

上述盛宣怀致张赞宸函有关原文如下：

---

① 代鲁：《汉冶萍公司史研究》，第 219 页。

自去年四月十一接手起至年终止，应作一小结束。所有实在用去成本，除现成生熟铁货、制成钢轨，可估价核成货本；添备机器，修造工程，已付价者，可加入成本；其余不敷，作实亏本。应分别开列收支，逐一清结。……

一、成本项下铁路总公司预支轨价银三十万两，湖北铁政局拨银十五万两，备赈存款银二万两，股分五十万两，四共成本银九十七万两。现仅股分银未动，而内有固陵银四万两，业已挪用，实已用去成本五十一万。……大约应以成本五十余万核计。①

白纸黑字，是有"股分五十万两"一说。窃以为但凭此信的片言只语，就断定已经招到了商股 50 万两，证据似不充分。有必要通过同时期的相关史料，更具体地了解其资金的渠道、数量、来源、运作方式及其特点等，联系起来对此进一步作出分析、判断。

光绪二十二年十一月二十四日，刚到汉厂的张赞宸致函盛宣怀，报告资金情况："卑职带来洋例银五万，即呈总办饬交支应所收帐。嗣又由'江孚'船带到五万，沈子卿带到五万，又已由宪处径付开平炭价五万，总共洋例银二十万两，已遵谕嘱支应所收铁路公司帐矣。"他在信中还说，秋季至今，厂中支欠钱庄的款额很大，都是盛春颐一人竭力调度。他带来五万已经分还各钱庄，尚欠协成钱十万多；当时发电催款，还不知道上海已经汇来十万，尚在途中。②

同日，盛宣怀来电责备盛春颐："十万巨款，不先函禀，遽尔电汇，何轻率乃尔！"③

二十五日，盛春颐去信解释，其中要点有二："岁内乞拨三十万方可应用，现蒙汇到十五万，综计断属不敷"；协成是来往的主要钱庄，"前后借用该号不下十万之数"，请求"就沪拨交十万两，于月内划付协成"。④

① 陈旭麓等主编：《汉冶萍公司》一，第 382 页。
② 陈旭麓等主编：《汉冶萍公司》一，第 316 页。
③ 陈旭麓等主编：《汉冶萍公司》一，第 848 页。
④ 陈旭麓等主编：《汉冶萍公司》一，第 321—322 页。

十二月十七，盛宣怀致电汉厂："第五批止，已拨规元廿五万四千八百两，又拨还垫款三万二千一百余两，所余一万三千余两，已拨招商局运煤水脚，共成规元卅万，如汉号息重，现有凌道台应拨张公记代办漕项六万余两，已另电我彭代领，暂可留用。宣。十七。"[1]

综合以上史料，我们可以知道盛宣怀接办头年资金运作的一些真相：

第一，除张之洞拨借 15 万外，汉厂主要是向当地协成等钱庄短期贷款，到了年底，包括应还钱庄贷款在内，资金缺口计 30 来万，由盛宣怀陆续拨款 30 万填平。

第二，盛宣怀的资金来源主要是铁路借拨、即预付轨价；另加他所能挪用的少量公款。

第三，资金运作的程序是：由盛向铁路公司提取预付轨价，何时提取，提取多少，系盛决定并操作。然后由盛分期分批、或由招商局轮船托运、或由钱庄汇兑，拨付给汉厂。何时拨付，拨付多少，仍然是由盛决定。这一年的三十万两系分五批支付。

第四，汉厂资金的进出均由盛亲自决定、一手调度，从严掌握，严格管理。汉厂只能按盛的指示严格执行。盛春颐擅自承诺年内从上海拨还协成 10 万贷款，事先未经请示，受到叔父的严厉斥责。

我们将上述史料与光绪二十三年正月盛宣怀致张赞宸的信对照，账目数额全部相符，唯独此前从未提起过有 50 万股份。它是横空出世，从天而降。

根据汉厂资金困难的实情、盛宣怀掌控资金的特点和他运作资金的方式，窃以为这股份银 50 万，只是盛宣怀信上的一句话。此前，汉阳铁厂从来没有见到这 50 万两银子，盛宣怀的金库里当年也没有收到这样一大笔资金。

盛宣怀这样空口说白话，显然是为汉阳铁厂的商办属性制造依据。商办岂能没有商股？没有商股，盛督办也得编造出商股。这信是教张赞宸如何做账，必须在第一年的账内先埋下根基，张赞宸自能心领神会。如果因为盛的

---

① 陈旭麓等主编：《汉冶萍公司》一，第 852 页。

信上有这句话，我们就相信他已经招到了 50 万商股，正是盛宣怀要达到的目的。

且不说汉阳铁厂这样一家严重亏损的企业，能否在半年内招来 50 万商股；如果真有 50 万商股，上述十二月十七日盛电，是对当年资金结账和核对，精明如盛宣怀，岂能如此疏忽，将它拨付的偌大一笔资金彻底遗忘，只字不提？如果真有 50 万商股，它与当年实际支出 51 万、其间资金缺口 30 万，这三个数据如何自圆其说？商股与支出基本持平，何来 30 万缺口？既有缺口，已用铁路拨款 30 万填平，精明如盛宣怀，又何须超出实际需要、无缘无故地拨付这偌大一笔资金？

二、《创始老股账》与相关史料不符

实事求是地说，在已出版的汉冶萍史料中，似尚未发现可以证实盛宣怀接办头年就招到商股 50 万的确凿史料，足以否定《创始老股账》的史料倒有不少：

1. 光绪二十五年，朝廷派刚毅清查轮电二局账目，盛宣怀奏折所附清单中，只有电报局光绪二十二年以"公积余利填作铁厂股本洋银十五万一百三十七元"；而轮船招商局二十二年至二十四年支出中均未见有对铁厂投资的记载。[1] 则招商局直至光绪二十四年底尚未对铁厂投资。

2. 朱荫贵《晚清轮船招商局对外投资一览表》内，1898 年以前，也没有对湖北铁厂的投资。[2] 既然招商局尚未投资，接办的第一年铁厂何来它的股金？

3. 上述盛宣怀于光绪二十六年三月向汉厂提供的底账，只有轮电股 20 万，固陵股 4 万，三家商股共计只有 24 万，便是最有力的证据。盛宣怀自己直接否定了接办第一年招有商股 50 万。以廿六年三月盛提供的底账与所谓铁厂"创始老股账"对照，只有轮电、固（古）陵三家户头相同，但三家的金额均不符；后者多出五户，股银总数多了 75 万，完全不符。所谓的"创

---

① 盛宣怀：《愚斋存稿》上，第 102 页。
② 朱荫贵：《中国近代轮船航运业研究》，中国社会科学出版社 2008 年版，第 258 页。

始老股账"实不足以作为依据。

4.光绪二十八年十月二十五日袁世凯视察汉阳铁厂，问商股有多少，宗得福回答说："五十万左右"。①

5.直到光绪三十一年七月七日，盛宣怀致电李维格，也说厂股"本有五十余万"，与上述宗得福回复袁世凯的说法一致。都是否定所谓《创始老股账》有股百万的证据。

三、《创始老股账》的发端

盛宣怀有关这些商股的说法有很大的随意性，前后不一，有意无意地制造了一些迷雾，使我们难以了解真相。这也说明，至光绪二十六年及以后一段时间，在盛宣怀的心中，如何在账面上拼凑一百万商股，还没有形成一个完整的方案。

就是在光绪三十一年七月，盛宣怀再次考虑大借日债，组成官商合办的公司，因而需要对商股调整扩充。他在七月七日致李维格那封电报中说：

> 现拟厂股凑合成三百万，本有五十余万，再以通商代赎押款三十五万，招商存款十五万并成商股一百万。轨价一百廿万，生铁捐廿万，再请部拨六十万，并成官股二百万，一律出股票，成一官商合办之公司，拟商政府，俟借款议有规模再入奏。②

盛宣怀在不经意间透露实情，直到此时铁厂的商股还只有50余万两。其时他要扩充商股，却不是真正想吸收商业资金，一不向社会公开招集，二不找有实力的资本家协商，仍然是按照老办法，在自己控制的企业之间打主意，用他自己的话来说，是"厂欠拟将官商存款改作股份"，也就是将铁厂拖欠通商银行、招商局的款项，利用他的职权使之摇身一变而成为所谓的商股。即债转股。而所谓的铁厂一百万两的《创始老股账》，实际是发端于此，

---

①　陈旭麓等主编：《汉冶萍公司》二，第298页。

②　陈旭麓等主编：《汉冶萍公司》二，第1075页。

随后按照盛的设想编制而成。

如此，在账面上玩弄数字游戏，看起来既减少了欠款，又增加了商股，一举两得，十分好看。但是，对铁厂增加资金供应、缓解资金匮乏并无多少实际意义；其主要作用在于拿它作为商办的幌子，通过股票形式正式占有企业的资产。

萍矿创始老股：盛宣怀指使张赞宸虚构的

学界似已确认萍乡煤矿早期集有商股一百万两。[①] 资料来源多引自张赞宸的《奏报萍乡煤矿历年办法及矿内已成工程》：

> 股本来源和收支情况
>
> 款项该存项下。先后股本库平银一百万两。
>
> 查首次入股为创始老股，计汉阳铁厂二十万两，招商局十五万两，铁路总公司十五万两，香记等户十万两，共六十万两。二次入股为续招老股，电报局二十二万两，招商局八万两，香记等户十万两，共四十万两。二共库平银如上数。
>
> 该付息股，库平银五十万两。[②]

此件出自萍矿创始人之手，真实性和重要性似无可置疑，其实不然，内中还有诸多隐曲。

第一，盛宣怀提出萍矿招集商股是应付有人反对向洋行借款。

光绪二十四年三月，盛宣怀与张之洞会奏开办萍乡煤矿时，并未提到是否招集商股。

光绪二十五年二月，萍乡煤矿公司与上海礼和洋行签订了借款合同。同

---

① 全汉升：《汉冶萍公司史略》，第 124 页；汪敬虞主编：《中国近代经济史 1895—1927》下册，第 1718 页。

② 湖北省档案馆编：《汉冶萍公司档案史料选编》上，第 204 页。

年四月，有人上奏反对盛宣怀以招商局资产作保向洋行借款、要求查禁，朝廷命张之洞查明。六月十七日，在《奏查明招商局保借洋款扩充萍矿有益无碍折》中，张之洞回奏说明，这次借款"实因商股一时难集，而萍乡煤矿所关于铁政甚巨"，其中说到萍乡煤矿的招集商股，拟有章程，"计股票拟定一百万两，铁厂及铁路公司并轮船公司招商局入股五十万两，其余五十万两由盛宣怀将章程、股票咨送江西巡抚、藩司，就地招股。如有不敷，再向他省招集。其所认股分限六个月缴足，以免观望、贻误。"①

张之洞奏折中的这段话，来自头一天盛宣怀致张之洞的电报，几乎一字不差，是盛要求"汇入复奏"的。实际上，这个招股计划是因为借洋款遭到反对而采取的应对措施，在电文中盛还强调招商局等的资金困难："在三局本无余力，因其需煤，不得不顾大局"，预先为招股计划的兑现留下了余地。②

我们注意到，这个招股计划的数额为一百万，与萍矿及其铁路建设所需的资金有相当的距离；却又只向特定的对象，即盛宣怀所督办的企业和萍乡所在的江西地方招股，而不是公开向全社会招股，有很大的局限性。此时此事，盛宣怀筹集资金的取向十分鲜明地依赖于洋债。

至于"将章程、股票咨送江西巡抚、藩司，就地招股"，此后我们在相关资料中，似未见到下文。

第二，盛宣怀与萍矿负责人均缺乏招集商股的意愿。

早在光绪二十四年十一月二十六，盛宣怀曾在电报中对张赞宸说过："萍乡应发股票五十万，每年即需官利五万。"③ 因为当初盛宣怀与张之洞商定的《奏铁厂招商承办议定章程折》曾经宣称，商股"自入本之日起，第一年至第四年按年提息八厘，第五年起提息一分。"④ 故五十万商股每年官利即达五万，这对企业无疑是一个不小的负担。如此轻轻的一句话，流露了盛宣

---

① 《张之洞奏查明招商局保借洋款扩充萍矿有益无碍折》（光绪二十五年六月十七日），载湖北省档案馆编《汉冶萍公司档案史料选编》上，第228页。

② 盛宣怀：《愚斋存稿》中，第108页。

③ 陈旭麓等主编：《汉冶萍公司》二，第752页。

④ 湖北省档案馆编：《汉冶萍公司档案史料选编》上，第134页。

怀对商股的真情实感，他对此的积极性和诚意都不是无可怀疑的。

光绪二十五年十二月初九，萍矿会办莫燨致电盛宣怀要求拨款，"如饥待食，刻不容缓"，其中却插入这样一段话：

> ……洋矿已见煤，明年定旺，萍事定有把握，将来必获盈余，可补他处亏损，如有虚言，燨甘同罪。报销已就……燨细核能以礼和现款及招商局、铁厂、路局股款统拨现银，厂煤价按月结付，可敷周转。似不必多招股分，外溢利权，乞宪裁预为地步。①

莫燨在急需资金周转的情况下，仍然主张"不必多招股份"，颇堪玩味。萍矿的两位负责人都主张不招股。张赞宸于二十四年五月曾向盛建议："宪意购机借洋款，余由轮局、铁厂会招股，管见华商招股久不见信，铁厂积亏更难信，矿即兴工，轨须购地填路，工程巨用，专待股必误。将来萍矿必能自立，暂可勿招，稍有成，不招自来，此为正办。"②他是强调客观现实条件不宜招股，应合理地选择招商的时机，此时非不为也，实不能也。到了二十五年底，莫燨认为萍矿"定有把握""可敷周转"了，其主张不招股便是直截强调不可"外溢利权"，此时非不能也，而是不为了。这两个人都是盛宣怀得力的亲信，对于盛宣怀个人和他的事业忠心耿耿又可以说得上话。但似乎莫燨更为老辣，更洞悉盛的心曲，直截了当，抉出要害，"肥水不落外人田"。不是"自己人"说不出。

第三，招商局、铁厂入股萍矿的实际操作。

在企业内部，关于萍矿股份较早的原始记载，有光绪二十五年七月七日莫燨致盛宣怀函，即上述张之洞复奏二十天之后：

> 施提调回厂，据云在沪蒙宪台面谕，已为萍筹定股分，汉厂银

---

① 陈旭麓等主编：《汉冶萍公司》二，第 766—767 页。
② 陈旭麓等主编：《汉冶萍公司》二，第 717 页。

242 悲怆的绝唱：盛宣怀与汉冶萍公司

二十万两，招商局银十五万两，铁路公司银十五万两，共银五十万两。卑职窃思汉厂股分即以旧欠相抵，而招商局、铁路公司两股分银三十万两，不知如何拨抵？如可作用，此时萍矿正需资本周转，可借救燃眉。卑职未奉宪谕，究未悉其详，如已有端倪，即将股分银拨付协成并归清庄款及各项而周转有资，统祈宪台详示，不胜盼切。①

此处与上述张赞宸的记载有所不同，没有香记等户十万两，只有五十万两。莫在电文中反复强调"不知如何拨抵？""未奉宪谕""未悉其详"，显示了此事尚处于不明朗的状态，但他估计"汉厂股份即以旧欠相抵"却是准确的。对于莫用此三十万两股份银还债的请求，未见盛宣怀有何表示。同年十二月初九，莫燨再次致电盛宣怀要求拨款，第二日，盛宣怀复电如下：

莫吟舫青电悉。礼和现款十月止仅存十一万余两，除拨宗汇萍工五万、礼和半年息银四万，不敷拖轮之用，各股分须看萍帐方肯拨付，所电八万仍望与厂商办。宣。

除了依旧强调资金困难，只是闪烁其词地透露了各家的股份银并未拨付。所谓为萍矿筹定股份50万，至此也仍然只是一句话。②

直到光绪二十六年正月，盛宣怀要用比利时人葛乐士作铁厂总管，必须将此前账目结清，遂于二十六日电令张赞宸，"望将厂拨机器轨料一总造册核估价值。与厂会禀，作为厂入萍股三十万，余找现银。"盛宣怀依然是老办法，以萍矿应还铁厂欠账作为股份。不久，股份又有变动，二月十七日电令盛春颐、张赞宸：

招商局附入萍股库平十万，申规银十万九千六百两，已交汉银行收

---

① 陈旭麓等主编：《汉冶萍公司》二，第155—156页。
② 陈旭麓等主编：《汉冶萍公司》二，第766—768页。

萍账，抵付此款。以后萍若要款，应由绍甄设法招股。原拟将萍欠厂款料二十八万六千五百两凑足卅万入股，但恐厂欠煤价七万七千四百两无款可还，或连正、二月煤价，萍还厂款八万六千五百两，只附股廿万。

二月二十八日张赞宸在汉阳向盛报告："招商局附股库平十万已收。"至此，萍矿的股份中，招商局十万，铁厂二十万才算是在账面上有了着落。①

所谓"以后萍若要款，应由绍甄设法招股"，不过是盛宣怀对张赞宸经常索讨资金而发的牢骚。上述股份的操作过程，充分反映了汉冶萍厂矿所谓"商股"的实质。萍矿、铁厂、铁路、招商局都是由盛宣怀一手"督办"，经营上又有连锁关系，互有资金往来，"剪不断，理还乱"。这些企业对萍矿入股，何时入股，入股多少，只凭盛宣怀一句话，始终是一种账面上的数字游戏。诚如张赞宸日后所言："至所收股本，乃二十五年以后事，且系陆续零交，指作还款，不能应时济用。"②

第四，张赞宸奉命编造"萍矿创始老股"的经过。

光绪二十七年四五月间，张赞宸曾去上海，与盛宣怀商议将萍乡煤矿归并轮船招商局并向社会招股，五月一日，张赞宸在致盛宣怀函中说："萍乡煤矿章程序稿，遵拟呈鉴，以备采择。稿中有矿本已集商股一百万两一语，其实所集股本，并无如此之多，此中具有用意，伏乞钧裁。"③表明这一百万两商股是虚开的。后来并入招商局一事未办成，张赞宸却带回了一个编造五十万创始股的任务。因与原有账目收支不符，张赞宸思量了几个月，想出了一个移花接木之计。同年十月十五日张致盛密函云：

前在上海所议五十万一节，宪意拟将礼和未借款之前所入创始股本，一股作为两股。此本西国通行之办法，无如萍矿创办之初，礼和未借款之前，专赖外间挪移，并无丝毫股本。账目针孔相对，若一股作

---

① 陈旭麓等主编：《汉冶萍公司》二，第781、789、791页。
② 湖北省档案馆编：《汉冶萍公司档案史料选编》上，第205页。
③ 陈旭麓等主编：《汉冶萍公司》二，第247页。参见同书第249—252页。

为两股，则于第一、二年所收之款不相符合，总觉不妥。查近三年间土矿扩充至八十余处，所可开煤之山，计二十余里，据赖伦云，可值银六十万两。而土矿资本，统已赚出，即鸿唱经手之初，亏本一万余两，职道亦已如数代还铁厂清讫。是目下土矿本无成本，最好以土矿归并机矿，宁可便宜作价，作为四十万两，约今年底截止，除作价四十万两外，尚可得盈余十余万两，则两款合计，已有五十余万两，以之作为机矿股本，华洋人均无间言。如此办法，账目丝毫可勿更动，且不着形迹。

信末又云：

去年册报，现已结齐，只待缮正。特先密禀上商，如宪台以为可行，乞赐电示云：照办。或必须一股作为两股，乞赐电示云：仍照前议。职道之意，今年始刊股票，必须去年册报先行埋根，为今年归并地步，或为今年双股张本，专候电谕遵行。

再，此项五十万股本，籍贯、姓名如何填法，亦乞密电谕知，以便照办为叩。①

这封出自张赞宸的亲笔，而且是"钉封坚固""务求赐阅后即付丙丁"的密函，留下了真相的一角。由此可知：

第一，"礼和未借款之前，专赖外间挪移，并无丝毫股本。"这是盛、张两人之间的私房话，也是大实话。毫无掩饰、清楚明白地说明光绪二十五年礼和借款前并无商股。这一点，与我们所看到的原始史料相符。

第二，"所议五十万"，即盛宣怀无中生有地提出"礼和未借款之前所入创始股本"，并要将它"一股作为两股"。这是在张赞宸拟虚报"已集商股一百万两"的基础上，盛宣怀指使张赞宸具体编造创始老股。

---

① 陈旭麓等主编：《汉冶萍公司》二，第260页。

第三，张赞宸考虑所谓"创始老股"凭空而来的五十万资金，与"第一、二年所收之款不相符合"，恐露出马脚，考虑五个月后才拟议将土矿所值并入机矿，而把这笔企业赢利改头换面充当所谓"创始老股"。

第四，最后张赞宸向盛宣怀请示，"此项五十万股本，籍贯、姓名如何填法，亦乞密电谕知"，其中大有文章，涉及这五十万股票如何分配及其归属。

盛宣怀于光绪二十八年正月初三复电指示：

> 姚呈函禀，所商两端应仍以创始股本五十万，一股作为两股。诚如来示两（西）国通行办法，轮电两局已有成案可援，虽当时未收齐，已见奏案。至土矿开煤，各山值价四十万，又余利十余万，应于上年册报综结内登记，庶可存，分明合符商例。①

盛此电仍坚持"创始股五十万，一股作为两股"，即一百万。"虽当时未收齐"是承认尚未收到股金的另一掩饰的说法，"已见奏案"则是明确指示编造的"创始股"应与"奏案"相符。这个奏案，当是前引《张之洞奏查明招商局保借洋款扩充萍矿有益无碍折》。也就是说，这个"创始老股"不是依据已经招集到的股金有多少来呈报的，而是按照向朝廷报告的口径来编织的。

秉承盛宣怀的授意，于是便有了上述张赞宸所说的一百万"创始老股"，加上息股五十万两，共一百五十万两。纯属编造不实，但却在萍矿早期收益的实际分配中占据了绝大的比重。

预付轨价：历年皆高达百万

汉阳铁厂不得不招商承办，一个重要原因是没有生产流动资金。盛宣怀

---

① 陈旭麓等主编：《汉冶萍公司》二，第902页。

承办铁厂后也继承了这一难题。像汉阳铁厂这样一个大厂，当时每月的基本开支大约是十万两，在前期虽然没有真正招到商股，却有铁路总公司给汉阳铁厂预付轨价，在长达十年的时间内，曾是一个比较固定的资金渠道。

预付轨价来自户部拨给铁路总公司修建卢汉铁路的官款。当初盛宣怀别出心裁，为卢汉铁路设计的建设步骤是：先借官款建造，建成一部分再以铁路作抵借洋债，铁路修成有了利润再招商股。① 这个方案，得到了户部尚书翁同龢的大力支持，同意拨借官款一千万，加上南北洋的官款三百万，预计共达一千三百万。盛宣怀掌握了这样大一笔资金，远比当年张之洞建铁厂时要阔得多，既让人羡慕，也招人嫉妒，给他惹了不少麻烦，多次被参劾与此不无关系。

盛宣怀作为铁路总公司督办，从铁路资金中以预付轨价的名义给汉厂拨款，是以当年和张之洞协议的招商承办章程为依据。

光绪二十四年三月，盛宣怀和张之洞会奏铁厂接办以来的情况，就明确向皇帝报告过："查照奏定章程，先后预拨轨价银一百九十万两"，"截至上年年底，核计运工轨料各价已逾五十万两。"② 光绪三十一年载振作商部尚书，曾派王清穆、杨士琦调查过这笔款项的使用情况。盛宣怀等回答商部王清穆的提问，也是援引当年的招商承办章程第五条，"路局预付轨价后，先行提银一百万两，尽先归还急需之官本；造轨后即在炼铁一吨应缴官捐银一两内扣抵"，强调"此项铁厂预支铁路公司之款，名为轨价，实系归还官厂官本"。③

关于预付轨价，有些真相似需要阐明，以消除误解。

第一，它不同于一般的贷款，应是一种特殊的优惠政策。

易惠莉在《盛宣怀与汉冶萍公司》（上）云："1897 年 2 月，他（盛宣怀）就以预付轨价的方式将筹办淞沪路、卢保路的铁路经费三十万两拨用于汉厂。不过，在钢轨等产品未交付前，汉厂须为这笔预付轨价向铁路公司至少

---

① 盛宣怀：《愚斋存稿》上，第 57—58 页。
② 湖北省档案馆编：《汉冶萍公司档案史料选编》上，第 200 页。
③ 陈旭麓等主编：《汉冶萍公司》二，第 474 页。

支付年息七厘的利息。"并在注释中阐明这年息七厘的依据，是"1907年盛宣怀建议四川总督赵尔丰将川汉铁路公司款以预付轨价方式存放汉厂时所提条件"。[1]

窃以为这是不同性质的两件事，似不宜以后者来指证前者。盛既是铁路总公司的督办，又是铁厂的督办，而他所掌握的这笔铁路经费是他策划并争取来的一笔官款。预付轨价可以说是盛宣怀亲自设计、全力争取、并具体负责执行的一种特殊的优惠政策。堂而皇之地说，它是用来支持和促进铁路建设和钢铁工业发展；从实际操作来说，盛宣怀也难以避免利用职权、官款商用、甚至公款私用的嫌疑。说句大白话，他不过是把官款从自己左边口袋里取出来，再放到右边口袋里去，总归是不会亏待他视为私产的铁厂。而四川铁路公司是商办的，它的资金是向四川官商绅民筹集的，此时铁路尚未开工，这笔资金存放在哪里，都必须生息，其主动权在四川；盛宣怀是以预付轨价名义争取控制和利用这笔资金，必然要和对方讨价还价，不得不同意付出较高的利息。

光绪二十五年底，张之洞要汉阳铁厂缴八万两银子，盛宣怀于十二月初十回信，其中也涉及铁路经费和汉厂预支轨价的情况，"惟查商厂除预支轨价一半毋庸出利外，其余挪垫之款已至一百十七万两。又萍乡开矿垫款已至五十七万两之巨，皆须按月出利"，"张季泽（直）尚欲来借路局之款"。[2]所谓"预支轨价一半毋庸出利"，便是公开的具体的优惠。盛宣怀在信中叫苦不迭，表白如何困窘，其目的在向张之洞呼吁："总之，此厂需款太巨，逼至无可如何，只得借洋款一法。"虽有预支轨价，但借外债仍然是他追求的资金主渠道。

第二，它不是偶尔的"区区数十万"，而是长期持续预支的。

除上引光绪二十四年、二十五年的史料提供了有关预付轨价的信息外，光绪二十八年二月，盛向朝廷上报《铁路总公司建造卢保铁路工竣收支官款

---

① 易惠莉、陈吉龙主编：《二十世纪盛宣怀研究》，第391页。

② 陈旭麓等主编：《汉冶萍公司》二，第181页。

总数并附销各项经费缮列简明清单》，其中统计共收库平银 947.0723 万两，共销卢保路及附销铁路总公司等项共支 562.1610 万两，应存 384.9112 万两。其应存中实际包含有汉厂的预支轨价。①

后来盛宣怀将卢保路的三百多万余款用于淞宁、萍醴铁路的修造，每当一项工程竣工后向朝廷报销时，也都提到了汉厂的预付轨价：

光绪廿八年九月《淞宁铁路工竣造销折》，"结至光绪廿六年十二月止，汉厂实预支总公司轨价一百三十一万九千六百余两"。②

光绪三十一年七月《推展吴淞轨道并萍醴铁路工竣造销折》，"实存库平银二百三十六万一百十五两三分四厘六毫。内有汉阳铁厂预支轨价库平银一百二十万四千六十一两四钱七厘八毫"。③

直到光绪卅二年八月《醴洙铁路工竣列作末次造成销折》，仍然"实存库平银九十一万六千五百三十两二钱七分八厘七毫，系先经奏准预支汉厂轨价值"。④

以上史料说明，从铁路总公司始建至三十二年，长达十年的时间内，铁路经费官款中，始终有一百多万两为盛宣怀以铁厂预支轨价的名义所占用。

第三，预付轨价的实际运作应是预付、扣抵、再预付，如此不断地滚动。

如上述二十四年三月张盛上奏所言，当年累计预付轨价已达 190 万，截至年底轨价、运费等逾 50 万便从中扣除。同年五月，盛宣怀《路工次第开办领款陆续用完电奏》明白交代："湖北铁厂定料拨银一百九十万，已扣回料价五十余万，约存一百三十余万。"这说明铁厂是先预支轨价，然后生产；而且此年预支数是实际轨值的近四倍。这十年来的预支轨价，高则 190 多万，上述有明确记载的一为 130 多万，一为 120 多万，最后一次也达 90 多万。另据统计，从光绪二十二年四月至三十一年，铁厂的销售收入合计为 890.76

---

① 盛宣怀：《愚斋存稿》上，第 193—194 页。
② 盛宣怀：《愚斋存稿》上，第 217 页。
③ 盛宣怀：《愚斋存稿》上，第 300 页。
④ 盛宣怀：《愚斋存稿》上，第 327 页。

万两①，平均每年的销售额不到90万两。如此，则预付轨价一般均远高于铁厂的销售收入；即按盛春颐说的铁厂每月开支需10万计算，一年的日常开支也不过是120万。既有这样相对固定的一大笔轨价可供盛宣怀支配，如果只是充当铁厂的生产流动资金，它的日常资金周转便不应该经常短缺，匮乏。然而，我们所读到的史料却并非如此。

预付轨价的作用不同于钱庄借贷。钱庄借贷一般额度小、利息高、时间短、期限严，只能供短期的资金周转，到期必须归还。如二十六年三月盛宣怀底账中所提到的协成，它与铁厂、萍矿的关系，或是一种特例。二月初七盛宣怀曾电令盛春颐等人与协成订一密约：

> 来电嘱将卅余万交协成，原无不可。将来路局存款必多，但照比合同应存银行，若如上次十万不付，比必借口改归道胜，大局有碍，汝等须与协成立一密据：一、铁路汇汉之款皆存协成，不拘何时，凭路局取用，不得延误公事。二、铁厂往来以二十万两为限，督办、总办立据，以大冶铁矿作押。三、萍乡往来以十五万两为限，督办、总办立据，以萍乡煤作押。四、以上三款存欠两抵之外，存者收月息若干，欠者出月息若干。以上四款彼此画押，友梅与我至契，但银钱重大，彼此有一界限，方免临时冒险，应即会合绍甄、伯友与协成商妥速复。宣。阳。②

不仅有私人情谊、有厂矿资产作抵押，关键是有铁路经费存入作为交换条件，并且提供了还款的保证。

光绪三十二年正月，盛宣怀曾对张之洞说过："侄从前敢于冒昧承办，所恃招商、电报、铁路、银行皆属笼罩之中，不必真有商股，自可通筹兼顾，故支持铁厂，余力尚能凭空起造一上等煤焦矿。"③ 今天看来，"不必真有商股"是说的实话；招商局确有大量资金长期为铁厂、萍矿所占用，除部

---

① 代鲁：《汉冶萍公司史研究》，第232页。
② 陈旭麓等主编：《汉冶萍公司》二，第787—788页。
③ 陈旭麓等主编：《汉冶萍公司》二，第539页。

分转为股本外，至光绪二十九年止，仍有存款 46.9 万[①]；而数额最大、时间最久、实际支持铁厂、造起煤矿的，主要还是铁路经费中的预支轨价。

应付袁世凯视察：虚报亏损九十四万

光绪二十八年十月，时任直隶总督、北洋大臣的袁世凯，将从老家河南绕道武汉、经上海回天津。在家守孝的盛宣怀得知，便打算请袁阅视汉阳铁厂。二月十四日，盛提前通知代理总办宗得福做好准备："慰帅必问该厂账目，望即预备历年筹借资本、亏折银数清折面呈"。最后，特地强调："宜预为他人接办地步。"同一天，又追加一电，提醒宗得福，九月份他在派李维格出洋的奏折中，曾报告接办铁厂后，已"设法借垫银三百二十余万两"，而"亏折商本一百四十余万之巨"，此次清折必须与之相符。[②]

当天，宗得福给盛回信，附有"拟上慰帅折"稿，送请盛宣怀审核。在折稿中，宗只将各项收款笼统报了一个总数，并在信中解释："如必欲各种细数，诚恐太骇，难以更易。"反映了他心中无底，不敢将各项收入一一具体罗列，惟恐漏出破绽，颇感为难。十九日又去电补充："顷伯友云，尚有宫保代筹之六十三万，尚应加入该款，计应三百九十万左右，存料项下均须添注。"[③]

二十日，盛宣怀来电，寄来他的改写稿，未做任何说明，唯令"希即照此缮折面禀"。原电如下：

> 函电悉。折开谨将湖北铁厂光绪二十二年四月起二十八年八月

---

① 陈旭麓等主编：《轮船招商局》，上海人民出版社 2002 年版，第 919 页。宣统元年十月《股商调查轮船招商局缘起利弊》一文记载，在"招商局盛督办任内，自光绪十二年至二十九年止，历届细账……公积入通商银行银行股本银八十万两，湖北铁厂股本银二十七万四千两，萍乡煤矿股本银十六万四千两，铁厂、萍矿存款四十六万九千余两"。汉厂、萍矿股本加存款合计 90.7 万两，后者名为"存款"，实际是长期拖欠、占用未还的。

② 陈旭麓等主编：《汉冶萍公司》二，第 943、944 页。

③ 陈旭麓等主编：《汉冶萍公司》二，第 297—298 页。

止，商办款目开列简明清折，恭呈钧鉴。计开该款：一、该铁路总公司预支轨价一百三十一万八千余两；一、该通商银行押款四十万两；一、该商股及上海垫款一百十一万余两；一、该招商局往来垫款十五万九千余两；一、该洋厂机器材料价十九万五千余两；一、该沪汉各庄号往来及生铁押款三十五万一千余两；一、该铁路总公司往来款七万一千余两；一、该萍乡焦价、东洋煤价十四万九千余两。共计该银三百七十五万三千余两。

存款：一、存历年预缴铁政局捐款七十三万余两；一、存添置机器工程修复炉座成本五十六万余两；一、存推展大冶铁矿、马鞍山煤矿成本二十五万六千余两；一、存钢铁货三十六万九千余两；一、存煤焦两项原值三十万余两；一、存材料原值十一万八千余两。共计存银二百三十三万三千余两。存该两抵共结亏折银一百四十二万余两，希即照此缮折面禀。宣。号。①

两相对照，面目全非。主要的修改是：

一是从整体来看，盛将宗稿收款、即盛稿该款，由 339 万，提高到 375.3 万，增加了投入 35.7 万；存数由 179 万，提高到 233.3 万，增加了库存 54.3 万，而亏损由 160 万降至 142 万，减少了 18 万，与九月的上奏保持一致。如此，相对而言，表面亏损减少，账面较为好看；而大幅度地增加了虚开的投入和虚开的成本、资产，如果据此交代，盛会得到更多的实利。

二是从收款来看，分列的项目与盛二十六年的三月底账比照，突出的是"该商股及上海垫款一百一十一万余两"一项。所谓"上海垫款"当是盛宣怀个人垫款的代称，也就是盛的出资，但又不是股份。与商股含混在一起，不加区别，使我们分不清到底另有多少商股。联系到他曾说的"宜预为他人接办地步"，此处不啻是宣布铁厂实际是他盛氏的产业。金额可能水分很大，而又难以了解真相。

---

① 陈旭麓等主编：《汉冶萍公司》二，第 944—945 页。

三是从存款来看，最大的修改是宗稿中"添置机器、围墙、驳船，又修砌生铁炉二座约合银三十六万零"，到了盛的手上变成了厂矿各一项共达81.6万，虚增成本45.6万；另将钢铁库存估值两项共26.7万，提高至36.9万，虚增了9.3万。仅此两项共增加资产的水分55万。

十月二十五日，袁世凯乘火车来到汉口，乘轮渡江到武昌时，宗得福将盛宣怀重新改写的汉厂清折送呈。据宗二十七日去信向盛报告，袁看过后，问了商办几年，便接问："竟亏至百四十余万之多？"流露出有所怀疑。再问商股有多少，当是针对清折之含混，宗得福的回答是："五十万左右，此外尚有六十余万皆宪台经手挪借"。此处宪台在信中系指盛；所谓由盛"经手挪借"，或是进可攻、退可守的说法，如何解释这些资金的来源，为谁所有，主动权便在盛宣怀了。——袁世凯毕竟厉害，此两问都击中了要害。[1]

时任铁厂总办的盛春颐回到铁厂后，便接到按此做详细账目的任务，看了向袁世凯报告的清折，十一月二十八日致函他的叔父：

> 伏查厂事，自廿二年接手至廿七年年底止，实亏银四十八万二千一百八十五两零，此次开呈袁宫保清折系至廿八年八月止，结亏一百四十二万余两，计相去九十四万有奇。惟收支两项，收款较支款尤难，因有来路必有去路，是以最难着笔，大致总以廿六年亏结并所呈袁宫保清折为纲，细目即不能出此范围，钧意以为然否。[2]

盛春颐自光绪二十三年八月郑观应离厂后便负责管理铁厂，五年多来，吃了许多苦头，费了许多心血，已使铁厂亏损实际减至48.2万，殊属不易。清折如此向上、对外宣称亏损仍高达142万余，较之实情增加了两倍，相距94万多，大大埋没了他的成绩，让他背上了黑锅。此中委屈，他对外不能说，对自己的顶头上司又是叔父，还是有必要交代一下的，如此才留下了真

---

① 陈旭麓等主编：《汉冶萍公司》二，第298页。

② 陈旭麓等主编：《汉冶萍公司》二，第302页。

实的冰山一角。

十二月初一，盛宣怀来电云："厂帐廿六年底止，当以敝处据厂禀咨册为准，廿七年后，当以宗牧所呈慰帅清折为准，所有帐目应责成倅与伯友赶紧办妥。"[1] 如此，虚报的 94 万亏损等等，正式列入账目，得以确认。由此证实，铁厂早已存在着两本账，一本是公开的，一本是秘密的。

回顾上引史实，从光绪二十三年三月盛宣怀指使张赞宸如何做账，虚列了股本 50 万两，便开始了造假账；光绪二十六年三月对葛乐士隐瞒预付轨价 100 多万两等资金真相，曾系统地另做账目；二十七年拟与招商局合并招股，先是张赞宸虚报萍矿股份，到二十八年无中生有确定萍矿创始股一股作二股共 100 万两；二十九年为应对袁世凯视察铁厂，盛亲下账单多报亏损 94 万等。史实说明，从接办铁厂后盛一直在亲自指使、持续地做假账。只看企业公布的数字，或以盛宣怀等人在某种特定形势下的只言片语为依据，是很难把握其资金及经营的真实情况的。

名为官督商办实无商股

依据史实，综上所述，本书认为：

盛宣怀接办汉阳铁厂、创建萍乡煤矿后，并未认真向社会招集商股。发布公告、上报方案，不过是虚应故事，挂出个"商办"的招牌而已，既未精心筹划、也未切实布置。后来所谓的商股，大多是属于他所掌控的企业，将相互拖欠的款项，以一部分随意转为股金；尚未发现史料证实在官督商办前期曾从轮电等"企业的华商股东那里"招集股份。入股的时间和金额，每每说法不一，自相矛盾，难辨真相。

在袁世凯视察铁厂时，盛宣怀亲自提供的账目清单中，出现了"商股及上海垫款一百十一万余两"这一引人注目、关系重大的说法。商股多少、为谁所有？垫款多少、来自何方？均付阙如。选择这一时机，有此一笔，为盛

---

[1] 陈旭麓等主编：《汉冶萍公司》二，第 946 页。

氏投入了资金、拥有铁厂产权留下了伏笔。

在盛宣怀督办铁路总公司的十年间，历年的预支轨价高达百万左右，应是铁厂日常生产流动资金的固定供应渠道和主要来源。盛最擅长于别出心裁、制造借口、拟订方案、利用关系、获得官款，为己所用。此前他所经办的企业莫不如此；在接办铁厂、督办铁路之际，从先请官款、后借洋债办铁路，再到给铁厂预付轨价，如此一套完整方案的出笼和实施，把他的这一才能表现得淋漓尽致。虽然如此，铁厂的资金周转仍然十分困窘，此事暂且存疑，留作后话。

光绪二十八年十一月二十八日盛春颐致盛宣怀函等史料，确证了盛宣怀长期系统地做假账，虚报亏损、虚报投入、虚报库存。汪熙在《论晚清的官督商办》中说盛宣怀资本积累的特点是"贪污""收股"和"连环投资"，如此系统地做假账，当是巨额贪污，是盛积累私人财富最为有效的手段；之所以企业严重亏损而管理者却急速暴富的奥秘也就在此。

大量史料表明，盛宣怀筹集资金，热衷于借外债，而对招集商股消极。筹集商股确有困难，但也不能一概而论，萍矿和铁厂似有不同，与其主观意愿不无关系。

追踪盛宣怀接办铁厂后资金来源及其运作的真相，我们深切感到，它的最大奥秘是号称商办而没有认真招过商股。人称盛宣怀善于理财，长袖善舞，其实有时做的是无本生意。官督商办的汉阳铁厂，只有督办，却没有商人，也没有商股。要说有商人，那就是督办本人。督办为铁厂殚精竭智、呕心沥血是无可怀疑的，至于他自己究竟投入了多少资金，恐怕是难以确切考证了。

三

踏上不归之路

第十一章 订煤铁互售合同

大冶铁矿是亚洲钢铁工业的母亲 / 日本严重缺乏铁矿石 / 日本政府操纵矿石合同订立 / 从文本看合同及两次续订 / 张之洞介入：合同期限及价格之争 / 实际是对日本单向出口铁矿石 / 盛宣怀出口矿石所得有限 / 售矿背后的贷款谈判 / 日本内阁图谋吞噬冶矿、铁厂 / 盛宣怀主张联日、寻求保护 / 大冶矿石保证了日本钢铁工业的确立 / 汉冶萍厂矿由此踏上了不归之路

1890 年张之洞开发的大冶铁矿，是试图突破深重的民族灾难，汲取西方工业文明，推进中国早期现代化的历史产物，是晚清中部地区社会转型的重要标志，是中国近代钢铁工业的起点，同时也是日本近代钢铁工业的原料供应地。1900—1945 年，大冶铁矿为缺乏铁矿资源的日本钢铁工业供应宝贵的铁矿石长达 45 年之久。

在一百多年来的汉冶萍研究中，汉阳铁厂是主要的议论对象，萍乡煤矿应该由谁开发、如何开发，也有不同的意见，唯独大冶铁矿少人问津。叶景葵未经证实的一句"冶矿含磷太多"，被当作金科玉律引用至今。关于日本与汉冶萍公司的关系多注重于历次贷款，对于 1899 年最早签订的《煤铁互售合同》，或有所忽略，或语焉不详。本章根据《日本外交文书》等原始资料，揭示日方 1899 年与盛宣怀签订《煤铁互售合同》的操作过程及其真实意图，并通过合同执行后的初期效应，审视它对于中日两国近代钢铁工业发展的重

大影响。

大冶铁矿是亚洲钢铁工业的母亲

从中国近代化的进程来看，晚清的湖北中部崛起是从张之洞出任湖广总督开始的；湖北地区的工业化和城市近代化则都以大冶铁矿开发和汉阳铁厂创建为起点。

在中国近代史上，汉冶萍的三个组成部分中，最早发现的是大冶铁矿。没有大冶铁矿，张之洞不会在汉阳建铁厂；为了给铁厂提供焦炭，盛宣怀才不惜巨资修铁路、进口设备开发萍乡煤矿。在三地开发的连锁反应中，大冶铁矿是根，是源头。

在这三个组成部分中，最省心省力的是大冶铁矿。它是露天开采，无须打井建巷道，张之洞没有进口多少机械，修了一条三十多公里的铁路通到长江边，解决了运矿问题便大功告成。盛宣怀接办后几乎是坐享其成，基本是在原有基础上逐步扩充、完善。

大冶铁矿横空出世，即被日本舆论惊羡不已。

《实业之日本》杂志第 10 卷第 14 号曾载文《大冶铁矿》为之介绍，于 1707 年 10 月 21 日被《时报》译出刊载，其中赞扬矿石之美："矿石全山略同，皆平均每百分含铁 65 分，含磷 4 / 10000 以下，含铜 3 / 10000 以内，硫黄则仅仅见有少量之痕迹而已。"[1]《实业之日本》所刊载的，是依据《煤铁互售合同》出售给日本的优质矿石的成分，客观上却为洗刷"冶矿含磷太多"的不白之冤，提供了无可辩驳的铁证。

大冶铁矿横空出世，即令日本高层垂涎不已，志在必得。

1899 年 3 月 14 日，日外务大臣青木向驻上海代理总领事小田切交代与盛宣怀谈判贷款的底线："如万一不同意以上列两项作为担保，则我方宁愿

---

[1] 陈真编：《中国近代工业史资料》第三辑，生活·读书·新知三联书店 1961 年版，第 432 页。

放弃铁政局，而着重大冶铁矿；因此，大冶铁矿无论如何有将其作为抵押品之必要。"①铁政局系指汉阳铁厂。在日本政府眼中，铁矿比铁厂更重要，亟欲侵占大冶铁矿之急不可待，跃然纸上。

大冶铁矿是亚洲钢铁工业的母亲，她的乳汁同时养育了亚洲最早的两大钢铁联合企业：中国的汉阳铁厂和日本的八幡制铁所。盛宣怀与日本制铁所订立《煤铁互售合同》，是汉阳铁厂及大冶铁矿与日本正式建立交易关系的起点。此后便形成了向日本"借款由铁矿石价偿还"的模式。

有关史料显示，订立并履行这一合同，对于中日两国钢铁工业的兴衰，产生了截然相反的两大效应：一是为铁矿石资源极为贫乏的日本解决了一大难题，使尚在建设中的八幡制铁所长期获得了可靠的优质原料，保证其迅速发展壮大；二是低磷优质矿石按合同优先保证对日出口，盛宣怀由此而确立了以资源换取日本贷款的方针。实际上，从订立《煤铁互售合同》起，大冶铁矿就开始为日本政府所控制，逐步丧失主权，终于沦为日本的矿石供应基地。

日本严重缺乏铁矿石

从 19 世纪 80 年代中到第一次世界大战爆发的近 30 年间，是日本的产业革命期，它的产业结构，从以农业和农村工业为中心，逐渐向以各种制造工业、机械工业为中心的近代产业转移。

其中，从 1901 年官办的八幡制铁所开工生产，到第一次世界大战的十多年内，是日本近代钢铁工业的形成和确立时期。

早在 1889—1890 年，中国张之洞创办汉阳铁厂之际，日本也在筹划发展近代钢铁工业。政府设置了调查机构，遴选野吕博士等专业人员，对北海道铁矿石、越后赤谷铁山、釜山铁山以及其他国内所有铁矿进行了调查，编

---

① 武汉大学经济学系编：《旧中国汉冶萍公司与日本关系史料选辑》，上海人民出版社1985 年版，第 35 页。

制了创办制铁所的预算方案，但据说是因为国库支绌而未能向议会提出。

中日甲午战争后，日本进一步扩充军备，决定创建制铁所。这不仅是扩充陆、海军军事实力的需要，也是适应其扩大对外贸易，加强海运和造船工业的需要。

1895 年《马关条约》缔结后，日本政府利用从清政府获得的 2.3 亿两白银战争赔款，开始实施被称为"甲午战后经营"的财政政策，向议会提出 1896 年的预算规模为 1 亿 5250 万日元，是战前的两倍。除了陆军要扩充 12 个师团、海军要实现"六六舰队计划"（战舰、巡洋战舰各 6 艘）外，包括制铁所的建设费、铁路铺设费、通信基础设施配备费在内，预算共增加 1180 万日元。[1]1896 年公布了制铁所的官制，农商务省为其主管部门。1897 年，农商务大臣宣布选定福冈县远贺郡八幡村设立制铁所，是为八幡制铁所。

八幡制铁所的原料从哪里来？这是最大的难题。

日本这个岛国缺乏自然资源，特别是严重缺乏矿产资源，能够充分满足国内需要的矿物只有硫黄和石灰石；最重要的石油和铁矿石主要依赖进口，直到全面发动侵华战争前夕的 1936 年，日本铁矿石的自给率只有 16.7%。[2]为此，前首相伊藤博文、主管财政的松方正义等人都曾经费尽心机。

日本政府操纵矿石合同订立

1898 年，峰回路转。出现了从中国大冶采购铁矿石的意见，其中的关键人物是日本驻上海代理总领事小田切万寿之助。他把这一建议提供给八幡制铁所长官和田维四郎，后又获得前首相伊藤博文的赞同。

1898 年 10 月 14 日，戊戌政变期间，伊藤携时任首相松方之子来湖北

---

① ［日］浜野洁等著：《日本经济史 1600—2000》，彭曦等译，南京大学出版社 2011 年版，第 122 页。

② ［日］依田憙家：《近代日本的历史问题》，雷慧英等译，上海远东出版社 2004 年版，第 165 页。

见张之洞，提出"所办神户船厂能炼焦炭，拟运炭来鄂而回船代销大冶铁矿石"，张之洞让他直接和盛宣怀商议。① 据盛宣怀多年后回忆："戊戌年伊藤由京来沪，面商铁事，彼意初欲借款合办，鄙人拒之；改议售给矿石，仿照英美办法，合同订明不得在中国开炉炼铁，而我公司预借其矿价日金三百万元，购买汉厂机器。识者颇以为合算。"② 此处盛依旧自夸，将过程高度简化，把前后两个合同，时隔四五年，并作一起说了。其实过程甚为曲折复杂。

据《日本外交文书》等史料记载，同年 11 月 30 日，日外务大臣青木周藏致电小田切，转告农商务大臣注意到小田切于 11 月 13 日写给和田长官的信，决定命他探询购买大冶铁山某一特定区域内的全部矿石、并由日人单独开采的可能性。③12 月 2 日，小田切与盛宣怀在汉口密商，达成四点协议。3 日，小田切致函盛宣怀，将两人会谈的出售矿石要点形成文字，成为日后签订合同的基础。④7 日，小田切电告青木外相：盛同意出售矿石，但拒绝由日人单独开采；同意聘请日工程师和派员常驻大冶。9 日，日农商务大臣曾祢认为"盛之要求，大体可以承允"。12 月 16 日，小田切以机密函向外务部次官都筑馨六较详细地汇报了矿石谈判"进行并不顺利"，即盛宣怀拒绝由日人单独开采，他找过张之洞申述，更向盛提出四点建议才获得同意，即12 月 3 日达成的四点协议。12 月 27 日农商务大臣曾祢致外务大臣密函称，"小田切领事与盛督办之协议，业已电复，大体无异议"。但仍提出"希望"："指划一定地区"、费用"由我方负担"、"由我方派遣官员管理"等。直到 4 月 5 日发给制铁所长官和田维四郎的命令状，才将其谈判权限明确为购买矿石"其价额不得超过制铁所预算之范围"，"须雇用我国技师"。⑤

3 月下旬，制铁所长官和田来华，先到上海与盛宣怀会晤，然后至武汉

① 吴剑杰：《张之洞年谱长编》下，上海交通大学出版社 2009 年版，第 563 页。

② 陈旭麓等主编：《汉冶萍公司》三，第 818 页。

③ 武汉大学经济学系编：《旧中国汉冶萍公司与日本关系史料选辑》，第 5 页。

④ 陈旭麓等主编：《汉冶萍公司》二，第 71 页。

⑤ 武汉大学经济学系编：《旧中国汉冶萍公司与日本关系史料选辑》，第 5—7、9 页。

会见张之洞，并到大冶调查铁矿，再回到上海与盛宣怀谈判。在购买矿石问题上达成协议，4月7日，和田与盛宣怀签订了《煤铁互售合同》，次年又有两次续订。

从文本看合同及两次续订

盛宣怀与日本制铁所订立的《互购煤焦矿石合同》，一般简称为《煤铁互售合同》。包括合同附件《购买大冶铁矿矿石定准成色清单》，《第一次续订条款》，《第二次续订条款》及其附件一《小田切致盛宣怀函》、附件二《盛宣怀致小田切函》，还有一份《矿石运输及装载章程》。签订时间从光绪二十五年二月二十一日（1899年4月7日）至二十六年十一月（1901年1月），按公历算是前后三个年头，共大小七个文件，构成一个完整的合同系统。①

光绪二十五年二月所订合同的要点有：

日本向大冶铁矿购买矿石，第一年定买五万吨，第二年以后需购数目，至少亦以五万吨为度。如日本要加买矿石，亦必照办。

所有中国汉阳铁厂及别项局厂每年需煤或间需焦炭之额数，须先订妥约需若干吨，知会日本制铁所预备……焦炭用否，随时酌定。

日本制铁所拣派委员二、三名常驻石灰窑、铁山两处，以便经理购买矿石等一切事宜。

本合同限期自签字盖印之日起，以十五年为满。如期限满，彼此意见允洽，仍愿接办，并不知照缴销合同，即为展续十五〈年〉凭据。

合同附件《购买大冶铁矿矿石定准成色清单》摘要如下：

铁矿石每一百分之内，须有铁六十五分，方为准色。

磷　一、铁一万分之内有磷五分，方为准色。如少于准色，则每少一万之一，每吨添加一角。

---

① 湖北省档案馆编：《汉冶萍公司档案史料选编》上，第216—220页。武汉大学经济学系编：《旧中国汉冶萍公司与日本关系史料选辑》，第9—28页。陈旭麓等主编：《汉冶萍公司》二，第92—96、190—191、205—207页。

二、如有磷多于前定准色，则每多一万分之一，每吨减价一角。

三、铁一万分之内如有磷过八分以上者，一概不买。

铜铁千分之内有铜四分以上者，一概不买。

自订立合同之日起，至光绪二十七年十一月为止，所有磁铁矿石价值，装载运矿轮船舱内，每吨定价两元四角。

在有关汉冶萍的档案史料选编中，对于后两次续订的文本，湖北档案馆本和武汉大学本都分别称之为"第一次续订条款""第二次续订条款"；而陈旭麓本则均称之为"续订大冶矿石合同"。在小田切向日外务大臣的汇报中，或称"关于续购矿石五年合同一案"。

两次续订又有区别，还须对文本作具体的解读。

第一，光绪二十五年二月签订的《煤铁互售合同》是已经生效的正合同。

签订这个合同的是湖北铁政局督办盛宣怀和日本制铁所长官和田，双方都已签押，日方并已盖印。通过这个合同及其附件，日方已经圆满地达到了目的：为其新建的制铁所长期获得优质、廉价铁矿石。

同年六月十一日，张之洞看到合同后致电盛宣怀："此时合同已定，不知尚能设法更改否。又此事有关大冶矿山，似须咨明总署，以免局外妄议。"由此可知：张之洞已知这是正式合同，但这个合同是未经过他和总署审议而由盛宣怀独自作主签订的，因而提出了更改的要求。

第二，第二次续订调整了矿石价格及其有效期，亦被称为正合同。

两次续订条款开宗明义均首先提出原合同，一再确定"未经续议条款仍照原合同办理"，表明了它是原合同的继续和补充，而没有推倒原合同。

光绪二十六年五月廿五日，第一次续订条款只有两条，确保装船，并对铁、磷等四项指标予以调整，除含铁量由百分之六十五下降到六十二之外，含磷量由万分之五提高为有二万吨万分之四及四分之下，含铜量由千分之四以上不买提高为二分六以下者买二万吨、三分以下者买三万吨。进一步提高了含磷和含铜的要求。

光绪二十六年八月初五，第二次续订。共五款，除了再次重申确保装船、开设化验房，并将第一次续订对成分的修订纳入以资肯定外，其新增的实质性内容有二,一是"购办大冶矿石成色暨价值,自订立此正合同之日起以五年为限……头等成色矿石,每一吨定价叁元正"。二是提出增加二等矿石并确定其成分和价格,并强调"惟此矿石与原合同所载五万吨无涉","原合同定购五万吨,均为头等矿石"。我们注意到,在将每吨铁矿石价格由二元四角提高到三元的同时,价格的有效期也由两年延长为五年。

在整个合同系统中,有两种合同期限不可混淆。原合同第七款之规定"本合同限期自签字盖印之日起,以十五年为满",虽然两次续订,始终不曾触及,应当依然有效;而且预设了"如不知照撤销""即为延展十五(年)之凭据",也就是说,日方的预期实际是三十年。另一种则是上述每两年或五年期满重新议价的合同年限。

张之洞介入:合同期限及价格之争

第二次续订条款自称"正合同"及其价格和期限的改变,当与张之洞的介入有关。

煤铁互售合同于光绪二十五年二月二十七日正式签订,三个多月后张之洞才看到文本。上引六月十一日张致盛宣怀电曾指出:

> 惟细阅此次所开合同,不无过虑,合同以十五年为满,试办之事,为期未免过久,设或佳铁不多,岂不于自用有碍,一也;限定每年卖铁石吨数,价值亦嫌太廉,操纵似欠自如,二也;以上二端,似均宜详酌,略放活动,似先定三年或五年为妥。①

此电张之洞指出盛未报告主管外事的总署,擅自签约,其实也表露了自己的不满。着重提出合同期限太长、价格太廉两大问题,"于自用有碍"即

---

① 湖北省档案馆编:《汉冶萍公司档案史料选编》上,第217页。

忧虑影响汉厂的生产，"操纵似欠自如"即陷入被动地位，均为历史事实证明是不幸而言中。当时大冶铁矿总办解茂承和负责挑选输日矿石的洋工程师裴理已分别向盛宣怀汇报指出，因为汉厂炼贝铁需要低磷矿石中和磷高的萍焦，含磷万分之七的矿石已积压不少，而日本要求的矿石成分太苛刻，恐与汉厂自用有矛盾。①

　　盛宣怀于六月十五日电复张之洞，竭力为自己辩解，强调小田切力请、和田急于成议回国，强调张之洞去冬曾表示赞同"有益无损"，更强调"伊藤又有函来，此时日本若据俄、德、英、意成案，索办一矿，自开自运，何难之有？"表彰自己"拒其租山自挖之请"而煤铁互易已是"计亦良得"。对于张之洞提出的实质性问题，却有意避开矿石的质量要求苛刻这一要害，大而化之地说什么"至冶铁数百年无尽之藏……似不患其缺铁也！"同时又把合同的长期售矿年限与短期商议价格谈判混为一团："惟所定矿质太劣，愈形其价值太廉，争论再四，不肯稍加，特于第三论价值条内言明，光绪二十七年十一月期满，价值再行酌定，此即操纵活动处，与钧意先定三年符合。"②

　　张之洞自言"为此实深忧虑"，迟迟没有正式表态。直到光绪二十六年三月，看到了有关日船来运矿石完税的报告，知道事已商定，又于二十八日急切致电盛宣怀：

　　　　与日本互易煤铁一事，去年承示合同，当以十五年之期太久，铁数

---

　　① 同年八月十一日盛宣怀致盛春颐等人函："……并依程式运送日本购定之矿，此三事以日矿为最重。裴来沪后，将铁、锰、磺、磷各项分数逐一指询，据称，皆可如式，惟磷质原定〇〇〇五，现在厂因焦磷过重，责运磷轻之铁，剔下〇〇〇七者不少。解总办说帖：'请与日本另议，将此项存矿贬价售罄，以换现银，尚未知钧意如何？惟厂矿磷质过轻，则日矿便虑不能如式……'"文中"〇〇〇五""〇〇〇七"即万分之五、万分之七。陈旭麓等主编：《汉冶萍公司》二，第168页。

　　② 湖北省档案馆编：《汉冶萍公司档案史料选编》上，第217—218页。其中"惟所定矿质太劣，愈形其价值太廉"，"太劣"一词似不可解。武汉大学经济学系编《旧中国汉冶萍公司与日本关系史料选辑》据盛宣怀《愚斋存稿》，亦为"太劣"；陈旭麓等主编《汉冶萍公司》二，未收此件。苑书义等主编《张之洞全集》十，第7808页为"矿质太苛"，似应从苑本。

太多，电请详酌略放活动，其最要者，尤在期限太久，至多似不可过三年五年，若照十五年，每年五万吨，共七十五万吨，设或将来佳矿不多，东人必须取盈，铁厂转无可用，况尊处正在推广萍煤，兴修铁路，萍煤旺后，铁厂自必添炉，需矿更多，若煤旺炉增，而矿石已罄，则铁厂数百万资本皆成虚掷，为患过巨，阁下独不虑此乎？……但不知期限已改几年，原合同已更正否？已奏咨有案否？此等事，合同虽定，若非奏咨有案，仍可再商，且合同有湖广大宪之语，似即指鄙人而言，敝署尚未咨复定议，则此语鄙人实不敢贸贸承认，鄙意为今之计，惟有严其吨数之年限，而稍宽其增价之年限，或许以照此吨数只先定五年，五年后再议，此五年内价值即照现议之价，此加彼减，日商或肯就范。弟专为铁厂利害计，即专为台端计，祈鉴谅详酌至幸，即盼电复。①

此电的主题更集中在"十五年之期太久"，要求更改合同。态度很坚决，否则不予承认。提出了更改的原则建议，并要求周详地考虑、做出答复。

四月六日，盛宣怀简略电复，强调"原因接办之铁山，须归自用，去年商款另在得道湾、金山顶购得铁矿数处……所议互换日本之矿石，可在商购铁山内取付"。言外之意，这不是你交我的官产，而是我购买的资产，我有权支配。实际上，原有官山有的部分已经停止开采，得道湾也是供自用。此事导致后来张之洞坚持不让盛宣怀收购邻近的象鼻山矿区。至于期限太久，盛宣怀仍然重复老调，二年期满再议就是"特以此留操纵地步"，最后勉强说了一句：我回上海后，拿你的电报去找小田切，"令更改年限以副宪廑"。②

这些往来的电报，显示了盛张二人对此次交易的态度迥然有别，也反映了两人之间的内在分歧及其貌合神离的部分真相，此后，两人之间的矛盾将在对日借款中进一步深化和发展。

张之洞介入的结果适得其反。此后第二次续订的条款，虽然自称正合

---

① 湖北省档案馆编：《汉冶萍公司档案史料选编》上，第218页。
② 苑书义等主编：《张之洞全集》十，第7939页。

同，仿佛是另起炉灶，实际上令张之洞不能释怀的十五年的合同期限、每年至少出售五万吨矿石等主要条款，丝毫没有改变，在数量上反增加了二等矿石至少二万吨。当时日本外务大臣青木在致农商务大臣机密函中说："如阁下所知，上述合同由前定之二年期限延长至五年，且增加了购买吨数，因此，虽购买价格有所提高，但制铁所方面，仍取得了很大胜利。"[1]从长远来看，汉厂失去了按照市场形势及时调整价格的权益，处于被动的地位；长期按照这一模式执行的结果，反倒是汉厂蒙受了极其严重的经济损失。

实际是对日本单向出售铁矿石

光绪二十五年十月二十日，盛宣怀向总理各国事务衙门报告煤铁互售合同签订的情况，本来就是先斩后奏的官样文章，内容、提法均按合同文本。开篇说："窃查中国矿产至富，大利未收，烟煤焦炭之用最广，而东南各省多待济于日本，如汉阳铁厂、轮船、纺织各厂局成本加重，大率如此。各国讲求商务，总以出口之货能抵制入口之货为第一义。"然后转入汉阳铁厂"苦于煤焦缺少，未能多设冶炉"云云，以强调与日本煤铁互售的必要性和重要性。又云："上年侯爵伊藤博文来华游历曾与湖广张督部堂及本大臣面商以彼煤炭易我铁石"。[2]

上引张之洞六月十一日致盛宣怀电云："查大冶铁产富饶，而中国焦煤短缺，以有余之铁，随时酌易急需之炭，未始非计；故前此和田来鄂面谈，弟嘱其到沪与阁下妥商办法。"表明他对煤铁互售基本上是赞同的；但是他只知铁厂缺焦炭，却并不了解盛宣怀接办后当前铁厂焦炭供应的实际情况，更不了解其中大有文章，实际上是盛宣怀单方面对日本出售铁矿石：

第一，从合同文本来看，盛宣怀售铁矿石是实，购日本焦炭是虚。

合同第一款规定购煤的对象，虽然列在首位的是汉阳铁厂，但还有"盛

---

① 武汉大学经济学系编：《旧中国汉冶萍公司与日本关系史料选辑》，第25—26页。
② 武汉大学经济学系编：《旧中国汉冶萍公司与日本关系史料选辑》，第14—15页。

大臣兼辖之轮船招商局、纺织纱布厂亦须由日本制铁所经手";虽然也提出"每购煤至少以三、四万吨为度",但品种是可供烧锅炉的"煤",而并非"焦炭"。需要大量采购焦炭的汉阳铁厂在这里似乎只是一个陪衬。

合同虽然也说过:"运煤来华,运铁回日,来回装货,水脚便宜,两有裨益。"却是专指日方"派驶轮船自赴大冶石灰窑江边受铁矿石而言,若汉阳铁厂能将矿石自行运沪交货……即不必拘定第一款购铁即须购煤之例,但必须彼此预先商妥而后行"。"不必拘定"四字即取消了合同对购煤的约束力。

关于焦炭问题,在第三款才有涉及,原文如下:

> 所有中国汉阳铁厂及别项局厂每年需煤或间需焦炭之额数,须先订妥约需若干吨,知会日本制铁所预备,近年煤价涨落无定,议照招商局购煤章程,每年分四次按照时值,议定各种价目,焦炭用否,随时酌定。①

所谓"间需",就是偶然需要。煤价每季度商定,适应市场形势,何等灵活!与矿石价一定两三年甚至五年不动,形成鲜明对比。"焦炭用否,随时酌定",还要合同何用?八个大字,点明了购煤焦只是陪衬;出售铁矿石才是实质。

第二,从汉厂当时生产实际来看,日本焦炭质弱价高不合用。

盛宣怀接办初期,光绪二十二年六月间,曾与日商白岩龙平联系,试用其焦炭。铁厂总办郑观应对日方提出派驻"技师一名常驻局中","深恐非怀好意";又担心"倭人无信,其煤必有掺杂",坚持要试用后再订合同。试用后被否定,据缪熔八月初六的报告:

> 倭煤经火即燃,而火力不能耐久,轮船生火喜用此煤。故所炼焦炭色美而质薄,不胜压力。挽以萍煤合炼,萍煤质厚尚未尽熔,倭煤质弱

---

① 湖北省档案馆编:《汉冶萍公司档案史料选编》上,第216页。

已成太过。火候不齐亦难合用，且倭煤之成本太巨。[①]

这一年的十一月初六，因冬季封港，开平焦炭停运，郑观应核计所存焦炭犹恐不足，曾向盛宣怀建议"请购东洋头号焦炭千吨，如价昂，则先买五百吨"，但还是要"与开平焦炭换用"。此即所谓的"间需"。[②]

光绪二十三年二月，负责炼铁的洋工程师吕柏致函盛宣怀，认为多出上等生铁要用好焦炭。对所用各地焦炭——分析鉴定，包括开平、萍乡、郴州、马鞍山及开煤在马鞍山炼的焦，也有一批英国焦炭。但未涉及日本焦炭，说明其未用或很少用。在肯定开平焦炭的同时，指出萍乡焦炭"炭质亦称上等"，"但嫌所含磷质过多""铁山取矿当在磷质少取之。""为多用萍乡之炭，其价较开平又廉，炉中工作亦是便益。"[③]此后汉阳铁厂炼铁的基本态势是：开焦与萍焦并用，以低磷铁矿石中和萍焦磷高，逐渐用价低的萍焦取代价高的开焦。

第三，从盛宣怀的经营决策来看，此时正在倾全力建设萍乡矿、路，似无必要长期、大量采购日本焦炭。

此前，光绪二十四年三月二十六日，盛宣怀与张之洞正式向朝廷会奏：开办萍乡煤矿并修筑运矿铁路。随即于四月二十三日，盛宣怀致函礼和洋行，联系向德国借款。十一月十三日盛宣怀函告张赞宸，已决定借洋款，百万中提三十万现银作修路、建矿费用，其余用来购置机械。光绪二十五年二月二十八日，紧接着在与日本签订煤铁互售合同的第二天，盛宣怀签订了萍乡煤矿公司与上海礼和洋行借款合同，解决了建设萍乡煤矿的资金来源。

第四，从合同执行结果看，汉阳铁厂并未购用日焦，双方同意将该条款删除。

日外相青木曾指示小田切应将购买日本焦炭作为借款的条件之一。对此，小田切在1903年10月2日有过说明：

---

① 陈旭麓等主编：《汉冶萍公司》一，第139、203页。
② 陈旭麓等主编：《汉冶萍公司》一，第299—300页。
③ 陈旭麓等主编：《汉冶萍公司》一，第442—446页。

关于煤斤一节，虽然定在（明治）三十二年四月合同中，其后到现在为止，迄未实行，甚至将来，恐仍难有实行之期，故上述条款即使删除，相信关系也不大。但如促使其履行，则对方将感到非常困难，此为本领事所熟知，故在增加吨数时，曾借此使对方大受窘迫。

光绪二十九年九月二十一签订之《大冶购运矿石预借矿价草合同》第六条即载明："购用日煤勿庸照办。"正式了结了这一公案。①

汉阳铁厂根本没有必要大量进口日本焦炭，更不可能长期用大冶矿石去换来价高又不合用的日本焦炭。盛宣怀之所以要把单向的铁矿石出口，包装为双向的换货贸易，是一种瞒天过海的策略。结果，铁厂就在眼皮底下的张之洞都被盛瞒过了，何况是朝廷、言官、民间舆论！如果明目张胆地提出对日本出口铁矿石，在晚清特定的历史条件下，他能如此轻松过关吗？

盛宣怀出口矿石所得有限

有学者认为，大冶铁矿石的对日销售，"在汉阳铁厂是以此换取急需的资金"。②

汉阳铁厂确实急需资金，但出售矿石所得有限，杯水车薪，无济于事。

光绪二十二年盛宣怀接办后，年底核算成本，大冶矿石运至汉阳铁厂生铁炉，"开局起至年底止共运到矿石二万一千零三十五吨"，各种费用"共计银五万三千零五十三两七钱二分，每吨合银二两五钱二分二厘零"。③每吨矿石成本折合银圆约3元5角。对日输出矿石必须增加产量，压缩管理经费，降低成本，才有少量赢利的空间。

煤铁互售合同签订后，光绪二十五年十一月十五日，盛宣怀向张之洞叫苦："日本议购大冶铁石，定价每吨两元四角，铁轻、锰轻、磷重、硫重者

---

① 武汉大学经济学系编：《旧中国汉冶萍公司与日本关系史料选辑》，第35、71、86页。

② 易惠莉编著：《盛宣怀与日本》，上海书店出版社2014年版，第38页。

③ 陈旭麓等主编：《汉冶萍公司》一，第407—408页。

尚须减价，挖工、装载、运矿、轮船舱内工费一概在内，所余无几。现须设趸船、起重机器，若需本银十余万，初办三年必无余利。"[1]结论虽然不无夸张，必须投入资金，增加了成本却是实情，也说明盛并没有指望出售矿石可以筹集到大量资金。

至光绪二十七年底，输往日本矿石计三十六次，共八万五千余吨。解茂承二十八年二月二十四日向盛宣怀报告："日矿华、洋员司花红，去夏曾呈手折，限定不加薪水，果有余利，作十三股拟提，以十股提归督办，以三股归局，按责成之轻重，定分红之等差……计余利六万四千二百六十两有零，即以六万四千二百六十，分十三股，每股四千九百四十三。"也就是说，一年半的时间，向日本出售了八万五千余吨优质矿石，除去成本、职工红利，上交给盛宣怀的只有四万九千四百三十两。[2]

在上述十一月十五日向张之洞叫苦的电报中，盛宣怀自报，"铁厂商办三年，计借卢汉轨价一百万，商股五十万，银行三十六万，银号五十余万"，相对而言，区区四万九千余两，实在是杯水车薪。

廉价出售矿石，就资金筹集来说，是无济于事；就其对汉阳铁厂造成的损失来说，是大为得不偿失；对于日本制铁所来说，则是利莫大焉！

售矿背后的贷款谈判

日驻上海代理总领事小田切 1899 年 3 月 1 日向外务次官都筑汇报时强调："矿石买卖事件，本系受盛督办之委托，向制铁长官和田谈起者；而资金贷借事件……系由听到盛氏与英、比商人谈判贷款后，本领事即进而劝诱盛氏，宣扬向我国资本家借款之利而开端者。"后者明显有突出其个人作用而向上级表功的意向。[3]

易惠莉认为："据小田切提供的背景资料可知，盛宣怀此间举借，一在

---

① 苑书义等主编：《张之洞全集》十，第 7862—7863 页。

② 陈旭麓等主编：《汉冶萍公司》二，第 267 页。

③ 武汉大学经济学系编：《旧中国汉冶萍公司与日本关系史料选辑》，第 31 页。

解汉阳铁厂资金匮乏之急，二在借此次将汉阳铁厂托管于贷款方，加快该厂转亏为盈的步伐。而后一因素决定盛宣怀瞩目于钢铁业历史悠久的英国、比利时提供贷款，日本并不在他的考虑范围。"①

对外贷款是双方的重大经济秘密，涉及政治外交关系。对第三方是否透露，如何透露，都大有讲究。盛宣怀是对外谈判的老手，深谙此中三昧。且不说盛宣怀是否真正有心将铁厂交给外国人托管；如果日本不在他的考虑范围之内，他为何要对小田切详尽地介绍与英、比谈判的内容？为何又对进行了一年多、几近签订的礼和洋行借款三缄其口，只字不提？为何等到煤铁互售合同签订后，第二天便亟亟与德方签约？无可争辩的事实是，这一看似无意的透露，促使小田切及时向国内汇报，挑起了日方高层与列强争夺汉阳铁厂、大冶铁矿的紧迫感，将贷款谈判提上了日程。这一效应似在盛宣怀意料之中。

据现已出版的资料，出售矿石的背后暗藏着贷款谈判，二者原是交叉进行的。

1898 年 12 月 7 日，小田切在汉口发电报告，盛同意出售矿石；要求贷款 200 万两。此后在矿石谈判的过程中，贷款谈判也在积极进行。10 日，外务大臣复电，贷款"现正由有关方面进行考虑"。18 日，小田切密函汇报盛欲向英、比贷款，强调日对盛贷款有四大利。27 日商务大臣密函外务大臣交代矿石谈判底线；同日，外务大臣回复对方：贷款"此与购买大冶铁矿石一事有关，亦有复电指示之必要"。日方外交决策高层敏锐地觉察到两者的内在联系及后果，28 日外务次官都筑密函指示小田切："总之，二百万两借款能否顺利达成协议，对大冶矿石购买交涉之成否，影响甚大。……务必设法不使盛氏与其他国家进行交涉。"直到 1899 年 3 月 1 日，小田切才强调"原来此案自最初交涉之时起，即完全视为两事，其间并无丝毫联系"，并建议购买矿石由政府交涉，贷款作为民间活动进行。此后贷款的幕后活动仍在进行，3 月 14 日外务大臣青木仍在向小田切亲授谈判机宜，强调贷款担保

① 易惠莉编著：《盛宣怀与日本》，第 44 页。

"我方宁愿放弃铁政局,而着重大冶铁矿,因此,大冶铁矿无论如何有将其作为抵押品的必要"。4月17日小田切才报知,盛宣怀主动提出将贷款谈判搁置。可能是日本要价太高,控制大冶铁矿的意图太急迫,同时礼和洋行已经垫款购置了大量设备,向德借款已经尘埃落定,盛宣怀才作出此表示。虽然如此,他仍"表示将来资金借贷,必先与正金银行协商"。且用途也由"萍乡煤矿开业"改为"供汉阳铁政局扩张"。——后来这些承诺他都兑现了。①

　　虽然此次与日贷款谈判秘密进行、半道中辍、不为人知,仅仅只签订了煤铁互售合同,但我们有理由相信,对于盛宣怀来说,两者之间绝不是"并无丝毫联系"。两者相较,可能贷款更是他的着重点。出售矿石是汉阳铁厂与日本建立联系的起点,它或是贷款的先导,或是辅助并促进贷款,甚至是为未来的贷款作铺垫。

日本内阁图谋吞噬冶矿、铁厂

　　在与盛宣怀谈判过程中,小田切感到贷款问题未引起国内重视,于1898年12月18日曾以机密函致日外务次官都筑,开宗明义即强调:"我相信此际由我国提供此项资金,将铁政局和大冶铁矿管理权,掌握到我国手中,实属必要之事。"在比较了英国、比利时贷款的条件和盛宣怀可以接受的条件后,他又再次强调日本可以从贷款中获得的特殊利益,其中最重要的是:"有在中国扶植我国势力之利","有东方制铁事业由我国一手掌握之利。"②

　　日农商务大臣曾称认为,"若不事先对铁政局事业及大冶铁矿实况进行调查,则难以作出任何决定"。为此,小田切于1899年3月1日向外务次官进一步献策,他制订的谈判策略是:"表面上,购买矿石系当作我国政府之事业进行交涉者;而提供资金则系当作由我国有力商人贷款之民间活动事件

---

　　① 武汉大学经济学系编:《旧中国汉冶萍公司与日本关系史料选辑》,第5—6、8、28—29、30—31、35—37页。

　　② 武汉大学经济学系编:《旧中国汉冶萍公司与日本关系史料选辑》,第28—29页。

进行交涉者。"之所以如此，是担心贷款由政府出面会引起盛宣怀和北京政府的猜疑。他还提醒，"此事必须绝对保密"，"许多外邦互相竞争，皆欲在中国获得各种特权"。

日本政府就贷款问题向岩畸、三井、涩泽几家财团做了工作，没有一家应承。外务大臣青木周藏、农商务大臣曾祢助荒、大藏大臣松方正义三人联名报告内阁总理山县有朋，提请内阁会议批准，"决定令正金银行负责借款谈判事宜"。

3月14日，青木以机密函将三大臣呈内阁总理文，外务大臣、农商务大臣致和田长官及领事小田切的训令，大藏大臣致正金银行的训令等三份文件寄给小田切，命令根据训令缔结合同，其第一二条为借款金额不超过二百万两，年限二十年，利息五厘。其第三、四、五条分别是：

> 借款报酬规定为在借款期限内铁政局营业利润四分之一，或出售大冶矿石于日本制铁所之利润额全部。
>
> 在借款期限内，铁政局及大冶铁矿事业之管理全权，归贷款者所指定之管理人；但对损失不负保证之责。
>
> 以铁政局地基、机器、建筑物等全部及大冶铁矿全部为抵押，作为借款之担保；该项抵押品应经湖广总督之承认，并报中央政府批准，务请中央政府负保证之责。

这些条款集中到一点，显示了日本高层决策者狮子大张口，急于一举将汉阳铁厂、大冶铁矿收入囊中，据为己有。

青木在信中强调："此项资金实际上是由政府贷出，但表面上必须作为全属民间资本，与政府无关……"考虑到英国一向把长江两岸视为自己的势力范围，日本此举可能引起英国的不满，青木一面指示小田切尽力促使北京政府保证日本资金的安全，力争合同中列入"经总理衙门批准""总督府批准"等条文；一面明确交底："日本态度是，万一各国实行瓜分中国时，日本也不会坐视，但此意图之透露，失之过早。"对于训令中规定的谈判条款过分苛刻，如以大冶铁矿石出售给日本的利润全部作为借款的报酬，"以铁政局地基、机器、建筑物等全部及大冶铁矿全部为抵押"，交出铁政局和铁矿的管理全权等，估计盛宣怀可能不接受，青木部署了对应之策，其中特别指出贷款的抵押品，"宁愿放弃铁政局，而着重大冶铁矿，因此，大冶铁矿无论如何有将其作为抵押品之必要"。①

从以上日方围绕大冶铁矿石所进行的活动，我们可以看到：

首先，从一开始，它就不是单纯的经济行为，而是由外交人员策划和鼓动，并经内阁决策，再由其在第一线执行的政府行为。

其次，从一开始，日方的策划者、决策者和主要执行人，已经将攫取汉阳铁厂、大冶铁矿的全部资产及其管理权确定为其志在必得的目标，不只是购买矿石而已。

再次，确定了今后以民间贷款换取矿石、独占大冶铁矿使其成为日本钢铁工业原料供应地的基本策略。此次贷款虽然暂时被搁置，但他们并未放弃，此后他们还将继续利用它作为绞索，一步步绞杀中国钢铁工业。

最后，日本决策者已经确立了参加瓜分中国的野心，只是时机尚未成熟，不宜透露而已。攫取铁厂和矿山只是其中的部分目标。

盛宣怀主张联日、寻求保护

我们今天看煤铁互售合同的文本，有的关键词语充斥着日方的霸气，如"每年五万吨之矿石，决无缺少，如日本要加买矿石，亦必照办"；两次续订对矿石关键成分的指标越来越苛刻，磷由五分降到部分"四分及四分以下"；在一些细节上也不放过，必定要占便宜，既要中方开设化验房，供日方"借用化验"，却又规定"无须租值"；合同签订后日方得寸进尺，既要日船直抵非开放的口岸石灰窑装载，还要免出口税。合同及两次续订的全过程，日方都是得陇望蜀；而盛宣怀是不断退让，总算是守住了底线，没有同意日方自

---

① 武汉大学经济学系编：《旧中国汉冶萍公司与日本关系史料选辑》，第30—36页。

行开采。如此等等，都让人感到这不是一个平等互利的合同。进一步了解到它是单向的出口，是日本严重缺乏铁矿，有求于我，本来是处于主动地位，合同却订得如此被动，如此委曲求全，低声下气，如果只是孤立地就事论事，实在难以理解。——实际上这个合同是在特定条件下的中日两国关系，通过盛宣怀的思想和行动而曲折留下的历史印痕。

曾任铁厂总办的郑观应对盛宣怀说过，"萍乡、大冶所产煤铁极富，是亚洲现在独一无二之公司，将来必获大利。唯可虑者有四……"前两虑是内部用人，如何物色总管，后两虑则是：

> 三、虑强邻环伺，中原大局岌岌可危，有事之秋，为人所夺；四、鄂督创办时填款甚巨，将来恐政府干预，不可不未雨绸缪。鄙见明知不合时宜，惟事关大局及股东血本，实有剥肤之痛，故不觉言之深切也。①

郑观应之所虑，持之有据，言之成理，说中了盛宣怀的心事；唯恐为外人所夺，唯恐官方干预，有此心病，便往往影响盛宣怀的决策。

强邻环伺，岌岌可危，多事之秋，正是甲午至庚子数年间清王朝处境的真实写照，也是煤铁互售合同订立的特定时代背景。光绪二十三年德军占领胶州湾之后，盛宣怀十一月二十三日寄总署夔帅、岘帅电中忧心忡忡："故胶澳之得失关系全局，非台岛可比。""故窃谓德国此举祸烈于倭战也！"其惊惧与惶恐更甚于甲午战败。随之俄国军舰强行开进旅顺、大连，宣告了清政府联俄拒日外交的失败。盛宣怀十二月十八日寄夔帅电云，在应对列强瓜分的策略上，与南方的刘坤一、张之洞及湖南巡抚陈宝箴三位大员已形成共识，"兼联英日，与江鄂湘三帅不约而同。惟不触不背，止可从商务入手，借债造路、开矿、加税、练兵"。与当时维新派要求救亡图存，借鉴日本，推进变法不同，盛宣怀的主张仍然停留在原来的洋务运动的范围内。列

---

① 郑观应：《致督办湖北铁厂盛京卿书》，载夏东元编《郑观应集》下，上海人民出版社1988年版，等1069页。

强各国在瓜分狂潮中纷纷强取路权、矿权，盛宣怀首当其冲，陷于卢汉、津镇、粤汉等铁路及其贷款谈判等矛盾的焦点，更直接受到严重困扰和强烈刺激，光绪二十四年正月二十四日寄王夔帅刘岘帅张香帅陈右帅电，便提出了所谓"各国共同保护"的荒谬主张："鄙见各国窃保护之名，分占边疆海口，渐入腹地，一国起争，数国效尤，牵制之法不足破其阴谋，通商之利不足抵其贪欲。处今日而欲散其瓜分之局，惟有照土耳其请各国共同保护，凡天下险要精华之地，皆为各国通商码头，特立铁路矿务衙门，统招中国和各国股分，聘请总铁路司、总矿务司，职分权力一如总税务司……"① 企图以拱手出让国家主权来求得列强的共同保护，不惜使中国如同土耳其一样沦为殖民地。这些对国家局势的判断、外交的联日主张，以及寻求列强保护的思想倾向，也必然渗透进他对企业资产及其运作的决策。

在此期间，英国、日本有"合保东方商务"之说；"联英日以拒俄"成为一个普遍性的议题席卷了革命党人、维新志士、洋务官僚、帝党新锐等各类精英。二十三年十一月，日本前驻华使馆武官神尾光臣等来华先后游说王文韶、刘坤一、张之洞。据张之洞二十三年十二月初十报告总署电，神尾对江汉关道蔡锡勇等人说："前年之战，彼此俱误。今日西洋白人日炽，中东日危，中东系同种同文同教，深愿与中国联络，而日本愿联英以助中。"② 盛宣怀积极介入了这一活动，二十四年正月十四日寄香帅电云："练兵必从两湖入手，原约神尾到沪先译日本练兵章程，再到鄂会酌地势、财力，变通定拟请奏，宣则进京详细剖陈，期其必济。"③ 1898 年初，日本《太阳》杂志刊出《同人种同盟兼论支那问题研究之必要》，认为瓜分中国利于西方而不利于日本，为了日本的长远利益，有必要维持中国领土现状，维持清政府的统治，以便日本逐步向中国渗透势力，最后将全中国置于日本控制之下。④ 如

---

① 盛宣怀：《愚斋存稿》中，第 15、21、36 页。
② 苑书义等主编：《张之洞全集》二，第 2112 页。
③ 盛宣怀：《愚斋存稿》中，第 31 页。
④ 吴雁南：《中国社会文化心态与联日思潮》，载台湾"中央研究院"近代史研究所编《第三届近百年中日关系研讨会论文集》上册，"中央研究院"近代史研究所 1996 年版，第 310 页。

响斯应，同年 4 月 26 日，日本驻上海代理总领事小田切万寿之助运作的"亚细亚协会"在上海郑观应住宅内成立，主要发起人小田切任会长，郑观应任副会长。《新闻报》《大公报》《集成报》《湘报》同时均有报道，据称："……曾商上海道蔡和甫（钧）观察、盛杏荪（宣怀）京卿，均谓甚愿其成，惟公忙不能兼顾，邀文芸阁（廷式）学士、郑苏龛（孝胥）部郎、何梅生（嗣焜）太守、郑陶斋观察主席。……"① 先后入会的上海官商名流一百多人，反映了联日思潮当时具有一定的社会基础，也反映了一些人士对于日本鼓吹中日联盟的实质尚缺乏清醒的认识。其中两郑一何皆是盛宣怀的重要幕僚，郑孝胥、何嗣焜正被盛奏调在铁路总公司任职，文廷式与另一位出席者志仲鲁都是萍乡广泰福商号的组织者和投资人，也是盛的实业合作者。盛宣怀此前曾与小田切有过深入的接触，据光绪二十四年正月十一日寄夔帅香帅电，盛曾与小田切商谈过缓期交付对日赔款问题；② 盛宣怀对这个协会"甚愿其成"，似可认为是由郑观应等人出面而与小田切的一次早期的密切合作。

每遇列强武力入侵，如何保护企业资产是一大难题。中法战争期间，轮船招商局各码头局栈轮船全盘售与美国旗昌洋行，后经盛宣怀向汇丰银行贷款赎回。此后每遇战乱则轮船换旗，托庇于外国，形成惯例。庚子之难，北方各省铁路遭到严重破坏，盛宣怀鞭长莫及；在策划联络东南互保的百忙中，考虑到眼前现实问题是汉冶萍的资产。光绪二十六年六月初九致电汉厂盛春颐、大冶解茂承、萍乡张赞宸等负责人，急切强调"各国将索尽权利，汉厂、冶矿、萍矿须尽属公司，剔开官事，方可保全"。③ 第二天又去密函向他们详述原委：

> 北事日亟，警耗频闻，戕德使、毙日本书记，自居公法之外。兵匪混杂，禁御戒严，将来能否为城下之盟，尚难逆臆，惟事到不堪收拾之处，便应预筹归宿。长江矿务，各国涎视，设于订约时，指索大冶之

---

① 转引自易惠莉：《郑观应评传》，南京大学出版社 2006 年版，第 543 页。
② 盛宣怀：《愚斋存稿》中，第 29 页。
③ 陈旭麓等主编：《汉冶萍公司》二，第 824 页。

铁、萍乡之煤、汉阳之机厂炉座。政府心绪焚乱，但顾眉睫之祸，即有较此急重，亦必不待筹商，脱口应许。

上海商务各董鉴及于此，海轮择要换旗外，其轮船各埠房栈地基，延请律师另赴香港挂号，冀以华商公司寄托英册，暂免择肥之噬。

汉、冶、萍、马费官商资本逾千万，耗员董精力逾十年，唾手委弃，有心同愤，应由我彭、一琴、研珊、绍甄各将所辖之汉厂、大冶、萍乡先后所购矿山地亩宽博广袤，隶属县名、村名，汇开清折，删除官局名目，连同契据即日封送寄沪，以便设法照商局华产暂寄港籍办理。事机危迫，非通权不能济变，亦救得一分是一分之苦心也。①

我们注意到，煤铁互售合同订立及两次续订，正是胶州湾事件之后掀起瓜分狂潮至八国联军攻占北京之际。动荡的局势，急迫的危机，盛宣怀的困境都会为日方所利用，1899 年 3 月 14 日，日外务大臣青木在指示小田切与盛谈判贷款时曾经强调：

> 日本态度是：万一各国实行瓜分中国时，日本也不会坐视，但此意图之透露，失之过早。因此，如发现中国方面有此担心，因而迟疑不决，则希望向其说明：日本政府意图在于不使各国在中国肆威，尽力维护和平，以保全中国。②

此时日本政府的真实意图尚未暴露，"保全中国"之类的承诺，对盛宣怀或有可能产生诱惑力。证之以上引光绪二十五年六月十五日盛致张之洞函，"此时日本若据俄、德、英、意成案，索办一矿，自开自运，何难之有？"言外之意，对日本不无感恩戴德。关于第二次续订，1900 年 8 月 30 日，小田切曾对上峰表白："本领事认为与张之洞进行交涉不利，乃利用当前形

---

① 陈旭麓等主编：《汉冶萍公司》二，第 201 页。
② 武汉大学经济学系编：《旧中国汉冶萍公司与日本关系史料选辑》，第 34 页。

势极力说服盛氏，终于使其单独负责，缔结了本合同。"① 所谓"当前形势"即八国联军已侵占慈禧与光绪仓皇出走。巢覆卵危，小田切的"极力说服"当是极尽威胁利诱之能事，自可意会。

既然汉阳铁厂无须从日本长期大量进口焦炭，既然盛宣怀主动暂时搁置了对日贷款谈判，既然出售矿石并不能立即提供大量急需的资金，既然日本严重缺乏铁矿石有求于我，盛宣怀为什么委曲求全、一再让步、苦心孤诣、不听劝阻，作出重大牺牲，订立这个煤铁互售合同？我们能够找到的答案似乎只有：在濒临瓜分的危急情势下，企图托庇于日本。

主张联日、对日本政府政府抱有很大期望的盛宣怀，是不是想通过汉厂铁矿与日本建立联系来取得保护？我们尚未发现直接的、确凿的文字记载；这样隐秘的意念纵使曾经出现，也未必轻易地付诸笔端。我们只能依据主客观的情势、当事人彼时的思想倾向和历史大树上已经结下的或大或小、或甜或酸或苦的果实去剖析、去寻找一些踪迹。

甲午战败，中日强弱顿分，自此日本跻身于列强行列，转变为专横而狡诈的对华侵略者。濒临瓜分，国势艰危，人为刀俎，我为鱼肉，汉阳铁厂在亚洲率先创建、大冶矿石精美丰富之局部优势，在日方面前消解殆尽。盛宣怀在联日以自保的大局观指导下，既想从日本取得借款以解铁厂之困，又似隐含着通过与日建立联系而取得其对汉冶萍资产保护的意向，既抱有幻想，又仰人鼻息、因人成事。在对外商务谈判中，失去了对等地位，中方必然是妥协多而抗争少，盛宣怀与日本便如此这般地成就了所谓煤铁互售这桩交易。

煤铁互售合同只是盛宣怀与日本通过企业建立合作关系的开始，这种关系在1908年盛氏赴日治病时广交政要达到一个高峰。而受到的保护则在武昌起义期间有淋漓尽致的表现，日本政府参与组织盛宣怀逃亡、为其提供避难所；战火中的汉阳铁厂则由李维格暂托日本三井洋行照料，派人看守。

钢铁工业，国之重器，竟然托庇于外人，历史所嘲讽的就不仅是盛宣怀

① 武汉大学经济学系编：《旧中国汉冶萍公司与日本关系史料选辑》，第23页。

个人了。

大冶矿石保证了日本钢铁工业的确立

《煤铁互售合同》的签订并实施，保证了为八幡制铁所源源不断地提供大冶铁矿石，解决了日本近代钢铁工业创建与生存的重大关键问题。著名的日本经济学家西川俊作等明确指出："1901 年官营八幡制铁所的成立标志着日本钢铁工业基础的确立，显然这是根据确保军事力量的需要，在中国大冶铁矿石的供应已有保证的情况下实现的。"①

这种保证，最早是由《煤铁互售合同》提供的。1899 年签订合同，1900 年开始执行，当时八幡制铁所还在建设中，大冶铁矿的矿石已经预先运到日本了。1902 年八幡制铁所开工营运，当年 11 月汉阳铁厂李维格去考察，看到"生铁炉只有一座，已熄火重砌"而被谢绝参观。头几年它遭遇到许多技术困难，接连不断的失败，到了 1904 年才走上正轨。

八幡制铁所创建初期，大冶铁矿石的供应情况如表一所示：

表 1：大冶铁矿矿石产销表（1900—1910）

年份	产量	运销总量	销往日本（吨）	占总量%	销往汉厂（吨）	占总量%
1900	57201	54865	15476	28.2%	39389	71.8
1901	109215	106543	70189	65.9	36354	34.1
1902	84036	74012	48169	65.1	25843	34.9
1903	107794	107203	51268	47.8	55935	52.2
1904	106378	115023	59990	52.2	55033	47.8
1905	151168	122194	72000	58.9	50194	41.1
1906	185610	175668	105800	60.2	69868	39.8
1907	174630	185195	100000	54	85195	46

---

① ［日］西川俊作、山本有造编：《日本经济史 5：产业化的时代（下）》，厉以平监译，生活·读书·新知三联书店 1998 年版，第 131 页。

年份	产量	运销总量	销往日本(吨)	占总量%	销往汉厂(吨)	占总量%
1908	171934	227159	127000	55.9	100159	44.1
1909	309399	237742	95600	40.2	142142	59.8
1910	343097	340569	96210	28.2	244359	71.7

资料来源:《大冶铁矿志》(内部发行),第 209 页

从上表可以看到:

第一,1902 年前尚未开工,八幡制铁所已经在大量储备矿石;1902、1903 年其生产虽未走上正轨,但每年仍按合同进口 5 万吨;1904 年生产开始走上正轨,其后进口数量也连年上升;自 1906 年起便保持在每年 10 万吨,其中个别年份达 12 万吨。总之,进口的数量适应并保证它的生产发展需要。

第二,在最初的 11 年中,大冶铁矿每年生产的矿石,已有 7 年运往日本的数量超过供应汉阳铁厂的数量,总的趋势是日方一进入大冶铁矿就已经反客为主。

第三,在此期间,大冶铁矿的矿石产量虽然不断增长,但也再三出现供不应求的现象。1904、1907、1908 年都是当年销量高于本年产量。1909、1910 年产量大幅度增长,1910 年的产量已经比 1908 年翻了一番,却仍然只够当年销售。

在此期间,八幡制铁所也从朝鲜或国内购进过部分铁矿石,但总体上仍然是以大冶矿石为主。如表 2 所示:

表 2:日本制铁所购入矿石统计表 (1900—1910)

年份	购入矿石总量(吨)	购入大冶铁矿石量(吨)	大冶矿石占的比重%
1900	41000	15000	36.59
1901	100000	70000	70
1902	54000	50000	92.60
1903	50000	50000	100
1904	68000	60000	88.24

年份	购入矿石总量(吨)	购入大冶铁矿石量(吨)	大冶矿石占的比重%
1905	91000	72000	79.12
1906	150000	106000	70.67
1907	152000	110000	72.37
1908	197000	127000	64.47
1909	205000	96000	46.83
1910	244000	96000	39.34

资料来源：汪熙《求索集》，上海人民出版社1999年版，第134页

根据上述数据计算，在此期间八幡制铁所合计购入铁矿石135.2万吨，其中购入大冶铁矿石85.2万吨，约占其全部购入总量的63%。

如果把初始期的八幡制铁所比做一个婴儿，毫无疑义的历史事实是，大冶铁矿这个乳母的乳汁哺育了他，使他得以生存和茁壮成长。八幡制铁所于"1906年，经过多次失败，实现了最初的目标——年产钢材六万吨；并在明治四十三年（1910年）有了盈余"[1]。它的生铁产量，在1906年便突破10万吨，到1911年更迅速增长到14.7668万吨；至于钢的产量，1910年则增长到20.9740万吨，都远远超过了汉冶萍公司。[2]

有了充分的原料保证，八幡制铁所的发展带动了日本钢铁业的持续增长，从1905年开始，平均增长率为11%—12%。1904年八幡制铁所在全国产量中的比重是：铣铁占26%，钢材占63%；到了1912年，分别上升为75%和89%。八幡制铁所无可争议地代表了近代日本钢铁工业的建立。[3]

汉冶萍厂矿由此踏上了不归之路

有的学者认为，直到1903年，草签300万借款合同，盛宣怀才是"被

---

① [日]渡边公平：《日本钢铁工业》，吴杰译，上海译文出版社1980年版，第36页。

② [日]安永渡平编：《八幡制铁所五十年志》，转引自《张国辉集》，中国社会科学出版社2002年版，第299页。

③ [日]西川俊作、山本有造编：《日本经济史5：产业化的时代（下）》，第22、35页。

日本侵略者暗算"①；或者说1904—1907年，"汉厂、萍矿走上了举借日债的不归之路"②。窃以为，签订并执行《煤铁互售合同》，便埋下了日后汉冶萍公司被扼杀的危机，已经开始踏上了不归之路；举债是为了建设汉厂、萍矿，还债却要靠铁矿石，日方主要猎取的对象是铁矿石，承担后果的首先是大冶铁矿。

《煤铁互售合同》签订后，最早提出异议、感到忧虑的是大冶铁矿总办解茂承；湖广总督张之洞则一再督促盛宣怀进行修改。提出异议的解、张二人，与大冶铁矿关系最深，对大冶铁矿的命运最为关切；他们指出合同"成色过严""为期过久""自用有碍""价值太廉""操纵似欠自如"等，一一切中要害，后来都不幸而言中。盛宣怀说得轻巧："如吃亏可停止也。"后来的事实是，这次合同既未修改，也未停止，此后在签订一系列借款合同时，有的条款照旧沿袭，有的变本加厉。《煤铁互售合同》的签订，为汉冶萍厂矿与日本的关系定下了基调；其中包括的种种不利于汉厂、铁矿生存和发展的因素，形成了一圈扼杀它的绞索，通过这个合同，已经永远套在它的脖子上无法摆脱了。

"成色过严"，指日本要求的矿石成分太苛刻。"于自用有碍"，担心不能保证汉阳铁厂生产的需要。合同要害在于：日方取得了保证供应低磷好矿的优先地位，而留下了高磷矿石供汉厂自用。由此而带来的严重问题是，一方面，汉阳铁厂因萍煤含磷高而需要低磷优质铁矿石与之中和，却得不到保证；另一方面，剩下来的高磷矿石日益增多，与贝色麻炉炼钢要求发生冲突，无法消化。如此，便成为生产中的最大难题，而影响钢轨的质量。

"价值太廉"，指出售到日本的优质矿石定价过低。当时1吨矿石从石灰窑运到上海，运费就需2元。长期在大冶、萍乡工作的德国矿师赖伦等人多次指出，"在欧洲若大冶之矿石，在1902年通扯每吨价银六两六钱六分"③

---

① 夏东元编著：《盛宣怀年谱长编》下，第796页。

② 易慧莉、陈吉龙主编：《二十世纪盛宣怀研究》，江苏古籍出版社2002年版，第412页。

③ 陈旭麓等主编：《汉冶萍公司》二，第327页。

而合同规定的头等矿石每吨定价 2.4 元，第二续订调整为每吨为 3 元，限期五年不变。此后历次借款合同，都以此定价为基础，不仅一脉相传地把矿石、生铁价格压得很低，而且排除了矿石价格根据市场行情及时调整的可能。日方当时即认为是获得重大胜利，在此后 40 多年内长期以廉价取得大量的矿石和生铁。至于第一次世界大战期间，世界钢铁价格猛涨，汉冶萍公司由于受合同限制，不能按国际市场价格调整，损失更为惨重，尚是后话。

合同规定："如日本要加买矿石，亦必照办"；低磷矿石优先供应日本、磷高者自用；供应日本的数量已经超过汉厂等，诸如此类，实际上已经丧失了企业的自主权，本是汉阳铁厂组成部分的大冶铁矿，开始变成了八幡制铁所的附属物，从数量到质量优先保证日本的需要。

合同中存在的这些不合理的因素及其将对企业带来的危害，已经集中体现在当时解茂承、斐理等人的反映和张之洞对合同的修改意见中，盛宣怀却一意孤行，踏上了这条不归之路。此后，我们还将看到他如何迷途而不知返，辜负了解茂承长期对他规劝、忠告、提出不同意见，避开张之洞自行其是，在日人布下的陷阱中一步步越陷越深，终于将汉阳铁厂和大冶铁矿断送。

第十二章 轮、电、铁路及矿山之争——盛宣怀与袁世凯、张之洞的"三国演义"

盛康去世成为导火线 / 一对老冤家的前世今生 / 灵前揭开了轮、电争夺战的序幕 / "香帅力陈铁路不可易人" / 收回电局：张之洞意兴阑珊地自动退场 / 盛宣怀出口矿石带来矿山之争 / 张之洞："惟不得将矿售与外人" / 张之洞的反制："矿归官购" / 以铁厂为中心，盛张重修旧好

光绪二十八年秋天，对于盛宣怀来说是一个不幸的多事之秋。

不幸是从盛康去世开始的。清代以孝治天下，按官制，儿子在父亲去世时必须辞去一切官职，回家守孝；空出来的职位，随即任命别的官员填补。

如此，盛宣怀督办的轮船招商局、电报局、铁路总公司等，向来被视为香饽饽，必然引起一场利益重新分割的争夺战。

轮、电之争，显示了袁世凯、盛宣怀之间利益冲突公开化，由互相利用而转变为盛倍受排斥和压抑。

铁路和汉冶萍，始终是维系张之洞与盛宣怀双方关系的坚韧纽带。两人既有许多基本共识，却又有不可调和的严重分歧。张及时主动出手，为盛暂时保住了督办铁路的金交椅，似乎显示了盛在张心目中不可替代；但却无法消除彼此因对日出口矿石而形成的壁垒森严。

盛康去世成为导火线

庚子之乱后，因为促成了东南互保，盛宣怀名声大振，有的说推荐他进总署办外交，有的建议他到户部管财政，对他的仕途纷纷看好。后来论功行赏，先是奉旨补授宗人府府丞，一年后又赏加太子少保衔，光绪二十八年正月擢授工部左侍郎。虽说是"出自特简"，是"异数"，光鲜得很，但实际的"差使"却仍然是充当会办商务大臣，驻沪办事，旷日持久地与洋人谈判加税减厘，吃力不讨好地啃一块难啃的鸡肋。

如鱼饮水，冷暖自知。由盛同颐署名的《盛宣怀行述》说：

> 是时枢意欲令府君入佐度支，项城袁公赞成甚力。慈圣谓荣相云："今日看来，盛宣怀是不可少之人。"荣相对曰："诚如圣谕。现在理财交涉等事，仗着他处很多，目前交涉要紧，令其在上海办事，诸多方便，内用不妨且缓。"前议仍寝。枢府尝论东南保护之功，皆谓无盛某维持策划，刘、张亦无所措手，何论余道。慈圣深以为然。五月，工侍缺，上意及府君。慈圣谓盛宣怀长于理财，当俟户部有缺畀之。府君之简在帝心，交孚一德，有非诸臣工所能及者，龃龉之来，其所由者渐矣。①

据盛家人记述，先是荣禄出来阻挠。——这与盛宣怀得到的情报颇为一致，当时曾有人通过赵竹君密报盛宣怀："二火于杏公大有微词，广心亦不甚水乳。"② 二火指荣禄，广心指庆王。——后来却是慈禧也改变了态度。这让我们想起了一个故事：当初曾国藩攻下了武昌，咸丰皇帝大喜，立刻任命曾国藩署理湖北巡抚，不料军机大臣祁寯藻却说，曾以一个在籍的侍郎，一呼而从者万人，"恐非国家福也"！说得咸丰"默然变色者久之"，随即收回

---

① 盛同颐：《盛宣怀行述》，载中国史学会编《洋务运动》八，第65页。

② 王尔敏等编：《清季外交因应函电资料》，台北"中央研究院"近代史研究所丛刊(18)，1990年版，第347页。

成命，只给了曾一个兵部侍郎的空头衔。① 而在东南互保中，没有任何行政权力的盛宣怀，却大显神通，交结各国驻上海领事，联络东南各地封疆大吏，不仅自作主张保障大半个中国的安全，而且还发出一道道联名的奏折，迫使朝廷按照他们或洋人的意愿保护使节、剿灭拳民、严惩祸首……俨然形成了另一个决策的中心枢纽。如此，岂能不引起荣禄、奕劻等满族权贵的疑忌？岂能不引起慈禧的警觉和戒备？在一道道虚幻的彩虹背后，已经伏下了盛宣怀的官运进入十年低谷的重要根源。

风云突变，光绪二十八年九月二十三日，盛宣怀之父盛康病故，成了引发危机的导火线。

父亲去世，按照礼制，盛宣怀应当辞去一切官职回家守孝，是谓丁忧。丁忧是仕途上的一道坎，明万历年间的首辅张居正，不回家守孝却继续辅佐年幼的皇帝，谓之"夺情"，因而引起一次著名的政潮。此时盛是以"钦差办理商约事务大臣"的名义，在上海与列强谈判，那个工部左侍郎原本是挂名的，辞去了也无关紧要；要紧的是他负责"督办"一系列洋务企业的金交椅。按照晚清的体制，这些都是"差使"，而不是实官，是不是可以保留，就要看朝廷的意思了；这些洋务企业，当初大都是奉李鸿章之命督办的，今日继承北洋衣钵的是袁世凯，其态度如何，至关紧要。盛宣怀本人要尽孝道，按礼制是应该一并辞去的，第二天，盛宣怀向时任北洋大臣、直隶总督袁世凯报告：

> ……宣怀遭此事变，万死莫赎。平生知己，文忠而后，莫如我公。现在商约尚未竣事，铁路商务，责任重大，均宜遴派能员，迅速接办，伏祈密电政府主持。叩头感泣。②

一个官员报告自己死了父亲，本是例行公事，其中竟如此浓墨重彩地渲

---

① 薛福成：《庸庵文续编》，转引自朱东安《曾国藩传》，四川人民出版社1985年版，第96页。

② 盛宣怀：《愚斋存稿》中，第580页。

染彼此的交情。盛宣怀此时宣称袁世凯对他来说是第二个李鸿章，对方读来想必不会忽略。

一对老冤家的前世今生

袁世凯、盛宣怀两人同是出自李鸿章的门下，却是晚清一对著名的老冤家。

有人说，早年盛宣怀曾对袁世凯有恩。夏东元在《盛宣怀年谱长编》中认为，光绪十一年李鸿章奏派袁世凯为朝鲜交涉通商委员，是盛宣怀起了促进作用。盛在此前的《致醇亲王禀》中曾强调："似宜赶紧遴派熟悉朝鲜情形、久历洋务之大员以代陈树棠。"这个大员就是指的袁世凯。①

也有人说，早年袁世凯就对盛宣怀有怨。据《张謇传记》的作者刘厚生说，大约是袁驻朝鲜时对国王的行为"过于武健"，盛宣怀密语李鸿章宜加约束。一日袁来谒见，李大加申斥："我若不看你是将门之后，我就依照盛杏荪的话，把你撤差枪毙了。"恰盛在座，急起分辩，后又对袁竭力敷衍，两人换帖结拜②。

袁早年在朝鲜擅作威福，多有文字记载，李鸿章光绪十五年二月初八寄袁电云："……袁某性情急躁，办事过火，殊欠和平，与韩官及各国公使不睦……所言汝毛病甚是，要痛改。"次日袁复电亦云，"惟凯自去秋叠奉谆诲"。③ 而刘厚生自称："作者于庚子之冬始与张謇相识，嗣与共事，前后七八年之久，尤其在宣统年间，晤谈时为最多。提及袁世凯在吴长庆军中情形，历历如绘。"

无论刘厚生说的故事是否可靠，盛、袁二人金兰结义则确有其事，而且是出自盛的主动。盛与袁家原是淮系中的世交，盛比袁大十五岁，袁本以老伯称盛。光绪十四年六月初六，袁致其二姊函云，"继几称盛杏荪乃改为大

---

① 夏东元编著：《盛宣怀年谱长编》上，第230、244页。

② 刘厚生：《张謇传记》，上海书店1985年版，第115页。

③ 《李鸿章全集》九，第5645—5646页。

伯，伊近与弟换帖"。他在此前同年四月二十八日致盛信中，极口称赞对方"学识经济，望重一世，建牙开府，指顾间事"；又说"且金兰契合，占在同心，既荷长者勖以道义，敢不自策以副厚望"①。盛宣怀年长许多，称之以道义相许，自然是堂皇的门面话。即使二人并无嫌隙，正当李鸿章提携袁世凯之际，盛宣怀如同张謇、吴大澂等人一样，赏识袁的才干，将之视为淮系后起的青年才俊，刻意与之结交也似必然。

甲午战败，光绪二十一年二月，李鸿章奉命与日本议和。作了李鸿章爱婿的原清流健将张佩纶，惟恐岳父大人有不测之祸，致书老师相李鸿藻乞求保全，开头便道："合肥素仁厚，止以喜用小人之有才者，晚年为贪诈所使，七颠八倒，一误再误，晚节如此，爱莫能助，夫复何言！"随即为之推卸罪责："合肥托大，酿成此祸，诸将已伏其辜。而祸端萌自袁世凯，炽于盛宣怀，结于李经方。仪老稍有明机，为此三人蛊惑，更成糊涂。"直指袁为罪魁祸首，"而与盛腾书都下，各表意见，均事后诸葛，实则全无影响。"张佩纶与李经方郎舅之间势如水火，又颇为鄙弃盛宣怀，斥之不遗余力；但由此可见盛、袁二人在北洋幕府中的地位和影响。②

其时，袁、盛皆热衷于练兵。同年四月，袁世凯以小门生的身份向太夫子李鸿藻上书，建整军之策。五月，先期练兵、后被袁世凯所取代的胡燏棻向老师李鸿藻报告编练定武军的情况，其中涉及袁、盛二人已深相结纳、互为依托：

> 然袁道亦惑于盛道之言，拟到京商陈练兵事宜。棻不知盛道许袁道借洋债三百万以作底饷，斯言果可信否？且事机已迫，即使仓猝成军，而手无寸铁，何以御敌？袁道英气逼人，即议论亦有可采，但信盛道过深，亦非燏棻所敢知也。③

① 《骆宝善评点袁世凯函牍》，岳麓书社 2005 年版，第 61、63 页。
② 李宗侗、刘凤翰：《李鸿藻年谱》下，台湾商务印书馆 1981 年版，第 721—722 页。
③ 李宗侗、刘凤翰：《李鸿藻年谱》下，第 731 页。

后来袁如愿以偿，负责小站练兵，成为他日后发迹的主要资本。

庚子年间的东南自保，时任山东巡抚的袁世凯与盛也有过很好的合作。六月十八日，即各国联军攻陷天津的当天，盛宣怀有电致袁世凯，委婉地希望"疆臣中有兵力者约期入卫，秉承庙谟，不动声色，内乱一平，外衅自解。"其中有云："合肥老矣，旋转乾坤，天下推公。"虽是奉承，却也不无远见地道出了袁的前途趋势。①

六月二十五日，奉命再任直隶总督至北京议和的李鸿章自广州到上海，与盛宣怀密谈两天，说出了"和谈成，我必死"的心里话。李的随行幕僚仅三四人，明知缺少得力的人手，一手提拔他的老上司邀请其协助入都谈判，盛宣怀竟然设词拒绝了。

在东南互保乃至整个庚子事件的过程中，有关护使节、剿拳乱、惩祸首等大关目，盛、袁二人的意见基本一致。同年十一月初六，北京的和谈已经开始，新晋升为宗人府府丞的盛宣怀毫不掩饰他的得意，致电袁世凯：

> 款成。正思藏拙，恩擢一阶，又须看大局为进退之据，公爱我至深，以为何如？

袁世凯次日回电，应声将盛和张之洞奉承了一番：

> 各电悉。大纲已允，可望就绪。担保赔款，惟有公任司农，香入枢府，弟等竭力奉行，或可取信于人。揣各国意，恐需重用赫德。②

此电半真半假。话虽说得很好听，但盛宣怀出掌户部、张之洞进军机，都不是袁能说了算的。临了还是透露了一点实情，并不怕扫了盛的兴致：掌管中国海关的英人赫德才是列强的意中人。

---

① 盛宣怀：《愚斋存稿》中，第167页。
② 盛宣怀：《愚斋存稿》中，第377、379页。

袁世凯出任直隶总督是否出自李鸿章遗折推荐，前人或有不同说法；至于盛宣怀为之大力效劳却是有据可查的。

光绪二十七年九月二十七日，盛曾有一电致袁：

> 傅相昨两点钟不能言，神气恍惚，病势甚危。北门锁钥，微公莫属。齐鲁替人，四顾为难，公自思之。①

傅相指李鸿章，此时尚命垂一线，盛并不在他的身边，却已在呕呕策划他的政治后事了。北门锁钥云云，用北宋寇准故事，强调直隶位置之重要，非袁世凯不可。至于何人继任山东巡抚，要袁自己考虑方案。

此时流亡在外的慈禧，尚在返回北京的路上迟疑观望；直隶总督的驻地天津尚在八国联军的占领之下，袁世凯认定了直隶总督这把金交椅肯定姓袁，便得陇望蜀，趁机攫取更多的权力，当天回电故作姿态推辞，又说"且一去齐鲁必乱"，"奉齐皆失，直何能支？"强调山东也不能少了他袁世凯，否则连直隶也保不住。盛心领神会，当天致电跟随慈禧流亡的军机大臣、他的老师王文韶，极力推荐袁任直督，转达了袁的复电，并从商约谈判的角度，抬出洋人来为袁张目："若再另简，势必难办，外而轻视，内而掣肘，皆可虑也。"②

同一天，张之洞也有电报《致洛阳行在军机处》，汇报德国公使穆默自京来鄂与其密谈的情况，其中也涉及李鸿章病重、袁任北洋及山东巡抚等人事安排，张之洞还夹杂着汇报了一些西方驻华人员的动态：

> ……愿袁抚到直隶而已。洞按：今年以来，所见各国提督、领事，大意皆盼袁抚为北洋大臣，众口一词，不仅穆一人也。穆又云："假如袁调直隶，山东事有妥人接手否？"洞答云："不能臆测。但山东海面向

---

① 盛宣怀：《愚斋存稿》中，第542页。
② 盛宣怀：《愚斋存稿》中，第542页。

归北洋，山东事朝廷亦可令袁遥为兼顾照料。"穆欣然首肯。

原来袁世凯之出任北洋大臣并兼辖山东，背后有列强各国强而有力支持；德国视山东为其势力范围，更为关注，也许早已与袁达成某种默契。此类信息，张之洞已经掌握并向朝廷及时反映，以消息灵通著称的盛宣怀更不会还蒙在鼓里，势在必然地要大显神通、顺水推舟，更加发挥促进作用。

过了一天，盛又致电慈禧更为亲信的军机大臣、袁的老上级荣禄，请他出面为袁说话："可否吁请天恩，俯念山东一省关系南北枢纽，特降谕旨，暂归直督兼辖。"后来袁世凯如愿以偿，内中缘由，自是心知肚明。对于盛宣怀如此居间穿针引线、锦上添花，是否真心领情就很难说了。①

灵前揭开了轮、电争夺战的序幕

以上都是旧话。

至光绪二十八年九月盛康去世之时，袁、盛二人的爵位都是宫保，但是实际政治权力已大相径庭；更重要的是，袁继承了李鸿章的衣钵，成为北洋官僚集团的掌门人，同时也接受了部分操纵盛宣怀命运的支配力。

说来也巧，此时袁世凯也请了假，第二天便要动身回河南安葬母亲。九月二十四复电向盛奉唁，只是含糊地说商约、商务、铁路都很重要，即使你自己考虑也难得有人接替。倒是二十五日王文韶的来电，劈头八个大字："以忧去官，心安理得"颇堪咀嚼。此言应与前述情报"二火大有微词，广心亦不甚水乳"联系起来看，也与轮、电应由"北洋收回"的声浪甚高有关，其中丧失了开平煤矿的张翼便正在极力钻营。王文韶并具体提示，"路电两事，似宜由南皮奏请派员接办"。盖刘坤一亦于是年九月五日去世，张之洞奉旨署理两江总督兼南洋大臣，对电报局的处置也可发声。两天后王老中堂又来电补充："此时且俟后命，各项经手事件未有替人之前，姑静听

---

① 盛宣怀：《愚斋存稿》中，第543页。

之。"①——正是在这种情势下,盛宣怀于同日电令出国考察的李维格回来预为料理。

十月二十三日,袁世凯自信阳发电告诉盛宣怀,同意绕道湖北停留半天,看看汉阳铁厂,"余容面罄"。二十五日早上,铁路总公司驻汉总办郑孝胥至信阳车站迎袁上专车,下午四时至汉口江岸车站。汉阳铁厂代理总办宗得福上车谒见,同上"快利"轮,呈上铁厂盛接办后的账目清单,袁世凯看后,问商办几年?竟亏损一百四十余万之多?又问商股有多少?随即开船至武昌。第二天上午八时半由湖北巡抚端方陪同袁参观铁厂,先看高炉出铁,次看贝炉炼钢,再看轧钢拉轨,袁"称为大观"。端方急着要看枪炮厂,来不及吃饭,命将准备好的西餐送上船去。在船上,袁表示到了上海不拜客,可以和盛宣怀快谈。

袁世凯船过江宁,会见张之洞,听取了有关电报局、铁厂等事项的意见。随即赴上海,以如同子侄的身份吊唁盛康,却在灵堂中揭开了一场轮电二局争夺战的序幕。

半个月后,焦灼不安的盛宣怀致电袁世凯:

> 船局仍归北洋主持,俾得奉令承教。华商两公司可留其一。铁厂既无抵注,何能久支!万分焦急,面求借款、厂电统归官办一节,承允到京代筹,能否照准?乞示。②

从这份电文看,盛已同意轮船招商局归北洋主持,他的关注重点在于解决铁厂借款;而提出将电报局和铁厂捆绑在一起交由官办,可能是一种谈判的策略。从后来的表现看,实际上他并不同意电报局改为官办。

十一月十八日袁世凯连来两电,向盛宣怀摊牌。第一封好像是介绍回京后办理的情况,实际是宣告对船、电、铁三家企业分别处置的决定:

---

① 盛宣怀:《愚斋存稿》中,第581页。
② 盛宣怀:《愚斋存稿》中,第588页。

归来忙且病，正拟详商，先奉霰电，悉。船、电、铁三政奉尊意周旋，船事照在沪与沈、杨两公所商，附片奏明，以安商心，业奉朱批，仍请遇事指示。电事承嘱二百四十万收回，内意嫌太多，故有估计之命，南皮当不至格外挑剔，俟收清后一切仍旧，并拟请公襄助，化商为官，公免受累受谤。铁事先与枢说明，并详细面奏，指厂借十兆，扩充整顿，以保大利；并述公言，如上不信，我可请另简员办，或派伍廷芳接。君相均许可，命与南皮妥商。惟此老在宁谓铁厂尚可支持，难与措辞，尚未寄电，如公有善词，请速示。①

所谓船局"仍请遇事指示"、电局"拟请公襄助"，都是门面话，实际意思正好相反，即毫不留情地要剥夺盛对轮、电二局的管理控制权。袁的关注重点在于电报，不仅要收回官办，而且还要重新审计它的价值。至于铁厂，"指厂借十兆"云云，本是一句空话，却又强调张之洞不好说话，你看有没有好办法？轻轻地推开了；但也毫不含糊地告诉盛宣怀，你要真想交出铁厂，上面也同意派人来接办。

另一封电文作为补充，则好像是老朋友之间的推心置腹，替盛宣怀作想：

此行察看内情，公受病惟在船、电，人注意亦在此，谋者尚不止留侯。厂事无人注意，经详细陈说，力请维持，始得动听，如南皮同见，必可有成。以公才资，久当开府，困于庶事，实在可惜，果能趁此摆脱清楚，亦同志之幸也。请公留意。②

袁世凯对此三事明确地加以区分，只有赢利颇丰的轮、电才是众人争夺的肥肉，铁厂这个亏损的硬骨头，是你与张之洞之间的事，"无人注意"。似

---

① 盛宣怀：《愚斋存稿》中，第588页。

② 盛宣怀：《愚斋存稿》中，第589页。

劝说，实为警告，要害是"趁此摆脱清楚"，即老老实实地交出轮电二局。袁世凯正是估计到盛宣怀必不肯驯服交出，才有此一电。所谓"久当开府"云云，使我们回想起早在十多年前两人义结金兰之时，袁便说过这样的话；如今旧话新说，此情此境，岂不是在盛宣怀的伤口上撒盐？

十一月十三日上谕："……着袁世凯、张之洞迅将中国所有电线核实估计，奏请筹拨款项发还商股，即将各电局悉数收回，听候遴派大员认真经理"，十二月十七日再次发出上谕："前因电务为军国要政，应归官办……着即派袁世凯为督办大臣，直隶布政使吴重熹，着开缺以侍郎候补，派为驻沪会办大臣。"[①] 如此，标志着电报局已落入袁世凯的掌握。

光绪二十九年元月，盛宣怀当年由李鸿章委任的招商局督办一职，被袁世凯免去；袁的亲信杨士骧任该局总理，而被盛宣怀挤走的招商局元老徐润卷土重来，出任会办。

进入光绪二十九年的盛宣怀，陷入了前所未有的两面作战的严重困境。一方面，他要与袁世凯钩心斗角，竭力争夺轮、电二局的实际控制权与相应的经济利益；另一方面既要为铁厂扩充谋求借款，又要为满足日本对铁矿石的需求而突破张之洞这道关卡。

"香帅力陈铁路不可易人"

得知盛宣怀丁忧，张之洞"数日来焦虑殊深"，及时采取的一项重要措施是致电军机处、外务部：

> 盛大臣现丁父忧，所有卢汉、粤汉铁路总公司事宜，关系最为重大。此事外关交涉，内关政权，甚不易办。稍有疏漏，权利即暗为外人侵夺把持，全国受制，悔不可追。洞深知其艰难，又深知其危险。此两路皆系盛大臣与洋人订立合同，盛情形已熟，经理俱有斟酌。且有招商

---

① 朱寿朋编：《光绪朝东华录》五，总第 4964、4980 页。

局马头作抵借款、修造萍乡铁路等事，胶葛甚多，实未便更易生手。

这一段是电文的主题，阐明铁路事宜涉及对外关系，维护国家主权，艰巨复杂，强调不可易人的重要性。也就是说，在张之洞看来，现在还没有人能够代替盛承担这一重任。因为张是经办者之一，熟知内情，这话由他说出来就更有分量，足以引起重视。

> 查铁路既由总公司议立合同，本系商务中事，故盛之衔只称为督办铁路总公司大臣，与别项督办大臣不同，丁忧人员似仍可承办。拟恳由钧处请旨，将督办卢汉、粤汉铁路总公司事宜，以及淞沪铁路，仍责成盛大臣一手经理，勿任诿卸。如虑奏事不便，或改为署任。

上述电文接着说明可行性，指出系商务之事，并正式提出了他的建议方案，请军机处考虑。

> 盛所督办者系铁路总公司，其铁路事宜仍由南、北洋大臣暨湖广、两广各总督会同督办。四督臣系督办铁路事务，凡事皆由四督臣暨盛大臣五衔会同陈奏。盛所督办者系总公司筹款、购地、买料、修工事宜，督臣所督办者系铁路经过地方政治、兵权、税项、利权事宜，须请旨划清界限，两者既能相辅，亦不相妨，较为周妥。以后铁路虽广，既有各督臣督办会奏，亦不虑盛一人事权过重，精神难周。

此段是电文的关键和精要。正名责实，申明盛与各地督臣的职责分工，强调督臣的职责，以加强对盛的制约与监督。如此，"亦不虑盛一人事权过重"，既是张之洞与盛多年共事的经验教训总结，也是借以解开朝廷对盛的疑忌。

> 洞系创议开办卢汉、粤汉铁路之人，于此事利害既已确有所知，不

敢不十分慎重。数日焦虑殊深，兹为要工得人起见，谨据实详筹奉商，应否奏闻，请钧酌，并望示复。①

最后张之洞再次强调他是铁路的创议者，了解实情，以加重分量。但这封电报是发给军机处、外务部的，而不是直接对太后、皇帝的电奏，所以结尾只说是"奉商"，是不是要上奏，请军机处考虑。这样运作的好处是，于尊重之中争取军机大员、外务大臣的支持。这件事，张之洞直接报上去，军机处也得照转；先行与军机处商量，基于电文的内容再加上张的地位、声望及与此事的关联度，军机处也很难不同意。但是征得军机处同意后，由他们出面报上去，就比上面拿着张的电报再询问他们要好得多。还有一点，因为电报是与军机处商议的口气，有些话也可以说得比较透彻。张之洞这份电报写得周密而有分寸，办理得也很有章法。

我之所以不厌其烦地引用了全文，还想借以说明两个问题：这份电文是张的主动建议，而不是回答军机处的询问；电文虽有限制盛的意思，从整体来看是以保为主，保中有限，以限辅保。更重要的，是限盛的僭越、擅作主张，譬如对日本出售矿石，就是这样的前科。张对盛与地方督抚职责划分的原则界限也还是合情合理的。②

十月初一，盛宣怀致电在汉口的郑孝胥："艳电藉知香帅力陈铁路不可易人，至深铭感。顷奉电旨，仍令一手经理。事属公司，原非夺情可比。"说明朝廷已经同意张之洞的意见，迅速通知了盛本人，仍然负责铁路事宜。

---

① 《张文襄公全集》四，第249页；苑书义等主编：《张之洞全集》十一，第8949—8950页。

② "惟孝章众议倾挤，殆有难支之势。先是孝章意欲援慰帅夺情之例，得两湖或两广一席差缺，并留（？）仁和从中设法，公论不允，因复电谓'公以礼去官，心安理得'云云。政府电询南皮谓铁路一席如何？南皮复电，称'工程以外，概不允盛某过问，庶免事权太重，寖成制'云云。又招商、电报两局，刻下北洋人公论谓：'应由北洋派员督办'，政府颇韪其言，此大可虑也。"[《张鹤龄致汪康年函》（1902年11月4日），载上海图书馆编《汪康年师友书札》二，上海古籍出版社1986年版，第1820页。] 当时即有此种传言，现今学者亦有引用。

盛也明确表示了对张电的认同和感激，但继续作出一种恪守孝道的姿态，诉说自己方寸已乱，外惭清议，并想借此脱卸，"仍电恳香帅荐贤为代"。这一次，张之洞不慌不忙，只到十月初十，才不冷不热地复电："鄙人前既奏留，未便代请；且奉旨留办，倚任甚重，不宜固辞。"盛宣怀见势收篷转舵，于十月十三日在致袁世凯电中表白："宣怀奏辞路差，奉旨仍遵前旨，'所请勿庸议，钦此'。感悚之下，伏念时艰，不敢再渎。"至此，盛的辞路差一剧宣告收场。①

以上各电，形成了一条完整的信息链，承载了盛宣怀丁忧后，张之洞力陈铁路不可易人，朝廷批准，盛再辞路差到又奉旨接受留任的全过程。这一过程为时甚短，从九月二十三日盛康病故算起，整整二十天，至十月十三日结束。②

张之洞本是为他创建的中国铁路事业作想，在盛宣怀遭遇轮、电二局被夺之际，却为他保留了铁路总公司这一相对安宁的后院。此老一电，遂使许多人对铁路那把金交椅的觊觎、图谋，暂且瓦解冰消。

收回电局：张之洞意兴阑珊地自动退场

张之洞对电报局的干预，却是另一番光景。

朝廷同意袁世凯的意见，决定电报局收回官办，又指定张之洞和袁世凯一起办理，袁给张一连发了几次电报。光绪二十八年十一月二十八日，张复电却不以电报局收归官办为然。

这是一份超长的电报，洋洋洒洒一千五百余字，张香帅作了一篇地地道道的大文章。

① 盛宣怀：《愚斋存稿》中，第584、585页。
② 上述张之洞致军机处、外务部电，《张文襄公全集》四系于九月二十七日（第249页）；但《愚斋存稿》却系于十二月二十八日（29卷，27页），相距三月之久；《张之洞全集》重复收录，分见于十一册第8949、8995页；《盛宣怀年谱长编》引自《愚斋存稿》亦系于十二月。参照上述所引十月盛、张三电及其他有关电文，张之洞此电似应从《张文襄公全集》系于九月廿七日。

第一个层次是说收回官办有"七难"。其中有一个基点，据说电局成本合计五百三十万，"若照西例，则须按股标时价收买，需款七百余万"。电文罗列了核实难、筹款难、藉洋人挟制，官办后维修难、堵漏洞难，增利难等等。其中特别点出："电局大弊，压搁漏泄，由于权归一人，局外无从过问，安危利害，听商操纵，鄙意兢兢，忧虑实在于此。……此事关系军国要政、中外信息，乃国家呼吸脉络所在，实不敢请朝廷属之一人。"又担心处理得不好，"必致群情惊疑，以后各种公司更难兴办。"

月前袁世凯到江宁，两人已经就此交换过意见。张曾提出过"但限商权，不夺商利"。电文的第二个层次是据此宗旨，张提出了一套整顿方案，要点是减报费，添电线，局员、报生由官选派，分责成，提报效。其中"分责成"是强调"发电报则归官督率，收支项目则归商经理，由官稽察"，与主张由官派局员一样，突出体现了他的"限商权"的思想。

电文的最后，是张之洞一厢情愿地认为他的方案有"六便"，一一列举，并谓"去七难而得六便，此策似尚妥善。以之入告，当蒙听纳"①。

张之洞的自我估计完全错误。三天后，他收到袁世凯的来电。这份电文也很特别，开头便是袁、盛二人在上海交谈的要点记录：

前过沪以公意商杏公，另挂官线。杏虑损商利，似有难色，谓"饬电董议章"。继商请官家收回，询其值，答"二百四十余万"。凯谓："商股获利，官家收回，于商理不顺。"杏答："诸商倚官家维持，已获大利，收之亦不为过。"另交清折，计成本二百四十五万。杏径电谓："折开之数，与外间股价不相上下。"即指二四五数，并谓"归官出于本愿。"当凯抵京时，有人询及电事，因以杏意对，内嫌开数太多，故命估价。凯请会公同估，以照核实。现在无论如何，断不能索在二四五以上，自无五七百万之多。现已筹有的款，亦无须借洋款。电股杏居大半，且系自愿。如有冒洋籍、押洋债，另生枝节，责有攸关，就请杏自行清理。电

①　苑书义等主编：《张之洞全集》十一，第8966—8968页。

局本有岁修开支，分年添换杆线，姑不必另筹巨款。电局名为商办，其实非商。如接收后治订章程，得人经理，必无见绌。邮电大政，本国家应有之权利，与他项商股不同，何能任人永远垄断。近日沸议，似无足听。尊拟章程，二条电局恐难遵办，第三条尤难办到。天下督抚，岂尽如我公？各派员生，必多参差，综其事者呼应不灵，甚易诿误。请公熟思，或先与杏公询商之。凯叩。艳。①

袁世凯的复电，绝大部分是针对张的收回电局有"七难"，几乎是逐条反驳，一一化解。特别是抓住了盛自己说的两点：一是成本只有二百四十五万，"自无五七百万之多"，你张之洞岂不是虚报浮开，夸大其词？二是"归官出于本愿"。既然盛宣怀本人都自愿，你张之洞在那里大做文章，说是收回七难、八难，岂不是无事生非，蓄意阻扰？袁世凯不啻是借盛宣怀的手，给了张之洞两记闷棍。电文更一针见血地指出，"电股杏居大半"，"电局名为商办，其实非商"，如此收回电局，便是维护"国家应有之权利"，不让盛宣怀个人永远垄断，更是理直气壮。

对于张之洞的章程，即他的整顿方案，袁只说了两点，添电线，即另挂官线，办不到；让官派电局的人员，行不通。明确地否定了。

话到结尾："天下督抚，岂尽如我公？""请公熟思，或先与杏公询商之。"已经明显地流露出嘲讽的意味了！

我们设想，张之洞读到这份电报，大概会很懊丧，感到自己上了盛宣怀的当，被人愚弄了。三天后，他给袁世凯回电，说了两句客气话，便首先表白："电局商本五百三十万，系据盛寄敝处折开之数，故深以款巨为虑，此折闻亦寄公。如只须二百五十万，曾有成议，甚善。但不解盛前后折开，何以两歧？"这些话，强打精神，有气无力。后面这个问题，他想了三天都未找到答案，谁又能回答呢？②

---

① 苑书义等主编：《张之洞全集》十一，第 8968—8969 页。
② 苑书义等主编：《张之洞全集》十一，第 8971 页。

张之洞考虑铁路问题，建议让盛宣怀留任，主观上是从抵制列强、维护主权的大局着眼。而对于电报局却首先是考虑收回过程中的具体操作问题，陷入烦琐的事务。根本问题在于他既不了解电报局的实情，又不了解袁世凯和盛宣怀双方的真实意图，主观地设计了一套脱离实际的坚持商办进行整顿的方案。此时此事的实际是：北洋官僚集团已经进入袁世凯时期，它带来的企业体制变化、人事重大调整，都是这一官僚集团对既得利益的重新分配。这就不是张之洞这位卸任的署理两江总督所能干预的了。

与盛宣怀掌握了电报局大半股份不同，张之洞与之毫无瓜葛。这一千五百字的电报，是在朝廷已经任命魏光焘为两江总督兼南洋大臣之后半个多月发出的，说明等待交班回湖北的张之洞，对此仍然极其认真。这种处理的意见及方式乃至认真，显露了经历数十年官场沉浮的张之洞仍未脱尽书生气。这些书生气，在官场的角力中是弱点而不是优点。这一千五字的电报，丝毫没有动摇袁世凯收回电局的决心，反而促使他要摆脱张之洞的干扰。十一月三十日，袁在回复张的同一天告诉盛："香帅来电，不以官收为然，议由商办而另章。恐商不能办。电事太烦，断非疆吏所能兼顾，北洋万难主持。将来必须专设电政大臣方免遗误。"后面的话，似乎要打退堂鼓，其实意在弦外。①

那封一千五百字的电报，张之洞只是先与袁商议，并未寄给盛宣怀。盛接到袁三十日电，不明底细，便向张询问。张于十二月初三回电，简要说明了这一过程，将原电摘要函寄给盛。此外，只说了一句话："电事本由慰帅主政""总之，此事当悉听北洋处置。"张之洞终于明白了他在这场龙虎斗中是个多余人，意兴阑珊地自动退场。②

十二月十七日上谕，派袁世凯为电政大臣，正式解除了张之洞参与电报局事务的使命；如何收回电报局便成了袁、盛二人的单打独斗。

---

① 盛宣怀：《愚斋存稿》中，第 591 页。
② 苑书义等主编：《张之洞全集》十一，第 8974 页。

盛宣怀出口矿石带来矿山之争

袁世凯此时可以撇开张之洞，集中精力对付盛宣怀；盛宣怀此时却不能不主动向张靠拢，修复关系。

盛接办铁厂后，与张之洞之间的政治蜜月为时甚短。在筹建通商银行时已经有了嫌隙；后来在粤汉铁路、商务谈判过程中都有过严重分歧，但在应对德据胶州湾事件、特别是庚子事件中实现东南互保，双方有过很好的密切合作。让两人关系"剪不断、理还乱"的媒介是铁路和汉阳铁厂，一度形成僵局则是由盛宣怀擅自对日出售大冶铁矿石引起的。

如前文所述，光绪二十五年张之洞在看到《煤铁互售合同》的文本后，曾多次函电往复，告诫盛宣怀：合同"为期过久""自用有碍""价值太廉""操纵似欠自如"，要求设法更改。光绪二十六年四月初六张之洞得到盛宣怀的回复：

> 奉啸电，承询日本煤铁两换一事，原因接办之铁山，须归自用，去年商款另在得道湾、金山顶购得铁矿数处，另接铁路。红山出铁石数百万吨，所议互换日本之矿石，可在商购铁山内取付。已遵前谕咨明矿务总局在案。至年限第七款虽订十五年，于第三论定价值之内声明订立合同日起，二十七年十一月止，每吨定价两元四角，期满后价值再行商定，特以此留操纵地步。此次回沪，当再摘录钩电，与原议之小田切商，令更改年限以副宪厪。①

复电强调了出售给日本的矿石是在他自己购买的矿区内采掘的，这可能给予张之洞意外的刺激：盛的言外之意，是不是强调商购而非张移交的官产，他有权支配，张不应干预？大约此前张之洞尚不知盛又自购了若干矿

---

① 苑书义等主编：《张之洞全集》十，第7939页。

山，如此，不仅提供了一个新的动态，而且提出了一个民间尚未开发的矿山如何控制、管理的问题。

四月二十四日，日本总领事小田切从上海赶到武昌面见张之洞，着重商谈了购买矿石问题，企图排除来自张之洞的阻力。五月十一日，张之洞将与小田切会见的情况告知盛宣怀：

> 日本买大冶铁矿事，小田切来，鄙人正告之曰："此事我未咨复，本难允准，但上看伊藤侯面子，下看贵领交情，格外通融，暂允两年，后仍当另议，以后须咨路矿总局。"小田切意在每年不止五万吨，弟持不许。彼无词，到沪必与阁下议，万望坚持并示复。①

五月十四日，盛宣怀复电说得很好，"小田切尚欲多求，必当坚持勿许"；实际情况却是，在这年的五月和八月，煤铁互售合同两次续订，合同有效期十五年一直坚持不变；该合同二次续订条款附件一小田切函称：二等矿石"如所需加多或减少，随时与钢铁厂商定，已承贵督办面允"。附件二盛宣怀复函称："……原有三个月前彼此商量定夺之语，惟每年至多以二万吨为限，不能再过此数。"② 也就是说数量又增加到七万吨。

一方面是盛宣怀要履行合同，满足日方的需要，必须圈购更多的矿山，储备更多的矿源；一方面是张之洞对盛私自签订合同及其条款严重不满，觉察到必须对矿山加强控制。《互售煤铁合同》的签订必然带来圈购矿山之争，双方之间的分歧不可调和，必然引起冲突。

张之洞："惟不得将矿售与外人"

光绪二十六年四月下旬，有人私自带同汉口阜昌洋行俄商施察博夫，持

---

① 苑书义等主编：《张之洞全集》十，第7966页。
② 湖北省档案馆编：《汉冶萍公司档案史料选编》上，第218—219页。

游历护照，来铁山西二里许之佘刘村探看铝矿，闻欲私买。此处前经官局试开，因铝少停弃。大冶铁矿总办解茂承闻讯派人查究，并分别告知大冶县和盛宣怀，请求张之洞采取措施防止、禁绝。同年六月，因义和团事件局势严重恶化，盛宣怀考虑要保护厂矿的资产，集中官方移交的据契等，以确证其商办的性质。大冶铁矿总办解茂承趁此提出，大冶、兴国、武昌一带矿山甚多，没有能力全部购买；如果只限于现在已经收购的范围，其他的矿山听任外人开采，将来可能因资源不足而陷入困境；即使是控制不了兴国和武昌，至少也要把大冶全县都包罗进来，先期筹划好。①

七月十五日，盛宣怀以密函致张之洞，针对后者的指令"民间应续购之矿地，必须由官悉数圈购"，并不委婉地表示异议："议者甚疑湖北之视铁厂华商，苛于豫、晋各省之视开矿洋商矣"。进而提出圈购象鼻山矿区的要求："冶山孕铁虽富，而深挖工本太贵，目前资乏累重，只能从浅处下手。如官山纱帽翅得矿无几，即已倒塌，因就商购得道湾经营开办，该处有一象鼻山，本与得道湾新厂相连，恐矿苗时有变局，急宜圈归一厂，以备不虞。"同时借口商股"莫不愿索款以退"，表白苦衷："敝处身任艰难，虽不能不笼络商情，然亦仍然是借商力以助成官事，免为外人所夺而已"。② 大冶铁矿本是露天开采，这封信盛借口降低成本、不愿深挖，却回避了对日本提供矿石这一症结。

几天后，七月二十一日晨，慈禧挟光绪仓皇逃出北京西行，八国联军攻陷北京城，形势急转直下。二十七日，唐才常暗设在汉口的自立军起事指挥机构被张之洞破获。我们尚未读到此时张对象鼻山一事的回复，可能暂时搁置了。

进入光绪二十七年，清廷与八国联军议和尚未达成协议。盛宣怀依据当时形势提出一个"假想敌"式的预计，作为立即圈购矿山的理由，于正月初六日再次密函致张之洞称，各国都想多侵占中国的利权，"大冶上下游，官

---

① 陈旭麓等主编：《汉冶萍公司》二，第813、825页。

② 陈旭麓等主编：《汉冶萍公司》二，第204—205页。

局未购之山瀚如烟海，彼以重金嗾使华商出名，或即就议和之便由公使指山要索，皆意中应有之事"，所以他考虑要将大冶附近的"著名矿山未经入官者，赶先圈购"，特派湖北试用知县伍玑专办武昌县铁矿购地事宜，请张之洞通告下面不要阻挠。[①] 同时正式发出咨文给张之洞，称："照得湖北大冶、武昌两县，矿苗隐伏，衔接不断，均为汉阳铁厂奏准开采之矿，自应分派妥员，先将矿山应用地亩，勘丈圈购，以资冶炼……"云云。

这一次盛宣怀正式用公文通知，并采取行动，派专人和矿师赖伦去圈购，可谓自行其是；同时也透露了他欲趁机将大冶、武昌一带矿山收入囊中已急不可待，此举必然激化双方矛盾。

三月初六日，张之洞也以正式以咨文回复盛宣怀。

咨文劈头就戳穿盛的把戏，毫不留情地指出其不实之词，"查交付汉阳铁厂奏定章程，并无武昌县地方矿产明文在内。""是武昌久经封禁，不在开采之列。大冶亦有查明批定，方准购办之文。"将盛的咨文全盘否定。

紧接着指出问题的症结与实质，盛圈购民地是要把矿石卖给日本，言不符实："不筹钢铁销路，而筹矿石销路，且有日本要加买，亦必照办等语，漫无限制。以无穷之矿石，供外人之鼓铸，士民惊疑，咸谓非宜。"随即抓住盛在与日本订合同时曾强调冶矿为无尽之藏，与现在圈购矿山自相矛盾，否定了盛圈购之必要。

最后，张之洞着重划清铁厂自用与出售给日本的界限，同时拿出湖广总督的权威，强调本省之地应由地方官主持，一律由官圈购，严禁私相买卖，反复强调"惟不得将矿售与外人"：

> 且查本部堂通饬原案，指定兴国、大冶专供开采，系为铁厂而言，倘另购之地，仍供铁厂之用，官力自应相助。现在铁山开出之矿，自用之外，转售他人，尚充足有余。则除官山外，所有民间应续购之矿地，本非铁厂已购之产，实是湖北本省之地，自应由地方官主持，应即派委

大员，督同地方官，勘明官山原界之外，凡有民间可开各项铁质、锰质以及铜、铅等一切矿产，暂止税契。无论绅民，不得私相买卖，更不得私行卖与外人，必须一律由官悉数圈购。如果铁厂乏用，必须扩充开采铁、锰两矿，查明实系厂商开采，以供厂用者，即由官按照原购价值售与铁厂，惟不得将矿售与外人。①

原来，早在盛宣怀接办铁厂之时，光绪二十二年七月十四日张之洞就有一个批件，曾经明文规定："除武昌县铁矿，先经封禁勿庸开采外，所有兴国、大冶所产铁矿，应准一律归铁厂购买开采，除饬大冶县及兴国州迅速出示晓谕，禁止商民不准私行勘买外，仰即遵照。"②

说到武昌铁矿禁采，盛宣怀还是当事人。光绪十五年洋矿师白乃富去武昌县（今鄂州市）西山勘测，引起群众骚乱。武昌的士绅策动湖北籍的京官们，找到湖广同乡曾国藩之子、任职于海军衙门的曾纪泽。这位优秀的外交官不信风水但对洋务所受到的阻力深有体会，便写信给协同勘矿的盛宣怀，希望他们"顺鄂民之情，即所以底矿务于成也。"这封信就是盛亲自交给张之洞的。张、盛都主张开发大冶铁矿，也就将武昌矿山封禁了。事过十年，现在盛宣怀竟然突破禁令，径自派人勘测圈购，还堂而皇之地在文告中篡改了张之洞的原意，这恐怕不大可能被张之洞宽容地视为一时疏忽。问题的焦点还不在武昌而在大冶铁矿。盛宣怀既未经禀告、擅自与日本签订合同出售矿石于前，又不听劝阻、续订合同坚持十五年之期、加售矿石于后；这次圈购矿山，却打着"免为外人所夺"的旗号，就是避开了对日出售矿石的实质，反倒给张之洞提供了一个对他进行清算的机会。张之洞的咨文，紧紧扣住"以无穷之矿石，供外人之鼓铸"做文章，列举事实、挑开矛盾、据理驳斥，不留情面。火气虽然不小，但还不是全凭权力，而且占据了道义的优势。这样的结果，大约是盛宣怀不曾料到的。

---

① 陈旭麓等主编：《汉冶萍公司》二，第233—235页。
② 陈旭麓等主编：《汉冶萍公司》一，第181页。

张之洞的反制："矿归官购"

盛宣怀此次自行圈购矿山的行动，触发了张之洞进行反制，派专员赴大冶办理官购矿山。

此前，大冶铁矿总办解茂承已经从大冶县得知，督署下了札文，即将派道员赵滨彦来大冶处理此事，原则是"矿归官购，冶局需用再购自官"。解茂承心里雪亮，张之洞此举"专因售日矿加购矿石"而发，便于三月三日致电盛宣怀，请示如何办理？盛的回电只有两句话："拟一面咨复酌定界限，一面商将厂矿仍归官办。"① 后一句话，显著地流露出一股严重不满和对立的情绪，以铁厂退给张之洞官办相威胁。

三月十七日，赵滨彦到达大冶。在会谈中，解茂承着重针对张之洞百年无尽之说，解释商购矿山的必要性，何以原官办之矿区已停而另采商购之得道湾；又针对"官商分办"的议论提出异议，指出同处一隅，"必种种棘手"。据解向盛电禀，初谈时赵有成见，谈了三次才比较融洽，结果仍然是坚持此前张之洞定下的宗旨，"矿归官购，冶局需用再购自官"。当时也未能划定官商界限，由解茂承提供了一份清单请赵交张之洞审核，其中具有争议的铁矿部分是：

> 官局交：总名铁山，分名纱帽翅、龙洞、铁门坎三处。因开至深处，铜、磷并重，不能炼钢。惟汉厂生铁，用此矿石，前值缓炼，从去秋暂停。

> 商局收：总名得道湾，分名野鸡坪、狮子山，又毗连象鼻山，本年正月该里绅献局，尚未议价，系在应用之列。其野鸡坪、狮子山早经购开，象鼻山待购。又总名金山店陈家山，已购其毗连之余姓山。当时因山主不愿售，未购，矿与陈家山颉颃。②

---

① 陈旭麓等主编：《汉冶萍公司》二，第868—869页。
② 陈旭麓等主编：《汉冶萍公司》二，第246页。

此后，解茂承多次向盛电禀大冶县关于矿山的动态，八月十六日去信向盛报告，其中涉及官购矿山的结果和影响：

> 香帅饬县已圈购者四处：一曰象鼻全山（其象臀与局开狮山一沟之间）；二曰齆爬地（即沟东北与狮子相属之一培塿也）；三曰鼠尾（即狮山之尾，而别其名曰鼠尾，局开系起处，此其伏处也）；四曰尖儿山（即局开野鸡坪之本山左后等处也）。自经官购此项矿山，绅民纷传互异，而局中从事之中外人等，亦莫不疑虑交滋，办事伸缩，究捉不住何施得宜……其矿山一事，似系大局人心，卑府八月曾上微电，伏望注意裁酌。然再四筹思，势非宪台临鄂，一与接洽分明，日后如何作用，庶有准的。

张之洞的意图十分明显，不仅要把矿山的收购、使用的审批权严格控制在自己的手里在，而且将周边的矿山先期圈购，以期限制盛宣怀对日本出售矿石。这样张之洞与盛宣怀的矛盾便公开化，在当地并对矿山工作产生了不良影响，有次解在对盛的电报中直言"体面有亏"。尽管解茂承一再要求盛宣怀与张之洞接洽，盛却一再指示"如目前必须开采，执事即与冶令面商，可由尊处移请冶令转禀，以顾大局"，也就是暗示他绕过张之洞。

这年年底，杨学沂奉命去大冶传达盛急购矿山的指令，了解到这一、二十年内不患无铁，患的是矿石化学成分不符要求。大冶县奉张之洞之命，"责令各图绅保将有矿之处，分注地名、户名送县存案，并具甘结，只能听凭官购，设敢私售外人，愿甘重办。"自接到盛的密谕后，解茂承已私下里对新任的大冶萧令做工作，把狮子山后半截、红线外紧接着官购的老鼠尾那段斜坡拿下来了，全都是佳铁。杨学沂认为，这样侥幸的成功是有风险的："行贿则绅惧峻法，并虑机事不密，虚实先露，办总不成，落私购矿山之迹，使其重拘前嫌，复来防御。是无益于将来，有损于目前，均非善之善者也。"他的忠告是："宪台一谕再谕，极知事非得已，但有机可乘，必尽力做去。

惟责之速效，则不可必耳。"① 简而言之，必然会激化与张之洞的矛盾。

这一时段，还有两件事颇能反映张盛关系的温度急骤下降：

光绪二十七年三月，盛宣怀打算由铁厂、铁路筹款，在大冶购机器办水泥厂，通过郑孝胥与张之洞商议。张高度戒备，复电一口回绝："应归鄂省主办，不能另设公司。"②

二十七年九月初二日，郑孝胥日记载："渡江谒南皮，与钱念劬同留饭。席间，南皮言，盛宗丞欲将铁厂推还，近于挟制，怒诟久之，乃已。"③

以铁厂为中心，盛张重修旧好

光绪二十八年十一月，在袁世凯离开上海后，盛宣怀于十七日致电袁，询问铁厂借款及"厂电统归官办""能否照准"的同时，急急电令时在南京张之洞身边的郑孝胥赶赴上海。

据郑孝胥日记记载：十一月十七日在南京复电云，明日赴沪谒见。十九日午后到达上海，二十日至二十六日见盛交谈四次，并曾晤赵竹君，盛宣怀命郑孝胥仍去南京见张之洞。二十七日夜半郑抵南京，二十八至三十日三天，张之洞召见接谈四次，"谈良久""久之乃退""谈至三鼓"。三十日"香帅复召入署，令张望圻示袁帅电及袁复电，袁帅乃主收回电局。余议曰：'宜改为三年一举，仍保能员专派其事。'"五鼓时分，郑孝胥已经登上了江孚船，又收到盛宣怀派专差吴某送来书信，遂同赴汉。④

郑的日记很简略，除了他自己的一句议论外，未载谈话内容。盛、郑在上海所谈，及郑至南京向张之洞汇报并商谈，除了关于收回电报局、轮船招商局事件的对策外，必然涉及铁厂的借款问题，而且铁厂问题当是此次专程来往沪宁的重点。

---

① 王尔敏等编：《盛宣怀实业朋僚函稿》下，第 1811—1812 页。
② 苑书义等主编：《张之洞全集》十，第 8552 页。
③ 劳祖德整理：《郑孝胥日记》二，第 810—811 页。
④ 劳祖德整理：《郑孝胥日记》二，第 855—856 页。

郑在上海与盛商议期间，二十四、二十五两日盛曾三次致电袁世凯，先是顺着袁的话语探听口气："厂事无人注意，甚或视为畏途。所盼成全，示我长策耳。"① 然后又说："厂借十兆，南皮未必不愿，但借款不能无抵押，此实为难。"最后道出关键："顷据局员面商，铁厂不难在抵借，难在抵借而权不外侵，恐公与南皮皆不愿外人执权。"②

由于袁回电斩钉截铁地表明"但借款以矿厂作押则可，由外人执权则万不可"，并指定"现应先与南皮商明愿否借款扩充，再议办法"；由于郑孝胥虽然去南京向张之洞做了汇报，但仍未得到明确的回复；盛宣怀又不得不向张之洞驻上海的心腹赵竹君求援：

> 昨一琴、载之等来言，铁厂所借礼和四百万马克，已废议不成，厂与萍年终应还之款须二三十万，来年不能扩充，更不能了，轮、电两局接济之路已绝，实非另借巨款不办。一琴、载之均来告退。刻检查慰帅肴电，借款只能以矿厂作抵，是不能照萍矿前借礼和之款由招商局作保明矣。然仅以矿厂作押，不准由外人执权，断办不到。从前孝帅不肯借洋款而交敝处承办，亦因不愿外人执权之故耳！弟所以敢于承办者，因有轮、电两商局可揿注耳。今之议者皆云：铁厂亦宜交慰帅一手办理。读慰帅来电，亦愿自任。前两电已交苏堪带宁，尚有廿六一电，拟请阁下速寄孝帅并阅。弟想，如能设法借到洋款而不由外人执权者，不必请由慰帅奏而孝帅岂不可奏乎？苏堪请示后仍无详复，祈阁下费神或亲往江宁一行，或函禀请示，但求得一切实帅谕，以便速与洋商筹议。即使可议，至速亦须半年，奏准后收款办炉机等，至速又须一年半。此两年中，又不知如何熬得过去！（帅前，弟不敢再提，然亦断无束手待毙之理。）然一有推广办法，便可放心。鄙见，孝帅既回任，此厂似不便付他人任，弟一息尚存，终必为孝帅效驰驱，公与松帅为原议人，松已故

① 盛宣怀：《愚斋存稿》下，第605页。
② 盛宣怀：《愚斋存稿》中，第589页。

矣，能不为公告耶？实为大局，非为弟也。敬请台安。

愚弟在苦盛宣怀稽首。①

　　此信摆上桌面的直接目的，是希望张之洞有一个明确的意见，以便铁厂好与洋商进行借款谈判。开头便陈述目前铁厂的困难，进而表明袁世凯对于借款的要求"断办不到"，并强调目前失去了轮电二局后加重了铁厂的困难。这些叫苦不迭和发泄对袁的不满，都是题中应有之义，但却不足以打动张之洞。

　　此信的深层目的，在于化解盛与张之间的僵局。如前所述，在铁厂问题上的分歧来自盛擅自对日本出售大冶矿石，在盛因丁忧而陷入危机之际，张及时主动出手，让盛保住了督办铁路这个后院，已使双方关系趋于和缓；但盛在处理电报局事件中，在袁与张之间首尾两端，机巧多变，致使张之洞陷入被动、有失尊严而决定置身事外，从而使张、盛关系再度冷却。如此，盛宣怀便使出了杀手锏，端出了铁厂何去何从的问题：既云舆论"宜交慰帅一手办理"；复云"读慰帅来电，亦愿自任"；最后自我表态："孝帅既回任，此厂似不便付他人任"——此语大有"卧榻之下岂容他人酣睡"之意；又继之以"弟一息尚存，终必为孝帅效驰骋"，何等忠心耿耿、何等悲壮。其中又插入一句："弟想，如能设法借到洋款而不由外人执权者，不必请由慰帅奏而孝帅岂不可奏乎？"看似盛在袁、张之间选择、站队，实则是歙动张与袁一较短长；表面是对张表忠心，实则是挑开袁、张、盛三人之间在铁厂归属上的利害得失，使之尖锐化。盛宣怀似乎要在铁厂归属问题上与张结成利益

<hr>

　　① 《盛宣怀致赵竹君函》（光绪二十七年十二月初五日），载《汉冶萍公司》二，第263页。此件系于二十七年似有误。夏东元编著《盛宣怀年谱长编》下第769—770页摘录此件，据"盛档，《辛丑〔壬寅〕亲笔信稿》"，系于光绪二十八年。当以夏书为是：第一，信末书"在苦盛宣怀"，苦为古代居丧睡的草荐，在苦即居丧、守孝。盛宣怀之父盛康系光绪二十八年九月二十三日去世（参见《愚斋存稿》中册，第580页）。第二，此信言张之洞时在江宁，并将回任。盖光绪二十八年九月刘坤一病故，张之洞署两江总督，"壬戌，调魏光焘为两江总督"（参见《光绪朝东华录》第五册，总第4962页）。魏原任云贵总督，时在云南。十二月间张之洞仍在江宁署理尚未回湖广。此信应系于光绪二十八年始吻合。

共同体，重新巩固和加强张盛联盟来对付袁世凯。

这封信是写给赵竹君的，这些话却是说给张之洞听的。两个多月前盛致袁电云："生平知己，文忠而后，莫如我公！"言犹在耳，两相对照，读来不能不感到别是一般滋味。

盛宣怀固然是吃准了在张之洞的心目中，汉阳铁厂离不开他，全中国还没有一个人可以取代他。但我们说"交由盛宣怀经营最利于汉厂的维持"犹可，说"亦最利于张氏对汉厂的遥控"则不尽然。以盛的抱负、才干、性格，他哪里会甘于承受张的遥控？张之洞又何曾实现过对盛的遥控？历史事实如前所述，筹建通商银行、签订《煤铁互售合同》、圈购矿山等大小事件上，张之洞都未能控制、支配盛宣怀。张之洞也心知肚明，所以他后来发牢骚，"且铁厂办法，历年鄙人皆不与闻"。在某种程度上，盛主动要与张缓和关系，不仅是要取得张的助力，有时候更是要突破张对他的约束、限制或拘禁，我们将在汉厂与日本的关系上再三见到这样的事例。

张之洞同样深知，汉厂经营的成败关系盛宣怀个人的前程；在失去轮、电二局后，铁厂对其更显重要，绝不可能轻言放弃而拱手让出。我们目前尚未见到张之洞直接对盛致赵竹君函作出何种表示的资料，但张在十二月初六致电盛宣怀，专题就宁沪铁路公司提出了九条添改的意见，电末云："应请尊处极力磋商，争得一分，即得一分之益。"盛于九日回电，极表赞同，并抓住机会表态："目前多吃一分力，将来少吃一分苦，经公指示，无不竭力。"似乎二者关系已有缓解。

对于铁厂借款，似乎张之洞仍然在观望，且看盛宣怀进一步如何动作。

第十三章 《预借矿价合同》签订始末

《预借矿价合同》的全称是《大冶购运矿石预借矿价合同》。

《煤铁互售合同》是《预借矿价合同》的先导；后者是前者发展的必然结果，承继了前者的基本条款，如矿石成分、年限、价格等。所谓"预借矿价"具有迷惑性，简而言之，就是向日本借款而用铁矿石偿还。

这一合同的签订，形成了盛宣怀对日借款的基本模式，奠定了汉阳铁厂、大冶铁矿与日本交易关系的基础。此后，盛宣怀需要巨额资金则以汉阳铁厂或汉冶萍公司的名义，专向日本借款，而用大冶铁矿的矿石归还。大冶铁矿实际沦为日本的铁矿石供应基地。

汉阳铁厂第一次正式对日本借款，签订这一合同，是日本政府高层策动的。

不是日本制铁所，也不是日驻上海总领事，而是日本外务大臣小村寿太郎亲自策动的。

时在 1902 年 12 月 27 日。上距 1900 年 8 月《煤铁互售合同》续订条款，经过了两年多；按照它所议定每五年应商订价格的期限，已经过了一半。小村外相忧心忡忡："万一期限届满时，双方对于价格不能达成协议，则本合同本身恐归于无效；如是，则我制铁所事业之进行必受一大挫折。"另据以技师身份安插在大冶的西泽公雄密报，"该铁矿是颇有希望之矿山"，"外国人中也有觊觎于此者"。为此，小村以密函致驻上海总领事小田切：

> 希望在商定期限届满前，即将我方权利予以确定。为了便于达到上述目的，对于该铁矿如有贷款之必要，我方决定将进而予以应允。希即善体此意，拟定适当方案，见机与盛宣怀进行商谈。倘或落入外人之手，则实为极严重问题。所以，为了确立我方权利，务望全力以赴。①

小村寿太郎在这里一再强调的"我方权利"，即长期侵占大冶铁矿的开采权，以垄断其优质铁矿石，为其发展日本钢铁工业的国家战略服务。

日对俄备战　与德争夺冶矿

小村寿太郎是日本明治时期的重要外交家，积极主张侵略中国，曾被称为中日甲午"开战之急先锋"。1893 年 10 月，以驻华使馆参事官身份任临时代理公使。他竭力搜集中国的军事、政治、经济、产业以及列强在华活动等情报，源源不断地送回本国。小村寿太郎身材矮小，为人狡猾奸诈又善于盗窃情报，到任不久，北京外交使团的公使们就送给他一个绰号：鼠公使。

1895 年甲午战争结束后，小村寿太郎先后被任命为驻朝公使、外务次官、驻美公使、驻俄公使。1901 年转任驻华公使，参与八国联军侵华活动。同年 6 月，新组成的桂太郎内阁选任小村寿太郎为外相，希望他把日本外交政策转向与俄国抗衡的强硬路线，以实现日本既定的向朝鲜和中国东北扩张

---

① 武汉大学经济学系编：《旧中国汉冶萍公司与日本关系史料选辑》，第 43—44 页。

的战略目标。9月签订辛丑条约后，小村回国接任外相，积极推进日英同盟的准备活动。11月28日，日本政府作出了缔结日英同盟的决定，反映了日本与俄国争夺中国东北及朝鲜的矛盾激化，及其不惜与之进行战争的决心。12月7日，小村在元老秘密会议上宣称，"如果一任时势推移，满洲无疑终将归俄国实际占领"。处置的办法："一是为了贯彻我国的希望，示以不辞交战的决心，二是与第三国结合"，与英联盟的必要性在于"可增加我邦在清国的势力……更加容易实施在该国扩张我国利益及其它各种计划"①。1902年1月30日《英日同盟》在伦敦缔结，日本国内一片狂欢，据说为此干杯而使香槟酒的售价涨了一倍。具体参加对英谈判的日驻英公使林董，后来在回忆录中说："没有日英同盟就没有日俄战争。"

从日本国内的情况看，甲午战后日本产业革命进入了高潮，但重工业较为落后，铁路建设、矿山开发、近代产业的创建，以及军备扩张，所需要的大量金属材料、机械设备和军事装备，主要仰给于进口，造成连年外贸巨额入超，资金短缺。机械工业中，最早建立的是军工企业：东京和大大阪的炮兵工厂、横须贺建造铁甲舰的造船厂等，使得日本的产业革命带有显著的军事色彩。与此相联系的第一家近代钢铁企业官营八幡制铁所，始于1901年开工生产。对于严重缺乏铁矿资源的日本来说，"永久性地"从大冶取得优质矿石，不仅是为了日本钢铁工业自身发展，更是为迫在眉睫的日俄战争进行扩军备战。

当初，谈判《煤铁互售合同》时，日本当局尚不无顾忌，毕竟长江流域被大英帝国视为其势力范围，他人不易染指。缔结了英日同盟，有了英国对其在中国扩张的默许，日本决策层便可以放手投入更大的赌注。曾经两次在中国任职而又善于搜集情报的小村，抓紧机会，亲自着手解决大冶铁矿的问题，使之成为日本在中国扩张利益的一个重点组成部分，便不是偶然的了。

此时此际，大冶铁矿的宝藏，早已成为日本与其他列强在华争夺的重要

---

① 日本外务省编：《日本外交年表并主要文书》上，第202—203页，转引自米庆余《近代日本的东亚战略和政策》，人民出版社2007年版，第172—173页。

对象。

早在谈判《煤铁互售合同》同时，小田切就曾与盛宣怀商谈过借款问题，据说是因盛向小田切透露了正与英、比商人谈判借款而引起。日本政府惟恐影响购买大冶铁矿石，下令"务必设法不使盛氏与其他国家进行交涉"，并决定用政府资金作为民间资金贷出。结果《煤铁互售合同》虽然得以签订，盛宣怀却借口搁置借款谈判，迅速与德国礼和洋行签订了 400 万马克的借款合同，这对日本不能不是一次强烈的刺激。此时西泽公雄来自大冶的情报，引起了小村寿太郎的警觉，觊觎大冶铁矿的对手之一，又是德国的礼和洋行。1902 年 6 月至 8 月间，张赞宸、李维格等确曾与礼和洋行秘密连续谈判过代运、代售萍矿煤焦和萍矿借款合同，至今还留存有文本。[①] 此次借款谈判在李维格出洋考察中途折回后仍在继续，据盛宣怀 1903 年 1 月 25 日致张之洞电中透露，"今夏面商续借礼款，实为大冶加炉，萍乡运驳，嗣因礼欲指实轮产抵保乃止。"[②]"轮产"，指轮船招商局的资产；此时的盛宣怀，已经失去了支配它的权力。

如此，这次日本借款便远远不是一项平常的企业经营业务。在列强争相侵犯中国主权、争夺在华利益的大背景下，它已经卷入了错综复杂的、扩张国家利益的多极政治角逐，蒙上了浓重的国际风云变幻、波谲云诡的暗影。

日本阁僚确定借款谈判底线

1903 年 3 月，小村接到 2 月 6 日小田切的来电，知悉了小田切与盛宣怀初步接触的情况，于 3 月 5 日先以电报通知在案，旋即以机密函指示机宜。函中首先强调，期间"曾就此与有关阁僚咨商，并召集制铁所长官，认真进行商谈，结果，决定以附记条件接受盛之要求"。也就是说，函件中所附条件，已不是外务省或他个人的意见，而是有关阁僚集体会商的决定，并以此

---

① 陈旭麓等主编：《汉冶萍公司》二，第 272、279、282 页。

② 苑书义等主编：《张之洞全集》十一，第 8994 页。

作为与盛宣怀谈判的底线。

小村在机密函中两次重申"我国对大冶铁矿方针，在于使其与我制铁所关系更加巩固，并成为永久性者，同时，又须防止该铁矿落入其他外国人之手，此仍确保我制铁所将来发展之必要条件"。为了贯彻这一方针，小村突出强调了两个要点：一是借款"三十年期限则必须坚持"；二是"铁矿之外，其附属铁道、建筑物及机器等一切物件必须作为借款抵押，并在上述期间内，不得将上述抵押品出让或抵押与他国政府或私人"。

在其附件《借款条件》及《矿石购买合同修订要领》中，除上述两条外，还包括借款金额、年息、矿石价格、购买吨数及聘用日本技师等。①

同一天，小村还以机密函致驻中国公使内田康哉，指示其在该月十四日盛宣怀赴京后，寻找机会，"就此事向盛氏进行适当劝告，以助小田切总领事之斡旋。"

外相小村及日本政府有关阁僚，此时一致对大冶铁矿高度关注、志在必得。

盛宣怀："希望不将此事告知张总督"

日本驻上海总领事小田切万寿之助，在这次借款中，再次担当了重要的角色。

小田切奉到本国的密谕后，寻求机会不露痕迹地接近盛宣怀，了解到盛打算在大冶设立制铁分厂，需要借款二三百万两，年利可在百分之五至百分之六，希望知道日方借款的条件。小田切先是以个人意见提出三条，后又根据国内阁僚的训示加以补充，写成一份中文觉书（备忘录）交给盛，并反复说明"希望对方尽量提出意见"，"再进行和衷商议。"3 月 14 日，小田切再次主动访问盛，据说得到的回答颇有保留："本件不能仅由自己决断，须去京与外务部商谈后再行协商。"却又表示："矿山全部作为抵押，稍感困难。"

---

① 武汉大学经济学系编：《旧中国汉冶萍公司与日本关系史料选辑》，第 44—46 页。

原因是万一这三百万不敷应用，矿山还要再用以抵押追借其他的资金。与外务部商谈是有必要经过的程序，盛在此特意提出，却是作为一种借口，故作姿态；但同时提出实质性的抵押问题，却又留有明显的回旋余地，这大约就是盛氏谈判的技巧。小田切及时抓住这个话题提出可以商讨的方案，或抵押部分矿山，或先抵押全部再陆续退押，并希望在北京与其公使磋商，更为便利。

交谈中，盛于有意无意之间，露出了正同德、比两国交涉的口风，使不明底细的小田切大感紧张，职责所在，赶紧报告上司："甚望我国驻京公使监视盛之行动，并见机同盛氏和外务部进行交涉。"

就在这次交谈中，匪夷所思，盛宣怀竟向日方提出了一个特殊的要求："希望不将此事告知张总督"。小田切领会了盛的意思，1903 年 3 月 27 日及时向小村以机密函报告：

> 如钧座所知，张总督对大冶铁矿关系，一向很深，常对盛宣怀之处置加以掣肘；不仅如此，总督一向反对大冶铁矿作借款抵押。因之，在时机未成熟前，实有保密之必要。盛氏之所以提出上述注意，盖即因此。①

谈判尚未正式开始，盛宣怀便将自己内部的分歧和盘托出。实质上，盛此举是将自己与日方划在一个阵营，共同保证谈判得手。而反转枪口，将张之洞视为对手，严守秘密，防其干扰。——两个月前，盛在致赵竹君函中信誓旦旦："弟一息尚存，终必为孝帅效驰驱！"言犹在耳，真相却是如此！

谈判往往是决策者之间的较量。在这次即将关系中日两国钢铁工业命运的谈判中，小村寿太郎胸有远东战略的全局、坐镇东京亲自指挥，小田切在上海第一线作战，内田康哉公使在北京居间策应，以一个严密高效的国家机器，对付一家中国企业，如狮缚兔。盛宣怀单枪匹马，又挟有一己之私，未

---

① 武汉大学经济学系编：《旧中国汉冶萍公司与日本关系史料选辑》，第 48 页。

曾交锋，先露出了虚实、破绽，自乱阵脚，仅靠玩几招小枪花，岂能有好结果！

内田："如此则取得手续费比较容易"

随着盛宣怀的进京，谈判的战场转到轮转到由日驻中国公使内田康哉出马。

3月24日，盛宣怀来到天津见直隶总督袁世凯。此行是为了"恭办大差"，即陪同检查刚刚完工的西陵铁路，伺候自西安蒙尘归来的慈禧和光绪去西陵告慰祖先。盛宣怀孝服在身，特许素服冠顶，在保定迎驾请安。4月7日召见并受到赏赐，随后奉到上谕：随同袁世凯、张之洞等会议商约事宜。前后在京两个来月。

5月2日，内田与盛宣怀会见，谈及借款。据内田次日向小村密函报告，盛的谈话要点为：

> 最初张之洞对铁矿出售事，坚持反对意见，后因伊藤侯爵以书面向我提及此事，才作出决定；但五年期限（大概指第一次约定期限），实属太短，而我铁厂现正需要巨额资金，自须以铁矿为抵押，向他国借入资金；我自己认为力求从贵国借入较为便利，因此曾同小田切总领事就此进行商谈；但其资金由贵国制铁所贷出，抑或由商人贷出，则忘记请小田切总领事确切说明。我认为上述资金如以正金银行等名义贷出，则对本件之成立，较为便利云云。①

谈话前半部分，无论是回顾矿石出售、表示期限太短；还是力主向日本借款、"自须以铁矿为抵押"，都明显流露出表功、讨好的气味，具有迎合对方的意图。关键则在于后半段，盛宣怀反复强调的是资金的来源和性质。对

---

① 武汉大学经济学系编：《旧中国汉冶萍公司与日本关系史料选辑》，第50页。

此，当时内田立即作出反应，先申明"未得到训示"，留下后路；旋即敞开谈判的大门："但在本国商人中，并不乏有放款余力者，当可照阁下希望进行"。

6月1日，内田再次访问病中的盛宣怀，按照国内的训示明确回答：日本"私人资本可以承担"借款。如果盛对日方"所提出的条件能原则上予以承认"，日外相即可推荐资本家来详细商谈。盛却将此事暂且宕开，说马上要回上海，且到上海再谈；又提出一个新问题，可不可以改为运购生铁？但仍然给对方留下希望，表示其他的途径已经终止。谈到最后，盛宣怀"对于所谓原则上承诺，则并未明确答复。"

"将军欲以巧胜人，盘马弯弓故不发。"盛宣怀与内田在北京时的会谈，焦点是资金的来源，在日方同意其要求后，盛宣怀仍然没有承诺。对此，内田于6月4日向小村外相汇报时做了分析："盛氏之所以不肯轻易作原则上承诺，全系基于前机密第五十四号函中所述原因。对此，拟先探明其意图，然后确定今后应采取措施。"

所谓的五十四号函中所述原因是：

> 盛氏之所以提出借入私人资金，一方面当然是因为向本政府借入资金，恐招致外界反对；同时，对其主要着眼点"手续费"方面感到很不利和不便之故。①

此前，5月2日内田在致小村外相的86号电报里，已经强调了这一点，而且说对更直截了当：

> 盛宣怀表示不愿向日本政府而愿向横滨正金银行这样的公司借款。据职推测，其意或认为，如此则取得手续费比较容易。②

---

① 武汉大学经济学系编：《旧中国汉冶萍公司与日本关系史料选辑》，第50页。
② 武汉大学经济学系编：《旧中国汉冶萍公司与日本关系史料选辑》，第50页。

小田切："有必要对盛氏诱之以利"

1903 年 6 月，盛宣怀回到上海，借款谈判的阵地随之移至沪上，日方由小田切再度登场。

期间，盛在京、沪的情况，内田、小田切在上述向外务省的密报中都有所反映。如："五月中旬，盛乘火车赴正定府与张之洞会晤，返京后，继续患气喘症，故最近未获会晤，直至本月一日，始行访问。盛虽未痊愈，但未影响会谈。""其后，盛之病状，愈形加剧，如机密第八十号函中所述，突于本月六日，离京赴上海，行色匆遽，以致失去再会之机。""盛宣怀已于日前返沪。据闻盛氏因病，由轮船走上接彼之马车时，亦须侍者扶持方勉强上去，抵家后即谢绝宾客……嗣得回信约十四号下午前去，因即往访。见其外貌意外良好，但咳嗽频仍，几致难于谈话。一见即知是肺病，盛亦自称是痨病。"可见盛宣怀确实已处在日方的监视中。①

6 月 17 日，小田切向小村外相汇报了 14 日下午访问盛宣怀的进展。

提及大冶借款，盛即问内田公使曾说将派资本家来华，不知何时能来？小田切答称，"必要时当立即前来，但在此之前，二人进行密商亦属无妨。"接着便要求盛对他原来提供的备忘录（觉书）"尽速给予具体回答"。小田切的意思很明显，目前仍由他本人代表日方进行谈判。此后，一直是小田切充当主角把这台戏唱到底，临到签字才有一位所谓"借资方代表"奉命出场。

盛宣怀同意今后与小田切密商。但又拿德商来说事，强调自己"重信义"，"自当先与贵国商议"云云，既把日方钓住，又以此作为讨价还价的资本。

此次小田切的来访，并无实质性的进展，至多是接洽了今后的商谈而已。在汇报的机密函中小田切提出建议，除预定"贷款人"以备及时来沪，主要是如何对付盛宣怀：

---

① 武汉大学经济学系编：《旧中国汉冶萍公司与日本关系史料选辑》，第 51—52 页。

其次，视谈判情况如何，有必要对盛氏诱之以利。原来大冶矿山系汉阳铁厂之一部分，据闻该铁厂除盛本人有若干股份外，外省和别人投入资本亦不少，在某种场合，如盛本人有独占利益时，亦可能不顾资本家全体利益而果断行事。因此，在万不得已时，是否有采取上述第二项手段之必要？①

原来小田切与内田所见略同。认为盛宣怀为了个人的利益可能不顾企业的根本利益，此言出自小田切之口，当是与盛长期打交道的感受积累，具有一定的深度和准确性，也可说是找到了一把打开盛宣怀这把锁的钥匙。内田康哉和小田切这两个精明强干的日方在华的主要代表，分别在极其保密的条件下与盛宣怀个别接触后，同样感受到了盛宣怀内心的强烈欲望，发现了他最容易被击破的弱点，同样的对症下药就不是偶然的了："对盛氏诱之以利"。

夏东元先生在《盛宣怀年谱长编》中，引用了上述相关日方资料，感慨道："一向所向披靡的盛宣怀经不起日本外务大臣、驻华公使及小田切的围攻，而招架不住了。"②且不说盛是否"一向所向披靡"，仅就这次借款而论，以一人之力而应对日方"围攻"的局面，某种程度上是盛自己蓄意造成的，甚至是一种自以为有利并方便的选择；真正使盛宣怀招架不住的，或许是日方已经掌握了他的致命弱点。

矿石价格之确定

签订《预售矿价合同》，盛与日方的谈判，主要集中在矿石价格、年售矿石额度及中方如何还本付息等问题，这三个问题又互有关联，纠缠在一起。

---

① 武汉大学经济学系编：《旧中国汉冶萍公司与日本关系史料选辑》，第53页。
② 夏东元编著：《盛宣怀年谱长编》下，第781页。

最先涉及的是矿石价格。

1903 年 7 月 18 日，小田切向外相小村报告，将与盛宣怀在上海会谈的要旨列为七点，寄回日本。

对于盛的借款条件，日方评议认为对第一、第三、第六条，即借款总额为三百万，签字后三个月交清；日本工程师担任矿山采掘；盛宣怀从贷款人取得贷款，制铁所将矿价交付贷款人等，完全没有异议。

对于第二条，盛要求不以大冶全部而以其目前开采之矿山及其铁路为抵押，日方也表示同意，惟应附加但书，规定："在本借款期内，其抵押品不得出售、出让、或抵押与他国政府或私人。"

盛宣怀的修正案中竟然没有涉及借款期限和利息，日方认为即是同意借款期限为三十年、年息六厘。

日方最为关注的，是借款以三十年为期和以矿山作抵押，这两点均未遇到盛宣怀的抵制，顺利通过了。如此，需要磋商的主要是矿石价格问题。

盛提出的第四、第五条分别是："矿石价格，三十年内不变，上等定为日金三元，下等日金二元四十钱"。"购买八万吨以上要减价之条件删除。"小田切当时便提出：价格长久不变甚为不利。

日方回电指示小田切，有两套方案：一是矿价"定为上等日金二元七十钱，二等日金二元十五钱"。而超过八万吨时，减价百分之五。二是"不得已，只得改为上等日金三元，二等日金二元二十钱"。而超过八万吨时要减价百分之十。[1]

8 月 6 日晚，小田切再次访问盛，告知日方的意见，其中矿价及减价都只是说的第一方案。盛认为目前价格已无利可图，今后采掘工费必然增加，表示日内将送出关于矿石采掘及售出价格之收支账目，请日方再行考虑。

8 月 7 日，小村外相在给小田切的训令中，强调"我方最重视者，在于矿石价格协定"，他回顾了当初煤铁互售合同矿石价格调整的历史，明治

---

① 武汉大学经济学系编：《旧中国汉冶萍公司与日本关系史料选辑》，第 53—57 页。

三十二年（1899年）4月，最初规定上等为二元二十钱，当时伦敦市场轨条价格为 5 镑；1900 年 8 月，轨价已涨至 8 镑，因之改订矿价，上等涨至三元，是正确的。现在铁价大落，1902 年以来，轨价已降至 5 镑以下，他认为："仍使用高价原料，无论如何为不可能。加之在三十年期限内，把价格固定下来，实在非常危险。"接着他转达了制铁所长官的希望，以原订价为上限，再设一个最低价，每隔五年参照时价议一次。此前，小田切曾报告过德国礼和洋行愿再借给盛二百万马克的信息，最后，小村对价格问题的表态是："唯据阁下通知，关于此项借款，德国方面竞争颇为活跃；因此，应以迅速妥协为主，作出异常之让步，按照附件第四项所载，达成协议。第五项关于折扣一条，我方要求，亦希设法贯彻。"①

不料，8 月 24 日，盛宣怀与德国矿师赖伦和大冶铁矿总办解茂承商议后，提出了一份新的备忘录，使小田切感到"情况为之一变"。

一是否定了聘用日本矿师，盛提出"所用工程师等，亦仍归冶局自行遴聘"，双方争议了两个小时。

二是在价格和议价的年限上，比原来发生了较大的变化。盛宣怀"认为采掘愈深，则工费愈大，与其规定三十年间价格不变，不如改为每五年商定一次为妥"。如果五年期满，价格不能谈妥，矿石停售，以现款抵偿。

小田切感到谈判遇到了困难。竭力强调《煤铁互售合同》所载"包括大冶全部产品"，必须得到矿石，不接受用现款抵还的条款。

次日，小田切将谈判情况与盛的备忘录及时向国内汇报，并要求将了解大冶铁矿情况的西泽调来协助谈判。

此后，盛宣怀指定由李维格、杨学沂两人与小田切磋商，进入草合同的协商和签订。至 8 月 28 日止，双方谈判两次，对于存在的分歧进行了磋商：一是中方基本同意了聘用一名日本工程师；二是对超过八万吨总量时的矿价折扣，中方坚持要撤销，难有商量的余地；而价格问题又与议价的年限纠缠在一起：小田切提出矿价十年一议；中方则以确定头等定价 3 日元、二等二

---

① 武汉大学经济学系编：《旧中国汉冶萍公司与日本关系史料选辑》，第 55—57 页。

元二十钱为条件才能同意。①

年售矿额度之确定

小村外相根据小田切 8 月 29 日来函及所附盛宣怀修正案，对条款"经多方进行改删综合"于 9 月 19 日致函小田切，作出了新的训令。其中一条重要的变更是"矿石吨数最高额，由八万吨改为十五万吨"：

> 因为我制铁所将来随着事业扩张，其所需之铁矿石，势将逐渐超过八万吨之数，此际如不能获得大冶铁矿之供应，则不得已必将在国内开掘新矿，如此，则我制铁所就不能购买可以容易买进之大冶铁矿而必须特别耗费金钱和时间从事新矿开采……②

10 月 1 日，小村在对小田切授权的电文中，又再次强调：

> 第一，阁下应再次尝试引诱盛接受把最高额增至十五万吨。如彼继续反对，阁下可让步最高额削减为十二万吨；如尽一切努力，彼仍坚决反对，阁下可在最后时刻同意十万吨。③

同时，小村在 9 月 19 日训令中决定，将"我方关于价格折扣要求，予以撤回"。这意味着小村再次调整了谈判的导向，在具体进程中加强贯彻日本政府的基本方针：永久性地垄断大冶铁矿，确保日本制铁所的发展；为此在价格问题上适当退让以换取长期、大量的供应。

这次其他条款的修订及训令中所强调的内容，都体现了这一最终意图和最大利益。

---

① 武汉大学经济学系编：《旧中国汉冶萍公司与日本关系史料选辑》，第 59—65 页。
② 武汉大学经济学系编：《旧中国汉冶萍公司与日本关系史料选辑》，第 67—68 页。
③ 武汉大学经济学系编：《旧中国汉冶萍公司与日本关系史料选辑》，第 69 页。

首当其冲的便是删去"价格未能达成协议时,即停止矿石买卖"一款,要求改为"依双方都可同意之方法,选定评价人进行评定";

同时强调"光绪二十五年二月所订之矿石购买合同,凡与此次订正不相抵触之规定,亦均应照旧继续有效"。此后,草合同即规定为:"正合同签字日起,所有光绪二十五年二月又二十六年八月所订矿石合同,展限三十年,除购用日煤毋庸照办、矿石价格概照本合同之外,其余未经续议条款悉照原合同办理。"

这里所谓"购用日煤毋庸照办",如前所述,证明了所谓《煤铁互售合同》,购运日煤原是一个幌子,实际是中方单方面出口矿石。

又如,第四款规定,偿还本利,不交付现金,全部以矿石代价作抵。为此,小村又特别叮嘱:"利息必须每年全部支付,本金则只要在三十年期满时能指望得到全部清偿,即告满足。"这是因为,每年支付利息实际是交付相应数量的矿石,如果本金提前偿清,不再付息,也就不再交矿石了。

日方按照小村外相 9 月 19 日的训令执行,为了将年购买矿石总额提高到十五万吨,9 月 29 日小田切和盛宣怀费了许多口舌。盛强调,一是汉阳铁厂将要大发展,数年以后,自用矿石将达三十五万吨;受设备限制,不可能满足日方的要求。二是从五万吨到十五万吨之间,数量过于悬殊,矿山供应准备很困难。同时,盛也希望矿石供应的期限与贷款期限为三十年保持平衡。小田切则强调日方借款之好意,谓矿山资源丰富、供应并无困难。经过"长时间论战",盛终于同意增加两万吨,即年度总额为不超过十万吨。10 月 2 日,小田切再次向李、杨提出增加至十二万吨,多方协商,中方仍未应允,留待日后答复。事后小田切向小村汇报,认为此条"对方极力反对,态度顽固,看来事情很难成功"。但他认为"此问题不一定要在纸面上得到解决,而有实地解决充分余地。"他的意思是,通过西泽和将来派出的日工程师在下面施展手腕,增加两三万吨"是容易的"。

在这次谈判过程中,小田切掌握了盛宣怀"只顾用矿石代价偿还本息,而现金则甚至一文亦不愿付出"的心理,同时意识到"重点似不在于最高额之吨数",临场发挥,改变策略,提出如果同意将最高额定为十二万吨,最低额则可将五万吨改为六万吨，"使其从最初一年支付三百万日元利息十八万日元不发生妨碍。"[1]

4日下午，李、杨再去日领事馆商谈，中方提出购买矿石最低额为六万，最高额合同上定为十万吨，但以附件说明，除自用外，如有多余，则可另加售二万吨。实际上已经基本满足了日方的要求，但小田切仍要求在合同中载明十二万吨。中方声称，愿意多售矿石，但合同要旨已经通知张总督，合同不能改订。

小田切在事后汇报时，实际认可中方的方案。他强调这次借款，日方的宗旨在于使盛宣怀出售矿石而不用现金偿还贷款。将最低额定为六万吨是符合这一宗旨的。对于制铁所来说，多购比少购有利；最高额增加到十二万吨并不比最低额增加到六万吨更划算。如果坚持只购五万吨，则中方开始一年的收入便不足以支付利息，必然又要就此再行协商，拖延时日。

更重要的是，小田切提出了一个不得不考虑的问题：张之洞对此次借款的态度。

> 据闻张总督不知是由于对事情有误解，还是由于不满盛宣怀之处置，拟尽可能地减少矿石出售数额。在盛宣怀已通知合同最高数额为十万吨以后不久，又要通知增加到十二万吨，则不但使盛感到窘迫，且有挑起张之洞提出异议之虞，故第五款之约定方法，不一定认为不利。[2]

关于中方如何还本付息

关于中方如何还本付息，10月2日中方提出的草案第七款大意是，"借款合同期限订明三十年，则每年应还本项，便以金钱十万元为度"，依据当

---

① 武汉大学经济学系编：《旧中国汉冶萍公司与日本关系史料选辑》，第69—71页。

② 武汉大学经济学系编：《旧中国汉冶萍公司与日本关系史料选辑》，第75—78页。

年制铁所收运矿石吨数价值，先尽还息；余下之数抵还本项，利随本减。"倘本项逐渐减少，计算不到三十年便可还清，则冶局暂停数年内矿价抵息外，多余之数，制铁所交付现银。"

据小田切云，此条是他将小村外相 9 月 19 日的有关意旨告知中方，经过多方商议才由中方起草的。小田切认为此条符合中方利益，"对此进行过于强硬争论，恐有影响整个合同之虞。"

10 月 2 日，小田切向国内汇报时，还再次强调了"由于德国竞争，在讨价还价时，动辄陷入不利的地位"，"德方活动，目前似尚在继续"。[1]

此项还本付息的办法，是与额度联系在一起的。谈判中，小田切主张每年应偿还十万日元，中方回答"如制铁所购运与此相当之矿石时，可以照办；否则根据自己经济状况将无法应付"。也就是说，盛宣怀确实如小田切所预计，打定了主意只拿矿石来还债，多卖多还，少卖则少还，不肯再付现金。小田切又提出用支付利息后多余的矿价支付本金，中方则提出本金清偿后，矿石买卖合同即作废，这又是日方所不允许的。[2] 为此，小田切向上级提出还应增加万一三十年期满后，本金尚未还清如何处理的规定。如此，在草合同第七款中便增加了一段条文：

> 三十年期满，本项如有尾数未清，大冶矿局自应照数清结注销合同，然制铁所应允竭力多运，以便在合同限期内本利全数清讫，俾符原约。[3]

经过多方推敲制定的此项条款，小田切认为："总之，对方希望尽可能地长期使用低利资金，而私忖制铁所之用意，又在尽可能地长期保持密切关系，所以本款规定，可以认为对双方都不会带来不利。"他对于制铁所的估计无疑是正确的，对于盛宣怀个人来说，也是符合他当前的意愿和利益的，

---

① 武汉大学经济学系编：《旧中国汉冶萍公司与日本关系史料选辑》，第 74、73 页。

② 武汉大学经济学系编：《旧中国汉冶萍公司与日本关系史料选辑》，第 75—79 页。

③ 武汉大学经济学系编：《旧中国汉冶萍公司与日本关系史料选辑》，第 86 页。

而对于大冶铁矿和汉阳铁厂来说，岂止是不利，不啻是套上了枷锁、陷入了泥潭。

小村为谋求迅速达成协议，表面做些让步，却仍是处心积虑、用心险恶，8月7日训令中有段话就把他的野心表达得相当突出：

> 此次新合同成立之际，我制铁所过去与盛所签订约款，未经新合同更改者，依然有效，自毋待论。从而现行矿石购买合同（即"煤铁互售合同"）第五款所载大冶铁矿，系指大冶全部铁矿，而非现行此次供抵押之一部分铁矿。换言之，上述第五款规定，并不因贷款合同之故而受到任何影响。为避免将来误解，似应另设一项予以明确说明；但这样做，又恐反而引起对方怀疑，甚至还会从头对现存条款作不必要之审查，故特意予以保留。①

"煤铁互售合同"所指"大冶铁矿"，毫无疑问应当是指当时已经开发的矿山。而小村在此处别有用心地扩大为"大冶全部铁矿"，即包括大冶境内所有已开和未开的全部矿山。所谓"以免将来误解"，就是现在要趁机将它确定下来，为将来全部垄断做好前期准备。小田切贯彻这一训令，后来草合同中专列第六款，规定原合同展限三十年，"未经续议条款悉照原合同办理"；此外，第四款中原有"惟查大冶得道湾现开之矿，系直形，非平槽，以后采掘愈深，工费愈多"一语，所指明明是具体矿区的工程和费用问题，小田却借题发挥，横蛮地提出：

> 我国制铁所所能购买之矿石，一如现行合同所载，包括大冶全部产品，而不限于得道湾一处矿区之产品，所以关于第四款所载得道湾此条，绝对不能表示承认。②

---

① 武汉大学经济学系编：《旧中国汉冶萍公司与日本关系史料选辑》，第55—56页。
② 武汉大学经济学系编：《旧中国汉冶萍公司与日本关系史料选辑》，第61页。

野心暴露得如此明显，并未引起盛宣怀等人的"怀疑"，竟一一照办，先是改为"大冶现开矿山"，后来干脆改为"大冶矿山"，充分满足了日方的欲望。

先期取得张之洞继续商办的表态

盛宣怀与日方敲定草合同的条款后，下一步就面临着如何通过张之洞这一关卡的难题，为此还须大费周折。

小田切在上述 10 月 5 日向小村外相汇报的结尾，再次提到张之洞，担心张的意图不明以致"不幸而有再谈判之必要"。

早在这一年的农历三月十八日（4 月 15 日），盛宣怀在北京曾电召时在上海的李维格进京，李于 4 月 24 日晚北上。[①] 如前所述，此次盛宣怀在京虽与日公使内田有所接触，但将实质性的借款谈判安排在回沪之后。李维格此行当与内田发现的 5 月中旬盛张两人在正定的会晤有关。四月二十九日，盛电告汉厂："正与香帅通筹大局。"此时两人共筹的无疑是汉阳铁厂何去何从的大局。此事在光绪廿九年八月初六盛宣怀致张之洞函中有过回述：

> 该厂总办李郎中维格等以挽救汉厂只有扩充新厂一法，准夐借巨款不能充资本，非多出货料不能占福利，撰拟说帖，仿照海关办事章程，兼采铁路借款章程，厂矿作抵，国家作保，筹措华银一千四百万两，收回官家自办，所拟本息年限，用人行事，大致似尚详核。
>
> 宣怀在京，即据以上渎聪听，钧意干涉外人利必旁溢，非历年艰难撑拄之本心，勖勉谆谆，力任维护，私衷感激，莫可名言。宣惟是汉厂绝续，间不容发，商力已尽，断难转旋，欲集款而不受还款之重累，欲因人而不受外人之挟持，盖岌岌乎其难之！
>
> 其时，会晤日本内田公使，适以制铁所续订矿石合同为请，宣怀即

---

① 劳祖德整理：《郑孝胥日记》二，第 872—873 页。

以预交矿价或另借一款，嗣后以矿作抵为言，该使一诺无词……①

所指"说帖"，当是收入盛档《汉冶萍公司》二之《盛宣怀：汉阳铁厂改归国有、议借洋债》题下的两份说帖。② 此题或是该书编者所加，仅系年为"光绪二十九年（1903）"，无月无日。其说贴一末段自称"职道"，是湖北候补道盛春颐的口气，应是由李维格执笔的、铁厂负责人上报给盛宣怀的计划方案。从内容看，说帖一是"汉阳铁厂创办原由及应恢扩情形"，说帖二是"汉厂、萍矿估计恢扩情形"。前者落脚在扩建的项目及其资金，后者即提出方案，如何按照海关办法、铁路成案，收归官办、借洋款、聘用洋人主持，与盛宣怀此信所述相符。

"说帖"出台的背景，则是袁世凯已将电报局收归国有；袁对于铁厂，据说曾先后向军机处和太后、皇上报告："指厂借十兆，扩充整顿。"又认为拨用通商银行款那样枝枝节节不解决问题，并要盛与张之洞商议，先听取张的意见。同时，铁厂李维格等人也有扩充整顿的迫切要求。

盛宣怀让下属制订了这么一个方案，并不代表他同意这个方案，这在八月六日致张之洞函末，通过"再启"特地重申：

> 李维格前请国家保借洋款，改由官办，一再筹度，恐官事物换星移，如船政机器局等，部臣浮泛，性情不同，未必能认真到底。又恐海波不靖，如旅顺船坞、天津制造局，或为外人所占，或为敌兵所毁，管蠡之见，中国目前局势只能作为公司商本商办，庶可持久不敝。③

李维格的说帖只是一个试探风向的气球，盛宣怀的本意在坚持铁厂由他商本商办；他也预计到张之洞绝无可能同意交给袁世凯去官办，甚至也找不到比他更合宜的人来接办。果然，张之洞听说了李维格的方案，明确表态涉

---

① 陈旭麓等主编：《汉冶萍公司》二，第 358 页。
② 陈旭麓等主编：《汉冶萍公司》二，第 399—404 页。
③ 陈旭麓等主编：《汉冶萍公司》二，第 360 页。

及外人、利必旁溢、有违他的本心，还是要盛宣怀继续坚持商办。有了张之洞这几句话，盛就对朝廷和袁世凯有了交代；也不可能另外有人出头来为铁厂筹措这一千四百万的洋债。如此，盛也得以借题发挥，叫苦不迭："欲集款而不受还款之重累，欲因人而不受外人之挟持，盖岌岌乎其难之（也）！"

我们注意到，盛宣怀在上引八月六日这封信的回述中，明确交代了他是先去正定找了张之洞，说帖被否定之后，才与日本人谈判借款的，在时间和事实上都肯定了这种因果关系。经过这一番运作，那个他原本不同意、更不打算执行的说帖，就并非是多余之举，既为他堵塞了收归国有的可能，又为他说服张之洞及朝廷同意向日本借款做了很好的铺垫。

绕不开的张之洞，有时也可以成为盛宣怀的挡风墙。

先签草合同，后取得认可

光绪二十九年八月六日盛宣怀致张之洞函还有一个特点，盛对张论起了世谊，尊张为"宫保年伯大人"，自称为"年愚侄"，矮了一辈。

这封信，除了头尾，主要是介绍与日商谈预交矿价借款的过程和要点，如何商定矿价、如何谈判抵押、准用矿师；与"福公司之于晋豫，德国之于山东，包揽全省矿权"比较，如何优越，"权不外夺、利在我亦不外散"等；对于铁厂来说"所谓定倾扶危、出奇制胜，目前实只此一著"；最后归结到主旨，"宣怀与此事磋磨数月，略有端倪，理应先请钧指"，客套一句，立即转到"俯念新厂之设，专为挽救旧厂张本"，并强调如何不能延误，"已与约定半月为期，务求迅予决断，赐电遵行"。

小田切汇报中，提及张之洞要尽可能减少矿石的出口，引起了小村外相的重视，于 10 月 15 日以密函致驻北京公使内田，指示："关于本件，盛在程序上须请示张之洞意见，因而张之意见有立即最后决定本件作用，希阁下于适当机会，对张谈话中竭尽全力贯彻我方目的为要。"①

---

① 武汉大学经济学系编：《旧中国汉冶萍公司与日本关系史料选辑》，第 80 页。

与此同时，日方指定小田切代表制铁所及贷款银行在草合同上签字，一手包办此事。日方的原意是购矿石与借款分别作为两个合同签订，此时交涉，盛宣怀同意将日前拟定之合同作为草合同签字，并无异议。但认为合同各款互相关联，分为两个合同，则使合同本意支离破碎，不符合他的初衷。同时，盛提出在合同草案后加一补充规定：

> ……俟盛大臣会商外务部、商部、湖广总督，日本驻上海总领事会商制铁所及借款银行，如无窒碍难行之处，以一个月为限，即照此已经签定之合同由盛大臣会同制铁所所派之人及借款银行商人，重行签订，三面执守为凭。①

前者，盛说条款相互关联固然有理，但也透露了他先斩后奏，心中毕竟无底，惟恐两个合同分别审批又多一番波折；后者说明，盛宣怀决定在策略上先签定草合同，造成既定事实，再利用日本的侵略强势及时间紧迫，倒逼张之洞及朝廷认可。

临到草合同签字前夕，日外相小村又曾两次来电，作了或大或小的改变。

10月8日来电，小村令将第十款中"应同意"改为"应努力"。②此款原中文本是："议定制铁所雇来不拘何船装运矿时带运之煤斤水脚，制铁所应允竭力使照日本他公司寻常运煤水脚相等。"后将"应允竭力"改为"应努力"。这里可能有一个翻译用词的问题，不外是要将一个比较肯定的词语，换得更活泛一些。明眼人一看就知道，这一条款很难操作，实际意义不大，无非是针对盛宣怀的顾虑，从纸面上满足他的愿望而已。即使如此，作为外相的小村对一个词义的准确性也不放过，亲自来电改正。

10月23日来电是更换贷款的银行："关于大冶借款，正金银行发现其自

---

① 武汉大学经济学系编：《旧中国汉冶萍公司与日本关系史料选辑》，第81—82页。
② 武汉大学经济学系编：《旧中国汉冶萍公司与日本关系史料选辑》，第81页。

身碍于长期贷款规定无能为力，日本兴业银行同意成为贷款资本家。"① 原来正金银行主要是从事汇兑业务的专业银行，当时尚未批准其在中国开展贷款业务，因而临时作了变更。这也反映了从头到尾全系日本政府一手包办。

盛宣怀在"补充规定"说什么还需要"日方驻上海总领事会商制铁所及借款银行"云云，完全是给自己找一个陪衬。实际上日方在整个过程中，如臂使指，是一个有机的整体，每一条款的修订，大到贷款银行的变更，小到一个词语的修订，都是外务部代表政府统筹协调，内外一致，由小田切在一线执行。与盛宣怀的孤军作战、自作主张、先斩后奏又形成了鲜明的对比。

11 月 9 日，日驻上海总领事小田切与西泽技师、深泽外务书记生来到盛宣怀寓所，与盛氏及李维格、杨学沂等人会见，于"大冶购运矿石预借矿价草合同"上签字。盛宣怀等人还特地告诉小田切，如此给合同冠名，更能得到张之洞等人的认可。

盛宣怀与日方共同对付张之洞

草合同签订后，随即转入促成正合同的签订。这一过程，实际上是盛宣怀与日方密切配合，共同对付张之洞。

第二天，盛宣怀分别致函并将草合同邮寄给外务部、商部、张之洞和代理湖广总督的湖北巡抚端方，征求同意。

盛宣怀给小田切明确交底："对外务部、商部以及端方代理总督等处，无非是征求形式上之同意，但与张之洞交涉，还是一个难关。因此，在词令上不能不慎重。"

经过盛氏与小田切共同斟酌后，信稿原文是：

　　草合同订定事项，并非新规定。前光绪二十五年所订之合同，原来有效期间为十五年，期满后，可再延期十五年；只不过由于双方情况，

---

① 武汉大学经济学系编：《旧中国汉冶萍公司与日本关系史料选辑》，第 83 页。

今日特予以确定而已。此事本应同总督商议后再订立正合同，但因驻上海日总领事因健康关系，亟欲请假回国，来不及同总督事先商量，不得已，先签署草合同。①

这封于 11 月 12 日寄给张之洞的信，极其轻描淡写地将此合同说得无关紧要，含糊其词，着重在为盛宣怀先斩后奏制造借口，所谓"来不及""不得已"全是欺人之谈。

与此同时，小田切在 11 月 10 日向内田公使汇报草合同签订情况时，按照盛宣怀的请求，将此信稿寄给内田，让内田在北京对张之洞及其他有必要方面，按照信稿的口径进行疏通。反复强调："总之，今后正式合同之成立与否，一视张之洞意见如何为断。敬希阁下能接受盛之嘱托，予以相当助力……"

上述 12 日寄出的信稿，仅见于日方的外交文书档案；收入《汉冶萍公司》（二）的是九月二十三日（11 月 11 日）盛宣怀写给张之洞的另一封信，此信的意义不仅在于催促张之洞认可草合同，而且涉及盛与张刚刚发生的一场纠纷，反映了两人关系又有了新的剧烈的变化。

此信抬头称"年伯大人再鉴"，说明是上一封信的继续。它开门见山："铁厂添办新炉机若再迟搁，江河日下，不特宣怀绵力已竭……此举关系大局实非浅鲜。"于强调紧急、重要之中已隐含责怪"迟搁"之意。

第二段是挑出两人之间的一桩公案，由此浓重着笔：

> 或有人言年伯大人因津沪请缓日约画押，震怒诘责□注，宣怀恐铁厂之事不复护持，为今之计，惟有将厂矿全行推出，得早身退以免磋跌；伏念议约彼此会商，为国事非为己事，况当时津电请会同电奏后，以此间请删"几分"二字已经删去，未便再会奏，尊处谅亦知之。②

---

① 武汉大学经济学系编：《旧中国汉冶萍公司与日本关系史料选辑》，第 84 页。
② 陈旭麓等主编：《汉冶萍公司》二，第 369 页。

"日约画押"一事，颇为曲折，这里需要简略补充一下有关情况。这不仅是因为盛宣怀11月11日的信挑开了这个矛盾，我们还应注意，与日本的商约谈判与预借矿价谈判是同时交叉进行的，主角都是盛宣怀和小田切、内田，也都涉及张之洞。

与日本的商约谈判，本在上海举行，因为加税至12.5%等关键条款不能达成协议，而于光绪二十九年三月间暂行停止。张之洞于四月二十日抵达五月十七日奉旨在京会议商约。于是新接受任务的张之洞与原来负责此事的盛宣怀，在当时发生了下面的故事。据张之洞后来向外务部及商约谈判有关人员申述：

> 查前数月，敝处奉旨议日本商约，内田意欲在京商定，电沪照办。适杏翁在京，鄙人当以一人智虑有限，恐有贻误，特面邀杏翁留京，会同与议。当承杏翁允诺，已与内田商允，并定期初八日矣。乃杏翁忽以有疾，函告言次日即须出京。鄙人深为焦急，当夜即飞函恳请暂留不得。乃于次日黎明，力疾赶赴前门车站，亲自挽留，仍不见允。又偕乘火车，远至丰台，沿途商劝回城，并讨论日约所请先议之三条等事。足见一人独议，诚非本愿。无如杏翁坚不肯回，经鄙人再三商恳，始允到沪调理十余日即还京。乃杏翁总不北来，鄙人只得兢兢从事，冀不失大部及慰帅诸公意指。①

此电夫子自道，将张之洞的焦急、迫切、无可奈何以及盛的冷漠、岿然不为所动，表达得淋漓尽致，读来历历如绘。

盛宣怀仓促出京固然是有病，也有可能是借病撂挑子。朝廷将商约谈判移至明显有加强控制的意向，外务部尚书瞿鸿机对盛成见颇深。盛必不愿在瞿的眼皮底下做小媳妇，处处被人掣肘；也不会愿意给张之洞做副手，事事向张请示汇报；还极有可能不愿因对日商约谈判而影响铁厂对日借款。

---

① 苑书义等主编：《张之洞全集》十一，第9105页。

三十六计，走为上策，一走了之。

好不容易"日约全由香帅商定"，后期仓促议定，没来得及逐条征求各位商约大臣的意见，八月十四日盛宣怀在上海抓住第一款中"几分"二字发难，一再致电五月新任外务部右侍郎的顾肇新，大做文章，宣告已发电要求报告慈禧，明确表示宁可"开罪南皮"也不愿画押，欲借此推翻张之洞与内田协议的条款。

八月十八日，日约终于按照朝廷的旨意在上海会同日使画押。

八月廿日，张之洞对盛宣怀猛烈反击。致电外部及伍、吕、盛、袁，如上文所引，将六月六日如何恳求盛留京谈判、直送至丰台的过程，原原本本公之于众，说明"足见一人独议，诚非本愿"。然后长篇大论地回顾了与日议约的始末曲折，最后解释对第一款的理解分歧，联系到小田切在条约次序上出尔反尔，不无愤怒地指责道："可知杏翁实是慎重条约，小田切乃是借不要紧之事，故意作难也，可叹可叹！"明眼人一看便知，张的言外之意则是指责盛与小田切串通而故意刁难。①

这年四月召见后，困在北京的张之洞，上不能上，下不能下，正陷入苦闷之中。也许是坐病在庚子之乱、实施东南互保，不仅失去了继任两江总督的机会，进京原来打算只待一个月，结果议商约、订学章，久拖不决，拖了大半年，直到年底腊月二十二日才得出京，真正的关键或许是慈禧对如何使用他举棋不定。既不能不用，却又对张已不甚放心。

盛借商约事，把张之洞当作靶子，大张挞伐，力图将小事闹大，无非是向朝廷显示，与列强各国打交道，离开了他盛宣怀还是不行的。

我们回到九月二十三日盛致张函，上引此那段文字拐弯抹角、欲说还休，大意还是清楚的。关键在"恐铁厂之事不复护持"，实指此次借款合同。把它译成大白话，大意是：这次惹得你大发雷霆，我怕你会对借款故意作梗，本想就此不干了，想来你也不会为了公事报复我吧，何况事实证明了我是对的。——这段话相当有分量，你说是以道义相期也可以，你说是用激将

---

① 苑书义等主编：《张之洞全集》十一，第 9105—9107 页。

法也可以，特别是结尾，"尊处谅亦知之"，颇有挑战的意味。

下文用"宣怀奉讳后留办路差，皆蒙公之谬奖"一句，轻轻揭过，——"奉讳"即指其丁忧，"路差"指其留任之铁路总公司督办大臣——实际并不领情，转而自我标榜，"惟宣怀质直，遇公事紧要处不知将顺，昔年亦颇以直言见罪于文忠师，而终蒙文忠师推许，在心地诚实而已。"仍然是承接上文，借着李鸿章来数说张之洞，强调自己的正直，心地诚实。

下面转到自夸志量、能力，并对铁厂表态："生平秉性好胜，若不到山穷水尽，总想坚忍图成，不甘半途而废。厂矿连萍醴铁路用款，连此次预支矿价，已及千万，似此大块文章，必须通筹全局，或官或商，或分或合，总想到百年之后，此厂屹然不动方能瞑目。""倘一时无人接办，只得竖起脊梁趁此数年精力督率李维格、张赞宸等上紧办去，但愿亦如轮电两事成功而退，免贻外人羞，如是而已。"其中的决心，说得分外壮烈，实际也是向张暗示，其签订预支矿价合同之决心不可动摇。至于"功成身退"云云，显然是门面话，不可作数的。

最后说到正题，只有淡淡的两句："顷小田切又来面询'究竟何日可有回信？彼急欲回国'等语。""但已办到如此合同，已算有利无弊。""德矿师沾测冶铁不止一百兆余吨，萍乡恐亦不见得铁矿，故不必自我阻难。""论时局无可为，论才力不能为，但承公委托，既有一线生机，不敢不姑为陈请，是否有当？即祈电复，至盼至感。"[1]

读罢全信，我们发现，此信为预借矿价合同而写，却无一字涉及合同中的具体问题，如关键的期限、抵押、价格等等。显然是他认为所有条款，已无商议的余地；盛宣怀来信既非请示，也非商讨，意在催促张走一走形式，在总体上一礼全收地认可。

也许是盛宣怀已经知道了香帅对他的"挟制"很反感，他旗帜鲜明地反对将铁厂交还官办，不再假意推诿，一变而为很有担当，大有为铁厂"鞠躬尽瘁，死而后已"的气概。这种气概或许与有日本借款为他垫底不无关系。

---

① 陈旭麓等主编：《汉冶萍公司》二，第369—370页。

这封信给人的整体感觉是比较高调。与几个月前的盛致赵竹君函大不一样，也与一个半月前致张之洞函有所不同，不再是低声下气的央求，也不是委婉的诉说，而是志在必得的宣示，态度强硬中显示了几分舍我其谁的霸气。

这封信大约是出自盛宣怀的亲笔，不像是幕僚的拟稿，没有什么套话、废话，反映了盛宣怀在草签了借款合同之后的特定心态。他觉得找到了一条出路，胜券在握，今后有了倚仗。他大约已经得到了信息，不久朝廷将宣布他晋升为尚书衔，渐渐和张之洞的品级越来越近了。在他看来，此时张之洞的处境却是不大妙，再次署理两江总督没有几天，就被人挤掉了；现在陷在京城，临时干着谈判商约的苦差事，吃力不讨好；而在他的背后，署理湖广总督的湖北巡抚端方正在谋求转正，张之洞能不能回武昌的老巢尚未可知呢。

张之洞指出了一大漏洞

经历了与日商约画押这一场激烈冲突后，盛、张两人处于前所未有的严重僵局。盛一再向日方强调："但与张之洞交涉，还是一个难关。"他的担忧不是没有缘由的。

九月二十三日，盛宣怀致函奕劻、载振父子，请求批准预售矿价合同。其中不乏假口日人恐吓之词："内田使致函总公司要索闽浙豫章铁路，意谓路边铁矿可听开采，用心极为深险。时局方艰，万一另借别项交涉，或竟效尤英、德，包揽矿权，越理蛮索……"又谓小田切言，如合同不准，"则援福公司请择地自行开采"云云。①

十月初一，盛宣怀致电外务部右侍郎顾肇新：

> 草合同已补寄，其详已叙入咨内。彼买我矿石如得预支矿价，此系商矿自己筹款，为国家兴利，便益无过于此。惟恐南皮另具意见，失机可惜。彼去年电称铁厂事不过问，由我做主。此次合同，断无流弊，然

---

① 陈旭麓等主编：《汉冶萍公司》二，第370—372页。

终属外人交涉，自应请大部主持，迅速核复，以免日本变卦，请密达邸堂，铁政之幸！①

盛宣怀大包大揽，斩钉截铁，宣称："此次合同，断无流弊"。他的策略很明显：先易后难，先拿下了奕劻父子、外务部，然后再乘势向张之洞进攻。此电主要是因张之洞而发，对于了解近期盛、张冲突的顾肇新，他着重提出"惟恐南皮另具意见"是有深意的，同时是为"由我作主"云云作铺垫。他把张之洞的一句牢骚作正面解读，以为依据，则是有意的曲解。

如盛宣怀所预料的，外务部"无非是征求形式上之同意"，十月十六日，外部电告盛宣怀："所订草合同经本部复核，尚属可行，希即与日领订定，咨部立案。"②

与此同时，11 月 19 日外相小村电告内田，"此事现全赖张之洞决定"，命其尽早会晤张之洞，促成合同迅速批准。内田于 12 月 1 日致函张之洞，按照日方与盛统一的口径，强调小田切要回国养病，要求与张见面商谈。张之洞于 12 月 3 日回复内田，说正在与盛宣怀商谈，询商明白再约期见面。

同一天，农历十月十五日张之洞致电盛宣怀：

咨函及草合同均悉。添设炉座，扩充铁厂，极是。预借矿价，亦是筹款不得已之计。办法苟无流弊，鄙人甚愿赞成。但细阅合同，有必须妥酌者，借款三百万元，息六厘，每年计利息十八万元。订明每年至少收买上等矿石六万吨，每吨价三元，计价亦十八万元，仅敷还息。又订明不能还现银，设使日人每年仅运六万吨，三十年后，虽已还过五百四十万元，而本银丝毫未还。是日本仅借予我三百万元，永远须我每年供彼矿石六万吨。虽合同有"制铁所应允竭力多运"之语，究属空言，殊不足据。倘彼不少六万吨之数，便不为违背合同，我亦无词以

---

① 盛宣怀：《愚斋存稿》下，第 611 页。
② 盛宣怀：《愚斋存稿》中，第 641 页。

责之。即或不然，初数年仅敷还息，将还本归在后数年，则我亦吃亏利息甚巨。鄙意必须与之订明："每年于所售矿石内，带还本银若干，利随本减，至少每年收买上等矿石约七万吨。"……总之，务使三十年内，彼必有矿石以供制炼，三十年后，我毫无遗累，方为周妥。此节关系紧要，必须商改至要。①

此信冷静平和，丝毫看不出是经历了一场风波而存有芥蒂。首先肯定铁厂扩充，对借款亦示以体贴，总的态度是"办法苟无流弊，鄙人甚愿赞成"。所要解决的问题，主要是订明"至少每年收买上等矿石七万吨"，集中在为铁厂的长远利益考虑，具体算账，用事实说话，如何使其届时还清本息，不留遗累。这笔账其实并不复杂，以精明强干、善于理财著称的盛宣怀，与日方商谈达半年之久，几经磋磨反复，竟未计及。事实如此，令人不得不产生疑问：在考虑借款时盛宣怀究竟有几分是为汉阳铁厂的前途着想？有几分是对它的命运负责？

信中还涉及矿山所有权及出售矿石的利益分配问题。在要求盛将"官山"何所指予以说明后，云：

> 鄙意此次商借商款，宜先采商山之矿。商山不足，再采从前承办日官拨归商之山，倘仍不足，必须采及以后官另购之山，则须与官商明办法，或以价买，或拨借款若干归官，方昭平允。不然，若用官另购诸山之矿石，官尽可自售而借给商用，何须假手于商？即使给以股票，亦属虚文无济。若卖官山之矿以为商本，此事万不能行，后来湖北督、抚断不能默然也。

这里张之洞强调的是矿山的属性，即所有权属谁。涉及的实质性问题是，企业如果出售地方所有的资源，企业和地方财政应如何合理进行利益分

① 苑书义等主编：《张之洞全集》十一，第9112—9113页。

配。作为湖北的最高行政长官，张的立场是要维护地方的利益。但这是未来的事，所以不久张即表示，此事我方内部"自行商办"。但在实质上已经触及一个潜在的症结，后来象鼻山铁矿终于由湖北地方自采自售，辛亥革命后湖北当局长期认为铁矿、铁厂应为地方所有，即在此时已伏下了矛盾冲突的根源。

最后张之洞说："至此次借款，鄙人为铁政计，自当极力维持。然将来此款如何拨用，亦望预先明定章程，随时咨明，以免旁人指摘为妥。统祈速复。"后者的本意，即是今天我们常说是借款使用如何透明、公开，接受监督。不想却被盛有意无意地借端生事，生出了许多枝节。①

其间，盛宣怀扶柩归葬，离沪二十多天，于 12 月 11 日返沪。第二天小田切便匆匆上门询问张之洞来电情形。盛轻松地"微笑相告"，按照他的理解归纳为两点，一是忧虑尾欠未清合同将无限延长，二是"希望在此次借款金额中，能分到若干，以供自己使用"。当时，盛宣怀即向小田切对张电明确地予以否定：

> 张之洞来电要旨第一点，完全是杞忧，盖由于未熟读借款合同之故。借款合同中规定：三十年终了之际，如有未偿本金，则应由铁厂付清；同时，制铁所亦应允竭力尽量多购矿石，以充当借款本利。至于第二点，铁厂是商业组织，借款金额分一部分给张之洞，个人不能作主，须与铁厂重要负责人协商始能决定。

据小田切说，盛还"附带言及，对张之洞提议，两人之间，可以决定，不烦本总领事干预"。另一面，小田切又要求小村外相："切望接受盛的要求，能迅速采取措施示知驻中国公使向张之洞催促。"看来盛宣怀对付张之洞的手法是：一方面自己顶住，一方面由日方施压，内外合力夹攻张之洞。

最后，盛宣怀对小田切表示：主管的外务部已经认可，商部不会有异

---

① 苑书义等主编：《张之洞全集》十一，第 9112—9113 页。

议，张之洞并无不同意，"故正合同之缔结，当非至难之事，今后，恐也不会拖延得很久"①。

盛宣怀对小田切说："三十年终了之际，如有未偿本金，则应由铁厂付清"云云，说得如此轻松愉快，如此胸有成竹，已年过六旬且又多病的盛宣怀，既是不负责任地将遗累推给不可知的后来者，也是蓄意将偿还负担转嫁给国家矿山资源；至于含糊其词地说张之洞要分一部分借款"供自己使用"，似乎是张之洞向他索贿，并大张其词地强调自己不能作主，其对日方的用意便很微妙、隐秘了。更值得注意的是，张之洞来电反复强调的最低定额为七万吨，盛宣怀完全置之度外，在谈话中对小田切一字未提，没有把它当回事。

盛宣怀此时，既无与张之研究具体条款的诚意，更断然绝无要求日方修改合同的意向，唯一的企图是逼迫张之洞同意签订合同。十月二十八日复电张之洞，便是虚与委蛇，漫不经心，不顾事实，顺着张的来电，随口敷衍：

> 前议草约时，日人请多运，即如本年已运七万余吨，因汉冶筹计供给日矿外，尚须留备自用，故磋减至六万吨为至少之数，藉敷还息。现又另立附件，以十二万吨为至多之数，逐年拨本，即是虑到期不能清还之意，彼之运数不能无轩轾者，因运船有忙闲之故耳。此约虽以不还现款为宗旨，倘至三十年尚有尾数，则草约第七条订明照数清结，注销合同。清结者即以现款找付未还之本，一经注销，事便完结，断无遗累。②

本来是盛宣怀不愿用现金付息，才将年售矿石至少数增加到六万吨；而将至多数限至十万吨，本是恐自用不敷，但盛为迁就日本方同意附加二万吨。此电盛宣怀应付张之洞，搪塞其指出的不敷还本的漏洞，却信口说成此

① 武汉大学经济学系编：《旧中国汉冶萍公司与日本关系史料选辑》，第101—102页。
② 盛宣怀：《愚斋存稿》中，第641页。

举即为还本。所谓三十年后"即以现款找付未还之本",至于届时未还之本将有多少,何来还本之款,是否有能力"照数清结",亦未计及。

此电未全引,其中"采及官山"则"余利尽数归官",借款的用途则"拨充炼冶",盛言之凿凿,与前引盛和小田切私下里所说的全然不是一回事。有的也只是说说而已,聊以赚得张之洞的同意,并未打算实行的。

关键是盛宣怀没有忘记告诉张之洞:日方"并知我外务部已经核准"。全电的核心是:"在日人则云两造已经磋磨至极处,一字不能更易。"如此,留给张之洞的似乎只能是"准照草约签定"。①

此时缔结正合同的期限已经超过,盛宣怀却气定神闲。同日一纸通知小田切:"急办之事甚多","一俟定有签印日期,再专函奉约。"盛宣怀以为,操纵合同签订的最后决定权已稳稳落在他的掌握之中。

张之洞的坚持和让步

光绪二十九年十月二十八日(1903年12月16日),就在盛宣怀通知小田切推迟签订合同的同一天,外务部电令:"大冶矿石合同如未画押,希暂缓画,候酌并电复"等。

此前一天,北京的内田曾向小村外相报告,张之洞"对协议总的说来并不反对",建议每年应购上等矿石七万吨,并建议购部分次等矿石。19日小村复电,否定了购次等矿石;"因为事实上上等矿石实际供应量不可能低于七万吨",令内田及时会晤张之洞将此说明,以便得到张的批准。

使日方颇为紧张的外务部来电,经内田打听,始知是由袁世凯弹劾张翼而引起,后者导致开平煤矿被英国侵占,震惊朝野。庆亲王奕劻唯恐抵押大冶矿山而受到类似的攻击,故有此举。

12月24日,小田切函报小村,前日盛宣怀因病派杨学沂来领事馆面洽,据称北京提出三事中,一是"删除合同中抵扣一项",二是"第五条之六万

---

① 盛宣怀:《愚斋存稿》中,第641—642页。

吨应改为七万吨"。小田切立即表示，"第一点断难同意"；第二点将遵照其外部及内田的训令，将"六万吨"改为"七万吨"，但须从明治三十八年（1905年）起执行，有关文字修改均须请示。同时小田切致盛宣怀函，针对奕劻的顾虑，详细说明："不问官商，借款时均须有担保，此为国内外之通例；且抵押与所有权之转移（即开平矿务局之处置），其性质完全不同。"①

同日张之洞致电盛宣怀，是针对其十月二十八日来电的：

> 勘电悉，读之殊多不解。每年运矿石至少之数，系为我还本息计，加多于我有益；至多之数系为预备供足彼炉座熔炼计，加多于彼有益。既须留备自用，十万吨之数，更不宜再加，切要切要。前内田公使来商，当告以"非将至少之数加至七万吨，每年抽还本项，三十年本利全清，鄙人万不应允。"昨内田已接其外部电，允于合同载明每年至少运上等矿石七万吨，想外部亦电小田矣。……鄙意不过欲三十年后不遗后累。至官山、商山一层，乃我自行商办之事，另行妥酌可也。祈与小田将合同更正，并将续订附件涂销，仍以十万吨为至多之限为祷。②

张之洞此电的主旨是坚持每年售矿至少七万吨，不得超过十万吨。前者是保证还本付息的需要；后者是留备自用。它理清了盛电中弄得颠倒、混乱的利害关系，意在维护铁厂、冶矿的长远利益，集中体现其反复强调的"鄙人不过欲三十年后不遗后患"这一宗旨。在此电中，他对日方不愿购次矿、年购七万吨推迟一年执行等，都不再计较。我们注意到，"年售矿至少七万吨"写入合同，是张之洞亲自与内田交涉的结果；其实它并不损害日方利益，所以不难为日方所接受。如此，盛宣怀对此事的轻慢，非不能也，是不为也。

同一天，盛宣怀致电外务部并张之洞，就外务部电令所言三事分别说

---

① 武汉大学经济学系编：《旧中国汉冶萍公司与日本关系史料选辑》，第103—106页。
② 苑书义等主编：《张之洞全集》十一，第9114—9115页。

明。重点是按照日方要求的口径，说明与小田切商谈后不能删去担保一条的原委。其中特意提道："查部定章程，洋人准在中国地方买地开矿，设执此相争，不必预付巨款，便可购山自办，官商俱困，流弊更多。"此言不无威胁、恐吓之意，似相中了奕劻的软肋。在说明对官产、商产矿山采取不同办法后，最后汇报"七万吨"已奉命修改，对奕劻、张之洞一并加以恭维："钧意每年六万吨仅敷还息，应将至少之数酌加，总以三十年本息还清为准等因，实为此合同紧要关键，足补草议所未备。现又与日领事坚持面议，遵照钧电及张宫保元电，至少之数改为七万吨。"仍未理会十万吨之最高限额。①

光绪二十九年十一月初八，盛宣怀再次电恳张之洞，"年运七万吨及官商界限均已遵办，乞公垂念成败所系，力商外部，迅赐核准。"次日，张之洞致电外务部、盛宣怀及署理湖广总督的湖北巡抚端方，就外务部电令三事表态：再次说明六万吨添改的必要及交涉过程，并强调："前数日内田饬其参赞来言，'日本外部来电，已勉允照鄙意，加至少之数七万吨。'而未提至多之限，当于语电电沪：'请与小田切将合同照改，并将附件涂销，仍以十万吨为至多之限。'此时想已达到。"对于官山、商山一层，同意盛的办法，"惟此乃我自家商办之事，自不宜载入合同。"在抵押作保问题上，则表示："凡借洋款，必须有保。""今已允运至七万吨，到三十年后，本利全清，虽指山作保，似亦无妨。"②

由于张之洞坚持"以十万吨为至多之限"，12月28日李维格、杨学沂受命再访小田切。告知抵押一事纯系外务部提出，而非张之洞的主意，并可撤回；而着重在要求撤销增加两万吨之附件。小田切对以"上述吨数之决定，是和价格相关联"，且是限于有余力时，恐制铁所无同意之余地。李、杨不得不告之："特别是盛张之间存在着一种奥妙的关系，稍有龃龉，即可引起一种相持不下之争执，可能有进而累及整个事件之危险。"同时不得不如实告知："最初，只是把草合同抄件送给张总督，附件是后来才抄送的。"如此，

---

① 盛宣怀：《愚斋存稿》中，第642—643页。
② 苑书义等主编：《张之洞全集》十一，第9117、9115—9116页。

小田切当日向小村外相报告，"总之，其所以酿成此次事端，全由于盛宣怀预先顾虑到张总督会有意见，因而未能将事实明白坦率地加以说明之故。"要求设法由内田公使与张之洞进行交涉。[①]

1903 年 12 月 29 日，日本公使内田致函外务部，着重说明"抵押"不同于"让出"，要求庆亲王批准合同订定。同时，日使馆参赞郑永邦将加售二万吨的附件稿送请张之洞审阅，并作了解释。十一月十四日（1904 年 1 月 1 日）张之洞致电外务部称："杏翁所拟附件稿，语尚活动，内有'除留备自用外'及'临时商办'等语。是自用如万一不敷时，即断不能加此二万吨；如果自用有余，自无妨多售。且言明'临时商办'似无流弊。敝处已允存此附件，但须照郑送来原文一字不可改易。"实际上，张对日方和盛宣怀作了适当的让步。[②]

大冶购运矿石预借矿价正合同于光绪二十八年十一月二十八日（1904 年 1 月 15 日）正式签订。

失踪的"内田十六日电"

1903 年 12 月 4 日外务部核准草合同后，12 日盛宣怀曾告知小田切：张之洞"并无不同意"，却在同日致函小田切称事忙展缓签订。18 日小田切曾向内田公使报告：

> ……但盛却推三阻四，不肯签订，究竟原因何在，殊令人费解。故曾电禀阁下，希向外务部交涉。嗣奉十六日钧电，嘱对所示一节保守秘密等因。本总领事随即电复以可姑且容许对方要求在案。

此文后，《旧中国汉冶萍公司与日本关系史料选辑》编者有一注释：

---

① 武汉大学经济学系编：《旧中国汉冶萍公司与日本关系史料选辑》，第 106—108 页。
② 苑书义等主编：《张之洞全集》十一，第 9117—9118 页。

件中提及内田十六日电，档案无存，《日本外交文书》第三十六卷内亦不见选载。此处所述，究系何事，不得而知；唯据判断，可能系指索取回佣之陋规。①

此件关键在"姑且容许对方要求"八字，"姑且"有勉强之意，"姑且容许"则既成事实。"对方"，从上文看，当指盛宣怀。关键是何种"要求"不得而知。内田嘱小田切保守秘密，《日本外交文书》中多是机密函电，独此件不载，盛档亦不存，大抵不是光明正大之事。编者判断为"系指索取回佣之陋规"，可与前述5月3日、6月4日内田致小村机密函中两次提及"手续费"，及6月17日小田切致小村机密函中"对盛氏诱之以利"云云相对照。此外，似与此相关的蛛丝马迹尚有：

12月12日，小田切访问盛宣怀，盛告知张之洞来电之第二点为："希望在此次借款金额中，能分到若干，以供自己使用。"②无论是与3日张来电或16日盛复电对照，这些话都是无中生有，歪曲了张电之原意。不仅如此，接下来当天盛便书面通知签订延期。古今索贿，多有上下勾结，亦有以上级或同伙索贿为词者。联系起来看，盛是否旁敲侧击，暗示须满足自己的要求才允签约？

更为离奇的是：12月10日，西泽自大冶向日本制铁所长官中村雄次郎密报："据昨夜盛大臣发出之密码电报称，北京六〔外〕部已承认此次大冶借款，而张之洞总督表面上虽也表示可以承认，但内心却有取得二十万两酬金之意图。"③张之洞的内心意图是何人知晓，且如此具体为二十万金之巨？盛的密码电报发给何人，西泽何以得知？总督大人在北京索贿二十万金是何等重大隐私，何以竟让远在大冶的西泽与闻，再报告其国内的制铁所长官，要绕这样大一个圈子？西泽或许只是将道听途说拿去邀功，但是何人放出此类风声？此事与上述盛12日谈话时间接近，两者有无内在

---

① 武汉大学经济学系编：《旧中国汉冶萍公司与日本关系史料选辑》，第108页。
② 武汉大学经济学系编：《旧中国汉冶萍公司与日本关系史料选辑》，第101页。
③ 武汉大学经济学系编：《旧中国汉冶萍公司与日本关系史料选辑》，第100页。

联系？

　　这些仅仅是分析、推测，但查无实据。十六日内田电报已经失踪，此类事件愈是不可见人，便愈是难以找到确证了。

第十四章　大冶铁矿总办解茂承与矿石售日矛盾

解茂承是北洋水师幸存者 / 盛对矿石售日高度重视，亲力亲为 /《煤铁互售合同》：解、盛严重分歧 / 铁矿石加耗之争 / 铁矿石含磷之争 /《预借矿价合同》谈判　盛、解矛盾进一步发展 / 解茂承未能暗中抢购矿山 / 西泽做长期打算　解茂承调离大冶 / 西泽公雄的《大冶铁矿历史谈》不可信

解茂承原是北洋水师的幸存者。曾任大冶铁矿总办六年，在执行合同向日本运售铁矿石的同时，就要不要对日本出售铁矿石及其品质、数量、价格等问题，一再提出不同意见，与盛宣怀和日方代表西泽公雄的矛盾逐渐加深，反映了大冶铁矿、汉阳铁厂内部为维护企业自身利益和发展、维护国家资源和主权而进行的不懈努力。这是以往汉冶萍研究中鲜有涉及的一个重要侧面。

大冶铁矿丰富的、优质的铁矿石引起日本政府的高度重视，先后于1899 年、1904 年与盛宣怀签订《煤铁互售合同》《大冶购运矿石预借矿价正合同》，自此，对日本运售优质铁矿石成为大冶铁矿最重要的任务。

大冶铁矿石品位高、质地优良。它的一级品含量为：铁 65%，锰 0.5%，磷 0.05%，硫 0.1%，铜 0.4%。[①]

大冶铁矿为露天开采，既无瓦斯，又不怕冒顶淹水，远比煤矿地下开

---

① 湖北省档案馆编：《汉冶萍公司档案史料选编》上，第 217 页。

采优越。创建初期投入少、成本低、效益好。大冶铁矿总办解茂承于光绪二十九年十月提供的资料称，该矿工人无定数，农闲人多、农忙少，大致每天五六百人开采，每吨工价约30文；江边码头起卸装船约200人，每吨工价银2钱。"近五年共出铁矿三十三万五千余吨，内分运他处十八万余吨""由铁山运至江边，售价每吨洋三元"。①

上面所说的分运"他处"，系指日本八幡制铁所，每吨售价也是对日本而言。日本缺少铁矿石，近代钢铁工业比中国起步晚，1900年大冶铁矿石开始运往日本，其时日本第一家近代钢铁企业八幡制铁所尚未竣工。大冶铁矿长期、大量供应优质铁矿石，哺育了日本钢铁工业健康成长，同时却给大冶铁矿的生产带来许多新的问题，并给汉阳铁厂的生产和发展造成不可估量的损失。这是一个长期逐渐深化的过程，但自光绪二十四年与日本方面签订《煤铁互售合同》起，各种矛盾便日益显现、突出。这一时期，解茂承任铁矿总办前后共6年，留下了一些和盛宣怀之间往来的函电，由此可以看到大冶铁矿以及汉阳铁厂内部，在中、日关系上存在着种种矛盾。这方面在已往的汉冶萍研究中，似鲜有涉及。

解茂承是北洋水师幸存者

解茂承不是盛宣怀的嫡系老部下，是萍乡煤矿的创始人张赞宸推荐给盛宣怀的。光绪二十二年十二月初四，张赞宸来到汉阳铁厂不久，曾有一函致盛宣怀，谓用人为当务之急。附件所列密保名单计8人，其中有大名鼎鼎的状元实业家张謇，有上海电报局总办经元善，有已在汉阳铁厂的徐庆沅，也有张赞宸的胞弟张赞华。最后一人便是解茂承："字彦珊，直隶涿州人，年岁□□，知府。学优品粹，识量宏深。卑职仅与数面，心窃慕之，现在寄寓烟台，择主而事。"② 仅见几次面就给张留下深刻的印象而居然向盛宣怀保

---

① 陈旭麓等主编：《汉冶萍公司》二，第383页。
② 陈旭麓等主编：《汉冶萍公司》一，第339页。

荐，可见，解茂承这个人一定是很有特色和吸引力的。

另一条关于解茂承个人的重要信息，来自他在大冶的老对手西泽公雄。1903 年 12 月 24 日，西泽公雄在由日制铁所长官转给外务大臣小村的一份报告中称："现任大冶总办，因系故丁汝昌之幕僚，认为与日人折冲樽俎，甚为不利，李氏即怂恿其自请辞职。"①

循此线索，在互联网上搜索，发现有多条重复的同一记载，丁汝昌至英国接收超勇、扬威两艘巡洋舰时，随员中有解茂承："1880 年 12 月 23 日，丁汝昌、葛雷森偕文案马毓藻、解茂承，医官江永乘法国船赴英接收军舰，林泰曾、邓世昌、蓝建枢、李和、杨用霖、章斯敦等则率接舰部队随后乘经过改装的招商局'海琛'号商船于 27 日从上海出发赴英。"又戚俊杰编《丁汝昌年谱》载：1881 年 3 月 12 日，解茂承随同丁汝昌在伦敦拜见驻英使臣曾纪泽，4 月 13 日再次随同丁至使馆看望曾使，4 月 16 日曾纪泽宴请丁汝昌、葛雷森、解茂承等人。由此可知，此次丁汝昌访英，解茂承是随行的主要幕僚。②

光绪十四年十月，丁汝昌率靖远舰、致远舰，协助刘传铭在台湾清剿，攻克后山，刘传铭拟为丁汝昌请赏头品顶戴。同时被保举请赏的文武 14 员，其中解茂承名列首位。

甲午战败，丁汝昌自尽。刘公岛失陷后，有关电文所列死难、生还者名单中均无解茂承。据李鸿章光绪二十一年正月二十三日午刻复总署电称："兹复据刘含芳电，丁提督于未被围之先，已派员将水师文卷送烟，誓以必死，孤忠惨烈，极可悯伤。"护送档案文卷，正是文案的职责，解茂承可能就是此时被疏散至烟台，这也与他后来在烟台闲居而与张赞宸相识吻合。③

光绪二十四年初，盛宣怀拟大举开发萍乡煤矿。此前曾派江西德安知县朱士林去宜春县勘测，取来煤样，以射鹏矿质最佳。二月初三，盛宣怀会同

① 武汉大学经济学系编：《旧中国汉冶萍公司与日本关系史料选辑》，第 100 页。
② 戚俊杰：《丁汝昌年谱（1884—1891）》，http：//www.jiawuzhanzheng.org/paper/dingruchang—nianpu/4/。
③ 戚俊杰、王记华编校：《丁汝昌集》，山东大学出版社 1997 年版，第 104、332 页。

湖广总督张之洞下文，委派解茂承带同洋矿师赖伦去宜春勘度筹办，内中自有与萍乡相比较，以定取舍之意。这是解茂承来到南方，在盛属下领受的第一个任务。

二月初八解茂承离沪，十三到汉厂，十四晤赖伦。赖伦料理完萍乡需用的大冶旧机器后，解茂承偕赖伦经九江过南昌，请炮船护送至宜春，泊驻10日，将射鹏等各处矿山勘竣，改走陆路，三月二十六到达萍乡。五月四日，赖写出《勘查宜春煤矿情形节略》；十日，解茂承致函盛宣怀，详细汇报勘查情况。据赖测验，射鹏、盆形山等矿都适宜开采，应用西法，但"工浩费巨，艰难旷远，缓不济急"，其中宜春至新喻滩头水路300里，"济运尤难"。赖、解二人对萍、宜等矿勘查比较、熟计取舍后认为，"萍矿结脉广厚，目前土法得数极见锐增，将来辅以机力，增以轨运，无穷利源，可操左券。与其散耗有用之资，难窥成效，不如注重方兴之局，顺势扩充"，明确提出"宜春煤矿现时未便大举"，坚持开发萍乡而不动摇。①

其时，萍乡建矿、修路、购地、买料等工作全面铺开，四月十一日张赞宸致电盛宣怀，要求去沪当面请示商定。电文说："解守声望服人，卢令忠勤任事，坚恳解守暂留，可放心。"解至萍乡不久，其声望或与在北洋水师的经历有关。五月二十一日，张去电又说，解早要回沪，因自己常下乡，不放心矿山工作；"解留心矿学，遇事商行，颇受益"。五月二十三日，盛来电同意张去沪，电令解在萍乡代理。

六月一日，大冶铁矿报告，该矿总办张世祁勘矿中暑病故。六月二十一日，盛宣怀委解茂承为大冶矿务局总办。其时张赞宸尚在湘潭，其弟突然病危亡故，张料理丧事又病倒；恰逢湖南有人来萍而意图不明，解茂承闻城乡萍绅密聚，有反对洋矿之议，未能及时赴任。盛一再催促，"大冶亦待解守"，九月初五，张向盛报告："解守已行，代办数月甚棘手，措施甚妥善，现已安静。"对解评价甚好。②

---

① 陈旭麓等主编：《汉冶萍公司》二，第29—33页。
② 陈旭麓等主编：《汉冶萍公司》二，第710、718—719、721、734页。

盛对矿石售日高度重视，亲力亲为

光绪二十五年二月，盛宣怀与日本制铁所签订的《煤铁互售合同》，实际是单方面对日出售铁矿石，规定"合同期内亦必先尽日本每年五万吨之矿石，决无缺少。如日本要加买铁石，亦必照办"。其中对矿石成分要求十分苛刻，如："铁矿石每一百分之内，须有铁六十五分方为准色。""铁一万分之内，有磷五分方为准色。"后来续订合同时，又将磷下降至万分之四。由日方派人驻矿验收并管理轮船至石灰窑装载事宜。[①]

二十五年七八月间，汉厂总办盛春颐、比利时籍工程师卜聂等认为，德国矿师斐礼"不明矿务，现届合同期满，即应辞退"。斐礼去到上海，盛让他看了《煤铁互售合同》及所附矿石成分要求，斐一力承担可以办到。盛遂力排众议，强调裴所从事的工作"以日矿为最重""日矿无论在冶交货、在沪交货，皆须有洋工司专管……与其另换洋司，致借口于日约太严，不能交卷，则就生不如就熟。斐既担承，即与蝉联"[②]；并采纳解茂承的建议，按斐的工作性质，今后由大冶铁矿总办节制和核发薪资经费。盛宣怀此举，又一次暴露了他对洋员偏听偏信的弱点；从他主观来说，却是苦心孤诣地保证运售日本矿石的质量。

光绪二十六年（1900年）六月初八，一艘远洋货轮装满了1600吨铁矿石，从大冶首次驶往日本。早在两个月前，大冶铁矿就做好了准备，设置好趸船，日方却要延期。五月中旬，日制铁所长官和田专程亲到上海，盛宣怀一再电令斐礼赶去上海、会商运矿办法。五月十七日，盛又再次去电冶矿询问："日本装矿石轮船将到，约有二三千吨舱位，现在石灰窑码头船，如大轮船靠泊，能否无碍。和田在此候信，速复。宣。"六月初七又去电询："头次矿船开否？和田陆续派船装运，望饬斐礼预备码头，总有一船矿石。"关

---

①　陈旭麓等主编：《汉冶萍公司》二，第92—95页。

②　陈旭麓等主编：《汉冶萍公司》二，第168—169页。

切之至。

此后的一年多，日本来船每每先由盛宣怀亲自电告大冶铁矿，大约何时到，可装多少。六月十九日，一天之内曾发三电，其第三电曰："三千吨系第二船，廿日马关开来，前电误。宣。"矿石装船启程后，由解茂承去电，报告时间、吨数，以便盛在上海收款，然后再通知矿局上账。至光绪二十六年十月初一止，这一年共运9次，一船多则3000余吨，少则1000多吨，最后一次因长江水浅，只装了266吨。按合同为每年50000吨，第一年实运15400余吨。每船都按序编号，自光绪二十七年起，每船既按当年编号，又累计编号，如二十九年九月十五日解茂承来电："十六次，即六七'大冶'三千二百八十七吨。"前者为当年第16次；"六七"即累计第67次；船名'大冶'，当是为专运大冶矿石而建造的，发挥了日本造船和远洋运输的优势。

大冶铁矿偶有误报或漏报，盛宣怀都及时发现，予以纠正。光绪二十七年七月十八日，盛去电问解茂承："日矿廿七次'饱浦'一千八百十吨是否廿五次之误，候复。"第二天解复电："'饱浦'本系报廿五次，不知何局码错。"又，同年十月十七盛去电："日矿卅四次若干吨，未据报，速查明电示。"十八日解茂承回电："三十四次'饱浦'一千八百零三吨。"由此可见盛的高度专注，一丝不苟。①

光绪二十六年十一月，大冶矿务局总办解茂承与驻大冶日本制铁所委员西泽公雄共同签订《矿石运输及装载章程》，要求矿局宜在石灰窑日矿码头常贮狮子山所产上等铁矿石6000吨。每次船装矿石出发后，日方以汇票付矿价八成；日本制铁所卸船验收后，再付余下的二成。② 这些收入，对于严重缺乏资金的汉阳铁厂来说，虽是杯水车薪，却也往往指望它救燃眉之急。光绪二十六年八月十三日，铁厂总办盛春颐致电盛宣怀说："接冶信，知日矿已运四次，共计七千九百五十吨，厂只收到第一次四千六百吨之价，其二、三、四次矿价，请速催日本赶付，厂需奇绌，立等应用。若货出而

---

① 陈旭麓等主编：《汉冶萍公司》二，第883、891页。
② 湖北省档案馆编：《汉冶萍公司档案史料选编》上，第219页。

y

358　悲怆的绝唱：盛宣怀与汉冶萍公司

不付价，此后似难应运。"又于闰八月十二电告："初三'立神丸'运日矿二千二百吨，初十'饱浦丸'运日矿四千八百吨，连前四批二成款，乞催速付汉厂，至要。"①

《煤铁互售合同》：解、盛严重分歧

解茂承负责大冶铁矿，本来他的任务只是对汉阳铁厂提供矿石，后来实际变成优先保证对日本的供应。解本是一个经历了中日甲午之战的北洋水师幸存者，具有现代国家意识和民族气节的中国士大夫，又作为汉阳铁厂所属矿山的负责人，在思想上要捍卫本矿的利益，把汉厂的需要放在首位；而在行动上给日本提供矿石，既是按合同办事，又是奉盛宣怀之命行事，如此便存在着难以调和的矛盾。具体表现在解对《煤铁互售合同》和盛的指示时有看法，并不忌讳地一而再、再而三地对盛提出不同意见。在运售日矿的问题上，解茂承实际是在扮演一个特殊而尴尬的角色：既要忠实的、具有开创性地执行盛宣怀所赋予的任务，又是盛宣怀体系内部的"持不同政见者"。

一、成色过严必吃亏

一开始，解茂承就认为《煤铁互售合同》对矿石成分要求太严，对我方不利。得知《煤铁互售合同》对矿石成分的要求后，立即致电盛宣怀表示不同意见。光绪二十五年四月二十八日，盛宣怀致函盛春颐、施肇曾、宗得福云：

> 大冶出售矿石事。解守电：成色过严必吃亏。现在咬定第四款，两处委员、矿司公同指定一石化验为准，如实在贬折太甚，再执据理论。好在合同只定两年，如吃亏可停止也。②

"成色过严"，系指《煤铁互售合同》附件所规定的矿石成分指标太苛刻。

---

① 陈旭麓等主编：《汉冶萍公司》二，第843、846页。
② 陈旭麓等主编：《汉冶萍公司》二，第137页。

如此必吃亏，即对我方甚为不利，是解茂承对这个合同的基本判断，也是他的主要顾虑，不只是限于盈利多少。这一看法，解必然也已经向汉厂盛春颐等人反映过，他们可能也会有同感。对于此函，盛宣怀的回答却避开了合同条款规定的苛刻，只谈"咬定第四款"即检验的方式、程序，显然是避重就轻，王顾左右而言他。至于说吃亏可停止，更是随口敷衍，后来的事实恰好相反。

二、只将磷重的存矿售给日方

解茂承可能是相信了盛宣怀"可以停止"的承诺，他进一步提出了不同的方案：

> 请与日本另议，将此项存矿贬价售罄，以换现银，尚未知钧意如何？惟厂矿磷质过轻，则日矿便虑不能如式，余皆无虑，愿与承办厂事皆视为专责。①

斐礼看过《煤铁互售合同》的附件，曾对盛宣怀说过："惟磷质原定〇〇〇五，现在厂因焦磷过重，责运磷轻之铁，剔下〇〇〇七者不少。"解所说的"此项存矿"便是汉厂剔下的含磷万分之七的矿石。此时他并不反对将矿石卖给日本，但主张只卖次矿，留下好矿自用。此时解的想法是汉厂需要磷轻矿石，顾虑不能达到售日合同的要求；但他揭示了《煤铁互售合同》带来的根本矛盾：优质磷轻矿石成为日方与我争夺的焦点。他不了解中日谈判的过程，也不了解盛宣怀的内心意愿。他的方案注定不会被日人接受，也不可能被盛采纳。后来的事实与解茂承的期望完全相反，磷轻的矿石按合同优先供应给了日本，汉厂的需要却难以保证。

三、工本浩大，得不偿失

解茂承和汉厂诸人认为与日交易得不偿失，根本没有做长期打算，与盛的意图相反。光绪二十七年四月十九日，汉厂总办盛春颐向盛宣怀反映，日

---

① 陈旭麓等主编：《汉冶萍公司》二，第168页。

方要中方在石灰窑码头置备大小铁锚、铁链等，"日人又有意欲于下矿处添造滑坡活跳，以作久远计。无论工本浩大、得不偿失，且并未与订久远。威云，是更可置之不理也"。"威"指汉厂管理轮船码头的洋人威林臣。"工本浩大，得不偿失"这八个大字，是对出售矿石的基本评价，表明解茂承等人根本不愿与日本人长期交易，盛春颐似乎也没有领会他叔父的意图。对此，盛宣怀大不以为然，二十八日回信云，"惟下矿处添造滑坡活跳，似为简省抬力而设"，倒是与日人"心有灵犀一点通"，共同作"久远计"。[①]

这一年原计划运矿 10 万吨，以补上年之不足。但日本来船仍或急或缓，五月已存放在江岸的矿石，因久久无船而被水淹 1800 余吨；水退之后，日方又嫌沾泥有磷，要求再化验，搁置起来。当年本有日船 4 艘，到了八月，一艘大船租期已满，另一艘大船也只能再运一次，只剩下 2 艘 2000 吨的，估计至第 30 次止，只能运 5.8 万吨左右，大冶铁矿却是按照 10 万吨准备的。解茂承向盛宣怀反映了这些情况，只得感叹："又吃暗亏矣！"[②]

四、力保固有的主权

光绪二十七年十一月初一，解茂承去函汇报一年来的情况：日矿现运 36 次。即本年 27 次，约 7.01 万余吨；加上去年所运 1.54 万余吨，共 8.55 万余吨。按照《煤铁互售合同》，头等矿每年 5 万吨，两年应运 10 万吨，尚少运 1.4 万余吨。而所定次矿每年 2 万吨，至今未运。其时江水日浅，东海风浪日险，势不能重载，而轻载又不合算，催之无益。解认为，日方的缺失，一在开年起运太迟，二在来船或松或紧，漫无准期。如能每年二月间开运，每次船限定半个月来回一次，应该不难按合同完成。除了希望盛宣怀将这些情况向日方郑重说明外，解茂承还在信中说了这样一段话：

> 各矿山事，即使无力另增本无之权，总宜作计力保本有之权，庶容遴贤进能，渐图振拓。日人阴图利益，外倍殷勤，示人不疑，是其惯

---

① 陈旭麓等主编：《汉冶萍公司》二，第 243、245—246 页。

② 陈旭麓等主编：《汉冶萍公司》二，第 254 页。

技。经甲午一役，尤用兢兢。是以苟有闻见，不敢惧渎而弗陈也。①

这些话，出自解茂承这样一位北洋水师幸存者之口，更觉语重心长，发人深思。盛宣怀在签订了对日出售矿石的合同后，力图圈购周边象鼻山、金山店等矿山，而为张之洞所阻止。解奉盛命经办圈购矿山，深知个中玄机。所谓"即使无力另增本无之权"，当指未能圈购未购之矿山；"总宜作计力保本有之权"，则是从根本上不同意他如此对日出售矿石，自丧权利。解茂承希望盛宣怀吸取甲午之战的教训，警惕日人的阴谋，维护现有利权，不可中外颠倒、本末倒置，迷失了方向。解已经感觉到盛不喜欢这些话，仍然不得不说，如此语重心长，对盛宣怀能起多少作用就难说了。

铁矿石加耗之争

在铁矿对日出售矿石的过程中，日驻上海领事小田切、常驻大冶的代表西泽公雄等，贪婪狡诈，得寸进尺，经常提出一些额外的、过分的要求。决策人盛宣怀往往迁就、应允；而解茂承作为执行者，维护国家和矿山的利益，却不可避免地与日方发生摩擦、冲突。

有的是重大事项。如，1899 年 6 月 17 日，小田切对盛宣怀称，日农商务大臣来咨，合同"尚未议及准由石灰窑装矿直放暨豁免出口税二事"，并以"如不能妥洽，则于本大臣未便照允该合同"相威胁。盛表示事关重大，未便擅夺，要求按前定合同第二款日船在上海装矿，照成色清单第三款酌加扬子江运费每吨 2 元。6 月 18 日小田切来函再施压力，蛮不讲理地说什么，如此与日方"当初由贵国购买矿石之本意大相径庭，谅万不能照办也"。后在 1900 年 4 月间，经盛宣怀多方奔走，才由赫德为首的海关核定了《日本商轮赴大冶县装载铁石出口办法》。②

---

① 陈旭麓等主编：《汉冶萍公司》二，第 262 页。
② 武汉大学经济学系编：《旧中国汉冶萍公司与日本关系史料选辑》，第 19—21 页。

有的是具体事务，如码头设备，光绪二十七年日方提出要增加滑坡、活跳后，盛宣怀在上海对解茂承当面作了布置。光绪二十九年闰五月，拟在石灰窑将码头一分为二，对汉厂和日矿分别储存、装载。

日方经常纠缠不休的则是借口加耗、矿石成分之类侵占中方实际利益。

煤炭、矿砂、石灰这类大宗货物，散装长途运输，不免会有损耗。为了保证验收时足额，买方往往要求卖方在发货时额外增加一定的分量，是为加耗。当时也称之为加数。此事在《煤铁互售合同》中本未载明。光绪二十六年六月开始履行合同，日方提出要求加耗，解茂承同意加3%；日方意犹未足，光绪二十七年由小田切直接与盛宣怀交涉，盛同意再加耗2%，共达5%。如此数量颇为可观。此外，解又同意"小雨车湿，每车加百启；大雨车太湿而矿有泥，则加二百启"。即小雨加10%，大雨加20%。可谓照顾周到了。

不想，光绪二十八年五月西泽又掀波澜。日方新造的"若松"轮，这年第二次来，装了正矿3388吨，按5%的规章加耗169吨895启罗，较之上次多装了300余吨。解茂承细心，令石灰窑码头的办事人员私下了解，得知日方下矿人员因为上次是新船首航，"未便多装之故"，自是符合常情。不料西泽却一口咬定该船装载量只有3 200余吨，不可能载3 500余吨，怀疑矿局短数。五月二十一日西泽来函，借口雨天车湿亏损太甚，提出每车皮"大雨改为另加三百启罗，小雨及大雨翌二日间，另加二百启罗之数"，否则，"雨天及翌二日停运"。

解茂承为防止日人搅扰，早就双方约定，交矿在下陆过磅、江边运收时，均彼此各派一人，共同看磅、记数，相符为断，此后对方装船与在途搬运后的数量多少便不负责。如此行之年余，并无异说。当日，解回函拒绝："若使逐年借口有加，层出不已，则敝局过耗，又何取补耶？"二十二日西泽再次来函，以"若松船装矿量未足为凭据"，仍以雨天停运相威胁，扬言"犹被亏损，有敝政府与盛宫保直接协商"。二十三日，解复函再次与之说理："一者，十四日所较之磅与廿日所较之车，均无甚出入。二者，所运之矿，在下陆之磅数，在石堡之收数，彼此毫无不符。三者，恐尚虑其不除疑，于廿一日复函仍请遇大雨运矿之日，不妨将回空之车再提磅数部。"此前，双方已用空车又作过磅验，实际雨湿尚不到加湿数的 6 成。至于停运，解回答说："但虑此事一办，耽搁日多，倘逢紧运有误，鄙人未便独任其咎也。"

为了防止日方"又步前辙，到沪请加"，而盛宣怀好说话，解茂承于五月二十六日去信将此次风波如实向盛汇报，并附去与西泽的往来函件，要求盛不要应允。信末，他毫不掩饰地表达了对日出售矿石的反感、不满：

> 总之，售矿本为铁政无聊之下策，况已价廉欧西，犹未足满其利欲。果我厂两炉并炼，再能扩充，兼加制造，利源自广。求己大胜仰人，何取沾沾焉恋此鸡肋耶！①

铁矿石含磷之争

日方对于铁矿石的成分，合同既十分苛刻，验收也极为挑剔，常有纷争。

光绪二十九年闰五月二十日，解茂承向盛宣怀报告，西泽函称，该年日本第一次运去之矿，"接彼制铁所函，'磷较合同限数多一分'"。已将当日同取分存矿样寄与高辅门化验。解认为，即使果多一分，4 年之久，仅一次微差，谅可通融；况现矿含铁质较合同总多一分有零，应可以之作抵。

同年七月二十一日，正在与日方谈判借款的盛宣怀来信说，西泽在沪面称，"接制铁所来电内开第六次矿石成色有硫量千分之二，按照合同准色已过千分之一"，责问是何原因，要求每次提样送厂化验。②

同年十一月九日，解茂承接盛函称："日本二成矿价，自十三次至十六次，均未交付"，命其催问西泽。解从西泽处得到的回答是：其中第 14 次，

---

① 陈旭麓等主编：《汉冶萍公司》二，第 275—279 页。
② 陈旭麓等主编：《汉冶萍公司》二，第 339、356 页。

因含磷有 0.06%，日方令小田切在汉商办；其他各次已由正金银行交付。也就是说，第 14 次余下的二成矿价，因磷超标，被日方扣下未付。解在二十日复信中对盛说，过去矿质一般都受到对方称道，"试以全年运去矿石，照原订分数平扯，大致铁量总有过之，而磷量即有微多，亦有较减，合计应足相准。已本此意大致与西泽研商，尚未定局"。看来此时日方格外挑剔，当与借款合同尚未正式签订不无关系。解茂承忍不住又对盛诉说："冶矿外售，如此分数，如此价值，某者利益为重，公论早经昭著，况属当局。伏维我宪加察目前，而熟计以后，尤为至要，合并吁陈。"大声疾呼盛宣怀要认清当前局势，切实、充分地考虑今后怎么办。

同年十一月二十八日盛来函云，"本年第十四次磷重事，小田切确未说明要减价，而二成至今未付"。盛已知博德寄厂化验含磷不到 0.05%，命速将化单寄来，由他"细与磋议"。解茂承于次日寄去矿师博德经手会检的日矿历次化验清单及第 14 次矿样，送盛审核，并请盛向小田切索回应付的二成矿价。该清单显示：自第 8—16 次，仅第 13 次磷为 0.042%，第 14 次为 0.049%，其他各次均在 0.04% 以下，均未超过 0.05% 的指标。以上 9 次，平均含铁为 64.836%，超过 62% 的要求 2.8% 以上；平均含磷为 3.77%，低于 0.04%。[1]

20 天后，盛电告："十四次二成已收到。"这一磷重公案始为了结。[2]

《预借矿价合同》谈判　盛、解矛盾进一步发展

光绪二十九年十一月（1904 年 1 月），盛宣怀以湖北铁厂督办名义与日本签订《预借矿价合同》，借日本兴业银行日元 300 万，以得道湾矿山及铁路、下陆机修厂为抵押，30 年为期，年息 6 厘，每年售给制铁所头等矿石 7—10 吨，每吨价 3 日元，10 年不变，以其矿石价归还本利，以符 30 年期

---

① 陈旭麓等主编：《汉冶萍公司》二，第 385、392—393 页。
② 陈旭麓等主编：《汉冶萍公司》二，第 991 页。

限，不得提前还清等等。简而言之，日方以 300 万日元获得了大冶铁矿今后30 年优质、廉价的铁矿石供应；但对于大冶铁矿来说，不啻是套上了一条长期供人勒索、驱使的绞索。

这样一件关系大冶铁矿生存与发展的大事，大冶矿务局总办解茂承在正式签约前却未得与闻。盛宣怀如此安排，自是对解刻意规避，不愿受其阻挠；而在解茂承却是更加关切，不得不据实一再进言。如此，围绕着这次谈判的进行，解茂承与盛宣怀的想法背道而驰，分歧进一步发展。

一、解茂承的基本态度是反对继续出售矿石给日本

1903 年 8 月 24 日，小田切电召西泽公雄来沪，参加大冶借款谈判。西泽故弄玄虚，自抬身价，散布是日本"农部大臣着小田领事电召"。解茂承闻讯，估计"将议续日矿合同"，于光绪二十九年七月初十致函盛宣怀，问及此事，建议对得道湾矿区的藏量、成分进一步勘测，以便应对。

七月二十一日盛函复，顺着解来信的预计，只说是"小田切调西泽赴沪，本是制铁所拟来续订矿石"，却不说破要对日借款。告知已电调矿师高辅门来沪，询问大冶"究尚有多少佳矿可采"，高答以大冶"尽是直槽，不患下面无铁，患不能如上面分数之好，且愈挖愈深，费工亦巨各等语。询以得道湾尚有多少佳铁，则云约略计算有五十万吨"。盛并向解落实大冶的装运能力："西泽云，龙头三部现只用一，如须多运，只要多走次数。至石灰窑下矿，原约一昼夜二十四点下一千吨，现查笔记多时至二千余吨，至少亦有一千二百余吨云云。所说是否确实，乞示复。果如所云，尊处可谓竭尽人力，慰念之至。"① 所谓"龙头"即火车头、机车。西泽所云，赤裸裸地反映了日方的急切、贪婪，企图迫使铁矿昼夜加班、多装快运。如此，却也正是盛宣怀所盼望的。

七月二十九日，解茂承向盛报告，与高辅门矿师的意见一致，指出得道湾的矿藏虽然丰富，所虑在"上下分数不一""工费日巨"，更强调指出：

---

① 陈旭麓等主编：《汉冶萍公司》二，第 355 页。

果有佳者五十万吨，照现时汉运、日运之数，不过仅供五年余用耳。冶局矿山，似以规复原奏定章为宜。……极虑将来不足回旋也。

所谓"规复原定奏章"，当是不同意继续出售矿石给日本的委婉说法。盛宣怀当年接办汉阳铁厂的奏章，肯定没有提出过要将矿石出售给日本。解茂承不得不关心"日人续订矿石，未知加多若干数"；针对西泽企图强制性地提高工效和劳动强度，解以应降低成本、控制消耗相抵制；指出火车头虽有3个，是轮换使用，若增加车次，不仅设备消耗，还要增加工匠；码头下船"每日至多下一千五、六百吨，与遇雨平扯"，他认为应照原约保持每天下矿一千吨。"日人总冀加下夜矿，殊不知燃灯煤油费浩，而下力工资加倍。且挑夫尽一日之力，再以继夜相强，不特势所不及，恐来朝力更难胜，是以率未允行。"①

八月十九日，盛复函称：解所论节机力、人力二事正与日人磋议，但言"将来，汉、日两矿必较目前之数加多，欲铁路多运，不能不加龙头；欲船到即装，不能不间做夜工；是在阁下之尽力督率，随时斟改而已。设有成议，再当详告"。将解的意见全否定了。至于准备运往日本的二等矿，盛宣怀也附带做了答复："九月后再有来船能与西泽商量搭运二等否，如不能搭，只可仍给头等，借补第一年所运之不足，我亦可多得矿价也。"语气很轻松，只要多得矿价，皆可听日方摆布。②

解茂承拒绝日方的种种要求，讲节约成本、讲求实效，体贴工人，集中到一点，是不愿继续与日交易；盛宣怀事事迁就，则是要将这桩交易长期持续并发展。

二、解茂承与盛宣怀在指导思想上存在根本分歧

解茂承八月二十七日先给盛去电："日矿合同务乞电召赖伦，问明每年能付某等分数若干矿？并某等作何价？再各删订，防日后竭蹶、龃龉、吃亏

---

① 陈旭麓等主编：《汉冶萍公司》二，第357页。
② 陈旭麓等主编：《汉冶萍公司》二，第362—363页。

或有碍邦交。余函详。"接着于二十九日去函，提出了一个原则性的问题：

> 日矿续订合同运数，在彼以钢铁销路宽窄为断；在我之应数，应以每年能出某等分数若干矿为断。①

中日矿石交易应该遵循什么原则？解茂承高度概括地揭示了其中存在的两重矛盾。第一重矛盾是日方的需要与大冶铁矿可能提供的矛盾，其中包括数量与质量（化学成分）两方面的要求；由此而派生的第二重矛盾是中方的对策存在着两种选择：一种是盲目屈从于日方的需要，甚至不惜牺牲企业和国家的利益；一种是以我为主、从实际出发来确定出售数量和质量，即是解茂承所说的"应以每年能出某等分数若干矿为断"。对于两个国家之间的交易来说，后者所坚持的实际是一种在独立自主基础上的、公平互惠的原则。这两种选择，正是解与盛在指导思想上根本分歧之所在。

这种以我为主的原则，体现在矿石成分、价格和优先满足汉厂需要等具体问题上。

三、解茂承为大量宝贵资源被弃置、价格极不合理痛心疾首

上引解茂承八月二十九日去函，紧接着再次郑重阐述了矿石成分和价格问题：

> 查日矿原订合同各项分数，已极刻骨剔髓之谋，而近年汉矿，重有吹毛求疵之怀，以致湾局两山，向时可用之矿，厂废不胜计。即目前钩深索隐搜取得来，只以图谢龃龉，仍不免剔弃湮沉。是可惧者，矿数多少犹其轻，分数苛计为至重也。赖伦此次与卑府面谈，将来继我后者，今日所谓不能用之矿，必化为异日能用之矿，同为太息！

解以沉痛、激愤的心情，着重控诉了日方对质量苛求造成的严重后果，

---

① 陈旭麓等主编：《汉冶萍公司》二，第 364 页。

对于日方残酷掠夺切齿愤慨，对于中国宝贵的资源被"剔弃湮沉"痛心疾首，这些真情实感都是我们在盛宣怀身上没有看到的。

解茂承还认为，关于加火车头、开夜工、增人加班，都无不可。"凡此皆关浩费，但视矿之分数，较前松与不松；矿之价值，较欧西太杀不太杀耳。若我仅图多中计利，彼则太占便宜。"指出盛是贪图微利，不惜大量贱卖国家资源。此前他曾将赖伦提供的信息及时转发告盛，如得道湾"现出之矿，衡以地球时价，每吨可值银八两"；这里再次指出了价格的不合理。同时理直气壮地提出，只要我方按照合同，船靠码头后，每24点钟装矿1 000吨，"至龙头多寡，夜工开否，似彼无庸揽越，我亦无须与商也"。表达了强烈的主权意识，拒绝日人干预。他告诉盛宣怀，大冶铁矿加售日矿后，每年略有微利，一来是以前取矿多在浮面、土工较省，二来是在工程、材料经费上严格控制，得来很不容易，是局外人不知的。他感慨良深地说道："所虑者，'风会与时有变迁，品物终始难齐一'，不得不慎察于未事之先也。"忧心忡忡，苦口婆心，对于矿山的未来满怀愁虑。①

四、解茂承再三强调铁矿石首先要保证对汉阳铁厂的供应

九月初十，解茂承再次去函，请盛考虑他上述信中的意见，强调日矿如需续订合同，"首在汉用有余，每年能得如何分数若干吨，能应若干年，必须先行计有大致"。大冶铁矿石首先要保证对汉阳铁厂的供应，在此基础上，行有余力，才可出售给日本。这是解茂承坚持的基本原则，本是天经地义、唯一正解的选择，实际却与盛宣怀的作为存在严重的分歧。此时借款谈判基本定局，西泽将返大冶。盛于九月二十一日才去函向解透露："日矿续订合同粗有端绪，分数悉如旧约，吨数不免加增。"他还告诉解，此事他已充满信心，有日人给他交了底："据西泽云，江边堆矿，趸船下矿，挑夫抬矿均极从容，断不致交运不上。"盛的倾向十分鲜明，以西泽之言为断，便是对解建议的蔑视，可怜解茂承连篇累牍，心血都是白费了。此时盛宣怀的关注集中在如何交运铁矿石以优先满足日方要求。为此，盛要解立即来上海面

---

① 陈旭麓等主编：《汉冶萍公司》二，第364页。

商，以贯彻他的意图。①

解茂承未能暗中抢购矿山

《预借矿价合同》于光绪二十九年十一月二十八日在上海签订。同日，盛宣怀以密函致解茂承，告知借款是"不得已之计"，布置解茂承赶在张之洞回任前抢购矿山，并密派杨学沂前来"帮忙"：

> 南皮已定初二日出京，阁下应趁南皮未回鄂任以前，密速面商绅董，或以增建栈厂为名，或以展设运路为言，将界线以外产铁之山多多圈购。即附近铁路两旁有铁之处亦应设法购入。我料此老回鄂，必仍如前年派委赵道赴冶搜剔，与商为难。此举总须年前毕事乃为稳妥。……日人之意，本不指定得道湾一处，但求分数成色合彼程度。即我自计，此中四五十万吨佳铁亦不虑再少。难处在借款之后，便须添设炉座，必先自用敷足乃可供给日人。求人不如求己，除赶购铁山外，实无别法。购定之后，亦不必送县印契，但树冶局界石可也。至托至托。②

这是盛宣怀与日人正式签约后，为履行合同而对付张之洞采取的紧急措施，也是对解茂承再三强调"首在汉用有余"以及成色、价格等问题的回答。他思考的重心始终在满足"日人之意""但求分数成色合彼程度"，为此只需多多圈购矿山。他说"求人不如求己"，这个他"人"，并非日人，而是张之洞；张阻挠他圈购矿山本是反对他出售给日本，却被他说成是"与商为难"。盛竟然还部署暗中抢购，与张之洞的法令对抗，以为既成事实，张之洞便对他无可奈何，可谓利令智昏，不计后果。至于价格是否吃亏之类更是在所不计了。

---

① 陈旭麓等主编：《汉冶萍公司》二，第365、368页。
② 陈旭麓等主编：《汉冶萍公司》二，第390—391页。

十二月十九日盛再次电促："绥卿晤商要事，宜设法速办。"二十一日，解回复：

> 沂抵冶商承从权急办。查狮子山正脉新购后面半节，精华已竭，图交沂。此外余下陆铁子脑一山，前经矿师测勘，矿无多。前年南皮檄归官购，县饬各绅报名具结，现新订草合同，端又行县暗购，翻复转不美，容再徐筹设法。沂仍回汉。承禀。①

此电报中"暗购""翻复"云云，则已流露出他不愿暗中进行违反地方法令的勾当。二十五日解去函，详细汇报了杨学沂来后，经现场履勘并与矿师研究，认为附近已经没有好的矿山被遗漏。再次申述"就我局现开并前停各矿产而论，均系一方无尽之藏，所虑者，只在分数之苛计，并不在矿数之不足取盈也"。换句话说："不是矿山少了，而是日人太挑剔。"仍是坚持反对合同所订的含量指标，同时，进一步阐明了他对暗中抢购矿山的态度。他说，下陆这些矿山，地方已有禁令，如果还想暗中违法私购，且不说会造成奇货可居、抬高矿主的贪欲；即使办成了，矿山质量不高，也是食之无味、弃之可惜的鸡肋；如果办不成，毫无意义地加重对方的猜疑，今后在湖北地方更难办事，"此卑府所以再四筹思，未敢轻出者也"。② 信中这番话比较委婉，主要是阐明利害得失。这里说到与地方的关系，实指张之洞。

西泽做长期打算　解茂承调离大冶

盛宣怀在正式签订预售矿价合同当天的来信中，还提出小田切接西泽信，有四事须商，时盛在病中，系由杨学沂与其磋商。除上述第 14 次磷重一事外，实际是西泽又提出了新的要求：

---

① 陈旭麓等主编：《汉冶萍公司》二，第 991 页。
② 陈旭麓等主编：《汉冶萍公司》二，第 396—397 页。

一是"趸船现只一艘，并系破旧，应添修"。此与九月西泽所谓"趸船下矿""均极从容"自相矛盾，但盛表示："自应设法添修，总以不误运矿为度。"

二是日人赴冶游历增多，日方指责"冶局总办闭关固拒，必须汉口领事给信乃肯款待，事太周折。嗣后请予通融，由西泽介绍"。这显然是西泽野心膨胀，借以侵权。此前光绪二十七年八月，外国兵船两次到大冶游览矿山，斐礼先未请示，擅自应允。解茂承曾将此事报告盛宣怀，请他出面制止。八月八日盛致函斐礼：大冶并非通商口岸，来人应报领事照章办理，矿局中西人员均不得擅行。解照此执行，故历次客去仅嘱在火车上纵览而已。此次杨学沂对日方告以冶局出售矿石，并非出售矿山；设有惊扰，局员例不任咎。并提出不如由小田切函致盛宣怀，由盛给函关照，较西泽导引为妥。小田切已首肯。

三是"西泽住宅破旧，或盖新屋、或代修葺"。盛批示："便中望雇匠略予补葺为要。"

十二月二十五日，解茂承回复盛宣怀：趸船应于开运十二万吨之年添设，即当前不予考虑；日人来游，再次强调保护责属有司，并申明"万一事出意外，彼不能向矿局索抚恤也"；对西泽住宅一条尤为反感："该屋系官局洋工司所居，为石堡局房之冠，前为修葺，费已不资，不知所谓破者，究在何处，此渠希冀另建之发端。"合同已签，事已定局，他只能表示："似此刻苦交易，地主酬应，尽力耐烦，只有如此。"深感无可奈何。①

以上具体事务，反映了日本侵略势力一经契入大冶铁矿，通过预售矿价合同的签订，已经深入并转变为长期化、固定化。西泽之流作为占领者的急先锋，已经要永久赖在这里不打算走了。

此次杨学沂奉盛命来大冶督促添购矿山，十二月二十夜返程时在楚强轮中致函盛宣怀，较详细地转述了解茂承的意见，并说："学沂再审度，以确有为难；仍属其加紧想法，以杜捷足。"信末说到坐火车巡视了铁矿，对

---

① 陈旭麓等主编：《汉冶萍公司》二，第391、397页。

解茂承极为赞许："至此次留冶竟日，除金山顶、纱帽翅外，余均循轨周视，各工精整，较廿四年随节来冶顿改旧观。解守整理之材实非易得。尤奇者，密询石窟员司，每日下矿实是一千五、六百吨，而该守迭次来沪皆力言办不到，尤征其稳慎、周密之至于极矣。"[①] 看来解茂承对此"非不能也，是不为也"。

几乎与此同时，日方常驻大冶的代表西泽公雄，向国内汇报，说解茂承"因系故丁汝昌之幕僚，认为与日本人折冲樽俎，甚为不利，李氏即怂恿其自请辞职"。西泽政治嗅觉特灵，知道解茂承的来历，一些行径又受到解的抵制，从政治上认定解有抗日的倾向，显然欲除之而后快。此处李氏指李维格，西泽认为李对此次借款是"始终竭尽全力以期将来得以完成的"。李维格是否对西泽说过这样的话，难以确证；不久，解茂承果然被调离大冶。

光绪三十年二月十五日，解茂承听说日矿合同早已签押，所有应行备办的工程应早筹备，致函盛宣怀，就矿山开采、下陆机车、石堡卸矿3处的工程，分别就每年运销6万吨或10万吨作出了矿山双轨挂路、机车和矿车、趸船及相关铁道的添置计划，并提供了外购清单及图说，请盛审查。仍然是恪尽职守做他必须做的工作。[②]

四月初二，张赞宸致函盛宣怀："但能彦珊调移萍矿，于宪台大局实多裨益。"此时张是以萍矿总办在汉阳代理铁厂总办，萍矿有充实管理人员的必要，也为将解茂承调离大冶铁矿提供了机遇。解铃还须系铃人，是原来推荐解的张赞宸主动提出，还是盛有所暗示，不得而知。事实是调动解很快被采纳，四月二十日，盛宣怀与解茂承面谈，命其去萍乡煤矿，给推荐他的张赞宸做助手。八月二十日，解茂承料理了第77次来运矿的日船之后，离开了大冶铁矿。[③] 接替解的是盛的亲家、老部下宗得福。宗到大冶后与西泽相处甚好，为西泽建了新居。

当年解茂承来到盛宣怀麾下已是知府衔，其时盛春颐、张赞宸等人只

① 王尔敏等编：《盛宣怀实业朋僚函稿》下，第812页。

② 陈旭麓等主编：《汉冶萍公司》二，第411—412页。

③ 陈旭麓等主编：《汉冶萍公司》二，第433、437、1014页。

是县令；此时春颐、赞宸都已晋升为道员，而解茂承六年后离开大冶时却依然是知府。光绪三十一年十二月二十八，解称病请求开去萍矿会办差使，三十二年正月办完交接。

解茂承只是一个执行者，而不是决策者，他只能对决策提出不同意见，却不能改变决策。此后，连这样的不同意见也没有了。盛宣怀在日债的泥淖中越陷越深，不可自拔。运往日本的矿石成分依旧苛刻，价格依旧低廉，数量却越来越多，大冶铁矿终于完全沦为日本的原料供给地；汉阳铁厂的生产受到影响，被迫改造炼钢设备，盲目扩张采矿和炼铁能力，破坏了合理的产能结构，失去了独立自主，最终走向衰败和停产，以至于夭折。《煤铁互售合同》是一个不幸的起点，《预借矿价合同》则将汉冶萍厂矿推上了走向毁灭的快车道。当年解茂承曾经力图阻止，但无力回天。在晚清时期，解茂承是大冶铁矿任职最久而又管理成效卓越的一位负责人，他实际是因与盛宣怀意见不合而又为日人不容而去职的，是为大冶铁矿鞠躬尽瘁、为捍卫它而作出牺牲的一位悲剧性历史人物。

西泽公雄的《大冶铁矿历史谈》不可信

西泽公雄自 1900 年起，任日本制铁所驻大冶铁矿驻在员，或称技师、管理员、监督。在冶日久，是日本政府掠夺大冶铁矿资源在第一线的推动者和执行人。曾接受日本《时事新报》采访谈大冶铁矿的历史。《东方杂志》于 1910 年 9 月号转载，题为《大冶铁矿历史谈》。此文先后收入陈真编《中国近代工业史资料》第三辑、武汉大学经济学系编《旧中国汉冶萍与日本关系史料选辑》等书。[①] 后者还摘录了一篇《大冶沿革史拔萃》，编者注云：该书"为日文铅印本，无作者名，据闻即为西泽本人所著，确否待考"。西泽谈话的某些内容，曾见诸 1923 年出版的丁格兰著《中国铁矿志》及 20 纪末

---

① 陈真编：《中国近代工业史资料》第三辑，生活·读书·新知三联书店 1961 年版，第 426—433 页。武汉大学经济学系编：《旧中国汉冶萍公司与日本关系史料选辑》，第 38—42 页。

出版的某些志书，产生过一定的影响。

西泽《大冶铁矿历史谈》的主题是讲述"大冶铁矿由德入日手之历史"。一则他是 1900 年才到大冶，并未赶上十多年前大冶铁矿的创办，多有臆想杜撰之词；二则是以胜利者的姿态向其政府和国人炫耀他的掠夺功绩，其中有很大的水分，违背真相，伪造历史。现摘要分别澄清如下：

一、大冶铁矿不是德国人发现的

《大冶沿革史拔萃》说："大冶铁矿在 1890 年即光绪十六年由总督张之洞聘请德国工程师所发现。"这一说法即来自西泽，《大冶铁矿历史谈》中说：德工程师"乃匿不以闻，而潜告诸德政府，德政府即行文总理衙门，要求该矿采掘权……"

历史真相是：最早为盛宣怀勘查大冶铁矿的郭师敦是英国人。光绪三年八月二十一日《郭师敦化验矿质报告》称，"铁山铁矿在大冶县属，离黄石港五十里……铁养、铁淡二质合化得铁质净六十一分八八之多，矿之佳者，推此为最"[1]。

光绪十五年十月，盛宣怀派往复勘的白乃富是比利时人。同年十二月下旬，张之洞在广东聘请的英、德矿师方到湖北。张之洞在光绪十五年十二月三十日委派补用知府札勒哈里等人查勘大冶煤矿的文件中说得很清楚：

> 照得湖北大冶铁矿，前经山东登莱青道盛道派委比国矿师白乃富履勘，查得矿苗甚旺，铁质亦佳。惟限于时日，未及详绘细图，分辨层次。而且有铁无煤，亦难熔炼。亟宜派员再往复勘，兼于大冶左近一带寻觅煤矿……经本部堂电调原派比国矿师白乃富来鄂，会同所募德国矿师毕盎希、英国矿师巴庚生，再往确切详勘。[2]

由此可知，直到光绪十六年第三次复勘大冶铁矿时，才有德国矿师毕盎

---

[1] 陈旭麓等主编：《湖北开采煤铁总局·荆门矿务总局》，第 235—236 页。

[2] 湖北省档案馆编：《汉冶萍公司档案史料选编》上，第 72 页。

希参加，而且当时的主要任务是寻找煤矿。至于说什么德工程师发现大冶铁矿后匿而不报、潜告德政府，更是无中生有，信口开河。

二、张之洞不曾为大冶铁矿向德国借款

西泽说："德国借中国银三百万两为开矿资本，遂俨然握统治该矿之权。"《大冶沿革史拔萃》更说：德国人"于1894年通过德国银行，提供三百万两借款，并要求铁厂聘请德国工程师，以代替比利时人。不久，张之洞不满意德国工程师之专横跋扈，乃又从比利时辛迪加借入三百万两，偿还德国人债务，同时解雇铁政局德国工程师。"

《旧中国汉冶萍与日本关系史料选辑》一书的编者说，1894年汉阳铁厂这两笔贷款，"尚未见其他史料中有此记载"。《苍凉的背影：张之洞与中国钢铁工业》一书中，曾有专章阐述汉阳铁厂的经费来源，张之洞虽然费尽心机、债台高筑，却未借洋债。[①] 在这里简要提供几点史料依据：

第一，张之洞办铁厂的经费，在广东时是计划用闱姓捐款。光绪十五年十二月二十八日致两广总督李翰章电云："鄙人订购之时，本意系指明年冬更换闱姓商人预缴饷款140万元一项内支用"。后来铁厂移到湖北，张之洞是指望户部筹集的每年200万两铁路专款。在上述致李翰章电中，张之洞说到铁厂所购的设备"今归鄂用，自应请海署于部筹铁路经费项下发款。"光绪十六年正月初三，海军衙门告诉张之洞："部款岁二百万已奏准的项矣。"在铁厂开办时，经费已经有了着落，张之洞没有必要向外国借款。[②]

《大冶沿革史拔萃》说德国贷款是在1894年，更不可信。其时汉阳铁厂已经建成，但缺乏生产资金，约需一百万两，张之洞四处碰壁，最后他想起在广东曾经开创了两项预算外资金，便于1894年10月30日上报了《奏铁厂拟开两炉请饬广东借拨经费折》，打算向广东借五十万两。[③] 光绪批示"依议"，转给两广总督李翰章。等到年底，张之洞得到的答复是，这项存款已经协济北洋用到海防上了，"无可借拨"。如果1894年张之洞已从德国贷款

---

① 张实：《苍凉的背影：张之洞与中国钢铁工业》，第305—325页。
② 湖北省档案馆编：《汉冶萍公司档案史料选编》上，第81页。
③ 湖北省档案馆编：《汉冶萍公司档案史料选编》上，第119—121页。

三百万两或五百万两，他还有必要通过皇帝向邻省伸手借钱吗？再进一步说，如果张之洞手上有这一大笔贷款，他还有必要将铁厂交给盛宣怀招商承办吗？

第二，西泽公雄和丁格兰都说这笔借款是用于创办大冶铁矿和修建专用铁路，与历史事实相距更远。大冶铁矿系露天开采，投入的资金不多。在张之洞上报朝廷的《咨呈约估筹办煤铁用款折》，（光绪十六年十一月初九日）中，大冶铁矿及其铁路的预算共计四十四万余两，其中主要是用于修建运矿铁路，约七十华里，每里约五千两，计三十五万两。[1] 既然户部已准拨款二百万两，张之洞就没有必要也没有可能为此单独举借外债，更完全没有可能超过预算6倍或10倍去借300万两或500万两的外债。

第三，光绪二十四年闰三月十三日，张之洞呈报了《查明炼铁建厂各项用款》奏折，正式对朝廷作了交代。经过全面清算，建设铁厂"统共实收库平银五百五十八万六千四百十五两零，实用库平银五百六十八万七千六百十四两零，除收付两抵外，实不敷银十万一千一百九十九两零，皆系欠华洋厂各商号之款。"这些经费的来源均逐项开列，"除部拨二百万两，奏请拨用数十万两外，其余三百余万两皆是外间多方凑借，焦思罗掘而来。"[2] 没有提到曾借有洋款。如果借了三五百万的巨款洋债，是不可能隐瞒不报的。

三、1900年7月德国不可能派战舰去大冶向西泽示威

西泽说他去大冶履行职务，开始装运大冶铁矿石，极其可笑地妄言："德国即起而抗议，甚至派战舰为示威举动，然日本使者（原编者按：即西泽自称）卒实行其职责，无所窒误，时1900年西七月也"。

1900年7月不是寻常岁月，正是这个特殊时间使西泽的无耻谎言露出了马脚。

第一，此时列强各国首脑和全世界的目光都集中在中国北方的义和团事件和八国联军。6月17日八国联军攻陷大沽。继杀死驻华日本使馆书记生

---

① 湖北省档案馆编：《汉冶萍公司档案史料选编》上，第87页。
② 湖北省档案馆编：《汉冶萍公司档案史料选编》上，第137—138页。

山杉彬之后，6 月 20 日清军又杀死德国驻华公使克林德。6 月 21 日慈禧的清廷向列强各国宣战。6 月 23 日至 7 月 6 日英国多次敦促日本增援，表示欧洲各国一致同意日增兵，并承诺英国财政提供保障，日本继 6 月初出动兵舰多艘后，同意将陆军由 3000 人增为 22000 人，成为八国联军的主力。7 月 14 日，联军付出伤亡 900 多人的代价后攻陷天津，并集结兵力，准备向北京进发。在此战事吃紧之际，急于向清政府和义和团进行报复的德国人，显然不可能突然转移目标，派出军舰来到大冶，向西泽和日本运矿船示威。

第二，1900 年 6 月底，刘坤一、张之洞等东南各督抚已与各国领事达成东南互保的协议。6 月 28 日，"各领事已照会沪道：倘两制府能于所管各省之内按照中外和约实力保护外国人民产业，各国政府前时现今均无意在长江一带进兵"。三日后，盛宣怀电告东南各督抚："岘帅电，不派兵船入长江为要义。"① 此后，东南互保得以执行，不闻有德国兵船进入长江。上文已经说过，当年每艘日船运矿来往，盛宣怀与解茂承均有电报联系，从来未涉及德国有何干预，更未有德舰到大冶示威的报告，可见所谓德舰示威确系无中生有。

四、大冶铁矿并无"多数德国工程师"因西泽而"被革职交卸"

《大冶沿革史拔萃》说：

> 当时大冶之势力，悉为德国人霸占；大冶中国总办，由于曾参加日清战争关系，遵守远交近攻之策，尽举大冶之利权作为担保，试图向德国借款五百万两。但盛宣怀为西泽之热忱所感动，遂接受其意见，于明治三十七年一月十五日答应在日本借款合同上签字，结果，多数德国工程师及排日之中国当局被革职交卸。②

明治三十七年一月十五日签字之合同，即光绪二十九年十一月二十八日

---

① 盛宣怀：《愚斋存稿》上，第 145、150 页。
② 武汉大学经济学系编：《旧中国汉冶萍公司与日本关系史料选辑》，第 40 页。

之大冶购运矿石预借矿价正合同。大冶中国总办当指解茂承。如前所述，从煤铁互售合同至预借矿价借款，中日双方主要是盛宣怀与小田切磋商，西泽于是年七月一度被召至上海参加谈判，不过是为小田切提供大冶矿山的情况；而解茂承从未介入任何借款谈判。此处所说或是无中生有，或是歪曲历史真相、为西泽脸上贴金。

汉阳铁厂包括大冶铁矿以及后来创建的萍乡煤矿，其中的外籍工程技术人员，均是订立合同聘用，一般均按合同管理。官办时期及盛宣怀接办后皆是如此。光绪二十一年六月，铁厂总管白乃富合同期满，不愿离厂，比利时驻清使馆照会总署，认为白建厂有功，不应将其辞退。张之洞极为反感，电告铁厂总办蔡锡勇，"显系该洋匠营谋恋差，意欲永远盘踞把持""此人万不可用"，命蔡按合同办理，令其离厂。①

盛宣怀光绪二十二年四月中旬接办铁厂后，五月初八即与德培制订了《德培办事条规》，载明"于此承认湖广总督与德培原订合同内一切条款及后开新增发明各条"②，对德培的职权做了明确的规定，限制在工程技术范围内，企业的行政和人事权仍然控制在督办和总办手中。他是受雇用的性质。

大冶铁矿最早聘用的德国矿师毕盎希和铁路工程师时维礼，以及稍后聘用的德国总矿师马克斯，均系合同期满先后回国，其时西泽尚未来到大冶。光绪二十三年底，盛宣怀将原来负责大冶铁矿等处的德国矿师赖伦调去筹建萍乡煤矿，后为总矿师，大冶铁矿命斐礼接手。《互易煤铁合同》签订后，二十五年八月盛命斐礼负责供应日本矿石，也是德国人；光绪二十八年三月斐礼要求回国纯属家庭原因，有三月十三日杨学沂致马鞍山煤矿德国矿师高敷曼的电报为证：

> 斐礼丧子心痛，电请注销合同，送眷回国。督办因解总办与我常称阁下之能，拟以冶矿奉委，仍兼办马山大直井工程，按月来往一两次，

---

① 湖北省档案馆编：《汉冶萍公司档案史料选编》上，第114页。
② 陈旭麓等主编：《汉冶萍公司》一，第80页。

派钻匠一人驻冶，归阁下调度。如愿意速复，即督办电致。①

此后接替斐的矿师即高敷曼（或写为高辅门）。光绪二十九年九月，高致函盛宣怀，"明年有家事必须回国"，照合同先六个月告退。历史事实是，大冶铁矿的矿师一直是用德人，自张之洞开创而延续下来，也与德人赖伦任总矿师、一些矿师在大冶与萍乡之间经常调动有关。自西泽到大冶之后，计有德人斐礼、高敷曼两人先后回国，均是因家事而自做选择，与西泽及日本贷款无关。恰恰给西泽打脸的是，在预借矿价合同签字后的第三天，同年十二月初一，大冶矿务局又与另一个德国人续订合同，内称"查得博德才干堪称矿师，即派充大冶铁矿管理矿工矿师之职。"②

综上所述，所谓大冶铁矿为德人所发现、借款而握该矿之统治权，因日人的到来而德舰示威，终被西泽所战胜而多数德国工程师被革职交卸等，均是西泽心造的幻影，借以欺世盗名，实际是留下了一个狂妄的侵略者野心膨胀的标本。

---

① 陈旭麓等主编：《汉冶萍公司》二，第 915 页。
② 陈旭麓等主编：《汉冶萍公司》二，第 368、393 页。

四

扩建与炼钢

第十五章　李维格与汉阳铁厂扩建

汉阳铁厂寻找出路 / 李维格其人 / 处在人生的十字路口 / 亲历湖南维新变革 / 重回汉阳铁厂 / "行销自养"与"就萍炼铁" / 出国拟考订萍乡熟铁厂机器 / 新炉选址的三种方案 / 赖伦："以大冶设厂为是" / 枪炮新厂移往萍乡未果 / 解茂承：新炉"似以合炼铜磷较重之矿为要义" / 盛宣怀同等对待贝炉、马丁炉 / 李维格出国考察与《采办机器禀》 / 盛宣怀酝酿再借巨款 / 李维格何时任汉阳铁厂总办?

从晚清到民国初年，李维格在汉阳铁厂任职最久，贡献很大。学界对其评价亦较高，其中最为人所称道的是他出国考察，决定废弃贝色麻炉，全部改用马丁炉炼钢，提高了钢轨质量。由此，百年来学界对于张之洞讨伐不已，其罪在购买了不能除去磷质的贝色麻炉。

批判张之洞的这一传统思维，其根本缺陷在于忽视盛宣怀将大量低磷优质铁矿石长期出口给日本这一重大历史事实，把废弃贝炉与盛氏以铁矿石换取借款这一经营方针割裂了，孤立地视为技术或设备问题，这正是误入了李维格的彀中。

本章着重梳理李维格早期与汉阳铁厂的关系及其出任总办的过程。这一过程与李维格提出一系列治理铁厂的设想密切相关，是在为铁厂寻找出路的大前提下探索、行进的，从提出行销自养，到发展熟铁，以铁就煤，在萍设厂，终于还是在汉阳就地扩建，经过了许多曲折，有许多不确定因素的影响。出国考察也是寻找出路的一个重要举措，其考察的目的与内容，也是经历了逐步演变、发展才最后定局的。

汉阳铁厂寻找出路

汉阳铁厂长期在困境中艰难前行，它的历届总办、提调等高层管理人员，都对它的前途不大乐观，先后都向盛宣怀提出过另寻出路的意见。

接办后的首任总办郑观应，就任这一职务时不情不愿，工作起来却是十分尽职尽力。半年后，摸清了企业的底细，便向盛宣怀提出要求："官应愿与翻译李一琴或黄赞廷同赴英之唵士荡郎厂、德之克虏伯厂面商，准西人入股银三分一，我华商占三分二，华董事四人，西董事二人，以西人为副理，华人为总理，所有用人、理财之权悉归总理。分别与副理酌用所聘洋匠，易得真材不致糜费，华洋互相稽查，不虑作弊。欲用巨款，出本厂公债票，向外国银行抵借，分年本利清还，虽二三千万亦不虞其难；中外有事，又无意外之虞。"[①] 这个方案且不论西方能否接受，朝廷和张之洞是否首肯，就是盛宣怀也未必同意。如果盛自任总理，大概不会希望有一个洋人来掣肘；如果盛不任总理，也未必能在用人、理财上真正放权。虽然这个方案没有被采纳，却是后来李维格出国考察的先声。

汉阳铁厂当时是中国、也是亚洲唯一的钢铁联合企业，关注它的不仅有日本、德国等列强，比利时和它的联系也颇为密切。早期汉厂曾在比国采购机械设备、培训人员，卢汉铁路借的是比款，还有吕柏、卜聂等技术人员长期在汉厂工作。光绪二十五年二月，在汉厂负责炼铁的比籍工程师吕柏曾有长信致其本国公司，详细汇报炼铁炉及其生产情况，为比公司承办汉阳铁厂提供参考。此事时断时续，时隐时现。如光绪二十七年元至三月，已经离开了汉厂的吕柏还曾一再致函盛宣怀，联系贷款百万两、万顺公司与汉厂合办的问题。[②] 光

---

① 夏东元编：《郑观应集》下册，第1068—1069页。
② 陈旭麓等主编：《汉冶萍公司》二，第101、224、231—233页。

绪二十六年十一月间，张之洞听说李维格在私下里议论，"铁厂萍矿湘路费多亏巨，以后无策，或租与柯克里厂包办"，于十一月初六致电盛宣怀阻止，表示"万万不可"。盛宣怀十二月二十一日复电称，"汉厂承办数年，心力交瘁"，受北方义和团之乱的影响，铁路停工，钢轨积压，"目前只有两法，一、照尊议自添巨本大举，二、与外人合办，免其中废，否则必至停工。"[①]盛宣怀实际是倾向于贷款，但仍将与外人合办作为争取贷款的谈判筹码。

在汉厂内部，呼声甚高的另一个出路是归并给铁路公司，或仍归官办。

光绪二十五年十二月初八日，负责萍乡路矿建设的汉厂提调张赞宸致电盛云："十月漾四电禀，所请设法将厂或归卢汉比做，或归汉粤美做，意在归在铁路公司，此后再亏，宪累较轻。奉东电，因总办、提调辞差，拟派比国人总办，倘盈亏均归铁路公司则可；倘仍须宪照旧筹款，自认盈亏，则大权旁落，万不可行。"自是为盛宣怀打算，一厢情愿地企图转移亏损的负担。[②]

光绪二十八年四月初二，继郑观应之后多年任汉厂总办的盛春颐向他的叔父上书云："前禀请将铁厂归并铁路一节，旋奉钧谕，以无华款全在洋债，而洋债移办铁厂全在萍煤等因。仰窥慈意，注重铁厂，遂及萍乡，未许将独有之利权轻易他溢，殊不知留铁厂一日，即增叔父一日之累，亏多盈少，众论金同。所虑叔父无此巨资长填漏壑，趁此时外观者尚不知其中底蕴，败絮未穿，及早归并，尚可补救万一，并不必以萍乡牵肘铁厂，厂既归路，萍亦随之斩然不问，实为上乘。"[③]这位总办直将汉厂视为金玉其外、败絮其中，又将萍矿视为汉厂必须摆脱的累赘，自有局中人艰苦备尝的苦衷，不为无因；但由此可见他叔侄二人存在的巨大思想分歧。更值得注意的是盛宣怀所谓"未许将独有之利权轻易他溢"，此意颇堪玩味，于此或可约略窥见盛氏决策的基准。

在汉冶萍的历史进程中，张赞宸不幸积劳成疾、英年早逝，盛春颐终于

---

① 盛宣怀：《愚斋存稿》中，第 377、425 页。

② 陈旭麓等主编：《汉冶萍公司》二，第 766 页。

③ 陈旭麓等主编：《汉冶萍公司》二，第 269 页。

离开汉厂、飘然远去。随之接任汉厂总办的李维格便成为盛宣怀的忠实助手，长期、执着地担起了为铁厂探索出路的重任。

李维格其人

李维格，字一琴，亦作峰琴。祖籍江苏吴县，1867 年出生于上海南市区。幼家贫，从父读书。在上海这个晚清最早对外开放的窗口，他呼吸到了西方文明的新鲜气息。陈三立《李君家传》说他"薄贴括不足为"，即鄙薄通过科举考试求得一官半职，而肄业于上海格致书院。"既通晓其国语言文字，益浩然有求学异国之志"，在父母支持和亲友的资助下，他实现了到英国求学的愿望，而终于因经费不济而辍学，进入驻英参赞李经方的行邸继续学习法文。随驻德公使许景澄归国后，先后随崔国因使美，随李经方、汪凤藻使日。甲午战起归国，结束了他的外交生涯。光绪二十二年，盛宣怀接办汉阳铁厂，李维格时年三十任该厂总翻译。

初进铁厂，总办郑观应对李维格的评价比较一般，既认为他"人尚精细"，又觉得"精神不足"；既肯定"人尚和平，颇识交涉之道"，又颇遗憾于"惟事多摒挡不开"①。半年以后，郑观应的印象大为改观，当年十二月初一向盛宣怀汇报道："尤幸一琴与官应办事，意气相投，遇事可商，尚称联手。"②

郑观应之所以得出这样的结论，不乏文字可考。如何对待铁厂聘请的洋匠，郑观应曾向盛宣怀建议，"昨一琴、芝生与弟讨论本厂大局，洋匠不宜管理工程，因其人地生疏，不知中国情形，且手段亦大，不如译出外洋炼钢铁之书，以备采取"；芝生即徐庆沅，同时也向盛反映了这一意见："卑职与李翻译再三讨论，以为雇用洋人之方，只可备我顾问，不能假以事权。盖彼此言语不通，情形隔阂，使之管工，即其实肯认真，而惟靠一二翻译，周旋

---

① 陈旭麓等主编：《汉冶萍公司》一，第 88、122 页。
② 陈旭麓等主编：《汉冶萍公司》一，第 334 页。

其间，考核难详，情意不达。"郑、李、徐三人都精通外语，具有长期与外人打交道的经验，李、徐还都有在国外工作的经历，在这一问题上三人认识高度一致，可惜盛宣怀未能采纳。由于总监工德培与炼铁工程师吕柏势如水火，对于二人如何去留众说纷纭，郑观应向盛宣怀汇报说："一琴云：我与德培不对，今仍谓宜留德培者，因大局急须炼钢，钢厂之匠多是德人。渠又知马丁新法。现在各事俱是问他。若留吕柏，则德培必诸事不顾云。"① 郑观应不仅与李维格意见一致，而且很赞赏他的不怀私念、从大局出发。为此，李维格深得郑观应器重，一再要带他去英、德考察，或派他出国去访察选聘总监工。

但是，李维格这次在铁厂只工作了一年，在光绪二十三年四月间，先于郑观应离开了汉阳铁厂。

处在人生的十字路口

李维格为何要离开铁厂？

光绪二十二年九月十一日，郑观应曾向盛宣怀报告："一琴不愿再当通事翻译，如留其专译钢铁之书尚可，否则，交冬与弟同回上海云云。"② 此时李维格在致汪康年的信中也透露过"断不再当舌人"。舌人者，充当别人的舌头也，来回讲的都是别人的言语，是一个传达的工具，毫无主动性；更何况是做骄纵成性的铁厂洋人们的舌头。郑观应曾谓："吕柏虽属认真，亦桀骜不驯，动辄恃气，且与德培不对，不顾公事。德培性情暴躁，器量偏浅，时与吕柏为难，绝不为厂用心。卜聂尤为阴险小人，唆扰德、吕不时龃龉。"③ 而李维格须时时周旋其间，他的为难、尴尬也就可想而知。

李维格提出专事译书，实际是要系统介绍国外钢铁工业的科技资料，培养自己的技术人员，以接替洋匠，在技术上获得自主权。为此，得到郑观应

---

① 陈旭麓等主编：《汉冶萍公司》一，第224—226、326页。
② 陈旭麓等主编：《汉冶萍公司》一，第224—225页。
③ 陈旭麓等主编：《汉冶萍公司》一，第252页。

等人的高度理解而全力挽留。郑观应设法另觅总翻译的人选，提请盛宣怀开设机器书院，拟将李维格等人"尽归翻译学堂之用"，并命李维格拟定了"汉阳钢铁厂学堂章程"上报给盛。张赞宸原本与李维格素未谋面，共事半年后，深感其"品学兼优""血诚报效"，也对盛宣怀提出："管见译书实为急务，学堂尤不可缓"。请求"责成一琴译书，俾尽所长"。虽然如此，光绪二十三年四月十七日郑观应再次向盛宣怀报告："官应与李一琴共事一年，见其性情和平，颇有见地，交涉信件甚得当，在此久有退志，如机器书院未开，暂时相随我公办理交涉事件甚善，前已面陈。今闻告假返沪，想为《时务报》所聘，恐不复来矣。"[①] 言下不胜惋惜。

李维格这次离开铁厂，确实是被《时务报》所吸引。

光绪二十二年七月，《时务报》在上海创刊，由梁启超任总主笔，汪康年任总理。该报一经问世，便成为宣传维新变法的主要思想阵地，风行全国各地。八月间，李维格接到汪康年来信邀请，于二十五日复信，欣然宣称"实惬素愿"，明确表示了愿意离开铁厂去上海。"尊处系共扶大局之事"，对《时务报》的向往，就是对正在蓬勃发展的维新变法运动的向往。这一点在其后十月二十二日的信中体现得更为突出："尊处欲保全我族类，为此大声疾呼之举，仁心仁术，海内翕然。弟前之拟决然舍去而追随者，窃欲自附于贤豪之末也。"而这又是和他的学术追求、人生理想联系在一起的："此间挽留甚殷，而非弟所乐，久欲得一清净之地，读我经书，究彼格致，倘能道器一贯，体用兼通，吾生而无憾矣。"在十月二十二日致汪康年的信中，他还详细解释了"所以迟迟吾行"的原因：一是专译炼钢、炼铁等西书，"日前得信，已允如所请""陶斋之意，倘学堂事成须弟为筹划一切""揆之公义私情，弟实无可推辞。"二是"要皆为亏空所累。此间薪水较丰，且可兼一别事，两三年内可望澡身浴德（指债务而言）"。此时的李维格，正处在人生的十字路口，理想与现实，"共扶大局"与"澡身浴德"，汪康年的一再召唤与铁厂诸人的殷勤挽留，使他踌躇徊徨。延至光绪二十三年四月，竟然是

---

① 陈旭麓等主编：《汉冶萍公司》一，第400、515—516页。

一则流言蜚语促使他下定了决心。他在四月十三日致汪康年信中说："缘铁厂新设总稽核处，府主欲派弟襄赞其事。弟初作函力辞，词意甚决。府主因之大发牢骚。且承乏总稽核正席者，又系弟之至好，再三恳留，不得已，只得允其暂留帮忙，秋以为期。讵顷间忽闻有以退为进之说，弟又不能不急去以明心迹，拟即束装东下，以践尊约，大约月尽当可与诸公共剪西窗之烛也。""府主"当指盛宣怀。据前引郑观应向盛宣怀报告此事看，郑未必了解李维格负气出走的内情，盛宣怀就更难说了，由此可见铁厂内部人事的复杂。另一方面，青年时期的李维格，虽然闯过美、欧、日，见过大世面，一肚子洋墨水，为人行事却仍然没有跳出中国传统士大夫的名士气。①

李维格离开铁厂四个月后，主持铁厂工作不久的盛春颐，便又亟亟考虑请回李维格了。光绪二十三年八月初五日，他在信中对叔父说："窃维铁厂总翻译最关紧要，得人亦最不易。""现在厂中异口同声，除李一琴之外，恐均不能得当。近知一琴九月间来鄂，届时卑府必设法用全力挽留，暂不急急，以冀万全。务祈大人俯念此中情形，采纳刍言，是所叩祷。"②盛春颐的愿望当年并未实现，却为李维格后来返回铁厂奠定了基础。

亲历湖南维新变革

所谓那年九月来鄂，实际是李维格和梁启超受湖南时务学堂之聘，经武汉去长沙。据汪诒年《汪穰卿先生年谱》记载，时务报"英文报译员先为桐乡张少堂君（坤德）……乃改延吴县李一琴君（维格）专任报译事"，"一琴精于英文，尤为报馆所倚赖，而湘中指名延请，旬日之间函电十数次"③，其中谭嗣同、熊希龄、邹代钧等都为此事有信致汪康年。黄遵宪在致汪康年信

---

① 《李维格致汪康年函》，载上海图书馆编《汪康年师友书札》一，第576—577、579、585页。

② 陈旭麓等主编：《汉冶萍公司》一，第643页。

③ 汪诒年：《汪穰卿先生传记》卷一《年谱一》，载马卫中、董俊珏《陈三立年谱》，苏州大学出版社2010年版，第189页。

中说："以峄琴学行，弟所见通西学者凡数十辈，而求其操履笃实，志趣纯粹，颇有儒者气象者，实无其伦比，然屈于报馆，仍似乎用违其才。学堂人师，为天下楷模，关系尤重。故弟亦愿公为公谊计，勿复维絷之也。"[1] 期间，时务报内部，汪康年与黄遵宪、梁启超已经有了嫌隙，李维格来到时务报不过数月，正值用人之际，竟要让他和梁启超一同离开，有违汪康年的意愿。迫于当时湖南新政的形势，迫于众多友人的说项，汪康年只得委曲求全。同年十月二十八日，李维格甫到长沙便有信致汪康年云："相聚仅数月，即又分手，实非弟之初心，想公当能谅之。承挚爱无微不至，感不能去。别后十一到汉，十三见南皮，坚约来湘一月即返鄂，卓如十二到，同候轮至十七，始自鄂启行，二十到湘。……"[2]

光绪廿三年十一月初六日，湖南时务学堂正式开学。二十四年二月初一日，南学会于长沙首次开讲。由熊希龄、梁启超、谭嗣同、唐才常与李维格等人共同创办的《湘报》亦于二月出刊，李维格任董事兼西文翻译。这是一份呼吁变法图存，"专以开风气、拓见闻"为主的日报。

此时湖南新政形成了高潮。其时，新政的主持者湖南巡抚陈宝箴向光绪皇帝报告：（湖南）"近年闻见渐拓，风气日开，颇以讲求实学为当务之急。臣自到任，迭与湘省绅士互商提倡振兴之法，电信渐次安设，小轮亦已举行，而绅士中复有联合公司以机器制造者，士民习见，不以为非。臣以为因势利导，宜及此时因材而造就之。当于本年秋冬之间与绅士筹商，在省会设立时务学堂，讲授经史掌故与法律格致测算等实学，额设学生一百二十人，分次考选，而延聘学兼中西、品端识卓之举人梁启超、候选州判李维格为中学西学总教习，另设分教习四人，现已开学数月，一切规模均已粗具。"[3]

随着新政的开展，湖南的守旧势力全力反击。《湘报》上惊世骇俗的文字，时务学堂师生离经叛道的议论，成为被攻击的对象，二十四年四月初六《国闻报》披露："守旧者联名函告京中湖南同乡官，谓右帅紊乱旧章，

---

① 《黄遵宪致汪康年（三十四）》，载上海图书馆编《汪康年师友书札》三，第2360页。

② 上海图书馆编：《汪康年师友书札》一，第587页。

③ 朱寿朋编：《光绪朝东华录》四，总第4051页。

不守祖宗成法，恐将来有不轨情事。"与此同时，湖南新政中的渐进派陈氏父子与康门弟子谭嗣同、唐才常等激进派在如何对待康有为及其学说上产生严重分歧。五月二十二日王先谦等湘中士绅联名呈请陈宝箴整顿时务学堂，随之熊希龄等恳请整顿全省书院。新旧两派之争愈演愈烈。王先谦等《湘绅公呈》云："原设立学堂本意，以中学为根柢，兼采西学之长，堂中所聘西学教习李维格等，一切规模，俱属妥善。"对李维格并无异议，矛头直指梁启超及其援引的康门弟子粤人韩文举、叶觉迈及湘人谭嗣同、唐才常等。①

七月二十九日山东道监察御史杨深秀上奏：陈宝箴"被人挟制，闻已将学堂及诸要举全行停撤"。当天光绪再次发出上谕对陈宝箴予以支持："新政关系自强要图，凡一切应办事宜，该抚务当坚持定见，实力举行，慎勿为浮言所动，稍涉游移。"八月初三陈宝箴电总署请代奏称："言者殆因学堂暂放假五十日，讹传停散所致。"②实际上，梁启超、谭嗣同、黄遵宪先后已离开长沙，后又被保举进京；康门弟子韩、叶、欧阳等在受到攻击后一并辞去。李维格可能也是在五六月间时务学堂停课时即已离开湖南。

三天后，八月初六政变发生，慈禧再次训政。谭嗣同血洒菜市口，梁启超流亡海外，陈氏父子及黄遵宪等被革职，湖南新政风流云散。两年后，唐才常领导的自立军起义失败，他与一批时务学堂的高才生林圭、李炳寰、田邦璇、蔡钟浩等同时壮烈牺牲。

重回汉阳铁厂

在另一条战线，汉阳铁厂需要李维格。

光绪二十四年二月十八，张赞宸致电盛宣怀建议："李一琴为宪幕必不可少之人，赞再当苦口劝之。"二月二十一日盛复电云"一琴如愿入幕，当

---

　① 马卫中、董俊珏：《陈三立年谱》，第224页。

　② 中国史学会主编：《戊戌变法》二，第94页；马卫中、董俊珏：《陈三立年谱》，第231页。

奏调"①。

二十四年五月，盛宣怀上奏，南洋公学以何嗣焜为总理，分设师范院、上、中院，并设译书院。二十六年正月十三日何嗣焜来函，坚请将李维格留在南洋公学译书。函节录于下。

> ……惟西书中蒙学课本及中院课本，非中西兼通，研究教育，澹于名利者专力为之，不能首尾贯彻，译成完书。一琴于此志虑专精，自任甚力，已有二三种动手有绪，彼此随时商榷，择善析疑，互有所得。三数年间，必可成书，陆续印出，以供小学堂及中院（即普通学，东西各国所谓国人必需之学也）之教授，然后学堂不为虚车。公召一琴入都，既方数日即返，亮非久局，万一别有任使，则此事便废，更无志同道合之人可与共此。觉其事非一琴不可，一琴去果能大济公事，则嗣焜不敢复言，苟非然者，乞公终成一琴与嗣焜之志，即公之盛德大业不在轮船、电报下也。②

盛宣怀未能满足何嗣焜的要求，召李维格的确是"别有任使"。光绪二十六年二月初七，盛宣怀给汉厂张赞宸去电："多麻钢必要办，一琴望后赴厂与卜聂考究。……兄应候一琴到会议。"同年五月十三张赞宸致盛宣怀函："三月中比萍乡汇款，前一琴与卑职面订由萍自筹，嗣因无可筹措，适一琴带银回汉，即为代付，于煤款内扣去。"说明李维格在光绪二十六年二三月间已经重返汉阳铁厂。③

---

① 陈旭麓等主编：《汉冶萍公司》二，第 683、685 页。

② 王尔敏等编：《盛宣怀实业朋僚函稿》上，第 474—475 页。夏东元《盛宣怀年谱长编》下册第 721 将此信系于光绪廿七年，疑误。据盛宣怀《请将何嗣焜学行宣付史馆立传折》（光绪廿七年十月）称何积劳病故，于"本年正月十二日据案属稿，掷笔遽绝"（盛宣怀：《愚斋存稿》上，第 179 页）。何嗣焜此信末自书"正月十三日"，当是二十六年。另有何致盛函十云："一琴去后，西译乃辍。"函末自书之"三月廿六日"亦为二十六年（《盛宣怀实业朋僚函稿》上，第 483 页），适与下文所引函电中李维格二十六年去汉厂时间相吻合。

③ 陈旭麓等主编：《汉冶萍公司》二，第 787、189 页。

经历了一番时代的风雨，经历了一番人世的沧桑，临近中年的李维格在人生道路上兜了一个圈子，又回到了他原来离开的地方。少了一点青年人的豪气，多了一些中年人的沉稳和务实，终结了内心的犹疑和徊徨，从此他一心一意地将他的生命和毕生精力献给了中国的钢铁工业。

"行销自养"与"就萍炼铁"

光绪二十七年四月初八，汉厂总办盛春颐致函时在上海的张赞宸，请他对盛宣怀"剀切代陈，一决大计"。其中，涉及对汉厂形势的基本估计：

> 窃谓南皮制军创建铁厂，本欲以国家之魄力，造轨筑路，初未专恃市面行销以自养，此奏案具在，可得而稽也。后之变局，如厂之改归商办，路之仍借外款，一切悉由外人主政，种种要挟，以及去年之拳匪扰乱，轨积停造，均非始计所及，而亦非当日之如意算盘所虑到者也。今日者国家已视我为秦越，而商人又筋疲力尽，茫茫四顾，除行销自养外，别无可恃，此局面变迁而办法亦不能不因之变通之实在情形也。所谓变通者，如就萍设立熟铁厂，及仿造市面行销各种繁货，皆此之谓。而再能自炼锰精，自制火砖，内节流而外开源，厂运庶几可转。……总之，仿造繁货，为今日急切之要图，非此不足以自立。[1]

这封信的主题是已经认识到企业"除行销自养外，别无可恃"，而要求面向市场、增加品种、扩大销售，实现自立。其中，既有对仰求国家支持的失望，又有对时局变幻难测的无奈，更有对卢汉铁路"外人主政，种种要挟"的愤懑，反复申诉"无论造轨间断即须坐食，即路局定轨源源不绝，彼知我非彼无人过问，则扶（挟）制吹求，行将不堪其甚"，似也流露出对盛宣怀一意迁就比利时债权方的不满。

---

① 陈旭麓等主编：《汉冶萍公司》二，第239—340页。

这封信又是对前不久李维格上书要求出国考察的声援。三月二十日李维格致函盛宣怀，指出汉厂有四病：章程未定，人才未养，料贵，货呆。章程未定主要是说要"事权归一"，"责成总办一人"。同时自荐出洋"广为考订欧美各国钢货为何？铁货为何？并详询熟铁机器价值贵贱，理法新旧，以备订购，就萍炼铁，冀能逐一仿造，货不呆板"①。对此，盛春颐郑重宣称："一琴自告奋勇，出洋游历，孤心苦诣，可为具结。弟与之共事一年，盖已深知之矣。"并表示要与之共进退。

同年五月，萍乡煤矿有归并招商局之举，张赞宸已经代盛宣怀拟好了札文和招股章程，并对财务和股份作了清点、处理，后无结果。

八月二十七日，盛春颐与李维格联名再次提出："在萍设立铁厂，今若以原拟添置汉厂机器之款，移就萍乡设生铁炉一座、马丁炉一座、熟铁炉约二十座，则炼铁厂聚于一处，必获巨利。"同时提出了一个新的筹款思路："日本冶矿合同系十五年之期，每年矿价约有十万金，确为可指的款，以此指借洋债或可望成。……以日本矿价抵借百万，由国家作保，惟别无利益，利息恐较大耳。"②所谓"别无利益"，或是别无收益、即今后不再有售矿收入之意。据说法国、美国公司有关人员都有贷款之意，而后来却用这一模式谈判了对日贷款。

九月二日，汉厂收到张赞宸来电，知萍乡刘公庙、龙骨冲、上洙岭等处皆有铁矿，第二天盛春颐、李维格又联名报告盛宣怀，请其决策："卑府等意谓不愿保全萍、厂则已，苟欲保全，则此背城借一之举，似已毫无疑义。"强调"事机日迫，进退战守，宜毅然立断"，分别列举或进或退的措施后，再次敦促："如决计有进无退，挺而为之，则百万之款宜速筹措，或请国家拨借，或以日本矿价指借洋债，或仍就轮、电设法，伏维钧裁，密示机宜，以慰悬悬。"③颇为咄咄逼人。盛宣怀即令张赞宸将萍乡矿样送至上海检验成分。

① 陈旭麓等主编：《汉冶萍公司》二，第235—238页。
② 陈旭麓等主编：《汉冶萍公司》二，第255—256页。
③ 陈旭麓等主编：《汉冶萍公司》二，第256—257页。

一年后，光绪二十八年八月，外洋在华的大东公司工师沙多向盛提出揽办汉厂，盛令汉厂详细议复，以凭核夺。盛春颐、李维格乘此再上说帖，阐明企业有四难：创始之难、款项之难、人材之难、销路之难。创始之初"一听所雇洋匠之指点"，"是以就厂机炉而言，布置有未尽合算之处。以致成本加重，如炼钢生铁之冷结而复熔及烘钢炉之未装汽炉是也。即此两项言之，每年多费约十万余金。其昂贵之锰精，笨重之火砖，均须取给于洋，更无论矣"。款项则与外洋不可比，"迫至商办，则东腾西挪，往往出重利押借以资周转"。人才则"所雇洋匠贤者少而不肖者多"，"恃所长而要挟"。在销路上，"今以煤炭运费繁重之故，成本与远越重洋者无异，而欲与数十年根深蒂固、通销畅行之洋铁争市，不亦难乎？且中国路矿权利，类皆入于西人之手"。基于厂情，他们提出三条对策以供选择：一是仍归官办。二是与外人合办，须防其久踞不还、亏本仍归我认等弊端。三是在萍设熟铁厂，生铁、熟铁、钢轨三者并举。但成效在三年之后，且须有百万资金支持。"若专恃押借腾挪为事，则败可立待。"[①]信中所反映的问题，来自他们长期实践积累的感受，是企业内部决策者与管理层之间切实研究企业的出路，既不同于招股时的对外宣传，也不同于应付有关官员的巡视，对于我们了解汉厂当时的真实情况，具有较高的史料价值。

出国拟考订萍乡熟铁厂机器

与此同时，李维格于八月二十五日，以个人名义，与上述说帖中的问题及对策相呼应，提出铁厂减轻成本、扩大销售办法及其用款等上报盛宣怀。一是以铁就煤，在萍乡炼熟铁供内地分销；二是烘炉加汽锅；三是生铁炉径送铁水；四是预备两炉齐开；五是自炼锰精。据李维格概算，现在汉厂每月出钢轨一千五百吨，连同零件约月入七万，月销生铁四百吨约入一万，轨与生铁两项共月入八万。而月出费用则非十万不可，一年亏损约二十万两左

---

① 陈旭麓等主编：《汉冶萍公司》二，第289—290页。

右。以三年为期，共需六十万左右。萍乡建熟铁厂约需二十万，两炉齐开等添设备约十万，故三年内共需资金百万方能渡过难关。为此，他再次要求出国考察："而尤急者，为考订萍乡熟铁厂应添汽机马力若干，轧轴速率多少，钉轴之如何修造，炉座之如何筑砌，必须先考后购，始免铸错之弊，若悬拟订购，则终难悉臻妥善。"他将此举视为挽救汉厂的重大举措，郑重呼吁："在卑职等不辞远涉重洋，无非念铁政为中国一大要政，坐视废弛，或入外人之手，天良稍具，不能漠然不动于中。"①

为此，盛宣怀同年九月以《铁厂派员出洋片》上奏。首先陈明："臣接办后招集商股、设法借垫共银三百二十余万两，数载以来因炼铁焦煤运费过繁，化铁炉座又须重造，亏折商本至一百四十余万之巨。"我们注意到，商股和垫款是混在一起笼统而言的。至于此次出洋的目的，同样也说得很含混，"究其工作精奥之大端""他山之石借以攻错"云云，说明盛宣怀对于在萍设厂等方案尚未确定，不无保留。②

光绪二十八年九月二十三晚，李维格一行从上海出发，二十八日参观了日本新建的八幡制铁所，留下了"该厂规模人才远过于我"的印象，震惊于"机器炉座之精之量，远在汉厂之上，实东方劲敌也。"③

正当李维格一行即将离日赴美之际，突然接到盛宣怀的电报：

> 昨猝奉讳，路厂已请旨交替，望在东京少住。如另派人，须速回料理，赴欧之举，事定再行。④

"奉讳"此处指盛宣怀突然遭遇父亲盛康去世。这封电报盛宣怀是九月二十七日发出的。李维格在上海倚装待发时，就已得知盛康出去世，但仍然按期出发。按照惯例，官员丁忧应交卸一切职务在家守孝，盛宣怀必须按例

---

① 陈旭麓等主编：《汉冶萍公司》二，第291—294页。
② 盛宣怀：《愚斋存稿》上，第229页。
③ 陈旭麓等主编：《汉冶萍公司》二，第295页。
④ 陈旭麓等主编：《汉冶萍公司》二，第943页。

请求朝廷派人来接替所有职务，包括督办铁路、铁厂在内，要紧急做好朝廷如果另派人来接管的准备工作，所以发电召回李维格协助他料理。至于张之洞向朝廷建议铁路公司仍由盛宣怀一手经理，袁世凯专程到上海来与他会见，盛宣怀此时尚无法预料。①

酝酿一年多的出国考察，李维格始出国门便半途而废。

新炉选址的三种方案

此前，光绪二十八年八月二十五日，李维格向盛宣怀提交的一份说帖，要求出国考察，开宗明义第一项就是"以铁就煤"。他经过调查，发现上海每年销售的熟铁约值银百万余两，有很好的销路。汉阳铁厂原产熟铁，因耗煤多、煤价高、亏本而停产。他认为"是则欲炼熟铁，非以铁就煤不可。"李此时说的，还只是把汉厂的生铁运到萍乡去炼熟铁，"就萍炼铁一吨，止须运往生铁一吨有零，即由转运萍煤回空船只带往，运费可轻；至炼熟以后轧成通行花色，发往湘潭、长沙、常德、汉口、上海等处分销。地踞上游者尤易与洋铁争胜，彼愈远而我愈近也。"②

此事引起盛宣怀的重视。光绪二十八年冬天，盛给铁厂总办盛春颐下了一道札文，将此事正式列入议事日程，盛考虑的是在何处建新炉炼生铁：

---

① 有论文说："盛宣怀丁忧回籍守制，路厂事务暂交其官场宿敌袁世凯。袁世凯主张扩充铁厂，托郑观应面禀盛宣怀，调回李维格与德礼和洋行协商借款五百万两。1902 年 10 月底，盛宣怀致电尚在神户的李维格，谓'昨猝奉讳……'"（李海涛、自在：《李维格与汉冶萍公司述论》，《苏州大学学报》2006 年第 2 期）此说似误。一者，盛发此电召回李维格时在 10 月底，即农历九月二十七日；袁世凯视察汉阳铁厂是在一个月后的农历十月二十六日，至上海与盛面谈当在农历十月底或十一月初（陈旭麓等主编：《汉冶萍公司》二，第 943、945 页）。二者，盛宣怀二十八年十二月二十七日致张之洞电中"曾托郑道面禀"，此郑道并非郑观应，而是时在张之洞幕府的郑孝胥，原意为请郑向张之洞面禀，而非郑向盛宣怀自己面禀［参见《郑孝胥日记》（光绪二十八年十一月十七日至三十日），第 855—856 页］。三者，路厂事务未曾暂交袁世凯。张之洞于九月二十七日电致军机处、外务部，建议督办铁路总公司事宜仍责成盛宣怀一手经理，后奉旨留办（苑书义等主编：《张之洞全集》十一，第 8949、8956 页）。

② 陈旭麓等主编：《汉冶萍公司》二，第 291 页。

"添造新炉，计有三种办法：一照原奏在大冶添炉，以煤就铁；一在萍乡造炉，以铁就煤；一在汉阳添炉，以就现成之局。三者究以何处为最宜，该员应与布卢特、赖伦、鲁培等，分别熟筹利弊，以定局面。再造一大炉，恐损坏即须停炼，似不及分造两小炉，出铁数目相同，较为稳妥，亦宜一并筹议定夺。"①

光绪二十九年正月十四日，矿师布卢特至萍乡等处矿山勘察后提出《勘察萍乡矿务报告》，建议在萍设铁厂："萍乡县属现有极好煤矿，又有产铁之处甚多，若设立炼铁炉于是处，极乎合宜，且有多年之铁砂可采，足供二、三座新式炉之化炼。至淡水一节，亦属充足，因有河道甚多流通于是处，更有粉石（即白石）矿甚多，粉石者炼铁所必需之件也。又有极好火砖泥。由此观之，萍乡实堪以开设一大铁厂也。"②

铁厂翻译章达按照盛春颐的布置，与比籍炼铁工程师鲁培商议，鲁培"以添炉汉阳为宜"。章达则与鲁培的看法不同，"要以萍乡为上"。二月十四日，他在致盛春颐函中说："盖萍乡为焦、煤出产之区，设炉于兹，既省运费，且免碎裂耗费。更兼萍乡亦出铁矿，查曩时，萍乡煤矿局，曾将所采矿苗，交卑职处代为化验，该矿含铁五成。虽含铁不如冶矿之多，而铁矿、煤、焦，相连一处，办理易于为力。"据他估算，在萍乡建厂炼铁，生铁每吨的成本，矿石约二两，焦炭约十一二两，生煤、人工、杂费一两半，加上运往汉阳铁厂的运费三两，共计不过十七八两，较之现在铁厂每吨生铁成本高达三十多两，相差很远。他说："总之，新造化铁处，冶不如厂，厂不如萍。然目今汉厂之急务，又在两炉齐开，终恐有损，则添配一炉，以防患于未然者，尤不可缓。"③

此时卢汉铁路的建设已进入高潮。据宗得福向盛宣怀报告，至二十八年十一初，"路局定轨尚少九千吨"，截至二十九年正月底，需生铁万吨；而年初路局又续订轨两万吨，所以章达说当前汉厂的急务是保证路轨的生产和

① 陈旭麓等主编：《汉冶萍公司》二，第315—316页。
② 陈旭麓等主编：《汉冶萍公司》二，第310页。
③ 陈旭麓等主编：《汉冶萍公司》二，第316—317页。

供应。如此，既要开发新厂，同时又要扩建老厂，必然更增加筹措资金的压力。

萍矿总办张赞宸也是极力主张在萍建铁厂，但其出发点与李维格等汉厂诸人不同。三月十日张在电报中对盛宣怀抱怨："萍矿本为炼焦而开"，"乃汉冶皆不添炉，去岁议设冶炉，又以无款中止。始患焦少，现患太多，若不赶添化炉，萍矿反受巨累。照目前汉厂办法，厂、萍皆不得了。"他认为萍有佳旺铁矿，又有好净锰矿，"煤铁毗连，中外难得"。他与赖伦计算，在萍醴铁路经过的湘东设厂造化铁炉两座，每炉日炼铁一百五十吨；造多麻钢炉、马丁炉各一座；建铁路四十里至铁矿，共约需银三百万两。其中购外洋机料无多，钢轨取之汉厂，火砖萍矿可自造，机器等厂矿皆全备，可代做。且一轨可通，焦无虑碎，较汉、冶种种便宜。他强调"此举若成，庶与开办萍矿原意相合"，事关汉、萍全局，请求盛宣怀统筹考虑。[①] 如此，在萍设厂的筹划进一步明朗，并有了一个初步的概算。

四月十一日，盛听说目前每日"萍乡机矿出煤至多六百吨"，去电向张赞宸询问，流露出"非萍设炉（炼铁），恐难得手"的意向。十五日，赖伦复电，告知安源出煤每日至多一千吨，但目前只能运出六百；两年内可开到大槽，渐至四千吨，同时"力劝宫保设化铁炉于萍乡"。此时赖伦的想法与张赞宸一样，是为萍煤的销路考虑："盖萍局全赖产焦并其售路，而汉厂现时所用萍焦极少，不足为萍局之倚赖，是汉厂必须加添铁炉，或在萍设炉。"[②]

四月二十日，盛宣怀电告张赞宸：

> ……准将醴潭路款移缓就急，先办萍一炉炼熟铁。另借日款设大冶一炉，专化生铁售日本，汉二炉专炼贝钢，则厂矿皆活。望即嘱赖详勘刘家庙、上株岭铁矿，能否敷一中炉之用？[③]

---

① 陈旭麓等主编：《汉冶萍公司》二，第955页。
② 陈旭麓等主编：《汉冶萍公司》二，第959页。
③ 陈旭麓等主编：《汉冶萍公司》二，第963页。

赖伦:"以大冶设厂为是"

五月上旬,赖伦去上海,为德礼和洋行做说客,欲购大冶矿石、萍乡煤焦在汉口建铁厂。盛宣怀唯恐其在设厂地址上有意迎合,未讲真话,当面命其认真筹划,新添铁厂究竟大冶、萍乡何处为宜。五月二十一日,赖伦交出了答案,分别论述了大冶和萍乡的优势及不足,并对两地进行比较,这位总矿师的观点发生了一百八十度的大转弯。

他认为" 在大冶设铁厂第一益处系就近铁矿,矿石之富、价值之廉,天下莫与比也。"即使萍焦每吨以十一两计,在大冶"每炼生铁一吨,较外国省银四两"。在肯定"大冶虽有石含磷不到每百分之〇·〇三分至〇·〇四分,甚合炼贝色麻钢之用"的同时,提出了改进炼钢方式的建议:"须将贝、多两法一起并用。"又说大冶地近长江,水路四处可通,铁矿已有铁路通往江边,无须再建。赖伦此处所说的"多"法,即多麻炼钢,或译为托马斯法,是一种对贝炉加以改进、可以除磷的炼钢法。

赖伦认为,"在萍乡设厂,第一益处就近萍乡煤矿富足,焦炭、生煤价值便宜"。在萍焦炭价每吨只需银八两或七两五钱,煤每吨银三两。"上竹岭矿石只含铁每百分之四十分,磷每百分之〇·七分",不及大冶,可炼多麻司钢。但须如煤矿一样在地下挖掘,工价较贵。与焦价综合计算,"在萍炼一吨多麻司铁,较在冶炼一吨贝色麻铁便宜银一两"。"萍厂于制造钢铁工本便宜,而至汉口运脚甚大,每吨估银三两,工本、运脚两数相抵,与冶厂比较,大冶较萍便宜银一两"。此外,在萍乡建厂,从欧洲运机器来费用较高,开铁矿、通铁路须投资甚多。至于将萍醴铁路连接到湘江边,无论是在大冶设厂,还是在萍乡设厂,都是必不可少的。

最后,他的结论是:"欲断定在冶设厂相宜或在萍设厂相宜,并非易事。论大冶地位,若需保护之处,较萍更稳,此系有关设厂筹借洋款者。又,大冶地方风气早开,无虑阻闹,又雇用好工匠人等较在萍更易。照赖意,以大冶设厂为是，惟仍须质诸熟悉铁政名家一断。"①

赖伦曾经负责大冶铁矿的勘测和开采，后又负责开创萍乡煤矿，对两处矿山都有深切的了解，此函对于两地设厂的比较，较为客观、全面。他又因萍煤掺杂、萍焦含磷而饱受比利时总工程师卜聂等的攻击，炼钢问题与其职责攸关，有过长期的思考，郑重提出改进炼钢方式的建议，特别是强调"此炉有一极大益处，大冶所有之矿石及萍乡所有之焦炭不分如何，全数可用，不若现在汉厂之贝色麻炉挑剔矿石、焦炭、磷轻磷重一切为难"，非常引人注目。后来他参加李维格赴欧洲的考察，这一建议对于汉阳铁厂决定改用马丁炉当有一定关系。

当时此事并未定议。不久，江南制造厂要来萍乡建新厂，再一次让盛宣怀将目光注视于萍乡设厂。

枪炮新厂移往萍乡未果

光绪二十九年春，张之洞署理两江总督、南洋大臣之时，任郑孝胥为江南制造局总办，考虑此局设在上海生产枪炮，如有战事，很不安全，打算在安徽芜湖另建新厂。后来两江总督由魏光焘继任，朝廷仍命张、魏二督负责此事。光绪三十年三月，张之洞将去江宁与魏光焘计议枪炮新厂事宜，盛宣怀于三月初八致电张之洞与湖北巡抚端方，十四日致电魏、张、端和湖南巡抚赵尔巽，建议将原拟建在芜湖的枪炮新厂移往萍乡的湘东。

三月初八电中，盛借江南制造局洋工程师彭脱及李维格之口，指出：

> 芜湖之内设枪炮厂，太近江口，有事时敌往占仍难守，莫如萍乡深奥，东阻鄱阳，西隔洞庭，属两江而迩两湖。其煤铁便用，铁路便运，省费尤余事。②

---

① 陈旭麓等主编：《汉冶萍公司》二，第 327—331 页。
② 盛宣怀：《愚斋存稿》中，第 671 页。

盛的建议受到重视，张之洞来电详细询问湘东的情况。虽然设厂之事尚未确定，盛宣怀已做进一步打算了，十八日致函李维格，告知如果此事成功，在湘东就不仅是炼铁，还要炼钢，才能供制枪炮之用，嘱咐李与赖伦考虑好在湘东炼铁和炼马丁钢的方案。①

此事尚在酝酿，三月十四日，鄂抚瑞方来电："拟集宁皖鄂湘蜀之力，就萍乡合办一厂，并常年经费由六省合筹。"三月十七日，江督魏光焘来电告知："惟香帅云，六省合办一厂，事权难一。"②不仅湖北方面总督和巡抚意见不一，湖南方面又另有打算，张赞宸于二十一日来电密告盛宣怀，从端方处得知，湘抚赵尔巽主张在渌口设厂，那里属醴陵，是湖南管辖；"次帅意在便销湘煤，然为厂萍计，仍以湘东为宜"③。此处"厂萍"系指汉阳铁厂和萍乡煤矿，张赞宸认为设在萍乡于己方有利，势所必争，盛宣怀亦于二十二日再电魏、张，强调渌口"滨湘江，粤汉铁路干路必由之地，似太显露，不如湘东远甚"④。

三月二十二日魏、张帅来电向张赞宸再次询问湘东地形、地貌，是否合适建厂。电文说，江南制造厂拟在湘东、萍乡一带移建新厂，"分造枪、造炮、造枪弹、造炮弹、造无烟药、造硝强水、造磺强水、炼钢、烧砖各项，厂地约须二千余亩"。张赞宸复电肯定："萍乡一带惟湘东地势最宜。"与此同时，先后将来电、复电及二十三日得知的密电"萍乡设厂，两帅已议妥"等，一一电告盛宣怀。⑤

看来事与愿遂，不想二十六日盛宣怀的复电骤然变调，寥寥数字，几近悲鸣："械厂移萍，铁厂愈窘，杨必面告。"杨指杨学沂。杨到汉与宗得福、张赞宸三人在汉计议后，四月初三联名电盛提出对策："枪炮厂如果设萍，不如将汉冶萍趁势推出，脱此重累。论理厂矿制械，官家总应全握。福初四

---

① 陈旭麓等主编：《汉冶萍公司》二，第 424 页。
② 盛宣怀：《愚斋存稿》中，第 675 页。
③ 陈旭麓等主编：《汉冶萍公司》二，第 1002 页。
④ 苑书义等主编：《张之洞全集》十一，第 9137 页。
⑤ 陈旭麓等主编：《汉冶萍公司》二，第 1002 页。

来宁面禀。沂、福、宸。江。"第二天盛回电云,"尊意甚是,两厂还清债项,须官筹现银若干,望速开单交宗牧带来",转而争取借此将厂矿的债务转化为现银收入囊中。[1]

五月四日,盛宣怀致函张赞宸,颇为失望地道出了个中缘由:"湘东奏设械厂已有成议。从前所望者在购我之铁,用我之钢;现彼自炼罐钢、西门马丁钢暨一切拉、压、轧、烘各机,则所取资于我者仅炼钢铁耳,仅挑选好焦好煤耳,仅搭附轮驳、铁路耳,是商矿并无丝毫沾润官厂之处,并虑因此受损。再,在大冶运矿煅入新炉,费繁道远,如何合算?"将运矿石来萍乡冶炼的方案也否定了。为此,他现实地将目标首先转向占有萍乡的铁矿资源,"救急之计,莫如将萍乡附近著名铁山圈购殆尽",部署张赞宸赶紧着手,并说"此是先发制人之策"。[2]

七月二十六日,盛电告在德国考察的李维格,魏光焘已调任闽浙总督,"械厂迁萍未定。"

光绪三十年的九月十一日,盛宣怀又听说萍乡枪厂有变局,在电报中问张之洞是否确实,此后再未见到下文。在令人眼红的两江总督金交椅上,魏光焘和他的继任李兴锐、周馥、端方等,都如同走马灯似的来去匆匆,萍乡建枪厂的事也就被朝廷遗忘了。

洋务运动系由地方督抚发动,中央缺乏统筹兼顾、综合协调,往往是因人成事而人亡政息。这一弊端,在枪炮厂迁址一事中展现得淋漓尽致。

解茂承:新炉"似以合炼铜磷较重之矿为要义"

光绪二十九年的除夕,李维格是在从萍乡到武汉的船上度过的。

赶在出国考察之前,寒冬腊月,匆匆此行,主要是看萍乡的铁矿、锰矿和新厂的厂基,顺路也看了运道的情况。李边看边致电向盛宣怀扼要报告,

---

[1]　陈旭麓等主编:《汉冶萍公司》二,第 1003—1004 页。
[2]　陈旭麓等主编:《汉冶萍公司》二,第 438—439 页。

盛随时复电指示机宜。

十二月二十一日李维格到达萍乡，二十三日电禀："蓝卜德等正勘水道，分段安排轮驳"云云。盛宣怀于二十六回电："安排轮驳最为紧要，望与子卿面商。锰精必须自炼，化铁新炉火砖必须自造，情愿雇一专门洋匠悉归赖伦总管，望与赖商定。湘东将来必须设炉，自造火砖要紧。"光绪三十年元旦，李到达汉厂，初二致电向盛贺年并报喜："萍铁矿富、分数高，锰亦佳，头班船回沪面禀。"正月初三，盛电告李维格和张赞宸："琴冬电悉。萍造生铁炉上策，多麻钢炉在萍在汉宜酌。粤、沪路皆难售票，卢轨毕，恐停，造轨望收束。汉厂日煤不能到，汉煤价必大涨，可多运煤。"

此时盛宣怀是打算在萍乡建铁厂的，后来却发生了变化；多麻钢炉即托马斯炉是否采用，放在汉阳，还是放在萍乡，盛还未拿定主意。他已预见了到光绪三十年将是困难的一年，随着卢汉铁路竣工，钢轨可能没有销路，不得不停产；日本煤不能运到武汉，是受日俄战争的影响，盛宣怀希冀萍煤畅销而略有补偿。正月初六，张赞宸向盛报告："一琴昨回沪，新旧厂事已细商办法，由渠面禀请示。"①

光绪三十年正月三十日，大冶铁矿总办解茂承，按照李维格上旬由汉来函的嘱咐，给盛宣怀寄来了八箱矿石样本，其中六箱铁矿石分别来自大冶矿局所属的金山店、狮子山、大石门、野鸡坪、纱帽翅、铁门坎等处矿山；每箱内又有分两种，中间用隔板分开并标明："其平等者，即现时应付汉、日之矿，次等者，即铜磷较重矿也。"另两箱是锰石、白石各一箱。由此可见，各矿山均有磷轻之矿，亦有磷重之矿，问题在于各占比例多少及采矿如何选择、管理。

解茂承在致盛函中说明，此矿样系供李维格"带赴外洋，参考订购新炉"。对此，解郑重提出建议：

因念近三四年，汉、日两矿苛求铜磷至轻分数，悉索上选。虽以后

---

① 陈旭麓等主编：《汉冶萍公司》二，第991—992页。

深入未可臆度，然就近时窥察所及，如历取美备齐一之品，已渐如强弩之末矣。现既添购新炉，似以合炼铜磷较重之矿为要义。[1]

此信有两点很值得我们注意：一是强调了近三四年来，即对日出售矿石以来，造成资源浪费的，既有日方苛求于前，又有汉阳铁厂的卜聂、鲁贝等比利时籍的工程师效尤于后，竞相对铁矿石"苛求""铜磷至轻分数"，"悉索上选"，"历取美备齐一之品"；实际上大冶铁矿对日本和汉厂供应的铁矿石是同一标准，即所谓"铜磷至轻分数"的含磷含铜皆低的优质矿石。二是在目前情况下，光绪二十九年供日矿石为七万吨，汉厂尚未建新炉，大冶铁矿"已渐如强弩之末矣"，解茂承更担心开采"以后深入未可臆度"，趁此出国考察添购新炉之机，未雨绸缪地提出"似以合炼铜磷较重之矿为要义"，是从铁厂和冶矿的长远利益考虑，也是为了珍惜和充分利用冶矿的宝贵资源。数月之前，光绪二十九年八月二十九日解致盛宣怀函中，曾有一段话，本是要求盛"请合汉厂岁需之矿数通计，有余外售"，同时也可以视为此信的进一步补充：

> 查日矿原订合同各项分数，已极刻骨剔髓之谋，而近年汉矿，重有吹毛求疵之怀，以致湾局两山，向时可用之矿，厂废不胜计。即目前钩深索隐搜取得来，只以图谢龃龉，仍不免剔弃湮沉。是可惧者，矿数多少犹其轻，分数苛计为至重也。赖伦此次与卑府面谈，将来继我后者，今日所谓不能用之矿，必化为异日能用之矿，同为太息！[2]

解茂承的建议，代表了铁矿方面的意见。解与赖伦曾经交换过意见，两人的看法一致，鉴于大量原本可用的矿石大量废弃，要求改进炼钢的建议也是一致的。出国考察后，李维格选择马丁炉而放弃贝氏炉，与解的建议是吻

---

① 陈旭麓等主编：《汉冶萍公司》二，第409—410页。

② 陈旭麓等主编：《汉冶萍公司》二，第364页。

合一致的；但后来李维格对此却另有一番解释，殊与事实不符，下文再议。

盛宣怀同等对待贝炉、马丁炉

光绪三十年二月二十二日，盛宣怀发出《札李维格文》，"分列大纲细目"，正式确定李维格出国考察的任务。

大纲共五项：一、考验矿质（细目 10 条），二、考究厂务（细目 10 条），三、访聘工师（细目 8 条），四、购办机炉（细目 8 条），五、筹计用款（细目 5 条）。这个提纲比较全面，但有相当一部分内容是为在萍乡新建铁厂做准备，如"萍乡铁矿含质如何""湘东应造二百吨或一百六十吨化铁炉"等。

值得我们注意的是，在这个出国考察提纲中，看不到盛宣怀有任何废弃贝炉的倾向，他对这两种炼钢炉是同等重视的。其中涉及贝炉的内容如下：

1.在"一、考验矿质"中，"乙、大冶铁矿含质如何，用萍焦能否相配，其磷轻者可制贝色麻钢，其磷重者能否制马丁钢，又能制何等翻砂生铁"。

此条"磷轻者可制贝色麻钢"是肯定语气，并无疑问；所关注的、要考察解决的是磷重者怎么办。说明大量磷重矿石存在并亟须解决。

2.同是"一、考验矿质"中，"庚、汉阳化铁炉所出之生铁，何以不能成上等贝色麻钢，应用何等新法，俾成佳钢"。

此条说明盛宣怀已经认识到贝钢的质量取决于生铁质量，其关注点在生铁和化铁炉。这一问题实际涉及炼钢方式的选择。

3.在"二、考究厂务"中，"己、贝色炉如何添办。庚、马丁炉如何添办"。

此两条显示盛对贝炉、马丁炉同样看待，都要添办。

4.在"四、购办机炉"中"乙、汉厂贝色麻炉应添置风机，使其多出贝钢。丙、汉厂马丁炉应添造，使其多出马丁钢"。

此两条仍然是对两种炼钢炉同等看待，希望它们各自多出钢；只是盛以为贝炉和化铁炉相似，主要是添置风机。

从上述提纲内容看，盛宣怀原本没有废弃贝炉的打算，更看不到采用贝炉炼钢当时已经成为困扰铁厂生产的焦点。

李维格出国考察与《采办机器禀》

李维格于光绪三十年二月二十三日启程，先到日本。三月初一自横滨往美国，十八日到旧金山，三月下旬、四月上旬各看了两家大厂。四月十二日，致函杨学沂说：

> 所看各厂无一有剔焦、剔矿之事，块末同装入炉，皆弟等目睹。炼铁一吨亦无有用焦逾一吨者，焦中含灰多者亦有百分之十三分半，未必甚优于萍。汉厂之挑剔苛、而用料多，不知是否因比匠之无能，抑因风力之不足？须俟到欧请专门名家化验生料，考核风机炉式，方能下断语也。①

李维格还在美国考察了钢铁销路，认为"汉厂甚有可望"："弟晤一金山运木至华巨行主人，据云甚乐为我载铁，且时有木船直放汉口者，回国载铁每吨水脚只须美金三元云云。鄙意此项销路，似可图也。"如此，便使他对美国的销路满怀着乐观的预计。他打算"今晚往纽约，十四乘轮渡大西洋往英，勾留约一月，然后往德"，已约赖伦到欧洲相会。

其间，江南制造局欲往萍乡建新厂，涉及制械需在萍炼钢等；负责此事的张香帅、魏午帅委托李维格在英、德考察建枪炮厂有关事宜和枪、弹、药、机价格等，盛与李亦时有函电往还。

经历八个月的考察，李维格于十月二十一日回到上海。十二月十二日向盛宣怀呈上《出洋采办机器禀》②，既是出洋考察的汇报，也是对汉阳铁厂进行扩建、改造的规划方案。此文洋洋近万言，现将其要点摘述如下：

---

① 陈旭麓等主编：《汉冶萍公司》二，第434—435页。其中原标点为："未必甚优于萍、汉厂之挑剔苛、而用料多。"不可解，疑误。

② 湖北省档案馆编：《汉冶萍公司档案史料选编》上，第167—171页。此件陈旭麓等主编《汉冶萍公司》二未收。

一、肯定了铁、煤、白石等原料"并皆佳妙"。据李维格考察比较，汉阳铁厂矿石的成本低，与英、德、日相比，都有很大优势；"惟我萍焦之价，倍于英德，应从核减耳"。

二、决定炼钢废弃贝色麻而改用马丁碱法。为何要废弃贝色麻？李维格做了详细的解释：

> 炼钢有酸法、碱法之别，酸法不能去铁中之磷，惟碱法能之。汉厂贝色麻系酸法，而大冶矿石所炼之铁，含磷过多，以致沪宁铁路公司化炼轨样后，不肯收用。谓其含磷多，而含炭少，磷多则脆，炭少则软。卜聂炼钢，减少含炭分数，使其柔软，以免断裂。然柔则不经磨擦，软易走样，其应用若干年者，不及此年数，即须更换，此汉厂贝轨所以不合用也。汉厂鱼尾板等钢系马丁碱法炼成，沪宁公司称为上品。员司博访周咨，并从史戴德之议，决定废弃贝色麻而改用马丁碱法，成效昭著，似无疑义。

"大冶矿石所炼之铁，含磷过多"，此说语义含混。此禀是呈送给盛宣怀，这一特定的接受者自能意会。而对于不知内情者，则将含磷过多的原因指向大冶矿石了。

改用马丁碱法，另外还有一个重要的因素，李维格却说得比较简略，历来似乎也未引起一些学者的重视：

> 且改用马丁碱法后，现所剔除之磷重矿石，均可取用，亦一大有裨益处也。

三、销路乐观。李维格认为："湖北铁政，苟中国以全力大举，不但东方销路在我掌握，并可运销于美国西滨太平洋各省。"后来事实证明并非如此。

四、购买机炉。购有"碱法马丁炉两座，每座容积三十吨（旧炉一座容积十吨）。同时还重点添置了一批原来没有的轧制钢材的设备。基于以上对于原料、钢质、销路的考察，李添置设备的指导思想是"专注炼造碱法马丁钢、船料、桥料、屋料等货"，改变旧厂"轨轮一副，条板虽亦有轴，具体而微，尺寸略大之件即不能拉造"的现状。

五、聘任工师。聘前在汉阳铁厂任生铁炉工师的荷兰人吕柏为铁厂总工师。新工师四人为德人，李维格意在"与总矿师赖伦均极融洽，可免从前厂矿洋人之嫌隙"。

六、决定在汉阳铁厂原地扩建。李认为："萍乡铁矿难恃，又须接展铁路四十里，需款过巨。即就近在大冶另起炉灶，亦非目前力量所能办，款项有限，惟有凑现成局面，仍就汉阳布置，步步为营，俟销路畅旺，再在大冶推广。"

七、加大风力，提高生铁产量。"现有生铁炉两座，日夜出铁一百一十余吨。拟加大总风管，加多炉膛进风管，开用新风机，添造热风炉，日夜出铁至少一百五十吨，多则二百吨。即以一百五十吨计，月得四千五百吨。"如此，钢材月产量可达三千吨以上。

八、"必须多备用款"。除生铁炉暂缓订购外，购新机及装配、改良旧机"共需英金二十二万三千一百四十六镑"。按此计算，日本借款三百万圆，仅余银六十万两，将不敷周转。

此外，尚有成本、赢利的概算及一些具体问题，不一一摘录。最后的"总结"是："汉厂必有大发达之一日，惟目前三年，必须上下扶持，方克度过此艰危之境。"

根据李维格的购机扩建方案，概括起来，分别就炼铁、炼钢、轧钢三大环节来看，其要点分别是：

炼铁：缓建新炉，改造旧炉，加大风力，在原有基础上提高生铁产量。

炼钢：废除旧炉，新建两座三十吨的马丁炉，主要是提高钢的质量。

轧钢：增加设备以增加钢材的品种，着重增加轧制船料、桥料、屋料等大型钢材的设备。

在这里，我们需要强调的是，汉阳铁厂原有十吨的贝色麻炉、马丁炉各一座，而新建的马丁炉容积为六十吨，看起来炼钢炉的容积增加了四十吨，为原有的三倍；但问题在于马丁炉因其熔炼时间长而产量低。据说"泰西马丁炉俱日夜炼之，常例五炉"，汉厂则"每炉需要时五点钟"；而贝炉一般每炉只需几十分钟，不到一小时。按光绪二十六年的记载，汉厂当时未做夜工，贝炉"每日约炼十炉"，而马丁炉"现在每日炼两炉"，则同样的容积，贝炉的产量约为马丁炉的5倍。① 在《采办机器禀》里，李维格也说：旧厂十吨之"马丁炉日夜仅出钢二十余吨"。如此算来，马丁炉增加了五十吨，也未必能超过一座十吨贝炉的产量。

盛宣怀酝酿再借巨款

用大冶铁矿得道湾矿区作抵押、以预支矿价名义借日元三百万，本是为了扩建新厂，如今新厂尚未动工，盛宣怀却又提出要再借数额更为巨大的款项。

光绪二十九年十二月十二日，李维格送交《出洋采办机器禀》时，盛当面对他透露："拟借一百万镑一清积累"。

此事非同小可。隔了两天，十五日李维格致函盛宣怀，书面剖析利害得失，提出不同意见。此信针对盛所谓还清旧债说起：

> 查厂矿及洙萍铁路官商借款，如欲全清，虽千万亦只敷还债。大冶新炉及数年内活本均仍无着，即以一百万镑算作银七百五十万两，十年归还，（十年以外恐难做到。）年还七十五万两，（日俄战事明年未必能毕，即金价未必能涨，明年借金，以后还银必吃亏。）常年七厘计息，（六厘恐做不到，与铁路借款不同。）五十二万五千两，年还本利一百二十七万五千两，虽曰厂矿两处摊还，而矿之获利，全靠铁厂多用

---

① 谈汝康：《马丁炉炼钢用煤今昔情形说》，载湖北省档案馆编《汉冶萍公司档案史料选编》上，第156页；《铁厂日需焦炭萍煤约数》，载湖北省档案馆编《汉冶萍公司档案史料选编》上，第165—166页。

煤焦，照付价值，是还款之重悉在铁厂一肩。无论铁厂两三年内尚须赔本，即将来获利，亦断无如此之巨，是债主占据已可预必，承乏其间者，重咎不足以蔽辜，非办法也。[1]

说来道理也很简单，借债必须考虑还债的能力，如果无力偿还，相关资产必将归债主所有。如果这债主是外国，如日本，问题就更严重了。"承乏其间者"表面指李维格本人，实指盛：再重的惩罚也抵销不了这样的罪责！

对于所谓还旧债，李维格在信中提出了两条原则性的意见：一是先还私债，将公款推后；二是少数"私家重利之款，在筹借之洋款内酌量拨还，然亦不宜过多"。十分警策地强调："盖欠华人之款害轻，欠洋人之款害重。"明确地表示不可大借洋债而偿还给华人。李维格不可能不知道，这所谓的"欠华人之款"相当一部分实属盛宣怀所有。如此，李维格这封信，我们则可以理解为：不仅是反对盛宣怀不计还款能力、不计后果地大借洋债，更是阻止他采用这种借洋债的手段抽取资金。他在信中说："此两三年内，活本充足，则事可望成，否则必败，故旧债不宜还多也。新购之机炉基脚图样将到，到时即须动工，否则又将耽误，然无办法，事必决裂。"最后李维格表示，因为事体紧急重大，"当于每日午后到公司听候传呼"，希望盛能拿出几天时间和他仔细的商议，"面定大局"。

李维格与盛宣怀谈得如何，不得而知。留下的书面资料是三十一年二月（日期不详），盛宣怀以《批李维格禀文》[2]，正式做了答复。

批文内容大体包括两个方面，一部分是对扩建方案的意见：

批文开始，便对李禀原意加以概括："统核所议，以萍铁难恃，就冶添设新炉，款如不足，仍就汉厂配购新机，专造大件，以供商货之求给。现有生铁炉加大风力，使可日出铁一百五十吨至二百吨，折成钢货尚不足以尽新机轴之力。拟俟销路大畅后，就冶另设新炉一座，以与各国铁市相折冲。"

---

[1] 陈旭麓等主编：《汉冶萍公司》二，第461—462页。

[2] 湖北省档案馆编：《汉冶萍公司档案史料选编》，第172页。此件《汉冶萍公司》二亦未收。

接着明确表示，此方案"与本大臣急设新厂新炉之意不符"，虽"无可厚非"，仍强调"然本大臣与湖广张督部堂坚忍卓绝，无论将来照此商办，或仍归官办，要以必增新炉为断"。除了建新炉，还在聘吕柏和李维格不认旧亏等具体问题上，盛都表示了不满或保留。

另一部分，以相当的篇幅，着重在强调资金的困难。

首先，盛指出："现购机价、地脚工程、改良旧炉，此三项约需英金二十二万三千一百四十六镑"，即将预支矿价的三百万日元"全数供用，亦尚不敷"。

其次，盛强调："是此项日本预借矿价，目前只能作二百万元之用。"涉及盛从中提取一百万日元，他是这样说的：

> 上年二月，该郎中与张道赞宸会禀厂矿路三项，一一钩连，冒险深入，只得禀请将日本第一期金钱一百万元赶成醴株铁路，经本大臣批准照拨，并咨明张督部堂有案。嗣因萍矿急于归还铁路欠款，乃为萍矿拨用。

此事经过曲折，所言文字晦涩。但主要倾向还是清楚的。即这一百万，当初要用，是你李维格和张赞宸的主意；后来则是"萍矿急于归还铁路欠款"，而盛本人只不过是"为萍矿拨用"，经手办理而已。其实，将此一百万指定为萍矿还款的，正是盛本人。说到铁路欠款，醴株铁路后来可是公然上奏报销了造价约一百五十万，有盛氏的奏折为证。也不知道这账究竟该怎么算？

再次，强调汉厂历年亏折。"据张道呈送十一月止清折，实结亏银一百八十五万四千余两。此项亏款，商股不多，俱系沪汉各银行庄号通挪应用。月月计息，随时转禀。"重点在对亏款的来源做了解释，强调银行钱庄息重，非还不可。

一则是扩建资金缺口很大，二则是巨额亏损必还，言外之意则是非借款不可。联系李维格一再反对其大借洋债、旧债不宜多还的告诫来看，如果将批文视为对李的回复，无异是全面予以否定。看来盛续借洋债的决心已定，也就是说，盛宣怀强调大借洋债一是为了扩建，二是为了偿还旧债。后来却旧债越还越多，自是后话。

批文还对李维格所谓"旧亏悉归前人"一说，提出不同意见，以为就汉厂来说仍分析不清；即各庄号闻知，势必群起催款，造成信用危机。但最后仍慨然承诺："所有汉厂旧款、新旧兼顾，应用之款，系本大臣一人之责，断不使该郎中有内顾之忧。"看似前后矛盾。联系到当时商部正派人来汉厂查账，李提出不认旧欠，除了不能负责偿还欠款外，还有不能对财务上的问题承担责任之意，即保持自身的清白。至于资金的实际筹集和使用，李维格自知插不上手，盛宣怀也不会让他插手。

批文最后说："至本厂用人办事，准如该郎中所禀，给予全权，本大臣必无丝毫掣肘。"话虽如此，从实践看，对于任用李维格，盛宣怀可说是有放有收，收放自如。

李维格何时任汉阳铁厂总办?

李维格何时任汉阳铁厂总办?

对此似有两种说法：一说为 1902 年（光绪二十八年），一说为 1905 年（光绪三十一年）。

1902 年说，见于《盛宣怀与日本》一书，"李维格于 1902 年起被委任为汉阳铁厂总办"[1]。

1905 年说，《李维格的理想与事业》一书似可代表。此书为李维格的纪念集，其中《李维格先生生平事略》《李维格先生大事年表》均认为李系 1905 年任汉阳铁厂总办；但谓"1903 年 4 月先生被聘为铁厂副总办"等细节尚可探讨。[2]

---

[1]　易惠莉编著：《盛宣怀与日本》，第 63 页。

[2]　王同起、瞿冕良编著：《李维格的理想与事业》，中国档案出版社 2000 年版，第 8、20—21 页。

1902 年说，书中未予论证，其依据或系盛本人的奏折等。如光绪二十八年九月（1902 年）《铁厂派员出洋片》称"兹查有总办湖北铁厂三品衔候选郎中李维格……"；又如光绪二十九年《请准李维格暂缓调部电奏》称："查李维格久在铁厂，由委员递升总办，专门钢铁工学，去年九月奏明李维格总办铁厂，成败利钝，悉以付之。"①似乎是黑字白字，证据确凿。但细审当时实际，并非如此，内中还有一些曲折。

李维格于光绪二十七年三月初八再到铁厂，二十日致函盛宣怀，认为总稽查已成具文，应责成总办一人；提出愿出洋考察，声称"卑职僻性不愿当委员"，"至于会办，请即撤销"。二十四日盛复信，坚持要李与葛乐士共同担任总稽核。此后盛宣怀致函铁厂，皆称"我彭总办、一琴会办手览"。②至二十八年七月，萍乡煤矿与礼和洋行谈判借款，合同上中方负责人签印分别是"总办汉阳铁厂事宜三品衔湖北候补道盛（春颐）""会办汉阳铁厂事宜三品衔候选正郎李（维格）。③

光绪二十八年九月，因盛康去世，盛宣怀电令已在日本东京的李维格暂勿赴欧，回国帮助料理有关事宜。十二月初，李维格致盛宣怀函，要求离开汉阳铁厂。信中开头便说："前奉面谕，令维格暂回汉厂，赞助我彭料理，两炉齐开后，再行回沪筹画借款。"如此，盛当面的安排则是铁厂依然由我彭（盛春颐字）主持，李仍是赞助。李信中涉及离开汉厂原因是：

> 及至今年八月二十五日上禀，承宫保采纳奏派维格出洋，满拟周游内渡，为中国兴铁政，为宫保分忧劳。讵料时局变迁，废然而返，所有建议无一能行。然无钱不能办事；名实不正，不能办事；洋人不称职而有嫌隙，不能办事。坐此三端，维格不能再进汉厂矣。总之，维格不能为厂认已往之责，只能图将来之事。以后归官则已，若仍归商，只要有钱而有办法，与前办者划清新旧，接手后成败之责当一人任之，否则，

---

① 盛宣怀：《愚斋存稿》上，第 229、585 页。
② 陈旭麓等主编：《汉冶萍公司》二，第 235—239、244 页。
③ 陈旭麓等主编：《汉冶萍公司》二，第 284 页。

滥厕素餐，上无以报知遇，下无以安私心，非宫保之所以期望维格，亦非维格之素志也。①

此信虽从比利时工程师与其有隙说起，却并非其辞职的主要原因；所谓"名实不正，不能办事"，"接手后成败之责当一人任之"，说得已很明白。又说"汉厂薪水支至本月为止"，"当在沪守候，专为宫保筹画借款之事"，既表示辞职之坚，又表示愿为盛效劳，仍留有余地。

光绪二十九年正月初三，郑孝胥邀李维格任江南制造局洋务总文案。此时郑孝胥被署理两江总督的张之洞任命为江南制造局总办，已于正月初一上任。郑本兼任铁路总公司驻汉总办，既是盛宣怀的属下，又与李维格交好。初四郑去见盛宣怀，告知约李的打算，被盛拒绝："不能相让，汉阳铁厂终当以畀一琴。"此一记载说明，盛虽有任用李负责铁厂的打算，此时尚未下定决心。②

李维格初六接到盛的手谕，再次致函盛，只说"知时局不可为，此心已灰"，留在上海可以调养身体、迎养老亲。但表示"此后凡汉厂之事而可以在沪上效力者，一惟钧命是听"，并听从盛的安排"移居总公司"。盛将此信交杨学沂阅，杨已听说李曾托张赞宸转达，实"因名实不符，事权不属，中外不和，廪糈不给"，遂于初八致信盛指出，李虽勉为移居，"仍以去汉就郑为归宿"，建议盛如"决其为才，不容他去，不妨招令来见，谆切面谕，借款无成则已，但有成说，则总办可去，工司可易，俸糈可增，所谓成败利钝，一以委之，即其所求以为应，李必无词"。杨对李维格的评价是："此君之长，在廉谨明达，不参私见；此君之短，在游移文弱，中无主宰。然与贤阮絜量高下，实尚略胜一筹。用人难，用人于危疑震撼之间则尤难。此时正钧台鉴别志士之日也。"此处贤阮，系指盛宣怀之侄、时任汉厂总办之盛春颐。③

不久，川督岑春煊奏调郑孝胥。郑向岑荐李维格，岑邀李入川却为张

---

① 陈旭麓等主编：《汉冶萍公司》二，第304页。

② 劳祖德整理：《郑孝胥日记》二，第861页。

③ 陈旭麓等主编：《汉冶萍公司》二，第304、305页。

之洞札留，而岑亦奉命调补两广总督，郑、李入川遂作罢。三月二十七日，李奉盛宣怀召赴京，协同办理铁厂有关事宜，回沪后参与对日借款。九月二十三日，盛春颐于汉厂致函盛宣怀请假葬母，三十日回里，此后似未再回汉厂。接替他的是张赞宸，于十月初六到厂，犹谓"盛道一月即可假旋"。十二月初六李维格准备出国考察，致盛函中犹言："维格之于汉厂，原无不可去之义。"光绪三十年二月二十二日，盛宣怀札李维格文云："此次特派铁厂参赞三品衔候选郎中李维格出洋办事。"名义上，李的职务为铁厂参赞。直到李考察回国后，光绪三十年十二月十二日李维格向盛宣怀全面汇报出洋考察的情况及今后的打算，才对总办一职有明确的表态：

> 此次订购机炉，选用工师，均司员一手经理，久荷知遇，欲委以总办厂务，司员现已无可推诿。①

光绪三十一年二月（1905年3月）盛宣怀批李维格禀文，始对其职务及分工有明确决定：

> 该郎中应即日驰赴汉阳总办厂务，督同新订工司布置基脚装配事宜，并将化铁旧炉两座赶紧加风力，务使多出生铁，悉归该郎中一手筹办。张道即于交卸清楚后，专力注重萍乡煤矿及运道轮驳煤焦销路。所有汉厂旧款，新旧兼顾，应用之款，悉系本大臣一人之责……至本厂用人办事，准如该郎中所禀，给予全权，本大臣必无丝毫掣肘。

关于资金问题，盛还强调："各国工厂调度银钱本有专责，断非总理工程者所能兼顾，自应由本大臣另派专员总理银钱，即轮船、电报两公司亦如此也。"②

---

① 湖北省档案馆编：《汉冶萍公司档案史料选编》上，第171页。
② 湖北省档案馆编：《汉冶萍公司档案史料选编》上，第172页。

第十六章 外国工程师与钢铁生产（上）
——总监工德培及其继任者堪纳第

盛宣怀整顿铁厂拿德培开刀 / 主要靠化铁炉生产而德、吕不和 / 郑观应：早觅洋监工接替德培 / 钢轨有了订货，轧轴又成问题 / 成本太高"皆由总管不力所致" / 德培离厂纠葛和他的成绩 / 堪纳第任汉厂参赞的内情 / 堪纳第因制鱼尾板而得宠走红 / 汉厂内部出现不同的声音 / 合同之争：郑观应出乎意料地惨败 / 盛春颐发动对堪纳第的总清算

晚清洋务运动中聘请的一批外国人，时称洋员，是一个特殊的群体。

洋务运动的一个基本任务是将西方资本主义的机械化大生产，移植到晚清小农经济的社会土壤中。人是最重要的生产力。在向外国购置机器设备的同时，还必须引进中国所没有的、操纵机器、管理生产的专业技术人员。这些人员是相关专业技术的载体，是机械化大生产不可或缺的生产要素，来到晚清中国更成为奇货可居的移植专业技术的媒介。

盛宣怀接办时，按照德培报送的名单，汉阳铁厂实有来自外国的工程师及匠目、工匠 30 人，加上在途和缺额，应为 38 人。当时或统称为洋匠，其中总管德培，直接管辖洋文案、总绘图、装机匠目、东码头洋匠等 4 人；化铁炉总管吕柏，率洋匠二人共 3 人；焦炭炉匠 1 人；熟铁及轧轴总管卜聂，率匠目、轧轴匠、炉匠等共 8 人，人数最多；化学房技师史麦耳及助手共 2 人；马丁炉、贝色麻炉、轧轨轴即轧钢厂均缺总管，马丁炉工匠实有 1 人，

匠目、工匠 3 人在途；贝炉缺匠目，实有开车、炉匠、冲天炉匠、汽管火砖匠 4 人；轧轨轴缺匠目一人，实有轧轴匠首、轧匠、烘钢匠、开车等五人，另有医生一人。①

汉阳铁厂就是依靠这样一个外来的技术人员群体，具体进行一系列炼铁、炼钢和制轨的生产操作、管理。

在洋务运动引进洋员的过程中，普遍遇到的主要问题有：洋员是否称职，能否圆满完成所承担的任务；来自不同国家、不同背景的洋员能否与华人友好相处，合作无间；聘请洋员需要付出大量资金，企业能否承受、消化；等等。这些问题即使是在同一个洋务企业里，不同时期也因人而异，展现出种种错综复杂的矛盾。

汉阳铁厂这一时期先后聘用的培德、堪纳第、吕柏、卜聂等工程师，来自不同的国家，各有不同的情况，在汉厂的表现及其对钢铁生产所起的作用各有很大的不同，不可一概而论，需要具体分析。下面分别进行一些梳理。

盛宣怀整顿铁厂拿德培开刀

盛宣怀接办铁厂后的第一件事，便是整顿这支洋队伍，首先拿总监工德培开刀。

这不是没有来由的。

光绪二十年十二月十六日，张之洞致电驻德使臣许景澄：

> 铁厂开炼各种钢铁，均尚顺利。洋总管二月合同期满，不愿再留，请托克虏伯代觅精于炼西门马丁钢、贝色麻钢、炮钢上等 engineer 一人，来鄂接充总管。须老成历练，曾在洋厂充总管兼晓英文者，薪水从优不惜。鄂厂现有炼生熟铁工师，及炼钢之工头、工匠、化学、医生等三十余人，皆比国郭厂所荐，足资臂助。为总管者必才望过人，方能服

---

① 湖北省档案馆编：《汉冶萍公司档案史料选编》上，第 140 页。

众。此事关系紧要，务祈谆托速觅好手，至感。洞。咸。①

　　千叮咛，万嘱咐，不惜重金聘来者就是德培。德培系德国人，毕业于德国矿业大学，曾任德国联合钢铁厂总工程师。凭这资历，应是恰当的人选，不想来了不久就闹得不可开交。光绪二十一年九月十四日，张之洞还是找到他的学生许景澄："克厂荐来总矿师马克斯、铁厂总管德培二人，工夫尚好，惟性情奇傲，因合同系总管名目，自谓只归总局节制外，厂委员概置不理，一切厂务，不与驻厂委员相商，独断独行，稍不如意，即以停工挟制。"要求许使请克虏伯厂告诫德培等：汉厂与外国公司不同，"所谓总管者，乃总管开矿、炼铁工作事宜，华洋工匠悉听指挥，至于进退工匠，管理厂务，仍当以专办委员为主"，德培凡事不能不与驻厂专办委员和衷商办。②

　　有鉴于此，光绪二十二年四月十四日盛宣怀到铁厂上任，当天第一封信通知德培，他奉湖广督部堂奏明，督办湖北铁厂以及煤铁各矿。第二封信再致德培，强调"铁厂自四月十一日起，即属公司归于商办，断不能如从前官办样式，处处亏本。从前办事均属不合，现今必须将厂务办法预先商定，总以得利为主。执事到厂已久，利弊自能洞晓。"接着便开出六条，询问焦炭、生铁炉、熟铁厂、钢轨生产、马鞍山、李士墩两煤矿及本厂开销等如何降低成本，获得利润。最后宣称："凡公司办事，必须通筹利益，立定章法，方能一一按照办理。本督办亟欲观看执事筹划心思，能否与本督办意思相合，方能与执事订立合同，派定职司办事也。"毫不隐讳地要考察德培的能力，看其是否胜任，给他一个下马威。

　　第二天，德培两次作出回复，第一函直接对盛来函末段表示反对，"所谓欲先观某筹划心思，能否与宪意相同，然后定某之职，华俗容或有之，以某分际，断难听从"。第二封信，不得不对六条分别草草作出回答，最后夸口说："某前管钢铁厂，其大盖五倍于此""某若不能胜任，克虏伯断不举

---

①　湖北省档案馆编：《汉冶萍公司档案史料选编》上，第112页。engineer：工程师。
②　湖北省档案馆编：《汉冶萍公司档案史料选编》上，第118页。

荐也。""苟两相情愿，宪台以总办工程责成于某，必有以仰副期望云云。"透露了他要自任总办、一手操纵汉厂的野心。①

如此形成僵局。因德培的合同未定，德培经管的洋匠"众薪俱不来领"。传到张之洞的耳边，以为是汉厂因交接未发工资，洋人拟停工，二十四日致电盛宣怀："洋匠薪水应照合同接发。"二十五日盛宣怀复电，告知"众匠合同照旧，均甚乐从"，"德培开来条款，有断难允准者，宣欲稍抑之，使与华员匠可共事。彼乃以停工恫喝，尤属不知体面。薪水早已预备，何计交搭？……此辈伎俩，宣所深知，请释厪怀。"②五月初五日盛致电原铁政局总办蔡锡勇："德培商议办事章程尚有要挟，督宪行知务望暂缓，候弟信再转行德培为要。"五月初七日盛向张之洞报告："顷德领事率德培来，已允遵照五条办理，并由领事代达以前误会歉忱"。③五月八日，签订德培办事条规，共七条，第一条是："德培遵守与湖广总督所订合同总监工程，但不能越其职分。"也就是说，将他的职权限制在有关生产技术的范围之内。其他各条还规定："在厂惟盛大人及盛大人替人为伊上司"，"惟去留洋人须总办与总监工商定"，"倘总监工与在厂员司或有争论，应请总办分断"，明确将其置于华人总办的制约与监督之下。

这场较量终因盛宣怀的坚持而迫使德培就范，其实质不仅是职权的划分，而是维护企业的主权。④

主要靠化铁炉生产而德、吕不和

汉阳铁厂建成之日，正逢中日战争，又遇慈禧的六十大寿，国内在建的关东铁路及台湾铁路均已停工。汉厂官办时库存的 502 根钢轨，只是试制品，当时并无铁路订货。甲午战后恢复铁路建设，首先是建天津至卢沟桥的

---

① 湖北省档案馆编：《汉冶萍公司档案史料选编》上，第 139—140 页。
② 苑书义等主编：《张之洞全集》九，第 7001 页。
③ 陈旭麓等主编：《汉冶萍公司》一，第 751、752 页。
④ 陈旭麓等主编：《汉冶萍公司》一，第 80 页。

津卢路。光绪二十一年十月二十日朝廷派胡燏棻为该路督办大臣，由户部和北洋筹款官办，经费不足向汇丰银行贷款，所用钢轨由怡和洋商承购并垫半价 24 万两。[①] 只是缺少某些桥梁用的钢材，曾就近向汉厂定购。

盛宣怀接办之初，完成了北洋所定的钢铁料，不久，炼钢、轧钢、熟铁厂均先后停工。此时卢保铁路钢轨的式样、重量未定，无法生产。德培强调马丁炉炼钢需以废钢作原料，而此际废钢须来自轧制钢轨时截下的轨头，"开马丁炉而不开贝色麻与轨轴，断断无此办法"。熟铁厂也因过于亏损而被德培主张停产。于是全厂只有化铁炉坚持生产。五月三十日，吕柏因开平焦炭所存甚少，掺用积压的马鞍山焦炭炼铁，不料炭渣过多，汽机不灵，铁板水箱突然爆裂。幸好尚未伤人，及时更换了水箱。[②]

炉前发生了这样的事故，平时在居所"办公"，"必隔数日方到厂一次"的德培，仍稳坐在室内，不到现场，只是先后四次用便条和吕柏联系，"事后又以吕柏复信不详，拟将吕柏斥退"。六月四日，负责收发所的汪应度致函盛宣怀汇报工作，在信中报告了德培的此种表现，指出其"于厂务绝不讲求，而专喜无理取闹，厂中一举一动，非请示不敢行。该监工既不轻到厂，则必事事函商，翻译因而刻无暇晷。""德培之一味把持，不顾大局，于此可见。"汪应度又说他曾去枪炮厂比较本厂与外国的钢质，"精粗纯驳，迥不相同，德培擅长在炼钢，所炼之钢不过如是，留用厂中，徒闹皮气耳"。反映了厂中已有部分员董对德培极为不满，要求将其辞退。[③]

六月三日，郑观应向盛宣怀报告，"德培日来与卢柏大不对，互相攻讦"，"德培来函，必要辞卢柏"。与此同时，发生了化铁炉熄火与封炉之争。此时因焦炭供应不足，化铁炉面临断炊。六月三日德培致函郑观应，主张熄火："盖炉身已损，熄火为宜。以开平之好炭、大冶之佳矿而论，所出铁数不得谓多。"趁机对吕柏进行攻击。吕柏则认为只可封炉，"如熄火则吃亏甚

①　胡燏棻：《请借英款赶办关外铁路片》，载密汝成编《中国近代铁路史资料1863—1911年》，第326—327页。

②　陈旭麓等主编：《汉冶萍公司》一，第98、104、106页。

③　湖北省档案馆编：《汉冶萍公司档案史料选编》上，第146页。

大"。所谓"封炉"是虽不炼铁，仍燃烧少量焦炭继续保持炉温。因为此炉修建时不坚实，后又熄火受损，现"幸赖铁汁胶粘，热气轮流不释，尚属无碍，可以久用。如熄火，必须大修，至少亦要三个月方可开工"①。六月十三日，盛宣怀电复郑观应："德请停炉，欲以德人易吕柏耳。生炉一停，全厂坐食，似无此理。请告德培，须俟新炉开炼再修旧炉。"本是一针见血，洞悉了德培的心机，不想盛三天后又有所动摇，十六日去电汉厂银钱、制造两股："德培请暂停生铁炉，祈将生铁炉开销，除华洋薪水、焦炭外，月需银若干，速开细帐寄核，以便定议。"十八日，郑观应与银钱、制造两股分别表示反对。郑电云："生铁炉停更吃亏，卢柏不以为然，可保两年不坏。"银钱、制造股来电云："生铁炉本属赚钱，实为别厂所累。现计开销虽用十七两一吨焦炭，尚比停工合算，似万不可停，余详禀。"②七月一日，郑观应去信向盛宣怀较详细地汇报了化铁炉的情况，炉基原是湖滩，据说未夯实，炉身稍有歪侧，吕柏认为"不过数寸，无碍"。郑在信中说："德培则请暂停修理，须四个月方可竣工。卢柏则曰，有好焦炭可保十年无妨。督办亦以德培非由中之言，而卢柏之言较确，是以不主停止折〈拆〉修之议。"并从保护化铁炉和安全生产的角度，再次强调"故讲求焦炭，实为本厂之急务也"。七月二十五日，吕柏应召当面向盛宣怀汇报后，以信件形式写出他的意见："熄火后炉须彻底修理，费用甚巨。""其停炉好处系有炭即可重开，此非熄火所能。"信中"停炉"即封炉而不熄火。他打算停一两个月，建议竭力囤积焦炭，"在某当意竭力从事，至于担保久停之炉则实不能"。当是立此存照之意。八月上旬，盛宣怀致函郑观应："生铁炉断无停理，德培因私怨欲去吕柏，岂能听之。拟即函复，不准停炉，吕柏亦不能去，但出铁不能满六十吨，亦应责之。"并希望焦炭筹足后两炉齐开。③如此，这段公案始暂告了结。

① 陈旭麓等主编：《汉冶萍公司》一，第 112、116、117 页。
② 陈旭麓等主编：《汉冶萍公司》一，第 780、782、783 页。
③ 陈旭麓等主编：《汉冶萍公司》一，第 171、182、212 页。

郑观应：早觅洋监工接替德培

无独有偶，六月初五，收发所一姓费的分管，正在东码头招呼装运钢铁，德培去码头眺望江上友人乘坐的来船，嫌费障碍了他的视线，竟将其推下台阶受伤。据说翻译告诉德培："其因公在此"，而德培云："以后再见有人在此，我必掀之入江云云。"六月七日，郑观应将此事报告盛宣怀，"弟责德，乃出言不逊"，"又前云不用华匠，只用小工，今又忽要工匠数十人"，出尔反尔，"其本性依然不改"。希望盛"早觅洋监工接德手，再共商设法辞德"①。

经过一个月的观察，光绪二十二年七月二十七日，汉厂总办郑观应在《铁厂次第筹办张本六十条》中，向盛宣怀较为集中地汇报了对德培的看法，认为其不能胜任。其中有一条说："德培云，铁厂成本渠算不出，须看月结方知。凡创办之事，无论大小，必须计其出入，有盈无绌，方可举办。今德培竟云算不出，可见其未当过总管矣。惟闻于炼钢之法尚有阅历，月余以来，察看德培远不如卢柏认真，而好谀喜执，罔顾大局，又不洽众匠之心。……而其不可靠则一也。年限未满，只可羁縻之而已。"又以徐芝生提出的熟铁炉节煤建议为例，认为德培既不懂又不以为然，没有当总监工之才，由此而怀疑德国人推荐德培系不怀好意："盖总监工应无所不知也。克虏伯厂岂有不知其才，竟荐为中国总监工之理，恐不欲我中国铁厂收效获利，彼得多卖枪炮于中国耳。"②

钢轨有了订货，轧轴又成问题

在炼钢炉停产期间，盛宣怀一再来电督促"轨路不定，断无坐食之理"。盛令贝炉先做钢板供做锅炉，德培云贝钢皆为铁路用，锅炉用马丁钢或熟

---

① 陈旭麓等主编：《汉冶萍公司》一，第123、776页。

② 湖北省档案馆编：《汉冶萍公司档案史料选编》上，第153页。

铁，开马丁炉不合算；后又说贝色麻钢轨匠目不到，不能开工。七月十一日郑观应布置"嘱开贝色麻钢厂先做七十磅钢轨"，二十五日开炼，卜聂领头先造七十磅轨。八月十三日盛宣怀来电"七十磅钢轨须造卅里，为吴淞用。"为钢轨找到了出路。同时令郑观应电致梯山厂速购轧轴数付。①

八月二十日，"轧轴坏，无轴换，只好停工。"二十三日，郑观应向盛宣怀汇报：上月"钢轨由廿五日起开工，除礼拜、节期、修炉不计外，只十六天半，共造成钢轨一千零九十五条，约铁路六里。前德培云，每日可成二里至三里者，乃指一边而言。照现在情形，每日至多可造钢轨一百零数条，每条二丈六寸（据卜聂等云，人手生，不能拉过长，俟手熟，可拉长至三丈等语）"。又说："前据德培开报，每吨价五十两，弟核计尚不敷本。究其故，不但生手，且现用之轧轴模固不坚精，质亦不佳，故出数不如人，容易坏，（模好，不必翻轧，铁质坚，不易坏，俗谓之新式。）似宜由德培择专门名家至善者购之"②。

轧轴即轧钢机上的模具，其精确度决定钢轨的外形精度；因常与钢坯冲击而易损坏，需经常修理并适时更换。问题在于中国此时尚不能生产，须向国外订购，价昂而且来回的周期无法控制。"如湘省矿务局之借拨十六磅暨三十磅等轨，皆因无轧轴，不能代造。"汉厂"贝钢炉钢轨停工，谓无修轴匠，有华匠将修轴器造就送德培验看，云不能用，故此未修，停工数月"。后来从国外请的修轴洋匠到厂，"说华匠之器可用，即嘱华匠照修"。郑观应大呼："又为德培吃亏不浅矣。"③

成本太高"皆由总管不力所致"

十月二十一日，郑观应听说盛宣怀拟于五年内修成卢汉铁路，向盛建议亟宜早筹，提出须添置考伯炉、多添贝钢炉、轧轴、又须添大化铁炉两座于

---

① 陈旭麓等主编：《汉冶萍公司》一，第 180、803、810 页。
② 陈旭麓等主编：《汉冶萍公司》一，第 223 页。
③ 陈旭麓等主编：《汉冶萍公司》一，第 248、422—423 页。

大冶，否则"所出钢轨不足以供五年内成三千里铁路之用"。其时盛宣怀北上赴京，先在天津与他的老师直隶总督、北洋大臣王文韶商定卢汉路北段事宜，二十五日告知郑："拟派前造津榆、津卢铁路之英国洋员金达，先行勘办卢沟桥至保定一段。今冬绘图、估工、买地，开春赶办土工，约计平路三百余里"，需用钢轨及卢沟桥料命汉厂赶办。①

冬月十四日，盛宣怀通知汉厂："吴淞准用七十磅重轨，望速令德培开造。六十磅者，留为枝路用。"②

此时德、吕不两立，难定去留。比领事为吕柏斡旋，而德培不能立据代理化铁炉，盛遂留吕柏。十二月下旬，德培致函盛宣怀辞职。二十三年正月十九日，盛告知汉厂："昨已函复德培，准其与马克斯一起辞差。"二十二日，盛致电湖广督署："德培诸事，茫无头绪，炼钢厂一暴十寒。七十二磅、六十磅轨轴全坏；八十五磅新轴未到，诸匠束手；铁路应用之物，俱不能造，终日与华、洋人闹皮气。昨因留用吕柏，来函辞差，只得允准。隐忍数月，赔累数十万，悔不早去之。现已订请美国总监工堪纳第，昨已到厂察议办法，候宣到鄂会商定议。"③德培是官办时期遗留下来的，他要辞退，也得和张之洞、蔡锡勇打个招呼，言下不无抱怨。

二十三年二月初九，盛宣怀电告汉厂："德培已辞差，厂务即派堪纳第办理，全厂洋人华工均归节制。"

与此同时，钢厂翻译谈汝康就成本进行核算，以《统合二十二年度钢厂商办成本说帖》《二十二年度钢厂商办约合成本报折》上报。此前，十一月谈汝康曾有《马丁炉炼钢用煤今昔情形说》，认为"用煤之省费，大半系于钢之炉数，钢愈炼多，而煤愈省。而炼钢之炉数，权在总管，是应咎总管之不忠也为宜"。此次钢厂成本说帖称，将贝色麻厂、钢轨厂、马丁厂三厂自上年四月十一归商办之日起至年底，所用一切开支以及物料生铁各项统计核算，结果是："钢轨每吨值银一百五十三两五钱有奇，条坯每吨三十五两，

---

① 陈旭麓等主编：《汉冶萍公司》一，第 268、274 页。

② 陈旭麓等主编：《汉冶萍公司》一，第 846 页。

③ 陈旭麓等主编：《汉冶萍公司》一，第 326、847—851、853、857—858 页。

废钢钢轨头等每吨三十两，马丁条坯每吨四十三两，而未轧之钢筒每吨竟值一百十二两六钱八分有零。"据此而得出结论："推求成本所以若是之重，皆由总管不力所致。"具体分列四点，其中第一点"厂基未得其宜"，系指炼钢厂应邻近化铁炉，以便"出铁之后，即将流质红铁直送钢厂"，现二厂相距甚远，"皆前总管不善布置所致也"。其他三点，谈汝康皆认为责在德培。关键的一点是"久停工作。伏思去年商办至年底，计八阅月零二十日。贝钢厂止做二十余日，钢轨厂四十余日，马丁厂六十余日，闲时多，做时少，成本自重"。与此相关联的一点是"虚糜岁月，不速振作"，举出德培"忆去年津汉钢轨尺度不知，而别项亦不作"，"如器具不善，譬诸贝厂之生铁炉太小，化铁吹风之机之力太薄，钢轨厂压轨刮头等机之不敷用，轨轴大者之尚无，或添置，或改造，俱总管早宜筹及之。讵知至年底依然无变改"。导致亏损的另一点原因是"雇用洋匠太伙"。指出德培"徒知招雇其本国洋匠为事，未闻裁退以省经费也。查钢轨厂每月洋匠费约三千金，贝钢厂千余金，马丁厂不下千金"。就是有点利润，也不够发这些洋匠的工资。

谈汝康此件不啻是为德培做了总结鉴定，也为辞退德培提供了事实依据。郑观应于二月二十五日，将谈汝康的说帖转寄给盛，认为其"论德培误工情节颇畅，寄呈钧鉴，以备一说"①。

德培离厂纠葛和他的成绩

堪纳第来厂后，而德培仍住在厂内，带来许多不便。德培本是自己提出辞职，郑观应拟作为其有病回国，给他两个月薪水并旅费；而德培1897年2月23日致厂方函所开，除应领川资、房租医药费，加薪等外，尚索要合同期内一年又两个月的薪水，每月2250马克，共31500马克。争议的焦点便在这一年的薪水27000马克。②

① 湖北省档案馆编：《汉冶萍公司档案史料选编》上，第156—157、161—163页。
② 陈旭麓等主编：《汉冶萍公司》一，392、401—402页。

盛宣怀在上海与德国领事联系，拟让德培离开汉厂到上海请第三方公断，而德领事却劝盛"给全薪以全情谊"。盛宣怀于三月写信向德国克虏伯厂去信投诉，历述德培如何在汉阳铁厂办理不善、导致亏损，工期未满辞职而索全薪如何无理等等，均无效果。① 后经德总领事指定哈华托居间商办，延至光绪二十三年十月二十三日始说定，德培将所有文书、图说交出，汉厂付给英金1350镑销案。②

据盛宣怀在致克虏伯厂信中记载："自西五月接办汉阳之后八匝月，所出各料计卑式马钢条七百零八吨，卑式马钢片四十三吨，卑式马钢轨四百八十七吨，生铁五百五十九吨。"这是汉厂官督商办头年八个月的产量，也是德培交出的成绩。

关于这一阶段产品的质量，金达曾有部分检测。十一月初八致函盛宣怀，告知收到七十五磅钢条两件，尚须化验。初步检测物理性能，"挂力计高十六尺，重一吨，甚佳。"与津榆公司所购之排罗八十五磅钢条相比，其断力为四十二吨，汉轨仅为三十二吨，有明显的差距；而拉长力其为百分内二十三分，汉轨为二十二分，二者相近。金达认为英国钢轨较佳，较耐久，汉钢可能是火力较大所致，酸法胜于碱法。信中还附有对英国钢轨化验结果，借以显示最有名的厂家的产品也应严格验收。验收的项目，除化学成分外，太长、太短、弯曲、绞者、打眼坏者等均不合格，英轨不合格率为12%。③

德培与盛宣怀以职责之争开局，最后以长达十个月的薪资官司作结，始终未曾得到盛的信任，这在汉冶萍厂矿许多直接和盛打过交道的洋人中是个例外。盛宣怀一般是容易对洋人偏听偏信的。除了德培本身作风粗暴，责任感、工作能力不强，表现太差外，可能还有两个因素也起了不小的作用：一者德培是官办时期留下来的，而不是盛宣怀自己聘用的。"一朝天子一朝臣"，盛对于这位前朝的洋老臣，在相互关系上，便隔着了一层，本不易产生信任

---

① 湖北省档案馆编：《汉冶萍公司档案史料选编》上，第164—165页。

② 陈旭麓等主编：《汉冶萍公司》一，第920页。

③ 陈旭麓等主编：《汉冶萍公司》一，第311—312页。

感；再加之甫经接触，德培以西方人的强烈优越感，作为一个被雇佣者对中国雇主突出地暴露了他的桀骜不驯。他是盛宣怀进厂后接触的第一人，也是盛督办能否顺利督办铁厂最关键的一人，如此傲慢早已决定了他自己的命运，而他的种种不良表现更是加速了结局的到来。

堪纳第任汉厂参赞的内情

光绪二十二年腊月二十六，盛宣怀初见堪纳第，似乎就被这个美国人打动了。我们说盛宣怀容易轻信洋人，很快在堪纳第的身上得到了证实。这一天盛宣怀给汉厂的来电，四件就有三件提到堪纳第，似乎颇为兴奋："堪纳第精通化学，据云生煤磺稍多，洗净亦可做焦炭。"吩咐李维格马上把马鞍山化验的洋文资料用电报发来；一会儿来电："堪拟停贝色，专造马丁。"一会儿又来电："堪纳第欲改好生铁炉，能多出好铁，须停半年，一百（面）积储焦炭，计甚高。吕柏顶好撤退，换美国人可顺手省费。……如稍违拗，候示即可乘机辞退，希心照。"二十八日再次来电说停贝炉之事："堪纳第请停贝色，专炼马丁造轨枕，可省焦炭。""堪意必欲停炉修造，一气呵成。"仿佛堪纳第是一剂万应灵药，一切宿疾将药到病除。新官上任三把火，如果照此办理，汉厂又将面临一番大折腾。[1]

幸好汉厂的负责人，处在生产第一线，对于前任洋总管有着深切感受，比较冷静、慎重。第二天，在汉厂主持工作的提调张赞宸回信提出疑问，一者是否必须设洋总管？"用洋人难，用总管更难，倘每厂得一好工师，虽无总管亦妥。如用总管不得力，牵制各厂，关碍大局，白乃富、德培即殷鉴，当此整顿之际，用人宜慎之又慎。"二是堪纳第是否胜任？"堪纳第于钢铁恐尚非专长，务求慎用，所最怕者去一德培而仍换一德培来耳。"——后来事实证明，一蟹不如一蟹，张赞宸不幸而言中。[2]

---

① 陈旭麓等主编：《汉冶萍公司》一，第853—854页。

② 陈旭麓等主编：《汉冶萍公司》一，第367页。

光绪二十三年正月初二，张赞宸再次对堪的几个主意提出不同意见：一是关于"拟停修化铁炉半年"，张云："但出铁尚旺，炉尚可用。此系英制，恐美人不知炉性，修改倘无效，更吃亏。今年亏本巨，半在贝、轨坐食。明年能开足，贝、轨不间，多中取利，必可少亏。"二是关于停贝炉，张云："查炼贝八吨用焦两吨，炼马八吨用萍煤十吨，且须多购外洋废钢，不合算。此事堪见似左。"指出用马丁炉炼钢耗焦炭多，成本高。仍然是主张要慎重地全盘通筹："四月接厂，现始稍有头绪。德培去后，局面一变，挽回正在此时，此后厂务成败即在今日一举，叩求慎思明辨、通盘筹划再定。"①

盛宣怀的学生、分管汉厂物资收支的汪应度，于正月初八致函盛宣怀，同样提出质疑。他不是研究具体的生产技术问题，而是基于对外来淘金者的认识，揭示其一贯的伎俩："洋匠欲为进身地步，往往喜出大言以欺人，堪纳第究竟本领如何，一时难于考察。"建议先让堪来厂详细了解设备等实际情况，提出具体的实施方案，经过厂内中外人员认真讨论审核，确实高明，选择一两项试办有效，再订合同。特别提醒不可盲目增加固定资产的投入："但须预先订明，机炉等何项应略为添增，何项应略为修整，不可一入手便大兴工程，致糜巨款。盖此亦系洋匠惯技，一则借口购器未到，可以迁延岁时；一则经手厘头，借堪肥润，故此著不得不防。"②

正月初八，堪纳第由美领事馆人员坎理陪同，与在上海的郑观应讨论合同，提出"总监工无权断难干事，于局无益"等，已经流露出独揽大权的意图。郑观应回答："惟本厂情形有为难之处。查德、英、比洋匠与华匠共事有年，恐总监工新来不知情形，不与总办商量，开除一人，则合厂停工，吃亏颇重。"实质是坚持总监工必须接受总办的领导和监督。最后坎理出面要求聘用堪纳第，"渠本意请督办请堪纳地三四个月考究一切，并可探矿，所费无多，所益甚大"。③

正月初十，盛宣怀致函张赞宸，对新的一年的生产做了布置。他指出开

① 陈旭麓等主编：《汉冶萍公司》一，第 371—372 页。
② 陈旭麓等主编：《汉冶萍公司》一，第 375—376 页。
③ 陈旭麓等主编：《汉冶萍公司》一，第 381 页。

平焦炭虽云每吨十一两五钱，加上运费、一切折耗，每吨约合十五两。现计外洋之轨，每吨三十余两，厂造则须五十两左右，每吨亏损十余两。目前除制造钢轨外，没有大宗销路，不能不与铁路相依为命。经过与厂中郑观应等人再三筹划，厂中现存生铁一万一千余吨，除白铁二千余吨，约存好生铁九千吨，尽数炼钢制轨，可得钢六千四百二十八吨。如前炼法，不做夜工，约半年可以炼完。其余白铁二千余吨，拟设法兜售日本各埠。如是则今年厂中生熟铁炉可以暂时停止，员司工匠以次裁节，就此炼钢造轨之半年内，努力解决焦炭问题。同日，又去信补充说明："连接函电，所商德培、吕柏、卜聂、堪纳第各节，总当以生铁炉或停或开为主脑。""今日专电问讯萍乡，焦炭能否按二千吨每月接济，如能则开炉，不能则停。"并通知张赞宸，"堪纳第暂留三个月，作为铁路、铁厂参赞，留其驻厂，考究一切办法"，并要堪纳第尽快报送一个方案。①

堪纳第因制鱼尾板而得宠走红

堪纳第飞速得宠走红，是因宣称可以制造鱼尾板、螺钉、道钉而一炮打响。

此三种均为铁路必不可少的配件。鱼尾板因其两头形似鱼尾而得名，用于两根钢轨的连接，左右两侧各一块，夹住钢轨接头处；板中有两孔，分别以螺栓穿过两条钢轨末端的小洞，将鱼尾板与钢轨紧固，分散的各条钢轨便成为一个连续的整体；道钉则从两侧将钢轨牢牢固定在轨枕上，如此钢轨和轨枕才构成整体的铁路。三种配件缺一不可，而且它的质量关系到行车的安全。

光绪二十三年二月十四日，盛宣怀电告汉厂：负责吴淞铁路的锡乐巴向他报告，七十磅轨的鱼尾、钉等配件，汉厂不能造，不便到国外专门订配件，只好连钢轨一起公开招标，不用汉厂制造。盛同时布置：金达定造六十

---

① 陈旭麓等主编：《汉冶萍公司》一，第383—384页。

磅轨一千吨，限定夏季运至天津，即命卜聂先行赶做，约计八十磅轴将到，便可接造。十七日，盛宣怀来信再次说到吴淞所需之鱼尾、钉等配件，似乎很不甘心，还要落实、争取一下，又一再询问"金达六十磅轨上应需之鱼尾铁片、螺丝、方钉三种，汉厂能否照办，即祈迅速电函"云云。①

在此前一天，郑观应已经去信向盛报告，说的就是鱼尾板："据堪纳地云，无庸废料马丁炉亦可炼，尽可不停。""七十磅轨及鱼片钉堪甚欲自造，已嘱另电请示矣。"盛宣怀得信大喜，对堪寄以大期望，十八日电复汉厂："堪纳第自有本领，望即询汉厂现开一炉造轨办法，如何能不亏本？并询得煤矿后，布置大冶办法，速寄两节略，能有把握，用堪则去卜，故宜专心与堪考校。"十九日又电嘱："一琴言堪纳第钢铁世家，心地亦好，请与细谈，候弟到定议。"②

郑观应对堪纳第的印象也不错，二十日复函盛云："官应与黄翻译日来察看堪纳第，其人品和蔼，其办事认真，其才艺诚如一琴所云系钢铁世家，其兄现为俄厂总管。"堪纳第面对盛宣怀急于了解如何扭亏、如何发展，只说是有些情况还未掌握，不敢妄说，淡淡地表示："当尽心竭力，试办两月，尽知情形究竟如何，方有把握。"并建议"仍拟留卜聂三个月再酌"。③

此后三天，盛宣怀连续致电汉厂，嘉奖并大力支持堪纳第。

二十一日电："顷接堪纳第电，鱼片钉、枕木钉、螺丝钉俱可做，请即先做七十磅轨四十华里，再接做六十磅轨一千吨，以此电为准。宣。"

二十二日电："汉厂郑转致堪纳第：来电六十磅轨，两月造成；七十磅轨，一月造成；钉片俱全。慰甚。望即照办。十八号单明日寄。盛。"

二十三日电："三电悉。堪既代总管，一切惟堪做主，准照堪议留卜试办三个月，可见堪无私见，万勿稍有掣肘。"

隔了一日，盛又有电令，对堪言听计从："汉厂郑转饬堪纳第、徐芝生：据堪纳第禀：'鱼尾板本厂能造，即须归堪管理，从速整顿'等语。所有熟

---

① 陈旭麓等主编：《汉冶萍公司》一，第862、441—442页。
② 陈旭麓等主编：《汉冶萍公司》一，第440、863页。
③ 陈旭麓等主编：《汉冶萍公司》一，第448页。

铁、铁货厂，均归堪纳第总理，徐董无庸再管，以一事权。徐董交卸两厂后，仍为郑总办参赞。如堪欲徐管理华工亦可。"二十六日在致郑观应函中重复此事，并强调"要之，用洋人本要给予全权方能得力，我辈岂不知之？"并要郑将此意告知徐庆沅等人。①

堪纳第此时在汉阳铁厂如日中天。

汉厂内部出现不同的声音

当时，汉厂日造轨百条。二月底卢保铁路定造八十五磅轨一万二千吨，鱼尾铁片八百二十吨，鱼尾铁片螺丝七十七吨，方钉二百四十吨，要求九月间运到天津。三月初，据报吴淞轨将次造齐。

三月二十二日堪纳第向郑观应报喜："现下我们在铁货厂用两轴齐开造出鱼尾板铁条等，竟得如此功效，实属大为幸事。"郑观应批云："堪纳第日在熟铁厂督工，顾培验看无异词"。并赞扬堪纳第"铁路所需均欲代办，不为购自外洋，甚可嘉也"。②

当此之际，在汉厂私下里却已有不同的声音。堪纳第与企业生产实际一经接触，便不免露出破绽。曾在外洋学习过冶炼的徐庆沅，于二月二十五日向盛宣怀密禀："堪纳第虽据其自称'钢铁世家'，然聆其议论，似系门外汉。卜聂亦颇疑之。昨在卑职处，倒用光色分原镜察看炼钢火色。老斫轮手应不如是。且堪纳第前曾条陈宪台：马鞍山煤中之灰，可用机器洗去。核之化学之理，万无此法。盖煤中之灰，一若木中之灰，未烧之前，尚未变成灰质。机器虽巧，何从而洗分之。当时卑职以为其大言欺人，今知其所闻者，系洗去煤中之石、硫等杂质，误记以为灰也。"徐庆沅建议，乘卜聂等合同期满之时，令堪纳第代办钢厂一二月，一试其艺。"否则恐如白乃富一流人物，事事须人料理也。"③徐写此信，本是毛遂自荐，申请接办钢厂，不想盛宣怀

① 陈旭麓等主编：《汉冶萍公司》一，第 864—865 页。
② 陈旭麓等主编：《汉冶萍公司》一，第 487 页。
③ 陈旭麓等主编：《汉冶萍公司》一，第 458 页。

令他交出熟铁厂后，二十九日又派他整顿马鞍山煤矿。徐称病，后离开汉阳铁厂，曾应郑孝胥聘，任江南制造局总稽核。至堪纳第走后，盛春颐任总办才提出邀请其回厂。

三月初五，盛宣怀致郑函云："堪纳第之能干要好已有明证。"当是针对徐庆沅而言。此时盛宣怀正在汉口，协同张之洞与比利时商定卢汉铁路借款。三月二十日堪致函郑观应，对未将外七厂交其掌管表示不满："堪前日与督办晤谈间云，欲将外七厂亦交与堪料理。惟现下未奉钧示论及此事是否如何，尚祈示知。以刻下之章程，堪甚不满意。"并指责总办郑观应"惟各事似属一无定见，令人无从措手"，渐渐露出了霸气。堪又请加威德薪水，此事盛宣怀认为"似不甚有理"，威德薪已不少，又恐卜聂不服，但只对郑说了一句原则话："尊议可允者允之，不可允者仍须拒之也。"把这个烫手的山芋扔给郑观应。

郑观应拟于四月一日将七厂点交堪管理，原负责之冯熙光求去。四月初七，负责制轨的卜聂致函盛宣怀，反映前段"修轴两对出轨甚佳。每日出轨一百二十条至一百三十条不等。有一日曾出钢十炉，计六十吨，轨一百六十条，不幸不能持久。兹一月以来未曾出一好轨"。"若欲补救则钢厂须归钢厂总管一人主政，手下之人统归一人调度，如此则钢厂总管可担责成，否则责成在上。"又说"现有修轴匠月领重薪，而钢厂因轴坏停工不亦可耻乎！"卜聂的不满，"责成在上"云云，明显指向堪纳第，信中还提到堪纳第让他兼管铁货厂而又未派匠目协助，使其一月来日夜管工；所谓"手下之人统归一人调度"，即与堪争权。[①]

郑观应已经察觉到：堪纳第"近倚威德为心腹，而威德则信用钢厂华匠头目何渭池，凡有华匠系何所荐者虽劣亦优"。厂内各种矛盾渐向堪纳第集中。

---

① 陈旭麓等主编：《汉冶萍公司》一，第 486、488、502—503 页。

合同之争：郑观应出乎意料地惨败

时到三月底，堪纳第试用三月业已到期，如何签订合同，导致了堪纳第与郑观应激烈冲突。

三月二十六日，郑观应致函盛宣怀："窃思各国洋人皆好揽权恃霸。初到性似和平，久则渐形桀骜。今堪纳第虽办事认真可爱，惟未曾见其新本领。"如果与堪订立六个月的合同，建议先询问他的办事章程，同时推荐许启邦作堪的助手，意在防止威德、何渭池之流借堪纳第弄权。

四月一日，堪纳第表示"展期六月之约，堪难遵命"，"似宜与堪从长计议"。十四日，郑函告盛：堪纳第"是晚交黄赞庭送来洋文合同稿，一面之词要定三年，每月薪水银二百镑。"十五日早堪又偕黄翻译来对郑言："非订立合同三年予以全权，当即返美。"意在要挟，并云即赴武昌禀商督办定夺。堪的合同系坎理代为拟订，其中除薪水外还要求提取盈利，"现在铁厂整顿后，由所获净利提给一分，将来拟设之新铁厂所获净利提给五厘，作为酬劳。"同时要求"铁厂华洋供事人等悉由堪纳第调换，酌定工价"，"堪纳第系任总管之职，只遵盛大人一人之训条，他人不得干预其事。倘总办郑道台离厂，盛大人另派之员务必明白厂务为堪纳第所惬意者乃可。"堪不仅欲独霸铁厂大权，而且企图长期占据不走，极其荒唐地提出"此合同者，两造均可停办，惟先于三年前用函关照。"郑观应当时便预料，此事既有美国领事等介入、支持，"恐不易就范"。①

就合同内容来看，主要问题有三，一是任期长短，二是报酬多少，三是权限的界定，其实质是要不要将汉厂的大权全部交给堪纳第。既然堪以回国相威胁，前提则是汉厂如何对待堪纳第的去留，如果不受讹诈，任其回国，则堪无所售其技。但这个决定只能由盛宣怀本人来作出，而别人是无法代替的。

---

① 陈旭麓等主编：《汉冶萍公司》一，第492、509—511页。

在这个问题上，郑观应却一厢情愿地早早下了不惜让堪纳第回国的决心，并自告奋勇地将重担挑在自己肩上。四月十六日郑致函盛宣怀，表明其对堪之要挟持强硬的、不妥协的态度："官应平生办事不受人欺，今渠所拟合同偏重一面，美领事等党护，非持平之语。虽督办允肯，官应恐碍声名，不敢经手，理应由律师公订。堪不过中等人材耳，五洲之大，何难再觅。"其中"虽督办允肯"，盛宣怀读后必然觉得不受用；而在堪纳第听来，郑是主要的障碍，日后便是要打击报复的主要对象。郑函具体报告了如堪不就范的对策，如何分兵把口负责生产，临时决定自己不去九江，"在此养病，以备诸董各洋匠顾问商办，同扶大局，不甘为外人要挟也。"十七日，郑再致盛函，将堪合同改拟了三条，一条是"堪纳第与督办意见不合，彼此均可先三个月告退"，认为或六个月亦可，而从无三年之理。一条是"惟进退工师员董必须与总办商定，所换洋匠由堪纳第代雇，所换华匠，由总办代雇，以免错误"。强调总办的人事决定权，以免堪大权独揽，任意作威作福，实质是捍卫汉阳铁厂的主权。①

不料，堪纳第倒打一耙，反而对盛宣怀说"辞工必须先三年咨照之语"是郑观应的主意。郑于二十三日致函盛，谓堪"移祸于人。权术太多，欺朦太甚，如不遵昨拟之合同稿，或非熟悉矿务事，均作罢论，不可迁就"。并致函堪纳第质问，要他回答。如此，对于堪的合同如何续订，盛宣怀尚未明确表态，郑、堪之间已正面交锋，势如水火。二十四日，堪纳第回复郑观应，称"想督办误会"，不得不承认"至现下所订三年之期，系堪本意，并非总办嘱堪所拟也"②。

二十五、二十六日，郑一再致函盛宣怀，报告各洋匠看到他出头，"拟总管其事"，无不钦佩，表示"本无总监工亦可照办"。郑自以为得计，竟谓："堪闻之气馁，皆料不到官应有此一着也。"他也察觉到盛尚犹疑，但仍然一力担当，"如我公犹虑未可"，"若无监工，官应勉力试办六个月"，自信地表

① 陈旭麓等主编：《汉冶萍公司》一，第 513—515 页。
② 陈旭麓等主编：《汉冶萍公司》一，第 519—520、524 页。

白"官应办理交涉事廿余年，非无阅历者也"。①

此时盛宣怀虽在武汉，主要是与比利时谈判卢汉铁路借款，也并不住在铁厂，郑向盛汇报请示仍然主要是用信件。为堪之合同及去留，郑二十七日、二十八日各有三信、二十九日亦有两信，书面汇报与堪或翻译磋商情况，回答盛的询问，阐释自己的主张，在此事决策之际，盛与郑两人却未见面深入交谈。堪纳第则一再面见盛宣怀。郑观应坚持"工程虽归总监工，而用人一端，必须与总办商行"；而堪派翻译传话："嫌官应决意欲除威德、何渭池两人，拟用许启邦代威德一节，彼不以为然，竟谓工程尽归总办亦可。"二十八日夜酉刻，郑观应同时接到盛的两封信，于深夜回复了有关许启邦的情况，说："既为总办，或为总董，深知其中工匠优劣邪正，询诸众人皆以为是。竟无权进退，言亦不行，理应告退。（此理非对公言，望公与堪、排言之，知中国尚有人。）请以此质诸排吁诸洋人以为然否？"如此，郑观应是以去留相争，便不仅是与堪的对立，而发展成为与盛宣怀的矛盾了。所谓"此理非对公言"，不过是一种缓和性的修饰语。他当然知道这些语言的分量，二十九日在信中宣称，昨夜复信已是戊亥之交，"其时气促痰鸣，力疾手复，笔误必多，如语无伦次，伏祈鉴谅"，而仍坚持已见："鄙意无他，实冀我公借此与前途言之，以除堪之病根。纵不能即除，或不致为彼辈所朦。"②

盛宣怀的天平终于倾向堪纳第。四月二十九日，盛宣怀通知郑观应，其决意雇堪，已与之签订合同。这意味着宣告郑对汉厂的管理至此终结。五月一日郑观应对盛宣怀的裁决回复如下，全信转录，借此可知郑观应当时的心境：

　　敬肃者，昨奉读手谕，知我公决意雇堪纳第，已将所改坎理代堪拟定之合同稿，再三磋磨，准堪缓辞威德，已命堪当面画押矣。故应续拟各款，黄翻译谓无庸再说，自悔日前多言，只好恪遵钧谕，即午

---

① 陈旭麓等主编：《汉冶萍公司》一，第 526—527 页。
② 陈旭麓等主编：《汉冶萍公司》一，第 530—531。

与堪将誉正之合同画押耳。本厂已有总监工，一切工程理当归渠总管，以专责成，昨已告许邦启矣。诸事大定。官应可以养病。肃此，敬颂勋安。①

这个结局可能是大大出乎郑观应意料之外。我们观察这一过程，强烈地感到郑观应相当自信，这种自信，来自他所说的"官应办理交涉事廿余年，非无阅历者也"，来自他多年来与盛共事已形成的半是挚友、半是心腹幕僚的特殊关系，来自他自以为是忠心赤胆、呕心沥血地为盛宣怀和汉阳铁厂打算。如果要说郑有所疏失，那或许是他忽略了盛宣怀身上特有的一种禀性或倾向，即对于洋人极易优容、迁就。我们在汉冶萍史料中可以找出很多类似的事例，洋工师的某些特殊要求，在厂矿不能解决的，跑到上海去向盛宣怀面禀，即可顺利得到满足。后来的吕柏、卜聂、甚至斐理等人，莫不如此。如果有使领馆人员出面，再施加压力和影响，则更奏效。光绪二十二年十二月张赞宸向盛论及吕柏签订合同不愿在厂而要来上海，便说过："从来洋人所重全在有权无权，以定从违。"此时郑观应的处境，上面是有最终决定权而又对洋人十分依赖且纵容的上司和主子，面对的是身份不同、自以为奇货可居而骄横恣肆、不受约束的洋人，夹在这两者之间，郑拖着有病之身，枉自耗费了如许心血，苦心孤诣地筹划，得到的却是双重的、难堪的屈辱与无可奈何的失落。

郑观应说是可以养病了，实际上并没有这样轻松。盛宣怀发了话，郑观应只得依从："金谓中外人心未定，各有意见，只得勉力再理两月。遵谕初七明日销假，日到公事房办事。"盛宣怀还要他暂时留下，为这位不受比利时工程师和中国员董欢迎的总监工站台，不啻是为堪纳第等人提供了一个绝好的报复、凌辱郑观应的机会。五月初四，威德借故制造事端，将总稽核之三联凭单撕碎，有分董司事抗不遵令。郑观应将分董许寅辉等二人斥革，致函请堪纳第对威德究办，五月初六堪纳第为此对郑"大肆咆哮""胡闹三点

---

① 陈旭麓等主编：《汉冶萍公司》一，第532页。

钟之久"。十一日郑函云:"堪动辄以工程挟制,月来受其气过于德培。"①

六月初七,盛宣怀得知,堪原面许为淞沪路制小铁板六万四千五百块竟"不克制办",始知"堪纳第之靠不住如此,即此一端可见"。时至六月中旬,生产卢保路轨所需八十五磅轨轴尚未安装,堪纳第改口"今年八十五磅轨大约可造六千吨"。盛宣怀闻讯十六日致信郑:"此项一万二千吨原单注明年内须齐",应当切嘱堪赶装、赶造,"堪现办之事以造轨为第一要义"。十九日郑致函堪纳第,询问:"马丁炉何以不开工?停至三礼拜亦不修理。枪炮厂炮钢如询其急需,仍望设法开炼为匙。"堪已知郑即将离厂,趁机再肆意凌辱:

> 姑苏枪炮厂欲要之钢事,倘堪有权行事,无人阻碍,则易于为也。至钢轨厂与西门马丁厂尚不能成全金达之定料单,实因无权添雇洋匠,并不能随时改章,必须事事禀明,乃可行事。然一切禀明大人,则需时候太多,因大人未识五金之学,然堪甚愿将此竭力陈明钧听,恐一时亦难尽述矣。②

盛春颐发动对堪纳第的总清算

光绪二十三年六月十六日,盛宣怀电令三事:一是同意郑总办告假就医。二是通知盛春颐:郑总办来电请派他代理汉厂总办,张香帅亦有此意。三是同意堪纳第赴天津与金达面商有关钢轨事宜。

郑观应此去即永远脱离了汉阳铁厂,本是众人意料中事,却不料走得如此尴尬、灰暗、悲凉。由此开启了盛春颐主持汉厂的时期,直至李维格出洋考察后接任总办为止。堪纳第本来是提出许多意外的要求,均遭郑拒绝,决

---

① 陈旭麓等主编:《汉冶萍公司》一,第 533—536、539 页。
② 陈旭麓等主编:《汉冶萍公司》一,第 580、585、591、595、597—598 页。

意要去面求盛宣怀，于六月二十五日与郑观应同船抵达上海，就此一去再也未能回到汉厂，却是他和许多人都未想到的。

失去了郑观应这株可以让人乘凉的大树，如何对付堪纳第的难题便落到了盛春颐的身上。代理总办上任的第一件事，便是抓紧老虎离山的时机，联合宗得福、冯熙光对堪的种种劣迹进行总清算，自七月二日起，连珠炮似的联名上书盛宣怀，揭发堪纳第，以阻止其回厂。在七月初二的信中，盛春颐等认为，堪入厂五月来，"诸多靡费废弛，有意侵揽不应管之权"，"视铁厂为利薮，纵宵小以作奸，朋比欺朦，甘言饴主"，实质是"自知钢铁、制造色色不谙，不得不结好于阿附之流"，以揽夺全权。愤然提出：惟有"不惜区区万金"，"将堪纳第决然舍去"。七月初三，盛、宗、冯三人集中了全厂许多事例，"将厂务紊乱情形谨分条布列于后"请示如何处理。此前，卜聂已先期至沪向盛做过详细汇报，盛曾电告春颐，"卜聂来言，堪不谙事。"郑观应看了盛春颐等七月二日信，回复盛宣怀云："所云情形即官应日前咨呈内所叙：总监工握其大纲，提调总其稽核，总办已成虚设，徒尽画诺而已。似未便独受责成之过也。"郑观应是为盛春颐说话，也是为自己说话，明确地告诉盛宣怀，如果堪纳第大权在握，无论是谁当总办，也不能对盛宣怀和汉厂负责。①

七月初三，盛宣怀致电赴萍乡处理焦炭事宜的张赞宸："郑总办到沪就医已批准辞差。堪纳第语多不实，悔不听君言。现派我彭替代，派卜聂管钢厂。萍事毕望速回厂，另筹办法。"②

七月初七，盛春颐以密函转述了比国领事与之密谈的意见："堪纳第万不可令其再来管厂，恐各工师不受其节制，必须与之决裂散场，于大局实有关系。"关键是堪纳第系美国人，"即再添美工师，亦恐于铁路事宜不能顺手。路工均该国人承办者多，美人在厂所出钢轨，铁路必多挑剔，则不若本国人之较为相安无事。且现在该国之款已经借妥，该领事亦曾出力。"比国领事

---

① 陈旭麓等主编：《汉冶萍公司》一，第 610—614 页。

② 陈旭麓等主编：《汉冶萍公司》一，第 883 页。

的介入，并公然以铁路用轨和借款相威胁，已经使问题的性质发生变化，更加复杂，这又是盛不得不考虑的。

天有不测风云，人有旦夕祸福。七月下旬，堪纳第在赴津中途突然重病住院，医生禁止他看信件，因此中断了与汉厂的联系。九月上旬堪回到上海，尚未痊愈。九月二十二日郑观应回复盛宣怀，堪纳第"如果与汉地水土不宜，不能耐劳，无益于厂事"，赞成盛的意见，"不如赶早辞之"。结果也只能是照此办理。

堪纳第来汉厂前后约半年，开过许多空头支票，盛春颐于八月初二向盛宣怀呈报《堪纳第办事情形折》，查实的情况是："前堪允年内封河前，赶造钢轨一万二千吨，自六月间停炉止，本年仅造成钢轨一千吨。"又如花费了两千多两改造的所谓"新式炒熟铁炉"仍是旧式，也未开炉；堪云可以将白铁及铁渣炼马丁钢，接办至今，未见试炼一炉；堪面允周廷弼做铁货二百余吨，并未做出一吨；银圆局定做压银片滚轴一对，用至半日即坏，等等。盛春颐的结论是："种种乖谬，总因堪非行家。"[1]

堪纳第与德培同属漂洋过海来中国的淘金者，同样具有强烈的西方人而又是技术人员的双重优越感，骄横而贪婪，揽权而无能，依仗本国的强权企图长期盘踞攫取更多的利益。堪纳第这个美国人，是在盛宣怀与美国谈判卢汉铁路贷款的背景下被引进来，是在比利时借款已经正式签订后离开的。他在汉厂也继承了与比利时人的对立和相互排挤。郑观应认定他"只晓炼钢铁化学事，不晓机器"，对于钢铁生产大概只是略窥门径而缺乏实际经验及管理能力。比起德培的漫不经心、无所用心，堪纳第初期的认真和进取或许也算得是优点，虽然言不副实，在客观上却促使汉阳铁厂的钢轨制造开始进入了配套、批量生产的新阶段。

对于盛宣怀来说，使用堪纳第的全过程，以喜剧开幕，以闹剧达到高潮，因突如其来的意外事件和宫廷政变戛然而止，颇有深刻而沉重的讽刺意味。

---

[1] 陈旭麓等主编：《汉冶萍公司》一，第640—641页。

第十七章　外国工程师与钢铁生产（中）
——吕柏的贡献及其离厂内情

汉厂没有再设总监工 / 众议吕柏："此等洋匠，不可多得" / 率先实现化铁炉正常生产 / 萍焦成为汉厂炼铁的固定燃料 / "与开焦各用其半"到试验全用萍焦 / 盛宣怀："吕柏在所必去" / 盛春颐："吕动辄挟制，尤为洋人之冠" / 封建官僚体制与资本主义生产方式的冲突

汉厂没有再设总监工

德培和堪纳第两位总监工相继离开汉厂，吕柏和卜聂的地位便相应提高和突出。他们在厂内也日趋活跃。

卢汉铁路借款签订正约后，比利时领事法兰吉得知堪纳第与郑观应不和，乘机干预汉厂事务，于六月二十六日致函盛宣怀，认为厂内所有废弛，咎在堪纳第，直接提出"此总管必由郭克利厂内选荐前来"，如此则汉阳铁厂全部归比国人办理。信中得意地强调，卜聂与吕柏二人"系比国举荐前来，均为汉阳厂最得力之人，此其明证也"。七月初九，盛春颐向盛宣怀密禀比领事来厂面谈，企图阻止堪纳第再来管厂，并以卢汉路工相威胁，则是这一干预的继续。①

----

① 陈旭麓等主编：《汉冶萍公司》一，第602、620页。

与此同时，卜、吕两人主动、积极向代理总办盛春颐靠拢，每日风雨无阻，下午4时至盛春颐处交谈、商议工作，表示愿意与春颐推诚布公合作，尊重盛总办对华工的赏罚黜陟及对洋匠的监督。盛春颐也认为当前"铁厂以吕柏、卜聂二洋人为最关紧要，贵善驾驭，尤贵联络一气，庶于厂事多所裨益"。于七月二十二日向他的叔父报告了这一新动态，感到此二人"近日甚相浃洽"；同时也郑重转达了卜、吕的主要顾虑，他们一再提出："再添插他人来厂办事，伊等便无所率从"。看来盛春颐是支持这一意向的，实际是春颐与吕、卜三人多次交谈后达成的共识。①

七月二十五日盛宣怀得知堪纳第病在烟台，二十六日电令汉厂张赞宸、盛春颐、宗得福密商"卜聂能否代理洋总管？"二十七日再电："堪病在烟，有人云，如趁此时派卜代理总管，则堪必自辞。未知吕、拉等肯服否？"我们不知此人是谁，但可以明确地感到风向已经转换，盛宣怀打算重用比利时人。

八月初二盛春颐回复，认为这种任用卜聂而使堪自退的方式，只可施之于华人，而洋人未必领悟。"且吕、卜无分高下"，派哪一个代理总管都会使另一人不满。"况许大一厂用人如奕棋之不定，亦殊可忧可惧。卑府商之冯总董及宗、张二令，均意见相同。盖用堪已误于前车，此后更不宜轻用总监工名目，无益有害"。并强调目前厂务有起色"皆有堪纳第不回厂之想，而群情奋发也"，他顾虑的仍然是"堪纳第之来，必致纷纷解体，无可收拾。而卜代尤足另起波澜，倒持太阿，不能驾驭。"并希望"从此永除总监工名目"②。在此特定形势下，不设总监工当是汉厂行政领导和华洋技术人员接受历史教训后形成的共识。

如此，在光绪二十三年七月，堪纳第离厂、盛春颐任代理总办之后，汉阳铁厂就没有另设总监工，由吕柏负责炼铁，卜聂负责炼钢、轧轨，冯熙光协助照料，各部门自负其责，盛春颐自述"得而操纵自如"。这个格局，基

---

① 陈旭麓等主编：《汉冶萍公司》一，第628页。
② 陈旭麓等主编：《汉冶萍公司》一，第638—639页。

本就是郑观应早先对付堪纳第以回国相要挟的方案，只是坐镇指挥、协调者换了盛春颐。

众议吕柏："此等洋匠，不可多得"

在汉阳铁厂来来去去的许多外国技术人员中，当时正面评价较多，走后还使人想念，主张要把他请回来的，只有吕柏一人。

光绪二十二年六月初五日，盛宣怀接办铁厂不久，收发所负责人汪应度上条陈，在抨击德培的同时向盛督办赞扬吕柏：

> 洋匠责任，以吕柏为最重，办公亦以吕柏为最勤。平时终日在工，见铁渣中零星弃铁，必使小工拣出；开平焦炭屑中，苟尚有小块者，必使小工筛出。日前生铁炉中水箱爆裂（据云因多换用马鞍山焦炭之故），该洋匠督率小工，设法补救，刻不离炉。事毕后，查点小工有被铁渣烧焦衣裤者，自出洋圆赔给，故小工均乐为之用。此等洋匠，不可多得。[①]

勤奋，节俭，忠于职守，不畏艰险，对于底层劳苦者予以同情、关怀，这正是富兰克林倡导的资本主义伦理，韦伯阐述的资本主义精神的基本要素。这些细节，反映了吕柏的精神风貌和气质，确实难得。

当时厂中人有意无意之间，常将德培等与吕柏做比较，上述汪应度是如此，翻译谈汝康在反映马丁炉应日夜开工时也说："查化铁厂吕柏尽日在厂，而夜间又必到厂一次，互相比之，而炼钢匠首，未得谓之过劳。"[②]

光绪二十五年五月，其时吕柏已经离厂回欧。汉厂与萍矿因焦炭质量大起冲突，莫燨五月初三向盛宣怀上书诉说："前吕柏盛称萍焦可炼贝钢，其

---

① 陈旭麓等主编：《汉冶萍公司》一，第 121 页。
② 陈旭麓等主编：《汉冶萍公司》一，第 328 页。

性气虽坏，尚能顾公，若吕在此，断不致妄为借口。今反其道而行之，卜聂外虽柔驯，内殊诡诈，现又派其代吕，无不任听指挥……总之，驾驭洋人必须宽猛相济，或一于猛、或一于宽，均失之矣。"于人物褒贬中肯定吕柏的主流，对洋匠的任用颇有异议，实为吕柏鸣不平。[①]

同年十二月，盛宣怀急于开炼第二座化铁炉，看了当时的化铁师鲁培的修炉方案，十六日回电颇为感慨："此人不及吕柏远矣！"[②]

率先实现化铁炉正常生产

吕柏系 1886 年考入德国亚琛综合工业学校，1890 年获冶金工程师证书。[③]于 1894 年 3 月来到汉阳铁厂，其时化铁炉修建尚未竣工，堪称该厂元老。至 1899 年 3、4 月间回欧洲，在厂为时整五年。他经历了竣工前乙号炉的改造及官办时期、官督商办前期化铁炉生产的全过程。

根据吕柏本人当时的文字记载[④]，汉厂化铁炉修建及其生产情况大体如下：

一、修建中存在的问题及改造的情况

汉厂化铁炉计有甲乙两座。据吕柏记载，1890 年起造时，监造的英国工程师和梯赛特厂派来人员不负责任，"并未按同古法，听凭中国泥水匠砌成，是以地盘及炉脚均未坚固。"其炉砖砌时未按一定的位置，多有差错；甲号炉的炉身尤劣，裂缝有的十至二十毫米，一经阴雨淋浇，所涂耐火泥多

---

① 陈旭麓等主编：《汉冶萍公司》二，第 142 页。

② 陈旭麓等主编：《汉冶萍公司》二，第 771 页。

③ 方一兵认为吕柏是卢森堡人，见《汉冶萍公司与中国近代钢铁技术移植》，第 10 页；李维格曾说吕柏是荷兰人，见《出洋采办机器禀》，载《汉冶萍公司档案史料选编》上，第 169 页；又据《汉冶萍公司事业纪要》所载，吕柏为比国人，载《汉冶萍公司档案史料选编》上，第 56 页。吕柏国籍存疑待考。

④ 下述内容及图表数据均依据光绪二十五年二月（1899 年 3—4 月）《吕柏致比公司函》及其附件《1894 年 6 月至 1898 年 11 月出铁清单》，载陈旭麓等主编《汉冶萍公司》二，第 101—106 页。

有剥落，"则甲字炉恐有斜倾下陷之虞"。乙号炉正筑炉脚，就有白乃富到厂接造，"故炉身尚属完固"。1894年吕柏到厂后，对乙号炉又"设法将炉脚直至总风管止，尽行拆毁改造，方能开炼"。同年6月28号开炉试炼的便是乙号化铁炉。

二、历次停产的原因及修理的情况

1. 试炼期间，因热风管被烧红，于8月15日停炼整修，至9月3日复工。

2. 同年10月底，因缺焦炭停炼熄火。"自总风管以下，砖多酥碎，又复拆卸重砌"。其时所用为久经水浸之旧砖，难以耐久，留下隐患。

3. 1895年8月16日开炼至12月又因焦炭缺乏停炉。其间用马鞍山煤所炼之焦炭，"该炭含灰四十分，硫五六分，色黑质酥，炉既冒险而人亦履危"，"曾有炉身铁箍同时爆烈二十余条"。吕柏认为这一时期比较艰难，且有一定危险，"直至九十六年六月一号，盛京卿接办后，稍见安逸矣"。

4. 自官办后期的1896年3月1日再开炉，跨入盛氏接办后直至同年9月3日，又因缺焦炭而停炼两个半月。

5. 同年11月14日开炼，直至1897年12月17日，此次为时较久，连续生产长达一年多。始因"炉盖下护炉铁圈日经矿石碰损，而炉砖质地既坏，又为煤烟所伤，致有五〔密里〕美得半之深，砖皆酥裂，复行闷炉修理"。

6. 同年12月29号开炉。迄1898年1月29号，又因炭缺停炼。

7. 1898年3月24号开炉。复停炼十日，换炉砖、加铁圈，以免矿石身重碰损。此后炉子既属顺适，出铁亦见旺相。

综上所述，我们看到停炉的原因，4次是因缺乏焦炭，2次是因设备损坏，最后一次是吕柏考虑计划不周。设备损坏既有基建时质量不良的因素，又因缺炭停炉而加重了设备的损坏。

三、吕柏对化铁炉的评价及其改造方案

吕柏在1899年3月认为，当前生产虽较顺适，"终当预为防维，实以该炉泥水工程既不见佳，而所撑八柱，亦属太形瘦削"，"照此铁柱，虽刻下炉歪三百密里美得，倘开炼顺适，犹无大碍。设有爆裂震动之事，则铁柱实难撑持。甲、乙两炉均然。"

他的改造方案，大体包括两个方面。

一是炉体加固。"若将甲字炉开炼，则歪处须添一柱，以免再斜。余八柱均用铁皮包固。"待甲字炉开炼后，现开之乙字炉再熄火改造，"可否将炉身外面之砖，尽行拆去，概包铁皮，上用工字铁撑住炉顶走廊，而炉身但求坚固，还当设法改整。"

二是增添设备，提高产能。1897 年 3 月 4 日，吕柏曾经提出一份清单，包括："能打六百立方法尺风力机连汽缸一副，高白炉两座，锅炉五座，抽水机一副，烟囱一个，钓车全套，新圆风管一个，并应用火砖等项。"只要布置得当，改造工程可以在并不长久的时间内完成。

吕柏认为，此炉设计的生产能力，"每炉不过四十至五十吨，今炼至每日出铁七十、八十吨，尽将两炉所用机件并为一炉之用，故能如此。倘炭结磷轻，可以炼出贝色麻铁九十吨。""须添机器，每日约可每炉出铁百吨"。现在甲字炉形同虚设，如果将来焦炭供应充足，两炉齐开，方堪供应炼钢制轨。

四、此一期间的生铁产量

自 1894 年 6 月起，至 1898 年底止，据吕柏当时所提供的资料，化铁炉所产生铁如下附表所示。

汉阳铁厂化铁炉产量统计（1894 年 6 月—1898 年 11 月）

单位：吨

	1894年产量	1895年产量	1896年产量	1897年产量	1898年产量	备注
1月	2014	1503				1.产量以吨为单位，吨后小数忽略不计。
2月	1835	——				
3月	716	2117	503			
4月	1035	2044	1506			2.1894年8月一栏，系6月28至8月15日产量。
5月	1371	2074	2100			
6月	1560	2071	21□4			
7月	1723	1985	1960			
8月	1800		1447	1857	1964	
9月	1192	538	120	1964	1921	

	1894年产量	1895年产量	1896年产量	1897年产量	1898年产量	备 注
10月	1643	1656	——	2264	1858	
11月	1938	1016	2247	1132		
12月	228	2062	1347	——		
年度小计	4635	4360	11052	23819	16551	
总计	60417					

由此可知：这一时期生铁总产量为 60417 吨。盛宣怀系 1896 年 5 月下旬接办，当时化铁炉生产不曾中断，如将 5 月的 1371 吨计入官办时期，其产量约为 12117 吨，则官办时期实际产量尚不足 12000 吨；其中官督商办时期共计约为 48300 余吨。

按照吕柏所云，官督商办后化铁炉生产渐趋正常，其最高月产量出现在 1897 年 10 月、11 月，月产量分别为 2264、2247 吨，当年年产量为 23819 吨。至 1898 年因两次停炉，年产量则大幅度下降。

在钢铁联合企业中，炼铁是第一道工序，也是炼钢、轧钢的基础。否则，后续工序或成无米之炊，或因生铁质量不佳而受到困扰。吕柏在受到客观条件制约的情况下，克服困难，率先在汉厂实现了炼铁正常生产，提供了大量合格的贝铁，为供应卢汉铁路所需钢轨作出了重大贡献，功不可没。

萍焦成为汉厂炼铁的固定燃料

在近代萍乡煤矿的开发史上，最早决定采购萍煤并用萍焦炼铁的是张之洞；决定在萍乡大举收购土矿井、建设机械化矿山的是盛宣怀；其间，在生产实践中，积极探索萍乡焦炭和大冶铁矿石的特性，恰当控制其比例，促成二者成为汉厂炼铁原料的固定组合，则是吕柏。

自 1896 年（光绪二十二年）11 月 14 日化铁炉重新开炼，生产情况良好。三个多月后，吕柏于 1897 年 3 月，写信向盛宣怀汇报所取得的成绩，并对今后的生产提出了重要的建议。此信的主题，集中在焦炭与炼铁质量的关系，提供了一些颇为重要的历史信息。①

一、吕柏认为当前生铁的质量主要取决于焦炭的质量。

这里所说的生铁质量，主要是指是否适合于贝炉炼钢并制成钢轨，其关键性的指标在于含磷多少。

信中将 1896 年 3 至 5 月，与 1896 年 11 月至 1897 年 2 月，这两个时段的月产量（参看上述产量统计表）、耗焦炭的比例及生铁质量进行了对比。前一时期产量低，每吨生铁所耗焦炭曾高达 1.74 吨，"彼时未有上等焦炭参用，必须勉强用此马鞍山之炭，以致化铁炉工作甚险，出铁无多，又是下等之铁。"后一时期，产量有时是前期的双倍，每吨生铁耗炭由 1.07 下降至 0.98—0.99 吨。"均是上等生铁，可供百色麻炼钢之用。按日二十四点钟计算，可出铁六十五吨、七十吨不等，极多至七十五吨、八十吨为度。所配焦炭尚称合式。"

他的结论是："尚日后均用好焦炭，接联不断，矿质合式，尚可多出生铁。"

二、吕柏对当时所用各种焦炭的质性、生产效能及经济效益进行了比较研究。

盛宣怀接办后，所用焦炭以开平为主，数量不足则辅以萍乡、郴州、马鞍山乃至英国所产之焦炭。当时焦炭的总量既不足，对各地产品的效能也尚在试验、探索之中。吕柏对各种焦炭化学成分做了分析，并在生产应用的基础上，结合价格分别作出评价：

郴州焦炭：煅炼未熟，中含生煤过多，价亦贵。

马鞍山焦炭：灰多、磺重，不合用。

英国焦炭：甚佳，惟价值太贵。

以上三种，吕柏明确持否定态度，目标主要集中在开焦和萍焦。

开平焦炭：磷仅一毫、灰五至十分不等、磺质 5 厘，都较轻，炭质坚，可称上等。但价颇昂，又"小块及炭末过多"，费工费料，加大了成本。他

---

① 陈旭麓等主编：《汉冶萍公司》一，第 442—446 页。

希望"发炭时只可发出大块"，后来实践证明，由于种种原因，很难实现。

萍乡焦炭：每百分含灰质十五分至十九分不等，磺质四厘至九厘，磷质十一毫，这些不利成分都比开平焦炭高。吕柏认为，"此种炭质亦称上等，且炭块甚大，炭末小块无多，似不必筛拣即可合用"。同时指出，主要问题在于："但嫌所含磷质过多，要成上等生铁百色麻炼钢可用者，则此炭不甚合宜。为百色麻之钢磷质愈少愈佳。"为此，吕柏对使用萍焦提出了两个限制性条件：一是"萍乡之焦炭含磷，勉强用之亦不能出一定限数"。二是，"倘铁矿磷少，则萍乡之炭可以多用。"他还强调"为多用萍乡之炭，其价较开平又廉，炉中工作亦是便益"。

三、吕柏的建议是："化铁炉要得百色麻生铁，又要用萍乡焦炭，则磷质删除必须就铁矿中考究，铁山取矿当在磷质少取之。"

盛宣怀对此十分重视，于二月二十日将原信抄录寄给郑观应，令其照办："其所论萍炭有磷，须切嘱赖伦专取少磷之铁石即可多用，萍炭价目较廉。记得纱帽翅所开之铁，含磷甚少，请阁下迅速函致赖伦，弟亦即嘱一琴函致。"[①]

吕柏提出的取大冶铁矿少磷之矿石、配合有磷但价廉的萍焦、用以冶炼贝铁这一生产模式，得到盛宣怀的大力赞同，后来发展为以萍焦取代开焦，对于汉冶萍三地厂矿的生产和发展均产生了深远的影响：

自汉阳铁厂创办之始，焦炭供应便是第一位的大难题。吕柏的这一建议为解决这一难题提供了一个切实可行的方案，将目标主要集中在萍乡，取得了重要的、历史性的突破，不仅汉厂钢铁生产将可持续进行，并为降低冶炼成本展现了新的希望。

由此，萍乡在安徽东流、湖南清溪、小花石等许多待勘测、开发的候选矿山中脱颖而出。三个月后，盛宣怀派张赞宸赶赴萍乡整顿矿务，札文中便有明确指示："总之，煤焦两项，厂须专借于萍。"同年腊月二十八，盛下令张赞宸与赖伦负责建设机械化的萍乡煤矿，使之成为汉厂煤焦的供应基地，

① 陈旭麓等主编：《汉冶萍公司》一，第442页。

开始了萍乡煤炭生产现代化的新篇章。①

由此，大冶铁矿更为明确地以采选低磷矿石为首要任务，促进了得道湾等矿区的开发和矿山的圈购。

由此，萍乡煤矿和大冶铁矿皆成为汉阳铁厂所属的矿山企业，日后组成为汉冶萍公司实发轫于此。

"与开焦各用其半"到试验全用萍焦

光绪二十三年十月初六，正好是公历 10 月 31 日，吕柏、卜聂联名向盛宣怀报喜："西十月份汉厂所出工程之多，可谓自开办以来所未有，钢厂、化炉、拉钢厂到处皆然。如化炉出贝铁二千二百五十一吨；钢厂销二千一百吨生铁，炼出一千八百八十三吨钢；拉钢厂拉成一千五百四十吨轨，又钢板九十五吨；马丁出四百五十吨。"②

半个月后，时值本次重新开炉炼铁一周年。吕柏将自 1896 年 11 月 14 日至 1897 年 11 月 15 日，整整一年来炼铁情况做了总结，向盛宣怀汇报，称"化铁炉经炼一年尚称顺适"。信中开列了所用原料，包括焦炭、二号铁矿、三号铁矿、铁砂、废铁、铁渣、一号白石、二号白石的数量，"共炼成贝色及翻砂生铁二万四千四百八十五吨二百记罗（以月计每月约二千零四十吨四百记罗；以日计每日约六十七吨一百记罗）。以上铁矿成色每吨约炼铁六成三五，炼铁一吨用焦炭一吨零二十二记罗"。总体看来，这些指标都值得报喜，但我们注意到"贝色及翻砂生铁"只有一个总数，而未将两者分开，更不知晓其比例大小。信中与此紧密相关的是，吕指出问题在于焦炭质量不稳定，好坏悬殊："兹一年之间炭质之优劣不齐，灰自十分至四十分，磷自〇·〇〇一至〇·二，所以价值亦低昂不等，生铁成本何由而轻！而且无磷焦炭时常缺乏，则贝钢铁难以开炼，而炼他铁势将贝钢铁日少，恐钢厂亦因

---

① 陈旭麓等主编：《汉冶萍公司》一，第 559、730 页。
② 陈旭麓等主编：《汉冶萍公司》一，第 906 页。

铁缺而停炼钢。"①

前面我们说过，吕柏主张用萍焦是有限制性条件的，"勉强用之亦不能出一定限数"，本意是将萍焦与开平焦炭掺和着用。光绪二十三年正月二十二日张赞宸向盛宣怀报告："惟吕柏云：萍焦虽好，苦磷太重，须与开焦各用其半。若开三萍七，恐炼出之铁磷多，不合炼钢之用。"二十四年四月十二日盛春颐回复他叔父的询问："萍焦炼翻砂用八成，炼贝钢止搭三四成。"②看来如何掺用萍焦，吕柏仍在摸索；如此，萍乡焦炭的生产也面临着一个现实而迫切的任务，在提高产量的同时，如何多出磷轻的好焦。

光绪二十四年十月十四日、十五日，盛宣怀连续致电负责萍乡煤矿的张赞宸，打算要全用萍焦取代开焦。十月十四日电云："吕柏云，近两月焦炭磷轻，是赖伦设法将煤洗净，惜尚未能一律。……如能一律，便可不用开焦。速复。"第二天更是向张赞宸摊牌：

> 比定轨只能照洋价，每吨四十七、八两。开焦难用，必须全用萍焦，按月定买无磷者一千五百吨，价十一两。如老样者一千五百吨，价九两，兄与赖伦能签字，便当与比订定。倘做不到，只得停炉静候萍焦磷净方能开炉。惟一停，止能运煤售轮船用，不能运焦，搁本有无窒碍，速复。宣。成。③

盛宣怀实际是用停炉来迫使萍矿就范。不要说张赞宸承担不了汉厂停产的责任，就是失去了焦炭的大宗收入，只靠给轮船提供燃料，萍矿立即便陷入更加困难的境地，于是便转向和盛讨价还价，争取提高焦炭的价格。

另一方面，盛亲自出马并责成宗得福与吕柏谈判全用萍焦炼贝钢的问题。对此萍矿负责人都十分关切，事后有记述。光绪二十五年二月，张赞

---

① 陈旭麓等主编：《汉冶萍公司》一，第702—703页。

② 陈旭麓等主编：《汉冶萍公司》一，第399页；陈旭麓等主编：《汉冶萍公司》二，第708页。

③ 陈旭麓等主编：《汉冶萍公司》二，第743、749—750页。

宸向盛宣怀汇报：

> 近接汉厂总稽核宗令函述吕柏云：全用萍焦，已炼磷轻贝铁，经化
> 验，问卜聂能炼贝钢，修炉以后，日出八十余吨。据卜聂云，大半可用
> 炼轨，尤为萍焦合炼贝铁之明证。而吕柏近反苛求特甚者，盖以开焦价
> 值过贵，折耗过多，专注意于萍焦，取用既专，属望更迫。卑职正在督
> 率官商各厂，竭力整顿，不惜工本力求灰少磷轻之法，将来头等当可多
> 于二等。惟莫县丞所最虑、最惧者，去腊宪台在厂与吕柏再三考订，该
> 工师执定先雇化学师，便可专用萍焦，多炼贝铁。嗣经盛守派宗令两次
> 与吕柏详议，阅其问答，仍执前说，是头二等焦，分运到厂，既不能凭
> 萍局定，即吕柏亦不能自定等差，必须待验于化学师。到厂焦船，旺时
> 日有数十只，化验断非仓猝可就，再四筹商，拟恳宪台俯察情形，准将
> 原定头等价十二两五钱，二等价九两五钱，牵合扯算，每吨给价银十一
> 两，五日一结，照数领价，其如何重加分别配搭入炉，当责成吕柏及化
> 学师逐细化验，随时分用，庶得实济。①

解读上述禀文，有几点值得注意：

一是禀文中提到去年腊月与吕柏关于全用萍焦的谈判，见于《盛春颐与
吕柏约款》，其中明确规定："西正月廿六号，该工师禀称，化铁炉定能用萍
乡无磷炭一半，有磷炭一半，炼出贝色麻生铁，钢厂亦堪合用，自非空言。
此后不得借词变异。"② 两个月后，张赞宸此时借宗得福的来信，证实了吕柏
全用萍焦已炼出磷轻贝铁，卜聂也已认定大半可炼轨钢。后来莫爔于二十五

---

① 陈旭麓等主编：《汉冶萍公司》二，第108—109页。
② 陈旭麓等主编：《汉冶萍公司》二，第177—178页。此件原系年为光绪二十五年十
月（1899年11月），疑有误。吕柏于光绪二十五年三月离厂（同书第112页）；盛春颐等同
年九月二十一日致盛宣怀函云："吕柏到汉，即住汉口客店，并未到厂"（同书第172页）。此
件所云"西正月二十六号"当是1899年1月26日，即光绪二十四年十二月十五日，方与张
赞宸光绪二十五年二月禀相符。《盛春颐与吕柏约款》的草拟时间当为1899年1月26日或
稍晚。

年六月十二日，向盛宣怀提起此事，说得更具体："去年吕柏因宗令与切实问答后，即全用萍焦试炼三礼拜，称萍焦可炼贝铁七成，决计不用开焦，而专用萍焦。"同年十二月初七日张赞宸致盛电亦云："吕柏面答宗令云，头焦、次焦各半，可炼贝铁，且专用萍焦炼，三礼拜出贝铁七成，是宪原谕及吕原议。"[①] 在日常生产中，炼铁每炉质量不同、成分有异，分别归类作不同用途，"出贝铁七成"，即经过三周试验，每十炉中有七炉可用于炼贝钢，说明试验已取得了成功。

二是吕柏坚持要请化验师，或许不仅是划清责任。从上述吕柏开列的化铁炉用料清单，我们看到：铁质分为二号铁矿、三号铁矿、铁砂、废铁、铁渣等五种，白石也为一号、二号；每种的数量，日积月累都有记载、统计，而其中唯有焦炭未分等级。化铁炉生产的一个关键环节是配料，即根据各种原料不同的化学成分，进行合理的调节、配置，以期实现生铁成分的优化。光绪二十三年冬月初七，铁矿总办张世祁曾有电反映，"昨今两日装矿五变"，头天吕柏说少了一号矿，第二天早上又要三号碎矿。吕柏如此频繁地调运不同型号的矿石，从一个侧面说明他对配料颇为精心、认真。我们理解，吕柏坚持要另聘化验师，关键是要通过严格的、正规的检验来给萍乡焦炭划分等级，确保有部分焦炭无磷，以适应炼贝钢的需要。

三是张赞宸这个禀文的主要意图是将头等、二等焦炭"牵合计算每吨给价十一两"，后经盛宣怀批准，照此执行。这一决定显然是不明智的。张赞宸的出发点也许只是维护本矿的经济利益，实际否定了对萍乡焦炭划分等级，磷多磷少一个价。完全违背了按质论价的基本经济原理，带来的不良影响，必然是萍乡矿局放松了对于焦炭含磷的监督和管理，所谓"力求灰少磷轻之法"便是一句好听的空话，使得萍焦磷多的问题长期没有很好解决，并影响到炼铁制轨的质量。另一方面，也引起汉厂的反感，后来吕柏离厂回欧洲，卜聂接手管理化铁炉，汉厂与萍矿之间因萍焦含磷而引发的矛盾遂愈演愈烈，它的根源就在此时种下了。

---

① 陈旭麓等主编：《汉冶萍公司》二，第149、764页。

盛宣怀:"吕柏在所必去"

就在吕柏承担了全用萍焦炼铁的任务、已经初步取得成效不久,光绪二十五年三月请假回欧洲,就此意外地一度离开汉阳铁厂。

"吕柏在所必去",见于光绪二十五年三月十七日盛宣怀致盛春颐等人函:

"吕柏在所必去,卜若长代,将来亦必尾大不掉。"[①]窃以为此一"去"字,或有两解:一作"离去"解,吕柏自己一定要走,即是主动离厂;一作"除去"解,却是汉厂有人必欲除去吕柏。

种种迹象显示,吕柏不像是主动离厂的。

吕柏在动身回欧前,光绪二十五年正月二十九日曾有函致盛春颐,告知日本焦炭经化验不合用,并叮嘱"然须吕假满回厂后方可试验,若吕未返厂之前断不可将不一之炭与化铁炉轻为尝试。"说明他行前是准备"假满回厂"的。其后,四月下旬,卜聂声称收到吕柏来信,"嘱其收拾从前德培所住之屋";六月中旬卜聂接吕柏电,有"西八月底带同化学师来华"之语,可见他一直还被蒙在鼓里。[②]

这年的正月初四,盛春颐请求去沪"面禀各节",代理厂务的提调宗得福于正月二十一日电告盛宣怀,化铁炉已修完,今日开炼贝铁。吕柏打算西三月二十号到沪,"炉事已留哀敷郎子照料,欲先支回国川费百镑。此次总办到沪,不知吕之去留曾否议定,求速示。"正月二十三,盛宣怀回复:"总办无成见,吕柏事来沪再商。"二十四日,宗得福再次电告:"吕之去留到沪再议,本应如此;阅吕来信及布置去后炉事,以为必留。如到沪有变,防有借口,求与总办面订筹度,尽善为妥。"[③]

上引函电显示,吕柏已明确表示假期后还要回厂,并对化铁炉的安全至

---

① 陈旭麓等主编:《汉冶萍公司》二,第114页。
② 陈旭麓等主编:《汉冶萍公司》二,第84、139、151页。
③ 陈旭麓等主编:《汉冶萍公司》二,第759—760页。

为关切。吕柏的去留是总办盛春颐去上海与他叔父商议确定的。宗得福对吕柏的去留一再表示关切，已经预料到吕到沪后情况有变。

在我们看来，吕柏算得上是汉厂的有功之臣。此前因缺乏锰精钢厂停产，吕柏试炼锰精成功，每吨成本三十两，为外洋购费用的三分之一，此次三十多吨共节约资金二万余两，宗得福于光绪二十四年闰三月二十四致电盛宣怀，"求传电加奖，以资鼓励。"① 吕柏又曾亲去开平矿局与其督办张翼面商，欲运开平煤末至汉厂自炼焦炭，以解决长途搬运易碎的积弊。应该说吕柏对汉厂还是尽心尽力的，何以对之"在所必去"？

盛宣怀萌生去吕之意，可以追溯到由于德培与吕柏势不两立而引起的去德、去吕之争。

光绪二十二年底，吕柏表示合同期满将回国，提出留厂的条件："一、化铁炉归督办、总办节制，洋总监工不得过问；二、洋匠目两名薪水每月各四十镑；三、伊与两匠合同皆展至西九十九年四月朔止。"郑观应于光绪二十二年十一月十二日致函向盛宣怀报告了这些情况，认为："吕柏人虽认真，言多铺张，若准其要挟，恐为人轻视，后事难办。应等会议，金云万不可从。"他准备回答吕柏，三条皆不能同意，只能留一年。② 盛宣怀的想法却有所不同，于十七日回信说，"鄙见只可另请总管"，"但此炉卢（吕柏）已熟悉其性格，故所求第三节可允，第一节只须密告德培必不久，他人来断不能不归总监工节制。至化铁欲用两匠目，来年开两炉，亦不为多。但须订明连斯有病须另换，似此尚可留用"。基本上是倾向留用吕柏的。但也对吕柏的要挟不满："深悔七八月内停炉之时未与吕柏先订合同也。洋人竟无君子，弟以真心待吕柏，宜乎受其要挟矣。"又以为"然则去吕柏，可省薪水又可暂留德培，以试其心，亦是一法"。仍然是举棋不定，但他最不放心的还是化铁炉。③

为此，郑观应在回沪前询问德培，如去吕，能否短期代理，得到了德培

---

① 陈旭麓等主编：《汉冶萍公司》二，第 703 页。
② 陈旭麓等主编：《汉冶萍公司》二，第 306—308 页。
③ 陈旭麓等主编：《汉冶萍公司》二，第 312—314 页。

的口头认可。二十四日，汉厂新任提调张赞宸奉郑电命会议此事，发公电并致函，提出不同意由德培代理："……总办遂有德培会同芝生兼代之意，又恐德培平时行不副言，刚愎自用，挟私任意，故各董会议：若令德培代管，深恐不妥，且其暴性更张"，认为"吕柏究系熟手，化炉关系甚大"，"卑职等所争不专在吕柏之去留，而首在德培代不代"。①

早就主张另觅洋监工以替代德培的郑观应，此时却对去德留吕不以为然，于十一月二十六日、十二月初一致函对盛宣怀强调："考化铁炉事，本不甚难，吕有意极言其难者，欲恐吓同人不敢轻视耳。""今吕柏连四不听德培号令，彼嘱开除而我复用，则各洋匠亦不服其号令，是长刁风而启恶习，德培必此为难，有碍大局。"又说李维格、徐庆沅本是主张留德去吕，在会上"亦随声附和，皆恐犯众怒也"。在十二月初一的信中还再次声称，"窃思官应不宜在铁厂任事者有五"，其中一条是："铁厂诸厂诸董多属本地候补人员，将为朝廷伟器。自愧商务出身，才疏德薄，焉能为群贤所推重？貌从心违，恐不能收臂指之助，反致贻误公事"。②

经过盛宣怀与比领事协商、比领事从中斡旋、张赞宸一再与吕柏商谈，吕已"允改脾气"，只求为一洋匠加薪，如盛宣怀所言，"事甚小"。关键已不在于吕柏的要求是否可以接受，而在于汉厂内部对于留吕还是留德存在严重分歧，并夹杂有意气和嫌隙。十一月廿九日，盛宣怀以与郑观应联名这一少见的形式，自沪致电汉厂，以德培能否代理化铁炉并立下字据为断："如立此据，即辞吕；如不立据，即留吕。"最后，"德不出据，恐无把握"，未能担当化铁炉的责任。也就是说，化铁炉还离不开吕柏，他才得以留在汉厂。③

此后一个月内，人事大变，堪纳第上任，德培辞职，盛宣怀指示将吕柏的续订合同搁置。光绪二十三年六月下旬，郑观应、堪纳第同时离厂，盛春颐代理总办，开始了盛与吕柏、卜聂合作的蜜月期。时过半年多，又起

① 陈旭麓等主编：《汉冶萍公司》二，第316—317页。
② 陈旭麓等主编：《汉冶萍公司》二，第326、334页。
③ 陈旭麓等主编：《汉冶萍公司》二，第850—851页。

波澜。

盛春颐："吕动辄挟制，尤为洋人之冠"

二十五年元月二十三日，盛宣怀在回复宗得福关于吕柏去留时说："总办无成见。"此五字颇堪玩味。

此总办指盛春颐。春颐与吕柏交恶是因一件小事引起的。光绪二十四年二月，铁路总公司的顾培占据了汉厂的花园洋房，合同期满，应退而未退，为此吕柏"屡来哓舌"，盛春颐便于二十四日专电致盛宣怀，要求他发电给顾培，"限令三日搬，不搬即撤。"这样的枝节小事，本不应该去打扰盛宣怀，也只有盛春颐仗着督办是他叔父才这样办。电报去了五天，盛宣怀没有理睬。盛春颐还不知趣，二十九日又去电催：

> 生铁炉诸事就绪，本可即开，但吕柏因顾培不让房屋，决不开炉。魏利稟：无磷轻生铁，贝厂势将因此停工，春再四与吕相商，坚执不听。吕性倔强，宪所深知，此事近于要挟，原有不合。然提调在厂已同允西正月准让，旋春与顾商，辞以堤工未竣，现堤顾已不问，理应让屋，乃顾反扬言将作总监工。虽出无稽，吕自益增忿忿。作何办理，乞速裁夺。春稟。

我们读这电文，春颐的意图仍然是要盛宣怀亲自下令顾培退房，但他先把生铁炉不开工、钢厂要停产说在前面，突出事态的严重性，强调关键在于"吕性倔强""决不开炉"。也许是吕柏说了多次没有解决，真的又发了洋脾气；也许是生铁炉本未准备好，吕柏借此为难春颐；也许是春颐自己加油添醋、危言耸听，总之是这封电报弄巧成拙，虽引起了盛宣怀的重视，却对盛春颐很不利。当天盛春颐得到的回电是：

> 房屋我须自住，今日见卜聂后已函谕顾培迁让，顾已辞退，三个月

后即走，何能为总监工？吕柏糊涂瞎闹，章文通助纣为虐，应严加申斥。汝不能驾驭洋匠，殊负委任。宣。①

盛宣怀显然是生气了，最后一句话说得很重，危及盛春颐的总办金交椅。盛春颐受此重遣，不免迁怒于吕柏，半个月后，三月十六日致电盛宣怀，狠狠地告了吕柏一状，也是为自己开脱：

> 吕柏不禀知擅自离厂，置炉事于不问。春查询章文通，云：往看铁路即来。迨昨午，章文通始送吕信，托词存哀夫郎子处，乃知其早已赴沪，均荒谬已极。照此情形，将来吕必横行无忌，于大局关系匪细，应如何严加申斥，出自宪裁。吕来沪不知何事，若为司洋人说项，则司系奉谕辞退；已辞再留，不但无以服人，且恐洋人纷纷效尤，难以箝制，断不可准。刻吕动辄挟制，尤为洋人之冠，往往干预事不干己，宪当洞鉴。春禀。谏。②

据盛宣怀二十二日、二十三日复电，吕柏到上海去找盛宣怀，并不是为别人说情，"吕柏已严加申饬。据称锰精可自造，火砖东流泥甚合用，而厂工烧不好，拟雇开平匠来。""开平拟自运五槽末派人至鄂厂造土炉炼焦，以免碰碎。吕柏拟运九槽末到厂开洋炉自炼，何者为要，速复。"看起来吕柏的眼里，不太有盛春颐这位总办大人；但他所反映的都是厂里生产的大事，实在又都是非找盛宣怀不能解决的。至于"往往干预事不干己"，在盛宣怀档案资料选辑《汉冶萍公司》一书中，保存他离厂前的函件不过十来件，绝大部分是关于化铁炉生产和焦炭的，如光绪二十三年二月致函议论焦炭质量与生铁的关系，其中也批评了化学房散漫、工作不正常，还是与其本职工作有关。二十三年七月初五，厂内火车发生撞折天桥栏杆、跌坏矿车的大事

---

① 陈旭麓等主编：《汉冶萍公司》二，第686、687页。
② 陈旭麓等主编：《汉冶萍公司》二，第692页。

故，吕柏当天致函盛春颐云，"但起运矿石，由东码头以达天桥，往来装运，固有专司。迩来无人照料，以致诸色人等无一经心。吕等鉴其情形，屡向天桥照顾一切，似属干预分外，亦以任听该匠工等草率办理，情何以堪。然吕等局外者，纵属留心，而专职者反任意肆纵，不加详察，几若置身事外，是以致奇祸忽出。"收信人是盛春颐，批评的却是堪纳第及管理火车的威德。这种"似属干预分外"，当时盛春颐是支持的。真正使盛春颐乃至盛宣怀都不受用的，可能是光绪二十三年十月二十二日函内，吕柏总结一年来化铁炉生产时，对厂务的批评：

> 吕是以再三渎呈刍荛之末见，迄未蒙鉴核施行，而厂务几若日下江河，滔滔莫返。而且总理处既无统属之大权，见地由兹阻隔，是以总理之器具尽掩，几无统辖之才，以致众工师平时禀请，罔能直决分别办理。照此情形，冀各厂出料之夥、成本之轻，难矣。是皆华人办理之多周折，并视洋工师为夷人，而未能轻信也。专肃上达，敬请钧安，伏乞垂鉴。[1]

这些直率、尖锐的批评触及汉阳铁厂管理深层次的问题，触及厂务的症结。批评的直接对象是盛春颐：总办的作用没有发挥，没有统辖的才能，问题到了面前不能决定、处理，成了肠梗阻；间接也是指向盛宣怀，根子却在总办无权，只是执行的工具。实际情况是盛宣怀大权独揽，汉厂的大事小事都要请示，不请示不能办，请示了也未必能办；督办大人又远在上海，并不了解工厂的实情，如此"办理之多周折"，效率很低。与此同时，吕柏已经体验到了华夷之隔，不受信任，对于汉阳铁厂也深感失望。

封建官僚体制与资本主义生产方式的冲突

关于吕柏的离开汉厂，盛宣怀在光绪二十五年二月二十八日致盛春颐、

---

[1]　陈旭麓等主编：《汉冶萍公司》一，第703页。

施肇曾函中有过交代。——此时汉厂领导已形成盛、施、宗三驾马车，一般函电都是三人具名，而此函的抬头是"我彭总办、信之提调手览"，关心吕柏去留的宗得福被撇开了：

> 吕柏来沪，一无话说，但云："督办如定须厂有起色，则请依吕之言，若视厂无甚轻重，则吕回国后亦未必再肯跋涉。"其所谓请如所议者，则以华人为不忠实、不勤苦，必须铁厂、钢厂、外七厂暨照料外面制造生意，皆须洋人主政，而秉命于督办一人而已。现已启程，约计到欧时，此间当有详函致郭厂，以定局面。但未知卜聂与哀敷郎子等二人现在如何光景，希速详示为要。①

盛函所引吕柏之言，意在交代吕不会再来汉厂。对"请如所议者"的阐释，着重在"皆须洋人主政"，不可接受自系不言而喻。此次处理吕柏的办法是，先让走人，等他到了欧洲再表态，定下的局面便是与吕柏不再续订合同，请郭厂再介绍一位低薪的高手取代吕柏、并通知吕柏。盛宣怀吸取了德培长期赖在汉厂纠缠不休的教训，此次对付吕柏算计得十分周到，干得很利落，也很绝情。

窃以为，如果吕柏确实提出过在督办领导下皆须洋人主政，也是可以理解的。在此之前，德培、堪纳第均有这样的要求，堪纳第也曾得到盛宣怀的支持而基本得逞，说明这种想法在洋员中具有普遍性。问题在于吕柏与盛氏叔侄之间存在哪些分歧，是什么性质的矛盾冲突。将吕柏当时提出的批评、建议，和他的《中国的采矿业与钢铁工业》中的有关议论联系起来看，有几点值得注意：

第一，"以华人为不忠实、不勤苦"云云，吕柏的本意是指晚清的官僚们。吕柏在回忆录中说得很清楚："我们看来，清朝的官员和工厂的高级职员其实就是一帮受过高等教育的懒汉。""比上述人员再低一等的小官小吏，

---

① 陈旭麓等主编：《汉冶萍公司》二，第100—101页。

实际上就是上面所讲那一层人缩小的翻版。他们为了能逐渐跻身于更高一级的职位，不惜采取一切手段。"而对中国工人和技师评价很高："那些掌握着一定技能的熟练工人，比如钳工、机械师、各手工业工人等，一般都是较优秀的公民，在长期与外国人打交道的过程中，他们通过自身的勤奋和努力逐渐接近和习惯了外国传统。""他们大部分都是受过教育，勤劳而拥有激情。只要好好领导，会有很好的成绩。"①

第二，吕柏多次批评过汉厂存在的弊端，如化学房的散漫、码头装卸的迟缓，火车运行管理无人负责等等，都是不满于企业的管理混乱，效率低下。马克斯·韦伯说："资本主义确实等同于靠持续的、理性的、资本主义方式的企业活动来追求利润并且是不断再生的利润。"②从这个意义来说，吕柏对某些具体弊端的批评，对盛宣怀的多次建议，甚至包括要求由他这个洋人来管理——"主政"，集中到一点，都包含有按照"理性的、资本主义方式"规范企业活动的合理诉求。

第三，吕柏在光绪二十三年十月二十二日致盛宣怀函中，集中批评了盛氏叔侄对汉厂的管理方式、体制及其效能低下，实际是对洋务运动中以封建官僚体制、衙门作风管理现代企业的批判，其意义在于暴露了封建官僚体制与资本主义生产方式之间必然存在的冲突。吕柏在《中国的采矿业与钢铁工业》中说："不管什么地方只要是由清朝官员担任管理工作，则他们所在的企业和工厂就根本无法发展，反之，如这个清朝官员只是担任较低的职位，并且由一些充满活力、认真负责的外国人担任经理进行领导，对工厂和企业进行严格监督，那么企业就会发展……"③这些言论不无西方人的傲慢与偏见；但如果把这里的"清朝官员"和"外国人"，看作是晚清特定条件下不同管理方式的符号，透过现象看本质，其实质在于强调，腐朽没落的封建官僚体制阻碍了洋务企业的生存和发展，必须变革企业管理体制以适应机械化

---

① 转引自方一兵：《汉冶萍公司与中国近代钢铁技术移植》，第 97、88 页。

② [德] 马克斯·韦伯：《新教伦理与资本主义精神》，于晓等译，生活·读书·新知三联书店 1987 年版，第 8 页。

③ 方一兵：《汉冶萍公司与中国近代钢铁技术移植》，第 97 页。

大生产的需要。

第四，时至光绪三十一年，李维格出国考察后建议聘吕柏为总监工，盛宣怀对此尚有保留。他在《批李维格禀文》中说："至本厂用人办事，准如该郎中所禀，给予全权，本大臣必无丝毫掣肘。所请延订吕柏为总监工，即是用人之一端。吕柏前在汉厂，居心似尚忠实，而为人粗率，恐非总管之才。该郎中既有真知灼见，姑准聘用，效与不效，其责成均该郎中一人也。"[①]一番盘马弯弓，最后落在"姑准聘用"四字，画出了盛的被动、勉强、俯就、观望的心态。"似尚忠实"者，以对汉厂论，以大局论，吕柏于"忠实"二字，或可当之无愧；所不足者，或在争住房等小节，或在对盛氏个人；"为人粗率"者，粗鲁而率直，缺乏的是驯服和逢迎。如此品评，纯是晚清老于宦海浮沉者的眼光，与富兰克林至韦伯等西方崇尚的资本主义精神全不搭界。由此看来，盛宣怀引进的是资本主义生产方式；对洋员的爱憎取舍，其标准仍是东方封建主义的。——在这里附带说一句，吕柏第二次回到汉厂担任总工程师后，我们在已经出版的档案中，再也没有发现他动辄跑到上海直接去找盛宣怀，也没有发现他写信向盛宣怀提出过什么意见和建议。也许是吕柏本人的作风有了改变，也许是有李维格居中起作用，总之，吕柏与盛宣怀的关系与以前似乎大不相同。

在盛宣怀除去吕柏之际，突出了吕要求"洋人主政"这一决定性的因素，似乎也有可能是吸取误用堪纳第的教训，从而矫枉过正；盛在信中着重强调这一点，则希图以此而在汉厂上层取得普遍的赞同。

吕柏人走了，在汉厂的影响却长期存在，在有关萍焦的争论中，张赞宸、莫燨等人多次提到他，这是一个不可忽视的事实。过了四年多，光绪二十九年五月初十，萍乡煤矿总矿师赖伦致函盛宣怀，突然爆出了一个大秘密：辞退吕柏是比国领事的阴谋。

---

① 湖北省档案馆编：《汉冶萍公司档案史料选编》上，第 172 页。

第十八章　外国工程师与钢铁生产（下）
——卜聂及其他

人事大变动给卜聂提供了机遇 / 验收钢轨风波与卜聂定局 / 卜聂持续发起对萍焦的攻击 / 厂矿矛盾激化与卜聂的得失 / 卜聂再掀波澜　萍焦完成机械化 / 卜聂的惊人补贴与回国 / 列强博弈的小小棋子 / 外聘人员的几个特点 / 影响盛宣怀任用外籍人员的因素

人事大变动给卜聂提供了机遇

吕柏离开汉厂，最大的得利者是卜聂，最感到遗憾的是负责萍矿的张赞宸、莫燨，直接遭受巨大损失的是化铁炉的生产。

郑观应任总办期间，一直不看好卜聂。德培辞职后，光绪二十三年正月十四日郑致函盛宣怀："筹思现在大局情形，似宜留吕去德。如堪纳地用与不用，亦须预早留意人材，选聘一顶好炼钢工师管理贝、马两钢厂事。因卜聂非炼钢好手，比领事与吕柏所荐，皆私意耳。"比国领事依仗铁路系用该国贷款，"总想无一不由比国商办"，找到郑观应"谈卜聂仍否延总监工等事"。郑于同月二十九将此告知盛宣怀，再次指出："卜聂钢事不精，恐不能兼马丁钢。闻日前该厂来缄，有充副手必无不妥之语，其意可知。"盛、郑的本意都是炼钢只用一人，兼管贝炉和马丁炉，以节省开支。二月初六盛宣怀回复:"若卜聂恐尚难胜任,将来此人总以堪纳第久暂为断,故卜、吕暂宕最妥。"卜聂得以暂在汉厂留用,实际是有比利时领事和郭厂在背后支撑。①

同年七月,堪纳第、郑观应同时离开汉厂;盛春颐新官上任,给卜聂提供了机遇。卜聂极力表现,颇得盛春颐赏识。这位新总办在向盛宣怀汇报时,为卜说了许多好话。八月八日,盛宣怀密电云:卜来函表示轨千吨亦难成,有背前言,不可靠。当日盛春颐去函为之解释:"卜聂亦复日夜忧心。……倘能将外洋能手雇到,再速添轨轴四副,定能如数赶成五千吨,决不致误。卜聂言似切实。"十二日又致函云:"现钢厂每日出钢五十吨,一开夜工,自更增益,五千吨轨,事属可成。卑府平心细揣,现卜聂办事,实不可谓不尽心竭力。"二十一日,卜聂去函向督办汇报:"贝色麻已开夜工两礼拜,拉钢轨于本礼拜一夜工亦已开矣。惟贝色麻出钢数目近日大有起色,日夜约出七十吨之数。而钢之质又甚佳,任验修之人极力苛求亦无可议之处,此某所敢担当也。"二十八日盛春颐对叔父说:"看卜聂情形,亦真出力,大有忘餐废食光景。渠日来到卑府处,不过一二紧要语,立便兴辞。即本日吕柏邀卑府同比领事、卜聂吃饭,惟卜心事甚重,未终席即回钢厂,大抵念念于轨,可概见也。"②

验收钢轨风波与卜聂定局

九月初六,盛宣怀听铁路公司验轨的顾培、锡乐巴反映,卜聂生产的钢轨长短不齐,不堪录用者将近一半,还不如堪纳第在厂时,便致函卜聂质问:"前者卜聂屡次禀陈,因有洋总管掣肘,所以不能竭尽其长。现在卜聂已有钢厂全权,可以指挥如意,奈何所出钢轨反不如有总管之时?"命卜聂详细汇报。

---

① 陈旭麓等主编:《汉冶萍公司》一,第391、406、416页。
② 陈旭麓等主编:《汉冶萍公司》一,第644、649、662—663、667页。

此时卜聂有了"前月所出千吨钢轨"为资本，毫不掩饰地露出了跋扈之气。九月初九致盛宣怀函中七扯八拉，先说他任务重，"又添督修轨轴之事，更见日无暇暑矣"；又说有人嫉妒，"曾上禀以毁谤洋员，然洋员毫不介意"，厂中的英国人德国人"现渠等见洋员管理以来出货甚多，因而生忌"。大肆夸耀成绩，"当德培在厂辄见停工，兹每月能出百二十根至百七十根钢轨，是较之堪纳第相去不啻天壤也"，反而提出质问："今日明系洋员竭尽心力，钢轨能出此数，而大人视之若固然，或者尚以为不足，亦未可知是何故也？"最后以极为夸张的语气、为其薪水低而愤愤不平："至薪水一节，当奉到汇票之时殊属骇异……惟是添出工作系洋员独任其大，不意领薪之时仍照八十镑之数，而百镑尚不能到也。"①

盛春颐于九月十日、十一日连续致函盛宣怀，就验轨情况做出解释，据说铁路公司验轨的古培与汉厂修轴匠克司柏最相莫逆，因克司柏被辞退而不忿，"即将钢轨大加挑剔，作四六成，为从来所未有"。后来由海沙地会同古培、卜聂复勘，海沙地将古培挑剔之轨，面驳多条，古培无辞以对。古培积怨更深，连日更加挑剔，用钢凿将他剔下的凿坏。"据海沙地云，古培所剔之轨，大半可用。即有瑕疵者，尚可作车站接轨等处用"。这只是盛春颐的一面之词。②

另据顾培（即古培）九月十四日（10月9日）的验轨报单，做拉力试验的三条中，有一条"钢质过硬，拉力只长一分，制钢轨不甚相宜"。按照西方的规定是应将同一批次的钢轨，再验一条，如果拉力仍是如此，则此批钢轨全行作废。但"目下各钢已经杂乱，未能照此章办理，只是拣出坏劣钢轨十二条，待作拉力试验后再报"。据报单记载："十月一号验钢轨三百十四条，坏者七十六条；二号验二百四十二条，坏者七十八条；四号验一百七十三条，坏者六十九条；五号验三十一条，坏者二十条；八号验七十五条，坏者二十六条。"③被剔下者约为四分之一至三分之一以上。

---

① 陈旭麓等主编：《汉冶萍公司》一，第 677—678 页。
② 陈旭麓等主编：《汉冶萍公司》一，第 678—679、681 页。
③ 陈旭麓等主编：《汉冶萍公司》一，第 687 页。

九月十五日，卜聂致函盛宣怀，颇为洋洋得意地宣称："厂中自制八十五磅钢轨以来，此番卜系第一次上书禀报钢轨制得尽善，心中殊觉得意。本礼拜拉出钢轨多而且美，百成中可以饬退者断不及六七成之谱。然此番卜亦系第一次得有诸物皆备，无所缺乏，盖煤佳而轨轴修得亦佳也。本月谅可出千余吨钢轨，全无疵病。"他认为前月所出者实因炭劣，而轨轴修不合式，致轨有疵，但不应剔退如此之多，"必使顾培于所退之中再收录一半则可矣"！① 卜聂之所以敢于提出这样看似狂妄、荒谬的要求，正是他看准了现行体制的漏洞：这话既是对卢汉铁路的督办盛宣怀说的，只有铁路督办才能命令顾培如何如何；这话又是对汉厂的实际所有者盛宣怀说的，汉厂的所有者必然是手臂向内弯，愿意少点亏损，多点利润。盛宣怀还曾嘱咐汉厂，"钢轨之稍有毛病者，两头加以白油，借作记认，可嘱金达作叉路之用"。

九月二十四日，盛春颐看到盛宣怀抄示的函稿，对于卜聂要求加薪"有暂缓之示，无嘉奖之言"，再次为卜聂大说好话，代求加薪。他首先保证："封河前，五千吨数定可赶出，连同二千吨应用之鱼板螺丝，均不致误事。"接着便极力赞扬："卜聂日夜不惮辛劳，委实尽心竭力，其本领何如？卑府固不敢妄断，而认真工作，不辞况瘁情形，实通厂皆知。即如出轨，日来愈出愈多，亦愈精美，每日总在二百五六十条暨三百条左右。礼拜六则炼钢至二十五炉，出轨至三百零九条之多，实为从来所未有。苟非该工师苦心孤诣，力争上游，断不能至此。"由此而揭出主题："似此出心任事，允宜加以薪资，用昭劝赏。"要求当前先给卜聂加薪二十镑。强调"唯恐其心有懈弛，或存退志，则又多费而多周折"。"倘卜聂去而另雇工师，恐需薪不止百镑""且来者之本领，或不如卜聂，或又一堪纳第辈，将若之何？"并说明是以"代求加薪"为手段，要达到"固结"的目的，今后好办事，要求叔父赏他这个情面。②

十月二十五日，盛春颐致函盛宣怀，"此次'公平'连前运足三千吨，

① 陈旭麓等主编：《汉冶萍公司》一，第687页。
② 陈旭麓等主编：《汉冶萍公司》一，第690—691页。

但据卜聂云：不能不将稍有毛病而无大碍者凑入搭运，每百条拟搭十五条。"二十六日督办电复同意："每百根准带十五根复用白漆，即令卜聂自己挑选，具保险结。"十月二十九日，经盛宣怀批准，与卜聂不订合同，而以盛春颐之复信为凭，确定卜聂准加薪水 20 镑，月支英金 100 镑；负责经理钢厂、熟铁、铁货等厂，并调度洋匠，遇事仍禀商总办；待郭厂雇来之副工师熟悉情况并胜任后，准假四个月，准支川资英金一百镑。如同盛春颐所云，至此"卜聂事已定局"。①

光绪二十三年十一月二十九日，"江孚"装运鱼板一万一千块，小垫板八千块，钩钉八千只，共一三一吨，运往榆关。汉阳铁厂完成了当年卢保段铁路的订货。②

我们看到，同是总办，盛春颐与郑观应大不相同。郑是买办出身，通外语，有几十年和洋人办交涉的经验，是著名的学者和商务名流，对付这些外国工程师颇为自信，自有主见，保持着自尊。这些条件，盛春颐都不具备，他对付卜聂便是两条，对督办为之说好话，对卜则市惠以固结。但他也有独具的优势，他毕竟是督办的亲侄儿，在叔父那里好说话；郑观应虽是心腹幕僚兼老友，在这点上却是难以企及的。

我们还看到，盛总办对待卜聂与吕柏这两个洋人是大不一样的。在向督办的报告中，对卜全是正面评价，从未说过如何不好；对吕则是一言以蔽之："动辄挟制为全厂洋人之冠"。即使是试炼锰精成功，也是并非盛春颐而是宗得福出面来向督办请奖。盛总办爱憎分明，决定了两个洋人在汉厂的不同际遇，也给汉厂带来了深远的影响。

卜聂持续发起对萍焦的攻击

光绪二十五年二月，汉厂发生了三件事，均与此后钢轨含磷有关：一是

---

① 陈旭麓等主编：《汉冶萍公司》一，第 706、921、708—709 页。
② 陈旭麓等主编：《汉冶萍公司》一，第 933—934 页。

此前负责化铁炉、承担用萍焦炼贝钢的吕柏离厂；二是盛宣怀停用开焦，专用萍焦；三是与日本订立煤焦互售合同，单方面将含磷在万分之四、五以下的优质大冶矿石廉价出售给日本。后者的影响持久、绵长，暂时还不引人注意；前二者却如投石入水，即刻在厂内掀起涟漪。

汉厂的化铁炉生产，据吕柏记载，自光绪二十二年十月起已基本正常。在吕柏离厂之前，光绪二十三年、二十四年之际，我们在已出版的档案资料中，似未发现负责炼钢的卜聂反映过缺少炼钢的生铁、或生铁磷高不宜用贝炉炼钢制轨。倒是在二十四年三月初，盛宣怀在电报中曾两次提到卜聂说过："萍乡好煤可用"，"萍煤有灰轻无磷者，种类不一"。①

吕柏走后，盛宣怀对卜聂颇为戒备，采取的方针是"羁縻"。认为卜聂"恐尚是希冀兼管化铁炉后，得以挟持一切"，"卜若长代，将来亦必尾大不掉，请加薪、请添钢厂副手，皆意中事。一给凭函，便着痕迹。"对策是由他电告卜聂，本督办准卜暂时代理化铁炉事；而令汉厂面告："督办须看暂代后，有无成效，再设法斟酌。"②此时的汉厂，生产技术管理大权实际已落入卜聂手中，不得不用其人又对之不放心；既想其人出力，又不愿作出承诺，煞费了心机。令盛宣怀没有想到的是，卜聂竟与盛春颐一唱一和，持续地发起对萍焦的攻击，打乱了盛宣怀的整体部署。

光绪二十四年十二月二十六盛宣怀与开平矿局谈判破裂，电告天津经办开焦的黄建笎（花农）："来年焦炭只可停办。"二十五年二月十三日，盛宣怀致函萍矿张赞宸："此半年内，汉厂不定开焦，专藉萍炭，若磷灰一重，不能炼贝钢，仅炼翻砂，吃亏更大。务望多拣土法洗过、磷质最轻之炭，趁春水方盛，联檄运汉，是为至要。"③

二月十九日宣怀致电汉厂，告知卢汉续订轨一万吨，又问前五千吨何时可完竣。二十日汉厂盛春颐等回复，开始对萍焦发难，借卜聂之口宣称，"因萍炭磷轻者偶亦有之，而磷重者居多，不能一律，以致出铁迟而

---

① 陈旭麓等主编：《汉冶萍公司》二，第 688、689 页。

② 陈旭麓等主编：《汉冶萍公司》二，第 114 页。

③ 陈旭麓等主编：《汉冶萍公司》二，第 757、85 页。

不合贝钢之用，是生铁炉既供给不上，炼钢厂必断续相仍，势难预定交收期限"。并据上周卜聂面禀，"能炼贝钢生铁日减一日，是以四、五日之内势必将含磷○·二五及○·二六生铁掺用，但照铁路试验定章，如此磷重之铁，在外洋各厂均属不用。倘磷再越○·二六之数，其他料配合断难熔炼。"①

突如其来的严重事态，使得盛宣怀不无慌乱。二十八日来函云，"萍炭磷重，不能全炼贝色麻钢一节，此事关系最重。"首先是忧虑断了钢轨销路："且虑比、美、英借口减短定货，则厂亏愈难恢复。"如何解决，则一筹莫展：既虑萍焦"本质过重，洗亦不净"；又愁日本焦炭价贵，仍不合炼贝钢之用。最后只能是一句官话："应先与卜聂切实考订，一面速致萍乡赶选磷轻之炭，是为至要。"②

三月十五日，卜聂直接致函盛宣怀，再次掀起对萍焦的冲击："盖萍炭含磷太重，致炼出生铁而于炼贝色麻钢殊属不宜。""今日生铁，则含磷○·一五至○·一九，如欲炼佳轨，该铁殊不合用。"一口咬定，关键在于目前萍乡无好炭："前日赖伦在大人处面禀，须一年后方能供应佳炭，倘不及今另购磷轻之炭，则化铁炉须一年后方有磷轻生铁，而钢厂亦须一年后方能有合用佳轨。"此处卜聂已揭示出其主题是"另购磷轻之炭"。③盛宣怀接信后似未省悟，尚屡电张赞宸，等候关于去磷的回电。

四月二十二日、二十七日盛春颐等两次致函旁敲侧击，将萍焦与开焦作比较。前信谓："查从前开焦一吨零，可出铁一吨，现用萍焦百余吨，出铁仅六十余吨，是萍焦须多用二成之谱。即此一端，已储厂亏之根。再加此停彼歇、出货不旺，今年亏耗，事在意中。"后信进一步强调："卜聂屡禀，萍焦含磷、含灰异常恶劣，以致用炭反多，出铁反少，亏耗必巨云云。""现在开焦已停，萍焦以目前计，须较开焦多用三、四成光景。前禀二成，犹有未尽，而出铁每日夜须减少十成之三、四，用特禀闻。照此情形，成本合重，

---

② 陈旭麓等主编：《汉冶萍公司》二，第100页。

③ 陈旭麓等主编：《汉冶萍公司》二，第113页。

用萍焦反不如用开焦之便宜矣。"①

话已至此，盛宣怀仍无回心转意的表示，五月二十日卜聂采取了大动作：钢厂停炉。当日卜聂致盛春颐函云："萍乡焦炭，日形恶劣。查一月前来炭，尚有含磷在〇·〇八。迩来所到焦炭，竟含磷重至〇·一至〇·一五，含灰终在二十分至二十五分之间。是以此礼拜炼出生铁，含磷在〇·一八至〇·二。如此生铁，均属不能炼钢。……故于此礼拜六，钢厂只得停炼。如此情形，实受萍乡炭之贻累无穷。"至此，图穷匕首现："惟今日别无他法，只得仍向开平定购焦炭，或五千吨，或一万吨，庶堪炼出磷轻生铁，则厂存磷重生铁，可以逐渐搀用。一经夏天过后，约于西九月起，定能多出钢轨。"②

随后卜聂赶至上海向盛宣怀汇报，盛极为恼怒，下令对萍矿不付款。杨学沂于二十六日致函盛宣怀曰：

> 奉手谕：萍焦恶劣，疑（款）不能付。……此次铁炉之坏是萍是厂，尚待公论。……厂以焦坏不付款，宪信厂词亦不付款，则矿必立倒，张必立毙。毙一张倒一矿于大局不掣动乃犹可不言。……求宫保熟筹利害，或酌赐拨济，或代为息借，限令清还，尽我扶植之义，待彼气机之转。设置不理，必有后来之悔。学沂忝有言责，走笔上陈，幸裁察赐示。③

幸好盛宣怀及时醒悟，收回成命，六月初三将卜聂来信三件及其提出的萍焦分等减价方案告知张赞宸，严责萍矿"洋炉迟缓，土炉并不能取法乎上，致炭不能用，因是停炉"。六月初五函告盛春颐等，"自不能不再定开焦"。一场几乎导致萍矿倒、张赞宸毙的严重危机，被杨学沂的进言化解于无形了。④

针对汉厂对萍焦的指责，萍矿负责运收的莫燨一再为之申辩。六月十二

① 陈旭麓等主编：《汉冶萍公司》二，第132、138页。

② 陈旭麓等主编：《汉冶萍公司》二，第144—145页。

③ 王尔敏等编：《盛宣怀实业朋僚函稿》下，第1808页。

④ 陈旭麓等主编：《汉冶萍公司》二，第147—148页。

日莫致函盛宣怀，主要列举了三件事：一是二十四年冬，吕、宗商谈后，"即全用萍焦试炼三礼拜，称萍焦可炼贝铁七成，决计不用开焦，而专用萍焦，出于吕柏之意。"二是指出卜聂分等定价极不合理。"若卜聂所订头等十一两，含磷不得过〇·〇二，萍焦万无此磷轻者；二等九两，含磷在〇·〇七；三等八两，含磷在〇·〇七以上。"而汉厂售出的马鞍山产的坏焦每吨尚值价九两。三是指出卜聂称缺焦将停炉时，汉厂尚存焦三千余吨。"去年此时钢厂亦因事停炼，今为天热，工人劳逸争闹，几致罢工，因而停炼，乃亦言为萍焦所累。可惜钢铁尚存数千吨，而作辍悉听自便。"[①]双方争辩中涉及的某些事实，本不难查明真相，如吕柏同意全用萍焦，确有字据为证，可惜盛宣怀远离企业实际，又是洋人告状、先入为主，在给张赞宸信中说："只有莫吟舫来函，尚为萍焦强辩。"

在这一年里，同时发生了轨价之争。汉厂出售给卢汉铁路公司的钢轨及其配件，价格系盛宣怀与比公司所派总工师沙多所定。盛春颐对定价过低不满，叔侄二人多次争议、彼此不快，施、宗与春颐均有辞职的表示；汉厂又曾一再表示轨价过低，宁可停了炼钢，任由沙多向外国订货。九月下旬，本年二批五千吨钢轨即将完成，盛春颐等提出，暂停炼钢制轨，先用磷重焦炭，炼两月翻砂生铁出售。

也许是盛春颐等人提出要炼翻砂生铁提供了契机，也许是盛宣怀感到了汉厂这座三驾马车已经偏离了他的既定轨道，越来越不好驾驭，在派化铁师鲁贝去开平矿局联系焦炭订货后，十一月初七，盛宣怀致函汉厂，介绍了开焦的情况，对这一年的焦炭之争采取了刹车措施：一是"决计不办开焦，专购萍炭""今若低首下心，甘买十六七两之开焦，实属非计。""但当于萍煤之内求善用，不得于萍矿之外求生计。"说的动了感情，斩钉截铁。二是怎么办，择上好的萍焦，炼贝色钢生铁：次者，炼二、三号翻砂生铁。好在二者的利润也差不多。[②]

① 陈旭麓等主编：《汉冶萍公司》二，第149—150页。
② 陈旭麓等主编：《汉冶萍公司》二，第178—179页。

光绪二十六年正月二十六，盛宣怀与汉厂卜聂等反复磋商，卜聂云，"现验轨顶真，须生铁含磷在零点一二，其焦炭含磷只好在零点零五五方可。萍能炼固佳，否则须含磷不得（过）零点零八之炭，月供一千五百吨，另购开平含磷不得过零点零三之炭，月一千五百吨，搭用方能不误化炼零点一·二之铁。"盛致电张赞宸："望速与赖伦筹商，能否炼零点零五五之炭（每月）三千吨，如只能炼零点零八之炭，只能与开平搭用，何时起，速复。"二月初五，张赞宸复电，只承认原来与吕柏商定的标准："萍运焦凭吕柏所限灰磷分数，分别头等次等。现鲁贝、卜聂所限与吕悬殊，则洗煤机配件未到以前，仍照吕限，月供厂零点零八至零点零九头焦二千吨，俟洗煤机成后，磷尚可减，月供三千吨。"[①] 此后，虽无如此长期持续的争执，对萍焦磷重的抱怨仍时有发生。

光绪二十八年冬，卢汉铁路迎来后期施工高潮，运往北方的钢轨断折六十来条。卜聂于二十九年正月二十六日致信盛宣怀辩称："实以厂中所用萍焦，所含灰、磷均重。照此劣炭，炼出之铁，含磷必在〇·一五至〇·一七，断难制拉佳轨。"对宗得福则扬言：历年都是他卜聂设法，"另用马丁钢拉成样轨，就铁路洋工师考验"，此次他要致函铁路总工程师沙多，声明断轨的原委，以维护自己的名望，借此竟要求每月加薪二十镑："我于炼钢，凡用磷重之铁，总办许我酬劳，每月不止二百金。我今情愿不领磷重之酬劳，只愿加薪，方不失我之体面，早经禀告总办，迄未复信。"二月十三日汉厂代理总办宗得福去信向盛宣怀请示，认为卜聂心术不正，近来种种为难，不可言譬，"此事不定，应交之北轨必有迁延"，是否满足其要求，完成当年卢汉路二万吨订轨，明年四月合同期满即与其分手。二月二十日盛复电："据禀卜聂在厂年久，炼钢造轨成效已著，请加酬劳每月二十镑。准照办。"[②]

卜聂所言，系一面之词，未可全信；钢轨因磷多而折断，卜聂本难辞其咎，如此反倒成其为讹诈的口实。

---

① 陈旭麓等主编：《汉冶萍公司》二，第 780、785—786 页。
② 陈旭麓等主编：《汉冶萍公司》二，第 311—314、952—953 页。

厂矿矛盾激化与卜聂的得失

在光绪二十五年的萍乡焦炭之争中，由卜聂发难，既一再写信，又断然停炉，亲去上海告状，无疑是充当了急先锋的角色。

焦炭之争，表面上是因萍焦含磷，实际是萍焦与开焦之争，意图突破盛宣怀设立的不用开焦的禁区，挑战督办大人的决策。开平焦炭最大的优点是无磷，用起来简便省事；至于购用开焦是否涉及回扣之类幕后交易，尚不得而知。

焦炭之争，实际已经演化为汉厂与萍矿之间的矛盾。名义上萍乡矿务局是汉阳铁厂的下属企业，在体制上却是独立核算，决策管理直接听命于盛宣怀，在经济往来中，汉厂资金周转不灵常常拖欠煤焦货款，萍矿到期不得不还的德国贷款本息常请汉厂筹付，双方各有自身的经济利益，却又纠缠在一起难以理清。焦炭之争，最后发展到汉厂迫使萍矿的焦炭和生煤全部降价，便是厂矿矛盾激化的突出反映；它与轨价之争同时发生，汉厂诸人甚至以去就相争，实际显示了汉厂盛春颐等人为争取和捍卫自身利益而向督办抗争的一种趋势。

在焦炭之争中，萍矿处于极为被动的地位，危及它的生存和发展。在机矿建成、运输问题彻底解决之前，萍焦含磷的问题难以彻底解决，萍煤的质量也难以稳定。这一过程是它发展的瓶颈，必然倍受煎熬的困难时期。萍焦有磷是事实，萍焦质量不稳定也是事实，这就授人以柄；但萍焦总体的质量在提高，萍矿生产了好炭也是事实。所以莫爔愤愤不平、连篇累牍地抗辩，甚至一再向盛宣怀投诉："虽系卜聂苛求过甚，实有指使而然""有暗中唆卜聂为言上凌宪听者"。而此前盛春颐于二十三年九月间就曾大发牢骚："然冷眼旁观者有之，诽议挠乱者有之，卑府非不深知，且知其人。此其人一日不去，厂务一日有碍。无可如何，亦惟有卑府奉身以退而已矣！"[1] 与此同时，

---

① 陈旭麓等主编：《汉冶萍公司》二，第 141、144 页；陈旭麓等主编：《汉冶萍公司》一，第 679 页。

萍矿的主要负责人张赞宸一再受责却往往一言不发,不予置辩。在厂矿利益之争背后,还隐藏着盛氏亲信之间复杂尖锐的钩心斗角。

卜聂看来是个胜利者,终于迫使盛宣怀同意部分采购开平焦炭并为他加薪,但必然要承担一定的后果。一方面与萍矿势如水火,对方坚持强调吕柏曾认可萍焦可炼贝钢,只需一半的萍焦无磷,而卜聂竟要求萍焦含磷〇·〇二是强人所难,实际也是谴责卜聂无能,吕柏已经做过的而卜聂做不到。另一方面,为此卜聂也给盛宣怀留下了很深的不良印象。

二十五年七月,卜聂与大冶铁矿德国矿师斐礼争论矿石价格,恰斐礼合同到期,盛春颐等力言"斐礼在冶,实为无益而徒费",请予辞退。八月十一日盛宣怀回信断然拒绝:"卜聂谓斐无能,及询能否兼管,又云,化铁炉未必常兼,为支吾要索之计。与其另换洋司,致借口于日约太严,不能交卷,则就生不如就熟。"①似已看透卜聂的伎俩,对之更为戒备。此后,大冶铁矿的矿师均由盛宣怀与总矿师赖伦商议,从赖的助手德国矿师中选人继任。如此,在厂矿矛盾之中,又夹杂着以赖伦为首的德国矿师与以卜聂为首的比利时炼钢师的对立,互相掣肘。光绪二十九年宗得福以汉厂会办接手萍矿运销后,八月十三日向盛宣怀反映:"化铁炉近日用焦,专用大块,自尺许至六、七寸为止,凡三、五寸焦,皆等弃物。"造成极大的浪费。对此,宗颇有感慨:"矿厂必得彼此原谅,不可稍有芥蒂,矿师与炉师意见太深,宜其处处不合。"②

卜聂再掀波澜　萍焦完成机械化

光绪二十六年正月二十五日,"传闻化铁炉停修,受卜聂伤",张赞宸见盛宣怀来电颇形焦急,去电进言:"厂务大局误于骆去。吕柏一味忠直,二熟谙炉性,三赖伦、斐礼与吕最契,汉冶萍一气呵成,宗令屡来函电,言甚

①　陈旭麓等主编:《汉冶萍公司》二,第158、169页。
②　陈旭麓等主编:《汉冶萍公司》二,第361页。

痛切。管见尚宜复用吕柏，先与订立全用萍焦包炼贝铁合同，再与订立铁厂复用合同。"此电"骆"字疑误，按文意或当为"吕"。张电表明，萍矿及汉厂内部潜在的"倒卜"势力浮出水面。次日盛宣怀复电，透露了几许心声："来电忠诚溢于言表，可感！吕柏因总办、提调以去就争。乃吕去而施辞，舍佺亦求退，悔不任宗、吕也。弟愤甚，而聘比总管。顷与一琴同到京，俟商妥办法再达。"如此，已为卜、吕二人此后的不同际遇留下了伏笔。①

光绪二十九年四月，卜聂再掀波澜。初三日卜聂向盛宣怀报告，"汽炉常有一副损坏，致出铁不佳。"四月初五宗得福回答盛的询问，说是"两炉齐开，汽炉风力不足，拟立一炉，火砖未到。贝铁不合不尽因风力，缘冶矿泥沙夹杂，萍焦松碎之故。"四月十八张赞宸复电云："次焦无多，惟运厂屡经盘驳，碎小实无良策。土炉今年一律停炼，专用洋炉炼焦，近已得法，沙都树对众称许。"②五月初一盛又接卜聂函云，"焦质愈趋愈下，现在洋炉所炼之焦，更不及土炉所炼，厂内萍焦末屑堆积如山，劣焦仍源源而来。岂萍乡实不能制出好焦，只得以劣焦塞责"云。五月初八盛致电萍矿张赞宸："卜、鲁禀，两炉出铁不能炼钢，皆由萍焦磷重更甚于前，厂命将绝，望速运佳焦救急。"同日致电汉厂盛春颐、宗得福："卜、鲁禀，两炉出铁不及一炉佳多，是否萍焦更比去年磷重，抑因卜将期满告退，有意挟制，速查禀复，万勿含误。"五月初九又电："是否洋焦不及土焦，速电示。"

此时土焦已被洋焦逐步代替，在手工生产方式向机械生产过渡的时期，兼之运输问题未能全部解决，萍焦时有质量不稳定的现象；卜聂对此张大其词、甚至危言耸听，已渐渐失去了效力；盛宣怀对卜所言半信半疑，颇为警惕，最让他不安的是洋焦质量究竟如何？五月十一汉厂来电云："新来洋焦已试，出铁含磷零点一六，卜云可搭磷重铁炼贝钢，质尚松，已电萍加功炼运。"五月十六盛致电萍乡张："厂电新焦四百吨，灰磷较轻，惜到不多，微嫌稍松，望加功考炼，赶速多运。次焦暂缓。"七月初十萍乡张道来电："半

① 陈旭麓等主编：《汉冶萍公司》二，第779—781页。

② 陈旭麓等主编：《汉冶萍公司》二，第957—958、961页。

年考究炼焦，已有把握。洗机、洋炉灰磷俱轻，且结练，确胜土炉，俟大洗机成必更好。生煤质佳力足，惟船户弊难尽绝。"七月十三盛复张电："洋炉焦胜土炉，生煤质佳力足，稍释焦虑。"至此，盛才把心放下。[1]

卜聂的惊人补贴与回国

光绪二十九年九月盛春颐请假葬母，临行前于二十三日函告盛宣怀，"顷与卜聂面谈，已订续联一年合同，薪资照旧。"盛宣怀看了，批曰："糊涂已极"。二十八连去两电阻止："张道即日来汉，卜聂等万不可定"，"并不候示，断无此理。"张赞宸于十月初六早上赶到汉厂，盛春颐已于九月三十日回家，"所有厂中各事及银钱物料，一概未及接头。"当日接到盛宣怀电示："卜本领低，心地坏，薪水过度，势难久留，切望留意。"[2] 张赞宸从章翻译处找到合同原稿寄给盛宣怀，才知新订合同，并无"六个月前知会可撤"之语，而是"须给卜聂六个月薪水，以作酬劳。"我们也才知道卜聂"薪水过度"的真相：

> 查卜聂薪水每月英金二百零五镑，而近年章程，多出钢轨每日在八十吨以外，每吨酬银二钱五分；用钢轨头，每吨酬银二钱五分；用含磷在零点一六以外生铁炼钢，每吨酬银二钱五分；用萍焦每吨酬银五分；用大冶土铁，每吨酬银五钱。[3]

张赞宸在十月十七日致盛宣怀函中，对此做了高度的概括："大约卜聂之于厂事，无钱则无事可行，有钱则无事不可行。"这就是盛春颐总办"固结"卜聂所付出的成本，也是卜聂一贯强烈反对萍焦的奥妙之所在。"无钱则无事可行"者，如钢轨头是轧钢轨剩下的废料，马丁炉原本是以废钢作原

---

① 陈旭麓等主编：《汉冶萍公司》二，第964—967、970页。
② 陈旭麓等主编：《汉冶萍公司》二，第327、372、978页。
③ 陈旭麓等主编：《汉冶萍公司》二，第374页。

料，德培作总监工，没有钢轨头，马丁炉不开工；到了卜聂手上，竟然用钢轨头也要有补贴，洋人在汉阳铁厂也忒好赚钱了。"有钱则无事不可行"则更加骇人听闻，不仅不能如同吕柏一样研究冶炼技术、生产出更多优质产品；反而用不合格的生铁炼钢竟然还有补贴，不啻是违反操作规程、通同作弊，用金钱来鼓励卜聂制造不合格的产品。对于卜聂来说，不合格的生铁用得越多，不合格的钢轨造得越多，他的收入也越多。如此总办、如此洋工程师，使得汉阳铁厂钢轨含磷的问题更加复杂化了。

光绪三十年，汉厂完成了给卢汉铁路制轨的任务，外国工程师和工匠都想回国，盛宣怀安排炼钢厂停产一年。二月十八去电指示宗得福："卜聂准给例薪六个月，又酬劳两个月，即将合同注销。"卜聂意犹未尽，故伎重演，先于二月十二致函宗得福，提出要他报告盛宫保，"所有续定钢轨，须将锤试机验章程更改。"如按照原定指标，"就汉厂所炼生铁，竟无一吨可供炼钢"，今后与粤汉等路订购"恐致全行剔退，缘汉厂生铁含磷加倍之重，故卜预为陈明，庶无后患"。意在借此进行恐吓、讹诈。在宗向其传达盛宣怀对其注销合同的指示后，十九日提出"厂在一年之内复开，厂中有电，复欲请其来汉，渠愿仍来，却要再订两年合同"等条件，明显是要继续盘踞不去。宗得福唯恐卜聂又借端生事，二月十九按他的要求正式回信表示同意。二十一日，宗致函盛报告此事并附上卜聂给他的两封信，并称"惟不绝其后图，当不妄腾口说"，以为答应卜聂的要求，他便不会到处乱说。盛宣怀见信大不以为然，二十六日去电："兄允其一年内本厂复开，应再电请，两年为期，甚属诧异。此大违敝处训条，断不能行。望速将签字去信寄来，必要设法销废。去信何人所写？速复。"随即亲自出面致函卜聂，斩钉截铁予以拒绝："顷据宗代办抄送来去函各一件，与本大臣电饬之意颇多误会。该工司注销合同启程回国，即可另觅别就，毋庸再候汉厂之电。"[1]

光绪三十年三月初八，卜聂踏上了归国的旅途，结束了在汉阳铁厂长达十年的淘金生涯。

---

[1]　陈旭麓等主编：《汉冶萍公司》二，第414—416、420页。

列强博弈的小小棋子

卜聂早就被人评论为"外虽柔驯,内殊诡诈",又说他"居心叵测"。除了技术水平不高,为人狡诈而又贪婪,是否还有不可告人的阴谋?这也是一个谜。

二十九年五月赖伦去上海,先致函盛宣怀,信中揭发"比国人于夺厂矿之产,蓄谋已久",指出1898年上海比国领事法兰吉劝辞吕柏,系因吕与德国人赖伦交好,举出卜聂致吕柏函为证:

> 七月初七、八,我到上海见法兰吉时,伊即谈尔之事。伊之攻尔,伊并不掩藏,且谓:赖伦已帮助借成礼和之款,比公司欲得厂、矿之计,为此借款所败。此计赖伦知否,不得而知;但伊实与郭厂为难,而尔常在郭厂保举赖伦,谓其帮助比人,现在观其所为,一切反是。此系法兰吉所告我之大略也。伊之计策系设法使尔失去汉阳之事,因疑尔与赖伦同谋,否则亦为其所愚。伊为比国领事,其本分系攻击德人并帮助德人之人云云。①

赖伦此信,对于我们来说,揭露了吕柏被辞退的内幕,除了盛春颐这一内部因素外,还有比国驻沪领事法兰吉从外部起了决定性的作用。赖伦早已熟知此事,言之凿凿:"当法兰吉劝辞吕柏之时,渠允荐一好手接吕柏事,即现在鲁贝是也。"看来此事是确实的,法领事劝说的对象、能够有权辞退吕柏的,应当只有盛宣怀本人。赖伦对着当事者本人不可能说假话。

赖伦对盛重提此事,本意在证实"比国人于夺厂矿之产,蓄谋已久",即卜聂信中所言"比公司欲得厂、矿之计,为此借款所败",并借此为盛宣怀划清界限:因为妨碍了比国人阴谋实现,吕柏才被挤走;赖伦因此屡受比

---

① 陈旭麓等主编:《汉冶萍公司》二,第322—325页。此信标点,引者略有改动。

人攻击；而卜聂攻击萍焦则是为这一阴谋服务："然厂仍诋萍焦不好，其故在西一千九百年开平矿因法兰吉之力并入比人手中，故欲开平矿沾利益，须售给汉厂焦炭，而比人于萍矿，从此恐吓怨恨，有毁灭之心。"

辞退吕柏已过去了三四年，为何迟至今日赖伦才揭发？显然不是为了给吕柏雪冤，而是比国与德国在争夺汉阳铁厂中矛盾激化的结果。从赖伦此信来看，至少有三个因素，一是对去年卜聂说坏萍焦的旧恨未消；二者近来鲁贝亦说坏大冶矿石，六十五分之下不收，小块亦不收，只要头大之块。"鲁贝如此行动，致使各处受害""比国人欲夺取厂工，故每设法致令毁败。其心中意为，或早或迟，因屡次丧耗，总有一日逼迫不能支持，必以贱价售出，不识大人能令到此地步乎？"三是此次来见盛宣怀负有特殊使命，为德国礼和洋行给盛贷款、合办铁厂做说客："倘大人允与礼和立合同，准给其大冶矿石照售与日本人之价，又准给其萍乡焦炭、生煤照售与汉厂之价，彼愿立借银二百万马克，悉照去年合同办法，惟招商局作保不在内。赖已与礼和理奈商议，彼意在汉口或别处租界内设一铁厂。至股分大人亦可随意入股。……或恐新厂欲夺汉厂之利，谅理奈允将两厂若合一家办法"。

具有讽刺意味的是，赖伦在揭发卜聂为比国的阴谋服务时，自己也在为德国礼和洋行的利益而奔走，同时暴露了德国欲与日本争夺大冶铁矿及汉阳铁厂的野心。

赖伦负责萍矿建设之初，似与礼和洋行并无联系。光绪二十四年八月初四盛宣怀致电张赞宸："赖伦东流钻错，康中亦鲜效，未知安源开井得窍否。礼和借款未定，恐必欲决于彼矿师。"微露弃赖、允礼和另派矿师之意向，经张赞宸于八月十一日去电力争，"若所派矿师不好，掣动大局""恐矿师不关痛痒，多所糜费""倘该矿师与赖伦意见不同，另欲易地"，而"东流、康中无效，不自今日始"，等等，赖伦在萍乡煤矿的位置才得以保住。曾几何时，竟摇身一变而为礼和特派的专使。反观吕柏，也曾将汉厂的情况详细报告给比国公司，作为其对汉厂决策的重要参考，竟因与比国领事配合不力而遭排挤，后于光绪二十七年又为比国在华的万顺公司充当贷款和合办企业的说客。

无论是卜聂，还是吕柏、赖伦，这些来自不同国家的专业技术人员，在晚清特定的环境中，因了他们在汉冶萍这一国际瞩目的厂矿里占有特殊的一席之地，终不免为列强迫使清廷门户开放、利益均沾的狂潮所席卷，充当了国际间波谲云诡、钩心斗角、你争我夺的博弈中的一枚小小棋子。

外聘人员的几个特点

洋务运动中外聘的技术人员，在晚清中国是一个特殊的群体。他们显然不同于稍后的留学归国的容闳、詹天佑、吴健等，也不同于他们在本国内的同行，即使与辛亥革命之后来华的洋员相比较，在时代形势和地位上也有所区别。一般来说，他们的本职仍然是技术人员。以上述汉冶萍厂矿的外国工程师为例，在他们身上我们大体可以看出一些共同的特点：

一、专业精神

西方资本主义社会里的工程技术人员，是伴随着资本主义机械化大生产发展而成长壮大的一个新兴阶层。他们是先进生产力的代表，是创造社会财富的主导力量。这一群体，同掌握生产资料的资本家一样，充分体现作为社会主流普遍存在的资本主义精神，锐意进取，不懈地追求效率和利润；又具备其他阶层所不具备的专业素养及与之紧密结合的敬业精神。

当这一群体中的某些个体，因了各自的机遇来到汉冶萍厂矿时，他们客观上就承担了传播现代科技和资本主义文明的使命，而在主观上却要承受比在本国更多、更复杂而且是意想不到的困难。面对着严峻的考验，各个个体所交出的成绩单大不相同，吕柏的表现和成就明显高于德培、堪纳第和卜聂。无关于学历、阅历、门第，关键在于专业素质和专业精神的差异。赖伦对吕柏的考语是："为人虽性急，而办事忠勇，且极力将工程办到成功的地步。"此言极为朴素而形象地道出了科技人员专业精神的真谛。堪纳第是空有把工程办好的承诺而没有办好的能力；德培也许是对陌生的环境不适应，我们似乎看不到他有把工程办好的愿望；真正将工程办到了成功地步的还有萍乡煤矿总矿师赖伦。

二、趋利倾向

追逐财富是资本主义社会的真理。毋庸讳言，有的外国技术人员，不远万里，漂洋过海，来到中国，一个重要的因素，就是为了获取比在本国更多的经济收入。德培任总监工月薪 2200 马克，吕柏前任化铁炉总管月薪 100 镑、后任总工程师月薪 200 镑，这都是正当的收入。问题在于："在对外国人和非同伙人打交道时，贸易也像战争及海上掠夺一样，常常是无法无天的。在这里双重伦理允许人们做出在与同胞同事的往来中禁止做的事情。"①德培等人虽然不是从事贸易，在追求金钱时的双重伦理同样表现得很突出。德培本是自己提出辞职，蛮横地要中方按合同支付其辞职后的全部工资；堪纳第在合同稿提出中方如要辞退他应三年前通知。如此匪夷所思的要求，他们在本国是完全不可能提出的；因为是在晚清中国，竟然得到了本国领事馆的支持。卜聂的贪婪而卑劣，不仅体现在那些额外增加的五花八门的高额补贴，更在于他竟然以向铁路公司总工程师沙多写信告发相威胁，如此讹诈以得逞。

我们不想断定德培没有专业精神；我们也不想断定吕柏没有趋利倾向。是不是可以说，一些专业精神强烈而突出的外国技术人员，他们的专业精神将追逐金钱的欲望基本限制在理性的、合乎资本主义伦理的范围内；而另一类追逐金钱极其贪婪的人，遇到了无法无天的环境，他们的专业精神便被放纵的欲望冲淡或淹没了。

三、强势地位

在晚清中国，一般外国人都处于强势地位，洋务企业中的外国技术人员尤其如此。这种强势地位是建立在多重基石之上的：他们来自西方强国，经济发达，国力强盛，社会先进，足以傲视贫穷落后的中国，具有强烈的西方人的优越感；他们掌握着机械化生产的先进技术，在晚清中国是奇货可居，具有强烈的技术人员的优越感；他们往往通过外交途径、被本国大厂推荐而来，受治外法权保护，有使领馆作后盾，动辄干预，处于特殊的政治地位。

---

① ［德］马克斯·韦伯：《新教伦理与资本主义精神》，第 41 页。

类似德培在江边把阻碍他视线的华人粗暴地推下台阶，如堪纳第对总办郑观应咆哮胡闹三个小时，卜聂的任用有比国领事多次为他说项，都是他们处于强势地位的佐证。

在企业中，他们虽是受雇佣者的身份，却往往反客为主，为所欲为，不受约束。受西方强权政治的影响，他们往往忽视中方的主权和利益，遇到某些抵制时，反而认为是"损坏外国人在中国的利益和形象"。[1]

洋员这种强势地位鲜明而突出，也屏蔽了一些更为深刻、复杂的矛盾：由于语言交流存在障碍，由于东西方文化的差异，由于在现代企业管理上认识的差异，也由于晚清中国官僚体制及其作风的腐朽难以改变，华洋双方难以在日常生产和管理上顺利沟通并取得共识。盛宣怀对此深有所感："我彭、载之非不精明干练，但事前不能与洋人考核，事后又不免为洋人束缚，其受病总在华洋隔阂，情意不通，以致如此。"[2]

影响盛宣怀任用外籍人员的因素

精明干练如盛宣怀，在任用洋人上多次后悔，后悔没有早去德培，后悔误信堪纳第、误用卜聂、鲁贝，也后悔过没有任用吕柏。探讨这方面的失误，大致有以下的主客观因素：

1. 在晚清特定形势下，华洋双方缺乏平等友好合作的基础

晚清中国濒临被列强瓜分，处于被凌辱、被损害的境地；汉冶萍厂矿是列强争夺的重点对象；外国技术人员处于强势地位，大多身为雇员而居高临下、自以为是，不愿受约束。盛宣怀既有天朝大员的虚骄之气，而又心存疑虑、外强中干，难以放下架子，开诚布公，和衷共济。

2. 遥控式的依靠函电对企业进行操纵

盛宣怀长期住在上海，即使来到武汉，也不住在铁厂，仍然是依靠函电

---

① 吕柏语：《中国的采矿业与钢铁工业》，转引自方一兵《汉冶萍公司与中国近代钢铁技术移植》，第 97 页。

② 陈旭麓等主编：《汉冶萍公司》二，第 238 页。

指挥。最典型的是关于堪纳第的合同问题，一江之隔，郑观应两三天内给他写了七八封信，就是没有当面交换意见。盛长期脱离企业生产实践，缺乏感性体验，纸上谈兵，很难对企业的实际情况有深入切实的了解，对具体的人和事仅凭函电汇报和个人不真切的印象做判断，也就难免失误。

3.盛宣怀对洋员的心态很复杂

总体上来说，盛宣怀在管理企业上，明显有不相信华人、依赖外国人的倾向，如听从洋员揽权解除徐庆沅管理熟铁厂的职务、不听郑观应的劝阻执意与堪纳第订合同、光绪二十六年又一意孤行要重金聘比人葛乐士为总管，都是明证。

与此同时，盛并没有摆脱天朝上国视西方人为夷狄的心态，不是"驾驭"，就是"羁縻"，一味运用权术。对于这些洋雇员，表面上他是高高在上，颐指气使；实际上心存疑虑，患得患失，优柔寡断。一会儿想用同一国的人，以免互相掣肘；一会儿又想用不同国家的人互相牵制。本来是要裁减洋人、降低成本；转过面来大开绿灯，加薪添人。本来早决定要去德培；误信裁去吕柏可省一半的工资，又转向留德去吕。对于具体对象往往缺乏定性的、总体把握的基本判断，或偏听轻信、妄做决断，或曲意迁就、放任纵容，或多疑观望、两端摇摆。自以为统筹全局，思虑周详，实际上往往被洋人牵着鼻子走。莫爔在光绪二十五年曾对盛宣怀进言："驾驭洋人必须宽猛相济，或一于猛，或一于宽，均失之矣。"[1] 当是针对去吕留卜而言的，对盛实有普遍意义。

4.盛宣怀容易屈从于列强势力的干预，接受他们的蛊惑

盛宣怀对洋员的心态复杂、易变，与外部势力的干预密切相关。

如前所述，在聘用堪纳第、辞退吕柏、重用卜聂等人的过程中，都与相关使领馆人员的活动密切相关。对于比利时人的任用，明显与卢汉铁路使用比国贷款相关；在与日本签订的贷款合同中，把引进日方人员作为条件之一。诸如此类，都增添了外籍人员使用中复杂斑驳的政治色彩。

---

[1]　陈旭麓等主编：《汉冶萍公司》二，第142页。

总之，汉阳铁厂这一时期任用外国工程师所呈现的历史过程，及其中某些失误，都反映了晚清中国封建官僚体制与引进资本主义生产方式的矛盾，它既有晚清的时代特色，又打上了盛氏个人的独特印记。

第十九章　关于废弃贝炉的再探讨

盛宣怀长期大量对日输出低磷优质矿石 / 大冶矿石供应日本和汉厂是同一标准 / 萍焦含磷是钢轨磷高的重要因素 / 全用萍焦而排斥吕柏是决策重大失误 / 任用卜聂不利于专用萍焦并导致钢轨磷高 / 如何认识汉厂炼钢炉的原有配置？ / 贝炉炼钢曾经是一枝独秀的老霸主 / 汉厂为何不早用马丁炉炼钢制轨？ / 国际炼钢新潮流与拟在萍乡建厂 / 对日出售铁矿石带来的新矛盾 / 结语

叶景葵在《述汉冶萍产生之历史》中说到汉阳铁厂废弃贝炉：

> 既得煤矣，居然炼成钢轨，而各处铁路洋员化验，谓汉厂钢轨万不能用，盖因含磷太多，易脆裂也。
>
> ……焦急无策，乃礼聘李维格到厂筹画补救之法。李谓非出洋考求，不得实际。……再四考求，始知张之洞原定机炉系用酸法，不能去磷，而冶矿含磷太多，适与相反。惟所有零件，则系碱法所验，故又成佳品。盖梯厂初定机炉时，以不得中国煤铁之质性，故照英国所用酸法配置大炉，另以碱法制一小炉塍之，其意不过为敷衍主顾而已。①

---

① 中国史学会主编：《洋务运动》八，第527—528页。

百年来，此说广泛流传，被引以为据，几乎成为定论。如严中平主编的《中国近代经济史1840—1894》称：

> 由于大冶铁矿含磷较多，而从英国订购的2座贝色麻钢炉，系照英国所用酸法配置的大炉，不能去磷，以致炼出的钢含磷过多，容易脆裂，"各处铁路洋员化验，谓汉厂轨万不能用。"[1]

直到21世纪初，夏东元《盛宣怀年谱长编》出版，论及1904年盛宣怀做了三件事时，仍然宣称：

> 第三件要算是扩大湖北炼铁厂规模，改进铁厂机器设备，提高钢铁产品质量，从而最终解决了冶矿含磷太多钢铁易于碎裂的问题。[2]

2005年，袁伟时在《汉阳铁厂与洋务派经济思想的困境》中，"归纳历来的研究成果"，认为汉阳铁厂的挫折，"是由三大错误造成的"：

> 第一是设备购置不当。汉阳铁厂用的是大冶铁矿，含磷很高，应该用马丁炉。[3]

众口铄金。"含磷太多"这一罪状，如同流放者的"金印"，刺在大冶铁矿的额头上，长达百年。

本书至此，以前各章已经依据档案史料，将1904年李维格出国考察前汉、冶、萍三处厂矿的生产实践，以及《煤铁互售合同》《预售矿价合同》签订的有关史实，分别进行了考察和梳理，读者自会发现，其中一些史实与上述的传统结论，颇有抵牾。

---

① 严中平主编：《中国近代经济史1840—1894》下，第1395页。
② 夏东元编著：《盛宣怀年谱长编》下，第823页。
③ 袁伟时：《汉阳铁厂与洋务派经济思想的困境》，载《温故》（三），第36页。

因此，本章的任务是：在上述各章的基础上，综合归纳史料、史实，试图正面对下列两个基本问题作出回答：一、大冶铁矿石是不是"含磷太多"？二、汉阳铁厂钢轨磷高的原因何在？在此基础上进而对废弃贝炉的有关问题再做些探讨。①

盛宣怀长期大量对日输出低磷优质矿石

关于大冶铁矿石、汉阳铁厂生铁含磷的说法很多；关于钢轨要求含磷的指标，说法也各有不同，如全汉升在《清末汉阳铁厂》中引用《汉冶萍公司全志》的记载说：

> 大冶铁砂含磷 0.1% 左右，制成生铁含磷 0.25% 左右，如果用贝色麻炉来炼钢，因为生铁中所含的磷难以除去，炼出的钢含量磷 0.2% 左右，可是用来制造铁路路轨的钢其所含磷须在 0.08% 以下，才不至于脆裂。②

这些数据言之凿凿。但是，在不同时期、不同矿区的含磷量会有不同；化铁炉生产出来的生铁，每一炉的成分都会有所不同，就像大自然中没有完全相同的两片树叶。我们不能以偏概全，不能只见树木、不见森林。更重要的是，这类零星的、个别的数据掩盖不了，也否定不了一个巨大的无可辩驳的历史真相：盛宣怀长期大量对日本输出低磷优质大冶矿石。

说它"长期"，是从 1990 年起开始输出，自签订《预借矿价合同》后，实质上演变为用大冶矿石替盛宣怀偿还债务，铁矿石每年源源不断地运往日本，直到盛宣怀 1916 年去世，这些债务依然远远没有还清。

---

① 张实《苍凉的背影：张之洞与中国钢铁工业》一书中，"第二十一章 质量：一个流传百年的弥天大谎"系探讨这一问题。其中有些内容，本章不再重复。

② 全汉升：《清末汉阳铁厂》，载《中国经济史研究》下，稻乡出版社 1991 年版，第848 页。

说它"大量"，是从1991年起，输出日本的数量就开始超过了供给汉阳铁厂的数量，此后绝大多数年份是如此，历年累计也是如此，大冶铁矿已经演变为以输出日本为主；从另一个角度来说，统计至1910年止，自大冶铁矿输入的铁矿石占日本铁矿石输入总量的63%。[①] 因此，日本经济史学界公认，是大冶铁矿石的供应保证了日本钢铁工业基础的确立。[②]

说它"低磷优质"，有《煤铁互售合同》附件《购买大冶铁矿矿石定准成色清单》为证。[③] 这份清单不是写在纸面上说说而已，而是日方派有专人长期驻大冶监督，每次双方都要共同取样、分别化验、以供核对的。也有化验清单为证：

> 谨将博德经手每次日矿汉厂化单分数缮呈鉴核，须至折者。计开：
>
> 第八次，铁百分之六十五分七六；磷万分之三五。
>
> 第九次，铁百分之六十五分七六；磷万分之三八。
>
> 第十次，铁百分之六十六分〇三；磷万分之三二。
>
> 第十一次，铁百分之六十五分〇一；磷万分之三六。
>
> 第十二次，铁百分之六十五分九六；磷万分之三三。
>
> 第十三次，铁百分之六十四分六；磷万分之四二。
>
> 第十四次，铁百分之六十三分四七；磷万分之四九。
>
> 第十五次，铁百分之六十二分七九；磷万分之三六。
>
> 第十六次，铁百分之六十四分一五；磷万分之三九。
>
> 以上九次，共计铁五百八十三分五三，合百分之六十四分八三六。
>
> 又共计磷千分之三四，合万分之三七七。[④]

如此矿石平均含铁高达64.836%，含磷仅0.0377%，岂不是低磷优质？

---

① 汪熙：《求索集》，上海人民出版社1999年版，第134页。

② ［日］西川俊作、山本有造编：《日本经济史5：产业化的时代（下）》，第131页。

③ 湖北省档案馆编：《汉冶萍公司档案史料选编》上，第217页。

④ 陈旭麓等主编：《汉冶萍公司》二，第393页。

怎能说"大冶矿石含磷太多"？又怎能说大冶矿石不适应贝炉需要？

窃以为在这个问题上，传统的结论，误在对李维格的不实之词、叶景葵的道听途说未做甄别，长期受其蒙蔽；误在对于盛宣怀长期、大量对日本输出大冶矿石这一历史事实视而不见、置若罔闻；误在孤立地看待炉型、议论矿石含磷，却无视输出矿石与改变炉型本来具有内在关联、因果逻辑。

大冶矿石供应日本和汉厂是同一标准

汉厂钢轨出现过含磷高的现象，孤立地归结为设备购置不当；因贝炉不能去磷，而又简单地归罪于大冶矿石，这种思维方式具有片面性，不利于认知历史的真相。

制造钢轨要经过三大工序：化铁炉炼铁、贝炉炼钢、轧制成轨。炼铁的原料主要是铁矿石、焦炭、石灰石。从原料来分析，不仅是矿石可能磷高，焦炭也可能含磷。

人是最重要的生产力。人是技术的载体，设备在于人使用，冶炼的过程在于人操作、控制，产品的质量最终取决于人。而将适合的人安置在适合的位置，又是企业管理和决策问题，是领导艺术问题。

钢轨磷高应全面分析原料、人员、技术等多种因素。下面分别阐述这些因素的影响，先说原料之一的铁矿石。

上文指出，盛宣怀长期大量对日本输出低磷优质大冶矿石。从总体上来说，大冶铁矿石在数量和质量上可以充分满足贝炉炼钢的需要。

从具体生产操作的史料来看，举例如下：

1. 早在盛宣怀接办初期，大冶铁矿总办张世圻就已明确，首要任务是为铁厂提供低磷矿石，光绪二十三年正月十六致盛宣怀函云："卑职诚恐万一有磷，有误大局。"[1]

2. 光绪二十五年八月，德国矿师斐理看到日方对矿石成分的要求，对盛

---

[1]　陈旭麓等主编：《汉冶萍公司》一，第393页。

宣怀说过："现在厂因焦磷过重，责运磷轻之铁，剔下000七者不少。"说明在未对日本出售矿石之前，供应铁厂之矿石大体是以含磷0.06%为上线。①

3.光绪三十年正月三十日，解茂承寄来李维格出国考察要带去的矿样，金山店、狮子山、大石门、野鸡坪、纱帽翅、铁门坎等六个矿山各一箱，每箱两种品位："其平等者，即现时应付汉、日之矿；次等者，即铜磷较重矿也。"说明大冶铁矿当时供应日本和汉阳铁厂的矿石是同一标准，即含磷在0.05%以下。②

这些史料反映的是企业常态，基本情况。企业难免出现产品质量不稳定、超标的现象，如光绪二十三年二月中旬密楷致盛宣怀函反映："查大冶从前所出矿苗含磷零一五，将此化铁，其铁含磷零二，此等铁用之炼钢，嫌其太硬。中间有来甚好矿苗，含磷只零零三，化出之铁含磷零零五，此铁合炼贝色麻钢。近日所来矿苗，磷质又有零一五之多，以之炼钢，又不合用。"与此同时，吕柏也向盛宣怀反映矿质不佳，含磷质"由二毫增至一厘一毫，如0.02%，0.11%。此系铁山取矿，未能纯纯合法"。盛即函致郑观应、赖伦，再次强调"专取少磷之铁石"。据张世圻汇报，系因赖伦常要离矿至外地勘矿所致。③总的来看，此类汉厂反映大冶矿石磷多的资料似不多见。

综合上述，我们认为汉厂钢轨磷多，主要不是大冶矿石造成的，也不认为大冶矿石不能适应贝炉炼钢的需要。

萍焦含磷是导致钢轨磷高的重要因素

盛宣怀接办铁厂时，燃料以开平焦炭为主，辅以其他焦炭。开焦的最大优点是无磷，但价高路远、且供应数量不足。萍焦采运始于张之洞官办时期，经过比较，脱颖而出，但因含磷不宜炼制贝炉炼钢所需之生铁。吕柏提出了一个采取磷轻矿石配合萍焦炼贝铁以减轻成本的方案，深得盛之赞许。

① 陈旭麓等主编：《汉冶萍公司》二，第168页。
② 陈旭麓等主编：《汉冶萍公司》二，第409—410页。
③ 陈旭麓等主编：《汉冶萍公司》一，第450、445、442页。

光绪二十三年大举采运萍焦，二十四年决定建设机械化萍乡煤矿，二十五年停止购运开平焦炭，专用萍焦，于是萍焦磷高的问题突出而成为厂矿争议的症结。二十六年正月二十六日盛曾向张赞宸摊牌："望速与赖伦筹商，能否炼零点零五五之炭三千吨，如只能炼零点零八之炭，只能与开平搭用，何时起，速复。"二月初五张复电："现鲁贝、卜聂所限与吕悬殊，则洗煤机配件未到以前，仍照吕限，月供厂零点零八至零点零九头焦二千吨，俟洗煤机成后，磷尚可减，月供三千吨。"看来按照卜聂的要求、供应含磷仅为 0.055%的焦炭，萍乡煤矿当时确实是办不到。[①]

综合来看，当时影响萍焦磷高的因素主要有：

1. 早期勘测时即发现萍矿有磷

光绪二十二年，盛宣怀接办汉阳铁厂后，即命德国矿师马克斯勘探萍乡煤矿，同年十月马克斯在《萍矿采运情形并筹改西法办理节略》中明确指出："磷质约六厘四毫及八厘四毫""其三寸及六寸厚煤脉之内，藏有磷质，均经汉阳厂试验。"[②]

2. 赖伦未能从磷少之处开挖

光绪二十四年八月二十五日，负责创建萍乡机矿的总矿师赖伦，致函张赞宸报告矿内设计方案，其中说到"盛督办欲择磷少之煤矿开挖，今查天滋山小坑所产之煤，含磷极少"，若由该处用西法开挖，槽路无法开通，运煤不便，"除自安源开起外，并无他法。"同时承认："现在萍煤通扯含磷百分之一分二厘。"通扯，即平均。说明当时萍煤含磷总体水平仍很高。[③]

3. 土焦有的质劣，磷质难除

光绪二十九年正月十四日布卢特《勘察萍乡矿务报告》称："新旧土法炼焦炉，二者均属空旷时日，蹧跶煤炭，如不细心烧炼，则焦炭必至极劣。其土法烧炼焦炭，卢特所见最优者为小坑焦炭，且为萍属最优者。""每炼成一炉之炭，任其自熄，并无用水，是以小坑之焦为最清洁也。""洗煤机之水，

① 陈旭麓等主编：《汉冶萍公司》二，第 780、785—786 页。
② 陈旭麓等主编：《汉冶萍公司》一，第 277 页。
③ 陈旭麓等主编：《汉冶萍公司》二，第 62—63 页。

用过复须再用，然洗煤用以浊水万难清净。"又称："见萍属各焦炭均属极好，盖煤炭用以炼焦，含有磷质者实难检去，但用以浊水洗炼可加磷质于煤，及炼成之焦用水冲熄，二者均能加焦炭不净之份数也。"①

4. 机械化生产替代土法生产有一个转换的过渡时期

在光绪二十四年始建机矿之前，无论是矿局自办的煤窑、焦炉，还是收购自商户的焦炭、生煤，都是土法生产；开建机矿后，边建设边生产，土法与机器并存，依旧收购商户的煤焦，同时也沿袭了土法生产的一些弊端，来源混杂、品质不一，质量很难保证。运矿铁路时修时停、断断续续，在直通洙州之前，不能不雇用民船，也就难以杜绝途中盗卖煤焦、掺杂掺水。产量大增而运输不畅，导致安源、醴陵、岳阳等中转站大量积压，也使煤焦的质量降低。

5. 萍矿供应汉厂焦炭未能区分等级、按质论价

萍矿原是汉厂下属矿山，虽然各自独立核算，两者之间的经济往来却是剪不断、理还乱，全以盛宣怀一言为定。二十五年二月，张赞宸向盛报告，以焦船到厂来不及化验分等级为由，请求"将原定头等价十二两五钱，二等价九两五钱，牵合扯算，每吨给价银十一两，五日一结，照数领价，其如何重加分别配搭入炉，当责成吕柏及化学师逐细化验，随时分用，庶得实济。"②经盛同意，按此执行。如此否定了按质论价，既导致汉厂不满，引起纠纷，更不利于萍矿加强督促检查，致力于提高焦炭质量。

综合上述，萍乡建矿初期，处在由土法生产向机械化过渡的进程中，焦炭质量不够稳定，有时含磷较高，是导致钢轨磷高的重要因素之一。但在李维格出国考察之前，时至光绪二十九年，四月报告称土炉一律停炼、专用洋炉炼焦，随后小土窑为矿收购；洗煤机、炼焦炉陆续投入使用，土法生产已逐渐被机械化代替。铁路已修至醴陵，运输条件也有较大改善，整个形势明显在向大幅度提高产量、改善质量的方向转进，此时萍焦有磷似不足以成为

---

① 陈旭麓等主编：《汉冶萍公司》二，第308页。
② 陈旭麓等主编：《汉冶萍公司》二，第109页。.

必需废弃贝炉的重要原因。

全用萍焦而排斥吕柏是决策重大失误

据吕柏回忆录《中国的采矿业和钢铁工业》所记汉阳铁厂一号高炉生产情况,1896年11月14日—1898年1月19日,1898年3月24日—1900年1月,这两段时间均用萍乡焦炭,[①] 生铁平均日产量分别是67.1吨、约71.5吨,后者接近高炉日产75吨的设计产能。而这一时期钢材的平均成分中,"钢轨用材的含磷量达0.08%—0.12%"。[②]

如果吕柏回忆录记载的数据可靠,按照当年日本制铁所长官和田对盛宣怀所言:"各国通用之轨,每万分不得含磷过十五分,大致都在十一分上下。"则这段时间内汉阳铁厂钢轨,包括开焦渗用萍焦、专用萍焦试炼的,磷质是符合国际通用标准的。[③]

在汉冶萍历史上,吕柏倡议采取大冶铁矿石配合萍焦炼贝铁并试验成功,其意义在于倡立了低磷冶矿与含磷萍焦配合生产贝铁这一模式,促使盛宣怀决定停用开平焦炭、全用萍焦,确立了萍矿作为汉厂焦炭供应基地的地位,形成了汉冶萍三家厂矿长期合作的固定结构,汉冶萍公司实奠基于此。

就当时汉厂生产经营来说,全用萍焦是降低成本的一大举措,是扭转亏损的希望所在。

全用萍焦的重大障碍在于它含磷。能不能用含磷的萍焦炼出适用的贝铁是一种技术革新。这种障碍能不能排除,革新能否成功并进一步巩固成果,对于汉厂,关系到成本和质量;对于萍矿,则关系到销路和发展。

光绪二十五年初,盛宣怀一面下令停用开平焦炭、专用萍煤,一面却暗

---

① 光绪二十四年十二月二十六日(1899年2月6日)盛宣怀致电天津黄花农:"来年焦炭只可停办。"此前汉厂系开焦与萍焦并用。据张赞宸、莫爔回忆,吕柏曾全用萍焦试验三周,得贝铁七成,已取得胜利。

② 方一兵:《中日近代钢铁技术史比较研究:1868—1933》,山东教育出版社2013年版,第46—47页。

③ 陈旭麓等主编:《汉冶萍公司》二,第100页。

用心机除去吕柏，令人不可理解，无疑是一大败笔。

从企业经营决策来看，从总结经验教训来看，如果以质量为重，当初坚持开焦与萍焦并用，逐渐减少开焦是上策；全用萍焦，仍用吕柏炼铁是中策；全用萍焦而让卜聂主持，则是下策，技术上无把握，质量上无保证，风险太大。

吕柏既是这一生产模式的倡议者，又是革新的主持者；本厂化铁炉系其参与修建并长期负责生产，又对萍焦有认真、深入的研究。当时口头并书面保证用萍焦可炼贝铁的，是吕柏而不是卜聂，卜聂志不在此，也未必有此能力。此时吕柏突然被排斥出局，换上一个不可知的新手炼铁，可说是临阵易将，自乱阵脚；不啻是釜底抽薪，使这一生产技术革新失去了核心和动力。历史事实证明，这一关键的人员变动，导致专用萍焦的决策执行受阻；导致围绕萍焦含磷厂矿争执终年，矛盾加深；导致卜聂盘踞坐大、事故迭出，钢轨含磷的质量问题久久不能解决。

光绪二十五年年底，化铁炉出险。二十六年正月二十六张赞宸致电盛宣怀，乘机指出用人决策的失误，"厂务大局误于骆（吕）去""管见尚宜复用吕柏"。面对严酷的实践检验，盛在这两天分致汉厂、萍乡的电报中连连哀叹："炉顶塌陷，论者谓吕柏在不致此！""悔不任宗、吕也。"① 盛对这一失误的追悔也表现在对卜聂的去留上，卜聂合同期满，最后是盛一再否定了盛春颐、宗得福与卜聂续约的决定，亲自致电断绝了卜聂继续盘踞的妄想。

李维格出国考察的重要任务之一是聘请总工程师。时隔五年，李维格利用这一机会聘请吕柏重新回到汉阳铁厂，以实际行动纠正了这一用人决策的失误。盛宣怀不无勉强地接受了吕柏，但是，五年来走了弯路造成的损失无法弥补，盛吕之间的情谊却也似乎无法恢复。

---

① 陈旭麓等主编：《汉冶萍公司》二，第779—782页。

任用卜聂不利于专用萍焦并导致钢轨磷高

吕柏走后，汉厂的生产技术由卜聂主政，既不利于专用萍焦，也是导致钢轨磷高的原因之一。

1.卜聂的基本倾向是主张用开焦而反对用萍焦

开焦的最大优点是无磷，操作简便，质量有保证，省心省力，一般人的心理是倾向于避难就易。吕柏倡议用萍焦配合冶矿炼贝铁，是一种创新，是舍易就难，基于专业人员的责任感和敬业精神。吕柏与卜聂的差异，似首在精神境界的不同。吕柏进行革新，是自觉自愿的；卜聂没有参与这个革新，继续全用萍焦是被动的，出自盛的指令而不得不为之，实际是企图设法重购开焦。简而言之，即使是生产技术的革新，排除了革新者，而让一个革新的反对者去执行，必然是南辕北辙。

2.解决钢轨含磷，卜聂、鲁贝或力有不逮

卜聂对张赞宸说：负责炼铁的"鲁贝本领低，在比国本非工师"①。二十五年十二月十七日，盛宣怀听了鲁贝的化铁炉大修方案，立即断定："此人不及吕柏远矣！"一周后化铁炉出险，炉顶塌陷。

盛宣怀接办汉厂时洋人虽多，却无专管炼钢的工程师，其时总监工德培号称以炼马丁钢见长。德培去后，卜聂改管钢厂。早在光绪二十三年正、二月间，铁厂总办郑观应对盛宣怀再三说过："亦须预早留意人材，选聘一顶好炼钢工师管理贝、马两钢厂事。因卜聂非炼钢好手，比领事与吕柏所荐，皆私意耳。"又说："卜聂钢事不精，恐不能兼马丁钢"；还说："闻卜聂在钢厂只学八阅月耳"②由于种种原因，这一问题并未解决，就技术力量来说，贝炉这个关键部位却是短板。过去有吕柏给卜聂提供贝铁，似乎没有听到卜聂有不同的声音。吕柏走后，为焦炭含磷大起争议，比较卜聂、鲁贝与

---

① 陈旭麓等主编：《汉冶萍公司》二，第 375 页。

② 陈旭麓等主编：《汉冶萍公司》一，第 391、406、422 页。

吕柏对焦炭的要求，二者颇为悬殊。光绪二十五年十二月初七，张赞宸致盛宣怀电：

> 吕柏面答宗令云，头焦、次焦各半，可炼贝铁，且专用萍焦炼，三礼拜出贝铁七成是宪原谕及吕原议……而聂经手后背吕原议，竟全要磷轻，不要一吨老样，不解聂等与吕用焦之法悬殊至此。前吕电嘱赖伦磷零点零八至［零点零］九为头焦……而宪台抄发卜聂原禀，头等磷零点零二，灰十分；二等磷零点零七，灰十分；三等磷零点零七以上，灰十分。若涨一分至改减银二钱，是明明强人所难，照此限法，萍焦固万做不到，即今年开平焦，九、十月厂化数次，磷零点零三、四至零点零七，照聂限萍数，只能算二等。①

如此对焦炭含磷的要求悬殊，反映了控制冶炼的能力实有高低。吕柏能做到的，卜聂不一定能做到。李维格出国考察也看到了汉厂与美国的显著差距，光绪三十年四月十二日，李自华盛顿致杨学沂函云：在美"所看各厂无一有剔焦剔矿之事，块末同装入炉，皆弟等目睹。炼铁一吨亦无有用焦逾一吨者，焦中含灰多者亦有百分之十三分半，未必甚优于萍。汉厂之挑剔苛而用料多。不知是否因比匠之无能，抑因风力之不足？"②

贝炉炼钢不能除磷，如果操作不当，甚至有"回磷"的现象。吕柏试验，仅得七成，即十炉只有七炉成功，说明并非易事。余名钰《贝氏炉炼钢》一书说："酸性炉是没有去磷作用的，金属经吹炼后，因其他元素的损失，于是含磷量反而有增无减……在生铁原料中去磷是一桩很难完成的事，因为磷是要在氧化环境中才能去除，而生铁里碳和矽的含量太高，碳会把氧化磷在高温中还原回去，而矽在低温中，也是会把氧化磷还原的。"也就是说，炉温高了不行，低了也不行，要恰到好处。③ 郑观应认定卜聂不是炼钢好手，

---

① 陈旭麓等主编：《汉冶萍公司》二，第764页。
② 陈旭麓等主编：《汉冶萍公司》二，第435页。
③ 余名钰：《贝氏炉炼钢》，龙门联合书局1954年版，第105页。

卜对于这些化学物理变化的掌控能力如何，就很难说了。

卢汉铁路验轨，前后逐条挑剔出五千七百多吨，醴渌路从中收用五千余条，尚余四千多吨，盛宣怀大叹："可见萍焦磷重，亦可见卜聂本领！"①

3.卜聂更借生铁含磷牟取私利

光绪二十八年冬，运往北方的钢轨断折六十来条，卜辩称"实以厂中所用萍焦，所含灰、磷均重"，历年系其在验轨时作弊才得过关，扬言要向卢汉铁路比国总工程师告发，讹诈勒索得逞，每月加薪 20 镑。②

张赞宸说过："大约卜聂之于厂事，无钱则无事可行，有钱则无事不可行。"由于其起劲地反对用萍焦，则"用萍焦每吨酬银五分"。而"用含磷在零点一六以外生铁炼钢，每吨酬银二钱五分"③，如此卜聂借此牟利，不合格的生铁用得越多，他得到的银子越多。

光绪二十五年二月二十八日，盛宣怀致盛春颐、施肇曾函：

> 萍炭磷重，不能全炼贝色麻钢一节，此事关系最重，宗令上年询据吕柏，转据卜聂云，炼贝钢，铁含磷以〇·一五为率，如到〇·一六即不合炼钢之用。来书所称〇·一五、〇·一六，略有笔误。日本和田回沪亦称鄂轨磷重，由于萍炭，其言曰："各国通用之轨，每万分不得含磷过十五分，大致都在十一分上下，现鄂轨磷质，万分中有十六分。华轨用之华路，不能作准，若论外国销场，断难出售"等语。④

这里有两个相互联系而又有区别的指标，盛宣怀都记得很清楚。

一是用于贝炉炼钢的生铁含磷量：卜聂说：以 0.15％为率，不可超过；如达 0.16％，即不能用。

二是通用的钢轨含磷量：据日人八幡制铁所长官和田说：含磷不超过

---

① 陈旭麓等主编：《汉冶萍公司》二，第 443 页。
② 陈旭麓等主编：《汉冶萍公司》二，第 311—315、952—953 页。
③ 陈旭麓等主编：《汉冶萍公司》二，第 374 页。
④ 陈旭麓等主编：《汉冶萍公司》二，第 100 页。

0.15%，大致在 0.11%上下。

按照和田所说的钢轨含磷指标，卜聂炼钢用生铁含磷 0.15%已是极限，因贝炉不能去磷，炼出之钢，有可能不超过 0.15%；也有可能超过 0.15%，且超过的概率较大。而用生铁含磷达 0.16%，则钢轨含磷必定超过 0.15%。卜聂为了增加收入，"用含磷在零点一六以外生铁炼钢"，则是明知故犯，有意制造不合格的钢轨。

史家称明末的官军"养寇自重"，故流寇越剿越多。比之如卜聂，可谓"养磷自肥"，钢轨含磷安能有解决之望？

如何认识汉厂炼钢炉的原有配置？

叶景葵说："盖梯厂初定机炉时，以不得中国煤铁之质性，故照英国所用酸法配置大炉，另以碱法制一小炉媵之，其意不过为敷衍主顾而已。"[1] 所谓"媵"者，陪嫁的大丫头，如夫人也。此说或系老先生之主观臆测。

窃以为汉阳铁厂购炉应是青溪钢铁厂购炉的继续与改进。

光绪十二年创办的青溪铁厂，是潘露主持的。他是贵州巡抚潘蔚之弟，候选道，曾被左宗棠奏派办理金陵、上海两局制造事宜。据云贵总督岑毓英奏调潘露时称，"旋据该道经过青溪、玉屏等处逐层勘明，铁质实系精良，水口亦甚便利"，从而确定了厂址。并云"该道讲求西学三十余年，于开采、制造各务确有把握。目前购办机器既能洞悉窾要"，看来购机也是他亲自掌握的。[2] 又据光绪十三年《贵州矿务札文》载："业已派员巡至英国游历铁厂，观其所用之具，择要定购并请刘星使监核价值，以明诚实无欺。"至英购置设备的人员有潘志俊、徐庆沅、祁祖翼。潘志俊是潘蔚的次子，先后署山东登莱青胶兵备道兼东海关监督，当是盛宣怀的前任，其时随同刘瑞芬出使英国任参赞。徐、祁二人则被派往英国学习铁厂设备、营运、管理等。徐曾被

---

① 中国史学会主编：《洋务运动》八，第 528 页。
② 孙毓棠编：《中国近代工业史资料》第一辑，第 676 页。

任为青溪炼铁总局帮办，他后来在汉阳铁厂向盛宣怀毛遂自荐，就是有这段经历作基础。光绪十五年十一月初八，李鸿章致电盛宣怀："潘志俊在英为黔购炼铁机炉，亲往各厂考较颇精。"如此在英国谛塞德厂订购了日产量为25吨的高炉1座、1吨的贝塞麦转炉2座及轧钢设备等。①

在晚清封闭、保守的环境下，一门兄弟父子，封疆大吏、洋务老手、外交人员，内外齐心合力开创中国钢铁事业，很是难得，采购的设备也应当是比较可靠的。这就为张之洞订购汉阳铁厂的设备奠定了一个很好的基础。张之洞同时与驻英、德的使臣分别联系。洪钧这位状元说炼钢有贝色麻、托马斯两种，尚不知有马丁炉；刘瑞芬有问必答，反馈及时，现在我们才知其身边有个潘志俊，轻车熟路，水到渠成，如此又成就了谛塞德厂一笔大生意。

但是，张之洞不是简单地照葫芦画瓢，铁厂设备配置做了重大改进。一是产量规模加大四五倍，生铁"每日百吨以上，炼熟铁及钢各半"；一是"炉需兼能炼有磷者"，这才添购了青溪铁厂所没有的马丁炉。②不可小觑的是，"媵"作夫人，日后炼成的钢制造鱼尾板和轨钉，竟大出风头，被称为上品。

光绪十六年四月，张之洞为了争取在建的关东铁路订购汉阳铁厂将来生产的钢轨，郑重向李鸿章介绍：

> 询诸各矿师，均称造轨只须贝色麻法即合用。现购之炉，贝色麻、西门士两法具备，若以最精之法炼之，当无不合。③

显然，张之洞对于汉阳炼钢炉的配置是充满信心的。

---

① 方一兵：《中日近代钢铁技术史比较研究：1868—1933》，第 24—26 页。

② 《张之洞致刘瑞芬电》（光绪十五年六月初二），《张之洞致洪钧电》（光绪十五年九月十八），载湖北省档案馆编《汉冶萍公司档案史料选编》，第 62、64 页。

③ 苑书义等主编：《张之洞全集》七，第 5496 页。

贝炉炼钢曾经是一枝独秀的老霸主

钢铁冶炼史告诉我们，贝色麻炉是英国人贝色麻于 1855 年发明的。这种炼钢法不需要燃料，把空气和氧吹进炉内，使生铁中各种成分氧化而成钢。它的出现，标志了近代炼钢法的诞生，从此能够大量地生产液态的钢，代表着"钢的时代"到来。马丁炉，又称平炉，是 1864 年英国的西门子兄弟和法国的马丁父子发明的，采用蓄热室使炉温显著提高，用废钢作原料，一度成为世界主要的炼钢法之一。

有必要说明的是，在马丁炉问世后，贝炉尚未被冷落，更未被淘汰，二者"在初期几十年中，尚能互相并进地产钢"[1]。以英国为例，1878 年酸性转炉即贝炉钢为 80 万吨，平炉钢仅 17.4 万吨；1883 年贝炉钢增长到 155 万吨，平炉钢也增长到 45.5 万吨，此时才有碱性转炉钢即托马斯钢 12.1 万吨，贝钢仍占总产量的近 75%。[2] 数据告诉我们，虽然平炉钢的增长幅度较大，但在数量上贝钢仍占据着绝对优势，也就是说，当时英国新建的炼钢炉绝大多数仍然是贝炉，在这种形势下，青溪铁厂选择贝炉有其必然性。

英国铁路网在 19 世纪 50 年代形成，"1851 年，英国开通的铁路里程达 6802 英里，1860 年为 9070 英里，居欧洲各国首位。"[3] 据此推断，1856—1860 年间，英国修建的铁路只能用贝钢，当时马丁炉尚未问世；即使马丁炉问世后，它在数量上并不占优势，而它的产品质量更好，还有许多别的用途。

在光绪十五年（1889 年）张之洞购置炼钢炉时，世界上主要是贝色麻炉和马丁炉两种炉型，正处在它们并肩产钢的时期。贝炉曾是一枝独秀的老霸主，产量高，雄风犹在；马丁炉以质取胜，后来居上。钢铁的用途广，品

---

① 余名钰：《贝氏炉炼钢》序，第 1 页。

② ［英］克拉潘：《现代英国经济史》，姚曾廙译，商务印书馆 1964 年版，第 51 页。

③ 陈晓律：《世界各国工业化模式》，南京出版社 1998 年版，第 56 页。

类甚多，汉阳铁厂同时拥有这两种炼钢炉，适应性强，具有先进性，是它的优点而不是它的缺点；对于中国这样一个大国来说，更是如此。至于以电力为热源的电弧炉，是法国人保尔·埃鲁在 1899 年发明的，在炼钢领域中，平炉、转炉、电炉三分天下，还是进入 20 世纪以后的事。[①]

汉厂为何不早用马丁炉炼钢制轨？

代鲁《再析汉阳铁厂的"招商承办"》曾提出一个问题："卜聂等既已知马丁炉所炼之钢能够保证路轨质量，能够连年通过验收，何以卜聂不向汉厂提出多炼马丁钢，或如日后那样，完全改建马丁炉、改炼马丁钢？"他认为即使盛宣怀和其他华人都不懂冶炼技术，那些外国总管、工程师也应该想到，怀疑不仅是一个技术水平问题。[②]

我们先回顾一下有关史料：

一、官办时来自不同国家的矿师们都认为"造轨只须贝色麻法"

光绪十六年九月，张之洞按照英国厂家的要求，前后四次将大冶铁矿石化验的结果寄给驻英使臣薛福成，事见薛著《出使英法义比四国日记》光绪十六年九月二十九日日记。张于九月八日、二十日分别致薛电云：

> 大冶铁矿极旺，磷仅万分之八，贺伯生称，加锰尽可炼钢。
> 大冶矿细分如下，详细测化，得铁六十四分，磷八毫，硫三毫，铜二厘七毫。矿师皆云宜用贝色麻法。[③]

当时张之洞聘请的矿师，除了总工程师英人贺伯生，还有白乃富来自比利时，毕盎希来自德国，巴庚生来自英国，并有英国化学教习骆丙生，德国铁路工程师时维理。他们的专业水平可能有高低，但"造轨只须贝色麻法即

---

① ［日］渡边公平：《日本钢铁工业》，第 17—18 页。
② 代鲁：《汉冶萍公司史研究》，第 227 页。
③ 苑书义等主编：《张之洞全集》七，第 5523—5524 页。

合用";检验了大冶铁矿石的成分后,"皆云宜用贝色麻法",这样的基本专业知识应当是具备的。

二、盛宣怀接办铁厂后,彭脱、德培一致认为应用贝炉炼钢制轨

光绪二十二年,盛宣怀接办铁厂之初,曾请江南制造局炼钢工程师英人彭脱专程去汉阳铁厂检验机器设备。彭脱报告,"贝色麻厂(虽比英国小,然布置甚好),且能炼钢""西门马丁钢炉亦小只出钢八吨""此料往往造枪炮、钢甲等用,即锅炉亦愿用此料"①。当时总监工德培亦认为"贝色麻可用而又小,其式亦老",应开贝炉炼钢制钢轨,轧制产生的废钢供马丁炉作原料,"盖马丁所用材料以废钢为大宗,生铁甚少。照平常出钢料,仅敷成本,除非炼出质地极好之钢,为制造枪炮等用,厥价甚昂,可以获利"。总办郑观应认为:"贝色麻钢用于铁路者为大宗,用于船料者次之,二者兼行,方能立脚。"②

以上史料显示:一是对于贝炉:都认为可用。没有否定性的意见,认为它不合用,根本购错了。二是一致认为贝钢宜用于制钢轨,马丁钢应用于枪炮、造船舰、锅炉等。

三、两种炼钢炉各有所长,也各有所短

马丁炉的优点是钢的质量好,但是与贝炉比较,它的缺点是冶炼时间长,成本高,产量低,基建投资也要高得多。

汉阳铁厂的实际情况是:

就成本论,光绪二十二年六月,据总监工德培按中国原料最低价格计算,本厂贝色麻钢坯每吨成本为三十三两,马丁钢坯则为三十八两。后者每吨高五两,约高12.1%。③按此计算,一年若产二万吨马钢,仅此一项要比贝钢增加成本十万两。

卢汉铁路购汉阳铁厂的钢轨价,比国总工程师沙多要按开标最低价,每吨英金六镑,盛春颐等在光绪二十五年五月初七致盛宣怀信中叫苦不迭,

---

① 陈旭麓等主编:《汉冶萍公司》一,第 161 页。
② 湖北省档案馆编:《汉冶萍公司档案史料选编》上,第 151—152 页。
③ 陈旭麓等主编:《汉冶萍公司》一,第 167—168 页。

"约以六镑合算，每吨轨不过四十三四两，厂轨成本总在五十两以外"①，若用马丁炉炼制，成本每吨再高出约五两，合计五十五两以外，每吨亏损达十一二两，汉厂岂能承受？

就产量而言，汉阳铁厂两种炼钢炉的容积虽然一样，都是十吨，按光绪二十六年比较正常的情况统计，贝炉每日约炼十炉，如做夜工，昼夜约出二十炉；同期马丁炉每日仅炼两炉，约二十吨。②直到李维格出国考察前后，它的产量仍然是每日二十吨。也就是说，当时汉厂贝炉的钢产量大约是马丁炉的5—10倍。卢汉铁路迢迢千里，每天用马丁炉只炼二十吨钢，要等到何年何月？英国人排立在伦敦化验汉厂为沪宁路提供的钢轨，就曾经说过："其鱼尾片系用碱法炼成，而此种碱法炉出钢不多，不敷造轨之用。"③

在盛宣怀督办铁路总公司期间，自光绪二十二年起至三十年贝炉停工止，盛主持修建的卢汉、淞沪、洙萍、西陵铁路等，基本是用贝炉炼的钢轧制钢轨；用马丁炉炼的钢做钢轨配件。经过历史实践检验，整体看来，这样的配置是合理的、实用的。汉厂的贝炉，在晚清时期特定的条件下，为开创中国的铁路建设发挥了伟大的作用，应当充分肯定。

国际炼钢新潮流与拟在萍乡建厂

从盛宣怀制订的出国考察提纲来看，并无废弃贝炉的明确意向，这一决定是李维格在国外考察、订购设备过程中形成的，是多种因素影响的结果，包括一些外部条件变化的影响。

一、受到国际钢铁工业发展新潮流的影响

李在《出洋采办机器禀》"钢质"一条，着重说炼钢有酸法碱法之别，酸法不能去铁中之磷，惟碱法能之。汉厂贝色麻系酸法，所以不合用也。"汉厂鱼尾板等钢系马丁碱法炼成，沪宁公司称为上品。员司博访周谘，并从史

---

① 陈旭麓等主编：《汉冶萍公司》二，第142—143页。
② 陈旭麓等主编：《汉冶萍公司》一，第553—554页。
③ 陈旭麓等主编：《汉冶萍公司》二，第452页。

戴德之议，决定废弃贝色麻而改用马丁碱法"。此时已是 20 世纪初年，与二十年前青溪铁厂择炉时已大不相同。《贝氏炉炼钢》作者云："在国际产钢的数量中，贝氏炉钢的产量日见衰落。最近三十年中，新建工厂里都造马丁炉，而不见大型底吹炉的增添。""所以造成衰落的原因，不全是在酸性底吹贝氏炉所需的低磷生铁供应困难，……而且在应用方面，发现底吹贝氏炉钢有冷硬脆弱的劣根性，并且轧制成品的表面常易发生磷屑细裂等瑕疵。就是硫、磷含量相同，底吹贝氏炉钢的物理性也不能和马丁炉钢一样，所以不管贝氏炉炼钢设备的投资如何低廉，生产能力如何高强，又不需要油或煤气等燃料，生产成本比马丁炉约低 10%，还是不能和马丁炉对称地向前发展。"[①]这正应了中国的一句老话："三十年河东，四十年河西"。时移势异，我们似不必以 1883 年潘志俊的眼光来怀疑李维格的选择，也不必以李维格 1904 年的眼光来苛求张之洞购炉吧？

二、受在萍乡建厂炼钢方案的影响

盛宣怀给李维格出国考察的指令中，本有筹划在萍乡开铁矿、办铁厂的内容。此事起于张之洞署理两江总督时，曾计划将上海的江南制造局内迁至安徽，盛宣怀乘机建议迁至萍乡。李维格出国考察时，赖伦与李同船至日本推销生铁，在船上商量过在萍乡用马丁炉炼钢。赖伦折回上海后向盛汇报，盛详细询问有什么好处，赖说了三条：送热铁至马丁炉省火力；就萍炼钢用煤焦终比汉贱；运钢出来比运铁矿石便宜。光绪三十年三月十八日，盛致函在国外旅途中的李维格，告知其"就萍制械"的建议已经引起重视，"设果成，则湘东不仅炼铁，并须炼钢，乃能供彼制械之用。"此时赖伦已去与李维格会合，行前盛"已属与阁下熟筹湘东炼铁、立（并）炼马钢之策，仍俟魏、张定议再专电奉闻"[②]。魏、张指两江总督魏光焘和张之洞。此函盛已同意建马丁炉，系指在萍乡建新厂。此事后来有变，七月二十六盛电李："江督电，械厂迁萍未定……魏已调闽浙。"八月十一日、二十李自德京两次来电，"机

---

① 余名钰：《贝氏炉炼钢》，第 40 页。
② 陈旭麓等主编：《汉冶萍公司》二，第 424 页。

炉厂屋运到汉，约二十五万镑……格赖九月啸回。""合同定，候付款。"① 回国后的《采办机器禀》云："萍乡铁矿难恃，又须接展铁路四十里，需款过巨。即就近在大冶另起炉灶，亦非目前力量所能办，款项有限，惟有凑现成局面，仍就汉阳布置，步步为营，俟销路畅旺，再在大冶推广。"所谓萍乡"铁矿难恃"，据赖伦二十九年五月二十一日致盛宣怀函称，上竹岭铁矿一是开取之法如开煤矿一样，必向地下挖掘，故矿石工价断不能如大冶之便宜。二是矿石只含铁每百分之四十分，磷每百分之〇·七分，此两种矿石能炼多麻司钢。② 如此，似乎也有可能是将为萍乡新厂准备的马丁炉，最后落户到汉阳老厂。

对日出售铁矿石带来的新矛盾

《出洋采办机器禀》云，"且改用马丁碱法后，现所剔除之磷重矿石，均可取用，亦一大有裨益处也"。不经意间，流露了长期对日本出口铁矿石带来的一个新问题，大量被剔下来的磷重矿石怎么办？与此同时，带来的更严峻的问题是：实际上已形成了日本与汉阳铁厂争夺铁矿石的态势，不可调和；低磷优质矿石能否保证源源不绝地供应？当时具体表现在：

一、大冶铁矿石实以供应日本为主

自盛宣怀接办第二年光绪二十三年起，汉阳铁厂生产开始进入常态，此后连续五六年间，所需铁矿石仅在三万吨左右。日方供应：自光绪二十五年签订煤铁互售合同后，应年供五万吨；二十九年签订预售矿价合同后，增加到应年售至少七万吨；自三十二年起，实际年运十万吨以上。大冶铁矿以供应日本为主，汉阳铁厂处于次要地位。③

二、张之洞严禁盛宣怀再圈购未开发的矿山

在将大冶矿石出售给日本这一问题上，盛宣怀与张之洞之间存在严重对

---

① 陈旭麓等主编：《汉冶萍公司》二，第1014页。
② 陈旭麓等主编：《汉冶萍公司》二，第329页。
③ 《大冶铁矿志》第一卷上，第209—210页。

立。盛宣怀对付张的基本策略是先斩后奏，木已成舟，迫使张之洞不得不承认、让步。为此，张之洞采取的反制措施是实行釜底抽薪，进行封锁，严禁盛宣怀再圈购未开发的矿山。

光绪二十六年，盛宣怀两次与日本续订大冶矿石合同后，二十七年正月派矿师赖伦去大冶、武昌两县圈购官局未购之矿山，遭到张之洞痛斥，明令湖北境内"一切矿产，暂止税契。无论绅民，不得私相买卖，更不得私行卖与外人，必须一律由官悉数圈购"。三月，张之洞派道员赵滨彦专程赴大冶查办。同年八月十六日，解茂承向盛宣怀报告，张之洞已命大冶县令将邻近得道湾矿区的象鼻山等四处未开矿山圈购，在当地绅民和铁矿中外人员中引起震动。①

光绪二十九年十一月二十八日，盛宣怀与日本签订《大冶购运矿石预借矿价正合同》。同日，以密函指使大冶铁矿总办解茂承趁南皮尚未回鄂，密速将界线以外产铁之山多多圈购。特派杨学沂赴大冶督办，限令"年前毕事"。②十二月二十日，杨学沂去信向盛宣怀报告，除了此前侥幸购到狮子山后半节外，县令现已奉张之洞之令，将有矿之地登记具结。"绅惧峻法，并虑事机不密"，如圈购不成却反而会激化与湖北当局的矛盾。③

三、得道湾蕴藏之佳铁据说只有五十万吨

得道湾是盛宣怀接办后收购的，包括野鸡坪、狮子山等处，含磷较轻，是当时开采的主要矿区。

光绪二十九年七月，解茂承从西泽处得知将续订合同，于七月十日致函盛宣怀，提醒要详细勘测得道湾的储藏量，能够开采多少年，再与日本订合同。盛宣怀电调德国矿师高辅门来沪，详细询问。对于大冶全境的情况，高并未掌握。对于得道湾矿区，高从矿山结构分析，"不患下面无铁，患不能如上面分数之好，且愈挖愈深，费工亦巨"。盛询以得道湾尚有多少佳铁，高则云"约略计算有五十万吨"。如此，按照汉阳铁厂和日本每年共需铁矿石十万吨计算，也只能供应五年。

---

① 陈旭麓等主编：《汉冶萍公司》二，第 233—234、254 页。
② 陈旭麓等主编：《汉冶萍公司》二，第 390—391 页。
③ 王尔敏等编：《盛宣怀实业朋僚函稿》下，第 1811—1812 页。

同年九月，当盛与日方谈判预售矿价合同之际，不得预闻的解茂承函电交驰，一再痛陈"查日矿原订合同各项分数，已极刻骨剔髓之谋"，反复强调合同要以我为主，以矿石的现有成分和存量为依据；"首在汉用有余"，即在保证汉厂需要的前提下，多余的才能出售给日本。[①]

四、废弃了大量可用的矿石、积压有大批次品钢轨。

售往日本之铁矿石，原定含铁 65% 以上，后改为 62% 以上。汉厂炼铁的鲁贝一度也要求矿石含铁 65%。对此，赖伦于光绪二十九年五月初十在信中对盛宣怀说"若照六十五分之上矿铁，在大冶因苗旺可以供给，奈一律归此种数，则苗内十分之九矿铁，势必抛弃，而余存者，价必大贵。"而在含铁合格者之中，又要剔去磷高者，势必弃而不用的矿石更多。早在光绪二十五年八月，矿师斐理去沪接受运销日矿任务时，便对盛宣怀说过："惟磷质原定〇〇〇五，现厂因焦磷过重，责运磷轻之铁，剔下〇〇〇七者不少。"光绪二十九年八月二十九日，解茂承致盛宣怀函云："向时可用之矿，厂废不胜计。"[②]

光绪二十九年五月十六、六月三十日，盛春颐、宗得福向盛宣怀一再报告："此次新定之轨，只收头号，不收副号，则剔退愈多，厂存次轨约一万五千余条，计五千吨，阁本太巨。""惟现在厂存次轨，已积有五千七百吨，统计将及三十万金，压搁愈多，成本愈重，盼早日出销。"据盛三十年六月十八日致张赞宸函记载，已派醴洙路马克来从卢汉铁路剔下之轨中选用了五千余条；尚有四千余吨，拟令中国副工司颜德庆再从中挑选一部分，仍供醴洙路铺用。[③]

在这种形势下，汉冶萍厂矿内部，也出现了改变炼钢方式的呼声。赖伦在酝酿于萍乡建新厂时，提出过采用最新泰尔白脱法、或贝色麻法与托马斯法并用的建议，其好处是："大冶所有之矿石及萍乡所有之焦炭不分如何，全数可用，不若现在汉厂之贝色麻炉挑剔矿石、焦炭、磷轻磷重一切为难。"

① 陈旭麓等主编：《汉冶萍公司》二，第 355、364—365 页。
② 陈旭麓等主编：《汉冶萍公司》二，第 324、168、364 页。
③ 陈旭麓等主编：《汉冶萍公司》二，第 326、347、443 页。

赖伦既在大冶曾负责过提供磷轻矿石；又因萍焦有磷饱受责难，他的这种心情可以理解，也很有代表性。负责提供铁矿石的解茂承在李维格出国前的建议说得更为清楚、恳切：

> 因念近三四年，汉、日两矿苛求铜磷至轻分数，悉索上选。虽以后深入未可臆度，然就近时窥察所及，如历取美备齐一之品，已渐如强弩之末矣。现既添购新炉，似以合炼铜磷较重之矿为要义。

简而言之，汉阳铁厂要改变炼钢炉，是受铁矿石要供应日本所逼。

基于这些因素，盛宣怀在光绪三十年二月二十二日给李维格出国考察的指令中有一条重要的内容便是为磷重矿石找出路：在第一项考验矿质中，于乙丙两条，一再提道："其磷重者能否制马丁钢，或多麻钢，又能制何等翻砂生铁。"[1]

附带说一句，历来学界对于李维格"弃贝改马"是一派赞誉之声。提高了钢轨质量固然好，似乎也带来了新的问题。就市场而论，一条腿走路总没有两条腿好，钢材的种类甚多，各有不同的用途，一概用马丁钢轧制，是不是也会大材小用，提高了成本，削弱了竞争力？以钢轨而言，"外洋马丁钢轨较贝色麻、多麻钢每吨价值略高数先令"，后来"各省外款铁路所购洋轨非贝色麻即多麻，汉厂以马丁钢与彼贝色麻、多麻同一价值已觉吃亏"。[2]1909 年 3 月赖伦在一个方案中又提出添置贝色麻炉炼钢，可惜盛宣怀已难以顾及了。[3]

结　语

光绪三十四年五月，日人西泽公雄以矿石含磷为借口，企图降价并猎取

---

① 陈旭麓等主编：《汉冶萍公司》二，第 328—329、409，416 页。
② 陈旭麓等主编：《汉冶萍公司》三，第 1133 页。
③ 陈旭麓等主编：《汉冶萍公司》三，第 60—68 页。

更多的矿山。盛宣怀回复云："饬冶局选运磷轻好矿，留磷重自用，藉表交谊。"① 一语泄露天机，道出了他的基本指导思想。

盛宣怀自与日本签订煤铁互售合同，开始对日本长期提供优质磷轻铁矿石，便像套上了绞索，踏上了一条不归之路。以日本称霸东亚的野心、相继战胜中国和俄国取得的强势地位以及对盛宣怀个人弱点的掌握，一旦与其签订合同取得了贷款，非但不容许矿石数量短少，更不可能容许质量降低；盛宣怀偏偏饮鸩止渴，产生了对贷款的依赖性，还想更多地从日本获得贷款，就必须提供更多铁矿石，并把对日供应放在优先地位、充分保证。如此，剩下唯一的途径，便是让汉阳铁厂主动地避开与日本竞争，改弦易辙，采用马丁炉、以磷重矿石炼钢。

汉阳铁厂年需铁矿石，在李维格出国考察的光绪三十年为 5.5 万吨，扩建改造后，至三十四年才达到 10 万吨，如果不是盛宣怀把大冶铁矿石大量出售给日本，大冶铁矿以磷轻优质矿石供应汉厂绰绰有余，何须废弃贝炉？对日出售铁矿石是废弃贝炉的重要原因，不应忽视，也不可否认。

---

① 陈旭麓等主编：《汉冶萍公司》三，第 1050 页。

湖北师范大学学科建设办公室
湖北师范大学汉冶萍研究中心资助出版

汉冶萍文库·研究系列

张实 著

盛宣怀与汉冶萍公司

悲怆的绝唱 下

人民出版社

五

合并组建公司

第二十章　组建汉冶萍公司的历史背景

清廷推行新政，内部倾轧加剧 / 列强争夺路权，国家权益受损 / 日本内阁：确定对汉厂、萍矿方针 / 民族资本发展，立宪运动兴起 / 各省收回利权自办铁路，盛成众矢之的 / 丁未政局突变，盛宣怀卷入政潮 / 盛宣怀：邮传部侍郎得而复失 / 张之洞离鄂带来严重隐忧 / 东南沿海民族资本向武汉进军 / 盛宣怀与高层管理人员存在分歧 / 盛宣怀年老多病，"亟宜趁早定议招股"

汉冶萍公司是晚清特定时代的产物，具有特殊的历史印记。企业所处的国内外环境，不仅影响组建公司的决策过程，也将波及企业的生存和发展。

清廷推行新政，内部倾轧加剧

庚子之乱让慈禧为首的清廷再一次经历了京城失陷、帝后流亡的惨痛。外迫于列强军事、外交的压力，内应朝野痛定思痛要求变革的敦促："欲救中国残局，惟有变西法一策"。[①] 光绪二十六年十二月初十，尚在西安的流亡政府，以光绪的名义发布了一道上谕，命令内外臣工，"各就现在情形，参酌中西政要，举凡朝章国故、吏治民生、学校科举、军政财政，当因当

---

① 《致西安鹿尚书》，载苑书义等主编《张之洞全集》十，第 8527 页。

革……各举所知，各抒己见"，由此开启了晚清的十年新政。

晚清政府的行政机构改革，继以外务部取代总理各国事务衙门之后，光绪二十九年设立商部以振兴商业，三十二年将商部与工部合并成立农工商部，另设邮传部主管电报、轮船、铁路和邮政。与此同时，以制定各项经济法规作为经济改革的重要内容，先后颁布了《商人通例》《公司律》《公司注册试办章程》等基本的经济法规、专项的矿务章程和铁路政策、法规等，都与汉冶萍公司的组建有着直接的关联。

任何改革实质上都涉及利益的博弈，中央机构的调整，加剧了官僚之间的相互倾轧。奕劻之子载振任商部尚书后，于光绪三十一年二三月间派参议王清穆、杨士琦清查汉阳铁厂的出入账目，重点是预支轨价、德国礼和洋行借款和萍醴铁路用款，对盛宣怀形成严重威胁。[①]据陶湘自北京密报："总之，商部设立后，无所事事，轮电势难收、夺，惟在路矿着意。而钧处路矿纷纷，众人瞩目，刻刻寻隙，大有必使公退出之势。"[②]

同年七月，盛宣怀上报《推展吴淞轨道并萍醴铁路工竣造销折》，九月二十八日，商部下文"饬将汉厂预支轨价克期缴清，其余动支各款仍详晰声明具奏，俟奉准后，再行核销"。十一月初九，盛宣怀迫于形势"电奏上海总公司请即裁撤，归并唐绍仪督办，以一事权"。袁世凯的亲信唐绍仪掌握了铁路大权，同样关注的是预支轨价这笔银子。盛宣怀于光绪三十二年闰四月、五月，分别致函商部载振等和唐绍仪，一口咬定："汉阳铁厂预支轨价，结至总公司末批奏销止，实只存银九十余万两。""是以迭准商部行查，敝处总以缴清之迟速，视各路是否一律订用汉料以为断。"[③]

至此，袁世凯继夺走轮船招商、电报局后，又和载振合力夹击，使铁路公司易手。盛宣怀创办的企业，留在他手里的，仅仅只剩下汉冶萍煤铁厂矿了。

① 陈旭麓等主编：《汉冶萍公司》二，第475—476、484页。

② 《陶湘致盛宣怀函》，载陈旭麓等主编《辛亥革命前后》，第7页。

③ 《盛宣怀致载振、唐文治、顾肇新函》《盛宣怀致唐绍仪函》，载陈旭麓等主编《汉冶萍公司》二，第553—554、556页。

列强争夺路权，国家权益受损

从国际关系来看，无论是盛宣怀或汉冶萍厂矿，在酝酿组建公司时，都面临着与列强的竞争及其所带来的不利因素。

西方资本与列强政府相结合，加紧争夺中国的铁路权益，是他们侵略、压迫中国的一个重要的组成部分和表现形式。

20 世纪初，晚清新政开始之际，列强同时发动了运用经济和外交手段、分割和争夺铁路权益的新攻势，中国也进入了依靠外债兴建铁路的高峰期。

盛宣怀在督办铁路总公司期间，经手谈判签订借款合同的有卢汉、正太、沪宁、汴洛、道清等五路，其中借英款、比款各有两路，借法款一路。除卢汉铁路于光绪三十一年十月十七日验收黄河大桥标志通车外，其他铁路在盛宣怀交卸督办职务时尚未竣工。盛参与筹划商谈的还有粤汉、广九、广澳、沪杭甬等铁路。光绪三十一年八月，突有严旨：粤汉铁路"仍著责成张之洞、梁诚一手经理，盛宣怀不准干预"。盛处于极为尴尬又不利的境地，故不得不于验收黄河大桥后，便电奏请撤设在上海的铁路总公司。①

当初承办铁路之际，财政资金匮乏、民间尚无实力，盛力主借洋债而不主张招洋股，固然有他个人的打算，相对来说，还是较为有利于维护国家主权的；但在国家已沦为半殖民地、主权不能独立的政治大前提下，借款也不可能平等、互惠，附加有许多苛刻的条件，仍然使主权严重受损：首先是贷款的利息高，回扣大、还贷期长，而且连同将来的行车收入都要存入对方的外国银行，对方再得手续费和操纵汇率之利。其次是以铁路作抵押。国际间通行是以行车后的收入作抵，在中国则另加了铁路本身及一切路产作抵押。再次是铁路修建权被占据。该路由贷款的外国公司承建，主要工程技术、财务人员由其指派，优先购买该国器材原料、原料并免进口税，同时付给承办人高额佣金，列强实现了资本输出技术劳务输出和产品输出的高度统一。四

---

① 《盛宣怀行述》，载中国史学会主编《洋务运动》八，第 70 页。

是铁路管理权被占据。铁路建成后、贷款未还清前，由贷款的公司主持经营并分取还本付息后的余利。这些条款，特别是其中诸如"九折实收"，即贷款 100 万，实际只收用 90 万；外国公司代管运行三十年，分享余利 20% 等，为国人所深恶痛绝。加之贷款数额巨大，盛宣怀处于嫌疑之地，朝野瞩目，不断受到抨击。盛去职后，沪杭甬路再次与英国公司签约，时在自修铁路的高潮中，条款多有改善，盛更难以自解。

盛宣怀极为关注汉阳铁厂的销路，铁路贷款合同一般都争取列入在同等条件下优先购用汉阳铁厂产品，以维护民族工业。但执行起来却困难重重，如沪宁铁路公司聘请的英国工程参议排立等自定钢轨化验标准，将炭质提高到"至少千分之三十，至多不得逾千分之四十五"；而将磷的含量降低到"至多不得逾万分之六分"。虽然汉阳铁厂的"鱼尾片样色色均好，洵属佳品"，但因钢轨含磷高，而要求其英国总工程师格林森在英再购钢轨一万吨，连配鱼尾片、螺丝钉等件。[1] 即使如卢汉路购用汉厂钢轨，也是千方百计压低价格。光绪二十五年比国公司按开标最低价计算，一般鱼尾板应比路轨价高两镑多，实际却与路轨同作七英镑计算，汉厂总办盛春颐极为不满，七月二十八日致函盛宣怀表示："万一已定局，不能更改，则汉厂决不为之代造，情愿听其向外洋定购，饬停钢厂。"[2]

由于关税不能自主，列强对华倾销钢铁，始终是汉厂必须面对的严峻考验。李维格在光绪二十八年八月全面考量汉厂的处境，就曾忧心忡忡地指出"销路之难"：

今以煤炭运费繁重之故，成本与远越重洋者无异。而欲与数十年根深蒂固、通销畅行之洋铁争市，不亦难乎？且中国路矿权利，类皆入于西人之手。德用德铁，俄用俄铁，亦自然之势也。尤有说者，日本铸铁所有化铁炉六座，现尚仅开一炉，余未竣工，将来六炉齐开，每日出

---

① 《排立、马礼孙致格林森函》，载陈旭麓等主编《汉冶萍公司》二，第 451—452 页。
② 陈旭麓等主编：《汉冶萍公司》二，第 159 页。

铁几及千吨。目前中日只有两炉，而我销路已如此之难，倘骤增五炉之铁，情形又将何若乎？①

日本内阁：确定对汉厂、萍矿方针

正当中国卢汉铁路建成、盛宣怀督办铁路结束之际，在一衣带水的邻邦，日本内阁收到了一份关于中国汉阳铁政局及萍乡煤矿借款一事的议案。

此议案原是大藏省于 1905 年 7 月 24 日提出的，8 月 21 日由农商务、外务和大藏三大臣联名向内阁总理再次提出，内容与大藏省案几乎相同，可见其重视的程度。

此前，日驻汉领事曾报告过汉阳铁厂、萍乡煤矿要求小额贷款。议案认为零散地随时处理小额贷款"恐有不能达到最终目的之虞"，帝国政府有必要确定对汉阳铁厂和萍乡煤矿的方针。议案提出的方针是：

为确实扶植帝国在汉口方面之利权，并对中国将来之形势有所准备起见，特采取下列手段：

（一）大冶铁矿及萍乡煤矿之采掘权，将来应看准时机，使其全归于我国。

（二）上述两矿之经营以及汉阳铁政局和兵工局之经营，必须以聘用日本技师负责业务为条件，提供资金，其管理权亦须归于我国。

议案条文还提出：要以商业关系通过制铁所长官进行，适当利用有关的兴业银行、三井物产和大仓组，资金限制在日金五百万元之内。同时要避免与英国或德国冲突。

方案所附给日驻汉领事的训令是：

---

① 陈旭麓等主编：《汉冶萍公司》二，第 290 页。

关于汉阳铁政局及萍乡煤矿借款案：借款金额要大，利息减低，并延长大冶铁矿采掘权之年限；再加铁政局及萍乡煤矿作抵押，聘用日本人为技师负责业务，等等。使对方同意上述条件，最为适宜。希按上述方针，考虑进行之手段，并即呈报。①

这份议案赤裸裸地暴露了日本政府侵略者的本质，既贪婪又横蛮，完全是强盗逻辑。同时也暴露了它的经济实力尚难与其侵略野心相匹配，对英、德尚有顾忌。某些伎俩十分无理而露骨，并不难识破。但后来的历史事实是，盛宣怀和汉冶萍公司却在这一陷阱中越陷越深，直至没顶。

这份议案，实际是此前日本政府掠夺汉冶萍厂矿固有图谋的延续和强化，也是其对华侵略方案的一个局部分支，它在一定程度上促成了中日两国钢铁工业此消彼长的命运。

这份议案也反映了中日两国政府，在对钢铁工业的认识及其政策的制订与执行方面，存在着巨大的差距。

与此同时，得到了大冶铁矿优质矿石的哺育，新兴的日本钢铁工业正在茁壮成长，后来居上，开始超越中国。日本经济史学家在十卷本的《日本经济史》中论定：

1901年官营八幡制铁所的成立标志着日本钢铁工业基础的确立，显然这是根据确保军事力量的需要，在中国大冶矿石的供应已有保证的情况下实现的。②

据另一位日本著名学者提供：

我们可以从明治三十四年（一九○一年）官营八幡制铁所开始开工

---

① 武汉大学经济学系编：《旧中国汉冶萍公司与日本关系史料选辑》，第124—126页。
② ［日］西川俊作、山本有造编：《日本经济史5：产业化的时代（下）》，第131页。

到第一次世界大战为止的十多年内，找到日本近代钢铁工业的形成和确立的时期。……明治三十九年（一九〇六年），经过多次的失败，完成了最初的目标——年产钢六万吨的成绩；并在明治四十三年（一九一〇年）有了盈余。①

民族资本发展，立宪运动兴起

"1905 年—1908 年，中国资本主义经济发展再次形成一个新的高潮。"②有的新办企业投资达百万元以上，民族资本的投资范围扩大到面粉、火柴、卷烟等民生工业和机器制造、近代煤矿开采等，工业布局由沿海、沿江口岸向内陆腹地城市延伸，都标志了我国民族工业在庚子乱后有了向纵深的新发展。

这一时期，上海作为长江下游、东南沿海乃至全国的经济、文化中心，人文荟萃，经济发达，中外交汇，领风气之先，也是江浙资产阶级代表人物从事政治活动的基地，率先建立了全国第一个鼓吹、争取立宪的社团：预备立宪公会，引领全国立宪运动思潮。

据《郑孝胥日记》记载，光绪三十三年七月十三日清廷发布上谕：预备立宪、从改革官制入手。八月初六，郑与张謇、刘厚生等首次"议立宪政研究公会"；经过几次讨论，九月初四，"会议改会名为'预备立宪公会'"。前者有较浓厚的学术气息，后者似突破了"研究"的局限，包含实际的政治活动。十一日，"复议发起人各以私函邀各省有名望者入会。"十一月初一，预备立宪公会召开第一次大会，会员来宾二百余人，选举郑孝胥为会长，张謇、汤寿潜为副会长。③该会宣称："愿为中国立宪国民之前导。"据《预备立宪公会会员题名录》统计，共有会员 235 人。其中，江苏、浙江两省 158

---

① ［日］渡边公平：《日本钢铁工业》，第 35—36 页。

② 汪敬虞主编：《中国近代经济史 1895—1927》下册，第 1605 页。

③ 劳祖德整理：《郑孝胥日记》二，第 1058—1062、1068 页。

人；具有各种功名的官绅 113 人，是以江浙两省绅商为主体的、全国性的立宪团体。该会的活动，以促进宪政为中心，出版书刊宣传宪政知识，开办法政讲习所培养人才，编纂商法促进政府颁布，筹办地方咨议局，组织国会请愿运动等，在全国产生了很大的影响。①

郑孝胥曾是深得两广总督岑春煊信任的幕僚，岑为该会捐款一万两以示支持。郑孝胥亲自约请入会的名流有张元济、夏穗卿、高梦旦等，汉阳铁厂李维格也是会员。②郑孝胥也曾长期在盛宣怀的铁路总公司任职，但盛与预备立宪公会没有联系。光绪三十一年十月二十六日盛的老友、幕僚郑观应致盛宣怀函云："今阅日报有论宫保不以立宪为然者。"予以劝阻。③盛宣怀与张謇、郑孝胥这些立宪派的代表人物，对于中国立宪，存在观点分歧。

各省收回利权自办铁路，盛成众矢之的

光绪二十九年清廷颁布《铁路简明章程》，路权开放。在华侨兴办潮汕铁路、新宁铁路的同时，各省出现了自办铁路的高潮。四五年间，四川、湖南、江西、云南、安徽、山西、浙江、福建、广东、江苏、广西、河南、黑龙江、陕西等地，纷纷由绅商组建铁路公司，在全省范围内广泛筹集资金，自办本省铁路。

集资自办铁路与收回矿路利权运动紧密联系在一起。在湖南、湖北、广东三省收回粤汉铁路主权运动的推动下，光绪三十一年（1905 年）8 月中美签订协议，赎回粤汉铁路自办。继之直隶、山东、江苏三省展开收回津镇铁路的斗争，江浙两省收回沪杭甬路权的斗争持续数年，使收回路权运动在全国推向高潮。同年，浙江铁路公司成立，公举汤寿潜、刘锦藻为正副总理，一面要求废除与英国公司签订的苏杭甬铁路草合同，一面集股自建杭州至嘉

---

① 张海鹏、李细珠：《中国近代通史》第五卷，凤凰出版传媒集团 2006 年版，第 278—280 页。
② 劳祖德整理：《郑孝胥日记》二，第 1065 页。
③ 夏东元编著：《盛宣怀年谱长编》下，第 839 页。

兴路段。翌年，江苏铁路公司成立，以王清穆、张謇为正副总理，与浙江联合要求废约，并集股修建上海至嘉兴路段，与浙路相接。

各省自办铁路的兴起，既给汉阳铁厂的生产发展提供了机遇，也带来了挑战。各省铁路筹集的资金成为盛宣怀关注的对象，曾向浙江铁路公司借得资金五十万，又曾多次设法以预支轨价名义商借川路资金。光绪三十一年八月初十，李维格致函盛宣怀，提出了如何适应这一新形势，铁厂既要扩建而又不可盲目躁进的严峻命题：

> 即以月出钢货三千余吨计之，尚不足以供各省铁路之用，市销钢货更无论矣。且汉厂生铁用者年多一年，已通销路，弃之可惜，而两座旧炉所出只有此数，如何可以兼顾肆应？此不得不进之说也。各省铁路自办筹款不易，得人尤难，汉厂固不能不预备供应，亦不可不防预备后坐待。以借款所成之厂，如何能经搁本，且趋事本有步骤，赴功宜顾前后，应于推广之中寓谨慎之意，庶不致一放不可收拾，此不可猛进之说也。①

在收回路权、要求废约的浪潮中，主张借外债修路而又经手与外国谈判签约的盛宣怀，成为众矢之的，如坐火山。光绪三十年三月间，盛宣怀就知道"现在宁沪、粤汉（铁路）均有闲话"，指派亲信陶湘在京中打探。得来的信息是：一种意见来自直隶总督、北洋大臣袁世凯，认为盛使国家主权严重丧失。此论颇有影响力：

> 本初则力言钧处所办四路，大权尽行旁落，为之疾首痛心。……奈不明事理者极以本初为是，而群相附和而乱吠焉。②

后汉建安时袁绍字本初，此密信中借以暗指袁世凯。另一种意见来自军

---

① 陈旭麓等主编：《汉冶萍公司》二，第520—521页。
② 陈旭麓等主编：《辛亥革命前后》，第9页。

机大臣、外务部尚书瞿鸿禨，则认为盛借此捞了许多好处。瞿字子玖，信中称为九公：

> 九公于钧处之意见竟不能解。粤汉纷议时，彼以为钧处所办铁路，必有密切之利益。后某力言，除公费外丝毫无染，且亦无从而染。经该令陈说，九公笑而不言，但云："如仅公费，某非糊涂人，何必恋此而受众人唾骂？此中特别，非汝等所知。"
>
> 九公处谤书条说，不啻百数十函。见内中有一函竟言："众以为卢汉大坏，如今看来，卢汉尚有收回之日；至于粤汉、宁沪、正太等，愈趋愈下，其宗旨以借款之多寡为言。"九公深许可云。[①]

一个是封疆大吏的强势班头，一个是决策中心的关键人物，这两方面的看法实际上有着内在的紧密联系，又都有一定的社会基础。盛宣怀要想有所作为，实在是面临着强大阻力。

丁未政局突变，盛宣怀卷入政潮

在光绪三十二年的官制改革中，袁世凯极力主张撤销军机处，成立责任内阁。以责任内阁为国家最高行政部门，本是英国、日本这些君主立宪国家的通例，但当时朝野皆认为袁是司马昭，其心路人皆知：让庆王奕劻当内阁总理、自任副总理而操纵实权，预防慈禧死后光绪报复而急于拥权自卫。这一方案被慈禧断然否定，庆、袁遂与力主保留军机处的军机大臣瞿鸿禨势不两立，结果瞿鸿禨、岑春煊遭陷害失宠、被逐出政坛，是为丁未政潮。

在此期间，岑春煊于光绪三十二年七月调补云贵总督而未上任，十月初五至沪养病，住了将近半年，此事又牵连到盛宣怀。

光绪三十三年正月十九，岑调任四川总督。三月十六日自沪赴川中

---

① 陈旭麓等主编：《辛亥革命前后》，第6、16页。

途，倚仗他在庚子年间护驾有功、深得慈禧宠信，不待批准突然从汉口坐火车进京，造膝跪陈，自谓"意欲留在都中为皇太后、皇上作一看家恶犬"，二十一日改任邮传部尚书。由此岑得到机会多次被召见，力攻庆王奕劻种种贪腐的劣迹；同时也向慈禧保举可用之人，其中便有盛宣怀。据盛事后得到的情报，岑向慈禧保举盛宣怀颇为尽力：

> 大致云："论能办事，毋有过于某者，以创办之事无不告成者也；论理财，亦毋有过于某者，以创办之事无钱不成者也；况如汉口厂、萍乡矿、江北灾振，某无不力任其难。虽所办之事不无疵议，而微眚不足掩大德，朝廷应录用"等语。尚保有三人。……西林退而告人云："我本云拉某公帮助，不料慈圣说：'一时未便'，竟接下文，遂保晦公。"[1]

奕劻曾一度岌岌可危。袁世凯、世续、徐世昌等合力营救奕劻并反扑。奕劻争取到与慈禧独对的时机，抓住岑春煊保举盛宣怀、郑孝胥、张謇等，皆是光绪亲政时提拔、重用过的人员，诬陷岑是为光绪再次亲政做准备以激怒慈禧。四月十七，岑春煊改任两广总督，被逐出前后尚不到一月。现存盛档中，有光绪三十三年盛致岑春煊的两封密信，一封写于三月十五日以前，岑离沪之前夕；一写于五月初二岑即将出京之时。[2] 贯穿在这两封信中的一个主题，是盛宣怀迫切希望通过岑当面向慈禧推荐，使他获得重用。

盛在前一信中说：

> 如弟愚戆，有非恩自上不可者，尤非有伟人面奏不可者。……乞于面圣时择要一提；如其后或用或否，或内或外，均求密示。

写第二封信时，盛已知岑曾面保，但未知其详。感激涕零之余，情知入

---

① 陈旭麓等主编：《辛亥革命前后》，第53—54页。
② 王尔敏等编：《盛宣怀实业函电稿》下，第788—793页。

主中央部门的希望落空，转而谋求接任江西巡抚：

> 窃尝深念公入枢，则某或可赞襄财政；公邮传部，则某或可充稽查轮电，以助推广。公不入枢，自不能久于京师……公尝论疆吏亦少胜任之人，自顾尚堪学习。近闻鼎臣有密函与邸，恳请挪动，意在中州。查江右政治废弛已久，如承其乏，决不敢贻荐者羞。……

瑞良，字鼎臣，时任江西巡抚。此信充分表达了盛对未能入京任职、与岑共事合作的惋惜、失望，更显示了谋求疆吏而毛遂自荐的急切。在岑败象已露、自身难保、即将出京之际，盛尚沉溺在又一个幻梦之中，絮絮叨叨，大谈出掌赣省，如何发挥他擅长实业的优势，不啻痴人说梦。

袁世凯认定盛宣怀参与了此次岑、瞿密谋，并负责提供资金，在致端方的密信中讪笑："武进供给，亦有人言及，恐从此黄鹤一去矣！"[1]此处以其籍贯代盛宣怀；"黄鹤"云云，或是借用诗句："黄鹤一去不复返，白云千载空悠悠。"六月初六，郑孝胥走告盛宣怀，"示京电，陈庆桂劾岑八款，中有连盛二款，买铁路旁地及合资营利。摘此二端，交南洋查办。"[2]陈此奏明显是受人指使，把盛视为岑党，一并收拾。

盛宣怀：邮传部侍郎得而复失

盛宣怀作为中国电报、轮船、铁路事业的创始人和商约大臣，具有出任新设的外务部、商部、邮传部主管官员的潜在实力，一次次卷入了争夺和角力。军机大臣瞿鸿禨就曾经说过："论理轮、电、路、邮皆某公手创，入邮部最相宜。"但这只是半句话；实际情况是，好不容易在光绪三十四年二月七日盛被授予邮传部右侍郎，两天后又命他启程回沪议定商约。据当时报纸

---

[1] 刘厚生：《张謇传记》，第142页。
[2] 劳祖德整理：《郑孝胥日记》二，第1099页。

披露：

> 当盛授邮侍之日，军机处单开四人，第一盛，第二瑞良，第三沈云
> 沛，第四未详。上询四人中应简何人为宜，某宫保力以盛氏对，上意仍
> 定。圈毕旨下，某军机大不怿，猝然问云："我两人所办各事，外人均
> 以意见甚深为言，今日以盛事观之，足证传言之不谬，今请示我以保盛
> 之故。"某宫保云："此人狠关于江浙路事，为我出力，其间别有苦衷。"
> 某军机云："此个人之私事，用人系国家之公事，况盛之名誉扫地已久，
> 某项亏耗我当代任，盛必使之出去而后已。"于是翌日遂有赴沪会议商
> 约之命。①

消息中某宫保，当指张之洞；某军机无疑是袁世凯。军机处中，首席奕
劻此时与盛的关系明显改善，才能使盛在预选名单中居首；载沣本年正月才
入值，尚在学习阶段；鹿传霖是张之洞的姐丈；还有一位是世续，世故甚深，
也不会如此对张之洞说话。报纸所言，或有夸饰、想象之词；但早在两年
前，盛已得密报："解不开者仍在卧雪轩"，"至于卧雪宗旨，必使钧处能安
然潜伏而后已，倘有动作，彼必按之，防意甚严，恐无论如何降首上心，亦
不能接洽。"②《后汉书》有袁安卧雪故事，密信中以此暗指袁世凯。经历过
丁未政潮，袁既认定盛是岑党，必然防范更严、反对更力了。

张之洞离鄂带来严重隐忧

上述袁、张同时在军机处共事，是丁未政潮的影响之一：光绪三十三年
夏秋之交，军机班子大改组，于七月二十七日同时命袁世凯、张之洞以军机
大臣入值。

---

① 《盛宫保离京原因再志》，《盛京时报》1908 年 4 月 4 日第 2 版，转引自苏全有《清
末邮传部研究》，中华书局 2005 年版，第 76 页。
② 《陶湘致盛宣怀函》，载陈旭麓等主编《辛亥革命前后》，第 22 页。

张之洞离开他经营了十八年的湖北，汉阳铁厂与湖北地方当局的关系将揭开新的篇章，张所委任的铁厂督办盛宣怀，或将面临许多新的挑战。

此前，盛、张之间，自光绪二十九年以来，在对日出售铁矿石、中日商约谈判和圈购大冶矿山等事件中，连续发生严重分歧和冲突，双方关系已降至谷底。

当年盛宣怀督办铁路是张之洞极力保举的；盛宣怀丁忧之际，是张致电军机处为之力争才得以保留；得知盛交卸铁路公司后，三十一年九月十一日张曾致电云："卢汉铁路乃吾兄一人之功，此合同亦最妥善。乃全功既蒇，接办属之他人，未免不公。阁下让德雅度，深可佩服。"[1] 说了公道话，为之鸣不平，对盛也是一个安慰。

涉及汉冶萍厂矿的一些大事，要与朝廷和地方打交道，盛宣怀仍然不得不向张之洞求助。

其实，涉及汉冶萍厂矿的生存和发展，张之洞还是关心和支持的；在他的职权范围内，甚至是有求必应。

光绪三十二年八月，张盛联名致函商部、税务大臣为汉阳铁厂要求再免税十年。[2]

同年十月二十四日，张之洞从盛宣怀、萍矿等各路来电知悉，"萍乡会匪勾结浏、醴等匪滋事"，立即派参将率鄂军第八镇步队三营、炮队一营径到萍乡。并于三十日电告湘抚："萍矿关系万分紧要，诏旨严切，设有扰毁，无从补救。"明令不可欲保护省城而截留鄂军。[3]

上对朝廷，有事需要张之洞共同呼吁；下对地方，有事需要张之洞主持维护。汉冶萍厂矿是维系盛、张关系的基石。张之洞可以对盛宣怀发泄不满，不予理会，但他不能对汉阳铁厂的命运不管不顾。只要张之洞还在湖北，他就要作汉阳铁厂的保护神；为了汉阳铁厂，有时他也不得不拉盛一把。对此，盛也心知肚明。自从翁同龢被逐、李鸿章去世，自光绪二十八年

---

① 盛宣怀：《愚斋存稿》下，第 73 页。
② 陈旭麓等主编：《汉冶萍公司》二，第 564—565 页。
③ 苑书义等主编：《张之洞全集》十一，第 9544、9546 页。

丁忧后遭到袁世凯等的强行抑制，在他这段人生的低谷期，在煤铁事业上，也唯有张之洞还能给予若干的助力。更要命的是，他这个汉阳铁厂督办的金交椅是张之洞委任的；一旦湖广易帅，便将带来不可知的变数。

原汉阳铁厂总办郑观应，当年曾有函致盛宣怀，说他对于汉阳铁厂有"四虑"，其中第四虑是："鄂督创办时垫款甚巨，将来恐政府干预，不可不未雨绸缪。"① 此虑说着了盛宣怀的心事，郑观应之虑即盛宣怀所虑。

就在张之洞赴京的前夕，光绪三十三年七月二十一日，幕僚为盛宣怀拟了一份致张之洞的函稿，再次申述"煤铁归并一大公司"的必要，内有这样的字句："轮电已得厚利，为官所夺。""且将来继公督楚，必是旗族，继倅办厂，必是部员……"等，都被盛审稿时批上"拟不用"。掩盖不住的真情是：盛宣怀和他的左右，已经强烈感受到皇族高度集权的严重威胁，深切体味到汉阳铁厂前途未卜的隐忧。②

历史将会有力地证明，张之洞督鄂时期是汉冶萍厂矿与湖北乃至湖南、江西地方政府关系最好的时期，此后的南京临时政府、北洋政府、国民政府时期均与之不可比拟。有没有张之洞的存在，对于盛宣怀和汉冶萍是大不一样的。武昌起义以后，汉冶萍的产权长期持续地受到严峻的挑战，不是被视为盛的个人私产，企图收归地方所有，便是强调其为官本，强制要求将其占有，始终是汉冶萍外在的巨大威胁，是盛宣怀心头挥之不去的浓重暗影。

东南沿海民族资本向武汉进军

研究资料显示：清末武汉地区计有民族资本工厂 123 家，厂主身份有据可查的为 53 家，其中商人占 31 家。"在已知为商人投资开办 的 31 家工厂中，外地商人占 17 家之多(广东 6 家，上海 2 家，浙江 6 家，江西 1 家，安徽 1 家，侨商一家)。"这占半数的外地商人，几乎全部来自长江下游、

---

① 《致督办湖北铁厂盛京卿书》，载夏东元编《郑观应集》下，上海人民出版社 1988 年版，第 1069 页。

② 陈旭麓等主编：《汉冶萍公司》二，第 618 页。

东南沿海。①

作为江浙商人的先导，"1896年，宋渭臣从上海携款衔命到武汉"，先后开办了燮昌火柴厂、华胜军服厂，受到张之洞的有力支持。光绪三十三年，卢汉铁路已建成通车，武汉九省通衢、万商云集的区位优势更加突出，江浙资本集团进军武汉的盛况空前。据叶景葵回忆：

> 三十三年……奉两湖总督奏调赴湖北差遣。道经汉口，适逢江浙资本团，商议集股，收买汉冶萍公司。团员共四十人，以郑苏堪君为领袖。我因老友李一琴君、史晋生君之介绍，得识团员中之蒋抑卮、胡藻清、沈新三、蒋孟苹、周湘舲、郑岱生、张澹如、苏葆笙诸君。其时本行正开办汉口分行，任内经理者项兰生君，为我十余龄在外家附读时之同馆学生，更觉一见如故。是为本行中坚人物，与我订交之始。②

此处"本行"指叶毕生经营的浙江兴业银行。此时汉冶萍公司正在酝酿组建中。在开办兴业银行汉口分行的前后，东南民族资本投资湖北兴建的重大项目还有宋渭臣等的既济水电公司、程祖福在石灰窑兴建的湖北水泥厂，以及由汉阳铁厂提供原料、为铁路建设配套服务的车桥厂等。

三十三年正月，李维格与浙路公司汤寿潜联系预支轨价时，便开始为车桥厂筹措资金、场地奔走，初十致盛宣怀电称"桥厂三十万甚易"。一度拟用萍矿所有的刘家庙江边地，因张赞宸拟建萍矿码头而作罢；后有人向盛宣怀提供"盛家矶彼有江边地十三亩五""做制造厂最合"。因厂址"公议就汉本为就近购料起见"，光绪三十三年七月，宋渭臣曾代表扬子机器厂股东要求："该厂购用汉厂材料，请照各国市价折中定数，优免水脚云云。"盛宣怀"允从公议，合同即照此次改本为定。"③据《汉冶萍公司事业纪要》载，

① 皮明麻主编：《武汉通史 晚清卷》上册，武汉出版社2006年，第277页。

② 叶景葵：《我与浙江兴业银行关系之发生》，载顾廷龙编《叶景葵杂著》，上海古籍出版社1986年版，第252—253页。

③ 陈旭麓等主编：《汉冶萍公司》二，第1244、1256、1258、1262、613页。

投资共同管理者中有扬子机器制造公司，"该公司在汉口谌家矶地方，离汉镇约二十余里，资本共洋口万元，纯系商办，本公司附股五万元。""该公司专造钢铁熟货零件，颇为获利。生铁向购诸本公司"。扬子机器厂，或称扬子机器制造公司。①

　　值得注意的是，叶景葵回忆这一活动的表述是："收买汉冶萍公司"，应是与来汉的浙江商人交谈而得来的印象。今非昔比，距离张之洞始创汉阳铁厂已过了十七八年，民族资本不仅有了问鼎钢铁工业的雄心，而且有了相应的实力。但对于盛宣怀来说，既送来了吸纳大量资金的机遇，更带来了将危及其对企业全权控制的风险，他必然要精心策划、全力应对。

盛宣怀与高层管理人员存在分歧

　　盛使用的厂矿高层管理人员，都是他的亲信，一般具有较强的工作能力。总的来说，这些高层管理人员都是忠实执行盛宣怀的意旨，但也不是铁板一块，不可能没有分歧和矛盾。这些内部分歧的存在和影响，已往的研究似关注不够。窃以为在资金短缺、周转困难的基本态势下，有些分歧的存在，尤其是某些突出事件，都有可能促使盛宣怀采取措施进一步加强对厂矿的控制。

　　1.盛宣怀与大冶铁矿总办解茂承的分歧

　　在汉冶萍厂矿高层管理人员中，解茂承任大冶铁矿总办六七年之久，却

---

　　① 湖北省档案馆编：《汉冶萍公司档案史料选编》上，第55页。据《郑孝胥日记》第二册载，光绪三十二年三月，大亿公司已经成立："初五日……季直约至浙江铁路公司议大亿公司事，晤袁海观父子、魏蕃实、樊时勋、金巩伯、仲连、恽禹九等。议定股东九人，到者七人，即袁、魏、樊、金、恽、张、郑也，未到者为刘徵如、许久香。每股一万两，先提五百两为金仲连出洋之费，以是日为公司成立之日，公举余为总理。"（第1036—1037页）同年十月，又提出举办车桥厂："廿九日（12月14日）晨，过季直谈大兆事，同至一家春商办车桥厂，由江浙、闽、皖、赣四省铁路筹款二十万合办。伯潜托余为代表，至者季直，蛰先、澄如、伯行、芷生，唯江西未到。"（第1068页）看来车桥厂与大亿（或大兆）公司在人事上既有联系又有区别，它主要是为建设铁路配套的，与相关省铁路公司有紧密的联系。

不是盛的嫡系班子。解原是北洋水师提督丁汝昌的主要文案，曾随同丁汝昌至英国验收军舰、并至台湾协同刘铭传作战而受到保举。甲午战后，解在烟台偶然与张赞宸相识，后被张向盛推荐，引为创办萍矿的副手。光绪二十四年六月即受命主持大冶铁矿，管理得很好，杨学沂去看后，向盛汇报时深为赞许。但是，解从一开始就对盛出售矿石给日本持有不同意见，在奉命按合同完成运售任务的同时，屡屡函电交加，对盛谏阻。盛与日人谈判煤铁互售和预借矿价等合同，均不让解知情。日方驻冶矿代表西泽公雄，是处在第一线的急先锋，与解多次冲突，必欲除之而后快。

光绪三十年九月，解茂承被调回萍乡煤矿，移交时涉及两笔资金：一是解接手冶矿后，增加了对日出售矿石的任务，光绪二十八年三月在沪曾向盛报告过，拟将日矿之"磅余"积存，待五年合同期满后奖励职工。此项日矿外羡公积之款，移交时解全部交出，计有洋例银 19253 两余。二是光绪二十八年黄石港谦豫钱号被抢劫，其中有大冶铁矿存款银 9899 两。当年协议，钱庄主人将其房屋、山场、田地等估价作银 5750 两，房地契交冶矿抵押。这次解交卸，谦豫钱庄欠款四千余两已陆续分期偿还；唯剩所押房屋地产，经张赞宸、解茂承在铁矿与店主一再计议，后由汉阳铁厂按原抵押价折半收购，店主另补缴半价 2875 两，始作了结。①

2. 盛宣怀与汉阳铁厂总办盛春颐的分歧

盛春颐是盛宣怀的侄儿，光绪二十三年八月接手汉阳铁厂总办，见识、能力远不及前任郑观应，又兼另有茶场等差事，历来对铁厂的前景不看好，在此并不安心。官督商办的头年年底，铁厂所欠钱庄资金已达 30 来万，都是春颐竭力调度、筹措，却因允诺归还一笔应还的欠款而事先未经请示，受到叔父的严词斥责，不得不专函解释请求批准。② 光绪二十五年，春颐等人对本厂钢轨及配件定价不知情、对叔父迁就铁路公司比利时总工程师而压低轨价不满，曾要求辞职。矛盾比较尖锐，持续时间较长。二十八年春颐曾向

---

① 陈旭麓等主编：《汉冶萍公司》二，第 446—448 页。
② 陈旭麓等主编：《汉冶萍公司》一，第 848、321—322 页。

叔父建议"将铁厂归并铁路"，萍矿"亦随之斩然不问"。

同年十月袁世凯来铁厂视察后，十一月二十八日盛春颐致函叔父申诉："伏查厂事，自廿二年接手至廿七年年底止，实亏银四十八万二千一百八十五两零，此次开呈袁宫保清折系至廿八年八月止，结亏一百四十二万余两，计相去九十四万有奇。"二十九年九月三十，春颐请假回家葬母，所有厂中各事，及银钱物料，一概未及交代。十一月初九盛宣怀告知铁厂，已令春颐回汉办移交。十一月二十一日春颐交出银钱账目，十二月初五，盛宣怀派总公司参赞杨学沂等赴汉监督盘存结账。延至光绪三十年五月一日，宣怀电告春颐，"监盘各员禀复，汉厂实亏一百五十五万五千余两，存该各款与面呈清折多有不符"，札令其逐款分析禀复。此事前后历时半年余。①

3. 盛宣怀与萍乡煤矿总办张赞宸的分歧

张赞宸是萍乡煤矿的创始人，盛宣怀最得力的助手。光绪二十三年至萍乡主持开创煤矿，生命的最后几年带着重病坚持，至三十二年八月亲眼看到了安源总平巷开通、大功告成。年底始赴沪医疗，次年三月初一即不治去世，可谓鞠躬尽瘁，死而后已，年仅 45 岁。盛致挽联云："开萍矿实业，殚精竭虑，成绩昭彰，身后勋名当与山灵同不朽；自芝罘来游，集益推诚，相期远大，生前气谊有非铭述所能传。"②并于三十四年四月上奏为张请恤，评价甚高："查该故道张赞宸操履敦笃、秉性公忠，其在萍矿撑拄艰险、百折不回而保守主权，力靖匪乱，临危不惧、以身殉矿。"③

而在此前，三十二年十二月十八日，盛曾去电叮嘱张赞宸的继任林志熙，有谓："张道病甚沉重，亦因恢张过甚焦急所致。执事接办后，急宜慎重出入，用敛字诀，渐冀转机，否则败矣。并须常通号信，宜学张道热心，而去其专擅。"④透露了盛内心深处的某些真实想法，看来萍矿如此大规模快速发展，似非盛氏本意。所谓专擅，无非是张有时坚持己见，自作主张。这

① 陈旭麓等主编：《汉冶萍公司》二，第 848、298、990、1008 页。
② 江西省政协文史资料研究委员会等编：《萍乡煤炭发展史略》，第 195 页。
③ 盛宣怀：《愚斋存稿》上，第 358 页。
④ 陈旭麓等主编：《汉冶萍公司》二，第 1243 页。

一方面是盛坐镇上海遥控，相距数千里，不知萍乡实际，张赞宸有时难以用笔墨说清，便保持沉默，干了再说；有的则涉及理念的分歧。如对待萍乡的土窑土焦商户，张赞宸莅萍之初，即与之约法三章：定额收购、保证质量、不得私售别处。开建机矿、归并商井后，"此外尚有商井、商厂数十家，煤质极佳，合炼焦炭，乃为设保合公庄，举派董事，严定开井界限，立章程，以整齐之焦炭，由局收买。"实际是为当地商户留有生路、保障他们的基本权益，"以重民生"。① 光绪二十四年起，随着萍矿产量日益提高而运销不畅，煤焦积压严重。盛多次责难，"搁本太重，即银钱宽裕，亦犯大忌，矧值奇窘。此后土矿不宜再掷巨款"。实际上，土煤焦的生产、收购直至光绪三十二年安源总平巷开通才完全停止，同年八月二十六日张离萍乡前致电盛报告："现在安源机矿出煤甚旺，已将各土矿一律停炼停挖，只留数井，应民间烧煤之用。多年土矿一旦尽停，处处布置防范，幸绅民及挑夫均甚安静。"②

在光绪三十一年李维格正式接任汉阳铁厂总办前，在建立汉冶萍厂矿驻沪总公司集中财权的同时，盛对厂矿人事进行了一番大调整。自盛春颐离职后，铁厂总办由张赞宸赴汉代理；解茂承调回萍乡煤矿协助张主持工作，大冶铁矿总办由盛的亲家宗得福继任；李维格任铁厂总办后，张赞宸仍回萍矿负责。此后，铁厂扩建、合并公司都是由李维格作盛的主要助手，组织实施、具体执行。

盛宣怀年老多病，"亟宜趁早定议招股"

盛宣怀组建汉冶萍公司的历史背景，除上述国内外政治经济因素外，还与他本身的健康状况不无关系。

盛宣怀体弱多病，在盛同颐署名的《盛宣怀行述》中时有记载。如：

---

① 湖北省档案馆编：《汉冶萍公司档案史料选编》上，第 206 页。
② 陈旭麓等主编：《汉冶萍公司》二，第 75—76、1189 页。

辛丑冬，"府君劳瘁，骤发痰喘，兼患冬温，病势蓁烈"。

壬寅，"突患喉疾，几濒于危。"

癸卯，两宫谒陵，盛北上办差，"五月痰饮旧恙又作，扶病返沪"。

甲辰，"元旦瞻拜祖先，病久虚弱，竟至不能行礼。""七月初旬，遂患湿温重候，壮热至廿余日不衰，湿热交攻，兼发外症，昏愦中所言皆要政。"

乙巳，"初春喘发尤剧，不亲案牍者币月。自去秋至今，元气寝亏，渐呈老态，非得丰腴健硕之素矣。"①

作者立意在表彰盛的勤劳国事、鞠躬尽瘁；但诚如盛在赴日本医疗时日记所言，确是"自此无年不病"。

有些资料也可与《行述》相印证。1903年盛宣怀与日本进行贷款谈判期间，日方对盛的行动密切监视，包括其病情都对外相报告。6月4日、9日，日驻北京公使内田致小村外相机密函云："五月中旬，盛乘火车赴正定府与张之洞会晤，返京后，继续患气喘症，故最近未获会晤。""其后，盛之病状，愈形加剧……突于本月六日，离京赴上海，行色匆遽"。6月17日，日驻沪总领事小田切致小村外相机密函云："据闻盛氏因病，由轮船走上接彼之马车时，亦须侍者扶持方勉强上去，抵家后即谢绝宾客。……嗣得回信约十四号下午前去，因即往访。见其外貌意外良好，但咳嗽频仍，几致难于谈话。一见即知是肺病，盛亦自称是痨病。"②

如此，盛之体弱多病，中外、朝野皆知。有时他也把病挂在嘴边，作为一种策略。光绪三十一年四月，盛守孝期满循例赴京请安，召见时"引疾求退"便是一种试探。慈禧当面抚慰："国家正值多事，汝系旧臣，不应出此。"还获得了赏"紫禁城骑马"的殊荣。③

光绪三十三年，两江总督、南洋大臣端方来信询问关于财政问题的条

---

① 《盛宣怀行述》，载中国史学会主编《洋务运动》八，第65—69页。

② 武汉大学经济学系编：《旧中国汉冶萍公司与日本关系史料选辑》，第51—52页。

③ 《盛宣怀行述》，载中国史学会主编《洋务运动》八，第69—70页。

陈，盛宣怀于四月五日复函，内有这样的文字："弟闭户养疴，自问终老岩谷，当代巨公莫不视为废物矣！"端方是袁世凯的密友，这些话也是说给袁听的。养疴终老云云，便是着意韬晦。①

同年七月，幕僚为盛草拟了一通致张之洞的函稿，申说组建汉冶萍公司的必要性，其中一条是："既定商办，必应注册成一完全公司，庶可使人信从，添招商股。侄连年多病，近患吐血，精力远不如前，亟宜趁早定议招股，变虚为实，以拯危局，以安人心。"此条得到了盛的认可，当是表达盛本人的意思。②

光绪三十三年，盛宣怀已是六十四岁，况且体弱多病。当年他带来接办铁厂的重要骨干，如大冶铁矿总办张世祁、萍乡煤矿会办莫燨早已先后病故；曾任大冶铁矿总办前后七年的解茂承，调至萍乡年余即于光绪三十二年正月请假就医离职；随后，创办煤矿、在萍九年的总办张赞宸，哀叹"此病已深，虑难挽救"，也不得不赴沪治疗；六月二十四，曾代理铁厂总办、时任大冶铁矿总办宗得福，突然中风亡故；三十三年三月初一，张赞宸终于不治，盛宣怀极为哀伤："惜韶甄下世，折我一臂！"面对衰病，面对股肱接踵凋零的警示，盛宣怀必然要加紧组建商办的汉冶萍公司，把彻底解决尚有隐患的产权问题提上日程。

---

① 虞和平主编：《近代史所藏清代名人稿本抄本》第一辑143，端方档2，第391页。

② 陈旭麓等主编：《汉冶萍公司》二，第617页。

第二十一章 厂矿资产整理及公司注册

前奏：设立汉冶萍厂矿驻沪总局 / 最早的筹划：张謇等欲"接办厂矿" / 盛宣怀："厂欠旧债亟须偿还" / 要求张之洞会奏未果 / 筹建进入实质性阶段 / 调高现有资产产值 / 盛宣怀对组建公司的系统阐述 / 盛与赵尔巽会商：公司官商合办？ / 再次向张之洞建议官商合办 / 向慈禧面奏"内府公股" / 深入结交奕劻、载泽 / 批准合并公司、注册

　　盛宣怀组建汉冶萍公司，实质是对厂矿加强和集中管理的过程，是整理企业资产实现其既得利益的过程，也是巩固和发展其对企业控制权的过程。
　　一般说来，组建股份有限公司的重点在于尽可能地向社会招集股本，最大限度地充实企业自有资金；而盛宣怀大异其趣，其最得意之处则在于取得最高决策者及朝廷实力人物的特殊支持，排除了中央部门和地方政府的阻力，同时也排除了民族资本的介入和竞争，按照他的意愿达到了他的目的。

前奏：设立汉冶萍厂矿驻沪总局

　　汉冶萍厂矿驻沪总局大约设立于光绪三十年七月。据盛宣怀光绪三十一年二月回答商部询问，在《关于萍乡煤矿借款问答》中说："前因承办路矿，头绪过多，为日后交替之计，不容不先分眉目，是以关系铁路者，归总公司

收支处经理，关系厂矿者，于上年七月另设汉冶萍驻沪总局经理。"①

三十年十一月十八日，盛宣怀告诫张赞宸："敝处年年接济巨款，实已筋疲力尽，年内无可再筹，务望执事通盘筹画，预为布置，至要至要。以后凡遇大宗借款，务须预先报明总局，尤应时时通信，使总局得知厂矿平日实在情形，方能代为筹款。"②此信流露了盛对厂矿加强控制的意愿，还只是要求下面借款应先申报，不久即将筹款的职能及支出的审批管理完全集中到总局。

先是李维格出国考察回来后，光绪三十年十二月于承担铁厂总办前向盛宣怀提出："惟旧厂积累，则自系前人之责，司员一概不能接认，兹特坚明要约于前。惟宫保谅之。"三十一年二月盛批复云：

> 所有汉厂旧款，新旧兼顾，应用之款，悉系本大臣一人之责，断不使该郎中有内顾之忧。各国工厂调度银钱本有专责，断非总理工程者所能兼顾，自应由本大臣另派专员总理银钱，即轮船电报两公司亦如此也。③

此举公开宣布了盛氏与厂矿管理人员的职责分工：盛负责筹集、供应、支配资金，李维格作为汉厂总办只负责生产和销售。李维格即以机要手折呈盛回应："维格专管出货销售之事，售货之款，收到即交该员。维格不管银钱，亦无筹款之责，俾得专心于工程，力图挽救。"

与此同时，盛于二月二十七日电告张赞宸："三月起，实该各户银数、利息、期限、何人经手，均须注明，以后出入概归总局经理。"张赞宸已读到二月二十三日《中外日报》载盛对李维格的批文，于三月初六致盛函表示拥护："是历年矿厂办事兼筹款之艰危困苦情形均已悉邀洞鉴。矿厂事同一律，俱应遵谕，三月起概归总局经理。"

---

① 陈旭麓等主编：《汉冶萍公司》二，第477页。
② 陈旭麓等主编：《汉冶萍公司》二，第454页。
③ 湖北省档案馆编：《汉冶萍公司档案史料选编》上，第171—172页。

三月四日，盛函告大冶铁矿总办宗得福："冶局经费向由厂拨付，嗣后汉厂所需，弟当一切担任，代为经理，汉厂足，冶孰与不足，请兄放心。"至此，驻沪总局统管资金出入的决定，盛宣怀——亲自与汉阳铁厂、萍乡铁矿、大冶铁矿的负责人都落实了。①

张赞宸明确地告诉我们，此前厂矿总办是"办事兼筹款"的，盛宣怀还曾对张索款不满、斥其应自招股。张与原任汉阳铁厂总办盛春颐为筹措短期资金周转，"艰危困苦情形"亦多见于记载。驻沪总局的建立划定了盛氏与厂矿负责人今后的职责界限，从此以后，无论资金的来源如何，总局即盛宣怀，无可争议地成了汉冶萍厂矿唯一的资金供给者或直接债权人。

盛宣怀设立汉冶萍驻沪总局与当时许多因素有关，有卢汉路竣工、少了预支轨价后加强资金筹措的需要，有应对商部查账和铁良等高官视察等统一口径的需要，有企业自身厂矿加强财务管理的需要，等等。从明确产权的角度来说，则是盛宣怀组建股份公司必不可少的前奏。

汉阳铁厂"官督商办"，盛宣怀是张之洞札委的督办，是报经朝廷批准的官员；是谁在"商办"呢？根据张之洞上奏的接办章程，铁厂官办投资形成的全部资产已由盛接收并负责经营，盛也在招股公告中宣称："于四月十一日到厂，即作为商人接办之日。"盛宣怀亦官亦商，身兼二任。历经十来年官督商办的实践，长期存在的问题是：官款归还仅一百万，尚有四百余万未归还；厂矿有多少商股不明确，谁是厂矿资产的所有者似乎也不明确。盛作为督办、厂矿经营者的功能是显著的，而作为厂矿所有者的地位却并非没有疑问。汉厂和萍矿长期依赖贷款生存，张赞宸、盛春颐、宗得福等总办曾经长期筹措、参与借款。虽然今后厂矿总办不可能完全不介入筹措资金，但在这种形势下，设立总公司，突出统一筹措资金的作用和意义，不仅是财务制度的变化，实质上是进一步明确并突出了盛宣怀作为企业经营者兼主要投资人的地位，为他拥有企业资产所有权奠定基础。

---

① 陈旭麓等主编：《汉冶萍公司》二，第 478、1042、483、482 页。

最早的筹划：张謇等欲"接办厂矿"

开始筹备建立汉冶萍公司，最早似可追溯到光绪三十一年的春天。

二月十九日，张赞宸突然接到盛宣怀的电报："季直、莘耘等拟另立新公司，接办厂矿，望速来议。"①

季直，即张謇，江苏南通人，光绪甲午状元。早年入吴长庆幕府，奉命曾为随营读书的袁世凯正制艺，后随军入驻朝鲜。甲午弹劾李鸿章误国而名震朝野，后丁忧回籍，创办大生纱厂，主张实业救国。曾参与刘坤一、张之洞《江楚会奏》起草，发起成立预备立宪公会，此时已是东南实业界、思想界的领袖；莘耘即恽祖祁，江苏湖阳人，其兄恽祖翼曾任湖北按察使、浙江巡抚，与盛宣怀系同乡、世交，盛宣怀接办铁厂时，恽氏兄弟分别在张之洞湖广、两江幕府，曾参与盛之密谋策划。

张赞宸对此并不看好。二十一日复电云："厂矿艰巨，张、恽如何有此魄力，此等事未便空议。现商办法如何宗旨乞先电示大概。"再次奉劝盛趁机解脱："厂矿宜脱，宸数年来屡经痛切直陈，今幸蒙许可，惟必须一面切实做去，一面设法脱卸，万不可守株待兔，致将来进退两难。"二十三日盛来电但谓："现议章程，即为我自办新公司张本，厂矿帐目及二公交接善后，均待面商，望速来。"既云"接办厂矿"；又云"我自办新公司"，令人难以索解；或是对方有意接办，而盛告知张系借此为自办张本，即各有打算。直至三月十九日，张赞宸与李维格联名来电始表赞同："张、恽新公司宸初不谓然，及格到细谈办法甚善。介绍人赵竹君最妥。宸、格。"②所谓"办法甚善"可能只是某方面的初步设想，双方尚未进入实质性的谈判，前途如何，尚未可知。

这年的三月，李维格以个人名义制定了两个文件：《湖北汉阳铁厂、江

①　陈旭麓等主编：《汉冶萍公司》二，第 1038 页。
②　陈旭麓等主编：《汉冶萍公司》二，第 1039—1040、1047 页。

西萍乡煤矿之缘起》,《新公司接办汉阳铁厂之预算》。前者介绍了汉厂、萍矿创办至今的概况,后者提供了企业资产、负债情况及扩建计划、资金预算等。以供组建新公司谈判之用。

据李维格所述,资金的大体情况是:自盛宣怀接办后,至三十一年三月止,共用银五百四十三万余两。内除股份约五十万两外,其余均系挪借之款,现存添置机器等各种资产及接办时所交官款,约可抵银三百四十三万两,亏折约二百万两。现已借日本兴业银行日元三百万,将每年用矿石陆续还本付息。此借款已用于添置机、炉一百六七十万,另还萍矿借款一百万,萍洙铁路添购火车头等三十万。新厂尚拟添购化铁炉一座、炼钢炉两座及施工建设资金、流动资金等共需现银三百万两。其余应还重利息债尚需二百万两,新旧厂合共需款五百万两。最后,李维格的意见是:"然非先筹巨款扎定老营,不能悉锐前进,拟请添招华股二百万两为根本,并与萍矿合借洋债五十万镑,约合银四百万两,""便可合成千万之数"。①

盛宣怀:"厂欠旧债亟须偿还"

光绪三十一年七月,盛宣怀在北京积极活动,二十六日一天四次致函李维格,三号、四号函皆为关于筹措资金和贷款的意见。② 第三号函云:

> 欠旧债亟须筹还,拟将官商存款改作股分,共计新旧股二百五十万以外,实须还旧欠二百万两,如再添大炉两座、各项加大,除炭、电机预支水月电灯款数十万外,至多只可动用借款二百万两,连还债共借四百万两。政府甚不以借洋债为然,望阁下即与三井开议,倘能以生铁抵本利最妙,如不能多,仍预支三百万元,另向欧洲银行借二百万两,出小票或可做到。鄙意虽仍是借洋款,然归东西国分借较有牵制,仍希

---

① 陈旭麓等主编:《汉冶萍公司》二,第485—489页。
② 陈旭麓等主编:《汉冶萍公司》二,第516页。

统筹妥酌议定，见示为盼。除电复外，专此顺颂台祺。

解读此信，我们似应注意：

第一，李维格上述《预算》中，股份仅约 50 万，系指汉厂而言；此处盛已拟将官商存款改作股份共 250 万以上，即后来所谓汉厂 100 万，萍矿 150 万，显然是为了应对新公司谈判的需要。此即"汉厂创始股 100 万"之由来。

第二，"旧债亟须筹还"作为一个重要问题被提出，实须 200 万。

第三，办法是借洋债 400 至 500 万，最好是东西分借；而没有考虑实招华股，即根本未考虑张、恽等新商的投资入股。

第四函则为对第三函的及时更改：

> 萍矿借洋债至四百万元之多，未免骇人听闻，只可变通办理。拟仿天津公债票，招股一百万两，抵还礼和洋行及招商局欠款九十八万余两。拟借大仓之款至多以三百万元为限，以之抵还急债二百万两及赖伦估单所开两年内应添机器工程各项廿四万八千两适可敷用。另存入款五十二万七千两作为活本，不可再多。鄙见如此，务望会商办法，见示为盼，除电达外，专此，即颂台祺。

刚刚作出的决定，当天便要更改，可见盛宣怀思想活动的激烈，内心的矛盾。

导致改变的原因是盛必须顾忌借洋债太多而产生的不利影响。如上述三号函所说的"政府甚不以借洋债为然"，晚清时"政府"专指军机处；而军机处传达的又是慈禧的意向。如此，第四函所表达的信息是：

第一，作出重大变更：将借洋债限制在 300 万之内。

第二，坚持不变的则是仍然以 200 万抵还急债。

第三，提出招股一百万抵还所指定的礼和、招商局欠款；显然这些欠款并不包括在上述 200 万急债之内。

第四，即使此次贷款办成，汉厂可用的资金仅余 50 来万。

我们将此第四函与第三函以及李维格的预算相比较，在盛宣怀的意向中，借洋债的目的及其资金的使用方向，重点在于"厂欠旧债亟须偿还"。通俗地说，就是借新债来还旧债。它与李维格《预算》方案的区别在于：两年内应添机器工程仅限于 24.8 万两，借洋债主要不是用于添购化铁炉、炼钢炉等设备，即主要不是用于企业的发展、扩建。

与此同时，留给了我们一个疑问：亟须偿还的"旧债"何所指？

要求张之洞会奏未果

光绪三十二年前后，对于盛宣怀和汉厂、萍矿都是颇为严峻的时期。

李维格出洋考察回国后，迟迟没有接任汉厂总办，主要是顾虑资金无着、方案未定。如他在上述机要手札中所言："二十二年接办汉厂以来，今昔力量不同，前有预支轨价，后有卢汉生意。迄于今日，厂矿以及运道用款至一千余万之巨，竭泽而渔，筋疲力尽，前尚度日如年，现更可以想见。"萍乡机矿可日产一千五百吨，但"火车现只运四百余吨，不敷开销。萍煤焦堆积如山"。

当时盛宣怀自谓"处谗疑交撼之秋"，各地自办铁路，争相收回利权，主张借外债并经办铁路的盛宣怀成为千夫所指。如商部在三十一年九月二十三日致盛的电文中，转达了京官们对沪宁铁路公司购地的控告："该公司用款之巨，舆论业已大哗，乃尚藉官家之借款，置暗中之私产；国家承认洋款之巨息，公司希图贩售之余利，如此漫无限制，不无渊鱼丛爵之虞。"十月二十四日唐绍仪致电盛："仪奉旨接办沪宁。以公宏材，难御众铄；如仪庸陋，膺此艰巨，益增悚惕。"不无幸灾乐祸之意。[1] 三十二年三月，据陶湘在京为盛打探，解不开的是袁世凯"必使钧处能安然潜伏而后已"，"领袖优柔不足道，此外，城北诸公均系随波逐流矣。"领袖指领班军机大臣庆王

---

[1]　盛宣怀：《愚斋存稿》下，第 73—74、76 页。

奕劻，城北指新入军机的徐世昌。总之是没有人会出来为盛说话。陶湘认为"目前转圜，恐甚不易"，劝盛"保养福体，静观时局，以待将来"。[①]

如果甘心"安然潜伏"那就不是盛宣怀了。光绪三十二年正月初六，盛致函张之洞，报告汉阳铁厂"结至三十一年三月李郎中接手止，实亏银一百九十七万六千余两"。说明致亏的原因是："由于虚本实利，出货少，成本重，销路滞，所售路轨、生铁，半为欧西大厂铁价相挤。挽救漏卮，势难顾计商本，隶汉之矿，支应繁重；添置之机，名目繁伙；而无一不由于腾挪息借，以致负此巨亏。"提出要求："尚祈钧台终始维持，并将汉厂商办艰险暨此次改旧添新，借图转败为胜缘由，迅赐主稿挈衔奏明立案。"并附上了奏稿必须奏请的五条内容。同时还对督署发出了正式的咨文。[②]

张之洞没有给盛宣怀回信，二月初一，张之洞复电作简要的回答，基调是冷淡的、公事公办的，拒绝了联衔会奏。

张历来清廉自守，也很看重自己的声名。出任山西巡抚、两广总督，每到一处都向陋规挑战，在广州从自己做起，"所有馈遗杂费，于到任日即已禁绝。"这封回电首先指出："铁厂改归商办，盈亏官不过问。历年商厂出入款项，并不由敝处考核。此时截数奏咨，敝处未便会衔。"表示对于铁厂商办后的亏损及其账目，既不知情，更不能承担责任。面对商部查账，朝野瞩目，流言纷纭，在经济问题上张断然不会与盛一起蹚浑水。对于为李维格请求"奏赏四五品京堂"，也以"鄙人断无此权力"加以拒绝。唯独明确支持的是："各干、枝路，均用汉厂钢轨铁料，原奏有案可稽，似毋须再奏。此时路矿事隶商部，假使便有意见，虽奏亦仍无益。至粤汉、川汉等路，敝处力所能及者，必可照办。此外，现拟办铁路各省，或由敝处录原奏一咨，或再由尊处分咨各处亦可。"此时张已觉察到商部等处存在阻力，明显是让盛绕开这些阻力行事。对于盛要求共同上奏的问题：萍醴铁路的管辖、请颁关防、商部注册、添筹巨款等，都采取置身事外、冷眼旁观的态度，让盛自

---

① 陈旭麓等主编：《辛亥革命前后》，第 22 页。
② 陈旭麓等主编：《汉冶萍公司》二，第 538—539 页。

办；对此并不乐观，但也流露出一定程度的关切：如对萍醴铁路的管辖"至商部出何章程，殊难预料""望另求善法"；对借款"但须妥觅借主耳"，实际是不同意再向日本借款。①

此外，所谓"改旧添新"，不就是拆除贝氏炉，换上马丁炉吗？贝氏炉是张之洞买的，已经用了十多年，现在你们说它不合用，要把它拆除，还要张之洞自己报告皇帝，这个奏折如何落笔？李维格前年自外洋考察回来，曾向张之洞面禀，张云："贝色麻机器别处可移用否？"对于自己创建的东西，至少是珍惜的，希望它还能发挥作用。后来李维格将打风机移用于新化铁炉，冲天炉及小风机移用于马丁厂，水力机移用于轧轴厂，仅剩了炉座无用又占地方被拆卸。②

从盛所列举要上奏的内容来看，枝枝节节，很分散；他的重点也许是筹款，但很难办到。还有一条是注册，但不是未来的股份公司，而是以他在上海的汉冶萍总局向商部注册。对此，张表示："鄙人未甚解，应由尊处自行酌办。"可见直至此时，盛尚无组建股份公司的成算。请颁关防一条，盛称："厂矿向用铁路大臣关防，缴销之后，或暂用商约大臣关防，商约亦不久，应否奏明另刊关防？"对此试探张也未接招。后来盛向朝廷再用这一招，终于得售，藉请颁关防而促成了盛被"奏派总理"。③

盛在信中诉说，"今则内外受逼，孤悬无助"。要想东山再起，引起朝廷对他的关注，已经别无政治资本，只有拿汉阳铁厂和创办萍乡煤矿说事，这又必须修复与张之洞的关系，与之合作。这大概就是盛宣怀要求张之洞与之会奏的实际背景。

① 苑书义等主编：《张之洞全集》十一，第 9462 页。
② 陈旭麓等主编：《汉冶萍公司》二，第 1164 页。
③ 陈旭麓等主编：《汉冶萍公司》二，第 538—539 页；苑书义等主编：《张之洞全集》十一，第 9462 页。

筹建进入实质性阶段

鉴于此次策划未能进行，光绪三十二年二月初五，宗得福向盛宣怀面交李维格一密函。"窃窥府主言论之间忧形于色，无非为厂萍与路工款项一时无从归垫，故拟将厂亏二百万全数入告。"李维格将此举视为"诉苦乞恩"，不以为然；或与商部催还预支轨价有关。李认为重要的是"预筹抵御之策"：

> 惟有将冶矿、山产分官交、商购为二。……拟请速立汉厂股东，私议自二十二年接办后，凡商购矿产另立合同，载明厂亏则以矿余弥补，矿折即以厂余辅助，两相维系，盈亏与共。目前厂亏二百万，以日本矿价三百万银洋相抵，进出不相上下。（三百万虽买机器，拨萍路机器路工，即可抵作现银；汉厂预支轨价虽挪借部款一百三十余万，有二百万新机抵押，不算无着。）万一大部催还预支轨价一项，即以新购机器价本暂抵所谓商亏商偿，较之诉苦乞恩，尤为光明正大。倘尊筹许可，私议合同即宜早立，秘勿告人，作为购山之先公议。妙在官购各山，早经咨部，商购各矿，契券具在，脉络分明，毫无假借。断不能商厂所亏责商承认，商矿所余悉令归公。①

这一抵御之策是根据"厂亏矿盈"的现实提出来的。即大冶铁矿有预售日本矿价三百万元，而铁厂亏损二百万，并欠预支轨价一百三十万。为了防止官方将大冶铁矿的矿价或盈利收走，或催还预支轨价而丢下亏损由盛承担，必须编造具有产权的股东及其先期签订的合同，以此为据，说明厂矿原是"盈亏与共"的利益共同体。看来，突出的矛盾是如何处理债务和亏损，实质则是如何确认官督商办后煤铁矿山的收益及企业新添设备的所有权。

与此同时，李维格将二十二年四月起至三十一年十二月止，所购矿山名

---

① 陈旭麓等主编：《汉冶萍公司》二，第 544—545 页。

称及其购价开列清单交给盛宣怀。

光绪三十二年五月十九日，盛宣怀致电张赞宸，确定了所谓"萍矿创始老股"的编造方案：

> 廿七年年总原禀土矿余款五十万，贴给老商，一股化两股。事未议定，拟批未发。嗣定议，即以此款作为老商卅三年以前官利，业于初七补批发行，想已到。安洙换地事，筹定再复。宣。效二。

同日，盛另电告知张：萍矿欠招商局合库平二十八万三千余两，其中"入股库平八万两，照廿九年腊月转帐日期填制股票，另加卅三年前股息二万八千两"[1]。

如此，萍矿的老股及其官利确定，并补批发行。筹备组建汉冶萍股份公司的有关工作推进到一个实质性的阶段。

同年夏天，湖南衡永辰、徐海、苏皖等地相继严重受灾，各地督抚纷纷来电，要求盛宣怀集资购粮，派绅放赈。盛宣怀策划调度，联络中外、上奏朝廷、通电各省、义赈与官赈并举，付出了许多心力。这也在客观上缓和了官场的攻击和舆论的压力。

光绪三十二年秋季，铁厂先后与沪宁、正太、江浙、粤汉等路议定钢轨，新建炼钢炉进展顺利。八月二十三，李维格报告，"两炉出铁甚顺，工程亦无耽搁，年底、春初可望出新钢"。八月廿五日安源煤矿总平巷开通，宣告大功告成。厂矿均出现新的生机，为组建公司提供了有利的形势。[2]

调高现有资产产值

光绪三十三年三月十九日，萍乡煤矿与日本大仓洋行签订借款合同，借

---

① 陈旭麓等主编：《汉冶萍公司》二，第1156、1155页。

② 陈旭麓等主编：《汉冶萍公司》二，第1188页。

日本金元二百万元，年息七厘五毫，以七年为期，以矿局所有生利之财产物件作抵押。

三四月间，江浙实业界代表蒋抑卮至铁厂、萍矿查账后，拟有合组公司之办法数条，盛宣怀对之大为不满，另拟合股公司章程十二款。约定一个月内定议。盛于四月二十八日致李维格函云："鄙见一求大化铁炉限期赶造以出铁；二求大驳船限期赶造以运焦，所谓自立之道在此。此二端成功之日，弟必保定股利可付一分，则股本可招千万，此无论袁之来与不来，皆当如此打算。"[1] 引入东南实业界资本合建股份公司，与张謇、汤寿潜等联络，本是李维格从中牵线搭桥；盛与李的倾向并不一致，此时早已作了排斥江浙民族资本的打算，不是其信中所谓"非与阁下公忠之意有歧异也"所能掩饰的。

六月十四日，盛宣怀给李维格布置了一项重要任务：

> 查煤铁并一公司，必须先将两局帐目刊印，以昭信实。……鄙见华商多看表面而不究内容，是以立定主意，须用帐目三种：一系实在收支存该之数，即今日邱令所造之表册，一系按照现在产业估价数，即仿照萍矿赖伦所列估单之式；一系将来利益之预算表，即仿照赖伦去年所列预算表之式，有此三项帐单方能为招股目的。

在信中，盛还举了如何估价的例子：如大冶铁矿预收日方矿价合洋例银二百多万，将来用矿石还本付息，除去工价成本，余银便可列入估价数；又如铁路总公司按原价划归汉厂的地皮，按时价可盈利数十万；甚至指示将大冶铁矿蕴藏的矿石"一并援照萍矿将成本按时值估价办法"逐一估价。如此，"则厂中名为亏耗二百四十五万一千余两，实则以所有产业及矿石盈余互相冲抵，所亏似属有限。"[2]

可能是受到查账的影响，盛宣怀采取对策，对账目进行调整。所谓将来

---

① 陈旭麓等主编：《汉冶萍公司》二，第 598—599 页。
② 陈旭麓等主编：《汉冶萍公司》二，第 600—601 页。

利益的预算，只是一个美好的前景；关键在于现有产业的估价，无非是按照他列举的例子，千方百计从账面上提高现有资产的总值，为组建商办公司预先创造对自己有利条件。其中竟然将矿山煤炭、铁矿石的蕴藏量按时值估价，更是耸人听闻。

盛宣怀对组建公司的系统阐述

光绪三十三年七月，组建公司的筹备工作，重点转向朝廷及中枢显要、地方当局，盛宣怀先后起草了奏折、奏片，并陆续分别致函奕劻、载沣、世续、鹿传霖、吕海寰、张之洞等，吁请大力支持。

盛七月二十一日致张之洞函，系幕僚起草后由盛亲笔修改，颇为慎重。着重在说明他何以必定要完成公司的合并组建。信稿是条列式的，共有十条，总体是围绕资金、商办注册和厂矿合并三个方面来阐述。

关于资金，信的开头便交代：汉阳铁厂结至上年止，尚亏商本二百四十余万两，萍乡煤矿结至上年闰四月止，照估表已盈余银三十余万。然后在一、二、三条分别提出：照李郎中预算，尚须添本二百万两，是铁厂必须用银壹千万两方能成就；本厂实在商股只有一百万两，萍乡商股亦只有一百五十万两；现上海惟恃厂矿产业由通商银行、纺织厂作保，抵汇三百万两，汉口街市亦抵汇二百数十万之多。"尾大不掉，实属冒险已极"。其中，盛将原稿第二条"其余皆属活本，认利息不认盈亏"，改为"其余皆属重息借贷之款"，以与下文照应，突出债务之重；第三条将"自唐少川侍郎将正太、沪宁存款全提之后，几至不支。"改为"自路事交代存款全提之后，几至不支。"将对唐的不满稍加抑制。

关于商办注册，信中不失时机地提起"屡请改归官办"而张之洞均未同意。点到即止，转而确认以商办为宜："外势日重，觊觎日险，汉冶滨江，尤难保护，明示中外此厂矿为全国商力团结而成，自较官办为稳慎。"接着提出商办必须注册，而"侄连年多病，近患吐红，精力远不如前，亟宜趁早定议招股"。

关于厂矿合并，信中指出萍矿招足甚易，汉厂屡招屡辍，难易不同，而"萍矿早已购有铁山""汉厂必借萍煤，而萍矿不必定借冶铁"，须趁此铁路未通、煤难畅运，并入公司。萍矿"现就老股二百五十万两，先行责成凑足五百万元，俟新炉增办，洙昭定议，便可续招新股五百万元，共成一千万元"。

最后一条是现实存在的隐忧：原稿有"将来继公督楚，必是旗族，继倅办厂，必是部员"。厂矿的未来，不是如轮电一样"已得厚利，为官所夺"；便是"不待成功便归腐败"。盛宣怀将"为官所夺""必是旗族，必是部员"这些敏感的词句都删去了。如此，似更说明它触及了盛心上的痛处。①

此信似可视为盛宣怀就组建汉冶萍公司，拟对官方作一次公开而较全面的报告。信稿说将于七月二十日上奏，连同折片一起寄来，请张入都后向枢部"剖析原委"。实际上，关于设立汉冶萍公司的奏折是三十四年二月才上奏的，后来盛改变了主意，但从此信及其修改文字中仍可看到盛的一些想法。

七月份，盛宣怀还制订了《汉阳铁厂、萍乡煤矿、大冶铁矿筹议合并招股章程》《汉冶萍钢铁煤焦股份公司章程》。八月二十二日，发出《汉冶萍制铁采矿公司公启》宣告"汉厂添置新机，改良制炼，吉詹九月举行钢厂落成典礼""谨援照西例，敦请海内达官巨商、通人志士为本公司名誉会员"。二十八日，上海的工商界上层人士专题聚会，盛宣怀演说汉冶萍公司事略，到会者三十余人。②

九月初一，盛宣怀乘轮离沪赴鄂。初三过南京，江干晤袁海观。初八自汉电杨学沂："钢厂都已开工，秩然大备，声名大噪，洋人尤艳羡。……已订袁、蒋到汉，汤若不来郑必到，望兄料理，电到即行。"初九，盛至安源，"已坐电车亲勘，钻通石隔尚有二百法尺即到大槽。"

九月十七日，江浙实业界人士聚会定议十八日赴汉口议汉冶萍事，举

---

① 陈旭麓等主编：《汉冶萍公司》二，第616—618页。

② 劳祖德整理：《郑孝胥日记》二，第1110页。

汤蛰先、蒋抑之、蒋孟草、沈新三、苏宝森、刘厚生、郑孝胥七人为代表。二十二日江浙资本团约四十人至汉口。二十四日至汉厂看化铁出钢，二十六日至二十八日郑孝胥等代表新股发起人与盛议条款，签订合办公司的《草约十五条》。三十日郑孝胥等离汉回沪。[①]

盛与赵尔巽会商：公司官商合办?

得到了与郑孝胥等新股发起人协议的草约（《汉阳铁厂、大冶铁矿、萍乡煤矿 合并成立汉冶萍煤铁有限股份公司议单》），十月中旬前后，盛宣怀与新任湖广总督赵尔巽连日进行会谈，商议汉冶萍厂矿归并组成大公司及其会同上奏事宜。

此前九月下旬，盛曾与赵初次商谈，盛作试探，问此厂能否官办？赵答以"官中现无此力"；盛又问商办如何？赵答以"冰相奏案已定，自无异议"。所谓冰相奏案，系指光绪二十二年张之洞奏请命盛招商承办的方案。其时，赵尔巽尚不知道沪商要来，很快就签订草约。等到看了草约后，赵认为此事应让铁厂的创始人、军机大臣张之洞知道，"是以就原底电陈大概，未加论断，至今未得复电"。

随着会谈的深入，赵提出了一个问题："汉厂所用官本五百数十万是否作为股份提息?"

当年张之洞奏准的方案是：每产生铁一吨，提银一两，提清后仍照此永远报效；先缴现银一百万，陆续扣抵。至今所欠官本尚有四百六十万两。

如果湖广总督仍是张之洞，不会有此一问；换了任何一个人来作湖广总督，都必然要提出这个问题。组成商办的新公司，原欠的官款如何处置，这是不可回避、必须合理解决的。

在某种程度上，官本提息是受盛宣怀极力优待老股的刺激：所谓汉厂、萍矿二百万两老股既派息股，又受优先，一股折三股，变成五百万元；数额

---

① 劳祖德整理：《郑孝胥日记》二，第1112—1114页。

更为巨大的公款岂能毫无回报？

十月十五日，盛宣怀向赵尔巽呈送节略，对此的回答是："因所欠官本尚有四百六十万两，以后若照商股提息八厘，每年应提息银三十六万八千两，按照原议按吨提本，既无如此之多；且作股本永远提息，而本项仍在，与按吨提本办法大不相同，新商谅不能允。"原来奏定的办法对盛本人大为有利，必然坚持原奏万不能允。此处指出官款提息与原奏不合，却以新商不允为词，巧妙地由此而将问题转化为湖北官方与上海新商之间的矛盾，自己置身于第三者，提出所谓的"两平之法"，似乎既可满足湖北官方的要求，又能使新商同意：

> 自奉谕后，再四筹思，欲得两平之法，似惟有遵照钦颁商律第三十条，作为官商合办公司，一体遵守商部定例办理，庶使钢铁大利，官商同创其始者，官商亦同受其益，实为至当不易。昨日尊谕，鄂省一时难筹巨款，应留优先空股，俟有款时付入，固属公家应得之利，但恐商人尚有借口，似不如筹定现款，俟新商交股之时一气交付，尤为平允。

看来赵尔巽不但希望官款提息，还提出了给湖北地方政府预留优先空股的要求。

盛宣怀实际上已经拒绝了赵尔巽关于官款提息和预留优先空股的要求，但表面仍顺应赵的意愿，进一步就设想官商如何合办大做文章，着重为赵筹划赵感到困难的资金问题：

> 一拟新商股齐以后续缴官本银一百万两，仍准在每吨一两项下扣算。在老商初办竭蹶之时，尚且勉力垫缴银一百万两，现值新厂发达，新商如能招成巨股，谅亦不难照办。
>
> 一拟将从前铁路公司预支轨价合洋例银九十七万余两改作官股。……
>
> 一拟请将四省预备官办制造车桥厂费四十万两划作厂股。……

一拟请鄂省将老商前缴一百万两，仍发作官股，如已无著，即请别筹现款，先掣股票，庶可昭示众商，但知官股亦有现银在内。

以上四款，约有三百四十万两，合银圆五百万元所少无几。在鄂省得此官股五百万元，第一年即可分得官利四十万元，第二年后官利年年四十万，断无短少，余利年胜一年，照预算表约以二分利息计之，每年一百万元似有把握，尽可先还现筹之一百万两及四十万两……

上述资金筹划，看似头头是道，实则全是如意算盘，不过是掌握了赵没有资金的弱点故弄玄虚。即就别筹现款一百万两一项，谈何容易。至于"照预算表约以二分计息"云云，说得天花乱坠，全是画饼。①

盛宣怀这次与赵尔巽打交道，把对方低估了。赵尔巽还算明白，看穿了盛宣怀是给自己埋伏了一个陷阱，不肯上当，第二天回信予以揭穿：

承示官商合办一层，与前议迥殊，思之未得其解，公有疑于巽耶？抑公别有所为耶？不然，草约明明商办，今忽改议，新商何肯复投巨资？以公智珠在握，岂未虑及？然则是一散局矣。夫散亦无妨，第新商之议，巽初未与闻，而新商将来之散，则在我两人往复晤商之后，不知者必疑巽不欲新商之成立，故为之龃龉所致。②

盛宣怀提出公司官商合办，意在一石二鸟，既以新商抵制赵尔巽；又借赵尔巽来排除上海众商。赵虽然看出了此中机关，不曾被盛所利用而背上排斥商股的恶名，但也知难而退，不再坚持公款提息和要求空股；盛宣怀部分达到了目的，公款仍维持原奏，每吨生铁提一两。一场智斗，基本战成平手，似盛还略占上风。

---

① 陈旭麓等主编：《汉冶萍公司》二，第645—647页。
② 陈旭麓等主编：《汉冶萍公司》二，第647—648页。

再次向张之洞建议"官商合办"

赵尔巽信末的表态是:"果必欲官商合办,似宜将此中利益与将来之无害于新商,先商之于新商诸人,翕焉认可,再商之于冰相,庶免哗散牴牾诸弊。"盛宣怀知道新商必然反对,不必商量;重点转向张之洞处。

盛于七月间曾给张寄去信件和奏稿,至今未有回复,遂于十月二十五日前后两次从汉口以密函向汉阳铁厂创办人、军机大臣张之洞请示。前一函实际有两部分,又附有三份附件:附呈酌拟官股分利节略一扣,二十二年原奏抄案二扣,公司草议附件一扣。后一函着重强调官商合办的必要性。补充了又补充,仿佛与张之洞有说不完的话,甚为急切。[①]

前一函开始即述铁厂、煤矿已成之大效,归结到"而寻源溯流,皆倾倒于中堂,在人皆梦梦之时有此远到之深谋硕画也"。然后介绍有沪商代表到汉来议加股兼并公司,强调自己首先提出必须请示朝廷批准。值得注意的是信中明确提出:"念老商昔皆隶我轮、电、银行、纱厂之商人也。"此处"老商"当指汉阳铁厂官督商办后的投资者,这一完整的表述,此前似未见诸书面文字,特别是涉及纱厂商人,似前所未闻。次年二月上奏即按此口径。

这批函件的要点是:

一、希望张相和朝廷确认他对组建公司的主导控制权力,明显地流露出排斥新商的倾向性。

回念此厂已承奏准商办,归佺一手经理,现在由佺一手招股合成公司,谅无不可。

二、强调新商贪狠,其处境艰难。

一则谓:新商"突如其来,意甚踊跃,盖皆新钢厂、大煤槽风声所播,

---

① 陈旭麓等主编:《汉冶萍公司》二,第649—657页。

不招而自至也"。二则谓:"彼等急如星火,不待商榷即索草议,所要求者甚为贪狠。"三则谓:"汉冶萍合并公司,本无疑义。惟目下新商必欲将中堂奏定招商章程及饬令督商承办原案一概抹煞,宣怀勉强迁就,老商啧有烦言。"所言或歪曲事实,或夸大其词,后者实为背后中伤、挑拨离间。

三、着重强调其基本立场是维护光绪二十二年张之洞原奏确定不移。

其要点有二:一是"本厂老商必须永远格外优待";二是归还官本"旧案莫如不改,每吨仍令缴银一两,以免商人指为失信"。

四、要求张之洞对官本及官商合办表态。

盛在信中高唱"盖厂由鄂省发起,利应鄂省同享也"。"应先尽鄂省入官股五百万元",即官商合办。归根结底是把筹集现款的难题交给张之洞:

> 惟官股一事,次帅虽以为然,而于一百数十万之款,能否移缓就急,仍须取决于中堂。大抵股分实为分利之权舆,非得现银,断难折服商人之心。

其中盛追加的后一函,主要是集中地进一步阐述官商合办的必要性。

此次致张之洞两函是盛与赵尔巽商谈官商合办的继续,似乎可以理解为对付赵尔巽的故伎重演,即盛提出官商合办是虚,借口新商要求投入现款以抵制湖北官款加息为实。

此时盛必须借重张之洞的主要是官本问题,一口咬定每吨生铁提银一两是张本人上奏确定的。盛如此提出官商合办似乎是仁至义尽;是否同意,取决于张之洞。这不仅是为上奏、注册扫清障碍,而且意在为商办公司杜绝后患。正如盛在后一函中劈头申明的:"将来商利愈重,对宣怀指摘愈多。若不于此时声明,后难再议。"

所谓的官商合办的方案,此时是盛主动对张一再提出来的。如何筹款,策划得煞有介事,用盛的话说是"代筹官股五百万元,系无中生有五分之三,而商不能辞;移缓就急五分之二,而官无所损"。其中包括化解了九十七万的预支轨价欠款,"闻中堂尚有移交所借洋款一百万两",如果真能实现,对盛并非没有好处，也许不是根本不可以接受的。但盛已充分预料到难以实现，所以有言在先："如中堂不以为然，宣怀一腔心血，十载焦劳，极大利权全行放弃，亦可告无罪于天下矣。"所以我们认为主要是一个以攻为守的策略，至少可以借助张之洞的一个关键性表态，作为挡箭牌，预防将来可能发生的指责、纠纷。

在现有已出版的汉冶萍档案史料中，尚未见到张之洞对盛宣怀此函如何回应；值得注意的是，在组建汉冶萍公司的全部过程中，似也未见张之洞作何表态。目前所知，系盛宣怀本人事后的转述。据说同年十一月盛奉旨进京后，见到已是军机大臣的张之洞，张同样提出了"则前用官本五百万系属现成股份"，认为吨铁一两只相当于减免税，意在将已用官款作为公司股份。盛称"以后再详谈"，暂且避开。再次会见时，盛坚持原定方案不变，仍然以商情作借口，"告以商情不愿官股，如入现银亦只能认作一律之股份，不可有官股名目。"又对张动之以情，大谈"核算四炉告成，每日可缴银七百两，二十余年亦可还清"。张之洞是希望看到汉阳铁厂兴旺发达的，谈了两次，终于表态："如此官款不做股份，期满另外完税亦无不可，我无成见，杏翁酌之。"①

对于这一问题，有的学者强调"盛宣怀之立场是不能容忍'官商合办公司'之结果"。② 如此斩钉截铁，似也未必，这也涉及我们对盛宣怀的理解。

在上述后一函中，对于官商合办，盛很强调钢铁工业的特殊性，关系军政国防，日本制铁所全属官办；回顾接办过程的艰难，指出二十九年张之洞倡议在内地建枪炮新厂未果，中国目前不可能再建一个汉冶萍，等等，都是符合实际的，并非虚妄之词：

---

① 《盛宣怀致李维格函》，载陈旭麓等主编《汉冶萍公司》三，第 51 页。此函原书系于光绪三十四年十二月，上海，似误。按所述内容，当是光绪三十三年十二月，北京。

② 易惠莉：《盛宣怀与汉冶萍公司》下，载《二十世纪盛宣怀研究》第 434 页；而第455 页又称："他更关注自己对企业控制力的长期稳固性，至于企业商办、官办的区分在他看来并不重要。"前后似不无抵牾。

宣怀调停新旧，乐与周旋，而一念非常之原，似不可全去官质，免致将来国有大建造，转为商人所持。七月间拟呈合并公司奏片，即有请各省纳官股之议，盖滨江厂矿固不宜全属于官，而船械质料亦不宜全属于商，与其他日另办官厂，莫如此时按照商律第三十三条改作官商合办之公司，仍一体遵守商律办理，实为一举两益，百年无弊之长策。

此处盛提出钢铁工业不可全去官质，既是迎合张之洞，但也自有其亲身独到的体验在内，似不可全视为假话。所谓滨江厂矿不宜属官，是在晚清特定形势下惟恐列强军事入侵时被其掠夺。函中提到"七月间拟呈合并公司奏片，即有请各省纳官股之议"，看来这一想法与各省纷纷成立铁路公司，即将迎来铁路建设的高潮有关。盛不仅希望各省皆购汉厂钢轨，而且力图把预支轨价这套办法施之于各省铁路，曾先后与岑春煊、赵尔巽、并通过赵与其弟赵尔丰联系，力争向川路公司借款，仍然是借助政治权势来推进资金筹措和钢铁营销。

此时这种依靠政治权势支持的思想，更表现在信中关于官商合办的必要性：

不特官可永远收其优利，且于钢铁界中官尚能为商默操其主权，于造路、造船、造枪炮大有益处……①

这是盛对钢铁工业不可"全去官质"的进一步阐释。强调钢铁企业官须"默操主权"，既有盛对晚清钢铁工业的生存和发展需要借助中央集权予以推动和保护的深切体验，其中又包含着长期"督办"生涯形成的信念和个人私利的算计。提出官商合办，主要是用以抵制官方的一种策略，但又流露出盛对政治权势的依恋。盛在组建商业股份公司的过程中，不可能彻底切断与官方的政治、经济联系，史实证明其继续争取官方的干预和引入公股，半

---

① 陈旭麓等主编：《汉冶萍公司》二，656—657 页。

是受拖欠大量公款无法归还的实际制约，半是依赖政治权势维护其既得利益的需要。转制为商办而又引入官股，看似矛盾，实际统一于对其自身利益的维护。

后来盛不再提官商合办，而修正为：商办也可以吸收官股，视同商股，以资提倡。并以公股的名义解决了另一项所欠的公款。

20世纪80年代改革开放、批判计划经济，当时流行一种观点，认为盛主张铁厂商办先进、正确，而张之洞主张铁厂官办保守、错误，导致失败。盛宣怀本人提供的确凿史料是：光绪三十四年九月三十日他在日本访问内阁总理大臣桂太郎时，曾就此发表见解，"或云贵国制铁所亏本因系官办。余颇疑其说，因余所办之汉阳钢铁厂系属商办而亦亏蚀。其盈亏当在出货之多寡，断不在官商之分别"①。这是盛接办铁厂十二年后的经验之谈，提前数十年对一些当代的笔墨官司作出了明确的回答。

窃以为在企业体制上，盛是个实用主义者，既不是绝对否定官办，也不是绝对倾向商办，而是到什么山上唱什么歌，实质是以有利于其对企业的控制为转移。盛在洋务企业长期是施行"督办负责制"，其实质则是他这位官员"为商默操其主权"。亦官亦商的盛宣怀，在商言商，在官言官，一旦登上了邮传部尚书的宝座，大展宏图，其"为商默操其主权"遂一发而不可收。

光绪三十三年十月二十六日，盛宣怀奉电旨迅速进京预备召见。借助这次北上，盛上奏获批准，完成了汉冶萍公司商办注册。

向慈禧面奏"内府公股"

慈禧突然召盛宣怀进京，是为了浙江铁路公司的废约纠纷。据《盛宣怀行述》记载，召对问答如下：

> 慈圣谕曰："近为浙路发生风潮，或言英国要下旗撤使，或言百姓

---

① 盛宣怀：《愚斋东游日记》，思补楼藏版影印本，第32页。

要抗粮拒官，特召汝来解此一结。"

府君奏言："铁路借款不过一二英商之事，与国际无关；臣责其逾限，彼固无辞，何至酿成交涉，此不足上烦圣虑。江浙百姓驯良守法，必无抗官举动，但欲遵商办前命，以拒外者助官耳。恫喝之说，皆可勿听。惟既订约借款，不应再令商造；既废约商造，不应又许借款，朝令暮改，失信中外。今厉行立宪，正欲藉民权以巩国力，倘逆用而不顺用，恐激成事变，外人将不责草野，而归咎朝廷，是宜加意。"上颔之。①

这大约是盛平生得意之笔，故《行述》详细引述。其中，关于不致酿成交涉的基本判断是正确的，盛看准了慈禧的心病，解除了她的主要顾虑，讨得了欢心。这也反衬出清廷上下应付外事的无能，抓不住要领。百姓驯良云云，依然是选好听的说，把丧事当喜事来汇报。朝令暮改云云，则是此事的要害，既是实情，也是盛为自己开脱，除了订约借款外，后来的"令商造"又"许借款"都不是他的责任。最后的忠告，"恐激成事变"云云，此时是站在旁观者的角度说的，后来在辛亥年间盛处理各地反对铁路国有风潮时，便把这话忘记了。

我们再读盛当时的《密陈苏杭甬草约原案详确情形折》，盛的处境似乎没有这么轻松，情势要严峻得多。②当时的谕旨说：

查此案商办多年，迄无结束，要以草合同已否作废为全案最要关键。究竟是否已废？英公司是否默许？著该侍郎详确复奏，勿稍含混。

似乎关键仍然在盛的身上。根据盛宣怀奏折提供的文件资料，此事自光绪二十四年起至三十三年，前后已达十年之久，先后涉及总理衙门、商部、

---

① 中国史学会主编：《洋务运动》八，第73页。
② 盛宣怀：《愚斋存稿》上，第345—348页。

外务部和浙江巡抚。大致过程是先有总理衙门同意英商承办此路，由盛即铁路总公司与其议订草约。二十九年四月二十八日盛致函英公司，"如六个月之内再不勘路估价订定合同……所有以前合同一概作废"。五月初五英公司回复："此节碍难照办"。三十一年八月，上谕以浙江全省铁路业经商部奏准由绅民自办，命盛与英公司磋商收回，十二月十八日英公司复函称："总领事接奉京谕：杭州铁路事宜现已不属贵大臣份内之事。"三十二年正月初六又接英公司函称："本月一号接准外务部来函，所论苏杭甬铁路现归浙抚部院一手经理，不由贵大臣过问。"此后，盛交卸铁路差使，浙抚如何交涉、外部如何另订借款办法，分借款、造路为两事等，盛未与闻。

盛的奏折，自是辩解和推卸，但这一过程及其文件不可能虚构。它充分显示了英公司依仗强权、唯利是图、不守协议、蛮横无理；在清廷内部则充分暴露了政出多门、各行其是、互相掣肘、朝令夕改等致命的弊端；对于盛宣怀来说，虽然受到多方排挤，在铁路建设和管理中被逐步边缘化，但仍然是朝廷追究、舆论谴责、地方攻击的重点对象。

然而，盛宣怀却是在此极端不利的形势下，自三十三年十一月北上进京，至三十四年三月出京，在此期间，施展了通天的手段，办成了一些大事，其中最重要的是完成了商办汉冶萍公司的注册，使公司组建跨出了关键的一步，取得了实质性的成果。

汉冶萍公司得以顺利注册，至少与下列事件密切相关：一是向慈禧面奏"内府公股"；二是盛深入结交了奕劻、载泽等当权的皇族。

所谓"内府公股"，当是光绪三十四年二月十一日奏请汉冶萍合并公司、扩充股份时提出的，事见《愚斋存稿》《请酌拨的款充汉冶萍公司公股折》。

光绪三十四年三月初五，盛宣怀同时有上张中堂、致袁宫保函，两函文字大部分相同。致袁函云：

> 前所面奏"内府公股"一节，力筹厂矿以公济公之款，居然得有一百廿六万两。既难提出现款，莫如改作公股，并拟将自己创始股分十万两凑入报效，计可约合二百万元。虽于公家无足重轻，而华商公司

可入公股，藉开风气，实于农工商大有裨益。唯"皇室经费"名目，确是立宪以后之事，目下未便遽落边际，故只说"内府公股"而已。今日本携稿就教，未及面陈……邸意先代面奏，如慈意许可，再令具折。尚乞台端玉成之为祷。①

盛办事常有出人意料之外的"创意"，这内府公股便是典型之一。一是抓住了面奏的时机，只要上面点了头，下面便不好阻拦。二是"皇室经费"的名目想得好，老太太听说将来官利、分红多多，可充皇室经费，便欣然会意，情知是盛宣怀有意孝敬，哪里还会过问公款的来龙去脉？三是步骤周到。面奏后，先拟奏稿，征得庆王允为先代面奏，又已取得张之洞赞同，此信即是请求袁给予支持，如此，再正式上奏，自可得到批准。

《盛宣怀未刊信稿》卷首编者《说明》指出："汉冶萍报效'内府公股'二百万元充当'皇室经费'，是盛向西太后求宠的手段。"② 这还只是一个方面，也只是表象，更大的奥秘却在于上述信中所谓的"以公济公"，名为报效，实际又是一项"债转股"。这二百万元从何而来？盛宣怀《请酌拨的款充汉冶萍公股折》称，该厂矿原存公款计有三项：一系汉阳铁厂预支轨价剩存银九十一万六千五百三十两余；一系铁路公司投入萍乡煤矿股份银十五万三千八百九十七两；一系上述股份派得的息股银七万两，"共计库平银一百十六万两，核作银元一百七十四万元……准将前项存款尽数充作公股"。既不是盛宣怀自掏腰包，也不是用厂矿的盈利报效，而是在合并厂矿转为商办公司之际，将应归还而尚未归还的公款，名义上转为公股而已。其中，所谓铁路公司持有的萍矿股份，原本是早期的债转股，这里不过是拿来做个陪衬；主要目的是化解商部和唐绍仪主持铁路公司后对预支轨价余款的一再追讨。也就是说，所谓的"内府公股"，实质是解决盛宣怀的一大债务负担，也消除了公司合并商办的一大障碍。

① 北京大学历史系近代史教研室整理：《盛宣怀未刊信稿》，第 91—92 页。
② 北京大学历史系近代史教研室整理：《盛宣怀未刊信稿》，第 4 页。

至于盛在信中曾提出的"拟将自己创始股分十万两凑入报效",在奏折中并未公开提及,想是另作处理。盛在奏折结尾处曾请示:"此项股票以及每年利息应交何项衙门验收?"奉得的旨意是:"著照所请,股票及利息均著交农工商部。钦此。"①

深入结交奕劻、载泽

盛宣怀在此次上京前,便曾着意结交庆亲王奕劻。三十三年二月二十九日是奕劻七十大寿,盛于元月二十七便预为布置,嘱京中陶湘代为亲送足纹五千两。陶提醒盛,劻子载振三月初六为三十正寿生日,是否将此银一分为二,或另作处置。盛二月十三日复函,谓"现有铁路查帐事件",载振处未便送现款,五千全送奕劻本人。后来盛改变了主意,贺礼特别加重,或与其谋求邮传部有关,其贺函云:"谨备日金币二万元,属令陶道面呈。"三月初八,庆王爷在小客厅,传令接踵而来的徐世昌稍待,便服接见了送礼的陶湘,"其时词色和蔼,俨然春风大雅矣。即将红寿面(函?)一手捋须,一手接过,即向袖内缩入,立起云:'如此厚赐,我当有信。'"初十,庆王府亲信的马太监给陶湘送来一封写在锦笺上,字体秀丽工整,署名为"庆亲王渤复"的骈体文:"杏花天气,正感时而怀君;杨柳风前,忽好音之惠我。……"风雅之致。煞风景的是这位马太监一再追问:"照例应加一,某所送寿礼究竟多少?"按照潜规则,马太监此行当另收寿礼的一成,如按二万算即二千。好说歹说,陶湘"以百金了事"。②不久,从另一渠道传来信息:"邸生辰,东抚一万,伯行五千,余皆无出万外者,故邸心颇重宫保也。"③东抚系山东巡抚杨士骧,伯行即李鸿章之子李经方。此次盛宣怀拨了一个头筹,在奕劻的心中的分量也就与银子的分量成正比例,前述邮传部请旨的名单将盛列为首位,内府公股的奏折允先代面奏,等等,也都是这两万日元金币的效应。

---

① 盛宣怀:《愚斋存稿》上,第355—356页。
② 中国史学会主编:《辛亥革命前后》,第40、42、44—45页。
③ 中国史学会主编:《辛亥革命前后》,第52页。

盛宣怀赴京期间，十一月初九，李维格突然代表盛向日本正金银行借款三十万元，此款不大不小，不知作何用途。时逢年底，二十一日卢鸿昶来电云："汉局除外债外，欠庄款一百八十一万七千五百两，即加出重利亦无可借、可转之处。"似未用正金借款还债。二十五日盛电询"正金卅万元收否？甚念。"对此借款颇为关注。正月初六盛给汉厂去电："新公司存款内，望再拨银五千两，交施子翁速汇京城通商银行待用。宣。"再拨者，前拨尚不足用也，当是有特殊用途。①

胡思敬《国闻备乘》云："盛宣怀既失铁路之利，郁郁不伸者累年。已而袁世凯黜，载泽与粤党争权，窥其有隙可乘，遂贿载泽六十万金，起用为邮传部尚书。"②此说似有疑点：贿金数额太大且无实据；盛与载泽之交实始于袁被黜之前。盛之结交宗室权贵，手段也是因人而异，奕劻庸碌贪婪，盛主要是用金钱贿赂；镇国公、度支部尚书载泽雄心勃勃，不甘寂寞，盛则力图用自己的理财学识和能力，为之出谋划策，秘密充当幕僚，协同研究财政币制。我们读北京大学历史系近代史教研室整理：《盛宣怀未刊信稿》，至迟是盛在三十四年三月下旬离京之前，已与载泽建立了密切的联系；盛离京后，双方函电交驰，集中在研究币制问题。盛三月二十三日抵鄂，即致函载泽云，币制改革涉及州县收纳钱粮，需作调查，慎重决策。四月初五上泽公书云，"近日调查鄂豫两省民间交纳钱粮，如币有定价，便可听其银铜并交，百姓无加减，州县无赔累。向来倾镕火耗之费，移作申解平余之款，不致为难。再调查数省便有把握"。附上一份清单，要求载泽提供八项文档、资料，并"务求格外秘密，幸勿露出敝处所请为祷"。当时对于新铸银圆的规格分量，军机处与度支部意见分歧，盛于四月二十四日致函载泽，告知据湖北银币局称，曾铸库平一两，被湘省退还。据盛调查，日本银币仿墨西哥元，因商民已惯用；新加坡、中国香港、越南皆仿墨元制用。指出如按军机处意见，"官铸库足一两，仍听七钱二随市高下通用，势必墨元及坡港各元充盈

---

① 陈旭麓等主编：《汉冶萍公司》二，第 659、1341、1344、1355 页。

② 荣孟源主编：《近代稗海》第一辑，四川人民出版社 1985 年版，第 302 页。

满市"，建议载泽，迅速密陈，设法调停。① 后来盛宣怀赴日治病，着重走访了日本伊藤博文、松方正义、桂太郎等政要与银行总裁、造币局长等，并携回书籍，研究数月，于宣统元年闰二月，推出《请推广中央银行、先齐币制折》上奏，提出学习日本立宪必先清厘财政，财政必先整齐币制，要在银行与造币局联络一气的经验，制订了币制各种办法成式，及划一币制、统归银行办理条议等。②

　　盛宣怀在此次赴京期间，与文渊阁大学士、军机大臣世续，农工商部大臣、宗室溥颋，贝勒溥伦等亲贵显要亦多有交往，显示了向皇族靠拢的政治倾向。在离京后于四月中旬，以去信汇报厂矿进展为名，派专差进京送礼，除了张之洞这样的老关系，如世续和溥颋皆以贺寿为名，礼物中除了通常的罗、葛等夏季衣料外，还有电气灯、壁灯、风扇等新奇物品，也只有盛宣怀能办得到。另一方面，如上所述，盛又是以忠于清室，精于理财，卓有专长的能吏干员的面貌出现的，尤其是他后来在币制折中明确提出"必当有中央操纵之权，方能收四海翕从之效"的方针，也正适合皇族集权的需要。如此，不仅有助于汉冶萍公司的审批注册，实际也为盛后来进入皇族内阁做了有效的铺垫。

批准合并公司、注册

　　光绪三十四年二月十一日，盛宣怀以《汉冶萍煤铁厂矿现筹合并扩充办法折》并附奏片《请另铸汉冶萍公司总理关防片》《请派李维格充汉冶萍公司协理片》上奏，即日奉旨："著责成盛宣怀加招华股，认真经理，以广成效。余依议。"③据说慈禧口头还有："藏富于民乃是正办"的表示。

　　二月二十日，盛宣怀为公司注册咨文农工商部，并附公司呈农工商部注

---

　　① 北京大学历史系近代史教研室整理：《盛宣怀未刊信稿》，第93、94—95、105—106页。

　　② 盛宣怀：《愚斋存稿》上，第360—361页。

　　③ 盛宣怀：《愚斋存稿》上，第351—355页。

册局文，二月二十四日，农工商部注册局为汉冶萍煤铁厂矿股份公司颁发了执照。①

至此，组建汉冶萍公司的审批程序完成、法定手续齐备。

研读上述奏折、附片及注册的有关文件，值得注意的有如下几点：

一、通过请铸关防确认了盛宣怀为商办汉冶萍公司总理

另铸关防，是盛宣怀上奏时所附奏片之一。《愚斋存稿》原题是《请另铸汉冶萍公司总理关防片》；《汉冶萍公司档案史料选编》上册所载题为：《盛宣怀奏请改督办为总理并改铸关防片》，当是编者所拟。② 两者是有区别的，关键是"奏请改督办为总理"一语，须稍加辨析。

盛宣怀这个汉阳铁厂督办，是张之洞于光绪二十二年四月初二下札委任的；一个月后，诸事就绪，五月十六日张才在铁厂招商承办折内向皇帝报告。十多年后，这个督办改换名称，无论是按当时体制或历史源流，无须也不应向皇帝报告。再者公司是股份制商办企业，按照钦定《公司律》，它的总理应由股东会或董事会议决，也不应向皇帝申报。有鉴于此，盛宣怀便借关防做文章。

盛宣怀很在意关防。光绪三十二年正月，盛约请张之洞会奏，关防便是内容之一："厂矿向用铁路大臣关防，缴销之后，或暂用商约大臣关防，商约亦不久，应否奏明另刊关防。"盛宣怀仅凭一个汉阳铁厂督办的差使，既不能直接对朝廷上奏折，也不能发公文与地方官对等协商事务。这里表面上是说办事不便，实际上是希望张之洞为他向朝廷说话，使之东山再起。

按旧例，汉冶萍公司也不属于经皇帝批准、由礼部铸造颁发关防的范围，所以，盛的奏片开头便极力强调钢铁的重要性，"日本制铁所立有长官"、欧美钢铁大厂"其厂主皆能与国家直接言事"，由此而导入：

> 现在煤矿告成，添集商股，合并公司，众股商援照各省商办铁路总

---

① 湖北省档案馆编：《汉冶萍公司档案史料选编》上，第233—235页。

② 湖北省档案馆编：《汉冶萍公司档案史料选编》上，第232页。

理名称，拟请销去"督办"字样，仍推臣为总理。……至督办现经众股商请改为总理，自应将原用督办湖北铁厂关防缴销。惟该厂矿所制钢铁，实为军政、路政要需，事关重大，拟请饬部另铸铜质总理汉冶萍煤铁厂矿公司事务关防，颁发开用，以便奏咨，而垂久远。

一则众股商推选盛宣怀为总理并非实情，而是盛借谈判《草约》做的手脚；二则是明修栈道，暗度陈仓。表面看来，似乎是呈请铸发关防，附带说到"众股商""仍推臣为总理"而已；一旦通过，盛宣怀为汉冶萍公司总理则俨然是朝廷钦命。与此同时，盛还在奏片强调：

目前各省商智初开，易生波折，如粤汉商路不患股份不至，而患事权不一、意见纷歧、致稽成效。该厂矿倘亦因此不能进步，尤属可惜。臣与前督臣张之洞，现任督臣赵尔巽悉心会商，嗣后该厂矿总理，应由股商公举二三员，仍由湖广总督查明向来办事有效、名实兼孚，可期胜任者。择定一员，咨明农商部，奏请钦派。

盛宣怀此举，一面借助朝廷之力，先行占据总理的宝座，确立在新公司的统治地位，巩固对汉冶萍厂矿的控制力；同时为将来抵制股商、借助官力垄断商办公司控制权埋下了伏笔。所谓"向来办事有效"云云，完全是量身定制的，除了盛宣怀，还可作第二人想吗？这不啻是为捍卫其对汉冶萍厂矿的经营权、控制权预设了一道最后防线。一旦公布于世，引起汤寿潜、张謇等人的激烈反对，成为双方分歧的一个焦点。

二、已用商本高达一千七百六十余万两

盛宣怀在奏折中向朝廷正式申报的数据是：

查自光绪二十二年五月奉饬招商接办起，截于三十三年八月为止，铁厂已用商本银一千二十万余两，煤矿、轮驳已用商本银七百四十余万两。其中老商股票由二百万两加股共成五百万元，合银三百五十余万两，商息填给股票银七十九万五千两，公债票银五十万两，预支矿价、铁价、轨价，约合银三百余万两，其余外债、商欠将及一千万两，抵押居多，息重期促，转辗换票，时有尾大不掉之虞。①

此前，光绪三十三年七月二十六日奏折底稿的数据是：

> 综计汉阳商厂及大冶商矿，并添置九江铁矿汉口码头各地基，截至上年十二月止，共用商本银七百二十六万七千七百七十三两有奇。萍乡商矿并添置醴陵锰铁各矿、小花石煤矿、岳州、武汉等处码头各地基，结至上年闰四月底止，共用商本银五百七十七万四千二百十三两有奇，内华商创始股分共计库平银二百五十万两。②

同日盛宣怀致奕劻、袁世凯等人函，皆称："此项商本用至一千三百余万两。"同月制订的《汉阳铁厂及大冶铁矿筹议合并招股章程》则谓："汉阳铁厂及大冶铁矿，已用商本七百余万两，萍乡煤矿及炼焦炉已用商本五百余万两，共一千二百余万两。"③

以正式上报奏折与上年七月奏折底稿比较，其已用商本竟高达一千七百六十多万两，其中汉厂统计时限仅向后延伸了八个月，而增加了三百万两；萍矿向后延伸了一年四个月，增加了一百六十多万两，共增加四百六十多万两。据此推算：这一时段增加的已用商本与此前官督商办十年的已用商本相比较，其增加幅度高达30%。显然这只是账面上的数字游戏，不可能是企业生产、建设的实际投入。

三、其注册股份总数为"老股银元五百万元"

盛宣怀在向农工商部递交的公司注册呈文称：

---

① 湖北省档案馆编：《汉冶萍公司档案史料选编》上，第232页。
② 陈旭麓等主编：《汉冶萍公司》二，第620页。
③ 陈旭麓等主编：《汉冶萍公司》二，第623—624、627页。

老股银元五百万元，现已收足；新股银元一千五百万元，尚未开招。共拟招足二千万元。并俟招足后再行续咨注册。

汉冶铁厂、铁矿原收股分库平银一百万两。萍乡煤矿原收股分库平银一百万两。奏明"老商必须永远格外优待。如办有成效，余利多派，嗣后推广。加股必先尽老商承认，以示鼓励"等因。奉旨"依议。钦此。"刊明股票，本年公议将汉冶萍煤铁矿厂合并成一公司，即以老商每股库平银一百两，合作银元一百五十元作为三股。计以库平银二百万两，合成银元三百万元。并遵原奏，先尽老商承认加股银元二百万元，共成五百万元作为一（十）万股。其余一千五百万元无论老商、新商均可承招。内以若干股为优先股。余利如何分派，俟老商、新商会议后再行核定。①

通过注册，此前说法不一、后期补造、未见实据的二百万两创始老股，已确认为法定注册股本。所谓"本年公议"将老股二百万两加股扩充为五百万元，实则按盛个人的意愿行事，何曾"公议"？此所谓"老股五百万元"，包括加股的二百万，是否已经收足，也很难说。此处摘引张之洞当年招商承办的奏折及朱批，强调"老商必须永远格外优待"，正是针对着蒋抑卮等新商的。制造老商和新商之间的矛盾，又是盛抵制新商的重要手段之一。

四、确定了组建公司的步骤是先注册、后招股

盛宣怀在奏折中强调：

> 然揆度商情，非将厂矿合并，不能放手扩充，尤非悉照张之洞原奏招商承办各章程，钦遵商律合股公司各办法，赴部注册，不足以坚通国商民之信。

> 新商虽有发起之机，所议全行清还债欠，须加股额一千五百万元之

---

① 陈旭麓等主编：《汉冶萍公司》二，第675页。

巨，恐亦非旦夕所能招足，必须奏准注册后方能妥筹办理。自应遵照钦颁商律，即由股份公司创办人具呈注册，以期按款循序而进。兹饬创办总董郎中李维格等九人，查明原案，遵律具呈，由臣咨明农工商部，照例注册。仍俟续招股份齐全，股东会成立后，老商、新商另举董事，再行咨部立案。①

先注册、后招股，明显对于盛宣怀个人十分有利。集中到一点，通过注册，新公司已成立，官方不仅确认了盛宣怀新公司总理的地位，而且确认了其原有股份、已用商本等，便使盛在与新商们的招股谈判中处于主动的地位，有恃无恐。盛此前已有与新商决裂的思想准备，如果先招股、后注册，一旦招股谈判不成便极有可能影响公司注册。所谓新股"恐亦非旦夕所能招足"云云，已经为与新商分手留下了伏笔。

既然是先注册、后招股，盛又在注册时将新商撇开，完全按照个人的意愿行事，具呈的所谓公司创办人，是盛在对农工商部注册咨文中指定的："兹查汉冶萍煤铁厂矿公司创办人即系本大臣及在事之各总董：候选郎中李维格，候选道杨学沂，河南候补道林志熙，湖北候补道王锡绶，候选道张赞墀、卢洪昶、王勋，安徽候补直隶州知州顾润章，分省试用知县金忠赞等。"对此，不仅新商不满，盛的左右也有不同意见。此九人大都是盛宣怀陆续委用的现任管理人员，都不是创办时的投资者。其中张赞墀则是如同继承遗产一样继承了亡兄张赞宸的地位，此前实未参与厂矿的高层管理。

汉冶萍公司由盛宣怀蓄意撇开新股发起人自行注册、建立，导致了盛与张謇、汤寿潜、蒋抑卮等江浙资本团的决裂，自在盛氏的意料之中。但在中国近代史上，却遗憾地失去了仅有的一次中国民族资本合力挽救和振兴中国钢铁工业的机遇。

---

① 湖北省档案馆编：《汉冶萍公司档案史料选编》上，第232页。

第二十二章　江浙资本试图问鼎汉冶萍

从张謇日记看张、盛分歧／蒋抑卮不期而至／李维格："真实公司恐难办到"／郑孝胥挺身而出／草约十五条为组建公司提供了跳板／盛宣怀过河拆桥／盛自行招股之形形色色／盛宣怀坚持自行注册　郑孝胥责其违约而罢议／新股曲终人散　盛与江浙资本矛盾激化

光绪三十一年，中国新兴的民族资产阶级曾经试图问鼎中国钢铁工业。

这是一次颇为辉煌的壮举，它以中西交汇的商业中心上海为舞台，聚集了引领新政、联接朝野的立宪派领袖，坐镇东南、叱咤风云的实业界巨头，正在崛起、锐意进取的金融业新秀，融官、绅、商于一体，形成有组织的集团，向武汉腹地进军，挽救和振兴中国钢铁工业。

这一活动，自光绪三十一年初开始启动，至三十四年二月汉冶萍公司奏准、注册后，双方彻底决裂止，为时三年多。

这一活动的过程及其结局，显示了汉冶萍厂矿经过盛氏十年的经营，已成为其独家垄断的领地；民族资产阶级试图注入资金，进行改组，首先要对资产清算，更涉及对企业的控制权。如此，必然受到盛的顽强抗拒，双方缺乏合作的必要基础，注定了必然决裂。

这次决裂，断送了汉冶萍厂矿吸收民族资本最好、也许是最后的机遇，也断送了盛宣怀从深陷泥淖中自拔的最后可能。

从张謇日记看张、盛分歧

关于盛宣怀与民族资本的关系，此前在早期赈灾和创办轮电银行等领域多有研究，而在汉冶萍研究中，似尚涉及不多。

组建汉冶萍公司的启动，我们现在所看到的最早信息，仍是光绪三十一年二月十九日盛宣怀致汉阳铁厂张赞宸的电报：

> 一琴来说，季直、莘耘等拟另立新公司，接办厂矿，望速来议，厂事暂交章倅达代理。宣。效。①

季直即张謇，时为立宪预备公会副会长、江苏铁路公司协理。

从上述电文看来，所谓新公司系李维格与之联系。但我们读此期间的《张謇日记》，没有发现对此事有片言只语的记载；而对于盛宣怀其人，却颇有毫不掩饰的不满、不屑。

一、双方对立宪存在严重的政治分歧

《张謇日记》光绪三十一年十月一日、十一月底《立宪近况记略》云：

> 得陶斋复讯，宪事几为盛败，可恨。小人勿用承家之要。
>
> 立宪之机，动于铁、徐之入政府，端之入朝，振贝子又助之陈于两宫。慈圣大悟，乃有五大臣考察政治之命。既盛宣怀于召见时首倡异议，袁世凯亦依违持两可，会八月廿六日车站炸弹事发，慈圣大震，而小人得乘势以摇之，然六大臣之命不可遂收，故反复延宕至三月之久。②

陶斋即端方，时为出洋考察政治大臣之一。日记所言大意是：立宪机遇

---

① 陈旭麓等主编：《汉冶萍公司》二，第1038页。
② 张謇研究中心等编：《张謇全集》六，江苏古籍出版社1994年版，第559、564页。

的出现，最初是铁良、徐世昌进入军机处，开始倡导；端方入朝召见时对两宫反复进言，载振又帮着端方说话，慈禧太后有所觉悟，才有五大臣出洋考察之命。由于盛宣怀首先提出反对意见，袁世凯又窥测风向而摇摆，造成此事被延误，几乎中止。

那几年，张謇一直在为立宪而不懈奔走。早在光绪二十七年，张参与刘坤一、张之洞《江楚变法三折》起草，著有《变法平议》，建议设置"议政院""府县议会"未被采纳；二十九年去日本考察，深受宪政鼓舞，回国后热情深入地研究宪政问题；三十年为张之洞、时任江督魏光焘起草《请立宪奏稿》，与蒯光典、赵凤昌、汤寿潜等人数易其稿，仍未能上奏；同年还刻印了《日本宪法》等书，设法呈送朝廷。据张謇《自订年谱》所记："此书入览后，孝钦太后于召见枢臣时谕曰：'日本有宪法，于国家甚好。'"① 好不容易立宪有了一线萌动的曙光，却几乎为盛宣怀所破坏，"可恨！"二字，集中了张对盛的愤恨之情。

二、张謇视盛宣怀为铁路罪人

光绪三十二年五月二十五日，沪宁铁路上海至苏州段举行通车典礼，是日张謇日记云：

> 九时自沪行，十一时半至苏。适大雨，席棚注漏，彩红淋漓，染衣如桃花片片。入坐之客多不成礼，盛杏孙犹腼颜宣颂词也。全球路价之贵无逾江苏者，即江苏人之受累逾于全球，然则是日之举独银公司受贺耳，江苏人应受吊。②

寥寥数语，画出了现场的一片狼藉。沪宁铁路是盛宣怀于1903年7月与英国银公司签约修建，借款高达325万英镑，年息5厘，实付九折，贷款期限长达50年。英方为了多用贷款，抬高标准，浪费严重。此路本为单线，

---

① 《啬翁自订年谱》，载张謇研究中心等编《张謇全集》六，第866页。
② 张謇研究中心等编：《张謇全集》六，第575页。

英方却将上海至苏州 80 多公里路基和涵洞都按双线修建；进口钢轨、钢梁多乘价高时购进，枕木用进口的昂贵的澳大利亚硬木，经办的外人借以多获佣金；站房设计过分讲究，以致建成后每公里平均造价高达 72000 元，是稍后建成之沪杭段平均造价的两倍。① 张謇深切感受到沪宁铁路的造价过高，是英国公司得利而江苏人民受害。主持铁路借款的盛致贺词，激起了张的一腔怒火，显然认为盛是罪魁祸首，难辞其咎。

看来张謇之于盛宣怀，不只是关于立宪的政见不同，也不仅是在铁路建设上有分歧，而是从根本上鄙薄其为人，在日记中称其为"小人""盛党"。光绪三十一年十一月二十三日云："闻自北来者言，沪宁使苏人失权者，苏人顾康民（名不知）为之。公堂事，使沪官绅失权者，苏人邹泰来为之。然则不独某某之委琐龌龊，为江苏山川之玷矣。"此处某某，窃以为是指盛宣怀。在这两三年的日记中，张謇似还不曾对别的乡人如此切齿，认为其凉德薄行竟自玷污了故园的山河。张对盛的观感，或许不是孤立的特例，似具有一定的代表性，反映了盛在上海滩呼风唤雨、八面玲珑，似乎极为光鲜闹热之际，同时在上层社会里，在传统士大夫的心目中，在新兴的民族资产阶级的视角中，又存在着被排斥、被猜疑、颇为晦暗阴冷的另一面。

人以群分。从日记看张謇的内心世界，他和他所代表的群体，似与盛宣怀难以有密切合作的思想基础、感情维系。

至于盛宣怀方面，他在三十一年二月二十三致张赞宸电中已经说得很明确："张、恽成否，断不守株。现议章程，即为我自办新公司张本。"体味这语气，似乎本不抱多大的期望，借此为自办新公司造声势而已。四月初七日李维格再次进言："厂矿合借五十万镑外，必须如钧谕招华股二百万两为根本。扎定老营，方能悉锐前进，望宫保抱定此宗旨而行。"四月初八日盛复电云："海观不肯认招股，恐仍无济。"海观即袁树勋，湖南湘阴人，那几年官运亨通，三十年尚任上海道，随之迁苏桌、晋京兆、三十四年以民政部左

---

① 李占才主编：《中国铁路史（1876—1949）》汕头大学出版社 1994 年版，第 113—115 页。

侍署山东巡抚。盛主要是与袁树勋联系，袁没有承担招股的任务，这事就搁置了。①

这一搁置，就是一年多。

蒋抑卮不期而至

光绪三十二年正月，盛请张之洞与其会奏，函称"宜处谗疑交撼之秋"，"内外受逼，孤悬无助"，并未提起另集新股，只是打算以上海之汉冶萍总局注册，并借外债。同年六七月，浙、苏铁路汤寿潜、张謇先后向汉厂订购钢轨并议定预付轨价，似不及招新股事。七月二十三日，盛告知因病重即将离开萍乡的张赞宸："必须招股一百五十万两，合旧股公债票共成四百万余……弟总理，公协理，余由股商公举议董，悉如商律，只候帐到即举办。"似系自说自话，独家打算。

李维格再次将招新股提上议事日程。八月十二日致电盛："揣度近来情形，似招股不难，办法宜早商定。倘宫保节后不能来鄂赴萍，格须来沪一商。"十六日盛复电表态："汉冶萍拟赶办实在商业（公司），已电约绍甄来沪会商。"其间，李维格奉北洋袁世凯、南洋周馥两督电令往福建查造船厂，对盛云："闽厂之行，半为中国大局，半为销我钢铁，且于我招股亦大有关系，故允为一行。"此后，筹备招股加紧，据盛先后致电萍矿张赞宸云："……盈亏总帐必须赶办。已嘱绶卿拟招股章程，十月初一填股，正月付利。以后照西法半年一付，方能踊跃。"又感到招股有必要赶紧上奏，"否则诸债紧逼，恐难久支。"十月初五云："成本愈重，运销不畅，心窃焦虑。一琴拟汉、冶、萍合一大公司，谓系海观意。琴已赴闽，望后回沪，须速商办。"看来李维格对于招商股，远比盛积极，主动通过袁树勋又与上海商界取得了联系。②

---

① 陈旭麓等主编：《汉冶萍公司》二，第 1040、1050 页。
② 陈旭麓等主编：《汉冶萍公司》二，第 1183、1184、1186、1192、1202 页。

不料十月二十二日，获悉萍浏会党起事，声势浩大。盛宣怀紧急向鄂、湘、赣三省及两江总督求救，集中全力保护安源煤矿。

光绪三十三年二月，蒋抑卮突然强势介入，将组建新公司推进到实质性阶段，使盛宣怀受到巨大震动。

蒋氏原名鸿林，谱名玉林，字一枝，又字抑卮。父蒋海筹，于杭州积善坊经营蒋广昌绸庄而知名。在过往的报刊中，蒋抑卮其人，主要以鲁迅的挚友、中国第一代民营银行家而著名于世。

打开人民文学出版社编辑出版的《鲁迅书信集》，其中鲁迅最早的一封亲笔信，1904 年 10 月 8 日写于日本仙台，收信人便是蒋抑卮。据蒋氏之子蒋世承所撰《蒋抑卮与鲁迅的交往》介绍，蒋氏于 1902 年金秋 10 月东渡日本，11 月与浙江留日学生周树人、许寿裳等筹办《浙江潮》传播新思想，蒋出资百元助其出版。蒋赴日初愿为学军事，后改学经济，大约是在 1904 年 7 月因耳疾而辍学回国；周树人于 8 月至日本仙台医科专门学校就读，10 月便有此信，为我们留下了研究鲁迅先生早期思想的重要文献。1909 年，蒋氏再次赴日医治耳疾，其时周树人已弃医从文，住在东京写作、翻译，蒋氏夫妇初到时就借住在周的寓所，后在附近觅得住处，仍过从甚密。期间，蒋又资助周氏兄弟出版《域外小说集》第一、二册。周则常与许寿裳去看望蒋，留下了三帧珍贵的合影。同年，蒋、周先后分别回国，蒋遂以毕生精力从事浙江兴业银行的创办和经营。1927 年鲁迅离开北京前，两人仍保持较密切的往来。据统计，在《鲁迅日记》中记载与蒋往来有关的信息共 42 条，其中鲁迅在北京时共 39 条。1936 年 10 月 19 日鲁迅先生逝世，蒋在病中命其哲嗣世显代表吊唁，送去"文章千古"的挽幛。1937 年底，蒋再次资助《鲁迅全集》出版，可谓生死不渝。[①]

蒋氏介入汉冶萍公司招股，恰是在 1904 年从日本回国之后、1909 年再次赴日就医之前。

光绪三十三年二月二十三日，李维格致电盛，对萍矿并入公司，恐内部

---

① 《老照片》第 73 辑，山东画报出版社 2010 年版。

有不同意见。盛同日复电,以为问题在外部,告知李:"萍矿归并一定不移,袁乔梓甚喜,但恐为清流所误。"袁乔梓指袁树勋及其子伯揆。清流也者,当指张謇、汤寿潜等人。三月十一日,李维格突然电告盛:"袁、汤均有函致蒋抑之查帐,此为所定办法第一层。蒋在汉不能久留,请分电汉萍,准蒋查帐。"蒋氏此来,是袁树勋、汤寿潜等人商议后的决定,即代表上海准备投资的股商。蒋受命伊始便立即查账,如迅雷不及掩耳,精明又厉害。抛开繁文缛节,单刀直入,进入实质性的财务问题,既是高度务实,又毫无顾忌,迅速占取了主动地位。

次日盛回电,一电致李维格及有关财务人员并转交"查帐董事蒋抑之",强调铁厂账目盛春颐、张赞宸先后交接时都已查过,后又经商部派人查过上报,此次作为李维格接任铁厂总办两年后的内部例行查账,同意将前后账目交蒋查阅。另一电单致李维格:

> 真电悉。现在新董未派,新股未集,抑之兄到厂查帐,自应作为鄙人所派方合体例,除公电外,希即转致一切。萍局应俟林道回萍,卢道先回可先查转运局帐。抑之衔名即电示。①

看来盛此前与蒋没有接触,尚不知其人。蒋虽然与盛同在上海,却避开盛与汉厂李维格联系是有用意的,至少可以发挥李在中间的缓冲作用。盛实际上不乐意蒋来查账,在电文中强调"新董未派,新股未集",已明确地指出蒋无权来查账。但又不好断然拒绝,否则此事便与上海方面无法继续商谈;张扬开去,于已、于成立公司更为不利。便作出让步,争取变被动为主动,将蒋视为属下,特派其为查账董事,挽回颜面并留下后路。

李维格知道盛是很爱摆官架子的,平时盛的侄儿盛春颐向盛汇报公务,都是自称卑职或卑府,把叔侄之情放在一边;看来李对蒋的个性也有所了解,赶紧给盛去电打招呼:"两文谨悉。蒋抑卮景况甚好,素不重官,望勿

---

① 陈旭麓等主编:《汉冶萍公司》二,第 1258、1263 页。

用公牍，用公函，并隆以礼貌。衔名即探电。"

蒋在汉厂查完账目后于三月二十日至萍矿。四月中旬与李联系，谓不便去见盛，等袁树勋到沪后可以拿出一个意见，由袁与盛商议。这似乎意味着此事颇为棘手，绝非轻松。四月二十八日，盛来信告诉李维格，蒋查账后拟有几条办法由袁转交给盛，请分别批注是否同意，再行商酌。据盛转述，蒋所提出者主要有：一、"虚存虚该，必须剔除"；二、原有固定资产，照商例折旧；三、"亏款归老公司担任，实系因公之亏，新公司亦可酌认，而终之以各派公正人至汉估量，即可定局。"

我们说蒋厉害，再次得到证实，这三点都击中盛的要害。我们在前文说过，盛长期系统作假账，如在丁忧时应付袁世凯视察铁厂，为预防派人来接替，便在账目上亲自做了手脚，虚报了库存和他对厂矿的投入、计多报了亏损九十多万。蒋是学经济的，回国后又办银行，既然亲自认真查账，就不难看出其中破绽。他看出了问题之所在，提出的办法也都合理，但一条条都涉及盛的既得利益，盛不可能接受，注定是行不通的。即以剔除账目中的水分而言，盛宣怀不仅不会把吃到嘴里的东西吐出来，也肯定不会老实承认账目中有弄虚作假。盛在信中说：

> 玩其语气，直是倒盘召替，并非合股共办。……第欲将我结存机料货物一一减价作短，不能不以虚该逼出虚存二字，虚存折旧，结亏愈多，使创办十年者甘心认亏，并甘心将指日发达之厂矿双手拱让，然后彼以少数资本，多数虚名，假酌认前亏之公义，享汉萍永远之乐利，手辣心敏，无逾于此。弟当时即拟决绝回报，嗣念此事商榷数年，宁彼辞我，不宜自我辞彼。因另拟合股公司章程十二款，又邀京兆面谈，请勿误认宗旨，老股尽可不得额外利益，却不能使老股丝毫吃亏。袁亦自言，蒋君谿刻，并面订成否均在此一月内定议，过期作废。袁即匆匆回杨。

盛宣怀以攻为守，明明是拆东墙补西墙，债台高筑，急需资金；却反咬一口指责人家是来摘桃子，抢夺企业的利益；一面暗地里制造、扩大亏损，一面却又虚张声势，宣称"指日发达"。我们从信中读到的是他决不"甘心将指日发达之厂矿双手拱让"，所谓"汉萍永远之乐利"只能由盛本人独享。此信实际是向李交底，盛的决心已下，继续商谈不过是虚与委蛇而已。"鄙见一求大化铁炉限期赶造以出铁；二求大驳船限期赶造以运焦，所谓自立之道在此。此二端成功之日，弟必保定股利可付一分，则股本可招千万，此无论袁之来与不来，皆当如此打算。"①

此处督促李维格抓紧企业的扩建工程，以求自立，不能不说是名正言顺。在写此信前一天，盛又曾来电云："凡事宜求自立之道，仰面求人，徒受人欺，无济于事。"如此反复告诫李维格，意在令李对上海商股勿抱希望，如上所述实际已经表明了他对招集商股的态度。值得玩味的倒是所谓"自立之道"，勿"仰面求人"之说。盛在写下这些文句之际，不知记不记得在一个多月前，三月十九日，盛以督办萍乡煤矿总局的名义，与日本大仓银行签订了日金二百万元的借款合同，此次借款"以矿局所有生利之财物均作为借款抵押"，谈何"自立"？看来"仰面求人"云云，仅系对国人而言，此处实指蒋抑卮等投资者，日人却不在内。盛的所谓"自立之道"，恰恰颠倒了中日、内外的方向，极具讽刺意味；同时更证明了盛的筹资取向，是依赖日本而排斥华商，极其鲜明而坚定。②

李维格："真实公司恐难办到"

光绪三十三年五月初一日，盛来电告知李维格，正在老商内先择七人，连旧股凑成优先股五百万元，专候三十二年收支存该总册到，即咨部注册。"袁、蒋若愿合，决不拒绝，续招五百万可归彼"，不过是说说而已。六月初七李一琴来电：看到袁交来的条款，"据蒋抑之云，中有误会处，二百余万

---

① 陈旭麓等主编：《汉冶萍公司》二，第598—599页。
② 陈旭麓等主编：《汉冶萍公司》二，第1278、588—589页。

亏帐肯认，权利只要新旧公平云"。在汉的宋渭臣建议他和蒋一起赴宁、沪，再一撮合，请示应否一行？初九盛回电：据袁树勋说，"抑之过于拘泥，来函罢议。"盛强调："只须照四月卅日所寄各条，是加股不是盘替宗旨。"所谓加股，要义是承认原有的资产和债务，在此基础上投入新的资金继续经营；而盘替则是全面彻底盘点清算后再另起炉灶。盛的意思是，如果蒋不接受他的条款，李就没有必要再走这一趟。李维格明白盛的意思，初九回电对盛说，蒋不能等，自己也离不开，打算等到新厂开工后再说。再次将此事搁置。①

六月初四，李向盛报告厂矿预算，"再须添本二百万之谱，方能运道通利、新炉完备。还债仍是无着，实非生力军不办"等等。盛宣怀于六月二十日致函李维格，比较详细地谈了他的打算。

首先，赞同李将与蒋的谈判搁置，"此即急则缓之之道也"，即缓兵之计。

其次，他打算就旧股库平二百五十万两，增足银五百万元，换给新股票，另举董事七人成董事会，即赴商部注册。等到新炼钢炉、新建轮驳见了成效，再续招五百万元新股。"公若能招致蒋抑之诸君，固可咄嗟而就，否则天下之大，现成局面亦必有应者。"

再次，盛对袁树勋似不再抱希望。"弟揣摩袁京兆极怕招摇"，说袁"每见必说不能多做股分，全仗蒋等"。"与见第二面交与复条，伊亦不详问"，"末次来晤匆匆面交条款，既不令蒋见我，只说蒋是看作倒盘。""绝非商务切实议论"。看来袁树勋也是此中老手，已将盛看破，不过是虚与委蛇。事已到此，盛仍对李大发议论，时而称赞袁子伯揆有眼光，"将来如可续议，恐非伯揆回南不能成"。又认为宋渭臣名声好、有能力，可引为同志。对于蒋抑卮，似褒似贬，听说蒋自拟附股三十万，则谓"若请公司中商务董事，亦甚要有精刻人在内，锱铢必较，方能鞭辟入里，免得宽袍大袖，从铁线中抽出之利，亏损在无形之地"。大抵是对于这些有实力的商人盛还不想就此

① 陈旭麓等主编：《汉冶萍公司》二，第 1280、1293—1294 页。

撒手。①

此后，李维格集中精力于厂内扩建工程，蒋来往于上海和汉口兴业银行之间，李在盛与蒋、宋之间偶尔传递信息而已。八月十九日盛电询李维格："近日蒋、宋有无续议？"八月二十日李回电，实话实说：

> 蒋不在汉，宋之议论劝官保速办真实公司，否则公私两害。招股宜招散股，每股十元，招集既易，力量亦厚，汉镇水电公司即其明证；惟必须有千股以上者方能举为董事云。格意真实公司恐难办到，故近未谈及。

此电反映，长期在汉的宋炜臣也已经意识到盛并非组建"真实公司"；而李之所以未将宋言主动转达，当是估计到盛不会采纳，不如不说。李维格似已心灰意冷，放弃了组建"真实公司"的努力。②

如果召集新股就这样烟消云散，显然也不符合盛的意愿。

郑孝胥挺身而出

盛宣怀继六月布置赶造实收实支、资产估值、预计赢利等三种账目，于七月制定了厂矿筹议合并招股奏折、章程、公司章程等，光绪三十三年八月二十二日发出公启，宣告九月新钢厂举行落成典礼，敦请海内达官巨商、通人志士为本公司名誉会员，届时光临参观。二十八日在上海举行集会，由盛亲自发表演说，介绍汉冶萍事略。不料，到者寥寥，约三十人。

这到会的三十人中，便有郑孝胥。郑字苏堪，一字太夷，别号海藏，福建侯官人。光绪八年乡试第一，次年会试，翁同龢为阅卷大臣，郑遂为翁之门生。先后入沈葆桢、李鸿章幕府，光绪十七年李经方任驻日公使，郑以随员东渡，曾任使馆秘书、神户大阪总领事。甲午后在张之洞署两江、湖广

---

① 陈旭麓等主编：《汉冶萍公司》二，第601—602、608页。

② 陈旭麓等主编：《汉冶萍公司》二，第1317—1318页。

总督幕府，戊戌变法时被光绪擢为总署章京，后回湖北，被保荐任卢汉铁路南段总办，是张之洞与盛宣怀之间的重要联系人；又为张管理营务处，培训湖北新军。晚渡江至武昌督署与张夜谈每至达旦，被张称之为幕中范增。二十九年任江南制造局总办，时岑春煊督两广奏调郑督办广西边务，率其所练鄂军驻龙州三年。三十一年，四十六岁称病奏请裁撤，回沪经营实业并提倡立宪。三十二年被选举为预备立宪公会会长。三十三年受两江总督端方聘入其幕府；岑春煊入京时，一再电邀，先后授安徽、广东按察司使皆未至。

郑任江南制造局总办时，曾拟聘李维格为总文案，在武汉及回沪后与李往来密切。颇为关注汉冶萍厂矿，三十一年十二月二十五日记："夜李一琴邀饮雅叙园，谈萍乡煤矿及汉阳铁厂皆已有发达之势。"三十二年九月，李出差至闽过沪，郑介绍其入预备立宪公会。十一月郑至湖北，谒张之洞，十三日"诣汉阳铁厂，与李一琴观新增各机器"①。

光绪三十三年八月二十八日，盛宣怀演说当晚，郑日记云："苏宝森谈汉冶萍公司事，余劝约同志十余人预商赴汉阳拟办之政策。"次日，郑付诸行动，早上先后访问高啸桐、李兰洲、樊时勋。饭后与汤蛰先同至立宪公会，等到张謇也来了，郑站起身慷慨陈词：

> 华人之为各国所践踏久矣，吾侪皆老，虽有腾身奋起之志，望之政府固已无及，若能以中国为大市场，华人自为主人，不过十年，当使列国仰我之鼻息，非难致也。世界为煤铁之世界，中国为煤铁之国，华人之社会宜为煤铁之股东，华人之财产宜为煤铁之资本……今盛氏内为政府所迫，外为商业所叛，挺而走险，将走投日本之罗网。苟汉冶萍公司一失，则煤铁遂亡，煤铁亡，则中国、华人与之俱亡。公等亟宜纠合中国煤铁公会，以图接办汉冶萍公司之策。公会成立，视立宪实行之效，孰难孰易，必有能辨之者。愿速营之！②

---

① 劳祖德整理：《郑孝胥日记》二，第1024、1065、1070页。
② 劳祖德整理：《郑孝胥日记》二，第1110页。

现场汤寿潜、张謇都表示赞同。郑之日记一般记事简略，如此将本人议论较为详尽的长篇载入，似为少见，可见其对此之重视。郑流露出对清政府已不抱希望，而对中国资本主义发展的前途充满信心，反映了当时部分民族资产阶级的思想倾向；他是从当今世界的特点，煤铁与中国国家、社会关系来提倡对之投资的；更是针对盛将走投日本的危险倾向和汉冶萍面临的危机发出呼吁。我们注意到，他明确提出的是"接办"，与盛的想法实际存在严重分歧，甚至危及盛对厂矿的控制权，他的努力从一开始就注定了前途艰难，难以取得预期的效果。

郑孝胥还是很有号召力和组织能力的。九月初二日冒着大雨与汤寿潜相邀至浙江铁路公司，会晤蒋抑卮、汪穰卿。蒋出示其调查汉冶萍煤铁的资料，约定第二天召集众人开会商议，由郑、汤牵头发起。初三日，郑、汤同过赵竹君，"遂至立宪公会，议汉冶萍公司事，到者十余人，皆赞成。"初八，李维格来电，邀请众人去汉阳铁厂。十七日，再次集会于立宪公会，确定明天去汉阳铁厂的有关事宜，推举郑与汤寿潜、蒋抑卮、蒋孟苹、沈新三、苏宝森、刘厚生等七人为代表。①

又据叶景葵回忆，三十三年"奉两湖总督奏调赴湖北差遣。道经汉口，适逢江浙资本团，商议集股，收买汉冶萍公司，团员共四十人，以郑苏堪为领袖。我因老友李一琴君、史晋生君之介绍，得识团员中之蒋抑卮、胡藻青、沈新三、蒋孟苹、周湘舲、郑岱生、张澹如、苏葆笙诸君"。当时声势颇为浩大，其中许多人是浙江兴业银行的中坚人物。叶所说的"收买汉冶萍公司"，与郑所说的"接办"基本一致，不仅涉及企业控制权，更涉及所有权。②

草约十五条为组建公司提供了跳板

盛宣怀于光绪三十三年九月一日晚乘江轮离开上海，初三经过南京，在

---

① 劳祖德整理：《郑孝胥日记》二，第1111—1112页。
② 顾廷龙编：《叶景葵杂著》，第252页。

江干与袁树勋会晤。在武昌见过湖广总督赵尔巽，于初八至长沙，初九至安源，视察煤矿。初十汉厂新炼钢厂开工。盛信心大增，电告上海的杨学沂、顾咏诠，"钢厂都已开工，秩然大备，声名大噪，洋人尤艳羡。"九月十一日致电李维格："不管袁、蒋来否，先当密速注册，方能招股，勿预张扬。弟准十八早由长沙动身……"盛已作了自行注册的打算。[①]

叶景葵所说的江浙资本团，于九月二十二日先后至汉口。二十三日，郑与盛晤谈至暮。二十四日，代表诸人诣汉阳铁厂观化铁出钢，午后与盛谈联合招股事。宋炜臣邀汉口众商议入股，皆赞成。

就在此团赴汉前夕，九月十四日外务部与英人商订苏杭甬路借款章程，遭到江浙人士的激烈反对，矛盾激化。汤寿潜即未来武汉，二十五日来电"请苏公代哭秦庭"，廿六日《申报》刊载了《浙江拒款会通告各府县士民》，其中宣称"参用外款，路权不完，国权损失"，呼吁全省同心同德，"速集内款"，组织团体，以利斗争。[②] 在汉沪商代表急于回沪。

二十六、二十七续议条款，二十八日郑日记载："李一琴、宋炜臣同携条款稿来，盛云：'照昨日与苏堪所约，不改一字，则可签字。'众论骚然。余曰：'但令约成，余保无惧。'乃就稿先书发起人名，仍付一琴携归，约明日缮正签字。"当天，苏宝森、刘厚生、蒋孟苹先行回沪。二十九日，李维格携条款来签字。郑在日记中写道："老股认足五百万，新股招认一千五百万。凡七日而定议。此事果成，华商当崛起平列于各国之间，视立宪之效速矣。"后来事实证明，郑孝胥高兴得太早了。[③]

同日，盛宣怀致函新任湖广总督赵尔巽，报告此事："郑苏堪领沪商多人亟欲订议回去，恐其乘兴而来，败兴而去，后难再集，公意既决，不得不允其所请，先立草议十五条。今日沪商先已签字……兹先将所议录呈鉴核，一俟签毕，再拟会奏稿，面求指教。""公意既决"，指赵决定汉阳铁厂不收

---

① 陈旭麓等主编：《汉冶萍公司》二，第 1320—1321 页。

② 密汝成：《帝国主义与中国铁路：1847～1949》，经济管理出版社 2007 年版，第 164 页。

③ 劳祖德整理：《郑孝胥日记》二，第 1113 页。

回官办。盛将订约说得很被动，很勉强，为将来废约埋下了伏笔；其实，盛已经收获了他所需要的成果。

信中所附《汉阳铁厂、大冶铁矿、萍乡煤矿合并成立汉冶萍公司议单》，即草议十五条，是这次盛与沪商会谈的成果；此后双方分道扬镳，其中有些关节，需要仔细解读。①

一、草约文本是盛宣怀提出的。

依据郑孝胥日记，这份草约的文本由李维格持来，盛要求沪方"不改一字"，当是盛宣怀亲自审定后提出的，充分体现了盛的意愿。

二、草约的基本内容主要是围绕如何招股。

第一至五款是招股总数、金额及老股、新股各自的分工。第十二、十三款定官息八厘和盈利抽十分之一为公积金；第六、七款新股承认已发给厂矿老股的股息和继续执行归还官款的原定办法。

其他如第八、九款规定未来股东会董事局成立后接管汉冶萍三处产业和营业及其契约，十一款为股东会成立之前，老股创始人、新股发起人公举权理董事，"专办注册、查账、招股等事"，皆是必然之理。

此后十月二十五日盛在致张之洞函内，指责新商"不待商榷即索草议，所要求者甚为贪狠"。窃以为"不待商榷"系不实之词，至于"贪狠"在草案中并无体现。有学者举出第十四款，认为"盛宣怀作出了让步"，即同意"俟股东会成立……即由股东公举总理"。如果连这一点都不口头同意，还能称之为商办股分公司么？其实，这一条内涵丰富，暗藏着某些玄机。

三、草约原第十五款的删除及附件。

此附件即签约当天（九月二十九日）盛宣怀致郑孝胥、宋炜臣函，系说明草约原第十五款被删过程，并以此函特作声明。原意是：盛提交的草约文本原第十五款为"查帐后如有争执不合之处，以上条款均行作废"。郑、宋等阅后认为"此系一定之理，但恐明列议单有碍招股"。李维格转达了这一意见后，盛复函称"现已遵删"；但认为这一款"实关紧要"，"兹特代老股

---

① 陈旭麓等主编：《汉冶萍公司》二，第642—643页。

全体专函声明，如果查帐及担任债欠或有争执不合之处，则前项条款仍行作废。此函即作为附件可也"。

此函分明是针对蒋查账后曾提出要"剔除虚该虚存"等而言，曲折地表示盛坚持是加股而非盘替的坚定立场，并为将来废约提供了充分的准备。

四、草约对公司会奏、注册的作用。

盛宣怀对赵尔巽、张之洞一再强调"沪人性急如火""彼等急如星火"。其实，沪商主要是因苏杭甬路借款问题激化，急于回沪；此来本是临时组合，又兼参观铁厂，很难说有什么具体的、志在必得的利益目标。按盛在致张密函所说，也无非是"盖因沪商必欲借此一议试探商情，能否招此巨款再来担任也"。

对于盛宣怀则不然，草约十五条的签订不啻是借来了东风，为盛当前向朝廷会奏、注册，提供了必要的跳板。一是为合并公司的商业资金来源提供了凭据，草约第一至五条商定合招二千万元，其中"新股一千五百万元，由新股发起人担任招足"，并有新股发起人分别签字确认。二是盛宣怀的身份借此移花接木，由官派"督办"转变为股商公推之"总理"。

众股商对这个草约不是没有意见。据郑孝胥日记记载，听说盛要求"一字不改"，现场的反映是"众议骚然"，也不是没有推翻条款、拒绝签字的可能。郑孝胥是此次来汉的组织者，双方承认的领头人，此时再次挺身而出担保："但令约成，余保无惧。"才使事态平息。

盛宣怀断然提出"一字不改"，是以攻为守，赌的是汤寿潜来电求援、形势严峻、沪商此时无心恋战，而企图乱中取胜。从郑在草约签字后兴奋的心情看，郑明显对盛的深意认识不足、对事态发展的复杂性估计不足。当时郑面临的具体情境是：后院上海起火，人心思归，双方有不小的距离而又难以静下心来仔细研磨。与其一事无成、一哄而散，此时暂签草约以待来日，也不失为一种可行的选择。

如此，盛宣怀机警地利用了沪商急于回沪的有利形势赢得了谈判；郑孝胥的敢于担当则在事实上一再成全了盛宣怀。

盛宣怀过河拆桥

草约十五条一经签字，盛宣怀便着手过河拆桥。

一、炮制所谓老股商的来信、公告，反对《草约》。

现已出版的盛档资料选辑《汉冶萍公司》第二册，载有《退圃老人致盛宣怀函》《湖北铁厂铁山煤矿公司股商致盛宣怀公启》《汉冶铁厂、萍乡煤矿股商致盛宣怀公启》等资料，据编辑者对原件审核、鉴定，或"原字句及涂改增添字句全系盛宣怀亲笔"，"其实是盛宣怀亲自起草的"；或"经由盛宣怀亲笔细加涂改"，"系盛宣怀自行炮制"。时间在三十三年十一月中下旬，它的内容都是针对草约十五条的。[①] 表面上是因《时报》刊登了草约十五条而引起了老商的不同反映。

退圃来信的主旨是，指责盛宣怀"未曾与股东商明，自称老商代表，即与新商订立条约"，令盛"即日回沪，邀集老股先行议允，方可与新商办事"。

两份《公启》均是要求永远优待老股。以股票上所载张之洞奏明铁厂官督商办时优待老股之意见为依据，要求按年提息照原规定补足；老股补足五百万元，一律作为优先股；推广加股必先尽老商，"即在五百万元以外，亦必先尽老商承认。"

声称草约应经"老股先行应允"，是进一步为废约制造舆论和依据。极力优惠老股，就是优惠盛宣怀自己。拥有老股者，还有超过盛宣怀本人的吗？

光绪三十三年十二月二十三日，曾任铁厂总办的郑观应来函，说了他对"拟招新股合办"的看法：

> 估计汉厂机器工程、大冶铁矿、萍乡煤矿、车路工程，所值甚巨，似应不必旧股吃亏。但急功利昧远图者难与图始，若不吃亏些，诚恐招

---

① 陈旭麓等主编：《汉冶萍公司》二，第660—663页。

徕不易。如无人相助，肩任愈重，鄙见如是，不知高明以为何如。①

这是一个深知铁厂底细者的客观看法，也是一位老友对盛的诤言。但盛与新商分歧之关键尚不止于此。

二、自招优先股。

十月十二日，盛致函亲家吕海寰："如此好股分，不敢不致意阁下，似可将所存别处数厘轻息之项，附此优股两三万元"，"琴相、奎乐帅可一询之。如相好之中，有人愿附股者，敬祈费神，代为招徕"。②

同日，致电大冶铁矿总办王锡绶，令其"假旋数日，请代招老股十万元""趁此新股尚未开招，请在扬、镇、江、宁一带代招"。③同时还令扬州刘鹤庄代招。

盛宣怀进京被召见后，即因感冒触发痰喘旧恙，自称"未能出门，一筹莫展"。十二月初一致电卢鸿沧，并于初三去信称："现在都中大老多有愿入此股者，是以先刊预算节略，已集有三十余万元，约须明春收款。"又说："老股汉口愿入股者甚多，新股须在明年注册后方能开招。老商招股尚有百万元之额，似可先招一二十万以济急用。"给卢戴了一些高帽子，"执事总持汉口商政，名誉日宏"，"倘能切实招徕，自必从风响应"，并许诺"阁下实系萍矿开办之员，老股票上刊有大名，必当为老商董事"。要求卢与汉商刘欣生会商，"先助老商招足百万，将来亦可作为老商董事"。颇为急切。④

此前盛请人招股，皆言官利多少，红利多少，如何优惠。此处对嫡系下属宣称是"以济急用"，自是实话。盛急于招股，主意还打到了他的老根据地北洋集团，十二月初十致函袁世凯的心腹、时任直隶总督杨士骧："天津广仁堂，弟从前经手捐助尚存四万两，在纱厂生息，历有年矣，现拟与陆、

---

① 夏东元编著：《盛宣怀年谱长编》下，第877页。

② 陈旭麓等主编：《汉冶萍公司》二，第645页。

③ 陈旭麓等主编：《汉冶萍公司》二，第1333页。

④ 陈旭麓等主编：《汉冶萍公司》二，第1347、664—665页。

孙两观察熟商，改存铁厂，息可从厚，于该堂善举不无裨益。北洋地大物博，如有类乎此等之公款，可否恳祈酌拨？现拟章程，不论官股私股皆同掣股票，援照日本兴业银行之例，无分厚薄也。"①

盛宣怀此时亟亟于招股，自己透露，一是"趁此新股尚未开招"，即抢先下手，争取主动；一是"以济急用"。此时已是年底，钱庄之债务皆需结清。十一月二十一日盛致电李维格云："实无他法，只有请兄不惜名誉，重利挪借，来年即可宽余。"二十三日李复电云："看来不惜名誉、重利恐亦难过。"与此同时，盛在京中，还有大量的、不可公开的用度，曾一再命汉厂从"新公司存款内"拨款速汇京城通商银行待用。三十四年正月初六盛给汉厂许笠山去电："新公司存款内，望再拨银五千两。"②被盛一再动用的"新公司存款"当是新收的股金，共动用多少，用在何处，不得而知。

盛自行招股之形形色色

在盛宣怀自行招股、添股的过程中，有些现象扑朔迷离，颇值得注意。现分别列举于下：

一、汉口、扬州等处"招股极难""零星不足称"。

盛宣怀亲自招股并不像他所说的那样，"愿入股者甚多"。卢鸿沧当时受命在汉招股，光绪三十三年十二月初四回电道："职道望浅言轻，求勿附名股票。年内银根奇紧，招股极难，扬子机器公司虽有允许，尚未收到股款，大概可见。乞钧裁。洪。支。"此前，扬州刘鹤庄十一月二十九复电亦称："招股意中之周扶翁现他往，零星不足称。""多寡原难必"。至于在盛自谓"已集有三十余万元，约须明春收款"。又如上述卢电显示：盛所招之股，有的如扬子机器公司，也可能只是登记一个数字，"尚未收到股款"。③在预约与实收之间，实际还会发生变数。

① 陈旭麓等主编：《汉冶萍公司》二，第 665 页。
② 陈旭麓等主编：《汉冶萍公司》二，第 1342—1343、1355 页。
③ 陈旭麓等主编：《汉冶萍公司》二，第 1347、1346、664 页。

二、"凡有（招商）局股者皆属汉冶萍股商也"。

光绪卅三年十二月十九日盛宣怀致王存善函云：

> 承电示老商十人来呈，共有八十余人已照行。……无怪老股众商啧
> 有烦言也。商律必开股东会方能成就董事局。公启所列八十人，招商局
> 领衔，包括甚众，计股本数十万元，凡有局股者皆属汉冶萍股商也，尚
> 不知有若干人，然则老股之众亦可想见。①

王存善，字子展。原为李鸿章幕僚，曾任轮船招商局总办、通商银行董
事，后为汉冶萍公司董事，是盛的重要幕僚和助手。王致盛电未见。大约是
盛委托王组织老商、通过公启形式对《草约十五条》及组建公司发表意见，
并为将来召开股东大会参加选举预为筹备。盛在此信中云"公统辖商局、银
行"，当是将招商局、通商银行这两个老根据地都委托王去串联组织。王开
列的名单已有 80 人，看来盛是要把招商局的股东都变成汉冶萍的股东，连
他自己都不知道有多少人。声势固然浩大，如此，则汉冶萍的老股商及其
数十万股本的虚实，也就难说了。受到盛宣怀此类委托者，当不止一个王
存善。

三、形形色色的虚股。

盛曾称厂矿之间相互参股为"虚股"。其实在汉冶萍公司发行股票过程
中，未曾实收股银而填写出的股票五花八门。现略举数例：

1.以股票作抚恤金。萍乡煤矿的创始人张赞宸身后奇穷，债主逼债，无
以为计。三十三年十月盛令填股票四万两作恤金，盛另助六千两，亦填股
票。② 逝者家属用股票抵债而无现金支付，债主必然要使股票贬值打折才能
接受。

2.缮发股票作抵押。宣统元年正月，向日本正金银行借款 50 万两，盛

---

① 陈旭麓等主编：《汉冶萍公司》二，第 666 页。
② 陈旭麓等主编：《汉冶萍公司》二，第 1334 页。

决定以盛家合盛公司之英租界等处地契为抵押，而"拟膳发汉冶萍优先股票三十万元抵借其地契，以息还息"①。

3.赠送亲朋好友。李经方尝自称"向不以股票为重，故商局无一股"。曾有函致盛宣怀云："日前掷下之四美堂等股票卅七张，已将入场券及议决票各十一张照领。兹特将原股票卅七张缴还。昨与刘惠之商酌，令其代表。并由小儿带领十人，届时随同惠之前往。"② 李退回的股票 37 张，以每张最少为一股 50 元计算，计 1850 元。从附有入场券和议决票来看，当是为参加股东大会并投票。就其性质来说，应是贿选、作弊。大量的、集中地赠送股份的高峰，可能就在盛赴京运动批准公司注册的时候。收到这样赠送股票的，当不止李经方一人，其他人请是否也像李一样退还，就不得而知了。

4.替人代认股票。宣统二年四月初八郑观应致函盛宣怀："昨承代认汉冶萍煤铁厂矿公司百股，已蒙饬顾咏翁代交，感感。应将股票押在尊处，容有银时来取赎可也。"③ 所谓"代认"，系郑的一种说法，此事似非郑之主动要求，股金计 5000 元尚未付款。郑的回复也似一种委婉的谢绝。

四、收到添股一百二十多万而"总局无存款"。

九月二十五盛致电上海总局金菊蕃：

> 来函所称收到招商局、香记各户添股，又添足厂矿互股六十万元，共已收添股一百二十二万一千四百五十元。除香记等三十七万七千余元已登往来帐冲抵，此外六十万元是否代还先令？美记如何找补？速详示。现与新商订立归并条款，八月底截止，总局与汉萍往来帐须补划清楚，勿遗漏。宣。径。

电文中的"先令""美记"是两家代萍矿还礼和借款本息的公司，既是萍矿的大债主，又是汉冶萍公司的大股东，宣统元年首届股东大会，美记名

---

① 陈旭麓等主编：《汉冶萍公司》三，第 57 页。
② 王尔敏等编：《盛宣怀朋僚函稿》中，第 790 页。
③ 夏东元编著：《盛宣怀年谱长编》下，第 907 页。

列汉冶萍公司百股以上股东名单，香记则是五百股以上者，均不知其真实背景，大抵是盛氏的化身。① 所谓"添股"，当是盛设计的"老股一股变两股"，除去应付的股息外应添加的股金。所谓"厂矿互股"，即是铁厂和萍矿之间的相互投资。电文显示，在沪商来汉前，总局同时收到大量的添股，既有香记等的 37.7 万元，又有厂矿互股添足的 60 万等，共计 122 万元之多。

令人惊讶的是总局资金仍然十分困窘，不敷周转，多付 2 万都办不到。十月初五，盛致电金菊蕃："萍局文轩中比要汇银五万两，据云尊函允付三万，能否多付二万，速复，萧即寄汇票。宣。"金于十月初九复电："总局无存款，筹解汇票五万已竭蹶，以后设有付款均不能应。月内到期利息须一万七千余两无著，乞筹接济。赞。青。"②

看来所谓"添股""厂矿互股"都是账面上的数字游戏，或在往来账冲抵，或代还旧欠，未见实收了多少股金。盛宣怀之所以要玩这些数字游戏，固然是为公司招股虚张声势，更关键的是他所说的"总局与汉萍往来帐须补划清楚"。总局实际是盛宣怀个人的化身；两者账目补划清楚，实质是盛氏个人利益与企业利益的明确分割。这不仅是组建公司的必要准备，更是应对、防范新商介入、或将彻底清查企业资产的迫切需要。

盛宣怀坚持自行注册　郑孝胥责其违约而罢议

光绪三十三年十一月，盛宣怀奉召引见后，十二月十五日致电上海总局杨学沂，告诉他在北京了解的一些情况。据说对于汉阳铁厂，有的主张应归邮传部，有的主张归海陆军、由朝廷借巨款官办，也就是说对于组建商办公司尚有一定的阻力。张之洞虽然同意商办，但想把官本作为股份，而将每吨生铁提银一两作为国家税收。盛认为这些主张都受公司将要招集股份两千万的影响。

---

① 陈旭麓等主编：《汉冶萍公司》三，第 86、90 页。
② 陈旭麓等主编：《汉冶萍公司》二，第 1331 页。

此电的主题是让杨秘密探听郑孝胥、汤寿潜对于公司注册的意见。盛借杨学沂的话表达了他打算在京自行注册："公谓离京再注册，商办必不成，料事如神。"认为按照在汉商议的新老商一起呈递申请，必定要等候盛回沪集议后方能办理；如果先注册再出京，只得率领原有的厂矿主要办事人员李维格等自行注册。盛宣怀的意图显然是后者，称之为"或可成一切着"。①

十二月十八杨学沂复电转达郑孝胥的意见：拟请盛宣怀会同鄂督奏明，"在汉时已邀集沪、汉著名股商议定，归并一大公司，永为商业，详叙新约不落人名，末言已饬老新商开股东会。照商律，非举董事（不能）赴部注册，请饬部先行立案，仍俟公司成立，具呈到部，即准其注册给照云云。"郑主张先上奏、后注册，分做两步走，仍然坚持原议。其中关键在于举董事后再注册，涉及将来新商在公司董事中的名额和地位、权力。

十九日杨再次来电汇报，"时言厂矿事分两案做，公与次帅办奏案，老新商办注册，蛰亦不以为谬，惟云商办终虑难成，盖路事激刺。"② 次帅即赵尔巽，字次珊。蛰即汤寿潜，字蛰仙。汤虽认为郑的方案也没错，但始终对其前景不看好。路事，指正在轰轰烈烈展开的江浙人士收回路权的斗争，而盛氏正处于锋芒所向的地位。

光绪三十四年正月初四，盛对即将赴沪调停的李维格去电："弟拟劝旧商通融，不候新股齐全，即援照浙路暂定章程，一面招股，一面合办。"对李交底，表明其将自行其是。李决定先来京听取盛的指示再去沪，盛表赞同并于六日去电云：

> 厂矿廿二年奉旨招商承办，本是股分公司。前则两公司，今一之；前则小股分，今大之；前则专制，今立宪。注重办有成效，合并扩充，自然有理，实未便尽翻成案，使人借口，须先告宋知。③

---

① 王尔敏等编：《盛宣怀实业函电稿》下，第 833 页。
② 陈旭麓等主编：《汉冶萍公司》二，第 1351—1352、1353 页。
③ 陈旭麓等主编：《汉冶萍公司》二，第 1355 页。

此电似针对李、宋有关"真实公司"议论的回应，也是为盛记"商办公司"制造舆论、提供依据，意在突出"奉旨招商承办本是股份公司"的合理性，不必仰仗新商便可注册。

正月二十日李维格自沪来电云：

> 昨到即觅苏堪谈，渭润亦在座。出示章程，郑云，老股独自注册、总理不公举、老股必得优先三层均与原议不符。新股必反对，章程不宜布告，恐起风潮。可推托政府不允，老股一面亦未说妥，用此宕笔，前议不废而废。我系一片好心，并无他意云。今日见汤，即本此意。汤云，发起之初，自系热心，我为大局，然早知难成云。两日谈论，觉此事势难玉成矣。

郑孝胥的反映颇为简明扼要、斩钉截铁。一是对盛自拟章程的总体判断系违约，即在三个关键问题上否定或篡改了原草约。二是对后果的估计，汤、蒋等人断不会接受，且有可能引起对盛公开追究、谴责。三是处置办法，拟借口搁置，以息事宁人。郑并不提出任何具体问题做进一步的磋商，其不愿做任何让步也自在不言中，于包容中隐含对双方不可调和的清醒判断。郑是此事的发起者，已作出放弃继续谈判的表示；以汤寿潜与盛宣怀的历史关系和现实态度，李维格当知在汤处不可能有更好的结果；汤一贯对此并不热心，失败已在其预料之中，实质是基于他对盛早有成见。面对已难挽回的事态，李维格深感惋惜。

正月二十二日，盛有三电致李，前两电云：

> 号电悉。我为巨款未必立就，乃援浙局暂定章程，庶免游移。消除新旧意见，实是开诚迁就。注册本属公司出名，条内只列办事员职名，根据旧案免生波折。呈内叙明续招一千五百万，俟股齐再将董事会职名呈报，方能合拍。第十一款登报遵改另举总理，故照浙章奏明任期久暂，仍候会议。老股票载另派余利，通例也，奏案也，十三款载明股东

会议决。今老商一再提议，若不定先，恐非加倍不可。办事难于论事，自古皆然，前章断难移易。苏意深感。宣。马。

苏用宕笔，不废自废甚佩。兄可将马电善为我辞。既不能玉成，趁弟在京即照四十八节，注册奏内，总办改协理。回汉拟照暂定章程办事，新商来者不拒，不来者听，只要办得好，不怕人不来。秘之。宣。马二。①

马电一是对郑指责"老股独自注册、总理不公举、老股必得优先"三事违约，逐一辩解。要害在于"前章断难移易"六字，表明了盛自行注册的坚定立场。马电二，以首句作了必要的补充，即赞同意郑孝胥的处置方案，"不废自废"。如何安抚对方，交给了李维格。至此，盛宣怀便是对此事已作了断。下文转为如何自奔前程，更显得成竹在胸，胜券在握，志得意满。

新股曲终人散　盛与江浙资本矛盾激化

光绪三十四年正月二十八日，李维格回到汉阳后，将去上海的情况，写信向盛宣怀做了详细汇报，着重声明："此诸人之议论，格不敢丝毫缘饰。"其中很有些重要的信息。

一、郑孝胥此举的本意，是团结全国民族资产阶级，共同维护和发展中国煤铁工业。

郑孝胥十九日对李谈话的要点，除李在二十日电中已转达者外，还有一番表白："我之所以发起此事者，因宫保前有名誉会之举，意在招集新股并合公司。我约蛰仙请客数次，竭力鼓动，始能纠集多人共担。此事固以煤铁最关紧要，宜聚天下人之财力大举，而亦所以体行名誉会之用心。若老股力自能为，何必另招新股，我无非一片好意，云云。"郑的这番话，证实了他才是此事的真正发起者，汤寿潜、张謇都是照顾郑的情面才加入的。在我们

---

① 陈旭麓等主编：《汉冶萍公司》二，第1359—1360页。

听来，郑倒不是在表功，而明显发泄着对盛出尔反尔的抱怨，流露出白费苦心而被利用的懊丧；更重要的是强调中国煤铁"宜聚天下人之财力大举"，曲折地表达了对盛坚持独家垄断的否定，认为盛与沪商合作、团结全国民族资产阶级，另招新股、集中财力才是汉冶萍公司走出困境的关键。

二、赵凤昌透露，民族资产阶级的介入，势将打破盛对汉冶萍的垄断。

李维格在信中详细介绍了赵凤昌的意见。赵是著名的智囊，思路细密，作为调停人提出的意见周密全面，在某种程度上反映新商投资的底线，也可以说是郑孝胥三条的具体化。包括了坚持商办、注册宜合新旧、老股优先只以实在股银二百万两计算并一次报酬，以及余利分配中股东与创办人、发起人、办事人的比例等。其中仅老股优先一条便涉及盛的既得利益，万难接受；下述一条则更为关键：

> 目前总理宜劝新商暂举官保，期满时、股分集有巨数，再行公举。如不蝉联，官保亦宜得最体面之去思。

此条不啻是宣布盛宣怀迟早必须交出他控制厂矿的全部权柄，透露了沪商内部或有此种明确的意向。查《郑孝胥日记》当年八月二十九日记，郑与张謇、汤寿潜计议，原文为"以图接办汉冶萍公司之策"；《叶景葵杂著》所记："道经汉口，适逢江浙资本团，商议集股，收买汉冶萍公司。"两者用词虽有不同，其义则同为主权易手，似非偶然巧合。这对于盛宣怀也绝非什么秘密，此事早已传到日本，日本驻沪总领事永泷曾于1905年10月26日向国内报告，他就此事询问盛，得到的回答是："因目前健康状况不佳，对上述各企业，不易兼顾，曾请求袁道台接管，但遭拒绝。故只得照旧，由本人继续经营等语。"①

盛宣怀对于蒋抑卮查账，高度警惕，先是致电申明，视其为下属、系内部例行查账；后坚持合作只能加股，决非盘替等，便隐含着组建公司主导权

---

① 武汉大学经济学系编：《旧中国汉冶萍公司与日本关系史料选辑》，第140页。

的争夺。九月二十九日提交的成立股份议单（即草约）中，盛虽然在文字上写下了"由股东公举总理"的字样，既是股份公司的通例，又迫于对方的压力，并不代表他真心实意可以接受另举总理；恰恰相反，盛已在条文中做了手脚，由"督办"摇身一变而成为"现在总理"，获得了沪商代表的签字，便在未来公司领导权的争夺中赢得了先机。当前调停，分歧集中在"老股独自注册、总理不公举、老股必得优先"三事，反对老股优先，直接涉及盛氏既得的经济利益；而反对老股独自注册、要求总理公举是紧密联系在一起的，矛头直接指向盛宣怀对公司的绝对领导权，双方的矛盾原本是不可调和的。

三、汉冶萍管理高层对此存在不同意见。

李维格此信表明，在组建公司的过程中，盛宣怀曾经面临着风险，对厂矿的绝对控制权受到了严重挑战。盛的一些重要主张，不仅被郑孝胥为代表的沪商坚决反对，在汉冶萍厂矿内部也没有得到有力的支持，包括盛最重要的助手李维格和杨学沂都有不同的意见：

> 绥卿云：注册宜合新旧，且宜真有股分者。章程四十八节所开各人系官保所用之人，是伙计而非股东，于理不合。总理即使公举，官保亦宜退，惟功成而退为真豪杰，转令人崇拜。

绥卿即杨学沂，本是盛注册咨文中列名的在事九总董之一，是盛的文胆兼高参。这段话透露了颇为重要的实情，截至此时，此九人"是伙计而非股东"，即不曾占有股份。因而依据法规及自身实际，杨实事求是指出了注册不合法理。但杨又有很重的书生气，以中国传统文化的价值观、道德观，要求盛宣怀在资本主义市场竞争中功成身退，却是南辕北辙，盛决不可能接受。

在信中，李维格最后表态：

> 马电老股注册，断不可行，违背原议，必生枝节。总办改协理，情

意可感，惟格为公为私，均不欲久膺托付之重，尚祈原谅。

李同样是不同意老股单独注册，以诚信为词。委婉地避开了总理公举，而明确地辞去协理一职。此举所谓为公者，自是为中国钢铁事业及汉冶萍之前途；为私者，当是要守住做人的底线，不能对不起朋友。口头感谢，实际上就含有与盛切割、不甘与之共蹚浑水之意。信末，李又注上一笔："据竹君、时勋云：股分不难，友朋中拟附巨股者颇多，只要办法足以取信，运动得法耳。"实际上，包括李在内，赵凤昌、樊时勋等皆不以盛的做法为然。

四、盛宣怀的背信弃义，火上加油，必将严重激化其与江浙民族资产阶级的矛盾。

最为严重的是李维格在信中还透露了一个对盛颇为不利的动向：

蛰仙云：宫保经手巨款，事权交出之前，却应问一究竟。

经手巨款，当指原户部筹集的铁路经费。张謇曾提出江苏铁路公司要从中借款遭盛拒绝，已经埋下了对立的根由。此时各省自办铁路，筹集经费困难，纷纷注目于此。箭在弦上，待机欲发，盛即使交出铁路事权，也未必能全身而退。后来宣统二年七月，清廷调任盛宣怀为邮传部右侍郎，更引起了江浙人士的不满。汤寿潜致电军机处弹劾盛宣怀"既为借款之罪魁，又为拒款之祸首"，认为"轮电矿政，国无寸效，徒以使盛宣怀之损中益外，假公肥私。其在上海甲第，丽如宫殿，享用过于王公，岂尚有人臣之度者。"要求清廷"收回成命"，或将盛"调离路事，以谢天下"。① 结果，清廷反将汤寿潜革职，盛与民族资产阶级、东南精英的矛盾更进一步激化，酿成全国反对铁路国有的巨浪，皆是后话。

---

① 《汤寿潜致军机处斥盛宣怀电》《谕令汤寿潜革职》，载密汝成编《中国近代铁路史资料》第 2 册，884—885 页。

无论是对方的反对，还是助手的规劝，都没有动摇盛宣怀的决心。二月十一日，盛宣怀致电汉厂李维格转送湖广总督赵尔巽：

> 去冬面商厂折片，因弟将出京，未便再搁，本日会公后衔奏商办汉冶萍煤铁厂矿宜扩充股本合并公司一折，奉谕旨：著责成盛宣怀加招华股，认真经理，以广成效，余依议。又，奏请另铸总理汉冶萍煤铁厂矿公司事务铜质关防片，奉旨依议。又，奏派李维格充汉冶萍厂矿公司协理片，奉旨依议。除录咨外，谨先奉闻。①

盛之《奏请改督办为总理并改铸关防片》中称："现在煤矿告成，添集商股，合并公司，众股商援照各省商办铁路总理名称，拟请销去'督办'字样，仍推臣为总理。"他对皇帝说他这个总理是众股商推举的；现在朝廷批准成立公司，责成他经理，随之在三月修订的《商办汉冶萍煤铁厂矿有限公司推广加股详细章程》第六章总协理第六十三节便明文规定："本公司现在奏明：督办改为总理并添派两协理，不另派董事长。"如此，盛宣怀这个汉冶萍公司总理便是钦定，且集权力于一身，不再另设董事长，如愿以偿地、牢固地将汉冶萍公司控制在手中。②

此后，盛在致李杨电中，大肆炫耀"厂矿商办，官款不计息，折片不交议，费尽心力，居然做到"，踌躇满志，舍我其谁？与此同时，再说什么"奏内语多活动，与新商所议不触不背，竹君担任调停，甚易为力"；李维格还要求再赴上海调停，"已成之局决不坐视败坏"等等，都没有意义了。盛却又再次提起苏浙有人"假路事与吾反对，必有人煽惑，恐难调停"，也不过是为决裂增加一个口实而已。③

二月十六，上海一封以"苏浙路"署名的电报致李维格云："总理奏派，全体解散。前订合同专等交割。公为协理，不如为苏杭甬总办。盼复。苏浙

---

① 王尔敏等编：《盛宣怀实业函电稿》下，第839页。
② 湖北省档案馆编：《汉冶萍公司档案史料选编》上，第233、238页。
③ 陈旭麓等主编：《汉冶萍公司》二，第1367—1371页。

路。"① 此电表明，苏浙张謇、汤寿潜诸人，对盛已无话可说，不屑一顾；只认李维格这个朋友，主动邀请，表达了一份情意。李维格一再辞去公司协理一职，盛宣怀自是不会放手，李也难以割舍汉冶萍。但李与江浙资本家之间的联系和情谊，已在盛心中留下阴影；辛亥革命后赵凤昌入主汉冶萍董事会而仍旧重用李维格，以致盛回国后暗中发动亲信驱逐李氏，看来盛、李终于分手的基因早在此时已经种下了。

"苏浙路"二月十六来电，标志着长达三年的招集新股谈判曲终人散。沪商即江浙资本一无所获，以失败告终；盛宣怀固然是如愿以偿；但对于汉冶萍公司来说，却未必是福音。

---

① 陈旭麓等主编：《汉冶萍公司》二，第 1370 页。

第二十三章　组建公司时的资金虚实

厂矿资金运用的基本情况 / 汉阳铁厂所投入的资金 / 张赞宸：萍乡煤矿的收支 / 孟震的萍矿九年收支总账 / 驻沪总公司的资金来源与运作 / 盛宣怀究竟招到多少商股？ / 盛宣怀拥有巨额房地产

盛宣怀在申请汉冶萍公司商办的过程中，关于资金情况，包括投入了多少资金、亏损多少、欠债多少、还需要多少资金等，每每说法不一，扑朔迷离，令人莫衷一是。

譬如汉阳铁厂投入了多少商本？光绪三十三年七月二十六日盛宣怀奏折底稿称：综计汉阳商厂及大冶商矿等，截至上年十二月止，共用商本银726万余两；[①] 半年后，盛于三十四年二月正式上奏的《汉冶萍煤铁厂矿现筹合并扩充办法折》称，"自光绪二十二年五月奉饬招商接办起，截至三十三年八月为止，铁厂已用商本银一千二十万余两"[②]。其中，统计截止的日期有的相距仅八个月，但总计金额差距约五百万，我们作为读者是不能没有疑问的。

又如盛宣怀个人承担了多少借款？光绪二十八年袁世凯视察时，盛亲自

---

① 陈旭麓等主编：《汉冶萍公司》二，第620页。

② 盛宣怀：《愚斋存稿》上，第352页。

用电报提供的汇报清单、借宗得福之口说出的是：有 60 来万系由盛挪借而来。自光绪三十一年成立驻沪总局后，盛成为汉冶萍厂矿的最大债权人，据赖伦在宣统元年二月提供的资料："盛宫保经借之款八百六十九万两。"数年之间，增加了十多倍。①

这里只是举两个例子，但涉及的数据却至为关键。借款的虚实，直接决定资金投入的虚实；又与亏损多少、总负债额密切相关，它直接影响对企业经济效益、基本形势的估价。如此，给我们留下了重重迷雾。

民国初年，早就有人说过，汉冶萍公司是一本糊涂账。虽然如此，我们也不得不勉为其难，依据史料力尽所能做些梳理。

厂矿资金应运用的基本情况

本书在有关官督商办前期资金的章节中，已经阐明铁厂的资金来源计有铁路总公司预付轨价及垫款、银行及钱庄借款和各种名目的垫款即拖欠未归还的债务等。商股中所谓"铁厂创始老股账"、萍矿"创始老股"都是编造的，为应对袁世凯视察曾虚报亏损九十四万两等。

综合史料，汉冶萍厂矿在官督商办期间，从宏观来看，资金应用的基本情况如下。

一、汉阳铁厂生产

生产设备和铁矿石：基本来自官办时期移交的机器、矿山等固定资产。

生产流动资金：主要来自铁路公司调拨的预支轨价。每年的预支轨价大体均超过铁厂的销售收入，且先期预付；辅以短期钱庄或银行贷款，亦多用预支轨价还款。

销售收入：以铁路所用钢轨及其配件、钢材等为大宗，交货后冲抵预付轨价。

李维格出国考察后扩建经费：主要是使用对日预借矿价贷款的 300 万日

----

① 陈旭麓等主编：《汉冶萍公司》二，第 64 页。

元，后又继续借日债。

归还日债：以大冶铁矿生产的铁矿石偿还日方预支矿价本息。

大冶铁矿仍是汉阳铁厂的附属单位，未独立核算。为铁厂提供的矿石等产品系按生产需要及时调拨，而铁矿扩大生产及日常所需资金通过铁厂拨付。对日本出售铁矿石的收入由盛控制，在执行煤铁互售合同期间，日方随运随付款，盛春颐还可要求拨付部分矿价抵还债务；解茂承尚可征得同意以"磅余"名义留存少量收入作为职工增加工作量的补助或奖励。执行预支矿价合同后，矿价提前作为借款已支付给驻沪总公司，大冶铁矿向日本人出售矿石便不再有销售收入。

二、开发萍乡煤矿

开发机械化矿山的工程和设备经费：主要是使用向德国礼和洋行借款400万马克。

建设运煤铁路经费：最后以预支轨价奏准共报销近300万两。

煤焦销售：早期是土矿土厂，即手工开采的小煤窑、炼焦等，自光绪二十五年起略有盈余，至二十七年盈余约六十万两。[1] 此后机矿产量逐渐增加，"自二十四年起，结至三十年十一月底，萍矿共已运到汉阳铁厂焦炭三十二万一千余吨，生煤十九万一千余吨。"按张赞宸所说，焦炭以每吨洋例银11两计，仅此一项即可创造销售收入353.1万两。[2]

归还德国借款：这是萍矿最大的经济负担。合同规定至1911年1月1日止，应还清全部本息。每年还款两次，倘有一次逾期三个月不付，则所有未到期之本款均需一次还清、利息照旧收取，并由礼和掌管煤矿所有产业和铁路。还款高峰是1902年，须还本40万马克，还息26万马克，共66万马克，按银一两合2.5马克折算约为26.4万两。此后每年还本40万马克，还息因本金逐年归还而逐年递减。[3] 此项借款系盛宣怀谈判、签字，款项使用由盛掌握，按时还款亦由盛指定人办理，萍矿如资金困难则借款并承担利

---

① 陈旭麓等主编：《汉冶萍公司》二，第260页。

② 湖北省档案馆编：《汉冶萍公司档案史料选编》上，第207页。

③ 陈旭麓等主编：《汉冶萍公司》二，第96—99页。

息，然后从萍矿收入中扣除归还。萍矿短期借款较多、利息负担较重，账面出现亏损，大抵与定期归还外债有关，最终是煤焦赢利相当一部分用于归还德国贷款和短期高息借款。

综上所述：我们看到，官督商办期间在没有正式招集商股的情势下，除了大规模兴建和扩建系借外债，铁厂生产主要是使用国有资产存量，厂矿日常资金周转固定的、主要的渠道是官款预支轨价。萍乡修铁路、还外债其实也常依赖路款拨付周转，最后归结到铁路本项用款报销。

从盛宣怀督办铁路总公司开始，至光绪三十二年八月醴洙铁路竣工最后上奏报销，仍然"实存库平银九十一万六千五百三十两二钱七分八厘七毫，系先经奏准预支汉厂轨价值"。① 在长达十年的期间内，预支轨价是一条源源不断的资金流，机动灵活地在汉冶萍厂矿建设和生产中，发挥了特殊的作用。此后，随着盛宣怀失去了铁路总公司督办的职位和权力，同时失去了这一条有利的资金渠道，汉冶萍厂矿资金的筹措必然要遇到新的困难，又是一番景象。

汉阳铁厂所投入的资金

为了清理官督商办时期汉阳铁厂所投入的资金，自接办三年后的资金结账起，至光绪三十四年二月盛宣怀正式上奏合并公司止，选择历年具有代表性的资料，包括其中所反映的股本、预支轨价、商欠垫款、亏折、尚须资金等项，简略概括为下表：

---

① 盛宣怀：《愚斋存稿》上，第 327 页。

汉阳铁厂历年资金情况表①

（单位：万两）

时间	共用资金	其中股本	铁路轨价	垫款商欠	共计存款	亏折	尚须资金	备注
二十六年三月	213.08	24	130	52.29				
二十八年十月	375.3	50	131.8	60	233.3	142		60万两为盛垫款
三十年十一月	507.86				322.4	185.46		萍矿亏384万两，共亏569万两
三十一年三月	543	50			343	约200	200	
三十三年七月	726	100		500多		240	200	
三十四年二月	1200	350		1000				股本、商欠含萍矿

现据上表，略做说明：

一、上述第一列史料，系光绪二十六年三月、即接办三年后盛与铁厂负责人对账，应属可信。

二、第二列原件为二十八年十月铁厂对袁世凯视察汇报清单，系盛亲自做过大量修改，虚报亏损等，本书前已阐明，不再赘述。

三、第三列引自三十年十一月载振《奏汉阳铁厂用款情形折》，原奏指出"至其承领官款一千余万两""路款自以卢汉为最巨，承办各员，往往视为利薮，因之起家，其不无浮滥可知"。其中数据系盛所提供，载振声明：

① 本表资料依据：1.光绪二十六年三月二十日盛宣怀致盛春颐电（陈旭麓等主编：《汉冶萍公司》二，第802页）。2.光绪二十八年十月二十日盛宣怀致宗得福电（陈旭麓等主编：《汉冶萍公司》二，第944—945页）。3.光绪三十一年四月十二日载振《奏汉阳铁厂用款情形折》（湖北省档案馆编：《汉冶萍公司档案史料选编》上，第172页）。4.光绪三十一年三月李维格《新公司接办汉阳铁厂之预算》（陈旭麓等主编：《汉冶萍公司》二，第487—488页）。5.光绪三十三年七月盛宣怀奏稿、致张之洞函稿（陈旭麓等主编：《汉冶萍公司》二，第616—617、620页）。6.光绪三十四年二月《盛宣怀奏铁厂商本情形折》（湖北省档案馆编：《汉冶萍公司档案史料选编》上，第175—176页）。

"至于历年收支款目，头绪纷繁，彼此鞿鞴，非旬月所能钩稽。"又因其内部交接，"所有一切款项，尚未核定。"当时商部对此是持否定的态度。联想到蒋抑卮查账后曾指出其有"虚存虚该"，将其查账结果交给袁观海后，袁对合组公司遂表现为消极回避。可见当时官方和打算投资的人士对盛的账目都是有怀疑、有保留的。

四、第四列来自李维格三十一年三月起草的新公司接办预算，时间与商部查账接近，数据也相差不大。值得注意的是，时至此日李维格尚称股本仅五十万，足以证实所谓铁厂创始老股账及萍乡创始老股各有一百万两，都是此后编造的。

五、在光绪三十一年初商部查账的基础上，至三十三年七月与新商至汉口谈判前夕，铁厂已投入的资金猛增二百来万；数月之后，正式向朝廷上奏之时，再次猛增近五百万。看来其中一个重要因素，是与股本暴增有关。盛在三十四年二月上奏时说"其中老商股票由二百万加股共成五百万元，合银三百五十万两"，便是盛一股变两股，大变戏法的结果。老股本系编造、虚构，加股之银也未必落实，如此所谓已投入的商本无疑是泡沫化了。

六、在汉冶萍投入资金及股本急骤增长的同时，厂矿的欠款却也急骤增长。光绪二十八年盛之"上海垫款"为60万两。三十三年七月致张之洞函稿内云："自路事交代存款全提之后，几至不支。现上海惟恃厂矿产业由通商银行、纺织厂作保，抵汇三百万两、汉口街市亦抵汇二百数十万之多。"应是汉厂、萍矿两处在沪汉两地共欠商款达五百多万。而在三十四年二月上奏时笼统而言，"其余外债、商欠将及一千万两"。究竟外债有多少？商欠是多少？不得而知。盛是有意的含糊其词，以掩盖外债的确切数量。直到宣统元年二月，赖伦突然爆料："盛宫保经借之款八百六十九万两"，何以盛宣怀竟成为汉冶萍的最大债主？此事尚须另行梳理。① 一般来说，随着投入的虚报增加，也必然要虚报亏损和欠款，才能使账面平衡。

---

① 陈旭麓等主编：《汉冶萍公司》三，第64页。

张赞宸：萍乡煤矿的收支

萍乡煤矿的创始人张赞宸留下了《奏报萍乡煤矿历年办法及矿内已成工程》一文，系统记述光绪二十四年开办起截至三十年十一月止，该存款目及工程产业大致情况。此文是重要的原始资料，有的学者认定萍矿的创始老股，就是以它为依据。原文第一节为《股本来源和收支情况》，现将其款目摘录、适当归并列表如下。①

萍乡煤矿股本来源和收支情况（光绪三十年十二月）

（单位：万两）

序号	款目	金额	备注
1	先后股本银一百万两，该付股息五十万两	150	
2	礼和洋行借款除陆续归还外，尚欠	77.97	
3	汉冶萍驻沪总局	153.18	
4	招商局	20.32	
5	银行、各钱庄往来，欠商井厂等	106.44	
6	以上该款合计	507.92	
7	铁厂、大冶铁矿、马鞍山矿结欠	80.12	铁厂欠 78.5 万两
8	存驻沪总局抵还礼和洋行本息	9.59	
9	存萍乡官钱号本金、盈余	5.87	
10	存各地未收加煤焦价、在途煤焦、备用资金	27.99	
11	以上四项存款合计	123.58	该存两抵，结欠 384.35 万两
12	七年所付庄号及礼和息银并老商股息	150余	
13	机矿工程、机器、房屋、各矿山、运转基地及轮驳等固定资产实用银	234余	以上两项共计 384 余万两

此件账目结至十一月底，而未等到年终，显然是为商部查账而提供的资料。当年九月初三，盛宣怀向时在铁厂代理总办的张赞宸发去指令："商部

---

① 湖北省档案馆编：《汉冶萍公司档案史料选编》上，204—209 页。

查帐，因路及矿，自系注重萍、冶两处，望将萍矿历年出入收支暨现欠庄款、应还礼和款、工程未了应用各款，造一简明总单，迅寄备查。"所述要求正与此文吻合。又，同年十二月下旬，户部右侍郎铁良视察汉阳铁厂，张赞宸"将厂亏难支切实禀明，甚关切"。曾索官商各账，二十六日张向盛请示，"应否将廿二年商办起至本年十一月止，结一盈亏折送呈？"似也与此件有关。[1]

从账目的真实可靠性来衡量，窃以为有关萍矿支出、已还外债、所欠庄款等，可信度较高。一是张赞宸说得很硬气。十月初二张复盛电云："萍矿开办至今，均有逐日流水细账，款无巨细，皆有凭据，可听部员前往彻查。"[2]说明历来资金管理严格，账目基础工作做得好。二是此件内容还包括"施工计划""矿内工程""矿外设备""产业"各部分，条分缕析，明确具体，可供检验，证实了张赞宸所言不虚。这里还有个小插曲：张赞宸接待铁良视察汉阳铁厂前，先奉张之洞之命陪同铁良视察萍乡煤矿，随行十余日，看来给铁良留下了很好的印象，第二年铁良晋升户部尚书，八月告知盛宣怀，要调张赞宸办户部银行，九月二十三盛便接到财政处和户部咨文，拟调张办理天津分行。[3]三是张赞宸身后极穷，清廉自律，人品可敬。张白手起家，建成如此大矿，每年经手进出数百万，死后家中却负债累累，债主纷纷索债，三十三年十月，杨学沂去电"恳各债户念韶身后奇穷勿索"，盛宣怀以恤薪四万，又自助六千，一并填写股票交给家属，方资了结。[4]

对于张赞宸留下的这一重要资料，我们的疑问集中在资金投入的虚实，一是股本，一是欠驻沪总局的借款，两者总计达三百多万两，关系到萍矿盈亏的总体估价非轻。

一、关于股本

所谓的"萍矿创始老股账"，系张赞宸奉盛宣怀之命编造，其经过已见

---

① 陈旭麓等主编：《汉冶萍公司》二，第 1014、1031 页。

② 陈旭麓等主编：《汉冶萍公司》二，第 1016 页。

③ 陈旭麓等主编：《汉冶萍公司》二，第 1090 页。

④ 陈旭麓等主编：《汉冶萍公司》二，第 1334 页。

前文。张在此件内也有如实说明：

> 查萍矿开办之初，并未领有资本，起首用款，即皆贷之庄号。及二十五年，始借礼和洋行德银四百万马克，除四分之三仍暂存礼和，以备代购机器料物之用外，仅只现银三十余万两。以还前欠，尚有不敷，而一年两期，转瞬即届应还息本之日，率又由息借，以为应付。至所收股本，乃二十五年以后事，且系陆续零交，指作还款，不能应时济用，势不得不辗转挪移，以为扯东补西之计。

关于招商局的股份，两次入股共二十三万两，也都是奉盛之命，从萍矿所欠招商局四十多万的旧账中划出。

> 查招商局首次入股，库平银十五万两外，尚应结规元三一〇四七·九四七两，除奉督办宪行知，二次又入股库平银八万两，申规元八七六八〇两外，尚该还规元二二二七二七·九四七两，折合库平银如上数。

我们查对，招商局首次入股萍矿，系光绪二十六年二月间事，十七日盛电令春颐、赞宸，"招商局附入萍股库平十万，申规银十万九千六百两，已交汉银行收萍账，抵付比款。"二十八日赞宸向盛报告，"招商局附股库平十万已收"，双方都说是十万，并非十五万。看来入股，十万也好，十五万也好，都不过是盛随口一句话，终究是拆了东墙去补西墙。至于招商局第二次入股八万两，据后来光绪三十二年五月十九日盛电通知张，盛与掌控招商局的杨士琦刚刚商定："照廿九年腊月转账日期填制股票，另加卅三年前息股二万八千两外"，下欠本银二十二万余两，酌给息银按五年分还。[①] 这次入股八万不仅仍然是旧欠划转，而且为时甚晚，已是官督商办的末期，在为

---

① 陈旭麓等主编：《汉冶萍公司》二，第789、791、1155页。

组建公司做准备了。

二、关于所欠汉冶萍驻沪总局之款

总局是萍矿的最大债主，计该153万多两。张赞宸原件此项下与其他各项不同，未做任何说明。

从史料来看，有关情况是：

1. 款项来历不明。债主是总局，还是铁路总公司？

张赞宸领受了提供总账以备商部查账的任务后，十月初一致电总局杨学沂询问："萍矿九月底止，结欠铁路总公司若干？"初四得到复电：

> 总局单开九月底止，萍矿结欠规元一百五十六万四千六百九十二两四七五。沂。支。宣。[1]

此电回复颇不寻常：一是答非所问：问的账户是"铁路总公司"，回答的债主是"总局"；二是复电落款不寻常，大约是杨学沂已经具名并写下日期代码后，呈送盛审阅，盛又亲自添上署名，可见盛对此电的重视，强调是其本人的指令。看来，张电系实话实说，所欠本系铁路总公司之款；盛复电则暗示应避开铁路总公司，只承认是向总局所借。张之所以有此一问，似说明此项借款虽是萍矿名义，实则由总局办理并控制使用，详情张并不清楚，对于金额不能自行确定如何填写。

2. 此款是商部调查重点。

商部参议王清穆、杨士琦查账，曾就萍乡煤矿借款提出问题，计有"礼和借款""该驻沪总局银款""该道胜往来款目""每年收支简明总结账"等，基本是针对张赞宸所提供的账目提出的。三十一年二月三十日盛宣怀作出书面回答。关于该驻沪总局银款，盛称："该矿总办张道与汉厂总办李郎中会呈，厂、矿、路一一钩连，相依为命，禀请提日本金钱一百万元赶应矿路之需，曾奉批准，遵即收入萍矿所欠总局帐上，计规元七十九万一千一百零七

---

[1] 陈旭麓等主编：《汉冶萍公司》二，第 1016、1017 页。

两七钱九分，余款仍是该局筹垫各等语。"至于此款系由何处而来，盛则强调："前因承办路矿，头绪过多，为日后交替之计，不容不先分眉目，是以关系铁路者，归总公司收支处经理；关系厂矿者，于上年七月另设汉冶萍驻沪总局经理。而汉萍之窘，迥非铁路借有洋款可比。遇两处函电请款，概饬总局就银行短借，庄号短拆，应结月息，应付本银，概由该局备归各帐，列入萍矿往来。"①

以上回答，显然是力图掩饰所谓萍矿欠总局之款，实是来自铁路总公司。

3. 李维格曾经手用日债"归还萍矿借款一百万"。

在商部调查的同时，光绪三十年十二月十七日，李维格在致盛宣怀函中报告预借矿价三百万日元的使用情况，内有"前宫保提用一百万元"之记载。次年三月上旬，李在向盛提交的《新公司接办汉阳铁厂之预算》中，再次说明他经手"支用日款三百万之大略情形"，其中："归还萍矿借款一百万，又萍洣铁路购办车头、车辆，并萍矿煤砖、机器等运保到汉约三十余万。"②

4. 光绪三十一年七月、三十二年八月，盛两次上奏共报销萍醴、醴洣铁路建造银二百九十八万两；③

综合上述，萍矿欠总局高达150多万的这些借款，似来自铁路总公司，实由驻沪总局办理并控制使用，究竟真相如何，用在何处，似乎是个谜？与此密切相关的是，光绪三十一年二月盛回复商部所谓批准萍矿"提取日本金钱一百万元"；据李维格光绪三十年十二月所言，盛早已从预借矿价日款中提出一百万，系萍矿归还总局；后来萍洣铁路又向朝廷两次共报销约三百万，其中是否有两头重复报销、收款之嫌？

一是股本，二是欠驻沪总局的借款，两者总计达三百多万两，成为萍乡煤矿的两个大包袱。

---

① 陈旭麓等主编：《汉冶萍公司》二，第476—477页。
② 陈旭麓等主编：《汉冶萍公司》二，第463、487页。
③ 盛宣怀：《愚斋存稿》上，第299—300、327页。

孟震的萍矿九年收支总账

如何评价萍矿的经济形势，在当时就存在不小的分歧。张赞宸去世之前，为萍矿报送的估价账单"转得盈余卅余万两"。盛对此不以为然，在三十三年六月十四日致李维格信中说："萍矿实收实支，亏耗亦巨。"[①]

这份估价账单不见于已出版的盛档，我们却发现孟震的《萍矿过去谈》内有"九年收支总账"。

孟震，江苏武进人，与盛宣怀、张赞宸皆是同乡。自1898年萍乡煤矿创办至1909年，在该矿经理账目，1909年至1911年调往汉局稽核。后著有《萍矿过去谈》一书，1914年在汉石印，现已收入《近代史资料》第102期。其中有"萍乡煤矿自光绪二十四年开办起至三十二年闰四月底止九届收支总表"，分列为《九年收款》《九年支款》《盘存矿产成本》三表。主要数据摘要如下。

一、《九年收款》

计湘平银867万余两。其中分项为焦炭、生煤、制造机件、火砖、材料等产品销售价值及官钱号的盈余等，全部是萍矿自身生产经营的收入。主要有售焦炭价522万余，售生煤价183万余，两者共计706万余。另有移交现存煤焦、华洋材料91万余。

二、《九年支款》

计湘平银1250.19余万两，主要是生产、运输煤焦及利息的支出。开支数额最大的几类是：

1.本局各分厂挖煤炼焦价费144.79万两，收购各商厂焦炭价107.3万两，收购各商厂生煤价17.9万两，共270余万两。

2.煤焦轮驳运费193万余两，火车运费28.9万余两，共221万余两。

3.利息、股息。礼和洋行借款利息合湘平银86.99万两；股息自收股日

---

① 陈旭麓等主编：《汉冶萍公司》二，第600页。

起至三十二年四月三十日止，合湘平银 38.44 万两，共 125.43 万两。

4.另有"各户往来借款并煤焦价欠款"湘平银 92.0017 万两，数额较大，具体内容不详。

三、《盘存矿产成本》

共成本银 418.4274 万余两。主要项目是购矿山、机器及工程经费，有的是原价，有的是赖伦矿师的估价。大项如：

1.购尽萍境东南各土窿计周围九十余华里，又银、铁、锑、锰各矿小花石机器煤矿共估湘平银 100 万两。

2.机矿窿工内外总机器等处成本估湘平银 50 万两，直井成本估湘平银 60 万两，穿紫家冲总平巷成本估湘平银 40 万两，此三项共 150 余万两。

3.大小洗煤机两座成本估湘平银 40 万两，炼焦炉三座推煤机压煤机成本估湘平银 32 万两，制造厂成本 36 万两，共约 100 多万两等。

四、总结收支两抵，盈余湘平银 35.9296 万两。①

孟震此账，截至三十二年四月止，是为张赞宸移交之期。盈余 30 多万两也与张赞宸移交时所上报相符。

盛宣怀所谓"萍矿实收实支，亏耗亦巨"，当指上述九年支出 1250.19 余万两，除去收入 576 万余两，尚不敷银 382 万两；张所谓"转得盈余卅余万两"，系以固定资产总值 418 万与超支 382 万相抵。就账目本身来看，表面是计算的方式和内容不同。虽每项资产具体数额是否准确，我们无从鉴别；但一座固定资产总值高达四百万两的机械化煤矿已是客观的存在，不可无视，应当计入企业效益是毫无疑义的。我们更应看到，这座机械化的煤矿是张赞宸九年来劳绩的集中体现，是他呕心沥血用生命换来的重大成果，盛对李维格强调萍矿亏耗亦巨，将此全部认作亏耗是苛求，有失公允。

我们在这里遇到的是一个如何实事求是地估价企业的效益和形势的问题。当光绪三十一年二月商部查账之际，盛在《关于萍乡煤矿借款问答》中

---

① 孟震：《萍矿过去谈》，《近代史资料》第 102 期。

就曾强调："萍乡开办后并未获利，是以尚未刊布帐略。"① 盛经常强调企业困难、亏损，有时是企图掩盖他已经获得的实际利益；有时是为大借外债制造舆论。而为了招股，有时又把厂矿前景说得天花乱坠，相反地又为掩盖亏损而调整项目。如在成立公司后，增加了官利支出，萍矿又出现亏损，光绪三十四年十二月二十七日，盛宣怀致电萍矿林志熙等云："年结未便见亏帐，致碍招股。上年萍矿提开官利并不亏本。……现在厂矿所支利息只可加在成本之上，将来分年折旧，不能在本年生意内开支。望即将去今两年总结改正抄寄。宣。沁。"② 宣统元年三月召开汉冶萍公司第一次股东大会，盛宣怀宣称："汉阳铁厂产业估值银一千二百二十七万两，大冶铁矿产业估值银一千一百三十万两，萍乡煤矿产业估值银一千五百五十万两，码头、轮驳估值银一百七十五万两，扬子江公司股份银五万两，总共估价四千八十七万两。所存活本各物料尚在其外，约计所值之数实倍于所用之数，此估价之实在情形也。"③ 在我们看来，这估价并不实在，就萍矿而言，此时的估价是孟震"九年盘存矿产成本"418 万两的 3.7 倍。总的说来，盛在不同形势下，根据需要，强调企业某一个侧面，账目也随之而改动。我们不可一概信以为真，应做具体分析。

实事求是地估价，张赞宸的功绩，一是白手起家，负债经营，开创、建立了偌大一个机械化的矿山，二是解决了铁厂的焦炭供应；这当然也是盛的功绩。若就财务而言，包括固定资产及其折旧在内，三十二年前后萍矿似尚处在盈亏的边缘。有些困难，尤其是缺乏自有资金，资金供应不足，盛宣怀应负相应的责任。

具体解读孟震所提供的九年收支总账，使我们对萍矿收支概况有了进一步的了解，从中也透露了一些盛氏掌控资金的信息。

一、九年收款，如上所述，全部是萍矿自身生产经营的收入。既不包括德国贷款，也未见有股份收入。礼和借款显然是由盛宣怀直接掌握、自行支

① 陈旭麓等主编：《汉冶萍公司》二，第 477 页。
② 陈旭麓等主编：《汉冶萍公司》三，第 1096—1097 页。
③ 陈旭麓等主编：《汉冶萍公司》三，第 93 页。

配，而未将此项资金拨付给萍矿。当是所购机器、物料由萍矿逐项支付，全部本利由萍矿按合同承担，并已按期归还。

二、萍矿吸纳了多少股份，何时入股，其中盛氏有多少股份，何时投入，在孟震的萍矿账目中均未见反映，不得而知。

三、自汉冶萍驻沪总局成立后，短期贷款按职责划分，张赞宸不再自筹，由总局即盛氏负责筹措。从账目所反映的资金操作、核算情况来看，如上述总局曾代萍矿垫款归还礼和洋行本息，在萍矿归还总局后即了结，在账目收支中即无记载，与对钱庄的借款类似。总局与萍矿之间的资金往来，看来只是借贷关系，总局从中赚取利息；盛氏只是债权人，未见有其对萍矿投入资金的记载可以证实其拥有资产所有权。

驻沪总公司的资金来源与运作

自从汉冶萍厂矿驻沪总公司成立以后，无论资金的来源如何，总局即盛宣怀，无可争议地成了汉冶萍厂矿唯一的资金供给者或直接债权人。此前已有的研究似尚未引起注意。

所谓的汉冶萍厂矿总局，设在上海，就在盛的身边，日常运作当是直接由盛面授机宜。但在盛离沪期间，免不了有要事而函电往来，却让我们得以略窥总局内部的真相。至于总局与厂矿的往来，也有一些踪迹可寻。光绪三十一年九月二十九日，杨学沂等致盛函云，总局系"专管帐目，毫无存款"，也就是说，总局并没有独立的金库，也没有自有资金，调拨给厂矿的资金仍然是临时筹措。大致有几种情况：

一、挪借铁路总公司的资金

三十一年五月初五，盛致金炣蕃电："礼和廿八万四千马克，可将十二月初三交存先令二万镑抵还，此二万镑即分别作为汉、萍借用总公司之款，七厘计息，另交存记。"此项本是借用铁路总公司之款，其间又有"先令"插手。"先令"当是盛所操纵的一家皮包公司，后来演变成专为萍矿代还礼和借款。

同年九月，盛在曾指示总局"代汉厂汇还比国郭格利厂本金、息金两款，又代汉厂划还信义洋行借款本、息两款，悉在总公司购存英金项下支付"。此事的具体经办人是汉冶萍厂矿总局收支而又兼任了铁路总公司收支的金忠赞。查对账目后，"当由金收支电京请示、奉电划还"，"综计总公司代还郭格利厂、信义洋行两款共合英金三万八千二百零一镑五先令四本士，均作为汉厂借总公司金镑，将来汉厂还款仍照金镑合算，另按月计息七厘，以至还镑日止"。事后由总局办事总董杨学沂致函向盛汇报，"请并行铁路总公司，汉阳铁厂各自立案"。此电透露了盛还利用铁路经费炒卖英镑。[1]

二、沪总局在上海向银行、钱庄借款而计入萍矿欠总局款

光绪三十二年九月二十八日，张、林致盛电：

> 汉运局七月底册报萍欠洋例银二百十四万四千八百二十五两三钱六分一厘，其中有二月中沪总局借上海庆裕庄汇汉规元十万两。又二月底沪总局借上海通商银行、恒德、怡大、同福、兆丰、承裕等庄汇汉规元十万两。又三月底沪总局借上海公大记汇汉规元十五万两。以上三共洋例银三十三万九千七百十八两七钱五分。此款即在萍欠沪总局款之内，应除去否？七月底止萍欠汉帐只有洋例银一百八十万零五千一百零六两六钱一分一厘。宸、熙。勘一。[2]

这三笔款沪总局都是汇给汉运局，即当时由卢洪昶负责的萍矿驻汉口转运局，其中第二笔记在萍矿账上，却并非为其所用，而是给汉厂还债。查二月二十九日盛致汉厂李维格电云："卅汇交通商汉行规银十万两，望即归还通商、协成欠款。此外汉口尚有欠款多少，速示，拟一概还清。柳、许均阅。宣。艳。"[3]

---

① 陈旭麓等主编：《汉冶萍公司》二，第1062、528—529页。
② 陈旭麓等主编：《汉冶萍公司》二，第1199页。
③ 陈旭麓等主编：《汉冶萍公司》二，第1121页。

三、厂矿向钱庄短期借款，或用生铁、焦炭等抵押

如光绪三十一年二月三十日铁厂代理总办张赞宸致函盛宣怀，报告到期款巨，因欠款太多，竟至无可再挪，遂与信义洋行商借，以生铁一万吨、焦炭一万吨作押，计借英金三万二千镑。该行扣存二千镑作为购料定银；实付九八，又扣用六百镑。故张哀叹："借款办事，全替人忙。"[①] 此类资金本系厂矿自行筹措，总局不可能保证全部资金供应，但须总局批准，也都并入总局账内。

四、由盛氏的总账房向汉冶萍驻沪总局拨款

自光绪三十二年盛交卸铁路总公司督办并最后一次报销澧洙铁路用款后，再难以挪用公款，沪总局资金出现新的迹象。三十三年十月二十三日，金觎蕃即金忠赞向在北京的盛去电，要求给萍矿驻汉运销局拨款归还二十五期、二十九期的汇票。二十四日盛给顾咏铨、金觎蕃去电："廿五二万、廿九十八万，即由顾拨，月息一分二厘，立新记往来帐。宣。敬。"[②] 顾咏铨，即顾润章，是盛宣怀外甥，掌管盛氏的总账房。这 20 万，便是盛个人对总局的借款。同样要收利息，而且是高息。为此，盛还另立了一个"新记"的账户。

五、出现了一批为汉冶萍厂矿提供借款的公司账户

上述新记仅为其中之一，另有香记、美记、先令等。光绪三十三年七月初二，盛致萍矿林、沈电，反映了美记、先令代萍矿归还礼和借款的情况：

> 卅一年五月萍矿应还礼和款，系由先令公司、美记借款买镑还镑，均照付还礼和日期镑价合银，结至卅一年年底止，应欠先令公司一万七千七百〇九镑十七先令，合规银十三万三千三百十八两八钱八分。又欠美记一万〇〇三十三镑十六先令八本士，合规银七万〇八百二十七两六分，又按月七厘息，先令公司五千五百廿九两三

① 陈旭麓等主编：《汉冶萍公司》二，第 474—475 页。
② 陈旭麓等主编：《汉冶萍公司》二，第 1335 页。

钱二分、美记四百廿九两六钱八分，共欠本息规银二十一万〇一百〇四两九钱四分。又，卅二年五月，美记代还礼和一万五千镑，合规银十万〇二千两四钱六分，又卅二年分利息，先令公司一万二千四百四十两〇八钱、美记一万一千七百八十七两二钱二分八厘，结至卅二年年底止，应欠本息规银三十三万六千三百三十三两四钱二分八厘，总局立有借票，并经核结清单呈由敝处行知在案。①

我们注意到，这些公司的借款是月息七厘，也是高利。辛亥后，这些公司又纠合成六合公司，承包了给汉冶萍公司的借款，从中转手赚取利息，自是后话。

六、各厂矿的全部收入由总局集中控制支配

光绪三十一年三月十四日，张赞宸收到大仓购生铁预付价 6 万两，三井议购大批生铁亦愿先借十万，归还到期各款后尚余五万，张与收支姚训才联名请示余款如何处置。十五日盛复电中再次严令："应即另立账册，随时将收付日期函报，不准丝毫挪移。"② 盛宣怀在设立总局，承担资金供应的同时，也顺理成章地将各厂矿的全部收入严格控制在手中。如此所有资金的运作全部听命于盛宣怀个人，权力高度集中，有如独资企业。

盛宣怀究竟招到多少商股?

当初，张之洞奏请将铁厂招商承办，一是将原国有资产交由盛宣怀这一能手来经营管理，二是委托盛负责招集商股。汉阳铁厂官督商办时期间长达十一二年，实事求是地说，在此期间，盛从未认真向社会招集商股。虽然光绪二十二年、二十七年由铁厂、萍矿分别发布过招股的公告或启事，但尚未发现有招到多少商股的明确记载。

---

① 陈旭麓等主编：《汉冶萍公司》二，第 1304 页。
② 陈旭麓等主编：《汉冶萍公司》二，第 1045—1046 页。

盛宣怀接办铁厂后，要解决资金问题，如果按照上奏的招商承办章程老老实实去招集商股，逐步归还官本，企业的性质将是真正的股份制商办企业。但是盛和他的亲密助手早已意识到他们面临着一个需要与可能的悖论：企业效益不好时招不到商股；效益好转后则是肥水白白流入外人的田。概括地说，在前期是难以实现；到后期则是主观上没有这样的愿望了。

盛宣怀自行招股，或始于沪商《草约》签字后，为了与蒋抑卮、郑孝胥等江浙资本竞争，盛亲自给亲朋好友、达官亲贵写信。光绪三十三年十月十二日致其亲家吕寰海信云："弟所认旧股五百万，尚有数十万未齐……琴相、奎乐帅可一询之。如相好之中，有人愿附股者，敬祈费神，代为招徕。"[1] 十一月初进京后，声称"京城阔人愿附极多，皆欲执股票付款"，"弟因思老股五百万元尚少一百万元，宜归老公司先行招足为是，莫如就在京城试招起来，以明实在商办之证。能有阔人附股亦是好事"。[2] 此后盛亲自写信招股的对象，在现已出版史料中有据可查的有溥伦、奎俊、陆润庠、陈夔龙、吴重熹、陈邦瑞、吴郁生、袁树勋[3]；熊希龄、袁珏生、左廉访、绍英、宗耿吾、沈瑜庆、恽毓鼎、杨士琦等[4]。其中左廉访可能是左宗棠之子左孝同。上述招股对象名单，显示出一种鲜明的倾向性：在排斥江浙民族资本的同时，盛借招商股而广泛地与封建官僚集团结成利益共同体。

组建汉冶萍公司时，究竟投入了多少资金，究竟招到了多少商股？盛宣怀、李维格都说不清。宣统元年闰二月初九，盛宣怀致李维格电曾专说投入资金之事：

> 三十四年止汉厂该银一千三百二十八万余两，萍矿该银九百十三万余两，二共二千二百四十余万，应付官利五十余万尚不在内。图说所载一曰今日已及二千万；二曰仅用二千万。顷有股商当面诘问，若不声

① 陈旭麓等主编：《汉冶萍公司》二，第644—645、1834页。
② 陈旭麓等主编：《汉冶萍公司》三，第51页。
③ 北京大学历史系近代史教研室整理：《盛宣怀未刊信稿》，第4—5页。
④ 湖北省档案馆编：《汉冶萍公司档案史料选编》上，第241—247页。

说，与帐不符。前件暂勿送人，拟俟年总到后由总公司加一帐略，分别成本、活本，俟开会时分送，免多误会。

图说指公司印制、散发的宣传资料。此电透露的信息是，由于汉厂萍矿究竟投入了多少资金，说法不一，自相矛盾，引起了股商的怀疑，并有人"当面诘问"。十天后李维格来电说到招了多少股，同样是令人尴尬：

　　盛宫保：寒函悉。广告一日已招一千余万，一日尚有优先股额，自相矛盾，拟请删去，暂勿提及招股较为得体。格。效。①

如此，究竟招到了多少商股，是否招足千万，也在股商中引起疑问。

就投入商本而言，上述电文称，至光绪三十四底止，已达2240多万，与一年前盛宣怀上奏时相比，净增加投入资金485万，其中汉厂增加约300万，萍矿增加约180万。与所谓商本"仅用二千万"之说，相差240多万，不是区区小数。

李维格此电建议暂时不要再提招股，反映了招集商股已陷入困境。其时正逢慈禧、光绪同时去世，政局动荡，钱庄倒闭，只是外因；在招股期间公司的账目说法不一、大幅度急骤变更、不能自圆其说，带来的负面影响，似也不可忽视。盛宣怀原对武汉招股不无奢望："揆初谓汉股可得五百万，必有所见。"结果却连被委托在汉招股、颇知内情的宋炜臣自己都未入股。②此时不再提及招股，看来是不得不尔。

全汉升《汉冶萍公司史略》根据盛的一些信件推算，"实际招收的只有7,099,000（十）元"③。窃以为私人信件中盛所述招股情况，或前后不一、不无矛盾，或有自我吹嘘的成分；似不如盛与李维格之间，属于研究招股工作的函件，反映的情况接近实际。易惠莉《盛宣怀与汉冶萍公司》（下），已

---

① 陈旭麓等主编：《汉冶萍公司》三，第1115、1118页。

② 陈旭麓等主编：《汉冶萍公司》三，第1077、1127页。

③ 全汉升：《汉冶萍公司史略》，第127页。

经注意到"盛宣怀 1908 年 8 月初汉冶萍招股'已得八百余万'一说",但对是否包括"公股"和"息股"共 264 万在内,尚有疑问。① 其实,盛光绪三十四年八月二十九日在神户致李维格函说得更清楚:

> 弟意,二千万恐难一起招集,故欲以一千万作一停顿。现在已收者,真老股三百万元,又去年每百两加收五十元之老股一百万元,又京城、上海实收之新股一百余万元,又上海挂号之新股五十万元,共计优先股五百五十万元,决不致少。商部一百六十四万元,老商息股一百万元,并算已得八百十万元。②

从这份账单来看,商部的 164 万即公股,原是长期占用的铁路公款余额;老商息股 100 万是应付而未付的利息,也不是实收的真金白银,而都已包括在八百万元之内。其中,所谓的真老股 300 万,本书已依据史料指出分别是光绪二十七年和三十一年以后炮制的,究竟实收了多少? 何时实收的? 都不是没有疑问。在公司注册前后新收的股份,实际只有 250 万元,即"去年每百两加收五十元之老股一百万元,又京城、上海实收之新股一百余万元,又上海挂号之新股五十万元";即使加上所谓"真老股",才共计 550 万元,离盛原定二千万的目标甚远。也就是说,这号称的 800 万中,只有 250 万是新收的。光绪三十三年十二月初四,盛训斥卢鸿昶云:"然新商能招千五百万,老商岂不能招百万乎?"③ 充分暴露了盛宣怀很不满意而迁怒部下的沮丧。

附带说一说,此处说公股、即"商部一百六十四万元"也是有疑问的。按盛宣怀《奏请将原存公款改作公股折》,此公款计有三项,一为户部所拨铁路 900 余万剩存留作汉厂预支轨价 91 万余两,一为铁路公司入萍矿股份 15 万余两,一为铁路公司应得股息 9 万余两,"共计库平银一百十六万两,

---

① 易惠莉:《二十世纪盛宣怀研究》(下),第 450 页。
② 陈旭麓等主编:《汉冶萍公司》三,第 25 页。
③ 陈旭麓等主编:《汉冶萍公司》二,第 1348 页。

核作银元一百七十四万元"。此奏收入《愚斋存稿》，题为《请酌拨的款充汉冶萍公司公股折》，文字、金额均相同。但与此同时，即三十四年三月之《商办汉冶萍煤铁厂矿有限公司推广加股详细章程》称："已有农工商部公股一百六十四万元"，与上述电文相同，而与奏折相差 10 万元。两说同时出自公司，一为报送朝廷的要件，一为面向全国商民广而告之，孰是孰非，我们如何判断？①

《汉冶萍公司史略》分析公司招股之所以不能达到目的："清末国民所得水准的低下，公司信用的薄弱，和政府的与民争利，当是其中三个较重要的原因。"② 除第二点系指其亏损、债务重外，似侧重在企业的外部环境，而对于主持其事的盛宣怀个人的主观因素没有涉及。窃以为，对于钢铁联合企业这样资金密集、建设周期长、利率相对低的大型项目，其吸收资金的对象，不可能是衣食难继的升斗小民；现实生活中曾经发生过的盛与民族资产阶级的合作破裂，似乎不能无视。盛背弃光绪三十三年九月与江浙资本签订《草约》，实质上是对东南沿海实业界具有广泛代表性的一个精英群体的背弃，也是对中国财富最集中的地区一大投资者群体的背弃。盛曾经企图对这一群体分化瓦解，但收效有限，所谓的"盛党"毕竟是少数。③ 我们只要对照一下草约的签名者，和汉冶萍公司第一次股东大会五百股以上到会者的名单，就会感到双方泾渭分明、壁垒森严，其中曾长期为汉冶萍公司奔走的汉商代表宋炜臣、刘歆生等亦未见列入上述股东到会者的名单。④ 背弃《草约》，影响的不仅是资金、人心，还有原本有争议的盛宣怀的声誉，盛不可能不对他的作为付出相应的代价。

---

① 湖北省档案馆编：《汉冶萍公司档案史料选编》上，第 235—236 页；盛宣怀：《愚斋存稿》上，第 355—356 页。

② 全汉升：《汉冶萍公司史略》，第 127—129 页。

③ 光绪三十四年二月十八盛宣怀《沪杨绶卿去电》："篠电特识足佩。云书、金箴、冶卿、时勋、海帆、琴涛诸君，凡为公识者，请密告我，必延揽，并作优先股，以散其势。"载陈旭麓等主编《汉冶萍公司》二，第 1372 页。

④ 陈旭麓等主编：《汉冶萍公司》二，第 643 页；陈旭麓等主编：《汉冶萍公司》三，第 91 页。

从另一个角度来说，盛宣怀与张謇、汤寿潜为代表的立宪派这一群体，彼此也因此在思想上更加对立、感情上更加恶化。在此后中国近代史上一些事件中，如铁路国有的推行及其所受到的抗拒，武昌起义后盛所受到的讨伐，盛流亡日本时汉冶萍公司股东大会的政变及复辟……我们都将发现一种潜在的持续的历史阴影。

盛宣怀拥有巨额房地产

"盛氏生前积累了巨额财富，但其详情一直不为世人所知。"据 1920 年 1 月盛氏遗产清理小组整理的《估价清册》，其财产总值为 1349.3868 万两。其中，上海道契地产估价 668 万余两，内地地产估价 98 万余两，此两项房地产合计 767 万余两，占全部遗产的 56.84%。它远远高于各项股票，包括汉冶萍公司股票在内，各项股票共估价 511 万余两。据此分析财富来源，盛宣怀这位晚清最大的实业家，首先是个大房地产商。[①]

当我们了解到盛宣怀拥有巨额的房地产时，头脑里自然浮起一个疑问，这些投入房地产的巨额资金从何而来？盛曾宣称"某家素有富名"，用盛氏自有资产从事房地产交易，自然是无可非议。关键在于，盛既是官身，又集铁路公司、汉冶萍厂矿等企业的财权于一身，既具有利用职权大肆倒卖房地产的权力，也控制了巨额的公款，不受监督和制约，有可供挪用的条件。

私人从事投机性的经营，资金运作十分隐秘；如果是违法的暗箱操作，更难取得确凿的、直接的证据。但也不是没有一些相关的史料，可供我们思考。

一、盛氏原有家产似不足以供给大规模的房地产投资。

光绪三十三年五月盛宣怀曾向岑春煊辩解自身清白而炫富：

> 惟某家素有富名，实不自今日始。同治丁卯，李文忠督两江，即命

---

① 丁士华整理：《盛宣怀遗产分析史料》，载中国社会科学院近代史研究所近代史资料编辑部编《近代史资料》总 111 号，中国社会科学出版社 2005 年版，第 160 页。

故父招股开张公典三十余家，以便劫后穷民。癸酉创轮船，庚辰创电报，即替出典当首先入股。又蒙圣恩，关权十年。故乡田园，浙广别业，多属旧物，斑斑可考。①

据遗产清册记载，13 家公典股本、存款合计 35.5928 余万两，平均每家股份、存款各一万两左右，规模都不大。② 袁世凯将电报收归国有时，盛缴出 900 股，原面值每股一百元，共计 9 万元。"替出典当"也好，早期掌管海关十年的正常收入也好，恐怕都不足以造就晚清中国最大的房地产商。

二、家信透露其热衷房地产而无现钱。

光绪二十四年十一月初一日盛致其妻庄氏信中说："诵先、葵荪所说房屋，我目今无现钱……现已亏欠不少，明年只好售出股票还债。"信末又说："如有好市房，冬月底我回可面商。"其时，盛正处于热衷房地产但又缺乏资金的矛盾中。③

三、盛妻庄氏曾挪用企业公款作投机生意。

光绪二十四年十二月初三日家信透露，庄氏囤积倒卖米粮，有七千石米价系占用铁路总公司资金未还；光绪廿五年八月十一日致庄氏函云："汝所存之纱一千二百五十包，银根太巨（约银九万两），华盛亦难久欠。"④ 看来盛家私下里挪用企业公款作投机生意是家常便饭，仅此次占用的公款，便大大超过了盛拥有的电报股票总面值 9 万元。

四、盛宣怀安排金忠赞同时兼任铁路总公司和汉冶萍总局两处的收支。

金忠赞，字夘蕃，在汉冶萍公司注册文件中，名列"公司创办人，现充厂矿办事总董九人"之一。光绪三十一年五月、七月，盛先后电令金为铁厂和萍矿分别偿还礼和银行、比国郭格利厂、信义洋行等处到期的本息。总局"专管账目，毫无存款"，动用的是铁路总公司的存款。当时金既是汉冶萍厂

---

① 王尔敏等编：《盛宣怀实业函电稿》下，第 792 页。
② 丁士华整理：《盛宣怀遗产分析史料》，《近代史资料》总 111 号，第 179 页。
③ 北京大学历史系近代史教研室整理：《盛宣怀未刊信稿》，第 269—270 页。
④ 北京大学历史系近代史教研室整理：《盛宣怀未刊信稿》，第 271—272 页。

矿总局的收支，又兼铁路总公司的收支，身兼二任，显然是盛宣怀的特意安排。盛如果以权谋私、挪用公款炒地皮，在督办铁路总公司时，最方便的是挪用铁路拨给汉阳铁厂的、每年高达百万的预付轨价。[①]

五、日领事获悉盛宣怀将企业贷款供私用。

光绪三十三年萍矿与大仓洋行签订借款合同，日本驻沪总领事永泷向国内报告，慎重指出这次贷款"另一部分似将供盛氏自己私用"。[②] 在盛交卸铁路总公司之后继续炒地皮，最有可能的是从汉冶萍向日本借款中分一杯羹。此外盛似难以随意调动巨额的资金。

我们对于盛宣怀投资房地产的资金来源提出疑问，基于一个很重要的、基本的历史事实：盛宣怀自光绪二十二年接办汉阳铁厂，至民国五年去世，二十多年间，汉冶萍厂矿无日不是资金短缺，嗷嗷待哺，供不应求，债台高筑；而盛宣怀也往往是拆东墙补西墙，自称是焦头烂额、穷于应对。怎么会突然冒出高达七百多万的房地产呢？

纵观盛宣怀大肆经营房地产，大体是在创建铁路公司之后，至辛亥武昌起义之前。这一过程与其主持铁路修建、督办汉冶萍厂矿、组建商业公司相重合。

在此期间，盛控制着两项巨资，不断引起政敌的疑忌、舆论的非议，并一再遭到言官的弹劾：一是户部拨款的铁路专用资金近千万两；一是独自操作、历年以汉冶萍预收生铁、矿石价款名义从日本银行获得的贷款，共计高达2173万日金。[③] 这两大项巨资，来源于盛的亲自运作，既由盛亲自控制、支配，使用也由盛亲自审批、报销。在实际使用和支配的过程中，盛是不受制约与监督的。

对于盛宣怀来说，在他的全部经营活动中，资金的运作实际是相互存在着千丝万缕的联系，而不大可能相互割断、各自孤立。恐怕谁也不能保证其纯然是用自有资金投资房地产，而与上述财政拨款、企业资金泾渭分明，秋

① 陈旭麓等主编：《汉冶萍公司》二，第 1062—1063 页。
② 武汉大学经济学系编：《旧中国汉冶萍公司与日本关系史料选辑》，第 152 页。
③ 湖北省档案馆编：《汉冶萍公司档案史料选编》上，第 579 页。

毫无犯。

我们都知道盛宣怀是亦官亦商，他正是充分利用这种特殊身份，一方面效忠慈禧和专制王朝，追逐权势，一方面利用权势来发展经济，追求个人财富的最大化。当他兴办轮电、铁路、煤铁厂矿时，是引进先进生产力，有利于促进社会进步，改善人民的生活方式；而当它利用权势从事房地产投机时，这些积极作用便大为消减，而负面影响却大大地突出了。

无论就晚清的法律、官场规则、财务制度来说，官员动用公款从事商业投机牟利都是违法的；如将公款购置的房地产据为私有更是贪污犯罪。

盛宣怀后半生以大量精力经营的汉冶萍厂矿，从在建之时起就资金严重短缺。盛宣怀接办后的基本事实是，资金供应始终未能缓解，长期负债经营，对日本贷款依赖越来越深，终于坠入日本侵略者的陷阱，断送了生机。正是在汉冶萍这个长期亏损的穷庙里，产生了晚清的首富盛宣怀，开创了中国近代工业史上"穷庙富方丈"的先河。

百年来的盛宣怀研究，曾出现了一个 180 度的大转变，从有学者怒斥其为"大买办官僚""内奸""卖国"[1]；到有学者推崇其在近代史上创办实业等"十一个第一"的贡献，并运用剩余价值规律论证其财富积累的合理性[2]。我们的历史研究，应是一个建立在史料基础上的去粗取精、去伪存真的认识过程。清理盛宣怀的遗产，其实早已揭示了一个惊人的历史真相：盛宣怀并没有将他积累的财富，大多投入汉冶萍的煤铁再生产，而是利用职权投入房地产投机；他的财富急速增长，也不是由于汉冶萍降低成本、提高劳动生产力、在市场竞争中获胜，而增加了剩余价值，却主要是由于房地产暴涨而暴富。有的学者曾经给成盛宣怀加上了三项桂冠：实业家、教育家、慈善家，看来还应该实事求是地再增加一个头衔：晚清最大的房地产商。

---

① 北京大学历史系近代史教研室整理：《盛宣怀未刊信稿》，"说明"第 1—6 页。

② 夏东元：《盛宣怀传》（图文版），"前言"第 1—5 页。

第二十四章 枳生淮北：关于汉冶萍厂矿体制变革的思考

盛宣怀为何要合并组建股份制公司？/ 汉阳铁厂与萍乡煤矿合并确有必要 / 盛接办铁厂系利用国资存量全权经营而无商股 / 不得不解决的致命软肋：产权属于谁？/ 招集商股是题中应有之义，却非盛之主要目的 / 盛宣怀何时以股票形式实现对汉冶萍的占有？/ 奏派总理：要害在于背离公司制的本质属性 / 皇权专制、官僚垄断与公司制的异化

汉冶萍厂矿合并组建公司，实质上是钢铁冶炼与矿石、焦炭供应的结合，三者缺一不可，有其内在的不可忽视的必然性；在晚清特定历史条件下更有着不可代替性。

汉冶萍厂矿的体制变革，历经三个阶段，自官办由至官督商办再过渡到完全商办，核心问题是企业所有制的变革，贯穿于企业体制变革的全过程。

盛宣怀通过合并组建汉冶萍公司，以股票形式实现对汉冶萍资产的占有；并以钦派公司总理而集决策权、经营权于一身，实现并加强了其对企业的垄断。其运作的过程和结果，违背了钦定《大清公司律》和股份制公司的本质属性，这是盛宣怀仰赖慈禧王朝专制权力的荫庇与支持实现的。这一案例，既呈现出晚清中国的时代特色，又打下了盛宣怀个人的独特印记。

盛宣怀为何要合并组建股份制公司？

盛宣怀为何要将汉冶萍厂矿合并组建股份制公司，改官督商办为商办？

盛氏做过许多表白，似以光绪三十三年七月二十一日致张之洞函，对此阐述较为全面、系统。原件分列为十条，大体可归并为三个要点：

一是资金困难，需要招集商股。汉厂"所用商本已七百数十万两"，尚亏商本240余万两；而商股少，厂矿共计仅250万两；"自路事交代存款全提之后，几至不支"，沪、汉两地已借贷款500万两，铁厂扩建尚需资金200万两。

二是主张商办，"自较官办为稳慎"。但招股为第一难事，须奏准并应注册为一完全公司，"且将来继公督楚，必是旗族，继侄办厂，必是部员"，"时局难测，是用隐忧"。

三是厂矿合并有利于招股。若分别招股，萍煤易而汉厂难。萍乡有铁矿，"若久听分办，将来必致纷争"；"汉厂必借萍煤，而萍矿不必定借冶铁"。目前萍矿形势大好。"现就老股二百五十万两，先行责成凑足五百万元，俟新炉增办，洙昭定议，便可续招新股五百万元，共成一千万元，似有把握。"①

对此，前辈经济史学家似认同盛氏的表白，着重从经济因素考虑，如全汉升、吴承明先生，或认为有利于燃料的供应和降低成本；或认为是"为了吸引社会投资，扩大招股，解决经费困难"。②

21世纪以来，学界对此研究有所突破，既有深入的剖析，也对盛氏所言提出异议。易惠莉提出："政局的变动及招商局、电报局的体制变动，令盛宣怀的汉阳铁厂督办地位日趋脆弱。面对挑战盛宣怀顺势而上，主动推进汉阳铁厂的改制——合并汉、冶、萍成为一完全商办的企业——汉冶萍合并

---

① 陈旭麓等主编：《汉冶萍公司》二，第616—618页。

② 全汉升：《汉冶萍公司史略》，第123—125页；吴承明：《中国资本主义发展史》二，人民出版社2003年版，第604—605页。

商办案。该方案以汉阳铁厂进一步技术改造募集国内资金为号召，但从盛宣怀个人利益而言，则在稳固他对企业的控制权。"盛"更关注自己对企业控制力的长期稳固性，至于企业商办、官办的区分在他看来并不重要"。①

李玉勤也曾指出："盛宣怀合并商办汉冶萍主要是出于摆脱清政府干预、加强自己控制权的政治动机，而非其一再宣称的经济动因。在这种情况下，股份制成了他达到目的的手段，构建公司法人治理结构不是为了达到分权制衡，而是为了加强自己的权力。"并着重强调："考察公司章程所建构的公司法人治理结构、企业招股活动及公司法人治理结构的具体运作发现，其股份制背离了西方股份制的本质特征和精髓，实际上构建起盛宣怀对企业的专权。"坚持认为"外交和经济原因或不成立或不具有说服力"，"政治因素应该是左右他判断和行动的指南"。②

李海涛则认为："对于汉冶萍公司而言，迫使其组建的主要压力来自资金短绌，因此它并不是人们积极主动学习先进的结果。创建者只注重股份制的集资功能，有意无意地忽视了制度建设，忽视了权、责、利的分野，反映了早期中国股份制公司制度不完备、不成熟的地方。"③

研读以上摘引为代表的当代评论，对于盛宣怀为何组建汉冶萍公司，似存在一些认识分歧，尚须我们进一步思考：汉阳铁厂与萍乡煤矿合并组建公司是否必要？组建公司的压力是主要来自资金短绌，还是盛宣称的这些"经济因素"不能成立？盛合并公司是否只是为了巩固和加强对汉冶萍的控制，是否仅仅限于"政治因素"？汉冶萍公司的制度建设是"忽视了权、责、利的分野"，"不完备、不成熟"，还是"背离了西方股份制的本质特征和精髓"？这些问题，涉及我们对这一事件的总体把握和评价，是如何深入理解盛宣怀与汉冶萍关系的一个关键，也是如何认识汉冶萍公司的必然命运、从而吸取

---

① 易惠莉：《清末新政时期上海官绅商结合的实业活动》，《思想与文化》第四辑，第97页。

② 李玉勤：《试析清末汉冶萍公司股份制的建构和运作》，《许昌学院学报》2009年第4期。

③ 李海涛：《清末民初汉冶萍公司制度初探》，《河南理工大学学报》2006年第1期。

历史教训的重要课题。

汉阳铁厂与萍乡煤矿合并确有必要

汉厂与萍矿合并是盛组建公司的两大主题之一，是上述盛致张之洞函的重要内容，也是有的学者所谓的经济因素之一。

汉冶萍厂矿合并公司，从产销关系来说，是冶炼生产与矿石、焦炭供应的组合，是一厂两矿组成固定供销关系的利益联合体。从当时厂矿的实际情况来看，对于合并的必要性，可从内外两方面思考，外则是否有利招股？内则如何解决厂矿关系？

一、合并公司有利于招股。

有学者认为："所谓'萍乡煤矿合并到汉阳铁厂有利于招股'，完全是盛宣怀故意渲染的欺骗之举。"[①]

窃以为，盛致张之洞函称有人"尚谓制铁不如采煤得利之速"，盛致李维格函谓"以是商情看好萍矿而看坏汉厂"，说的都是客观存在的社会现象。盛的渲染不过是对此因势利导，内容或有浮夸，但不是完全背离事实。

萍矿是不是"和汉厂一样严重亏损"？此说系受盛之影响。所谓"萍矿实收实支，亏耗亦巨"，盛是将萍矿已有的 234 万余两固定资产忽略不计；而张赞宸移交时截至光绪三十二年四月止，总结收支两抵，盈余湘平银 35.9296 万两，是将现有资产与债务相冲抵。[②] 此前萍矿的债务，除欠驻沪总局 153 万外，主要是欠礼和尚未到期的本息近 78 万和欠各钱庄 106 万。钱庄的短期借款百来万，应视为企业必要的流动资金，而欠总局之款既是内部往来、实数也不无疑问。

总的看来，到了三十三年的秋天，萍矿的总平巷大槽已打通，机械化的矿山大功告成，日出生煤可望两千吨；铁路已修到洙州，运输大为改观。商

---

① 李玉勤：《晚清汉冶萍公司体制变迁研究》，中国社会科学出版社 2009 年版，第 153 页。

② 孟震：《萍矿过去谈》，《近代史资料》第 102 期，第 107—111 页。

情看好萍矿，不是没有原因的；盛认为合并有利于招股似在情理之中。

二、萍矿与汉厂合则两利，离则两伤。

回顾历史，萍矿原是汉厂的下属单位，但单独核算。自光绪二十五年盛决定专用萍焦以来，常有纷争，突出的如光绪二十五年萍焦磷多之争长达数月，导致汉厂一度停炉；二十八年正月因化铁炉堵塞，厂矿互讦、严重对立；三十一年底盛欲令焦炭减价，张赞宸回电抗拒，"万难遵行"。厂矿之间的焦炭质量之争、价格之争，实质是利益之争，而且愈演愈烈，难以调和。三十三年二月二十三日李维格致电询问盛，不无忧虑："萍矿并入公司，不知局中人以为然否？应否商定再议？"盛当日复电，斩钉截铁："萍矿归并一定不移。"看来此事盛已深思熟虑；在上述致张之洞函中透露"若久听分办，将来必致纷争"，所言非虚。如果我们从铁厂与萍矿实际存在的矛盾及其激化的可能来看，从此事对盛曾经产生的刺激来看，盛坚定地主张合并，确有深刻的内在缘由。①

存在矛盾，只是铁厂和萍矿关系的一个侧面；另一侧面则是相互依存、密不可分，而且这才是主导的一面。在信中，盛对张之洞说，"汉厂必借萍煤，而萍矿不必定借汉铁"。对于前者，张之洞当有深切的体认；据张赞宸光绪三十年的统计："时自二十四年起，结至三十年十一月底，萍矿共已运到汉阳铁厂焦炭三十二万一千余吨，生煤十九万一千余吨。即就焦价一项计之，每吨洋例银十一两，较之从前购用开平焦，每吨连运费一切开销需银十六、七两者，实已为铁厂省银一百六、七十万；若购用洋焦，则更不止此数矣。"此处张赞宸特地将萍焦与开焦的价格做比较，是突出萍矿对铁厂的贡献，强调在保证供应的同时，还使汉厂大幅度降低了成本。② 至于后者，盛似尚估计不足，不仅已建的萍浏铁路、待建的浏昭铁路必须仰仗铁厂，而萍矿焦炭的销售更必须长期仰仗铁厂。据光绪三十二年二月卢洪昶向盛报告，每月销售焦炭 1 万吨，其中铁厂用焦 6500 吨，约占 65%；另据

① 陈旭麓等主编：《汉冶萍公司》二，第 109、179、268、1113、1116、1258 页。
② 湖北省档案馆编：《汉冶萍公司档案史料选编》上，第 207 页。

萍矿三十一年统计："廿四年起至本年三月底止，收厂焦价，……净收洋例三百八十七万一千六百十两零九钱四分七厘，廿二、三年广泰福及鸿沧所办不在内。"萍矿的销售收入主要来自焦炭，而焦炭的销售对象主要是铁厂。①

萍矿和汉厂本质上是供销关系，双方既有自身的利益追求，又以对方的存在为本身存在的必要条件，因对方的发展而发展。在晚清中国特定的历史条件下，在相关产业和市场发育不充分的环境中，这种相互依存的合作关系没有选择性，也无被取代的可能，只能合作，不能分离；合则两利，离则两伤。盛宣怀一贯强调"汉厂、萍矿，似二是一""厂矿一气，共济艰难"，合并组建公司正是利用这种企业组织形式作为纽带，维系和加强这种供销合作关系。

盛接办铁厂系利用国资存量全权经营而无商股

认为盛宣怀合并公司是为了加强对汉冶萍厂矿的控制，并没有人反对。但是盛对厂矿的控制力从何而来？他的控制力为何脆弱而急需加强？组建股份制公司就必然有利于盛对厂矿的控制吗？盛又是如何实现他对汉冶萍控制的加强？

思考、梳理这一系列的问题，窃以为要抓住一个根本：企业的体制改革，核心问题是所有制的变更。汉阳铁厂原为官办，投入的全系官款，并无商股。一变而为"官督商办"；再变而成"汉冶萍煤铁厂矿有限公司"。纵观其企业体制变革全过程，经历了三个阶段，由纯系官办而最终成为完全商办，介于其间的"官督商办"实际是一个过渡阶段。

光绪二十二年五月，张之洞上奏的《铁厂招商承办议定章程折》中，第一条云："湖北铁厂，遵奉谕旨招商承办。现蒙饬委招集商股，官督商办，自应遵照原奏。"其体制定性为官督商办，系由此而来。

汉阳铁厂经此变革，虽然被定性为官督商办，但与中国近代第一家官督

---

① 陈旭麓等主编：《汉冶萍公司》二，第549、1092页。

商办企业轮船招商局相比较，虽然同是由盛宣怀出任督办，二者却大不相同。忽视了汉阳铁厂官督商办的实际情况，忽视了它的特点，我们就难以深入理解盛何以要合并公司，也难以深刻认识合并公司给盛宣怀所带来的巨大利益。

汉阳铁厂与招商局的不同，突出地表现为：

一、资金来源与资产构成属性不同。

简而言之，轮船招商局，是先招商股，本是商人商办，然后才由李鸿章派了盛宣怀来督办，是为官督商办。主要过程是，同治十二年六月，李鸿章任用买办商人出身的唐廷枢、徐润总理轮船招商局的局务。据唐自述："其最初附股之人，固由廷枢招至，即后来买受者，廷枢亦大半相识。""故尽将自己所有及邀集亲友极力附股，方将此局立成。"① 又据《徐润年谱》光绪八年载："同治十二年起商局招股百万，是年招足。议再招百万，共二百万两。"至光绪九年六月止，"统共除支外实余银一百零四万二千四百五十一两"。② 同年十月，李鸿章札令："其提纲挈领、调度银钱大事，暂令盛道宣怀会同郑徐二道认真秉公商办。"③ 不久，唐、徐二人相继退出轮船招商局。由此，招商局的控制权转入盛宣怀之手。

汉阳铁厂则不然。它不是由商办转为官督商办，而是由官办转为官督商办，这有点类似于百年后的国有企业进行股份制改革。张之洞奏请将铁厂招商承办的实质，一是将原国有资产交由盛宣怀这个能手来经营管理，二是委托盛负责招商，解决资金来源。盛在《招集湖北铁厂股东公告》中昭示天下：

> 以后由本道一手筹集股份，商本商办，除每吨提银一两抵还官本之外，其有余利，悉以归商。一俟官本提清，全局矿山、炉座、机器、铁路俱为商人产业。……本道兼斯巨任，无非仰体时艰，断不□以大利所在，攘为己有。是以禀请大部奏明，援照公司章程，招集商股二百万

① 汪敬虞：《唐廷枢研究》，中国社会科学出版社1983年版，第178、211页。
② 《徐愚斋自叙年谱》，载中国史学会主编《洋务运动》八，第121、131页。
③ 中国史学会主编：《洋务运动》六，第118页。

两……①

说明盛充分意识到此次企业体制变革已经带来了企业资产所有权的变更，即原国有资产将来会变为出资的商人所有，特此预先申明。

循名责实，汉阳铁厂的官督商办，应是两个层次。上层官方，当以张之洞为代表，上对朝廷，下对铁厂、矿山，负有监护国有资产之责；他的合作者盛宣怀，此时只是股商的代表，本人尚未投入资金。下层官方的代表则是盛宣怀，他是张之洞札委并奏报朝廷备案的铁厂"督办"，而他所面对的招商对象，此时还是一个尚不确定的、虚拟的商人群体。虽然称为"商办"，实际却没有商股。建铁厂原来全用官款，盛宣怀又是赤手空拳进厂，所谓"现拟先招商股银一百万两"，尚是纸上谈兵；"先行提银一百万两，尽先归还急需之官本"，后来落实的则是户部拨给的铁路经费，即预支轨价。总之，包括盛宣怀本人在内，此时没有任何商人投资入股，无论从资金来源和资本的构成来说，还是从资产的所有权来说，这个"商办"都是名不符实的。②

二、企业内部管理体制，二者同中有异，既微妙又非同小可。

与上述资金及资产属性紧密联系的是，唐廷枢任商总时期实际是"商总负责制"，到盛任督办主政时，不设商总，逐步蜕变为"督办集权制"。但因商股仍然存在，而不得不保留原有的一套仿照西方股份制的制度，如董事会、股东大会、查账董事、每年公布财务等。在权力已经实际向督办转移的过程中，这些机制逐渐被削弱，有的名存而实亡，但仍有不少学者认为尚属股份制企业。

汉阳铁厂原来是官办，根本就不可能设立这一套股份公司的管理机制。按照《铁厂招商承办议定章程折》，也还有一点股份公司的微弱影响，淡淡地写上了一笔："督办应由有股众商公举，湖广总督奏派。总办及委员应由督办禀派。办事商董、查帐商董应由众商公举。司事应由总办及驻局商董公

---

① 湖北省档案馆编：《汉冶萍公司档案史料选编》上，第131页。

② 《张之洞奏铁厂招商承办议定章程折》，载湖北省档案馆编《汉冶萍公司档案史料选编》上，第132—135页。

举。"①实际上，不过是说说而已。盛宣怀这个督办当时纯系官派，后来督办了十余年，何曾经过"众商公举"？所谓"有股众商"迟迟未曾出现，实也无从公举。所谓"办事商董、查账商董"以及"驻会商董"一概阙如，"董事会""股东会"之类的名目在盛接办铁厂上奏章程中皆未出现，可见盛宣怀在与张之洞议定章程时根本就未打算设立。接办铁厂后，盛实行的是完整而彻底的督办集权制，各厂矿总办由督办任免，经营、人事、财务等权力高度集中于督办而不受制约、监督，实际仍然是官厂官办。要说是"官督商办"，那就是盛宣怀"自督自办"。

总之，盛是现职官员、经奏报朝廷委任的铁厂"督办"，取得了国有资产的经营权和支配权；所谓的招商承办，当时并无任何商人出资介入。今天我们回顾这一段历史，可以用一句话来概括当时汉阳铁厂招商承办的真相：官派督办利用国有资产存量全权经营而无商股。

汪熙《论晚清的官督商办》指出：官督商办企业的特点之一，是"官权侵占商利"。这一论断，对于轮船招商局的变革是符合实际的；却不符合汉阳铁厂官督商办的实际。

盛宣怀亦官亦商，经元善又称其为"空心大佬"，在接办汉阳铁厂时表现得最为典型。

不得不解决的致命软肋：产权属于谁？

上引《招集湖北铁厂股东公告》"以后由本道一手筹集股份，商本商办。除每吨提银一两抵还官本之外，其有余利，悉以归商。一俟官本提清，全局矿山、炉座、机器、铁路俱为商人产业"云云，表明盛宣怀已经向全社会承诺，他接办铁厂时承担了两项任务：一是招股增加商本；二是负责逐步归还官本。

从理论上来说，这一方案的实质，是在官督商办这一过渡时期中，一方

---

① 湖北省档案馆编：《汉冶萍公司档案史料选编》上，第135页。

面通过招集商股，增加商本的比例；一方面通过逐步归还官款，即每产生铁一吨，提银一两，减少官本的比例，渐渐从量变到质变，通过逐步改变资金和资产结构，来变革企业资产所有制，从而使企业属性由官办变革为商办。

官督商办十来年后的实际情况是，这两项任务者都完成得很难令人满意，并未实现资产属性即其所有制的转变：

一是官本五百多万两，远远没有提清，仅提百万，尚余四百余万两。这一部分国有资产仍须继续赎买，官办时留下了的矿山、炉座、机器、铁路等，尚不能便视为"商人产业"。——后来湖北地方政府对此便有异议，长期争执。

二是直到光绪三十一年七月，铁厂的股份还只有五十余万。这年的七月七日，盛致电李维格，提出：

> 现拟厂股凑成三百万，本有五十余万，再以通商代赎押款三十五万，招商存款十五万，并成商股一百万，轨价一百廿万，生铁捐廿万，再请部拨六十万，并成官股二百万，一律出股票，成一官商合办之公司，拟商政府，俟借款议有规模，即入奏。宣。虞。[①]

这封电报的史料价值在于，它证实了铁厂的商股，至此仍停留在 50 万这个数字上，实际上只是相关企业的欠账、垫款之类换了个名称。所谓"现拟厂股凑合成三百万"，当时还只是一个初步的、不成熟的、尚在酝酿中的设想；其凑成百万商股的来源也仍然是通商银行和招商局；其他两百万则是官股，新公司的性质是官商合办，而不是完全商办。这些都与后来的实际运作及其结果有很大的差距。

三是此时亦未出现其他投资入股的商人，盛宣怀仍然是我们所知的唯一的商人代表，只到光绪三十三年九月下旬与郑孝胥等新商发起人签订草约，老商代表仍然只有匹马单枪的盛宣怀。官督商办期间盛本人投入了多少资

---

① 陈旭麓等主编：《汉冶萍公司》二，第 1075 页。

金，占有多少股份，对我们仍然是一个谜。

在此十来年间，如果盛宣怀投入了巨额资金，基本归还了官款，汉冶萍无疑是盛个人的资产；如果盛已经招集了上百万的商股，汉冶萍成了股份制企业，也无须再组建公司。此时此际，现实情况仍然是：盛本人既未投入大量资金，国有资产的存量又占很大比例，汉冶萍厂矿的产权应该属于谁便不无疑问。盛对汉冶萍的控制力，在很大程度上，半是建立在官派督办所赋予的经营权之上，半是建在十年开拓创业的劳绩上。但在晚清这样皇权专制的政治环境中，一纸谕令，或撤换督办，或收归国有，都可能一举摧毁盛对汉冶萍的控制。盛最致命的软肋是未能名正言顺地拥有汉冶萍厂矿的所有权。

李玉勤曾经指出，轮电之争对盛宣怀决策汉冶萍合并商办起到了重要的作用："他希望通过将汉阳铁厂和萍乡煤矿合并改行股份制，将自己从官督商办下的官方督办改为股份制下的总理，以加固自己现有的力量，从而杜绝清政府及其他政治势力以后在'合法'的形式下干预汉冶萍的可能。"[1] 在此，我们还可以补充具体事例。早在光绪二十八年十月二十五日北洋大臣、直隶总督袁世凯视察铁厂前，盛已对下属提示此次接待袁要预做"交代"的打算。盛亲自给宗得福提供的清折，内列亏损 140 多万两，另有"该商股及上海垫款一百十一万余两"。此处"该"是收或欠的意思，"上海"是盛的代名词。盛有意将商股和垫款混在一起，是一个极为模糊的说法。经袁世凯追问、宗口头回答：内有商股 50 万左右；余下 60 多万为盛"经手挪借"。这份账单经盛亲自修改，虚报了亏损 90 多万等项金额，是应对袁可能要其交出铁厂的紧急措施，也是他开出的交代条件，如果此时袁真的要盛交出铁厂，盛的要求可能是承认亏损 140 多万，再归还其 60 万垫款。至于袁认不认这个账，则又作别论。[2]

我们从这一事件中看到，盛所需要的控制汉冶萍的权力，不仅是督办或总理所具有的经营权。面对类似袁世凯强占、侵夺的威胁，盛更需要名正言

---

① 李玉勤：《"蝴蝶效应"：析盛宣怀袁世凯输电之争及对汉阳铁厂的影响》，《理论界》2009 年 8 月号。

② 陈旭麓等主编：《汉冶萍公司》二，第 944、298—299 页。

顺地获得汉冶萍资产的所有权。换言之，加强对汉冶萍的控制或许不是目的，而是手段；盛氏的终极目的应是将汉冶萍的资产及其所创造的财富，最大限度地据为己有。

招集商股是题中应有之义，却非盛之主要目的

盛宣怀亦官亦商，如一枚金币两面图案各有不同。毕其一生，是政治、经济因素交互为用，相辅相成。在仕途的攀登中，依靠经济实力为其扩大影响、奠定基础；在发展实业中，倚仗官势为其提供特权和后盾。政治因素和经济因素对他来说，既不可分割，更不是对立的。盛宣怀合并厂矿、组建公司，又是一个酝酿长达两三年、反复筹划、不断改变的过程，在某种意义上也是摸着石头过河，不是受某一个孤立事件的影响，也不是某一种因素单一起作用，而是在避开阻碍、迂回进行的过程中、诸多因素综合作用的结果。

股份公司是资本主义社会中主要的企业组织形式。公司制度既是一种先进的企业管理制度，又是一种广泛筹集社会资金的有效方式，因此而得以长盛不衰、推广到世界各地。就招集商股而言，盛宣怀合并注册公司已是在《大清公司律》颁布四五年之后，必然要以募集国内资金为号召。汉冶萍负债经营，资金困乏，需要补充资金确是实情，但盛宣怀醉翁之意不在酒，大张旗鼓组建公司，却未必要主要寄希望于民间招股集资；但招股又是题中应有之义，事实上，盛也确实花了一番功夫，取得了若干收获，又不可一概抹杀。似不宜绝对化，须作具体分析。现将盛有关招集商股的运作情况做一回顾，简要综合于下。

一、二百万两创始老股系后期编造。

盛在光绪三十四年二月上奏注册时宣称汉阳铁厂、萍乡铁矿共原收股份银二百万两，事属可疑，有史料显示，所谓创始老股账均系后期编造。本书前文已有具体考证、辨析，不再赘述。

二、盛宣怀实施招股有局限性，成效不佳。

盛在招股上花了一番功夫，主要是在光绪三十三年九月下旬与江浙资本

签订《草约十五条》之后，和奉召进京奏请成立公司、注册期间，一方面命卢洪昶在汉口、王锡绶专程去扬州、镇江、南京一带自行先招优先股，一面亲笔写信给京内亲朋故旧、达官贵人推销募集。此时招股，一来是抢在沪上新股发起人之前动手，企图抢占先机，二来是时届年底，急需资金偿还债务和供应在京的特殊支销，结果却很令盛失望。据光绪三十四年八月二十九日，盛致李维格函，公司招股号称"已得八百万"，除去所谓老股、公股、息股，此前所实收的新股仅 250 万。[①] 随即光绪、慈禧接连去世，政局动荡，钱庄倒闭，招股陷入停顿。总体来看，公司招股收获有限，成效不大，并未缓解资金困难，公司成立后对于外债的依赖更是变本加厉。

三、盛宣怀招股以不影响其对汉冶萍的垄断地位为首要前提。

已往的研究，对于汉冶萍招股多沿用盛氏之说，强调因客观因素而招股困难，而对于盛氏本人的主观意愿有所忽视。概括地说，在晚清特定形势下，铁厂、萍矿早期招股，难以有人雪中送炭。而到了光绪三十三年秋季，新炼钢炉已竣工投产，萍矿打通大煤槽指日可待，此时盛与沪上新股发起人郑孝胥等签订《汉阳铁厂、大冶铁矿、萍乡煤矿合并成立汉冶萍公司议单》（简称"草约十五条"），沪上新股发起人签约担承招集新股 1500 万，在全国引起轰动效应。如此，对于汉冶萍厂矿来说，无疑是吸收民族资本的大好时机；对此，盛氏却与蒋抑卮冲突于前，又撕毁草约十五条于后。根本原因在于，此时盛宣怀对于汉冶萍厂矿业已形成了独家垄断的局面。虽然大张旗鼓地招股，有人来锦上添花，略做点缀则可；如果来者挟强大的资金优势，导致公司资本结构发生重大变化，进而有可能取代盛氏对厂矿的控制权，甚至入主汉冶萍，则万万不可。在签订草约十五条之际，盛早已为毁弃草约预伏了重重起爆点，先是要求对其提交的草约原稿"一字不改"，再以第十五条预先声明：清查账目时"如有争执不合"则全约作废；在对方提出此条列入草约不利于招股后，盛换汤不换药，将原第十五条内容不变，改为草约附件。重重设伏，充分做好了毁约的准备。

---

① 陈旭麓等主编：《汉冶萍公司》三，第 25 页。

前文我们指出，盛自行招股集中在亲朋故旧，达官贵人，一方面是他们富于资财，另一方面其中的绝大多数人都无意于或不擅于企业管理，对盛的垄断地位不致产生威胁，也是符合其招股前提的。

四、发行股票不公开、不规范。

股份公司通过向社会发行股票来筹集资金，股票首先是一种有价证券；对于投资者来说，是投入了资金的凭证，又是一种股东权利的证书。因此，股票发行必须具有规范性和严肃性，公开发行并受到监督和制约。盛宣怀发行股票是蓄意撕毁草约、撇开新商代表，按照其个人意志操纵他的亲信径自办理，不受监督、不公开、存在暗箱操作的私密行为，有可能徇私舞弊而缺乏公信力。史料显示存在滥发优先股、形形色色的虚股，甚至任意填写股票赠送亲友等等现象，既违背了股份均一、股权平等的原则，也必然造成股票发行总面值与公司实收股金之间存在巨大差额，导致股票市值严重贬值。清理盛氏遗产时，汉冶萍三种股票的估值均不到面额的60%，即使如此，盛家的五房子孙仍然谁也不愿接受，全部推给了义庄作为公产。[①]

五、对日借款才是盛宣怀为公司筹集资金的主渠道。

盛在筹建公司时，无论是在与江浙资本洽商期间，还是自行招集商股的同时，都不曾放松与日本方面的借款谈判。在公司注册成立前后，1907年5月借大仓组日金200万元，12月借正金银行30万元，1908年两次借横滨正金银行200万元，两年共增加日债430万日元，大幅度超过了同时期大张旗鼓招集商股所实收的金额。[②]史实证明：招集商股只不过是明修栈道，而大借日债却是暗度陈仓。后者才是盛筹集资金的主渠道。

---

① 云妍：《盛宣怀家产及其结构——基于1920年盛氏遗产结果的分析》，《近代史研究》2014年第4期。

② 代鲁：《汉冶萍公司所借日债表》，载《汉冶萍公司史研究》，第14—15页。

盛宣怀何时以股票形式实现对汉冶萍的占有？

历史事实证明，盛宣怀正是通过合并组建公司，拥有了巨额股票，实现了对汉冶萍资产的占有。

据盛氏遗产清理小组1919年制订的财产总表，盛氏拥有的汉冶萍公司股票计有：

汉冶萍创字 34001股，计值170.0005万元；（每股票面价值50元，下同）

又，优字 62029股，计值310.245万元；

又，普字 37960股，计值189.8万元；

合计   133990股，计值669.95万元。[1]

按照面值，这是盛宣怀生前最大的一笔财富。据盛氏宣称，宣统元年春，公司共招商股一千十余万元，按此估算，盛个人拥有的股份约占商股总数的67%。

单就创字股而言，盛宣怀独家据有170万元之巨，即以确凿的事实证明了代鲁所发现的汉厂创始老股账、张赞宸提供给商部的萍矿创始股账，都是后期编造的，与事实不符；同时也证实了盛宣怀光绪三十四年二月上奏时称，创始股二百万两系轮、电、通商、纺织各华商"陆续凑入"，亦系不实之词。

如此巨额的股票，盛是何时认购的？如何交款？何人经手？是一次办理，还是分为数次？我们在已刊行的盛档中尚未发现相关的记载。在宣统元年召开公司第一次股东大会时，留下了一份五百股以上股东名单，共71家。股东有实名的，也多有用堂号、斋号。其中打着盛家名号的计有：盛杏记、

---

① 丁士华整理：《盛宣怀遗产分析史料》，《近代史资料》总111号，第176页。

盛愚记、盛思补楼、盛五福堂、盛贻范堂、盛艾臣、盛恩记、盛昇记、盛揆臣等 10 个户头，约占总户数七分之一。虽然没有每户的具体资料，其中也可能有未打盛家旗号而有所遗漏，但也可以看出，盛家是分别用各种户头，化整为零地拥有这些股票的。①

前述盛宣怀三十一年七月七日致李维格电具有史料价值，也体现在对拥有股票的时间认定上，成为一特殊的界碑。既然盛亲口确认了当时铁厂股份只有 50 余万，则盛所拥有 170 万元创字号股票，想必绝大部分是在此后才拥有的。为时已在接办铁厂的十来年之后，早已远远地超过了创始期。

光绪三十二年五月十九日，盛致电张赞宸，确定所谓"萍矿创始老股"的编造方案，决定将早期土矿盈利 50 万两"作为老商卅三年以前官利，业于初七补批发行"。同一天，盛还通知张，"萍欠商局款已与杨京堂商定办法"，即与杨士琦确定招商局股金、股息金额及余款归还办法，表明盛此时正在敲定厂矿的所谓"老股"并"补批发行"。②

此后，有关股票的蛛丝马迹，在盛函电中还有：

同年八月三十日，盛致张电云："已嘱绥卿拟招股章程，十月初一填股，正月付利。"③

光绪三十三年六月二十日，盛致李维格函云："弟拟先就旧股库平二百五十万两，增足银五百万元，换给新股票"。④

根据以上史料，我们推断，盛氏大量拥有汉冶萍股票，大致是起于光绪三十二年五月前后，通过对老股账的编造、"补批发行""填股""换给新股票"等等过程，逐步实现的；应在三十三年八九月间、盛与郑孝胥等新商谈判合办公司之前，其拥有的创始股、部分优先股已先后就绪。

盛宣怀将其所拥有的股票大规模地代替现金用于支付，较早的记载见于光绪三十三年十月，以公司股票作为张赞宸的抚恤金，其中公司项下填股票

---

① 陈旭麓等主编：《汉冶萍公司》三，第 89—91 页。
② 陈旭麓等主编：《汉冶萍公司》二，第 1156、1155 页。
③ 陈旭麓等主编：《汉冶萍公司》二，第 1192 页。
④ 陈旭麓等主编：《汉冶萍公司》二，第 601—602 页。

四万两，盛个人另助六千，亦填股票。①

三十四年二月慈禧召见，盛面奏报效"内府公股"二百万，其中"拟将自己创始股份十万两凑入"，一并作皇家经费。此举盛不啻是以汉冶萍资产的主人正式对朝廷亮相。② 紧随其后，获得慈禧首肯的盛宣怀，坚持以个人作为老股代表自行注册，既是撕毁与郑孝胥等人签订合办公司的草约，似乎同时也是向官方和社会宣布，除了他盛宣怀外，汉冶萍再无其他重要的投资者。至此，已完成了他对汉冶萍独家垄断性的控制。

盛宣怀手中掌握有六百多万股票，是他占据汉冶萍公司总理位置、垄断汉冶萍决策权力的经济实力基础。即使是武昌起义后盛氏丢官罢职、流亡海外，汉冶萍公司股东大会选赵凤昌为董事会长，孙中山向汉冶萍借款却不得不找盛宣怀；1913年盛卷土重来，轻易地实现了在汉冶萍公司复辟；在盛身后，汉冶萍作为重大遗产留给了盛氏子孙，盛恩颐并继承了对公司的控制。凡此种种，无可争议的皆是拜汉冶萍合并商办公司而拥有巨额股票所赐。

奏派总理：要害在于背离公司制的本质属性

近代股份公司制度，应是一种既体现经济民主和经济自由原则，又为严密的法律规范所制约，与资本主义上层建筑相适应的企业制度。盛宣怀组建公司的基本出发点，是为实现和巩固个人对汉冶萍厂矿的垄断，但公司制的本质特征及其许多具体规范却不利于其实行垄断，为此，盛在组建公司过程中必然采取实用主义的态度，扭曲、阉割其本质特征及规范，为我所用，达到其所追求的目标。盛氏组建公司的过程，实质上是扭曲这一企业制度某些本质属性的过程。

李玉勤、李海涛的论著，分别指出了汉冶萍公司制度存在的问题，或认为其"忽视了责、权、利的分野"，"不完备""不成熟"；或认为其不符合股

---

① 陈旭麓等主编：《汉冶萍公司》二，第1334页。
② 北京大学历史系近代史教研室整理：《盛宣怀未刊信稿》，第91—92页。

东大会、董事会、总经理三者分权制衡的原则等，"背离了西方股份制的本质特征和精髓"，对问题严重性的判断虽有不同，却同是主要考察了公司章程而得出的结论。这份章程屡经修改，光绪三十四年三月发布的《公司推广加股详细章程》，①是其上奏和注册后加以修订的文本，反映的是他向朝廷所争取到的结果，是他刻意追求而达到的目标。

盛对股份制实质的扭曲、阉割，比较集中地反映在他对江浙资本的利用和背弃。盛对江浙资本的利用，是通过他亲自提出的《草约十五条》文本集中体现的。一是新股发起人承担了招集新股 1500 万元的任务，为公司的未来展现了一幅极其辉煌的前景，引起轰动效应，扩大了影响。二是利用《草约》有关条文移花接木，盛由官派"督办"摇身一变而成为众商推举的"总理"，借以确立其在新公司的垄断地位。三是借《草约》规定继续执行原定归还官款的办法，盛以"商情"作为挡箭牌，先后与前后两任湖广总督赵尔巽、张之洞谈判，否定了汉冶萍官商合办，并抵制了湖北地方关于官款计息、加填优先股之类的要求，仍然维持十多年前每吨生铁抽银一两的原议。

一旦盛上奏、自行注册被批准，盛与郑孝胥所代表的江浙资本必然决裂，无可挽回。郑指出："老股独自注册、总理不公举、老股必得优先三层均与原议不符，新股必反对。"②盛提交的《草约十五条》，其中第十一条载明：在股东会成立前，由老股创始人与新股发起人公举权理董事，"专办注册、查账、招股等等事"；第十四条载明："俟股东会成立……即由股东公举总理"。公举董事、公举总理，都是尊重股权、经济民主的具体体现；新老股共同查账、招股，则体现了财务公开、互相监督。白纸黑字，墨迹未干，即被盛公然背弃。

老股独自注册与总理不公举是紧密联系在一起的，突出反映了盛排斥新商、继续垄断企业的强烈倾向，成为盛与新商矛盾的焦点。郑指出盛违背了《草约》，实际也是违背了股份公司的基本原则。如钦定《公司律》仿照西方

---

① 湖北省档案馆编：《汉冶萍公司档案史料选编》上，第 236—239 页。

② 陈旭麓等主编：《汉冶萍公司》二，第 1359 页。

规定："各公司以董事局为纲领""由众股东公举董事数人，名为董事局。"①

面对郑孝胥率领的江浙资本团人多势众、财大气粗，盛宣怀既不屑于与其平等竞争，也断然不会冒股东公举可能失利的风险，盛的策略依然是视《公司律》条文如无物，运动朝廷谕旨委派其为总理。为此，盛费尽心机，现试将其运作过程剖析如下：

第一步以签订《草约》奠定基础。

盛提出的《草约》条款，其中第十条是"现在公司改照商律有限公司章程办理，前此'督办'名目，即行奏明销去，援照各省铁路改为'总理'"。当时各省铁路公司皆为商办，总理皆为公举，此条着意回避了商办公司总理应例行公举的法定程序，模糊了官派督办与商举总理的本质区别，将其淡化为"名目"、即称呼的改变。表面似乎说的是应办之事；暗藏的机关则是预留伏笔，为后文作跳板。

第十四条为"目前汉冶萍厂矿一切事权及银钱帐目仍由'现在总理'主持，俟股东会成立，将'现在总理'经手债欠全行担任后，即由股东公举'总理'"。此处盛巧立名目，摇身一变成为了"现在总理"，已不再是"督办"。有学者认为此条说明盛作出了重大让步，同意总理公举，殊不知正是被盛的障眼法瞒过了。盛要的只是"现在总理"这个名分，此《草约》上盛首先以"现在总理盛宣怀"署名，然后再以"老股创办全体代表盛宣怀"署名，一经对方签字，盛便是对方已承认的"现在总理"。②

第二步要求朝廷改铸关防。

盛在上奏汉冶萍厂矿合并时，附了一个奏片要求改督办为总理，并改铸关防。玩的把戏是：首先歪曲事实，谎称"现在煤矿告成，添集商股，合并公司，众股商援照各省商办铁路总理名称，拟请销去'督办'字样，仍推臣为总理"，再一次偷梁换柱，将草约中的暂时性的"现在总理"，变成了众商公推法定的"总理"；其次，提出"总理"应钦派："嗣后该厂矿总理，应由

<hr />

① 《清钦定商律》，载朱荫贵《中国近代股份制企业研究》，上海财经大学出版社2008年版，第313页。

② 陈旭麓等主编：《汉冶萍公司》二，第643页。

股商公举二三员，仍由湖广总督查明向来办事有效、名实兼孚，可期胜任者，择定一员，咨明农商部，奏请钦派。"查《公司律》中，并无"钦派"之说；盛以十多年前官督商办由湖广总督呈请奏派为借口，自己量身定制了一个总理的条件，请慈禧钦定。最后，以要求改铸关防为名，实则企图构成总理钦派的事实："至督办现经众股商请改为总理，自应将原用督办湖北铁厂关防缴销。……拟请饬部另铸铜质总理汉冶萍煤铁厂矿公司事务关防，颁发开用。"

与此同时，盛另上附片，奏委李维格为公司协理，作为奏派总理的陪衬。①

第三步，修改公司章程。

经过一番幕后操作，盛宣怀上奏招股合并、请铸关防、委李维格任协理等得到朝廷批准："著责成盛宣怀加招华股，认真经理，以广成效。余依议。"盛宣怀借此修改了公司章程中的相关条文。光绪三十四年三月制定的《公司推广加股详细章程》载明：

> 本公司现在奏明，督办改为总理，并添派两协理，不另派董事长。②

如此，完成了奏请朝廷钦派盛宣怀任汉冶萍公司总理的曲折历程，显示了股份公司在晚清中国的特色。宣统元年三月汉冶萍公司召开第一次股东大会，便只选举了查账董事和权理董事，而未选举董事长；权理董事有王子展、顾咏铨等九人当选，盛作为奏派总理，是钦定的董事会领导人，而不参加董事选举。③

奏派总理的要害在于：将总理作为朝廷命官，用封建专制王朝的权力强加给股份公司，剥夺了《公司律》赋予商办企业的自主权和股东的选举权，

---

① 湖北省档案馆编：《汉冶萍公司档案史料选编》上，第232—233页。

② 湖北省档案馆编：《汉冶萍公司档案史料选编》上，第238页。

③ 湖北省档案馆编：《汉冶萍公司档案史料选编》上，第253页。

无视股东大会和董事会作为公司最高权力机构、决策机构应有的权力；同时不设董事长，企业的决策权和经营权高度集中于盛宣怀一身，继续巩固并加强了其对企业的控制，具有强烈的封建性和垄断性，而在公司制度建设上也是典型的倒行逆施。

皇权专制、官僚垄断与公司制的异化

光绪三十四年十二月十四日，盛致杨学沂电云："厂矿商办，官款不计息，折片不交议，费尽心力，居然做到。"所谓"折片不交议"，是指由其面奏时已获得慈禧同意，而不将奏折中的内容发交军机处及商部、邮传部、户部等有关机构议复，避开了不同意见的阻碍、干涉。奏折中的内容，不只是钦派总理、自行招股、注册等，还包括汉冶萍所用商本、已有创始老股及其外债金额等基本财务状况，一经向朝廷奏报，即是公开而合法化了。盛宣怀如愿以偿，踌躇满志，溢于言表。

回顾盛宣怀组建汉冶萍公司的全过程，他的基本策略是：抓住向慈禧面奏的机会，仰赖晚清王朝封建专制权力，获得批准，造成钦派其为汉冶萍公司总理，老股自行注册的既成事实；并通过修改章程、不设董事长，将决策权与经营支配权高度集中于一身；从而背弃与郑孝胥等江浙商人签订的《草约》，将新商及其商股拒之于门外；同时已通过自行招股、暗箱操作，占有绝对多数股份、成为公司最主要的资产所有者。其实质是借助最高统治者的专制权力，借公司商办之机，实现所有制的转换，却阉割了公司制资本联合的基本功能，背弃所有权、决策权与经营权分离、相互制衡等公司制组织的基本原则，在内部治理上继续变相地延续督办集权制，实现并加强其对企业的全面垄断。

此时钦定《公司律》奏准颁行已整整五年。学者普遍认为此时中国近代公司制已由特许时期进入了准则时期，即成立公司按律而行即可。但实际上许多新建的公司仍然仰赖皇恩，经过奏请朝廷批准，汉冶萍公司只是其中的一个典型例子。慈禧操纵的朝廷，成立商部、颁布《公司律》，不过是迫于民族危机日益加深，仿照西方照葫芦画瓢而已。即使如李鸿章、张之洞这些倡导者，看重的或主要是公司的集资合力作用，未必认识到公司具有独立的法人属性，更不可能深刻理解公司制所蕴含的经济自由和经济民主的本质。至于慈禧本人，虽是一位权术大师，深谙封建专制统治术，却未必懂得资本主义经济的基本法规。从她晚年曾询问盛宣怀"何谓学堂"来看，对于企业制度、经营运作的立法，大概未必了然；和那些执掌陆军部的新贵一样，思维尚停留在铁厂"官办应避开沿江、沿海"的层次，很容易就被盛宣怀糊弄过去，愚昧而昏庸。按照慈禧的逻辑，准如所请就是极大的"恩典"了；如果还要老佛爷依《公司律》办事，尊重法律，岂不是问道于盲，南辕北辙？

盛宣怀在组建过程中，经过了周密的筹划，可谓将朝廷、江浙资本团全都玩弄于股掌之上。盛是一个实用主义者，从来是"在什么山头唱什么歌"，以自己的利益最大化为转移。一般来说，盛宣怀作为企业的督办，对朝廷、对督抚大宪，惯以商人的代表自居，要求对企业减少干预，要求"放权"；而在企业内部，他又是朝廷、官方的化身，强调集权，对企业进行垄断。为了争取汉冶萍公司的官款不计息、不作为股份，他对赵尔巽、张之洞，口口声声强调"每吨仍令缴银一两，以免商人指为失信"，强调新增官股必须交付现银，"股份实为分利之权舆，非得现银，断难折服商人之心。"挟商之名以抗官方；而为压制新商对其背约的不满，则口口声声："厂矿廿二年奉旨招商承办，本是股份公司""实未便尽翻成案"，"根据旧案免生波折"，强词夺理，以十多年前朝廷的旧旨意压制商情。[1]

盛宣怀进入官场的起点很高。少年时在他父亲盛康的粮道衙门里就参与公事；一出道就是李鸿章的亲信幕僚，参与对外交涉，后来专司与列强修订商约谈判；曾经在甲午之战时谋划外交及作战方案、八国联军入侵时积极炮制东南互保协议；为朝廷正式提供过练兵、筹饷、改革币制等建议。经过大阵势，见过大世面，擅长于制订、修改游戏规则，却对游戏规则缺乏敬畏和虔诚。他沾染了李鸿章那类封疆大吏的专横、武断，却又不乏刀笔老吏的机

---

[1] 陈旭麓等主编：《汉冶萍公司》二，第 652、1355、1359 页。

巧与精细。在盛看来，所谓的游戏规则不过是强者意志的体现，是对既得利益的必然捍卫，是欲望的尽可能扩张，也是利益筹码的相互交换，实则往往为修订者的利益倾向所左右。这些独特的经历，便造就了盛宣怀这类官僚对法律、法规和政府的法令条文，多俯视而非仰视、也少平视，实则根据利益需要来选择所持的基本态度，或支持，或反对，或扭曲篡改。总的来说，是玩法的能量有余，而罕见恪守法规的诚意。

从引进西方的公司体制来看，轮船招商局被认为是中国近代第一家引进股份制的企业，而盛宣怀是以此为起点开创了他的"督办"生涯，他在这里挤走了商股的代表唐廷枢、徐润，将商股商办改组为官督商办、"商总"负责制变更为"督办集权制"，以北洋大臣委派的现职官员实现了对企业的全面控制，与股份公司的实质已渐行渐远。此后，盛一手捞十六颗夜明珠，仍是在经管各企业实行督办集权制。其接办汉阳铁厂，官本犹存而长期未招商股，实际是官本官办。成立汉冶萍公司，醉翁之意不在酒，不过是借此丢掉"官督"的帽子，实现个人对资产的占有和加强对企业的控制。其在资金上早已确定了以资源换日资的方针，排斥民族资本而吸收少量官僚私人资金作点缀；在内部治理上，削弱董事会，削弱股权，以最大股东而奏派总理，集股权、决策权、经营权于一身，可以看作是督办集权制适应商律颁布后的新发展。纵观盛氏的企业治理，总的倾向是从不积极吸收商股到排斥社会资金以削弱股权，依赖奏派以回避公举，高度集权以实现个人垄断。

盛宣怀外貌文弱，行事却有一股霸气。毕生游走于官府与实业之间，一旦官场得意，则竭力扩张本部门的官权，对企业和行业实行垄断。如由督办卢汉铁路扩张至督办包括沪宁、粤汉等干路和支路的铁路总公司；主政邮传部而强制推行铁路国有，图谋排斥民族资本、依赖外资贷款、实现对全国铁路的垄断，结果却是以最后一束稻草，压倒了晚清王朝这只摇摇欲坠的骆驼。

朝廷里有对资本主义生产方式及企业治理完全无知的慈禧，官场中有盛宣怀这样擅于弄权的政商强人谋求营私垄断，画出了晚清经济近代化的一道特殊的风景，极其形象地展示了在封建专制政体下，晚清中国公司制建设所处的政治环境。近代公司制在晚清不能健康发展，内在因素很多，最根本的，还是封建专制的政体、小农经济基础上的官本主义社会，使资本主义生产方式长期积累的一些有生命力的制度基因，被官僚集团弄权谋私而抑制或阉割。汉冶萍公司虽然也还是股份有限公司，如同生长在淮北的枳，内在的基因却已经发生了质变。

六　公司经营真相

第二十五章　盛宣怀游日与中日合作

日本政要论邦交　提出合办企业 / 盛氏以生铁、焦炭换购钢筒未遂 / 日本制铁所已呈全面超越汉阳铁厂之势 / 暗藏着考察日本币制改革的使命 / 日本阻挠向美售铁　盛宣怀重提与日合作 / 西泽阻止美轮来冶　意在中止汉厂用大冶矿石

光绪三十四年（1908年），汉冶萍公司合并组建获得批准、注册后，盛宣怀即于同年东游日本，自八月初七出发至十一月初二回到上海，历时近三个月，先后受到日本内阁总理大臣桂太郎、外务大臣小村寿太郎，明治维新的元老伊藤博文、大隈重信，大仓财团创始人大仓喜八郎、横滨正金银行总裁兼日本银行副总裁高桥是清等政经首脑、要人的隆重接待。期间，盛氏遍访横滨、东京、镰仓、京都、神户、须磨、长崎、大阪、马关等地，据说拜客见客计五百余人，详细考察各项实业，盛之墨迹、记事、照相等尚保存于《每日新闻》社、东京国立图书馆及一些历史名人或企事业单位的纪念馆、史料馆。现寓居日本的盛氏后裔盛承洪认为："由此足见日本各界与先曾祖之深厚情意，亦得见当时日清交往之近密。"

盛氏此次赴日之目的，据《愚斋东游日记》记载，八月初一奉军机处电："著赏假两月，并准其赴日本就医。"就官方认定的性质，属私人活动。但此前盛在七月二十九日的电奏中，则首先强调公务："查东方钢厂，汉阳而外仅有日本制铁所与我并峙，彼之总理曾已亲来汉厂考察，我亦宜往一行，藉

资互证;该国煤矿尤多,成本甚轻,亦宜往查,使萍乡煤矿有所效法。"① 两相比较,存在着明显的区别。盛则仍然按照自己的意图行事,即"一面考察厂矿,一面就医",考察的范围也不限于钢铁和煤矿。

关于盛氏的健康状况,八月初八日记有系统的回忆。盛认为其病根始于光绪四年河间府放赈受疫气。光绪十五年开山东小清河,雪天骑马勘察地形受寒而成痰饮。十七年验收治河工程乘洋划出海遇风,"浪从顶灌,危在呼吸",归来大病。后辛丑(1901年)冬患囊癖、癸卯春患喉症、甲辰又患外疡,"自此无年不病。而衰且惫矣"。"丁未冬奉召入都,奇寒,发尤剧,得日医诊愈,赴日就医之念即从此发。"② 此次东渡,盛初七日上船后因食西餐腹泻,九天之中共泄48次,牵发痔疮而难以起坐,确实身体虚弱。盛对中日使馆及外界、报馆亦称"此行专为就医,并无公事"。

十月二十二、二十三日,盛接使署电报,知悉光绪、慈禧相继去世,仓促订票归国,十一月初二,盛氏回到上海。

从盛氏在日所受到的接待来看,显然并非只是一个国外来的治病者,也超过了与其级别相应的官员待遇,其中因素丰富复杂:或许半是盛在中国实业界成就和地位的影响,半是他麾下的汉冶萍公司为日方所关注;半是他长期从事外事活动所积累的人脉和声誉,半是他潜在的政治能量和可供日方利用的多重价值。

日本政要论邦交　提出合办企业

此次东游,盛宣怀于九月二十六、二十七、三十先后访问了伊藤博文、小村寿太郎和桂太郎。此三人政治地位最高,谈话重点是中日邦交,关系重大,对盛宣怀的影响也颇大。

伊藤因早年来华曾受盛接待,开口便称"与贵大臣交好二十年",又自

---

① 盛宣怀:《愚斋东游日记》,第1页。

② 盛宣怀:《愚斋东游日记》,第3—4页。

夸"对于贵国颇具热心"，表白甲午一役系其一人主持其间，和议始成；而辩解庚子之事，并非日本一国发难。通过盛宣怀，伊藤向清政府提出了八个字的要求："顾全大局，不争小利。"实质是要中方满足日本的侵略要求而逆来顺受。针对列强在华的扩张和竞争，伊藤露骨地发出威胁："现在中日两国极形亲睦，然而挑唆之人时伺其旁，所望贵国日进富强，不使外侮乘内衅而生。设一旦再有变故，则日本虑唇齿之寒，岂能袖手坐视！"继此，现任总理大臣桂太郎则画龙点睛，提出"近来中日两国极形亲睦，惟以东三省事时有龃龉显得吾两国反不及他国之和平"，"鄙见宜将未了之事，各怀退让，作速了结"。所谓不争小利，是要中国不争；所谓退让，亦是令中国退让。反映了日本决策高层对于侵占中国东三省已是见缝插针、迫不及待。①

日方接待盛宣怀，必然要涉及汉冶萍，异口同声地提出了合资经营或两国合办的议题。外务大臣小村寿太郎提出，中国地大物博甲于全球，但日本工商制造先进，应当使材料取之于充裕的中国，制造委之得宜的日本。所谓"谋国富强，沟通情愫，无过于此。"盛宣怀举英国汇丰洋行为合股之例，小村立即否定："余意与此异。一则寄银受息其利微而呆，一则合资办事其利厚而活；一则任其分给毫无管理之权，一则互相勾稽确有把握之事。"② 显示了日本野心勃勃，不但要通过所谓合营，攫取中国资源，获得高额利润，而且要垄断管理的权力。总理桂太郎则说得更为直接、明确，日本为抵制外来钢铁、急谋扩张而苦于原料不足，"故有购运大冶矿石之举，鄙见最好两国合办。贵国富原料，敝国精制造，资本各半，利益均分，通力合作"。③ 如此，日方首次公开提出中日合办汉冶萍，揭开了此后一系列中日博弈的前奏。对此，小村与桂太郎的思路乃至语言表达高度一致，反映了日本政府高层就此已形成共识，为其侵华国策的重要组成部分。

在会见中，伊藤作为过来人对于立宪一事发表看法，指责清廷将立宪看得太容易，没有人才储备，怀疑"九年果能办到否？"另一方面，又强调"既

---

① 盛宣怀：《愚斋东游日记》，第45—47页。

② 盛宣怀：《愚斋东游日记》，第47—49页。

③ 盛宣怀：《愚斋东游日记》，第50—51页。

定九年之限，无论是如何必要办到，若办不到便成乱兆，尚不如不办之为愈也。且第一入手即在财政，其次则在铁路"。

桂太郎也谈到日本铁路的经验："从前的官办之外另有十七公司，统计路线五千英里，各公司资本自三四百万以至千万不等，章程纷歧，互相竞争，实于国家交通利便颇有关碍，因想定一铁路应归国有之宗旨。"① 后来十七公司遂收归国有，铁路建设成效大著。

盛归国后，曾多次引用伊藤等人的见解，阐述自己的政治主张，如宣统元年二月初六日致张之洞幕僚张望岋函云："伊藤谓立宪必先办交通。"② 奉之为圭臬。至于其竭力推行铁路国有，更明显是有日本影响的因素起作用。

盛氏以生铁、焦炭换购钢筒未遂

小村、桂太郎对盛宣怀提出中日合营或合办，当与盛此前在日的某些言论有关，甚至可以看作是对盛的回应。

九月初四，盛对日本新任驻北京公使伊集院说："中日同种同文，兄弟之国，讲求亲睦之道须在实际，不可徒托空言；即以商务而论，铁为日本人所至急，而出数甚少，汉厂不惜大冶矿石公道售济，此其一端；总之，有无相通，患难与共。相依如唇齿，方不愧兄弟二字。"言词中透露出急切的心情，特别提出大冶矿石及其售价，似要从日方取得某种回报。此种言论，伊集院自会向上峰报告。

此前，八月二十九日，陆军中将兼制铁所长官中村雄次郎至东京来向盛介绍了一些制铁所的基本情况。九月十九日中村来辞行回制铁所，盛日记载，两人接续上次的谈话："前面谈东亚惟制铁所与汉厂并峙，近来名誉远播，美、德各厂已联合力筹抵御，我两厂亦宜实力联络，何妨先就目前做一小交易，以免徒托空言。乃与其相约数事：一买钢筒一万吨，二售生铁一万

---

① 盛宣怀：《愚斋东游日记》，第 51—53 页。

② 北京大学历史系近代史教研室整理：《盛宣怀未刊信稿》，第 156 页。

吨，三售萍焦一万吨。中村允俟回所商量，握送而别。"日记表明，盛宣怀访日还有促成以生铁、焦炭换购日本钢锭的计划。①

与此同时，汉冶萍公司负责商务的王勋亦来日本，进行具体磋商。九月初四日记："汉冶萍公司商务总管王阁臣自上海来，详谈近时钢铁买卖情形。"九月十六日记："与阁臣谈萍乡煤焦事。"②九月二十七夜，盛收到王勋从门司发来的电报："已定钢片一万吨，四十九元半。生铁五千，二十五元半；又焦炭五千，石松交货，十六元。言明与大仓说妥方作准，余信详。明日回沪。"对此，汉厂的反应见十月初一来电："原欲全以铁、焦换钢，既不能，已电阁作罢，因现款难筹。"在汉厂看来，此合同的不利因素，一是生铁、焦炭的销量不足，二是对方钢的售价高而公司的生铁、焦炭价低。按此执行，公司尚须付出近二十九万日元的价差，既有违以物易物"换购"的初衷，汉厂也无此支付能力，故称"现款难筹"，而要求合同作罢。几经磋磨，十月十八日制铁所中村来电："可买加增头号生铁二千五百吨，及西门生铁二千百吨，此外五千吨焦炭每吨十六元三角。"据1908年11月16日（十月二十三）制铁所添购汉阳铁厂生铁合同，所定仅为"添售西门马丁生铁二千五百吨"③。双方要求还有不小的距离，汉厂仍要付出大量现金。此时慈禧、光绪已同时去世，盛急于归国。二十七日，三井会社山本来自东京，大仓洋行桔三郎来自汉口，"均为汉冶萍公司钢铁、焦炭事"，盛"约其归国后再为商量"。

以生铁、焦炭换购钢锭，是盛宣怀以资源换日本资金的经营方针的进一步发展，表明盛对日方的依赖加深，陷入一个新的层次。从经济核算来说，以附加值低的低端产品与附加值较高的、相对高端产品进行交换，一般是不合算的，此次生铁和焦炭各一万吨，尚不能换购一万吨钢筒，是一输招。从交易谈判的态势来看，虽然日方需要生铁和焦炭，但盛是找上门来有求于人、处在被动的地位，对方又掌握了盛缺乏资金和钢产量不足的弱点，更处

---

① 盛宣怀：《愚斋东游日记》，第18—19、39—40页。
② 盛宣怀：《愚斋东游日记》，第18、37页。
③ 陈旭麓等主编：《汉冶萍公司》三，第1075、1079、43页。

在强势的地位，不可能对盛作出有实际意义的让步。从博弈双方的力量来看，中方是盛宣怀一人孤军作战；而日方是以举国一致的体制严阵以待，从内阁中枢至驻华使节、银行、公司及国内企业，已形成一个高效的网络，运转如臂使指，应对裕如。从此次交易的后果来看，盛不啻是授人以柄，给日方提供了要求合办汉冶萍、扼杀中国钢铁工业的可乘之机。这一场博弈虽然仅仅只是揭开序幕，尚有长期、复杂的纠葛，但其趋势及可能的结局已初现端倪。

日本制铁所已呈全面超越汉阳铁厂之势

盛氏此次访日，后期的重头大戏是：十月初八参观若松制铁所，初九参观三池煤矿，初十"与中村商议钢铁、焦炭买卖事"。

此前在八月二十九日盛与制铁所长官中村的谈话中，已经获悉其资本已用至六千万，今议加本一千五百万元，五百万已经议院议准。其总投资远远超过了汉阳铁厂。[①]

十月初八盛参观制铁所后，在日记中摘要记载了足资汉阳铁厂仿效和参考的共有十三条，其中主要的有：

1.制铁所现有生铁炉两座，每日夜出铁 300 吨，用焦比为 1∶1.2—1.3。来年四月第三炉投产后，日产量可增加到 500 至 550 吨。

2.计马丁炉八座，贝色麻炉两座，只用马丁炉六座，日夜出钢 450 吨。现添造马丁炉两座，贝色麻炉一座，计划明年三月完工。

3.采用马贝联炼的新技术，缩短了炼钢时间。先将生铁热汁送入贝色炉，约半小时，再转入马丁炉熔炼约一小时，每日夜可出钢 20 次至 25 次。一般马丁炉用生铁三四成、废钢六七成，须八至九小时出钢一次，迟速悬殊。盛对此颇为关注，"询其此项贝炉有无特别造法？答称：即是寻常之炉，并无他妙，不过转入去其磷耳，如不转马丁炉，亦可造轨、造钉。现用三座

---

①　盛宣怀：《愚斋东游日记》，第 16—17 页。

贝色炉转炼，其余直送马丁炉。"盛宣怀所见之日本，并没有废弃贝色麻炉，而是让它发挥了新的作用，提高了效能。

4. 焦炭炉新旧共 245 格，每格每 5 小时出焦一吨。其中新炉 125 格可提取各种杂质，或供海军用、或供药房用，或作肥料、染料，每吨焦所提杂质约值 1 元。

其他如：可自造砌于炉内的耐火砖；自造电力起重机、起运极便捷；大钢筒重两吨五，轧成钢轨"一条切成三条而长几倍于汉制""以免多弃两头废料"。

又，钢弹筒、钢线（电线）、白铁皮、自来水管等厂，均为汉阳铁厂所无。[1]

通过上述记载，我们看到，日本制铁所不仅是在总投资上超过汉厂，与此相联系的在设备、产能、炼钢技术及产品多样化等方面均已超越汉厂。宣统元年四月，盛宣怀复张之洞电称：汉厂"生铁炉三座日仅五六百吨，马丁炉五座日仅三百吨"[2]。除生铁产量暂时略高外，钢产量已经落后，汉厂先行投产六七年的优势几丧失殆尽。

十月十二日，盛致电军机处，请代奏销假，告知现抵神户，即周历各处厂矿详细考察。此后参观了造币厂、酱油厂、瓷窑、丝织厂、造所船等。

暗藏着考察日本币制改革的使命

盛氏此行，实际上暗藏着另一项重要的任务，考察日本的币制。八月十九日在东京，"痔疮稍收勉可起坐"，午餐时就与随行的秘书庞锺璘等谈及日本币制的优越性，并指出晚清中国币制的弊端："中国银元、铜元，各为风气，一离本省，即有贴水、抑价等弊，甚至有不用者。外人每谓中国二十二行省直如二十二国，画一币制顾不急急哉？"九月十一日日记云："小

---

① 盛宣怀：《愚斋东游日记》，第 58—61 页。
② 陈旭麓等主编：《汉冶萍公司》三，第 96 页。

田切及日本银行调查局长片山氏贞次郎过访，详谈日本币制沿革，原原本本，不啻将一部明治财政史提纲挈领以示之。"此举实际是日本银行副总裁高桥是清应盛之要求，为之安排的专题讲座。由小田切万寿之助担任口译，盛的秘书庞锺璘做记录。此日所记，长达十三页，共五千余字，整整占了日记全书的六分之一。[1]

当日，片山曾将讲稿留下供翻译、整理之用；1908 年 10 月 20 日（九月二十六日）片山致函小田切说，讲稿"现在看来似乎颇多谬误，且要点未尽之处亦不少，就此现将谈话大要重新整理，并另纸附上。如据此汉译，想必会较此前稍稍准确一些吧"。20 日晚，小田切携片山修订稿走访盛不遇，留一便函，"即希将该东文交贵翻译迅速翻译，俟其功成示弟□□，贵翻译如有不明之处，弟当帮助也。"11 月 11 日（十月十八日）小田切再次致函盛宣怀："阁下来信所提片山君之事，其简要汉译文已校阅完毕，并于前几日寄出，想必现已在阁下手中。还有关于《大日本货币史》及另外三部书，已委托外务省办理。大藏省若有此书剩余，必会提供给阁下垂阅。"[2]

在全面、系统了解日本币制改革的历史过程、以资借鉴的基础上，盛通过访问币制改革的关键人物和相关专家，重点考察有关币制改革的难点。九月二十一日，盛访问日本著名财政家高桥，与谈日本现行的辅助币，高桥认为："辅助币最有利息，因其所值皆不及其所表之价。""总之，整顿币制必先设立国家银行，更应将司法及警察制度改良，此为措施之基础。"[3]

九月二十四盛偕同小田切访松方正义，"渠云：敝国财政初时极乱，嗣经余极力整顿，并亲赴各国考察，始定用金本位，组织中央日本银行发行兑换券，自是乃归画一。"据透露，日本苦无现金，所谓金本位仍系虚本位，直到甲午战后赢得中国赔款，才得实行。盛问其金元何以全按美国标准？松方称："美元最为通行，故依其制。"盛又问日本人银圆分量何以依照墨西哥？松方云："因民间已经惯用，若不准其分量，不但不能通行、驱除墨元，且

---

① 盛宣怀：《愚斋东游日记》，第 10—11、22—35 页。

② 易惠莉编著：《盛宣怀与日本》，第 71—72 页。

③ 盛宣怀：《愚斋东游日记》，第 40—41 页。

将为墨元辅之翼，而滋害财政也。"①

十月十四日，盛在大阪参观造币厂，又对局长长谷川提出了许多关键的具体问题：日本如何抵制墨西哥银圆？初行纸币如何？采用金本位的必要条件及虚金本位等。长谷川介绍日本的经验是，"国家一面仿照铸造，分量、成色悉准墨元，一面即颁行法律禁用外货，潜移默化，久遂消灭。"并建议中国"多铸七钱二之银元，定十进位，成色一律，价格无二，并设立中央专管局，凡铸成之币必须送经该局察验后始准发行"，等等。②

盛为此用力之勤，收获之丰，在此次访问日本时极为突出。

盛宣怀之所以如此着重考察日本币制，带着问题寻求借鉴和答案，千方百计搜集相关资料，不仅是他自己长期研究币制改革的内在要求，更是他秘密承担了为载泽调查、制订统一币制方案的迫切需要。盛光绪三十四年四月十二日《上伦贝勒书》云："币制尤为行政之要端。侧闻慈意折衷资政院以定纲维，此事则止半身奔走四方，略有所见。盖银币为目下铜币之母，将来金币之子。必宜厘定位次，整齐划一，挽救铜币之愈跌愈贱，各种生银平色之纷杂，为金本位之预备，使纸币通行而无阻。"同时指出，新银币"若铸库平足色一两，止能便于库收，于放饷已不便，商民万难通用"。盛自认为这些话扼要地反映了统一币制的基本要点。在此期间，仅北京大学历史系近代史教研室整理：《盛宣怀未刊信稿》，就收录有三月二十三、四月初五、四月十八、四月二十四等四件致载泽的函件，显示了双方关系之密切而特殊，其内容却都是集中研究币制问题，盛还开出清单请载泽提供相关档案资料。但这些都是秘密进行的，盛函一再强调"务求格外秘密，幸勿露出敝处所请为祷""并求秘不泄露为祷"。③

此时载泽作为皇族近支的后起之秀脱颖而出，深得摄政载沣的倚重，岌岌乎有超越奕劻之势；而盛宣怀却在背后与载公策划于密室，隐然成为载泽

---

① 盛宣怀：《愚斋东游日记》，第44页。

② 盛宣怀：《愚斋东游日记》，第64—66页。

③ 北京大学历史系近代史教研室整理：《盛宣怀未刊信稿》，第93—94、102—103、105—106页。

的智囊兼文胆，欲助雄心勃勃、已主持度支部的载泽建功立业。宣统二年七月，朝命盛宣怀赴邮传部右侍郎本任时，还有一句话："帮办度支部币制事宜"；转过年来，盛宣怀这条一度身陷浅滩的蛟龙实现了彻底翻身，一跃而进入皇族内阁出任邮传尚书。其中币制改革方案作为一条纽带，时隐时现，透露出一些蛛丝马迹。

日本阻挠向美售铁　盛宣怀重提与日合作

光绪三十四年组建汉冶萍公司后，据卢洪昶回忆，他与美国人劳勃·大来相识有年，从这年开始，汉冶萍公司试图向美国出售生铁。①

大来，系美国大木材商、大船主。1902 年首次航行日本与中国，1903年创大来公司，不久，在上海设事务所。1909 年来华，与李维格曾有接触。大来公司原系太平洋轮船公司之代理商，该轮船公司每年将美国木材输入中国，苦于返航时无回路货物可载，有意运汉厂生铁至美国出售。对李"临别有三个月回信之约"。几经去电磋商，宣统元年十二月，大来电李："矿石、生铁两项如能永远供应，我或代表来议。"后大来确定于 1910 年 2 月 8 日偕其总理来华。

盛宣怀闻讯颇为兴奋，十二月十三致李维格电云："大来同厂总理既肯提前到沪，事必可成。预支铁价愈多愈好。得美、日巨款，重利各债悉还，自能获利。乞公速电大来，欲定久远合同……使其总理预筹"。值得注意的是，盛又要将预支轨价这套办法施之于对美交易，以取得巨款，甚为急切。

宣统二年二月十三日，大来至汉，准备先去大冶，再到萍乡。十四日盛去电通知大冶铁矿接待，并告知："美钢厂购用生铁、矿石每年三万六千吨至七万二千吨，已订合同，矿石暂不宣布。""如问工本可答一两。"关于矿石成分，李维格于二十八日致电盛，强调："总之我以汉厂所用大冶一样之

---

① 武汉大学经济学系编：《旧中国汉冶萍公司与日本关系史料选辑》，第 156 页。

矿石与之。"当是接受了对日本出售矿石的教训。①

盛宣怀对美出售生铁、矿石未能保密。日本东京《朝日新闻》中国特电栏作了报导："上海汉冶萍公司二十二日与美国西雅图西方钢铁公司等订立合同，为售卖产品相互接受代表权利等语。"此事立即引起日本政府关注。3月25日(闰二月四日)，大藏次官若槻礼次郎以公函致外务次官石井菊次郎，询问"此事实际上是否系中国方面以铁矿作担保进行借款"，同日，外务大臣小村电令驻上海总领事有吉明"对此事调查电复"。

3月26日，有吉明访问盛宣怀，直接探听消息。于26日、28日分别以电、函向小村汇报，证实合同内容为期七年半，汉阳交货，每吨十三美元，供应三万五千吨到七万吨，由大来公司和太平洋轮船公司在美一手经售汉厂生铁。并转述盛氏抱怨之意："对日本也曾谈过这种事情，但经历二年，杳无音信，实属遗憾。"

在有吉明记录的盛氏26日谈话中，有一段至关重要：

> 总之，日本缺乏的是铁，且需用甚亟，汉阳铁厂原料丰富，大有扩张余地。日本如能考虑及此，应当使若松制铁所之规模专力制钢，与我方订立合同，购买我方生铁，则为一举两得，对双方均有利之事业，此乃我方最希望之事。今后如日本需要我方生铁而数额并不过大，则现在汉阳之规模，即可供应；如日本据上述决定方针，希望年年大量供应，则可考虑预先订立合同，扩大汉阳之规模，使其能满足需要云云。②

盛宣怀的这一番表态，是他东游时对驻清公使伊集院、总理大臣桂太郎、制铁所长官中村等人谈话的继续，此时虽欲另结美国新欢，实未能忘却日本旧好，意在重续前缘、完成他访日时所提出的以生铁、焦炭换购日本钢材的交易。从他访日时谈话和此次上海谈话的具体情景和内容看，对于与日

---

① 陈旭麓等主编：《汉冶萍公司》三，第 1179、1181、1192、1198 页。
② 武汉大学经济学系编：《旧中国汉冶萍公司与日本关系史料选辑》，第 157—160 页。

本合作，盛是主动的、积极的，而不是被动的，更非被迫的。

　　与盛在日本谈话不同的是，彼时只是具体的、一次性的产品换购交易；上海谈话则是发展为中日的长期合作，是国际间固定的产业分工，涉及中日两国钢铁工业各自的内部结构及其长期发展方向。实际是对桂太郎提出中国提供原料、日本负责制造、中日合办的响应和具体化。

　　这一分工的核心内容是汉厂提供生铁，日本发展炼钢，将使中方处于极为不利的地位：一是不利于提高企业的经济效益。如前所述，汉厂产品处于上游、附加值低、经济效益低；日本产品处于下游，附加值高、经济效益高，就企业核算而言，按照盛提出的方案，一万吨生铁、一万吨焦炭换日方一万吨钢，还要加付大量现款，我方出不敷入，将长期亏损。二是有违汉阳铁厂建厂的初衷。当初汉厂虽是为修铁路而建，同时还承担着"制械"、即为制造枪炮提供原料的任务。三是不利于推进民族工业的发展。偌大一个中国，晚清只有此汉阳铁厂，汉厂即是中国钢铁工业的全局。钢铁工业为民族工业提供原材料，是民族工业发展的基础，如果连铁路用轨之钢尚须仰赖日本，更何谈发展军工生产、机器制造？盛宣怀企图将汉厂的发展长期定位于为日本提供生铁，显然是一种急功近利的短视行为，缺乏大局观念和民族独立意识，既不可行，也十分危险。

　　早在光绪三十一年，七月初一盛致李维格函曾云，"日本用铁舍汉厂莫属，此时正好与之争价"。又云，"弟意彼需铁，我需款，各有所图，或可成就"。[①]事实证明，盛的这一判断，将日本需要铁矿石与需要生铁不加区别、混为一谈是错误的。同年（1905年）10月29日，日外务大臣小村致驻上海总领事永泷电云："我制铁所近年来已能用三十元以下价格制造生铁，因此，以对方提出之价格购买生铁，决难办到，希将此意告知对方。关于生铁购买谈判暂行中止，即令由此导致借款之失败，亦无可奈何。"[②]这也说明盛对日本制铁所发展的速度和水平估计不足，资料显示，生铁产量：1908年八幡

---

　　①　陈旭麓等主编：《汉冶萍公司》二，第515页。
　　②　武汉大学经济学系编：《旧中国汉冶萍公司与日本关系史料选辑》，第140—141页。

制铁所已达 103303 吨；至 1910 年，汉阳铁厂接近 12 万吨，而八幡制铁所为 126894 吨，赶上并超过了汉厂。[①] 更重要的是，日本钢铁工业与日本政府的特殊关系，是从属并服务于军国主义的向外扩张的，为了以武力征服中国，日本需要一个强大、健全的钢铁产业，作为军事工业的后盾，绝不可能将它建立在依靠中国供应生铁的基础上，即使目前购买汉厂部分生铁也是权宜之计。日本最需要的是铁矿石，此时一方面已在加紧经营朝鲜的铁矿，一方面早已用预售矿价将大冶铁矿套牢，并将继续迫使盛延长其供应矿石的年限并增加数量。

与此同时，李维格拟由汉冶萍出面借款自造锦爱铁路，盛宣怀于二月二十七发电坚决阻止，谓有"五不可"。其中有谓"满洲已为俄日世界"，"汉冶萍只此精华，久为外人垂涎，国弱民贫，一入交涉，厂矿必落外人之手"[②]，似乎清醒地保持着高度警惕；转过面来，在汉冶萍与日合作上又如此积极争取，言行不一，殊为难解。

西泽阻止美轮来冶　意在中止汉厂用大冶矿石

宣统二年三月初三，盛宣怀收到日人西泽自大冶发来的电报，阻止美轮来冶运矿："冶人议论纷纷，有美国船来冶装矿。惟狮子山矿系敝国担保，供应汉厂敝制铁所已恐不敷，拟奉商停运，专留敝国二十余年之需用。如美轮来运，实与合同不符，事关大局，是否谣传，乞电复。"西泽借机发端，要求狮子山矿停止对汉厂的供应。盛一面查检与日合同的相关条款、核对矿区地名、地图，与律师商议如何应对，一面电令李维格密商如何另行开采矿石供美。三月初六，盛按李维格的建议，回复西泽，"李即赴大冶面详"。同时告知李，经与律师研究合同，"似得道湾亦无不可售"。拟回复西泽云："本公司能担保足敷供应制铁所应得每年最多之数十二万吨。此外所余矿石甚

---

① 方一兵：《中日近代钢铁技术史比较研究：1868—1933》第 83、96 页。
② 陈旭麓等主编：《汉冶萍公司》三，第 1197 页。

多，本公司可以随便出售。"十一晚，李维格专程赴大冶，与大冶铁矿总办王锡绶对日方作出"与尊处按年所需决不相妨，即与狮子山毫不相涉"的保证。十二日盛致函桂太郎、中村商订生铁合同，顺便对美购矿石做了解释，"允日供应决使不匮"。十三日，西泽提出要求："第一次美船装矿恐我归国未回冶，可否暂在汉厂装，俟我在东京说明后，美船再来冶"。李维格回答："仅以第一次，当可通融。"①

西泽在4月14（三月初五）致制铁所长官中村函称，"已取得中国当局载明不损害狮子山之利权保证"，抱怨"几年来下官曾条陈我国政府应购买汉阳生铁方案和增加大冶矿石购买额、冬季搬运之特殊方法等，屡请裁夺，迄未蒙采纳，实属遗憾。"4月17日致中村函称，盛与美签订生铁矿石合同，"系鉴于近年来我国购进矿石数额减少，热衷于朝鲜铁矿，加之自前年起，他们同下官所商由我国政府直接购买汉阳生铁方案，也未积极进行等等。"又称："据下官暗中探听之消息，今年上半年对股东之利息分配，即已陷入困境。"以为这是盛向美国出售生铁的主要原因。再次献策应趁机独占狮子山："亟需利用此时机，使该矿山成为我国专用，中止对汉阳铁厂之供应。"我们原来只说是日本已形成与汉厂争夺矿石之势，至此日方进一步企图独霸矿山，反而不容中国主人分一杯残羹，西泽之凶狠、贪婪、横蛮由此可见一斑。②

日本政府则另有所图。6月3日，农商务大臣小松原致函外务大臣小村，已命西泽按下列旨意交涉："铁厂此次所为，极为不当，但我方采取宽大处理，只责其不当。至于美中合同，则应予承认。"——此点果如盛宣怀所料，其在三月十二日致李维格电中曾谓："美日正订决议，弟料决不为难。"但日本只对美国不为难，对中国仍要取得实利作补偿："应使铁厂对我制铁所约定，在现行合同之最终年限以前，以现在矿石作为最高限额，不能增加。"理由是"此次向美国出售矿石，势必增加将来我国收买矿石之开采费用"。

---

① 陈旭麓等主编：《汉冶萍公司》三，第1199、1201、1208—1209页。
② 武汉大学经济学系编：《旧中国汉冶萍公司与日本关系史料选辑》，第160—163页。

日本政府之精于算计，如此至极，亦可见一斑。[1]

日方对此始终关注。1910 年 8 月 1 日，西泽致日外务次官石井密函谓：盛与美公司所订合同，"由于西雅图公司财政上关系，合同难以履行，正在交涉中。"又谓："旧金山钢铁公司闻知其事，表示反对西雅图公司之生铁任意接受，已开始公开进行交涉。"据西泽说，系前几天得知于盛宣怀、李维格。

小田切此时改任正金银行驻北京董事，据其向总经理高桥 1911 年 5 月 4 日呈送的报告：《汉冶萍公司一千二百万日元借款合同签订始末》，曾提及汉厂"去年已向该美国公司交付生铁两万吨"。[2]

此后，汉冶萍公司生铁、矿石向美国出口，似再未见到下文。

美国的贸易保护主义有深厚的历史基础。美国的钢铁工业，作为工业化最重要的部门，是在高关税的保护下得到发展的，直到林肯上台，将关税提高到无以得加的程度，终于建立起强大的钢铁业。其中，美国关税节节攀升，1861—1864 年，平均关税率从 25％上升至 47％；1890 年麦金利税则，又把平均关税上升至 49.5％；1897 年的丁利税则，更是进一步提高到 57％。1900 年，美国工业总产值约占世界工业总产值的 30％，一跃成为世界第一大工业国。1908 年盛宣怀向美国出口生铁，正是撞在高关税的铜墙铁壁上，也许这才是出口合同不能履行的根本原因。[3]

如此，中美两国钢铁工业与关税的关系及其不同的命运，形成了强烈的对比。

---

① 武汉大学经济学系编：《旧中国汉冶萍公司与日本关系史料选辑》，第 166—167 页。
② 武汉大学经济学系编：《旧中国汉冶萍公司与日本关系史料选辑》，第 167—168 页。
③ 陈晓律：《世界各国工业化模式》，第 85 页。

第二十六章　津浦路售轨的曲折

李维格出国考察，对汉阳铁厂进行扩建改造，历来受到学界一致的肯定。

其成就突出地体现在钢轨质量的提高。新厂投产之时，恰恰迎来了晚清铁路建设的高峰，浙路、苏路、闽路、赣路各铁路公司纷纷向汉厂订轨，这也是对汉阳铁厂扩建成效的一次集中的大检验。

关于钢轨质量，当时即经过国际知名、积累有 30 年验轨经验的专家多次检验。英国铁路工程师会会员，广九铁路、津浦南段、南浔铁路特派验收汉阳钢铁厂钢轨、配件工程师詹美亚，于 1909 年春间，奉派赴汉，先后代广九、南津浦、南浔等路验收该钢铁厂所制钢轨、配件，为汉阳钢铁厂成绩优美，特出具《汉厂钢轨质量验证书》。据称："本工程师对于该厂之轨件所验甚多，并经用种种方法详细试验，均极坚美。叠经多数严厉之订明试验法如法试验，均能合格。"其用高坠力之试验，"虽能使所击之钢轨略变其常状，而终不能断之也。""又经试验其软钢所制鱼尾板、螺钉、钩钉等配件冷屈之，可屈至折叠为二，亦终无断纹也。至于其钢轨及配件之工作尤为精美，各铁路主任工程师均心满意足也。"在化学成分方面"所含磷质绝无仅有而已，是以所订之清单限明含磷质一万分之七分半以内，而该厂亦能照制也。且炭质多寡也可随意由一百分之一分邌至一百分之六分为止。""又试言其钢之韧力，大率每英方寸伸涨四十二吨，而反弹力约二十五吨之谱也。又所试各钢轨约可以拉长至每百分之十六分，尚不至断也。统观以上各优点，是以本工程师敢赞许其制品为最优等者也。"[①]

虽然产品优秀，质量良好，但在本国市场上仍然受到洋轨的排挤，其中又夹杂着官僚派系之间的倾轧。

通过激烈的市场竞争，也反映了汉厂扩建后带来的某些新问题。

本章以津浦铁路购轨为主体，探寻汉冶萍公司历史这一局部的真相。

津浦路合同：铁路材料由债权公司供给

津浦铁路是贯通南北的交通大动脉。提出修建很早，拖延的时间很长，英国和德国都想独占，颇为复杂。

早在 1886 年，曾国藩之子曾纪泽就曾提议沿着大运河，从北京修一条铁路到江苏镇江。

1898 年容闳曾提出组织公司、借外债修建由天津至镇江的铁路。途经直隶、山东、江苏三省，其时德国欲盘踞山东，英国视长江流域为其势力范围，相互争夺筑路权、借款权。十年间屡经周折，至 1907 年春，清政府命张之洞会同袁世凯办理借款筑路事宜，1908 年外务部侍郎梁敦彦与德华银行柯达士、英国华中铁路公司濮兰德订立《津浦铁路借款合同》。清政府将路线改变，自天津过徐州后折向西南，经安徽蚌埠而至浦口，更名为津浦铁路。向英、德两国借款 500 万英镑，年息 5 厘，期限 30 年。铁路全长 1009.5 公里，北段直隶、山东境内计 626.1 公里，借德款，占 63%，南段 383.4 公里，借英款，占 37%。以吕海寰为督办大臣，于北京设总工务所，

---

① 湖北省档案馆编：《汉冶萍公司档案史料选编》上，第 491 页。

下辖南北二铁路局。

此时，国内各地收回路权运动蓬勃发展。张之洞等在谈判中强调"将借款与造路分为两事"，以付出一定的经济代价来减少债权对路权的干预，一个显著的变化是，将此前借款以所修铁路为担保，改为以相关省份的关税收入为担保，力图避免在还款期间英、德侵占铁路管理、经营利权。

但是有学者指出，该合同在铁路建筑材料的购买上却有重大的失误。西方列强在晚清中国争夺铁路的建筑权和控制权，通过资本输出来促进商品输出是其惯技。铁路材料的购买事务列为借款条件之一，首见于中英《关内外铁路借款合同》，但这一合同并没有规定债权者有供给材料之权，只是规定向外国购买各种材料务必依法公开投标。1908 年《天津浦口铁路借款合同》规定，铁路材料由债权公司供给，自此遂成定例。①

如此，汉阳铁厂沦为这一合同的最大受害者，为了让津浦铁路购用汉阳铁厂所产钢轨，便生出许多风波，费尽了周折。

外受德方限期刁难　内为钢炉不济制约

督办津浦铁路大臣吕海寰，曾为出使德、荷大臣，先后任兵部、外部尚书、税务大臣。庚子后与盛宣怀同为商约大臣，与列强谈判修订商约，两人长期共事又结为姻亲。光绪三十三年十二月十八日派充督办浦铁路大臣，似乎为盛宣怀提供了有利的条件。

三十四年二月廿日，时在北京的盛宣怀致吕海寰函云："贵局需用轨料，似宜先定一批，以免临时饬办，钢炉或接济不上，致为洋人藉口。"提出交货时间、价格、检验等具体问题请吕考虑，并奉上样品一箱。② 盛宣怀可谓未雨绸缪，期望很大。三月二十日盛乘火车出京至汉后，二十七日致吕电：

---

① 密汝成：《帝国主义与中国铁路：1847～1949》，第 287 页。
② 北京大学历史系近代史教研室整理：《盛宣怀未刊信稿》，第 90—91 页。

"送别感溯，到汉平安。两工司验钢料极赞美，单开需轨十余万吨。今明年需三万五千吨，杨、李熟商，先定四、五万吨，价照九广五十二两，价款先付，七厘还息。在厂可速加炉，勿误塞漏，在路乘金贵易银，可买便宜轨，可得最优息。……乞公主持，速电彝卿到沪定议，将议单电公核定，以便饬厂赶紧预备，因今年要货须封河前运到，尚须将他路已定之货腾挪，迟则不及。"[①] 彝卿，即杨文骏。其兄杨文鼎宣统二年春任湖北布政使、护理湖广总督，曾称其弟文骏"近随宫保十余年"，通商银行开办时盛奏派文骏为该行总董，又曾参与历次商约谈判，[②] 此时文骏尚在吕海寰幕府。此电所谓之大量订轨及价款先付等只不过是盛单方面的如意算盘，后均未能实现。

接到杨文骏详细来电报告津浦路情况后，盛宣怀大为失望，溢于言表。五月初七电复杨文骏云：

> 外人既争投标，又杜预付不得，仇视华厂，并勒路局不得趁金贵易银存华多得利息，督办权力较弟从前更减。津浦大局既将全让，厂于何有。所幸他路均买华轨，若全国皆如此，厂矿关门矣。[③]

五月十二日，盛致吕海寰函不无沮丧地抱怨："承示路务中外干预，并接彝兄详电，似津浦合同不及津镇九广多矣。"一则汉厂并无优先权，应与洋轨开标竞争，盛担心洋人验洋轨不认真，以次货贱价倾销，要求邮传部聘专人统一验轨。二则"前议预支尊处轨价""今既为外人所阻"只好作罢。盛还在函中告知："我厂内已定出五万吨，所余不过万吨，而北洋十月即水涸难运……北洋则年内不能交货。"[④]

五月二十五，吕大臣来电："轨事现拟设法办理，先订贵厂五千吨为北

---

① 王尔敏等编：《盛宣怀实业函电稿》下，第849—850页。

② 王尔敏等编：《盛宣怀实业朋僚函稿》下，第2002—2003、1982页。

③ 盛宣怀：《愚斋存稿》下，第674页。

④ 北京大学历史系近代史教研室整理：《盛宣怀未刊信稿》，第107页。

段之用，限西八九十月分三批运交天津，未知能办到否，祈先密示，万无播扬。"同时令寄去厂内所有轨式以便择用。① 同日，盛去电转告李维格，并问能办到否？ 盛认为："年内不及运津，早经函告。今忽先定五千吨，似有意难我，若能匀出先交，自可杜其口实，岂年内可勿投标耶？"二十七日，李维格复盛电称："吕大臣拟订轨五千吨，西八九十月运津，我办不到，彼轨式样均尚未定，现已西六月底，即洋厂亦来不及。"而提出一新的建议："日本制铁所有廿五吨马丁炉五座，格已托三井电商，彼购我铁，我购彼轨，所难者进口税耳。浙轨或可说明代请免税，姑俟复电再酌。"盛二十九复电，"转买日轨恐招物议"，同意将运津五千吨回绝。

六月初一，李维格去电向盛说明："汉厂年内须交各路定轨四万余吨，均去年订定，封河前运津五千吨，限于钢炉，实来不及。现已添炉，明年津浦所需当可供应，今年封河前五千只好外购。"

北路的德国工程师对此很不满意，吕海寰承受压力，来电责难："因前闻海告以奉尊电云'今年可备万吨'之说不符，海甚焦急。前次再四争论订购汉轨，各洋员即云恐汉厂不能供用，德使'节略'亦如此云，已力驳之；今商妥预定五千吨，而汉厂竟复以赶不及，不独贻外人口实，有损汉厂名誉，并且贻中国羞。大局有关，海意无论如何腾拨，总以照办为是，否则以后更难与人争，前功尽弃，未免可惜，见盼速复。"②

为此，李维格再次提出找日本制铁所买我生铁代造浙江铁路钢轨。六月初六致电盛："想着蛰仙与绥卿甚好，拟请绥与蛰商，年内应交浙轨万吨，除本月望前运交二千吨外，年内再交汉轨三千吨，尚有五千吨拟运本厂马丁生铁至日本，托制铁所代造钢轨运沪，由厂派人至日本按照章程验收。如蛰肯通融则津轨五千吨可允，否则只好回绝。闽轨只剩千余吨，粤汉三千吨九月交，宫保能电商梁震东否？"此电中蛰仙为商办浙江铁路公司总理汤寿潜，绥卿为杨学沂。初七，盛宣怀致电李维格：

---

① 盛宣怀：《愚斋存稿》下，第 674 页。
② 陈旭麓等主编：《汉冶萍公司》三，第 1041—1042、1044—1046 页。

明日即将鱼电交缓与蛰面商，阁臣谓将来登入报纸总不好看，粤正抵制日货，断不可商。阁又谓钢货销场极大，按吨多售十数两，钢炉不济极可惜。马丁第三炉何时可成？若长此缺货何能获利，语甚透切。告以吕柏请仿新法造无磷贝色麻钢。阁云，必须查明洋厂成式，不可造次。弟甚嫌生铁少，今尤虑钢炉不及，务乞将布置钢炉办法详筹函示。宣。阳。

李维格于初八回复：

阳悉。马丁第三炉早已开炼，第四、五亦已订定，应添铁屋，待图样详单，今日始齐，明日寄英，钩心斗角，毫厘不能爽。钢货销路好，出数少，诚然。所难者款项不充，步步为营；且各路同时需轨，非数年前所能逆料，目前区区规模，已费四年苦功。阁臣只知销货，不知出货之难，宫保与格亦甚愿逍遥局外，成败论人也。详函日日要写，日日无暇。庚。①

依据上述来往电文，我们可知：

一、当时正值晚清铁路建设高潮，汉厂除津浦路外，正在完成浙路、闽路及粤汉路广东段的订货，销路甚好。

二、津浦路五千吨订货之所以成为难题，一方面是德方在交货期限上苛求，另一方面从汉厂内部产能审视，钢货"出数少"，暴露了炼钢能力不足，成为瓶颈，而不能满足市场需要。盛宣怀借销售负责人王勋（阁臣）之口，表达了对此的不满。

三、关于炼钢能力问题，李维格强调的是经费困难和建设周期长，拟按原计划继续增加马丁炉。值得注意的是"吕柏请仿新法造无磷贝色麻钢"，似在深层次上透露了因汉厂全是马丁炉炼钢，冶炼时间长，产量低，实践

---

① 陈旭麓等主编：《汉冶萍公司》三，第1047页。

证明不能适应市场需要，总工程师吕柏要求改建新法贝色麻炉，却未受到重视。

四、在商办铁路的高潮中，抵制列强、收回主权的呼声甚高。在这种政治氛围中，不仅盛宣怀曾推行借款修路颇受指责，汉冶萍与日关系密切，对日依赖日渐加深，一些行动也在舆论注视和监督之中，盛及其亲信王勋等也不能无所顾忌。

津浦封河前须轨五千吨，经杨学沂与汤寿潜与商议，汤与李维格素好，但只能"勉强通融二千吨"，仍无济于事。六月十九，李维格回复津浦，"今年轨均已定出，明年交货者可承接"云。①

"津浦路李德顺全买德轨"

津浦路北段系于光绪三十四年六月先开工。八月初又来电"需要轨六百吨，青岛交货"，不过是略做点缀。八月初三，李维格直接回复北路总办李德顺，"货现成，即可起运"。南段系宣统元年二月才开工，李维格赶在头年、即光绪三十四年七月二十七亲赴南京，与南路总办罗岳生面商轨事。②看来也是接受了北路订轨的教训。

据宣统元年二月初六盛致张之洞幕僚张望屺函云："去年北路均购德料，彼以欠（贝）色钢低货来争，李一琴不得已舍之，恐与德人淘气。"

同年二月二十九日，盛致书吕海寰竭力争取当年订货。告之"大约本年总可出钢货七万吨"，"全盼津浦为大宗，幸罗岳生极顾大局，昨已议定头批七千吨。北路李观察闻与德人有旧，慕公来电，又向德厂续订七千五百吨，虽允下次可许汉厂开标，但恐总办有心袒外，未必能塞此漏卮。弟去腊电达台端，来年开标必当报效，究竟北轨有无把握，李君有无成见，尚祈预示"。③对此，吕海寰似乎底气不足，颇多顾虑。回信时先谈给盛与孙宝琦

---

① 陈旭麓等主编：《汉冶萍公司》三，第 1048、1052 页。
② 陈旭麓等主编：《汉冶萍公司》三，第 1065、1062 页。
③ 北京大学历史系近代史教研室整理：《盛宣怀未刊信稿》，第 156—157 页。

两家做媒之事，后云：

> 铁轨事已告子元设法留两万吨，未知届时能否出货，此中颇有关
> 系。（李子元毫无意见，不过碍于合同不能不投标耳。罗乐生不投标，
> 濮兰德甚有闲话。）已嘱伯岩太史面商一切，此事仍祈秘密。缘应投标
> 之件，一经声扬便多掣肘，想高明当以为然耳。①

慕公，孙宝琦字慕韩；李子元即李德顺。

看来南北两局总办，对待开标的态度颇不相同，实际是对待汉厂及其钢
轨的态度很不一样。英国人濮兰德虽有闲话，用英款的南路总办罗岳生却曾
自行不开标，或许与他的来历不无关系。当初南段总办尚未确定人选时，是
杨文骏"忆及"罗岳生曾经被盛宣怀派任修建萍醴铁路，于是吕致函盛询问：
"此人操守如何？办事如何。我哥知之必悉，望希密示为盼。"罗之所以坐上
这把总办的金交椅，显然是得力于盛的一言九鼎。李德顺则不然，听说是他
出任北局总办，杨文骏尚不知来者是何方神圣，倒要吕海寰亲自指点："李
德顺确系过道班，是莲帅特保，单内可写山东候补道加二品衔。"②莲帅者，
杨士骧也，号莲府，时任直隶总督兼北洋大臣；与其兄、即此前在铁路总公
司、轮船招商局取代了盛宣怀的杨士琦，皆是袁世凯的心腹。

宣统元年三月初七，盛致吕函，对北路设法留两万吨表示感谢，仍追问
何时需用，何时开标，希望落实。同时说明南路先定钢轨七千吨，价五十二
两，鱼尾片五百十五吨，价六十六两，钩钉一百五十三吨，价九十六两，订
定西历五月内先交一部分。又续订钢轨一万吨，价六镑二先令五本士，鱼尾
片七百三十六吨，价八镑，共价英金六万七千九十六镑六先令八本士，订定
西历一千九百十年三月以前交齐。盛表示："以上两批，汉厂承接后即已预
备开造，决不延误。"这一万吨是按英镑开标的，盛又进一步提出，唯恐明

---

① 王尔敏等编：《盛宣怀实业朋僚函稿》中，第 1068—1069 页。
② 王尔敏等编：《盛宣怀实业朋僚函稿》中，第 1072、1066 页。

年交货时金价跌落，"与其易银存于银行，不如预付铁厂，可照年息七厘立一票据"。"贵局既可多得息银，敝厂又可早收借用。此尤弟之所求也。"① 盛仍然是一厢情愿地要求预付轨价。结果却是：同年八月二十八日，李维格电告盛：此事"前商吕、孙拨金未成"，"且年内需款甚巨，故商汉口法银行借银五十万，常年七厘，一面照市价预将轨价六万余镑售与该银行抵还借款。已定议"。②

南路改为投标，显然是濮兰德干预所致，终于还是购用了汉厂钢轨；而北路吕海寰承诺的预留两万吨却落空了，盛宣怀在同年十月二十四日致袁珏生函中有谓："最可恨者，津浦路李德顺全买德轨，邮传部竟无可奈何。"③看来前期津浦路用轨问题，主要是出在李德顺掌管的北路。

汉阳铁厂"自应较德厂价值尤廉"

宣统元年年中，津浦铁路局的人事有大变动。

六月十七日奉上谕，据给事中高润生奏参、经谕令那桐确查，津浦路局总办李德顺"乘便营私、不顾大局、激动公愤、清议不容"著革职永不叙用；吕海寰身为督办"事前既不能防范，事后又失于觉察，著交部议处"。督办津浦铁路大臣由邮传部尚书徐世昌接任。④

七月二十日，盛宣怀收到英国工程师协会会员、有30年验轨经验的沙米亚对汉厂轨件的鉴定，非常高兴地回信赞扬李维格，"我厂声价自可更高"，并告知："兹已将译文抄寄张中堂暨邮传部并及督办津浦铁路徐尚书、沈侍郎矣"。⑤沈侍郎即沈云沛，字雨人，江苏东海县人，进士。由翰林院

---

① 北京大学历史系近代史教研室整理：《盛宣怀未刊信稿》，第162—163页。
② 陈旭麓等主编：《汉冶萍公司》三，第1156页。
③ 北京大学历史系近代史教研室整理：《盛宣怀未刊信稿》，第186页。
④ 中国第一历史档案馆编：《宣统朝上谕档》（宣统元年），广西师范大学出版社2008年版，第267、273页。
⑤ 陈旭麓等主编：《汉冶萍公司》三，第104—105页。沙米亚，前引《汉厂钢轨质量验证书》译为"詹美亚"。

编修历任农工商部参议、右丞，时任邮传部侍郎。此时邮传部仍为袁世凯一系的实力人物所控制。

九十月间，盛致函督办津浦路的邮传部尚书徐世昌和侍郎沈云沛，要求购用汉轨。对方回复："以津浦开标，汉厂轨价较德厂为贵，泰安迤南尚有万吨需购，如汉价与德价相同，当饬工程司考验商购。"如此，价格成了汉轨销售的主要障碍。据李维格向邮传部解释，一是德国对钢铁厂家有补贴，"不但无税，且每吨由钢铁总公司贴厂家十五先令、煤矿公司贴一先令六本士"，而外国钢铁至德国销售每吨征进口税三十先令，约为27%。"汉厂不但无津贴之维持，且所用材料并值百抽五之进口税亦不能免，欲与彼抗衡，力何能逮？"二是德轨向用多麻钢，成本较低；而汉厂改造后，所炼全为马丁钢，以之制轨成本高于贝色麻和多麻轨，在国际市场上一般价格也高于多麻钢。①

宣统二年七月十三日，在命盛宣怀赴邮传部右侍郎任的同时，内阁还奉到两条朱谕：协办大学士徐世昌补授军机大臣；邮传部尚书著唐绍怡署理，未到任以前著沈云沛暂行署理。②

同年九月，李维格赴京与盛议事，初十日先来电提及："此次到京必须商定津轨，电朱查无复。候图车轴，迟恐不及，望切实电桂辛，合同订后可设法预备轨价。格。"朱桂莘即朱启钤，贵州开州人，号蠖园。光绪举人，时任津浦铁路总办，后任袁政府交通、内务总长、代理国务总理，并创建中国营造学社。十月初九，盛致电朱启钤："汉厂承造钢轨六千吨合同稿，前已寄请核定，已否复厂订定。一琴在京昨与沈雨老商，拟嘱李即到津与公面定合同。祈电复。宣。佳。"③

我们发现，宣统二年十月十一日津浦铁路北段总局与汉阳铁厂订立购买钢轨并配件草合同称，"此次所订钢轨约重六千余吨"，"须于宣统三年六月

---

① 陈旭麓等主编：《汉冶萍公司》三，第111—112页。

② 中国第一历史档案馆编：《宣统朝上谕档》（宣统二年），广西师范大学出版社2008年版，第254—255页。

③ 陈旭麓等主编：《汉冶萍公司》三，第1258、1270页。

三十日以前一律交齐","西明年四月底须知照铁厂应运何处"。其中钢轨及各配件价目是:"钢轨每吨英金六镑。鱼尾板每吨英金八镑六先令。鱼尾板螺钉每吨英金十镑四先令九本士。钢轨垫板每吨英金八镑六先令。钢轨钩板每吨英金八磅六先令。枕木螺钉每吨英金九镑五先令三本士。以上均系青岛船边交货价目,如在镇江或浦口船边交货,每吨须减价二先令。"与前述南段所定价格比较,数量大的钢轨每吨减价二先令五本士,数量少得多的鱼尾板等价格则超过了八镑,恐仍不足以弥补钢轨减价的损失。后又有专条说明:

目前外洋钢铁价值较昂,而此次合同所订之价极廉,因津浦北段从前订购机件合同,全路所需轨料系洋厂包办,有此特别情形,故铁厂格外减让,他路不得援以为例。①

与此同时,朱启钤函复盛宣怀强调:"无如北段所需钢料早经前总办与德厂订立合同,在先所有大批铁件已归德厂承办,现仅剩有临城至枣庄支路及利国驿一带需用钢轨及搭板、螺钉等项,共重六千三百余吨。"虽可改向汉厂订购,而强调"总工程司面称,犹谓德厂合同虽满,但本局所购钢料已多,若仍接续购买,尚可商令从廉,或仍照合同原价承办,不能因外洋钢价已涨遽请加价等语"。②

宣统二年十一月初六,盛宣怀先行电告李维格:"桂辛函称,奉督会办批德公司于该局钢料尚可退让,汉厂定购,自应较德价尤廉。草合同只鱼板减一先令,大宗钢轨未减,运费与由德运华同价,亦欠公允,恐贻口实,应再格外核减等语。能否酌减若干,希酌复。宣。"三天后,十一月初九,盛去函并将朱启钤来函作为附件寄给李维格。朱函中,督办大臣批示的原文是:

---

① 湖北省档案馆编:《汉冶萍公司档案史料选编》上,第545—546页。
② 陈旭麓等主编:《汉冶萍公司》三,第115页。

续购钢轨等件，既据总工程司面称，德国公司于该局交易尚可通融退让等语。此次改向汉厂定购，自应较德厂价值尤廉。其大宗钢轨及运费应由该局商令格外核减，再行定购，并须俟批准后方能互换正式合同等因。

核心的意见是一定要比德国货更便宜。盛颇为懊恼，在信中向李维格倾诉："似此计较，反不如开标之为愈"，"然津浦北路畏德人如虎，沈雨翁面劝我厂略减"。结果大约仍是汉厂委曲求全。①

亡羊补牢，再三向张之洞求援

盛宣怀在争夺钢轨销售市场上承受着重大压力，转而亡羊补牢，再次寄希望于主持川汉、粤汉铁路借款的军机大臣张之洞，要求他在这些新定的合同条款上严格把关。

光绪三十四年十一月二十五日，宣统元年正月十四日、四月初一先后三次致电，反复强调："惜津浦合同，于购料用款各条，勾勒欠紧，致吕尚书屡争用汉而不得。……务求中堂路厂兼顾，密饬高道订约时于轨板刊定汉造，于财政严收主权，签印毕事，首檄局员与厂订立购料合同，酌量预支轨价，以资扩充，免如津浦为英德所持"；甚至大发牢骚："中国制造不兴，铁厂二千余万两资本，仅赖铁路一项为大宗生意。中堂创兹鸿业，本为路政兵工起见，若将此数千路轨料甘让外人，则此厂可关门矣！"②

电文中说汉阳铁厂要关门惊动了张之洞，又有"川汉、粤汉倘不能如京汉得尽先字样，降至如津浦中外一起开标，汉厂所得亦必不止一半"之说，令张不解，遂于四月七日复电："敝处筹借外款于尽先购用本国材料一

---

① 陈旭麓等主编：《汉冶萍公司》三，第1277、115—116页。《盛宣怀十一月初九致李维格函及所附朱启钤致盛函》，原书系为宣统元年，与上述电文、合同年份明显不合，似应从电文、合同系于宣统二年。

② 王尔敏等编：《盛宣怀实业函电稿》下，第863—864、865、873页。

节，极力维持，自不待言。""现正与外人磋商列入借款草约，汉厂货色价值果能与外洋抗衡，方有把握。万一他日被工程师挑剔，货色不如洋厂，价值贵于洋厂，彼时外人据理以争，则无法可想矣，务祈即日电饬该厂总办从速切实具复，允认担保'货美价廉'四字，敝处方敢放手订立合同，勉副尊嘱。"并问汉厂现在实际每日炼钢、成轨多少，质量、价格比外国如何？张之洞要汉厂作出保证，是有原因的，因为英国人濮兰德刚刚在他的耳边吹过风："近因津浦路工订购汉厂轨料，濮兰德向敝处言系以次货充数，啧有烦言，是一前鉴。"毕竟张之洞与汉厂的关系不同一般，最关键的是最后一句话：

> 如价必不能廉于洋厂，亦望切实飞速密复，以便设法保持汉厂利益，免致尽为洋厂所夺。

四月八日盛电复张之洞，首先解释汉厂要关门"实非诳语"："盖中国无船厂、无制造各工厂，钢货销场专恃铁路，铁路用轨莫大于川粤，如川粤不用本国材料，钢炉、钢厂势必闭塞大半，坐待船厂、工厂之兴起。"其次，报告了汉厂当前情况：预算钢厂机力每日可成轨千吨，生铁炉三座日仅五、六百吨，马丁炉五座日仅三百吨。己酉年钢料悉已定出。庚戌年若全造钢轨可出十万吨，已定出津浦一万吨，余皆无主。接着反驳濮兰德的谎言："浦口三月杪新运一批，濮兰德何以预知其货次？该路开标，汉厂不要加用五厘，以故得标，而濮甚忌之"，顺便将上次开标情况作了更正："津浦合同本国不得'尽先'字样，与洋厂一同开价，得标亦或不至一半。"最后郑重表示："敝处'货美价廉'四字准可允认担保，务求中堂放手大胆订立合同，勿稍怀疑退让。总之'货美'二字，工程师自有公共之法试验，不容假借。'价廉'二字当可与外洋钢价比较，从前京汉，现在九广定价之日皆视外洋电报价值为断，毫无躲闪。"同时也承认本厂产量低、成本较高，系靠运费少弥补。

四月九日，盛将上述张之洞来电及自己的复电作为附件寄给李维格，令其迅速切实拟电回复张之洞。"濮兰德所言须力辩，先坐实'货美'二字"，如有不尽之要义尽快补充。①

四月十一日李寄出的电稿，分别就出货、钢质、轨式、开价等对张之洞一一做了回答。"汉厂目前每日成轨二百吨，秋后二百七八十吨，明年三百四五十吨。""汉厂新马丁钢质地为极精之品。美国钢铁名家毛尔根来汉考察，回美著论于报名曰《钢铁世界》者，啧啧称道，叹为上品。广九及津浦南路共已订轨三万数千吨，公用验轨英国工程师一人，日日在厂试验。据云钢质精良，无出其右"云云。"价值，历来如京汉、广九、津浦，均照外洋运到中国交货之价一律"。十三日李再次去电作了两项重要的补充。一是钢质与价格相关：

> 外洋马丁钢轨较贝色麻、多麻钢每吨价值略高数先令。近来外洋铁路因马丁钢远胜贝色麻及多麻，故指名要马丁钢者居多。今汉厂所造之轨全系马丁，而各省外款铁路所购洋轨非贝色麻即多麻，汉厂以马丁钢与彼贝色麻、多麻同一价值已觉吃亏。

二是无进口税保护："外洋各国除英国商货无税外，其余均有进口重税，以保护国内之农工商。故国人得借此重税抵制外来争竞，而以自用溢出之货运销外国贱价求售。中国进口税轻，机器仿造之洋货颇受其损，而铁路材料并且免税，汉厂尤受其害也。"②

几点认识

所谓津浦铁路售轨之争，似不过是弱水微澜，算不得大风大浪。但却集中显示了汉冶萍公司生存环境的恶劣和某些内在的矛盾。

从企业生产和销售来看，汉阳铁厂始终以钢轨及其附件为大宗，存在产

---

① 陈旭麓等主编：《汉冶萍公司》三，第95—97页。
② 陈旭麓等主编：《汉冶萍公司》三，第1132—1133页。

品单一、对铁路建设过分依赖的致命弱点，被动而易受制于人；李维格任总办后主持的扩建，主要是提高铁的产量和改变炼钢方式，钢的产量仍不能适应当前铁路订货的需要；正是在这种形势下，盛宣怀东游日本时主动提出以生铁、焦炭换购钢筒，李维格也一再提出由日本制铁所代制钢轨，显示汉冶萍对日本的依赖进一步加深，主权将丧失更多，陷入泥沼更加难以自拔。

从企业所处的宏观环境来看，晚清中国处于工业化的初始阶段，机器制造工业的发展尚需一个缓慢而艰难的过程，钢铁市场发育因之而滞后；列强强加给晚清政府的不平等条约，使民族工业失去进口税的保护；同时铁路建设又仰赖于列强贷款，列强在输出资本的同时输出其过剩钢铁产品，抢占中国钢铁市场的有限份额，津浦铁路只是事例之一。而北路之不用汉厂钢轨，或许也与李德顺的北洋背景有关，徐世昌更是袁世凯的死党，其间不免夹杂着盛与袁世凯互相倾轧的积怨。

与此同时，盛宣怀、李维格实施的汉阳铁厂扩建受到实践的检验。扩建的重点是废弃贝色麻炉，新增马丁炉，盛、李曾大肆宣扬的扩建成就是钢轨质量显著提高。事实确是如此。但在上述津浦路购轨之争中，见微知著，似已暴露了扩建后带来的新问题。

一是钢产量不高。

即盛宣怀所说的"今尤虑钢炉不及"，也就是李维格承认的"出数少"。

从全厂产能结构来看，据宣统元年二月，赖伦提供的《有关汉冶萍公司情况报告》，炼铁方面，原有化铁炉两座，日产250吨；第三座化铁炉正在建造，设计能力日产300吨，投产后生铁日产量可达550吨左右；拟建的第四座化铁炉产能亦为300吨，总计生铁日产量可达750吨左右。轧钢方面，"拉钢机照目前大小，如用其全力工作，每日可出钢料七百五十吨，添置新机后每日可出货一千吨"，与计划中的生铁产量是基本适应的。问题在于作为中间环节的炼钢能力小，上述李维格说"汉厂目前每日成轨二百吨，秋后二百七八十吨，明年三百四五十吨"。据赖伦报告，"钢厂有三十吨炼钢炉五座"，"日能出钢共三百吨"，实际上第四座炼钢炉当时尚在建造。即使五座炼钢炉全部投产，也大大低于炼铁和轧钢能力，仍然是全厂生产能力的瓶颈，不能适应市场形势；即使生铁可以自行销售，也必然造成轧钢能力的闲置。①

从马丁炉的特性来看，它炼钢的优点是钢质纯度高，杂质少；但它的主要缺点是冶炼时间长，因而产量低。汉阳铁厂新建的五座马丁炉，每座设计能力为30吨，但每日只能出钢两至三次，故日产量总计只有300吨。据盛宣怀《东游日记》中所记，当时日本制铁所炼钢是贝炉与马丁炉并用、联炼。化铁炉所出铁水，"由热汁送入贝色炉，约半钟出钢一次，每二十四钟可出四十次或五十次。每次出钢十吨、十二吨再转入马丁炉，约一钟出钢一次，每二十四钟可出二十次或二十五次。冷铁（用马丁生铁块三四成，废钢六七成）须八钟至九钟出钢一次，迟速悬殊。"联炼的原理是用贝炉炼钢后再用马丁炉除磷。"如不转马丁亦可造轨、造钉。"② 我们看到，吕柏已有添置业新式贝色麻炉的要求，而赖伦在上述报告中说得较为具体："故厂内拟添置贝色麻炼钢炉"，"其价估约五十万两"，"钢厂添贝色麻炉后，每日出钢之数可七百五十吨"。也就是说添一座贝炉便可增加每日钢产量450吨，且不论投资的多少，仅仅炼钢迟速悬殊便决定了产量的悬殊。

二是在成本和价格上吃亏。

如李维格所言："各省外款铁路所购洋轨非贝色麻即多麻"，可见各国通常还是用贝钢或多麻钢作钢轨。现在汉厂所造之轨全部是用马丁钢，成本及价格都比贝钢、多麻钢高，而汉厂以之与那些贝色麻、多麻轨按同一价格竞标，故不免要大呼吃亏。

过去学界普遍、充分肯定李维格改变汉阳铁厂炼钢方式。由此观之，倒是李维格自己早已叫苦了。

---

① 陈旭麓等主编：《汉冶萍公司》三，第61—62页。
② 盛宣怀：《愚斋东游日记》，第58—59页。

第二十七章 "虚本实利"与债务危机——晚清汉冶萍公司经营的真相

销售收入大幅增长可喜 / 盛宣怀:"虚本实利最为危险" / 奥妙就在"盘存总" / 资产存量巨幅增长的水分 / 清末汉冶萍公司负债概况 / 一次以公司全部资产作担保的借款 / 又一次以地契押日款 50 万两 / 围绕着道胜借款的纷争 / 四处碰壁一事无成的大借款

　　汉冶萍公司组建后至辛亥武昌起义前，即晚清时期的公司，生产和经营曾经出现一些新气象，当时舆论便有反映。如《东方杂志》一再报道评论，据美国商务议员大来先生说，汉冶萍公司生产的生铁在美国试销经过化验和试用之后，对之"骇异宝贵"。因汉铁含有天然的锰，冶炼时还加锰矿，产品"刚中兼柔，锉削如意。"美国钢铁工业家马尔根于 1908 年秋冬之间参观汉阳铁厂。当时厂里为粤汉铁路造轨，铁厂副总工程师美国人哥特尔正在验收。哥特尔说:"经过严格的检验，百分之九十五的钢轨都合格，百分之五的残次品是由工作不细造成的，而不是钢质的问题。"据上海万国商业月报转载西方报纸说，汉阳铁厂装运钢铁出口，将为欧美两洲实在之"中国黄祸"。因为中国人口资源丰富，劳动力便宜，地大物博，无一缺乏，价格低，矿质好，成本轻而市价自廉，"持此与欧美争雄，能不令人辟易乎？呜呼！中国醒矣。此种之黄祸，较之强兵劲旅，蹂躏老羸之军队，尤可虑也"。[①]

---

　　① 《东方杂志》1912 年第 8 期、1912 年第 9 期、1918 年第 7 期。转引自丘亮辉《试论汉冶萍公司的经验和教训》，《中国科技史杂志》1980 年第 3 期。

对于公司这一时期的生产和经营，学界一般都是肯定的。

全汉升先生的《汉冶萍公司史略》，系汉冶萍研究的开山之作，其中对清末该公司《经营概况》做了较为详细的专题论述，指出在炼铁设备增加的同时，钢轨质量普遍受到国外专家的好评，时值各地大规模兴建铁路，有应接不暇的趋势；“生铁的运销于美国，在西方曾经引起哄动”，大冶铁矿石输出几乎占产量总额的一半；萍乡煤矿全部开发工程已经完成，每日产煤最多可达三千吨，延续运煤专线萍株铁路的株昭路已于宣统二年八月通车，煤焦不只满足汉阳铁厂的需要，还可远销长江流域和国外，等等。同时还遗憾地指出：武昌起义爆发，“汉阳被卷入战争漩涡的时候，汉冶萍公司在清末所呈现的一片美好景象也就因此而烟消云散了”。①

2014 年出版的张后铨《汉冶萍公司史》，第四章专设一节《汉冶萍进入短暂黄金期》，从公司管理机构、产品销路、经营状况以及各方面的变化和发展，进行了论述。认为“此时的汉冶萍如日中天，正大步迈进在世界钢铁舞台上。汉冶萍不仅一度在亚洲钢铁行业雄踞首位，据说在全球也一度仅次于德国费尔克林根钢铁厂而居亚军。”②

易惠莉《盛宣怀与汉冶萍公司》下，转引了《汉冶萍公司史略》引用的一份该公司宣统元年二月的报告：“是月止，除货件已交已运不计外，本年尚应赶造浙路、苏路、闽路、九广、南浔、京汉六大路钢轨、零件三万二千一百零五吨，每吨通扯五十两，可得货价银三百万两（售铁价在外）。虽不尽限年内交货，然本年钢厂、钢炉，实无片刻休息。”继而易文称：“由于汉冶萍已走上正常的生产运行轨道，又订货充足，1909 年它在历史上第一次出现赢利。”③

虽然生铁销往美国只是昙花一现，虽然铁矿石出口日本有利有弊、实则弊大于利，虽然盛氏自 1896 年接办铁厂至此已有十四个年头，其生产走上正轨不应自此时始，但总体上说来，自成立公司后，轨、铁、焦、煤、铁矿

---

① 全汉升：《汉冶萍公司史略》，第 131—140、153 页。

② 张后铨：《汉冶萍公司史》，社会科学文献出版社 2014 年版，第 157—172 页。

③ 易惠莉：《盛宣怀与汉冶萍公司》下，第 463 页。

石五大主要产品的产量及其销售收入节节上升确是事实，这些成就来之不易，自应重视并大力肯定。与此同时，我们似应看到：盛宣怀组建公司，既带来了李维格苦心孤诣主持铁厂扩建和技术改造的成果，带来了张赞宸惨淡经营主持萍矿全面开发和建设的业绩，都为公司成立后生产的逐步发展奠定了基础；但也继承了企业经营中长期存在的弊端：资金不足的痼弊并未缓解，负巨债经营的基本格局并未改善，而对外资的依赖更加深入和致命。

销售收入大幅增长可喜

《汉冶萍公司第三届账略》系辛亥年七月（1911年9月）审定，其中收支各款自宣统二年正月起截至十二月底止，各项存款和该款亦截至宣统二年十二月底止。既是对宣统二年公司经营收支的年终结算，也包括历年资金出入和资产积累的汇总。①

辛亥七月正是武昌起义爆发的前夕，宣统二年正是晚清时期汉冶萍公司发展的最高峰。下面拟通过对《账略》的初步解读，探索公司经营的一些真相。

在以"总理盛宣怀"署名的第三届账略前言中，首先颇为欣慰地提出："凡觇工厂之进步与否，悉视出货销路之增长以为断，试取本届账与上两届逐年比较，便得内容。"接着择要就钢轨、生铁、焦炭、生煤的销售收入，分别对第一、二、三届进行比较。

现将前言所提供的数据列为下表、并计算增长比例如下：

汉冶萍公司第一、二、三届主要产品收入比较表

（单位：银万两）

	钢轨收入 %	生铁收入 %	焦炭收入%	生煤收入 %
第一届(1908)	77　100	89　100	107　100	82　100

---

① 湖北省档案馆编：《汉冶萍公司档案史料选编》上，第564—568页。

	钢轨收入 %	生铁收入 %	焦炭收入 %	生煤收入 %
第二届(1909)	149 194	113.4 127	113 105.6	150.2 183
第三届(1910)	202.5 263	142.8 160	188 175.7	183.4 223.6

我们看到,这三年中,增长比例最高的是钢轨收入,第二年比头年增长几近一倍,第三年比头年增长163%;生煤的增长比例也与此近似。公司整个的势头十分可喜。但即使如此,钢轨的收入仍然与前引所预期的300万两还有很大的距离。

盛宣怀:"虚本实利最为危险"

《账略》除有一简短前言外,主要内容为《汉冶萍公司收支各款第三届汇核总数简明清账》与《汉冶萍公司该存各款第三届汇核总数简明清账》两个部分。需要说明的是,大冶铁矿原是汉阳铁厂下属单位,合并公司后也未独立核算,公司账略以铁厂和冶矿合并为"汉冶厂矿"核算单位,"萍矿"为另一核算单位,分别计算再汇总。两份简明清账,前者为收支各款,包括两单位分别收款、支款、盘存总三大项;后者为该存各款,包括两单位分别该款、公司总结盈余该款、分别正本存款、活本存款等项。第三届账略与第一届相比,结构稍有改进;此后各届账略都与第三届为同一模式。《账略》分项列出账单,提供了一些重大信息,为进行财务分析、了解企业经营动态提供了重要数据。现据账略将其基本概况分别列表如下:

一、收支各款第三届汇核总数简明清账

(单位:两)

	收款	支款	透支	盘存总 (加存)	加存与透支相抵 结盈
汉冶厂矿	3951637	7098618	3146980	3122150	
萍矿	3859361	4387439	528077	598455	
公司合计	7810999	11486058	3675057	3710605	45547

二、该存各款第三届汇核总数简明清账

	该款	正本存款	活本存款	共计结存
汉冶厂矿	20492565	16106328	4319165	20425493
萍矿	11289968	8160634	3252887	11413522
				31839016

《账略》采用了收支、该存两种老式计算方式，其中该存法对于现代读者可能较为陌生。收支法的"收款"，主要是当年销售收入，也包括其他经营性的收入；"支款"为当年生产经营的全部费用，即生产的成本。"该款"大体是指已经吸纳、投入的全部资金，主要是企业自有资金包括股金，加上贷款。"盘存总"即盘点资产的总结，"加存"为新增加的资产。"正本"相当于企业的固定资产，如机器、矿山、厂房、轮船、火车等；"活本"相当于企业的流动资产，如在途商品、库存商品、库存原料，应收货款、待收资金等。

盛宣怀在账略前言中指出：

> 公司股本结至本届年底止，收现洋一千二百三十六万二千六百余元，合银八百七十七万五百余两。然该款项下本届年底共已该银三千一百八十三万余两，商务通例虚本实利最为危险，又值是年各埠银市恐慌，庄号倒闭之事几于铜山西倾，洛钟东应，支拄之艰，筹画之苦，为执事者所不忍言。

所谓"虚本实利"，是指企业短缺资金，靠借款支撑，是为虚本；实利的利，不是指利润，而是指利息、官利，即不论是借款、还是股本都要付出实在的利息或官利。盛宣怀已经指出这是公司存在的最大危机，下面我们进一步审视相关的具体数据：

1. 资金短缺

至宣统二年底止，如上所述，所收股本仅877.5万余两，约占该款、即所用资金3183万余两的27.5%，实际股本尚有不少水分。这个对股商公布

的股份金额，其中所谓创始老股两百万两，从档案史料来看是年代久远，查无实据；所谓公股160万元和近百万元的老股股息拨作股份，都是陈年旧债转作股份，并没有实际的股金收入。宣统元年公司第一次股东会召开前，闰二月十四盛宣怀函告李维格："目下新股只招五百万元"，便是将老股、官股和息股全都排除不计。宣统二年四月，拟另集优先零股的方案称："本公司股份额设二千万元，以三百万元为头等优先股，七百万元为二等优先股，余为普通，载在刊章。""优先整股一千万元本年三月收足"，"所集股款仅一千二百□十万元"。又，同年六月十二日盛宣怀致柯逢时函："兹查商股底册，优先股已收一千万元，普通股已收二百四十余万元。"如此，盛宣怀在第二届账略中宣布本届年底止共收股本1236万余元，比上年并无新股增加。①

2. 透支严重

本年收款项下，汉冶厂矿共收银395.16万余两，萍矿收银385.93万余两，汉冶萍公司总共收银781.99万余两。同年支款项下，汉冶厂矿支出709.86万余两，萍矿支出438.74万余两，公司总计支出1148.6万余两。收支相抵，汉冶厂矿透支314.6万两，萍矿透支52.8万两，公司共透支367.4万余两。汉冶厂矿透支数，约为当年收入的79.6%。

3. 债台高筑

本年汉冶厂矿结该2049万余两。其中，预收大冶矿石价190余万余两，预收轨价122万余两，预收生铁价近4.5万两，共316.7万余两。又，该上海银行钱庄各户存款等533万余两，该汉口银行钱庄各户存款等565余两，两地共该约1100万两。以上两项汉冶厂矿共该1416万余两，相当于当年销售收入395万的358%。也就是说，即使这一年铁厂和冶矿的收入创造了历史最好水平，全部用来还债，三年也还不完。

萍矿本年结该1128.99万两。其中该各洋行144万余两，上海银行钱庄等196万余两，汉口银行钱庄等289万余两，本矿官钱号等108万余两，以

---

① 陈旭麓等主编：《汉冶萍公司》三，第72、144、147页。

上各处共该 740 余万两。其借款总额也相当于年收入 385.9 万两的 192%。^①

4. 利息沉重

本年汉冶厂矿"支备发庚戌年第三届并补找上届股息及借押各款利息"洋例银 77.78 万两，占本年度收入 395 万两的 19.7%。

萍矿本年"支备发庚戌年第三届股息并沪、汉、萍各银行庄号利息"，洋例银 75.59 万余两，占本年收入 385 万两的 19.6%。^②

也就是说，汉冶萍公司的销售收入约五分之一用于偿还了借款利息。

5. 扩建繁重

自光绪三十一年李维格出任汉阳铁厂总办以来，进行了扩建和改造，是铁厂透支和负债的直接、主要因素。据公司第一届账略记载，光绪三十四年支出中，"支添造新炼钢厂及新化铁炉工料等" 156.6 万余两，又"支添置基地、房屋、车辆、船只、机器、杂件等" 30.6 万余两，共计 187.2 万余两，约占当年汉冶厂矿收入 206.59 万两的 90%。这种巨额的扩建支出，维持到宣统二年版，第三届账略中记载汉冶厂矿本年度支出中，"支添造新炼钢厂及新化铁炉工料等" 154.58 万两，又"支添置基地、房屋、车辆、船只、机件等" 30.3 万两，共计 184.88 万两，与两年前大体相当；虽然本年度收入大幅度上升，达 395.1 余万两，当年扩建支出仍占全部收入的 46.79%，仍然是企业难以承受的。

6. 成本居高难下

从《账略》反映情况的形势看，汉冶厂矿与萍矿收入相近，而汉冶厂矿支出高、透支多、扩建任务大、负债更重，资金及整体形势更困难，下面试对其支出费用加以分析。

本年汉冶厂矿共计支出 7098618 两，包括 15 款，现分类统计并计算比例如下表：

---

① 湖北省档案馆编：《汉冶萍公司档案史料选编》上，第 565 页。
② 湖北省档案馆编：《汉冶萍公司档案史料选编》上，第 565—566 页。

汉冶厂矿宣统二年支出分类统计表

（单位：两）

燃材料	扩建工程	利息税收	人员工资	其他管理费用
料　390866	钢炉 1545857	股借息 777087	脚力 153280	外局 367372
焦炭 1639919	房地 303169	生铁捐 119395	员司 112933	轮驳 101039
煤　790105			洋员 108304	杂用 58418
			机匠 179622	
			小工 451246	
小计 2820890	1849026	896482	1005385	526829
比例 39.73%	26.04%	12.62%	14.16%	7.42%

以上数据，值得注意的是：

原材料消耗在全部支出中约占四成，而全部收入为 3951637 两，材料消耗竟占收入的 71.38%，必须大力降低。

工资及其他管理费用合计高达 1532214 两，占支出总额的 21.58%；而占全部收入的 38.77%，这是极不合理的。按此计算，即使除开扩建和利息税收不计，仅原材料和工资管理费用两大项，支出即高达 4353104 两，比本年全部收入超出 40 多万两，事实上生产本身已经存在亏损。

奥妙就在"盘存总"

盛宣怀在《账略》"汉冶萍总结盈余该款"中宣布了三个关键数据：一是第二届结盈一万零九百多两，二是第三届结盈四万五千多两，至此公司共盈利五万六千多两。三是共结该洋例银三千一百八十三万九千十六两一分一厘。所谓盈利的宣传效用，大大超过了实际意义。有的学者似乎对于所谓盈利过于看重，以为汉冶萍公司成立后一年已经出现了历史性的转折，由此便转亏为盈。

且不说一个投入资金三千多万，年收入仅七八百万，入不敷出高达三四百万的公司，即使真正当年盈利了四五万，也不过是杯水车薪，无济于事。更重要的是这点盈利是账面上的，是人为地做出来的。

《账略》的关键是：如何处理巨额的"透支"，亦即如何掩饰实际存在的巨大亏损？奥妙就在"盘存总"。就在盘点企业的总资产，就在核算企业的资产增加了多少。如果企业资产的增加超过了透支，两者相抵的结余便是《账略》账面上的盈利。

盛宣怀对于账目历来高度重视，亲力亲为；特别在成立公司前后，多次函电交驰，指挥督导；《账略》从形式到内容，都出自盛的决策，集中体现了盛的意愿。

下面以第一届账略的资产估值为例：

宣统元年闰二月初八，盛宣怀给李维格和邱玉符等财务人员去电，指出原账未列入企业资产总值，强调要将所有资产全面盘点，"始为盈亏实数"，并提出历年的"垫息亏款"都要"作为成本"，而账目由总公司来做：

> 三十四年底清册该款一千三百二十八万四千余两，未列存款，查六月止存款八百五十一万四百余两，不敷三百七十二万一千九百余两。注明所存物料、厂本各项，年底盘结始为盈亏实数。现拟将所存物料、钢铁、煤焦、矿石一百六十二万零，以及未过帐之银款若干作为活本。其余已结帐各款及历年垫息亏款若干作为成本。即由总公司照立坐簿，以备股东阅看。①

闰二月十五日，盛致函李维格，对大冶、萍乡估值清单表示满意，而指出汉、冶、萍三处惟汉厂局面最大，用款亦最多，独无对资产的估价单，开会时股东索阅，仍不完全。"此事本吕柏专责，但恐吕于勾稽一道非其所长，看来只可由公司自办，以期全备。"吕柏是不是不善于财务核算，我们不能断定；显然是此事在吕柏那里推不动，盛才执意撇开吕自办。

此信的主题是如何处理汉厂的亏损。盛函分为两层，一是盛春颐、张赞宸、李维格连续三任"共结亏银二百三十一万三千余两"，他打算用官局移交的财产等项冲抵。另一层是光绪三十二年正月起至三十四年十二月止，李

---

① 陈旭麓等主编：《汉冶萍公司》三，第1114页。

维格任内开办新厂添置机器、厂屋，扩充基地、码头，亏折实在银数尚未结算。盛宣怀认为，"十余年来，其中亏折尤巨者实为利息一项。盛、张任内原亏一百九十七万余两，大半利息。"为此，信中提出了具体化解利息的办法，"今如按件核价、按价加息""或写明生铁炉一座，工料若干，又加利息若干，又加杂费若干"并申明这样做的理由："一则免得目前股商见之寒心；二则免得数年内股商望而裹足；三则免得各同事闻此冷掉半截，更无花红之希望。其实肉仍烂在肉锅之中，毫无分别。"①

十七日盛致李电，指出"丁未七月吕柏估单值银八百五十万两内，新钢厂只估三百万，新化炉未估在内"。十八日盛又致函李维格，再次指出吕柏估单对新钢厂估值太低，"此项估单似尚不难，且只须将厂本一千三百余万估足，即可如题而止。"②

闰二月十九日，盛函电交驰，将汉厂估本单寄给李维格，指出一些项目和数据命汉厂核对、补充，在信函中重复电文，进一步明确强调，账略的基本原则是要使企业投入的资金与现有的企业资产符合一致：

> 按照年总实用数目分列新旧产业，使其所存产业与所该银数符合，是为存该实估单。萍乡存该实估已将历年利息纳入，产业、成本相符。汉冶合估一千三百数十万，除活本外，又除汉冶老产业外，只须将公手内新建机炉地屋分列四项，将息加入，以符支款，便可合拢。③

如此，按照盛的指示，在宣统元年股东大会上提交的《汉冶萍公司第一届该存各款简明清帐》，其中汉冶厂矿相关资金与资产的主要数据高度一致。为便于读者审视可列表如下④：

---

① 陈旭麓等主编：《汉冶萍公司》三，第72—73页。
② 陈旭麓等主编：《汉冶萍公司》三，第1117、73—74页。
③ 陈旭麓等主编：《汉冶萍公司》三，第1118、75页。
④ 湖北省档案馆编：《汉冶萍公司档案史料选编》上，第560—562页。

汉冶萍公司第一届资金、资产比较表

项目	该款	正本存款	活本存款	正活本结存
金额(两)	13724548	10113305	3611242	13724548

概括盛宣怀指导建账的基本原则,是以所谓投入的资金为基准,千方百计使企业的固定资产、流动资金与之相符,如此便天衣无缝,不差毫厘了。

资产存量巨幅增长的水分

公司第三届账略,构建了一个华美的财务体系,它的转亏为盈,是建立在资产存量的增长上的,是用存量的增长冲销巨额的透支,即亏损。而存量的增长有着太多的水分,是经不起检验的。

为了进一步了解企业资产存量增长的情况,我们将汉冶厂矿资产存量(正本存款)第一届和第三届主要数据进行比较,列表如下:①

汉冶萍公司第一届至第三届资产增长表

项目	新钢厂	新化铁炉	机器厂房	官产作抵	存外厂	合计
第一届	4064549	1352782	1723492	2787994	184488	10113305
第三届	6473033	2664200	3967861	2787994	213237	16106328
增长金额及比例	2408484 59.26%	1311418 96.94%	2244369 130.22%	0	28749 15.58%	5993023 59.28%

如表所示,依据《账略》,两年来汉冶厂矿增加了固定资产近600万两,增长了近60%。从增长的数额来看,它已经超过了当年张之洞创建汉阳铁厂和大冶铁矿的全部投资,包括炼生铁、熟铁,炼马钢、贝钢,轧钢,造铁货等六大厂、四小厂,以及一座铁矿山和六十里铁路等的总和。

关于汉阳铁厂的扩建,宣统元年第一次股东大会开会前,赖伦提供的

---

① 湖北省档案馆编:《汉冶萍公司档案史料选编》上,第561、567页。

一份报告内称，现开化铁炉两座，均系旧炉改造者，第三座化铁炉正在建造，拟再添化铁炉一座，计银60万两；已建马丁炉三座，第四座也在建造，拟再添新贝色麻炉一座计银60万两，汉冶萍三处扩充经费预计共需425万元，云云。① 这只是赖伦个人的建议，添新贝色麻炉并未被采纳。同年三月二十七日，李维格在股东大会上报告了扩建情况："去年只有钢炉三座，现第四座五月间可以告竣，第五座年内亦可藏事，旧有小钢炉一座，另迁他处。""而第三号生铁大炉，其机器于三十三、四年陆续运到。现已十成八九，约九、十月开炼。是则年内全工告成后，共有大钢炉五座、小钢炉一座、生铁大炉一座、生铁小炉二座，于此作一小结束""查照此结束，约尚需银八十万两"。② 此处提出"作一小结束"是贯彻盛宣怀的意见，此前两人曾有一番激烈的争执。

宣统元年闰二月二十二日，盛致电李："前单估定本年须筹六十五万，已属为难，今单忽改年内须筹一百二十万，断做不到。"对李要求增加扩建经费表示不满，并谓"况预算盈余屡次爽约"。对于"爽约"的指责李不能接受，二十四日的回电颇有情绪：

> 一百二十万使股东知小结束尚需此数，不欲办即罢。惟第五钢炉大半已到，约需十万可完备出钢。小钢炉迁移可用旧屋，惟地脚须做两座，约三四万可完工，共需十三四万，此在六十五万外，应否照办？祈电示。……今既不能邀信，格无日不可交代。乞钧裁。

三月初一，盛再次去电，坚持己见，对李强调资金难筹：

> 今年只有纱厂可押四五十万，除纱厂自用十余万仅敷一半，望将预算六十五万内提出铁屋料数万、龙头一万五、车轮机五万、外洋汇款

---

① 陈旭麓等主编：《汉冶萍公司》三，第61—62、68页。
② 湖北省档案馆编：《汉冶萍公司档案史料选编》上，第251页。

十万归礼和垫款。再将拖轮缓办，改租大轮暂用。如纱厂押成，拨一半归尊处，以足小小结束之用。第五钢炉及迁移小钢炉需加十三四万，如要现款只可暂缓，目下汇票难转，官利须付，窘情另详密函，谓予不信，天实厌之。①

一位撂乌纱帽、表示随时可以辞职，一位指着老天爷发誓，在盛李共事多年中，似乎还不曾见出现过这样火爆的场面。第二天三月初二盛致李函，其中再强调，"总之目下宗旨重在'小小结束'四字，一切工程可暂缓者只能暂缓，可挪垫者只能挪垫"。进一步对缓建钢炉做出解释："在阁下因第五钢炉物料到齐，只需加款十三四万便可办成，此原不可缓之举。鄙见不如候已成之钢炉改良实有效验，再做第五炉，再拆小钢炉方为稳当。"②从上述函电可以看到，当年的扩建经费，李要求从65万追加到120万，被盛断然否定，表示65万也不能保证，有的应推迟，暂时只能提供20多万，第五钢炉约需十万就可出钢尚不批准。从资金实际供应来看，盛是控制极严的，与账略固定资产的巨额投入相距甚为悬殊。

如何评价这两届资产的增长，我们需要先弄清两个问题。

一是第一届股东大会后到第三届结账的宣统二年年底，汉厂完成了哪些重要的扩建工程，增加了哪些生产设备？

据宣统二年三月二十六日李维格致盛电报，第三座化铁炉于二十五日开炉，当日出铁。③第四号化铁炉早已与三号炉同时建了地脚，此时尚未定议。

马丁炉的兴建，据《汉冶萍公司事业纪要》所记："第三炉建始于光绪三十三年，宣统元年正月落成开炼。第四炉建始于宣统元年，即于是年十月落成开炼。第五炉建始于宣统元年，二年八月落成开炼。第六炉建始于宣统二年，三年三月落成开炼。"④

① 陈旭麓等主编：《汉冶萍公司》三，第1119、1121、1123页。
② 陈旭麓等主编：《汉冶萍公司》三，第76—77页。
③ 陈旭麓等主编：《汉冶萍公司》三，第1216页。
④ 湖北省档案馆编：《汉冶萍公司档案史料选编》上，第22页。

二是建这些化铁炉、炼钢炉需要多少经费？

如前所述，宣统元年三月，李维格在股东大会以上曾经宣布："是则年内全工告成后，共有大钢炉五座、小钢炉一座，生铁大炉一座、生铁小炉二座，于此作一小结束""查照此结束，约尚需银八十万两"。至宣统二年止，汉厂的扩建，除第六座炼钢炉尚未竣工，基本未超越这一范围，却增加固定资产约六百万两，令人难以置信。

再者，在《汉冶萍公司第一届账略》中，附有《汉冶萍产业估见时值价目》，给我们提供了一个依据：

> 三号新化铁炉一座（打风房、高白炉、汽炉、机器一并在内），共估价洋例银一百四十万两。

> 钢厂（新马丁炉四座，内第四座尚未完工，又老马丁炉一座，连铁屋、电吊车一并在内）共估价洋例银二百二十万两。[①]

姑且不论第一届账略中的估值有无水分，以此作为参照系，在此基础上，我们试将这两年增加的固定资产金额与建成的设备相对照：

三号新化铁炉在第一届已估价 140 万两。前述李维格在股东大会上宣称"其机器于三十三、四年陆续运到。现已十成八九"，接着进行的只是安装和收尾工程，而第三届账略反映增加的资产值竟达 131 万余两，相当于又建了一座新化铁炉，也成倍的超过了赖伦一座化铁炉计银 60 万两的预算，未免过于悬殊。

新马丁炉四座，第一届已估价 220 万。李维格宣统元年闰二月在信中对盛说过："惟第五钢炉大半已到，约需十万可完备出钢。"第六炉在第三届尚未建成，大抵在这两年中只有兴建两座钢炉的工作量。而第三届账略反映，新钢炉增加资产 240 多万两，超过了此前四座炉子的估价，同样有巨大的水分。

---

① 湖北省档案馆编：《汉冶萍公司档案史料选编》上，第 562—563 页。

用这样含有巨大水分的资产存量，去冲抵企业实际存在的透支即亏损，自欺欺人地在账面上制造出一点微薄可怜的盈利，它对企业发展有多少实际意义呢？问题还在于，号称已经投入扩建的巨额资金，又用到哪里去了呢？或者换一个角度考虑，是不是确有这些巨额资金投入呢？

清末汉冶萍公司负债概况

账做得再完善，再赏心悦目，终究是纸上的东西，改变不了汉冶萍公司的现实。既增加不了实在的销售收入，也减少不了已经发生的企业的支出，透支也好，亏损也好，终归要有白花花的银子才能填补。

我们发现，成立公司后，盛宣怀的借款，越来越密集，数额越来越大，债务越来越沉重。

汉冶萍公司清末负债表（1903—1911）

编号	日期	债权人	借款金额	利率	期限	备注
(1)	1903.12.24	日大仓组	洋例银 20万两	7厘2	1年	
(2)	1904.1.15	日本兴业银行	日金 300万元	6厘	30年	
(3)	1906.2.28	三井物产会社	日金 100万元	7厘5	3年	
(4)	1907.5.1	大仓组	日金 200万元	7厘5	7年	
(5)	1907.12.13	汉口正金银行	日金 30万元	7厘	5年	
小计			洋例银 20万两 日金 630万元			以上为公司建立前所借日款
(6)	1908.6.13	横滨正金银行	日金 150万元	7厘5	10年	
(7)	1908.11.14	横滨正金银行	日金 50万元	7厘5	10年	
(8)	1909.3.21	汉口正金银行	洋例银 50万两	8厘	2年半	
(9)	1910.9.10	横滨正金银行	日金 100万元	7厘	2年	
(10)	1910.11.17	横滨正金银行	日金 61.273万元	7厘	10年	
(11)	1910.11.17	横滨正金银行	日金 61.4395万元	7厘	10年	
(12)	1910.12.28	三井物产会社	日金 100万元		1年	
(13)	1911.3.31	横滨正金银行	日金 600万元	6厘	15年	

编号	日期	债权人	借款金额	利率	期限	备注
小计			洋例银 50 万两 日金 1122.7125 万元			以上 8 项为公司成立以后所借日款
⒁	1908.5.16	川汉铁路公司	洋例银 100 万两	9厘		预支轨价
⒂	1910.4.10	六合公司	规元 300 万两		1年	
⒃	1910.4，19	华俄道胜、东方汇理银行	汉口银 100 万两	8厘	1年	
⒄	1911.7.1	邮传部款项处	洋例银 200 万两	6厘	5年	预支轨价
小计			规元 300 万两 洋例银 400 万两			以上是公司成立后其他借款
合计			日金 1752.7125 万元，洋例银 470 万两，规元 300 万两			

资料来源：代鲁《汉冶萍公司所借日债表》，《汉冶萍公司史研究》，第14—15 页，以及盛宣怀档案资料选辑之四《汉冶萍公司》所载合同等。一年以内的短期银行、钱庄借款未统计。

如上表所示，自 1903—1907 年，四年间盛向日借款 5 次，计洋例银 20 万两，日金 630 万元；自公司成立至武昌起义，同样是四年，借款 8 次，计洋例银 50 万两，日金 1122.7125 万元，再加上其他国内外借款 700 多万两，后四年是前四年的三倍有余。借贷如此密集，债务如此急骤增长，似乎不是企业正常、健康发展的迹象。

这些借款五花八门，过程有的曲折复杂，有的隐秘莫测，但从不同侧面反映了公司面临的危机。举例分别阐述如下。

一次以公司全部资产作担保的借款

光绪三十四年五月十五日，盛宣怀在上海与横滨正金银行签订了 150 万日元的借款合同。一个月内交款，年息 7 厘 5，为期 10 年，前三年只付息，第四年起按期分还本利。这是汉冶萍公司奏准成立并注册后的第一次对日借款。

关于这次借款的酝酿、谈判情况我们能见到的史料甚少。武汉大学经济学系所编《旧中国汉冶萍公司与日本关系史料选辑》未收录相关史料。一些研究汉冶萍的专著，对于这次借款似乎也着墨不多。

阅读此合同文本，使人触目惊心而又不解的是其中第六款：

> 六、此项借款系为汉冶萍公司借用，故萍乡煤矿、大冶铁矿、汉阳铁厂三处与九江之大城门之铁山，一同作担保此一百五十万元之借款本利。

此款系公司借用，就一定要用公司全部资产担保？公司资产估值四千万以上，冶矿、汉厂、萍矿所值各在千万以上，何以不能以一处担保？既是公司借用，何以还要牵扯上大城门铁山。而关于此铁山前面又另有一款：

> 五、此项借款系以盛宫保所有九江所属地名大城门之铁山作为借款切实担保，以本利清还之时为止。惟声明此铁山仍系盛宫保之产业，不拘何时盛宫保可以自行开采，正金银行不能干预。①

150万日元的借款，既然已有大城门铁山作"切实担保"，为何又将萍乡煤矿、大冶铁矿、汉阳铁厂——写明饶上，如此叠床架屋地"一同作担保"？为何又要特别申明大城门铁山是盛宣怀个人所有？

回顾此前向德国和日本借款的担保并非如此。萍矿光绪二十五年借礼和洋行400万马克，只以招商局在上海洋泾浜的地皮、栈房作担保；光绪二十九年十一月签订的预售矿价300万日元合同，为期30年，商定不以大冶铁矿全部，仅以当时采掘的得道湾采区及铁路机车等作保。此次借款金额比以前少，期限比以前短，为何担保如此苛刻，包罗刚注册的汉冶萍公司全

---

① 陈旭麓等主编：《汉冶萍公司》三，第12—14页。

部资产，发生如此巨大而不寻常的变化？

事实上，盛的主要助手对此曾提出忠告。五月初三李维格来电：

> 格所虑者大局如此，万一江上有事，借口保护派兵登岸，事未通天，官保如何担当得起！或平日东人之游历者络绎如今日之大冶，亦非所宜。三井借款系以钢铁、煤焦、物料、活动物作保，随时可还，并无年限。一活一呆，情形不同，关系太大，望审慎。格。江。①

此电以可能带来的巨大风险警告盛，建议以钢铁、煤焦等物料作担保。卢洪昶同日来电："窃思此事身家俱有关系，伏乞周虑为叩。洪。"

初四、五，盛分别给李卢二人复电均未做解释，以借款"未必能成"为词。初六盛致李电："萍局到期廿五万，姑由汉厂先还焦价十万，徐图归着。"初八李复电："新化炉此次共电汇二万三千镑，相逼而来，萍款恐难接济。"十一日李致盛电，报告他和汉口正金银行日人武内谈判的进展，着重在"将九江矿作保一层删去"。听说盛为借款已经向上面打过招呼②，李的态度明显改变："合同前已通天，现为矿用、加卖矿石尚说得过去。"转而要求"拟改一百五十万为二百万，一气借付"。

合同条文的修改主要在上海与铃木商议，涉及的要点有：

一、期限：此前李维格提出"将第四款五年后随时还款，改为二年后"。

二、担保：要求删去以九江铁矿山作保。盛认为"正金注重冶矿，惟删九江作保，避西江风潮，彼不注重，我脚步亦稳"。

三，盛与杨学沂、王勋共同会商，加上十一款云："此合同一俟还清本利之日，所载各节全行作废"。将第六款改为"故萍冶汉三处与大城门铁山同作担保此一百五十万元之借款本利"。

四、金额：盛认为"二百万作两截做，虑款目过多，受人刺激"，"至明

---

① 陈旭麓等主编：《汉冶萍公司》三，第1030页。

② 光绪二十九年，盛宣怀致军机处、外务部、户部函称，袁世凯来电："铁事详细面奏，指厂借十兆……但不可由外人掌权。"见陈旭麓等主编《汉冶萍公司》二，第404页。

年五十万只须照样签立一份，毫不费事，杨、王等亦主此说。"

十一日夜，铃木来见盛，告知第四款改为"二年后""已接总行电允"。铃木并说明不能再改一字。十三日，盛派王勋面告铃木："如愿删去九矿，余悉照十一晚定稿即签印。"同日，盛电李维格：

> 惟鄙见争减二年后可还，实足抵制物议，仍不改动为要，听他如何关系只有两年，较抽去九矿更重。第八款改定正金借款未还本以前，如愿买矿石，汉冶萍允可随时售现，或以抵还此借款逐年应付之项，亦较原稿妥当。望速告武只删九矿，专悉照盛铃定稿不改即签印。

结果是日方吃到嘴里的肥肉不肯吐出来，以九江铁矿山作保并未删除，合同仍然在十五日如期正式签订。①

如第八款所言，此次借款仍是预支轨价，可用矿石还款。

检点盛与李维格等人来往电文，均未涉及以汉冶萍全部资产作保之事；且第六款系盛亲自与杨学沂、王勋会商后改定，始终没有提出过将"以汉冶萍三处作保"删去的要求。但争取减少至"两年后"可还清，及十一款还清本利后"所载各节全行作废"云云，又分明是以汉冶萍三处作保的补救措施。

所谓"抵制物议"即"避西江风潮"，疑"西江"为"两江"之误。两江风潮者，即江苏、浙江之收回铁路利权，反对借外债风潮。光绪三十三年冬慈禧召见盛宣怀系风潮引起，盛是原借款修路签约的当事人，被张謇、汤寿潜等江浙人士视为罪魁祸首；后来在宣统二年汤寿潜还曾上书摄政载沣，反对起用盛管理铁路。但借款"虑款目过多，受人刺激"似另有所指。

何以此次借款，竟以汉冶萍公司全部资产和九江矿山作保？

回顾盛于三十三年、三十四年冬春的晋京之行，有得意，亦有失意之处。得意者，如组建汉冶萍公司通过在京疏通得到朝廷支持，如愿以偿，并联络了一批达官贵人投资入股；借币制改革而与度支部尚书载泽这位皇族新

---

① 陈旭麓等主编：《汉冶萍公司》三，第1032—1037页。

贵建立了密切的联系，为谋求复出获得了新的有力的奥援。失意则莫过于刚刚受命回邮传部右侍郎本任，转面又被逐回上海，功败垂成。有人提供情报：和盛过不去的正是老冤家袁世凯。这一年盛宣怀于三月二十日离京，二十三日到达武汉，便接到邮传部的公文，催促盛按照电报收归国有的决定，劝导电报众股商同意国家收买股份。此事是光绪二十九年袁世凯提出电报收归国有的继续，盛作为电报事业的创始人和大股东，处在任人宰割的境地，却扮演了一个极为尴尬的领头羊，夹在股商和邮传部之间，"两面受挤""嫌疑所在"，而又深知背后的操纵者仍然是袁世凯，种种复杂的心境，在此时盛致周馥、吴郁生等乃至致邮部尚书陈璧的函中多少有所流露。经历过轮、电、铁路总公司相继被夺的切肤之痛，此时盛所面临的最重要、最迫切的问题，莫过于仅有的汉冶萍的安全。或许盛宣怀并不认为公司注册为商办便有了保障，在这样一个专制的国度里，以朝廷的名义，随时一纸文告，就可以改变企业及其经营者的命运。例如，三十四年九月盛还在日本神户考察时，突然接到上海密报："政府与美国有密约，欲将铁厂归美办。"盛立即致函李维格，认为"美办之说，似属谣传。然少川此行，专主联络美国，为抵制东日之计，其人贪侈无厌，阴狠无比"。"汉冶萍虽已注册商办，尚未实行股东会。彼族争攘之心必从此起。"布置赶紧筹备股东大会。① 可见盛对袁世凯、唐绍仪（少川）成见之深、戒备之严。此事盛也认为"似属谣传"，却如此严阵以待；电报收归国有尚在此前近半年，盛首当其冲且被卷入漩涡的中心，能无动于衷而不为汉冶萍设防？"为了打鬼，借助钟馗"，趁借日款之机，将汉冶萍全部资产作保，不动声色地使日本成为汉冶萍的保护伞，以抵制袁世凯之流的争攘之心，这是一着险棋。从每逢海上有事，盛让招商局的船只挂上外国旗已成惯例来看；从1900年八国联军之役，盛在促成"东南互保"的同时，与日本签订煤铁互售合同来看；从盛为载洵访美献策：欲密切两国关系应向美国贷款来看，盛宣怀为了防止袁世凯的进一步倾轧，是有可能走出这步险棋的。

---

① 陈旭麓等主编：《汉冶萍公司》三，第26页。

光绪三十四年五月，盛宣怀为借 150 万日元以汉冶萍全部资产作保，这是客观存在的历史事实；我们只是根据盛当时所处的历史环境、盛本人一贯行事的逻辑，为之寻求一个合理的解释而已。

关于这次借款，尚可补充的是：

同年九月，汉冶萍公司与横滨正金银行再次签订日币 50 万元的借款合同，条款与此合同相同。如盛宣怀所说，是将 200 万元分做两次借，以遮人耳目。①

关于这 150 万的使用情况是，盛于十八日分作三个 50 万：50 万用于付三井、伦敦、礼和购机器、购料等；另 50 万用于"沪还急债五十万，已易银四十二万，尚不敷八万"；又 50 万作为汉厂还萍矿的焦炭款，"以轻汉上市欠"。上个月川路公司预支轨价 100 万则留给汉厂，重点是要保证第三号化铁炉的需要。② 其中"沪还急债"的"沪"，有时指总公司，有时是盛的代称，具有不确定性。这 50 万是否为汉厂、萍矿所用，实际用了多少，我们便无法了解。

对于这次借款谈判，盛有遗憾：九江矿山作保未能删去。二十二日致电李维格："武允删去九矿，弟甚喜……今铃木反言我欲加入，狡猾已极，此合同责在鄙人，苟可抽出，断无愿加之理，俟函到公自知底蕴。外债诚非久计，但望两年后出铁千吨，即行还讫。"③ 合同甫订，盛已经在盼望早日还清了，甚有悔意。只是此电中曾提到某些函件，我们无法看到，这就是我们的遗憾了。

又一次以地契押日款 50 万两

距离光绪三十四年九月向日本正金银行借款五十万日元仅仅三个月，李维格于宣统元年正月初四又开始酝酿再次借款。

---

① 陈旭麓等主编：《汉冶萍公司》三，第 40—41 页。
② 陈旭麓等主编：《汉冶萍公司》三，第 1038 页。
③ 陈旭麓等主编：《汉冶萍公司》三，第 1040 页。

二月三十日，公司与汉口正金银行订立押款合同。以地契押洋例银五十万两，年息八厘，两年半为期，第一年还息，第二年起三月一期分还本息。关于抵押的地契，"以上款项俟第三期本利还清后，即西历一千九百十一年正月十九号，正金当将地契自一号至四号缴汉冶萍收还，余契俟本利全数还清，再行一并交回。"①

这次押款是李维格主动在汉口与当地的日本正金银行接洽，然后再向盛报告；同年冬季，萍矿向道胜借款也是林志熙先已接洽有眉目再告知盛。看来盛光绪三十一年提出的由他筹集资金、李、林只负责工程和生产的承诺并未完全兑现，客观上反映出盛为汉冶萍筹集、提供资金的能力已经减弱。

关于这次押款的支配和使用，李维格已于正月初十提前声明："五十万只能勉拨十万，余须厂用。"

李原拟以汉口地产及汉阳新契作抵，盛不同意："鄙见不如将敝处合盛公司所置英租界地值十四万余两，谌家矶、方家庙地值十万两，并押正金五十万，换出汉阳新契在他处另押，不归日商为妥。"但汉口地契已在沪行押27万须赎回。盛在正月十七日致李信中感慨不已："以上办法，此间只收到银十万两，而须先还押款二十七万数千两，又须代赎合盛公司之地契，万分吃力。"将十七日信中所列《合盛公司汉口地契清单》《铁厂所属汉口地契清单》与正式合同所附地契对照，合同中第一二号地契系借用合盛公司的英租界和万家庙东福公司基地；第五六号为铁厂所属宗关和堡垣基地。合同中规定于1901年正月先期退还的第一至第四号地产，都是借用合盛的。

此次以地契作抵押，其中还有私人的地契，当是上年向日方借款已经以汉冶萍三处作保而留下的后遗症，日方必然要求新的押款应提供新的抵押品。种种严重的后果，未来还将陆续呈现。盛在十七日信中对李说："查去冬面议汉冶萍不可再借日款，自系老成持重之见，今阅核屡次函电，此项地契似舍正金难抵长期巨款。"揣摩语气，面议当是李提出不可再借日债，信中似赞同而实否定，寓有自我辩解的成分。又说："总之，我二人只担宣统

---

① 湖北省档案馆编：《汉冶萍公司档案史料选编》上，第591页。

元年之险，要俟明年稍有转机，必须将正金前后合同一并赎回，方免无穷后患。弟与公当默认之，万不可须臾忘也。"如此郑重，如此信誓旦旦，我们尚须拭目以待。①

围绕着道胜借款的纷争

宣统元年十一月十九，林志熙报告："道胜肯借银一百万两，周息七厘半，三年期，以矿厂轮驳作押，交银期由我定。"他打算一半置铁驳，一半还汉庄急款，李维格已同意，特向盛请示。二十日盛复电认为可行。三十日李、林联名三次来电。第一电述"道胜复电，借款须与东方汇理银行合做，每家五十万，三年期，常年八厘，轮驳作押"。除了利息由七厘半增为八厘外，还要以武昌存储的煤焦作保。第二电表明他们的意见：

> 艳一所陈八厘，万不能允，因厂前借法银行系七厘，如允道胜八厘，有碍此后借款；武昌煤焦亦不能允，因近与德华谈过一百万七厘借款，以各处煤焦作押，亦三年，所以必须留下煤焦，以备德华或成。再轮驳之外，此间别无他项可指，请裁夺。……

本来是向俄国银行借款，却必须瞻前顾后，既要与过去法行的利息靠拢、持平，又要为未来德行的借款留地步。更为棘手的是没有财物可供抵押了。接着来了第三电，又提出了一个新问题，轮驳是否可供抵押？"大仓借款以萍矿生利财产作抵，似轮驳亦在内，查合同三年后随时可还，明年三月即三年，届期倘德华亦成最好，即将大仓款还清，抽出萍矿，做一大借款。"此处大仓借款系指1907年所借之200万日元，7年期，年息7.5厘，前三年只付息，1910年开始按期还本息。如将此款还清，需还200万日元。②

---

① 陈旭麓等主编：《汉冶萍公司》三，第52—55页。
② 陈旭麓等主编：《汉冶萍公司》三，第1175、1186页。

宣统二年新年期间，李、林初六、初九两次来电，谓"三月到期甚巨"，应还之债甚多。仍主借道胜款，以矿石补足，再德华银行改借金款，"目前利息比庄款节省甚多，且俄德两款归还大仓有余，即可抽出萍矿，为借美国巨款抵押地步"。初十盛复电，同意道胜、德华两处均可继续谈判，"惟先还大仓约须银一百七十万，连德款仅余三十万，三月抄股息八十余万，再要抵押计无复之。"①自建立公司后，每年三月应付股息，增加了80多万元的硬性支出，盛的意思很明显，要把股息也挤进来，用此借款支付。至于轮驳能不能另外押款，还要和大仓商量。

二十五日盛改定道胜合同，息仍为八厘，借期改三年为一年。这边借款尘埃尚未落定，如何支配使用却又起纷争。二十七日盛电李、林："三月底须付息八十余万元，沪市甚紧，道胜借款总公司须暂拨三十万两发息，随后仍可拨汉。"此款林志熙原拟还汉口钱庄急款、造铁驳，借款之前就向盛报告过。二十八日来电拒绝："道胜款系三月半、五月半两期分付，而三月庄款到期之一百二十万之多……总公司应需之款务乞早筹，以免临时竭蹶。"盛在林处碰了钉子，次日改商李维格："林电不允，只得将五月半期设法移用，以济眉急。轮驳能否暂缓，候比款成再办。"李认为轮驳势难再缓，只有将船款暂时拖欠。②

另一方面，盛命与道胜商议，将第二期50万提前交付。三月二十三日林志熙再次反对："最好仍照原订，五月半汉用，否则四月半务须汇汉二十五万，五月半二十五万候电再与汉行接洽。"这次盛早已预为安排，当日回电，斩钉截铁："道胜五十万已由止澜与沪行商妥，准三月二十七在沪付""仍俟四月半、五月半准如数汇汉，勿误。"③

宣统二年三月初十，公司签订向华俄道胜、东方汇理借款合同，借银100万两，一年为期，八厘计息，本年三月十四、五月十五各付五十万两。公司以所有船驳作抵，并以价值四十万两之铁砂出货单为典押附件。三月

---

① 陈旭麓等主编：《汉冶萍公司》三，第 1188—1189 页。

② 陈旭麓等主编：《汉冶萍公司》三，第 1195—1196、1198 页。

③ 陈旭麓等主编：《汉冶萍公司》三，第 1214—1215 页。

二十五提交的合同附件一，双方同意展期一年还款，即以两年为期。二十七日提交的附件二，同意将五月十五日的付款，提前至三月二十七日收取。盛宣怀终于赶在三月底凑齐了派送股息的资金。①

此事尚有余波。林志熙对铁厂长期拖欠焦价，盛推迟钢驳建造，轮驳经费由何处支付，都积累了许多怨气，四月初九去电："查铁厂上年欠七十余万，本应汉收，后由沪拨，致汉局多欠庄款数十万，负担已重。今年厂欠又已三十余万。"此处"汉"与"汉局"均指林所经管的萍矿驻汉运销局。"沪拨"即被盛拨走，而萍矿未收到焦款而不能还钱庄欠款。十三日去电，林更毫不客气地顶撞盛宣怀："总公司代收厂欠焦价七十余万，抵付股利有余""无米之炊，巧妇所难。即如驳船缓造，设焦煤迟误，铁厂能否不相诘责？事关大局，用敢直陈。"日产300吨的三号化铁炉已于三月二十六日出铁，焦炭需要量大增，林职责所在，故不得不赶造驳轮。林的积怨，实质是认为盛在资金上损害了萍矿的利益。②

李维格的抱怨则透露了另一个关键问题。四月初十，盛命李给上海批发处急汇五万。李次日回电云："今年出货大半，价早预用，且到期款巨，正在无法，沪需五万请筹应，无本生意，实在吃力。"③厂矿同是无米之炊，铁厂此时的预支轨价，已沦为寅吃卯粮。这一年钢轨订货增多，销量大增，销售收入却不能同步增长；汉厂本身负债沉重外，又长期大量拖欠焦款，势必又使萍矿借款增加而利息负担加重。如此恶性循环，为了维持资金链不至断绝，道胜借款后三个月，六月十二李维格又通过卢鸿昶向汉口交通银行借款50万，六七两月分交，不是以年计息，而是以月计，月息7.5厘，以吉长路款作抵，下年四月前还清，此类借款十个月付出的利息相当于长期借款十年的利息，无异于饮鸩止渴。④

类似这样盛与厂矿之间、汉厂与萍矿之间有关资金的纠葛时常发生，反

①　陈旭麓等主编：《汉冶萍公司》三，第138—141页。
②　陈旭麓等主编：《汉冶萍公司》三，第1220、1222页。
③　陈旭麓等主编：《汉冶萍公司》三，第1221页。
④　湖北省档案馆编：《汉冶萍公司档案史料选编》上，第592页。

映了公司内部的重重矛盾，这里只是围绕道胜借款的前后举出一个较完整的例子。

阅读这些函电、合同，脑海里浮出了一幅旧时民间流传甚广的对联："拆东墙，补西墙，墙墙窟窿；借新债，还旧债，债债不清。"对于此时的汉冶萍公司，可谓真实的写照。

四处碰壁一事无成的大借款

宣统元年十二月十三日，盛宣怀得知美商大来即将来华，满怀期望："大来同厂总理既肯提前到沪，事必可成，预支铁价愈多愈好。得美日巨款，重利各债悉还，自能获利。"大年三十，李维格也来电说，希望向德华借款成功，"即将大仓款还清抽出萍矿，做一大借款。"结果美商来了，合同也订了，不料运了一船矿石便如黄鹤一去不复返；宣统二年三月十二，盛对李维格重提旧事，萍矿借德国礼和洋行的本息本年底即可还完，"大仓必须先还"。次日李提醒："闻正金二百万亦必须还，请查第六、第七款。"

盛宣怀和李维格所说的这项大借款，曾经联系了各国在华的大东、华比、德华、汇丰等多家银行，都没有结果。

三月初七，盛电告李，比利时大东提出"两次共借九百万佛郎，第一次交款即要买物权，萍矿作保"，并须政府允许。李初九来电认为"九百佛太少"，建议通过赖伦"商德银行，以萍矿保可借二千万马克。德银行未必争买物权"。又建议请大来回美商借美金一二百万。与此同时，盛与另一家比利时洋行华比联系，提出头批借四百五十万佛郎，以纱厂码头地基抵押；二批借一千五百五十万佛郎，萍矿及美国合同抵保，添给买物利益，息皆六厘，第五年起还本。盛计划借款共达二千佛郎，比大东所议超过一倍多，故又提出，华比嫌金额巨大，如能与大东两家合做亦好。盛也曾向大来问起能否在美借款，"渠有难色，看来美必无成"。[1]

---

① 陈旭麓等主编：《汉冶萍公司》三，第 1202、1206—1207 页。

总体说来，谈判中遇到的问题，一是金额上双方有差距。如上所述是一例，大东公司大班便说过："借款总数之巨，本公司料沪上各公司不能以如此巨款借与汉冶萍公司。"而盛还说："但恐一百万镑还大仓、正金及肥料机外，汉厂仍不敷用。我想一客不烦二主，拟加一条，准续借一百万镑。以化铁两大炉炼钢八炉或十炉抵保。"此时第二座化铁新炉尚未定议，钢炉也只五座。所借金额越大，风险越大，已无资产可作担保、竟以尚不存在的设备作担保，脱离了自身的条件，很难成功。①

二是对方要求太苛刻。比国公司曾提出的条件是："一、借款四百五十万佛郎，即要购料权利；二、借款须九九扣佣；三、须留四成在此作购料用、算回息；又要各路轨价由彼径收，以抵保息之用。及询其第二期借款，则谓须我允许前数款方可电商。"对方提出的购料权、径收轨价，都直接侵犯中方主权；既要购料权利，又留四成资金，漏洞太大，中方损失严重。经办人陈止澜听了，当面答以"事恐难成"。②

三是有的不可能办到。比利时大东总公司提出："借给汉冶萍煤铁公司法金五千万佛郎克，即以汉阳铁厂、大冶各矿、萍乡煤矿并宫保沪上地产作为抵押。但盛宫保须得中国政府担保。此借款其担保之法，由中国政府承认汉冶萍与本公司所订之合同，声明如汉冶萍公司不能照约付息还本，应由政府代还。"如此明明违反国际贸易惯例，汉冶萍公司属商办，政府不可能为之担保，更不可能承诺代还。又如前述轨价如何收取，应由交易双方商定，与比公司无关；如果系借外资修建的铁路，则铁路公司各有其债权人，势必不能由比公司说了算。③

这些苛刻甚至极不合理的条件，反映了西方各国居高临下、盛气凌人、强人所难，汉冶萍公司极为被动、不利。

正当盛宣怀自思自叹"借款不成，终日愁虑"即将北上之际，日本人放出了风声：可以提供借款。

---

① 陈旭麓等主编：《汉冶萍公司》三，第 145、1223 页。
② 陈旭麓等主编：《汉冶萍公司》三，第 1214 页。
③ 陈旭麓等主编：《汉冶萍公司》三，第 145 页。

六月二十五日李维格报告："昨赴冶晤西泽，若松年需生铁十万吨，北海道至少五万吨，愿借巨款，特驰慰。……比款暂搁。"

如此，汉冶萍又将再次落入日人彀中。

第二十八章　预借生铁价六百万日元及续借

盛宣怀："此乃我方最希望之事" / 合同充分满足日方需要 / 注定将陷入更为严重的亏损 / 公司必须大举增加生铁产量 / 小田切："一千万元以内，我国可以承担" / 日方内部分歧："要点厥为担保问题" / 担保问题的延续：第五款及其修订 / 日本的野心和盛宣怀的存在

夏东元先生编著的《盛宣怀年谱长编》为我们研究盛宣怀、汉冶萍乃至整个洋务运动领域，都提供了很大的便利，我个人就受惠匪浅。但也有的观点令我难以理解、接受。如年谱中 1910 年 9 月 30 日盛宣怀《寄锡清帅》云"本溪湖铁矿日人觊觎甚切"，并附 11 月 3 日锡良复电后，夏先生加有按语：

> 从盛宣怀致锡良电文看，他对日本觊觎攘夺中国铁矿的警惕性是很高的。但就在这时，盛氏自己掌握汉冶萍公司向日本预借六百万元生铁价值签订合同，（加上以前借款以大冶矿作押等）不知不觉地被日本攘夺铁矿权利了。①

年谱随即摘录盛与李维格代表汉冶萍公司和日本制铁所中村雄次郎签订

---

① 夏东元编著：《盛宣怀年谱长编》下，第 911 页。

六百万元预借生铁价合同一组资料于下。

如此编排，颇具匠心。中国历史研究的传统，素来强调"听其言而观其行"，以言行合一为准则审视、评价历史人物。盛宣怀此时对日具有警惕性的言论，我们还可举出同年二月二十七日他致电李维格、林志熙详论汉冶萍出面借款为锦瑷路造轨的"五不可行"，但这些言论不宜用以掩盖盛在向日借款中的重大过失。说盛是"不知不觉"失去了权利似缺乏说服力，盛为人机敏精明、自称"一生谨慎"，此时已是有数十年外交经验的谈判高手，不是轻易可以受人蒙蔽的角色；而且也不符合我们已经了解的历史事实。

1910 年 600 万借款不是一个孤立的、偶然的事件，它前有因、后有果，是汉冶萍公司与日本长期交往链中有机的一环。

在这一事件中，核心是宣统二年十月初六，日本制铁所与汉冶萍公司达成销售生铁的协议而签订草合同。

因正合同签订尚待半年之后，而有预付定银以生铁价款偿还的协议，同年十二月二十六日公司与北京正金银行签订暂借款合同。

宣统三年三月，公司与制铁所、正金三方签订预借生铁价正合同。此三方的关系是，汉冶萍公司向正金银行借款 600 万日元，以 15 年为期，年息六厘；按合同每年向日本制铁所交付生铁、矿石，每吨生铁售价 26 日元；日制铁所将货价交付正金银行；银行扣除当年应付本息后，余款由公司提取。

此前已开始酝酿、商谈此合同的续订，并形成草案文本，似乎是因为辛亥革命爆发，未及签订正式合同，更未执行。但是，这一事件仍未了结。[①]

盛宣怀："此乃我方最希望之事"

就出售生铁而言，是盛宣怀访日提出中日合作的继续和发展。

盛在东游期间，光绪三十四年九月初四，对日本新任驻北京公使伊集院

---

① 湖北省档案馆编：《汉冶萍公司档案史料选编》上，第 595—599 页；陈旭麓等主编：《汉冶萍公司》三，第 153—158、173—180 页；武汉大学经济学系编：《旧中国汉冶萍公司与日本关系史料选辑》，第 177—187、203—208 页。

提出，"讲求亲睦之道须在实际"，"铁为日本人所至急，而出数甚少，汉厂不惜大冶矿石公道售济"。九月十九日中村来辞行回制铁所，盛乃与其相约数事："一买钢筒一万吨，二售生铁一万吨，三售萍焦一万吨。中村允俟回所商量，握送而别。"均见于《愚斋东游日记》，表明盛宣怀访日时确有促成以生铁、焦炭换购日本钢锭的计划，已向日方有明确表示。

1910年3月28日，日本驻上海总领事有吉向外务大臣小村报告，盛对这些要求，"经历二年，杳无消息，实属遗憾"，而对有吉再次提出：

> 日本缺乏的是铁，且需用甚亟，汉阳铁厂原料丰富，大有扩张余地。日本如能考虑及此，应当使若松制铁所之规模专力制钢，与我方订立合同，购买我方生铁，则为一举两得，对双方均有利之事业，此乃我方最希望之事。今后如日本需要我方生铁而数额并不过大，则现在汉阳之规模即可供应；如日本据上述决定方针，希望年年大量供应，则可考虑预先订立合同，扩大汉阳之规模，使其能满足需要云云。[①]

1910年10月11日，外务大臣小村指示驻北京中国公使伊集院，此次政府正在制定若松制铁所事业之扩充计划，为了预先让中村长官与盛宣怀面晤，中村将于17日前后从若松出发，经上海、大冶、汉口，预定11月上旬到达亲自与伊集院密谈制铁所扩充计划。日方购买生铁由冷变热，汉冶萍公司与美国公司签订长期出售生铁合同，对日本确有刺激；但起决定作用的是日本政府新制定了钢铁工业发展计划。日本制铁所从1906年起实施第一期以年产钢材18万吨为目标的扩建计划，已于1909年完成，随之便着手制定年产30万吨的第二期扩建计划，并将汉冶萍公司的生铁、矿石供应列入其实施的必要范围。

---

① 武汉大学经济学系编：《旧中国汉冶萍公司与日本关系史料选辑》，第160页。

合同充分满足日方需要

此次日方主动派人来中国与盛宣怀联系，始终牢牢地控制着交易的主动权，以日为主，充分满足日方的需要。日方的主要目的是获得生铁作炼钢的原料，反映在合同上，分为三个阶段实施：

第一阶段：从 1911 年起至 1915 年止，四年内日方每年愿购大约 1.5 万吨。

第二阶段：从 1915 年起至 1916 年止，一年内日方愿购大约 8 万吨。

第三阶段：从1916年起至1925年止，十年内日方每年愿购大约10万吨。"期满后彼此可再议续展十年，仍每年大约十万吨。"①

我们看到，上述第二阶段仅一年时间，实际是一过渡期，其需要量与第一阶段有大幅度增长，而与第三阶段比较接近，但仍限定在 8 万吨，与后一阶段区别开来。毫无疑问，如此精细而严格的安排，是日方根据自己扩建工程计划的进度确定的。合同的"附件一"还规定，自明治四十八年起所规定的数量"虽有'大约'二字字样，然上下数目不得过一二万吨之谱，以便彼此可定预算其上下数目。每年预于年前彼此将次年之数订定"。如此，汉阳铁厂便应据此安排炼铁设备的扩建，大冶铁矿也应按此相应提高供应矿石的能力。②

订购生铁合同的附件共有九件之多，这也是很不寻常的。通过附件，在合同正式条款之外，也就是在购买生铁之外，日方又获得了一些重大的权利。

一是加购矿石。合同"附件二"规定："本日制铁所与公司订定购售生铁合同，兹因多购生铁即须多搭矿石搀用，自明治四十九年即宣统八年起，每年制铁所加购公司矿石十万吨。其年期与化验分数及价值，悉照明治

---

① 陈旭麓等主编：《汉冶萍公司》三，第 153 页。

② 陈旭麓等主编：《汉冶萍公司》三，第 154—155 页。

三十三年即光绪二十六年彼此所订合同办理。惟不必指定何处矿石，总以公司所属相仿佛之矿石供足此数为度。"① 实际是日本更需要铁矿石，乘机加购，哪有用 8 至 10 吨生铁炼钢须掺用 10 吨矿石之理？岂不成了直接用矿石炼钢？如此巧立名目，盛宣怀、李维格岂能"不知不觉"？更严重的是"惟不必指定何处矿石"，盛宣怀唯恐大冶铁矿不足供应，却为日本获取冶矿以外的铁矿石大开了方便之门。

二购买矿石、生铁的优先权。"附件五"规定："……如再有多余生铁、矿石两种，于本合同未满期内欲与人议订年期长久及大批生意合同，当先尽问贵所愿否购买。如不愿再购，敝公司即售与他人可也。"如此，授人以柄，引出许多纠葛。实际上，此后 15 至 25 年内，汉冶萍公司的矿石、生铁即为日方所垄断，未经日方允许不得另售他人。在销售经营上不啻自缚手脚，吊死在日本这一棵树上。从文本上看，此附件系盛宣怀、李维格提出，日制铁所长官中村以"附件六"回复，表示同意。②

此次合同的谈判签订，虽由制铁所出面，如同以往一样，实是日本政府高层直接控制下进行的。明治四十三年（1910 年）十一月二十六日，横滨正金银行总经理高桥是清，经日本银行总经理向大藏大臣桂太郎、外务大臣小村呈报了中国借款案，"今后对于汉冶萍公司借款，应以六百万日元为限，利率年息六厘"等。明治四十四年（1911 年）三月二十日高桥致驻北京董事小田切函称："此项借款资金系由政府交给本行，而以本行名义借给公司者，此点阁下早已知悉。"③

注定将陷入更为严重的亏损

1911 年 4 月 19 日完成 600 万预借生铁价合同签字手续。

---

① 陈旭麓等主编：《汉冶萍公司》三，第 155 页。
② 陈旭麓等主编：《汉冶萍公司》三，第 157 页。
③ 武汉大学经济学系编：《旧中国汉冶萍公司与日本关系史料选辑》，第 176—177、183 页。

当天日正金银行驻北京分行董事小田切向总经理高桥书面汇报，着重强调："合同附件，最费唇舌，好容易才达成妥协（如另纸）。第一项末句：'不得有碍付利还本'，及第二项：'其年应付本利之数'等规定，希特别予以重视。"其第二项原文是："银行允收到制铁所生铁价值款项，除足敷其年应付本利之数外，其余之数，应由公司随时提取。"付利还本是日方必须保证的基本利益；其后的生铁价值余数是公司希望之所在。此一项是双方利益的交汇点，兵家必争之地。合同中还本付利的条款和过程安排得很细致、复杂，公司能提出多少余额更须分年逐一具体计算。

为了便于直观地了解这次 600 万借款合同的具体内容，分析中日双方的得失，现依据出售生铁合同和借款合同条款，参考制铁所中村上报的《生铁及矿石购买预定表》，①综合列制《对日 600 万借款分年还本付息及应售生铁矿石预算表》如下。预算者，系依据合同条款推算，与后来实际执行时发生的变化或有不符。

对日 600 万借款分年还本付息及应售生铁矿石预算表

年度	①应售生铁（万吨）	②生铁计价（万元）（每吨 26 日元）	③借款余额（万日元）	④当年付息（年息 0.06）（万日元）	⑤当年还本（万日元）	⑥可提用生铁价（②-④-⑤=⑥）（万日元）	⑦应售矿石（万日元）（年 10 万吨每吨 2.6 日元）
1911	1.5	39	600	36		3	26
1912	1.5	39	600	36		3	26
1913	1.5	39	600	36		3	26
1914	1.5	39	600	36		3	26
1915	8	208	600	36	50	122	26
1916	10	260	550	33	55	172	26
1917	10	260	495	29.7	55	175.3	26
1918	10	260	440	26.4	55	178.6	26
1919	10	260	385	23.1	55	181.9	26
1920	10	260	330	19.8	55	185.2	26
1921	10	260	275	16.5	55	188.5	26

① 武汉大学经济学系编：《旧中国汉冶萍公司与日本关系史料选辑》，第 176 页。

年度	①应售生铁（万吨）	②生铁计价（万元）（每吨26日元）	③借款余额（万日元）	④当年付息（年息0.06）（万日元）	⑤当年还本（万日元）	⑥可提用生铁价（②－④－⑤＝⑥）（万日元）	⑦应售矿石（万日元）（年10万吨每吨2.6日元）
1922	10	260	220	13.2	55	191.8	26
1923	10	260	165	9.9	55	195.1	26
1924	10	260	110	6.6	55	198.4	26
1925	10	260	55	3.3	55	201.7	26
合计	114	2964	0	361.5	600	2002.5	计150万吨，390万元

现将表中有关内容，分别阐述于下：

1. 交易总额巨大。

以上售出生铁 114 万吨，合计 2964 万日元；加售铁矿石 150 万吨，合计 390 万日元；总计 3354 万日元。

2. 生铁价低，公司减收。

据赖伦《有关汉冶萍煤铁厂矿公司情形报告》（宣统元年二月），"照前数年在汉阳交货之售价均算，每吨生铁售银二十二两"。又据宣统二年二月十三盛致李经羲函："近日美国太平洋钢厂已订合同十五年，岁购我生铁十万吨，每吨美金十三元，照现在金价得银二十三两零，余利约在五分以外。"[①] 日元的汇率时有高低，按赖伦上文提供的概算汇率，"日金一元二角五合银一两"，银二十二两合 27.5 日元；二十三两合 28.75 日元。此次生铁每吨售 26 日元，则降价约 1.5 元至 2.75 元。114 万吨计减收 171 万至 313.5 万日元。且一定十五年不变，将来国际市场生铁涨价公司所受之损失，此时尚无法预计。

生铁价低，是这一交易双方利益分配的基础，此虚彼盈，其结果不仅是日方直接得利，而且将导致公司亏损。

3. 公司付出利息 361 万余。利息相当于借款额 600 万的 51%。

---

① 陈旭麓等主编：《汉冶萍公司》三，第 65、133 页。

客观地说，借款数额巨大，为期长达 15 年，年息 6 厘，不仅在国内借不到，此前盛与比、法、俄、德各国银行联系，对方开出的条件，都比日本更苛刻。如果不是日本政府决策者在背后主持，由财政给银行提供资金，是很难达成协议的。对于日本政府来说，这也正应了一句古话："放长线，钓大鱼。"

4. 成本高，毛利微，必然亏损。

合同限定生铁每吨定价 26 日元，能否赢利，赢利多少，取决于成本。汉厂炼铁一吨，成本多少？上述宣统元年赖伦向股东大会提供的资料称："去年每日出生铁二百五十吨，每吨成本合银十八两，铁捐一两已在内。如出数既多，炉法改良，每吨成本可望减至十七两。"另据盛宣怀《再事扩充汉冶萍公司奏稿节略》谓，宣统元年"每铁一吨，含成本银二十两以内"。[①]后者所说，弹性较大；如以每吨生铁成本 20 两计，合日元 25 元，售价 26日元，毛利只有 1 日元，合 0.04%，不够付息（0.06%），肯定亏损。每吨成本 17 两为争取之数，尚不是现实。

5. 寅吃卯粮，将更深地陷入亏损——借贷——再亏损的恶性循环。

试以赖伦所说的每吨生铁成本 18 两计，合日元 22.5 元；即每年生产 10万吨生铁，须投入成本 225 万日元。按上述预算分年还本付息后所得的铁价来看，从 1915 年开始还本起，最低为 122 万，最高为 201 万，均不能满足下一年 10 万吨再生产的成本需要，其中 1915 年当年的资金缺口即过 103 万。这种资金缺口，便是实际存在的亏损。虽然随着还本的增加，每年所付利息逐步减少，但历年亏损的累计却在不断逐年增大。也就是说，从 1915 年起，每年供应日本 10 万生铁，在长达 11 年中都将是亏损的，积累起来又是一笔巨大的债务，将陷入新的更大的债务危机。

现以每年 10 万吨生铁成本为 225 万日元，计算其历年所缺资金及逐年累计如下表：

---

① 陈旭麓等主编：《汉冶萍公司》三，第 65、149 页。

售日生铁历年亏损累计预算表

	1915	1916	1917	1918	1919	1920	1921	1922	1923	1924	1925
可提收入	122	172	175.3	178.6	181.9	185.2	188.5	191.8	195.1	198.4	201.7
尚缺资金	103	53	49.7	46.4	43.1	39.8	36.5	33.2	29.9	26.6	23.3
历年累计		156	205.7	252.1	295.2	335	371.5	404.7	434.6	461.2	484.5

不算不知道，一算吓一跳。辛辛苦苦生产了 114 万吨生铁，还本 600 万，付息 361 万，却又将暗暗地留下 484 万多的巨额亏损。

按照合同，每吨生铁价、每年应付本息都是定数，唯有每吨生铁成本是变数，可能上升或降低。按照历年还本付息后可以提取的铁价金额，汉阳铁厂如能将每 10 万吨生铁的成本降低到 172 万日元以下，大多数年份可赢利。亦即每吨生铁成本下降至 17.2 日元以下，比 22.5 日元减少 5.3 日元，下降 23.6%，近四分之一，谈何容易！

公司必须大举增加生铁产量

此次借款其实是预支生铁价。合同"附件七"宣统二年十月初六日盛宣怀、李维格致中村雄次郎函：

> 敝公司与贵所于本日订定售购生铁合同，承询扩充之费约需若干，如何筹画，愿借巨款相助，至纫交谊。查敝公司厂矿经此次订定合同之后，自须即行扩充，方能按照合同交货，其扩充等费约计需银二、三千万两之谱。惟此款并非一时需用，敝公司拟先尽用本国之款，难筹再行妥酌借用外款。此敝公司筹画扩充之费之办法也。至本日所订合同签字后，拟请预付定银日本金五六百万元，即在铁价内陆续扣还。未还之前，周年六厘计息。[①]

---

① 陈旭麓等主编：《汉冶萍公司》三，第 157 页。

所谓愿借巨款，所谓先尽用本国之款，都是表面文章，遮人耳目。以预付定银名义借款 600 万日元，才是合同的关键所在。此款将在铁价内陆续扣还，年息六厘，所以说实际仍是预支生铁价。

公司成立后，光绪三十四年五月直接向正金银行借款，条款规定"如愿买矿石，汉冶萍公司允许可随时售现"；此次是向制铁所出售生铁并添售矿石，以预付定银形式向正金借款。表面的花样有异，共同之处都是日方支付现金，而盛以矿石或生铁等资源性产品分年偿还。

必须强调指出，盛宣怀预支铁价 600 万，一不是有生铁存在仓库里，可以随时出售；二不是汉阳汉厂已经具备这样的生产能力，可以逐年生产交货；而是需要再建一家铁厂，才能生产出用以还本付息的生铁。也就是说，盛宣怀预售生铁实际是买空卖空。他要执行合同，还必须从一砖一瓦的基建做起。

按照《汉冶萍公司事业纪要》的统计，宣统二年实际产铁 119395 吨，产钢 50112 吨。[1] 照此计算，生铁除 6 万余吨用于炼钢外，可供国内外出售的仅 5 万余吨。合同第二、三款云：生铁"在汉阳船面交货或他处船面交货"，"所谓他处者，系指扬子江内地方"，"所谓冬令轮船可到之处系指扬子江内地方（如芜湖等处）"，则又说明盛已有在芜湖等扬子江内地方创办新厂炼铁的打算。[2]

此次预售铁价也是由预支轨价衍变而来。在汉冶萍历史上，有预支轨价、预支矿价、预支铁价等名目，不仅商品不同，在不同时期的资金来源、借贷关系以及债务负担也大不一样。当初盛宣怀创造的预支轨价，买方和卖方，即铁路总公司和汉厂均由盛一人代表，预支上百万也不过是他一句话，不费吹灰之力。盛交卸铁路公司后再推行这套办法，资金为各地铁路公司所有，或无力预支，或不愿预支，即使千方百计实现预支也要付出一定代价，如与川路公司前后协商两三年，当时四川总督你来我往如同走马灯，盛先后

---

① 湖北省档案馆编：《汉冶萍公司档案史料选编》上，第 27 页。
② 陈旭麓等主编：《汉冶萍公司》三，第 149、157、153 页。

向岑春煊、赵尔丰、赵尔巽、陈夔龙等人求助，至光绪三十四年四月十七日始达成《汉阳铁厂与川汉铁路总公司订轨合同》，"川路公司允于本年四、五、六三个月内先付轨价，计汉口洋例银一百万两"。原定"按年七厘起息"，随即以附件规定："另加二厘，共合按年九厘起息。"由此而派生出的另一种预支轨价，不是直接向买方预支，而是以合同为依据向银行借款，变相从银行预支。宣统二年六月，汉阳铁厂向汉口交通银行借洋例银五十万两，合同载明："以吉长铁路轨价作抵，凡应收轨价，按批由铁厂出立价单，交由交通银行持向铁路总局收取，以抵本金。""于宣统三年四月内一律归清。"为此汉厂付出了高利，"每月七厘五毫"，请注意不是以年计，而是以月计息。①

盛宣怀向日本出售铁矿石，始于光绪二十九年。光绪三十一年七月初一，盛致函李维格，反复强调："以大冶无穷之铁、萍乡至好之煤，非添炉不能大铸，而添炉非巨款不办，则贱售铁价之所失，以预支铁价之所得，偿之似较合算。焦炭、矿石、生铁三大宗，皆足供邻国之取求。""目前借款为第一要义……弟意彼需铁，我需款，各有所图。"②明确无误地坦露了盛经过长期思量，已经铸成了不惜以低价出售矿石及生铁、焦炭换取日方资金的经营指导思想。这一思想是盛宣怀主导的汉冶萍对日关系的基石。是利用中国的资源优势，也是投合日本的需要。如果说盛东游日本亲自提出出售生铁的意向，是为贯彻这一经营方针亲自主动出击，600 万借款合同的签订则是执行这一方针取得的新的突破，在预售矿石的基础上扩展到预售生铁以换取资金。

但是，预售生铁必须扩充生铁的产能，则与扩充矿石的产能大不相同。大冶铁矿是露天开采，扩大开采规模，主要是增加投入开采的人力，增加的机械设备不多，投入基本建设的资金有限。而另建一个炼铁厂却要大动干戈、非同小可，从筹资、选址、征地、开矿、修路、到建炉等等，环节多，周期长，投入大，见效晚。在此期间，时局的动荡，与地方绅民及当地政府

---

① 湖北省档案馆编：《汉冶萍公司档案史料选编》上，第 592 页。
② 陈旭麓等主编：《汉冶萍公司》二，第 515 页。

的关系，资金的供应，建厂人员的选择与任用，都具有很多不确定因素，任何一个环节或某一个方面遇到严重的干扰或出现失误，都有可能使建厂工程旷日持久，不见成效，造成严重的损失，陷公司于绝境。

即使冒着投资风险建成了新的炼铁厂，又将面临销售的风险和内部生产结构失调的问题。这十万吨生铁的生产能力是按照合同、即日方的意愿扩充的，而不是建立在国内市场的实际需要上。如何执行合同，每年订购多少生铁，持续订购多少年，主动权在日方，取决于日本的需要，取决于日本国内生铁生产能力的发展，而公司是被动的。公司既承受着建设新厂及其生产、销售能否赢利并逐步收回投资的压力；还承担着对方减购、甚至停止订购造成新厂减产、甚至停产的风险。从汉阳铁厂内部的产能结构来看，总的是两头大、中间小，短板在炼钢；以宣统二年为例，其生铁的产量是钢产量的两倍多，轧制能力约为九至十万吨。一般来说，似可适当增加钢产量，以适应铁路建设高潮的需要，同时发挥轧制设备的作用，并为中国机械工业的发展创造条件。事实是，此后盛致力于炼铁的发展，迟迟未见成效，而钢产量始终在四万多吨徘徊。

历史事实是，1913 年 5 月公司才决定在大冶建新厂，不仅张之洞生前没有听到这一决定，盛宣怀、李维格生前也都没有看到新厂的建成。仅仅征地便前后拖拉了五个年头；好不容易建成了两座大化铁炉，各生产一年又先后停产。这都是后话。

小田切："一千万元以内，我国可以承担"

600 万预借生铁价的合同尚未正式签订，1200 万续借生铁价的合同已在暗中酝酿。

1911 年 2 月 15 日，具体经办此事的正金银行驻北京董事小田切，向总行的报告揭开了续借的序幕。其中反映的情况主要有：

一、盛宣怀拟募集 3000 万元的公司债。

小田切了解到公司历来在营业上负债不少，"其主要债主为盛宣怀，盛氏几乎把自己全部财产充作制铁事业之资金"。盛氏现已渐入老境,筹集此款"一方面用以偿还盛氏通融之款项;另方面,用充事业扩张之资金"。

二、盛拟用萍乡煤矿担保,从他国募集大约200万镑。

此3000万如何筹集,原拟一半从日本募集,一半从他国募集;后又产生了由日本和英、法、德、美四国各募债五百万元之想法。李维格于返汉前夕夜访小田切,告知盛李二人熟商后认为:"时至今日,将日本与他国放在同等地位,情义上实难容忍,故决定五国分担之议作罢,大冶铁矿和汉阳铁厂依然不变,仅以萍乡煤矿作担保,从他国募集大约二百万镑公司债,连同此次由日本制铁所借入之六百万日元一起,充作偿还旧债和事业扩张经费"云云。前一天盛亦有相同谈话,小田切均表赞同。

三、盛提出从此次600万元借款内抵还此前本行和大仓组所借债务。

对此小田切提出询问,盛答:"因汉冶萍公司全部财产已供贵行借款之担保,如不解除,则不能以萍乡煤矿为担保募集公司债"。对此小田切暂未拒绝,只是委婉地表示"没有特别急于偿还之必要",而着重强调:"总之,我国与汉冶萍公司之关系,今日已处于不易分离状态,此际,切忌有削弱这种关系之言行"。

根据以上情况,小田切进行分析判断,提出建议。他认为:"盛宣怀因已将其全部私产投入汉冶萍公司",急于举债收回其资金,"以预防在万一时发生汉冶萍公司与自己资产之间的纠纷"。但萍乡偏处内地,一朝有事,几乎很难受到外国之保护,外国贷款必将进而提出以大冶矿山、汉阳铁厂等作担保的要求,日本则加以反对。"如此则从外国募集如所希望的巨额公司债一事,便毫无把握,势必使盛氏之私产整理遭到很多困难。"这就为日本提供了可乘之机,需要政府下大决心。他的建议是:"对汉阳铁厂、大冶铁矿和新着手之铜官山等处建立充分之根据,使之与我维持比较长久的密切关系,一旦时机到来,则该公司之公司债在一千万元以内,我国可以承担。"[①]

①　武汉大学经济学系编:《旧中国汉冶萍公司与日本关系史料选辑》,第188—191页。

日方内部分歧："要点厥为担保问题"

对此，日正金银行总理高桥是清，先以电复，3月9日又以长函指示小田切：首先指出盛曾口头、书面承诺，向外国募债时，当尽先同日本商谈，并以其大部分让日本承担。现在盛违反诺言"自应要求他重新考虑"。其次，从资金情况看，日本如接受邮传部二千万元的借款，就难以允许再对汉冶萍借款。对邮传部借款希望只限于一千万元。最重要的是："希望大冶铁矿、汉阳铁厂和萍乡煤矿一定要当作担保，公司近来到手之铜官山亦应尽可能同样当作担保。"①

4月8日，小田切以绝密电告总行，明确指出："关于汉冶萍公司以其全部财产作担保，仅在日本募集公司债一事，恐有危及盛宣怀地位之虞，决无成功之望。"并将交涉情况做了汇报，与总行逐条进行磋商。

4月21日小田切再次以绝密电报告：日本与邮传部的一千万元借款签定合同后，盛宣怀受到报纸中伤；最近之二千万借款亦被泄密，"军机大臣、陆军部方面攻击盛宣怀假公济私。如二千万元借款和萍乡担保借款成立，盛氏地位必发生危险"。盛要求将公司借款谈判一律暂时中止。小田切唯恐将来发生对日本不利的事故，经各方面协商后，向总行提出，作为个人意见，以制铁所生铁价款作抵押进行一千二百万以下借款的秘密谈判。鉴于高清来函要求汉冶萍全部财产"一定要当作担保"难以实现，小田切提出如下条件："汉阳、大冶财产全部不能作为他国借款之担保，如以之作借款担保，则须先同日本商谈。"并表明上述意见，可以随时撤回。据此小田切与公司绝密交涉，中方已提出六条，主要是借款1200万，仅规定概数二三年内分期借入，只供工厂扩充，年息6厘，期限15年，以及价款如何归还，须经公司董事议决等。据说中方急需款项，如日方不能成功，恐将同他国协商。4月25日，驻中国公使伊集院致电外务大臣小村，支持小田切向正金总行提

---

① 武汉大学经济学系编：《旧中国汉冶萍公司与日本关系史料选辑》，第191—193页。

出的方案，否则，"难保其在此期间内不采取某种形式从他国借款。"①

4月24日，小村大臣、中村长官、大藏若槻次官、高桥男爵、仓知局长等会商后，25日，由高桥总理对小田切发出指令，否定其提议，令其婉言撤回。指令谓："日本之所以重视此次借款，其目的旨在汉阳、大冶取得优先权，如实际上不能确保汉阳、大冶之担保，而即于此时进行巨额借款则殊无意义。"日本高层既拒绝借款，却又要求"则应约定如今后再进行借款当应同我方交涉。其间，不能以汉阳、大冶全部财产作为向他国借款之担保。如以此作为担保进行借款，则必尽先同日本商谈。我认为须如此约定方为妥当"。②

至此，日方内部，以上层相关决策者为一方；以驻北京的第一线执行者为一方，围绕着担保要求，展开了汉冶萍借款问题的争辩。

4月26日，伊集院致电小村大臣，指出既令小田切中止借款谈判，又要盛作出今后优先与日本协商的承诺，经过试探"结果感到此系极不可能之事"。同时强调此次借款不成功，从前多年积累形成的对于公司的特殊地位难免毁于一旦，"由于盛宣怀的健康关系以及周围的情势，很难预料他在何时死去或者垮台"。③

同日，小田切去电对高桥25日来电作出回应，"查本件要点厥为担保问题"。分析双方形势，认为兴业银行借款，只以大冶铁山一部分为抵押，是不完全的；本行200万借款虽以汉冶萍全部财产为担保，但此款不难归还；现在根据来电提出相应要求，"因无任何可交换之物，自难望有所得"。即使盛作出优先协商的承诺，也不能确保日本的地位。小田切同样提到，在盛宣怀死后，"双方关系将由友谊关系一变而为纯粹利害关系，则借款谈判必较今日更加困难。彼时购买生铁、矿石虽可继续，但此外的目的恐将成为泡影"。④

---

① 武汉大学经济学系编：《旧中国汉冶萍公司与日本关系史料选辑》，第193—197页。
② 武汉大学经济学系编：《旧中国汉冶萍公司与日本关系史料选辑》，第197页。
③ 武汉大学经济学系编：《旧中国汉冶萍公司与日本关系史料选辑》，第198页。
④ 武汉大学经济学系编：《旧中国汉冶萍公司与日本关系史料选辑》，第199—200页。

一天后，4月27日，大冶技师西泽通过正金银行致电他的老上级中村雄次郎，支持小田切和伊集院公使的意见，"可以成为确定我国将来在长江方面的权利，防御他国野心之基础。因此，千万忍受目前若干不便，予以同意。""卑职认为，本案完全必要。"如此，日方在华有关人员意见高度一致。①

另一方面，日本国内以小村外务大臣等为首的大藏、农商务省及正金总行等官员，于4月26日上午再次会商决定，由高桥执笔对小田切发出指令，认为盛在需要资金而没有担保的情况下作出要向他国借款的姿态，"这是盛氏觉察到日本热切希望贷款而欲借此尽量取得有利条件所采取的策略。"本拟俟盛再提出申请时，再行商议。现据来电谈判已深入到细目，条件大体无异议，可照旧进行交涉，只需对方答应下列三条：一是此次只应就分期借款第一年之金额签订合同；二是就4月25日电文末段（即"不能以汉阳、大冶全部财产作为向他国借款之担保"等）达成协议；三是如果日后向他国借款以萍矿作担保，则日前600万及此次借款应以汉阳、大冶作担保。②——纵观日本高层历次指示，其着重点始终在以汉冶萍全部财产作担保。

5月2日，小田切向国内报告，经与驻中国公使和西泽公雄充分商议后，历三日之赓续会谈，方达成协议，三方面签字。小田切强调："今日为确保汉冶萍公司之利权而欲取得较为更优条件，是绝对没有希望的。"③

无论是国内相关高层决策者，还是驻华的第一线人员，通过借款实现对汉冶萍的绝对控制，这一根本目的是高度一致的。其分歧的关键在于如何处理担保问题。高层决策者所谓的"优先权"，实质是控制权，此点不能确保即拒绝借款，而又要中方作出承诺。他们只考虑主观需要，无视客观可能，强横而无理。小田切等身居一线，作为执行者，不能不考虑现实的可能性，其方案的实质是在担保问题上以退为进，降低要求，通过实现借款继续深化与公司的特殊关系，而排除他国插足的可能。手法灵活而更对其有利。

---

① 武汉大学经济学系编：《旧中国汉冶萍公司与日本关系史料选辑》，第201页。

② 武汉大学经济学系编：《旧中国汉冶萍公司与日本关系史料选辑》，第199页。

③ 武汉大学经济学系编：《旧中国汉冶萍公司与日本关系史料选辑》，第201—202页。

担保问题的延续：第五款及其修订

预借生铁价值续订合同已经达成协议、签字，但并未生效、执行。表面看来是因武昌起义而中断，实际却有错综复杂的内情，主要集中在续订合同的第五款，症结仍是担保问题的延续。

续订合同新增的内容主要在第五款、第六款，双方利益的交锋在第五款，日方最不放心之处在此，盛宣怀执意坚持之处亦在此。其原文如下：

> 第五款，此借款并无抵押，但公司亦不将公司所有汉阳、大冶两处现在及将来一切产业抵押他外国借款。如将来欲将此汉、冶两处产业抵押借款，须先尽银行。但公司如将汉、萍、冶产业抵押与中国度支部币制局或大清银行，以公司债券抵借中国国家钞票，可以照办，其汉、冶两处产业，不必先尽银行。①

此款前段虽然日方放弃了以汉冶产业为抵押的要求，但也杜绝了公司以此向外国抵押借款的后路，并保证了日方的优先地位，所谓以退为进者在此。后段是盛宣怀作出的保留，着重强调公司与本国相关部门的关系优先于与日本的关系。在正常经济交往中，这一点本来是天经地义。盛在此处着重提出，首先是一种政治表态，给自己先穿上一件防护服，防御政敌和舆论的攻击，同时也给自己和公司留下回旋的余地。

对于盛氏的这点保留，在谈判中，"正金银行董事小田切等亦曾力图删除，但盛氏坚不同意。"日方高层看到合同文本，5月6日对此提出询问，"此事希取得书面存查"；5月12日小田切向国内表示："当采取手段将续合同第五款末段意义弄明确，以防后患。"5月中旬，盛曾表示："如将该合同提交董事会，恐有引起意外纠纷之虞。"小田切趁机提出，"则以明确合同第五

---

① 陈旭麓等主编：《汉冶萍公司》三，第174页。

款末段之意义为条件，可删除关于董事会承认之规定"。事后小田切得知，盛以此事"有要挟之嫌，不愿接受"。8月6日，小田切走访盛，"双方意见很难一致"，小田切"坚决主张一如历来所谈判者，应删除需要董事会承认之条款"；盛仍坚持候董事会问题解决后履行合同，月底应付第一批二十五万元，亦请"暂时延期"。小田切还向国内报告，盛称本国资金充裕，扩充设备所需资金业已筹足，"对方之所以不急于需要我国资金，其原因盖即在此。"①

如是，遂有日正金银行北京分行经理实相寺8月8日至19日赴武汉之行。其向李维格称："此行因病专来汉休养"，李心中明白，表示欢迎。实相寺此行对于公司实情有了较深入的了解，收获颇丰，事后有长达七千多言的复命书。② 撮其要点如下：

第一，在李看来，合同涉及汉阳铁厂的根本风险在于，铁厂原系政府经营之事业，"如清朝此种国体国家，只需一纸上谕，即可作任意处置。"

第二，实相寺在李陪同下参观了汉阳铁厂，确认此厂无发展余地，必须另建新厂。

第三，盛宣怀接办铁厂时，曾与朝廷约定每吨生铁报效银一两。筹建之新厂，为避开这一负担，拟跳出公司另行登记。

如此，实相寺、西泽公雄与李维格三人在汉就合同修正进行协商，形成《汉口协商案》，其主要成果，小田切8月23日向总行汇报时概括为：

> 汉冶萍公司欲另设一公司，选择长江下游海轮可全年来往之处新设铁厂，即以根据续合同，借入之日金一千二百万元作为建设资金，将来新铁厂完成生铁产量可每日能达五、六百吨，即年产额约达二十万吨时，即将此铁厂调换合同所载之汉阳铁厂，但在新铁厂建成以前，仍照续合同第五款办理。③

---

① 武汉大学经济学系编：《旧中国汉冶萍公司与日本关系史料选辑》，第202、209—210、212—214 页。

② 武汉大学经济学系编：《旧中国汉冶萍公司与日本关系史料选辑》，第214—225 页。

③ 武汉大学经济学系编：《旧中国汉冶萍公司与日本关系史料选辑》，第224 页。

对于另建新厂，日方是赞成的，小田切在上报时罗列了八大优点，如全年交通无碍，运费甚廉，使大冶与日本关系永久继续，乘机有可能使日本势力掺入汉阳、萍乡之利等。双方分歧仍在第五款末段，实相寺复命书曾就17日与李维格商谈删除此段做了详细记载，小田切上报双方交换意见结果，专列有一条："第五款末段删除之议，对方不同意。"[①]

8月23日，小田切走访盛宣怀，告以八月底交款延期须作书面规定，盛强烈要求听听其对汉口协议案的意见，小田切口头说了三点，盛未发表具体意见，25日，盛提出首次借款延期交付的书面申请时，仅谓请将此合同延期到该年12月底再行决议等语。

在小田切提交给盛宣怀书面协议案中，共列有五款，其中甲款将原合同第五款改写为：

> 此借款并无抵押，但公司亦不将新厂及公司之大冶产业抵押他外国借款。如将来欲将此新厂及公司之大冶产业抵押借款，须先尽银行；但公司如将新厂及大冶、萍乡产业抵押与中国度支部、币制局或大清银行，以新厂及公司之大冶产业债券抵借中国国家钞票，可以照办，其新厂不必先尽银行。唯抵借一切办法，与制铁所及银行利益不得有碍（此后亦称新五款）。

我们对照新、老两个第五款，除了抵押主体置换为"新厂及公司之大冶产业"等，囊括更广外，主要是增加了末句，以确保其利益。至于如何确认是否有碍其利益，则日方实际拥有更为主动的解释权。[②]

1911年9月26日，日政务局长分别致函正金银行总经理、制铁所长官，定于后日（星期四）下午一时假外务省召开关于汉冶萍炼铁厂借款案协商会议，同时接到通知函的还有外务次官、大藏次官、已升任日本银行总裁的高

---

① 武汉大学经济学系编：《旧中国汉冶萍公司与日本关系史料选辑》，第277页。
② 武汉大学经济学系编：《旧中国汉冶萍公司与日本关系史料选辑》，第229—231页。

桥，和专程回到国内的小田切，先后回国的西泽技师也被允许偕同制铁所所长官到会。

1911 年 10 月 10 日，武昌起义爆发，中国发生天翻地覆的变化，盛宣怀仓皇流亡日本，无论 9 月 26 日的会议作出怎样的决议，已经不适应形势的巨变了。汉冶萍与日本的关系将进入一个更为严峻的时期。

日本的野心和盛宣怀的存在

第一，关于此次借款日方的用心和收获，双方心知肚明。

在此次预借生铁价值合同及其续订合同谈判过程中，日方的意图及双方的得失，当事人都有极为明确的阐述。

李维格 8 月 17 日回答实相寺删除第五款末段云："日本之希望，就已达成协议条件看，已经充分实现。日本所感觉不足之矿石、生铁购买目的亦已完全达到，尚对汉阳等要求更多之权利，实难以解释。日本已约定以大冶和新厂为担保，今后万一向外国借款以汉阳等为担保时，对双方必能作出公平处置。"此言冷峻而尖锐，实相寺等立即辩解："日本未抱丝毫野心"，自是此地无银三百两。

1911 年 9 月 12 日，驻中国公使伊集院向外务大臣报告："回溯到本件发端之初来考虑，不外为了急于要在汉冶萍公司的事业上确实扶植我方势力，并确保其与我国的关系。……应着重看到新公司乃至新铁厂，实为汉冶萍公司的一部分，依靠对方的善意及我方的临机筹划，务使本件得以成立。舍此之外，别无他途。"[1] 对其目的及志在必得的决心都表达得十分清晰；值得注意的是，他将"对方的善意"配合列为成功的必要条件，颇堪玩味。至于西泽叫嚷此举"可以成为确定我国将来在长江方面的权利、防御他国野心之基础"[2] 就更为露骨了。

---

① 武汉大学经济学系编：《旧中国汉冶萍公司与日本关系史料选辑》，第 235 页。

② 武汉大学经济学系编：《旧中国汉冶萍公司与日本关系史料选辑》，第 201 页。

最后，小田切对此事的总结是："历来担忧之中美关系，无宁已趋疏远，而日中间之结合，则愈益亲密；再则，生铁增购之结果又可增加我借款偿还之抵押额等等，各方面情况都趋好转，实为可喜。若制铁所与公司之间进而成立萍乡煤炭买卖合同，则根据事态之发展，亦能取得胜利使我国势力延长到萍乡之机会。因此尽早达成协议，系为卑职等所殷切期望之事。"[1]

第二，此次借款无助于解决公司资金困难。

按照预借生铁价 600 万合同计算，其售价扣除还本付息必将不敷成本而导致亏损，已见前文。预借 1200 万，日方亦制定了《本利支付表》，小田切 5 月 12 日向高桥报告："按此计算，则由第一年起到第六年止抵付之生铁价值发生不足。"对此，小田切已有算计：用三井在日每年代售三、四万吨之汉厂生铁价补足；另外，本年起增购之大冶矿石价值，必要时亦可充当借款抵押。[2] 如此，这六年内的售日的生铁、矿石全部用于还本付息，必须再筹巨资维持每年应交日 10 万吨生铁的再生产；另一方面，还本付息每年比 600 万增加一倍，售日生铁仍为 114 万吨，每吨生铁的成本随之剧增，这笔交易的亏损更为巨大、沉重，更难翻身。如此已坠入借款增加——利息加重——成本增加——亏损增加——再增加借款的恶性循环，债务如同滚雪球，越滚越大。

第三，盛宣怀是日本必须保护的有用之人。

慈禧说过："盛宣怀是不可少之人。"[3] 对日本来说，盛也是如此。在此合同的谈判过程中，无论是长期与盛打交道的小田切，还是 1908 年上任的驻中国公使伊集院，对盛的看法、态度颇为一致。关于以汉冶萍全部财产作保，对国内汇报，小田切说"恐有危及盛宣怀地位之虞"；伊集院也说"盛氏地位必发生危险"，对盛大都是谅解、维护的态度，不主张采取强制措施。之所以如此，他们都认为盛氏的存在，对日本更为有利；伊集院说，万一盛死亡或垮台"则关于本件借款之商谈将较前更为困难"；小田切更认为盛如

---

① 武汉大学经济学系编：《旧中国汉冶萍公司与日本关系史料选辑》，第 228 页。

② 武汉大学经济学系编：《旧中国汉冶萍公司与日本关系史料选辑》，第 211 页。

③ 中国史学会主编：《洋务运动》八，第 65 页。

被他人代替"双方关系将由友谊关系一变而为纯粹利害关系,则借款谈判必较今日更为困难。彼时,购买生铁矿石虽可继续,但此外的目的恐将成为泡影。"其将与盛氏的关系界定为"友谊关系",并与"此外的目的"相联系,值得注意。说得更明白的,是小田切 8 月 6 日对高桥的报告,他认为盛对借款的态度及目前的处境"不少地方是应予以同情的","此际,不使其威望受很大损害,以期利用他;对他不严格追究,灵活使用他。以此手段谋求书面之圆满解决最为得计"。实践证明,他们的这些观点和建议在日本高层已得到了肯定和支持。①

联系到光绪三十四年盛宣怀东游日本时,日方元老伊藤、总理大臣桂太郎、外务大臣小村都待若上宾;武昌起义后盛被革职出逃,又受到日方的特殊保护,我们似可认为,盛宣怀的存在对于日本有利,不只是小田切等个人的私见,而是当时日本政府涉清有关人员的共识。

第四,盛宣怀为何搁置续订预借生铁价值合同?

从上述史实来看,续订合同协议并签字后,日方是急于生效、执行的;之所以搁置未生效,完全取决于盛宣怀的态度。

此合同系 1911 年 5 月 2 日在北京协议签订,三方具体缔结人为李维格、小田切、西泽公雄。已出版之档案资料尚未发现盛对此有何函电指示。小田切 1911 年 8 月 23 日对国内汇报:"获悉对方与我国并无任何隔阂,原有认真履行本合同之意,只是根据中国现状,并鉴于公司内情,请求对合同作若干修改而已,并无他意。"事实或许并非如此简单,在此期间,中国现状涉及盛宣怀的有两件大事。

一件是四月初十(5 月 8 日)官制改革,成立责任内阁。盛宣怀被任命为邮传大臣,是所谓"皇族内阁"中仅有的三位汉人内阁大臣之一,登上了其仕途的顶峰。此次复出,宣统二年七月赴邮传部右侍郎本任,十二月晋本部尚书,至此入责任内阁为国务大臣,前后不到一年,表面看来风光得很。

---

① 武汉大学经济学系编:《旧中国汉冶萍公司与日本关系史料选辑》,第 193、195、198、200 页。

实际前脚刚跨入立即便遭到浙江铁路公司总理、立宪派著名首领汤寿潜的当头棒喝。其电奏称："盛宣怀为苏浙路罪魁祸首,不应令其回任,请收回成命,或调离路事以谢天下。"① 偏偏这位春风得意而壮志未酬的邮传大臣还要顶风而上,立即强力推行铁路国有,正处在前途莫测的风口浪尖上。

一件是四月二十二(5月20日)盛遵旨接办川粤汉铁路,与英、德、法、美银行借款六百万镑合同定议签约。盛宣怀在奏折中说明,此款用于修建湖北武昌至湖南郴州、湖北广水经襄阳至宜昌、湖北宜昌至四川夔州三条铁路,合同画押后六个月内,在武昌、长沙、广水、宜昌四处开工。对于汉阳铁厂来说,特大的利好消息是,钢轨及铁路附件,原议为"一半购买承办借款之国",经盛力争,已改为"钢轨及附件皆应自行制造供用,以及购买中国材料皆不给用钱"②。据小田切8月6日致高桥函,盛已对其流露:"熔矿炉设备所需资金,因本国资金充裕,业已筹足。"李维格在实相寺赴汉阳时,也曾对之说明:"公司业已与督办粤汉、川汉大臣订立制造全线钢轨合同,公司事业愈益趋向发达(备考:该项合同钢轨二十万吨及桥梁等项,合计金额一千三四百万两以上,公司已收到二百万两,此后,当可随时借用)。"③ 此处收到之200万两,当是本年六月初六(1911年7月1日)邮传部款项处与汉阳铁厂订定预付轨价合同已经执行。④

这两件大事,基于前者,盛宣怀今非昔比,面对纷繁复杂的对内对外国务活动,尤其是推行全国干路国有,遇到强大的阻力,需要精心全力应对。以至对续订预借生铁价合同的关注度必然明显降低,越来越难以排上重要议事日程;对于小田切大抵是虚与委蛇。基于后者,就资金而言,此时盛宣怀大权在握,筹款能力大增强,续订此合同的必要性和紧迫性大为降低,更没有必要为通过并履行续订合同承担泄密而挑起轩然大波的风险了。

---

① 中国史学会主编:《洋务运动》八,第76页。

② 盛宣怀:《愚斋存稿》上,第431—432页。而《盛宣怀年谱长编》下,第926页"按"云:"这里需要特别说明的,即'接议'后,订明铁路所用钢轨等原材料,至少有一半用汉冶萍公司产品……"疑误。

③ 武汉大学经济学系编:《旧中国汉冶萍公司与日本关系史料选辑》,第214、216页。

④ 陈旭麓等主编:《汉冶萍公司》三,第187页。

七

民初惨淡经营

第二十九章　辛亥年：盛宣怀的邯郸梦

走出十年低谷 / 获取洵贝勒的欢心 / 通过币制与泽公爷深结 / 整肃邮传部 / 晚清铁路政策的演变 / 盛宣怀引爆四川保路运动 / 盛宣怀与袁世凯东山再起 / 资政院："诛盛宣怀以谢天下！" / 五国外交使团庇护下的大逃亡 / "我不知道风是在哪一个方向吹！"

盛宣怀引爆了四川保路运动；

四川保路运动引爆了武昌起义。

走出十年低谷

宣统二年十二月初六，盛宣怀被清廷任命为邮传部尚书。转过年来，宣统三年，是为辛亥年。四月清廷改制，"皇族内阁"成立，盛宣怀留任邮传大臣，亦为国务大臣。立志要做大官、办大事的盛宣怀登上了他的仕途顶峰。

由侍郎到尚书这一级台阶，从光绪二十八年被任命为工部左侍郎算起，他整整爬了十年。

这十年，无论是就仕途来说，或是就事业来说，在他的人生中只能算是一个低谷。这十年对于他是一个接一个的噩梦。

噩梦就是从他当上侍郎的光绪二十八年开始的。那一年的九月，他的父亲盛康去世，按照制度，他必须辞去一切官职，回家守孝。此时，继李鸿章新任直隶总督、北洋大臣的袁世凯，却不客气地出手了。

光绪二十八年十二月十七日，袁世凯被派任电政大臣。

二十九年正月，免去盛的轮船招商局督办，以袁的亲信杨士琦为总理。

三月，原直隶布政使吴重熹为驻沪会办电政大臣，正式接办电政局。

光绪三十一年四月，盛守孝期满进京被召见，此时京汉铁路即将完工，盛称病求退，试探朝廷意向。慈禧说得很好："国家正值多事，汝系旧臣，不当出此。"但也不过是依旧让他回到上海去和列强继续了无期限的商约谈判。

年底，京汉铁路通车，在北京建立铁路总局，唐绍仪任督办，裁并盛设在上海的铁路总公司，盛宣怀督办铁路十年宣告结束。至此，盛创办的轮、电、路相继易手，在他手里只剩下汉冶萍了。

在此期间，盛宣怀千方百计图谋东山再起。光绪三十三年十月二十五日奉旨召见，二十七日吕海寰来电："顷谒邸知，以公为理财老手，向用方殷，拟内用。""并嘱弟传谕，公宜速来。"邸者，当是庆王奕劻。[1] 三十四年二月初七，被授为邮传部右侍郎。刚过了两天，二月初九，谕令仍以商约大臣原差赴沪。《盛宣怀行述》说"盖亦有尼之者也"，指的也是袁世凯。

为其驻京联络，打探信息，传递情报的陶湘，早在光绪三十二年三月致盛密信中说过："总之，解不开者仍在卧雪轩。……至于卧雪宗旨，必使钧处能安然潜伏而后已，倘有动作，彼必按之，防意甚严，恐无论如何降首下心，亦不能接洽。此皆揣其意旨如此，并无实事，然甚实在也。领袖优柔不足道。此外，城北诸公均系随波逐流矣。"[2]

《后汉书》有袁安卧雪，此处卧雪借指袁世凯。领袖指首席军机大臣庆王奕劻，城北诸公指徐世昌等军机大臣。盛宣怀遇上了袁世凯这样强悍有力

---

① 盛宣怀：《愚斋存稿》下，第 673 页。

② 陈旭麓等主编：《辛亥革命前后》，第 22 页。

的对头，存心和他过不去，军机处的大佬们又没人真心实意地替盛帮忙，盛还能玩出什么把戏？

陶湘对袁世凯意旨的揣度是准确的，后来为袁世凯亲口所证实，由孙宝琦在私信中告诉盛。

在那十年里，盛的"生平知己"袁世凯无情地成了他的克星，盛在政治角斗中被袁一跤掀翻在地，死死地按在地上，直到慈禧、光绪去世，袁世凯被放逐，他也没能翻过身来。

获取洵贝勒的欢心

宣统二年七月，盛宣怀终于时来运转。六月二十九日命其来京陛见，到京后召见三次，七月十三日内阁奉上谕："盛宣怀着赴邮传部右侍郎本任，并帮办度支部币制事宜。"不到半年，同年十二月初六晋升尚书。

盛宣怀这次重新起用并快速晋升的奥秘何在？

胡思敬的《国闻备乘》说："盛宣怀既失铁路之利，郁郁不伸者累年。已而袁世凯黜，载泽与粤党争权，窥其有隙可乘，遂贿载泽六十万金，起用为邮传部尚书。"[1] 盛确实曾与载泽有意接近，是否贿赂 60 万两银子，似无确证。但盛的擅长送礼却是无可置疑的，他为慈禧七十大寿送的寿礼，"上颇欣悦"；礼王世续评定在众多亲贵大僚中独占鳌头，"件件精致"，"故圣心深许"。奕劻过生日时，盛"谨备日金币二万元……聊供备赏"，派了陶湘单独请见送到奕劻的手里，至今还留下了奕劻一封辞藻华美的复信。[2]

台湾苏同炳说："自载沣监国后，北府声势骤隆。太福晋颇暗中干政。宣怀谋擢尚书，介府中管事人某通殷勤。"[3] 宣统元年五月二十七日，盛宣怀的侄儿盛文颐曾来函献策："摄政貌似精明，实则权均操之于涛、洵，从中总机关尚在八姑奶奶（福晋），所以两介弟结好于八姑，而能使其乃兄之言

---

① 荣孟源等主编：《近代稗海》一，四川人民出版社 1985 年版，第 302 页。

② 陈旭麓等主编：《辛亥革命前后》，第 15、42、44 页。

③ 苏同炳：《中国近代史上的关键人物》下，百花文艺出版社 2000 年版，第 854 页。

听计从。""八姑则专爱钻戒，两弟则既爱财，又爱马，欲念不甚大，而两介弟之总管更易交结，只要派一可靠之人进京运动，一拍即合。"①从现有档案资料来看，确实是盛氏本人与载洵曾经有过非同寻常的交往。

宣统元年五月，光绪六弟、郡王衔贝勒载洵被任命为筹办海军大臣。出国考察八月初回到上海，盛宣怀向载洵建议仿照日本自造兵舰，由汉阳铁厂提供钢材，并邀请载洵去铁厂视察，获得首肯。盛连日致电李维格等布置接待事宜，竭力获取载洵的欢心。八月初八先后两电，后电云：

> 接南京函：洵邸恐武昌来往江面，耽误时刻，故欲驻节厂内，便细看等语。看厂须备椅子轿，须用黄缯，各厂挂龙旗、彩绸、松柏，随员多备轿、马。铁厂既不吃饭，须备各小碗燕菜及杏酪汤、各碟点心。各厂均须备椅子，小坐片刻，不能立看。小坐之时，吃汤点最好。邸驾想必住宿，军门及随员如分住我厂，床铺可向官借，请一切与官局商办。宣。虞。②

细尾末节，一一指点，盛考虑得何等周到。

宣统二年六月二十五日，盛宣怀拟赴京请觐，先电告他的亲家、山东巡抚孙宝琦："请觐折日内发，批准即航海行。去年洵贝勒面传监国谕令，病痊即进京，并谓实缺官毋庸候召。"六月二十八日，盛请军机处代电奏云："本年奉旨盛宣怀着充中国红十字会会长，正拟酌议办法，请旨遵行，旋准军咨处咨开，奏请详核红十字会未尽事宜，所列办法精审详明，造端宏大，亦当面请军咨处海陆军大臣亲授权宜，方能筹办。"显然，此次盛得以晋京请觐、任职，是以载洵及管理军咨处事务的载涛两兄弟为内援，并早以筹划就绪。③

六月二十四日、七月十一日，盛先后致洵郡王电函，为其即将赴美献

---

① 陈旭麓等主编：《辛亥革命前后》，第74页。
② 陈旭麓等主编：《汉冶萍公司》三，第1151—1153页。
③ 盛宣怀：《愚斋存稿》下，第684页；盛宣怀：《愚斋存稿》上，第588页。

策，欲以借款联络美国："殿下此次赴美，自宜设法与美廷妥议牵制日俄之策，匡时救国，在此一着。""邦交之道非可尽托空言，须有实事相交，方有密切之关系。英之于日，法之于俄，皆以借债为联合，我亦何妨效法。……与彼议借巨款，以示相交之雅。彼必诘我何所用？则云现照商约整齐币制，中国地广物博，非预铸新币数万万不能敷用。"[1]

盛宣怀到京后召见三次，咨询时事要政，七月十三奉旨赴邮传部右侍郎本任。就在当天，载洵与盛宣怀有过一次"午间畅叙"，下午四点钟载洵就写了一纸密函要向盛借钱。原来上年载洵考察海军而遍游欧美，回来便造了一座西式楼，花了十余万，现在即将完工，还指望着在新楼里接待来访的德国王储。只是造价还欠四五万两银子，"因思平夙引为知己者唯宫保阁下耳，拟请暂为假贷"。仅仅隔了一天，没有得到回复，十五晚载洵再次去信，只有一句话："前日专呈一缄，得邀青睐否？只以未奉福函，用敢再申渎请，请希心照。"盛宣怀本拟以王爷的谋士自居，王爷却只将盛视为财神。[2]

八月二十九日，盛电寄日本佐世保洵贝勒："贝勒爷钧鉴，已派新铭恭迓，并饬路局严加警备。姚道到津迎接，面禀一切。资政院请速成国会，明日御前会议。"[3] 短短一封电报，内容丰富，而最重要的是严加警备，确保安全。载洵曾在旧金山被人谋刺未遂，而此次回国，事先盛早有保卫部署，可谓想洵之所想，急洵之所急。

通过币制与泽公爷深结

起用盛宣怀的上谕中还有一句话："帮办度支部币制事宜"。顺着这根藤摸下去，执掌度支部大印的，从光绪三十三年四月起，就是载泽，嘉庆之后，贝子衔镇国公，人称泽公爷，关键还是隆裕的妹夫，慈禧的侄女婿。《盛宣怀行述》称："近数年来朝廷锐意整顿币制，度支部尚书泽公夙知府君富

---

① 夏东元编著：《盛宣怀年谱长编》下，第 908、910 页。
② 陈旭麓等主编：《辛亥革命前后》，第 75—76 页。
③ 盛宣怀：《愚斋存稿》下，第 684 页。

于币制学识，虚己以听。"①

根据已刊的史料，盛宣怀至迟在光绪三十四年的二月之前就已经与载泽建立了亲密的联系。二月二十九日泽公来电："钞件收到。南皮项城近递说帖，迹近武断。慈意甚不谓然，故仍交议；倘得执事痛切一言，必可决议。望速递。"②此次在慈禧召见盛宣怀时，曾问过盛对币制的意见，"谕令详析条陈"。载泽此电的大意是，在币制问题上，泽不同意张之洞、袁世凯的意见，慈禧也让进一步讨论，载泽希望盛出来说话，促使问题解决。看来盛采取了审慎的态度，没有立即复奏，但接受了秘密为载泽调查、筹划币制方案的任务。

三十四年三月二十三日，盛致泽公爷函：

> 公爷钧座：濒行肃上寸笺，度邀青鉴。廿日车中细阅各省复件，以赵、林为最切要。廿一绕汴梁，廿三抵鄂。拟将州县收纳钱粮，必使官民毫无阻碍，方免他人指摘，容俟多查数省，多觅实证，多资臂助，以期谈言微中，但求略缓定议耳。附缴钞件，乞詧收为祷。敬请崇安。名心叩。

"各省复件"当系报给度支部的关于币制的意见。林、赵是林绍年、赵尔巽。林时任河南巡抚，盛绕汴梁是去与林当面交换意见；赵时为湖广总督，将调四川，盛到武汉于二十八日与赵面谈后，二十九日又去信云："南皮甚虑币制定价民有窒碍。鄙见中外交通、商民交易、官兵俸饷，皆无可虑；惟州县钱粮须待研究。"并要求介绍"此间熟谙钱谷、通达民瘼的人士"以便他进一步访谈、调查研究。四月初五，盛在接到载泽两次来电后，上书泽公，提出："南、项所递说帖是分是合，资政院政务处会议是分是合，约须何日复陈，均甚悬系。"汇报了在河南、湖北两省的调查后，认为"民间交纳钱粮，如币有定价，便可听其银铜并交，百姓无加减，州县无赔累"。

---

① 中国史学会主编：《洋务运动》八，第76页。
② 盛宣怀：《愚斋存稿》下，第674页。

"再调查数省便有把握"，并强调"东西洋处此等改革大政，亦必经多番考核而后定，钧处似宜痛陈宫邸，宁缓勿躁"。又开了一份清单，要求载泽为他提供一批文件。① 四月二十日载泽来电云："部不画诺，资不赞词，决难定议，专望大作，力挽狂澜，寄沪一函到否？电示。"② "部"或指度支部，"资"应指资政院，因两处都不表态，载泽再次催促盛发表意见，是很看重盛的。盛却不为所动，直到盛去日本实地考察后，"携回书籍研究数月"，并参考了伊藤所说的"立宪必先清厘财政"，松方正义所说的"财政必先整齐币制"，以及日本开办银行的宗旨，"其要在银行与造币局联成一气等"情况，于宣统元年闰二月，上奏了《请推广中央银行先齐币制折》，并附三份清单：《币制各种办法成式》《画一币制统归银行办理条议》《各督抚臣币制奏议摘要汇录》。出色地交出了答卷，有方案，有资料，系统周详，充分展示了盛宣怀研究社会经济实际问题、制订方针政策的高超能力。闰二月十三日，载泽从北京来电："盛宫保折批度支部知道。特闻。"③

晚清的币制问题很复杂，当时银两、银圆、铜圆、铜钱同时流通，外来银圆与各地自铸者成色不一，折扣不同。如何统一币制，是个大难题，专业性很强。从上述史料，我们看到盛的态度是极度重视而又审慎的，具有很强的社会责任感，既要广泛认真听取各地"熟谙钱谷、通达民瘼"人士的意见，又要亲身赴日本考察、学习成功的经验，"宁缓勿躁"。其中，尤以是否便于百姓交纳钱粮为重点，务必做到确有把握，更是难得。盛宣怀不在其位、而代载泽谋其政，以此深相交结，便不可忽视其有为国为民的道义因素。

另一方面，这一方案也反衬了政府相关部门人才缺乏而无能。盛氏本人可能也有感触，在此之前，曾致函其新结亲的山东巡抚孙宝琦："泽公尚可与有为，惜无好帮手。"④ 孙闻此言，心领神会，积极向载泽推荐盛宣怀，仍然是以财政币制为题。宣统二年二月十三日孙致盛函谓："海内明达财政币

① 北京大学历史系近代史教研室整理：《盛宣怀未刊信稿》，第93—95页。
② 盛宣怀：《愚斋存稿》下，第674页。
③ 盛宣怀：《愚斋存稿》上，第360—383页；盛宣怀：《愚斋存稿》下，第677页。
④ 北京大学历史系近代史教研室整理：《盛宣怀未刊信稿》，第185页。

制者惟公，是以专函向泽公言之。又恐不谐，先后分致琴相、蔚若、瑶圃反复叮咛，冀得一当。"琴相，指那桐，字琴轩，时为军机大臣、文渊阁大学士；蔚若，吴郁生字，吏部左侍郎，时在军机处学习入值；瑶圃即度支部侍郎陈邦瑞。函内附孙《拟上度支部尚书载泽书》云："窃见邮传部盛侍郎，才长心细，体大思精，前曾游历日本，与该国当轴诸君研求币政，且于中国财政商务阅历至深，确有见地。倘蒙特召入都，得以趋承崇斋，藉备询问，于币政必能尽抒所见，上资裁择，亦可备特设专管之选。"所谓"趋承崇斋"云云，是给载泽做幕僚，出主意、作笔杆子；所谓"特设专管之选"，后来孙在致陈、盛函中都有说明，是举盛专司造币银行之责，并不是要让盛在度支部堂官中占一席之地，没有和陈邦瑞、绍英争夺地位的意思。后来陈、吴二人都有回音，孙都转给了盛，自然是极力赞同。①

　　淮军的第二代、四川总督刘秉璋之子刘体智云："泽公用武进盛尚书，有贝之财与无贝之才兼收而并蓄。武进谙于财政，为是时第一流人物，有王者起，必来取法，钧衡重任，当之无愧。然泽公拥有汉冶萍股票，其暗号曰'如春'，谓帝泽如春也。虽不敢遽定为贿，抑无人能断其非贿矣。"②言简意赅，总结得很好。

　　看来这次盛宣怀重新起用，至少有两条线，一条是载洵，一条是载泽。后面这条线，既有孙宝琦为他牵线搭桥、疏通关系；又有他自己积极自我表现。这两位都是皇族新贵，是在摄政王载沣面前能说话、且说话能起作用的人。这就清晰地显示了盛宣怀在宣统时期新的政治路线图；因此，也打造了他后来进入"皇族内阁"的晋身之阶。

　　我们还看到，载泽有些替摄政王载沣出主意的节略也是盛起草的，如《辛亥革命前后》所载，武昌起义后，八月二十九盛就一口气为载泽写了三份面奏节略，据说载泽要求起用袁世凯的建议也是盛代拟的。刘体智称"武进为泽公谋主"，看来是公开的秘密。固然是盛把自己的主意变成了载泽的

---

① 王尔敏等主编：《盛宣怀实业朋僚函稿》下，第1444—1448页。
② 刘体智：《异辞录》，第230页。

主意；同时也说明，有些话还必须要借载泽之口来说才有效。

整肃邮传部

辛亥年，盛宣怀六十八岁，已是望七之年。他多年痰喘咯血，去了一趟日本也未医好。

十年受抑制，他有多少抱负没有来得及施展，有多少追求没有来得及实现？十年受抑制，他又积累了多少官场恩怨、江湖情仇有待清算、有待了结？好不容易登上了向往已久的邮传部尚书的金交椅，势必在内心迸发出一股不可抑制的紧迫感。宣统元年五月盛在为端方出谋划策的一封密信中说："人生百年耳！处今之世，不做则已，做则何所退让。"[①] 如此标榜，也算是夫子自道吧。

执掌邮传部大印的半个月后，宣统二年十二月二十一日盛在致郑观应的信中说："近来部事诸待整理，裁员节费，甚多为难，而内政外交，更为棘手，惟有破除情面，不避嫌怨，以期稍尽我心而已。"[②] 他已经下定了决心，将要大动干戈整肃邮传部内人员了。

首当其冲被拿来开刀祭旗的，是邮传部左参议、铁路局局长梁士诒。

梁士诒，字燕孙，广东三水人。光绪二十年二甲进士，翰林院编修。光绪二十九年经天津海关道唐绍仪介绍，被袁世凯聘为北洋编书局总办，所谓的袁世凯兵书，多出自梁手，由此与袁世凯及其北洋集团结下了不解之缘。光绪三十年唐绍仪出任议藏约全权大臣，调梁为参赞，随同赴印度与英国谈判。三十一年十一月唐为外务部右侍郎，兼督办京汉、沪宁铁路大臣，任梁为铁路总文案，自此梁介入中国铁路事业，开创了北洋交通系对于交通事业的控制垄断。三十三年邮传部设五路提调处，梁任提调，创设交通银行，后裁撤提调处，另设邮传部铁路总局，以梁为局长，"专管借

---

① 北京大学历史系近代史教研室整理：《盛宣怀未刊信稿》，第172页。
② 夏东元编著：《盛宣怀年谱长编》下，第919页。

款及各路行政事宜"。

在中国近代铁路史上，梁士诒所扮演的角色，可说是取盛宣怀而代之。标志性的事件是光绪三十一年冬，盛宣怀在上海的铁路总公司被撤销，中国铁路建设的主导权落于北洋集团之手，而盛宣怀被排除在外。梁是袁世凯北洋集团与盛争夺路权的具体执行人，有人认为盛对梁的怨愤便由此而来。《三水梁燕孙先生年谱》说：

> 吾国铁路，创始于李鸿章、刘铭传。主其事者，则以唐景星、伍廷芳等为先进；盛为后起，逢迎李意，掠美擅权，坐拥厚资。自设立铁路总公司后，内容尤深密不可言。先生佐唐钩窍清厘，欲扫除荡涤一切，旧日有关系人闻之大惧。先生之与盛结怨亦自此始。①

所谓"深密不可言"者，袁世凯在保奏梁士诒时就把它点得更清楚了：

> （梁）心精力果，学识兼优，经邮传部奏充铁路总局长，综核详明，有条不紊，并将历年与各国所订借款合同，钩稽得失，于事权、利权挽回不少。②

盛宣怀任铁路总公司督办大臣期间，自光绪廿二年至卅一年末近十年，直接与外商订立借款合同的共有卢汉、正太、沪宁、汴洛、道清五条铁路，当时预计修建里程为两千多公里，借款总数为英金 1065 万镑，约合 26625 万佛郎。不仅数额空前巨大，而且都是九折实收，年息五厘，由债权人代管行车 30 年，分享 20% 的盈利。③ 这些条件在朝野引起极大争议，普遍认为我国路权受到了巨大的损失。梁士诒等所谓"深密不可言"者在此，舆论和言路纷纷指责或弹劾盛宣怀的要害在此，导致盛不得翻身的根源，实际也

---

① 凤冈及门弟子编：《三水梁燕孙先生年谱》，文海出版社 1972 年版，第 54 页。
② 凤冈及门弟子编：《三水梁燕孙先生年谱》，第 73 页。
③ 凌鸿勋：《盛宣怀与中国铁路》，载易惠莉编《二十世纪盛宣怀研究》，第 383 页。

在此。

一旦修建铁路的管理权易手，尤其是铁路经费的掌握使用易手，舆论和言路的关注点也随之而改变。梁士诒多年之后曾经对人说过，"弟曾于一年之间，被参劾十六起"。在盛宣怀未到邮传部上任之前，已有给事中及各道御史七人参奏梁把持路政、任用私人、虚縻公款等。盛到任后，这股势头自然是变本加厉，时人称之为"七煞除五路"，等着看这台好戏。

宣统三年的春节刚过，盛宣怀就趁势上了一道《请撤梁士诒差使片》。梁的罪名是"款项悉归其动拨，路员听命于一人，遂不免有把持之名"，"现拟暂设清查款项处，严其关防，宽其时日，遴派精于会计者数人，调齐路局银行各项账目及历来收支出入凭证，逐一核对……"① 同时裁并铁路总局的机构，牵连被撤的人员达130余人。一时成为热点新闻。《申报》1911年2月28日报道《邮部人员终不免于更动》；《民立报》3月5日则称之为《邮部之鬼哭神号》："将局长梁士怡、提调叶恭绰、关赓麟等撤差外，所有图书局、测绘处、交通研究所、官报处亦一律裁撤，局长事务归李侍郎专责，叶、关二员专办，惟副提调袁长坤仍旧，提调则已改派胡祖荫及路政司司长何启椿接充。"

李侍郎即李鸿章之子李经方，盛宣怀请他来协同坐镇，但事情还得要靠叶恭绰等人来做，这就透露了盛控制邮传部有些力不从心。叶恭绰本是梁的左右手，此时便如同身在曹营心在汉的徐庶。《叶遐庵先生年谱》说："正月二十四日免铁路总局提调，专任承政厅厅长，尚书盛宣怀意也。……宣统二年冬，盛继徐任，意梁士诒与先生皆唐系，遂于翌年春，奏撤梁之铁路总局局长职，连及先生，遂有是命。承政厅如今之总务司，事权颇重，先生避嫌不事事，委蛇而已。"②

那梁士诒自被撤职后，每日闲游西山看风景，悠然自得，仿佛不问政治。实际上却通过叶恭绰等遥控着邮传部的旧人，对于盛的作为了如指掌。

---

① 盛宣怀：《愚斋存稿》上，第415—416页。

② 遐庵年谱汇稿编印会：《叶遐庵先生年谱》，文海出版社影印1946年本，第14页。

几个月后，袁世凯再度出山组阁，梁一跃而署理邮传副大臣，由此而交通系进入全盛时期。

晚清铁路政策的演变

补授邮传部尚书命下之日，盛宣怀在谢恩折中说，"……凡本部缺憾之端，皆微臣疚心之事。臣于路电轮船均经手创办，但今昔情形迥不相同，自非不避嫌怨，力任巨艰，恐难振全部之精神，冀交通之尽利。"言辞之间，既有一股"舍我其谁"的霸气，也不无"早当如此"的怨尤，还有一股"豁出去了"的劲头。①

素以勇于任事著称的盛宣怀，在上任数月之内，诸如收回邮政、接管驿站、规划官建各路、展拓川藏电线、厘定全国铁路轨制等，一件一件地组织实施，此外尚有币制改革极为细致复杂，救灾放赈十万火急，都要耗费巨大的精力，他的亲属说他"虽不遑寝处，而未尝言劳"，倒也是实情。

此时，他已兼任轮船招商局董事会主席、夺回了对它的控制权，汉冶萍公司向日本贷款正在抓紧进行。将各省官办电报收归邮传部管理之后，便大刀阔斧地把铁路问题推上了重大议事日程。

晚清的铁路政策，从官办到商办再到收归国有，有一个演变转换的过程。

1904年，争夺对我国东北地区控制权的日俄战争在旅顺爆发，再一次燃起了国人的忧患意识和要求变革的激情，在立宪运动勃然兴起的同时，一个收回利权的思潮席卷中华大地。收回利权首先是收回被列强攫取的铁路、矿山，从1905年四川绅商创办川汉铁路有限公司起，到1906年进入高潮，先后有十余省办起了民营铁路公司，收回粤汉、沪宁、苏甬杭、广九等铁路的修筑权，招股集资自办。但是，此时的民族资本尚不具有大规模兴建铁路的经济实力，加之封建王朝末期社会根深蒂固的腐败习气，几年下来，商办

---

① 盛宣怀：《愚斋存稿》上，第410页。

铁路进展缓慢、成效甚微、弊端不少，不仅资金难筹、人才短缺，而且管理不善、出现严重贪污、挪用和浪费。各地自行其是，难以统一规划、协调衔接。

光绪三十四年（1908年）五月二十七日，一道上谕下到邮传部，指责商办铁路公司"奏办有年，多无起色，坐失大利，尤碍交通"，令邮传部派员勘查，对于不能按期完工的，"即由该部会同该管督抚，另筹办理，并将该省所举承办人员差使，查照商部历次奏案分别撤销，以期各路迅速造通"。表明曾经同意铁路商办的朝廷，开始转了风向。① 1909年6月6日，张之洞与英、法、德订立《湖北湖南两省境内粤汉铁路及鄂境川汉铁路借款草约》，表明这位主管铁路的中枢重臣已经改弦易辙，将他主管的铁路工程退回到借债修路的老路。宣统二年（1910年）二月，云贵总督李经羲上奏，"拟请饬部迅将滇蜀铁路收归国有，赶速测勘，并先将滇桂铁路设法筹办"，表明边远地区的督抚难以自筹资金也有了铁路国有的要求。② 同年11月23日《民立报》刊登《南浔路生机绝》报道，称该路将"收入部办"，"将来各省商办之路，均须次第归并，特借赣路以树先声"。此时邮传部右侍郎的椅子上坐的是盛宣怀，铁路国有政策的出台已经是山雨欲来风满楼了。1911年2月18日新晋升为尚书的盛宣怀断然向四国银行代表表态："川汉等路，不欲筑造则已，苟欲全工告竣，则非借外债不可。"③ 明确无误地为借债修路定下了调子。

盛宣怀推行铁路干路国有，不能说它没有一定的合理性，譬如说，当时商办铁路确实资金不足、较普遍地存在一些弊端、亟待改变；譬如说，中国领土辽阔，建设铁路必须由国家统筹全局、加强管理，分清缓急，逐步实施；譬如说，盛在日本考察，亲自了解到日本人实行铁路国有，成效显著，

---

① 《现世报》光绪三十四年（1908年）七月第五号，转引自苏全有《清末邮传部研究》，第367页。

② 陈宝琛等编：《清实录》60，中华书局1986年版，第567页。

③ 《盛宣怀甘心媚外》，《民立报》1911年2月18日，转引自苏全有《清末邮传部研究》，第380页。

值得学习；这些也都是导致盛推行铁路国有的实际因素。但是，还有一个显而易见而又不可忽略的个人因素：此时坐在邮传部尚书金交椅上的是盛宣怀，实现铁路国有，就是企图实现盛对全国铁路的重新垄断，重温当年被人剥夺的壮志和辉煌。

当时，盛要推行铁路国有却两个不可避免的矛盾。一是铁路国有，国家并无资金，仍然是借外债修路，必然要给列强让权让利，这就与此前数年间全国各地风起云涌的收回权利的浪潮逆向而行。百年来，许多学者也曾认为"所谓收路国有的实质就是出卖路权"。二是推行铁路国有，与各地商办铁路公司处于对立的地位。而后者汇集着各地的精英，如苏路张謇，浙路汤寿潜，川路蒲殿俊、张澜、罗纶、邓孝可等。这些人往往具有多重身份，既是有过功名的在籍官员，又是创办新兴企业的领头人；既是全国立宪派的代表人物，又是各地咨议会的首领。有的还是享誉全国的引领时代思潮的学者名流，或是控制新闻媒体、联系广泛、善于呼风唤雨的社会活动家。其中如汤寿潜，此前曾因反对起用盛宣怀经管铁路上书载沣而名满天下。在各地商办铁路公司林立的背后，在反对借洋债、保路权的呼声遍及全国的背后，实际上显示的是一种时代趋势：民族资产阶级正在迅速发展壮大。这一新兴群体不仅在经济上求发展，而且在政治上争地位，在思想上正在发挥重大影响。

盛宣怀引爆四川保路运动

遗憾的是，盛宣怀既未认清也不能适应这种时代趋势，不是采取措施化解既有的矛盾，而是冒天下之大不韪，激化了这些矛盾。

实施如此阻力极为强大、经济利益牵涉面极为广泛的重大政策转变，盛宣怀凭借的是执政合法性极度衰减、执政能力和威信极度低落的载沣政权的专制权力，利用这个腐败衰朽的末代王朝所赋予他的行政职能，强制性地推行，或辅以传统的统治权术。在具体操作上，导致矛盾激化的做法主要有几点：

一、急于求成，一意孤行；投机取巧，陷入孤立

且看下列推行铁路国有的时间表：

宣统三年四月六日，给事中石长信上奏："今后为国计民生兼筹并顾，惟有明定干路为国有、枝路为民有之一定办法，明白晓谕，使天下人民咸知国家铁路政策之所在。"①

四月？日，盛上奏《复陈铁路明定干路支路办法折》，"臣等谨案原奏各节，皆属详尽，而其要尤在干路收归国有，迅速筹办，支路则仍可由商民量力办理，此为要领。臣部经与外务部、度支部王大臣再四面商，意见相同。……应请圣明裁断，并恳明降谕旨晓示天下。"此件《愚斋存稿》未标明上奏日期，当在四月初七至初十这三四天之内。

四月十一日，从邮传部大臣盛宣怀奏，诏命天下铁路干路均归国有，定为政策，"从前批准干路各案一律取销，至应如何收回之详细办法，著度支部、邮传部凛遵此旨，悉心筹画，迅速请旨办理。"

四月十二日，邮传部、度支部电湖广、两广、四川三总督，尽速与各该省铁路公司洽商，接办川汉、粤汉铁路。②

四月十六日，朝廷命端方为督办粤汉、川汉铁路大臣。

四月二十二日，盛与四国银行团订立合同，借六百万镑。同日，监国摄政王钤章钦奉谕旨："邮传部会奏，粤汉川汉铁路接议英、德、美、法各银行借款合同，磋商定议，膳单呈览，业请旨签字盖印一摺，著邮传部大臣签字，余依议。"③

从石长信上奏至订立借款合同，总共只有半个月的时间，表面看来，紧锣密鼓，进展神速；实则是暗藏着盛的小算盘，利用撤销军机处与成立内阁两者职权衔接的空档，赶在资政院全国大会召开之前，将此决定发布，使之

---

① 宓汝成编：《中国近代铁路史资料》，第 1235 页。

② 盛宣怀：《愚斋存稿》上，第 429—430 页；盛宣怀：《愚斋存稿》下，第 219—220 页。

③ 《北京日报》宣统三年（1911 年）四月二十三日；宓汝成编：《中国近代铁路史资料》，第 1232 页。.

木已成舟。此时朝廷内部以及朝野之间，就此本难形成共识，盛采取遮盖矛盾、压制不同意见的手腕，终于是纸里包不住火；急于求成反而留下了无数隐患，旋即一一发作。

石长信在奏折中说什么"是以干路归国有命下之日，薄海百姓必无阻挠之虞"，事实恰恰相反，收路命下之日即引起强烈反对。5月24日《大公报》称，"湘省人民极为反对，现今开会议决抗拒，群情汹汹"，"粤省绅商大动公愤，纷筹对待之法，已决定一面奏劾大臣盛宣怀，一面质问总协理大臣"。

由于急于求成，盛事先未与督抚们沟通协调一致，湘抚杨文鼎、护理川督王人文都一再提出不同意见，为本省绅商说话。①

由于急于求成，盛有意绕过内阁行事，乘总理奕劻、协理那桐、徐世昌尚未在内阁就职之际直接上奏，奕劻等人也就乐得不闻不问，站在一边看着盛成为众矢之的。

由于急于求成，赶在资政院开会之前出台，刻意避开民意机关的审议，议员们积压的愤怒在武昌起义后如火山爆发，要求严惩罪魁祸首，盛宣怀终于不可避免地遭到了灭顶之灾。

有的论文在充分肯定铁路国有政策的前提下，指出失败原因是清政府没有把相关铁路事宜交与咨议局，没有遵守《公司律》。②从资政院大会的记录来看，议员们对盛的愤怒，主要是不能容忍盛对他们这些代表民意的新贵们如此轻慢，对铁路国有政策本身的非议尚在其次。但是，从当时的情势来看，盛之所以制造借口、不提交给资政院审议，应是充分估计到资政院不可

---

① 四月十七日，与盛系多年至交的湖南巡抚杨文鼎，致盛函云："连日因路事电陈一切，想蒙垂鉴。此间自奉明诏，铁路收归国有，人心大乱，开会演说，聚众万人，哗躁滋闹，语多激烈，其所发传单竟有罢市停课、藉端要挟之语。""湘中与鄂不同，确有的款，工程亦实系进行，遽令取销商办，必不甘心……此时湘人所不平者，以粤省糜费甚巨，而湘公司十分核实；川省倒账，巨款无告，而湘公司则分文不少；鄂省毫无基础，而湘公司则实有已成之路。今相提并论，是以不服，持之亦尚有故，应如何分别办理之处，统乞钧处与政府妥商办法。文鼎责在守土，地方治乱所系，不敢不据实上达。"（王尔敏等编：《盛宣怀实业朋僚函稿》下，第1999—2000页。）

② 陈晓东：《清政府铁路"干路国有政策"再评价》，《史学月刊》2008年第3期。

能通过铁路收归国有的决议。我们知道，相关地方的商办铁路公司总理，本身便是各省咨议局的首领，如张謇是江苏省咨议局议长，汤寿潜是浙江省咨议局议长，蒲殿俊和罗纶也是四川省咨议局的议长、副议长，资政局内各省议员大多是本省铁路公司的重要成员和大股东，资政院不啻是反对借款修路的大本营，铁路收归国有的方案必然会在资政院遭到激烈的反对。

二、在摊还股本上与民争利，激发了川民的强烈不满

收四省之路，为何独独四川保路最为激烈？一般都认为与盛氏采取的所谓"区别对待"的政策有关。

铁路收归国有的关键环节是如何返还股本。据《遵筹川粤汉干路收回办法折》，因为四省情况各有不同，盛宣怀制定政策的原则是"大约以商股与公捐不同，实用与虚糜又不同，故不得不稍示区别，或还现款，可给保利股票，或给无利股票，分作三项办法。"盛给四川制订的政策是："宜昌实用工料之款四百数十万两，准给国家保利股票，其现存七百余万两愿意否入股、或归本省兴办实业，仍听其便。"后来致电川督赵尔丰又云："尚存银七百万两，此系通省租股势难分还。若留办本省枝路，矿务实业，亦无把握，川省京官议换国家铁路股票，以完宜昌至归州一段工程者居其多数。"分明是想将这一大笔银子控制在手。①

四川与粤湘鄂三省不同者，一是以"租股为大宗"，按"收租在十石以上者，均一律照抽"，实际上各县都是随粮摊派，几乎全川人民都有川汉铁路的股份。二是铁路资金被管理人员私存钱庄倒账损失近三百万两。

如此，四川的租股既不能如湘、鄂的商股一样照本发还，其中三百多万倒款又要四川人民自负其责，便成了归还股款的症结。在川人看来便是"优于湘粤，独薄于四川"，"股款宜由部接收""已集之款入作公债"实为强夺民财，"邮传部侮辱川人甚"。五月十七日，盛所签订的粤汉、川汉铁路借款

① 盛宣怀：《愚斋存稿》上，第441—446页；盛宣怀：《愚斋存稿》下，第240页。

合同寄到四川，举凡筑路中会计、监督、用人、购料以及路成后的管理等主权均有丧失，为英美法德四国所占有，更激起川民的极大愤怒，数千人于五月二十一日集会，声讨盛宣怀卖路，成立"四川保路同志会"。川人本来主要是争取发还路款，保路是为保款；继而保款无望，激而坚决保路。[①]

南方的一些民族资产阶级代表人物，希望化解这个僵局，对盛或当面进言，或写信忠告。张謇于五月中旬进京，在摄政召见时谈到"四川铁路收归国有，须宽恤民隐"，随即载泽约盛宣怀与张謇共同商议，张认为川路所亏的三百多万"输出者川之人民，亏挪者川之绅士，当然一面查追绅士，一面允给川人"。盛仍然强调"川绅所亏者三百余万，政府不应受此亏数"，一再坚持要从中扣出。最后张謇说："如所言未尝非理，但甲商与乙商言，当如是。政府与人民有涵覆之义，且收民路为国有，政策也；政策以达为主，不当与人民屑屑计利。"[②] 这些道理盛宣怀是听不进去的，只得不欢而散。

三、始终采取强硬手段，力主镇压，致使矛盾激化而不可收拾

五月二十一日，清廷公布盛宣怀拟定的川粤汉铁路收回办法，同时发布批准它的上谕，结尾说："经此次规定后，倘有不逞之徒，仍藉路事为名，希图煽惑，滋生事端，应由该督抚严拿首要，尽法惩办，毋稍宽徇，以保治安。"字里行间，已是杀气腾腾。据 6 月 26 日《申报》中《邮传大臣之压制手段》一文，盛宣怀拟旨时本来写的是"一体严拿，就地正法"，也就是说，只要不同意铁路国有，抓来不分青红皂白，就要杀头。连徐世昌都看不过去，对载沣说了话，才由徐执笔删去那八个字，改成后来的模样。

盛企图利用职权封锁反对的声音，五月十三日邮传部饬令上海、武昌、长沙、宜昌、成都电报局不得收发关于反对干路收归国有的电报。七月二十七日湖南绅民拟电"致资政院，电局以前奉邮传部示，凡关于路事各电，非有印文，不得代发，且以电中语意，过于激烈，坚持拒之。绅民益愤不能

---

① 戴执礼编：《四川保路运动史料汇纂》，台湾"中央研究院"近代史研究所史料丛刊，1994 年版，第 4、23 页，编者序第 2—3 页。
② 张謇研究中心等编：《张謇全集》六，第 874 页。

平，好事者故甚其辞。居民一夕数惊，大有草木皆兵之象"①。盛还咨请民政部禁止报纸登载路事消息。

压制不力的护理川督王人文被撤换后，七月初三日盛致电新任的川督赵尔丰："要胁罢市、罢课即是乱党。湘、粤初亦如此，经告示严禁，有'格杀勿论'字样，乃能相安无事。……罢市、罢课倡首数人，一经严拿惩办，自可息事宁人。"与此同时，盛致函内阁总理大臣奕劻，转述端方和湖广总督瑞澂力主严惩的电报，强调"赵督不早遏抑，以至日久酝酿，恐将不可收拾。为今之计，惟有商之内阁，请发严旨，责成川督切实劝告，不听则强制执行，严拿为首倡议及从中鼓煽之人，惩办一二，或可渐戢嚣张。""其如川省一变，粤、湘必从而附和，民气愈嚣，主权必从此沦替，此实关系大局，非仅路政隳败，恐内政外交一切均无从下手也。"② 他这里着力维护的"主权"，与"民气"相对立，是指君主独断专行的专制之权。当时的舆论便已作出盛宣怀"凶猜险狠，对于川路风潮，竭力主张压制"的结论。③ 后来编辑《愚斋存稿》，盛家却把一些露骨的话删去了。

预备立宪公会会长、浙江铁路公司代表朱福诜，当时正在京中与盛联系沪杭路与英公司销约事宜，从《盛宣怀实业朋僚函稿》《辛亥革命前后》收录的朱致盛函，我们可以看到，在铁路收归国有的过程中，每一关键时刻朱福诜都曾对盛提出过建议、劝说和警告，以至在武昌起义后对盛慨叹："弟于收归国有之次日，即言拒款不已，必至反抗；反抗不已，必至暴动。川乱既起，则言当有善言晓谕蜀民，使其即时解散。至十九日则又言川事蔓延未已，恐他省闻风蠢动至之……次日而鄂乱闻矣，知无不言，言无不验"。八月二十三日午间致盛函云："昨接南中警电，以路事缴款不奏，人情匈匈，谓宫保对于人民锱铢必较，对于外人甘受无本之绝大亏耗，是明明弃人民也。一倡众和，势将大起风潮。"对人民的态度与对列强的态度形成鲜明的

---

① 戴执礼编：《四川保路运动史料汇纂》，第 630 页；宓汝成编：《中国近代铁路史资料》，第 1261 页。

② 陈旭麓等主编：《辛亥革命前后》，第 130—132 页。

③ 《老庆辞职之里面》，《民立报》1911 年 10 月 6 日。

对比，这是当时人们对盛的普遍看法。①

压力愈大，反抗愈烈。由保款而成立保路同志会、而罢市抗粮、而为首之人被逮捕、而民众请愿遭枪杀，从而使同志军遍地并围攻成都。盛更策划调动湖北新军入川镇压，于是武昌起义爆发。

盛宣怀与袁世凯东山再起

辛亥革命爆发，盛宣怀八方联络，全力镇压，而袁世凯再度出山。

在盛宣怀身后的文人笔记中，有人认为：袁的此次出山是由盛宣怀大力推动的。被认为具有代表性的江庸《趋庭随笔》说得明确而肯定：武昌兵起，庆、那、徐皆意在袁世凯，摄政不从。杨士琦与邮传部参议林炳章浼陈宝琛推举袁世凯未果，林遂就盛宣怀谋之，"盛谓：'果于国有益，何有私憾。'于是由盛说载泽，由泽说摄政，而项城起用矣"。

随后，以娴于晚清掌故而著称的民国两大笔记作家徐一士和黄濬都不认同这一说法。黄濬读到《三十年来燕京琐录》，在《花随人圣庵摭忆》中说：

> 其言袁世凯再出，盛宣怀主之甚力，则大误。……盖袁入京，而盛先数日南行。识者谓盛不行，必及于祸。两人久相扼，断无主之甚力之说也。②

苏同炳《中国近代史上的关键人物》一书引用了黄濬的这段记述并加以阐发：

> 若由袁、盛积怨多年的情形来说，盛宣怀于袁世凯之图谋再起，方忧惧之不遑，又何致从旁为之推挽？何况载泽亦深知庆、袁勾结之深，

---

① 王尔敏等编：《盛宣怀实业朋僚函稿》上，第 407、405 页。
② 黄濬：《花随人圣庵摭忆》，第 18—19 页。

载泽既反对奕劻，当然也就没有替奕劻援助袁世凯的道理。所以，这种说法，殊不合于当时之实际政情。

这种判断来自作者对当时政情和两人关系的总体把握，但毕竟属于逻辑推理，缺乏事实依据。盛宣怀是个工于心计、性格复杂的人物，在不同的特定形势下自有其不同的行事逻辑，是不宜一概而论的。[①]

下面将有关盛宣怀与袁世凯东山再起的有关史料，稍加勾勒。

夏东元先生是当代研究盛宣怀的专家，代表作《盛宣怀传》一版再版，且著有《盛宣怀年谱长编》，影响甚广。他在盛传中说：

> 昔日盛氏心目中的直督之任"微公莫属"，今日镇压辛亥革命更是"非公莫属"了。盛以此商诸端方，端方云："非有如慰帅其人者，万不克镇压浮嚣，纳诸轨物。"这本来就是盛宣怀的观点，当然举双手赞成，但不到武昌起义后的危急关头，他是不会付诸实践的。
>
> 武昌起义一声炮响，盛宣怀随即与袁世凯化干戈为玉帛，并向他劝驾。[②]

夏先生指出，盛宣怀认为镇压武昌起义非袁世凯莫属，此点很有指导意义。但对于此事史实真相，还想做点补充。

第一，端方的本意是推荐袁世凯入川取代赵尔丰。

正如夏书注释所标明的，端方这封来电的日期是"宣统三年七月初五"，时在农历八月十九日武昌起义之前，正是成都罢市之初。实际上，电文中的"镇压浮嚣"系指镇压四川保路运动；此电原文都是议论时任川督的赵尔丰，"方意国有政策如反汗不实行则已，如必实行，季帅督川必无良果"，因此才主张让袁以"特派重臣"入川"查办"路事并撤换赵尔丰，由袁任川督镇压

---

① 苏同炳：《中国近代史上的关键人物》下，第867—868页。
② 夏东元：《盛宣怀传》（图文版），第283页。

保路运动。

第二，端方已撮合袁、盛重修旧好。

端方与袁世凯既是密友，又是儿女亲家，此时主动提出袁的出山与盛商议，却不是没来由的。

至迟在端方任两江总督之际，盛与端就有非同寻常的交往。宣统元年五月端方卸任回京之际，盛函电交驰，迫切要求与端或其亲信幕僚宗子戴密谈未果，便写了三张纸的《管见密谭》通过宗交给端方。此件在赞扬端方推行新政之功、主张先讲求财政而后云："自项城去位，识者莫不谓中枢之少人也，侧闻琴相步履稍艰，愿为疆帅。陶帅入觐，监国知人，留赞密勿，是中枢得人。"端方号陶斋。这是撺掇端方趁进见载沣之机，谋求顶替年老体衰的那桐而出任军机大臣。当时那桐系以文渊阁大学士兼外务部会办，盛听说端方不想兼管外交，则谓："外交久无贤者，若有贤者任之，且不难借由外交以助内政，是在人左右之耳。"盛素以擅长理财、外交自诩并以此著称，这里分明是毛遂自荐愿做端的助手。①

宣统三年五月，已任邮传部尚书的盛宣怀投桃报李，支持端方出任川汉、粤汉铁路督办大臣。正是基于这样的政治同盟关系，端方在袁、盛之间充当了重修旧好的调停人。紧接着五月十一日立宪派首领张謇去洹上拜访袁世凯，交换对局势的看法后，五月二十一日端方致函袁世凯。二十六日袁复端函，大肆称颂盛宣怀，自称曾有四愿，收管海关、邮政、干路和大借欧美债兴实业。

此四事经营数稔，迄无一成，而杏老任事数月，已举其三，才略高下，判然可见。惜从前误听人言，又为人所持，未得与此老早共谋之，成此大举，悔不可追。复承此老坚守初衷，殷勤期望，尤令人惭服无地。

从后面这句话看，必是端方来信转达了盛对袁的表态，向袁伸出了橄榄

---

① 北京大学历史系近代史教研室整理：《盛宣怀未刊信稿》，第170—172页。

枝，所以袁才有"误听""追悔"的话头，对盛高调吹捧，"惟有将杏老三大举笔之于书，藏诸名山，以志景佩而示后人"，这样令人肉麻的话都写上了。

此信虽是回复端方，却是写给盛看的。端于六月上旬南下赴任，途中去看袁世凯，就带去了六月初四盛致袁函，同样从庚子说起，对袁的德政大加称颂：

> 回念庚子以后，公扬历十年，禁烟、废八股、兴学、练兵，大端悉举，方之历朝贤将相，罕有其匹。际此时局益艰，歧盼东山再起，宏此远谟，岂异人任。

关键也是后面这句话，说的是"歧盼"，实质是对袁的东山再起表示支持和愿意尽力。于是六月十一日袁正式复函盛，称呼是"杏公宫保大哥左右"，两人原来是结拜的兄弟。寒暄数语，转入正题："陶公过邺，面交惠书，并备述不遗在远，垂念殷勤。拜聆之下，惭感交深。"再次称颂盛领部不过数月，"卓识毅力，空前绝后。草野闻之，钦佩无地。""承大哥期望之厚，当铭感肺腑。"话说到这里，就标志着盛袁二人重修旧好，开始了新一轮的携手合作。①

第三，武昌起义后，盛对袁劝驾是顺水推舟。

八月十九日（10月10日）夜间武昌起义，二十日上午盛宣怀最早收到武昌失守的电报，即通知内阁协理大臣徐世昌、那桐，三人同见奕劻，策划镇压。二十一日清廷命荫昌、萨镇冰赴鄂进剿，二十三日发布上谕："袁世凯现简授湖广总督，所有该省军队暨各路援军，均归该督节制调遣，荫昌、萨镇冰所带水陆各军，并著袁世凯会同调遣，迅赴事机，以期早日勘定。"②清廷从得到武昌起义的信息至下令起用袁世凯，仅仅只隔了两天的时间。

我们现在从《愚斋存稿》中看到，在此期间的袁、盛往来的电报，第一

---

① 《骆宝善评点袁世凯函牍》，第295—301页。

② 中国第一历史档案馆编：《宣统朝上谕档》（宣统三年），广西师范大学出版社2008年版，第243—245页。

封《彰德袁宫保来电》系于"八月二十日",疑误,应依据电文来辨析。原文是:

> 漾电感悉。凯衰病侵寻,入秋尤剧。俟见电钞,拟请另简贤能。荫、萨此去,必即肃清。

"漾"是电报中二十三日的代码,电文中的"电钞",当是传达当日任命袁为湖广总督的上谕,所以这封复电便是对清廷任命的回应:借口有病而推托。

此电当发于二十四日,即下文所说的"敬电",于是便有了盛宣怀二十五日的"劝驾":

> 敬电奉悉。此乱蓄之已久,若不早平,恐各省响应。公出处关系中原治乱,并请默念此身负环球重望,岂能久安绿野?与其迟一日,不如早一日,万勿迟疑。①

此时朝廷的任命已下,形势如此,袁世凯东山再起已成定局。盛何尝不知道袁的推托只是故作姿态,讨价还价?劝驾不劝驾,袁都是要出山的,这样送上门来的顺水人情,宦海沉浮的老手,有谁会放过机会?何况两人之间早有默契,何况盛又处在极其不利的情势下,急欲有所表现。不劝驾则已,一劝驾便劝得极其当行本色,格外的调子高昂,"身负环球重望"这样的话头都用上了。

就在这二十五日"劝驾"之前,盛宣怀还另有一个大动作,写信给统军镇压武昌起义的陆军大臣荫昌,悬赏十万银圆:

> 汉阳铁厂、枪炮厂关系国家实业、军事前途,十分重大,自在鉴

---

① 盛宣怀:《愚斋存稿》下,第392页。

中。此次用兵，如能力达保全目的，厥功之伟，直与戡乱无殊。事平之后，两厂当合筹十万银元，重犒麾下有功将领士卒，决不食言。①

盛是相信"重赏之下，必有勇夫"的，后来还建议朝廷袭用湘、淮军用元宝刺激士卒的故技，这里他倒先期带头实施了。盛对汉阳铁厂的安危高度关注，可惜他对荫昌寄以的"勘乱"期望没有实现。

此后的十几天里，袁世凯仍然在洹上村稳坐钓鱼台，盛每天用电报向袁汇报军情，向朝廷和有关方面传达袁的意向和要求，为袁送上"事权归一"的定心丸，尽力、及时地替袁完成诸如运送军粮马队、组织战地医院、配备发电机和电话等具体而烦琐的事务……为了及早扑灭武昌的革命火焰，盛与袁配合得很好。但是，袁、盛之间是谈不上"化干戈为玉帛"的，袁不过是顺手利用盛做个临时的工具而已。后来事实证明，袁并未因此而将盛的老账一笔勾销，说不上释去前嫌。

既然如此，袁世凯的再度出山究竟有谁在背后推动呢？

第四，借盛宣怀游说载泽等，为袁世凯复出清除障碍。

依情理而论，袁经营多年的利益集团已是盘根错节，上有庆王奕劻、徐世昌、那桐等依然占据内阁要津对载沣施加影响，下有心目中只有"我们的袁宫保"的北洋旧部作为雄厚的实力基础，既然瑞方早在一个多月之前就有了要袁出山、以袁易赵的策划，他们在武昌起义的紧要关头断然不会错失良机、无所作为的。事实也正是如此，张国淦编著的《辛亥革命史料》记载有一则华世奎对他的谈话：

> 武昌事起，举朝皇皇，庆等连日已私电致袁，并派员至彰德秘密商议大计，信使络绎，他们本无应变之才，都认为非袁不能平定，且是袁出山一绝好机会。乃于二十三日，由庆提议起用袁，那、徐附和之，摄

---

① 中国第二历史档案馆编：《中华民国史档案资料汇编第一辑 辛亥革命》，江苏古籍出版社1991年版，第178页。

政不语片刻，庆言："此种非常局面，本人年老，绝对不能承当，袁有气魄，北洋军队，都是他一手编练，若令其赴鄂剿办，必操胜算，否则畏葸迁延，不堪设想，且东交民巷亦盛传非袁不能收拾，故本人如此主张。"泽公等初颇反对，鉴于大势如此，后亦不甚坚持。……于是发表袁湖广总督。①

华世奎，字璧臣，原任官书局局长。军机处改组为内阁时，那桐、徐世昌力荐华任内阁阁丞，其职务相当于办公厅主任。以上所言，载泽等人态度的转变，背后还另有文章。

1912年5月，逃亡在神户的盛宣怀，接孙宝琦三月初一来信，读到袁世凯曾对人痛言盛之历史，"嘲笑其身败名裂"，愤愤不平。13日盛致孙函极力表白，此次袁的复出实取决于盛本人：

> 项城实一世之雄，论其才识、经验，断无其匹，黎、孙皆不足虑，惟中外皆恐其道德不足，人人以小人之心度君子之腹，未知何故？其实，现处君人之位，且三千年来第一人之位，何必再以机械胜？即如下走本来才具平常，不过于财政、实业稍肯用心，而半年邮长即蒙赏识，逢人便道，鄙人信以为真。此次潜龙再出，承泽起之，摄政畏之，决之于如春，而如春决之于鄙人，竭力解说，乃底于成。此事有林炳章（在内阁有缺之京堂）、徐东海亦知其略。公试问承泽，其再出也，是否系如春赞成？今满清已失，念之伤心，数月以来，从未提起。②

函中潜龙指袁大总统，承泽指庆王奕劻，如春指光绪皇后隆裕的妹夫载泽。言之凿凿，并举出人证：徐东海指袁的死党徐世昌；林炳章介入此事，上引江庸《趋庭随笔》也有记载。所谓"逢人便道"云云，见前引袁致瑞、

---

① 张国淦编著：《辛亥革命史料》，龙门联合书局1958年版，第108页。
② 陈旭麓等主编：《辛亥革命前后》，第276页。

盛函。袁世凯谋求东山再起，他之所以要与盛重修旧好，就是看中了盛与皇族新贵特别是与载泽的亲密关系，借盛宣怀对载泽诸人游说，为袁复出清除障碍。按照盛的表白，在这一次政治博弈中，袁确实是下出了一手绝妙高招，赢了个大满贯，北洋集团统治中国十余年。而盛这枚被利用的棋子，受气的日子还在后头。淮军第二代刘体智在《异辞录》中说：

> 武进为泽公谋主……然于起用项城之事，亦大有力焉。鼎革后，武进致书孙慕韩中丞，使密陈当日之事，为示好之意。项城曰："彼与我角力有年矣，今尚有觍面目，作此言耶？"中丞失色而退。[①]

三十年河东，四十年河西。一方面翻脸不认账；另一方面自取其辱。

恭王之子溥伟听到起用袁世凯的信息，找到载沣质问："袁世凯鹰视狼顾，久蓄逆谋。故景月汀谓其为仲达第二。初被放逐，天下快之，奈何引虎自卫。""醇王默然良久，始嚅嚅言：'庆王、那桐再三力保，或者可用。'"时人将袁世凯比作谋篡曹魏政权的阴谋家司马懿，懿字仲达。这段记载寥寥几笔，对载沣的昏庸、懦弱，刻画颇为传神。见于溥伟的《让国御前会议日记》，也是当事人的记述。[②]

资政院："诛盛宣怀以谢天下！"

自宣布铁路国有以来，盛宣怀便成为众矢之的；武昌起义爆发后，他更成为罪魁祸首，不论是守旧派还是立宪派、革命党，都要杀盛宣怀以谢天下。

致命的一击来自资政院的议员们，终结了盛宣怀的仕途前程。

资政院是清末新政推行立宪的产物。光绪三十三年清廷宣布"亟宜设资

---

① 刘体智：《异辞录》，第 239—240 页。

② 中国史学会主编：《辛亥革命》八，上海人民出版社 1957 年版，第 110 页。

政院以立议院基础"，本意不过是先行试办一个"咨询机构"，筹备向议会过渡。设议员二百名，"钦选"与"互选"各半。后者是从各省咨议院的议员中互选出来的，虽然要经过各省督抚的筛选认同，毕竟含有一定的民选色彩。各省选出的这些议员，以有传统功名的上层士绅为主流，其中不少是受过新式学堂教育或留学归国的新式知识分子，98名互选议员中竟有24人曾到过日本留学或考察，占了四分之一。从政治倾向来看，以立宪派占明显优势，代表着民族资产阶级上层的利益。如此种种，决定了他们要以民意代表自命，自觉不自觉地向西方议会制度靠拢，突破清廷预设的藩篱，全力争取资政院具有最高立法和监督行政的功能，也就必然与君主制度根深蒂固的专制性发生对抗。

宣统二年九月，资政院成立，当年的第一次常年会便重炮四射、火药味甚浓。提出的二十多项议案，其中如湖南巡抚擅自发行公债案、云贵总督令盐斤加价案、广西高等学堂限制外籍学生案等，都是弹劾督抚们未经咨议局审议为违法。上奏后军机处又处理不当，引火烧身，军机大臣一再遭到弹劾，迫使奕劻、那桐等要求辞职；甚至发展到资政院直接把矛头指向有关上谕，认为对议员指责批驳为违法，并再次强烈要求速开国会，成立责任内阁。它反映了议员们对于争取提升资政院的职能、作用及其本身政治地位高度敏感，实际上代表了成长中的民族资产阶级要求政治权力的强烈愿望。

辛亥年九月（1911年10月），资政院举行第二次例行年会，正是武昌起义爆发之时，盛宣怀也就撞上了资政院议员们的枪口。

九月初四（10月25日）下午开议，资政院总裁礼亲王世续称病不出，议长的椅子上坐的是副总裁、学部右侍郎李家驹。议长还未发话，下面山西的议员李素先发牢骚："事机危急至此，若仍议此种案件，本院实无价值。"会场里笼罩着一股焦躁、愤懑、绝望的情绪，仿佛是一个将要爆炸的火药桶。

按照议事日程草草将前三件通过后，第四件是"内忧外患，恳请本标兼治，以救危亡具奏案"，湖南议员罗杰登台说明，所谓治标，是要从严惩治盛宣怀、赵尔丰和瑞澂，盛的罪名是主张铁路国有和借债，"既不交阁议，复违背院章"。此案多数起立赞成。

接踵而来的第五案，贵州议员牟琳直接指向盛宣怀，而且火力更猛，给盛戴上了"部臣侵权违法，激生变乱，并有跋扈不臣之迹"的大帽子。所谓违法，依然是"未经阁议，未经院议"而激起川乱，鄂乱踵起，"推原祸始，盛一人尸之"，"故非将盛大臣明正典刑，无以服人心而平乱事！"接着"资政院三杰"之一、人称"黑旋风李逵"的湖南议员易宗夔又强调"侵夺院权，蹂躏院章，即藐视先朝法律"，再次发出"非诛盛宣怀不足以谢天下"的呼声！

议员们踊跃发言，争先恐后。刘荣勋、籍忠寅、陈懋鼎等发言后，湖南议员黎尚雯总结盛有四项大罪：违宪、变乱成法、激成兵变、侵夺君上大权（指"擅调兵、擅绝交通"）。随即陈敬第、王季烈、李素都站起来发言。

钦选议员、内阁中书、川人李文熙强调："四川争路，非反对铁道国有，乃反对不交院议之违法；铁道国有，非反对借债，乃反对不交院议之滥借外债。"并当场质问邮传部赴会的特派员；李素、顾栋臣、王佐良也都站起来严厉地责问；钦选议员、学部郎中汪荣宝大呼："应当打电话要邮传部大臣亲自来答复！"许多人随声附和，一时七嘴八舌，人声鼎沸。

最后表决，到会 119 人全体赞成。并决定第二天就上奏。①

这些议员本来并不一定都反对铁路国有，也不一定都反对借款修路，但不论是互选议员还是钦选议员，全都被盛宣怀轻视资政院、蓄意绕开议员们的审议激怒了，因而基本撇开了对铁路国有这一政策本身的评议，而集中地追究其决策的程序性违法责任，才就此达成了高度一致的共识。从这一角度来审视，盛与资政院的对立，似主要并不是铁路政策的对立，而是特定形势下，倚仗君权的专制观念与日益滋长的民主观念的对立。

当天，盛宣怀看了邮传部特派员带回来的文件，连夜起草奏折，逐条予以反驳。如此纯属枉费心机，不等奏折写完，他的命运便已注定。

九月五日（10 月 26 日），朝廷及时对资政院的上奏作出了表态，企图

---

① 《资政院第二次会议纪略》，载陈旭麓等主编《辛亥革命前后》，第 174—178 页。

平息人们的愤怒："……盛宣怀受国厚恩，竟敢违法行私，贻误大局，实属辜恩溺职。邮传大臣盛宣怀著即行革职，永不叙用。"

五国外交使团庇护下的大逃亡

世人皆曰可杀、被资政院打倒、被清廷抛弃的盛宣怀，唯独得到了列强罕见的特殊关爱，并相互你争我夺。

盛被革职后，其住所的警卫立即撤销。盛宣怀为此非常惊惶，于10月28日清晨，遁入日本正金银行北京支店长实相寺的住所寻求庇护，同时安排他的家属整理行装，准备当晚乘特别列车去塘沽，然后乘船，或去大连，或回上海。

日驻京公使伊集院当天向日本外务省报告，应盛的要求，他已专程去到正金银行住所与盛"深宵话别"，郑重指出："在危急关头，清政府如对既占地利又有实力之日本帝国不予信赖，则平定时局势将不可设想；尤其盛氏本人处此遭际，更万不可对日本诚意存有丝毫怀疑，等等。"①

同日，英驻京公使朱尔典也向本国外部报告：盛宣怀被革职的第二天，资政院中散发了一份书面决议，要求将盛立即处决，"……美国代办促使我注意到此事。他说，盛宣怀希望四国公使在他需要的时刻提供保护；他并建议，我作为首席公使，应立即召集一次会议考虑这个问题。我不失时机地照此办理"。这里说的四国，就是组成铁路借款银行团的美、英、德、法。

朱尔典等四国公使会议，决定一起去见内阁总理大臣庆亲王奕劻，表示"我们对这件事情极为关注，不能够允许清政府对盛宣怀进行任何伤害"。奕劻完全满足了他们的愿望：保证对盛不再施加更重的惩罚，同意致函资政院撤销要求将盛处决的提议。

四国公使的另一个决定是：保护盛宣怀出逃。"因为他担心受到革命军

---

① 武汉大学经济学系编：《旧中国汉冶萍公司与日本关系史料选辑》，第270—271页。

的攻击，所以四国使馆各派两名士兵作为他的卫队，并由美英两国使馆的汉文秘书丁家立博士和巴尔敦先生陪同前往天津。"①

被撇在一边的日本公使伊集院，得知四国公使的安排，并得知四国银行团也将派人与盛的美国顾问福开森等人一起随行，大为不快。来不及请示外务省，立即决定同样派出两名宪兵参加护送，除了实相寺随同至塘沽外，高木陆郎则不论盛去到哪里都随行到底。

虽然如此，伊集院仍耿耿于怀。此前他已将盛宣怀来到正金银行的经过如实告知朱尔典，他认为朱如此行事是受了美国银行团代表司戴德的笼络，长此以往，将对日本不利。便赶在当天去见驻京使团首席公使朱尔典，做进一步的说明。朱尔典只得安抚一番，应允"今后遇事必尽量与贵公使充分交换意见"。②

丁家立、实相寺等人率领五国的卫兵将盛远送到塘沽，登上早已安排好的德国轮船"提督"号，受到船主的周到接待；到达青岛后，又受到德国总督和美国领事的欢迎，初到时住在亨利王子酒店，并派有警察照料。不久，盛的家眷也来到青岛，自租一住所，而日本顾问高木陆郎则始终陪同保护，实则监视。九月二十五日至二十七日，盛宣怀分别致信美使馆参赞丁家立、德使哈豪孙、法署理大使裴某某，美使嘉乐恒、英使朱尔典、日使伊集院等表示感谢。③

12月14日，盛宣怀由青岛抵大连，直接置身于日本的控制之下，满足了日方的愿望："将为我方关于汉冶萍问题之策划带来甚大便宜。"

1912年1月10日，上海《民立报》报道，1月3日有化名为刘愚福者及其家族一行20人，神秘地乘坐"台中丸"，抵达日本神户。不用说，这个刘愚福，便是自号愚斋的盛宣怀。

①　戴执礼编：《四川保路运动史料汇纂》，第 1476—1477 页。
②　武汉大学经济学系编：《旧中国汉冶萍公司与日本关系史料选辑》，第 270—272 页。
③　北京大学历史系近代史教研室整理：《盛宣怀未刊信稿》，第 215—218 页。

"我不知道风是在哪一个方向吹!"

> "我不知道风
>
> 是在哪一个方向吹——
>
> 我是在梦中,
>
> 黯淡是梦里的光辉。"

徐志摩的这几行诗,似乎可以作为盛宣怀在辛亥年的写照。

辛亥年的风,是在哪一个方向吹?

1909 年 10 月 4 日,张之洞含恨去世。这位曾以"调停头白范纯仁"自命的体仁阁大学士、军机大臣,却因皇族亲贵用事,与摄政载沣一再冲突。胡钧《张文襄公年谱》记载了两人间的一次谈话:张不同意任用载沣的两个弟弟推荐的人,说:"舆情不属,必激变。"载沣说:"有兵在。""公退而叹曰:'不意闻此亡国之言!'"[1] 由此一病不起,病危时留下了一首绝命诗:"诚感人心心方归,君民末世自乖离。岂知人感天方感,泪洒香山讽谕诗。"这是效忠王室、鞠躬尽瘁的三朝老臣对大局的判断,泪水里浸透了王朝必将倾覆而无可挽回的感伤!

早在 1905 年 11 月,中国同盟会机关报《民报》在日本东京刊行,孙中山于发刊词中首次提出民族、民生、民权三大主义。随后《民报》与立宪派的《新民丛报》展开长达 15 个月的论战。其中的核心问题是,革命派认为只有革命推翻清王朝才能实现共和,立宪派竭力鼓吹立宪非暴力的优越性,骨子里则是对清政府的让步存在幻想。1907 年初,梁启超在《新民丛报》发表了《现政府与革命党》一文,指出"革命党者,以扑灭现政府为目的者也。而现政府者,制造革命党之一大工场也。"到了 1911 年,清政府的预备

---

[1] 胡钧:《清张文襄公之洞年谱》,台湾商务印书馆 1978 年版,第 280 页。

立宪进行了五个年头，政治却更加腐败，4月革命党人再次发动了著名的黄花岗起义，5月梁启超发表《粤乱感言》，再次深化地阐发："政府而不自为制造革命党之机器则已，今既若此，则革命党之萌芽畅茂，正未有已时。野火烧不尽，春风吹又生，其不至驱全国人尽化为革命党焉而不止。"① 这是老保皇党、立宪派巨头梁启超对大局的判断，言词间充盈着对清政府完全失望的激愤；野火春风，明确地预言了革命形势的发展不可阻挡。

辛亥年五月中旬，张謇进京。此时正是皇族内阁出台后、立宪派人士深感绝望之际，四川保路运动方兴未艾。这位东南地区民族资产阶级的领袖、江苏咨议局议长和三次国会请愿运动的组织者，此行的真实目的是考察北京政局的实况，以定今后各省咨议局的行止。他取道水路到汉口，再乘火车北上，五月十一日却中途下车专程会见了已有二十八年不相往来的袁世凯。《张謇日记》载："午后五时至彰德，访袁慰庭于洹上村，道故论时，觉其意度视廿八年前大进，远在碌碌诸公之上。其论淮事……乃国家应做之事，不当问有利无利，人民能安业，即国家之利。尤令人心目一开。"② 两人密谈至凌晨，显然不是一般的"道故论时"，在赞许袁氏及有关国家、人民的字里行间，隐隐透露出张謇已是在思量清朝覆灭后由谁来收拾残局了。③

1911年的盛宣怀，却与这些同时代的人物大异其趣，一头扎进皇族内阁的怀抱，全然不顾清王朝这艘破船已是百孔千疮而舵手又生疏无能，竟然想凭借它、操纵它逆流而上，搏击革命和立宪的重重风浪，实现个人的愿望，再创人生的辉煌。不要看他在一些具体问题上算盘打得很精，这一次在对政治大局的判断上却是完全失算了。

在清王朝风雨飘摇、濒临崩溃的前夕，盛宣怀以望七之年、衰病之身，急煎煎、兴冲冲登上了内阁邮传部大臣的高位，是他追求"办大事、做大官"的必然结果。这个时候的皇族内阁大臣又岂是好当的？何尝不是坐上了火炉

---

① 侯宜杰选注：《新民时代——梁启超文选》，百花文艺出版社2002年版，第151、192—193页。

② 《张謇日记》，第650页。

③ 参见刘厚生：《张謇传记》，第180页。

任人烤。

皇族内阁的出台，是清廷推行立宪五年的一个阶段性的成果，是各种权力角逐的大摊牌，这种权力分配的新格局，激化了各方面的矛盾。皇族亲贵们自以为是巩固老祖宗基业的自救之举，却断绝了立宪派的最后幻想，使之纷纷同情或转向革命，关闭了在中国实现君主立宪的最后一扇门；它打破了清王朝开国以来中央机构主官满汉双轨制的传统，一反咸丰、同治以来重用汉人之道，排挤汉族，高度向满族甚至是仅向皇族倾斜，愚蠢地挑战汉族官员和民众的民族感情，为革命党反清排满提供了极具杀伤力的弹药；亲贵们弹冠相庆、自以为收回了政治、军事、财政等等权力，殊不知也收获了地方督抚们的怨怼、失落和离心的倾向，败坏了王朝统治的根基；即使是这个所谓的皇族内阁内部，也远不是铁板一块，总理庆王奕劻与协理那桐、徐世昌这三位内阁的首脑，便和载沣、载泽不是一条心，胳膊肘朝外与下台了的袁世凯暗中勾结，等待时机。

如此内阁，如此情势，一个汉人盛宣怀，何德何能，竟脱颖而出，跻身其间，跃居高位，岂不令朝野侧目？何况他又要强行出头，在内阁成立的第二天，紧接着便推出中央集权的铁路国有，四面树敌，与民争利；更何况他是以"出卖主权""贪污肥己"的双重嫌疑重操旧业、再举外债，岂不是火上加油，引火烧身，冒天下之大不韪？

对清末铁路国有政策的评价，至今学界尚有分歧。我们不能忽视的是，它不仅具有百年前中国的特殊国情，也打上了盛氏个人独特的鲜明印记。

对于盛氏来说，推行铁路国有远远不止是实现个人对铁路事业的垄断，它的内涵极为丰富复杂：这是他实现富国强兵夙愿、大展宏图的一次壮举，也是他报效载沣等人知遇之恩、为皇族内阁出台造势的破冰之旅；既是他东山再起后、在列强心目中重新确立其为中国最佳合作者地位的盛典，也是一次与袁世凯集团在官场"星光大道"展现才艺的大比拼；既是他毕生从事铁路事业于古稀之年的收官之战，也是以衰暮之躯为他企业家王冠上再奋力增加一颗最耀眼的明珠。

做上了邮传部大臣便推行铁路国有，又是盛宣怀追求"办大事，做大官"

最好的诠释。

铁路国有当然是大事。做大官者，追逐权力也。盛氏一生，半官半商，亦官亦商，适应着晚清的特定环境，适时地转换这两种身份，巧妙地发挥其各自具有的优长，使其相得益彰，才成就了他的事业。其中的精要，简而言之，便是利用行政权力、发展企业、取得经济实利。他一生追求权力，从迷恋权力到迷信权力，最后发展为身居高位滥用权力。我们回顾他操作铁路国有的全过程，急于求成、与民争利也好，从"未经阁议""未经院议"至武力镇压也好，集中至一点，就是凭借专制权力，强制推行。我们看他推行铁道国有，犹如一位江湖枭雄施展独门必杀的绝技，一刀紧似一刀，刀刀觑准要害，狂风暴雨，雷霆万钧，不容易有半点喘息。每一刀都显示这位洋务名宿多年修炼的深厚内功，也宣泄着他十年被压抑的怨毒，更挟带着今朝志得意满、颐指气使的快意。此时他骤登高位，直接通天，以为极峰权力皆为我所用，便无视民意，不恤民情，漠视舆论，以致无所顾忌、为所欲为，于是迷信权力无所不能的官僚癌症大发作，终于引爆了一场结束帝制的大革命。

盛宣怀毕竟只是一个洋务官僚，终其一生并未超出"练兵、理财、育人"的窠臼（《条陈自强大计折》）。光绪二十四年六月，正当百日维新处于高潮之际，他在《复陆伯葵阁学》中说："求治太急，转为流弊。弟以为中国根本之学不必更动，止要兵政、商政两端取各国之所长，厘定章程，实力举办，此即足食足兵之道，无它奇巧。"① 所谓"不必更动"的"中国根本之学"，不就是传统的封建专制制度及其统治观念吗？

辛亥年，盛宣怀实现了"办大事、做大官"的人生追求，实现即幻灭。他的"办大事"，简而言之，就是在中国发展资本主义经济并借此扩张自己的经济、政治实力。他之所以要"做高官"，综其一生的作为来看，就是要凭借封建专制的权力来发展资本主义经济。在那个时代，盛宣怀可以毫无疑问地称之为先进生产力的代表，然而却对宪法、议会、民选、政党、共和等毫无兴趣，拒绝资本主义的民主政治，死死地抱住君主专制体制不放，逆世

---

① 　夏东元编著：《盛宣怀年谱长编》下，第 621 页。

界民主的潮流而动，开出了铁路国有这剂猛药，希图延续清王朝的生命，不想它已经病入膏肓，承受不起，反而成了它的催命符。

辛亥年的风，在哪一个方向吹？对于今天的你我不是一个问题，对于百年前的许多人也不是一个问题，对于盛宣怀却实在是一个问题，而且是一个致命的大问题，他正是在此失足而坠下深渊。

第三十章　民初中日合办汉冶萍借款案

中华民国元年（1912 年）元旦，孙中山在南京就任临时大总统。一个月后，在南京和神户先后签订了《中华民国政府、汉冶萍公司、三井物产会社关于共同事业合同书草案》（亦称南京草约），《汉冶萍公司与日商代表会订华日合办草合同大纲》（亦称神户草约）。一经揭露，举国哗然，成为当时的重大事件。

此案或称日商合并汉冶萍公司案，发生在盛宣怀被清廷"革职永不叙用"、仓皇流亡日本期间。为此，继铁路国有案之后，盛宣怀再一次卷入时政风浪的中心，集舆论反对的万矢于一身。

此案的另一位主角是孙中山，推翻清王朝专制统治的革命伟人，缔造民国共和的历史先驱。当时局中人李维格等感受到巨大的压力，"反对合办将成大风潮，影响共和大局，咸谓孙、黄被盛蒙蔽。"① 百年来的近代史研究长期未能跳出这一窠臼，主要是指责、批判盛宣怀。20 世纪 60 年代最有代表性的观点如吴纪先《盛宣怀与辛亥革命》指出：

> 日本帝国主义看到南京临时政府军事开支浩繁，自己税收很少，而各省当时又都截留了本省税款，没有上缴，中央需款孔急；于是和盛宣怀密谋，用借若干款项给南京临时政府的办法，达到控制中国汉冶萍公司的目的，用心十分恶毒。而盛宣怀也正趁此机会，接受日本帝国主义长期以来的要求，并向南京临时政府"输诚投效"，希图以此洗刷自己反对人民、反对革命的罪恶，保存自己的财产，避免以后革命政权对汉冶萍公司的干涉，同时拉临时政府下水，替他出面担当责任和承受指责，而自己坐享其成，打的是一箭数雕的如意算盘。②

即使是在事件发生的当年，媒体已经提出了疑问："汉冶萍借款，事甚复杂，而内容又极机密，故其经营手段，殊不明了。若就报章所传述者观之，则此款为政府之主动乎？抑盛宣怀之主动乎？亦一足供研究之问题也。"③

20 世纪末，此案的研究陆续获得新的进展。代鲁提出："借款问题，可以说是临时政府主动提出。""公司合办问题，则是日本与盛宣怀主动策划并强加到南京临时政府身上的。"④

不久，孙立田却认为："临时政府、盛宣怀对汉冶萍各存动机，但在'合

① 1912 年 2 月 20 日《李维格致盛宣怀电》，载陈旭麓等主编《辛亥革命前后》，第250 页。

② 吴纪先：《盛宣怀与辛亥革命》，载《辛亥革命五十周年纪念论文集》下册，中华书局 1962 年版，第 442 页。

③ 高劳：《临时政府借债汇记》，《东方杂志》八卷十一号。

④ 代鲁：《汉冶萍公司史研究》，第 69 页。

办'责任归属上斗争激烈,均对'合办'表现出既积极又谨慎的心理,双方互相牵制,彼此利用,共同推动了'合办'草约的签成。"①

世纪之交,易惠莉对于事件的责任提出了新的见解:"孙中山是此次与日本签订合办借款合同的主动者""盛宣怀只是充当了被动的角色。"②

此处"临时政府",实际是孙中山的代称。问题的焦点仍然是对孙、盛二人的责任评判。窃以为:谁主动谁被动,乃至盛宣怀是否"主动策划",或拉人下水,似乎是事关历史人物评价的分歧,其实仍然是一个如何实事求是地澄清史实真相的问题。在这方面,近三四十年来大量档案史料的整理出版,以及前人所作的探析,都为我们提供了重要的基础,本章仍以原始史料为依据,对本案的史实、基本过程,特别是关键性的行为环节做进一步的梳理和剖析。

南京临时政府面临的局势及其财政困境

唐德刚曾经说过:"在中国数千年的历史上,若论开国元勋主持国政的时间,则中华民国开国的第一任临时大总统孙文,可能是为时最短的了。"孙先生于 1912 年 1 月 1 日宣誓就职,2 月 14 日向参议院辞职并被接受。中日合办汉冶萍借款恰恰发生在孙任临时大总统的一个半月内,绝不是历史的巧合,而是临时政府的特殊处境决定的,有着历史的必然性。

孙中山就任临时大总统,意味着袁世凯坚持君主立宪制,挟幼儿寡妇以令全国的阴谋彻底破产。袁世凯老大不高兴,宣称他所派出的和谈代表唐绍仪逾越权限,不承认所议定的条件,南北和谈即将破裂。元月 2 日,孙再电袁,重申让位之意。明白地表示,只要袁世凯赞成共和,结束清王朝的统治,孙中山立即辞职,由临时参议院选举袁世凯为临时大总统。与此同时,加紧制订《临时约法》——一个为袁量身定做的、制约其权力的笼子。袁不

---

① 孙立田:《民初汉冶萍公司中日"合办"问题探析》,《历史教学》1998 年第 3 期。

② 易惠莉:《孙中山、盛宣怀与民初中日合办汉冶萍借款案》,载《二十世纪盛宣怀研究》,第 498—499 页。

肯轻易就范，在北京拥兵自重，指使手下的枪杆子，或通电反对共和，或向清廷逼宫，或制造兵变、拒绝南下。

自武昌起义以来至南京临时政府成立，革命者一直争取国际承认支持，但均无效果。西方列强宣称保持中立，静观待变。1月15日英外交大臣电复驻北京英使，对袁世凯愿予一切外交援助。袁更有恃无恐。

以往人们批评以孙中山为首的革命党人软弱、妥协，拱手将革命的成果让给了袁世凯。其实，孙中山也早准备了组织北伐军，武力统一中国。1月6日，孙中山咨复参议院，论用兵方略，拟组织鄂湘、宁皖、淮扬、烟台、关外、山陕六路军北伐，会师北京。^① 然而，打仗是要钱的，遇到了财政困难这座绕不过的火焰山。

张海鹏、李细珠著《中国近代通史》（第五卷）第八章题为《南京临时政府在内外交困中终结》，所谓外，即指始终不为列强所承认；所谓内，则有第二节论《南京临时政府严重的财政危机》，其中指出使之陷入巧妇难为无米之炊困境的主要因素：一是列强控制海关税收；二是独立各省无力供奉；三是各种征募所得无几；四是发行内债收效甚微；五是筹借外债多无着落。在两三个月内军费支出高达1400多万的重负下，借款而无着的事件前后有江苏省铁路借款、铜官山借款、轮船招商局借款、华俄道胜银行借款、中央银行设立案，满洲租借案等，汉冶萍中日合办借款只是其中之一。^②

南京临时政府一再向日本求援借款

孙中山与日本的关系，始于从事革命活动初期的1895年，止于1924年底最后一次赴日访问。中山先生长期以日本为基地从事革命，1897至1905年6月这一期间在日活动最为频繁。在漫长的、近三十年的革命生涯中，有十一年之久是在日本度过的。

---

① 沈渭滨主编：《中国历史大事年表 近代卷》，上海辞书出版社1999年版，第687页。

② 张海鹏、李细珠：《中国近代通史》（第五卷），江苏人民出版社2006年版，第478—487页。

中华民国甫一成立，孙中山十分希望得到日本政府的承认和支持。孙、黄联名致电日本元老山县友朋："欲保东亚和平，必得日本赞成民国，我公大力可以主持。无任盟祷。"

1911 年 12 月 13 日，何天炯作为孙中山的特使抵达日本。何字晓柳，广东宁县人，1877 年生，1903 年赴日本留学。在东京结识孙中山，1905 年同盟会成立任会计。1911 年 3 月，黄兴发动广州起义，何至香港负责军需品运输。南京政府成立，曾任命唐绍仪、何晓柳为临时政府驻日正副代表，唐未到任，何实际是代表全权。此行实为广泛开展对日本的求援，从筹措政府借款、军火被服乃至个人募捐等等。

经何在日联络，1912 年 1 月 15 日，孙中山向日本元老松方正义寄去委托书："中华民国政府设立中央银行之事，已嘱托阪谷博士、原口博士。关于此件，尚望阁下鼎助，实为厚幸。"①

此前，1912 年 1 月 8 日孙中山曾对三上丰夷说过："贵国元老若能明了临时政府之处境，望十日之内先通融一千万日元为盼。"②2 月 5 日，大清银行改称中国银行，作为民国的中央银行。事过境迁，孙中山并未得到 1000 万借款，2 月 8 日取消了此案。

与此同时，2 月 3 日三井职员森恪到达南京，与孙中山密谋以"租让"满洲为条件，解决南京临时政府的财政困难。

孙痛述当前处境艰危："近日，革命政府财政穷乏已达极点，供给军队之财源无几，几达破产之地步，若数日内无法获得救燃眉危机之资金，或解散军队，或解散政府，命运当此。"按照孙的谈话，此时革命处在十字路口，何去何从，取决于"旧历年前后不拘何种手段，亦要筹足维持军队之费用"。

> 余等至今仍对解决财源问题存一线之希望，若有幸可能解决防止军队离乱之足够资金，余等可将对袁和谈延至年后，再筹资金，而后排除

---

① 李廷江：《日本财界与辛亥革命》，中国社会科学出版社 1994 年版，第 236 页。
② 李廷江：《日本财界与辛亥革命》，第 209 页。

袁氏，按当初之计划以兵力彻底扫除南北异己分子，建立共和政体，绝他日内争之根。①

孙中山再次把这一线希望寄托于日本，要求日本方面在期限内就援助军费作出回答。2月8日下午，森恪终于收到益田孝的来电："余等祈孙、黄在于已有利地位上达成妥协，井上侯难于直接回答。"② 对于孙中山要求的一千万元借款只字未提。此电意味着日本和西方列强抛弃了孙中山而属意于袁世凯。

综合上述史实，中日合办汉冶萍借款案，不是一个孤立的、偶然的事件。它只是南京临时政府或秘密、或公开进行的诸多借款事件之一。这些借款事件的发生，是南京临时政府财政极端困难集中而突出的表现。对日借款是它内在的生存需要。首先是维持南京政府运转、保持现有军事力量的需要，同时也是积聚力量，准备北伐与袁世凯北洋集团争夺全国政权、实现共和与国家统一的需要。孙中山1912年2月3日与森恪的谈话，反复强调："余等至今仍对解决财源问题存一线之希望"。

旧历年前后不拘何种手段，亦要筹足维持军队的费用，汉冶萍断然实行日华合办，以筹五百万元，以招商局为担保借款一千万元等举，皆因此故也。③

在这里，孙中山在《南京草约》签订的第二天，已经明白无误地回答了为什么要不惜华日合办汉冶萍借款五百万的原因。期限定在"旧历年前后"，表明了急迫性；"不拘何种手段"，表明了关系重大、不惜代价的决心。

就合办汉冶萍借款案，与设立中央银行案、租借满洲案相比较而言，后二者对国家主权的损失更为巨大、严重，只是因为此两案系秘密进行而又未

① 李廷江：《日本财界与辛亥革命》，第254页。
② 李廷江：《日本财界与辛亥革命》，第256页。
③ 李廷江：《日本财界与辛亥革命》，第254页。

遂，才少为人知。

以下以史料为依据，按时序梳理南京临时政府、日方与盛宣怀三方面联系、接洽的过程。

孙中山向三井借款的起因

中日合办汉冶萍借款案，后来是将合办和借款这两件事扭在一起，原系各自分别进行，一方面是南京临时政府向三井洋行借款，然后南京政府赋予三井全权而与汉冶萍交涉；一方面则是正金银行、制铁所与汉冶萍交涉中日合办。后来签订的草约也是两个系统，一为南京草约，一为神户草约。

南京临时政府时期，最早介绍孙中山向三井借款的是山田纯三郎。

孙中山以日本为基地从事革命活动多年，在日本也拥有一批重要的追随者、支持者。在孙与三井洋行之间穿针引线的是山田纯三郎。山田原在三井物产上海支店工作，1911 年 12 月山田和宫崎滔天去香港迎接孙中山归国，受孙委托为革命筹款。据山田回忆：

> 12 月 25 日，在香港至上海船中，孙文对我说："你在三井那样的有钱处工作，帮我搞点钱吧！"我问："究竟需要多少？""越多越好。""一千万、二千万都可以。"听了这话我目瞪口呆。……12 月 25 日抵上海后，立即面见当时三井银行上海支店长藤濑政次郎，说明了原委。藤濑说：久闻中山先生大名，可惜无缘相见。不见一面，何谈借款！我把藤濑的话转告孙文。孙说"那我们马上就见面！"于是两人相会了。会见地点是藤濑公司的住所，当时森恪也在座。会谈进行状况极佳，一周后支店长处就有了回答，这就是后来的五百万元借款。①

---

① 山田纯三郎：《南京政府之正体》，转引自李廷江《日本财界与辛亥革命》，第 242 页。

这笔借款，就是后来 1912 年 1 月底达成协议的汉冶萍借款。

制铁所与三井联手　日内阁制定《合办大纲》

孙中山 1911 年 12 月 25 日在上海访问三井物产支店后，日本制铁所长官中村雄次郎闻讯，于 31 日夜在东京拜访了三井物产常务理事山本条太郎。开始将孙中山向三井借款与大冶铁矿联系在一起。事后，山本曾在《东京朝日新闻》发表谈话：

> 三井物产上海支店的藤濑政次郎及森恪等积极地进行着援助革命党的活动，八幡制铁所的所长中村雄次郎君要我以大冶铁矿山为担保来做这笔借款的交易。恰巧这时又得到藤濑的情报说：南京临时政府财政极为窘困，为装备军队需要一笔急用，日本如不设法援助，临时政府将有随时瓦解的危机。我一得到这个情报便下定援助南京临时政府的决心。即使现在的援助得不到什么兑现，可是对于日本的将来着想却是极为有利的。于是我就同中村君至内田康哉外务大臣及西园寺首相那里，征求了政府意见后，便一手承办这次三百万元的借款。①

紧接着，上海支店职员森恪于"1 月 5 日赶回东京，向总社和益田孝等汇报"。1 月 11 日，日本外务省政务局长仓知铁吉起草了《合办大纲》。主要内容为：改汉冶萍公司为华日合办之有限公司，新公司股本定为二千六百元，华股、日股各一千三百万元，原汉冶萍公司所有一切缺款由新公司接认，其所有一切产业物料暨权利，由新公司接收，以及人员分配等。12 日，由农相、外相、藏相协议后决定。②

至此，自 1911 年 12 月 25 日孙中山向上海三井支店提出借款起，自上

---

① 武汉大学经济学系编：《旧中国汉冶萍公司与日本关系史料选辑》，第 291—292 页。
② 武汉大学经济学系编：《旧中国汉冶萍公司与日本关系史料选辑》，第 297 页。

海至东京，由三井与制铁所协同向政府上报，至 1912 年 1 月 12 日内阁三阁员协议审定《合办大纲》止，完成了此案由日本政府决策的基本程序。这一阶段，主要是在日本企业内部、企业之间、企业与政府、政府部门之间运作，空间主要是从上海到东京。此时，远在大连和神户的盛宣怀应不知情，没有史料显示盛已经介入。

我们注意到：外务部政务局制定、三阁员审定的文件内容，只限于华日合办，未涉及南京政府借款。日本政府的重点很明确：志在合办。也可以说，重点在于对付盛宣怀。

何天炯持孙电与盛宣怀交涉

自 1 月 13 日起，南京临时政府开始与盛宣怀交涉，正金银行与小田切同时介入。此日，正金神户分行向总行致电报告：

> 革命党财政代表何天炯携来孙中山电，提出汉冶萍公司合办案，承诺日本提出之一切条件，另由公司向革命党提供五百万元。是否允诺，要求即复。此事，李维格大体上同意，正与盛宣怀协议中。此机不可失，希速提出我方之条件，并祈同当局商议核夺。①

何天炯携来的电报，可能就是《盛宣怀实业函电稿》所载的《孙中山致何天炯》：

> 孙总统致何天炯电（凭信附来）
> 晓柳鉴：汉冶萍华日合办，新政府已许可，刻下军需紧急，须向各关系者咨商一切，勿延。②

---

① 武汉大学经济学系编：《旧中国汉冶萍公司与日本关系史料选辑》，第 296 页。
② 王尔敏等编：《盛宣怀实业函电稿》下，第 900 页。

这份电报的收件人是何天炯，字晓柳。何凭此电与盛交涉；而不是孙直接致电盛宣怀或汉冶萍公司，盛在电文中被称为"各关系者"之一。其实，孙中山1894年上书李鸿章，本是走的盛宣怀的门路，此事在上海图书馆藏盛档中尚存有魏恒致盛宙怀、盛宙怀致盛宣怀、郑观应致盛宣怀等三份函件，后两件信封上均有宣怀手批"孙医士事""陶斋"等墨迹。[①] 此时孙中山如此行事，说明了盛当时的处境。作为被革职的清政府邮传大臣，铁路国有、"出卖路权"的罪魁祸首，被认定是革命的对象，不仅有关地方军政府没收其产业，革命舆论的代表、同盟会的《民立报》动辄称之为"盛贼"。

孙的这份电文首当其冲提出了"汉冶萍华日合办"已许可，而上引正金1月13日电文中所说的"承诺日本提出之一切条件""提供五百万元"均不见于电文，可能是何口头表述的。此电只言"军需紧急""勿延"，不论是合办，还是借款，似乎都没有多少商量的余地。——如此电文，如此行事，一开始就蒙上了暧昧而诡异的氛围。

盛宣怀为"合办"向孙中山摸底

盛宣怀接到这封电报会有何反应呢？

关于"中日合办"，既有桂太郎三年前当面提议于前，又有1911年12月中下旬避居大连时续议借款。小田切提出："以一千二百万日元在上海建立新厂，并由中日合办。"盛则提出："俟他日时局平定后，观察内外形势，如可以与外国合办，首先第一就和日本合办。"暂予搁置。[②] 盛应当知道此事并未完结，现在是寄人篱下，仰日人的鼻息；却又凭空插来了南京临时政府，平生最重要的事业、全部家财此时皆在革命党的掌握之中。对方虽是为借款而来，问题的症结却在中日合办。同时承受着南京临时政府和日本政府

---

① 沈渭滨：《一八九四年孙中山谒见李鸿章一事的新资料》，载《辛亥革命史丛刊》第一辑，中华书局1980年版，第88—93页。

② 武汉大学经济学系编：《旧中国汉冶萍公司与日本关系史料选辑》，第275—276页。

的双重压力，盛更不能不小心应对。1月14日，围绕着合办问题，盛设法通过中介向孙中山摸底：

> 止澜亲送宁王宠惠鉴：何天炯君接孙总统电，欲汉冶萍筹款，勋将此意告盛。盛云：义不容辞，但目前即以产业加借押款，无人肯借。或如来电所云，华日合办，或可筹措；或由新政府将公司产业股款、欠款接认，即由政府与日合办，股东只要股款、欠款皆有着落，必允。否则，或由公司与日商合办，均可。惟合办以严定年限、权限为最要，免蹈开平覆辙。请即密商，由止澜密电复。勋。①

孙总统既不曾亲自致电盛某或公司，盛也不便于直接给孙总统复电。在如何将回复直达孙中山并及时获得其反馈上，盛就很花了心思，专走王勋与其弟、时任南京临时政府外交部部长王宠惠这条内线，两方面都请人转达，既可靠又高效；盛保持了身份，必要时中间人还可起缓冲作用。

盛宣怀通过王勋的回电对筹款一口应承，但提出能否借到款项尚有困难。因来电提出"华日合办"，顺势切入考虑如何合办，提出两种方式征求意见。首先是说由南京政府与日本合办，似乎盛更倾向于推给政府去合办，但着重提出了关键是"股东只要股款、欠款皆有着落"。南京政府自己揭不开锅，从哪里去筹款给汉冶萍还股款和欠款？至于另一种方式：公司如何与日商合办，盛未多说，也不必多说。盛的回复，实际是下了一着围棋的"试应手"，试探对方关于"合办"的真实意向。

同一天，盛致函小田切，只说是"公司急需巨款，拟以公司产业向贵行担保，借用日币五百万元"。只字不提南京政府及合办事。此举一是向南京表示，公司奉命在积极筹款；二是向日方表示，目前只愿借款，仍无意合办。

---

① 陈旭麓等主编：《辛亥革命前后》，第230—231页。

孙中山:"中日合办,恐有流弊"

17日,小田切将外务省制订的《合办大纲》交给在东京的李维格。并给在神户的盛宣怀复函拒绝借款。

同日,盛收到上海陈荫明(止澜)给王勋来电,传达了孙中山的意见:

> 电悉。前日往宁,偕宠惠谒孙总统。孙意:民国于盛并无恶感情,若肯筹款,自是有功,外间舆论过激,可代为解释。惟所拟中日合办,恐有流弊。政府接认,亦嫌非妥当办法,不若公司自借巨款,由政府担保,先将各欠款清偿,留一二百万作重新开办费,再多借数百万转借与民国。原借还期、利息等统由民国正式承认,与公司订合同,依期付息还本与公司,于公司一无所损,更得民国维持,两皆神益。来电谓:无人肯借,乃外人恐政府干涉之故。今政府允借,且允担保,必有人肯借,英、美人现有欲借者,只须公司出面耳!荫要求将公司产业及盛私产已充公者一律发还。总统云:动产已用去者,恐难追回;不动产可承认发还。若回华,可任保护。如何?急盼回电。兄或总办面商,更佳。荫。①

此件是本案的关键史料之一,涉及孙中山对"中日合办"的真实态度,应慎重解读。有著名学者认为:"对于中国的两方而言,中日合办汉冶萍并不存在大的障碍,要害在于由谁承担中日合办责任的问题。"孙的答复中前后所言"其意都是在压迫盛宣怀主动承担合办责任"。②

我们细读文本,对于"中日合办",上引盛电咬定是孙"来电所云"。此处孙反谓是盛"所拟",似有相互推诿之意。但孙中山首先明确表态"恐有

---

① 陈旭麓等主编:《辛亥革命前后》,第230—232页。

② 易惠莉、陈吉龙主编:《二十世纪盛宣怀研究》,第508—509页。

流弊"，却是孙氏自己作出的判断，说明孙对此颇有顾虑；对于政府接认，也认为不妥。态度是鲜明的，并不含糊。他提出的主张是"公司自借巨款，政府担保"，以下均围绕这一主旨，先说公司如何转借，政府如何归还；然后强调政府作保、英美可借。——此前，在谈判设立中央银行案时，孙也说过"余现在正与英美之资本家进行交涉"；1月17日驻南京日本陆军曾向国内提供情报："美国有抢先承认新政府的意图，亦似有应诺借款于新政府的倾向。"[1]——孙的谈话至此，不仅超越了"合办"的范围，也超越了借款对象仅限于日本的范围。孙总统此时否定或避开"合办"、只要求公司自行借款提供军费，并不限于只向日本借款，思路似更开阔、回复似更合情理。至于信前信后所说的"筹款有功""发还不动产"，都是必然要说而不可缺少的话，似不宜附会。

盛看到此电，既满意，又有疑虑。关键在于，孙对"合办"的态度发生明显的变化，引起盛的猜测。21日致函李维格云：复电"意甚周到，合办恐有流弊，吾亦云然，惟与何君前电两歧，岂何电有所误会耶？抑孙与他人谋，不欲担此坏名耶？"对于孙主张"公司自借巨款，由政府担保"云云，盛只是觉得"似看得稍易"，大概是孙不了解公司欠债、缺乏资金的情况。但盛对于"合办"似已经松了一口气，信中对李维格说："昨接尊电，合办事（别无他人来提）请告因舆论反对作罢。想必阁下留京已经撤开[合办事]，专议借款。"此事与信后提到的舆情有关："廿六《民立报》抄录《朝日新闻》载吾等来东商议日铁，尤为激烈。"这是盛接到孙中山回复后的错觉，以为合办可以借舆情反对作罢，而专议借款。[2]

盛复黄兴：合办"必应政府核准，方敢遵行"

18日，小田切看到了孙中山对盛的回复，告诉外务省政务局长仓知：

① 李廷江：《日本财界与辛亥革命》，第209、228页。
② 陈旭麓等主编：《辛亥革命前后》，第232—233页。

"今日不赞成电报到达"，感到要尽可能和盛面晤。①

因为陈荫明复电转达孙中山对"合办"有不同意见，盛将陈电交小田切阅，被其否定："华日合办新政府已承认，陈电不能作准。"②

21日，何天炯再次来面商，将孙中山来电之意写成函件交给汉冶萍公司："刻接南京政府来电，须将该公司改为华日合办，因等巨款以接济军费，兹请贵公司即日照行，所有后事新政府能一力保护，断无迟疑可也。"

22日黄兴又从南京来电催促盛宣怀：

> 前由何天炯转达尊意，承允助力民国，由汉冶萍公司担借日金五百万元，归民国政府借用。见义勇为，毋任钦佩。兹特请三井洋行与尊处接洽，商订条约，即日签押交银，公私两益，是所切盼，并复。陆军部总长黄兴叩。③

据小田切24日向外务省汇报：23日盛宣怀接到黄兴电后，"状极狼狈，加之上海报纸披露公司借款问题，对彼攻击，因而神经紧张，彼之言语不似平生之沉着。"盛与李维格商议后决定派王勋再去南京。小田切则劝告盛"应就合办速电南京始为上策"。23日，盛曾致函小田切，再次要求借款，24日小田切复函云："惟闻三井曾有华日合办之说，弟一再筹思，除此实亦别无办法。"希图迫使盛就范。④

24日，盛宣怀致电黄兴。孙中山已经明确表态不同意合办，故不宜再问；此次系黄兴派人来，并亲自来电，故要求黄亮出底牌：

> 上海陈止澜：发密。速译专送。南京陆军总长黄鉴：电悉。项日商小田切面称，不愿担借，要求合办。何君天炯来函，华日合办政府已许

---

① 武汉大学经济学系编：《旧中国汉冶萍公司与日本关系史料选辑》，第297页。
② 陈旭麓等主编：《辛亥革命前后》，第238页。
③ 陈旭麓等主编：《辛亥革命前后》，第233—234页。
④ 武汉大学经济学系编：《旧中国汉冶萍公司与日本关系史料选辑》，第297—299页。

可，而贵电无"合办"字样。合办虽系旧矿律所准，然以法律论，必应政府核准，方敢遵行。究竟民政府主意如何？日代表在此专候，请速核夺电复。来电请交陈荫明密电发。①

此时合办问题已开始交涉。同是 24 日，小田切向日本外务省报告，盛提出的对案，其中关键的一条是："新公司股本定为四千万元，内银二千万元为华币，一千六百万元为日币，四百万元为其他外国承担。"② 此条的要点，一是主张将股本由二千六百万增加至四千万，二是同时引入其他国家的股本。后者与日本企图独占汉冶萍利权、排斥他国介入的意图针锋相对。据小田切向上级反映，此项"对方辩论最力，图贯彻其主张"。而小田切坚决主张：此点"不能轻易同意"。如此，合办谈判难以进展，形成了僵局。

山本条太郎直接介入：电孙、面盛

因为陈荫明来电传达孙对合办有不同意见，黄兴这份电报仍然没有提到"合办"，致使小田切对于南京政府孙、黄是否"仍然支持三井洋行的合办原案"也产生了疑问。25 日晨，小田切致电其总行，总行上报外务大臣：

> 盛宣怀已直接电询黄兴，南京政府是否同意汉冶萍公司合办。不明了是否同意，因而交涉进行不便之处甚多。应请当局采取某种方法帮助交涉，以获得南京政府之同意。③

同是 25 日晨，三井理事山本条太郎来到神户，中午 12 时 20 分致电孙中山：

---

① 陈旭麓等主编：《辛亥革命前后》，第 234 页。
② 武汉大学经济学系编：《旧中国汉冶萍公司与日本关系史料选辑》，第 299 页。
③ 武汉大学经济学系编：《旧中国汉冶萍公司与日本关系史料选辑》，第 301 页。

接东京电，阁下致盛电未切要害。敝处已电复东京云：阁下已授全权予三井与盛谈判，请遵行。如本月底各项条件未能为盛所接受，谈判即作破裂论。贵政府即可对汉冶萍及盛氏产业采取必要步骤。请阁下将此点电盛、何。三井。①

25 日午后，山本与小田切同道访问盛宣怀，"说明向来之情况及各种关系"。②山本所说的当是南京政府向三井借款的情况及其借款与汉冶萍合办之关系，同时递交了三井的函件："民政府允日华公司合办，共同经营，已授全权，从速决定。"③山本此来另一个使命是，今后由小田切作为日商代表与盛谈判合办，三方面进行交接。

25 日下午 8 时 25 分，孙中山复山本电：

已遵来示各点电盛。④

1 月 26 日，南京黄兴致电盛宣怀，果然是按山本的意旨如法炮制，一味地威逼恫吓：

前电谅悉。至今未得确切回答，必执事不诚心赞助民国。兹已电授全权于三井洋行直接与执事交涉，请勿观望，即日将借款办妥，庶公私两益，否则民国政府对于执事之财产将发没收命令也。其早图之，盼复。黄兴叩。径。⑤

我们注意到，此电仍然未提"中日合办"，而这两次都是黄兴出面。孙

---

① 陈旭麓等主编：《辛亥革命前后》，第 237 页。
② 陈旭麓等主编：《辛亥革命前后》，第 302 页。
③ 陈旭麓等主编：《辛亥革命前后》，第 239 页。
④ 陈旭麓等主编：《辛亥革命前后》，第 237 页。
⑤ 陈旭麓等主编：《辛亥革命前后》，第 235 页。

中山没有公开表态。民国政府以没收财产相威胁，看准了盛宣怀的软肋，盛只得屈服。

27 日小田切向外务省报告："由于昨晨黄兴来电，事态仍急转直下。"

山本既是全权代表，又是幕后指挥

1912 年 1 月 27 日，原井上馨秘书、兼任三井洋行上海分行经理山本条太郎代表上海三井物产会社致函孙中山，标志着自 1 月 13 日何天炯面见盛宣怀以来，南京临时政府与盛宣怀之间的交涉告一段落。山本此信值得重视的是：

一、阐明最早向孙中山提出中日合办汉冶萍的是山本。

> 汉冶萍业务经理王阁臣于一月初即在日本，今晨返沪午后曾来访。王急于了解中日合办汉冶萍公司的想法是如何产生的。我告诉他，阁下与胡汉民先生均曾提及此事。汉冶萍中日合办的设想，是去年十二月底我与阁下晤谈，谈论到浙江铁路时提起的。当时我曾经谈到，假使阁下能同意浙江铁路由中日合办，也许能以该路为抵押，设法借款。若仍保持为中国铁路公司，恐难罗致借款。山本谨启。[1]

辛亥革命期间，三井财阀在华中、华南拥有相当重要的特殊利益，其与汉冶萍联系密切。早在 1906 年 2 月，汉阳铁厂因委托三井物产会社代销钢铁，先后与之订立代销合同、预支钢铁价款合同，预支价款一百万日元；1910 年 12 月又借三井一百万日元。武昌起义后汉阳铁厂停产，1911 年 10 月 24 日，李维格在《告汉冶萍公司同人书》中说，"只得暂托洋行照料，而洋行中则以三井为最宜。盖该行与厂交易最久，定购厂货最多，预借货款亦最巨，熟悉厂中情形，委托暂代经理。"[2] 如此，三井提出汉冶萍中日合办就

---

① 陈旭麓等主编：《辛亥革命前后》，第 237 页。
② 陈旭麓等主编：《辛亥革命前后》，第 224 页。

不是偶然的、也不难理解了。

上述引文，虽然是证实中日合办汉冶萍系山本对孙中山提出，实则证明日本高层的既定方针是趁南京政府财政困难之机，尽可能地攫取种种利权，推进中日合办汉冶萍只是其目标之一。它体现在与南京政府交涉的各个方面和各个过程之中，山本不过是积极主动贯彻执行而已。此信也仍在对孙加压：若不合办，不能借款。

另据 1912 年 1 月 26 日外务大臣内田致驻南京领事铃木电："该公司应合办之说，曾在上海三井支店长藤濑与孙中山谈话间提出，当时孙氏并无异议。若此，关于本案革命军政府当然亦应无异议。"如此，也可证明向南京政府提出合办之说系起于日方三井。

王勋急于了解这一内情，必然是执行盛宣怀的指示。说明盛也不了解而急于了解这一内情。

根据山田纯三郎的回忆和山本条太郎的证词，此事均最早发生于 1911 年 12 月底，当与盛宣怀无关。其时，盛尚在大连，与南京政府方面似未接触。

二、山本不仅是充当南京政府与盛宣怀谈判的全权代表，实际又是谈判的幕后指挥。

上述 1 月 27 日山本条太郎致孙中山函，另有一内容，主要是"证实下列来往电报"，即：

> 1912 年 1 月 25 日中午 12 时 20 分发往孙中山处电文；
>
> 1912 年 1 月 26 日上午 8 时 50 分收到孙中山处 1 月 25 日下午 8 时 25 分发出之电文；
>
> "1912 年 1 月 27 日下午 3 时发往尊处下列电文：'接神户来电，一、二日内可签草约，请转知南京〔政府〕。'最后一电发自盛宣怀的私人秘书，我揣度盛宣怀希望将签订草约的情况转知阁下。"①

---

① 陈旭麓等主编：《辛亥革命前后》，第 237 页。

这三封电报，记录了因孙态度暧昧谈判受阻，山本条太郎致电孙中山请孙对盛去电施加压力，谈判终于取得突破的关键过程。其中 25 日电文颇为倨傲，劈头就是对孙指责，"未切要害"；电末也是命令语气，并无商酌的余地。山本的颐指气使，反映了此时此际孙中山与日本关系中颇为严峻、辛酸的一面。

在《辛亥革命前后》一书中，缺少了上述 1 月 25 日晨小田切向上级汇报交涉受阻的电报。这份电报和当天山本条太郎来到神户，才是事态急转直下的发动机。上述有关各电文按时间先后排列，显示事件发展的内在逻辑，可以明确的得出结论：1 月 26 日，在中日合办问题上，对盛宣怀交涉取得突破性的进展，是日本政府通过三井洋行迫使南京政府对盛施加压力的结果。

盛宣怀仍坚持"合办"要有明文批准

盛宣怀接到黄兴电报后，日方已派小田切代表商议草合同条款。盛称咯血卧病，派协理李维格与之交涉。自此，延续大连会议的汉冶萍预借铁价谈判暂行搁置，改为按照南京政府要求的中日合办借款谈判。

27 日，盛致函上海三井分行森恪，托他到南京去向民国政府代陈三事，"以释疑团"。一是允认借款，接到三井"已授全权"的来函，派李交涉，先定草约。二是要求早日发还充公的产业，然后再"竭力筹款报效"。三是"此次汉冶萍公司与日合办，虽为矿律所准，民政府特予三井全权交涉，而他人不得周知"。盛在信中指出，上海同盟会的《民立报》，26 日就在点名骂人，"盛贼将汉冶萍与日本"。盛谓"因铁路借款，得罪舆论"，"不得不格外慎重"，显然是就"合办"要向南京当局讨个说法。其中第二点，应是对黄兴电报的反响，意在以发还财产为借款的交换条件；后来盛委托森恪以一公司的名义代理其财产收回、清理，实际是让三井作为中介监督执行。①

王勋此次专程经上海去南京，任务就是继续为盛探明孙中山对合办的真

---

① 陈旭麓等主编：《辛亥革命前后》，第 238—239。

意。29 日晚王勋和陈止澜（荫明）同去三井藤濑住宅谈论此事，据藤濑说："本系三井亲得孙总统切实许允。"是晚二人电禀盛："准合办实出总统意无疑。明日函宁，取正式明文。"1 月 30 日，曾经两次面见孙中山的陈止澜，以个人名义致函：

> 大总统钧鉴：敬肃者，汉冶萍中日合办一事，昨又接神户来电，条款已议妥，即日可签押。惟合办虽仰遵钧谕，而历次函电，均出自间接，未奉到直接核准明文。今事已议妥，借款有着，拟请大总统明降钧谕……经中央政府特许等语。一俟奉到，则合办合同，可以正式签名，发生效力。一面将借款从速汇解，一面补具公呈，呈请批准立案。……①

作为汉冶萍与孙中山联系的当事人，陈止澜把当前问题的症结概括得极其清晰："历次函电，均出自间接，未奉到直接核准明文"。汉冶萍合办与否，我们客观地审视，不应认为是孙中山与盛宣怀个人之间交易，不存在着个人之间推诿责任的问题，它在本质上是政府与企业的关系，是南京临时政府的一种政府行为。如此作为，从办事程序来说是不规范、不完备的；从处理事件的态度来说，是不明朗、不负责任的。作为企业，要求政府对于它发出的指令提供正式明文，负起它应负的责任，合情合理，似无可非议。我们注意到，直至宣布废约，南京临时政府也不曾正式核准汉冶萍中日合办。

《南京草约》的不同版本及组成内容

下面涉及一桩史实真相，即"南京草约"及其签订的时间，需要进一步探讨。

易惠莉认为：1 月 25 日"午后，山本与小田切同赴盛宣怀处交涉，山本

---

① 王尔敏等编：《盛宣怀实业函电稿》下，第 902 页。

向盛宣怀递交了以中华民国政府、汉冶萍公司和三井物产三者名义签订的中日合办汉冶萍和汉冶萍向民国政府提供五百万元借款的所谓'南京草约'"。她还认为"该草约在南京签订，至少是在 1 月 22 日之前"。①

代鲁则认为："处此形势所迫之下，乃有 1 月 25 日的民国政府与三井物产会社关于汉冶萍公司中日合办草案（亦称南京草约）的议订。"②

两位汉冶萍研究专家的论断，一则日期不同；二则是"签订"还是"议订"？三则是"三者"还是只有二方？表述的不同，意味着此案进程中一些基本事实还有待进一步梳理、澄清。

易惠莉的论文此处"南京草约"即指《汉冶萍公司中日"合办"草约（南京）》，载《辛亥革命前后》第 235 页。该书编者将此件注明为"1 月 26 日"。

查此"南京草约"，我们可以见到的至少有五种版本。除上述提到的第一种版本外，第二种见于《盛宣怀实业函电稿》下册第 951 页，题为《三井洋行与南京政府先定之汉冶萍合办草约》，下有小字注明："正月二十六日照英文译"。

第三种版本简称"合同书"，见于《旧中国汉冶萍公司与日本关系史料选辑》第 310 — 311 页。在"1、南京临时政府、三井、公司间草合同及各项附件"题下，共有三组文件：

第一组编号（5.69），其中"合同书"部分，共十二条。还附有"中华民国政府之认证"一文，共三条：一为政府承认本件所附合同草案；二为应使公司董事予以承认，并使股东大会予以通过。三为公司先以大冶铁矿作抵，借入二百万日元乃至三百万日元等。在"认证"后，编者加注："本件中'合同书'缺签订日期，据下列（5.71）号件，似为二月二日。1912 年上海《申报》和《时报》部分揭露于二月二十八日。"

第二组编号（5.70），为"权利合同"及"中华民国政府之认证"，主要内容是政府"同意将来对中国之矿山、铁路、电气及其他事业让于外国人时，

---

① 易惠莉：《孙中山、盛宣怀与民初中日合办汉冶萍借款案》，载《二十世纪盛宣怀研究》，第 513 页。

② 代鲁：《汉冶萍公司史研究》，第 60 页。

如条件相同，则让给三井物产株式会社"。又有附件为政府承认："采取适当措施，与汉冶萍公司事业经营所在地之湖北、湖南和江西各省官宪交涉，不得因其他地方事故而妨碍公司业务"。

第三组编号（5.71），为"南京临时政府与日商三井洋行借款续合同"，标明时间为民国元年（1912年）二月二日。三井代汉冶萍公司借与民国政府二百五十万元。

第四种版本，题为《中华民国政府、汉冶萍公司、三井物产会社关于共同事业合同书草案》，见于代鲁《汉冶萍公司史研究》第60—62页。据日文本抄件。包括十二条草约及其附件"中华民国政府之认证""权利合同"及附件"认证"。与上述第三种版本对照，十二条未原文照录，系作者概括为四要点，内容与其他版本一致；"中华民国政府之认证"多出一条关于湖北等三省交涉云云，即为"权利合同"附件移入。但未收入二月二日之续借款合同。

第五种版本，见于湖北省档案馆编《汉冶萍公司档案史料选编》上册第324页。题为《汉冶萍公司中日"合办"草约（南京）》与《辛亥革命前后》一书所载相同，亦为十二条款，系同一文件；题下注明1月26日。但附有《借款合同要点》，该书编者注明"原件为英文"。主要内容为：政府应付三井2.5%的佣金。如三井取得武器、军火订货总额超过二百万元时，佣金可以免付。其中尚有〔《借款事同要点》的补充〕其内容与上述"合同书"中编号（5.69）所附之"中华民国政府之认证"相同。该书编者注云："补充内容英文原件中未著录，但其日文之中译本曾载于1912年2月28日《时报》，此处据以补录。"

以上五种版本对照，其中的十二条款，实质内容完全相同，而文字略有不同，如《旧中国汉冶萍公司与日本关系史料选辑》本不称款，而称条；第一条为"公司资本额为三千万日元，为中国、日本两国人共同经营之事业"。除"资本"与"股本"用词不同外，似更强调"共同经营"。又，最后有一段："以上各项，经双方承认、缔结。各自签名盖章。"似为最后定本。

根据以上不同版本的比较，我们对《南京草约》文本的基本认识是：

1.在各种版本中，以《旧中国汉冶萍公司与日本关系史料选辑》本所收内容较完整。包括合同书及政府认证、权利合同及认证、借款合同三组文件。

2.各个文件的形成，时间有早晚，看来各种版本相同的《合同书》十二条最先产生，是最基本的文件，其他文件由此而来、或由此派生，至2月2日借款合同签订止，即告一段落。

3.《合同书》和《权利合同》都采取了特殊的政府认证方式，似表明先有《合同书》《权利合同》，然后分别由政府加以承认。也就是说，这两个合同很可能都不是南京临时政府和三井共同议定，而是由三井单方面提出的。这点很特殊，也很重要，涉及整个谈判的实际进程。

《南京草约》不可能在1月25日或更早签订

下面试对有关《南京草约》的史事真相，略做辨析。

我们认为：《南京草约》似不可能在1月22日之前签订或25日议订。

一、易惠莉"认为该草约之在南京签订，至少是在1月22日之前"。并注明此处南京草约系指《辛亥革命前后》本，即《汉冶萍公司中日"合办"草约（南京）》。易文在后面又说："2月2日，森恪已在南京与孙中山、黄兴签署了以下三份合同文件。第一份合同全文如下：……"所引即为《旧中国汉冶萍公司与日本关系史料选辑》本之《"合同书"及"中华民国政府之认证"》。前者的南京草约与后者的"合同书"是同一个文件，不可能两次签订，或有笔误。①

二、易文认为草约已在南京"签订"，则涉及的三方当事人必须到场并一致同意。1月22日以前，盛宣怀、李维格均在神户，不可能去南京谈判、签字；更重要的是，如果南京草约已签订，即盛已同意其中的所有条文，既

---

① 易惠莉：《孙中山、盛宣怀与民初中日合办汉冶萍借款案》，载《二十世纪盛宣怀研究》，第513、519页。

同意合办，又同意借款。如此，何须山本还要在 1 月 25 日紧急赴神户一行？何须还要黄兴 1 月 26 日发电报对盛威胁恐吓？

三、是否如代鲁所说，是由南京政府和三井双方在 1 月 25 日正式议订的呢？从 25、26 日前后的情势看，对于孙中山是否同意中日合办，不仅盛宣怀犹自锲而不舍地派专人询问、追究，就是日方当事人小田切及日本政府也是心存疑虑。1 月 25 日小田切发电向总行和政府求援："应请当局采取某种方法帮助交涉，以获得南京政府之同意。"26 日，外务大臣内田指示驻南京领事铃木："对合办问题，查明军政府之意向。"如果 25 日或此前更早，南京政府已与三井就草约正式议订，则内田何须再发电命令铃木"查明军政府之意向"？过了六天，想必是颇费了一番周折，铃木于 1 月 31 日致电外务大臣汇报："嘱探孙逸仙之意向，对汉冶萍公司中日合办，孙氏业已承诺。盛宣怀亦解此意……"同日再次发电补充："孙中山表示汉冶萍公司中日合办，亦无不可。惟不甚愿意用盛宣怀名义。"孙的语气有所保留，是被动的。盛声名狼藉，孙中山不屑与之为伍，这也是孙不愿正式表态的重要原因。①

四、易惠莉、代鲁的论文之所以认为草约早已签订或议订，并将时间推前，窃以为或因"三井被南京政府授予全权"一事所困扰，以为必有签订或议定的草约为依据，殊不知此案有其特殊性：

1. 孙中山向日本借款，日本未承认南京政府，由商家出面，导致中华民国政府向日本商家三井借款，谈判双方的地位本不相对称；日方又以汉冶萍中日合办为要挟，把盛宣怀拉扯了进来，盛既被削职为民，又是千夫所指、声名狼藉，与孙中山更不能处在同等的地位；更重要的是：合办之事，利权外溢，忌讳甚多。如此，三方岂能坐在一起，公开、平等谈判，共签合同？南京政府采取"认证"的方式，自有其不得已的隐衷。

2. 南京临时政府还有其"临时性"。从史料来看，三井与孙打交道，事关机密，无论是面谈还是发电，都是热线、直通极峰，未见孙指定有专人与

---

① 武汉大学经济学系编：《旧中国汉冶萍公司与日本关系史料选辑》，第 302—303、306 页。

之谈判。孙总统日理万机、戎马倥偬，即使是山本或森恪拟了一份草案送审，孙大总统也不太可能坐了下来，一字一句地亲自审阅、与之商磋。

3.此事说复杂很复杂，说简单也很简单。三井与孙中山之间，各自只需一声承诺：三井承诺借款，孙承诺中日合办。至于如何借款，如何合办，自有、也只能由日方与盛交涉；有了结果，再送南京政府认证、承认。只要孙、黄口头承诺了汉冶萍中日合办，三井或山本就可以被称之为"授予全权"，对盛进行交涉。据1月25日山本致孙中山电："敝处已电复东京：阁下已授全权予三井与盛谈判，请遵行。"我们看到，山本这个"全权代表"，分明是自作主张、授意孙中山通知盛、而孙遵令奉行而为盛宣怀所接受。又，上述1月31日铃木回复外务大臣，只说孙"业已承诺"，而未说与三井洋行有何"议订"或"签订"，亦可供参考。

"草案十二条"本是山本所拟"底稿"

我们认为："合同书"草案十二条本是山本起草的《南京草约》的部分"底稿"。

第一，"底稿"说的依据，来自盛宣怀《分呈袁世凯、孙中山、唐绍仪及外务部长、工商部长文》，系正式文件。开头便说：

> 本年正月二十七日，三井洋行总办山本条太郎面递南京草约底稿，并据面称："汉冶萍公司借款已巨，现在中国大局未定，非照南京草约不能再借款项。日商现已公举小田切为代表，请公司速议进行"等语。

"底稿"者，单方面提出、未经协议、修改、通过的草案也。盛宣怀此时应当是第一次接触这份文稿；据此，也可以否定它已经正式签订。[1]

第二，据代鲁介绍，他所见的十二条，系日本文抄件，存于《日本外交文书》，原题为《中华民国政府、汉冶萍公司、三井物产会社关于共同事业

---

① 陈旭麓等主编：《辛亥革命前后》，第261页。

合同书草案》，系 1912 年 1 月 26 日山本条太郎致仓知铁吉函所附日文抄件，原件无日期。①

依据这些因素，窃以为：

首先，此草案无日期，应是山本来神户后新产生的、新起草的。如果是原有的、已经议定的，应有日期，山本也无须再抄送给仓知。

其次，山本此行的目的在于打破僵局，迫使盛宣怀就范，进行中日合办谈判，而要表明南京政府已同意合办、借款，需要有文字依据和框架性的意见。

最后，所谓三方就合办、借款达成协议，实质是日方分别强制南京政府和盛宣怀按照日方的意图行事。凭借南京政府全权代表的名义，按照日本利益的需要，临时炮制一份合同草案，对于山本说来自是理所当然，也毫无困难，只是事后报告日本政府备案即可。

第三，就南京草约合同书十二条的内容分析，可分为两部分。前四条是本案的基本框架协议，股本三千万，中日各半，公司再借五百万，转借给南京政府。涵盖了合办、借款两个方面，也是下一步分别继续谈判的纲要性文件。从第五条起，以下各条均为三井与南京政府之间的协议，多为向南京政府的要求，与汉冶萍无直接关系。

第四，据小田切 1 月 27 日致函仓知局长报告：26 日早上接到黄兴电报后，"我方把握机会，迅即开始商谈，于昨日午后拟就另纸汉文（附日译）草案，除第三项外均经商定。"另纸即关于汉冶萍公司中日合办的神户草约十条（草案）。

根据上述史料综合分析，窃以为：合同书草案十二条，是山本条太郎在 1 月 25 日来神户与盛宣怀商谈期间，根据他所掌握的南京政府的意向和承诺，以及三井对南京政府的要求，凭借南京政府全权代表的身份，自行草拟并向盛宣怀提供的一份草案。这份草案后来经过南京政府的认证，成为南京草约的主要部分。此草案的内容原为三井洋行与南京政府之间的协议，山本作为三井的负责人，同时又是南京政府所承认的全权代表，他对盛提供的草

---

① 代鲁：《汉冶萍公司史研究》，第 60 页。

案应是有效的，这就为下一步日方与盛宣怀进一步交涉"合办"奠定了基础。山本此行的目的在此，所起的作用亦在此。草案也提供了日方三井洋行与正金银行相互衔接的主要依据。一些研究汉冶萍的专家重视这一文件，也正是因为它和黄兴的电报相互配合，为日方突破了谈判的僵局，促成汉冶萍中日合办神户草约的谈判和商订，起了关键的作用。

综合来看，汉冶萍公司中日合办借款涉及南京临时政府、汉冶萍公司、日本三井洋行、正金银行、制铁所五家，头绪纷繁，事态复杂，谈判交错进行，连锁反应，产生了许多文件，具有内在的逻辑联系。现按实际谈判进程，将主要文件及其制定、签订时间整理如下：

1912 年 1 月 11—12 日，日本外务省政务局制定《合办大纲》，并经农相、外相、藏相共同审定。

1 月 25 日，山本至神户，向盛宣怀提供所拟南京政府与三井洋行协议草案：合办借款"合同书"十二条。

1 月 29 日，汉冶萍公司与日商代表小田切会订华日合办草约（神户）。

2 月 2 日，南京草约之合同书经民国政府认证；民国政府与三井洋行借款续合同经孙、黄签字认可。同时日方追加"权利合同"，亦由民国政府认证。

2 月 10 日，汉冶萍公司、正金银行、制铁所共同签订预借矿石价值合同，借日金三百万元；同日，公司与正金银行另订有关公司合办并与日保持特殊关系的特别合同。

2 月 12 日，由三井洋行向南京临时政府付款。

盛宣怀对神户草约及借款合同有所抵制

1 月 29 日，公司与日商会订《神户草约》。主要内容是公司改为华日合办，新公司在中国注册、遵守中国矿律商律、总公司设在上海，股本三千万、华日各半，为期三十年，公举董事十一人（华六日五）、在其内举华人总理、日人协理各一，总会计用一日人，原公司所有一切欠款及一切责任均由新公司接任，除照矿律外国矿商不得执其土地作为已有外，汉冶萍煤铁厂矿有限公司之所有一切产业物料暨权利并照案所享特别利益，均由新公司接收，等等。

盛宣怀在被动接受中日合办的同时，在谈判的进程中，为维护公司及其自身的利权，也在某种程度上有所抵制和抗争。

在1月26日黄兴来电报对盛恐吓威胁之前，盛提出合办的对案，要求同时引进其他外国资金，这是明知日本不可能接受而有意提出并坚持，致使谈判陷入僵局，应当视为一种抵制的策略。

最能体现盛的老谋深算而又起了决定性作用的，是盛提出如何批准合办草约的方式和权限。

神户草约由小田切与李维格会订，盛宣怀在审稿时做了两处修改，加了一条注。

一处修改是在第九条"新公司未经注册前，由华、日发起人先行办事"之后，添加了"所有新公司一切章程由发起人另行商订"。

另一处修改为第十条。原文为：

> 以上所开新公司华日合办，已由中华民国政府电准汉冶萍煤铁厂矿有限公司，立将此办法通知股东。倘有过半数股东赞成，即告知日商。日商亦将情愿照办之意告知公司，签定正合同，立行照办。告知期限不得逾一个月。

盛宣怀将"已"改为"俟"。并加一注：

> 以上草合同十条俟民国政府核准后，敝总理再行加签盖印，特此声明。正月二十九日。盛宣怀注　[盖章]①

原稿用"已"，为已完成式，企图将中日合办视为既成事实；"俟"，就

---

① 陈旭麓等主编：《辛亥革命前后》，第240—241页。

是等待、等候，为未完成式，有待股东通过、政府批准。一字之差，盛与日本、也与南京政府暗斗着心机。这不仅仅是个推卸"合办"责任的问题。此时国家大势未定，不知鹿死谁手，盛与日人合办而给南京政府提供军费，对于大清朝廷就是附逆、背叛；南北对峙，对于看来要得势的袁世凯，则冤家对头之间又增添一层难以化解的寒冰；对于盛本人，也是增添一个被人贬抑、讨伐的把柄。借款也好，合办也好，盛一定要有个真凭实据，是身处危境力求自保的必要。盛宣怀此时虽已失势、跌至谷底，但在合办问题上，却隐隐占着法理，而孙中山尚有所忌讳。事后，2月26日盛致函吕景端，叙述了自己修改草约的思想基础：

> 鄙见汉冶萍系完全公司，照各国通例，不能以政府命令夺股东权利，故交股东会议决，必能有效。①

南京政府与汉冶萍的关系，毕竟是政府与企业之间的关系，而不是孙、盛个人之间的关系。如果汉冶萍自愿与日商合办，双方已经达成协议，政府可批准，也可不批准，都是政府在职责范围内履行职权。现在不是这样，汉冶萍与日商并未达成协议，而是南京政府派人下令甚至逼迫盛与日方订约，这就超越了政府的正常权限、剥夺了企业的主权，损害了股东的利益；此事必然受到社会舆论谴责、股东反对。神户草约会订之前，盛消极软磨的底气在此；草约已会订，盛实际仍拒不签字，坚持等候股东议决、政府核准，为废除草约留下后路的法理依据亦在此。

由于神户草约尚须公司董事、股东会认可，而南京政府急需军费，山本条太郎根据东京的命令，起草了《南京临时政府与日商三井洋行借款续合同》，由森恪送交孙中山、黄兴于2月2日签字，成为南京草约的又一组成部分。②主要内容为：三井洋行代汉冶萍公司备款二百五十万元借与民国政府，以大

---

① 夏东元编著：《盛宣怀年谱长编》下，第945页。
② 陈旭麓等主编：《辛亥革命前后》，第244页。

冶铁矿作抵，一年为期，年息七厘等。①

汉冶萍之款从何而来？于是公司与正金银行、日本制铁所再于2月10日签订《预借矿石价值合同》。

该合同称："公司急需用款，欲借日金三百万元"。预借矿价合同，本在宣统三年四月已经达成协议，但未实施。此时不过借此名义，以掩人耳目。但时移势异，日方趁机勒索攫取了更多权益。如第二条以大冶铁矿作抵押，"公司须将本条所开产业之凭据、契券随后从速托在银行指定之处保存"。第三条增加了以湖北省武昌县银山头马婆山、兴国州富池口鸡笼山为抵押。第六条"本年起三十年为止，每年应向制铁所另售矿石至多以十万吨为限。"第七、八条规定，"中国现因发生变乱"，如果不能按合同交售矿石、生铁，即请制铁所、银行暂作公司之代理人，代办矿石开采、生铁制造，等等。

同日，又签订了严格保密的《特别合同》，称"借款合同内有所不尽"，意在以此特别合同专题坐实汉冶萍中日合办。第一条，强调为亲密两国关系、有益于合办汉冶萍，"因此日本代表者须对于合办事业详细调查、慎重考究之后方能决定"，在商定前不须向他人商议此事。第二条，说明成立新公司后，此借款作为日商股份。第三条强调借款结束后，售予矿石和代理开采"仍可照办"。第四条，款项用途要详细告知银行。最后一条为："公司之总理、协理及代表人，因公司与银行往来交谊深厚，在他国未见如此亲密关系，应允向公司并接办公司人等极力劝其永远维持如此善美关系，以敦信谊。"将日本政府企图永远侵占汉冶萍的野心暴露无遗，也是对盛宣怀、李维格等人的绝妙讽刺。②

当时盛尚在咯血，合同系李维格等与小田切商订，事先未与盛电函相商。直至签订前夕，2月7日李维格始有一函致盛，借此可知一些谈判情况，转录如下：

---

① 武汉大学经济学系编：《旧中国汉冶萍公司与日本关系史料选辑》，第313页。
② 武汉大学经济学系编：《旧中国汉冶萍公司与日本关系史料选辑》，第316—321页。

借款合同条件连日磋商始定一稿，兹特专差送呈钧核。间须解释之条，开列于左：

第二条末段云云，小田切君因见官保抄送之六合公司合同稿，谓大冶矿山已抵押与兴业、正金，不应不先尽该两行，而将契据押于他处。渠若不知，则可不问。今官保既已抄送六合合同与阅，渠若含糊，照日本法律，并渠亦有应得之罪，故不能不索此契据。格等与之再三解说，并请中村、山本等转圜，始改"于交收款项之前"七字为"随后从速"四字，不能再改。至于六合借款，高木云合办成后，总可设法先还一百数十万。

第三条武昌兴国契据现存上海，即可照办。

第六条改五十年为三十年，亦煞费磋磨。

第七、八条暂时代理采矿炼铁二层，制铁所与正金坚持必须如此方能放心。初稿系制铁所、银行即应暂作公司代理人云云，是不与公司商酌即可代办，殊属不妥。磋磨至再，始改公司、制铁所、银行三面妥商办法等语。忆八月起事后，格在汉奉官保电云：已与日使伊集院商，派日兵保厂，嘱格即与日领接洽。当时因不便照办，故未实行。惟既可派兵，则暂时代理想官保必可照允。又在大连时官保曾云：不但需款，且须有为中国保全此厂矿之法。似此条适与钧意相符也。

特别契约亦系彼意。

查以上借款合同及特别契约，磋磨数日，条款无可再改。南京急电催逼，亦无可再延。应否即行签定？祈此函到时即速电示。电语只须可签不可签，勿涉他语，以免再延，而生枝节。恐邮局耽误，故专差送呈，立候电示。格与小田切君会议时，均有虎侯在座，并闻。①

将李维格此信与借款合同条文对看，日方欲趁革命战争动荡之际，将汉冶萍据为己有的野心昭然若揭，毋庸赘述。值得注意的是，小田切首先从六

---

① 王尔敏等编：《盛宣怀实业函电稿》下，第912页。

合公司开刀，给了李维格一个下马威，使其在谈判中处于极其被动的地位。所谓六合公司，盛对外宣称系由六位资本家组成，实际是盛巧立名目，将所谓盛经手的借款集中于此，亦将有关契约抵押于此。[1] 宣统三年协议预支铁价借款，一个重要目的，就是要归还六合公司的三百万急债。李维格此信显示，一方面小田切借口契据押在六合公司而刁难，一方面高木给盛许愿，六合借款"合办成后，总可设法先还一百数十万"。2月9日盛对合同迟迟不表态，晚11时高木又从东京致电盛："六合款，弟担保，请放心。其余各条签定后，附件声明勿虑。……速电示，再迟，事决裂，所有宫保各事，弟无力再能代办……"[2] 都是看准了盛急于收取个人资金的命门，软硬兼施。另一方面，此信透露了李维格有借中日合办保全厂矿的倾向。这既是盛宣怀一有风吹草动即求日方荫庇的思维惯性起作用，也与李维格自己在武昌起义的战火中深切感受到企业生存的艰难有关。果真如此，合办虽厂房、机器可完好无损，但所有权却至少有一半属于日本了。

　　盛对此合同条文及相关做法颇为不满，未按李来函要求回电。2月7日，李维格来电转述"小田切云，稿已磋定，不能再改。"2月9日，山本、高木、李维格、林志熙等联名来电："又接宁电，'今日不签定，前之各议全行取消'等语。事急矣……如条款有实在为难之处，只要两面力能办到，签定付款后，总可转圜，请放心。……"[3] 东京与南京交互为用，极尽威胁诱导之能事。

　　2月10日，盛以长信致李维格，对两个合同条文一一提出不同意见，又在信末对李事先未曾函电相商予以指责："然诸葛亮尚有想不到之时，故在集思广益。""然关系太多，稍一不慎，补救非易。他人合志同谋，公则单刀匹马。""弟性素钝而质直，处大事难事不能立刻下断语，必筹之数四而后洞悉其可否。公屡嘱欲我立刻决断，不容思索"。如此喋喋不休，以前是很少见的。又对南京和东京皆发泄不满："即如宁催借款不自今日始矣。初八

_____

① 陈旭麓等主编：《汉冶萍公司》三，第203页。
② 陈旭麓等主编：《辛亥革命前后》，第247页。
③ 陈旭麓等主编：《辛亥革命前后》，第246页。

晚合同稿始到，而收款委任稿亦尚未到，东京来电已云，初九不签字交款，即须决裂。大约落稿之初，即已有人运动。宁电一日数至，无非逼我闭目签字，不准一参末议耳。"①

盛对预借矿价合同的意见，有的事关重大。如"第八条铁厂代办，应当专指变乱而行。若长此不还，或须备重价收赎，如何得了？况矿石一条尚有'变乱平定或公司力能自办，即仍由公司自行办理。'而制铁一条无此结语，更形不妥。"后来按盛去电加上了"变乱平定……自行办理"等21字，并以附件"换文"形式加以补救。2月14日，盛又专函致若松制铁所、横滨正金银行，一是对凭据、契券的保存提出不同意见，"因查照矿律，外国不得执其土地作为已有之宗旨，虽有本公司急需款项，不能以矿山地契抵押外国银行、洋行之故，作成六合公司以便替本公司代筹款项，所有矿山地契全托在六合公司保存。"二是明确并强调厂矿担保，"皆系指厂矿不言地契"。"此次民国政府续借三百万元，系仍照前案，添购矿石十万吨，三十年为期，以武昌兴国现有开采权之铁山所出矿石担保，已属合格，不应再用各山地契作抵押也。"②

盛宣怀对合同条文的这些不同意见，是在接受中日合办、出让汉冶萍主权前提下的局部修正，既是在某种程度上维护企业的利益，也是在维护他个人的利益，在这些问题上，盛的个人利益与企业的利益是基本一致的。窃以为，以史料为依据，盛宣怀接受中日合办是被动的、甚至是被迫的，同时还有过某种程度的、局部的抵制或挣扎，或许更接近历史的真相，也更有利于深入地、实事求是地理解盛宣怀这个特殊的历史人物。

反对"合办"酿成大风潮

反对汉冶萍中日合办借款，我们现在看到的资料，较早是湖北的革命

---

① 陈旭麓等主编：《汉冶萍公司》三，第209—211页。

② 陈旭麓等主编：《汉冶萍公司》，第215—218页。

党人、参议员刘成禺等发动的。刘成禺（1876—1953），湖北江夏人，曾在日本学陆军，早岁追随孙中山，在海外办报、撰文宣传革命。其著作有《世载堂杂忆》《洪宪记事诗簿注》等。1912年元月8日刘在南京临时政府参议院提出提案，内有三项，中日合办为其一。1月10日《时报》作了报导，此事"未交院中议决，有背临时组织大纲"。据王勋向其弟王宠惠与另一位湖北参议员王正廷了解，"始知湖北军政府与南京政府缘他事大生意见"，刘成禺遂有此举。孙中山特嘱王正廷往武昌向黎元洪解说。[1]1月31日，后院再次起火，同盟会机关报《民立报》一则专栏云：盛宣怀"意欲三厂立于清日共营之下，以脱民军势力范围，实现其夙所怀抱之大阴谋大计划。三十日李林二人已自神户赴东京，我共和政府对于盛贼阴谋不可不大注意"。[2]2月2日，公司股东叶景葵致电股东聂其杰、何范之云："今汉冶萍引日资合办，是不啻举全国钢铁业拱手授诸外人。"遂有公司股东龙骖瑞、聂其杰、袁思亮、何声灏、蒋鸿林等公电致盛宣怀："查公司向章不准搀入洋股，阁下既未先商各股东开会议决，辄以私人资格，擅与外人订约，不独国权所系，又我等血本所关，断难承认。"刊载于2月25日上海《申报》。同日《申报》并刊载了民社、中华民国联合会以及湖南、江西、四川、河南等省共七家团体之《汉冶萍合资公揭》。宣称"我全国同胞当视盛宣怀为公敌。今特宣布罪状""倘仍怙恶不悛，我等惟有处以最激之办法，约有四条"：

（一）盛宣怀所有私产概行充公，并查明彼督办铁路时用官价收买民地以为私产之劣迹，无论该地产已卖未卖及借出、抵押，概行充公。

（二）盛宣怀既为卖国奴逃居外国，凡属盛氏家庭一律逐出民国之外，令依盛宣怀为生活。

（三）汉冶萍公司股东应立即反对盛宣怀合办之举，如不反对者，

---

① 陈旭麓等主编：《辛亥革命前后》，第247—248页。
② 王尔敏等编：《盛宣怀实业函电稿》下，第906页。

即系同党，应将其所有股票概行充公。

（四）凡助盛宣怀为虐，经手此事之人，我等经查有姓名，如不取消此合办之举，即与盛宣怀一同宣布死刑。

此文态度激烈、办法极端，且株连到公司股东，矛盾更加激化。26日公司上海股东致电盛云："全国舆论哗然，湘、鄂、赣三省人民起而反抗，将恐激成变端，我等同受其累，决不甘心。望即迅速取消，勿稍延迟，致贻后悔。"

民社系拥黎元洪为领袖，核心人物为孙武、刘成禺，成员多是湖北军政界人士。中华民国联合会正会长为章太炎，副会长程德全，参议员有张謇、蔡元培、熊希龄、张通典、黄侃等。黎元洪连电南京临时政府及参议院，代表湖北军政府表示对"合办""均不敢承认此举"；章太炎在他所主持的上海《大共和日报》上发表致孙中山的公开信；张謇致书孙、黄，并以"事前不能参预，事后不能补救"为词，辞去南京临时政府实业部长的职务；再加上某些参议员联袂辞职，正如2月20日李维格致盛宣怀电中所言："反对合办将成大风潮，影响共和大局。咸谓孙、黄被盛蒙蔽。"①

反对汉冶萍合办借款的风潮，与苏浙铁路反对借洋款、要求收回路权，与反对铁路收归国有、反对借洋债修铁路的保路运动一脉相承，都是高扬爱国主义、维护国家主权的旗帜。却又与革命派与立宪派、旧官僚之间的纷争、革命派内部的矛盾交织在一起；且又系幕后操作，头绪纷繁，更呈现出错综复杂的状态。此数年间，被卷入政治激流中心、广受抨击的虽然是同一个盛宣怀，但此时其人的地位、处境及其作用已经发生了巨大的变化。在滔滔奔腾的抨击、声讨巨浪中，难免有真相不明、鱼龙混杂、泥沙俱下。如当初刘成禺的发动提案，指责政府程序错误，借题发挥，本身便有偏执性；1月31日《民立报》指责盛企图搞"清日共营"，根本尚不知是谁要借款，远离事实；副总统黎元洪咨参议院文，强调"汉冶萍关系全国财政

---

① 武汉大学经济学系编：《旧中国汉冶萍公司与日本关系史料选辑》，第324—327页。

命脉","只可作商人合资办法,言明汉冶萍公司与日商合资,改立新公司,庶于国际全无关涉"① 则全是昏话,不着边际。最可笑的是民社《公揭》,竟然认为此次借款系盛"假冒日本人商人名义,既遂其趁火打劫之计,又使我国全体人民对于友邦发生恶感,其处心积虑无非挑衅东邻,颠覆民国"。盛宣怀看了此文的反应是:"是不知此事之来由,抑或知之而故作如是之恫喝。"②

真正洞悉了汉冶萍在中日关系中的特殊性与重要性,提到国防和外交基本国策、关系两国的兴衰来阐述的,确数张謇,其致孙中山、黄兴函云:

> 凡他商业,皆可与外人合资,惟铁厂则不可;铁厂容或可与他国合资,惟日人则万不可。日人处心积虑以谋我,非一日矣,然断断不能得志。盖全国三岛,无一铁矿,为日本一大憾事。而我则煤铁之富,甲于五洲。鄙人常持一说,谓我国钢铁业发达之日,即日本人降伏于我国旗之下之日,确有所见,非过论也……
>
> 总之,盛于汉冶萍,累十余年之经营以有今日,民国政府对于该公司当始终扶助,不能因其为盛所经营,而稍加摧抑;即盛宣怀之私产,亦当通饬保全,以昭大公。至中日合办之说,则万不可行,未可因其以借款之故,稍予通融。③

张謇呼吁对汉冶萍始终扶助,对盛的私产亦应保全,对于当时江西等地方将之视为"筹款大利所在"是有针对性的。同年4月,汉冶萍董事会恭请张謇出任总经理,吴作馨致函张謇,转达"杏公之意,拟求吾公俯允总理之任"④,与此似不无关系。

---

① 武汉大学经济学系编:《旧中国汉冶萍公司与日本关系史料选辑》,第327—328页。
② 湖北省档案馆编:《汉冶萍公司档案史料选编》上,第336—337页。
③ 张謇:《张季子九录》,第二册,卷4,中华书局1932年版,第5—6页。
④ 陈旭麓等主编:《汉冶萍公司》三,第250页;王尔敏等编:《盛宣怀实业函电稿》下,第960页。

2月23日，孙中山风向突变

面对反对汉冶萍合办波涛汹涌的大风潮，孙中山开始还竭力解释、说服，希望得到谅解。如2月13致章太炎函谓："此事弟非不知利权有外溢之处，其不敢爱惜声明〔名〕冒不韪而为之者，犹之寒天解衣付质，疗饥为急。先生等盖未知南京军队之现状也，每日到陆军部取饷者数十起……"又致张謇函云："铁矿合办诚有如所示之利害。惟度支困极，而军民待哺，日有哗溃之虞，譬犹寒天解衣裳付质库，急不能择也。"另一方面，尚对汉冶萍进行安抚，据王勋2月12日致李维格函，最近孙总统会见时称："参议院之反对不足惧，政府当局者出席参议院答辩，三言两即可定事。关于合办问题，公司受他人攻击，乃系政府威胁之结果，其责应推之于政府，云云"。①

2月14日孙中山亲临参议院辞临时大总统，15日临时参议院选举袁世凯为临时大总统，19日南京政府陆军部通电各省，裁撤军政分府，并遣散军队。

2月20日李维格自东京向盛宣怀报告，据王勋来电，唐绍仪邀王勋会议，如何应对反对合办的风潮。赵竹君在场，有下列一番对话。唐、赵均谓："非请盛速设法取消合办合同，无可解救。务速商盛电认取消，俾照电宁答参议院"。勋言："请政府废三井约。"唐谓："政府取消恐别生枝节，公司取消系解较易。将来帮助公司，政府自有办法。"

23日，孙中山以咨文就汉冶萍事再次回答参议院，风向突变：

汉冶萍之款系该公司以私人资格与日本商定合办，其股份系各一千五百万元，尚未通过合同于股东会，先由该公司借日本五百万元，转借与临时政府，而求批准其事，先交二百万元至三百万元，俟合办公司成立，交清五百万。该款已陆续收到二百万元。本总统以与外人合

---

① 武汉大学经济学系编：《旧中国汉冶萍公司与日本关系史料选辑》，第345页。

股，不无流弊，而其交款又极濡滞，不能践期，是以取消前令。

同日，孙中山通过王勋给盛宣怀复电：

> 该草约，前虽批准，后以其交款濡滞，并不践期，已电告前途，决定取消，盛氏万不能以已由政府核准为借口。唐君等前商办法系为盛氏计。今各省反对，舆论哗然，盛氏宜早设法废去此约。且证书有须通过于公司股东会一语，不为通过，此约即废，不患无以处此也。乞速电告盛。

在取消"中日合办"同时，前者孙将盛借款给政府定性为要求批准中日合办；后者将如何废约全部推给了盛宣怀。①

盛宣怀：从企图合办生效转为坚持开股东大会废约

盛宣怀对于中日合办汉冶萍的态度，以孙中山2月23日发出废约令为分界线，可分为前后两个不同的时期。

元月底，神户草约拟定合办后，2月2日，盛致上海杨学沂、金忠赞函："六合公司借款为总公司经手大宗，组织新公司只在一月之内。前函因六合借据期分已过而未换者有之，旧票未销而新票未到者有之。新公司总会计系外国，断不能稍有含糊。"2月3日致东京谈判借款的李维格函，关心的是除了转借给南京政府外，公司自身还能分得多少。"究竟借定若干？速示。三省运动各种费用二百不为多""重利之款必须归还为合算。不特弟早清经手，可以早为息肩也。"首先考虑的是如何在合办过程中保证、实现个人的利益需要。②

---

① 湖北省档案馆编：《汉冶萍公司档案史料选编》上，第333—334页。
② 陈旭麓等主编：《汉冶萍公司》三，第203—204页。

2月18日，王勋电告李维格："现察政府以大局已定，筹款将易，而三井款未交足，欲借此废约。"20日盛致李维格："孙总统的解职和袁总统的就任，严重地影响我们和日本人合办汉冶萍公司的新合同。"有意让李去"把合同送请袁总统批准"。21日又致函李："日商如必欲草合同有效，非二月二十九以前三井与政府直接取到正式核准印文，终属无济。"虽然被蒙在鼓里，不知孙、黄于2月2日已在南京草约上签字，却仍然企图使合办合同生效。①

23日，盛宣怀接到孙中山废约电令后，态度亦随之大变。同日致电孙："接尊电始知草约已核准。弟当立即知照董事会开股东会，会集时，定将孙总统欲废去该约之意告知各股东。"同时，藉贺袁世凯任大总统之机，申明真相："汉冶萍，宁允三井合办借款，勒令公司签字。草合同仍声明俟政府核准。"24日盛密电李，说出私房话；

> 唐等并非误会，实欲诿咎公司，三井又一味濡滞，系彼自误，我若再含糊，袁、孙并力集矢，死有余辜。弟两言可决，如彼认三井与商所订草约即算核准，我惟有立即知照股东开会公决。

24日，盛致函杨学沂，对于孙电谓"盛氏不能以已由政府核准为借口"颇为反感，直斥："此语蛮不讲理。草合同只重民政府核准一重关键。"对于孙电"证书有须通过于公司股东会一语……盛不患无以处此"，盛认为"此语尚合理。草合同核准之后只有通知股东，倘有过半数股东赞成，即告知日商为第二重关键"。说明神户草约，如经南京政府批准，须即开股东会议决，方能销废，令杨邀请董事商定会期、会址，克日登报。

此时董事会却另有想法。26日公司董事会致电盛，认为合约未经会议无效，"应请照合同第十条取消"。盛感到董事来电似不欲开会，未知何故？当日致函和学沂，坚持必开股东会议决。强调：

---

① 陈旭麓等主编：《辛亥革命前后》，第249—251页。

从前孙、黄主成，一琴、虎侯拟用函知照，是欲其速成耳。今时移势易，万无曲成之理。而公司已签定之草约，政府又电认批准，若仅凭少数股东之电即欲废约，窃料其断不能允。一琴至令尚在东京，日本官商尚欲借政府批准，实行此约。小田切再三嘱劝勿轻发函电。此岂轻易能了之事。鄙见必须照章开会……

27日，盛又函杨，"目下总以销废已批准之约为要紧，而按照法律，政府核准后，只有股东公决之一策。"针对《神州日报》民社等《公揭》谓"汉冶萍公司非完全商办"，盛命做一篇辨正论说，又有藉股东大会证实其为"商办"之用意："惟商办方有股东，不可不辨。"29日，盛致李维格函云："闻唐少川力主收回官办，即是从前杨杏城办轮电之法。故此次股东会实为全局成败关键。"中日合办一案尚未了结，盛宣怀已经在防范北洋集团霸占汉冶萍了，这就为股东大会的召开赋予了另一层深意。①

不料，29日董事会来电，仍坚持"金以董事系代表全体股东，今董尽反对，无一赞成，加以全国舆论均极端忿激，便足证全体股东之意向，应请迅即取消，万勿再迟"。3月1日，盛再次致函杨，说服董事会："弟再四思维，董事会何以不欲开会，或恐股东意见不齐，万一通过，不如置之耶？鄙见中国股东大概多从众论，当此群议沸腾，决无赞成之理……谅不难操其全券。"3月2日，盛再致杨电，主要就日方态度与利害关系再加说明："日函告：早核准，执有确据，日商决定愿照办。已函复照约须开股东会公决，彼无词。请速定期登报。会前李回，日愿我蹉跎，倘逾限，宣等何敢任咎。"

盛指示杨反复作工作，克服董事会的阻力，坚持召开股东大会，实际也是以此为契机，向舆论界、向公司股东公开申诉，澄清"中日合办"的事实真相，洗清"蒙蔽孙、黄"的罪名。盛26日致杨学沂函谓"此事重在顾全名节"。2月24日致杨函更做了明确的布置：

---

① 陈旭麓等主编：《汉冶萍公司》三，第219页。

……克日登报。应如何措辞两不相碍（若说明孙、黄给全权三井办理，恐孙、黄不喜；若推在公司，实属冤屈，鄙人断当不起。务望格外用心，至要，至托）。所有此事合办缘起，往来电文，特此抄送全份，望即刷印多份，开会之日，分送各股东阅看，便当一目了然。[①]

2月28日，《申报》刊载了《三井契约书（一）》十二条、《三井契约（二）》六条，即《南京草约》。对于中日合办汉冶萍事件，上海的舆论很激烈，也渐渐知晓一些真相。杨学沂与福开森会商后，于3月1日、2日电函分致盛，认为"此事原委情形必使董事全悉底蕴，事之真相乃得昭然"。至于股东们本意主张取消合办，召开大会则不必尽行公布内情，"盖孙、黄势衰而理屈，直揭隐微，恐有以激怒而另生枝节也"。福开森还在信中向盛报告，此时南京临时政府的权力日渐消解，人心已经趋向袁世凯了。[②]

3月22日，汉冶萍公司临时股东大会在上海召开。从《公司临时股东大会议案》来看，这次大会投票前的演说、主要是阐明为什么要反对中日合办。熊秉三（希龄）作为都督谭延闿电举的湖南股东代表，陈述合办对公司和股东有丧权、靡费、失利、酿祸四端之害，其中批评盛宣怀去年借款和这次擅订合办合同都是"独断独行"；指责盛对华股"趁低价收买，而遂其托拉斯之欲望"，此次主合办"别有用意"等。另一位代表黄云鹏则指出："南京孙总统亦知合办不无流弊，前咨参议院主持取消。惟既核准，未便自行翻议，幸赖草合同内载明：须经股东多数议决方为有效，尚留一线生机。"黄云鹏的演说更强调合办"间接利害实影响于全国"，"万一不幸，国交破裂，拘束于战时国际法，既不能外购，又不能自制，束手待毙，何以为国？故就经济及武器两方考究。绝对不能与日人合办"。[③]黄云鹏的演说与张謇相呼应，当属此次反对中日合办的最强音。

这次股东大会，到会者四百四十票，计二十万零八千八百三十八股。投

---

① 陈旭麓等主编：《辛亥革命前后》，第253—260页。
② 陈旭麓等主编：《汉冶萍公司》三，第223—224页。
③ 湖北省档案馆编：《汉冶萍公司档案史料选编》上，第256—258页。

票开筒，公同验视，全场一律反对合办，已逾公司全股十分之八，照章有决议之权。会后电告中日各方：草合同无效，请速取消。

结　语

同年4月，盛宣怀以"为公司股东会议中日合办全不赞成、正式知会日商代表取消草约"呈文分送袁世凯、孙中山、唐绍仪及外务部长、工商部长，为汉冶萍中日合办案做了一个小结。此文送给袁世凯，盛是申诉、解释和立此备案；送给孙中山和唐绍仪，则隐含有质对事实，分清责任的意味了。

全文皆是陈述事实。第一段为签约的经过，第二段为废约的经过。在签约中，盛突出了两点：山本面递南京草约底稿；南京政府来电："已电授全权于三井洋行直接交涉，即日办妥。"这两点都已有文件证实。后半段则记载盛的"一字之改"及所加"注明"。两相对照，在签订中日合办草约的过程中，盛宣怀与南京政府各自应负的责任不言自明。①

孙中山断然同意汉冶萍合办于前，又言"中日合办，流弊甚多"，岂不是自相矛盾，令人费解？在不同形势下，领导人考虑的角度不同、重点不同，对同一问题产生不同的想法、处理的方式不同，并不罕见。孙中山不会看不到中日合办的害处，让企业自己去借款，当然比强制合办为好，这应该是他正常的看法，也是他的本意；只是此路不通，盛宣怀不合办就借不到钱。南京政府的财政困难，从根本上说，是南京政府不被列强看好，得不到外国承认的表现之一；而无钱、无枪又无外国承认，南京政府就不可能有效地统率、整合因武昌起义而骤然形成的大大小小的、成分复杂的、各路军政府。南京临时政府其寿不永的根源在此，本案作为大潮中的一滴水，其所折射出的悲剧亦在此。

孙中山是伟大的革命先驱，他仓促地登台成为中华民国临时大总统，既无强大的军事实力作后盾、严密的全国政治网络作基础，此前又无施政管理

---

① 陈旭麓等主编：《辛亥革命前后》，第261—262页。

国家的经验，自有难以克服的艰难险阻。即以本案而论，他必须为支撑和延续这个革命政权而奋斗，他不得不付出代价，不得不作出牺牲，他有矛盾、有反复、有失误，关键是此时他对日本政府、对那些明治维新的元老们，还寄以支持中国革命的期望，彻底认识日本军国主义的侵略野心还须有一段思想变革的历程。

自煤铁互售合同起，汉冶萍与日本签订的所有合同，都是在特定形势下，盛宣怀作出的自主选择，盛自应负全责。唯独中日合办汉冶萍借款，盛宣怀签约是被动的，确有过抵制的行动；废约在被动中也不乏主动，如果要他负主要责任，似有欠公允。

盛宣怀对于汉冶萍中日合办，几经反复，心情是矛盾复杂的。不可否认，他有可以接受、甚至迎合合办的一面。许多论者已经注意到，在废约的关键时刻，他曾对亲信杨学沂说过："论汉冶萍生意，合办必好，日本用钢铁最多，可不买欧铁，余利必厚，于中国实业必有进步。"后面话锋一转："但舆论必不以为然，我故不肯起此念。"接着又说："然此后公司，日不相助，筹款更难"。[①] 这段话说得曲曲折折、吞吞吐吐，仔细品味，我们似可以觉察到这样几层意思：

一是对否定"合办"存在疑虑。反映了盛在资金上对日本的依赖越陷越深，已不可自拔。如同白血病已经到了晚期，似脱离了日本的输血便难以生存。

二是流露了在盛的内心实际是倾向合办的。非不愿合办，而是迫于社会和舆论的压力而不敢冒天下之大不韪。

三是估计合办的前途必好。且不言其是否盲目乐观，根本问题是只着眼于企业本身的经济效益，而脱离了国家的主权和民族的安危，脱离了中日两国地缘政治的大局及其历史发展的基本趋势。如前所述，张謇对孙中山断然强调"铁厂容或可与他国合资，惟日人万不可"，对"日人处心积虑以谋我"保持高度警惕；黄云鹏代表股东大声疾呼："就经济与武器两方考究，绝对不

---

① 陈旭麓等主编：《辛亥革命前后》，第255页。

能与日本合办。"无疑是集中反映了民族资产阶级的爱国热情,基于对中日关系清醒而严峻的判断。以之与盛相比较,我们便不难发现盛宣怀思想局限性的症结和决策失误的根源。

与此同时,我们也要看到盛对合办有不得已的一面,已意识到重大不利而有不情愿的一面,这种心情,在神户草约拟定后,于1月30日致在国内的重要亲信杨学沂、金忠赞信中有所流露:

> 民政府授权三井以汉冶萍产业抵借日款五百万元,公司与日本合办。一琴已于昨夜与日代表先定草合同,特抄呈密览。此亦关系气数,无可如何。一琴之意,即日函致各股东,以决可否,过半即签定正合同,发起开办,免得开会费事。所可惜者,中华好产业利权分去一半,所可幸者,本公司不致倒账而已。阁下为此局创始之人,或董事,或办事,必在不桃之列,详细为难情形,阁臣在此略知要领。弟为之咯血三日矣。①

盛宣怀此时估计合办已成定局。"关系气数"者,上天注定,命该如此,非个人意愿所能左右,故"无可如何";实则心有不甘。汉冶萍利权被日本分去一半,是中华的损失,是公司的损失,首先是苦心孤诣的创业者盛宣怀本人的损失,必然感到可惜,心有不甘!在中日合办问题上,国家的利益、公司的利益和盛宣怀个人的利益,虽有很大差异,毕竟还是有共性的一面。"公司不致倒账",是退一步说,聊以自慰。据此信看来,在神户草约拟定后,盛"为之咯血三日",是一腔幽怨、满怀惆怅、大有失落感。——这应该也是他后来坚决废约的原因之一。

由于时代不同,价值观不同,审视的立场、角度不同,以及个人资质、学养、经历不同,对于历史事件与历史人物的认识必然有所不同。作为历史研究者基本的任务,或许是在于通过对史料认真的、深入的、实事求是的解

---

① 陈旭麓等主编:《汉冶萍公司》三,第201页。

读，发掘历史事件的背景，理清在客观形势变化过程中历史人物作出某种决定、或采取某种行动的思想发展过程，使其臧否建立在确凿的史实基础上，力争与史料固有内涵达到较为一致的融合。如此历史作为镜子，才能提供正确的经验教训。其中史料的解读是基础，也是关键。

第三十一章　公司申请国有与权力更迭

盛宣怀对董事会失控而被排除 / 叶景葵与《汉冶萍国有策》/ 复工急需巨款　鄂赣干扰重重 / 公司申请国有的真实意图 / 工商部主张国有　财政部痛加驳斥 / 日方：从观望到强硬干预 / 盛宣怀刻意向袁世凯示好 / 盛宣怀曾认为申请国有是上策 / 企图借国有取得巨额资金 / 策动孙宝琦出任汉冶萍督办 / 袁世凯："伊肯担任，事不难办" / 盛宣怀密谋发动"夺门之变" / 取消申请国有，盛宣怀任董事会长

汉冶萍公司申请收归国有，发端于反对中日合办的全国浪潮。自民国元年（1912 年）8 月 12 日公司召开特别股东大会，通过申请国有决议起；至民国二年（1913 年）3 月 29 日股东大会盛宣怀重新被推举为公司总理、撤销国有申请止，为时半年多。主题是公司在困境中寻求出路，要求新的国家政权提供支持；表面是公司和地方军政府与中央政府三者之间的矛盾冲突。实际上暗涛汹涌，既有日本政府为维护其在汉冶萍的既得利益与袁世凯政府和公司三方面的博弈；也夹杂着中央政府内部不同部门、不同派系的纷争；更潜伏着一个盛宣怀着意与袁世凯改善关系，并依靠其权力、推翻赵凤昌为首的董事会、排除异己，重新恢复其对汉冶萍全面控制的过程。

这一段历史，要从盛宣怀如何被排除在新董事会之外说起。

盛宣怀对董事会失控而被排除

1912 年 3 月 22 日召开临时股东会议，按照盛宣怀的部署，除了议决中日合办废约外，还要复议几件要事。事先，3 月 11 日，盛在神户分别致函李维格和董事会，强调"此次股东开会，必须将选举、办事、预算、股利四事通过以后，方能办事"。并附有一份《复议四端》，分别就此四事，提出了方案，要求董事们先商议，一并交股东会议决。在致董事会函中申明："至敝人总理一席，应以股东选举、董事会推之日为止，合并陈明。"话虽如此，盛仍一如既往地对公司和董事会发号施令，包办一切。3 月 13 日致林志熙函云："以后弟与一翁及阁下均须在董事会中，故亦应由股东选举，再由董事会内互相公推。此法可使议会得有真气力，不致如前虚设。"并称有北京友人来函，附有汉冶萍股单字号二千股，"托弟代表，并愿举李一翁为董事，施省之为监查"，盛谓无人可托，特附上原单，交林办理。

3 月 15 日，杨学沂致盛函反馈了上海的情况：

> 众议初四，尊说取消，另日再开会筹善后并选举。外间正疑我等朋比，若举李、林、王、杨坐实人疑，请另备有声望信用、非公党派者备选，若举我等，只得先期告退，免临场哗议。①

阴历二月初四，即阳历 3 月 22 日，为股东会期。"尊说"指盛宣怀的《复议四端》，不在此次会上提交议决；而杨学沂与李维格、林志熙、王勋等人迫于外界的压力，坚决不愿做董事的候选人。何以"尊说取消"？杨未解释。此时盛本人流亡在海外，其作为强制推行铁路国有的"罪魁祸首"引起的愤怒尚未平息，又添上中日合办出卖主权的"新罪"；在此形势下，既不得不宣称辞职却又对未来公司事务继续发号施令，必然会受到一些股东的抨

---

① 陈旭麓等主编：《汉冶萍公司》三，第 231 页。

击和部分董事的反对。"朋比"者，指责盛任人唯亲也。李、林、王、杨等重要骨干，必然被视为"盛党"，城门失火，殃及池鱼，此时出来作为董事候选人，无异于引火烧身，避之犹恐不及。事态已逸出盛所控制的轨道，导致李、林、王、杨等亲信全部未能按照盛的部署进入董事会。①

据股东大会记录，4月13日，当天选举董事的结果是：

赵竹君先生 24928 权。

盛杏荪先生 17865 权。

杨杏城先生 15157 权。

聂云台先生 13647 权。

王子展先生 3959 权。

沈仲礼先生 3464 权。

何伯梁先生 2211 权。

朱葆三先生 1951 权。

袁伯揆先生 1540 权。②

4月19日，公司开新董事会，除盛宣怀在日本外，新当选的八位董事全部到会。其中聂、王、何、朱四人为上届老董事连任。首由董事公推赵竹君为会长。经全体议决推定张季直为总经理，李一琴、叶揆初为经理人。

据李维格4月17日致函向盛宣怀汇报：16日商议办事处机构，熊秉三建议由张謇任总经理，借用他的名望，好与政府说话。而张已允赵竹君担任数月，但说明既不办事，亦不负责任。副经理众人拟议由李维格和叶景葵担任，而叶的意思是"如格担任，渠亦无辞"。李在信中对盛说："如新董事会全体一致再要格帮忙几时，亦只得勉从。"叶景葵还推荐原与他同在浙江兴业银行工作的项兰生任收支所长。③

赵竹君，即赵凤昌，是一位传奇人物。如此高票当选，不仅大幅度超过盛，也远远超过袁世凯的亲信幕僚杨士琦（杏城），当与其时赵所处的特殊

---

① 陈旭麓等主编：《汉冶萍公司》三，第226—231页。

② 陈旭麓等主编：《汉冶萍公司》三，第231页。

③ 陈旭麓等主编：《汉冶萍公司》三，第245—248页。

地位和他八面玲珑、左右逢源的政治渊源有关。赵原是张之洞的亲信幕僚，曾任湖广总督的总文案，因徐致祥弹劾张之洞而被革职。此后，游离于清王朝体制之外，杂处于华洋之间，高卧沪上，仍然为张之洞联络四方、出谋划策。八国联军进攻北京期间，赵代表张之洞，配合盛宣怀，游说、联络两江总督刘坤一，促成"东南互保"便是显例。赵与江浙资产阶级头面人物、立宪派领袖张謇、汤寿潜等联系密切，是立宪运动、保路运动的幕后策划者之一；在辛亥革命爆发后，赵与革命党人、南京临时政府的孙中山、黄兴，北洋集团的袁世凯、唐绍仪，都同时保持着密切的联系，赵在上海南阳路的住所惜阴堂，成为南北双方幕后联系的据点，一次次谈判在此举行，如南北停战、举袁为大总统、清廷退位、内阁人员组成等一项项重要的决议在此产生。其声望所及，如日中天。汉冶萍的股东们共同寄期望于惜阴堂主，是不难理解的。

如果说赵凤昌还只是一位"有声望信用、非盛党派者"，则杨士琦这位袁世凯的心腹谋士进入董事会，则无异于在汉冶萍的心脏里插入了一把尖刀，想一想当年轮、电、铁路皆为杨所夺，盛便会心有余悸、寝食难安。

李维格 4 月 17 日信中所说的"赵、熊、叶、聂、何诸公"，其中熊应是熊秉三，即熊希龄。湖南凤凰人，幼有湖南神童之称，曾为翰林庶吉士。戊戌变法时，在湖南参与创办《湘报》、时务学堂，是陈宝箴推行新政的大将之一，后被革职；赵尔巽任湖南巡抚时拔识入幕，随赵至东三省先后任农工商局总办、奉天盐法道、东三省财政监理官等职，有理财能手之称。此时已被大总统袁世凯提名为唐绍仪内阁财政总长。熊对汉冶萍颇为关注，在 3 月 22 日股东大会上，作为湖南都督谭延闿委托的湖南公股代表，发言对盛有公开批评，后来对公司国有亦有不同意见。1913 年 8 月熊出任国务总理兼财政总长，盛仍须与之交涉。

4 月 17 日信中，李维格还报告了一个严重的问题，新董事会拟仿照香港注册公司条例，"其董事不到会，公请代理"。也就是说，如果盛仍滞留在日本，其虽当选为董事也将被别人代替。为此，李建议：

公宜即电知董会即行回沪，以免董会另请他人代理。现风潮已过，公回沪深居不出，必无他虞，但宜杜门谢客，除料理自己事及资助一二善举外，一切外事概不预闻。避世数年后，必有念及公者。愚直之言，不知有当尊意否？①

盛宣怀能不能回国，孙中山说了还不算，还得看看袁世凯的脸色。盛虽身在日本，仍不失时机地对袁世凯表情达意。1912年2月23日，致电袁"叩贺中华第一大总统大喜"，汉冶萍"仰赖保全"，同时投诉孙中山"勒令公司签字"。3月在日本向报界发表书面声明，称"袁总统与余二十年前老友"，否定"政敌"之说，表明"袁与盛虽曾同列一朝，向未同任一事。如平定拳匪、会议商约，无不沆瀣一气。即去年，一在一在彰德，函电往来，政见亦无相背"。盛一面通过侄儿盛国华与袁长子袁克定联系，一面借助袁的亲信、盛的亲家孙宝琦向袁进言。先是江南人士公呈，继之以孙致函袁，以让盛回国专办赈务为词，盛已打算以救灾为名捐资一百万元，但未获袁总统批准。②三月初一，孙致函盛谓："为公计，即使彼来招，亦不宜遽回沪。"③而如李维格所言，"深居不出"，"避世数年"，也不是盛所能接受的。如此耐得寂寞，便不是盛宣怀了。

4月28日，公司董事会致神户盛宣怀电："股东选举，公在董事之列，现须与政府暨各都督具名通电，公未回，董团不完全，公议请次多数陈理卿暂代，俟公回即取消。"29日，盛复电董事会："电悉。即请陈理卿兄代理。宣。"④

如此，流亡在日本的盛宣怀，暂且被赵凤昌所主持的汉冶萍公司新董事会排除在外。

---

① 陈旭麓等主编：《汉冶萍公司》三，第247页。

② 陈旭麓等主编：《辛亥革命前后》，第252、265—266、272—273、276—278页。

③ 王尔敏等编：《盛宣怀实业朋僚函稿》下，第1477—1479页。

④ 湖北省档案馆编：《汉冶萍公司档案史料选编》上，第260页。

叶景葵与《汉冶萍国有策》

1912 年 4 月，被汉冶萍公司任为经理的叶景葵，是近代一位较有影响的实业家和藏书家。叶景葵，字揆初，号卷盦，浙江杭州人，系癸卯进士。光绪壬寅秋为山西护理巡抚赵尔巽聘为内书记，此后赵调任湘抚、署理户尚、调盛京将军，叶一路追随至奉天，任文案会办兼财政局会办。光绪三十三年徐世昌继任东三省总督，叶被革职；后被湖广总督赵尔巽奏调赴湖北差遣，同年冬任驻沪四川转运局总办。三十四年兼任浙江兴业银行汉口分行总理，宣统三年补授大清银行正监督，此后终生服务于银行。

由此可知，叶并非亲历了汉冶萍开创时期的公司元老。据叶自述，光绪三十三年赴湖北时，受到李维格的热情接待，在汉阳铁厂住过二十多天，多次与李夜间深谈，两人成为至交，叶从中了解到汉冶萍的一些情况。宣统季年，叶任造币厂监督，适盛宣怀筹划币制借款，召叶商榷，常有接触。[①] 在《民国经世文编》一书中，"实业（三）"即 37 卷，收入有关汉冶萍的文章共 8 篇，其中叶占两篇，一为《述汉冶萍产生之历史》，此书署名为"阙名"，实际是叶景葵所作，后由顾廷龙收入《卷盦书跋》与《叶景葵杂著》，该文并附有叶的跋语，说明撰写和流传经过。此文百年来对汉冶萍研究产生过重大影响。另一篇即为《汉冶萍国有策》。

《汉冶萍国有策》开篇，即表明作者对汉冶萍中日合办之约深感忧虑，"略陈补救之策"。叶文认为，合办之弊是"不啻举全国之钢铁前途，咸为垄断"。"此次合办之举，以理想测之，恐为军政府所激成。"并认为新政府应明确表态，保护盛的安全、承认盛的实股、不再没收；而"合办之约，决非盛氏之利也"。

此文的主体是分别阐述汉冶萍可以国有的理由和实行国有的办法。

可以国有的理由有六条。一是此前圈购矿山、修建铁路等"非官力不

---

① 顾廷龙编：《叶景葵杂著》，第 264、151 页。

办"，汉冶萍的历史"与纯由商创者不同"。二是国家有部分官款，有债权。三是"民国虽建，而省界难融。鄂人艳汉厂收支之巨，跃跃欲试……一萍矿也，湘都督保护，赣都督电争"。"倘若非以国家名义收归统一，必致四分五裂，顿归失败。"四是钢轨"若价值涨落不能操诸国家，将大为交通之梗"。五是若他省铁矿由国家兴办，汉厂难以竞争，"不如一气呵成，易收子母相生之效"。六是"以后整顿军实，不假外求"，有利于国家军工生产的发展。

国有之办法：

一是截清旧账。其中国家垫款，暂免拨还本利；商号债欠，概由国家承认；外国合同，照旧执行。而对商民股本，"凡公司实收者，皆准作为股份，仍照票面每年付息，即公司并无余利，亦由国家保息"。

二是发行债票。由国家发行公债票八千万元。准日本承购一半。

三是组织机构。由国家特派总裁一员；股东组织一查账机关；汉厂专产钢轨及配件，大冶另建新炉供给日美所需生铁等。

四预筹进步。此八千万专为开创之用，将来发行新股，偿还公债，即作为完全公司，由股东公举总理，国家派员监督。"现在执有旧股票者，如愿售与公家，每股五十元，准给一百元公债票。"

最后，针对读者可能有的疑问，叶强调"国有宗旨，系因商力疲敝，工程艰巨，断非一二年所能获利，必须国家任其开创，迨规模大定，然后公诸全国"。同时认为"民国初建，正须从远大着手，方能驯至富强"。[①]

解读此文，似可明确几点：

1.《汉冶萍国有策》的性质。

此文收入《民国经世文编》，未载出处、时间。作者开篇曾对"一谔君"的观点提出看法，应是一篇在公共媒体上参与研究、讨论汉冶萍问题而发表个人见解的议论文章。

2.《汉冶萍国有策》问世时间。

---

① 叶景葵：《汉冶萍国有策》，载上海经世文社辑《民国经世文编》"实业（三）"，北京图书馆出版社 2006 年版，第 4864—4870 页。

1912 年 2 月 2 日，叶景葵致电汉冶萍股东聂其杰、何范之，反对汉冶萍引日资合办，电文谓"是不啻举全国钢铁业拱手授诸外人""仍须间接引受欧美巨资"等，与《汉冶萍国有策》观点一致，有的文字相同或相近。[①]3月 13 日盛宣怀在神户致函林志熙，询问："闻叶揆初力请归国有，竹君诸人有无此议，速示为幸。（唐少翁之意如何，须询阁臣。）"3 月 15 日，盛在神户接到吴作镆的来信："三月八、九号，《民立报》所载叶景葵汉冶萍善后办法似可节取，兹将该报附览。"[②]信中所附《民立报》刊载的"叶景葵汉冶萍善后办法"，应当就是《汉冶萍国有策》。据此，叶文发表在 3 月上旬，先于3 月 22 日公司临时股东大会废除中日合办草约；更早于 4 月间选举新董事会和改组公司办事机构。

3.《汉冶萍国有策》与公司申请国有的关系。

依据上述对此文性质和发表时间的推断，《汉冶萍国有策》似并非叶景葵任汉冶萍经理后、为申请公司收归国有而制订的方案。看来倒是它发表在前，客观上为后来叶出任公司经理以及公司申请收归国有做了舆论准备。此文产生于全国反对汉冶萍中日合办的高潮期，反映了公司股东和社会舆论关注汉冶萍的命运，积极为其寻求出路的普遍心情；特别是强调"倘若非以国家名义收归统一，必致四分五裂"，指出了汉冶萍处境的艰危，很有针对性，既表达了股东们的忧虑，也博得社会同情，并引起有关当局的重视。

复工急需巨款　鄂赣干扰重重

1912 年 4 月 13 日，汉冶萍公司股东大会在选举新董事的同时，报告了公司资金的基本情况。

报告称：公司结至去年八月底止，约该银三千三百万两，内除股份银一千三百十六万元，约合银九百三十余万两，预支生铁钢轨等价约银一千万

①　湖北省档案馆编：《汉冶萍公司档案史料选编》上，第 327 页。
②　陈旭麓等主编：《汉冶萍公司》三，第 230 页。

两，可以货物陆续相抵外，约该内外欠款一千四百万两，类皆重息之债，宜早筹借轻利之款归还，以轻公司担负。此外尚须另筹巨款，就交通便利之区添设新厂，以顾销路。汉厂目前炼铁炉大小三座，炼钢炉六座，每年可炼生铁十三四万吨，内除炼钢六七万吨外，所余生铁不过六七万吨，不敷销数尚巨。约需炼铁三十万吨，方能勉应主顾，且必出货多而后成本轻，获利方厚。本公司原定先招股份银二千万元，现拟招足股本三千万元为还债添厂之需。不足之数拟请政府设法维持。云云。① 这里所说的销路，除国内铁路建设外，主要是指为偿还日本借款必须定期交付的生铁和矿铁石。

负债如此之重，"停炉一日，赔息五千两。"自武昌起义以来，铁厂停工已届半年，没有产出，仅利息积累下来又添一笔巨债，正急需恢复生产。而在内部"急债四逼，修复需款"的同时，外部却干扰重重，人心惶惶，并不具备正常生产的政治环境、社会秩序。根源在于湖北、江西两省欲趁机侵夺汉冶萍，谋取地方利益。

在湖北，武昌起义后宣布盛氏为罪人，拟将汉冶萍没收为公产，鄂军政府派蔡绍忠、纪光汉分充汉阳铁厂、大冶铁矿监督。公司新董事会建立后，1912 年 5 月 4 日常会公议："时局大定，汉冶照常开工，似可毋庸再派监督，即电请黎副总统分饬销差。"黎发实业司查复，该司呈文谓："查汉冶厂确系该公司之业，纯粹商办。"并云："两厂监督取消后，一切善后事宜，应请责成属司办理，以示统一而资保护。"鄂绅张大昕、夏寿康等人对此不满，向鄂议会申诉："查前清时代，汉冶萍之厂全系盛氏承办，不闻有股东之说。""股东会之发生，纯系盛宣怀之诡计。"为此，《湖北省临时议会咨军政府文》称："是该三厂完全为盛氏私人承办，毫无疑义"，"窃查汉冶既收作公产，为鄂人所有，财权鄂人应共享之"。咨请军政府收回承认汉冶萍为商办、撤退两厂监督的命令，加派委员，切实办理。②

---

① 陈旭麓等主编：《汉冶萍公司》三，第 244 页。

② 陈旭麓等主编：《汉冶萍公司》三，第 257、220—222 页。《湖北省临时议会咨军政府文》，原书勘定时间为"1912，约 2 月下旬"，似误。此件系针对公司新董事会赵凤昌等 5 月 4 日要求撤销军政府所派监督而发，应为 5 月上旬以后。

此事长期纠缠不休，据 7 月 20 日公司董事会常会记录，汉口《共和报》登载《黎副总统咨复鄂议会审查员文》，鄂议会认为汉冶萍"非完全商办性质者三""应收归鄂办者四"。黎元洪又变了调子，批语云："兹依调查员所报告，证以贵议会之来文，汉冶两厂，应以吾鄂为主体，自无疑义。乃赵凤昌等径行电请取销汉冶两厂监督，欲将鄂中主权一味抹煞。如此居心行事，趋避互深，即与盛氏私股同时没收，原不为过。……"在未经宣告没收以前，除承认有据之"外有股份"、外债契约外，仍宣称"所有盛宣怀私产，查照原案没收不计"。

与此同时，7 月 11 日大冶铁矿坐办来电报告："纪监督关照，奉都督特别命令，实行监督，鄂议会并即日有人来冶没收。"13 日又来函称：湖北军政府派去的纪监督要求："在各局设监督办公处；各局派员司办公；传谕现在各员司服从监督命令，违则黜罚；索送现在员司工役薪水籍贯花名册；索送自去年十月起银钱矿石详细簿册；索阅日矿合同；逼令季冠山寓所迁让，扩充监督住宅；伙食嫌淡薄，传厨子长跪，几欲笞责。以上各项，如有违抗，枪毙坐办云云。"可谓是作威作福，任意妄为。①

对于萍乡煤矿的争夺，早在 1912 年 2 月 5 日，黎元洪曾致电湖南都督谭延闿，宣称"敝处已札委叶绅懋康、邹绅梦麟前往接办"；与此同时，九江方面亦致谭电称，"萍乡煤矿大半为盛宣怀私产，又在江西境内，理宜归赣管理"，"速饬将萍矿归还江西"。均为谭所拒绝，萍矿实由湘军保护。②

据 6 月 15 日董事会常会纪录，萍矿来函报告，"现有商人段鑫等创立集成公司，在萍矿给价归并之土窿界限内，穿凿小窿，破坏矿务"，并有赣军政府政事部出示保护："凡集成公司开采矿山附近居民人等，不得借故阻挠……一经拿获，严究不贷。"这些"给价归并之土窿"，即安源附近的数十座商井，原是按照萍绅文国华等三十人所请，给价二十多万元、立有契约收购的。公司于 6 月 17 日具文说明原委，咨请江西都督李烈钧勒令集成公

---

① 陈旭麓等主编：《汉冶萍公司》三，第 296、299—302 页。

② 陈旭麓等主编：《汉冶萍公司》三，第 205、207 页。

司即日关闭。赣督复文拒绝："集成公司如非确违禁例，未便速令取销牌号，封闭井口。已令萍乡县知事切实查明具复，再行核办。"①萍乡县查明云云，纯系打官腔。

6月29日，赣督李烈钧咨文汉冶萍股东会，称黎副总统前曾有电："汉冶萍公司中日合办既经取销，应由赣、鄂积极筹办，以杜觊觎。"赣省派委员周泽南前往调查，"揆查本省对于萍乡煤矿应有之善后办法。拟于萍乡设立分银行，筹备公股投入萍矿公司，以为扩张地步。所陈各节颇为详审。查萍厂在江西行政区域之内，又为出产丰富之矿区。公利所在，自应共谋整顿。非再派令该员驰往萍矿实地调查，无以筹善后而策进行。"意在置公司于不顾，取而代之。②

此外，5月中旬，据商务所长报告："南京佛宁门煤矿，现为支宝公司王梧生占据采掘，该处打钻机等系向大冶移用。现大冶来函索取，请会交涉"等语。公司函请南京政府留守黄兴下令交还。至6月底报载，仍以该矿为盛氏产业，应予充公，希图久踞。

6月底，商务长又报告：有焦煤由镇江运至泰州，经由瓜洲被扣。③

甚至铁厂对自己眼皮底的产业也不能确保。据汉厂坐办吴慎之函报：汉厂近在咫尺的伯牙台地皮房屋，阳夏公产局欲收作公产，并将余地给人耕种。

在此形势下，7月20日，李维格向董事会常会报告，自去年革命军兴以来，公司的经营机制被破坏，"营业即无从着手"。今欲照常营业，必须解决煤焦、铁矿石、锰矿石和资金等关键问题。

一、煤焦：汉厂一经开炉，煤焦即须源源接济。自军兴以来，轮驳时为军界截用；公司运单又失效力，转运一层，实无把握。萍矿外销之煤，由民船运汉者，偷盗掺杂，好煤变为劣煤，主顾不肯收用，一律退还。萍矿失此销路，亦难再支持。近日又有集成公司在该矿附近开采，多次力争，尚未同

---

① 陈旭麓等主编：《汉冶萍公司》三，第276、280页。
② 陈旭麓等主编：《汉冶萍公司》三，第286—287页。
③ 陈旭麓等主编：《汉冶萍公司》三，第259、286页。

意下令停闭。是全矿处于危险之地，益难措手。

二、铁矿石：大冶铁矿被人骚扰，鄂省正议没收，号令、法律不行，设若汉厂开炉后，矿石不来而停炼，损失更巨。

三、锰矿石：汉厂所用锰矿石，向恃鄂之兴国，湘之常、耒两处。而湘锰运费太重，故大宗锰石均仰给于兴国。而兴锰非有法律保护，势难采运，照目前情形，断难办到。

四、资金：公司大宗款项向恃外债，目前更非外款不办，而外人以中国大局未定，欲公司照常出货尚遥遥无期，不肯再借。

当日董事会公议："……惟冶矿已有纪、徐二人强权逼勒，难保汉厂不有人续往扰害工筑，事机万紧，非迅开股东会公筹对付不可。即决议于八月十二号，即旧历六月三十日，在青年会召集股东临时会议，先登各报周知。"[①]

公司申请国有的真实意图

1912 年 5 月，武昌议会咨军政府文在报上刊载后，汉冶萍公司股东金浩如等发表声明，已提出呈请收回国有。声明在驳斥"汉冶萍全系盛氏一人承办，股东概系捏造"后，提出"现在军务已平将逾半载，汉厂尚未开工，武昌议院既欲委员办理，应请董事会迅速呈请正副总统、国务院、参议院收回国有。……不得已，情愿拱手以奉国家，免误大局。"[②]

8 月 1 日，公司董事会公议："八月十二号特别股东会公决事件。本会对于公司有两大问题：一、收归国有；一、继续维持。作为甲、乙两说，临场请股东投票公决。"其中，"甲说"主要陈述"公司因军兴以后所受亏损如此之巨。各处秩序未复，法律无效，以后进行如此之难。商力已竭，万难支柱"。"惟有要求政府收为国有，以国家权力指挥开工，一切杆格自可化除。"

---

① 陈旭麓等主编：《汉冶萍公司》三，第 303 页。

② 陈旭麓等主编：《汉冶萍公司》三，第 268—269 页。

强调了商办后规模增大，"今由股东让与，仍举而还之国家，庶未竟之功不至付之流水。如多数赞成，应请股东公举代表，入都要求政府，磋商如何归还股本，如何担任债款；拟定办法，再行宣布。""乙说"列有八条维持办法，要求政府切实保护开工开运；要求政府特别补助；要求政府停止铁捐，进口机器材料免税，出口钢铁煤焦免税等。

8 月 12 日公司召开特别股东大会，请股东公决。是日到会股东 572 人，计 16.3907 万股，合 92164 权，会场投票开验，计主张甲说收归国有者 86985 权，主张乙说继续维持者 5179 权，以收归国有为决议。当即公举董事袁思亮、查账员杨廷栋、经理叶景葵代表进京陈请办理。[①]

叶景葵作为汉冶萍公司新任经理和申请国有的倡议者，北京之行受到日本方面注视。8 月 20 日，高木接到日本来电云："实际上，国有或官督商办之组织变更，日本方面须加以充分考虑，不能轻易同意，应即了解其今后之演变，仰不断报告。" 21 日，高木将此项内容通知本日乘德国邮船经青岛赴北京之叶景葵。9 月 14 日，叶在北京与小田切有一次关于申请国有的专题谈话：

> 收归国有并非我等所敢赞成，但因各地官宪对公司财产，处置粗暴，以致股东们为保护本身利益宁愿收归国有。……我等亦不喜收归国有，但因此乃股东决议，姑且向政府提出国有请愿书。关于归还股款及负担公司债务等问题，已向政府交涉，但尚未得到任何正式训示。目前政府情况实不堪如此重负，政府方面并无收归国有之意，大致可以肯定。

此次谈话，叶对申请国有十分低调，和他半年前发表在媒体上文章有所不同。虽然具有安抚日方的用意，如表示希望"与如正金、兴业等在与公司之不可分密切关系方面融洽无间"云云，但其谈话基本内容仍然属实；也与

---

① 陈旭麓等主编：《汉冶萍公司》三，第 306—307、314—315 页。

此前高木向小田切提供的情报相吻合：

> 彼等亦知国有实际难行，但在股东会议上，一如上次报告，股东以
> 为停止其官利（即乙案），则使其本身既得之权利蒙受损害，遂勉强议
> 决请求国有（即甲案）。所以彼等不得已只想在形式上履行其手续。政
> 府之打算亦以国有实行困难，拟援招商局例，大约以年八厘之官利补救
> 调和。此事现由北京政府工商部向次长密函此次作为公司代表之叶经理
> 与到京之公司董事袁伯揆。

与此同时，叶还向小田切表示：公司不日将向政府提出第二次请愿书：
"（一）请政府予以充分保障，将来不再发生如没收一类事件；（二）自去年
革命动乱以来，公司营业上及借款利息之支付等，几每日均遭受七千两之损
失，请政府予以赔偿。（三）请求减轻现行产铁课税之税额，并免除厘金及
材料输入税。"如此，透过日方观察所反映的内情，叶景葵等虽然操办申请
国有，但对此事的难度和前途不是没有清醒的估计。与其说申请国有是其目
的，不如说是一种手段，是一种权宜之计，借此向北京政府施加压力，排除
地方政府的侵夺和干扰，争取政治保障和经济支持。

工商部主张国有　财政部痛加驳斥

汉冶萍公司申请收归国有的效应，除了换来北京政府几次阻止鄂、赣企
图接收厂矿的函电外，经济上唯一的收获是拨发了公债票五百万元。

9 月 17 日，北京工商部下达了一纸空文："无论国有商办，本部力予维
持，现已派员分途调查，仰候查明后再行核办可也。"

10 月 1 日、7 日，公司董事会一再致电总统、国务院、工商部告急，资
金无法挪借，发不出工资，"萍乡煤矿尤极危险""有一日不能再候之势"。①

---

①　湖北省档案馆编：《汉冶萍公司档案史料选编》上，第 298—299 页。

10月8日，小田切向正金总行报告，汉冶萍公司名誉总经理张謇最近入京，昨日与其面晤，据称：袁大总统昨日告彼，公司国有不能认为是上策。（张氏本人本来即为非国有主义者）唯政府体谅公司困难情况，确有意设法予以充分补助。"总之，公司国有问题，终究无成功之望。"①

10月10日国务院致电公司董事会，奉大总统令："已由国务会议决定，由政府拨发公债票五百万元，以资补助。惟此款限定作为该公司开炉之用，不准挪移填补亏损，并由工商部派员监督开支。至该公司将来应否作为商办，抑或收归官营，应由政府视察情形酌定"。虽然袁总统个人已经表示不看好国有，但国务院仍未作出决断。可能是主管的工商部以对公司的调查尚未结束有所保留，透露了革命党人、工商总长刘揆一，与总统的意见存在分歧。

对于这五百万元公债票的使用，工商部提出了四条要求，并派员监督。赵凤昌于11月17致电总统和院、部，认为这四条与补助之意不符，要求免息、十年后归还本息。公司拟将此公债票五百万元，押借日币三百五十万元，自明年七月起，期限三年，指川粤汉两路轨价归还，正金银行已允电商总行，但要求二事：一是公司以公债票押借，除由公司与该行订立合同外，须由政府致函承认；二是川粤汉两路轨价指为还款之用，今后轨价由交通部代收，按期付还该行，亦须交通部致函该行存执。为此，11月下旬公司与赵凤昌、张謇等函电交驰，分致袁总统、唐绍仪、国务院、工商部、交通部，一一央求照允，始得于12月7日与正金银行签订了二百五十万两的借款契约书。②

1913年春，北京政府内部对汉冶萍国有问题早已存在的分歧终于揭晓。1月9日，公司董事会致北京政府电有谓："前奉工商部电，国有问题已呈大总统，不日解决"云云。工商部意见列举了八大理由，主张将汉冶萍公司收归国有，"碍难仍归商办"。2月间，刘揆一曾对孙宝琦说过："政府不能不三

① 武汉大学经济学系编：《旧中国汉冶萍公司与日本关系史料选辑》，第395—396页。
② 湖北省档案馆编：《汉冶萍公司档案史料选编》上，第299—303页。

面并顾，一、公司，二、股东，三、都督，亦有为难苦衷。"

3月，时由袁的亲信周学熙任总长的财政部，以《说贴》形式对工商部痛斥："至收归国有后，一时应偿还之借款若干，利息若干，除还尚存借款若干，既无预算，更无计划；对于旧有股本如何处置，对于将来营业如何发展，亦无详细说明。"教导工商部应详细计划，开具清单，送请国务会议决定。并强调汉冶萍国有问题必须研究：

> 一、是否全体股东之决议？查工商（部）说帖中，尚有少数股东欲举盛氏为总理之意，是内部尚未一致，国家遽尔收归国有，能否不招股东之反对，此尚须审慎者也。二、是否已得三省都督之同意？查此矿地处三省，全赖该管行政长官维持，近闻湖北、江西都督均有收归省办之说，若不事先商定，恐将来反多窒碍，此亦应预先审慎者也。三、国会成立在即，临时政府期限无多，政策虽定，不能贯彻实行，更恐有损国家信用，此更宜审慎者也。

工商部主张收归国有的意见，显示了刘揆一这类革命党的新贵，手伸得很长，却不知水的深浅，缺乏治理国家、管理企业的实际经验，纸上谈兵，不着边际。财政部的说帖则说明袁世凯及其亲信，在汉冶萍现实困境面前望而却步，既没有为汉冶萍排忧解难的实际能力，更没有承担振兴中国钢铁工业艰巨重任的意愿和决心。文中已透露了玄机：盛宣怀即将东山再起。

日方：从观望到强硬干预

日本政府对于汉冶萍公司酝酿申请国有，如同正金银行副总经理井上所言："真相难以捉摸，故起初一任其演变。"

日方涉及汉冶萍的在华人员中，此次急于建功、充当急先锋的是高木陆郎。他于1912年7月22日致函制铁所长官中村雄次郎，报告湖北省欲没收大冶铁矿当地已呈无政府状态，营业困难。由此提出可供选择的两种方案，一是如果不反对国有，则使营业得以继续运行，且保留公司一切负责人；一是如不喜国有，小田切则策划了一系列破坏活动，包括策动李维格以下技师、职员以去职相威胁，制造货轮放空事件、以矿石不能如期运送提出严重抗议，要求赔偿而进行讹诈、获取多项经济利益等。8月12日，高木致电总行，及时报告了股东大会的决议。14日高木又致电正金总行并转外务省、大藏省及中村："如公司方面真正希望收归国有，政府当可同意。日本对此如无异意，则在以安排总经理张謇和干部李维格等为条件上，可以保持与制铁所原来之关系。"为了巩固日本在汉冶萍的地位，高木要求除签订一千二百万日元贷款外，还希望将另一笔二百五十万元迅速以现金支付。①高木的策划贪婪而凶狠，但可行性很小，对中日两国政府的意图并没有切实掌握。更值得注意的是，高木对汉冶萍的干预已经具有从产品、资金发展至中方高层人事的倾向，似乎已有抛弃盛宣怀的企图。虽然这只是高木个人的打算，却将对李维格未来的命运产生严重的影响。

高木如此一意孤行、直接通天的做法，引起在华其他日人不满。日驻华公使伊集院8月15日致电外务大臣内田，说高木两电"电文简略，未尽其意"，其中引用的资料未送到总行和本地正金银行，"因此，关于本项国有问题对我国权利之影响，单单依据以前所得报告，本使无法作出任何确定判断。"予以否定。日驻大冶技师西泽则于19日致函正金银行驻北京董事小田切，对高木受到国内重视，露骨地发泄不满并进行挑拨："惟此人似有无视顺序，谈论轻率，无前后之考虑，且有只顾自己，不顾别人之行动，此点鄙人与阁下实有同感。"并举出高木放言在冶矿发动罢工、使运矿船放空等，实在是缺乏考虑的例证，如果万一上级表示同意或重视，"则阁下与鄙人过去十数年苦心惨淡策谋之计划，有朝一日终将成为泡影。"②反映了日方在华人员之间对本案存在着严重的分歧。

---

① 武汉大学经济学系编：《旧中国汉冶萍公司与日本关系史料选辑》，第375—378、381页。

② 武汉大学经济学系编：《旧中国汉冶萍公司与日本关系史料选辑》，第382、388—389页。

值得我们注意的是，西泽对于高木所反映的有关李维格的情况，表示不可信："李维格对该人之谈话与对我等吐露真情之意见，亦往往发生龃龉。李或许以小儿视之。"这也提醒我们，以高木、西泽等日人提供的资料为依据，宜慎重甄别。

此前，西泽于17日致函小田切，已经颇为详尽地表达了他对汉冶萍国有问题的见解。其要点如下：

第一，认为公司申请收归国有是"向北京政府进行示威性"的请愿。

第二，他认为汉阳铁厂目前不能开工的原因，与李维格对董事会的报告相同。

第三，他认为北京政府财政穷乏，"此际无论如何不会承认国有请愿"，结果是"北京政府对江西、湖南、湖北三省革命派会采取说服之策，如是确信公司终于会达到事业重新开始之目的。"

第四，西泽认为日本对本案的方针是："正如公司内部所希望者，须始终提请北京政府注意，应视公司为一纯粹之私营商业公司，并予以援助，使其同从前一样继续其制铁事业。"即认为公司的当务之急是开工恢复生产，如此才能重新使用日本借款实行公司扩张，修建急需的铁路，使三省获得直接或间接的利益。同时西泽也强调，万一北京政府满足革命派之希望而承认收归国有，为了使日本的既得利益受到尊重，"确信无论如何必须坚决采取强硬之外交。"①

从现有史料来看，在本案中，西泽的观察、预测比较符合实际，所提出的方针与日本政府的决策最相近。日本高层自8月12日公司股东大会通过申请国有决议后，即采取强硬干预的方针。15日外务大臣内田致电伊集院：

　　我方认为，由于该公司与我方具有债权及其他重大之利害关系，中国方面对本案向上提出陈请，不预先咨询我方意见，即决定如上之组织变更，毫无道理。因请阁下在适当机会，对中国当局，有提出严重警告

---

① 武汉大学经济学系编：《旧中国汉冶萍公司与日本关系史料选辑》，第385—387页。

之必要。①

8月17日，日政务局长阿部致函正金银行副总经理井上："就我国方面说，此事与其国有后以中国政府为对手，反不如以股份公司之汉冶萍公司为对手，而方便得多。"8月19日正金总行致上海分行令其传达对高木的训令："国有或官督商办之组织变更，日本方面须加以充分考虑，不能轻易同意。"9月4日，正金上海分行经理儿玉谦次向总行报告："小田切董事已向北京政府声明，反对该公司国有，因此，国有问题自告中断。"儿玉还认为，北京政府已决定负担公司损失，"国有之谎言，对公司而言，可谓已达目的。"②

北京政府所谓负担损失，只是聊作点缀；日本政府的反对公司国有，则是袁世凯不同意公司国有的一个重要原因。

盛宣怀刻意向袁世凯示好

盛宣怀和袁世凯，晚清政坛上这两位重量级的人物，依据形势变化的需要，或互相利用，或互相倾轧，恩恩怨怨，起起落落，贯串于彼此的几乎全部政治生涯。到了盛宣怀沦落海外，有家不能归，有国不能投之际，袁世凯却正如日中天，处于盛所谓的"三千年来第一人之位"。盛之于袁，为财产计，为卷土重来计，便只有仰人鼻息，刻意歌功颂德，作俯首臣服、报效乞恩状的份儿了。

虽然盛宣怀公然在报纸上自居是袁"二十年前老友"，此时论处境、论情谊都失去了与袁互通音问的可能。除了发份贺电，在报纸上声明，盛的刻意修好，主要是通过孙宝琦隐蔽地进行；孙的女儿一个嫁给了盛宣怀之子盛恩颐，一个嫁给了袁的七子克齐，袁对孙虽不十分亲信，但孙却可以适时地在袁面前说上几句话。仅收入《盛宣怀实业朋僚函稿》的孙函就有六十八件，

① 武汉大学经济学系编：《旧中国汉冶萍公司与日本关系史料选辑》，第381—382页。
② 武汉大学经济学系编：《旧中国汉冶萍公司与日本关系史料选辑》，第387—389、392页。

大多涉及袁，为盛提供了不少第一手的信息；而盛致孙函，不少文字也是写给袁看的，有的就明说"请公寄与项城一阅"。

具体如何修好？大体有如下几个方面：

一、违心地隐瞒真相、捏造事实，为袁世凯涂脂抹粉。

以 1912 年 3 月盛在日本向报界发表的书面声明为例，为了否认与袁是"政敌"，宣称："招商局，盛督办三十年，系北洋大臣李鸿章所派，后因丁忧辞差，袁任北洋大臣时，改派杨士琦总理，非夺也。"说得也有气无力。又如，为了否认"袁世凯为李鸿章所恶"，宣称"辛丑年李鸿章临终遗折力保袁世凯为替人"。[1] 此事众说纷纭，盛说是其中之一。据研究袁世凯的学者考证，李鸿章在北京贤良寺去世之际，袁远在济南，盛远在上海，为李送终、料理后事的是李的老助手、时任直隶布政使周馥。九月二十九日下午未刻后不久，在回銮途中的慈禧接到周馥的电报："大学士直隶总督李鸿章于本日午刻出缺。所有总署关防，敬谨封存。特电禀。"清廷对此早有预案，当天下午明发上谕：袁世凯署直隶总督兼北洋大臣。周的电禀和李的遗折中都没有保举袁的只言片语；而李的遗折由在北京谈判的奕劻去开封迎驾时上呈，已是电旨任命袁为直隶总督的一周之后了。[2] 当时盛宣怀掌管电报，负责行在与各省的通讯联络，消息灵通。在李鸿章去世之际，曾积极配合袁向朝廷讨价还价，一日数电，促成了袁出任直督的同时继续对山东兼管，盛是了解这一过程的。[3] 十余年后，盛主动出面证实袁系李遗折力保，显然是有意取悦于袁。

二、在物质上，为袁提供住宅。

1912 年 6 月 3 日，盛致电孙宝琦，"闻项城欲住敝宅，确否？"盛在北京府学胡同有一处住宅，原是李鸿章之孙李国杰的产业，押给了德华银行。盛以七万五千两赎回，前后添造了房屋，转押给正金银行，并托其代售，索价十万两。盛接复电后，7 月 15 日自神户致函孙：谓袁"谅因移邸于陆军

---

① 陈旭麓等主编：《辛亥革命前后》，第 265 页。
② 《骆宝善评点袁世凯函牍》，第 141—143 页。
③ 盛宣怀：《愚斋存稿》中，第 542 页。

部，敝宅颇相近。洋式楼房两重，虽不华丽，确是爽朗，住眷最宜，洋式家具均备，稍有花木，并有热水管。如果合用，祈即转达，尽可即日收用。候示，当即函致正金银行，所有押款，当由敝处认还该行，项城总统可无庸过问也"。① 袁世凯却对孙说，盛"经手未了之事太多，不敢承受此屋，（恐惹物议。）如租住尚可"。袁的儿子家眷住了三四个月，便迁进了南海。②

三、在思想上，歌功颂德，鼓吹专制。

1912 年 7 月 15 日，盛致孙宝琦函谓："招商局孙、黄将欲强夺抵押一千万元，幸蒙总统大力保全，天下称颂。"汉冶萍"若非我总统正言维持，何能解围。""昨奉函示：总统谈及南来诸人尚多不满意于庆、泽、那、盛，总统力辟之始息。目前不如暂在日本，所有财产允为尽力保护等语，读之不胜感激零涕。"

如果因有关企业、私人财产受袁庇护而感激涕零，尚有可说。其实远不止如此：

5 月 13 盛致孙函云："项城实一世之雄，论其才识、经验，断无其匹，黎、孙皆不足虑。"

7 月 15 日致孙另函又云："我看同盟会太无道德，军兴以来，俨成盗界，近已人心厌乱。孟子曰：'惟不嗜杀人者能一之。'总统不折一矢而定天下，古今中外无其匹矣！"

1913 年 6 月 20 日致孙函云："每见项城措置大局，举重若轻，实超轶乎汉高、宋祖而上之，方之华盛顿、拿破仑亦有过无不及。其所最难者，兵不血刃，而一班自负伟人均能从容从命，其用心亦良苦矣。然其积德累仁亦无可比拟。转瞬正式政府告成，当必能扩充用人之道，使人才辈出，再造天下。"③

这些颂词一浪高过一浪。总的倾向是贬低孙、黄，贬低革命派，以吹捧袁世凯；集中到一点，就是把袁世凯装扮成雄才大略、超越千古、新一代仁

---

① 陈旭麓等主编：《辛亥革命前后》，第 284、287、288—289 页。
② 王尔敏等编：《盛宣怀实业朋僚函稿》下，第 1485 页。
③ 陈旭麓等主编：《辛亥革命前后》，第 276、286—287、291 页。

德的开国皇帝。与此相适应的，则是鼓吹专制，反对共和、民主。1912年5月13日、1913年4月11日一再致函孙宝琦称：

> 梁启超共和统一党论，鄙人多所参赞，以组织大政党强政府为宗旨（已在上海刷印十万部），既已不能君主矣，亦必须使政府能为霸主。所谓共和形式，专制精神，方能收统一之效。五分八裂，各省长由民选，即五分八裂之现形也。联邦之制断不能行于中国，因外交窒碍，边疆更难控御耳。
>
> 所望正式总统多用几个人才，破坏之后，早图建设，以收中外人心，则共和亦可，专制亦可。①

这些话，具有极其鲜明的时代特点和盛宣怀个人的特殊风格。

"普天之下，莫非王土；率土之滨，莫非王臣。"中国人作了几千年的臣民，习惯于接受皇权统治。国人历来称颂的政治理想，秦皇汉武、唐宗宋祖、康乾盛世，实质是政治强人以皇权为主导的集权专制。袁世凯也好，盛宣怀也好，他们都是这个传统政治体制孵化出的精英，毕生膜拜权力、追逐权力；权力既是目标，也是实现目标的手段。黄鹤楼边一阵枪响，颠覆了中国历史上最后的王朝，几千年来第一次没有了皇帝，没有了圣衷独断、一言九鼎的最高权力的象征。袁世凯当上了中华民国的大总统，是各派政治力量，包括张謇等立宪派、同盟会部分革命党人在内的共同选择，他们自觉或不自觉地遵循的仍然是传统的强人政治即皇权统治的理念。在当时人们的心目中，论军政实力、论治国经验、论资历声望，甚至权术、手段，除袁之外，国内均不作第二人想；就是袁氏本人，又何尝不是环顾宇内，舍我其谁？至于袁氏是否认同共和、接受民主，将如何实现民主、共和，似乎并非权衡的核心和重点。盛宣怀与袁积怨甚深，但每当关键时刻仍似"不计前嫌，顾全大局"全力挺袁，如支持袁继任北洋，武昌起义后复出镇压革命，

---

① 陈旭麓等主编：《辛亥革命前后》，第277、289页。

乃至民国初年的贬损孙黄、膜拜袁氏，固然有其以利益为主导的小算盘，但从思想根本上，仍是受传统皇权政治观念的支配。此时，旧的权力体系已经崩塌，新的权力体系尚未确立，整个国家四分五裂，乱象环生，盛宣怀的上述言论，实际是开出了一副"穿新鞋走老路"的药方，所谓的"政府能为霸主"，所谓的"共和形式，专制精神"，实质都是呼喊着皇权的回归，呼喊着政治强人的集权统治，也就是要将理论上代表民意的"大总统"，演变为新的、变相的专制皇帝。

几千年来，中国不能没有皇帝，皇帝没有了，还要千方百计再制造一个，这是根深蒂固的中国历史传统。它已世代相传深深地扎根于民众之中，鲁迅笔下的未庄，就是辛亥革命时期中国社会的缩影，至今仍有其不朽的现实意义。盛宣怀肉麻地吹捧"项城实一世之雄""不折一矢而定天下""实超轶乎汉高、宋祖而上之"，称之为"潜龙再出"①，希望他"再造天下"，实质上是在为帝制招魂。这种政治倾向在当时仍有很大的市场，代表着一种复旧的、倒退的、反对革命、反对民主的思潮，后来继续蔓延滋长，终于酿成了洪宪复辟的丑剧。

四、在行动上，出谋划策，全力支持镇压二次革命。

1912 年春节期间，袁世凯曾对亲信痛斥盛宣怀。消息传来，盛既惊恐又伤心，曾向孙宝琦倾诉过欲为袁氏出谋划策又恐不得信任。② 袁氏后允许盛回国且让他重掌汉冶萍大权，对盛的态度已有所缓和。自二次革命事起，盛遂一改对革命派的强作敷衍，托词离开革命党人控制的上海而远赴青岛，力尽所能地支持袁世凯对二次革命的镇压。

一是为北军占领上海出谋划策。

为此，盛先后致函杨士琦、朱启钤、孙宝琦。1913 年 7 月 22 日致杨函云："北军太单，只能保护制造局。在沪商民极盼北军有数千人速到，便可无事。若过吴淞炮台，恐海军军力不足护，似可在川沙等处上岸。……诸

---

① 陈旭麓等主编：《辛亥革命前后》，第 276 页。

② 王尔敏等编：《盛宣怀实业朋僚函稿》下，第 1477 页；陈旭麓等主编：《辛亥革命前后》，第 276—278 页。

事仍须外交团相助"。特别提出："伏乞便中转陈一一"，即要杨告知袁世凯，不可埋没了他的效忠之心。25 日，盛再次致函孙宝琦催促："目下革命流毒忽又剧作……此间商民日盼北军续至，只须再到数千人，巨憝不难一鼓就擒，不特纾目前之急祸，并可除永远之根株。政府似未可视为缓图，养痈成患，滋蔓难图，此之谓也。"并具体提供运兵船只："招商局'公平'等船在津者约有数只，如果装兵来沪，须派海军护持而行，经过吴淞炮台必要海军先打炮台，或由川沙上岸。如能夺回炮台，则大事定矣。"信末再次叮嘱："务乞台端相机进言。兵贵神速，自古皆然。日前致朱桂翁、杨杏翁函，抄附原稿。"结果是，8 月 13 日，北军攻克吴淞炮台，上海被北军占领。①

二是控制招商局船只，为镇压二次革命服务。

7 月 18 日，盛所控制的轮船招商局董事会，致北京交通部电称，经公议暂挂洋旗，并声明："政府如须调用，仍照从前办法，并无阻碍。"以其"效忠政府，服从命令"受到袁世凯政府的表彰。讨袁军黄兴、陈其美等虽一再照会、电令轮船招商局与盛，均无济于事。7 月下旬，"公平"留在大沽口供北军备用，"安平""新济"奉调装运兵士随海军南下，28 日开至吴淞口外。海军先行清理炮台，保护兵士登岸，然后护送船只回津。7 月 31 日北京交通部部长朱启钤函谢盛宣怀："比者大军南下，屡由招商局拨用船只，得以早达，顾全大局，佩仰尤深"，颇受赞许。8 月 19 日盛复朱函，自我归结为："此次军务，招商局轮船一在供中央调用，一在阻止乱军截留，其他不遑计及。"如此泾渭分明，效果突出，言下颇有得色。②

盛宣怀曾认为申请国有是上策

汉冶萍公司申请国有，盛宣怀虽然身在日本，没有参加董事会决策，但始终不曾置身事外，而是随着形势的变化，不断调整自己的态度和策略。其

---

① 陈旭麓等主编：《辛亥革命前后》，第 295—297、298—299、305 页。
② 陈旭麓等主编：《辛亥革命前后》，第 293—294、300—301、307 页。

中的关键，又在于观察、考量袁世凯和日本人对此的态度。

在前期酝酿申请国有时，盛曾认为此是上策。

早在1912年3月中、下旬，盛宣怀对于叶景葵主张汉冶萍国有，便高度重视，指示李维格了解唐绍仪、杨士琦、赵凤昌等关键人物对此的态度。接到吴作镆寄来的叶景葵《汉冶萍国有策》后，曾撰写了长文《通筹全局意见书》，列举善后之策一曰国有，二曰商办，三曰国家与人民合办，四曰清查旧账，五曰急进筹款，即"不外借款"。前面三条是所有制的选择与比较，后两条是必要的措施。在阐述国有问题时，盛引用了叶文"国有策理由六端"，认为"所见尤大"，提出"诚能合各省铁矿为一大钢铁会，名曰中华钢铁会，先以已成之汉冶萍为初基，再行次第推广，必足以与欧美抗衡，为中国自强之大端。"他的推广方案是汉阳铁厂可容化铁炉6座，日出铁千吨，年产钢30万吨，以供全国铁路建设；大冶、武昌造化铁炉6座，日产铁1200吨，供兵工生产和出口日、美；利国驿、铜官山及峄县煤矿收回归并，在上海浦口开炉设厂，供应本国制造及输出外洋。"大约三五年后，每年出钢铁一百万吨之数，不难超券而得。"盛的主张国有，实际已经超出了一个企业变更所有制的范畴，和他曾经主张铁路国有一样，都是受到日本钢铁等企业国有体制的影响，企图对全国钢铁行业实行垄断，以汉冶萍为基础建立全国性的钢铁垄断集团。在论及商办时，盛认为"惟商办较国有似有数不及"，列举了七条，主要包括利用国家权力有利于发展铁道、造舰、兵工等事业；有利于解决企业与地方政府、与社会、与其他企业之间的矛盾冲突，有利于维护主权与列强竞争等。[①] 这些见解，自有盛个人的体验在内，

----

① 《中华实业丛报》第二期"纪事"，1913年6月出版，第1—10页。转引自陈真编《中国近代工业史资料》第三辑，第473—479页。1913年11月上旬，盛与北京政府代表杨廷栋谈话时称，曾将"我关于国有之议的印刷物分送各方有志之士"，并将一部分印刷物与杨。对此武汉大学经济学系编：《旧中国汉冶萍公司与日本关系史料选辑》，第482页。编者有注："盛宣怀于1911年因辛亥革命逃居日本期间，为了维护其公司权利，针对当时《大公报》发表的叶景葵《汉冶萍国有策》一文，写了一篇《汉冶萍国有意见书》的长文，向各方散发。"虽然文章题目不同，似即此文。盛文内称："现届选举之期……已具公函请辞总理。"据此，盛氏此文应写于1912年4月13日汉冶萍股东大会改选之前。

不是泛泛之谈。多年来，盛在长江中下游陆续勘察收购了九江城门山等煤铁矿山，早在积极作扩张汉冶萍的前期准备。

同年8月初，盛看到了李维格所提供的股东大会议案，8月3日致李函明确表示以申请国有为上策：

> 昨见袁总统间接来函，尚耿耿以号令不行为虑，须待他们高兴过去方能认真办事，似非推诿之词。所筹甲说收为国有，以国家权力指挥开工，一切扞格自可化除。中国共和名虽统一，实分省界，如此大事业动须数省呵成一气，断非国有不办。股东下此十年苦工，不能无奢望，然国家不肯帮扶，亦只得抛掷无穷之厚利，让还国有，此上策也。[①]

所谓"袁总统间接来函"，当指孙宝琦5月29日来信，有"伊谓且候若辈高兴过去，方能办正事等语"。又7月26日孙来信转述袁的意见："所称各处风潮屡肇未已，想即指鄂省欲将汉冶萍充公之事。倘若有命令，而未能实行，或更惹起风潮，于事无济，而又害之。缓议之说，似属持重之见，尚非推诿之辞，尊见如何？"因之，盛宣怀在信中对李维格说"国家不肯帮扶"，只得申请国有。

此时盛与李维格、叶景葵及公司董事会，对于公司申请收归国有意见一致，并无分歧。

企图借国有取得巨额资金

盛先后对李维格、叶景葵说过："尊议国有本属陪笔，恐至是而不能不实做"，"政府乘机收回，宜无不乐。"也就是说，一变而为假戏真做，采取措施引导并促使政府真正将公司收归国有的，是盛宣怀。[②]

---

① 陈旭麓等主编：《汉冶萍公司》三，第308—309页。
② 陈旭麓等主编：《汉冶萍公司》三，第311、329页。

政府收归国有的最大难题是缺乏资金。为此，盛或幕后指挥，或亲自出马，由此入手，进行了一系列的活动。8月30日抛出了一份《陶湘致朱启钤函》，提供了一份收归国有的筹集资金方案。《汉冶萍公司》三的编者对此件加注说明："此函是盛宣怀修改定稿。"此方案宣称："虽号称三千余万，实则只须现款数百万，并可仍将公司之产业抵押，即可集事矣。"其要点有三：一是"根据辛亥年续购生铁合同，预支一千二百万元"，但反对建设新厂，而用此款还债。二是将公司轮驳押借一百万两，以萍乡煤矿暂押数百万两。三是这些借款或抵押，或"先与资本家议一草合同"或"似宜先由某部与公司代表拟订草合同条款"，这里的资本家或公司代表当是盛宣怀的代称，即撇开现有的董事会，由盛进行操作。此时盛虽然流亡在东京，却已是无视公司董事会的存在，而自行其是了。①

9月2日，盛致函在北京办理国有的叶景葵，声称上海有一股东寄信给朱启钤，"其策只须将萍矿另做押款数百万两，便可了断，然则政府不费现资，坐得全产。"说得十分诱人。在信末又着重强调预借的九百万不能用于建设新厂，而在阐明其用途时露出了破绽：

> 今若再预借九百万元以造新厂，实已过厂本之半，如果一旦破产，危乎不危！沪上股东议以九百万元抵还日本旧欠五百八十二万六千五百元，银一百四十万两，藉可消去许多抵押合同，除却预付铁价，一概偿清（尚有找四百万左右），免致叠床架屋。鄙见无论国有不国有，均该如此。②

此处所说的上海股东的意见，其实就是盛自己的意见；所要一概偿清的旧欠，除了上述日债外，所谓"许多抵押合同""四百万左右""免致叠床架屋"都有明确的指向，都是指向所谓的六合公司四百万借款。此前，4月1

---

① 陈旭麓等主编：《汉冶萍公司》三，第324—327页。
② 陈旭麓等主编：《汉冶萍公司》三，第329—330页。

日盛致函李维格讨债："即六合公司借款已过四百万两，一家之外，牵连亲族、僚友、善堂、公司，虽破家陨命，不足以清经手""今查六合借款合同系旧历二月杪到期，万难再转，务请阁下赶紧设法陆续归还，不外借债还债。"据此，我们似可将以上引文解读为：无论国有不国有，预借九百万元均应将六合公司借款偿清。①

9月10日，盛听说"六国公债先成二千万镑将可定议"，再次致函叶景葵，要求政府为汉冶萍拨出二百万镑，或另借一百万镑；如果都办不到，"则请将萍乡煤铁矿另抵一二百万镑，押公司之产业以偿公司之债欠，宜无不可。"再次提出政府收回前，抵押事"由公司与资本家筹议"。其急于介入公司事务，急于取得巨款，溢于言表。再次显示此时盛所关注的焦点，在于借此从中提取巨额资金。②

同时值得注意的是，此时向北京政府上书，盛起用了长期在卢汉铁路任职、为其在北京做坐探的亲信陶湘，而撇开了他的老助手、此时被公司董事会所倚重的李维格。这不仅意味着盛向公司董事会夺权的活动已经开始，而且显示着盛、李关系已经悄悄地发生了重大的变化。

策动孙宝琦出任汉冶萍督办

1912年9月10日，孙宝琦致函盛，告知他致书袁世凯，"自荐汉冶萍督办"，适逢外长陆徵祥辞职，袁对孙许以外交总长。孙来函云："鄂赣争攘可笑，国有之议诚不得已，倘做不到，由中央特派专员督同众股东及在事员司妥办。亦可免鄂赣之纷争，弟窃不自揣，极愿承乏此席。"③此时盛已得京中密报：对于公司国有"小田切甚为阻挠"；盛在东京会见制铁所长官中村，对方"力劝中止"，盛答以："如果国有，大总统必选派有阅历者，厂矿熟手亦必留用。"9月18日，盛复函，称孙所言特派专员督办"实为

---

① 陈旭麓等主编：《汉冶萍公司》三，第240—241页。
② 陈旭麓等主编：《汉冶萍公司》三，第337—338页。
③ 王尔敏等编：《盛宣怀实业朋僚函稿》下，第1504页。

至当不易之论"：

> 就令不能国有，亦须设法扶持。然共和时代，商办公司而官派督
> 办，必又起风潮，且有关系之部分，亦难免争权。如能密商大总统，先
> 派公到沪，再赴汉冶萍，一路查办，究竟能否国有，抑仍可商办，与各
> 都督、各股东妥筹，再行定夺。此事又以外债交涉为尤难。公交涉老
> 手，为大总统所信任，于地方、商务、外交三者，均能融洽，庶足示中
> 外建设之大计，并为吾国奠富强之基础。鄙见有此美产，何虑无款？但
> 须有中正不阿、实有经验之人为之厘定计画耳！

此时有人从北京来，称"大约国有无疑义"，运动这一席位的不乏其人。
盛在此信后再次策动孙宝琦，亲向袁世凯毛遂自荐：汉冶萍国有"政府似宜
先派有资望阅历者，查明内容，逐条妥议，再行核定。"劝说孙"与其长一部，
不如长一实业稳而久。若汉冶萍已成之局，公藉手一年即可恢复，后效愈久
愈著。""公来承接，必尽以交托，其下不能相欺。"[1]

如此，盛考虑的重点显然已经转移至如何重新控制汉冶萍。在回国时间
尚不能确定的情况下，选中孙宝琦作为代理人，既是基于与孙之间情谊，更
是基于孙与袁世凯之间的亲密关系。

1912 年 9 月，袁世凯授予孙中山筹划全国铁路全权，10 月 14 日中国铁
路总公司在上海成立。盛认为孙中山主张铁路国有，与其不谋而合，曾草拟
有一份《汉冶萍公司与铁路总公司合同》。内称"现经铁路总公司孙口口会
商汉冶萍公司股东代表盛□□将所办之汉冶萍煤铁厂矿仍根据于股东会议决
国有，即行归并铁路总公司办理，以符股东大会多数议决之宗旨"。孙宝琦
来函谓："中山在沪，公如与商，非得现款一二千万不能接办。"1913 年 1 月
28 日工商部来电询问公司："闻公司拟将厂矿归并铁路总公司办理，确否？
公司与本部关系最深，何不早告？"公司董事会复电曰："厂矿归并铁路总公

---

① 陈旭麓等主编：《汉冶萍公司》三，第 344—346 页。

司，敝公司并无此议。"此事显然也是盛另谋出路，撇开公司董事会自行其是。①

袁世凯："伊肯担任，事不难办"

1912年10月中旬末，盛宣怀结束了在日本的流亡，回到上海。

此前，十月初六，孙宝琦给盛通风报信："日前见项城谈及汉冶萍事，谓款目多系空中楼阁，查确实方有正当办法云云。朱桂辛谓将来由执事督办，对内对外方有信用，（伊谓汉厂用各路轨价三百余万，交轨无期。）应由股东公推等语。看来国有实做不到。"朱启钤，字桂辛，袁世凯亲信，曾任民国政府交通、内务总长，代理国务总理。后面这句话，是孙宝琦的判断。

孙宝琦此函关键是给盛吃了定心丸："总统云，执事不日回沪，与股东清算账目。一面由部派人调（？）造路，先从扩厂入手，伊肯担任，事不难办。"这就意味着，袁世凯不仅准许盛回国，而且可以容忍盛继续掌管汉冶萍。

袁世凯何以对汉冶萍收归国有迟迟不决？后来孙宝琦又有一封信才把话说透："项城总统虑归国有便须担负旧亏，又苦无人经理，是以久未解决。"袁世凯何等精明，所谓"担负旧亏"，一语切中要害，尤其是包括盛欠下日本的一笔笔债务。按照草根的说法就是：此时盛宣怀一裤子的屎，袁世凯不愿给他擦屁股；袁世凯也不是不想收拾盛宣怀，只是苦于无人愿意并拿得下汉冶萍这座烂尾楼。②

但北京政府对汉冶萍国有和盛宣怀的使用仍有分歧。

12月20日总统府秘书厅致函工商部："大总统发下武昌黎副总统、夏民政长霰电，并谕：'应由工商部转饬盛宣怀迅即赴鄂料理接洽'等因，奉此。即希贵总长查照办理可也。"12月31日，国务院总理赵秉钧、工商总长刘揆一具文呈报总统，一方面说明汉冶萍公司不是盛宣怀一人的私产，是注册

---

① 陈旭麓等主编：《汉冶萍公司》三，第353、405页；王尔敏等编：《盛宣怀实业朋僚函稿》下，第1485页。

② 王尔敏等编：《盛宣怀实业朋僚函稿》下，第1484—1486、1514页。

的商办公司，湖北无派督办之权；一方面强调"公司负债累累，本部亦未尝不虑其终累主权，故有收归国有之议。然必查明股本之真伪，债项之缓急，以及继续之资本……一俟调查确实，再当呈请大总统分别核办。现在既无由官督办之必要，毋庸饬盛宣怀赴鄂，致生枝节"。看来这主要是工商部的意见，仍企图将汉冶萍收归国有，更不同意交给盛管理。①

盛宣怀密谋发动"夺门之变"

一面是大总统谕令"盛宣怀迅即赴鄂料理接洽"，一面是工商部的革命党人刘揆一唱反调"毋庸饬盛宣怀赴鄂"，盛宣怀何去何从则不言而喻。

自称到家将近一月，闭门养疾的盛宣怀，11月18日致函孙宝琦，函中发泄对公司某些董事和办事人的不满："闻总统有下走回沪可以查清账目［之说］，此本是股东等之担负，岂知经手诸人趋附董会中之野蛮无理者，把持垄断，不欲正经股东过问，矧老于经验，识途之马，更恐其弊混立见也。若非政府主持，更何从下手？"希望孙与国务总理赵秉钧联系，由政府进行干预。②

与此同时，盛在幕后展开了一系列的活动，秘密策划"夺门之变"，重新夺回对汉冶萍公司的控制权力。现举数事如下：

1. 秘密组织"同人谈话会"，从事分裂活动。

12月中旬，盛与其外甥顾咏铨发起，组织同人谈话会。杨学沂被邀而对此作法并不赞同，12月20日致盛函指出，"谈话会谆劝脱离公司，归依旧巢"，即摆脱现有公司董事会的领导，重新回到盛的手下。"综其要领，不外财产、债权及与新党会辩是非三事。"顾曾对杨透露，"此次日款成，拟索八十万"。"日款"当指12月7日与正金银行签订合同的250万元借款；顾是六合公司经理，"索八十万"当是六合公司拟索还欠款80万，故杨回答顾：

---

① 陈旭麓等主编：《汉冶萍公司》三，第396—399页。
② 陈旭麓等主编：《辛亥革命前后》，第355页。

"以我为经理，恐亦未能办到。"看来是有人拟借此制造事端，杨学沂明确表示不同意："债权索偿，为中外法律所规定。至其手续先后，则某与同人颇有不同之点。同人主急进，某主渐进；同人主激烈，某主和平；同人主单面独行，某主双方兼顾。"耿直的杨学沂不愿其参与缔造的事业遭到破坏，在函中质问盛："盖公自接办此事后，梦魂颠倒，无时无刻不以扶持为念"；"设一去位，便不惜倾筐倒筐以破碎之，人其谓公何？"杨原为总公司秘书长，在新董事会续任秘书，自此称病久不到会，以示其中立而"两不就"，至2月8日董事会才命人顶替；而六合公司拟议的"急进""激烈"而"单面独行"的索债事件，也被杨消弭于无形。①

2. 致函袁世凯，谋求重任公司总理。

1913年元月初，盛致函袁世凯，告知汉冶萍股东"已公呈政府，拟请仍复宣怀为总理"，希望得到袁的首肯。盛将致总统函与公呈请孙宝琦转交。在武昌同时投递的公呈，数日后为各报刊载。孙宝琦将盛致总统函压下，仅将股东公呈投递给总统府，然后为此事见袁，袁谓："我处不宜收呈，均交国务院。"表示不愿过问。适总统府秘书长梁士诒（燕孙）在座，认为公呈上联名者均靠不住，怀疑公呈不是真正股东的意愿。孙知梁盛有隙，便不再说话。与孙关系较好的朱启钤告诉孙，他在国务院数次提议复任盛为汉冶萍总理，无人赞成。2月27日，孙将以上情况去函告诉盛，同意盛来电所云："开股东大会全体赞成，然后任事。"并直言告诫盛："公若无他志，但顾全汉冶萍血本，则但凭股东之同意，不必别施运动之术矣。"②

3. 清理董事会。

1912年12月10日，股东周晋镳、傅宗耀等致函董事会，谓赴京办理国有事宜的袁思亮已任职工商部，其董事应递补；1913年2月18日董事长赵凤昌称病辞职，杨士琦因留京任职亦相继辞职。此时董事已陆续调整为李经方、朱佩珍、王存善、聂其杰、沈敦和、陈绪廷、施则敬、周晋镳等。2

---

① 陈旭麓等主编：《汉冶萍公司》三，第392—393、407页。

② 王尔敏等编：《盛宣怀实业函电稿》下，第796—797页；王尔敏等编：《盛宣怀实业朋僚函稿》下，第1492—1493页。

月 24 日董事会改选王存善为会长。至此，董事会基本由拥戴、支持盛宣怀者控制。①

4.煽动股东反对国有，排除异己。

3 月 4 日，工商部员王槐清由京来沪，公司董事会请公司创始人盛宣怀列席，讨论国有问题。王云：工商总长主张国有，呈请总统核示，尚未解决。王所持张轶欧司长来信称："由公司再将艰危情形呈催，即可将国有问题解决宣布，再由董会公推代表赴部就商交收办法。"刘揆一显然是错估了形势，企图借助公司施加压力，促使袁世凯同意收归国有。工商部的意见遭到反对。盛发言的核心是："既主张国有，但如何接收，必须筹有办法，预先开示，公同讨论。"董事会的最后的决议也是："必须政府将接受办法筹定，能令股东满意。"

3 月 8 日，经理叶景葵向董事会报告，变相国有方案获得工商部次长向淑予的支持，即内三部（工商、交通、财政），外三省均为股东，各派一董事。事态表明，工商部总长、次长意见不一。董事会决定 3 月 29 日召开股东大会公决。

鉴于呈请盛宣怀复任总理的公呈没有效应，3 月 8 日晚，幕僚吕景端致函向盛献策：一是"先将作祟之人公布驱除"，"李、叶奸险已到极处，杨反复多次，防不胜防"，欲除之而后快。"其次，即以国有名义，唆使外人立索债款，运动股东邀求还本，使国有不能徒托空言，然后可望俯如股东所请。"②

3 月中旬，盛以汉冶萍某些股东名义草拟了一份《上大总统、副总统、国务院、工商部呈文》，攻击原由赵凤昌所主持的董事会，主要矛头指向经办申请国有的经理叶景葵，不惜进行人身攻击：

> 窃汉冶萍公司自民国元年四月赵凤昌等重新组织以来，迄今未及一载，情形岌岌，危险环生。推原祸始皆协理叶景葵一人所酿成。叶本一

---

① 湖北省档案馆编：《汉冶萍公司档案史料选编》上，第 262—265 页。
② 陈旭麓等主编：《汉冶萍公司》三，第 419—422 页。

刻薄小人，阴狡为心，贪婪成性，在满清时办理大清银行，劣迹昭著。当民国光复之初，乘盛宣怀在东洋之隙，遂思染指于汉冶萍，竭力运动，重组董事会，阳推赵凤昌为总董、李维格为经理，而己则为协理，独揽大权。在赵凤昌，居然如虎傅翼，在李维格，不啻引狼自卫。

对叶罗织了"偏置私人""身不驻厂""挥金如土"等罪名后，此时主张申请国有也成为别有居心的大罪，其中妙文是：

> 遂倡为国有谬说，思欲移祸大部。伏念汉冶萍亏欠外债极多，其性质本系商借商还，倘归国有，则所欠外债均可与政府直接，动牵国际交涉，办理益觉为难。是以汉冶萍断无国有之理。①

这正是：欲加之罪，何患无辞；其中更以日本为后盾露骨地以"国际交涉"相威胁。

与此文同时，涌现了一大批"股东"具名的意见书或文章，如立本记、树德堂等股东驳斥变通国有，张子庄等股东呼吁保全股东血本，《汉冶萍公司历史之平议》为盛宣怀的操守、用人、招股、借债等系统进行辩护，而王达记的意见书则具有全面性、系统性、纲领性：

> 一、政府果欲将汉冶萍商股收归国有，必须以现款给还商股本息，使各股东毫无损失，方能承认。
> 一、政府现在大借款未成立，断无现款之可筹，则所议汉冶萍收归国有可决定其为空言欺骗政策，各商股股东绝对不能承认。
> 一、国有既不承认，则商办手续务宜急速进行，应于大会时举定熟悉该公司情形者一人为总理。拟即举盛杏荪先生任之，以资整顿，而拒干涉。

---

① 陈旭麓等主编：《汉冶萍公司》三，第431—432页。

一、总理未举定以前，应先由各大股东商议，订借外款之方针，俟总理举定后，即可订立合同，从事签押。

一、筹借外款，须订定商借商还，不能丝毫干涉我商办之主权。外人来投资者，无论何国银行，何国商人，一以利息轻重为取舍。①

总之，盛宣怀赶在三月底以前，以充分的幕后活动和舆论动员，迎来了股东特别大会的召开。

取消申请国有，盛宣怀任董事会长

1913年3月29日，汉冶萍公司全体股东特别大会如期在上海召开。到会者一千零九十六人。主席王子展报告，就变通国有方案公决。

据大会记录，股东汪幼安首先登台发言：去年股东会，多数主张国有，赴京请愿如何，未据只字报告，今忽来变相国有之议，股东不能承认。仍应照去年所定办法，国有不成，即主张完全商办。全场一致赞成。

股东孙铁舟随即登台演说：既经股东全体赞成商办，必须有与公司痛痒相关且富经验而有信用者主持其间，仍应举盛宣怀君复任总理。股东章佩乙起言：汉冶萍公司困难已极，百端待理，总经理张季直君始终不到公司，有负委托，现既提出另举总理，敕股东表示同意，请主席宣付表决。

时湖南公股代表周可均君登台发言，谓"举盛宣怀为总理，我绝对不赞成，如举盛为总理，所有煤焦运道，不得再由湖南经过"。股东大哗。

主席王子展宣告：股东孙、汪、章三君所陈意见，取消国有，主张完全商办及另举总理，赞成者请起立表决。股东全体起立。又投票选举总理，结果赞成举盛者得八万一千一百八十一权，反对举盛者得一万三千一百四十八权。

此时有一插曲。湖南代表周可均忽称："本代表所投之反对票何以不见？"某股东问"贵代表所投之票若干权？"周答云："五千二百三十七权。"

① 陈旭麓等主编：《汉冶萍公司》三，第429—436页。

某君反问："今反对票有一万三千余权，何以知内无五千二百余权之票，大有可疑。"当由主席请湖北代表丁、时两君复检，该票仍然无着。而周君不待检毕，即拂然而去。主席王子展以赞成票已过十成之七，即使其余票权全属反对，亦应无效。①

这天，盛称"适患旧恙，不能入场"，派了儿子到会。据说是听了儿子报告，议事条目内，有股东多位要求他复任总理，并将强迫从事云云。盛遂主动致函董事会，重提去年董事被人递补，并谓"迨弟回国，始终未奉贵会函邀，遂亦安心放弃"，出了一口憋在心里半年的怨气。此函的主题是议事、办事有别，不能以"已举之董事兼任总理"，如"贵会函邀列入议董，必当力疾与议"。董事会当日具函请盛宣怀复出任事，次日盛再次致函董事会，重申"前函所陈于董事会中列席参议"，即要做决策的公司董事长，而不愿担任执行决策的总理。31日，盛被董事会按照他个人意愿"一致投票举为本会会长"。

4月5日，盛主持董事会议事，其中一件是"公议：叶经理辞职，此席即可裁去，暂由一琴先生一人经理，以一事权。"李维格亦提出驻沪经理亟须另派妥员分任。公议：现时仍请一琴先生独任其难，稍缓再行提议。李的处境颇为尴尬。②

有的盛宣怀研究专家，颇为重视此次盛的当选，予以高度评价："1913年是鲜明地还盛宣怀民族资本家本来面貌的一年。……1913年被选为汉冶萍总理、会长和招商局董事会副会长，却都是以普通资本家身份当选的，没有什么'官'的力量参杂其间"云云。③ 如上文所述，如果没有袁世凯的许可，盛既不可能回国，更不可能重新管理汉冶萍，不仅盛组织这次夺权活动有袁世凯的谕令做靠山，盛突然转变态度而反对收归国有、也明显是摸清了袁世凯的底细。就其操纵这次选举的手段而言，似乎盛宣怀这位资本家也并不"普通"。这里再提供一份《秘密总纲》，是特别股东大会前、3月下旬制订的，

---

① 湖北省档案馆编：《汉冶萍公司档案史料选编》上，第265—266页。
② 湖北省档案馆编：《汉冶萍公司档案史料选编》上，第266—268页。
③ 夏东元编著：《盛宣怀年谱长编》下，第970页。

此件前有"罗焕翁备阅，廿三请交还"字样。特别股东大会系3月29日召开，这天阴历是二月二十二日。全文如下：

秘密总纲　1913，3月下旬

一、国有必须发还商本，现在国有问题既不能解决，只得完全商办，断不能丝毫变化。经理报告："合中央、地方、公司三者之力，众擎共举"等语，名为联络，实则变相国有，夺我股东原有之权，万不能承认，必须当场驳斥。如其投票公决，亦当缮注反对字样。

一、会场如有人举盛氏为总理，凡我股东应当鼓掌辅助。投票公决应即缮注赞成字样。

一、会场如有人攻讦盛氏，凡我股东应即合力辩驳。

一、会场如有人攻讦叶经理，凡我股东应即附和鼓掌。①

我们注意到，在这一时期，盛宣怀对于汉冶萍的体制，或主张国有，或坚持商办，在不同情势下，对不同的对象，有不同的说法，复杂多变，具有不确定性，难以捉摸。但在诸多看来纷繁杂乱、自相矛盾的现象背后，仍有万变不离其宗的基本准则。印制、分发洋洋数千言的《汉冶萍国有意见书》（又题为《通筹全局意见书》）既是寄托着他依靠国家权力实现对全国钢铁行业进行垄断的梦想，又是排除地方军政府干扰的权宜之计，附带也借以改变他因中日合办受到全国唾骂的形象；炮制《陶湘致朱启钤函》，为汉冶萍国有筹措资金献策，则是在他对汉冶萍失去直接控制的特殊处境中，试图为更加现实地取得巨额资金创造机会；至于以"遂倡国有谬说"为罪名，亲自草拟《汉冶萍股东□□□等上大总统、副总统、国务院、工商部呈文》，抛出叶景葵作替罪羊，假借民意，挑动股东不满，则是为发动突然袭击，排除异己，实现夺回公司董事会大权而制造事端。翻手为云，覆手为雨，始终把谋求对汉冶萍的绝对控制，把维护和扩大盛氏的既得利益放在核心地位。

---

① 陈旭麓等主编：《汉冶萍公司》三，第444页。

第三十二章 一千五百万大借款与六合公司

大借款简要历史背景 / 大借款进程概况 / "鄙见总以秘密速办为第一要义" / 六合公司的基本特点 / 两百张空白股票与账目另起底稿 / 六合公司与新董事会的债务交涉 / 有关六合公司与日方的交涉 / 借款条件分歧与结果：按日方意志而定 / 置汉冶萍公司于日本顾问控制之下 / 北京对大借款的干预和日本的反干预

1913 年 12 月 2 日，汉冶萍公司与日本正金银行签订一千五百万元大借款。这是盛宣怀本年重新主持董事会后做的第一件大事，也是汉冶萍史上数额最大、影响更深远、后果更严重的一次借款。

一千五百万大借款分为两个合同，归还旧债的六百万合同实为六合公司而订，盛宣怀对日方宣称此为借款能否通过的关键。

大借款简要历史背景

自 1913 年 5 月 20 日公司股东常会决议借款，至同年 12 月 2 日签订合同，前后为时半年许。在此前后，作为此次借款的背景、并对汉冶萍及其借款进程产生影响的重大事件是：

3 月 20 日，同盟会改组为国民党后的代理理事长宋教仁，被刺身亡。孙中山力主武力讨袁，国民党内分为和、战两派。4 月 27 日，交涉了两年的六国银行团善后大借款，未经国会表决而正式签字，袁世凯获得两亿银圆，军心大振；在国会占据绝大多数议席的国民党大哗，函电纷飞，反对非法借款，矛盾更为激化。6月，江西、安徽、广东三省都督李烈钧、柏文蔚、胡汉民相继被袁大总统免职。7月12日，江西宣布独立，在湖口打响了二次革命的第一枪。9月1日，张勋攻陷南京。10月6日，袁世凯被选为正式大总统，西方列强正式承认中华民国。反袁的国民党人孙中山等被清除、通缉。

汉冶萍的归宿存在争议，生存受到威胁。4月中旬，工商部呈文国务院，驳斥鄂省孙武等人所谓"不必部办之理由二，应由鄂办之理由四"，部文的结论是："汉冶萍之事论其艰难，则万不愿国有；论其关系，则势难为鄂有。"鄂省派代表与公司谈判，认为该省对公司有事权、财权、地权，议将官办时所用之公款五百余万两，除已缴过现银一百万两，其余改作股份。6月上旬，所订铁捐改股草议为鄂议会否定，"请另派代表来沪重行开议"。一再反复，双方难以达成妥协。① 江西方面，接收萍乡煤矿未遂，先有集成公司混入界内穿凿土窿，继有接续私开者，其数计百有余座，概在界内乱挖，屡经该矿移县禁阻无效，严重威胁到矿区生产的安全。又有湖南百炼公司，在萍乡附矿设厂，收土井炼焦，并打算添筑分路，租车利用萍株铁路运输。②

日本钢铁工业快速发展，盈利大幅度倍增。若松制铁所长官中村宣称："自一千九百零九年该所起首扩充之后，其出货与盈余之增多，进步极速。一九一〇年出货十六万吨，净余日金五万元；一九一一年出货十八万吨，净余日金一百五十万元；一九一二年出货二十万吨，净余日金四百万元。技艺日益精良，故致有今日如此之盛。""去年以来，国内国外之生铁市面均极相宜，是以去年之盈余格外可观，今年虽于结帐之前未能预知确数，然当亦不逊于去年也。"③ 如此，汉阳铁厂较若松制铁所先期投产六年的优势丧失殆尽，日方对我生铁的依赖将日渐减弱，而更专注于我之铁矿石。汉冶萍与日

---

① 陈旭麓等主编：《汉冶萍公司》三，第473—476、540、585—586页。
② 湖北省档案馆编：《汉冶萍公司档案史料选编》上，第294页。
③ 陈旭麓等主编：《汉冶萍公司》三，第597页。

交往，愈来愈被动、不利，潜藏的危机愈来愈严重、足以致命。

大借款进程概况

1912年12月2日，汉冶萍公司董事会常会，由赵凤昌主持，作出决议：现通盘计划，筹借巨款不易，宜先从收束稳健着手，整顿已成之局，使根本稳固，再事扩充。目前款项，除政府应还公司日币二百五十万元外，拟以政府发给五百万元之公债票，向横滨正金银行抵押日币三百五十万元，共合日币六百万元，尽此为保守整顿之资，不再借巨款为定策，中间周转挹注，则以国家应付轨价作为后盾。

此时盛宣怀已回到上海，对于董事会这一决策，既不满意，更不会遵守。

1913年元二月间，高木陆郎暂回日本。离开上海之际，便在盛处领受了借款的使命，回到东京与制铁所长官中村及各当道进行了初步商议。3月11日致盛函云："敝国当道已有允诺借款之意，不致有负雅嘱。"①

此次大借款的进行过程，大致分三个阶段。

一、前期准备

3月29日，公司股东大会特别大会临时动议重选盛宣怀为总理。盛宣怀重掌董事会大权后，于5月20日主持公司股东常会决议借款："查厂矿进行，非款不可。现定办法，汉厂全行炼钢，大冶另设铁炉。筹借轻息大宗款项，圆活金融机关。"表决时有人起言："此事重大，宜用投票法表决。"盛以时间短促，议件甚多，坚持用起立法表决通过。

6月11日至20日，正金银行副总经理井上绳之助及高木来沪，先与李维格在沪晤谈大纲，再与李同至武汉，并与盛选次在沪面商，"拟定新借款日金七百五十万元，修改旧借款日金九百万元"。

7月18日，公司董事联名授权盛宣怀承办借款合同："董事会有代表公

---

① 陈旭麓等主编：《汉冶萍公司》三，第422—423页。

司借款之权限，兹决议：与横滨正金银行及日本制铁所订立日金九百万元及日金六百万元之借款合同，并附件合同，因欲使之实行，故特证明会长盛宣怀先生有承结该合同及签押之权。汉冶萍煤铁厂矿有限公司董事：盛宣怀、王存善、沈敦和、施则敬、周晋镳、李经方、朱佩珍、张武墉。"

同日，公司董事会发函委任高木赴日接洽借款，函载《借款合同纲领》与《函件要领》。前者包括借款总额、名称、付款及用途、利息、偿还办法、抵押等六项；后者列有顾问、加卖生铁矿石、按照合同交货等三个问题。[①]

二、第一次交锋

8月14日、22日，高木两次致函盛宣怀、李维格，详述在日议商借款进行情况。8月30日，盛致函高木，就期限四十年、利息、加购矿石生铁余款三大重点问题，申述了不同意见。[②]

三、第二次交锋并达成协议

11月4日高木携带日方提案到达上海，与盛宣怀等人逐条审议、修订。9日致函正金银行总经理井上，称："关于大体重要条件，经过种种折冲之结果，贵提案已得到承诺，但略有变更。"将公司方面提案的合同全文寄去，并详述了有关条文略有变更之理由及其建议。19日，正金银行致电上海分行，令其对高木传达针对其9日来信提出的日方对案，同时下达指令："应签字合同，即可由我方送出。"[③]

"鄙见总以秘密速办为第一要义"

1913年5月20日，公司股东通过大借款议案后，23日盛宣怀主持董事会常会，明确"公司大借款系为推广厂矿工程，及提还重息各债而设"。扩建工程中，首要是汉厂第四炉，次要为冶矿第五、第六炉。这是公司董事会

---

① 湖北省档案馆编：《汉冶萍公司档案史料选编》上，第341—342页；陈旭麓等主编：《汉冶萍公司》三，第542，549页。

② 湖北省档案馆编：《汉冶萍公司档案史料选编》上，第342—344页。

③ 武汉大学经济学系编：《旧中国汉冶萍公司与日本关系史料选辑》，第426—435页。

正式确定在大冶建炼铁炉，大冶钢铁厂发轫于此。炼铁炉的序号是跟着汉阳铁厂统一排列的。我们注意到，盛宣怀上年九月前后，一再反对建新厂、主张用九百万元借款还清旧欠；在重新执掌董事会大权后，忽然改变了态度，其中的奥妙颇堪玩味。5 月 24 日，盛致函李维格，命速将扩建工程之预算，分别年限，列表带沪，以便筹借。其中特别提示："尊意冶厂工程不能迟，与鄙见甚合。且非冶厂新炉大题目，万不能办大借款，公宜注意。"原来盛宣怀的主观动机，并非是急于新建冶厂而借款；恰恰相反，是要大借款才不得不上冶厂这个新项目。也就是说，实现大借款才是盛的目的，而新建冶厂在某种程度上只是盛实现借款的手段。[①]

1913 年 7 月 27 日，盛宣怀致函高木陆郎，怀着欣喜的心情，报道了中华时局："北军到处皆胜，南军皆败。孙、黄无可安身，势必遁迹出洋矣。袁家势力从此日张，数月之后，专制局面必能底定。"与此同时，喜中有忧，增强了盛对借款的紧迫感：

> 熊希龄内阁已经通过：国民党刘揆一告退，向瑞琨为工商部长。熊希龄深知汉冶萍内容，其意向以国有为宗旨，向瑞琨亦早有此心。是以鄙人与李一琴密商，汉冶萍如欲保全商办，必须趁此工夫将借款定议，只要股东会通过，便可画押。俟画押之后，再由董事会报明工商部知道，毋庸预先请示。鄙见总以秘密速办为第一要义……因熊希龄、梁士诒、向瑞琨皆愿归于国有，而向各国大借款内酌拨以为之也。[②]

此前，一直在窥测着大局，试探着北京的风向，审慎地变换着姿态和口号的盛宣怀，一旦重新拥有汉冶萍，便立即收起了申请国有的旗帜。此函明白无误地告诉我们，这次一千五百万的大借款，绝对不只是恢复生产、扩建工程和还债的需要，更赋予了一种补充资金不足以外的功能，成为抵制收归

---

① 陈旭麓等主编：《汉冶萍公司》三，第 527—528、531 页。
② 陈旭麓等主编：《汉冶萍公司》三，第 583—584 页。

国有的特殊手段。

过去盛宣怀向日本借款，对付张之洞的基本策略是先斩后奏，木已成舟，再倚仗日本的强势霸权，迫使张接受既成事实。这一次故伎重演，则是用以对付袁世凯和北京政府。为了贯彻这"秘密速办"的方针，此次借款的一些作法，与已往也大不相同，颇值得注意。

一、委托高木陆郎单人独骑赴日进行

此前，盛向日本借款，无一例外的是通过小田切进行；小田切因之调离外交部门而专任正金银行驻北京董事。高木陆郎系宣统二年十月订立合同聘为公司驻日商务代表，此次起用他独当重任的好处甚多：一是可以利用高木在日本上层的人脉，直接与制铁所长官中村、正金银行高层联系，而且可以交通桂太郎、井上侯爵、涩泽男爵这些元老、重量级人物；二是如此则省略了谈判过程中，其他日本驻华机构如正金分行、驻汉或驻沪领事乃至公使等，分别与东京、总行之间的层层汇报和传达，提高了效率；三是避开了中国新闻媒体的窥探和监视，有利于保密。这些都显而易见。我们不可忽略的是，高木毕竟是日本人，而且是日方特地派来并负有特殊使命，自然要效忠于本国而恪尽职守。盛宣怀在此信中还谆谆叮嘱高木："公司之事不妨和盘托出，必须有债权者明白其中可靠情形，方免其中隔膜。"其实，高木何须盛来叮嘱？如此，双方尚未交锋，日方已是知己知彼，稳操胜算。从更深一层来探讨，盛或许是根本没有打算进行抵抗，才布下了这门户洞开、全不设防的阵势。

二、强调是执行前订合同和以债还债

经过盛的精心策划，在公司董事会交付高木的《借款合同纲要》中，将此次大借款分为两个合同，一是九百万，为预借生铁价值借款，二是为偿还短期重利借款及恢复生产之用的善后借款。前者意在否认是新的借款，以避开和抵制北京政府的干预。同年11月10日，盛对工商部派来的调查人员杨廷栋辩解："此次交涉借款中九百万元，乃前年北京交涉之一千二百万中借款，当时满清政府已有存案。日本亦曾以此事通过内阁会议及议会来完成此一合同签字手续。在日本并已将此数全部准备妥当，去年二月取用过其中三百万元，为足下所知，现在正想取用其余九百万元，此实在为不得已之事。"① 其中取用的三百万元，即是指代南京临时政府向三井的借款。

三、成立御用机构股东联合会

据 5 月 20 日公司股东常会议案记载，在借款决议案后，由汪幼安君起言：既欲股东监察，必须组织一联合研究会，实行监察。盛宣怀会长就席演说：今日公司报告已完，方才有一位股东起言须设立股东联合研究会，已经众人赞成。话未说完又有一位股东起言，董事如何办事，须令股东知道。今股东既设联合会，正可监督进行云云。待选举查账员后，秦仲云再次提起此事：股东联合会既由汪幼安君发起，鄙人拟再举傅筱庵君同任其事，以便组织。众赞成。② 如此，股东联合会遂宣告成立。

盛成立股东联合会的意图并不在监督董事会，而是借以取代和架空股东大会。此时便是防止有股东反对借款而阻碍其实施。12 月 2 日，签订借款合同的当日，股东联合会便及时作出决议，声称："现订两事：一系已订合同，将余款克期拨用，藉应工需；一系借债还债，化散为整、化重为轻，于借款全额，并无增加。详核字句，悉以出货脱销为归还本息张本，仍订专条，但自有余款，即可清还。按之商家借助往来辅导销路之意，确无不合。在会股东，自应赞成。"③ 我们说它是御用工具，似乎并不曾厚诬前人。

经办大借款的高木准确地掌握了盛宣怀的心理，后来向日本高层报告："总之，在盛方面，欲在政府与湖南、湖北尚未干涉以前，迅速秘密签订合同并得到金圆交付。"④

六合公司的基本特点

说到此次借款盛宣怀是为了获得金元和偿还旧债，就不能不说到六合公司。

---

①　湖北省档案馆编：《汉冶萍公司档案史料选编》上，第 348 页。
②　湖北省档案馆编：《汉冶萍公司档案史料选编》上，第 269—270 页。
③　湖北省档案馆编：《汉冶萍公司档案史料选编》上，第 349 页。
④　湖北省档案馆编：《汉冶萍公司档案史料选编》上，第 346 页。

在已有的汉冶萍研究成果中，六合公司似尚未引起必要的重视；但在当时，却是中日双方都颇为关注的一个焦点。

1913 年 11 月 10 日，北京政府工商部要员杨廷栋面见盛宣怀，自称是受国务总理熊希龄、工商总长张謇及总统府秘书长梁士诒密令，直接与盛会商："在政府方面是有把公司收为国有之议，但先要考虑到与足下有关系之六合公司对汉冶萍公司所贷与债务及其他短期高利债务如何全部偿还，政府欲准备一千万两，当然对于六合公司债务想先偿还。"杨廷栋，字翼之，原系赵尔巽幕僚，熊希龄亲密助手。1912 年 4 月，当选汉冶萍公司查账董事，与经理叶景葵、董事袁思亮赴京申请公司收归国有，后留京任职。此次代表北京政府与盛会谈国有的条件，首先就主动提到了偿还六合公司的债务。第二天高木就此事向正金总行汇报说："在北京政府方面，总想用一定要偿还六合公司债务之香饵来引诱盛，此乃可想到者。"[1] 其实，在此次大借款和阻止借款的博弈中，中日双方都在利用它作为香饵。

何以偿还六合公司的债务对于盛宣怀具有如此巨大的吸引力？

"六合"者，上下和东南西北，合在一起，便是天下，或泛指宇宙。贾谊《过秦论》有"履至尊而制六合"；李白《古风》云："秦王扫六合，虎视何雄哉？"我们见到六合公司最早的正式文件，是宣统二年三月初一日汉冶萍公司向六合公司借款的合同：

> 今因汉冶萍公司扩充营业，需款甚繁，六合公司允为担任借款，以规元三百万两为限。是以汉冶萍公司愿将大冶全矿基地印契四百十七张、白契八十七张，萍乡全矿基地正契六百二十七张、合同一纸、老契约据三百八十三张，尽行交出存于六合公司，作为借款之保证。[2]

综合有关六合公司的零星史料，现将六合公司的基本特点分述如下：

---

① 湖北省档案馆编：《汉冶萍公司档案史料选编》上，第 347—348 页。
② 陈旭麓等主编：《汉冶萍公司》三，第 136 页。

一、家族性

盛宣怀陆续说过："六合公司系敝国资本家六人合资公司。""即六合公司借款已过四百万两，一家之外，牵连亲族、僚友、善堂、公司，虽破家陨命，不足以清经手。"[1] 六合公司的经理，名义上是盛的外甥顾咏铨（润章）。可以肯定，六合公司就是以盛宣怀为主的盛氏家族为向汉冶萍代理借款另立的一个名目。

二、复杂多变

盛又说过："总公司开办以来，初赖愚记帮助，后赖六合公司押借。"在六合公司之前，就曾有合盛公司等为汉冶萍以地契抵押贷款；其间又经改组并在香港注册；后来又将一部分债务转给了东方公司。如1912年6月20日盛致李维格函称，"六合公司代汉冶萍押借首善堂银十三万两早已到期，屡催未缴""该产本系贻谷堂之物，转售与东方公司，除押款十三万之外，尚有未找之款。"[2]

三、数额巨大，滚动发展

据赖伦提供的资料，宣统元年二月"盛宫保经借之款八百六十九万两"，计入六合公司的只是其中一部分；哪些款项计入，由盛直接通知曾同时兼管驻沪总公司和铁路总公司收支的金忠赞（菊蕃）。宣统二年合同确定借款总额为三百万，宣统三年八月，计十三宗共借三百万光景。至1912年4月盛自称"已过四百万"；同年5月25日董事会常会记录载"约计汉冶萍所借六合款项有二百七十万左右"；至1913年11月27日，公司尚欠东方公司二百零五万九千一百两。[3]

四、供作活本

宣统三年十月，盛命六合公司借款合同续订，仍以三百万两为度。李维格1912年4月说过，公司需"活本银二百万两"，这是概数。六合公司每年提供借款三百万，可供公司作为活本、即生产流动资金。也就是说总公司承

---

① 陈旭麓等主编：《汉冶萍公司》三，第217、240页。

② 陈旭麓等主编：《汉冶萍公司》三，第282页。

③ 陈旭麓等主编：《汉冶萍公司》三，第64、266、679页。

担的日常资金供应，是由六合公司来完成的。^① 一般来说，这种短期高息的借款，企业均及时用销售收入归还，不可能用于基建投资。

五、转手加息，属高利贷

上述合同写明，六合公司只是"允为担任借款"，充当掮客，干的是无本生意。宣统二年九月初六，盛向长春大清银行借银五万两，息八厘。十一日致电沪金忠赞、顾咏铨："长春大清银行孙德全汇交通商银五万两，初八期，即收六合公司帐。取汉冶萍汇票寄京，月息一分，六个月期。"即此五万两再由六合公司借给汉冶萍，转手之间每月得息二厘，六个月计一分二，合六千两。盛对叶景葵说过："厂债通扯八厘，按三个月一付则合九厘"，此项借款竟高达月息一分。1913 年 8 月 21 日盛致高木函，谈及六合公司借款，供认不讳："况所谓重利、短期之债，实以此为最。"^② 按每年借银 300 万两，每月从中加息一厘计算，全年一分二厘，合银 36 万两；按加息二厘计算，合银 72 万两，旱涝保收。实际上，六合公司是盛宣怀利用职权、寄生在汉冶萍身上、以高息牟取私利的一个皮包公司。

六、以厂矿契据作抵押

宣统二年三月，汉冶萍公司与六合公司订借款合同，实际是盛宣怀自己与自己签订合同，颇具匠心，别有深意。趁此将大冶铁矿、萍乡煤矿两个矿山基地的契据一千五百多张，一次全部抵押给六合公司，实际上是通过这一形式，将成立股份公司之后属于全体股东所有的资产凭证，仍然控制在盛个人的手中，远远超过了合同拟定的保证还款、补偿欠款的作用。这意味着，盛宣怀不仅是汉冶萍的创始人，也不仅是它的最大股东，更是它的最大债权人。事实证明，后来发生了许多变革，不论是盛流亡国外，还是被排除出董事会；也不论是公司中日合办，还是申请国有，盛宣怀攥着这一大把契据，"手中有粮，心中不慌"，中日两国政府，新老董事会和股东，都不能无视盛的存在，盛都有讨价还价的本钱。

---

① 北京大学历史系近代史教研室整理：《盛宣怀未刊信稿》，第 224 页；陈旭麓等主编：《汉冶萍公司》三，第 256 页。

② 陈旭麓等主编：《汉冶萍公司》三，第 1257、1259、337、612 页。

我们知道，晚清的企业继承了明清以来商号吸收社会资金的传统。以轮船招商局为例，1875—1876年度，官款为35.3499万两，只占总资金的24.58%；而官绅存款达23.8328万两，个人存款为3.3292万两，钱庄贷款为61.3238两。[1] 盛宣怀精于此道，在汉冶萍加以改造和发展，将所谓的个人、家族存款及借贷资金中的一个个债主、一次次分散贷款所产生的零星债权，集中整合赋予六合公司这一法人单位，使其拥有了巨额债权、并具有左右公司决策的巨大影响力。

两百张空白股票与账目另起底稿

盛宣怀生前的名声就很不好，多次被人弹劾。光绪三十三年酝酿组建汉冶萍公司，江浙资本团派蒋抑卮至铁厂、萍矿查账，"疑及厂账虚存虚该"。[2] 武昌起义后，因汉冶萍中日合办、申请国有，沸沸扬扬，口诛笔伐，盛的声誉降至谷底。且不说一般社会舆论或有捕风捉影，就是某些社会知名人士，如与盛打过多年交道的熊希龄，既作为湖南公股的代表，于1912年3月在公司股东大会上对盛系统批判，又在1913年6月以现任热河都统的官身，公开致电副总统黎元洪，倡议湘、鄂、赣三省借款自办汉冶萍，其中又再次指责盛宣怀"侵蚀巨款，虚冒股票"。盛不得不应战，一面致函公司股东联合会要求派员认真调查，一面致函熊希龄："请详示确据之由来，以及内容之真相。"[3]

如果真有侵蚀、虚冒，也是盛与亲信策划与密室、耳提面命，哪里会有证据落于外人手中？但也不尽然，自从有了电报，异地之间联系，虽用密码，毕竟会留下蛛丝马迹，成为疑点。当时宋教仁被刺案，就是主使者给杀手的一些电报露出了马脚。下面是两件存有疑点的具体事例：

---

① 朱荫贵：《中国近代股份制企业研究》，上海财经大学出版社2008年版，第108页。
② 陈旭麓等主编：《汉冶萍公司》二，第1278页。
③ 陈旭麓等主编：《汉冶萍公司》三，第550—551页。

一、两百张空白股票

宣统二年七月盛宣怀进京任职后，九月十二日致电上海云，已向正金抵借二十万两，命速将李云堂还来汉冶萍股票十五万专人送京，用以抵借。又请杨学沂、金忠赞“速寄空白股票百张，图章盖好，亦望一并专送。票不到，银不来”。十四日金忠赞与顾咏铨联名来电谓：“空白股票颇多窒碍”，建议盛要借款不如借用他自己的股票。当天盛给杨学沂、金忠赞去电：

股票预填他人堂号者京友不要，且白送数月利息，公司亦难开支。查七月止，尚有二等未收十七万五千余元，亟应收足。如过额，当以预填善堂者销抵，故嘱寄空白二百张，由我经手填发，收到股银即日汇交公司，此系正办。匊蕃来电谓多窒碍，何不信总理之甚耶！已做押款日金二十四万，规元五万，皆是六合代办，若曰窒碍，我竟束手，只可由沪收支自办矣。宣。盐。

股票有“预填者”，即是虚填之一种。盛氏此电开始还是解释，为什么要空白股票，一句“何不信总理之甚”终于怒气迸发，最后竟然赌气使出撒手锏：那我不管了，你去办！“总理”的招牌都端出来了，小小收支如何承受得起。立即照办，印了二百张新股票，连同原保存的部分股票专人送往北京。①

金所说的“窒碍”，本意是提醒盛，如此作为违反了有价证券管理的通行准则。此时盛宫保已经奉旨赴邮传部右侍郎本任，升任本部尚书指日可待，正是鸿运当头之际。既然盛大人的权力不愿受到约束，虽然将空白股票如何“正办”说得娓娓动听，但是小收支已经碰了一个大钉子，还敢对这二百张空白股票过问吗？

二、六合公司账目曾经补立借据、另起底稿

1912年元月下旬，汉冶萍公司中日合办神户草约签订后，盛宣怀以为合办必成，于1月30日、2月2日一再自神户致函上海的杨学沂、金忠赞，

---

① 陈旭麓等主编：《汉冶萍公司》三，第1261—1262、1264页。

命赶做六合公司账目："六合公司借款为总公司经手大宗，组织新公司只在一月之内"。所有债务因"新公司草合同载明须有确据方能接认"；"新公司总会计系外国，断不能稍有含糊"。在 1 月 30 日函内布置：

> 所有现欠各款，德记三十五万两，愚记三十万两，广公记六万两（须换票），义品四十四万九千佛郎，汇丰十万五千七百两（可不换），保安公司三十五万两，首善堂十三万两，义品八万两，汇丰公砝平十万两，三井洋行日金一百万元合规银八十一万八千一百二十五两，愚记十万两。以上十一款望即补立借据十一张，即请盖用公司图记，绶、菊翁署名后赶紧寄来，以便弟与一琴签押交明六合公司为据。……
>
> 最好请另备空白、照旧式花柬十一张（另多备二、三张，恐其写错），盖好总公司图章，绶翁、菊翁署名，有船即行封固寄来（并须查明各洋行公司期分利息及各洋行期分利息开单附下），以便与赵丙生商明缮办，仍即日照抄底子寄上。总数必与来单规银一百七十四万二两（除公纯记七万二千两），日金一百万元，法金四十四万九千佛郎相符，是所至祷。①

信后特别叮嘱："此信可密交咏铨一看，他人勿看。" 2 月 2 日来信，盛作了一些解释，将账目"另起底稿"送来上海"迅速照缮"，再送回日本由盛、李画押。

> 本系确实借款，而票据只有三百万总票一纸，分票存于六合公司，不止其数，多有记号不符。……弟前函请寄空白来此，与李一翁当面验明缮换，实为时候匆促起见。顷特将各款各帐核对另起底稿，注解明白，一并附上，即希查明，迅速照缮交吕素克日带来，以便与李一翁分别画押交明六合收执。六合亦即组织新公司，香港注册，故分票之上不

---

① 陈旭麓等主编：《汉冶萍公司》三，第 201—202 页。

必注明"保和"、"义品"、"德记"、"愚记"等字样,已于票式上将各公司、各记、各号删去,只须作为六合公司之款。①

以上史料显示,为了中日合办后确保六合公司的借款为日方所承认,已经将六合的借据和账目重新做过,盛宣怀亲自出马策划和具体指导了这一过程。下面结合这两封信内的信息,做些补充说明:

1. 六合公司新账的内容

此次做账是把十一宗不同户头的中外借款,全部转入六合公司,作为六合对汉冶萍的借款,重新填写了借据,经手人杨学沂、金忠赞及负责人盛宣怀、李维格重新签字。借据总额银一百七十四万二两,日金一百万元,法金四十四万九千佛郎,折合银约三百多万两。

2. 原借据不全、不实

信中云:"票据只有三百万总票一纸,分票存于六合公司,不止其数,多有记号不符。""前函因六合借据期分已过而未换者有之,旧票未销而新票未到者有之。""内有公记华德公司借股票两据已遗失,拾到应作废纸。"由此也显示了账目管理的混乱。

3. 有的账目不符,有的用途可疑

1月30日信中云:"本年汇丰银行所押规元八万四千两一注,又三十五万七千两一注,实系多数为汉冶萍所用。尊处以愚记欠款将此划还,未将愚记存款四十万相抵,以致账上有愚记存此巨款,故票上只可注明转借汇丰字样(在德记票上,数尚相垺,只多七千两,可作为利息)。"此处汇丰、愚记、德记三家转来转去,把我们转糊涂了,看不明白;只知道多出了七千两,糊里糊涂地做了利息。再就是汇丰的四十四万两,"实系多数为汉冶萍所用",此外还有"少数"为谁所用?这"少数"究竟是多少?我们不得而知。由此观之,就此账目整体而言,十一宗借款是否全为汉冶萍所用,也不是无可怀疑的。

我们看到,上述汇丰、愚记、德记再加上六合、汉冶萍这样前后经历五

---

① 陈旭麓等主编:《汉冶萍公司》三,第203—204页。

家的周转往来，只有盛宣怀记得清清楚楚，具体经手收支的金忠赞却出了错。据说盛有"持筹握算之旧习"，整天拨弄算盘，是盛的爱好，也练就了超人的能力。六合公司的老板是盛宣怀，汉冶萍的总会计师实际也是盛宣怀。事实显示，六合公司与汉冶萍的经济往来，不仅体现盛的意志，也是盛亲自具体操持。①

六合公司与新董事会的债务交涉

六合公司是盛氏及其家族在汉冶萍获利的重要途径之一，为了维护其既得利益，不可避免地与有关方面发生矛盾，围绕着它的债务成为盛宣怀对内、对外交涉的焦点和重点。

在盛宣怀任汉冶萍总理期间，六合公司与汉冶萍公司的来往，借贷双方都是盛宣怀一人说了算，矛盾无从发生。自从 1912 年 4 月改选董事会，赵凤昌任董事长之后，盛一朝演变为主要是六合公司的债权人；而筹措资金、偿还债务的责任落在了赵氏为首的董事会身上。一方面急于收回资金，一方面资金极度紧缺，矛盾遂不可避免。

一、盛宣怀再三通过李维格讨债

1912 年 4 月 1 日，盛在表示辞去总理的同时，致函李维格："近接通商银行及各处来信，逼债尤紧，深恐倒账。今查六合借款合同系旧历二月杪到期，万难再转，务请阁下赶紧设法陆续归还，不外借债还债。一俟经手了清，弟决不再办。"一是表明六合公司借款合同已经到期，不再为汉冶萍承担借款；二是催促李维格赶紧"借债还债"归还。

5 月 18 日，盛在神户致函金忠赞，便念叨"公司借款，势在必办。如能办成，六合总可先还若干"。此时盛已有下半年回沪的打算。

6 月 10 日，盛听说公司以轮驳作抵，欲向正金借款 50 万，随即致函李维格，说是请求俯念前情，一旦向正金借款成交，即行代六合付还通商银

---

① 陈旭麓等主编：《汉冶萍公司》三，第 201—203 页。

行 20 万两。函内还说，董事诸君"皆公之至契，公司之事仍惟命是从，故凡阁下所言之事无不通过。但求缓急相扶持，勿稍推诿"。所谓"惟命是从"云云，貌似恭维，实则话里有话。6 月 18 日李复函："通商款，董事通过：先还六合银十万两，今日拨付。但望大款如愿，六合即有指望。汉冶萍患难，格身在其中，六合款无有不尽心力。"此处"大款"即指大借款。李维格情知六合是盛的心头肉，情禁势格，委实也只有大借款实现，汉冶萍才能将六合的借款还清。

两天后，盛又自神户来函，六合公司代汉冶萍押借首善堂银十三万两，早已到期，屡催未缴，教会声称要照章拍卖，盛催李"妥速与六合经理顾咏铨等料理，总不可闹到拍卖"。[1]

李维格既是前任协理，又是现任经理兼厂务所长。盛讨债找李而不找董事长赵凤昌；李只能向董事会报告而按董事会公议执行。此时汉冶萍四面楚歌，债台高筑，当以开工恢复生产为当务之急。一仆二主，李维格夹在中间左右为难，这种情况多有发生，盛对李的嫌隙也日渐加深。

二、盛宣怀转移债权引起纠纷

不料盛宣怀又有新花样，将六合的债权转让给东方公司，为此双方交涉数月之久。

1912 年 8 月 1 日六合知照汉冶萍：向东方公司提供新借据。对此，汉冶萍方面律师意见是："六合债权不论转与何人，得以照办。惟未到期之票不能即换新借据。又汉冶萍所抵于六合之契据，应知照六合交还，因不能将此合同与借据一并出转也。"这里提出了两个问题：一是借款须到期才应还款，或议续借而换新借款。律师说未到期的借款不能换新据，实际是不认同此债权的单方面转移。随之而来的是，作为借款抵押物的契据如何处理成为焦点。律师的意见是不能随债权转移而应交还汉冶萍。后者是与前者借据未到期紧密联系的。

六合回信告知："汉冶萍所押契据并未一并出转"，但强调"按照法律，

---

① 陈旭麓等主编：《汉冶萍公司》三，第 240、261、273、278、282 页。

此为借票之抵押品，应由六合代为收执，况六合于债票之外，尚有借给股票值银一百二十余万两。汉冶萍收条载明：以契据作第二次抵押品。"

8月10日汉冶萍董事会公议，按照双方律师的意见折中处理，由六合与汉冶萍各请董事公同点契、照录清册两份，各存其一。契据封锁铁箱，公存两造合意之银行地库内，钥匙两个亦各执其一。银款陆续付还，契据亦逐批收还，至两讫为止。①

同年12月，东方公司索款。14日汉冶萍董事会的意见是，国有问题尚未解决，奉批后再议如何偿还。同时执行8月10日的决议，公推查账董事杨赞之于本月20日前往六合公司点检所押契据。六合公司针对这一措施来函提出：汉冶萍曾向六合借股票三万股，"此项地契，如在六合公司之手，自可作为抵押品。既经公同验明，另存他处，则六合之抵押品已不完全，且成空话。所有第二次所借六合公司之汉冶萍股票三万股之抵押品，应请贵公司另筹备抵，并候示复为荷。"1913年1月4日，赵凤昌等人商议的结果是"此函暂缓议复。"②

此次纠纷的实质是：盛宣怀借六合公司之名，扣住产权契据不愿意交出。这时盛已在紧锣密鼓地暗中组织夺权活动，企图制造事端，改组董事会。明知此时汉冶萍没有还款能力，前一章说过的有人拟以激烈的行动"索八十万"，上述转移债权、逼迫另筹抵押品之类，都是醉翁之意不在酒。2月18日，赵凤昌见机称病，杨士琦因留京，双双辞去董事，已为3月底召开股东大会选举盛宣怀上台扫清了道路。

有关六合公司与日方的交涉

一、盛宣怀曾与小田切有契据之争

1912年2月10日公司与正金银行、日本制铁所在日本东京订立《预借

---

① 陈旭麓等主编：《汉冶萍公司》三，第306、311页。
② 陈旭麓等主编：《汉冶萍公司》三，第387—388、399页。

矿石价值合同》，其中第二条以大冶铁矿作抵押，原文有"公司须将本条所开产业之凭据、契券于交收款项之前托在银行指定之处保存"，小田切指责大冶矿山已抵押与日本兴业、正金银行，不应将契据押于六合公司，索此契据。经李维格再三解说，始将"于交收款项之前"交出契据这一刚性要求，改为较模糊的"随后从速"。①

盛宣怀对此仍不能接受，2月14日致函日本制铁所、正金银行，对合同声明：强调"因查照矿律，外国不得执其土地作为己有之宗旨，虽有本公司急需款项，不能以矿山地契抵押外国银行、洋行"，因此这些契券现保存六合公司，不能"从速托在银行指定之处"。②

李维格将此信在东京面交，小田切阅后云："此次契据并不催索，盛公不必为此多虑，俟催索时再行声明不迟。"语含讥讽。2月29日李致函小田切，附上盛函，说明即将去神户见盛，"无片语只字实难交待"。小田切遂复函："所开关于借款合同第二条末项之事，领悉一切。但弟个人之意，目下要求提出契券之意，丝毫无有。请将意转达宫保为祷。"并将盛原函退回。③此事分明并未了结，4月2日，盛在信中忧心忡忡对李云："仅与阁下一极不合式之私函，将来亦难以交代后任。"

1912年6月9日，盛自神户致函李维格："借款合同第二条：'铁山契据交存正金银行指定之所'，终属不妥，不特于目下六合公司押据有碍，即使由六合赎回之后，矿地契据亦未便抵交外国银行。当与高木再三商酌，高木云：'正金律师曾谓弟委任状内添注十字，按照法律本不应置之不认'。弟于二十八日特派高木赴东京索取律师意见书，三十一日取到照录呈阅。"④

事实表明，截至此时，盛宣怀一直是把萍乡煤矿的产权契据牢牢控制在手中。轻易不肯松手。

---

① 王尔敏等编：《盛宣怀实业函电稿》下，第912页。
② 陈旭麓等主编：《汉冶萍公司》三，第217—218页。
③ 王尔敏等编：《盛宣怀实业函电稿》下，第934—935页。
④ 陈旭麓等主编：《汉冶萍公司》三，第272页。

二、高木陆郎迎合盛宣怀，承诺借款优先归还六合公司债务

高木陆郎掌握了盛宣怀的心理，早在签订中日合办神户草约期间，便挟此对盛威胁利诱。1912年2月9日，盛迟迟尚未在草约上签字，高木致盛电云："四电悉。六合款，弟担保，请放心。其余各条签定后，附件声明勿虑。……速电示，再迟，事决裂，所有宫保各事，弟无力再能代办，爱莫能助，祈谅，切勿自误，言尽于此。高木。戌。"[①]

1913年8月14日高木致盛函，汇报奉命回日本商议大借款的情况，其中着重报告还六合之债已征得中村、井上等人同意，给盛送上了一颗定心丸：

> 窃如六合公司本非银行者，因有与公司格外情谊，特将私人产业为抵，由他处筹借资金，再转给公司借用等者，诚谊趁此时机，照数缴还清楚可也。弟将此言提倡中村男爵及井上准之助君等听之，均表赞同之意。想曾所承嘱六合公司股票抵押所借一百万两，订约更改一节，自然经其允诺，并不见异议。至其照办时期或在大借款成立之后。[②]

关键在于最后一句话，满足盛的要求须以"大借款成立"为前提。次日盛复函，对此宣称：

> 倘若此大借款不能将以上清单所开之重利短期借款如数归还，则股东会、董事会决不能通过。……大约开会之时，能通过不能通过，必在此项能还债不能还债以为目的。以弟看来，日本操此债权，亦必愿还清此重利、短期各债，俾公司基础可以稳固，并可将各种抵押与他人之重要契券赎回，以作完全抵押品也。

老百姓称这种翻来覆去重复着一个意思的话为"车轱辘话"，反复轱辘

---

① 陈旭麓等主编：《辛亥革命前后》，第247页。
② 陈旭麓等主编：《汉冶萍公司》三，第599—600页。

到最后始终是：不还清此债，不仅借款通不过，日方更见不着垂涎已久的契据。双方钩心斗角，知己知彼，彼此都知道对方的欲望。①

8月21日，盛复高木函，又把"且汉冶萍公司与六合公司原订合同，若不还清，其所抵押之大冶、萍乡矿地契据亦不能赎还也"再重复一次，进而就来函同意"六合公司股票抵押所借一百万两订约更改一节"提出要求："查此股票亦系六合公司诸人所集，既承阁下费心与诸君商妥，似应于大借款成立之时一气办妥，以便将各人股票交还六合，而六合即可将公司所押各地契交出。"②此事10月间盛还曾致电高木再次切嘱，念念不已。

此前盛宣怀一直紧紧攥在手中的产权契据，在此作了即将拱手奉送的姿态。对于盛宣怀来说，这是一场牺牲汉冶萍的主权来满足私人利益的交易。

高木正是抓准了盛的弱点，在谈判中不时对盛发出警告。如9月1日致盛函的末尾说："至于齐整如汉冶萍公司与六合公司关系，杂混公私之借款，而艾（刈）除所有弊根清楚，全属最良机会。务祈俯察一切情形，以从宜酌夺。不胜切祷之至。如何之处，专候示教。"所谓"杂混公私"，所谓"刈除弊根"不无深意，大有以此为把柄，迫使盛就范的意味。③

另一方面，高木则竭力争取上级同意满足盛的欲求，以达成此次大借款。11月9日，高木致函正金总行井上，说明关键之所在："此次对东方、六合公司之全部借款，首应偿还，此为最重要之事。否则大冶、萍乡之地契等因曾抵押在该公司，可能拒绝交出。若对此项还款不先明确说明，盛对本借款尚可能不允签字，此点请予特别留意。"

对于盛又提出：六合公司以汉冶萍股票抵押的一百万两，附加于此次借款中，并退还作为担保的股票。高木向上级流露了他的轻蔑："此种作法，未免过于自私，实为不佳。"顾忌到此六百万的借款董事会及部分股东已知道，高木建议另立合同、载入不公开的附件、倒填年月日，以掩人耳目。高木向井上陈明利害：只要满足了盛的要求，"结果盛就能负起全责，缔结此

---

① 陈旭麓等主编：《汉冶萍公司》三，第601—602页。
② 陈旭麓等主编：《汉冶萍公司》三，第613页。
③ 陈旭麓等主编：《汉冶萍公司》三，第626页。

次借款合同。"①

以六合公司的债务为香饵，北京政府是虚，说说而已；日本是实，以盛接受借款条件为交换。日方与盛就此达成默契，鱼儿便已经上了钩，接着只需提竿、收网。

借款条件分歧与结果：按日方意志而定

一、借款偿还，"偏重冶矿，实有为难"

1913 年 8 月间，高木陆郎在为盛宣怀落实归还六合公司债务的同时，提出了一个借款的偿还问题。

8 月 14 日，高木自东京来函，强调"借款合同条项必须效五国大借款成例磋商"，必须有盐捐那样"收入确实物件"。考虑到铁厂和萍矿在武昌起义后都停工没有收入，"惟大冶铁矿一处毫无此等危惧，且所产矿石并无制炼之要，采出即可变价，收益确实。"高木按其矿量约有五千万吨计算，每吨售价三元，除去七十五钱的费用，每吨余利二元二十五钱。此次借款一千六百五十万元，至今历次日债约二千万元，合同应写明将此项矿石余利偿还三千五百万元借款，再次彰显了日方独霸大冶铁矿的野心。

8 月 20 日盛彻夜未眠，21 日复高木函，告知湖北省以铁矿石为奇货可居，索要六百万股票，如果合同载其余利值三千五百万，"如此宣布，必致决裂，窃料湖北见之，必将哄动其三省合办之谋，而在中央政府亦将重开其国有之议。即不然亦必内外合力阻挠，使我借款之不能成也"。要求合同还是写以钢轨、生铁售价偿还，另加一条声明"遇有兵端，钢铁价值不能偿还之时，应专以大冶矿石之余利相抵"，盛认为这样做"乃于还债事实上真正可靠，而于合同面子上亦不露相"。②如此，以文字游戏来掩盖事实真相而已。

从宏观上审视中日钢铁工业之间的关系，缺乏铁矿资源的日本，进口

---

① 湖北省档案馆编：《汉冶萍公司档案史料选编》上，第346—347页。
② 陈旭麓等主编：《汉冶萍公司》三，第599、611页。

中国铁矿石是长远之计；而在日本钢铁工业创建的初期，如明治四十年代日本人的钢铁自给率比较低，生铁只有百分之六十，钢材只有百分之二十至三十，其余全靠进口。[①] 此时从中国进口生铁只是短期的权宜之计。至1913年，日本生铁产量已达24万吨，钢材产量达25.4952万吨，双双大幅度超过了中国；而1913年八幡所使用铁矿石43.2万吨，其中55.4%来自中国，39.6%来自朝鲜。[②] 日方拟定大借款合同高度关注大冶铁矿石，对于生铁比较漠视，背后似蕴藏着由于日本钢铁工业长足进步而带来的需求变化，此时已经开始进入到这种变化的转折关头。

这对于汉冶萍来说，或许是不祥之兆。此时借款兴建大冶铁厂，却指望大量为日本供给生铁来还债，未必是时宜、明智之举。盛宣怀继上次东游之后，此次在日本又住了一年，自称对日本及其钢铁工业很有研究，其目标却在眼前从日本获得巨额资金，无暇计及长远。与此谈判借款同时，1913年8月12日高木曾向盛提供重大信息，制铁所长官中村宣布："一九一二年出货二十万吨，净余日金四百万元。技艺日益精良，故致有今日如此之盛。""去年以来，国内国外之生铁市面均极相宜"，日本的生铁产销两旺。而对此盛并未警觉，毫无反应。后来大冶建成炼铁炉一年后即停产，大冶铁矿竟沦为专向日本提供矿石的基地，自是后话。

二、关于借款期限、利息和出售矿石数量

1.分歧所在

8月27日，盛致函李维格，将高木来信转李阅："其所请四十年期、七厘息、矿石四十万吨三事，均须妥酌。"8月29日，盛致函高木，扼要地说明几点意见：

（1）关于期限四十年

盛原拟合同期限系十五年至二十年，今改为四十年，盛虑期限太远恐有反对。前两次所订矿石合同，本有三十年之期，其第二次合同尚有二十八年

① ［日］渡边公平：《日本钢铁工业》，第36页。
② ［日］·西川俊作、山本有造编：《日本经济史5：产业化的时代（下）》，第132页。

多，为期甚宽，拟请即以二十年为期。

（2）关于利息周年七厘

在公司董事会委托高木借款函中，原订利息周年六厘。盛函强调正金银行是慷慨相助，并非专为利息；"况借款以金为本值，此金贱银贵，公司冒险甚多"。要求"仍以周息六厘为率"。

（3）关于生铁二十万吨、矿石四十万吨。

高木借款委托函中有"加卖生铁、矿石"一项："日本制铁所情愿多购矿石，公司情愿多售生铁。兹为双方便利起见，除已订合同外，如制铁所加买矿石五万吨时，亦须加买生铁五万吨。如公司尚有余力，亦可再加，唯每年各以十万吨为限。价值随时商订，矿石不拘何处。"盛函指出来函未曾声明分若干年交货，此条之能否办到，视交货之年限若何，拟候日方所开条款寄到，再行酌复。

同时，盛再次重申，日方"偏重冶矿，实有为难"，日方的要求前函所改之第七条已经实际解决了，不必在文字上计较。[①]

2. 谈判结果

本书不拟罗列双方反复磋磨的具体过程，直接审视最后合同定案的结果：

（1）关于偿还年限

民国二年（1913 年）12 月 2 日签订的甲合同第四款为："本合同借款偿还方法，以第七款所订矿石、生铁价值归还。本合同生效力之日起算，至四十年为限。第七年起至第十六年，每年分还日金十二万元；第十七年起至第三十六年，每年分还日金三十万元，第三十七年起至第四十年，每年分还日金四十五万元。"乙合同第四款与此相同。此款后部附有可以提前偿还的几种规定，高木向其上级汇报时说："此事实上殆不可能办到。"

（2）关于利息

甲合同第五款："本合同借款利息，签定本合同日起算，至第六年，周

---

① 湖北省档案馆编：《汉冶萍公司档案史料选编》上，第 341、344 页。

年七厘；第七年起至还清之日为止，每年利息最低以周年六厘为度，斟酌市面情形，银行与公司协定。"

（3）关于矿石、生铁加售量

《别合同》："第一款 自甲、乙合同并此合同生效力之日起，四十年内，公司允除已订合同外，售与制铁所下开数目以内之矿石及生铁：

头等铁矿石（品质与大冶铁矿相同者）一千五百万吨。

生铁八百万吨。

惟交货期限，如系矿石预先于二年前，如系生铁预先于三年前，由制铁所知照公司，互相协定，分年相当数目，如数交货。其售价以制铁所通告时制铁所购入价值为标准，制铁所与公司商酌议定。"①

所谓《别合同》，又称附带合同，"多系牵涉公司之秘密事项，须得股东大会之承认，自不便对外发表。"关于矿石数量问题，正金总行总经理井上于 10 月 29 日有详细的指示，大意是，原有正金借款所订矿石每年二十万吨、兴业所订十万吨，合计三十万吨。目前自大冶供给二十万吨，朝鲜供给十万吨，已足敷用。现在制铁所正在扩建，希望公司于合同外再承诺四十万吨，制铁所之希望，专在矿石，但何时能达到消化此数，尚难确定。"唯为制铁所事业计，为将来日本兴建其它制铁所计，必须将此合同置于有利于制铁所之点。"要求修改本条规定，载明合同期内公司必须供给矿石总数达一千二百万吨。11 月 19 日正金银行下达对合同的修改意见，指定"附带合同第一条第三项一千二百万吨，改为一千五百万吨"。增加三百万吨，并将本条有关文字相应做了修改。②11 月 29 日，签字前夕，日方下达最后修正合同的意见，再次强调："此意向盛宣怀等十分说明，千五百万吨之事，是非使他允诺可也。"③

此一条款的形成，充分显示了日方野心勃勃，所图既大且远，既算计精刻，又强横霸道。与盛宣怀亟亟于归还六合债务形成鲜明对比，高下自见，

---

① 湖北省档案馆编：《汉冶萍公司档案史料选编》上，第 349—351 页。
② 武汉大学经济学系编：《旧中国汉冶萍公司与日本关系史料选辑》，第 418、435 页。
③ 陈旭麓等主编：《汉冶萍公司》三，第 680 页。

胜负立分。

一般说来，谈判是妥协的艺术。但有一个前提，双方是平等、互利的；唯平等，才能互利。盛宣怀有求于日本，便失去了抗争的能力；日方承诺了盛的私人要求，便无视其对条款原本微弱的异议。综观此次大借款的谈判分歧及结果，基本是按日本方面的意志行事，仅仅是在利息上稍留七年后协商的余地。口惠能否实至，尚未可知。

置汉冶萍公司于日本顾问控制之下

1913 年 10 月 14 日，日本内阁对汉冶萍借款作出决议：

一、事业改良及扩充费为九百万元，高利旧债转换新债费为六百万元，均分三年支付；

二、本利还清，主要以铁矿及生铁购价充当，约四十年还清；

三、以公司之全部财产，作为担保品；

四、日本政府推荐日本人为采矿技术顾问（一名）及会计顾问（一名），由公司聘请，以监督公司事业及会计事务。[①]

日本内阁的四项决议，在大借款合同中得到充分而圆满的体现，这些手段更为露骨地突现其独霸汉冶萍的野心。其中，第四项显示着对汉冶萍的控制更为严苛，深入到内部中枢，监督并确保日方图谋的实现。

1912 年，相继发生了地方军政府欲没收大冶铁矿、接收萍乡煤矿和公司申请收归国有等事件，引起日本有关方面注意。9 月 20 日大藏省理财局长胜田主计曾向本部门提交一份文件，大意是：鉴于上述事件和汉冶萍公司对日本负有巨额债务，公司再次提出恢复 1200 万日元借款的要求，因此，日本有必要事先确定对待公司的方针。胜田认为，以往日本为急于达成借款协议，放松了条件要求，在保障债权方面缺乏确实的措施。现在应一变以往的态度，除以公司财产作抵押担保外，还应派出相关人员至公司进行监

---

① 武汉大学经济学系编：《旧中国汉冶萍公司与日本关系史料选辑》，第 408 页。

督等。1913 年 8 月 12 日，小田切将公司大借款计划及其整理旧债所需金额向总行和当局汇报，并附有一份《关于整理汉冶萍公司之卑见》，其中指出公司正面临破产的危机，"从根本上对公司进行整理，实属当务之急"。贷款"与其着重担保，不如充分考虑贷款之用途及工程之设计和监督，更属必要"。从而提出："为了监督新扩充计划的确实施行，需要派遣工程技师"，"为了防止不正当的款项开支、监督贷款的使用，需要派遣会计人员"。①

小田切的这些建议，不仅与大藏省胜田的意见相呼应，也与横滨正金银行参与的六国银行团善后贷款有关。后来就公司设立顾问进行谈判时，"该银行以政府借款，均有顾问，坚不肯删。"② 原来 1913 年 4 月 26 日在北京订立的《善后借款合同》，第五款规定，整顿作为善后借款抵押物的盐税，"用洋员以资襄助""盐务署内设立稽核总所，由中国总办一员、洋会办一员主管"。各产盐地方的稽核分所，设"等级、职权均相平等，即系英文所称华洋所长"各一人。③ 这也表明，随着列强在华资本输出的扩展，必然普遍采取分割中国管理主权的手段，以守护和扩张其在华利益。

1913 年 12 月 15 日签订的汉冶萍《最高顾问工程师职务规程》确定，最高顾问工程师为公司董事会会长及总经理之顾问，关于技术上事件受其协议。其职权广泛而重要，如："公司于一切营作改良、修理工程之筹计及购办机器等事，应先与最高顾问工程师协议而实行。至于日行工程事宜，该顾问工程师可随时提出意见，关照一切。""最高顾问以为须要时，关于其技术上事项，致其最善之法提出意见。""随时可得调查公司工程进行及其他事业之情形""公司每年应兴事业之计划，应先与最高顾问工程师协议而作成决定。""公司应将其工程师、帮办工程师之变动并其他增减俸金等事，报告最高顾问工程师。"实际是无所不包。

同日签订的《会计顾问职务规程》确定，会计顾问为公司董事会会长及

---

① 代鲁：《汉冶萍公司史研究》，第 138—139、142—143 页。

② 武汉大学经济学系编：《旧中国汉冶萍公司与日本关系史料选辑》，第 488 页。

③ 傅文龄主编：《日本横滨正金银行在华活动史料》，中国金融出版社 1992 年版，第 470—471 页。

总经理之顾问，关于公司财政受其协议。其职权更为广泛，如："关于公司所有收入、支出之事，应与会计顾问协议而实行。""会计顾问以为须要时，关于公司财政致其最善之法提出意见。""随时可得查看公司所有财产文件、证券暨营业报告等""公司关于其新起之借款、偿还债务或更改现有债务之条件，不论巨细，应先与会计顾问协议。""公司如欲订与其财产有影响之议时，应先与会计顾问协议。""公司与会计顾问应商而决定者如左：（一）每年收支预算。（二）每年盈亏并其所有财产及债款、一切所记载之营业报告。（三）公司财产全部或其一部之处分暨其资本之增减。"[1]

后来公司回复北京农工商部批文时辩称：日方"以厂矿所用西人不下数十人，何独于借款国之人拒而不用，其此理由，势难拒绝。"又谓："制铁所深虑我公司不能如期交货，故特重视工程顾问；银行虑我公司将借款移作他用，当还之债不还，故特征重视会计顾问。"[2] 顾问与一般雇用洋员之不同，在其职权范围。我们摘录这些周密详尽、包罗万象的职务规程时，倍感悲凉。规程中对顾问虽然有"而非自任执行及直接号令各业务"的限制，然而一个企业，何事与技术无关？何事与财务无关？事无巨细，均应与顾问协议；只要顾问认为需要，就可干预，不啻是请来两尊太上皇，哪里还有什么中国人的自主？汉冶萍好比一个大宅院，如今所有门户、橱柜、箱笼、抽屉，洞开无遗，任凭他人随时搜索、翻检、质问。毫无商业机密可言，既无尊严、又失体统，企业的自主权丧失殆尽，显然已经沦为日本的附庸。

北京对大借款的干预和日本的反干预

大借款合同签字前，1913 年 11 月 10 日，杨廷栋向盛宣怀传达了"北京政府不喜欢公司再向日本起借如此巨债"，"袁大总统与政府一些当局者间均有同感"，"即熊、张、梁诸公也都很想对足下尽数忠言"。次日，高木即

---

[1] 湖北省档案馆编：《汉冶萍公司档案史料选编》上，第 354—356 页。
[2] 武汉大学经济学系编：《旧中国汉冶萍公司与日本关系史料选辑》，第 488—489 页。

将谈话内容报告正金总行井上经理。

11 月 29 日高木连发两电催促总行从速办理合同签字，其第二电云："叶景葵于十一月三十日即当到达。因虑政府十二月一日便可能电令中止合同签字，故汉冶萍公司拟在十一月三十日开董事会及大股东会作出决议，办妥协定，书就草案，在十二月一日签字，即请予以承诺。"①

11 月 30 日，正金总行致电北京小田切，告知北京政府已于 28 日召叶景葵赴京，"公司担忧，此为北京政府拟命令中止合同之计划。对此，贵地认为有必要，希同公使协议后采取相当手段。"当天，小田切会见工商总长张謇，发出警告："日本铁厂系政府所办，若有妨碍从前契约之处，深恐商业往来变成交涉。"次日会晤梁士诒，予以日前对张謇同样的警告。②

1914 年 1 月 11 日农商部（即前工商部）致汉冶萍公司电："闻该公司近向日本订立借款合同，此项借款，无论是否预付铁砂或生铁价目，抑系单纯借款，必须先呈本部核准，方准签字，否则无效。希查照并先电复，切要！农商部。蒸。"1 月 23 日，公司复农商部文，除强调商借商还、他国条件更严厉、系原订之合同等等，并告知这次大借款合同已于十二月初二日双方签字，顾问合同于十二月十五日签字。其所以未先呈请核准，"因日商历次预借铁价等款，据称向与商办公司直接签订，是以此次亦照从前办法。"所有六百万元一款，已照合同第二款如数交收，又九百万元一款，照合同第二款开工时方能分期交付。最后公司还表明：如果政府自己有资金，以更轻的利息借给公司，公司可以根据附件用以即时归还日本的借款。——高木早已向国内汇报过，这是不可能办到的事；加此附件正是为了堵住北洋政府之口。③

如此，汉冶萍大借款的内容渐为人知，中国报纸上反对的意见颇为激烈，比较集中的意见是：借款数额大、利息高；期限过长；不应聘请日本顾问；矿石定价过低，不应以铁矿资日，日有独占大冶铁矿之野心等。基本是双方谈判时争议的焦点。孙武、汤化龙等湖北官绅联名呈文，要求政府制

---

① 湖北省档案馆编：《汉冶萍公司档案史料选编》上，第 347—348 页。
② 武汉大学经济学系编：《旧中国汉冶萍公司与日本关系史料选辑》，第 482—484 页。
③ 湖北省档案馆编：《汉冶萍公司档案史料选编》上，第 357—358 页。

止、取消大借款合同。舆论对于农商部的质问、指责也越来越多。1914年2月28日，北京农商部再次对汉冶萍批复："查矿山抵借外债非得本部同意，其合同不生效力，曾经国务会议议决，由前工商部于上年六月十三日咨行各省，通饬遵照，并登公报在案。该公司所借日款，无论其为赓续前议、或别借新债，自应遵照部令，呈候核准，再行签字，岂可藉口历来办法，蔑视公布之令。……所有该董事等已签定之合同，本部不能视为有效，应即暂缓实行，静候本部会商财政部酌定办法，再行饬遵。"①

日驻中国公使山座，于2月21、24日，陆续将中国官方及报纸反对汉冶萍借款的情形，向外务大臣牧野汇报，要求日本政府采取断然措施，防止北京政府果真取消借款合同。21日，山座对北洋政府代理国务总理、外交总长孙宝琦发出书面警告，内称："惟冀阁下明鉴大体，勿为他人僻见谬言所惑，漫然破坏已成之议，致酿国际轇轕，是本使切盼于阁下者也。并望将此事由，转达大总统钧鉴，是为幸甚。"23日，山座又走访主管此事的农商总长张謇，自以为是地对外界议论的几个要点一一驳斥，说什么合同不仅对公司"颇为有利"，而且"不失为一种最好榜样"，并咄咄逼人地质问，如嗣后尚有反对的舆论，"可否进一步将公司改为完全中日合办？"张謇指出，借款的"手段与方法必须光明"。事前曾请盛宣怀注意，借款合同须先向政府请示，同意后光明正大完成协议。"以后传说借款已经签字，当即以电报查问是否属实，盛宣怀当时亦无回电，而合同签字，终成事实。"张謇告诉山座："一部分中国人对盛氏本来即甚憎恶；此次之反对，一则系由于借款合同之性质及其处理方法等；一则系由于一部分人士对盛宣怀抱恶感之爆发所致。"山座只得申述对于中国内部情况不太了解，仍然威胁：合同"仅知现已成立，现在若加以废弃，于理断不允许，若擅自强行，必致国际纠纷而后已，故提请充分注意"②。

2月27日、28日正金上海分行经理先后电函报告总行，如何回答北京

---

① 湖北省档案馆编：《汉冶萍公司档案史料选编》上，第359页。

② 武汉大学经济学系编：《旧中国汉冶萍公司与日本关系史料选辑》，第492—494页。

政府反对借款的指令。因盛宣怀患重病，据李维格云，盛坚决主张借款有效，李并提出四条辩解理由。该经理认为，由于各方面反对借款，张謇受到不少攻击，才下此指令，现在张謇已表示辞职。目前须使北京政府充分了解，放弃借款已属不可能，"可请帝国公使直接向袁世凯提出抗议"。28日外务大臣牧野密电致驻北京公使山座：关于汉冶萍公司新借款一案，"日后不论中国方面如何提出，须断然主张合同有效。即希根据此意，以适当方法，说服中国当局，并提出警告，不得轻举妄动，以免累及邦交"。

3月3日，山座会晤孙宝琦，谈论甚久。据山座3月4日致日驻上海总领事有吉明密电，山座一再对孙警告："倘中国政府欲将合同作为无效，则中日两国之间，必将引起极大纠纷。""汉冶萍公司重要职员，无视中央政府，此为中国内部之事，对于日本并无关系，且按照向来惯例，该合同之成立始终有效。倘中国政府出以意外之措施，则必发生极大纠纷。"[①]事后孙在信中对盛云："弟对日使言政府非反对借款，只因手续未完备，合同条件太刻，倘修改条文，未始不可赓续办理。日使谓汉冶萍从前借日款均未待政府批准，此次系援案办理。弟以外交部曾两次照会外交团，无论官商借款，非经政府批准均归无效。不得不打官话。……总统亦知合同不能废，但能修改使公司少受亏，日人少把持，便是幸事。"[②]

此后，似不闻北洋政府继续对汉冶萍大借款有所干预。

---

① 武汉大学经济学系编：《旧中国汉冶萍公司与日本关系史料选辑》，第497—498页。
② 王尔敏等编：《盛宣怀实业朋僚函稿》下，第1507页。

第三十三章　公司申请官商合办

盛宣怀有求于政府 / 袁世凯余怒未息 / 盛宣怀："合办亦不过敷衍" / 张謇：以收归国有为上策 / 袁大总统云：股东不能问事 / 交通部：全部扣还旧欠预支轨价 / 无异是为渊驱鱼

　　民国三年，即 1914 年，汉冶萍公司申请官商合办，是申请国有的继续。

　　1913 年 11 月间，曾被汉冶萍公司派往北京申请公司收归国有的代表杨廷栋，以工商部部员的身份，奉国务总理熊希龄、工商总长张謇和梁士诒之命，专程来沪与盛宣怀交涉，阻止其向日本新举一千五六百万的巨债，代表北京政府有准备贷款一千万两扶持公司的表示。以此为契机，开始了盛宣怀与北京政府之间、被称之为"官商合办"的一轮谈判。

盛宣怀有求于政府

　　1914 年 1 月 29 日，盛致函公司董事会，告知盛先与张謇的助手、工商部次长刘厚生详细谈过汉冶萍官商合办，经过杨廷栋等人来往疏通，张謇"极力赞成"，熊总理"亦以钢铁关系大局，非官力维持不能扩张"。盛以董事会会长名义，开列了一份《汉冶萍公司与矿务局商议条件》，斯时杨廷栋已任工商部矿务局长。主要内容有："官商资本各一千三百万元"，"所少活本一千万两，拟请政府设法暂为借用"，"湖北、江西两省应请中央政府保护维持，以免损害"，等等。1月31日，董事会召开特别会议，邀请杨于回京前商酌合办办法。2月2日公司董事会电呈国务院、农商部申请官商合办。3月7日，公司在上海召开股东大会，到会者计214099股，赞成官商合办者167010权，反对者110权，多数赞成通过。3月9日拟稿、4月13日公司董事会正式呈文国务院、农商部，申请官商合办。①

　　这边看来，官商合办似乎进展顺利；其实却深受对日大借款的干扰，2月28日农商部批文，对公司已签借款合同"不能视为有效，应即暂缓执行"；3月，湖北孙武等人联名向农商部控告，要求对盛宣怀及其借款彻查。3月3日，日本公使会晤孙宝琦，对北京政府阻止借款提出警告。②

　　其间，3月22日盛宣怀有一长信致孙宝琦。盛的这位亲家，此时以外交总长兼代国务总理。盛在信中阐述了钢铁工业的重要性和汉冶萍公司的价值和前途后，强调当前有求于政府者三事：一是"十五年清债之预算，尚短活本一千万两，连添炉不敷之款在内，未便再借洋债"。二是"湖北要求空填股票"，要求政府调处。三是各处铁路所用钢轨，贷款国工程师随意自定式样，应全国统一标准通用。

　　关于官商合办的具体办法，盛提出："一则官股未必多有现款，只能先将公司应还交通部、财政部及银行、官钱局各欠款现本无力归还者，改充股分。若与商股不相上下，即可作为合办。""一则现银千万，一时恐亦难筹，拟请暂挪二三百万，余由汉冶萍办公司公债票，作为有价证券，赴币制局抵借纸币，两有裨益。"至于照顾湖北地方的利益，盛建议：在每吨一两的生铁捐内，每吨提银一钱，作为矿山出井税；售与日本的矿石亦由公司每吨提银一钱，均归地方。最后，盛对政府拟决定"金银铜铁均准各国合办"提出不同意见，要求孙密陈袁世凯以图挽救。此一长信系盛在病中口授、由其子代缮，显然是通过孙向袁大总统进言，并抱有很迫切的希望。③

---

① 湖北省档案馆编：《汉冶萍公司档案史料选编》上，第307—310页。
② 湖北省档案馆编：《汉冶萍公司档案史料选编》上，第359—360页。
③ 陈旭麓等主编：《汉冶萍公司》三，第818—821页。

袁世凯余怒未息

4月27日，农商部终于对公司呈文作出批示，经过与财政部、外交部会商，决定派员赴沪调查公司分年还债办法后再核办。

4月30日，孙宝琦始有一信回复盛。此信一大要点是向盛透露了袁世凯对盛暗自大借日款颇为恼火，余怒未息：

> 来函初不敢呈阅，迨子展来后，方始呈阅。阅后谓未借款之先，目无政府，今又仰给于政府。又谓与执事相交三十年，素日本极佩大才，上年发还产业力为帮助之。但以后公司事但能为力，无不维持，但望执事勿再有秘密之行动，当嘱子展面达等语。先闻总统对朱桂辛言，若要政府拨济巨款，万做不到。若随时拨济小款，或尚可设法，但系指官商合办定局而言。今合办之局尚未能定，是仍未可恃。总之，执事与极峰感情既差，而倾轧者又多，此次借款又惹起风潮，弟几无容喙之地。可惜执事未能先来京一行，谋定后动，较为稳妥。

官商合办迟迟不能定局。据孙在信中说，一是"国库如洗，倚债为生"。即使是外交部主管的出使经费，已经有两个月未拨，各项零星之款虽奉总统批准而仍不得现金，如何能出大力来维持公司？二是交通部作梗，"以预缴轨价，不能入股，至今无一定方针"。"外交部时与财政部、交通部冲突，颇有意见"；张謇南行，据说政府又将改组，"人心摇摇，又将此事付之不足重轻之列"。①

最高决策者及相关部门如此对待，官商合办的前途实在是渺茫得很。"时逾两月，以办法未定"，经公司董事会去电催促，5月20日农商部致电公司董事会云：前国务院已派税务处提调曾述棨前往调查，并由本部委派王治昌

---

① 王尔敏等编：《盛宣怀实业朋僚函稿》下，第1507—1508页。

会同前往，不日出京。曾述荣字霁笙；王治昌字槐青。同日，孙宝琦致函盛宣怀："霁笙性情爽直，植品不苟，任事认真，而不为矫情之举。琦久与相识，近年在税务处共事年余，尤为相得。此行非其所愿，琦敦迫始行，惟执事虚心听受，尽情相告，苟能维持补救，伊无不乐于尽力也。"[1]看来还是孙宝琦和主张汉冶萍公司国有的农商部在做努力。

盛宣怀："合办亦不过敷衍"

5月26日，盛会晤中央来调查的曾、王二人，告以调查须分两项，一系调查以前存该，一系调查以后预算。6月5日，盛致函李维格：

> 惟闻霁生之意，只重以前之明亏暗损、以后之维持整顿办法。其来单所指商家自办、收回国有、官商合办，不外三端。〔王〕槐青询弟愿否国有，若为民国大局计，合办亦不过敷衍。目前，弟所处之地，若言商办，则似把持；言官办，则以哄骗；故只可答复：
>
> 商办，须求预支轨价，应照预支矿石、生铁价，缓年分还债票，抵还损失。各税捐，十年之内，照旧案纳在一两捐内。
>
> 国有，须还商股而已。
>
> 合办，各官款均作股份，凑成一千五百万元，不足者以一两捐预抵，亦请免各项另捐。以后不敷之款，如不准再借日债，只可求政府间接拨借，不过一千万为度。
>
> 以上三端，董事会大致不过如此答复。倘使鄙人设身处地，必喜国有；断然不可出于股东之口，况股东无论迟早，总不虑本利无着，惟办事者艰难丛挫耳。[2]

---

[1] 王尔敏等编：《盛宣怀实业朋僚函稿》下，第1508—1509页。

[2] 陈旭麓等主编：《汉冶萍公司》三，第843页。涉及对文意的理解，此处引文对原书的断句、标点有改动。原书为："故只可答复商办。须求……"似误。

从这段话里，我们可以读到盛宣怀此时的真实意向和他内在的矛盾。

这里所说的"若为民国大局计，合办亦不过敷衍"，"敷衍"当是暂时维持、应付之意，即不能彻底解决问题。其中，似暗指对方本意在终将收归国有；另一方面，似也透露了官商合办并不是盛的真实取向。

联系到后面所说的"若言商办，则似把持；言官办，则以哄骗"，盛的真实意向应是继续坚持商办。"似把持"者，外界的看法而已。之所以申请官商合办，在盛不过是权宜之计，是争取官方支持的一种策略。继续坚持商办，说明盛决不会对汉冶萍公司的经营权、所有权轻易放手。

所拟答复三端，商办如何，合办如何，对政府均有具体的要求，是经过认真考虑的，也是盛当前所要极力争取的。连同"国有须还商股"都是盛向政府开出的价码。

引文最后一句，文意似不甚明晰。"设身处地，必喜国有"云云，或是对王槐青询其"愿否国有"的答复，意即站在北京政府的立场，必然是主张国有。紧接的下文："断然不可出于股东之口"亦系指"国有"，即公司作为股东的代表，断然不可轻易同意收归国有。联系上文所云"言官办，则以哄骗""国有须还商股"，显示在当前这次谈判中，盛是坚决反对收归国有的。"须还商股"虽然只有四个字，却是盛不可退让的底线，也是当前北京政府财力所不能及的，故毋庸多说。

盛在信中明确地给李维格交底，是安排李写份材料供调查者作为依据，并希望借助李以钢铁专家的名声，增强说服力，以打动袁世凯。李按盛的意旨，以个人名义起草了一份《汉冶萍公司创办概略》，分别阐述了汉冶萍困难原因、补救方法、和钢铁事业前途。其中强调：汉冶萍唯一之补救方法在扩充出货。以时机而论，大冶新厂宜即大举炼钢，造轨、造桥、造车同时并兴。萍矿宜即添开高坑新井，专供各路之用，方能广塞漏卮，享收大利。"有此地利，得此人材，际此千载一时之机会，谓汉冶萍无发达之一日，似非事实之言。惟前敌先锋已剩弩末，再接再厉全在国家之大力保持矣。"①

---

① 陈旭麓等主编：《汉冶萍公司》三，第844—849页。

此时李维格已投闲置散、称病辞职；只是这样对付上面检查的事体，才少不得要拉他出场。这份《汉冶萍公司创办概略》，对袁大总统起了多大作用很难说。倒是其中某些透过于张之洞的不实之词，如"唯冶炼钢铁，须视原料之质性如何，以配合炉座。当向英厂订购机炉时，驻英薛叔耘公使一再言之，须将原料寄英化验。而未从其请，以致机炉与原料两相凿枘，所制钢轨不合准绳"之类，至今在史学界的影响尚未肃清。

张謇：以收归国有为上策

曾述棨5月6日奉大总统面示：从速前往，俟调查详晰，再订办法。即谒见外交、财政、交通等部总长接洽，与王治昌于5月23日出京，25日抵沪，先后会晤了盛宣怀、李经方、王存善等人，与前经理李维格、现会计于焕年、查账孙德全等悉心讨论，搜集了相关账目、表册及董事会根据调查提纲所提供的书面详答资料等。于7月13日回京，15日具呈复命，18日大总统传见，问了盛宣怀的病情、有无来京之意，示意此事已交政事堂核议，再商订办法。

曾述棨上报总统的呈文反映了公司的答复：

> 现询据该公司答复办法三端：一、商家自办。要求政府者四事：甲、前欠部款请另立借票，减息延期，乙、军兴损失，请将五百万元值票抵偿，丙、各项税捐均纳在一两铁捐之内；丁、官家铁山允许公司开采。二、收回国有。政府实出银一千万余两，即可将华商股票全行收回，所有汉冶萍厂矿一并皆为国有。三、官商合办。所欠官款列作股票，再加入现款七百五十八万零四百二十元，凑成股本三千万元，以与商股均平，即可敷用，至需政府辅助者，与商办略同。

与前引盛致李维格函相比较，内容一致，只是曾文条分缕析并列有简要的资金数额。此次还同时调查了武昌起义给汉冶萍公司带来的损失，据公司

《辛亥军兴损失总细数目册》开列，共计损失银 372.4804 万两。曾述棨 7 月 27 日致函盛宣怀，告知他的报告是主张汉冶萍厂矿应收回国有的，但迄今未奉明谕，方案是否确定，无从探悉。[①]

对于汉冶萍公司何去何从、认真思考并及时提出建议的是张謇。

这位多年前曾参与公司集股、一度出任公司名誉总经理的现任农商总长，于 8 月 5 日向总统递上呈文，认为汉冶萍公司"揆时度势，目前除完全国有或官商合办外，实无他策"，而收归国有则是上策。

> 收归国有后，官款公债两项之息，固可缓付；且如监督得人，二十年积弊，正可因此摧陷而廓清之；外债则由国家履行债务，商股则由国家分年摊还；而已借未交之日金九百万，又可恃为大冶新炉之用。是一转移间，公司免破产之危，国家获无穷之利，此策之上者也。

但是，张謇考虑到无论是国有或官商合办，其主要在财政问题；又考虑到公司在外债中越陷越深，如收归国有，日方必多所要求，受其挟制；而股东方面分年摊还股本也未必能够接受。如此，退而求其次，"则惟有以国有政策，定他日之方针；以官商合办，为此时过渡之办法。"呈文中并设计了对内、对外分别办理的程序。最后张謇呼吁：

> 总之，该公司所经营之事业，与国家有密切关系，现在险象已成，事危迫切，伏望大总统立施果断，迅予裁决，定百年之大计，息众啄之纷纭，似于国家事业前途，裨益非浅。[②]

今天在我们看来，张的看法是比较客观的，态度是诚恳的，更是超越了个人对盛宣怀的厌恶，超越了一己的利害得失，从国家大局来对待汉冶萍的

---

① 湖北省档案馆编：《汉冶萍公司档案史料选编》上，第 317—318 页；陈旭麓等主编：《汉冶萍公司》三，第 855 页。

② 湖北省档案馆编：《汉冶萍公司档案史料选编》上，第 318—319 页。

问题。虽然张謇言之谆谆，在上述问题认知上与袁也不一定有什么大的分歧，但由于两人的政治追求和执政理念全然不同，处理汉冶萍问题的手段和风格也必然大不一样。

袁大总统云：股东不能问事

8月21日，于焌年自北京来函，传达了袁世凯对于汉冶萍公司的意向：

> 昨晚晋谒杏城左丞，询以三种办法问题，渠云：极峰之意，无论官办或官商合办，股东之股本仍旧存在。先定由交通部主持办理，暂以维持现状为救急之计。股东仅可查帐，不能问事等语。[1]

此时袁世凯已决定改内阁负责制为总统负责制，权力向总统集中，为推行帝制做准备。总统府机构相应改设政事堂，以袁的死党徐世昌为国务卿，杨士琦任政事堂左丞，其地位和作用相当于晚清的军机处与军机大臣。来自杨的这一信息的严重性在于：一者总统只言官办或官商合办，绝口不提继续商办，是不考虑商办，与盛的实际想法针锋相对；二者名为维持现状，实则有根本的变动：既承认股本而又不许股东问事，分明是蛮不讲理，公然违背股份公司的基本法则；若是后一"股东"特指最大的股东而又是董事会长的盛宣怀，则意味着不仅公司将收归国有，而且即将剥夺盛对公司决策权和经营权。

对于袁总统的意向，盛宣怀据理力争，不遗余力。8月28日，致于焌年函云：

> 大约杨左丞未见议案，故与本公司呈请官商合办原文不符，亦与曾霁生、王槐卿昔在上海所议三项办法不能相合。大约合办则官股必须与

---

① 陈旭麓等主编：《汉冶萍公司》三，第859页。

商股数目不相上下，若官股不及一半，安得谓之合办？至于合办事权，则股东公举之董事及董事公推之经理，亦皆须各居其半。如部中不欲公司问事，此之谓国有，必须发还商股，收销股票，此地球上一定之理法也。

进一步尖锐地指责北京政府：

此中一发纵指示，极有斟酌。然欲不名一钱，将数十年之商产、数千万之资本，空拳赤手，不议章程，径归部有，恐亦无此办法。

与此同时，盛诉诸民意，推出股东作为挡箭牌："股东会昨闻此论，有人云：'此即是大总统不要合办，回绝公司之意也。在我公司万不可再存痴想，致使进退维谷。'王展老亦在座，起而言曰：'千言万语，中央不管此事。'"9月1日盛致函于焌年再次强调：

公司现定宗旨，国有必须发还股本，可以照浙路分年，而不可以短少利息。如若不能，只可暂时仍归商办。……至泗州先所拟不名一钱先交交通部主持办理，已试探联合会口气，必非股东所愿也。

此时盛一再通过于焌年向杨士琦反映意见和求援，把矛头主要对着交通部，显然是利用杨与梁士诒之间的矛盾。此时袁世凯的幕府中，安徽籍的文员以杨士琦为首，广东籍的以梁士诒为首，呼朋引类，相互钩心斗角。此时杨任政事堂左丞，正是顶替了梁士诒原任总统府秘书长的部分职能，眼见得已占据上风。盛拟进一步投靠杨以抵制交通系强行占领公司。9月1日信末提出：

从前弟在日本，曾嘱股东公推泗州为董事、通州为经理，素所佩服，为实业老手。现幸此二公均握政柄，弟拟请王槐翁即到公司充经理，以后公司行政举动，拟皆禀承泗州及通州两处，〔泗州〕即由阁下通信，通州即由槐翁通信。俟稍有起色再议国有，免得政府疑虑，不肯赎还股票，亦免得用强硬手段，致碍民国实业前途。此不得已之苦衷也。

此处盛以籍贯称杨为泗州，称张謇为通州。此时世界大战爆发，东邻日本对德宣战，却出兵侵占中国青岛，攫取德国在华的特权。盛乘机提出"今日东已入战局，只可以使大局平定再作道理。"以为维持商办的缓兵之计。又借此反对张謇对袁世凯所说的公司"不归国有，恐日本要取我厂矿"，而强调"若果汉冶萍仍是商办，彼反不能跳出公司许多合同。故鄙见，若论中日交涉，官办不如商办之稳妥。"这本是盛一贯的主张。事实上，日本与汉冶萍公司的关系日益密切，日方历来是处在主动地位的得利者，"不能跳出公司的许多合同"的不是日方而是汉冶萍公司，这一点，历史早已作出结论而毋庸置疑；即使是盛在说此话的当时，许多人已经很清楚地看到，汉冶萍难以逃脱日本的掌握。此时盛仍然坚持这一谬论，固然是为商办找依据，同时也似乎在暗示：处理汉冶萍公司的问题，不可忽略日本这一外部因素。[1]

交通部：全部扣还旧欠预支轨价

袁总统对于汉冶萍的处置，更为严重的一招是，此事不交农商部、而由交通部主持，盛宣怀则逃不出老对手梁士诒的手心。

此衰彼盛。盛宣怀被革去邮传部尚书，意味着以梁士诒为首的交通系再度得势，得到扩张并发展。

在盛宣怀仓皇出逃的同时，邮传大臣先由唐绍怡补授。袁世凯内阁出台，邮传大臣杨士琦随同唐绍怡南下和谈，邮传部由梁士怡署理，成为交通系的实际首领。民国元年，袁世凯就任中华民国大总统，梁为总统府秘书

---

① 陈旭麓等主编：《汉冶萍公司》三，第863—864、965—966页。

长，是袁的左右手，实权很大。原来与唐绍怡、梁士怡关系密切的旧交通系中层人员，在短时期内得到重用提拔，成为各地铁路的要员。梁又兼任交通银行总理，"然袁氏恒以财政事相属"，民国二年起梁署财政次长、代理部务。开始将铁路干线陆续收归国有，主持各路借外债修路合同的谈判签订。民国三年袁以大总统责任制代替内阁责任制，总统府设政事堂，梁出任税务处监督，并为袁提供特殊费用。据专管特务费的军需处长唐在礼说："常是我早晨上去回话，下午款即拨来。那时钱来得很爽快，一笔款子拨个百十万，一二百万不稀奇，也并未感到财政紧张。那时所办的铁路抵押借款多得很，梁士诒是总经手。他经手借款所拿的回佣，数目很大，很快就成了个大富翁，加上他长袖善舞，擅长运用，所以人们就给他一个'梁财神'的徽号……我常听到同僚们说起：'总统幸得有这个财神'。"[①] 如此，可见梁氏当日的气焰。

其实，交通部不等袁世凯发话，早对盛宣怀下了致命的重手。

1914 年 8 月 2 日之前，盛宣怀已接到交通总长施肇曾的电报：交通部要全部扣还公司旧欠的预支轨价。

盛宣怀申请官商合办，首要的一条是将所欠官款改为官股；当下交通部采取的断然措施却是强制收回欠款，针锋相对，其意不说自明。算起来公司已欠部中四百八十余万两。其中，宣统三年六月盛任邮传部尚书时，公司曾预支轨价二百万两，合同规定自宣统四年即 1912 年起，每年从川汉、粤汉路轨价扣还四十万两。现在交通部即以此为依据，全不顾及因战事而铁厂停产等不可预测的因素，不由分说要扣还全部轨价。

8 月 2 日，盛致函叶景葵，强调"现在外洋第四炉料价汇票及厂矿三处经常之费，原指陇海等处轨价抵付，"请叶赴部代为陈请，所欠预支轨价展限五年，再行分作若干年归还。

8 月 4 日，盛致函杨士琦求援，说明厂矿自经革命损失三百多万，现在修理要钱，开炉要钱，采矿要钱，将矿石炼铁、炼钢到制成钢轨，无一不需

---

① 吴长翼编：《八十三天皇帝梦》，文史资料出版社 1983 年版，第 131 页。

大量的资金，目前唯一的依靠是每月销售钢轨的收入，"挪后作前，移东补西，大有得则生，不得则死之概"。当前最紧迫的是，陇海、粤汉、吉长、张绥各铁路已经交付的钢轨，听说交通部要将这些轨价全部扣下，则国内国外汇票皆无以应付。"目前塞奥交哄，战云四起，钢铁价值势必飞涨。设因部扣七十万汉厂之陇海轨价，遂使钢厂停工……断难允行。"

8月20日，交通部致电公司董事会，就民国元年的一封电文打了一通笔墨官司，仍然坚持原合同条文："所有预借部款，应请贵公司按照前与邮传部所订合同第二条，即在现交湘鄂路之轨价内如数扣还，以重信约。"①

8月23日，公司董事会临时会议决议，恳求部中暂缓扣还旧债，照章付给现款，以充汉厂萍矿日常经费。倘部必不允，则无米不能为炊，不得已照股东及经理人所请，将炼钢造轨等厂暂行停工，每月既可稍节经费，余出生铁、萍焦亦可售现应用。借此向交通部叫板："惟以巨资改良之钢厂而得停工之结果，前途希望至可痛心。且工人因此失业者不下千人，尤虞滋事。是停工一举实非商厂所愿。现在钢厂之停工与否，以部之扣款与否为断，是在交通部之操纵而已，应即迅速由公司详部定夺。其势甚急，万难游移。"②

9月5日，政事堂与财政、交通、农商三部会议，交通因无款，未定办法；财政亦因无款，未能解决。于焌年向杨士琦要求，如果财政实无现款，也可以将财政承认的公债票发给公司数百万。杨将此意告知财政，财政曾表示同意；等候到9月16日，于再去找杨，财政并公债票亦不准。

其间，杨士琦曾对于焌年说过，"各节似须从大题目着手，轨价可暂从缓议。"以试探盛的意向。所谓大题目者，自然是收归国有；而盛宣怀不甘屈服，犹自顽强抵抗，于9月13日、14日一再致函于焌年回复："但恐时势如斯，难于心急，届时董事会、股东会亦惟有据实报告，以待天下后世之决断而已。"一口咬定："所请免扣轨价一层是目下最要紧事，若再无决断，钢炉便须停止。"③

---

① 陈旭麓等主编：《汉冶萍公司》三，第856—858页。
② 陈旭麓等主编：《汉冶萍公司》三，第859页。
③ 陈旭麓等主编：《汉冶萍公司》三，第870—873页。

盛宣怀申请官商合办，本是争取国家支持，解决生产流动资金，排除地方的干扰；袁世凯意在趁机收归国有而交给交通部主持处理。汉冶萍公司一千万资金没有到手，反而被交通部扣去轨价，逼还旧欠。于是，申请官商合办旷日持久、了无结果，却演变成为千方百计乞求交通部免扣轨价。

9月14日，盛提出的要求是："在政府一面，只有请其不扣轨价。而所欠之陇海轨价六七十万两，惟求财政部准其暂行抵押现款六十万两。粤汉铁路须定造轨一百英里，年内务求先付三十五万两。浙江铁路、浦信铁路所欠轨价约在十万两以内，亦请年内付给。"

此前，叶景葵曾面见交通部次长叶恭绰，叶有表态："只要公司与路局总办自行商定，部中不致挑剔。"推给了下面；9月16于焌年找到粤汉路总办詹天佑，詹的回答是："轨价付款事，前奉部令归部结算，但须部允不扣，自可照付。"球依然踢回到上面。10月9日于焌年说，昨天又找叶次长商议，"允俟借款交时或可多付十万，少至七八万等语"。11月16日，盛宣怀、王存善共同致电叶恭绰云："詹必候尊谕方敢付价"。18日，于焌年函告盛，前往晤叶次长未蒙接见，午后叶处交来复信两件，"前允致詹信今又变卦矣"。所附叶17日复信云："是鄙人始终并无允予不扣之语。盖不但事涉部务，非弟一人所能专主，且部款如此奇绌，弟亦讵能漫为此言？前此对揆初云云，尚是弟以个人资格特别相关，非敢谓交通部意遂如此也。"18日收到盛、王来电后，叶则云："此项轨价该路总工程司未经列入；战事开端后，新定预算之内，亦无从由借款提出也。"毫无商量余地。①

10月30日，盛宣怀致函詹天佑，告知路工年内需轨七千吨，汉厂准可赶造交付。但是，"此项七千吨之轨价约银四十万两左右，必须全数照发现价，俾公司得以饬厂赶造，以应要工。……如大部必执定不能全数付价，则敝公司或停止炼钢，或别筹销路，免致官商两误。"此时欧战未平，要想从国外立即进口几千吨钢轨谈何容易。12月6日，汉厂卢成章再致函詹天佑声称，现将已造成钢轨向银行抵押，订明不拘期限，随时得以还银赎轨。

---

① 陈旭麓等主编：《汉冶萍公司》三，第868、874、881、890—891页。

同时声明：贵路局须路轨若干吨，请付银若干而赎轨交轨，所有此项押款利息，应由贵路认付。卢成章还说，这个办法是被逼出来的。①

无异是为渊驱鱼

直到 1914 年即将结束，12 月 26 日公司收到江海关监督施炳燮的咨文，声称根据交通、财政、农商三部呈大总统文，委派他清查汉冶萍公司历年款目及办事情形。其中袁世凯批示，应"遴委要员，会同该公司真正股东，破除情面，逐款请查，毋稍含混，如有侵欺弊混情事，即严行究办，认真追缴，俟一切款目查清，再妥定办法"。施炳燮莫明其妙地领受了这一使命，在咨文中坦率地说："汉冶萍公司所办事业系煤铁矿及炼铁厂组合而成，历年久远，头绪纷繁，款目既杂且巨，事属创举，则耗费更在所不免，即专门名家欲于今日彻究其弊，清查其款，亦难尽悉底蕴。矧如炳燮于上项事业毫无经验阅历，如何能得要领。"

这一决定，既令清查人无从措手，也让我们百年后读来莫名其妙。

纵然是"逐款请查""俟一切款目查清"，而"再妥定办法"又不知要等到何年何月。实际是不负责地将问题推向遥遥无期的未来。

此前，12 月 7 日，盛宣怀已经代表公司向日本横滨正金银行提出了推迟还本的申请。

扣还轨价是公司申请官商合办中的一个插曲，这一事件的主角交通部，完全无视现实巨变给企业的严重影响，完全无视企业面临的生死存亡，显示了典型的官僚主义文牍化的冷酷和高高在上、不容置辩的傲慢。

三十年河东，四十年河西。当年的邮传部即是今交通部的前身，当年雷厉风行整肃邮传部的盛宫保，今日已沦为供交通系得势后肆意蹂躏的鱼肉，当年被盛宣怀奏请革职清查的梁士诒，今日既是袁大总统的智囊和文胆，成为袁与内阁大臣们联系的中枢，又负责对外借款和发行公债提供财政支持，

① 陈旭麓等主编：《汉冶萍公司》三，第 883—884、893 页。

诚如交通系的二号人物叶恭绰所言："交通一部，实兼外交、财政两部之执掌。"作为交通系的首脑和灵魂，梁虽然在交通部没有具体职务，却是声名、权势为一时之重，私下里被称为"梁财神""二总统"，或戏喻为"王熙凤身边的平儿"。此事对于盛宣怀个人来说，极具嘲讽意味；对于汉冶萍公司来说，则是雪上加霜，更为不幸；而对于袁世凯及北洋集团来说，采取此类断绝轨价收入的手法来摧残中国唯一的钢铁企业，以逼迫盛宣怀就范，使得汉冶萍事业成为官僚政治争权夺利、快意恩仇的牺牲品，既恶毒而又愚不可及。明知强邻长期觊觎汉冶萍，犹自不顾大局，一意孤行，无异是为渊驱鱼，损害的是中国的钢铁工业、国家和民族的利益。至此，这场公私交集的官场恩怨犹未了结，尚有大戏还在幕后等待上演。

第三十四章　汉冶萍与中日"二十一条"交涉

日本提出"二十一条"的背景 / 日本公使:《关于对中国提出要求之拙见》 / "二十一条"内容及交涉过程 / 评价袁世凯"二十一条交涉"存在严重分歧 / "二十一条"对汉冶萍的要求 / 袁世凯:"政府不能违法干涉" / 英美对日抗议:有损各国在华权利 / 盛宣怀及时向北京政府表态 / 盛复小田切:股东反对合办,不能改变

日本提出"二十一条"的背景

1914 年 7 月 28 日第一次世界大战突然爆发。

日本乃于 8 月 23 日对德宣战,中国虽已宣布中立,日军两万人却自山东半岛登陆,不顾中国强烈抗议,南下进攻青岛,一举将胶济铁路及沿线的矿山、企业及胶州的中国海关,全部占领。

斯时,日本朝野无不认为当时是迅速解决中国问题千载难逢的最有利的时机,趁西方列强无暇东顾,日本可以借此夺取德国在华的权益,打破列强在亚洲已经形成利益格局,确立其在华垄断的绝对优势,造成无法改变的既成事实。8 月 7 日大隈内阁召开临时阁议,外务大臣加藤提出参战案时就说得很明白:

日本现时立场，并非由于同盟条约义务而参战……正可借机一扫德在东亚之根据，收国际上更提高一步的利益。据此而论，果断即行参战，实为今日最合机宜之良策。①

日本元老是在幕后影响的特殊政治力量。他们有权推荐首相，而山县友朋、井上馨、松方正义等又具有支配军部和财阀的潜在势力。他们对辛亥革命时日本政府举棋不定，致使对于袁世凯和革命派"南北信用俱失"颇为不满，指出"若今日遇事抵牾的中国对日现状，断无法可令日本满足"。他们的对华政策大体是首重巩固和扩大满洲的利权，但认为"武力绝不足恃"，主张支持袁世凯而排斥革命派，同时协调好与俄国和英美等列强的关系。

民间右翼以黑龙会为代表，志在侵略东亚而又曾经与孙中山有密切联系，10 月 2 日提出《解决中国问题意见书》，企图强迫北京政府与日本订立一个所谓"国防协约"，首先一条是"日本在中国发生内乱或与外国宣战之际，应派军队支援，并承担保卫中国领土与维持和平秩序之责任"，主张满蒙由中国委托日本统治，一举使中国如同朝鲜沦为日本的被保护国；既反对袁世凯政府，又妄图使中国政体如同日本改变为君主立宪；并倡导日本执行自主的强硬外交路线，挣脱西方列强的羁绊。

正是在这种背景下，日本政府集中了元老、军部、财阀、政党以及民间右翼的要求，酝酿了侵略中国的重大外交攻势，提出了"二十一条"交涉。

日本公使：《关于对中国提出要求之拙见》

1914 年 11 月 12 日，日驻中国公使日置益奉召回国。在此期间，日置益向加藤提交《关于对中国提出要求之拙见》，其中建议：作为根本原则，须努力使日方要求条件既不同门户开放、机会均等主义发生抵触，又应注意

---

① 李毓澍：《中日二十一条交涉》（上），台湾"中央研究院"近代史研究所专刊（18），1982 年版，第 144 页。

避免与美、英、俄在中国之既得权益发生冲突。故应根据外交关系上之亲疏程度，将谈判要旨告知彼等或采取必要说明。从对华关系角度，日方对华提出之要求，须具有确切理由，并须考虑中国在实行上的难易情况来决定条件的形式，并选择提出条件的适当时机。同时提出，为贯彻日方要求，还应充分考虑既采用适当引诱条件，又要采取威压手段：

其中应视为引诱条件者不外乎：

（一）在一定条件下，将胶州湾归还中国。

（二）保证袁大总统及其政府之安全。

（三）严格取缔在日本及其保护下之革命党员、宗社党员、留学生及不法日本商民与浪人。

（四）奏请给袁大总统及其政府各部部长援助。

此外，应同意修改税率之提议，关于此项条件在帝国政府承认后，可列为第（五）项。

关于应视为威压条件者不外乎：

（一）将出征山东之军队留驻现地，显示我国威力，以使其感到我方之军事威胁。

（二）煽动革命党和宗社党，显示颠覆袁政府之气势，以威胁之。①

在罗列了这些条件后，日置益做了具体分析，深感引诱和威压条件均不足恃，难以奏效。特别指出，"对于言论上的威压，素对国际关系粗有通晓，对洞察外交虚实颇为敏感之袁世凯，假如已料到此种威压仅系一场恫吓，日本的声明未必能以实现，从而断然拒绝我方要求时，则谈判将发生'相持不下'之虞"。同时指出，袁虽为一国元首，事实上拥有宣战、讲和及订立条约之大权，"然总非专制君主，作为共和民国大总统，甚至连其任期在宪法

---

① 《日本驻华公使日置益致日本外相加藤高明"关于对中国提出要求之拙见"》，载黄纪莲编《中日"二十一条"交涉史料全编》，安徽大学出版社2001年版，第13—14页。

上尚无规定。现在与将来欲使其向国民负起重大责任，非其力所能及之事"。因此，日置益预计到将会遇到袁世凯的种种抵制：

> 袁为从困境中拯救自己，利用其惯用手段新闻政策进行排斥运动以及挑起极端排日热潮，甚至或向美国乞求援助，或唆使德国人制造障碍，两国关系及国民感情发生纠纷，甚至可能造成进退维谷不可收拾局面。而我方虽有充分实力，但具有不能突然动用之弱点，也许将出现无法打开之困难局面。

日置益作为日本驻华公使，此次奉召回国，他的任务是提供信息、分析形势和草拟初步方案，供外务省和内阁决策参考；同时他又将是这一决策的执行者，必须充分考虑决策的可行性及执行过程可能遇到的困难，这些都集中在这份意见书中。我们看到，他对未来谈判的艰巨性已经有充分的思想准备，为此在意见书的最后提出了六点，希望当局事先考虑，以配合谈判进行、增强威压和利诱的效力。其中，一方面准备武力出兵镇压，占据津浦铁路北段；一方面要克服日本自身财政困难、筹集大量资金，通过借款以济袁世凯政府燃眉之急、支付铁路预备金等。

但是，在日置益的意见书中，却始终未曾提到袁世凯有恢复帝制的野心，其利诱袁世凯的基本条件是"保证袁大总统及其政府之安全"，其中涉及袁的总统任期尚未确定，最后"六点要求"中甚至提到收买袁的左右："拟用一、二百万元金钱收买袁本人决不可能。但此辈左右人物中亦或有可用金钱收买者。"看来直到1914年11月底，日方酝酿提出二十一条之际，尚未掌握袁世凯有恢复帝制的动态。①

《三水梁燕孙先生年谱》民国四年正月十八日所记云："时袁有帝制自为之心，倚某某国为外援，而屏日本不与，日恐袁得志后，将更不利于已，故

---

① 《日本驻华公使日置益致日本外相加藤高明"关于对中国提出要求之拙见"》，载黄纪莲编《中日"二十一条"交涉史料全编》，第15—17页。

蓄意倒之……故意对袁提出二十一条，使袁无论允与不允，皆被逼于无可回旋之地。袁之失败，殆半由于此。"此说似与日置益的《关于对中国提出要求之拙见》不符。[①]

"二十一条"内容及交涉过程

1914年12月3日，外务大臣加藤高明授以训令，并附有机密件，令日置益按此意图与中国政府缔结条约或协定。这些机密件即所谓日本对北京政府提出的"二十一条"。在训令中加藤强调："帝国政府以为于此机会，确保帝国在东亚之地位，以保全大局，实行以上各项，实为绝对必要。帝国政府实具有极巩固之决心，将尽各种手段，务求贯彻。"

1915年1月18日，日本驻华公使日置益面见中华民国大总统袁世凯，提出了日本对华要求"二十一条"。内分为五部分即五号，大致内容是：

第一号关于山东问题，共4条：要求中国承认，把德国在山东的一切特权移交日本，并另加其他路矿权利；

第二号关于东北问题，共7条：要求中国承认，日本在南满和东内蒙的一切路矿和无限制移民等，既有特权，不许列强介入，并延长旅顺、大连租期为99年；

第三号关于汉冶萍问题，共2条：要求中国承认，中日合办汉冶萍公司及邻近矿山等，未经日本同意，中国不得自行处理；

第四号1条：要求中国承认，所有中国沿海港湾及岛屿，概不得让与或租借与他国；

第五号关于对中国全境的要求，共7条：要求中国承认，聘用日人为中央政、财、军顾问；日营医院、寺庙、学校、在内地有土地所有权；中日合办各地警察局、中国军械厂，统一武器使用，日本享有

---

① 凤冈及门弟子编：《三水梁燕孙先生年谱》，第221页。

武昌至九江、至南昌、及南昌至杭州、潮州各铁路之建造权；筹办或整理福建省内的路矿、港口、船厂，日本有优先权；日人有在中国布道权。①

日方强迫对此绝对保密。但据《顾维钧回忆录》载，顾氏曾化装进入北京的英美使馆，使"二十一条要求"成为纽约、伦敦媒体的头条新闻，举世哗然。一方面是国内外的抗日运动如排山倒海；一方面是国际舆论纷纷对日本谴责。

此时日本政府受到内外压力，日本国内强硬派有的主张不惜开战。在5月4日召开的元老阁僚会议上，山县有朋强硬主张删除第五号，同日深夜收到英国要求删除第五号之电报，加藤决定第五号实际删除。②

5月7日，日本政府发出最后通牒，强令中国政府将"第一号、第二号、第三号、第四号之各项及第五号中关于福建省公文互换之文件，照四月二十六日提出之修正案所记载者，不加以何等之更改，速行应诺"。限定"中国政府至五月九日午后六时为止，为满足之答复。如到期不受到满足之答复，帝国政府将执认为必要之手段，合并声明"。③

此前日方已颁布关东戒严令，而山东、奉天之日军为作战之预备，舰队出发，各埠日商纷纷回国。在日本以武力为后盾的胁迫下，中日双方于2月2日至4月26日共84天的时间里，连续进行了25次正式会议。在日方决定删去第五号要求、并向中方发出"最后通牒"后，1915年5月25日，袁世凯政府与日本签订了《关于山东省之条约》和《关于南满洲及东部内蒙古之条约》，互换了13件照会，总称"民四条约"。

唐德刚说："其实袁世凯并未接受'二十一条要求'，原要求中的'五号七条'，也全部被袁政府拒绝了。吾人如把日本提出的'二十一条要求'原件和签订后的新约相比，可见二者有霄壤之别。当然我们不容否认，这部新

① 唐德刚：《袁氏当国》，广西师范大学出版社2004年版，第142页。
② 唐启华：《洪宪帝制外交》，社会科学文献出版社2017年版，"前言"第7页。
③ 武汉大学经济学系编：《旧中国汉冶萍公司与日本关系史料选辑》，第557页。

约也是一部丧权辱国的条约。"这是世纪之交从海外传来的一种新观点。[①]

评价袁世凯"二十一条交涉"存在严重分歧

"二十一条"的提出，震惊中外。此次中日交涉，是中国近代史、中外关系史和近代国际关系史上的重大事件。既是日本侵犯中国主权、图谋灭亡中国的一大严重步骤，对于汉冶萍公司更是存亡攸关。

这一谈判，中方是袁世凯亲自主导的。袁世凯在"二十一条"交涉中出卖国权以换取日本支持帝制之说，由来甚早；王芸生《六十年来中国与日本》曾对此有所质疑和辨析；至 1946 年陈伯达《窃国大盗袁世凯》风行全国，坐实袁之罪状，并对王说予以谴责，在国内学术界庶几已成定论。

有的学者介绍，20 世纪 70 年代前后，欧美学界出现了研究中国的热潮，其中有一批学者对北洋外交的表现评价较高。"如英国学者 *Peter Lowe, Great Britain and Japan, 1911—1915*（London，Macmillan，1969），以 FO 档案为基础，对袁世凯在'二十一条'交涉时的表现，给予相当高的评价。认为袁世凯在此交涉中成功地运用了各种策略来维护国权。当时中国国力远不如日本，而日本提出的条件，中国并未完全接受，日本用武力威胁、最后通牒等方式迫使袁氏就范，还放弃第五号各条，外相加藤高明在交涉后，受国内各方攻击，引咎辞职，所以日本在外交上是不成功的。从英国的角度看，'二十一条'交涉中袁世凯是在可能的情况下，得到了最好的条件。日本就是因为交涉时对袁世凯非常不满，后来在袁氏推行帝制时，全力把袁氏搞垮。这样的说法，与中国学界过去的解释完全不同。"[②]近十多年来，在大陆、台湾与日本，都出现许多对北洋外交的新研究成果。台湾中兴大学历史系博士吕慎华《袁世凯的外交策略——以中日"二十一条"交涉为中心》一文认为，袁氏在任山东巡抚时已逐渐发展成其"讲求公法、慎选守令、运用

---

① 唐德刚：《袁氏当国》，第 146 页。
② 唐启华：《"北洋外交"研究评介》，《历史研究》2004 年第 1 期。

外力以为已助之外交原则"，着重分析了在袁氏主导下，采用"拖延战术""选择谈判代表""与重要关系国密切联系""运用中外舆论力量""鼓励中国反日风潮""利用日本内部不合"等六项交涉策略所起的效用，从而得出结论："已经使中国的损失尽量减少，相对而言可视为有效的成功"。① 在大陆学者中，马良玉《袁世凯与"二十一条"》一文，除列举袁氏在谈判中所作的努力外，首先分析袁世凯接受"二十一条"的原因，结论是："主要是由于它对敌强我弱的形势的认识及对自身地位的担心，在自身无力与日本相抗衡，又不能取得英美等各国的支持的情况下，对日本的侵略要求只能委曲求全，妥协退让"。并强调这种外交妥协与卖国有着本质的不同，"妥协不等于投降，它是一种审时度势的权宜之计"。② 苏全有则根据天津市博物馆所藏袁世凯对"二十一条"批注的原件进行研究，认为"袁世凯对于日本的'二十一条'说帖总体上认为不能接受，并进行了相当的抵抗，他寄希望于'西人掣制日本'，但由于一战，西方列强无暇东顾，故而袁世凯'以夷制夷'的幻想只能破灭，最终还是接受修正了的《二十一条》"。③ 张华腾以中日文献资料包括一些未刊资料为依据，以袁世凯一生的三个主要阶段说明袁对日本侵略既斗争又妥协的复杂过程。其中，袁"对二十一条逐条进行批示，鲜明地表达了他的态度"，从"二十一条"交涉情况看，"在第一次世界大战爆发国际形势对中国特别不利的情况下，以袁世凯为首的中国政府，利用了一切能利用的条件，用尽了一切手段，尽了他们的最大努力，所以对他们绝不能以卖国贼视之"。④ 这些论文所依据的事实，即所谓谈判策略等大致相同，评价略有高低，似乎若有若无地存在某种内在影响，可视为同一类型。

这次重评"二十一条"只是评袁的一部分，似乎是起源于欧美，而以台湾为中介，遂流传于大陆。仅就笔者在有限范围内读到的大陆学者有关重评

---

① 金光耀、王建朗主编：《北洋时期的中国外交》，复旦大学出版社 2006 年版，第 169—193 页。

② 马良玉：《袁世凯与"二十一条"》，《历史教学》2005 年第 2 期。

③ 苏全有：《袁世凯与"二十一条"新论》，《船山学刊》2005 年第 4 期。

④ 张华腾：《袁世凯对日本侵略的抵制与妥协》，《民国研究》2012 年秋季号（总第 22 辑）。

"二十一条"的论文来看，整体印象似在中日及相关列强原始外交档案上下的功夫不足，研究有待深入，尚鲜厚重、卓然不群之作。

与此类观点相反的是，龚书铎郑重提出《袁世凯之案翻不得》，强调历史研究必须坚持以马克思主义为指导。在着重批判《另说袁世凯》一文的同时，龚文引用鲁迅曾说过："袁世凯签订过'二十一条'，卖国是有真凭实据的"（《从盛宣怀说到有理的压迫》），认为："二十一条是日本要把中国变成它独占的殖民地，事情太大，袁世凯不敢贸然答应，派人与日本交涉，谈判不下二十几次，接受二十一条后，他讲了一些诸如'以保全国家为责任'的冠冕堂皇的话，甚至还开会庆祝'外交胜利'。如果因此就认为是'坚决抵制和反对二十一条'，不是受骗上当，就是看问题的立场、观点、方法有问题了。"①唐金培则呼吁："对袁世凯这样复杂多变的历史关键人物，应当还原到当时特有的政治、经济、文化、社会条件下去分析，既要突破'好人一切都好，坏人一切都坏'的框框，也不能矫枉过正，更不能有意无意地替他擦洗污点。否则袁世凯重新评价问题就难免有为其翻案的嫌疑。"但他的侧重点明显在后者，对于袁接受"二十一条"，唐文坚持："且不论袁世凯是否存在以接受'二十一条'作为获取日本支持这种动机，也不管其接受'二十一条'时是出于主动还是被动，袁世凯接受'二十一条'出卖国家民族利益，造成中华民族的奇耻大辱却是铁的事实。……从这个意义上说，袁世凯卖国的罪名是任凭怎么洗也洗不掉的，只会越洗越黑。"②仅就此段文字而言，论者宣称的具体分析的原则，似与其所作的结论不无抵牾之嫌。

还有另一种情况，有的学者对"二十一条"有关史实文献提出质疑、辨伪。李毓澍在《中日二十一条交涉》（上）"前言"中介绍，此书以台北"中央研究院"近代史所收藏的北京政府时期外交档案为主，尽量参证日本外务省已公开的外交文献写成。"首次大量采用中日两国原始外交资料，遂能对王芸生《六十年来中国与日本》所辑录曹汝霖等为洗刷个人恶名所伪造的假

---

① 龚书铎：《袁世凯之案翻不得》，载《求是室文集》下，社会科学文献出版社2011年版，第418页。

② 唐金培：《重评袁世凯不可矫枉过正》，2010年9月2日，见中国社会科学报网。

文献，逐一驳辨厘正。对研究中日"二十一条"交涉的海内外学人，或不无一得之助"。书中第三章第五节外交总长的更迭，并附有《曹汝霖致陆宗舆第一信》辨伪，第六节所谓《袁世凯朱批》，又附有《曹汝霖等说帖》辨伪，均是作者用力之所在，系独到见解。依据档案、厘清史实是提出异议的基础，作者本意或在揭示此次秘密外交的真相，辨伪如有部分成立，如何评价袁世凯及曹汝霖等人在"二十一条"谈判中的表现，便须据此重新斟酌。①而另一位台湾学者唐启华认为："李毓澍大量运用'外交档案'于二十一条要求形成过程论证甚详，但因为先入为主地认为袁世凯为寻求日本支持其帝制而对日妥协，不肯采信对袁氏有利的说法，有欠公允。"②如此，这桩公案就给读者留下了一些悬念：何以断定李著是"先入为主""有欠公允"，我们希望能读到更详尽而有说服力的论述。天津市历史博物馆馆藏《北洋军阀史料袁世凯卷》第二册"批示手书"中，辑有一组《日本二十一条要求文件》，第一件为《二十一条译汉文本》，编者注明时间是"1915年1月20日以后"。上有批示，墨色浓淡不一，有的字迹在电子版上看不清楚，如最后一条批示："各条内多有干涉内政侵犯主权之处"下有四字，前两字似为"实难"，后面二字完全无从猜测，却甚为关键。复按原件或可辨认，亦不难据此鉴定是否为袁氏手笔。天津馆藏此件与李毓澍书所载图表三《二十一条汉译三人签注本》不是一个版本，后者正楷眉批似系由天津本眉批过录而来，两种版本的关系、源流尚须比照考订。③李书目录共列八章，我们目前所见的上册，仅为前四章，笔者至今尚未见到下册后四章，也是一大遗憾。

"二十一条"对汉冶萍的要求

1914年12月3日，加藤对日置益训令所附别纸第三号，即"二十一条"

---

① 李毓澍：《中日二十一条交涉》（上），第282—340页。

② 唐启华：《"北洋外交"研究评介》，《历史研究》2004年第1期。

③ 北洋军阀史料编委会编：《北洋军阀史料袁世凯卷》(2)，天津古籍出版社1992年版，第286—318页。

中对汉冶萍公司的要求，原文如下：

> 日本国政府及中国政府，鉴于日本国资本家与汉冶萍公司现有密切关系，且愿增进两国共通利益，兹议定条款如左：
>
> 第一款　两缔约国互相约定，俟将来相当机会，将汉冶萍公司作为两国合办事业；并允：如未经日本国政府之同意，所有属于该公司一切权利、产业，中国政府不得自行处分，亦不得使该公司任意处分。
>
> 第二款　中国政府允准：所有属于汉冶萍公司各矿之附近矿山，如未经该公司同意，一概不准该公司以外之人开采；并允此外凡欲措办无论直接间接对该公司恐有影响之举，必须先经公司同意。①

12月17日，加藤致函日置益，将《关于汉冶萍公司之调查》《汉冶萍公司日华合办大纲案》交付日置令其参考查阅。值得注意的是，在大纲案中，对袁世凯与盛宣怀的关系做了分析，指出两人之间，"实有互不相容之个性与经历"，若听任此种现状长期继续，不做根本解决，日本作为大债权者不仅常处于不安的地位，尚恐将留下外国资本家干涉公司的机会，以致亏于一篑。因此，大纲案指出，在研究根本解决办法时必须注意两点：

> 第一，盛董事长不但在性格及经历上与袁大总统不相容，且尚有不少政敌。因此盛在担任公司要职期间，公司自不易避免来自政府与外界之压迫；且其宿疾已入膏肓，现不能亲视公司事务，此时使之脱离公司，实为使公司摆脱困境之捷径，然而细观盛氏之境遇，共（其）所以直至今日尚对公司地位恋恋不舍者，系因其私产之大半均投在公司。但因六百万日元旧债调换借款成立，已收回其全部，时至今日，放弃其地位，谅不会吝惜。
>
> 第二，最近十余年来，日本向公司所投之资本实已不少，特别是去

---

① 湖北省档案馆编：《汉冶萍公司档案史料选编》上，第367页。

年末借款合同成立，更使之倍增。但中国政府迄今未予以承认，从而使该项合同不免处于不稳之地位。①

在日本政府向中国提出的"二十一条"中，第一项是山东问题，第二项是满蒙问题，第三项与之并列的，便是汉冶萍公司。由此可见汉冶萍在日方心目中地位之重要。从日本推行向东亚扩张的大陆政策来说，必须以武力为后盾，为了弥补其发展军事工业缺乏铁矿资源的重大缺陷，控制并夺取汉冶萍公司是其扩张战略中不可或缺的一环，已经成为其既定的国策。从"二十一条"要求所显示的侵华部署来看，日方已经呈现出扩大和巩固在满蒙的优势地位，及时插足山东、钳制京津，同时将矛头指向华南的态势。汉冶萍已成为其挺进长江流域，插入英国势力范围的楔子。因此，在日本妄图根本解决中国问题的进程中，汉冶萍公司问题被提上更加重要的战略地位。

解读上述"二十一条"中有关汉冶萍公司的条文，不啻是日本在中国企图发起一次"圈地运动"。其所要圈入实现独占的，不仅是"该公司一切权利、产业"，更有"公司各矿之附近矿山"，即长江流域的各种矿产资源。"附近矿山"是一个相当宽泛、模糊而可能任意延伸、滚动发展将遗祸无穷的概念，是一个阴险而恶毒的陷阱。独占性即强烈的排他性。条文所要防范并排除的对象为"该公司以外之人"，粗看似乎是不许其他列强来染指，但联系第一条来看，实际首当其冲的是"中国政府"，既指向袁世凯的北京政府，也包括汉冶萍公司所在的鄂、赣、湘地方政府。自神户草约作废，汉冶萍公司中日合办遭到挫败后，日方悻悻然窥测时机，以求一逞，却连续发生袁世凯政府制止盛宣怀私自对日借款，企图将公司收归国有，继而又欲官商合办等事件。对此，日方一一干扰、及时强行阻止。在日本当局看来，便属于"今日遇事抵牾的中国对日的现状，断无法可令日本满足"。所谓"所有属于该公司一切权利、产业，中国政府不得自行处分，亦不得使该公司任意

---

① 湖北省档案馆编：《汉冶萍公司档案史料选编》上，第369页。

处分"，实际包含中国政府不得将公司收归国有，也不得官商合办。而盛宣怀之所以表面上一再要求国有或官商合办，不过是"为了打鬼，借助钟馗"，即借助北京中央政府的行政权力，摆脱地方政府的干扰。自武昌起义以来，鄂、赣军政府坚持对公司提出产权要求，纠缠不休，甚至在萍乡矿区内纵容自行开采。从这一角度来看，二十一条对汉冶萍公司提出要求，企图独占公司的产权并趁机将广大矿山资源囊括在内，是在政权变革后，日方与中国政府争夺公司的产权、控制权，矛盾持续发展、上升的具体表现，是谋求将对公司产权和资源的独占得到中国政府的许诺，通过条约或换文，使其正式化和合法化。

在考虑如何根本解决汉冶萍问题时，袁世凯和盛宣怀的关系成为日方关注的焦点。"盛在担任公司要职期间，公司自不易避免来自政府与外界之压迫"，这是日方回顾辛亥革命以来的历史，对汉冶萍公司与中国政府关系高度概括性的总结。既然确认盛的存在是公司招致政府压迫和外界攻击的根源，也意味着日方同时意识到盛的存在不利于公司日中合办，在一定程度上已经成为日本进一步控制汉冶萍公司的障碍。这是日本与汉冶萍关系中的新动向。加之，盛氏此时已病入膏肓，使用价值有限。由此，日方的策略正在酝酿发生重大的、根本性的转变，即从长期拉拢、利用盛宣怀，转变为抛弃盛、而直接以袁世凯政府为对象实现公司中日合办。对此，加藤交与日置益的《合办大纲案》说得极为明白：

> 前年一月作成之中日合办合同草案系公司与日本资本家所签订者，此次如再以公司为对手而签订同样之合同，无论如何已不可能。而且，即令公司同意，中国政府对此必加以反对、此诚易明之理。

由此而设想的新方案是：日本要以确实租税收入作担保，供给中国政府资金约一千万两，使之以此资金收买公司后，来与日本决定实行合办。《合办大纲案》一厢情愿地以为，当此欧洲列强正互以国运作赌注抗争、无暇兼顾东亚之际，正可利用中国政府目前财政极端困难，推行这个计划，"可将从来一切纠纷悉数扫除，而更形巩固我国在中国之地位"。①

如何解决汉冶萍公司的问题，主要是日方与中国政府和盛宣怀三方的博弈。中国政府是日方与汉冶萍公司之间具有决定权的、不可绕开的因素。日方的根本目的是要排除中国政府对公司的干预和控制，而在手段上却又不得不以政府为对象，迫使政府作出违背其自身权益的允诺。这就陷了一个自相矛盾的悖论。同时，既要政府将公司收归国有，又要政府出头与日本合办，同样是陷袁世凯于无法自圆其说的悖论之中。袁世凯毕竟是名义上独立的主权国家的元首，自有其本身得失利害的考量，未必轻易地俯首帖耳听任日方的摆布。

同样是狂妄的野心使得日方利令智昏，低估了盛宣怀坚守公司控制权的固执和顽强。在这三方面的博弈中，盛既是处于政府与日方的双面夹击、压迫之下，却历来善于倚仗日方的强势地位来抵制政府；另一方面又利用政府的干预来和日方讨价还价，争取更多的利益。在利益攸关的博弈中，盛宣怀绝不是一个轻言放弃、甘心出局的对手，即使是辗转病榻、苟延残喘之际，仍然会有惊人的表现。

袁世凯："政府不能违法干涉"

袁世凯接到"二十一条"后，曾经在汉文译本上批示过一些意见，这些批示成为中方谈判的指导性意见和依据。其中关于汉冶萍公司的第三号，有这样两条朱批：

> 此为商办性质，按民国法律，该公司保有财产营业之权，政府不能违法干涉。
> 此件应召集股东会讨论。②

---

① 湖北省档案馆编：《汉冶萍公司档案史料选编》上，第369页。
② 武汉大学经济学系编：《旧中国汉冶萍公司与日本关系史料选辑》，第549页。

据陆征祥事后向参政院报告，2月2日初次谈判，即宣言对于第四号第五号绝对不能商议，第三号汉冶萍公司纯系商人产业，政府无权可以干涉，故亦不能为国际之商议。其余各条，许与逐条讨论，再定可允与否。看来强调汉冶萍公司的商办性质，守定不干涉公司的宗旨，是北京政府谈判的基本立场。

中方代表照此行事。2月5日举行的中日外交官员第二次会议，中国为外交总长陆征祥、次长曹汝霖、秘书施履本；日本为公使日置益，参赞小幡酉吉和通译官高尾亨。据此次的《会议纪要》，其中有关汉冶萍公司问题，首先由陆征祥作基本意见阐述：

> 第三号汉冶萍公司事，该公司系商业之性质，外国政府对于商业公司均思设法保护，今中国政府不惟不保护之，而反以之与外国订约，殊觉为难。且现在即定与贵国订约，日后商民若起反对，反无以对贵国政府，此节应请贵公使体察之。

随后日方轮番提问，舌剑唇枪，步步紧逼。日置云："贵总长所云系第三号之全部乎？"得到肯定回答后，又云："如贵国政府为难，可提出修正案。"陆征祥答以"无订约之必要"。随即小幡云："然则，作政府收回该公司意解释乎？"又以"系俟将来有相当机会再行合办"相诱导。曹汝霖均答以"虽不以此意解释，而政府先与他国订约合办，恐非商人所愿"。"商人能否愿意殊不可必。"日置接着提出："此事有无他法可以商议？"被拒绝后，又逼问："如商人乐于举办，贵国政府于合办之主义不反对乎？"这里的"主义"大约是主张、原则之意。陆即指出第一款条文"是与普通之公司性质不同"，意在指出其违反了通行的公司法法规。日置仍进一步追问："中国政府所谓困难者，系指实行而言，于主义不反对乎？"曹依旧回答："商人是否愿意，不能断定。"小幡再次诘问："绝对无磋商之余地乎？"陆云："政府与政府之间先订此约，殊不甚妥。"最后日置反复逼问："将来商人与商人之间如果愿意合办，贵国政府当不至不许。""贵国政府于主义上应无反对。"中方仍未松口，陆、曹反复云："政府不能预定。"①

2月7日，日使奉其政府令，须对于五号要求全行提出修正案，方能开议。中方允将第三号作为主义之声明，即"将来如汉冶萍公司与日本商人有合意之办法而不背中国法律者，中国政府可不加反对。"② 将此意与日方要求对照，系就日方提出的将来合办一事作出修正，改"中日两国将来约定合办"为"不反对商家之间的合意"，且要不违背中国法律。而对第一条后半及第二条均拒绝议论。

3月26日，加藤以190号电指示日置益，仍坚持将汉冶萍公司案第一条改为："……两缔约国竭力促成该公司及其有关方面实现日华合办。又如约定防止中国政府不得日本国之同意，即改变该公司之现状。"并强调"第二条无论形式如何，意思务与原案一致"，即坚持其对矿山的要求，甚至提出两国派员查勘后决定。③ 如此，双方坚持己见形成僵局。

英美对日抗议：有损各国在华权利

与此同时，"二十一条"的中日交涉引起美英等列强的关注和介入。

2月9日美驻日大使听到风声，至日外务省询问，其中提及"汉冶萍公司之事关系如何？""于美国之利益，关系如何？"4月5日美使又对日外务省提出："最近奉国务卿训令，对以上各种夸大之报道，或云湖北省全部矿山包括在内，或云为长江流域全部矿山，说服力甚微，固不足道，然嘱首先就阁下明确其真相。"

4月15日英使亦至日外务省，指责其无视英国政府在华"正当获得之利权"。

4月29日，美国务卿约见日驻美大使，出示外交公函，并作四点说明，其中第三点为："关于汉冶萍公司之要求，亦与中国之主权相抵触，而且对

---

① 黄纪莲编：《中日"二十一条"交涉史料全编》，第55—56页。
② 黄纪莲编：《中日"二十一条"交涉史料全编》，第199页。
③ 武汉大学经济学系编：《旧中国汉冶萍公司与日本关系史料选辑》，第552页。

附近矿山之采掘似亦有损各国之权利。”次日，日驻美大使再访美国务卿，呈交加藤来电抄件，并详加说明，美国务卿看过抄件后，发表三点“个人意见”，其第三点云：“不许汉冶萍公司作为国有，这点反而有伤中国之最高所有权。”①

5月22日，中日签订的民四条约中，附件十一为关于汉冶萍事项之换文：

> 为照会事：中国政府因日本国资本家与汉冶萍公司有密接之关系，如将来该公司与日本国资本家商定合办时，可即允准；又，不将该公司充公；又，无日本国资本家之同意，不将该公司归为国有；又。不使该公司借用日本国以外之外国资本。相应照会，即希查照。②

与当初日方提出的原本相对照，合办的主体由中国政府一度修改为“该公司关系人”，最后定稿为“该公司”。有关产权的内容由笼统而修正为有具体明确的指向，如充公、国有，借外资等。侵犯中国主权同时并被美、英抗议有损其在华利益的第二条被取消。

盛宣怀及时向北京政府表态

作为“该公司的关系人”，盛是最早知道日本提出了“二十一条”的极少数中国人之一。

信息并非来自日方，无论是小田切或高木陆郎。

在日置益提交“二十一条”文书后，隔了一天，时任外交总长的孙宝琦，让其兄、曾受惠于盛的孙宝琛给盛去信透露此事。21日孙又亲自致盛密函：

---

① 武汉大学经济学系编：《旧中国汉冶萍公司与日本关系史料选辑》，第560—562、564—565页。

② 武汉大学经济学系编：《旧中国汉冶萍公司与日本关系史料选辑》，第557页。又见黄纪莲编：《中日“二十一条”交涉史料全编》，第140—142、189页。

"此事关系公司至重，政府必不轻许，将来或令公司举代表来讨论，同时尚多条件，彼坚嘱秘密。家兄函务乞格外慎密，勿示一人。祈即付丙为要。倘或拦入新闻纸，致生交涉，于公于私均有不利，执事亦必能领悟也。"此处"彼坚嘱秘密"当是指日方。26 日再次来函专嘱盛保密，则是袁对其发出了严厉的保密警告。孙反复叮嘱务必将 20、21 两信焚毁灭迹，"倘或尊处漏泄，或致舆论沸腾，报纸登载，必生重大交涉"，并一一具体点名，此事不可让李经方、王存善二人、盛近日由京来沪的侄儿幼安和盛身边的日人书记等知道。看来袁世凯对盛宣怀很不放心，唯恐其造出乱子。同时孙也向盛流露了自己的想法："此事细思尚系为公司保权利，于公司不甚吃亏。所差不过合办二字，其实目前已去合办无几也。"信末再次郑重对盛发出警告："弟于尊事无不关切，以后仍可嘱莲随时密达，但此次若不密，以后不敢再通讯矣。"① 莲，或指孙莲生，袁世凯第五女嫁孙宝琦之侄，即是此人。

此时盛宣怀主动应对的目标是袁世凯的北京政府。据卢洪昶回忆，日本提出"二十一条"后，盛"命洪昶亲至榻前，面授机宜，令赴驻京三月，折冲樽俎，今之当道者，亦有知其事略"②。看来当时却是秘密行动。

与此同时，盛宣怀通过李季皋与徐世昌联系，托李向徐寄去"汉冶萍与日人交涉紧要案据"及盛致杨士琦、张謇的函稿，并转达了盛的表态："杏荪又云：此事关系公司者甚小，关系国家者甚大，至于公司股商，但求其股本有著而已。其所太息者，看得美满已成之公司断送与他人，故其目的，中日合办与原议官商合办大不相同耳。"委婉而明确地表示了不同意中日合办而希望官商合办。

李函所谓"紧要案据"，当是 2 月 19 日盛分别寄给徐世昌、杨世琦的《日本售铁缘起》。此文概括叙述了自戊戌年伊藤博文来华索铁矿，至癸丑十二月借正金日币一千五百万元止，汉冶萍与日本交易的简要过程，重点在于说

---

① 王尔敏等编：《盛宣怀实业朋僚函稿》下，第 1516—1517 页。

② 武汉大学经济学系编：《旧中国汉冶萍公司与日本关系史料选辑》，第 567 页。此条有注，引《卢洪昶自编年谱》"是时盛病稍瘥，往复之电，日必数起"，并谓"唯这些'往复之电'，还有待发现"。现有部分函电已分别收入陈旭麓等主编的《汉冶萍公司》三。

明壬子（1912年）一月二十九日、小田切于神户逼其为汉冶萍中日合办东京条约签字，及后来废约的经过。盛认为，通过1913年大借款，"允其四十年之内本公司可以售给生铁、矿石各若干。于是，中日合办之合同消灭更形牢固，而汉冶萍公司得此销售矿石、生铁之特权，他国亦不得攘夺"。最后以盛之献策作结束："今为日本设想，中国倘能守定汉冶萍公司合同，供其所求，勿有动摇，彼亦不必定要开采之权，是在我国对付之手段如何耳。"①

2月28日，卢洪昶自京致盛密电：

> 顷晤杨杏老谓：公致徐、张两公函已呈总统，阅后意甚洽，极言老成谋国，至可钦佩。拟俟日事解决，请公来京一叙。公司事，杏老举孙慕老代，并留洪多住旬日以待消息。

电中杏老系指杨士琦，字杏城，即称为"泗州"者，时任总统府政事堂左丞。孙慕老为孙宝琦，字慕韩。此处"公司事"云云，意为杨推荐孙出任汉冶萍公司的董事会长。同日，盛致卢密电，颇为兴奋而乐观：

> 大局互相牵掣，谅不难解决。国家土地可让，公司产业不可让，此系万国公例。现既合力通筹，留公司以保全国业，上下同心，万世之幸。

此电表明，盛已经知道袁世凯政府关于汉冶萍公司问题谈判的基本原则，极力赞同并作出高度评价。至于公司的人事安排，盛的意见是："慕老可与宣同作副会长，往来沪渎，将来事定，慕可代我，而正会长必须泗州遥制，方能一气呵成。"令卢速向杨密陈。②

紧接着3月1日，卢洪昶见到了人称"相国"的徐世昌，3日去信向盛

---

① 陈旭麓等主编：《汉冶萍公司》三，第906—908页。
② 陈旭麓等主编：《汉冶萍公司》三，第1316—1317页。

报告，徐询问了盛的起居，"问公司事甚详，亦谓极应维持"。重要的是，据卢观察："此次东人要求条件，合办汉冶萍一节，中央颇怀疑团，适公致徐、杨、张诸公书到，中央见之前疑顿释。"又，3月12日卢致盛函，此时张謇已离京南下，周自齐接任农工商总长，卢投送盛电，周询问"股东中有主张中日合办其事否"，卢答以"非惟无此事，并且无此人"。卢函谓，"彼亦为之怳然。由是推之，当局之疑公司耸动外人则在所难免矣。"①

卢洪昶报告的这些信息，盛也从另一渠道得到印证，3月14日孙宝琦来函亦有谓：

> 泗州致公函先曾出示于弟，谓接来函后呈总统阅看，极表同情，称赞不置，谓有机缘愿得见面谈。此实三年来所未闻之语。……政府本抱定宗旨，以公司事业，政府不能强迫，正欲征求公司意见，得公函更可得有方针。子兴与日使开议，先谈大概，即以汉、冶、萍公司事政府不能强从立论，日使曾有倘日人与公司商妥，政府当不反对之语，现逐条开议，尚未议及。此事彼族原来条件系云日后有相当机会改为中日合办，是亦并非要求立办之件。都下有人揣测，公司因与政府不接洽，未能实受政府保障，唆使日人为此抵制之计。其诬公司实甚。亦有不明公司底蕴者；谓借日款已巨，内容已无异合办，不必坚持者。自执事抵书政府，痛切陈之，而我公苦心孤诣于以大白，此公司之幸，亦执事之幸。②

如此，盛派卢洪昶专程进京向各政要处预为疏通，确有必要和及时。

盛复小田切：股东反对合办，不能改变

此前，3月6日，"契阔三年"的小田切突来密电，重叙友情，称与盛

---

① 陈旭麓等主编：《汉冶萍公司》三，第909—910页。
② 王尔敏等编：《盛宣怀实业朋僚函稿》下，第1518—1519页。

同为汉冶萍公司中日合办之创始人。电云：

> 不料风闻公对此问题反对甚力，谅非公之本意。弟辱交十有九年，无日不以保公之利为念，公自熟思。且京中诸公动辄反对，公之事业妨害进行，于公与公司前途有碍。一旦合办成立，非独公司藉得基础安固，尤与公有益。万一交涉不成，诚恐大局或致决裂，我公与公司均受其累。叨在至交，密布腹心，乞公再思，设法圆满解决为盼。至于公之利益，弟自当极力维持，请以此电为证，万勿疑惑是幸。

小田切重拾故伎，一再对盛诱以私利并以决裂相威胁，同时挑动盛对袁世凯政府的不满，自不待言；另一方面也说明日方谈判受挫，合办的对象不得不依旧折向公司，希图再次从盛处打开缺口。

3月27日盛收到北京卢洪昶密电，报告了"二十一条"交涉的新进展：

> 公司事接议三日，日人要求否认国有及不借外债。政府拟缓允，交涉可和平解决。公寄泗州函、折均呈元首，阅后甚洽，已嘱泗州邀各部集议。

同日，盛宣怀致小田切万寿之助密电，回顾三年前合办废约，"股东大肆反对，弟几遭不测之祸"，称不能改变成约。电云：

> ……去年另订借款合同，展限至四十年之久，并聘顾问，部员屡驳，弟力请中央允认，此固公司自有之权，虽朝纲再易，亦不能变。合办一节，股东必始终反对，非弟一人所能独断。弟为贵国设想，一国合办，必致各国效尤。……公宜为日商计较实在利益，幸勿徒骛虚名。弟老且病，将不久于人世，有生之日决不肯改变成约，至于以后之事，相机而行，非我所可知矣。

虽然如此答复，但盛不想与日方把关系搞僵，第二天又给小田切追加一电，建议"将来倘在门司等处择地开一钢厂，日中合办，以中铁就日煤"，同是合办，效果会更好云云，以维护其与日方的关系。①

4月27日，高木陆郎抵上海，李维格、王勋对其提出质问："何故在此次日中交涉中，竟至于要求本公司日中合办？将有关商业公司之本公司事情，同政府交涉，此非怪事乎？"反映了公司高层对日方亦有不满。高木陆郎回答："此乃为不致产生所谓公司当局串通日本、使中国政府为难等等之谣言和疑虑，此外别无他意。"高木此语，颇有此地无银的意味；但也说明，事前日方确实瞒着盛宣怀和李维格等人。②

5月2日，卢洪昶自京致电盛："现闻原文：'中日政府应劝告公司归中日合办，并由关系之人劝之。'现政府答复：拟将'关系之人'字样删去。似此合办与否，权操公司。谨闻。洪明日回汉。"③至此，卢完成了在京与政府疏通的使命。

如此，日方在"二十一条"中提出汉冶萍公司问题，以要求中日两国政府合办始，而以合办与否权操公司告终，也就是仍然权操于盛宣怀；同时北京政府又承诺对该公司不充公，不收归国有等，对于盛宣怀来说，这应当是一个相当满意的结果。

但是，钢铁工业是国家工业化的基础，更是国防现代化的基础。像中国这样一个大国，国家要独立、民族要自强，不能没有自己的钢铁工业。在特定条件下，对汉冶萍公司这样唯一的钢铁企业，或收归国有，或改为官商合办，或贷款补贴，都是维护、保障它的可供选择的措施，也是政府应有的职能。"二十一条"交涉的结果，实质是日方已经剥夺了中国政府干预、控制汉冶萍公司的权力，使之失去了国家主权的保护，推动它走向悬崖、迈出了毁灭性的一步。

---

① 陈旭麓等主编：《汉冶萍公司》三，第1317—1319页。
② 武汉大学经济学系编：《旧中国汉冶萍公司与日本关系史料选辑》，第570页。
③ 陈旭麓等主编：《汉冶萍公司》三，第1319页。

第三十五章　通惠借款的分歧及其结局

公司迫切需要政府维持而遇阻 / 通惠公司借款的由来 / 总事务所迁汉变卦 / 政府："必须总经理有全权""董会只任监督" / 取代盛的控制权　通惠合同及附件出台 / 盛宣怀拒绝签字　转向日本求援 / 盛宣怀发动阻击　日正金总行表示合办决心 / 一曲串通日方演出的双簧 / 日本干涉帝制与干涉通惠借款之关系 / 盛宣怀提出合办方案和先决条件 / 解决"通惠问题"成为合办障碍 / 没有结果的结局 / 公司生存环境加剧恶化的集中反映

通惠借款案是盛宣怀和袁世凯、日方三者之间最后的一场博弈。

这次借款以 1915 年 10 月 15 日高木奉盛宣怀急电抵沪为分水岭。前期是汉冶萍公司向北京政府求援，商谈借款条件，争议公司总事务所是否移汉和总经理的权限，直到盛拒绝签字；后期系盛串通日本正金银行，干预通惠借款，并就合办条件、方式等进行秘密协商，直到通惠借款流产。

20 世纪 80 年代末，代鲁与夏东元两位前辈学者，对此案中的盛宣怀有过不同的评价，进行争鸣。[1] 本章依据现有史料，着重对此案的来龙去脉，

---

① 夏东元：《论盛宣怀所走的"U"字型路程》，《近代史研究》1988 年第 4 期；代鲁：《关于辛亥革命后盛宣怀阶级性的转化问题》，《近代史研究》1989 年第 4 期。前者认为，盛宣怀表示同意接受通惠借款，"这是他过去的利用外资但避免'外人执政'主张的再现"，"仍以民族性较强的实业家终其生。后者认为："在汉冶萍公司中日合办问题上，有理由认为，盛宣怀不仅是始作俑者，也是临终未悔者。"两者尖锐对立。

尤其是对盛提出中日合办及其方案进行了较为详尽的梳理，认为事件真相应是：在使通惠合同被搁置后，盛也将中日合办的协定推迟。

公司迫切需要政府维持而遇阻

1915年初，盛宣怀派遣卢洪昶进京，不仅是打探信息，更是运动政府对公司予以扶持。

3月22日，"二十一条"交涉正在紧张进行，盛宣怀致卢函，命其谒见杨士琦，"必须各部所欠公司之款全数归还"。次日，盛有长信致杨士琦，所言三事：一是前日有人自东京来，为中日合办做说客被其拒绝，"并告以政府并不与公司为难，惟部中有一二人于我有私怨，乘机勒逼，容或有之"，政府必能实力维持云云。二是要求政府归还欠款。强调"现计结欠正金合同之外，短期借款一百四十三万余两，若一旦逼我归还，如不归还，逼我合办，到那时候断非空言所能抵制"。恳求密陈大总统，但求陇海铁路所欠公司轨价七十余万两，交通部扣去各路轨价数十万两，海、陆军部所欠萍乡煤价十余万全部归还。"有此三款抵还正金短借之款，所缺无多，公司便可放胆极力抗拒，不致前功尽弃。"三是公司申请官商合办尚无结果，而杨有意推荐孙宝琦出任汉冶萍公司董事会长，盛因此恳求袁准许孙来沪与之商谈并实地考察厂矿，回京向袁汇报后再作抉择。透露了身后以孙为"替人"的意向，仍请杨出任公司董事会长"无再多让"，"惟此公司内与各部、各省交往，外与日人干涉，必须中央政府提挈纲领，方能水到渠成。不特鄙人不入政界，惟公是赖，即慕韩将来亦必须与公联为一气"。信中所指"部中一二人者"，明显系指交通系梁士诒、叶恭绰等，扣去陇海及各路轨价亦系交通部所为，后来通惠借款也坏在他们手里。此处盛明显是在利用杨与梁之间的矛盾。盛既配合政府与日交涉，表态拒绝中日合办，确有困难要求政府扶持自是正理，此信文字却不无借此要挟之嫌。

3月29日，卢自北京来函报告，政府拟"令日商自与股东直接商量，愿否合办，悉听股东之便""其对内方法，礼拜六已开御前会议，一致赞同实力维持，当饬中、交两银行筹款归还轨价，俾利进行，并令孙慕老来沪与公面议办法，以期久远。"4月2日来函又谓，蒙元首于盛勘日去电上亲加批语，其大意是："若无他种事故，京奉路改换重轨，应向该厂购买，以免利权外溢"云云。当由政事堂将原电批示，发交通部议复。①

北京传来的也不尽是好消息。4月16日，盛致卢函，以煤价租费既经财政部周总长认有着落，命卢乘此机会上紧催索，总以收到此款可以抵用为目的。22日卢复函大叹苦经："此间凡可为力之处无不哀告而恳求之，其能复函查帐认有此款，已觉费杨公之力不浅。即如此次钧电所请之三十万，元首已令交通备款，梁总理允于二十七日照付。然自接沪函之后，闻又有悔议之说，亦可见事之难矣。"盛所请之三十万，是因还款久未落实，请求由中、交两银行先垫拨；梁总理者，交通银行之总理梁士诒也。如是，卢只得把球踢回来："如果约期不应，只得拟请钧处，仍由孙公电呈元首，而其能否照交亦未可决也。"

孙公，即孙宝琦。于4月23日抵沪，向盛传达了袁世凯的意旨。部拨之三十万始于27日拨到。29日，孙致杨士琦函，请他先代向总统陈明，主要是为公司叫苦：

> （公司）目前所仰望于政府者，在京外各处欠款先行拨还，俾资周转，此固非有意外之要求。前蒙大总统面谕，各部迅速筹还，而日久迁延，迄无眉目，伊始有由中交两行借拨三十万之请。查陇海铁路所欠轨价六十七万余两……财政部来函本未指定陇海轨价，不意百端刁难，仍以陇海债票由公司抵借。照此情形，虽大总统有意维持公司，仍不免受种种困难。而陇海及他路所欠轨价尚多，不知何日始能归清。又如京奉路轨舍汉厂五十余两之轨，而购英商七十余两之轨，殊足使华商短气，愈令外人生心。

---

① 陈旭麓等主编：《汉冶萍公司》三，第910—913、919页。

信中孙的结论是："'物必自腐而后虫生之'。政府倘欲实力维持公司，非将现在各种困难概予解除，不足以保存利权，杜绝觊觎"。①

通惠公司借款的由来

1915 年 4 月 1 日，陶湘自北京致函盛宣怀谓："有一事最关紧要者不能不先行奉闻，以便筹备对付之策。"用一句话来概括这一事件的核心，就是梁士诒"欲思督理汉厂焉"。

据陶湘在信中说，此事极为复杂，既涉及盛梁之间的老账，又涉及近期梁与杨士琦，粤系与淮系之间的竞争。盛宣怀早就考虑到汉冶萍公司"非有官界极深信又为商股所许可之人总理其事，不能振理"。几经周折，最后推荐杨士琦，而杨士琦则力举孙宝琦（乐安），袁总统亦甚许可，且孙已奉令旨即日南下。盛与梁士诒（三水）意见之深，人们都知道，就是袁也深为了解。而梁因总统有中、交两行维持之语，遂密陈："汉、冶按此时计划九百万元之外，尚须筹划至少非一千五百万元不能星回岁转。"梁提出由交通银行负责筹备，总统被说动，拟许可，密商于周学熙。学熙字缉之，其父周馥曾任两江总督，袁的八子克轸是周家的女婿，周学熙长期协助袁掌管北洋经济、财政。时新任财政部部长，本无别意，况有梁的交通银行承担，中国银行可不过问，也打算且推出去再说；但深知梁此举别有用心，又不以梁办理为然。周近日与欲辞职的农商部长张謇交好，愿张留任，与之密商，张则力言梁之用意未必纯乎为公，况系商办公司，岂能一厢情愿。周深然其说。陶湘最后认为："总之，泗州不推出，三水决不生心。今推乐安，则三水固可蔑视。借银行筹款，邀得督理，既可固宠，借谋退步，计亦良得。极峰亦知筹款为难，且深知三水与钧处不合，未始无利用心思在内。"② 如是，汉冶萍公司的命运在外患日迫的同时，又陷入官僚集团错综复杂的内斗。

---

① 陈旭麓等主编：《汉冶萍公司》三，第 923—925 页。
② 陈旭麓等主编：《汉冶萍公司》三，第 916 页。

孙宝琦5月南下与盛商谈后，回乡扫墓，听说汉冶萍公司召开股东大会，四月初七自杭州来信表示，不要急于举会长，"即举定鄙人亦决不敢遽行就职。一则政府维持之方针未定，二则外交之问题未解决"。5月27日股东大会选出董事九人，孙得票居首位。孙阅冶汉厂矿、返京晋见总统后，5月31日致函盛，告知"前有某人在首座前谓，日本官制已在大冶设官，可为执事卖矿之实证。弟日前在首座辩明其诬，首座亦出于意外"。孙将不可合办之利害密陈，袁已同意由王存善代表公司董事会来京与杨士琦妥商办法，一切要求政府的条件先行呈报。公司发售公债并由政府保息，杨与农商总长周自齐皆赞成，财政总长周学熙亦不反对，但保息期不可太长。①

6月8日孙宝琦、王存善自北京致电盛宣怀，报告了他们与政府商议的结果：

> 昨泗州召集两周一梁切商维持办法，皆见总统。允由通惠公司出面，十月间自发实业债票，每年拨付公司三百万元，四年共一千二百万元，政府出息六厘，公司贴息二厘。第五年起，分作十年归还本息。九月前，周、梁允由中、交两行以股票抵押，每月借给二十五万元，待债票发后扣款还股。九牛二虎之力方办到此，全赖泗州作成。惟闻须招商局派督察、稽查各一员。盼电复。

两周一梁指周学熙、周自齐、梁士诒。此电最后一句电文疑有脱漏，当是政府须按照招商局之例派督察、稽查之意。②随即王存善回到上海向盛作详细汇报。

6月25日，派驻公司的日本会计顾问池田茂幸，已经探得内情，向正金公司总经理井上准之助密报：此次在京，由袁克定、杨士琦、周学熙、孙

---

① 陈旭麓等主编：《汉冶萍公司》三，第927、938、940页。

② 湖北省档案馆编：《汉冶萍公司档案史料选编》上，第372页；又见武汉大学经济学系编：《旧中国汉冶萍公司与日本关系史料选辑》，第579页，电文相同，并注明来自"公司《董事卷》105号"。陈旭麓等主编的《汉冶萍公司》三，未收此电。

宝琦、孙多森等提倡，集合友好三十人，各出资金五万元，共募一百五十万元，并财政部通融资金三百五十万元，共计五百万元，组成通惠公司，专营承受发行公债等事，由孙多森任总经理，有关当事者业已内定，公司成立时，即以下列条件由该公司承受发行公债事宜：一是金额一千二百万元；二是偿还期限四年；三是利息年息八厘；四是无担保；五是中国政府保证。[①]

这家通惠公司，据《三水梁燕孙先生年谱》记载，系梁于民国三年五月创办，"是时外间盛传皖粤两派不相能"，因组织此公司而以皖人孙多森任总经理。另据1960年调查材料，此公司主要为孙多森所创办。[②] 上述通惠公司组成人员中，袁克定是袁世凯的嫡长子，从去朝鲜起，一直随其父在山东巡抚、直隶总督、军机大臣任所，对官场情况很熟悉，也有政治野心，此时正为推行帝制、实现其皇太子梦而奔走。孙多森是安徽寿县人，袁任北洋大臣时曾任天津劝业道，民国初年孙任中国银行总裁，先后创立阜丰面粉厂、北京中孚银行，与袁世凯、周学熙都有很深的渊源，是皖派在财政金融、实业领域中的大将。此时正是铁路大参案期间，6月18日，津浦铁路局局长赵庆华被撤差，20日，交通次长叶恭绰停职待查，粤派交通系严重受挫，而皖派极为活跃，故池田在信中认为：广东派失势，安徽派计划乘机攫取财政、交通、陆军等部。此项计划，能否进行无阻，尚未可知。

池田冷眼旁观，在密报中指出："此种计划，在大体上，与其说意在谋政府财政之改善或该公司金融之救济，莫若说系关系当局为从中渔利自肥，此实不难想象。"此言可算得是一语破的。这家以袁克定为首、而由北洋集团高层亲信组成的公司，就其组成、使命和运作方式，都与晚清宣统年间盛家的六合公司十分相似。其资金来源中，个人出资共150万元，占30%，是否到位，尚未可知；而财政筹款350万，占70%。也就是说，主要是将国家财政资金提供给通惠，再由通惠经营发行公债，转借给汉冶萍公司。不同的是，原来六合公司贷款、转手之间所得的高额利息由盛家收入囊中；如今

<hr />

① 湖北省档案馆编：《汉冶萍公司档案史料选编》上，第373页。

② 武汉大学经济学系编：《旧中国汉冶萍公司与日本关系史料选辑》，第576—577页。

则是包括政府补助的六厘在内，年息八厘将全部拱手奉送给袁记的通惠公司。对盛来说，可谓是以其道还治其人之身；不仅如此，通惠公司还企图全面夺取汉冶萍公司的控制权，由此而产生严重的分歧与争夺。

总事务所迁汉变卦

6月21日孙宝琦自京致盛宣怀电："子展到，想已详陈办法，总经理代会长负责任，如内阁制，未始无益，宜速表同意，以深政府之信，日后方顺手。"看来王存善带回来要与盛协商的问题，首当其冲的是企业管理体制，实质是公司由谁来控制的问题。

6月30日孙再次来电云，孙多森（荫亭）不愿担任汉冶萍公司总经理，赵椿年同意与孙宝琦于7月10后南来调查再定，孙称赵"和平精核，琦所心折"，希望盛同意由赵任此职。[①]

赵椿年字剑秋，江苏常州人。据说赵之所以被指定出任汉冶萍公司总经理，一是赵曾任财政次长，既可代表政府，又体现与周学熙的关系；二是汉冶萍公司主要职员多为常州盛家人，赵与盛同乡，便于接班。[②]

随后，孙以审计院长名义视察汉冶萍厂矿，赵同行。7月25日盛宣怀将亲笔手书的《总经理权限及整顿公司办法》面交赵椿年与孙宝琦。其中有计划"总事务所移至汉厂，总经理主之"，"总经理二人，照章由董事会公推委任。"拟一人专理工程之事，尤重在扩充新事业；拟一人经理工程以外之事，尤重在整顿除弊，裁节经费。

8月13日公司董事会致电孙宝琦：

> 本日开会，公举赵剑秋先生为本公司总经理。并经公议，应照商律及公司章程总经理应有职权全行付托。其应办公司一切事务，均不逾总

---

① 湖北省档案馆编：《汉冶萍公司档案史料选编》上，第373页。
② 武汉大学经济学系编：《旧中国汉冶萍公司与日本关系史料选辑》，第577页。

经理责任范围。公司员司人等，均可由总经理节制，遇有大小事件，均得随时会商董事会办理。以期积极进行，共济艰难。

此电之实质在于坚持以董事会为最高决策机构，总经理应在董事会领导下负责执行。实际否定了6月21日孙来电所强调的北京方案："总经理代会长负责任"。8月15日赵椿年来电表示不敢承担，须"与当事诸公从长计议"。19日孙致电盛：

> 盛杏翁：愚密。董事会诸君均鉴：函电均悉。总公所移汉变卦可诧，然尚非紧要。总经理职权责任，必须明白解释，员司人等归其节制，是否有黜陟之权，大小事件得与董事会商办，是否无论大小不能自专，倘用人行政，巨细均须商同董会，则总经理直同虚设。前日总统亦问总经理有权办事否，泗州谓权限不足，财部必不满意，望速明示。至子展信云，二十五日不得政府接济，将有变局，迹近要挟，幸勿再施，以致决裂。再总经理公司如何待遇，月薪若干，有无佳宅，剑秋系有身份之人，若非优待，恐亦不就。

盛宣怀立即作出批示："此电须详细酌斟答复，关系非同小可。拟请展老先约一二人商拟，交下复核，再行开会公议复之。现值交接关键，宁迟毋错。"①

这里涉及三个问题，一是总事务所要不要移汉口；二是总经理的职权；三是总经理的待遇。实质在于总经理的权限，即董事会会长负责制还是总经理负责制。这不仅是财政部和杨的意思，连总统本人都亲自过问了，自是非同小可。

孙宝琦对总事务所移汉变卦感到诧异，但又说"尚非要紧"，是他不了解企业的情况，又未深思。从历史沿革来看，汉冶萍实际是实行盛宣怀终

---

① 湖北省档案馆编：《汉冶萍公司档案史料选编》上，第374—376页。

身负责制。自盛接办铁厂以来，官督商办，盛任督办，是督办负责；光绪三十四年成立股份公司，盛宣怀奏请改督办为总理而不设董事长，而以总理主持董事会议；民国二年股东大会改选盛宣怀复任总理，盛坚持改为董事会会长始就任。名称变来变去，盛宣怀始终掌握着企业的控制权却是十多年来不变的一贯制。总事务所移往汉口之议，始于民国二年盛宣怀任会长之后。汉冶萍三地均远离上海总公司，公司作为一个以钢铁生产为中心、产销相互衔接的联合企业，指挥生产、协调运销自以汉口为中心适宜。曾任铁厂总办、后任公司协理的李维格，因其在赵凤昌任董事长后留任经理而受到攻击，在民国二年股东大会后提出辞职，虽被婉留，实际已失去盛的信任，负责大冶新厂的选址后，淡出决策层，称病休养。经理由王勋代理，总事务所迁至汉口的方案亦未能实施。

盛宣怀在将所拟《总经理权限及整顿公司办法》交给赵椿年后，猛然省悟，于8月5日致函孙宝琦："总事务所移设汉口，一琴、阁臣诸君早有此论，但董事会之意，其移设与否，须视政府补助之千二百万元能否照办。至会计总所之地点、性质则须俟总事务所计画定后，再照公司定章，开董事会取决多数之同意也。"① 无怪乎孙谓其变卦。8月11日，公司股东联合会致函董事会，与盛宣怀相呼应，称公司在辛亥以前办事实权皆在汉阳，以致有林虎侯等吞挪亏欠之事，百弊丛生。强调董事、股东多在上海，便于考核和监督，故公同协议专函布达，倘董事会决议将总事务所改设汉口，日后产生弊端将追究董事的责任。8月14日，以公司董事会的名义分别致函孙宝琦、盛宣怀和股东联合会，表示"董事未便违反大多数股东之同意"。其中，董事会致孙、盛函云：

> 且公司以股东为主体，董事会为股东所举之立法机关，照公司章程，股份在十成之六以上，有议决各事之全权。现已有十八万九千八百余股之股东，已占全股十成之六以上，照章可以开会议决各事，董事自

---

① 陈旭麓等主编：《汉冶萍公司》三，第956页。

未便违反大多数股东之同意，等语。①

此函强调以股东为主体、由董事会立法，已超越于总事务所这一具体问题，与13日致孙电强调总经理"遇有大小事件，均得随时会商董事会办理"相呼应，已经基本形成了盛宣怀依托董事会、利用股东联合会、伸张股权，与袁世凯政府意向相对抗的势态。

盛宣怀原拟设经理两名，如民国元年李维格、叶景葵各自负责对内、对外之例，分而治之；现拟奉命公举赵椿年为总经理，已是作了让步。行政权力已集中于赵椿年一人之手，自然是听命于北京；如果再将总事务所迁往汉口，盛及董事会、股东联合会均在上海，鞭长莫及、尾大不掉，盛及董事会均被架空，皆是意中必然而不可避免。孙说"尚非紧要"；盛却是势在必争。不仅是见识不一，更是利害关系不一样。

政府："必须总经理有全权""董会只任监督"

8月22，公司董事会致电孙，表示总经理权限如总统所言，必用优礼，有权办事，不日开会议决电告云云。同时提出，"垫款既难先定，可否请部饬两行先许挪借。如不能照合同所议，即在轨价内扣除，以应眉急。"又说到事务所不移，系出多数股东公意，董会碍难反对。既然孙认为"尚非要紧"，董事会就认为孙已同意了。此电的要旨，实在讨款。

23日，孙复电盛，借款事部和银行都推给路局，孙虚应了一句"计可照借"，以下便专论总经理职权：

> 部意仍须董会、股东会举明白代表来京，通盘商议妥善办法。必须总经理有全权，政府方能维持到底。众股东果能自添资本，不赖政府则已，若仰给政府，非总经理操用人、行政之权不可，董会只任监督。权

---

① 湖北省档案馆编：《汉冶萍公司档案史料选编》上，第420页。

限须分明，希熟筹之。

以上第一句，便把此前公司所有答复全盘推翻，须要重新通盘议定。"明白代表"一语颇堪玩味，指斥公司意见皆"不明白"也。政府的意见斩钉截铁，毫无商量的余地，语含威胁。此电表述极为明确，毫不含糊，是要以总经理负责制取代原有的董事会会长负责制，董事会退居监督的地位。

对此，盛以公司董事会的名义，按照原定的基调，分别函电孙宝琦，采取了四点应对措施：

一、厚予月薪，以示礼遇。此前张謇系名誉总经理未领报酬，李维格经理系六百金，叶景葵经理系四百金。为了优礼隆重，公司将正副经理月薪并送，赵椿年月银一千两，住宅费照章在内。

二、确定总经理权限。公司拟定一个方案于8月24日电致孙宝琦，孙于9月1日回电"财部似已满意"，9月6日，公司董事会致函聘请赵椿年为总经理，函称："兹经敞会公同推定，敦请先生为本公司总经理，并将董事会应付职权付托，凡公司事件，均在总经理责任范围以内：一、公司员司，归总经理节制进退，但向章撤换员司时，应将理由预告董会；二、遇有更变章程，重要事项，照章商明董会公决；至经常应办之事，不在此列；三、总经理分高责重，以极优之礼待遇"。第四条即为月薪定额。

三、要求孙、赵"两面兼顾"，拒绝再派代表商谈。孙9月1日来电再次催促"借款事，部请董事会、股东联合会各派代表一人，须熟悉帐目、新旧债合同及厂矿情形者来京详细讨论，通筹办法，俾早定局，希速照办"。次日，董事会复电称，股东联合会无权派代表，于焌年曾任公司会计，农商部王治昌（槐青）两次至公司调查，情况熟悉，均在京可备询问。"至通惠公司借款合同，公与剑秋皆负公司重任，必能两面兼顾，请与部、行定稿，寄沪一阅。要在商务、会计两科，说得到，做到得，便可定局。"

四、进一步申述理由。9月15日公司董事会致函孙，寄去按照孙的要求拟定的两份呈送总统的报告，同时补充申述了两点理由。一是关于总事务迁址，主要原因在于总公司有日本工程、会计顾问各一人。事务所一旦移汉，则董事、股东远在沪上，不好对付日人顾问。此事关系主权，涉及外交，故不便明言。二是关于总经理的职权，更有苦衷，公司已借日金一千五百万日金，较此次政府间接借款为数更多。如果明确规定政府所派之人全权在握，董事会仅止监督，日人比较债权之大小援例要求，公司将何以对？

所附拟呈送总统的报告，一是以"吁请饬部立案遵照，并派员监察稽查"为题，汇报公司当前扩建的基本方案、所缺资金及此次发行一千二百万公债的办法，要求总统批准将拨借债票，并先由中、交两行垫款各办法，令财政、交通、农商各部迅予实行，以资救济。二是向政府提出四项要求：请拨大冶官矿、解决萍乡高坑煤井悬案、统一全国铁路轨制、暂免扣还各路轨价等，恳求大总统主持，明令交通部、湖北、江西地方政府遵照办理。致孙函的结尾说："总之，公司艰危，已达极点，非由政府速赐维持，则破产即在目前。河润之施，恐无济于枯鱼之肆矣。务求会长代陈，早定大计，以践政府之前诺，以济公司之艰难。"①

购进官有铁矿、开高坑煤是企业近期急待开发的项目，公司期待着靠它扩大生产能力，增加利润，走出困境；更迫切的是指望着靠它归还此次新增的巨额贷款。这两份报告表明，汉冶萍公司不得不有求于北京政府的原因在此；不得不对政府和通惠公司作出巨大让步的原因也在此。

综观盛和公司董事会应对的策略，似有几点值得注意：

一、表现为极力满足对方要求，尽力作出最大让步，但始终坚持一条底线：董事会对于公司人事、重大事项、章程改变具有决定权。

二、拒绝派代表去北京谈判，责成孙赵"两面兼顾"。这可说是颇有深意的一手妙招。明知北京政府是一言堂，盛已是辗转于病榻，派谁去也占不了上风，谁去了也是吃力不讨好，不如不派；孙赵二人，一是新任董事会长、一是新任总经理，理应是当然的代表，理应全权代表公司的利益。"两面兼顾"一语颇有深意，既点出了他们的来历和身份，也暗示了他们内在的

---

① 湖北省档案馆编：《汉冶萍公司档案史料选编》上，第376—379页。

矛盾，且看他们如何作为。盛的意图大约是借此摸清对方的意图，以逸待劳，变被动为主动，争取时间。但此时已由不得盛作主，后来仍然是派袁世凯比较相信的王存善再上北京。

三、9月15日致孙函，都是拿日本来说事。"二十一条"交涉的硝烟尚未散去，问题不在于具体的理由有多大的说服力，而在于日本这一因素的客观存在不可忽视，它可能是导致事件走向发生转折的最大变数。

从深层来看，盛还在观望，还对袁政府有所希冀，是软磨，而不是硬抗，形势使然。

取代盛的控制权　通惠合同及附件出台

9月29日，孙宝琦与王存善自北京致盛两电，孙又追加一函。

前电云，本日同见赵椿年，逐层解说，方允就职。旋见财长，周提出须以汉冶萍公司股票抵押，系专防票权落入日本手中，"政府以千余万巨款维持公司，使钱去而权仍归日，事理固不平，在事者亦不能担此责任"。同日，财、农两部长，中、交两总裁，通惠公司及赵剑秋同孙、王在杨士琦宅会议后，孙王电云："咸谓为保全垫借款信用并公司利益起见，总经理须有用人办事全权，黜陟无须预告公司，组织及办事章程由经理核定。非此不能定局，成败呼吸，急盼电复。"① 孙致函盛，作了补充说明：

> 昨日会议专讨论总经理权限，燕孙主持最力。缉之亦谓："非此不可，实为公司计。缘总公所迁汉问题，系执事主张，乃总经理甫举定，而联合会即出而反对，明明是防堵总经理，若不明白规定，必至总经理无实权办事，于公司安望有整理之一日！"弟答以："用人预告，系属向章。"咸谓："现在既望政府维持，何能拘守向章？"等语。子展辩论甚多，亦归无效。泗州嘱先电询左右，如不能完全承认，则借款、垫款不能商

① 湖北省档案馆编：《汉冶萍公司档案史料选编》上，第379—380页。

议。成败呼吸，我公必能熟权利害，迅即见复。①

如此，可见会上争论之激烈。梁士诒"主持最力"却一笔带过，想必有更不中听的话，不宜转述。在总公所迁汉问题上，周学熙抓住了盛出尔反尔的把柄，以此为突破口，揭出了盛的真实意图，把矛头直接指向盛本人，为总经理争权，明显是要除去盛的干扰，态度强硬，不容商量。从会上的形势看，在关于总经理权限上，亦即取代盛宣怀对公司的控制权，关键的梁、周、杨三人已经取得一致，并无分歧。盛屡屡向之求援、寄以期望的杨士琦，当日召集、主持会议，也未给盛留下任何回旋的余地。孙除了在双方之间联络外，起不了什么作用，会上对孙已有的允诺也不屑一顾。

同日，在上海的盛宣怀，接到高木陆郎自日本的来信，主张"汉冶萍制铁，若松制钢"云云。盛复信尚云："惟政府之意捉摸不定，于是股东之意多数愿归国有。目下孙君、赵君尚未此意，内意亦正在活动之时"，对争取政府支持仍抱有些许希望。同时，告知他的病一时不能全好，有些情况函内未便披露，"望阁下即日来沪，切勿迟延"。已经在向日本招手了。②

1915 年 10 月初，汉冶萍公司向通惠公司借款合同草案及其附件出台。其第一款至第四款主要内容是：借款金额定为通用龙洋一千二百万元；分四年交足，每年摊洋三百万元，照九五交付，按月如数交与总经理；常年利息八厘；还款期限以十四年为期，前四年只付利息，自第五年起至十四年止，每年将本息匀摊十分，每年归还一分。

其第五六两条原文如下：

第五款　汉冶萍公司以全部股票并指明陆续新出之货物为第一次抵押。随时按照交款数目，开具货物细数保单，并照抄股册交存通惠公司。

---

①　陈旭麓等主编：《汉冶萍公司》三，第 961 页。
②　陈旭麓等主编：《汉冶萍公司》三，961—962 页。

第六款　汉冶萍公司如欲续借款项，须先向通惠公司商议。倘不得已，有向他处借款之必要时，商允通惠公司后，方得向他处提出债务条件。如通惠公司一方面无正当之理由停付本合同借款，则汉冶萍公司不能履行本款之义务。

随即引起争议的不仅是此两条，还有合同的附件，更为严厉苛刻。原文如下：

第一款　总经理职权应照原电商定有完全用人办事之权，其公司一切组织及章程并须由总经理核定。

第二款　汉冶萍公司总经理一职如有变更，须由通惠公司选荐照推。

第三款　汉冶萍公司现属华商自办性质，以后如有变更，或为全体股东主权之变更，应先由通惠公司主持。

第四款　汉冶萍公司股东倘将股票转卖，只准通惠公司经售。如查出卖与非中国人，或将股权私授与非中国人，得由汉冶萍公司取消其股东权利，并照违背本国法律办理。由汉冶萍公司董事负其责任。

第五款　汉冶萍公司如须向他处包工采办材料、转运或关于商业上委托办理等事，通惠公司应享有优先承办权，但其价值不得贵于他处。

第六款　汉冶萍公司届时不能按照合同第四款定期还款付息，得展期六个月。倘再不能照还，应由通惠公司交涉收回管理权，交债权人执行管理。①

我们读此合同的总体感受是"相煎何太急"！与日本的借款合同相比较，有过之而无不及。只能说是日本还有顾忌，唯恐鱼儿惊了不肯上钩；北洋官僚集团则是赤膊上阵，穷凶极恶。

---

① 湖北省档案馆编：《汉冶萍公司档案史料选编》上，第 380 页。

盛宣怀对此反映强烈，病中不能握笔，于 10 月 7 日命七子代复一信致王存善，请王转达。如果说此前盛的应对还是运用太极功夫，此际便是揭开面纱，短兵相接，挺身反击了。此信首先指出要害："公司现处绝地，非国家维持，万难独立，但如政府必欲百计侵夺股权，殊非大总统维持公司之初意。"其次则回顾日人要求合办之时，总统授意董会股东合力抵制，幸藉商办公司名义得以保全。由此可见，商办公司各国无强夺之理。"今总经理力争行政用人全权而无须预告董会，则董会直同虚设"，今已派一正会长，一总经理，"皆欲离开董会，独自为政，则公司已失董事会之权限，不成其为公司矣。""又岂能执公司名义抵制外人乎？"再次，指出"梁、周又欲添出新花样，干涉股票，是又欲令股东一概抹煞，则公司不撤而自撤矣。"最后提出："必须开股东会征求多数股东意见"，"只仗大总统及泗州所见者大，必能主持定见，不为人所动摇"。这最后一句话，颇为策略地将责任归咎于梁士诒等。并附致杨一函，求其大力斡旋。此信至为紧要，是盛不甘坐以待毙的一线希望，写给王存善而不写给孙宝琦当是经过思量的。

10 月 8 日，盛致孙宝琦一函，与以往两人之间的书来信往大不相同，纯乎是公事公办，客套之外，实际内容只有一句话："总之，此事重于对外，而对内似尚不难商量。所踌躇者，断不可于原定官商合力抵制之主意，自相矛盾。"

这两封信的共同点是指责袁世凯政府，包括孙宝琦在内，既违背公司法，以政府行政权力侵害股东权力；又背信弃义，违背了当初全力抵制日本的初衷。道理大体是如此；但就盛来说，似乎也是先站地步，随即将要有所动作了。

同时，代经理王勋致函公司董事会指出，其附件第五款于公司营业进行颇有妨碍。查通惠公司现在尚未有驻外洋采办机关。公司所用华料，向只系在汉、沪自行购办，似不须假手他人。公司在英国伦敦久经设有分局，向来经办各事及采办欧洲机料，无不合宜，自当留办，以资熟手。在日本则已与东方商运株式会社订有合同，所需日本物料归其经手，合同关系不能更改，似不能再订由通惠公司代购。等等。所说也是实情，于此可见通惠某些要求之荒谬、无理。①

盛宣怀拒绝签字　转向日本求援

10月13日，王勋公然将仅有一份的通惠合同草案，交与日本会计顾问阅看，违背政府不令日人预闻之意，盛令其收回。何以至此，真相不明。

15日，高木陆郎奉盛急电相召，此日抵达上海，系为借款之事。

同日，盛致孙宝琦函强调，有关借款之事，公司与日本签订的会计顾问职务规程曾有"协议"明文规定，据王存善言日本使馆小幡早已知之，且公司会计顾问亦向王勋问过，"如此看来，谅难隐瞒，且亦何必隐瞒。但与其将来签字后受他挑剔，或竟借端与弟翻脸，弟虽可托病告退，其如大局何？鄙见不如按照合同，预先与彼协议。汉冶萍为商办营业公司，通惠亦为本国商办公司，借款正大光明，何必讳言，示人以弱。""大局"云云，已有恐吓之意；信首曾言"合同甚为完美""本可立即签字"，函末又云"鄙见此合同决无意外，不过稍缓数日耳。祈密告诸公为祷"。盛已将孙玩弄于股掌之上。

16日，日本正金银行上海分行经理儿玉谦次致函公司董事会："顷闻贵公司向通惠公司磋商借款，如所闻属实，应请尊处将该借款所有各条件全行示知为荷。查此事鄙意以为应先与鄙人商议方合也。"②

可谓应声而至，大有兴师问罪之意。由此开启了日方新的一轮干预。

儿玉此函指明要看借款所有各条件，其中不无来头。

18日，高木以密函及时向日使馆详细报告了盛与董事会内部的动态。事关重大，现摘要归纳如下：

一是阐述了盛急召高木来华的原因。

---

① 陈旭麓等主编：《汉冶萍公司》三，第962—963、967页。
② 湖北省档案馆编：《汉冶萍公司档案史料选编》上，第381页。

通惠借款一事逐渐明朗，"一向公司经营者之主体，将全然变更，以通惠公司代替旧有股东，完全剥夺盛氏实权。此种情势，颇为显著，因而莫如与日方商量提携，加以防止"，故急召高木。①

二是盛拒绝签字，公司董事会发生冲突，不欢而散。

原来，从北京归来之王存善，宛然以通惠公司代表自居，以为全部合同正文和附件，已经袁大总统批准；合同正文，与日本已有约定毫无影响，而"附带条件仅系内部关系，绝对无告之日本方面之必要"；"以后如发生异议，可由通惠公司与日本方面交涉等语"，逼迫盛氏签字，并以汇兑支付日期迫促为由，希望于十五日内一定签字，语气甚为强硬。其他董事认为，不久即将称帝的总统已亲笔批一"妥"字，有如圣旨，虽觉王氏所言无理，但也无人出头反驳。如此，盛陷入重围。如签字，盛不仅失去实权，且合同一旦公布，公司股价必大跌，遭到投资者的怨恨；如盛召开股东大会，公然带头反对，便是反对袁世凯政府，盛又无此胆量。盛反驳王云："条件不加研究，就贸然签字，则不必前来逼我，即由正会长孙宝琦及首席董事王子展签字，岂不可以？"双方言语冲突，不欢而散。盛宣怀"唯有依赖第一债权人之日本，以谋此项合同条件之放宽，此外必无他策"。故令高木转托儿玉公开迫使公司展示全部合同内容，陷彼于被动。

三是盛请求日本"维持旧有股东权利"，主动提出了中日合办问题。②

高木认为：

> ……盛氏年迈多病，其实权转于通惠公司及赵氏，彼虽无异议；但不愿使所有多数股票全无价值，为防卫起见，不得不向日本方面请求援助，此不但盛氏个人如此，恐全体股东均有此种愿望。

情况既如上述，而北京方面之压迫，愈来愈急。盛氏之意，以为日本能够维持旧有股东权利，盛氏即可开始运动，使公司成为中日合办一

---

① 武汉大学经济学系编：《旧中国汉冶萍公司与日本关系史料选辑》，第592—593页。
② 武汉大学经济学系编：《旧中国汉冶萍公司与日本关系史料选辑》，第593—594页。

事，迅速告成，以符日方之希望。

高木还汇报了盛策划的手段方法，即根据中日订约后中国政府的声明，如公司股东没有异议，中日合办也无妨碍。一方面由公司召开临时股东会，请求政府将公司全部股票约一千五百万元，以现银一千二百万元收购；另一方面由日本方面要求中国政府仍旧提供上述资金，收购全部股票交给通惠公司，迅速改为中日合办，云云。①

根据上述高木报告的内容，可知盛已经意识到通惠合同的实质是"完全剥夺盛的实权"。会上的冲突则表明内部形势巨变，此前盛依托与政府博弈的公司董事会已经分裂，盛倚为心腹和臂膀的首席董事王存善已经倒戈相向、投向了通惠即政府；其他董事沉默，处于中立、观望；盛已沦为孤家寡人，不啻是众叛亲离。所谓"附带条件仅系内部关系"，意指只是通惠公司与盛个人之间的关系；所谓如有异议由通惠与日本交涉，更明显是将盛一脚踢开。王逼盛签字，实际是逼盛交出对企业的控制权。虽然此时盛在名义上仅仅只是副会长，但会长、总经理、谈判代表都不能签字，而必须由盛在合同上签字，则说明北京政府和通惠都意识到，只有盛才能真正代表汉冶萍公司，汉冶萍公司的实际控制权仍在盛手。盛在会上对王反唇相讥，正是击中要害，也明白无误地表明他决不会轻易地交出实权。

此前，盛一直是在北京政府与日本之间走钢丝，眼看这个钢丝越来越难走了。

回顾汉冶萍公司的历史，武昌起义后，据西泽公雄说，李维格在逃离武昌、途经石灰窑时，对他说过有在上海中日合办钢厂的打算；大连会议时，盛对合办托词婉拒；神户合办草约日方逼盛签字，系在中日南京借款草约之后，盛虽签字仍作了保留，为股东大会否决合办创造了条件。直至同年中日"二十一条"交涉期间，盛配合政府婉拒了小田切来信游说其同意合办；又于 5 月 13 日致函日本元老井上馨，有谓：

①　武汉大学经济学系编：《旧中国汉冶萍公司与日本关系史料选辑》，第 595—596 页。此件陈旭麓等主编的《汉冶萍公司》三及湖北省档案馆编的《汉冶萍公司档案史料选编》上均未收。

贵国迭次订借巨款，赖以扩充，公司固应感佩不忘，而欲藉以改为合办，分公司之利，众股东岂能甘心。总之，此公司为中国目前绝无仅有之公司，不能不图保存之计，此实公理人情，贵国何必注意要求合办，致伤感情。……鄙人为日商计，似不必负其虚名，要在谋其实利，彼此统筹。总以铁矿足供所求为第一要义，借款公司利源稳妥为第二要义。弟并非专为中国一面解说，实为两国通盘计画。①

此函实为中日两国政府都不得罪也。时隔五月，盛向高木主动提出了中日合办的要求和进行方案，这是一个重大的变化。

高木认为盛氏年迈多病、对于实权转向对方并无异议，似为盛氏的说辞所迷惑。实际并非如此，已有上述盛在董事会现场的表现证实。须知盛氏是汉冶萍公司的缔造者，半世心血、二十载辛劳倾注于此，岂能轻易拱手让人？即使是感情上也难以割舍，更何况亚洲权力世袭的传统根深蒂固，后来不是由其嫡子盛恩颐先后出任副总经理、代总经理吗？

我们还应注意到，高木也曾客观地指出通惠借款"于公司其实有利"。列举的具体内容有：可以开采象鼻山铁矿、高坑煤矿并提供其开采费用，可以上煤焦炉提取副产品的新项目，可以获得政府六厘的贴息、公司实出二厘，除用于扩建外还可获得570万元用于日常生产。高木这一看法，可能有一定的代表性，王存善等催促盛签字时提出："此项借款如不成立，则公司今后每月经费无法开支。何顾虑踌躇不签字？"公司再三向政府求援，急如燃眉，王此时责盛顾虑踌躇，显然是不顾公司大局，只顾个人私利之意。

盛提出不愿其所据有的大多数股票丧失价值，这当然是很重要的原因。盛是公司最大的股东，维护股东的经济利益也是维护盛的自身利益，从这一角度来说，盛与公司、股东们的利益是一致的。这方面盛与股东们都有过教训，当年电报局一旦易手国有，即压价强行收购股票；赵椿年此时提供的说贴指出，"现在汉冶萍股票在上海售价不过四成"便是一种预兆。因此，盛

---

① 陈旭麓等主编：《汉冶萍公司》三，第929页。

表白自己是坚持维护旧有股东的权益，其拒绝签字颇为理直气壮。

盛对高木提出其同意中日合办的条件是"日本能够维持旧有股东的权利"。无论是法定名义、实际股权和历来对企业现实控制，盛都是"旧有股东"的代表，维持旧有股东的权利，就是维持盛在公司的权利。盛不满于北京政府对他的压迫，转而投靠日本，企图火中取栗，他策划的那套合办的蓝图，日方会按图施工吗？袁世凯和通惠公司那一伙会由盛摆布吗？盛能保住他的既得利益吗？更重要的是，它将给汉冶萍公司的命运带来怎样的结果？

盛宣怀发动阻击　日正金总行表示合办决心

10月25日，盛与日方加紧活动，同时发动阻击。

一、日方上海正金分行表示：通惠借款合同断难承认

上海正金分行经理儿玉致函汉冶萍公司董事会称，奉总裁之命，认为通惠借款合同，违反日方与汉冶萍向来合同之宗旨，该借款抵押品及合同第六款、第九款与向来之合同条项全然抵触，断难承认。

二、股东联合会要求召开股东大会公议通惠借款合同

同日，公司股东联合会致函董事会称：查合同内第五款内开"以全部股票并指明陆续新出之货物为第一次抵押"；又，查附件内第四款内开"汉冶萍公司股东倘将股票转卖，只准通惠公司经售"两款，事关全体股东，窒碍甚多。股东自行买卖股票系各股份公司之通例，只能禁其不卖与非中国人，不能限其专卖于通惠公司。又对附件第一款提出反对："查总经理为公司重要之职，照章应归董事会节制，用人办事及组织一切章程，虽系总经理应负之责任，但从无不报告董事会决议之理。"要求登报布告全体股东，定期召开特别大会，公同集议与通惠公司所订合同并附件各条款。如果全体赞成，再行签订实行。①

---

① 湖北省档案馆编：《汉冶萍公司档案史料选编》上，第385页。

三、盛称病推诿，把与日交涉的难题推给孙、赵

同日，盛致孙宝琦长函，告知派代经理王勋与儿玉商谈情况："儿玉答云：敝银行反对，不是条件上之反对，乃系根本上反对，因与前次大借款合同宗旨大相抵触。""今合同已定，方来示我，殊为不合也。"盛自称年老多病，精神不贯，痢疾之后，不能下榻，无此精力与彼争论。"其函本属与正副会长，阁下外交老手，位望尤重，且系通惠公司原经手人，有此三层，胜弟十倍，务乞我公就近先向小田切磋商。""总之，此事始终仰仗我公与赵剑翁主持其间。"最后解释他不愿签字是唯恐与正金决裂："弟本欲辞职，何惧之有？但该银行九百万借款必致停付，已办之机件汇票络绎，通惠未必肯付，更难了局。万一决裂，何以抑（仰）副朝廷维持之诚意及诸公筹画之美德？弟虽遗臭万年，亦不足偿其罪孽也。"① 既是故作推诿，又兼以威胁。

10 月 29、30 日，日方再次提出中日合办要求。日正金总行先后致函上海分行儿玉："日本资本团不论如何方法及如何程度，不愿使通惠公司干预汉冶萍公司，故应将通惠公司借款，断断乎谢绝。""日本方面相信，改变汉冶萍公司组织，进行日中合办，对双方均最为安全有利。即希从速协定合办案，其所需资金，不论若干，日本决心以现金支付。"②

11 月 5 日，盛再次致函孙，透露高木密谈，东京近日仍有要求合办之意，仍强调日方"其反对者，实不过第三条及第六条、第九条三款而已"。起草了一份《合同缘起》寄给孙。说什么"须将前后理由，详细叙出，彼此醒目，则事可立解此即小田切及儿玉所言开诚布公之办法"。7 日，盛再致函孙：谓儿玉交来总行电文，盛对儿玉将《缘起》中理由做了解释，归结为两句话，"一曰通惠公司中国款项不能不借，二曰条件有窒碍处不能不修正。"要求孙、赵将如何修正条件迅速寄来。这两句话言简意赅，既要实现一千二百万借款，又要修正条件，关键是保留其对汉冶萍公司的既得利益，这似乎是盛此时的如意算盘。③

---

① 湖北省档案馆编：《汉冶萍公司档案史料选编》上，第 385—386 页。

② 武汉大学经济学系编：《旧中国汉冶萍公司与日本关系史料选辑》，第 598、613 页。

③ 湖北省档案馆编：《汉冶萍公司档案史料选编》上，第 386—387、390 页。

一曲串通日方演出的双簧

同是在 11 月 5 日，孙宝琦以密电致盛，传达了总统的面谕：

> 仍应力予维持借款合同，无理取闹者可删改，倘股东有意反对，只好置之不理等语，特此密达。

孙并询问盛"有何意见，不妨直言，总冀仍可签定，免伤感情"。

袁世凯的这道谕旨，尤其是对待股东反对的态度，很让盛费了一番心思，于是遂有 11 月 16 日盛对儿玉发出了一份照会：

> 通惠公司借款一事，贵行一再声明，绝端反对。尊意所在，领悉一切。惟敝公司自有委曲内情，今为披沥如左，即希鉴及。查本借款系救济维持公司财政之支绌起见，而生此事，贵行业经洞悉。如借款不能成立，则敝公司立时逼于财政上艰难之地位，不待言矣；且此次国内借款，又系出于北京政府维持实业之美意，岂可辜负。现接北京孙会长电称：大总统既允本借款条件如有不合者，可以删改，似此则已无反对之理由。敝公司亦只能限于日本已定合同条件不相抵触之范围以为行止，即祈转达贵行总裁为荷。①

这份照会极为明确地表示，盛宣怀需要并赞成通惠借款，感谢袁大总统的美意允诺修改合同，希望日方不再反对。这是对袁大总统关怀的及时回应和有力的配合。然而，却是一曲盛宣怀串通日方演出的双簧。

在盛发出此照会前，上海正金银行经理儿玉曾走访盛宣怀，证实了盛的合办意向与高木所汇报无异。而盛因袁总统有上述指示，对儿玉提出"拟成

---

① 湖北省档案馆编：《汉冶萍公司档案史料选编》上，第 390 页。

有名无实之对案"，征求其意见，开始儿玉拒绝。"然盛氏因有不得不提出一种对案于北京政府之理由，坚请研定该对案。"实因孙宝琦迭经电告盛氏云："小田切之意，因该合同有与日本合同抵触，故不愿承认，然于其主义根本上并非完全反对。"等语，盛氏"因属股东，似乎被北京政府误会有意反对"，故再四坚请。11 月 11 日，儿玉将盛的请求电告总行井上绳之助，并提出：

> 敝人之意见，如令小田切将日本根本上不愿通惠干预公司，即无论是系直接或系间接均为完全反对之意，再行明白通告孙氏，则北京政府可未便强令盛氏借通惠银款，而孙氏即表（袁）总统自可明知日本之真意，藉可使彼等晓知此借款无望成立。此举实为唯一解决万全之方法，尊意何如？一俟决定，即赐立时电示为盼。此电亦打电告小田切也。①

根据儿玉的建议，也可说是根据盛的反映和要求，15 日正金总行致电小田切："如十一月十一日上海分行电末段所称，即请台端对孙宝琦言明绝对反对通惠公司借款之意。"小田切接电十分重视，立即采取了一系列行动。当日面见孙宝琦，按照总行的指示强调"因而在原则上不合，故不得不予以绝对反对。总之，通惠与公司有关之事，不问其间接直接，均为本行所不愿"。对于原来说过"关于其原则并无异议"矢口否认，称"毫无记忆"，"重要者为此事现接总行命令"。按照他的意见，"除中日合办外，实无其他良策"。16 日，小田切交孙两函，一为公函致公司董事会，重述昨日总行指示，但有意"省掉上海电报所称之望将直接间接之通惠之干预等字句"；一为私函致孙个人，发出威胁："倘或意见扞格，感情龃龉，则影响所及，非可言罄。在实业即失联络之通，在邦交恐开反目之端，是岂两国之利哉。"即日

---

① 陈旭麓等主编：《汉冶萍公司》三，第 973—974。又见于武汉大学经济学系编：《旧中国汉冶萍公司与日本关系史料选辑》，第 601—602 页，有注云："本件在原资料内系正金上海分行发往北京分行的抄件"。电文至"唯一解决办法"止，原电最后附云："贵方决定取决态度后，希即电知。"两书的中文译文明显是两种不同的版本。

致函正金井上总经理并附上致孙函稿做了汇报。[1]

上海方面，儿玉发出 11 日电后，12 日高木将此电译缮寄给盛宣怀，后存入盛档。14 日，儿玉收到总行回复，通过高木非正式知会盛宣怀，得到的回答是"按盛氏现在之地位，对于北京政府表明欢迎通惠借款之意为必要，即提出左开意思之函件"，这份函件就是上引 16 日盛致儿玉照会的原稿。17 日，儿玉将此函稿及其所拟回复上报总行，认为："想盛氏对北京政府及董事等关系上深怀苦衷，要求表示更一步切实明白之绝对反对理由。倘一得如上开之敝行回答，则与小田切万寿之助之进言互相响应，或可借与北京政府断绝交涉。"[2]

北京方面，孙宝琦收到小田切来函后，17 日交与袁总统阅看，并汇报了与小田切谈话的内容，得到袁的指示是："汉冶萍系中国公司向通惠借款，当然不能不借。合办虽载在条约，必须众股东之同意，政府不能强迫"。18 日，孙致函盛，转述了小田切的谈话，传达了袁总统的指示，最后说："看来，日人于此事颇为注意，且听儿玉回信。是否可赓续商议，尚希台端主持。如公司有把握，仍可借用通惠之款，通惠方面当可通融商办，但不可使合办之议愈逼愈紧，必须内外维持，不可再钩心斗角，致使渔人得利。"如此告诫，说明孙对盛串通日本搞两面派的作法已经有所察觉。[3]

孙还在等待儿玉的回信，等来的是 11 月 24 日《儿玉致盛宣怀说帖》，即 17 日儿玉致总行函中所载回答稿，"表示更一步切实明白之绝对反对理由"：

> 查通惠借款原案，其精神在于占夺贵公司营业权，细察该合同条件，敝行确知通惠公司所怀居心，不特无一不出于此种目的作成条件，且系无视向来与日本已定之合同者。假令以合同条件窥测通惠公司之用意精神，不外乎搅乱贵公司与日本之关系.然则贵公司为此借款究用何

[1] 武汉大学经济学系编：《旧中国汉冶萍公司与日本关系史料选辑》，第 604—608 页。
[2] 陈旭麓等主编：《汉冶萍公司》三，第 975—976 页。
[3] 陈旭麓等主编：《汉冶萍公司》三，第 977—979 页。

种方式，通惠公司用意，既系上陈根底，日本绝对不能承认贵公司与通惠公司结成关系。况通惠借款，虽云国内资金，敝行未便以此一言为证明而表满意也。此复。①

如此，正金北京和上海两个分行相继表示绝对反对通惠借款，如何修改借款条件也就无以进行。

日本干涉帝制与干涉通惠借款之关系

对于汉冶萍公司来说，通惠借款是中日"二十一条"交涉的延伸；对于袁世凯来说，日本对于帝制的阻止，则是"二十一条"交涉的后续发展。如此，日本干涉帝制与干预通惠借款便在时间上发生重叠。

8月初，日本内阁改组，加藤外相辞职，内阁中主张对外强硬派成为主流。日本的军方、浪人、舆论强烈反对袁世凯，并企图利用欧战良机取得主导东亚外交的地位。1915 年 10 月 13 日，石井菊次郎接任日本外相，于 14 日推动阁议，邀请列强各国一起劝告中国政府搁置帝制计划。②

10 月中下旬英、日密集协商，驻华英使朱尔典认为中国局势平稳，帝制不会引发动乱，此际各国进行干涉反有诱致动乱之虞。日本政府坚持认为中国南方不稳，帝制可能引起中国动乱，英外交部为了欧战取胜而维护与日本的同盟，训令朱使协同。10 月 28 日下午五时半，日本代理公使小幡酉吉偕同英公使朱尔典、俄国公使库朋斯齐，同至中国外交部，向外交总长陆征祥、次长曹汝霖依据日本政府训令，"劝告大总统善顾大局，延缓其变更国体之计划，以防祸未然而固远东和平之基础"。③

三国劝告对帝制活动是一大打击。北京政府反应颇强硬，不愿接受外国干涉而延期改制；日本外务省则逼迫中国明确表示帝制延期至何时，双方各

---

① 湖北省档案馆编：《汉冶萍公司档案史料选编》上，第 393 页。
② 唐启华：《洪宪帝制外交》，社会科学文献出版社 2017 年版，第 82—83 页。
③ 唐启华：《洪宪帝制外交》，第 88—89、102—104 页。

自坚持。11月11日中午，外交部部长陆征祥正式要求英、法、俄使及日代办小幡至外交部面谈以资答复："国体改革已为大多数国民所决定……必须筹办齐备，择一合宜时间，方可举行，大典亦有不能不稍缓之势，特为密告。"①

日方对此答复不满意，阁议再次发起列强第二次共同劝告；袁世凯政府则再次谋求参战以争取英、俄、法三国的支持，却为日本挫败。

12月10日，北京国民代表大会进行国体投票，一致赞成实行君主立宪，拥戴袁大总统为皇帝。12日袁接受拥戴，13日在中南海居仁堂接受百官朝贺。15日下午五时，驻京日、英、俄、法、意五国公使同至中国外交部，对于实施帝制进行第二次劝告。首先由日使日置益宣称："前中国政府既已通知五国政府，允将恢复帝制暂行延搁……今五国政府对于将来形势如何转移，仍旧持其静观厥后的态度。"英法俄意代表也依次发言。日本此举"成功地扮演了远东主宰者的角色"。

与此同时，日本秘密协助反袁分子，尤其是革命党人。借口保护日侨派数艘军舰到上海，蔡锷、梁启超等都得到日方的协助。12月24日蔡锷等在云南起义，敲响了帝制和袁世凯的丧钟。②

以上日本干涉洪宪帝制的简略过程，说明自10月13日石井菊太郎就任外相之来，以此作为日本外交的首要任务，全力以赴，紧锣密鼓地积极推进，使出浑身解数：国内协调各派意见，形成阁议；对外通过驻外日使及各国驻日使节多渠道协商、周旋；既始终对袁世凯持续施加高压；又重点与英国讨价还价、暗中角力、争夺对远东局势的控制。可以说是费尽心机，进行了大量、高度密集的活动，对于削弱袁世凯政府的国际地位和国内统治，产生了极其严重的影响。

与此同时发生的通惠借款案，其对日本的重要性，自然与帝制案不能比拟。以此中日两国政府的角力为背景，虽然日方也对通惠借款案进行了干

---

① 唐启华：《洪宪帝制外交》，第 109、130 页。
② 唐启华：《洪宪帝制外交》，第 212—213、226 页。

预，但其干预的主体、方式、力度，在此特殊的背景下，均呈现出不同以往的景象，参照上述史料的梳理，有如下几点值得注意：

一是在时间上，以 10 月 15 日高木应盛宣怀急电之召抵达上海为干预的起点。此时与石井外相就任仅隔一天，通惠案显然不可能立即提上外相的工作日程。上述我们现在看到的史料，日方的干预行动都是在此之后发生的。

二是以往有关汉冶萍问题，或是相关内阁大臣联合提出议案，或是首相兼外相直接主持，至少也是外务省主持，正金银行、驻北京日使与相关领事协同行动。而此次却在较长时间内仅仅只有正金银行单独行动。

三是正金驻北京董事小田切与上海分行经理儿玉，在干预过程中口径不一，对于是否"绝对反对"通惠借款认识不一致，反映了此次进行干预，是临时随机性的因应，事先并无全局性的规划和统一部署。

四是日方干预的效果。11 月 11 日，儿玉根据盛宣怀所反映的情况，为满足盛的要求，致电总行要求令小田切对北京孙宝琦加大压力，强化"绝对反对"通惠借款的立场；随后儿玉于 24 日以说帖回复盛的照会，与小田切相呼应，重申"日本绝对不能承认贵公司与通惠公司结成关系"，阻绝了北京按照袁世凯的指示修改借款条件的可能，协商遂被搁置。巧合的是，11 月 11 日正是北京外交部被迫答复日、英、俄、法四国：帝制暂缓。此后，日方发动第二次列强共同劝告的攻势，袁世凯政府极力争取加入协约国参战、以挣脱日本的挟制，双方进入新一轮的角力，更无暇过问通惠借款了。

看来日本对通惠借款的干预，是一个被动的、临时性的举措。导致日方进行干预和通惠借款被搁置，盛宣怀都起了直接的、决定性的作用。从盛个人的角度来审视，他竭力抵制北洋官僚集团吞并汉冶萍公司的野心无可非议，他有权接受、或拒绝、或要求修改合同；但是他选择借助于外力维护自己对于公司的控制权和既得利益，却是不可取的。他不是不知道日本对于汉冶萍公司觊觎已久，不是不知道汉冶萍已经在日方的陷阱中越陷越深，也不能说他不知道拒绝了通惠借款就是丧失了最后一次借助政府的力量、走出困境、挣脱日本控制的机会。也许盛的如意算盘是既要获得通惠借款，又要保护他的既得利益。然而，日方的目的不仅是要破坏这次借款，而且要顺势推进中日合办；与此相联系的实际情况是，盛在生命的最后时刻，苟延残喘之际，还曾选择了企图与日本最后做一笔交易。

盛宣怀提出合办方案和先决条件

其实，盛早就暗中与日本在谈判合办的条件与进行方式。

世事沧桑。汉冶萍公司的决策管理人员，在盛流亡海外时一变，至盛复辟重任会长又一变。李维格、杨学沂被盛疏远淡出后，王存善最为用事、经常代盛主持董事会；盛又引进了孙宝琦任会长，此时却已双双倒向通惠公司。盛孑然一身，形影相吊，此时中日合办的谈判，就是通过高木与正金单线联系了。

10月30日，正金总行对儿玉发出指令，"从速协定合办案"，并承诺"其所需资金，不论若干，日本决心以现金支付"，对盛进行利诱。儿玉当面告知盛，因盛病情不佳，未便进行具体谈判。11月6日、8日儿玉致电总行，反馈盛的意见。其中6日电中由高木转达的盛的意见主要是：

> ……因此，日本应使北京政府通知公司，日本合办之提议，股东若无异议，政府也就没有异议，因而即可征询股东意见。盛宣怀认为，在民间股票额面约 $12，000，000L.C 现金支付的条件下，保证股东大会通过此案。但关于合办问题，希在通惠问题解决后，再开始向北京政府交涉。其理由是，通惠问题如得不到解决，不仅有象鼻山、高坑不能完全归于公司之不利情况，且在北京方面会有通惠借款绝对反对者，原来不是日本，而是盛宣怀之误解。①

我们注意到，盛提出的合办条件，首先是以现金按面额收购全部1200万元民间股票，明显是对正金承诺资金的回应。据说其中盛本人的股票约占

---

① 武汉大学经济学系编：《旧中国汉冶萍公司与日本关系史料选辑》，第614页。

600万。又据当时赵椿年提出的说帖，汉冶萍公司的股票在上海市场交易，只有面额的四成，则1200万面额的市值仅为480万。如按面额现金收购，股东既得实惠、且增加收入六成，盛个人即可增收360万。他的合办策略则是暗中与日本串通，指使日方强制北京政府，让政府自己找上门来。可说是机关算尽，只想坐得实利，却又妄想逃脱罪责。根本问题在于盛纯系一厢情愿，不考虑现实的可行性，此时袁世凯与日本政府就帝制问题的角力正处于白热化，对于久拖不决的汉冶萍问题未必能轻易作出决定；日方自有其利益最大化的追求，对盛只是利用而并不信任，在通惠问题上始终坚持"绝对反对"。

14日，日正金银行令上海分行向盛传达：通惠借款"应予以断然拒绝"，"唯当前最紧要之事为秘密协定有关合办条件之内容，希迅速提出草案为要"。

11月23日，正金上海分行同时致电总行和北京分行：

> 盛宣怀认为非通惠问题解决后，不愿商谈合办问题。据了解彼之意见大概如下：
>
> 第一　股东领得现金后，即放弃股东权利。
>
> 第二　现在公司当局并不负直接合办之责。
>
> 第三　股东领得现金后，不问资金来源如何，自可认为公司已成为"国有"，从而合办条件应完全由日本与北京之间协定。
>
> 第四　对于以上之事，盛宣怀保证股东无任何异议。
>
> 总之，盛宣怀意见为，迫通惠问题解决后，再根据以上基础，统一股东意见，而不愿再作以外的干预。因此，即使通惠公司问题解决后，从我国方面看来，合办案之协定亦不一定能成功。[①]

与十多天前盛的意见相比较，基本一致，但盛的想法更明确了。粗粗一看，以为第一条是废话，其实不然。整个条件仍然以按股票面额付现金为中

---

① 武汉大学经济学系编：《旧中国汉冶萍公司与日本关系史料选辑》，第616页。

心，这一点对于盛具有极大的吸引力，如果能够实现，盛明确表示了可以交出对公司的控制权，实现金蝉脱壳；这一条的另一个意义是为下文各条提供依据：既然交出了权利，也就不对此后的公司中日合办负责。再次显示了盛的一厢情愿的思维方式，自己拿了现金、拍拍屁股走人，还捎带一个公司"国有"的名声，留下"合办"的难题让袁世凯去背黑锅。

解决"通惠问题"成为"合办"障碍

日方一再公开表示对通惠贷借款"绝对反对"，盛仍然坚持先解决通惠公司问题，也就是说通惠问题成了盛与日方协商合办的障碍，因而出现僵局。这种僵局，某种程度上是盛造成的。首先，拒绝在通惠合同上签字的是盛本人，主动向日方提起合办的也是盛本人，是盛烧纸引鬼，引来了日本的干预。其次，小田切与儿玉的口径不一致，要求日方让小田切向孙宝琦表示对通惠借款"绝对反对"、断绝退路的也是盛宣怀。另一方面，盛拒绝签字后，通惠问题如何解决，盛从未向北京提出过任何方案；袁世凯表示条件可以修改，盛也从未提出过任何修改的具体要求。通惠问题要解决什么？何从解决？如此一味空喊，将解决通惠问题作为先决条件，不能不使我们产生怀疑：醉翁之意不在酒。如前所述，盛拒绝签字在董事会上曾陷入孤立，如此一百八十度大转弯，不啻是作出一种姿态，摆脱其致使通惠借款流产的责任；同时，也不排除盛有可能是为延缓合办寻找一种借口。也就是说，在合办问题上，盛还可能未下决心，存在着疑虑、矛盾。

后来高木在一份意见书中指出："汉冶萍公司日中合办系时间问题，迟早必定实现，此亦为中国朝野任何人所不置疑之事；北京政府以及公司股东均有此感。但对签字者，要受到舆论攻击而被称为卖国贼，并会遭到社会上非常之迫害，此亦为人所深知。"联系到上述引文中盛流露出逃避合办罪责的情绪，可能这正是盛还未下决心的一个重要原因。①

---

① 武汉大学经济学系编：《旧中国汉冶萍公司与日本关系史料选辑》，第 621 页。

我们在前面说过，盛氏是汉冶萍公司的缔造者，半世心血，二十载辛劳，倾注于此。汉冶萍公司不啻是盛氏的命根子。犹如贾宝玉的"通灵宝玉"，"莫失莫忘，仙寿恒昌"，挂在脖子上，贴在心头。不能拱手让给通惠，又岂能拱手献给日本？提出合办，在盛只是一种策略，而不是目的，这是可以推测到的盛未下决心的另一个重要因素。

此前，11 月 19 日小田切致井上函中，就曾经尖锐地指出：

> 一方面盛宣怀之狡猾手段，系利用日本以减轻通惠借款之条件，并中止合办协议；另一方面，就今日盛宣怀及汉冶萍之地位言，要其具有违抗中央旨意，拒绝任何通惠借款条件，决定中日合办之勇气，无论如何不可想象。①

为此，小田切忧虑的是："若不幸此等想象之事实果真出现，则我方于合办问题上未收成效，在借款交涉事件中，将会带来意外之挫折"。与盛宣怀已打了十多年交道的小田切，此言可谓"一针见血"。如此，正金上海分行此时对于合办并不抱有希望，当也包括了对盛的态度、意向的评估。

没有结果的结局

11 月 26 日，高木自上海向日外务省和正金银行提出意见书，其中多有涉及通惠借款的由来及公司的现状。自武昌起义后盛流亡日本时期起，高木是在盛身边为时最长、接触最多、掌握公司内情较深而对盛又比较了解的人。

对于通惠公司，高木在意见书中认为，它的创立"乃出于妨碍有关日本利权之旨意。通惠创立以来所着手者，第一为江西铁路，其次则为汉冶萍公司，此足见其目的之所在，全然与日本利益相反"。

---

① 湖北省档案馆编：《汉冶萍公司档案史料选编》上，第 391 页。

关于汉冶萍公司目前的处境，据盛向高木透露，"公司在从事一切经营方面，如不借政府之力，几任何事均无从下手。而迄今与袁世凯间之意见尚乏疏通"。高木认为，目前"因公司所处地位，如顺从日本，则违抗北京；如顺从则又违背日本。在此种情况下维护现状，诚进退维谷"。如果按照日本的要求，公司放弃向通惠借款，"则公司事实上欲维持现状，实不可能"。而在北京方面必认为盛宣怀"宛如与日本合谋威胁北京"。同时高木还担心，通惠问题已经进展至目前状况，"看来北京方面如不能积极地将公司掌握在手，则千方百计采取使公司遭受困窘之策略，尽量削减公司之权利，亦即间接削减日本之权利，用此种消极报复手段暂时监视公司行动"，也很有可能。总之，"看来公司方面成了既不能希望得到资金，又不能要求发展的样子"。

高木认为，日本只有三个方案可供选择：一是在通惠借款的基础上，对其条件进行改造，由日方提供给汉冶萍公司，公司转达给北京。如遭通惠拒绝，其咎不在公司，可缓和公司与袁的关系，实现公司扩张的要求；二是拒绝通惠借款，汉冶萍公司直接向政府请愿，要求救济。但是，日本的基本立场是：不愿通惠公司亦即北京政府，与汉冶萍公司建立和加强任何联系，这两个方案都必然不能使日本满意。剩下的第三个方案便只有立即采取积极手段、重新与北京政府进行合办交涉，即利用此机会对汉冶萍问题做根本之解决。在高木看来，这不仅对公司有利，而且也是日本所应采取的最好策略。

12 月 13 日，日本外务大臣石井菊次郎才就此发声，姗姗来迟地致函驻中国公使日置益，不出所料地否定了高木的第一、二方案，"至于第三方案，如能照案实行，或尚属可取，唯现下北京政情，有无实行此项方案之可能，希即征求小田切董事意见……"①

北京的政情如何，其实尽在石菊外相的锦囊之中。两天后，12 月 15 日置益偕同英、俄、法、意驻北京公使共同向袁世凯政府提出暂缓帝制的第二次劝告，进一步收紧了套在洪宪皇帝脖子上的绞索。

如此，通惠借款案不了了之，中日合办一时也无结果，汉冶萍公司谋求

---

① 武汉大学经济学系编：《旧中国汉冶萍公司与日本关系史料选辑》，第 616—624 页。

政府维持、援助的希望再次落空。

公司生存环境加剧恶化的集中反映

通惠借款案的无言结局，是武昌起义以来，汉冶萍公司与国内外各方面矛盾长期积累的结果，是企业环境持续加剧恶化的集中反映。

自盛宣怀仓皇出逃、流亡国外后，家产被查封、铁厂停产、船只被征用。南京临时政府对盛提出借款要求，日方乘机逼迫公司合办，鄂赣军政府亦提出产权要求，矿山被侵占。公司损失严重，亏损剧增，先后要求收归国有、官商合办，以排除地方干扰。中央部门反复调查，议而不决，令行不止；日方再三干扰，将公司视为禁脔，不容北京政府置喙；交通部借口扣压轨价、高价另购洋轨，断绝公司营业收入、百般刁难。至日本提出"二十一条"交涉，再图中日合办，公司配合政府拒绝，同时要求政府支持，遂有通惠借款之议。外患未销而内争又起，北洋官僚集团以贷款维持为名，行掠夺侵吞之实；螳螂捕蝉，黄雀在后，日本政府乘欧战之机，致力于策动协约国阻止袁世凯称帝，制造动乱，实现其主宰东亚、逐步控制中国的野心，同时导致了通惠借款的流产，把公司进一步推向绝境。简略地回顾民国初年以来汉冶萍公司的遭遇，我们感到其生存环境的持续恶化，主要集中在三个方面。

一是列强侵略强化，主权丧失日趋严重。

民国初建，并没有挣脱不平等条约的枷锁。尤其是日本对中国侵略的深入和强化，致使企业所处的政治、经济、社会环境整体趋向恶化，汉冶萍公司首当其冲，深受其害，尤其典型。经济效益上产品被压价收购，远离国际市场价格，损失严重[1]；在产能结构上，为债权所驱使，采掘和冶炼、炼铁

---

① 全汉升指出："'欧战期中，公司售与日本生铁，约计三十万吨……公司损失三千万元。若与铁砂合计，公司于欧战期间所贡献于日本者，约合华银一万一千五百五十万元。'要是能够赚取这一亿多元，再以其中一部分来偿还三千余万日元的日债，汉冶萍公司早就可以脱离日本债权者的束缚了。"（《汉冶萍公司史略》，第194页。）

和炼钢失调，被迫向粗加工、低端化发展，沦为日本钢铁工业的附庸；在企业体制上，争取国有、官商合办一再为日方所干预、阻挠，失却自我选择的权利，也失去了摆脱困境寻求发展的生机；在企业与国家关系上，相互依存的必然联系被离间、破坏，公司处于严重的生存危机之中而失去了国家的保护。

二是公司与政府的关系持续紧张，更加复杂，更加尖锐。

一方面是李鸿章去世后盛宣怀与袁世凯争夺轮电两局、铁路总公司的旧怨，加上盛宣怀与交通系争夺邮电部、整肃梁士诒的新仇，交织纠缠在一起从晚清带到了民国，随着袁的得势而演变成为中央政府与汉冶萍公司的嫌隙。山河变色，势位悬殊，但袁、盛这一对把兄弟、两个老冤家仍然相互疑忌如故。有了杨士琦、梁士怡、周学熙这一班智囊、文胆密谋策划，上奉谕旨，下营私利，一个名为维持汉冶萍公司的通惠借款，赫然变质成了将盛宣怀扫地出门的夺权阳谋，将政府与汉冶萍的矛盾推向了史无前例的顶峰。如果说盛在民国的处境与其在晚清朝廷中的地位已是不可同日而语；失去了张香帅的庇护，公司与鄂赣湘地方的纠纷更是烽烟四起，应接不暇。黎元洪命人监督汉阳铁厂于前，李烈钧派员接收安源煤矿于后，孙武则自称督办呶呶不休，纠缠不清。湖北议员要填股票，狮子大开口；萍乡小煤窑死而复生，遍地开花。整体看来，民初政府对于汉冶萍公司的祸害，从中央到地方，比起晚清来有过之而无不及。

三是财政困乏、社会资金短缺、金融服务体系不良。

汉冶萍厂矿先天不足，与生俱来的资金短缺伴随其全过程，始终未能缓解。民国初年战乱不断，增加了国内军费的开支，而税收又不能由国家集中，财政更为困难。中国历来是高息社会，一般借内债比借外债利息负担更重；钢铁工业投入高、周期长、汉冶萍公司长期亏损，难以吸收社会资金，企业资产中外债所占的比例越来越高。银行融资能力很弱，为封建官僚集团所把持垄断，不仅不能为民族工业发展提供支撑，反而成为官僚集团吞并民营企业的工具，通惠借款案就是一个典型的事例。

这就注定了汉冶萍公司的命运只能是以悲剧告终。如此，又何尝不是中华民族苦难深重、命运多舛的缩影。

1916 年 4 月 27 日（丙辰年三月二十五日），盛宣怀在上海病逝，终年七十三岁。四十天后，6 月 6 日（五月初六），袁世凯在北京病故，终年五十八岁。晚清"皇族内阁"的国务大臣、汉冶萍公司的董事会长，与洪宪皇帝联袂谢幕，似乎是代表着一个时代向历史告别。

余响：大冶钢铁厂的兴建和公司的终结

负债而建　建以还债 / 艰巨而庞大的扩建方案 / 李维格淡出公司决策管理层 / 公司铁矿石、生铁均以供应日本为主 / 生铁销售：达摩克利斯之剑 / 全力增铁脱离中国和企业实际 / 吴健、大岛出洋考察　日方操纵施工 / 征地风波与欧战影响 / 事故迭出　大岛设计错误 / 化铁炉举火一再受挫 / 运道阻塞　缺焦停产 / 盛恩颐的世袭和公司的终结 / 国民政府如何整理汉冶萍公司 / 蒋介石：汉冶萍内容复杂，不好染指

　　大冶钢铁厂是盛宣怀的遗泽。它是盛决定要兴建的，刚开始筹建，盛就去世了。人们至今提起这个厂子，仍然不会忘记盛宣怀。

　　兴建大冶新厂是汉冶萍公司最后一项大工程，显示了公司最后的辉煌。但是，它没有能够挽公司于狂澜既倒，反而成了压倒公司这匹骆驼的最后一束稻草。

　　大冶钢铁厂和大冶铁矿一起，如同浴火重生的凤凰，光耀九天，又一次震撼了远东和全世界，则是在中国经历了 1949 年的天翻地覆之后。

　　兴建大冶新厂不是一个孤立的单项基建工程。大冶铁矿必须随之而扩建，为它提供足够的铁矿石；萍乡煤矿必须随之而扩建，为它提供必要的原煤；同时还必须为它新建铁路支线、码头，增加车辆、轮船，并扩充相关辅助原料的生产基地。总之，这是一个耗资巨大、纷繁复杂的系统工程。

　　这一庞大的工程又全系负债经营，实质上是孤注一掷、破釜沉舟而前途

956

未卜的生死决战，为汉冶萍公司的命运留下了许多悬念。

负债而建　建以还债

民国二年（1913 年）决定在大冶新建铁厂，距光绪三年（1877 年）盛宣怀与郭师敦于雪后至大冶勘测厂址，已有 36 年；距光绪十六年（1890 年）盛与张之洞函电交驰争论铁厂选址，也过去了 23 年。

世事沧桑，张之洞已不在人间，盛宣怀夙愿终于得偿。但它来得太迟，也太沉重。1913 年 5 月 20 日，汉冶萍公司召开股东常会决议借款："查厂矿进行，非款不可。现定办法，汉厂全行炼钢，大冶另设铁炉，筹借轻息大宗款项，圆活金融机关。"主席盛宣怀以时间短促为由，坚持用起立法表决，全体一致起立通过。董事会委任高木陆郎赴日接洽借款，明确指出："其中九百万元充大冶添设新炉二座(每座二百五十吨至三百吨)及改良扩充汉厂、萍冶两矿之用。"此点后亦写入同年 12 月 2 日公司与日本正金银行签订之《甲合同》，并载明该借款"仍以公司售与制铁所矿石、生铁价值作抵"。同时签订秘密的《别合同》载明，四十年内，公司售与日本制铁所"头等铁矿石（品质与大冶铁矿相同者）一千五百万吨。生铁八百万吨"。[1]

按照这个秘密合同，四十年内，每年平均向日本提供二十万吨生铁，共八百万吨，以供偿还日债，这个长期、繁重而艰巨的任务主要落在了未来的大冶钢铁厂身上。1913 年汉阳铁厂的生铁产量为 97512 吨，尚不到 10 万。大冶新厂不仅是负债兴建，而且是为日本提供生铁而兴建，令人遗憾地先天就打上了附庸于日本的特殊烙印。

艰巨而庞大的扩建方案

1913 年 5 月 24 日，公司董事会致函李维格，命李巡视汉阳铁厂后，亲

---

[1]　湖北省档案馆编：《汉冶萍公司档案史料选编》上，第 341、349、351 页。

到萍乡、大冶两矿，将新建大冶铁厂添建炉座、扩充出煤、筹备各节，与工师、矿师逐一考核，通盘筹划，提出方案和预算。

李维格实际先在 5 月 9 日，即将经理职务交由商务长王勋、会计所长于焌年两人兼代，于 11 日赴汉。由汉而萍而冶考察后，于 7 月 13 日回沪，24 日致函董事会复命，并提交了附件一：《筹划汉冶萍厂矿扩充事宜清折》，附件二：《汉冶萍厂矿扩充改良工程预算清单》各一份。

据李维格考察，扩建任务很是繁重，规模巨大，所需资金计九百多万。我们借此可以了解当时汉冶萍公司的生产能力及其需要扩建的重点项目。

一、汉阳铁厂

1.新建四号化铁炉及其配套、完善工程：

第四号化铁炉之热风炉已运到一批，现正开工建造，计划在 1914 年造成，以符后年应交日本制铁所生铁 8 万吨之数。第四炉开炼后，拟再增加每日起卸 700 吨矿石能力的机器，并相应增加火车头、车辆、轮驳等。

2.新建炼焦炉：

萍矿焦炭运至汉厂，水陆盘驳，碎屑不能入炉者至少 30%，每焦一吨实亏银 1 两 4 钱 6 分。汉冶两处，预计年用焦 45 吨，共亏耗银 65.7 万两。拟就汉厂建造新式提料焦炉 200 格，年炼焦炭 27 万吨，约需 180 万日元。

3.新增炼钢炉：

汉厂现有西门子马丁炼钢炉 6 座，拟添造 1 炉，使常有五炉开炼。每日出钢 375 吨至 450 吨，折成钢货约 350 吨，每年可出钢货 10.5 万吨，若尽成钢轨及附属品，约可造路 2300 华里，大体可以满足国内近期建造铁路的需要。

此外，尚有起煤、供水、供电、供煤气等辅助设施等，汉厂共需银 249.688 万两。（提料炼焦炉资金拟另筹办法，尚未计算在内。）

二、大冶铁矿

现供汉厂、日本两处铁矿石，每年 40 余万吨，连白石、多罗密石 50 余万吨。扩建后共需矿石 100 万吨，白石、多石约 20 万吨。必须将矿山开采工程扩大、车辆运输增加、扩充改良，增加电钻、发电机，修整铁路、增加车头、矿车，以及下陆机修厂、石堡码头等工程，总共约需银116.323万两。

三、萍乡煤矿

现可日出煤 2200 吨，平均月产 6 万吨。现按汉厂 4 炉、冶厂 2 炉共计约每日出铁 1300 吨，每吨生铁平均用焦 1.1 吨，日需焦炭 1430 吨，约需出窿毛煤 2860 吨。以此为准，拟扩充出煤至每日 3500 吨，其中除煤气炉、提料机可缓外，必须银 61.4 万两。

四、大冶新炉

查汉厂 4 炉约年出生铁 22 万吨，以 11 万吨炼钢,10 万吨售日本制铁所，已无余铁行销中外市面。拟就大冶添设两炉，每日出生铁 250 吨至 300 吨。其中：

炉二座连附属品，约银 350 万两。

厂基 2000 亩，每亩 50 两，约银 10 万两。

填土 500 亩、15 万方，每方 1 两，约银 15 万两,

铁路车辆、挂线、趸船、修理厂、栈房、房屋、驳岸等，约需银 75 万两。

大冶新厂共约需银 450 万两。

总计以上汉冶萍厂矿扩充改良，共约需银 937.411 万两，除萍矿煤气炉、提料机银 60 万两可从缓外，总共约需银 877.411 万两。[①]

李维格此行还为大冶铁厂选定了厂址。据《大冶钢厂志》记载，此前曾多次派人沿长江至鄂城县龙王矶、燕矶等处勘测，均未选中适合建厂之地。后确定在大冶滨江建厂，有利于矿石近取，无须轮船转运；萍乡煤焦运冶只比运汉多半天日程，并可带矿石回汉；同时也利于将生铁如同矿石一样沿长江出口至日本。在此范围内曾有三个方案备选，一为石灰窑上游，想是原勘之吴王庙，即今之黄石发电厂；一为石灰窑上窑旁，当是今上窑轮渡码头以西至颐阳路以东的地段；均为李维格所不取，而选中了石灰窑下游临近西塞山之袁家湖地区。《大冶钢厂志》云："冶钢生产区、行

---

① 湖北省档案馆编：《汉冶萍公司档案史料选编》上，第 474—481 页。

政区东南西三面环山，向北敞开，原始地貌为布满沼泽湖塘的一片狭长地带。"其向北敞开的一面，即为长江。"靠山错落着二十多个自然村。长度为 4000m，平均宽度约 350m"。① 在我们看来，此处与汉阳铁厂的汉水之滨，可谓是伯仲之间，同样是地势低洼，需要大量填土、垫高地基，同样需要筑堤防洪；而这里还有二十多个村落需要拆迁，带来了随后征地的重重困难。

李维格淡出公司决策管理层

李维格回沪复命后，没有再接手汉冶萍公司经理之职。这是他最后一次为中国钢铁工业的发展，为公司扩建效劳，此后即淡出汉冶萍公司的决策管理层。高木陆郎在大借款合同签订后，1913 年 12 月 11 日致正金银行井上总经理函中，曾经汇报了李的情况，大意是"李氏本人经历公司和日本关系以及公司迄今刻苦经营诸事"，政府当局和有关人士"反有各种误解"，并因去年中日合办问题受到攻击，加上健康原因，想借此机会辞去经理职务，"盛氏亦颇谅解"，"李氏之辞职，已成为既定事实"。②

依据李为盛长期服务的历史、两人合作的密切程度及李为汉冶萍公司发展曾经起过的作用，盛如果没有失去对李的信任，在他衰老多病的晚年，急需有人代劳的时期，是不可能让李辞职的。盛与李的嫌隙，最早似可追溯到李与张謇、汤寿潜等人的联系，并主张引入江浙新股合建汉冶萍公司；似至晚始于李全权代替病中的盛谈判中日合办神户草约，而于 1912年 2 月 9 日与山本条太郎、高木陆郎等联名致电逼盛签字。③ 积累于赵凤昌任董事长时期李一仆二主，既留任公司经理深受重用、而盛在日本屡有所求却时有未遂；盛回沪后赵之董事会又不予理会，盛秘密发起"同人谈话

---

① 《大冶钢厂志》编纂委员会：《大冶钢厂志》，内部发行，1985 年版，第 48—49、1 页。

② 湖北省档案馆编：《汉冶萍公司档案史料选编》上，第 353 页。

③ 陈旭麓等主编：《汉冶萍公司》三，第 209—211 页；陈旭麓等主编：《辛亥革命前后》，第 246 页。

会"。① 爆发于 1913 年 3 月股东大会，盛密谋改选而对李与叶景葵发动攻击，李遂被迫辞职。②

盛宣怀去世后，曾有请李维格再出之议，民国五年五月十七日孙宝琦致董事会函云：

> 迭接汉阳、安源函电，咸盼李一琴先（生）再出任事。一琴诚斫轮老手，且对付东邻较易接洽，免致掣肘。去夏补公病中曾有此议，展老当尚记忆。事关大局，但求于公司有益，我辈岂敢稍存意见，用特将函电三件抄呈，请诸君开会议决；并祈预与泮臣世兄接洽，嘱其密达补公夫人先得同意，庶可周妥。

盛宣怀新丧，厂矿即要求李再出，说明李在公司的根基深厚，甚得人心。厂矿方面提出及孙同意这一要求，显然是作为稳定盛身后公司大局的重大举措。孙不仅强调李的经验和与日方接洽的需要，特地说明系盛生前之意，并举王存善为人证，当是十分郑重，或已预见到将有阻力。函请董事会议决自是正办，但又谆谆叮嘱预先要征得盛妻庄夫人的同意，此言出自两家关系亲密的"亲翁"之口，更含深意。同年 12 月，李维格赴日交涉，资料显示系以"公司高等顾问"名义，无权签约。盛恩颐 1918 年 1 月 27 日在公司股东大会报告："大纲议定，李君回国。复经恩颐赴东，将李君议定各款与制铁所商订合同"③，可见盛恩颐已继承了公司的实权，李似并未担任实职，或因其健康不佳，或有其他因素，皆不得而知。

公司铁矿石、生铁均以供应日本为主

在中日交涉"二十一条"时，孙宝琦曾在信中与盛宣怀私下议论，汉冶

---

① 陈旭麓等主编：《汉冶萍公司》三，第 392—393 页。
② 陈旭麓等主编：《汉冶萍公司》三，第 431—432、440—441、444 页。
③ 武汉大学经济学系编：《旧中国汉冶萍公司与日本关系史料选辑》，第 680、706 页。

萍公司现状与中日合办已相差无几。我们看这次以兴建大冶新厂为中心的大扩建，实际是受日本借款条件的支配，其生产规模、发展方向根据日本方面的需要来设计，使公司已经完全成为日本的附庸。这首先体现在主要产品生铁的巨幅增长和销售预计上。

此次扩建，以新建大冶铁厂和汉阳铁厂加速、完善四号化铁炉为中心，目标是强力猛增生铁的产量。按照公司董事会的决策，汉厂年产生铁 22 万吨，其中一半用于本厂炼钢制轨，一半售与日本；新建大冶铁厂年产约 10万吨，亦售与日本。即公司年产生铁约 30 万吨，自用 10 万吨，每年售运日本 20 万吨，以资还债。

与此相适应，大冶铁矿生产的铁矿石，将由年产 40 余万吨，扩充至年产 100 万吨。若按 40 年内共须提供矿石 1500 万吨计算，每年平均须供应日本铁矿石 40 万吨，其中增产的绝大部分，直接出口日本，另有一部分铁矿石炼成生铁后再销往日本。

自 1914 年起，大冶铁矿年输日本铁矿石额度为 30 万吨，其生产能力为 40 余万吨，铁矿石供给日本已占总产量 75%；生铁按此次规模增产，约66.6%系供给日本，汉冶萍公司进一步发展成为矿石、生铁生产均以供给日本为主。盛自 1900 年与日本签订所谓"煤铁互售合同"以来，就是推行一条以中国资源换取日本资金的经营方针，迎合了日本对中国铁矿资源的紧迫需要。1908 年盛氏访日时，外相小村寿太郎、总理桂太郎与盛均有中日合办之议，要旨为中国提供原料，由日本制造；后又有两国分工，中国炼铁，日本炼钢之说。[①] 历史真相是盛宣怀正引领着汉冶萍公司向着日方期望的目标急速前进。

生铁销售：达摩克利斯之剑

这种中日之间的"合作分工"极端不合理，不仅在于日方以低于国际

---

① 易惠莉编著：《盛宣怀与日本》，第 291、294 页。

市场的价格，长期大量掠夺中国铁矿资源；也不仅在于日方占据产业链的高端、精加工，中国被迫从事低端、粗加工，两者在经济效益上存在着重大的差异；更大的风险在于，中国单方面承担将提供如此大量的生铁，但日方是否购买、何时购买、购买多少，并不受任何约束，也不承担任何责任。合同规定的是"惟交货期限，如系矿石预先于二年前，如系生铁预先于三年前，由制铁所知照公司，互相协定，分年相当数目，如数交货"。要害在于，这八百万吨生铁是否成交，成交多少，不仅取决于日本钢铁工业的发展，取决于日本政府的决策，也取决于国内外形势的变化，具有许多不确定的因素。一旦公司投入巨资，按此规模建成新厂，受客观形势或日方主观意愿变化的影响，被迫停止生产，而投入的巨额资金不能收回，建厂所欠债务本息无力偿还，公司则势必倒闭。

这个问题，盛宣怀不会考虑不到，实际运作中也必然要提出来。1915年6月5日，负责对日销售的高木致函盛宣怀，提出了这一生死攸关的大问题，"亟宜及早设法，以便行销"：

> 将来日本每年输进我公司生铁供普通之用者，将不逾五万吨之数，因有印度生铁、平溪湖生铁及别项生铁以与竞争也。制铁所为我铁之唯一销路。其一九一一年之扩充计划已历三年，惟所列预算竟不得国会之通过，故计划不能实行。今届国会幸已通过，但扩充工程明年年内尚难完竣，故一九一一年在北京所订之合同订明每年购用十万吨之数，须迟至一九一七年方能照数购足。而现在大借款声明，由一九一四年起每年二十万吨，计期四十年，总共八百万吨，将来必须大为展长方能实践也。

且不说印度铁的竞争，此处还透露了日方正在中国东北积极经营平溪湖等钢铁生产基地。现实问题是：制铁所能否购用汉冶萍公司大量生铁，取决于其扩建能否为国会通过、财政能否拨款和扩建是否竣工，其原有购买生铁合同已经推后六年之久，今后将要发生的变化尚未可预期。为此，高木在信中强调：

> 查一千五百万大借款合同声明，每年应交生铁之吨额先于三年前预先关照，但合同并未声明以某年为始。以此之故，仆不能强迫制铁所早日议定也。故别无他法，只能以感情动之，请其别行设法，以助汉冶萍销售此大宗之出产，告以汉冶萍现已在大冶添设化铁炉，苟不相助之以销其出品，则汉冶萍有不能自支之虑。①

这些话则大有文章。看来日方是早已设下了这个陷阱，此时合同已签，木已成舟，再对公司申明不对销售承担责任，以为脱身之计；至少也是为不能如期收购生铁预留地步。如此，生杀予夺，全在日本。这也显示了汉冶萍公司对日本依赖之日益加深，命运已经被人家牢牢控制在手心里了。

随即又有噩耗传来，8月26日王勋向盛报告，日本若松制铁所有一工程师提议"拟添二百二十吨化铁炉一座"，关键是该说帖末段有"自制生铁只须成本日金二十三元，而输入中国生铁则须日金三十元"一语。王函指出，如该所实现添炉，即每年少购我铁七万余吨，于大冶化铁炉之营业大有影响，要求盛去信令高木速订我铁、打消日方添炉计划。②

8月30日，王勋代拟了一份致高木的函稿，对于大冶新厂建成后的生产和销售情况，算了一笔账。

生铁产量：每年汉厂约21万吨，冶厂约24万吨，共计45万吨。

生铁现有之国内外销路：每年日本若松制铁所约10吨，日本市场（即现在三井代理者）约2.5吨。美国约4000吨，澳洲约4000吨，香港约2000吨。上海约1万吨，汉口约年5000吨。汉厂炼钢用约10万吨。以上共计销售仅25万吨。

如此，生铁产出额尚余20万吨。按合同40年内销800万吨，平均每年

---

① 陈旭麓等主编：《汉冶萍公司》三，第948—949页。
② 陈旭麓等主编：《汉冶萍公司》三，第956页。

为 20 万吨，这件由盛亲笔签名的信最后央求："查汉厂第四化铁炉及冶厂之设，其目的均系供给制铁所，而根据于合同者也，故将来冶厂所出之铁，制铁所固不可不力为维持矣。"

高木于 9 月 17 日、25 日两次复函，一是提醒盛注意日本自制生铁与购买中国生铁的差价问题。看来此时国际市场上钢铁价格因欧战而飞涨，日本放出自制的风声，似有压价的用意。二是强调："大冶化铁炉将来成立以后，所出生铁均需运赴若松，因汉冶萍借用日本巨款三千五百万元。现在大冶添设化铁炉即用前项资本。"并重弹其"汉冶萍应制铁，若松应制钢"的老调，其着重点不在保障中国生铁的销售，而在严禁公司将此生铁售予他国。三是告知日本购买中国生铁，内阁虽已提出议案而仍不能表决。

看来盛宣怀希图通过高木保障生铁销售是白费心机。一者，高木的地位及能量有限，如日本政府确要自行大力扩充生铁生产，不是高木之流所能阻挡的；二者，高木虽受聘于公司，实为日方派出之人员，最终必然是要竭力维护日方的利益。①

全力增铁脱离中国和企业实际

此次以兴建大冶钢铁厂为中心的大扩建，既是从满足日方需要出发，必然是完全脱离中国市场及企业实际，将进一步导致公司内在产业结构严重失调。

以 1914 年为例，汉冶萍公司铁矿石产量约 40 万吨，生铁产量为 13.0872 万吨，钢产量为 5.5850 万吨。此为公司钢产量的最高纪录。从产能结构来看，采掘能力与冶炼能力大体是 3∶1；炼铁能力与炼钢能力为 2∶1强。汉阳铁厂原本存在炼钢能力不足、不能适应铁路建设需要的矛盾。如1908 年盛宣怀访日时，因当时不能满足津浦路订轨的要求，曾向日本制铁所提出购买钢筒一万吨，售与生铁、焦炭各一万吨的要求。② 按照此次扩建

---

① 陈旭麓等主编：《汉冶萍公司》三，第 958—961 页。
② 《愚斋东游日记》，载易惠莉编著《盛宣怀与日本》，第 284 页。

方案，此种结构性差距将进一步畸形发展，采掘能力与冶炼能力扩大为10∶3；炼铁能力与炼钢能力扩大为3∶1。

当年张之洞创办汉阳铁厂，目的很明确：为的是"造轨制械"，将铁厂与枪炮厂同时建在一起，为制造枪炮提供原料。盛接办铁厂即兼任铁路总公司督办，更热衷于借洋款修路，于制械似较淡漠。1915 年孙宝琦被选为公司首席董事，接任董事会长之前，去汉冶萍各厂矿视察，回京向袁世凯汇报后，曾于 5 月 31 日致盛函，其中郑重提出：

> 汉厂钢炉只有六座，每年至多八万吨。倘国家需钢求过于供，又为人口实，且军器必须罐钢，亦不得不预为筹备。为今之计，必须急极进行。赶紧筹备，亦须三四年后方能收效。弟非敢涉于铺张也，若大冶添钢炉六座（马丁、罐钢各三座），不知需款若干，闻卢成章言，钢炉比化铁炉为首。一切计划自当熟商，目前以宽筹款项为要义。①

卢成章是汉厂培养的归国留学生，"钢炉比化铁炉为首"，当是增建炼钢炉比建化铁炉更重要，应放在首位之意。

这里提出了一个如何增加钢的产量和品种，同时更好地为军工生产提供原料的重要问题。此时欧战正炽，军火缺乏，英、俄都想在中国秘密购买军火，军火生产现状受到关注。看来孙已经听到了有关方面对于盛的批评以及汉厂内部存在着要求增加炼钢设备的呼声，此信实际是传达了北京政府对于汉冶萍公司今后发展的要求。也可以说，当时客观上存在着是增加生铁产量、还是增加钢产量两种不同的意见；从深层次来说，则是从本国的需要出发，还是屈从于日本需要的分歧。结果是，孙宝琦所代表的北京政府的意见并未引起重视，盛仍按照既定方针进行。实际上李维格提出的增加一座马丁炉的方案也未能实现，此后钢产量不仅未上升，反而下降。

---

① 陈旭麓等主编：《汉冶萍公司》三，第 940—941 页。

吴健、大岛出洋考察　日方操纵施工

如此负债经营的特大项目，自然是利在速战速决，加快速度，提高效率，缩短工期，争取早日投产，创造效益。正如公司董事会在委托吴健赴美购机炉时所说的："公司盼此新炉之成，如望云霓，盖光阴即是金钱，早一日即得一日之利益也。"这大概是"时间就是金钱"这一观念较早的表述。

然而，事实却并非如此。"订约已及十月而尚未举办者，因官商合办问题发生，不得不静候解决，再议进行。兹合办之局无望，而欧战之事又起，若再徘徊观望，则公司之陷溺愈甚，振拔愈难。"于是1914年9月22日，公司董事会决定委任汉厂坐办吴健偕同日本工程顾问大岛赴美考察订购设备。25日以《嘱托书》的形式提出了18项具体要求，其中主要的技术要求如："化铁炉每炉每日二十四点钟，出铁以三百五十吨至四百吨为度。""以化铁炉多余煤气，用于煤气机为原动力，须达到厂矿不用蒸汽之目的。"并令带去新厂地基详图，计划共八座化铁炉，目前二炉先尽容易之法布置，将来陆续加添，钢厂亦须预为位置。

1914年10月9日吴健离沪，至1915年6月5日返沪，前后历时近八个月。①

大冶新厂建造化铁炉两座，经吴健、大岛出洋调查，在英美两国招标，五家中以美厂摩尔根公司为廉，而且考虑到英国各工厂均有承造战用品之义务，交货迟早，殊不可恃，8月13日董事会本已议定就美国之摩尔根公司标价磋商订货。落选的另一家列德干利公司系由日本三井洋行代理，当日该洋行即代表列德干利公司函致盛宣怀、王存善，并于8月18日用正式洋文函声明，定于三周之内将该项清单补充后交到公司，以凭比较而定去留等语。至9月29日列德干利公司始将详细清单寄到。经过大岛等考核、比较，连日函电磋商，作了某些补充、修改，系化铁炉二座连附件，计价美金

---

① 湖北省档案馆编：《汉冶萍公司档案史料选编》上，第467—468页。

22.35 万元，确定 1916 年 3 月 31 号之前开始交货，至同年 8 月 31 日分批交清。汉冶萍公司遂与该厂代理人三井洋行订定合同，于 10 月 28 日签字。11 月 1 日公司董事会同意照办。所谓公开国际招标，徒具形式，实由日本暗中操纵。[①]

自 1913 年 5 月 20 日股东常会议决兴建大冶铁厂，至 1915 年 11 月 1 日确定订货合同，时间已过去两年半。1916 年 3 月，公司董事会委任大岛道太郎为建设大冶新厂总工程师，负责"建筑方面的一切工程"。大岛出生于日本钢铁世家，原为日本制铁所技术长兼工务部长。同年 5 月任命吴健为大冶新厂厂长，10 月正式定名为"大冶钢铁厂"。1917 年，两座 450 吨炼铁炉同时动工。大冶钢铁厂的建设工程主要采取招标承包，大部分由日本洋行承包后转包给日本或中国包工头施工。承包工程最多的是日本大仓洋行，负责炼铁炉和其他钢筋混凝土工程等。工程技术人员大部分由大岛推荐，还聘请了数十名日本人任大冶钢铁厂各股、处、科部门的负责人或监工。新厂建设从设计、财务支出到安装施工，几乎都由日人操纵。至 1921 年 7 月底，大冶钢铁厂计用洋例银 569.2 万两，占汉冶萍公司实用扩建工程经费的 64.2%。其中，机械设备 173.2 万两，运输装卸设备 115.5 万两，厂房工程 66 万两，码头工程 21.7 万两，购地 64.2 万两，其他 128.6 万两。同年底完成主要建筑施工任务。[②]

征地风波与欧战影响

当初，张之洞光绪十五年八月奏请筹办铁厂，于十九年十月奏报汉阳铁厂六大厂、四小厂全部建成，二十年正月初十开炉点火，为时四年多，纯系初创，尚受朝廷和后世的责难。大冶钢铁厂自 1913 年 5 月决定新建，至 1921 年底建成，主要工程仅为两座化铁炉，1922 年 6 月一号炉开炉炼铁，

---

① 湖北省档案馆编：《汉冶萍公司档案史料选编》上，第 469—470、473—474 页。
② 《大冶钢厂志》编纂委员会：《大冶钢厂志》，第 2—3 页。

前后十年。建设之所以一再延误，因素很复杂。

一是征地陡起风波。

委托李维格赴大冶审度建炉地点，勘定袁家湖地方后，汉冶萍公司函嘱冶矿坐办徐介甫按照勘定地点圈购地亩。据说"该处人民居为奇货，索价过昂久而未决"①。按照当地的说法是："袁湖一带居民向以烧石灰为业"，失去土地后无以为生，加之厂方购地出价过低，于是"乡民群起阻拦"。民国四年三月十七日盛致函湖北巡按使段少沧，称"大冶新厂断不可迟，购地似宜迅速办妥"，"然派去委员必须明白购地之事，方能分别持平，折服地主"。要求委任曾随盛办赈和在铁路当差的前清知县余观海购地，另派汉冶萍公司总稽查孙德全前往会商办理。②盛在 1915 年 5 月董事会上说，"议定每亩给价钱九十四千文，现正从事丈量绘图造册，经此手续即可成交。"③虽在官方参与下，按公用征收土地办理，仍到 1918 年底征地才结束，前后五个年头，共购地 4186 亩，比原计划超过一倍；购地用银 64.2 万两，是原计划的六倍多。

二是欧战影响，设备不能如期运到。

第一次世界大战期间，欧洲列强优先发展军火工业，中国的设备订货受到严重影响。正当外国倾销减少，有利于中国民族工业增长之际，中国工业发展所需要的机器设备供应却十分困难。④大冶钢铁厂就是一个典型事例，因订货延误而受到重大损失。

如德国西门子电机案：1916 年 1 月 4 日，盛宣怀函电交加致驻英公使施肇基云："汉冶萍公司前于二月间，向德国西门子定购电机二部，由中立国口岸起运。现闻美国及英国现订章程，三月一号前订定德货，可由英京商部给准照出口……汉厂为增加钢厂出额，供给英之同盟日本，急待电机，请公

---

① 陈旭麓等主编：《汉冶萍公司》三，第 935 页。

② 北京大学历史系近代史教研室整理：《盛宣怀未刊信稿》，第 246—247 页。

③ 陈旭麓等主编：《汉冶萍公司》三，第 935 页。

④ [美] 费正清编：《剑桥中华民国史》上卷，杨品泉等译，中国社会科学出版社 1994 年版，第 736 页。

竭力代向商部取准照，感甚。"① 经过整一年的交涉，始获英国准许，却又被德国禁止出口。1917 年 6 月 7 日驻英使馆来函云："近据该公司在伦（敦）代表称，在德所订电机，前因英政府未准发照，不能起运，及上年 12 月 7 日，由英政府核准发照之后，近查德政府将所有机件出口概行停止，故此事已属全然无望。"

又如英国斐尔沙湛密斯厂电机案：民国四年二月、八月公司先后在该厂为冶矿定造发电机一部，汉厂定造起矿机一部，以供汉厂化铁四炉齐开之需。民国五年 7 月 13 日致上海孙督办电云："据驻英代理电称，第一部机器竣工，被英政府收解作军用，第二部亦虑被解作军用。"同年 8 月 8 日驻英使馆来函说明："英现以军火缺乏，前敌需用孔急，所有各厂，均迫令赶造军火以资接济。各厂订就之货，不惟各国者均已停办，即本国者亦多搁置未造，难以通融。"如此订期早过，迄未交货。汉厂因而仅开三炉，旷时停待，损失甚巨。

又如美国参战后禁止钢铁机件出口案。1915 年 10 月 28 日签订购买美国列德干利厂化铁炉二座及附件，合同规定于 1916 年 8 月 31 日前交清。后来发电机因英国禁运，改向中立的美国的威斯汀好司厂订货，不料"美又加入战团后，情势一变。钢铁订件禁止输出，迭经催交，尚无效力"。史料显示，1917 年 9 月 30 日，超过交货期一年多，汉冶萍公司还在请咨驻美使馆向美政府商准化铁炉特许出口；1918 年 1 月 29 日致孙督办函尚云："惟美国因战务需要，所有商家定货，均置于后，制造无期，只有协约国造船或特别需要，可以提前执照。"延至 1918 年 4 月、5 月，公司向美国慎昌洋行订购的钢丝，才先后准许运出。② 1918 年 7 月 16 日，孙宝琦致李经方函云："大冶新炉，美政府允许出口，诚堪欣幸。"其时已逾交货期两年之久。③

————————

① 北京大学历史系近代史教研室整理：《盛宣怀未刊信稿》，第 263 页。

② 转引自全汉升《汉冶萍公司史略》，第 195—196、201—203 页。

③ 武汉大学经济学系编：《旧中国汉冶萍公司与日本关系史料选辑》，第 750 页。

事故迭出　大岛设计错误

《大冶钢厂志》记载，1919年4月1日石灰窑至大冶钢铁厂的铁路通车。同年12月8日，一号炼铁炉砌第一块砖，1921年5月一号炼铁炉炉身建成。同年7月24日突发水塔坍塌事故。

储备炼铁炉用水的1500吨水塔抽水试压时，先因漏水，继而坍塌，塔中之水向下倒泻，竟将墙砖冲至五丈以外，冲毁机器房屋，死伤工匠多名。修复需四月之久，致冶厂开炉推迟，损失巨大。大冶新厂工程系由总工程师大岛负责，大岛出生于钢铁世家，原为日本制铁所技术长兼工务部长，事故发生后不久，同年10月突然死于汉口。公司董事会函件指出："黄厂长先因塔身工料薄弱，屡与中川工程师言之，该工程师不加检点，致骤出此意外之巨险。"要求追查原设计是否有误、包工头是否偷工减料，并应索赔。①

另一问题后果更为严重深远，据说因大岛设计失误，热风炉供热不足，导致化铁炉不能正常生产。

据《国闻周报》4卷48期翊陶的文章披露，一般化铁炉需配热风炉四座供热，而大冶新厂所建化铁炉仅配热风炉3座。当时大岛在杂志上看到德国有化铁炉仅配热风炉2座，十分欣赏，以为可以节约不少资金，拟仿照办理；有人提出不同意见，与之辩论，大岛改为3座。结果建成后热力不足，化铁炉发生的瓦斯夹杂有大量灰屑，经常将热风炉的火孔闭塞，以致风热日渐减少；热风炉又只有三座，不能轮流检修，导致化铁炉时常发生故障，不能正常生产，大冶新厂的两座化铁炉建成不久即损坏，这是一个重要的原因。据翊陶文，德国那家铁厂之所以成功，是化铁炉发生的瓦斯，经过电力洗滤，十分洁净；又另设有一机器管理热风输送量，使炉内燃烧不会过度或不足；又因其热风炉质地甚好，使用年限与化铁炉相当，无须中途修理。德国这种设计虽然有其合理性，而作为工业生产大量推广则不一定必然成功。

---

① 湖北省档案馆编：《汉冶萍公司档案史料选编》下，第448页。

美国芝加哥也建过这种德国改进的热风炉，效果反不如原有的经济，后拆了重建。汉冶萍公司就没有这样的经济实力了。①

在水塔事故发生后，大冶钢铁厂厂长吴健抚今思昔，"良用慨叹，不能已于言"，致函董事会回顾了从规划、招标到施工过程中的问题：一是民国三年秋出洋考察，曾与专门名家麦奇接洽，约其来大冶工作六个月，勘察一切，周详规划，"其机件预定六个月交清，工程以一年完竣"，但因索酬三万而某董不允。二是招标，以美国摩根厂标单、图样最精详，董事会已议决而某董反对，改由日本三井公司所介绍厂家承办。三是施工，"三井所介绍之厂家标单既欠精详，规划复从简略，工作上随意裁减，不按照我之规定，两方争持，工作迟滞，机件竟因欧战阻隔，延至九年迄未交清，价复昂于摩根。"如吴健所说，因欧战而延误，虽有不可预知的因素，但与人谋亦不无关系；至于设计和施工中的严重问题，则主要是日方强行操纵所造成的恶果。②

化铁炉举火一再受挫

1922 年，公司预算汉冶两厂共产生铁 25 万吨。"公司经济困难，非多出铁货、广应市销，不足以资救济。"大冶新厂化铁炉开炉实成当务之急。3月 1 日总经理夏偕复与副总经理盛恩颐同往大冶新厂察看。吴健称："以前工程计划多有未合，炉座虽成，而附带各工多不完备，且须善后。"又召集机械、电汽、化铁三科长会议，咸谓："目前开炉似无危险，惟或因建造有不甚得法之处，将来致出危险，现时不能预知，则不能负责任。"夏、盛告以公司经济之难，开炉万难再缓，拟设一开炉特别奖，如能在 3 月内开炉，凡于炉事直接有关员工，均照本薪加给二个月，间接者加一个月；延至 4 月，则直接、间接者奖金各减半；至 5 月则无奖。

---

① 转引自全汉升《汉冶萍公司史略》，第 200—201 页。
② 湖北省档案馆编：《汉冶萍公司档案史料选编》下，第 448 页。

董事会择定于 3 月 27 日公司第一届股东会召开之纪念日举火。不料 26 日晚吊车忽然出轨，连夜赶修，至 27 日竣工开车，业已误期；28 日上午 10 时忽又出轨。吴健致函夏总经理："似此非大加修理不可，开炉期刻难预定。"

4 月 2 日，吴健复致函夏总经理，首先申明："查本厂一切工程原系前总工程师大岛君所经手，自健就兼职后，大部均已竣工。"在附件《报告书》中更强调："全厂设计原由故大岛博士负责，厂长仅居名义，有时建议，彼即郑重声明无须我之负责，故关于工程事项未容置喙也。""厂长至今保持沉默……实以碍于故大岛博士之情面故也。"

此函附有三个附件，一为吴健署名之《大冶钢厂化铁炉工场缺点报告书》，报告书起首云：

> 本厂因吊矿车钢架力弱，不胜负吊矿车之动重，遂至第一号化铁炉不能开炉。前奉电饬详查全厂有无缺点为前此注意所未及者，等因。谨将本工场重要部分要略缮呈钧览。该要部现虽可用，而将来开炉之时容或发生缺点，阻碍再见亦意中事，于兹须声明者。

所列缺点，计有吊矿机、吊矿桶钢钩设计及吊矿速度、转矿天桥、加料设备、泄气管、热水放泄、瓦斯扫除器、高白炉、打风机、起煤机、铸铁工场、江边抽水机等十二项。列为首项的吊矿机，"该机之裂开端系料构造之单弱""现拟由地面建钢料支柱坚筑柱基"。高白炉项下言："前已报告，此等热炉之量恐不敷维持热风所需温度"。关于打风机，"余欲再陈说，打风机之力量远在需要限量以下"，以汉厂打风机之经验，至少需一千立方米达。吴健信中还附有冶炼、工程两股报告各一件。严恩棫署名的《大冶化铁炉工场纪要》列有 9 项问题，其中亦提出"每铁炉之三热炉，其设计构造既如是劣，能否可靠，尚属疑问"，又云"打风机量过小，前曾详加讨论矣"。与吴健的报告互相印证。看来前述《国闻周报》上翊陶的文章不是无风起浪。另一附件以唐瑞华署名，提出工程股所检缺点，除经修改者外，尚有 26 项，如"吊矿车导轮之柱已挠曲""吊矿车之弧形横梁下部受重即见张开"等逐项——列举。

简而言之,此次开炉失败,暴露了设计、施工中隐患多多,将来能否正常开炉生产,厂中谁也不能保证。①

三个月后,1922 年 6 月 24 日,冶钢一号化铁炉晚 9 时再次举火,至次日炉盖链断,不能密盖,煤气外散,抢修 16 小时,至 27 日晨 5 时始出铁,所幸出铁尚好。7 月 5 日晚 9 时,忽然发现炉盖开关机件损坏,关盖不能自如,炉火上延,可能引起火灾,当即停止打风、冒着高温、煤气抢修,至 7 日夜 9 时修好,复打风冶炼,因抢修历时两昼夜,"下部热气渐冷,致令上部炉料悬挂不下,遂呈雍塞之象"。为此急电汉阳铁厂借用修理工具,以便施用炸药。至此一号化铁炉再次停产大修。

与此同时,冶钢二号炉修改工程积极进行。原拟 1923 年 2 月开炉,因加装风管费时两月,于 4 月 4 日清晨举火,5 日晨 6 时出铁计 152 吨,6 日出铁 172 吨,7 日出铁 223 吨,8 日出铁 159 吨,停炼 10 小时,修理锅炉进水管。4 月 21 日公司公函称:"此次二号新炉开炼,实应生铁需要,不能再缓,所有应行设备尚未完全之处自所难免,惟既经开炼,亟应续筹完备,免误要工"云云,要求边维修边生产,不可停工。炼钢工程师郭承恩 25 日复函,报告炉前艰难紧张的实况:"自本月四号开炉后,冷热风管、炉顶机关、吊矿机、打风机、打水机、热风炉、大汽炉等处之修整等事,每日几昼夜不绝,一处不灵,全体堪虑。兹用员司工匠人数过少,只能择其最要者弥补,以期目前无停炉之患。"②

运道阻塞　缺焦停产

当吴健、严恩槱、郭承恩这些学成归国的工程师忙于修补、改造大冶钢

---

① 湖北省档案馆编:《汉冶萍公司档案史料选编》下,第 449—453 页。
② 湖北省档案馆编:《汉冶萍公司档案史料选编》下,第 453—455 页。

铁厂设备之际，另一只看不见的手却渐渐扼紧了汉冶萍的咽喉。

1923 年 9 月 3 日，公司运输所来电报告："据粤汉路息，湘赵昨夜出走，武长路不通。""湘赵"当指湖南省长赵恒惕，武长路指武昌至长沙铁路。《萍乡煤矿大事年表》载：1923 年 "9 月，湘战又起，株萍路断绝二十余日" [1]。

1924 年 4 月 28 日，运输所长潘国英致函夏偕复："查焦炭缺乏，不仅冶厂，汉厂亦同一恐慌，萍矿目下每日至多运出六百吨，以之供应两厂，约每日不敷二百余吨，左支右绌，实觉无法两全。"提出建议："冶炉关系外债信用，自应设法维持，则惟有暂停汉厂之炉。"11 月上旬公司已电汉厂停炉，同时又命冶钢"压火"，即化铁炉只保温而停止冶炼。[2]

11 月 29 日大冶钢铁厂厂长季厚堃致函公司云："近半月以来，运到萍焦每日平均不过二百五十吨，且有不到之日，冶炉日需五百吨，所缺甚巨。"并道出了症结所在："是焦炭缺乏不在萍矿，而在运道。"1925 年 2 月 23 日季函告作为焦炭出口咽喉的株萍路情况："惟该路近年叠遭兵燹，车辆损坏者居多，现计可用之车辆供萍矿煤焦运输者，只有一列车，每日可运煤三百吨左右。"1925 年 3 月 2 日，公司日本顾问吉川致函儿玉，则介绍了铁路被军队占据而铁厂停炉的情况："汉阳铁厂炼铁炉于去年十一月上旬，大冶铁厂也在去年年底，由于焦炭供应不足而不得不停炉。其后萍矿贮藏焦炭约一万八千吨，也由于株萍、粤汉两条铁路同时运输军队，铁路及列车仍被输送军队所占据……加以当局懒于对两条铁路进行维修和补充，结果实际运力大为降低。"接踵而来的则是盛恩颐 1925 年 4 月 2 日致冶厂季厚堃电："萍乡罢工，煤焦不能运出，化铁炉希暂停烘。"停烘，即停止烘炉保温，熄火停工。[3]

此后，大冶钢铁厂一号炉尚于 5 月 22 日晚 8 时开炼，生产了四个多月。

大冶钢铁厂历年生铁产量如下：

---

① 江西省政协文史资料研究委员会等编：《萍乡煤矿发展史略》，内部发行，1987 年版，第 228 页。

② 湖北省档案馆编：《汉冶萍公司档案史料选编》下，第 442 页。

③ 湖北省档案馆编：《汉冶萍公司档案史料选编》下，第 456—458 页。

年份	炉号	开炉日期	停炉日期	产量(吨)
1922	1号	6月24	7月5日	1000
1923	2号	4月4日	8月30日	86144
	2号	9月5日	——	
1924	2号		12月31日	117860
1925	1号	5月15日	10月18日	53482
合计				258486

（原注：本表系根据公司档案综合。）①

大冶钢铁厂两座450吨化铁炉，一号炉生产不到半年；二号炉两次开炉计生产一年零八个月，共计产生铁258486吨，基本是廉价售与日本，以抵还债务。自1921后至1923年共亏损银700多万元。1924年3月，公司董事会决定将大冶钢铁厂与大冶铁矿合并，改名为"大冶厂矿"。合并后至1925年8月止，又亏损银81.7109万元。同年10月化铁炉停炼后，解雇工人千余名，大冶钢铁厂实际沦为大冶铁矿的机修厂。②

盛恩颐的世袭和公司的终结

至此，汉冶萍公司的钢铁冶炼生产全部停顿。1926年1月26日，盛恩颐致函日本制铁所长官、正金银行总经理求援。宣称："迫使我们将汉阳及大冶两厂停产之主要原因有二：第一，株萍铁路提供机车很不适当，以致无法把煤焦由萍乡运出，造成我们对上述两厂焦炭供应中断。第二，汉阳与大冶之动产，由于砂捐问题未臻解决，被湖北省军事当局所扣留，对我们两厂业务运转，形成巨大障碍。"信中还说，此类非常事件合并发生，夺去了财务收入的主要来源，总公司及工厂职工已有数月未领到薪资。

---

① 湖北省档案馆编：《汉冶萍公司档案史料选编》下，第458页。
② 黄石市地方志编纂委员会编：《黄石市志》，第385页。另据公司会计顾问吉川1925年3月2日致正金银行总经理函："汉阳铁厂炼钢炉于去年十一月上旬，大冶铁厂也在去年年底，由于焦炭供应不足，而不得不停炉。"《旧中国汉冶萍公司与日本关系史料选辑》编者注曰："汉厂炼钢早于1921年十二月已全部停炉。"（武汉大学经济学系编：《旧中国汉冶萍公司与日本关系史料选辑》，第1032—1033页。）

公司决定停产，事前并未告知日方，如此将断绝对日本的生铁供应，日方严重不满。1926 年 4 月 24 日，日本商工、大藏、外务三省共同召开"汉冶萍公司协商会议"，研究汉冶萍公司善后问题。据会议记录所述，"公司现状"问题重点在于萍乡煤矿，内容共有三点：首先是指责矿工受广东革命浪潮——即国共合作北伐的影响，"煤矿采掘工作，时常停顿"；第二点是"在历次变乱之际，铁路中断，煤炭无法运输"；第三点仍然是说铁路运输，则是指管理混乱，"对煤炭强制课税"，即便依从交费"仍不能运出"。——有必要指出，其中有关工人运动的真相是，1925 年 9 月盛恩颐勾结湘、赣军阀对安源矿工进行血腥镇压，蛮横开除工人近半数，导致了萍矿大停工。

在陈述这些"事业上之困难"，即客观因素后，《协商会议纪录》同时指出："该公司主要董事等长住上海，暖衣足饱，对事业毫无用心，缺乏力挽狂澜之魄力。"①

在盛宣怀去世后，嫡子恩颐承继了在汉冶萍公司的权力，由董事兼副总经理、至代总经理、既而正式出任总经理，始终是公司掌握实权的核心人物。孙宝琦久任公司董事会长，虽然是他岳父，实际被他架空。1918 年 2 月 25 日，尚是副总经理的盛恩颐，为争夺纪家洛等矿山而走访日驻中国代理公使芳泽，便公然否认孙可以代表汉冶萍公司："孙现任税务督办，兼任汉冶萍董事会长，而后者几乎可以说是名誉职，不直接掌管公司事务，所以在关于公司之利害关系方面不仅与我们大不相同……或系站在其本人立场不得已而提出来者。"原总经理夏偕复，即夏地山，曾任驻美公使，是孙宝琦的亲戚。1924 年四次赴日谈判借款，9 月 22 日在东京签订草合同后回沪，盛恩颐自恃为大股东，不愿听夏指挥，联络董事会副会长借口反对借款对夏大肆攻击，夏于 11 月中被迫辞职，盛恩颐遂兼代总经理。②1926 年 8 月盛恩颐再次赴日本借款，俨然已是董事兼总经理，受到日方破格欢迎与接待，

① 武汉大学经济学系编：《旧中国汉冶萍公司与日本关系史料选辑》，第 844—845、850—851 页。

② 李为扬：《关于汉冶萍公司向日本借款的侧面资料》，《上海师范大学学报》1986 年第 1 期。李为扬系安源煤矿矿长李寿铨（1912—1924 年在任）之子。

据说日方为了照顾这位瘾君子，竟破例允许其携带鸦片入境。1927年1月签订之二百万日元借款，实为盛恩颐自行谈判并代理孙宝琦签字，孙宝琦徒具董事会会长虚名而已。①

盛恩颐世袭了汉冶萍公司的权力，同时也继承了其父的经营路线和方针，依旧以资源换取外资，但预售矿石和生铁的年限已长达四十年之久，在数量上已经大大超过公司可以提供的能力、无可再加，因而在内容上主要转向以出让无形资产、即公司的经营管理权为主，以弥补日方图谋中日合办一再受挫的需要；同时继续利用政府的干预与日方讨价还价，又倚仗日方的干预来抵制政府的侵夺，只是盛家已经没有多少资本可以讨价还价了，更多的是依赖日方维护其在公司的既得利益，借以延续公司的存在。

始于民国十一年的八百五十万日元大借款，纠缠三年之久，最后主要的焦点是日方坚持"制铁所得自由向他矿购买"，即废除光绪二十五年签订预售矿石合同时、盛宣怀为大冶铁矿争得的矿石专卖权。民国十三年六月十二日公司总经理夏复偕致盛恩颐电云："本日晤制铁所长官，必欲弟秘密允认制铁所自由购砂，惟云不向象鼻山、纪家洛购买，并以帮助象、纪交涉为饵。答以无权擅允，良心上亦不能允。"日方即令其回国与董事会商量。当时董事会复电也坚持认为此条"根本破坏公司""绝无迁就之余地"。夏被迫辞职后，恩颐既大权在握，亦无良心障碍，主持签订了草约。同年十一月二十九日召开已有三四年未开的股东大会，通过借款合同，有人提出矿石专卖权"颇有关系，应请加以考虑"，盛恩颐却立即回答："因本公司矿石含铁成分既较他矿为高，价目亦因预付而便宜，只要我方可以照数供给，日本方面断不至另觅主顾"。②

这是公然欺骗股东。此前，夏复偕已多次向董事会报告过，日制铁"长官主张收买桃冲矿石，并借给款项"，高木陆郎也在与安徽桃冲铁矿联系，并欲订购象鼻山矿石。一旦得逞，日方不仅可预防矿石之不足，对汉冶萍

① 武汉大学经济学系编：《旧中国汉冶萍公司与日本关系史料选辑》，第728、812、836、884页。

② 武汉大学经济学系编：《旧中国汉冶萍公司与日本关系史料选辑》，第801、809页。

来说则失去了维护经济利益的最后一点可怜的屏障。当时就有湖南公股代表反对借款，一为主权恐为外人操持，二为公司正值亏本，即使借款成立，不过维持一二年。一针见血，指出要害。此次借款号称八百多万，绝大部分是抵还积欠，除有"二百万两预备未完工程之需外"，实收能动用的只有一百六十余万日元，折合银仅九十余万两。①

民国十五年恩颐再赴日谈判二百万日元借款，最后则相持在委托经营权。即在公司不能履行合同时，由制铁所、正金直接指派人员进行矿石开采、钢铁冶炼及其经营。如此，一旦将企业的生产和经营全部交给日方，比中日合办更为痛快、彻底。盛恩颐"则谓若将委托经营一事明记于条件之中，必大遭舆论之反对，终非自己一人之责任所敢承认者。仅此一问题，虽经一月之久，总不能进行"。最后恩颐面见日本商相片冈诉说苦衷，日方不为所动，"商、藏相则答此条公司既不承认，日本即不能再予借款"。同年十二月，恩颐回沪向董事会口头汇报，邀得同意，民国十六年一月二十七日双方签字。在一份提交给董事会的资料中，对于合同条文以"备考"做了说明。关于委托经营一条，强调如果合同实现，公司得以发展，"不过等于一片空文而已"，又称"日方确信此事于公司名实均无不利"，况且"经营困难过去之时，此种办法犹可取消"。② 纯属饮鸩止渴，自欺欺人。

此两次借款一次比一次更严重地加速了公司的沦落。民国十三年的借款合同，在签订《关于废除公司所谓矿石专卖权协定书》的同时，又以"觉书"确定，在原已聘用日本工程顾问、会计顾问的基础上，公司愿增用日本工程师四名，增加会计襄办三名，"尤应励行顾问职务章程"等，已经通过人员渗透，控制了公司生产、扩建、财务等运作的实权，再加上民国十五年"委托经营"的条款，比较中日合办，虽无其名，已具其实。公司已沦入主权尽失，任日人摆布的境地。

---

① 武汉大学经济学系编：《旧中国汉冶萍公司与日本关系史料选辑》，第785、803、843页。

② 武汉大学经济学系编：《旧中国汉冶萍公司与日本关系史料选辑》，第881、878—879页。

与此同时，盛恩颐利用他世袭的权力，排除异己，强化用人唯亲，日益使公司走向封建家族化。上述李维格重新出山问题及李赴日谈判后由恩颐赴日签字，便已现端倪；排挤总经理夏复偕更是典型的事例、重大的步骤。1924年盛恩颐自代总经理，由董事会通过850万元的草约后，派盛宣怀的长孙盛毓常赴日签字，据同行的翻译费敏士回忆，盛毓常是个纨绔子弟，带了两个姨太太和一些随员、佣人，几十件行李，加上盛毓常喜欢打扮，涂脂抹粉，手上戴着一个大金刚钻戒指，这样浩浩荡荡的一支队伍登岸，日本人以为是来了一个剧团，住在日本东京最豪华的帝国大饭店。"殊不知几次会一开，还要到大藏省制铁所各处奔走联系，借款也不是一下就能解决，而且其中又无油水可沾，盛毓常大为失望，等不及签字，竟然拂袖而去。我们只有电北京孙宝琦会长请示，孙指示改派赵兴昌负责代表签字。"①

　　下面简略说说被重用的赵兴昌、盛渤颐。

　　赵兴昌，即丙生、或炳生，盛宣怀之侄女婿。曾任汉冶萍公司会计所稽核股长兼文书股长。辛亥年九月（1911年11月）盛逃亡出京暂住青岛时，赵即随侍左右；其时孙宝琦任山东巡抚，与盛宣怀密电联系即通过赵。②此前，赵系盛家掌管银钱的心腹，如制币厂铜款九十万，为"赵丙生前与三井商定，系长年七厘"；辛亥年十月十七日盛宣怀致庞仲雅函，涉及的款项有"顾润章、赵兴昌、盛善怀捐项"。③六合公司被盛称为"系敝国资本家六人合资公司""借款为总公司大宗"，亦为同年十二月前后赵奉盛命所组织。④民国四年十二月二十六日盛致内务部、农商部公函所附"上海广仁善堂董事会"办事员、捐资员、议事员名单，集中了盛宣怀集团中的所有重要人物，议事员最后一名即赵兴昌，表明了赵的地位日渐显要。⑤盛恩颐掌权后，赵兴昌出任会计所所长，执掌公司财权。1925年12月至1926

---

① 李为扬：《关于汉冶萍公司向日本借款的侧面资料》，《上海师范大学学报》1986年第1期。

② 陈旭麓等主编：《辛亥革命前后》，第219页。

③ 北京大学历史系近代史教研室整理：《盛宣怀未刊信稿》，第225、243页。

④ 陈旭麓等主编：《汉冶萍公司》三，第202—203、217页。

⑤ 北京大学历史系近代史教研室整理：《盛宣怀未刊信稿》，第259页。

年1月，被派往日本代理董事会长孙宝琦在八百五十万日元大借款上签字。同年8月，赵已晋升为襄理，与总经理盛恩颐赴日访问、谈判借款，1927年1月签订二百万日元借款。2月，根据这次借款合同协议，成立"公司整理委员会"赵与日人顾问、部员大野弘同时被任命为掌理会务的干事。①这些事实，都足以说明赵兴昌已经成为盛恩颐的主要助手，公司的实权人物。

盛渤颐，字若曾，号我龚，系盛宣怀堂侄。武昌起义前为山东郓城电报局委员、军咨大臣特委沿胶济铁路坐探，与汉冶萍公司本无关系。②大冶新厂建成后，盛渤颐一度出任大冶厂矿长。据公司会计顾问吉川雄辅1927年2月、12月陆续向日本国内报告，农历年底部分工会会员包围盛长达十小时，要求发给年终补贴每人十五元，盛不得不满足工人、职员要求。后又有失业工人四五百人要求重新雇用，此时湖北总工会派来的工人领袖李兆龙领导着大冶厂矿的工人运动。约在六七月间，盛渤颐置厂矿不顾，弃职只身逃回上海，至十一月十七日新任命的厂矿长赵时骧始到任。③

关于这些人的作为，有个典型的事例。1929年5月，日本驻中国财务官公森太郎一行至南京抗议国民政府欲接管汉冶萍公司。5月6日，时任公司襄理的赵兴昌代表公司，与大野、波多野两顾问至南京会见公森。公森有意询问赵兴昌："日本方面依然反对国民政府接管，公司方面是否考虑过如何对策？对本官向中国方面交涉有无什么希望？对政府态度和整理委员会内情是否打听到什么？"赵的回答是："盛总经理或许会有考虑，但我等没有什么意见，也未得到什么情报。"公森当即对其警告和训斥："面对公司如此重大事件，作为一个襄理，不应束手无策和采取如此冷淡态度，而应认清自己的责任，以公司自身主动地努力为第一要务……公司之人如此冷淡，无怪乎接管论者有机可乘。接管论者那样热心，公司方面若长此不热心，两相比

---

① 武汉大学经济学系编：《旧中国汉冶萍公司与日本关系史料选辑》，第813—815、819、868、896页。

② 陈旭麓等主编：《辛亥革命前后》，第219页。

③ 武汉大学经济学系编：《旧中国汉冶萍公司与日本关系史料选辑》，第923、929页。

较，不热心之一方必然要被征服，此者今后即可预料。"① 日方这一记载，既活画出了盛恩颐、赵兴昌之流的昏庸、蹒跚、无所作为；又毫不掩饰地流露了对于公司当权者的蔑视、厌恶。

1928 年 4 月 23 日，南京国民政府农矿部举行纪念周，参事陈郁作报告："汉冶萍之事，一误于盛宣怀，再误于北京政府，三误于公司股东。"后者系指欧战时期，汉冶萍公司所谓的黄金时代，"彼时虽与日本订廉价之约，而公司仍有赢余约国币二千万元之巨。彼时日币低落，倘公司股东一致主张先行还债，未必即无办法，乃贪目前之利，将赢利概用之于分红，买废矿，从此时机一逝不可复得，斯则全体股东所不能逭过者矣。"② 窃以为盛氏家族为最大股东，恩颐又握公司实权，这全体股东的责任，大部分应落在盛家的身上。

同是在 1928 年 4 月，日本政府有关当局作出《汉冶萍公司今后措施案》之决定。此决定面临一个重要事项，即制铁所历来推行之方针是从汉冶萍公司获得矿石和生铁供应，今后能否继续，抑或不再指望生铁，仅以取得矿石为满足？而且生铁是支付日本借款本利的主要来源，今后若停止生铁制造，则该公司之收支预算将被根本颠覆，以至没有偿清借款本利之希望。经研究认为，鉴于中国国内形势及日本钢铁工业发展现状，日本可以改变方针，只以汉冶萍公司供应矿石为满足，不指望其生铁。其理由是：一者，萍乡偏僻，政局动荡，工人跋扈，交通设施不完备，不能指望其安全而廉价地供应焦炭；二者，在中国制造生铁、输入日本再行炼钢，比较输入矿石后连续炼铁炼钢，甚不经济，难免增加生产成本；三者，考虑日本国内外矿石供应现状，随着国内和满洲炼铁炉的增加，将可以适应日本平时和战时对生铁的需要。四者，汉冶萍今后中止炼铁，专事采掘和出售矿石，日本对其借款本利的支付需重新规定。据日方计算，在日本对汉冶萍公司的四千万日元贷款中，大约有二千八百万元用于炼铁设备的制造，而这些设备即将归于无用，

---

① 武汉大学经济学系编：《旧中国汉冶萍公司与日本关系史料选辑》，第 1019 页。
② 武汉大学经济学系编：《旧中国汉冶萍公司与日本关系史料选辑》，第 998 页。

这部分负担无法减轻，必将使公司经营陷入僵局。

这些理由，毫无疑问是从日本自身的利益来考虑的。在我们看来，萍矿的混乱局面是暂时的，并非不可治理。萍乡煤矿系为铁厂供焦而开发，焦炭不能正常供应，冶炼必然停产；而冶炼停产，焦炭没有销路，萍矿也难有生机，二者本是利益共同体，一荣俱荣，一损俱损。地方政府以为萍矿是块肥肉，后来收归国有却依然亏损，根本原因在此。日本对萍矿的兴衰无关痛痒，其作出决定的关键是上述二、三两点。我们记得，筹建大冶新厂时，1915 年 8 月王勋就向盛宣怀报告过日方有自炼生铁代替从中国进口之议。日本制铁所建立后，曾有三次扩张，1906 年开始第一次扩张，目标是三年后生产钢材 18 万吨；第二次扩张是 1911 年开始，目标为年产钢材 35 万吨；第三次 1916 年开始，目标年产钢材 65 万吨。1915 年正是日本制铁所酝酿第三次扩张之际，此前汉冶萍厂矿已经逐步深陷为其附庸，纳入为其服务的轨道；十来年后的此时，日本生铁生产"将可适应平时与战时铁之需要"，至此有恃无恐，无须继续进口中国的生铁，汉冶萍为日本提供生铁的地位已不可保，进一步沦落为仅仅提供矿石的开采基地。悬在汉冶萍头上的达摩克利斯之剑终于落下，彻底斩断了钢铁生产复兴的一线生机，自此二千八百多万日元的扩建投资付于东流，汉厂新建的四号化铁炉和大冶新厂的两座化铁炉全都未曾发挥作用便任其腐蚀成为废铁。如此，中国与日本的钢铁工业已判若云泥。[①]

1938 年 8 月，上海、南京均已失陷，武汉会战正激。盛恩颐赴日，与日本制铁会社议定：原定约款委由"日铁"代行，一有机会即中日合办，日方并要求"大冶占领后，愿立能运出存矿，开工采掘"。盛恩颐答曰："通力合作，事不难为。"同年 11 月，盛恩颐再次赴日，于 7 日至陆军省，东条英机次官森然面令："大冶陷落，蒋军退却，我军占领，以后冶矿概归军部管理，汉冶萍不能参加与闻，盼公司当局接受遵行，此令。"盛恩颐等被东条

---

① 武汉大学经济学系编：《旧中国汉冶萍公司与日本关系史料选辑》，第 1040—1042 页。

一脚踢开。1939年6月，日铁所属的大冶矿业所成立，公司襄理赵兴昌和人事课课长盛渤颐，被盛恩颐指派到大冶去向日铁移交财产。历史极其富有讽刺意味，形象地说明了：汉冶萍公司最终是断送于盛恩颐、赵兴昌、盛渤颐等人之手。[①]

国民政府如何整理汉冶萍公司

国民革命军北伐占领武汉后，武汉国民政府和南京国民政府先后都有接管汉冶萍公司的打算，并曾建立组织，付诸行动。孙科、宋子文和蒋介石都曾有所接触。

最早接触这一问题的是孙中山的儿子孙科，时任武汉国民政府交通部长。该部于1937年3月7日向汉冶萍公司发出训令，奉2月28日中央政治会议决定，由本部设立整理委员会，切实整理该公司。3月11日公布了整理汉冶萍委员会章程。6月13日整理汉冶萍委员会致函公司：由本会接管汉冶萍各煤铁矿厂，全部实行整理。并派该会委员谌湛溪为萍乡煤矿矿长，6月29日，整理会主席黎照寰率谌湛溪到矿就职。7月2日公司致电武汉政府，"对此非法行为，绝对不能承认。"8月4日武汉国民政府秘书处复函公司，据所抄录交通部长孙科原呈复，称："该公司既不能维持工人生计，为维持铁路需要及营业计，不得不起而代谋"，以期营业复振；以为没收，殊属误会。8月17日公司致函日本正金银行求援。[②]

此前，日驻上海副领事加藤奉派到汉口，于元月25日与财政部长宋子文密谈。宋子文曾于1918年进入公司商务所学习办事，历任经理处调查课长、西文秘书、公司咨议，于1922年解职离开公司。加藤认为宋熟知该公司内部情形，深知该公司与日本资本关系密切，也了解汉冶萍现状。宋子文谓：

---

① 武汉大学经济学系编：《旧中国汉冶萍公司与日本关系史料选辑》，第1080、1082—1083、1090页。

② 武汉大学经济学系编：《旧中国汉冶萍公司与日本关系史料选辑》，第906—911页。

最近，据外间传说，日本方面对该公司，将给予援助（或指二百万新借款而言），该公司如此穷困，舍此而外，别无良策。惟此时纵给予救济，欲使其恢复旧观，恐亦困难。推原其故，固由于世界市场情况萧条，而经营方法尤欠灵活，况且现在更有惹起罢工风潮之危险，或愈加陷入萧条，亦未可知。国民政府有鉴于汉冶萍事业之重大，正在研究对策，使其复兴。

作为一个知情者，宋子文对汉冶萍公司的现状和前途都是悲观的。也说了一些官话，表示在适当的机会与日本研究如何复兴公司，转而询问加藤的意见和日本有无具体方案。

同年6月下旬，日本外务省命驻汉口领事，探清武汉政府对汉冶萍公司整理的真实意图。7月8日，交通部长孙科与黎照寰会见了田中代理总领事，谈话内容为强调公司营业不振，铁厂全部停工，最近日本借款用途不明，工资未付，经常发生劳动争议。表示无没收之意；确定具体整理方案时必尊重日方的权益，进行协商。后两点，当是武汉国民政府应对日本交涉的基本点。①

此时正酝酿着宁汉合流和国民党清党的政治巨变，工人运动的兴起和被镇压，都不利于恢复正常生产，必将给企业带来更大损失。武汉国民政府对于解决汉冶萍问题不可能有所作为。

国民政府迁往南京后，1927年11月26日，汉冶萍公司整理委员会改组，由交通部副部长李仲公任主席委员，黎照寰为委员，谌湛溪为专任委员，制订了"目前着手办法"，计划从提高大冶铁矿砂售价入手，先接管冶矿，次及萍矿，如萍焦能源源接济，即开汉厂一化铁炉。1928年1月11日，国民政府批示"准于所请办理"。

1927年12月17日，公司日人顾问部员波多野与制铁所驻上海嘱托山

---

① 武汉大学经济学系编：《旧中国汉冶萍公司与日本关系史料选辑》，第912—913、920页。

县至南京。向日领事求援，领事未出面。波多野等面见李仲公、谌湛溪。李、谌说明绝无收归国有之意，充分尊重日本债权；但提出：要改定矿石售价，认为日方与政府合作更为有利，日方欲直接经营汉冶萍公司为不可能之事，如与日方商议不允，则断然直接接管。态度颇为强硬，并声称交通部次长系代表政府发言。①

1928年1月9日，日外务大臣田中义一，对驻南京领事发出机密训令，关于汉冶萍问题拟定三项应急措施：一是定于今春，派遣公森驻华财政事务官等，赴汉、冶、萍等地视察实况，使中国方面充分了解日本政府对公司十分重视。二是公森等到南京后，领事偕同诸人至政府，提出书面或口头抗议。三是日本有关各省协议同意，目前在大冶附近停泊军舰，以监视中国方面之不法干涉。

1月28日、2月2日，整理委员会派往大冶的技正黄伯迮，先后致电交通部报告："日兵舰停泊不走，水兵连日示威，国民政府如来接管，闻要派陆战队六百人上岸保护。""日舰浦风兵连日至矿。日本兵舰停泊大冶江岸，汉冶萍公司驻矿当事人，开专车于元月二十日、二十五日、二十六日、本月一日，迎日本水兵着军装上岸，到矿局宴会。"②

2月6日，公森事务官、正金银行副经理武内、兴业银行董事小贯及制铁所嘱托斋藤等一行到达上海。当日，蒋介石的亲信幕僚张群在离上海前，给日驻沪总领事矢田传去口信："关于汉冶萍问题，南京政府方针已经决定，不论如何，总以友好精神与日本之间谋求圆满解决，请予知照。"当夜，代理外交部长郭泰祺，在上海外交宴会遇到矢田，希望与之在上海会谈，不必去南京。7日夜，即将上任的外交部部长黄郛访问矢田，认为日方如提出抗议，以对在上海之外交部部长为妥。"如本人上任，自当设法从速解决此案。若日本方面希望此案圆满解决，则对南京之抗议，就不必用高压手段过于刺激南京政府，希望抗议尽可能以口头提出，抗议书提交外交部长。"又说："南京访问一事大肆宣扬，对问题之解决并无若何好处，因此希望对新闻报

---

① 武汉大学经济学系编：《旧中国汉冶萍公司与日本关系史料选辑》，第936、950—955、959—961页。

② 武汉大学经济学系编：《旧中国汉冶萍公司与日本关系史料选辑》，第965—968页。

导特别注意。"①

10 日,矢田、公森等一行坚持按照原定计划在南京与外交、交通、财政三部代表会谈后,12 日密电向外务大臣田中报告,中国代表李仲公次长"开头之声明,便出人意料地否定了实行接管,并反复说明尊重我方权益,为着两国利益,希望此案圆满解决。"矢田估计是张群授意的结果,并报告:"张群当夜亦对本领事说,黄郛有电报来,与总司令商谈过该问题,并将处理方针传示各方面。"此总司令即是蒋介石。②

2 月 15 日,公森一行至武汉抗议、会谈。同日,矢田向驻华公使报告了已获之进展:交通部已下令撤回派往大冶之黄伯迖,并派人与日方代表同至武汉交涉放回公司被扣压船只,派人至上海撤除对浦东码头的占领等。28 日《申报》报道,公森一行赴南京、汉口、南昌等地调查,于 25 日返沪,据谈"此行奉命之目的,已达十之八九",将于 29 日左右返国。③

蒋介石:汉冶萍内容复杂,不好染指

时过不久,国民政府新设农矿部,易培基任部长。1928 年 4 月,整理汉冶萍公司委员会移交给农矿部。5 月 5 日,整理汉冶萍公司委员会再次改组,委派陈郁等五人为委员。此时北伐已渐结束,为解决财政问题,国民政府按照孙文学说和国民党党纲,拟将铁路、矿山等事业收归国有。同年 12 月 30 日,该会呈请农矿部:"拟请钧部令行该公司,限于三月十五日以前,将所有煤铁矿厂及一切财产交由属会接管,以便整理。"1929 年 2 月 13 日农矿部呈请行政院鉴核备案,23 日获准。3 月 1 日农矿部对公司发出接管训令。④

① 武汉大学经济学系编:《旧中国汉冶萍公司与日本关系史料选辑》,第 974—976 页。
② 武汉大学经济学系编:《旧中国汉冶萍公司与日本关系史料选辑》,第 976—980 页。
③ 武汉大学经济学系编:《旧中国汉冶萍公司与日本关系史料选辑》,第 994、996 页。
④ 武汉大学经济学系编:《旧中国汉冶萍公司与日本关系史料选辑》,第 999、1002—1003 页。

对此，日本政府通过驻上海总领事重光葵于3月4日、3月14日、4月8日连续三次向国民政府外交当局提出抗议。5月3日公森太郎奉命再度来华，声称作为财务官拟久驻沪上。5月9日外务大臣田中以机密函致上海、南京、汉口、九江等处领事，发出《关于汉冶萍公司接管问题之对策》，"我方虽不仰求其供给生铁，但尚需要其供给矿石。如果国民政府真将采取钢铁国营方针，则该政府之接管，将不限于汉冶萍，而更扩及象鼻山、桃冲及其他方面，因此，我国将失去矿石供给之大半，故在此紧要关头，非尽量阻止不可。""本问题对我方既得权利将产生重大变化，因此，对本事之交涉，须持特别强硬态度"。①

在日方提出两次抗议后，农矿部于3月16日发出训令，将接管日期延至4月5日，态度已软化。日方第三次抗议后，整理委员会以公司不遵政府命令为由，呈请取消该公司法人资格，行政院未予批准。公森向国内报告，"国民政府不过是要顾全体面，实则已经接受了我方抗议，制止了接管实现，把问题拖延下去"。5月8日公森等访问南京领事馆，冈本领事亦建议，本案之交涉，"不如改变逼使政府当局屈服那种做法，顾全彼等面子，而取得实惠；即不一定要采取形式上之交涉，而是通过内部谅解，以达预期目的，更为得策"。②

为了探听蒋介石对本案的态度，5月10日，公森等获得情报，据军政部军械司长陈韬说：蒋介石把将来设施分为五个方面，即兵工、军事、航空、路政和垦殖，而以兵工建设为先。蒋介石把此项希望寄托在汉阳铁厂，但没有接管汉阳铁厂由政府经营的愿望，也没有把大冶、萍乡包括在内；蒋之重视铁厂还在于今后路政改革，实现钢轨自给，也以依靠汉阳铁厂最为方便。但这些都与接管汉冶萍公司无关，他对其亲信说过：汉冶萍公司内容复杂，对之不好染指。③

---

① 武汉大学经济学系编：《旧中国汉冶萍公司与日本关系史料选辑》，第1004—1006、1008—1009、1011—1014页。

② 武汉大学经济学系编：《旧中国汉冶萍公司与日本关系史料选辑》，第1018、1020页。

③ 武汉大学经济学系编：《旧中国汉冶萍公司与日本关系史料选辑》，第1024页。

5月10日中午，公森一行在工兵监宴请席上与杨杰秘书长相遇，山县说这次到南京，本拟提出强硬抗议，看到政府并无接管意图，故不曾对外发表意见。"关于本问题，蒋主席意见最关重要，贵政府不同日本债权人作任何商量即拟实行接管，日本方面绝对反对。……阁下受蒋主席信任，希望把我所谈意见转达蒋主席，征询彼之意见。"杨杰表示，相信蒋"决不会做出无理事情"，当及时转陈、然后回复。第二天，5月11日中午，在另一次宴请上，山县等日人再与杨杰相遇，如是有下列对话：

> 杨：昨日阁下所谈汉冶萍接管问题，今晨已向蒋主席汇报。主席嘱转告阁下，就本问题而言，决不会做出不法事情来，可以放心。
> 山县：听贵所言，已安心了。因此，我等此次将不说什么即返，但万一以后变化不像阁下所说，将产生麻烦。
> 杨：靠得住的，请放心。①

5月13日，已是中日实业公司副总裁的高木陆郎，带来了财政部长宋子文的谈话。主张接管的官员曾经同宋商议，宋曾在汉冶萍公司任过职，深知公司与日本借款的情况，明确表示：

> 尔等主张接管，对于日本债务如何偿还，考虑过否？财政部决不负偿还该项借款之责任。②

如此，国民政府某些部门接管汉冶萍公司的尝试彻底流产。

世上已无张之洞，亦无盛宣怀。无论是袁世凯，还是蒋介石，都志不在此。一不是没有张之洞的魄力与执着，二不是没有盛宣怀的头脑与手腕，袁

---

① 武汉大学经济学系编：《旧中国汉冶萍公司与日本关系史料选辑》，第1021—1022页。

② 武汉大学经济学系编：《旧中国汉冶萍公司与日本关系史料选辑》，第1025页。

与蒋首先要让中国的天下姓袁，或是姓蒋；发展钢铁，只能是取得政权并巩固政权之后的事。在张之洞、盛宣怀身后的岁月里，谁都不愿去啃钢铁这块硬骨头。世事沧桑，战火绵延。此后的数十年间，莽莽神州，中原大地，竟无人承继他们事业的香火，任凭中国钢铁工业烟销火熄，任凭大冶铁矿的优质铁矿石，年复一年运往日本，炼成钢铁，造成枪炮、军舰、飞机、炸弹，准备着全面发动侵华战争。直到日军的炮火轰击到南京，仓皇中蒋介石才亲下手令，将汉冶萍公司的遗产，当作宝贝抢运到大西南，作为抗战军工的种子。

汉冶萍公司横空出世，曾经笑傲远东，是腐朽、没落的封建社会土壤里开出的一枝奇葩，是一代仁人志士为民族复兴梦想而奋斗的一曲绝唱，是穿越民族苦难的一只火凤凰，是中华民族进入工业文明和近代社会的一只报春鸟。在它的身后，是京汉、沪宁、萍株、京张、粤汉一条条铁路，在中华大地上纵横延展，四通八达；是辛亥革命烈士、抗日英雄手中的百万杆"汉阳造"，威镇华夏，延续半个多世纪；是煤炭工业、建材工业、机器制造工业应运而生；是铁路沿线一座座现代城市拔地而起……

2018 年 3 月 1 日，戊戌年元宵节前一日，全书初稿竟。

2018 年 9 月 21 日，中秋节前二日，全书修订一过。

2019 年 11 月再校订于金广厦。

主要参考文献

盛宣怀：《愚斋存稿》，上海古籍出版社 2002 年版。

盛宣怀：《愚斋东游日记》（思补楼藏版影印本）。

王尔敏等编：《盛宣怀实业函电稿》，香港中文大学中国文化研究所、台湾"中央研究院"近代史研究所 1993 年版。

王尔敏等编：《盛宣怀实业朋僚函稿》，台湾"中央研究院"近代史研究所 1997 年版。

夏东元编著：《盛宣怀年谱长编》上下，上海交通大学出版社 2004 年版。

北京大学历史系近代史教研室整理：《盛宣怀未刊信稿》，中华书局 1960 年版。

陈旭麓等主编：《汉冶萍公司》一，上海人民出版社 1984 年版。

陈旭麓等主编：《汉冶萍公司》二，上海人民出版社 1986 年版。

陈旭麓等主编：《汉冶萍公司》三，上海人民出版社 2004 年版。

陈旭麓等主编：《辛亥革命前后》，上海人民出版社 1979 年版。

陈旭麓等主编：《湖北开采煤铁总局·荆门矿务总局》，上海人民出版社 1981 年版。

陈旭麓等主编：《中国通商银行》，上海人民出版社 2000 年版。

陈旭麓等主编：《轮船招商局》，上海人民出版社 2002 年版。

湖北省档案馆编:《汉冶萍公司档案史料选编》上,中国社会科学出版社1992年版。

湖北省档案馆编:《汉冶萍公司档案史料选编》下,中国社会科学出版社1994年版。

武汉大学经济学系编:《旧中国汉冶萍公司与日本关系史料选辑》,上海人民出版社1985年版。

中国史学会主编:《洋务运动》,上海人民出版社、上海书店出版社2000年版。

中国史学会主编:《戊戌变法》,神州国光社1953年版。

孙毓棠编:《中国近代工业史资料》第一辑,科学出版社1957年版。

汪敬虞编:《中国近代工业史资料》第二辑,科学出版社1957年版。

陈真编:《中国近代工业史资料》第二辑,生活·读书·新知三联书店1958年版。

陈真编:《中国近代工业史资料》第三辑,生活·读书·新知三联书店1961年版。

陈真编:《中国近代工业史资料》第四辑,生活·读书·新知三联书店1961年版。

密汝成编:《中国近代铁路史资料》,文海出版社1976年版。

南开大学历史系编:《清实录经济资料辑要》,中华书局1959年版。

聂宝璋编:《中国近代航运史资料》第一辑,上海人民出版社1983年版。

严中平等编:《中国近代经济史统计资料选辑》,科学出版社1955年版。

北洋军阀史料编委会编:《北洋军阀史料袁世凯卷》,天津古籍出版社1992年版。

来新夏主编:《北洋军阀》,上海人民出版社1988年版。

苑书义等主编:《张之洞全集》,河北人民出版社1998年版。

张之洞:《张文襄公全集》,中国书店1990年版。

吴剑杰编著:《张之洞年谱长编》,上海交通大学出版社2009年版。

胡钧:《张文襄公年谱》,台湾商务印书馆1978年版。

朱寿朋编：《光绪朝东华录》，中华书局 1958 年版。

赵尔巽等编：《清史稿》，上海古籍出版社 1986 年版。

中国第一历史档案馆编：《宣统朝上谕档》，广西师范大学出版社 2008 年版。

李鸿章：《李鸿章全集》，时代文艺出版社 1998 年版。

谢俊美编：《翁同龢集》，中华书局 2005 年版。

陈义杰整理：《翁同龢日记》，中华书局 1989—1998 年版。

劳祖德整理：《郑孝胥日记》，中华书局 1993 年版。

袁英光、胡逢祥整理：《王文韶日记》，中华书局 1989 年版。

李宗侗等编：《李鸿藻先生年谱》，台湾商务印书馆 1969 年版。

凤冈及门弟子编：《三水梁燕孙先生年谱》，文海出版社 1972 年版。

马卫中、董俊珏：《陈三立年谱》，苏州大学出版社 2010 年版。

王同起、瞿冕良编著：《李维格的理想与事业》，中国档案出版社 2000 年版。

冯桂芬：《校邠庐抗议》，中州古籍出版社 1998 年版。

薛福成：《出使英法义比四国日记》，岳麓书社 1985 年版。

张謇研究中心等编：《张謇全集》，江苏古籍出版社 1994 年版。

夏东元编：《郑观应集》，上海人民出版社 1982 年版。

喻岳衡点校：《曾纪泽集》，岳麓书社 2005 年版。

蔡尚思、方行编：《谭嗣同全集》（增订本），中华书局 1981 年版。

欧阳予倩编：《谭嗣同书简》，文化供应社 1948 年版。

政协长沙市委员会文史研究委员会等编：《谭嗣同研究资料汇编》，1988 年版。

上海图书馆编：《汪康年师友书札》，上海古籍出版社 1986—1989 年版。

文明国编：《梁启超自述》，人民日报出版社 2011 年版。

林志钧编：《饮冰室合集》，中华书局 1988 年版。

虞和平编：《经元善集》，华中师范大学出版社 1988 年版。

《辜鸿铭文集》，岳麓书社，1985 年版。

戚俊杰、王记华编校：《丁汝昌集》，山东大学出版社 1997 年版。

《辛亥革命史丛刊》编辑组编：《辛亥革命史丛刊》第一辑，中华书局 1980 年版。

中国社会科学院近代史研究所近代史资料编辑部编：《近代史资料》总 111 号，中国社会科学出版社 2005 年版。

荣孟源、章伯锋主编：《近代稗海》第一辑，四川人民出版社 1985 年版。

荣孟源、章伯锋主编：《近代稗海》第三辑，四川人民出版社 1985 年版。

《清代野史》，巴蜀书社 1987 年版。

徐珂编撰：《清稗类钞》，中华书局 1984 年版。

刘成禺：《世载堂杂忆》，辽宁教育出版社 1997 年版。

黄濬：《花随人圣庵摭忆》，上海书店出版社 1998 年版。

徐凌霄、徐一士：《凌霄一士随笔》，山西古籍出版社 1997 年版。

刘体智：《异辞录》，中华书局 1988 年版。

叶景葵：《卷盦书跋》，上海古籍出版社 2006 年版。

顾廷龙编：《叶景葵杂著》，上海古籍出版社 1986 年版。

《文史资料精选》第一册，中国文史出版社 1990 年版。

吴长翼编：《八十三天皇帝梦》，文史资料出版社 1983 年版。

李国荣主编：《清宫档案揭秘》，中国青年出版社 2004 年版。

中国人民银行上海市分行金融研究室编：《中国第一家银行》，中国社会科学出版社 1982 年版。

邹念之编译：《日本外交文书选译》，中国社会科学出版社 1980 年版。

湖北省地方志编纂委员会：《湖北省志》（财政卷），湖北人民出版社 1995 年版。

黄石市地方志编纂委员会：《黄石市志》，中华书局 2001 年版。

刘明汉主编：《汉冶萍公司志》，华中理工大学出版社 1990 年版。

武钢大冶铁矿志办公室：《大冶铁矿志》，内部发行，1986 年版。

《大冶钢厂志》编纂委员会：《大冶钢厂志》，内部发行，1985 年版。

黄石港务局：《黄石港史》，中国文史出版社 1992 年版。

刘洪辟：《昭萍志略》，萍乡尚志堂代印（影印本）。

江西省政协文史资料研究委员会编：《萍乡煤炭发展史略》，内部发行，1987年版。

罗晓主编：《萍乡市地方煤炭工业志》，江西人民出版社1992年版。

《中共萍乡地方史》（第一卷），中共党史出版社2003年版。

胡绳：《从鸦片战争到五四运动》，上海人民出版社1982年版。

陈旭麓：《近代中国的新陈代谢》，上海社会科学院出版社2006年版。

周武编：《陈旭麓学术文存》，上海人民出版社1990年版。

陈旭麓：《陈旭麓学术文集》，上海人民出版社2011年版。

唐德刚：《晚清七十年》，岳麓书社1999年版。

唐德刚：《袁氏当国》，广西师范大学出版社2004年版。

严中平主编：《中国近代经济史（1840—1894）》，人民出版社2001年版。

汪敬虞主编：《中国近代经济史（1895—1927）》，人民出版社2000年版。

汪敬虞：《中国资本主义的发展和不发展》，经济管理出版社2007年版。

汪敬虞：《汪敬虞集》，中国社会科学出版社2001年版。

方行等主编：《中国经济通史·清代经济卷》，经济日报出版社2000年版。

赵靖主编：《中国经济思想通史续集》，北京大学出版社2004年版。

胡寄窗：《中国近代经济思想史大纲》，中国社会科学出版社1984年版。

虞和平、谢放：《中国近代通史》（第三卷），江苏人民出版社2007年版。

张海鹏、李细珠：《中国近代通史》（第五卷），江苏人民出版社2006年版。

虞和平主编：《中国现代化历程》（第一卷），江苏人民出版社2007年版。

夏东元：《洋务运动史》，华东师范大学出版社1992年版。

夏东元：《郑观应》，广东人民出版社1995年版。

许纪霖、陈达凯主编：《中国现代化史》（第一卷），学林出版社2006年版。

皮明庥、邹进文著：《武汉通史》（晚清卷），武汉出版社 2006 年版。

密汝成：《帝国主义与中国铁路：1847～1949》，经济管理出版社 2007 年版。

李占才主编：《中国铁路史（1876—1949）》，汕头大学出版社 1994 年版。

全汉升：《汉冶萍公司史略》，香港中文大学 1972 年版。

全汉升：《中国近代经济史研究》下，台湾东亚研究所 1991 年版。

郑润培：《中国现代化历程——汉阳铁厂（1890—1908）》，香港新亚研究所 2002 年版。

林援森：《中国近代企业史研究——汉冶萍公司个案分析》，香港中国经济史研究会 2003 年版。

代鲁：《汉冶萍公司史研究》，武汉大学出版社 2013 年版。

张后铨：《汉冶萍公司史》，社会科学文献出版社 2014 年版。

易惠莉等主编：《二十世纪盛宣怀研究》，江苏古籍出版社 2002 年版。

易惠莉编著：《盛宣怀与日本》，上海书店出版社 2014 年版。

易惠莉：《郑观应评传》，南京大学出版社 1998 年版。

易惠莉：《中国第一代实业家盛宣怀》，江苏文史资料编辑部 1994 年版。

袁为鹏：《聚焦与扩散：中国近代工业布局》，上海财经大学出版社 2007 年版。

方一兵：《汉冶萍公司与中国近代钢铁技术移植》，科学出版社 2011 年版。

方一兵：《中日近代钢铁技术史比较研究：1868—1993》，山东教育出版社 2013 年版。

李玉勤：《晚清汉冶萍公司体制变迁研究》，中国社会科学出版社 2009 年版。

阮芳纪等编：《洋务运动史论文选》，人民出版社 1985 年版。

乔还田、晋平编著：《洋务运动研究叙录》，天津教育出版社 1989 年版。

李时岳：《近代史新论》，汕头大学出版社 1993 年版。

张国辉：《洋务运动与中国近代企业》，中国社会科学出版社 1979 年版。

张国辉：《张国辉集》，中国社会科学出版社 2002 年版。

苑书义等主编：《张之洞与中国近代化》，中华书局 1999 年版。

陈锋等主编：《张之洞与武汉早期现代化》，中国社会科学出版社 2003 年版。

冯天瑜、何晓明：《张之洞评传》，南京大学出版社 1991 年版。

马东玉：《张之洞大传》，团结出版社 2008 年版。

谢放：《中体西用之梦——张之洞传》，四川人民出版社 1995 年版。

谢放：《张之洞传》，广东高等教育出版社 2004 年版。

吴剑杰：《张之洞的升迁之路》，湖北人民出版社 2005 年版。

夏东元：《盛宣怀传》（图文版），上海交通大学出版社 2007 年版。

夏东元：《盛宣怀传》，四川人民出版社 1988 年版。

夏东元：《近代史新论》，华东师范大学出版社 2010 年版。

陈景华：《盛宣怀》，哈尔滨出版社 1996 年版。

左世元：《近代中国政派之对日态度及策略研究（1871—1937）》，长春出版社 2015 年版。

左世元：《汉冶萍公司与政府关系研究》，中国社会科学出版社 2016 年版。

梁启超：《李鸿章传》，百花文艺出版社 2000 年版。

汪敬虞：《唐廷枢研究》，中国社会科学出版社 1983 年版。

孙孝恩、丁琪：《光绪传》，人民出版社 1997 年版。

朱东安：《曾国藩传》，四川人民出版社 1985 年版。

谢俊美：《翁同龢评传》，南京大学出版社 1998 年版。

骆宝善评点：《骆宝善评点袁世凯函牍》，岳麓书社 2005 年版。

马忠文：《荣禄与晚清政局》，社会科学文献出版社 2016 年版。

刘厚生：《张謇传记》，上海书店 1985 年版。

章开沅：《开拓者的足迹——张謇传稿》，中华书局 1986 年版。

苏同炳：《中国近代史上的关键人物》，百花文艺出版社 2000 年版。

石泉：《甲午战争前后之晚清政局》，生活·读书·新知三联书店 1997

年版。

李泽厚:《中国近代思想史论》,人民出版社 1979 年版。

李泽厚:《中国现代思想史论》,天津社会科学院出版社 2003 年版。

罗荣渠:《现代化新论》,商务印书馆 2004 年版。

钟叔河:《从东方到西方》,岳麓书社 2002 年版。

钟叔河:《走向世界》,中华书局 2000 年版。

丁伟志、陈崧:《中体西用之间》,中国社会科学出版社 1995 年版。

汪熙:《求索集》,上海人民出版社 1999 年版。

朱维铮、龙应台编:《维新旧梦录》生活·读书·新知三联书店 2000 年版。

茅海建:《戊戌变法史事考》,生活·读书·新知三联书店 2005 年版。

茅海建:《戊戌变法史事考二集》,生活·读书·新知三联书店 2011 年版。

茅海建:《戊戌变法的另面》,上海古籍出版社 2014 年版。

茅海建:《从甲午到戊戌:康有为〈我史〉鉴注》,生活·读书·新知三联书店 2009 年版。

黄彰健:《戊戌变法史研究》,"中央研究院"历史语言研究所 1970 年版。

刘梦溪:《陈宝箴和湖南新政》,故宫出版社 2012 年版。

袁伟时:《帝国落日:晚清大变局》,江西人民出版社 2003 年版。

李细珠:《张之洞与清末新政研究》,上海书店出版社 2003 年版。

朱从兵:《李鸿章与中国铁路》,群言出版社 2006 年版。

朱从兵:《张之洞与粤汉铁路》,合肥工业大学出版社 2011 年版。

虞和平等编:《招商局与中国现代化》,中国社会科学出版社 2008 年版。

朱荫贵:《中国近代股份制企业研究》,上海财经大学出版社 2008 年版。

朱荫贵:《中国近代轮船航运业研究》,中国社会科学出版社 2008 年版。

张仲礼:《中国绅士研究》,上海人民出版社 2008 年版。

王尔敏:《晚清政治思想史论》,广西师范大学出版社 2005 年版。

周积明:《最初的纪元》,高等教育出版社 1996 年版。

韦远庆：《明清史新析》，中国社会科学出版社 1995 年版。

孔祥吉：《晚清佚闻丛考》，巴蜀书社 1998 年版。

孔祥吉：《清人日记研究》，广东人民出版社 2008 年版。

孔祥吉：《惊雷十年梦未醒——档案中的晚清史事与人物》，广东人民出版社 2017 年版。

姜鸣：《龙旗飘扬的舰队》，生活·读书·新知三联书店 2002 年版。

姜鸣：《天公不语对枯棋》，生活·读书·新知三联书店 2006 年版。

雷颐：《李鸿章与晚清四十年》，山西人民出版社 2008 年版。

雷颐：《历史的裂缝》，广西师范大学出版社 2007 年版。

雷颐：《走向革命——细说晚清七十年》，山西人民出版社 2011 年版。

李玉：《晚清公司制度建设研究》，人民出版社 2002 年版。

杨在军：《晚清公司与公司治理》，商务印书馆 2006 年版。

杨勇：《近代中国公司治理》，上海人民出版社 2007 年版。

陈晓律：《世界各国工业化模式》，南京出版社 1998 年版。

钟庆：《刷盘子，还是读书？》，当代中国出版社 2005 年版。

贾维：《谭嗣同与晚清士人交往研究》，湖南大学出版社 2004 年版。

廖梅：《汪康年：从民权论到文化保守主义》，上海古籍出版社 2001 年版。

苏全有：《清末邮传部研究》，中华书局 2005 年版。

严立贤：《现代化模式与近代以来中国历史进程》，九州出版社 2010 年版。

杜恂诚：《民族资本主义与旧中国政府（1840—1937）》，上海社会科学院出版社 1991 年版。

郑学檬主编：《中国赋税制度史》，上海人民出版社 2000 年版。

许毅主编：《清代外债与洋务运动》，经济科学出版社 2002 年版。

申学锋：《晚清财政支出研究》，中国人民大学出版社 2006 年版。

王开玺：《晚清政治新论》，商务印书馆 2006 年版。

楚双志：《晚清中央与地方关系演变史纲》，中共中央党校出版社 2006

年版。

中国社会科学院近代史研究所政治史研究室编:《晚清国家与社会》,社会科学文献出版社 2007 年版。

米庆余:《近代日本的东亚战略和政策》,人民出版社 2007 年版。

郭予庆:《近代日本银行在华金融活动——横滨正金银行(1894—1919)》,人民出版社 2007 年版。

李廷江:《日本财界与辛亥革命》,中国社会科学出版社 1994 年版。

湖北省哲学社会科学学会联合会编:《辛亥革命五十周年纪念论文集》,中华书局 1962 年版。

杨天石:《民初政局》,中国发展出版社 2015 年版。

唐启华:《洪宪帝制外交》,社会科学文献出版社 2017 年版。

路工:《访书见闻录》,上海古籍出版社 1985 年版。

胡维佳主编:《中国古代科学技术史纲 技术卷》,辽宁教育出版社 1996 年版。

北京钢铁学院:《中国古代冶金》,文物出版社 1978 年版。

余名钰:《贝氏炉炼钢》,龙门联合书局 1954 年版。

樊民主编:《现代股份制》,中国地质大学出版社 1988 年版。

[美] 夏正清编:《剑桥中国晚清史》,中国社会科学院历史研究所编译室译,中国社会科学出版社 1985 年版。

[美] 夏正清编:《剑桥中华民国史》,杨品泉等译,中国社会科学出版社 1994 年版。

[美] 斯塔夫理阿诺斯:《全球通史——1500 以后的世界》,吴象婴、梁赤民译,上海社会科学院出版社 1996 年版。

[法] 保尔·芒图:《十八世纪产业革命》,商务印书馆 1983 年版。

[美] 陈锦江:《清末现代企业与官商关系》,王笛等译,中国社会科学出版社 1997 年版。

[美] 鲁思·本尼迪克特:《菊与刀》,吕万和等译,商务印书馆 1990 年

版。

［美］费维恺:《中国早期工业化》,虞和平译,中国社会科学出版社1990年版。

［英］李提摩太:《亲历晚清四十五年》,李宪堂、侯林莉译,天津人民出版社2005年版。

［美］罗威廉:《汉口:一个中国城市的商业和社会(1796—1889)》,江溶、鲁西奇译,中国人民大学出版社2005年版。

［美］芮玛丽:《同治中兴》,房德邻等译,中国社会科学出版社2002年版。

［美］汪荣祖:《走向世界的挫折》,岳麓书社2000年版。

［日］西川俊作、阿部武司编:《日本经济史4:产业化的时代（上）》,厉以平监译,生活·读书·新知三联书店1998年版。

［日］西川俊作、山本有造编:《日本经济史5:产业化的时代（下）》,厉以平监译,生活·读书·新知三联书店1998年版。

［日］浜野洁等:《日本经济史（1600—2000）》,彭曦等译,南京大学出版社2010年版。

［日］渡边公平:《日本钢铁工业》,吴杰译,上海译文出版社1980年版。

［日］垄断分析研究会:《战后日本钢铁工业》,盛继勤、周启乾译,天津人民出版社1979年版。

［日］依田憙家:《近代日本与中国　日本的近代化:与中国的比较》,卞立强等译,上海远东出版社2004年版。

［日］依田憙家:《近代日本的历史问题》,雷慧英等译,上海远东出版社2004年版。

［德］施丢克尔:《十九世纪的德国与中国》,乔松译,生活·读书·新知三联书店1963年版。

后 记

1991 年冬天，我在北京琉璃厂购到《张文襄公全集》，由此算起，至今时光已经流逝了整整三十年。

2006 年冬，我找到了叶景葵的《卷盒书跋》，当时已年近七旬，决心开始写《苍凉的背影：张之洞与中国钢铁工业》，至 2009 年 11 月 24 日写完该书的"后记"，全书约 50 万字，用了三年多的时间；随即继续写《悲怆的绝唱：盛宣怀与汉冶萍公司》，至 2018 年中秋前夕脱稿，按版面算 90 多万字，历时九年多。现在刚刚看完人民出版社寄来的清样，我已经是个八十有五的老头儿矣。天可怜见，终于完成了这个曾经担心完成不了的文字工程。

20 世纪 70 年代末以来，在改革开放、思想解放的时代大潮中，中国近代史这一学术领域，清算、批判影射史学，正本清源，进行反思和重建，对于近代史学的许多重大问题予以再思考，成果累累，欣欣向荣。对于汉冶萍这一课题至关紧要的是，洋务运动得以重新评价，既为汉冶萍研究的深入和发展开拓了新的视角，也提出了更高更迫切的要求。自 20 世纪 80 年代后期起，上海、武汉、香港三地收藏的盛宣怀档案，张之洞、盛宣怀的文集和传记、年谱等相继编纂出版，资料建设取得了空前的丰硕成果，为实证研究取得重大突破奠定了坚实的资料基础。我在学习前辈研究成果、阅读史料和写作的过程中，逐步领悟到汉冶萍厂矿的历史进程，就是中国早期工业化的历史进程。它所遇到的全部艰难险阻，根本矛盾在于：飘洋过海移植进来的社会化、机械化的先进生产力，与旧中国固守的上层建筑及经济基础严重不相适应。汉阳铁厂原是晚清投资最多、规模最大、与国计民生关系最密切的官办企业，一度在亚洲领先而最终夭折，大冶铁矿则长期沦为日本钢铁工业的原料供应基地，从外部生存环境来说，是它同时承受着日本军国主义政府的贪婪掠夺和北洋官僚集团的蓄意倾轧；从内部矛盾来说，是盛宣怀既要做封建专制王朝的高官，又要办企业发展资本主义经济；既要以铁矿资源换取日本贷款，又要维护自己对汉冶萍厂矿的垄断控制、追求个人既得利益的最大化。汉冶萍公司的命运正是旧中国沦为半封建半殖民地的具体体现。

黄石是中国近代钢铁工业的发源地，是汉冶萍工业遗址保留最多的地方。没有张之洞，没有汉冶萍，也不会有黄石市这颗"长江岸边的明珠"。汉冶萍是我们这个城市的根。我出生在黄石，在黄石接受中等教育，并在大学毕业后回黄石工作了一辈子，经历了它建市以来的历史变迁。1948年我初回黄石，在长江边看到卸矿机，就有同学告诉我，这是日本鬼子掠夺我国矿石留下的铁证；1950年大冶钢铁厂已恢复生产，我家住在钢厂子弟小学，我不止一次地看到高炉出铁前，炉前工先要取样送去化验。从个人来说，为汉冶萍立传，拂去张之洞身上的历史灰尘，尽可能还原历史的本来面目，是我们黄石人应尽的义务，也是作为汉冶萍事业的继承者必须承担的一份责任。

在构思《苍凉的背影：张之洞与中国钢铁工业》时，我曾经拼凑了四句话，后来印在商务印书馆2010版的封底："发掘原始史料，梳理事件脉络，再现历史细节，探索幕后真相。"发掘原始史料是我的基本立足点，也是我工作的出发点。撰写本书也依然是这个笨办法，从阅读史料中掌握已知、发现未知，努力把一个个具体史实考证梳理清楚，根据史实的内在联系梳理出矛盾的各个方面和矛盾发展的过程，再与晚清、民国初年的历史背景相联系，结合该史实特定的时间和空间进行综合分析，力图描绘出一幅比较细致周详、有视角深度、接近历史真相的汉冶萍图卷。实事求是地说，没有任何组织、单位或个人授意我写这本书，至今我与张、盛两个家族的后代也无任何私人交往。将我退休后的余生付诸对汉冶萍史实真相的追求，是我自主作出的选择。在《苍凉的背影：张之洞与中国钢铁工业》（增订本）"自序"里，曾经回顾了我从产生疑问到决心写书的过程，我的问题，是在阅读原始档案史料时产生的；我的答案，一般也是解读、分析、综合史料的结果。限于笔者的学识和能力，其中有的解读存在错误，分析、综合存在不妥和谬误，诚挚地欢迎广大读者、专家给予批评指正。

衷心感谢人民出版社罗少强、周文婷老师对拙著出版的鼎力支持和精心指导。他们提出了许多宝贵的建议和批评，为审核引用的史料做了大量细致、精确的工作，使拙著减少了误差，提高了整体质量，使作者深受教益。

衷心感谢湖北师范大学及其历史文化学院的领导，吸纳我加入了汉冶萍研究中心这一优秀的、创新型的团队，得以参加历届汉冶萍国际学术研讨会及校内的学术交流活动，深受教益和鼓舞。衷心感谢原副校长程国强先生、历史文化学院院长蔡明伦教授，院长张泰山教授、副院长李柏林教授，对我的研究工作和拙著出版给予指导和鼎力支持。

衷心感谢我所在单位黄石市委宣传部历届领导对此书写作与出版长期予以关注并鼎力支持，衷心感谢所有对拙著写作和出版予以关心和支持的亲人、同学和友人。

2022 年 4 月 19 日于黄石市金广厦寓所